Die Erbenhaftung

nach dem Bürgerlichen Gesetzbuch.

Von

S. Riesenfeld,
Rechtsanwalt in Berlin.

Erster Band:

Die Grundsätze der Haftung.

Berlin 1916.
J. Guttentag, Verlagsbuchhandlung,
G. m. b. H.

Vorwort.

Der Verfasser erlaubt sich, das Ergebnis seiner Studien über die Erbenhaftung des Bürgerlichen Gesetzbuchs dem juristischen Publikum vorzulegen. Das Buch verdankt sein Entstehen dem lebhaften Interesse, das mich bei tieferem Eindringen in die — keineswegs einfache — Lehre von der Erbenhaftung für diesen Stoff ergriff; es erschien mir der Mühe wert, die Ergebnisse niederzuschreiben und für Berufenere als Vorarbeit zu veröffentlichen. Das Buch ist vornehmlich für die Praxis geschrieben, die mir dessen zu bedürfen scheint. Ich wage nicht zu behaupten, daß ich überall das Richtige getroffen habe; doch wird mich das Bewußtsein befriedigen, anderen, namentlich Praktikern, die Anregung gegeben zu haben, der folgend sie eine zutreffende Lösung finden können.

Ich habe dem Werke meine Ansicht zu Grunde gelegt, daß die Haftung des Erben für Nachlaßverbindlichkeiten nach dem BGB. grundsätzlich eine unbeschränkte ist und daß es in jedem Falle zur Beschränkung der Haftung der Anwendung eines der dafür gegebenen Mittel bedarf. Im übrigen habe ich zuerst die Grundsätze der Erbenhaftung unter kurzer Berücksichtigung der dabei in Betracht kommenden Institute der Vorbereitungen der Beschränkungsmittel und der Beschränkungsmittel selbst erörtert, im zweiten Bande finden diese Institute eine gesonderte systematische Behandlung.

Berlin im Frühjahr 1916.

Der Verfasser.

Inhaltsangabe des ersten Bandes.

Die Grundsätze der Haftung.

Das Sachregister für beide Bände befindet sich am Schlusse des zweiten Bandes.

Abkürzungen.

1. Arch. = Archiv für die zivilistische Praxis.
2. BGB. = Bürgerliches Gesetzbuch.
3. Binder = Die Rechtsstellung des Erben nach dem Deutschen Bürgerlichen Gesetzbuch. 1905.
4. Bolze = Die Praxis des Reichsgerichts in Zivilsachen.
5. Düringer-Hachenburg = Das Handelsgesetzbuch. 2. Auflage 1908.
6. Eccius = Gruchot, Beiträge Seite 603 ff. Haftung der Erben für Nachlaßverbindlichkeiten.
7. Eichhorn-Goldmann = Das Testament. 5. Auflage.
8. FGG. = Das Reichsgesetz über die Angelegenheiten der freiwilligen Gerichtsbarkeit.
9. Fischer-Henle = Bürgerliches Gesetzbuch.
10. Gaupp-Stein = Die Zivilprozeßordnung für das Deutsche Reich. 10. Auflage.
11. GBO. = Grundbuchordnung.
12. Hachenburg = Das Bürgerliche Gesetzbuch für das Deutsche Reich, Vorträge, Mannheim 1900.
13. KO. = Konkursordnung.
14. Jäger = Kommentar zur Konkursordnung Bd. I §§ 1—70 3. und 4. Auflage, Bd. II 5. Auflage.
15. Jäger = Die Gläubigeranfechtung außerhalb des Konkurses. 1905.
16. Josephson = Nachlaßkonkurs, Beilage 4 zur Hanseat. Gerichtsztg. 1900.
17. Kreß = Die Erbengemeinschaft nach dem Bürgerlichen Gesetzbuch für das Deutsche Reich. Jena 1903.
18. Meischeider = Die letztwilligen Verfügungen nach dem Bürgerlichen Gesetzbuche für das Deutsche Reich. Leipzig 1899.
19. Mot. = Motive zu dem Entwurfe eines Bürgerlichen Gesetzbuches für das Deutsche Reich. Band V. Erbrecht.
20. §§ ohne Gesetzangabe bedeuten das BGB.
21. Petersen = Die Zivilprozeßordnung für das Deutsche Reich. 5. Auflage
22. Petersen-Kleinfeller = Konkursordnung für das Deutsche Reich. 4. Auflage.
23. Planck = Bürgerliches Gesetzbuch.

24. Prot. = Protokolle der Kommission für die zweite Lesung des Entwurfs des Bürgerlichen Gesetzbuchs. Bd. V. Erbrecht.
25. Rg. oder RG. = Entscheidungen des Reichsgerichts in Zivilsachen.
26. Seite ohne Angabe des Bandes bedeutet denselben Band.
27. Seuffert = Deutsches Konkursprozeßrecht. Leipzig 1899.
28. Seuffert ZPO. = Kommentar zur Zivilprozeßordnung. 11. Auflage.
29. Schröder = Das eheliche Güterrecht nach dem BGB. 2. Auflage bei Guttentag.
30. Staub = Staub's Kommentar zum Handelsgesetzbuch. 9. Auflage.
31. Staudinger = Staudingers Kommentar zum BGB. V. Bd. (Herzfelder). 7./8. Aufl.
32. Strohal = Das Deutsche Erbrecht auf Grundlage des BGB. 3. Auflage.
33. Sydow-Busch = Zivilprozeßordnung. 12. Auflage.
34. Wilmowsky-Kurlbaum = Deutsche Reichskonkursordnung. 6. Auflage.
35. ZPO. = Zivilprozeßordnung.
36. ZwVG. = Zwangsversteigerungsgesetz.

Berichtigungen
bezüglich des ersten Bandes:

Seite	8:	Zeile 8	von unten	statt 1912, 1913: 1612, 1613.	
„	80:	„ 5	„ oben	„ Gläubiger: Verbindlichkeiten.	
„	106:	„ 4	„ „	sind hinter dem Wörtchen „nach" einzufügen die Worte: (oder auch vor — Bd. II Seite 146 —).	
„	157:	„ 6	„ unten	statt ihrem: dem.	
„	192:	„ 10	„ oben	statt Unzulänglichkeit: Unzulässigkeit.	
„	201:	„ 2	des Abschnittes	statt unzureichendem: zureichendem.	
„	209:	„ 15	von unten	statt 000: 63.	
„	225:	letzte Zeile des Absatzes		statt Abnahme: Annahme.	
„	260:	bei II. 3		statt 2207: 2007.	
„	302:	Zeile 4	von unten	statt veeriteln: vereiteln.	
„	329:	„ 14	„ oben	sind die Worte „einer Aufforderung" zu streichen.	
„	345:	„ 15	„ unten	statt dringlich: dinglich.	
„	375:	letzte Zeile des ersten Absatzes		statt 368: 388.	
„	389:	Zeile 8	von unten	statt Nacherben: Vorerben.	
„	427:	„	„	ist hinter Absatz 1 KO. einzuschieben: „das sonstige Vermögen der Frau, das im Konkurse ist; das sonstige Gesamtgut und".	

Die Grundsätze der Haftung.

A. Das Stadium vor Annahme der Erbschaft.

A. Der Nachlaß.

Das Vermögen einer Person geht mit ihrem Ableben kraft Gesetzes als Ganzes auf eine oder mehrere Personen (Erben) über (§ 1922 Abs. 1). Der Alleinerbe wird sofort Alleineigentümer des Nachlasses. Beim Vorhandensein mehrerer Erben wird der Nachlaß sofort gemeinschaftliches Eigentum aller Erben (§ 2032). Auch der Anteil oder Erbteil, der jedem einzelnen von mehreren Erben zusteht, gehört ihm vom Erbfalle ab. Mit dem Tode des Erblassers geht auch der Besitz am Nachlasse auf den Allein- bezw. auf die Miterben von Rechtswegen über (§ 857 BGB.).

Der Erbe kann die Erbschaft ausschlagen und sich dadurch des Eigentums bezw. Miteigentums an derselben wieder entledigen. Mit Rücksicht auf dieses zunächst noch nicht gefestigte Verhältnis des Erben zum Nachlaß verschmilzt der letztere, so lange die Annahme nicht erfolgt ist, nicht mit dem sonstigen Vermögen des Erben; er bleibt eine Sondermasse. Es kommen danach im Stadium vor Annahme der Erbschaft stets zwei verschiedene Vermögensmassen in Betracht: Der Nachlaß und das sonstige Vermögen (Privat = Eigenvermögen) des (der) Erben. Rechtsbeziehungen, welche zwischen dem Erblasser und Erben bestanden haben, behalten ihre Selbständigkeit; es ist dem Allein- wie dem Miterben unbenommen, Forderungen gegen den Nachlaß zu erheben und durchzuführen, wie umgekehrt der Nachlaß dasselbe Recht gegenüber dem Erben hat. Der Erbe kann z. B. eine gegen den Erblasser bereits begonnene Zwangsvollstreckung in den Nachlaß fortsetzen (§ 779 ZPO.), auch Ansprüche im Prozeßwege gegen einen Nachlaßpfleger als Vertreter desjenigen, der „Erbe werden wird", erheben (§§ 1960, 1961) bezw. auf dieselbe Weise eine Vollstreckung in den Nachlaß beginnen. Freilich wird er dies nur tun, wenn er entschlossen ist, die Erbschaft schließlich auszuschlagen, da andernfalls die durch sein Vorgehen verursachten Unkosten und Schmälerungen des Nachlasses ihn selbst schädigen würden. Die dem Erben gegen den Nachlaß zustehende Forderung kann in diesem Stadium Gegenstand der Pfändung seitens seiner Eigengläubiger sein, der § 857 Abs. 2 ZPO. findet Anwendung; ein Drittschuldner ist nicht vorhanden, da der endgültige Erbe noch unbekannt ist. Besteht Nachlaßpflegschaft oder Nachlaßverwaltung, so kann die Zustellung an den Pfleger oder Verwalter als Vertreter der Interessen des endgültigen Erben erfolgen. Schlägt der Erbe die Erbschaft aus, so bleibt der Anspruch in Kraft; der ausschlagende Erbe ist dem endgültigen Erben gegenüber Nachlaßgläubiger. Nimmt der Erbe die Erbschaft an, so hört die Sonderstellung des Nachlasses auf, er verschmilzt mit dem Vermögen des Alleinerben zu einem einheitlichen Vermögen (Gesamtvermögen), es gehen auch die Rechtsbeziehungen, die zwischen Erben und Erblasser bestanden haben, unter; es erlischt also auch der gepfändete Anspruch, und es ist Vollstreckung in den Nachlaß selbst zulässig. Beim Vorhandensein mehrerer Erben tritt die Verschmelzung des Nachlasses mit dem Erbenvermögen auch mit der Annahme der Erbschaft seitens aller Erben noch nicht ein, weil der Nachlaß hier mehreren Personen gehört und sich nicht mit dem Vermögen der einzelnen Mitglieder der Erbengemeinschaft vermischen kann. Hier bleiben deshalb die Rechtsbeziehungen, die zwischen den einzelnen Miterben und dem Erblasser bestanden haben, noch über die Annahme hinaus bestehen.

Ausfluß des Eigentums des Erben am Nachlasse ist sein Recht, den Nachlaß zu verwalten. Es steht ihm vom Erbfalle ab zu. Er ist jedoch vor Annahme der Erbschaft nicht verpflichtet, dieses Recht auszuüben, weil er sich mit der Übernahme der Verwaltung eine Verantwortung aufbürden würde, was ihm, zumal bei seinem Rechte, die Erbschaft wieder auszuschlagen, nicht zugemutet werden kann. Er ist also für Schäden, die infolge Nichtausübung seines Rechtes den Nachlaßgläubigern oder den im Falle der Ausschlagung an seine Stelle tretenden Erben etwa erwachsen, nicht verantwortlich. Selbst bei Kenntnis einer etwa vorliegenden Überschuldung des Nachlasses besteht für ihn kein Zwang zur Konkursanmeldung. Dagegen ist er, sofern er die Verwaltung übernimmt, verpflichtet, sie ordnungsgemäß zu führen zur Vermeidung von Ersatzansprüchen gegenüber den Nachlaßgläubigern und dem definitiven Erben. Der § 1978 normiert insbesondere ausdrücklich die Verantwortlichkeit gegenüber Nachlaßgläubigern schon für das Stadium vor Annahme. Mehreren Erben steht das Recht der Verwaltung des Nachlasses auch schon im Stadium vor Annahme nur gemeinschaftlich zu (§ 2038). Die Verwaltungspflicht besteht auch für den Miterben nicht vor Annahme. Soweit sie aber durch Übernahme der Verwaltung begründet ist, besteht auch schon vor Annahme der Erbschaft für jeden Miterben, der sie übernommen hat, im Verhältnis zu den übrigen Miterben die Pflicht, zu Maßregeln mitzuwirken, die zur ordnungsmäßigen Verwaltung erforderlich sind. Nur hinsichtlich der zur Erhaltung des Nachlasses notwendigen Maßregeln ist dem einzelnen Miterben ein selbständiges Handeln erlaubt. — Der Erbe ist berechtigt, auch schon vor Annahme der Erbschaft Nachlaßverbindlichkeiten zu berichtigen. Zur Vermeidung von Ersatzansprüchen derjenigen Nachlaßgläubiger, die durch volle Berichtigung von andern Nachlaßverbindlichkeiten etwa ihrerseits einen Ausfall erleiden, ist der Erbe auch schon vor Annahme der Erbschaft verpflichtet, alle diejenigen Rücksichten walten zu lassen, die einem Miterben bei der Berichtigung von Nachlaßverbindlichkeiten im Interesse der sämtlichen Nachlaßgläubiger obliegen. Hierüber siehe die Grundsätze beim Kapitel „Miterben vor der Teilung", Abschnitt: Die Verwaltung. Abgesehen davon kann die Berichtigung von Nachlaßverbindlichkeiten leicht als eine Annahme der Erbschaft durch pro herede gestio aufzufassen sein. In der Übernahme der Verwaltung der Erbschaft allein wird nicht ohne weiteres die Annahme der Erbschaft zu erblicken sein. Selbst der etwa gestellte Antrag auf Anordnung einer Nachlaßverwaltung mag im Einzelfalle nur beweisen, daß der Erbe den Nachlaß nicht ohne Fürsorge lassen will, um nicht sich selbst bezw. die

Gläubiger oder den endgültigen Erben zu schädigen oder um nicht selbst die Verantwortlichkeit für die Verwaltung zu tragen. Beim Vorliegen der Voraussetzungen des § 1960 Abs. 1 S. 1 darf der Erbe auch selbst die Anordnung einer Nachlaßpflegschaft anregen, wenn er selbst noch nicht die Pflege des Nachlasses übernehmen will.

Eine Veräußerung des Nachlasses im ganzen oder eines Anteils am Nachlasse wird, wenn vor ausdrücklicher Annahme der Erbschaft vorgenommen, stets als Annahme (durch pro herede gestio) zu bewerten sein. Dasselbe wird gelten, wenn der Erbe über den Nachlaß im ganzen, d. h. über die sämtlichen einzelnen Nachlaßgegenstände, dinglich verfügt.

B. Die Haftung für Nachlaßverbindlichkeiten:

a. Allgemeine Grundsätze.

Die Erben sukzedieren auch in ein überschuldetes Vermögen des Erblassers sowie in seine Verbindlichkeiten (§ 1922 Abs. 1). Die durch Erbgang auf den Erben übergegangenen Verbindlichkeiten sind Nachlaßverbindlichkeiten. Außerdem sind auch diejenigen Verbindlichkeiten Nachlaßverbindlichkeiten, die als Folge des Erbfalles entstehen, so die gegenüber Pflichtteilsberechtigten, Vermächtnisnehmern, sowie denen, welche die Erfüllung einer Auflage fordern dürfen. Ferner die Verbindlichkeiten, welche durch die §§ 1963, 1969, 1932 begründet werden. Endlich sind Nachlaßverbindlichkeiten auch die vom Erben selbst in seiner Eigenschaft als Erbe kontrahierten Verbindlichkeiten, z. B. aus dem Auftrage betreffend die Beerdigung des Erblassers, doch liegt hier keine reine Nachlaßverbindlichkeit vor, weil der Erbe auch Selbstschuldner aus dem Auftrage ist.

Die Haftung des Erben für reine Nachlaßverbindlichkeiten ist im Stadium vor Annahme der Erbschaft kraft Gesetzes auf den „Nachlaß" beschränkt (§ 778 Abs. 1 ZPO.), d. h. es können zur Befriedigung nur Mittel des Nachlasses herangezogen werden. Beim Vorhandensein mehrerer Erben besteht auch für die Zeit nach Annahme der Erbschaft, allerdings nur bis zur Teilung, eine auf den Nachlaß beschränkte Haftung, doch ist dem Erben nur das Recht gegeben, die Berichtigung der Verbindlichkeit aus dem eigenen Vermögen zu verweigern; die Beschränkung kann also nur durch Einrede herbeigeführt werden. Während also vor Annahme der Erbschaft eine Vollstreckung des Nachlaßgläubigers in Eigenvermögen der Miterben überhaupt unzulässig ist (§§ 778 Abs. 1, 766 ZPO.), kann nach Annahme der Erbschaft der einzelne, hinsichtlich seines Eigenvermögens verfolgte Miterbe die Zwangsvollstreckung, die an sich nicht kraft Gesetzes unzulässig ist, nur im Wege der Einrede auf Grund des § 2059 mit der negativen Feststellungsklage nach § 785 ZPO. zur Aufhebung bringen, vorausgesetzt, daß das die Zwangsvollstreckung zulassende Urteil einen entsprechenden Vorbehalt enthält (§ 780 ZPO.). Die Berichtigung eines gegen den Nachlaß gerichteten Anspruchs kann vor Annahme der Erbschaft nicht gegen die Person des bezw. der Erben gerichtlich geltend gemacht werden (§ 1958). Eine trotzdem gegen die Person des (der) Erben angestrengte Klage muß abgewiesen werden. Demselben Schicksal muß ein Rechtsstreit verfallen, der beim Eintritt des Erbfalles gegen den Erblasser anhängig war und vor Annahme gegen Erben fortgesetzt wird (§ 239 Abs. 5 ZPO). Der Antrag auf Erteilung der Vollstreckungsklausel gegen Erben für ein bereits gegen den Erblasser ergangenes

Urteil, sowie überhaupt jede Mitwirkung des Gerichts zu einer gegen Erben beabsichtigten Zwangsvollstreckung muß abgelehnt werden. Mit diesen Sätzen soll nicht gesagt sein, daß der Nachlaßgläubiger seine Forderungen in der Zeit bis zur Annahme der Erbschaft überhaupt nicht gerichtlich geltend machen könne; es ist ihm nur das Vorgehen gegen den Erben (sofern dieser nicht zugleich persönlich haftet) und dessen Eigenvermögen, nicht aber auch gegen den Nachlaß versagt. Der § 778 Abs. 1 ZPO. erklärt das Vorgehen gegen den Nachlaß sogar ausdrücklich für zulässig, und weiter ist in Ansehung der zur Verwaltung des Nachlasses berufenen Personen, nämlich des Nachlaßpflegers und des Testamentsvollstreckers (durch §§ 1960 Abs. 3 und 2213 Abs. 2), angeordnet, daß auf sie die Beschränkung des § 1958 keine Anwendung findet, wodurch also ein Vorgehen gegen den Nachlaß schon vor Annahme der Erbschaft ermöglicht ist. Hinsichtlich des Nachlaßverwalters fehlt es an einer entsprechenden Bestimmung; aber der § 1958 findet auch auf ihn keine Anwendung (nicht weil der § 1958 nur das Vorgehen gegen den „Erben" verbietet — so Staudinger zu § 1958 —, denn dann wären ja auch die §§ 1960 Abs. 3 und 2213 Abs. 2 entbehrlich gewesen, sondern), weil das Nachlaßverwaltungsverfahren den Nachlaß — anders wie beim Testamentsvollstrecker und Nachlaßpfleger — lediglich im Interesse der Nachlaßgläubiger ergreift, ihre Befriedigung also nicht durch die Rücksicht auf die Person der Erben bezw. nicht durch die Tatsache der noch nicht erfolgten Annahme der Erbschaft aufgehalten werden kann (§ 1984 Abs. 1 S. 3). Mit dem im § 1958 normierten Verbot der Inanspruchnahme des Erben selbst statuiert das Gesetz den Grundsatz, daß der Erbe vor Annahme der Erbschaft persönlich überhaupt nicht haftet, außer wenn er selbst kontrahiert hat. Dem entspricht auch der § 778 Abs. 1 ZPO. Die Bestimmung gibt dem Erben also nicht eine bloß prozeßhindernde Einrede, sie statuiert eine Unzulässigkeit des Vorgehens gegen den Erben. Ein solches könnte nur durch die Behauptung gestützt werden, daß die Erbschaft angenommen bezw. die Ausschlagungsfrist abgelaufen sei, es muß aber erfolglos bleiben (Abweisung der Klage erfolgen), wenn sich die Behauptung als unrichtig erweist. Andererseits hat die Bestimmung nicht die Bedeutung, daß der Erbe, der eine Nachlaßverbindlichkeit deshalb, weil er die Erbschaft noch nicht angenommen habe, nicht berichtigt, nicht in Verzug gerät, denn er kann sie aus dem Nachlaß berichtigen, weil dieser ja unter allen Umständen haftet. Der Tod des Erblassers bezw. die Tatsache, daß die Erbschaft noch nicht angenommen sei, darf nicht das Gläubigerrecht schädlich beeinflussen. In allen Fällen, wo dem Erben mit Rücksicht auf seine Unkenntnis von dem Bestand bezw. Umfang des Nachlaßvermögens das Recht eingeräumt ist, die Berichtigung einer Nachlaßverbindlichkeit zur Zeit zu verweigern, ist dieses Abwehrrecht ihm nicht auch so weit gegeben, daß er den Gläubiger hindern könnte, sich wenigstens eine Sicherung (durch Zwangsvollstreckung) zu verschaffen (§ 782 ZPO. mit §§ 2014, 2015 BGB.). Ebenso könnte unter Umständen auch zum Schaden des Nachlaßgläubigers Verjährung seines Anspruches eintreten, noch ehe der Erbe die Erbschaft annimmt, weil dem Gläubiger durch § 1958 nicht das Vorgehen überhaupt, sondern nur gegen Person bezw. Eigenvermögen des Erben verwehrt ist; doch siehe § 207 BGB. — Der § 1958 beschränkt das gerichtliche Vorgehen zugunsten der Erben nur hinsichtlich desjenigen Anspruches, der sich „gegen den Nachlaß richtet". Diese Wendung findet sich auch im § 778 ZPO. und sonst noch wiederholt, so im § 327 Abs. 2 ZPO., §§ 1961, 1984, 2213 BGB. Es ist darunter jeder dingliche oder persönliche Anspruch zu verstehen, für welchen Erfüllung jedenfalls aus dem Nachlaß gefordert werden kann. Es fallen darunter alle im § 1967 erwähnten Nachlaßverbindlichkeiten. Der § 1958 kann aber ein Vorgehen gegen den Erben selbst nicht verhindern, wenn der Anspruch nicht lediglich gegen den Nachlaß, vielmehr auch gegen den Erben oder gar gegen den Erben allein gerichtet ist. Wegen eines gegen den Nachlaß gerichteten Anspruchs haftet also vor Annahme der Erbschaft nur der Nachlaß, es müßte denn auch eine persönliche Verpflichtung des (der) Erben vorliegen, in welchem Falle auch der Erbe haftet.

Das dem (den) Erben außer dem Nachlasse gehörige Vermögen ist gegenüber den gegen den Nachlaß gerichteten Ansprüchen durch § 778 Abs. 1 ZPO. geschützt. Der Paragraph bestimmt, daß wegen solcher Ansprüche nur in den Nachlaß vollstreckt werden darf, er verbietet also Angriffe in das Eigenvermögen des Erben. Dieses letztere soll, da zur Zeit noch nicht gewiß ist, ob der Erbe die Erbschaft behalten und Schuldner der Nachlaßverbindlichkeiten bleiben werde, zunächst noch nicht zur Berichtigung von Nachlaßverbindlichkeiten herangezogen werden, vielmehr untersteht es allein dem Interessengebiet der eigenen Gläubiger des Erben (Miterben). Daß aber die persönlichen Gläubiger des Erben aus diesem Grunde ein eigenes Widerspruchsrecht gegen die das eigene Erbenvermögen ergreifende Vollstreckung der Nachlaßgläubiger haben sollten, wie Seuffert ZPO. § 778 Anm. 3 d meint, kann wegen Fehlens einer entsprechenden gesetzlichen Bestimmung diesseits nicht anerkannt werden. Der Erbe selbst dagegen hat dieses Widerspruchsrecht (§ 766 ZPO.), er darf auch die Widerspruchsklage nach § 771 ZPO. (negative Feststellung, daß die betr. Zwangsvollstreckung unzulässig ist) erheben, weil er nach § 778 nicht mit dem von den Nachlaßgläubigern in Anspruch genommenen Vermögen haftet. Auf eine solche Klage hin muß die Maßregel der Zwangsvollstreckung aufgehoben, nicht bloß darf sie bis zur Annahme der Erbschaft gehemmt werden.

Was die Frage anlangt, ob der Anteil eines Miterben seitens eines Nachlaßgläubigers schon vor Annahme der Erbschaft gepfändet werden kann, so ist zu bemerken: Der Anteil gehört jedem Miterben eigentümlich, wie dem Alleinerben der Nachlaß als Ganzes, er ist dasjenige, was „vom Nachlaß" dem Miterben allein gehört, er ist also nicht Bestandteil des Nachlasses, sondern des Erbenvermögens. Aus einem Urteil, das wegen eines gegen den Nachlaß gerichteten Anspruchs zuungunsten des Nachlasses erlassen ist, kann daher vor Annahme nicht der Anteil eines Miterben für einen Nachlaßgläubiger gepfändet werden. Es bestehen auch formale Schwierigkeiten insofern, als der Miterbe, welcher von der Pfändung betroffen werden soll, im Urteile gar nicht bezeichnet ist, denn der gegen den Nachlaß gerichtete Anspruch kann nur gegen einen Funktionär verfolgt werden. Dagegen kann aus einem gegen den im Einzelfalle auch persönlich haftenden Miterben gerichteten Urteil, vor allem also aus einem vom Eigengläubiger erwirkten Urteil der Anteil des Miterben schon vor Annahme der Erbschaft gepfändet werden. Im Falle der Ausschlagung der Erbschaft ist die gegen den ausschlagenden Miterben gerichtete Pfändung des Anteils gegenstandslos.

War die Zwangsvollstreckung des Nachlaßgläubigers in Eigenvermögen des — im Einzelfalle nicht zugleich persönlich haftenden — Erben bereits bis zur Befriedigung des Gläubigers gediehen, so ist die Anwendung der §§ 766, 771 ZPO. nicht mehr angängig. Der befriedigte Nachlaßgläubiger ist mangels eines rechtzeitigen Widerspruchs des Erben nicht zur Herausgabe der Bereicherung dem Erben gegenüber verpflichtet. Nimmt der Erbe die Erbschaft nunmehr an, so ist er überhaupt nicht geschädigt, da unbeschränkte, d. h. ohnehin sein Eigenvermögen erfassende Haftung eintritt (§ 1967). Der Erbe kann — unter Umständen — nur dann einen Ersatzanspruch noch erheben, wenn er ein Mittel der Haftungsbeschränkung (gleichviel ob ein ordentliches oder ein besonderes) anwendet; aber auch in diesem Falle kann er Ersatz nur aus dem Nachlasse, nicht gegenüber dem befriedigten Nachlaßgläubiger beanspruchen. Für den Umfang des Ersatzes kommt es darauf an, unter welchen Umständen der Erbe die Befriedigung aus dem Eigenvermögen hatte geschehen lassen. Hatte er nämlich annehmen dürfen, daß der Nachlaß zur Berichtigung sämtlicher Nachlaßverbindlichkeiten ausreichen werde, so müssen die Nachlaßgläubiger die Befriedigung als für Rechnung des Nachlasses erfolgt gelten lassen und vollen Ersatz leisten (§ 1979). Im Nachlaßkonkurse ist der Erbe Massegläubiger (§ 224 Nr. 1 KO.). Hatte er dagegen den Umständen nach nicht annehmen können, daß der Nachlaß zur Berichtigung sämtlicher Nachlaßverbindlichkeiten ausreichen werde, so muß er das Risiko selber tragen, erweist sich der Nachlaß nämlich als nicht ausreichend, d. h. ist der Konkursfall gegeben, so ist er mit seinem Anspruche nur Konkursgläubiger: er erhält im Konkurse nur insoweit Befriedigung, als sie der befriedigte, ausgeschiedene Gläubiger erhalten hätte (§ 225 Abs. 2 KO.). Schlägt der Erbe die Erbschaft aus, so hat er einen Bereicherungsanspruch gegen den endgültigen Erben, da diesem die Befriedigung des bereits befriedigten Gläubigers erspart ist. Doch kann auch dieser Anspruch nicht vor Annahme der Erbschaft geltend gemacht werden, er kann nur gegen den Nachlaß gerichtet werden, wenn der Erbe ein Mittel der Haftungsbeschränkung anwendet, weil alsdann nur der Nachlaß haftet. Gegenüber dem Nachlaßkonkurse ist der Ausschlagende in jedem Falle hier nur Konkursgläubiger. Der § 224 Nr. 1 KO. gilt nur für das Verhältnis des Erben zum Nachlasse; der ausschlagende Erbe ist nicht „Erbe". — Für den Fall, daß der Erbe die Nachlaßverbindlichkeit aus den Mitteln des Nachlasses berichtigt hat, siehe § 1959 BGB.

Im eigenen Konkurse des Alleinerben (im Gegensatze zum Nachlaßkonkurse) gehört der Nachlaß, als im Eigentum des Erben stehend, zur Konkursmasse. Die Nachlaßgläubiger nehmen hier keine andere Stellung ein, wie die sonstigen Erbengläubiger. Doch darf der Erbe, jeder Nachlaßgläubiger sowie der Konkursverwalter behufs Herbeiführung einer Sonderbehandlung des Nachlasses Nachlaßverwaltung beantragen (§ 1981 Abs. 1 und 2) bezw. beim Vorhandensein einer Überschuldung des Nachlasses den Nachlaßkonkurs (§§ 217, 215 KO.). Der Erbe ist allein berechtigt, eine ihm vor der Eröffnung des Gesamtkonkurses angefallene Erbschaft auszuschlagen (§ 9 KO.). Macht er davon Gebrauch, so muß die Erbschaft für den definitiven Erben ausgesondert werden. Gerät ein Miterbe in Konkurs, so gehört sein Anteil so lange zur Masse, als nicht Ausschlagung der Erbschaft erfolgt; auch gegenüber einem Verfahren der Nachlaßverwaltung bezw. des Nachlaßkonkurses bleibt er Bestandteil der Masse. Eine Erbschaft, die dem Erben während seines Konkurses anfällt, gehört nicht zur Konkursmasse (§ 1 KO.).

Die auf Geld gerichteten Ansprüche sind aus Nachlaßmitteln mit Geld zu berichtigen. Eventuell also ist der Nachlaß, soweit erforderlich, in Geld umzusetzen (§ 2046 Abs. 3).

Klagen der Nachlaßgläubiger auf Erfüllung von Nachlaßverbindlichkeiten können, gleichviel ob nur ein Alleinerbe oder eine Erbenmehrheit vorhanden ist, auch gegenüber dem Nachlaßpfleger, Testamentsvollstrecker im Gerichtsstande der Erbschaft dann erhoben werden, wenn der Nachlaß sich noch ganz oder teilweise im Bezirk des betr. Gerichts (bei welchem der Erblasser zur Zeit des Todes den allgemeinen Gerichtsstand hatte) befindet (§ 28 ZPO.). Beim Vorhandensein mehrerer Erben ist dieser Gerichtsstand auch, abgesehen von dem Verbleib des Nachlasses, so lange gegeben, als die Erben noch gesamtschuldnerisch haften (§ 2058). Da dies grundsätzlich auch nach der Teilung der Erbschaft der Fall ist, kommt es also auf die Teilung hier nicht an. Eine nicht gesamtschuldnerische, also anteilige Haftung wird in Ausnahmefällen durch §§ 2060, 2061 nur für die Zeit nach der Teilung des Nachlasses begründet. (Siehe übrigens über die Frage der Zuständigkeit die für die Erbenmehrheit widersprechende Ansicht von Seuffert ZPO. § 28 Anm. 5 b.)

b. Insbesondere die Haftung:

Einer besonderen Erwähnung bedürfen die auf den §§ 1963 und 1969 beruhenden Nachlaßverbindlichkeiten. Es rechtfertigt sich, sie hier bei der Darlegung der für die Zeit vor Annahme der Erbschaft geltenden Grundsätze zu behandeln, weil sie unmittelbar nach Eintritt des Erbfalls geltend gemacht werden.

α. Gegenüber der Mutter des nasciturus. § 1963.

Der § 1963 begründet für die Mutter, welche mit dem Erben schwanger geht, das Recht, Unterhalt bis zur Entbindung (siehe hierüber bei Planck Anm. 3) zu verlangen. Der Mutter eines nasciturus, der bei seiner Geburt lediglich einen Pflichtteilsanspruch haben wird, also von der Erbfolge durch Verfügung des Erblassers von Todeswegen geradezu ausgeschlossen ist (§ 2303), steht ein Anspruch auf Unterhalt nicht zu, ebensowenig der mit einem Legatar schwangeren Mutter. Dagegen steht er der Mutter des Nacherben zu, mit welchem sie z. B. des Eintritts der Nacherbfolge schwanger ist (§ 2141). Voraussetzung für den Anspruch in Ansehung des nasciturus ist, daß der zukünftige Erbe, sei es, daß er alleiniger Erbe oder daß er Miterbe sein wird, z. B. des Erbfalls bereits erzeugt ist (§ 1923 Abs. 2) und daß er bei seiner Geburt Erbe ist, wobei es gleichgültig ist, ob er hierzu durch eine letzwillige Verfügung des Erblassers oder durch das Gesetz berufen ist. Ferner ist Voraussetzung des Anspruchs in Ansehung der Mutter, daß sie nicht imstande ist, sich selbst standesgemäß zu unterhalten. Siehe hierüber bei Staudinger Anm. 2 b. Sollte die Mutter im Einzelfalle zu den Familienangehörigen des Erblassers gehören, welche nach § 1969 einen Anspruch auf Unterhalt sowie auf Benutzung der Wohnung und der Haushaltungsgegenstände in bestimmtem Umfange für die Dauer von 30 Tagen vom Erbfalle ab haben, so wird für diese Dauer nicht auch der Unterhaltsanspruch aus § 1963 zu berücksichtigen sein, weil vorläufig dessen Voraussetzung, nämlich die Unfähigkeit der Mutter, sich selbst standesgemäß zu unterhalten, nicht vorliegt. Sofern aber die Leistung aus § 1969, die ja nur in dem bisherigen Umfange zu gewähren ist nicht diejenige erreicht, welche die Schwangere nach § 1963 verlangen kann, wird ihr auf Grund des § 1963 erhobener Anspruch in gewisser Höhe zu berücksichtigen sein. Hat z. B. die Ehefrau wegen großen Geizes ihres Ehemannes während der Ehe hungern müssen, so könnte sie, wenn sie darauf angewiesen ist, lediglich nach § 1969 zu fordern, während der ersten 30 Tage nach dem Erbfalle auch nur den Unterhalt in dem vom Erblasser festgelegten beschränkten Umfange verlangen, dagegen kann sie als mit dem Erben schwangere Frau standesmäßigen Unterhalt verlangen. Des weiteren wird aber zu berücksichtigen sein, daß der auf § 1969 beruhende Unterhaltsanspruch nur den Charakter eines Vermächtnisses hat, im Range also dem Unterhaltsanspruch aus § 1963 nachsteht (siehe hierüber weiter unten!), weshalb in allen denjenigen Fällen, wo aus diesem Grunde der § 1969 überhaupt versagt, die Mutter nach § 1963 fordern darf; es ist dann eben die Voraussetzung des § 1963, Unfähigkeit der Mutter, sich standesgemäß zu unterhalten, vorhanden. Im übrigen ist es gleichgültig, ob die schwangere Mutter die Ehefrau des Erblassers oder eine andere Frau ist. Der Anspruch steht lediglich der Mutter zu, nicht dem nasciturus, weshalb ihn ein nach § 1912 bestellter Pfleger für den nasciturus nicht geltend machen könnte, andererseits ist er der Mutter aber lediglich um des nasciturus willen gegeben, nämlich, damit nicht die Geburt des Erben durch pekuniäre Bedrängnis der Mutter in Frage gestellt werde; der Unterhalt kommt also letzten Endes dem Erben zugute. Trotzdem ist die Mutter, wenn das Kind tot geboren wird bezw. sind die Erben der Mutter, wenn letztere während der Schwangerschaft verstirbt, nicht zur Rückerstattung des Geleisteten verpflichtet, weil nämlich der Unterhalt mit Rücksicht auf den erwarteten Erben gewährt wird. Ist dagegen die Schwangerschaft überhaupt nicht vorhanden, sei es, daß die Mutter sie vortäuscht oder daß sie irrig daran glaubt, so ist sie nach allgemeinen Grundsätzen zum Schadensersatz bezw. zur Herausgabe der Bereicherung verpflichtet. Dieselben Grundsätze haben Anwendung zu finden, wenn die Schwangerschaft zwar vorliegt, die Leibesfrucht aber nicht auf die für die Erbfolge maßgebliche Zeugung zurückzuführen ist. Hat z. B. der Erblasser sein eheliches Kind, mit dem nach seiner Meinung seine Ehefrau schwanger ist, zum Erben eingesetzt, ist aber das Kind von einem anderen Manne gezeugt, so hat die Mutter, wenn sie dies weiß, aber verschweigt, Schadensersatz zu leisten, dagegen nur die Bereicherung herauszugeben, wenn sie — irrig — glaubt, daß das Kind vom Ehegatten gezeugt ist. (Siehe auch § 1600.) — Der Unterhaltsanspruch wird, weil er Ausfluß der Fürsorge für den Erben ist, nicht dadurch beseitigt, daß sich die Mutter dem Erblasser gegenüber eines die Erbunwürdigkeit begründenden Verhaltens schuldig gemacht hat. Die Möglichkeit, daß statt des erwarteten einen Erben deren zwei oder mehr geboren werden, beeinflußt den Umfang des zu gewährenden Unterhalts nicht. — Über die Art der Gewährung des Unterhalts ist auf §§ 1912, 1913 zu verweisen.

Was die Verfolgung der gegen den Nachlaß gerichteten Ansprüche der Nachlaßgläubiger bei der hier vorausgesetzten Situation, daß beim Eintritt des Erbfalls ein Erbe noch nicht lebt, anlangt, so ist zu bemerken, daß sie nur gegenüber einem Funktionär geschehen kann. In Frage kann nur ein vom Erblasser etwa bestellter, mit der Gesamtverwaltung betrauter Testamentsvollstrecker kommen oder ein Nachlaßpfleger, welchen das Gericht gemäß § 1960 oder auf Betreiben eines Nachlaßgläubigers gemäß § 1961 bestellt hat. Für den Fall beschränkter Verwalterbefugnis des Testamentsvollstreckers würde lediglich der Nachlaßpfleger in Anspruch genommen werden können (§§ 2208 Abs. 1, 2213 Abs. 1 S. 2). Sollte Nachlaßkonkurs schweben, so wäre nach konkursrechtlichen Grundsätzen vorzugehen. Das Anordnen einer Nachlaßverwaltung kann nicht in Frage kommen, weil ein noch nicht geborener Erbe keine Gefährdung der Gläubigerrechte im Sinne des § 1981 Abs. 2 verursachen kann, und weil ein Nachlaßpfleger oder ein Testamentsvollstrecker die Nachlaßverwaltung nicht beantragen dürfen. Der nasciturus selbst darf gerichtlich nicht in Anspruch genommen werden (§ 1958); also könnte auch ein nach § 1912 bestellter Pfleger des nasciturus nicht gerichtlich belangt werden. Die Ansprüche der Nachlaßgläubiger sind nach allgemeinen Grundsätzen gegen den Nachlaß gerichtet, d. h. es haftet der Eigentümer dieses Nachlasses, d. i. der nasciturus, mit seinem ganzen Vermögen. So lange indes die Erbschaft von ihm nicht angenommen ist, und dies wird, weil es ja möglich ist, daß er überhaupt nicht lebend zur Welt kommt (§ 1923 Abs. 2), vor der Geburt nicht geschehen können, besteht das im § 778 ZPO. statuierte Verbot der Vollstreckung in Eigenvermögen des nasciturus. Erst nach Annahme der Erbschaft, jedenfalls also erst nach der Geburt, haftet auch das Eigenvermögen des Erben und besteht die Möglichkeit der Haftungsbeschränkung. Was nun den durch § 1963 begründeten Unterhaltsanspruch anlangt, so entspricht ihm eine Verbindlichkeit des Nachlasses. Die Mutter ist Nachlaßgläubigerin, der Anspruch ist gegen den Nachlaß gerichtet. Insofern ist diese Nachlaßverbindlichkeit aber besonders charakterisiert, als das Gesetz hier ausdrücklich lediglich den Nachlaß als Objekt der Haftung bezeichnet. (So auch Planck, Staudinger, anders Strohal Bd. II, 45 und Kreß 102.) Das eigene Vermögen des Erben darf danach nicht nur nicht vor, sondern auch nicht nach der Annahme der Erbschaft angegriffen werden. Die den Anspruch geltend machende Mutter wird, da vor Annahme der Erbschaft legitimiert stets nur ein Funktionär ist, nicht nötig haben, Befriedigung „aus dem Nachlasse" zu fordern, denn in dem Funktionär ist eben nur der Nachlaß angegriffen. Geht sie aber erst nach Annahme der Erbschaft vor, so ist sie gezwungen, schon in der Klage den Anspruch auf den Nachlaß zu beschränken, da sie anderenfalls zwar Verurteilung zur Erfüllung aus dem Nachlasse erreichen, mit dem weitergehenden Anspruche aber abgewiesen werden müßte. Im übrigen ist wohl zu merken, daß der Anspruch überhaupt nur für die Zeit bis zur Entbindung erhoben werden kann, daß also in der Zeit nach der Entbindung lediglich Rückstände für die vorhergehende Zeit gefordert werden können (§§ 1612, 1613). Eine weitere Folge der gesetzlichen Beschränkung der Haftung auf den Nachlaß ist, daß der Verlust der Beschränkung durch Inventarverstöße ohne Einfluß ist. Dem Unterhaltsanspruch kann der Erbe nicht nach Maßgabe der §§ 2014, 2015 begegnen, d. h. er kann die in den Nachlaß vorgenommene Zwangsvollstreckung nicht aufhalten, weil sonst der Zweck der Bestimmung vereitelt werden, die der Mutter um des nasciturus willen bestimmte Hilfe zu spät kommen könnte.

Die Vorschrift des § 1963 hat, wie die der §§ 1969 und 1932, ergänzenden Charakter. Während aber in den letzteren beiden Paragraphen den durch sie begründeten Ansprüchen vermächtnisrechtliche Natur beigelegt ist, wodurch sie auf einen niedrigeren Rang gestellt sind, wie die Ansprüche aus den vererbten Schulden des Erblassers und wie Pflichtteilansprüche, fehlt es im § 1963 an einer solchen Bestimmung. Der Unterhaltsanspruch muß daher — auch im Nachlaßkonkurse — mit den Ansprüchen aus vererbten Schulden auf gleicher Stufe rangieren, den Pflichtteilsansprüchen, Legaten und Auflagen aber vorgehen. Dieses Resultat, an welchem nach Lage des Gesetzes festzuhalten ist, befriedigt nicht durchweg. Es entstehen bei einem Nachlasse, der nicht zur Berichtigung der sämtlichen Nachlaßverbindlichkeiten ausreicht, Schwierigkeiten. Man hat, wie schon erwähnt, davon auszugehen, daß die Unterhaltspflicht gegenüber der schwangeren Mutter des Erben lediglich um des nasciturus, des Erben willen, nämlich zur Ermöglichung seiner Geburt normiert ist, daß also letzten Endes eine Zuwendung an den Erben selbst vorliegt. Bei einem für alle Nachlaßverbindlichkeiten ausreichenden Nachlasse ist dies unbedenklich, gleichviel ob dem Erben nach Berichtigung aller Nachlaßverbindlichkeiten noch etwas verbleibt oder ob der Nachlaß dabei gerade aufgebraucht wird, denn die Gläubiger sind jedenfalls nicht geschädigt. Beim Vorliegen eines Nachlasses, der so unzulänglich ist, daß daraus nicht einmal die Schulden des Erblassers getilgt werden können, würde jede Verwendung von Mitteln des Nachlasses für die Ermöglichung der Geburt des Erben die Interessen der betreffenden Nachlaßgläubiger beeinträchtigen. Man wird den nasciturus nicht besser stellen können, wie einen bereits lebenden Erben; bezüglich eines solchen aber gilt selbstverständlich der Grundsatz, daß ihm vom Nachlasse nichts verbleiben kann, wenn dieser nicht einmal zur Berichtigung der vererbten Schulden ausreicht. Die Gläubiger haben, da ihnen jedenfalls der Nachlaß haftet, kein Interesse an der Geburt des Erben; das Interesse, das die Allgemeinheit an der Geburt eines Menschen hat, darf nicht dazu führen, gerade die Gläubiger des Erblassers zu belasten. Strohal Bd. II, 45 und ihm folgend Kreß 101 sind deshalb der Ansicht, daß der Unterhaltsanspruch der Mutter nicht zu berücksichtigen ist, wenn der Nachlaß schon durch vererbte Schulden überschuldet ist. Strohal räumt auch dem Pflichtteilsanspruch den Vorrang vor dem Unterhaltsanspruche ein. Er meint, daß anderenfalls die Pflichtteilsberechtigten durch die Willkür des Erblassers eine Verkürzung erfahren können. Er denkt sich offenbar den Fall so, daß der Erblasser denjenigen, der sein gesetzlicher Erbe sein würde, in letztwilliger Verfügung von der Erbfolge ausschließt und statt seiner einen nasciturus zum Erben einsetzt, lediglich in der Absicht, durch den mit dem Erbfalle entstehenden Unterhaltsanspruch der Mutter des nasciturus den mit ihm konkurrierenden Anspruch des — infolge der Ausschließung — Pflichtteilsberechtigten zu schmälern. Eine solche Schmälerung tritt in der Tat ein, wenn (da) der Unterhaltsanspruch v o r dem Pflichtteilanspruch rangiert, denn der letztere wird auf Grundlage des nach Abzug a l l e r dem Pflichtteilsanspruch vorrangierenden Nachlaßverbindlichkeiten verbleibenden Netto-Nachlasses berechnet; es macht natürlich unter Umständen einen großen Unterschied, ob zu diesen vorrangierenden Nachlaßverbindlichkeiten auch die Unterhaltspflicht gerechnet wird oder nicht; der Nachlaß kann klein sein, die Unterhaltspflicht mag ihn im Einzelfalle aufzehren. Beispiel: X, ein hoher Beamter mit 12 000 ℳ Gehalt, das er stets verbraucht, hat als einzige gesetzliche Erben seine Ehegattin K und seinen Sohn A. Die K ist im ersten Monat schwanger. X testiert, wie folgt: „Meine Frau und mein Sohn A sollen nicht Erben sein." Er entleibt sich danach. Zum Alleinerben ist nunmehr durch das Gesetz der nasciturus berufen, während K und A auf den Pflichtteil angewiesen sind Der Nachlaß sei 3000 ℳ. Nach diesseitiger

Auffassung geht der Unterhaltsanspruch dem Pflichtteilsanspruch vor. Der Unterhaltsanspruch soll angemessen 300 ℳ pro Monat, 2400 ℳ für 8 Monate betragen, wozu noch an Kosten der Vorbereitung für die Entbindung 100 ℳ treten. Der Pflichtteil der A und K ist also nach einem Nettonachlaß von 500 ℳ zu berechnen, K bekommt $^1/_8$ von 500 ℳ = 62,50 ℳ. Der Pflichtteil des A ist, wenn der nasciturus lebend zur Welt kommt, $^3/_{16}$ von 500 ℳ = 93,75 ℳ; für den Erben würden noch 343,75 ℳ verbleiben. Nach der Strohalschen Auffassung, welche das eben gewonnene Resultat, das aber der Lage des Gesetzes entspricht, ablehnt, hat der Pflichtteilsanspruch der K und A vor dem Unterhaltsanspruch den Vorzug. Danach müßte der Pflichtteil nach einem Nachlasse von 3000 ℳ berechnet werden, die K müßte $^1/_8$ von 3000 = 375 ℳ, A $^3/_{16}$ von 3000 = 562,50 ℳ erhalten bezw. es müßte, da es ja möglich ist, daß der nasciturus nicht lebend zur Welt kommt, bezw. daß Zwillinge geboren werden, das auf den A Entfallende bis zur Geburt des nasciturus reserviert werden (Staudinger § 2310 Anm. 4 und § 2043); günstigsten Falles, d. h. für den Fall, daß der Erbe überhaupt nicht lebend geboren wird, würde der Pflichtteil des A $^3/_8$ von 3000 = 1125 ℳ betragen. Auf den Unterhaltsanspruch der Mutter blieben dann 1500 ℳ zu verwenden. Zu der Strohalschen Begründung ist zu bemerken, daß die Einsetzung eines nasciturus zum Erben, die in der Absicht einer Verletzung der Ansprüche eines Pflichtteilsberechtigten geschehen sollte, eine doch gar zu unsichere Spekulation wäre. Wenn nämlich der Testator die Geburt des nasciturus überlebt, so kommt der Unterhaltsanspruch der Mutter nicht zur Entstehung und die beabsichtigte Verkürzung des Pflichtteils entfällt. Strohal hat nicht des Falles Erwähnung getan, daß der nasciturus auch seinerseits pflichtteilsberechtigt ist, d. h. pflichtteilsberechtigt wäre, wenn er nicht zum Erben berufen wäre. In praxi wird der nasciturus meist ein Pflichtteilsberechtigter sein. Es fragt sich, ob ein anderer Pflichtteilsberechtigter mit seinem Anspruch auch dem Anspruche der Mutter eines solchen nasciturus vorgeht, wenn man der Strohalschen Ansicht vom Vorzug des Pflichtteils vor dem Unterhalte überhaupt folgt? Die Frage müßte bezw. könnte nur bejaht werden und zwar deswegen, weil eine Schmälerung des Pflichtteils des nasciturus nicht eintreten könnte. Es sei auf das eben gegebene Beispiel vom Beamten mit 3000 ℳ Nachlaß verwiesen. Darin ist der nasciturus als Kind des Erblassers an sich pflichtteilsberechtigt, sein Pflichtteil würde, wie der des A $^3/_{16}$ von 3000 = 562,50 ℳ betragen. Da für die Mutter aber 1500 ℳ Unterhalt verbleibt, kommt dem nasciturus auf diese Weise mehr zu, wie sein Pflichtteil beträgt.

Was das Verhältnis des Anspruchs eines Legatars und Auflagenempfängers zum Unterhaltsanspruche der Mutter betrifft, so ist auch hier an dem Vorrange des letzteren festzuhalten. Strohal ist entgegengesetzter Ansicht, die er aber unrichtig begründet. Er führt aus: Der Erblasser ist keineswegs gezwungen, den nasciturus zum Erben einzusetzen, er ist vielmehr berechtigt, ihn nach Belieben von der Erbfolge auszuschließen, also auf den Pflichtteil zu beschränken und dadurch den Unterhaltsanspruch der Mutter erst gar nicht zur Entstehung kommen zu lassen. Warum sollte er, wenn er dies darf, den Anspruch der Mutter nicht auch dadurch illusorisch machen dürfen, daß er ihn zwar durch Einsetzung des nasciturus als Erben entstehen läßt, aber durch Belastungen des Nachlasses mit Legaten und Auflagen ganz entwertet? Dieser Schluß ist nicht richtig.

Einmal wird eine Spekulation des Inhalts, daß ein nasciturus lediglich zur Verhütung des Unterhaltsanspruchs der Mutter auf den Pflichtteil beschränkt wird oder daß um der Schädigung der Mutter willen die Erbschaft des nasciturus mit Legaten überschwert wird, kaum je vorkommen; im übrigen würde sie ihren Zweck wohl meist verfehlen, da für den Fall, daß der nasciturus noch bei Lebzeiten des Testators zur Welt kommt, zwar kein Unterhaltsanspruch der Mutter in Frage kommt, aber der Neugeborene um sein Erbrecht oder um eine ausreichende Erbschaft gebracht sein würde. Es ist des weiteren aber zu bemerken, daß es in Ansehung des Unterhaltsanspruchs keineswegs dasselbe ist, ob der nasciturus auf den Pflichtteil beschränkt oder ob er als Erbe einer mit Legaten überlosteten Erbschaft eingesetzt wird. Im ersteren Falle wird der Unterhaltsanspruch niemals existent, im letzteren Falle gelangt er zur Entstehung, wird er aber durch andere Maßnahmen des Erblassers geschädigt. Wohl ist es dem Erblasser gestattet, den ersten Weg zu wählen, während der letztere ihm durch den Zweck der Bestimmung des § 1963 verwehrt ist. Die Bestimmung ist zwingend sowohl in dem Sinne, daß der Erblasser, wenn er erst den nasciturus zum Erben einsetzt, den Anspruch der Mutter nicht durch seine Anordnungen ausschließen, wie auch in dem Sinne, daß er ihn nicht auf andere Weise vereiteln kann. — Der Unterhaltsanspruch rangiert auch dann vor dem Legat, wenn der Legatar ein an sich Pflichtteilsberechtigter ist, d. h. pflichtteilsberechtigt wäre, wenn nicht ein Legat für ihn bestimmt wäre, denn er rangiert ja auch vor dem Anspruch des Pflichtteilsberechtigten.

Für den Fall, daß außer dem nasciturus noch andere Personen als Erben berufen sind, kann die Mutter den Unterhalt „aus dem Erbteile des Kindes" verlangen. Bei der hier vorausgesetzten Situation, daß von mehreren Erben der eine noch nicht geboren, aber bereits erzeugt ist, verfolgen die Nachlaßgläubiger ihre gegen den Nachlaß gerichteten Ansprüche gegen sämtliche Miterben einschließlich des nasciturus. Diejenigen Miterben, welche die Erbschaft bereits angenommen haben, dürfen persönlich angegriffen werden; die übrigen einschließlich des nasciturus können nur durch einen Funktionär hinsichtlich des Nachlasses in Anspruch genommen werden, weshalb ein solcher zu bestellen ist, wenn er z. Z. der Inanspruchnahme noch nicht vorhanden sein sollte. Jedenfalls erfordert die Vollstreckung in den Nachlaß ein Vorgehen gegen sämtliche Miterben einschließlich des nasciturus (§ 747 ZPO.). Das Eigenvermögen eines jeden Miterben ist für die Zeit vor Annahme der Erbschaft durch § 778 ZPO. der Zwangsvollstreckung entzogen, für die Zeit nach Annahme besteht zwar kein solches Verbot, aber mit Rücksicht auf § 2059 besteht die Möglichkeit, die Zwangsmaßregeln auf den Nachlaß zu beschränken. Was nun den auf § 1963 beruhenden Unterhaltsanspruch anlangt, so ist die ihm entsprechende Nachlaßverbindlichkeit auch hinsichtlich des als Miterben erwarteten nasciturus dadurch besonders charakterisiert, daß als Objekt der Haftung lediglich der Erbteil des Kindes bezeichnet ist. Aus dieser Begrenzung kann nun nicht etwa gefolgert werden, daß nur der Eigentümer dieses Erbteils, d. i. der erwartete Erbe, Schuldner der Verbindlichkeit gegenüber der Mutter ist. Wäre dies der Fall, so könnte die Mutter den Anspruch nur gegen den nasciturus, vertreten durch einen ad hoc bestellten Nachlaßpfleger, geltend machen und auf Grund des etwa erzielten Urteils den betr. Erbteil des Kindes pfänden. Dieser Weg würde aber nicht rechtzeitig zur Befriedigung des Anspruches führen können, da der einen Erbteil pfändende Nachlaßgläubiger endgültig erst durch die auf Grund der Pfändung erfolgende Erbenauseinandersetzung oder aber durch den Verkauf des gepfändeten Anteils im Zwangswege befriedigt wird. Nun wird aber der Erbteil eines nasciturus kaum verkäuflich sein und die Auseinandersetzung ist wegen des § 2043 in der Regel unzulässig. In jedem Falle aber würde mit diesem Verfahren so viel Zeit verloren gehen, daß der Zweck der Bestimmung des § 1963 im wesentlichen vereitelt wäre. Das Gesetz will mit der Begrenzung des Objekts der Haftung nicht den nasciturus allein zum Schuldner des Unterhaltsanspruchs stempeln, es will vielmehr lediglich das Objekt, aus dem das auf den Anspruch Geleistete verrechnet werden soll, bezeichnen, ohne im übrigen den Nachlaß zu entlasten. Es haftet demnach der N a ch l a ß in Höhe des dem nasciturus nach seiner Geburt zukommenden Anteils und es können, wenn in den N a ch l a ß vollstreckt werden soll, nur alle Miterben einschließlich des für den nasciturus bestellten Nachlaßpflegers gerichtlich in Anspruch genommen werden. Die Bestimmung „Erbteil des Kindes" ist, wie Binder, Rechtsstellung des Erben I 210, mit Recht ausführt, nur Berechnungsmaßstab für die Leistung. Siehe auch Planck Anm. 4 Abs. 3 und Kreß 101, anders Strohal II 48 Anm. 13, Staudinger Anm. 6. Die Leistung aus dem Erbteil des Kindes zwingt die in Anspruch genommenen Miterben natürlich eventuell zur Abschätzung des Wertes des Erbteils. Hierbei sind alle den Nachlaß überhaupt bezw. den Erbteil des Kindes etwa besonders belastenden Verbindlichkeiten in Ansatz zu bringen, und es ist rechnerisch eine Teilung vorzunehmen. Das als Unterhalt Geleistete wird bei der Erbenauseinandersetzung auf den Anteil des Kindes verrechnet, das dann möglicherweise gar nichts mehr herausbekommt. Daß im Falle der Überschuldung des Nachlasses durch vererbte Verbindlichkeiten auf den Erbteil des Kindes nichts ausgezahlt werden kann und zwar auch nicht in Gestalt von Unterhalt für die Mutter des nasciturus, daß vielmehr zur Abwendung von Schadensansprüchen Nachlaßkonkurs angemeldet werden muß, folgt aus § 1980. Die den Anspruch geltend machende Mutter muß „Befriedigung aus dem Erbteile des Kindes" fordern. Daß die Befriedigung wegen Unzulänglichkeit des Erbteils nicht in der geforderten Höhe oder wegen Überschuldung des Nachlasses überhaupt nicht erfolgen kann, ist von den Erben einzuwenden und zu beweisen.

Der § 1963 enthält noch den Satz: Bei der Bemessung des Erbteils ist anzunehmen, daß nur e i n Kind geboren wird. Damit sollte nicht etwa Vorsorge dahin getroffen werden, daß die Mutter nicht wegen der Möglichkeit, daß Zwillinge oder gar Drillinge geboren werden, einen höheren Unterhaltsanspruch geltend machen darf, denn auf die Höhe des Anspruchs bezw. auf den Bedarf der Mutter hat diese Möglichkeit keinen Einfluß. Vielmehr dient die Vorschrift der vorläufigen Festsetzung der Höhe des zur Leistung heranzuziehenden Erbteils, also eventuell einer Beschränkung des Anspruchs hinsichtlich des für ihn haftenden Gegenstandes. Würden zwei Kinder statt eines geboren, so mag es im Einzelfalle zutreffen, daß sie zusammen keinen größeren Anteil am Nachlasse haben, wie er bei der Geburt nur eines Kindes diesem zustehen würde. In diesem Falle steht der Wert des Anteils und damit auch die Grenze des auf den Unterhaltsanspruch zu Leistenden endgültig fest. Beispiel von Strohal: X stirbt ohne letztwillige Verfügung: sein einziger gesetzlicher Erbe ist ein nasciturus seiner Schwiegertochter. Bringt sie e i n

Kind zur Welt, so erbt es den ganzen Nachlaß; sind es zwei Kinder, so erben sie zusammen den ganzen Nachlaß. Es steht hier fest, daß unter allen Umständen auf den nasciturus bezw. die nascituri der ganze Nachlaß entfallen wird, daher kann die Mutter Unterhalt eventuell im Werte des gesamten Nachlasses verlangen. Liegt aber der Fall so, daß bei der Geburt eines Kindes auf dieses weniger entfallen würde, wie bei der Geburt zweier oder dreier Kinder auf jedes derselben, so ist wichtig, daß nur die Geburt e i n e s Kindes vermutet werden soll, denn, dürfte die Mutter davon ausgehen, daß mehrere Kinder geboren werden, so dürfte sie den Unterhalt in Höhe der beiden — zusammen größeren — Erbteile statt des kleineren verlangen. Ist der zu gewährende Unterhalt nach dem Stande der Mutter monatlich 300 *M*, die Gesamtleistung z. B. auf 5 Monate berechnet 1500 *M*, ist ferner der Wert eines Erbteils 1000 *M*, der Wert von zwei Erbteilen aber zusammen 1500 *M*, so kann die Mutter trotzdem im ganzen nur 1000 *M* verlangen, weil auf die Möglichkeit, daß 1500 *M* bei der Geburt von zwei Kindern disponibel sind, Rücksicht nicht genommen wird. Strohal gibt hier folgendes Beispiel: X hinterläßt als einzige gesetzliche Erben ein Enkelkind und dessen einen Geschwister, einen nasciturus. Wird nur ein Kind geboren werden, so wird jedes $^1/_2$ des Nachlasses erhalten, werden aber zwei Kinder geboren werden, so wird jedes der drei Kinder $^1/_3$ erhalten. Auf die zwei neuen Enkel wird zusammen $^2/_3$ entfallen, also mehr wie auf ein Kind entfallen wäre. Der Anspruch der Mutter findet seine Grenze an dem Werte der Hälfte, sie kann nicht $^2/_3$ des Nachlasses für sich in Anspruch nehmen. Zweifelhaft kann sein, ob bei der Geburt mehrerer Kinder das auf den Unterhaltsanspruch Verwendete auf die Kinder zu g l e i c h e n Teilen oder entsprechend der Höhe ihrer Erbquote zu verrechnen ist. Man wird mit Strohal das erstere anzunehmen haben

β. Haftung gegenüber Familienangehörigen in den ersten 30 Tagen. § 1969.

Der § 1969 begründet — jedoch nur für den Fall, daß der Erblasser nicht durch letztwillige Verfügung die Anwendung des Paragraphen ausgeschlossen oder modifiziert (eingeschränkt oder erweitert) haben sollte — für gewisse Familienangehörige des Erblassers das Recht zu verlangen, daß ihnen in demselben Umfange, wie es der Erblasser getan hat Unterhalt gewährt und die Benutzung der Haushaltsgegenstände gestattet werde.

Was zunächst den Kreis der berechtigten Personen anlangt, so beschränkt ihn das Gesetz auf die „Familienangehörigen des Erblassers" und zwar auf diejenigen, welche z. Z. seines Todes zu seinem Haushalte gehört u n d von ihm Unterhalt bezogen haben. Es ist nicht erfordert, daß diese Personen im konkreten Falle zugleich erbberechtigt sind. Ein Forderungsrecht haben infolge der Einschränkung auf Familienangehörige nicht die Personen, die in keinem Verwandtschaftsverhältnis zum Erblasser bezw. zu Mitgliedern der Familie des Erblassers stehen, auch wenn sie zu seinem Hausstande gehört und von ihm den Unterhalt bezogen haben, so z. B. ein fremdes Kind, das der Erblasser aus Barmherzigkeit in seiner Familie erzogen und das sich z. Z. des Erbfalles noch im alten Verhältnis im Hausstande des Erblassers befunden hat, oder ein alter Kriegskamerad, der beim Erblasser gewohnt und den Unterhalt gehabt hat, ebensowenig das Gesinde, dessen Rechtsverhältnis zu den Erben vielmehr nach dem mit dem Erblasser geschlossenen Dienstvertrag zu beurteilen ist. Andererseits haben diejenigen Verwandten keinen Anspruch, welche z. Z. des Erbfalls zwar zum Hausstande des Erblassers gehört, vom letzterem aber keinen Unterhalt bezogen haben, z. B. der alte Bruder, der den ihm seitens des Erblassers gewährten Unterhalt bezahlt hat. Endlich haben den Anspruch auch nicht diejenigen Verwandten, die zwar vom Erblasser unterhalten worden waren, aber seinen Hausstand nicht geteilt hatten. Zu den Verwandten, welche die Leistung aus § 1969 fordern dürfen, gehören, wie schon angedeutet, auch Verwandte der übrigen Familienmitglieder des Erblassers, sofern nur sonst die Voraussetzungen des Anspruchs auf sie zutreffen, so also auch Verschwägerte. Das uneheliche Kind des Ehemannes als Erblassers würde, da Verwandtschaft nicht vorliegt, nicht unterhaltsberechtigt sein, wohl aber das der Mutter, wenn diese verstirbt, ebenso einer Tochter, gleichviel ob deren Vater oder Mutter Erblasser ist. Der Anspruch entfällt nicht bei einer bloß vorübergehenden Trennung des Berechtigten vom Haushalte des Erblassers; so hat ihn der außerhalb auf Kosten des Erblassers studierende Sohn in vollem Umfange, nicht aber der dauernd außerhalb in kaufmännischer Stellung befindliche, vom Erblasser ganz unabhängige Sohn.

Dem Forderungsberechtigten ist Unterhalt zu gewähren sowie die Benutzung der Wohnung und der Haushaltungsgegenstände zu gestatten in demselben Umfange, wie der Erblasser es getan hat. Deshalb ist, was den Unterhalt anlangt, nicht grundsätzlich nach Maßgabe des § 1610, sondern in demjenigen Umfange, den der Erblasser beliebt hatte, zu leisten; dies kann im Einzelfalle den Berechtigten schlechter oder besser stellen, wie er auf Grund des § 1610 stehen müßte. Die Tatsache, daß der Berechtigte sich vom Erblasser im Widerspruche mit dem Gesetze hatte beschränken lassen, verpflichtet ihn nicht, diese Beschränkung auch nach dem Erbfalle zu dulden, nur kann er erhöhte Ansprüche nicht auf § 1969 stützen. Übrigens bedeutet „Unterhalt in demselben Umfange gewähren müssen" nicht die Pflicht zur Gewährung in derselben F o r m. Siehe dagegen Planck Anm. 3. So hat der Berechtigte, der den Unterhalt dadurch bezogen hat, daß er am Tische des Erblassers mitgegessen und von ihm fertige Kleidung erhalten hat, keinen Anspruch darauf, daß die Erben ihn nun auch mit Speise und Kleidung versorgen, er darf vielmehr nur die entsprechende Leistung in Geld fordern, muß sie aber auch annehmen, wenn sie ihm in derselben Form gewährt wird, wie es der Erblasser getan hat Was die Benutzung der Wohnung und der Haushaltungsgegenstände anlangt, so handelt es sich nicht stets um die vom Erblasser selbst benutzten, sondern eventuell um die vom Erblasser dem Berechtigten z. Z. des Erbfalles gewährten, also z. B. um eine Mansardenstube mit Bett, die der Erblasser in seinem Landhause seiner Nichte eingeräumt hatte. Kommt der außerhalb studierende Sohn zur Beerdigung des Erblassers und zur Regelung der Erbschaftsverhältnisse nach Hause zurück, so wird er Unterkunft in den Räumen des Erblassers fordern dürfen, da seine zeitweise Trennung vom Haushalte dieses Recht nicht aufgehoben hatte. Eine Abfindung mit Geld braucht sich der Berechtigte hier nicht gefallen zu lassen. Der Unterhalts- usw. Anspruch ist nicht, wie der Anspruch der schwangeren Mutter (§ 1963), davon abhängig, daß der Berechtigte nicht imstande ist, sich die Vorteile auch aus eigenen Mitteln zu beschaffen. Der Anspruch ist durch das Gesetz auf die Dauer von 30 Tagen beschränkt, wobei der Todestag nicht mitgerechnet wird (§§ 187

Abs. 1, 188 Abs. 1 BGB.). Das soll natürlich nicht heißen, daß die Forderung nur während der ersten 30 Tage nach Eintritt des Erbfalls erhoben werden darf, sondern daß die Leistung für die Dauer der ersten 30 Tage gefordert werden kann. Hierüber siehe auch weiter unten. Der Grund der Bestimmung ist in der Rücksicht zu suchen, die eine so durchgreifende Veränderung, wie sie der Tod mit sich bringt, für die mit dem Erblasser eng verbundenen Familien- und Hausangehörigen erfordert; sie soll ihnen Zeit lassen, sich in die veränderten Verhältnisse zu schicken.

Der rechtliche Charakter der Bestimmung ist durch die Worte des Abs. 2: „Die Vorschriften über Vermächtnisse finden entsprechende Anwendung" gekennzeichnet Sie begründet eine Nachlaßverbindlichkeit, für welche die Erben demnach unbeschränkt aber beschränkbar haften. Diese Verbindlichkeit ist nach den für ein Vermächtnis geltenden Regeln zu behandeln. Die Vorschrift hat ergänzenden Charakter, wie die der §§ 1932, 1963. Es liegt ein sogenanntes g e s e t z l i c h e s Vermächtnis vor; wenn einer der Berechtigten zugleich Erbe ist, ist es bezüglich seiner ein Vorausvermächtnis (§ 2150). Der Erblasser kann letztwillig bestimmen, daß die Verbindlichkeit von einem Vermächtnisnehmer oder von nur einem der Miterben erfüllt werden soll. In diesem Falle ist nur der besonders Beschwerte der Schuldner (§ 2174). Die Forderung des Berechtigten entsteht mit dem Erbfalle (§ 2176); sie trifft den Erben als solchen (§ 1967 Abs. 2). Wegen der Ausschlagung des Vermächtnisses siehe §§ 2176, 2180, 2307 Abs. 2, 1953 Abs. 1, 1952 Abs. 1. Indem die Vorschriften über Vermächtnisse für entsprechend anwendbar erklärt sind, ist die Verbindlichkeit auf die einem Vermächtnis in seiner Beziehung zu anderen Nachlaßverbindlichkeiten eingeräumte untergeordnete Stellung herabgedrückt. Sie rangiert auch im Nachlaßkonkurse hinter den vererbten Schulden des Erblassers und hinter der Verbindlichkeit gegenüber den Pflichtteilsberechtigten, ferner auch hinter Verbindlichkeiten gegenüber den durch ein Aufgebot ausgeschlossenen Gläubigern (§ 1973 Abs. 1 S. 2, § 226 KO.). Allerdings wird gerade der letztgenannte Nachteil keine praktische Bedeutung haben, weil die Unterhaltsforderung beim Erlaß des Ausschlußurteils bezw. bei Geltendmachung der ausgeschlossenen Forderung schon berichtigt sein wird. Jedenfalls kann der Zwangsvollstreckung eines nach § 1969 Berechtigten nicht auf Grund der Hemmungsbefugnis nach §§ 2014, 2015 begegnet werden, da dies dem Zwecke der Bestimmung widersprechen würde. Den Nachlaßkonkurs könnte ein Berechtigter seinerseits nur nach Maßgabe des § 219 Abs. 1 S. 2 KO. beantragen. Wegen der Anfechtung für den Fall der unberechtigten Bevorzugung eines Berechtigten siehe § 222 KO. und § 3 a Anfecht.Ges. Ist der — im übrigen auch im Kosteninteresse konkursfähige — Nachlaß lediglich durch Vermächtnisse und Auflagen überschuldet, so muß sich der Berechtigte die Befriedigung ohne Konkurs nach Maßgabe des § 1992 gefallen lassen, er m u ß also klagen und sich damit begnügen, daß die Verurteilung die Leistung nur aus dem Nachlasse vorsieht. Vergl. Band II: Das Kapitel über die Beschränkung nach § 1992. Auch muß er Wertablösung annehmen. Ist der an sich wegen der Kosten konkurs u n fähige Nachlaß überhaupt unzulänglich im Sinne des § 1990, so kann der Berechtigte Befriedigung nur nach Maßgabe des § 1990 fordern. Sowohl beim Verfahren nach § 1992, wie nach § 1990 kann der Berechtigte völlig unbefriedigt bleiben. Es sei auch auf das nach § 2318 für den Erben bestehende Recht der Kürzung eines Vermächtnisses in dem

Falle verwiesen, wenn der Erbe gleichzeitig einen Pflichtteil zu erfüllen hat. Siehe hier bei der Erbenmehrheit über die Haftung wegen Pflichtteils. Auch der Unterhaltsanspruch unterliegt demnach eventuell dieser Kürzung, meist wird er allerdings schon erfüllt sein, ehe der Erbe sich der Konkurrenz des Pflichtteilsanspruchs mit dem Unterhaltsanspruch bewußt werden wird.

Praktisch wird sich die Geltendmachung des Unterhaltsanspruchs aus § 1969, wie folgt, gestalten: Der Anspruch ist gegen den Erben bezw. die Miterben zu richten, wenn sie die Erbschaft bereits angenommen haben sollten. Meist wird aber das letztere wohl nicht der Fall sein, wenn der Anspruch seiner Bestimmung gemäß innerhalb der 30 Tage seit dem Erbfalle bezw. unmittelbar nach dem Erbfalle geltend gemacht wird. Legitimiert ist alsdann wegen des § 1958 nicht der Erbe, sondern nur ein Funktionär, also ein etwa bestellter mit der Gesamtverwaltung des Nachlasses betrauter Testamentsvollstrecker oder ein Nachlaßpfleger (§§ 1960, 1961). Sollte z. B. des Erbfalls der Erblasser im Konkurse gewesen sein, der Konkurs also in den Nachlaßkonkurs übergehen, so kann der Anspruch nur nach konkursrechtlichen Grundsätzen verfolgt werden, wird aber wegen des schlechten Ranges eines Vermächtnisses kaum Berücksichtigung finden. Soll der Anspruch zu einer Befriedigung zur rechten Zeit führen, so muß er gegenüber sämtlichen Miterben verfolgt werden, damit Vollstreckung in den Nachlaß möglich sei (§ 747 ZPO.); mit einer Anteilspfändung würde zu viel Zeit verloren gehen. In der Regel wird einer der nach § 1969 berechtigten Familienangehörigen oder werden ihrer mehrere oder gar alle auch zur Erbschaft berufen sein. In diesem Falle wird der Berechtigte, der zugleich Miterbe ist, den Anspruch, sofern es überhaupt zu einem Streite kommt, gegen die übrigen Miterben und zwar gegen sämtliche zu erheben haben; zur Vollstreckung in den Nachlaß reicht dies aus. Sollten die Familienangehörigen, die zugleich sämtlich Erben sind, z. B. des Eintritts des Erbfalls kein bares Geld im Nachlaß zur Verfügung haben, so dürfen sie, soweit erforderlich, den Nachlaß für den Unterhalt flüssig machen, ohne allein dadurch das Ausschlagungsrecht zu verlieren. Ob sie sich aber nicht den übrigen Nachlaßgläubigern gemäß §§ 1978, 1980 verantwortlich machen, hängt von den Umständen des Falles ab; die Regel, daß kein einzelner Nachlaßgläubiger auf Kosten der übrigen volle Befriedigung erhalten soll, besteht auch hier. — Soll der Anspruch seinen Zweck erfüllen, so muß er unmittelbar nach dem Erbfalle realisierbar sein; im Wege des Prozesses wäre er es nicht, deshalb wird der Berechtigte den Erlaß einer einstweiligen Verfügung erstreben, aber natürlich nur beim Vorliegen der sonstigen Voraussetzungen der §§ 940, 935 ZPO. erwirken können. — Für die Art der Gewährung des Unterhalts ist auf den § 1612 Abs. 1 S. 2 zu verweisen, wonach der Erbe dem Berechtigten auch die im Nachlasse vorhandenen Naturalien zum Unterhalte anbieten kann (conf. Planck zu § 1969 Anm. 4 d). Der Unterhalt kann nur für die Zukunft gefordert werden; bezgl. der Erfüllung für die Vergangenheit und bezgl. des Schadensersatzes wegen Nichterfüllung gilt der § 1613. Die Durchführung des Anspruchs auf Gewährung der Wohnung usw. wird meist kein aktives Vorgehen der Berechtigten erfordern, weil die Berechtigten als Hausgenossen des Erblassers sich in der Wohnung bezw im Bereiche der Haushaltungsgegenstände befinden; sie werden sich gegen das Ausweisungsbegehren des Erben zu wehren haben, wobei zu bemerken ist, daß der Besitz mit seinen

Rechtsfolgen sich auf den Erben vererbt (§ 857 BGB.) und daß die Haushaltsmitglieder des Erblassers ihrerseits keinen Besitz haben (§ 855 BGB.).

γ. **Haftung wegen Geschäftsschulden. § 27 HGB.**

Gehört zum Nachlaß eines Einzel- und Vollkaufmanns — siehe Staub § 27 Anm. 2 — ein Handelsgeschäft, so sind die von ihm im Geschäft kontrahierten vererbten Schulden „Nachlaßverbindlichkeiten". Wie weiter unten dargelegt wird, nehmen die Geschäftsschulden unter den Nachlaßverbindlichkeiten eine besondere Stellung ein. Dies gilt jedoch nicht für das Stadium vor Annahme der Erbschaft; hier bestehen vielmehr auch bezüglich ihrer lediglich die allgemeinen Grundsätze. Danach haben es auch die Gläubiger dieser Verbindlichkeiten nicht nötig, zu warten, bis der Erbe die Erbschaft annimmt bezw. bis er etwa erklärt, daß er das Geschäft fortführen wolle; auch sie können aber andererseits nicht gegen die Person bezw. das Eigenvermögen des Erben, sondern eben nur gegen den Nachlaß einschließlich des Geschäfts gegenüber dem Nachlaßpfleger oder sonstigen Funktionär vorgehen. Schon hier sei bemerkt, daß die besonderen bezüglich der vererbten Geschäftsschulden gegebenen Grundsätze der Haftung auch nicht stets sogleich mit der Annahme der Erbschaft in Geltung treten; das ist, da die Annahme für sich allein hier keine Rolle spielt, vielmehr davon abhängig, daß die (im § 27 Abs. 2 HGB.) bestimmte Frist (ein Provisorium) verstreicht, ohne daß der Erbe die bis dahin unveränderte Fortführung des Geschäfts einstellt. Die persönliche Haftung — sie ist das Besondere! — beginnt also mit dem so charakterisierten Ablauf der erwähnten Frist. Sollte der Erbe, bevor er sonst die Erbschaft annimmt, erklären, daß er das Geschäft endgültig fortführen wolle, so würde darin bereits die Annahme der Erbschaft (aber nichts darüber hinaus) liegen, gleichviel ob er die Absicht hat, die Firma beizubehalten oder zu ändern. Sollte der Erbe den Geschäftsbetrieb — sei es sofort, sei es nach Fortführung — noch innerhalb der Ausschlagungsfrist einstellen, so ist allein daraus noch keine Annahme der Erbschaft herzuleiten. Dies ergibt sich notwendig aus § 27 Abs. 2. Dagegen hat die Einstellung nach Annahme, sofern erstere noch innerhalb der Frist des § 27 Abs. 2 geschieht, zur Folge, daß die Grundsätze des § 27 Abs. 1 keine Anwendung für die Haftung des Erben hinsichtlich der Geschäftsschulden finden, vielmehr haftet der Erbe auch für sie, wie überhaupt, unbeschränkt aber beschränkbar. Endlich ist zu bemerken, daß die Einstellung, die erst nach Ablauf der im § 27 Abs. 2 begrenzten Frist geschieht, keinerlei Bedeutung hinsichtlich der Haftung mehr hat, d. h. die durch unveränderte Fortführung des Geschäfts über die betreffende Frist hinaus eingetretene persönliche Haftung bleibt bezüglich der vererbten Geschäftsschulden dauernd bestehen. — Wenn der Erbe das Geschäft zwar fortführt, aber die Firma ändert, so wird darin meist eine Annahme der Erbschaft zu erblicken sein, da die Firmenänderung schwerlich je durch das Erfordernis der Ordnungsmäßigkeit der Verwaltung des Nachlasses begründet, vielmehr eine willkürliche Maßnahme sein wird. In diesem Falle ist das Provisorium des § 27 Abs. 2, das nur die unveränderte Fortführung zum Gegenstande hat, erledigt; es steht nunmehr fest, daß der Erbe auch für die ererbten Geschäftsschulden nur beschränkbar haftet, es müßte denn sein, daß er sie persönlich berichtigen will (§ 25 Abs. 3 HGB.).

In der Fortführung des Geschäfts während der Ausschlagungsfrist ist keine Annahme der Erbschaft durch pro herede gestio zu erblicken. Dies ergibt sich aus S. 3 des

Abs. 2 § 27, indem davon die Rede ist, daß bei dem Ablaufe der drei Monate (während welcher das Geschäft unverändert fortgeführt wurde) das Ausschlagungsrecht noch bestehe. Der Fall ist, wie folgt, zu denken: X stirbt. A weiß, daß er Alleinerbe ist, er kennt aber nicht den Grund seiner Berufung zum Erben (§ 1944 Abs. 2). A führt drei Monate das im Nachlaß des X befindliche Geschäft unverändert fort, ehe er den Grund der Berufung (z. B. Testament) erfährt. Nun erst beginnt die Ausschlagungsfrist und dauert weitere sechs Wochen. Obwohl also A das Geschäft drei Monate plus sechs Wochen fortführt, kann er immer noch die Erbschaft am letzten Tage der Sechswochenfrist ausschlagen. Wenn freilich noch andere Momente, die auf seinen Annahmewillen schließen lassen, hinzutreten, kann das Ausschlagungsrecht schon früher verloren sein. Schlägt der Erbe, der das Geschäft unverändert fortgeführt hat, die Erbschaft aus, so muß er es mit der letzteren an den nunmehr an die Reihe kommenden Erben ausliefern. Dieser darf es wiederum während der für ihn laufenden Ausschlagungsfrist unverändert fortführen, ohne allein dadurch endgültig Erbe zu werden.

Welchen Einfluß die Bestellung eines Nachlaßpflegers auf die Haftung des das Geschäft unverändert fortführenden Erben hat, ergeben folgende Beispiele: Der Alleinerbe A führt das Geschäft seines Vaters während der ersten zwei Wochen nach dem Erbfalle unverändert fort. Eine Erklärung über die Annahme der Erbschaft gibt er nicht ab. Es wird, da ein Nachlaßgläubiger einen Anspruch gegen den Nachlaß geltend machen will, ein Nachlaßpfleger (§ 1961) bestellt, an welchen der A die Verwaltung auch des Geschäfts abgeben muß. Zwei Wochen später, also vier Wochen seit dem Anfall der Erbschaft an A, erklärt dieser die Annahme und bewirkt die Aufhebung der Pflegschaft (§ 1919), worauf er das Geschäft wieder in eigene Verwaltung übernimmt. Hier hat das Anordnen der Pflegschaft keinerlei die Rechte aus § 27 für den Erben beseitigende Wirkung; der Erbe darf bis zum Ablauf der drei Monate seit seiner Kenntnis von dem Anfall der Erbschaft die Fortführung des Geschäfts einstellen und die beschränkbare Haftung auch wegen der früheren Geschäftsschulden wahren. — Ferner: Der A ist durch letztwillige Verfügung zum Alleinerben eingesetzt; er weiß dies, übernimmt aber die Verwaltung des Nachlasses einschließlich des Geschäfts nicht, weil er noch nicht entschlossen ist, die Erbschaft anzunehmen. Es wird gemäß § 1960 ein Nachlaßpfleger bestellt, der das Geschäft (natürlich) unverändert fortführt. Nach Ablauf von sechs Wochen ist A, der die Erbschaft nicht ausschlägt, endgültig Erbe; er setzt die Aufhebung der Pflegschaft durch und führt das Geschäft während der weiteren sechs Wochen bis zum Ablauf der Frist nun in eigener Person unverändert fort. Er hat das Recht, noch vor Ablauf der von seiner Kenntnis des Erbanfalles laufenden Frist die Fortführung des Geschäfts mit der vollen im Abs. 2 S. 1 des § 27 normierten Wirkung einzustellen. — X stirbt ohne Hinterlassung einer letztwilligen Verfügung. Wer Erbe ist, ist unbekannt. Es wird ein Nachlaßpfleger bestellt, der auch das Geschäft des Erblassers unverändert fortführt. Nach einem Jahre wird der A als Erbe ermittelt. Für ihn läuft die Frist des § 27 Abs. 2 erst von seiner Kenntnis des Erbanfalls. Die Tatsache, daß bis zu seiner Annahme der Erbschaft eine Nachlaßpflegschaft bestanden hat, ist ohne Einfluß. Er haftet innerhalb der drei Monate b i s zur Annahme nur mit dem Nachlaß, nach der Annahme bis zum Ablaufe der drei Monate unbeschränkt, aber auf den Nachlaß beschränkbar auch für die früheren Geschäftsschulden (sofern überhaupt solche jetzt noch bestehen sollten), bei unveränderter Fortführung des Geschäfts über die drei Monate hinaus persönlich, bei Einstellung der Fortführung auch für die Geschäftsschulden beschränkbar auf den Nachlaß. — Aus diesen Beispielen ist erkennbar, daß die Pflegschaft, die vor Beginn der Frist des § 27 Abs. 2 eingeleitet wird, keinen Einfluß auf die nach § 27 bestehende Rechtsstellung des Erben ausübt. Dasselbe gilt von der Pflegschaft, die während der Frist des § 27 Abs. 2 endigt, insofern der Erbe den Rest dieser Frist im Sinne des § 27 Abs. 2 S. 1 ausnutzen kann. Anders ist die Situation in folgendem Falle: A weiß, daß er der einzige Erbe seines Vaters ist, aber er kennt den Grund der Berufung nicht. Er führt das Geschäft zunächst unverändert fort. Das Gericht ordnet aus irgendwelchen Gründen Nachlaßpflegschaft an, der Pfleger bekommt auch das Geschäft zur Verwaltung. Nach Ablauf der Frist des § 27 Abs. 2 erfährt der A den Berufungsgrund (z. B. das Gesetz). Nunmehr nimmt er die Erbschaft an und übernimmt die Verwaltung derselben einschließlich des Geschäfts. Hier läuft nicht etwa eine neue Frist, auch setzt sich die ursprüngliche Frist nicht fort. Der Erbe, der nicht in der Lage war, die Fortführung des Geschäfts rechtzeitig einzustellen, weil ihm die Verwaltung des Geschäfts nicht zustand, kann nicht persönlich haftender Schuldner der früheren Geschäftsschulden geworden sein. Andererseits kann die Pflegschaft nicht die Haftung zu einer dauernd beschränkbaren gemacht haben dergestalt, daß er nun einfach das Geschäft als beschränkbar haftender Erbe unverändert fortführt. Vielmehr wird man annehmen müssen, daß in dieser Fortführung die Übernahme der persönlichen Haftung für die Geschäftsschulden liegt. Daß eine einfache Erklärung des Erben des Inhalts, daß er nur beschränkt haften wolle, nicht ausreicht, ist — gegen Staub § 27 Anm. 11 — weiter unten im Kapitel B beim Abschnitt B d δ dargelegt.

Gegenüber der Verwaltung des Nachlasses durch einen Testamentsvollstrecker oder Nachlaßverwalter hat der § 27 keine Bedeutung.

War der Erblasser nicht Vollkaufmann, so kommt § 27 nicht in Betracht, d. h. die Geschäftsschulden nehmen keine besondere Stellung ein. So Staub § 27 Anm. 2.

Wie schon angedeutet, bildet das unverändert (oder verändert) fortgeführte Geschäft einen Teil des Nachlasses, weshalb die Vollstreckung wegen aller Nachlaßverbindlichkeiten auch in das Geschäft vorgenommen werden darf (§ 778 Abs. 1 ZPO.). Das Geschäft folgt dem Schicksal des Gesamtnachlasses, es gerät daher bei Anwendung eines Beschränkungsverfahrens oder Anordnung einer Nachlaßpflegschaft oder beim Vorhandensein eines in der Verwaltung des Nachlasses nicht beschränkten Testamentsvollstreckers in die Verwaltung des betreffenden Funktionärs.

Die in der Zeit der Fortführung vom Erben kontrahierten neuen Geschäftsschulden sind keine Nachlaßverbindlichkeiten. Wegen der Berichtigung derselben kann nur der Erbe selbst (nie ein Funktionär hinsichtlich des Nachlasses) und zwar sowohl vor wie nach der Annahme bezw. auch noch nach der Ausschlagung der Erbschaft gerichtlich in Anspruch genommen werden. Es haftet vor Annahme der Erbschaft lediglich sein Privatvermögen; Vollstreckung in den Nachlaß einschließlich des Geschäfts ist erst nach Annahme der Erbschaft zulässig (§ 778 Abs. 2 ZPO.).

δ. Haftung beim Bestehen eines Nießbrauchs an der Erbschaft.

Die oben S. 3 ff. besprochenen Grundsätze der Haftung gelten für die Verfolgung der gegen den Nachlaß gerichteten Ansprüche auch dann, wenn der Erblasser sein Vermögen einem Dritten zum Nießbrauch überlassen hatte. Über die Haftung des Bestellers selbst, sowie über sein Verhältnis zum Nießbraucher und über das Verhältnis des Nießbrauchers zum Gläubiger des Bestellers und endlich über die Schuldenhaftung nach Eintritt des Erbfalls für die Zeit nach Annahme der Erbschaft ist im Kapitel B I Abschnitt B d γ gehandelt. Für die Zeit vor Annahme der Erbschaft gilt, da wegen der §§ 1958 BGB., 778 ZPO. der Erbe selbst nicht gerichtlich in Anspruch genommen werden kann, daß die Nachlaßgläubiger wegen Leistung nicht den Erben, sondern nur den — nach § 1961 eventuell ad hoc zu bestellenden — Nachlaßpfleger oder einen anderen etwa vorhandenen Funktionär in Anspruch nehmen dürfen, gleichviel ob es sich um Verbindlichkeiten handelt, die der Erblasser vor oder nach der Bestellung des Nießbrauchs kontrahiert hatte. Das Vorgehen gegen den Nießbraucher wegen Duldung der Zwangsvollstreckung wird durch den Erbfall nicht in andere Bahnen gelenkt, als die §§ 737, 738 ZPO. vorschreiben. Objekt der Befriedigung ist in diesem Stadium lediglich der Nachlaß einschließlich des dem Nießbrauche unterliegenden Vermögens.

War eine Schuld des Erblassers schon bei seinen Lebzeiten gegen ihn rechtskräftig festgestellt, so bedarf es keines auf Leistung gerichteten Urteils mehr gegen den Nachlaß; der Titel kann auch zur Vollstreckung in die dem Nießbrauche unterliegenden Gegenstände verwendet werden, wenn die Klausel gegen den Pfleger bezw. sonstigen Funktionär und ferner wegen Duldung auch gegen den Nießbraucher umgestellt wird (§§ 727, 730, 738 ZPO.). Da die Ersatzansprüche für verbrauchbare Sachen des zum Nießbrauche gehörigen Vermögens (§§ 1067, 1086) zum Nachlasse gehören, unterliegen sie der Vollstreckung in den Nachlaß. Inwieweit im übrigen der Nießbraucher die seinem Rechte unterliegenden Gegenstände für die Nachlaßgläubiger opfern bezw. inwieweit der Gläubiger dieses Recht respektieren muß, darüber siehe weiter unten Kapitel B. Die Nachlaßgläubiger können im Stadium vor Annahme der Erbschaft Privatvermögen des Erben, wenn er sich nicht etwa persönlich verpflichtet hat, auch dann nicht angreifen, wenn der Nießbrauch den gesamten Nachlaß erfaßt. Die Privatgläubiger des Erben können andererseits in die dem Nießbrauch unterworfenen Gegenstände, die ja „Nachlaß" sind, nicht vollstrecken (§ 778 Abs. 2 ZPO.), also den Nießbraucher auch nicht wegen Duldung der Zwangsvollstreckung in diese Gegenstände in Anspruch nehmen. — Was das Verhältnis des Erben zum Nießbraucher anlangt, so kann auch vor Annahme der Erbschaft der Erbe, der zur Berichtigung einer Nachlaßverbindlichkeit auch in diesem Stadium jedenfalls berechtigt ist, bezw. jeder Funktionär Rückgabe von Gegenständen aus dem Nießbrauchsvermögen zum Zwecke der Berichtigung einer vor Bestellung des Nießbrauchs entstandenen fälligen Forderung nach Maßgabe des § 1087 Abs. 1 fordern. Auch muß er es sich gefallen lassen, daß der Nießbraucher seinerseits Nachlaßverbindlichkeiten nach Maßgabe des § 1087 Abs. 2 aus den dem Nießbrauche unterliegenden Gegenständen erfüllt. — Die — ausnahmsweise — persönliche Haftung des Nießbrauchers richtet sich nach § 1088.

C. Die Institute der Sonderverwaltung des Nachlasses im Stadium vor Annahme der Erbschaft.

a. Nachlaßpflegschaft.

„Bis zur Annahme der Erbschaft hat das Nachlaßgericht für die Sicherung des Nachlasses zu sorgen, soweit ein Bedürfnis besteht." (§ 1960 Abs. 1 S. 1.) Indem das Gesetz hier die Sicherung d. h. die Einmischung des Nachlaßgerichts für den Bedürfnisfall „bis zur Annahme der Erbschaft" zuläßt, zeigt es an, daß für das Nachlaßgericht einzig und allein die Tatsache wesentlich ist, daß die Erbschaft noch keinen endgültigen Erben habe. Sofern nur ein Bedürfnis für die Sicherung vorliegt, ist es gleichgültig, ob vorläufig ein — sei es eingesetzter, sei es gesetzlicher — Erbe bekannt oder gar gegenwärtig ist oder nicht. Daß der bekannte bezw. gegenwärtige Erbe die Erbschaft auch wirklich annehmen wird, kommt nicht in Frage. Das Gesetz geht aber noch weiter, es gestattet dem Nachlaßgericht die Sicherung auch für den Fall, daß die Erbschaft bereits angenommen ist, allerdings mit der Beschränkung, daß die Verhältnisse so liegen, daß unbekannt ist, wer Erbe ist oder daß ungewiß ist, ob er die Erbschaft angenommen hat. Diese Beschränkungen lassen erkennen, daß das Gesetz die Einmischung des Gerichts nicht geradezu in eine als angenommen bekannte Erbschaft, sondern eben nur in eine vielleicht angenommene, aber als angenommen nicht bekannte Erbschaft zuläßt. Im Grunde soll also die Sicherungsbefugnis des Nachlaßgerichts nur auf das Stadium vor Annahme beschränkt sein. Sowie die Annahme der Erbschaft erfolgt bezw. die erfolgte Annahme dem Nachlaßgericht bekannt geworden ist, hört, da die Verwaltungspflicht auf dem (den) Erben selber lastet, die Sicherungsbefugnis des Nachlaßgerichts auch dann auf, wenn etwa der Bedürfnisfall gegeben sein sollte.

Beim Vorliegen eines Sicherungsbedürfnisses hat das Nachlaßgericht von Amtswegen einzuschreiten, auf welche Weise bezw. durch wen auch immer dasselbe zur Kenntnis des Gerichts gelangt sei. Die im Einzelfalle zu ergreifende Sicherungsmaßregel bleibt dem pflichtmäßigen Ermessen des Nachlaßrichters überlassen. Der Abs. 2 des § 1960 gibt ihm gewisse, aber nicht erschöpfende Hinweise. Er kann unter anderem auch eine Nachlaßpflegschaft anordnen und einen Nachlaßpfleger bestellen. In allen denjenigen Fällen, in welchen das Nachlaßgericht nach dem bisher Gesagten von Amtswegen einen Nachlaßpfleger bestellen kann, ist es verpflichtet, einen Nachlaßpfleger auch auf Antrag eines Dritten zu bestellen, wenn die Bestellung zum Zwecke der gerichtlichen Geltendmachung eines Anspruchs, der sich gegen den Nachlaß richtet, von dem Berechtigten beantragt wird (§ 1961). Im folgenden sollen diese beiden Arten der Nachlaßpflegschaft behandelt werden, soweit dies für die Schuldenhaftung von Interesse ist:

Beide Arten von Nachlaßpflegern werden „für denjenigen, welcher Erbe wird", bestellt. Sie sind also Verteter des Erben, und zwar nicht desjenigen, der bis zur Annahme d. h. vorläufig Erbe ist, sondern des endgültigen Erben d. i. desjenigen, welcher die Erbschaft schließlich annimmt. Aus der Vertretung ergibt sich, daß die vom Pfleger im Rahmen seiner Stellung vorgenommenen Rechtshandlungen zugunsten und zu Lasten des vertretenen Erben Wirkung haben. Die von ihm eingegangenen Verbindlichkeiten haben den Charakter der Nachlaßverbindlichkeiten, d. h. der Erbe haftet nach der Annahme für sie grundsätzlich unbeschränkt, aber auf den Nachlaß bezw. auf die Bereicherung beschränkbar. Auch Urteile, die gegen oder für den Nachlaßpfleger ergangen sind, wirken gegen oder für den Erben. Die Nachlaßpflegschaft unterliegt den Regeln des Vormundschaftsrechts (§§ 1915 ff.), desgl. sind die Rechte und Pflichten des Nachlaßpflegers danach zu beurteilen. Auf das Verfahren der Nachlaßpflegschaft finden die für Vormundschaftssachen geltenden Vorschriften des FGG. Anwendung (§ 75 FGG.). Der Pfleger ist dem Erben gegenüber verantwortlich (§§ 1915, 1833). Im Verhältnis zum Nachlaßgläubiger ist nicht der Pfleger, sondern der Erbe verantwortlich (§ 278 BGB.), der in Schadensfällen auf den Pfleger zurückgreifen darf. Anderer Ansicht ist hier Kreß 138 Nr. 8, weil er unrichtigerweise davon ausgeht, daß der Erbe durch die Verträge des Pflegers nur mit dem Nachlasse und nicht auch mit dem eigenen Vermögen verpflichtet werde. So wie der — endgültige — Erbe, den allein der Pfleger vertritt, durch eigene Verträge eine unbeschränkte Haftung für die ihn als Erben treffenden Verbindlichkeiten begründet, so tut dies auch der Pfleger für den vertretenen Erben. Der Pfleger vertritt den Erben allerdings nur hinsichtlich des Nachlasses, aber die gegen den Nachlaß gerichteten Ansprüche verpflichten den Erben, so lange er die Haftung nicht beschränkt, auch persönlich. Kreß weist noch darauf hin, daß der Erbe selbst im Stadium vor Annahme keinerlei Verwaltungspflicht hinsichtlich der Erbschaft habe und eine solche Pflicht auch nicht dadurch aufgehalst bekommen könne, daß ihm ein Nachlaßpfleger bestellt wird. Hier ist aber zu bemerken, daß der Erbe gegen seinen Vertreter Regreß nehmen kann!

Der vorläufige Erbe wird durch den Nachlaßpfleger in seiner Geschäftsfähigkeit nicht beschränkt. Er darf den Nachlaß verwalten und über Nachlaßgegenstände verfügen, soweit nicht der Pfleger die Verwaltung übernommen hat und seinerseits verfügt. Wie es bei Widersprüchen zu halten ist, darüber siehe Planck Vorbemerkung zu § 1942 5 c d und Staudinger zu § 1960 Anm. 4 b Abs. 2. Der Erbe kann, da er bei fortbestehender Geschäftsfähigkeit auch prozeßfähig bleibt, selbständig Nachlaßaktiva durch Klage herbeiziehen, doch verliert er die Prozeßfähigkeit, wenn der Pfleger den Rechtsstreit übernimmt (§ 53 ZPO.).

Die Kosten der Nachlaßpflegschaft sind Nachlaßverbindlichkeiten des Erben. Im Nachlaßkonkurse sind sie Masseschulden (§ 224 Nr. 4 KO.). Die Verbindlichkeiten des Erben, die ihm aus der Geschäftsführung des Pflegers diesem gegenüber erwachsen sind, sind nach Maßgabe des § 224 Nr. 6 gleichfalls Masseschulden. Das Amt des Pflegers ist grundsätzlich unentgeltlich zu führen, aus besonderen Gründen kann aber nach dem Ermessen des Nachlaßgerichts dem Pfleger eine angemessene Vergütung bewilligt werden (§§ 1915, 1836).

Der nach § 1960 bestellte Nachlaßpfleger überkommt beim Alleinerben die gesamte Verwaltung des Nachlasses, sofern nicht bei der Bestellung Beschränkungen gemacht werden. Er hat den Nachlaß auch in Besitz zu nehmen. Was den nach § 1961 bestellten Pfleger anlangt, so wird er nicht für den einen in Aussicht genommenen Rechtsstreit, sondern er ist auch für diejenigen Rechtsstreitigkeiten desselben Gläubigers oder anderer Gläubiger bestellt, welche später noch eingeleitet werden sollten. Seine Aufgabe erschöpft sich jedoch nicht in der Führung dieser Prozesse bezw. in der Befriedigung der ihn solchergestalt bedrängenden Nachlaßgläubiger, vielmehr hat auch er den Erben gegenüber den Nachlaßgläubigern überhaupt zu vertreten, also für eine geordnete Befriedigung der Nachlaßgläubiger zu sorgen. Auch er hat den Nachlaß in Besitz und Verwaltung zu nehmen und bis zur Aufhebung der Pflegschaft zu verwalten. Jegliche Nachlaßpflegschaft endigt nicht von selbst etwa mit der Annahme der Erbschaft, sondern erst mit der Aufhebung (§ 1919), zu welcher die Annahme allerdings Veranlassung gibt.

Im Stadium vor Annahme der Erbschaft ist ein Vorgehen gegen den Nachlaß nur gegenüber einem Nachlaßpfleger zulässig, wenn nicht etwa ein mit der Gesamtverwaltung betrauter Testamentsvollstrecker vorhanden bezw. ein Nachlaßverwalter oder ein Nachlaßkonkursverwalter bestellt ist. Das Vorgehen geschieht gegen einen nach § 1960 bestellten Nachlaßpfleger, sofern ein solcher bereits vorhanden ist oder noch bestellt wird. Sollte dies nicht der Fall sein, so muß der Nachlaßgläubiger die Bestellung gemäß § 1961 betreiben. Für den Antrag auf Bestellung des Pflegers ist (wie für die Einleitung der Pflegschaft nach § 1960) das Nachlaßgericht, welches hinsichtlich des Instituts der Nachlaßpflegschaft an die Stelle des Vormundschaftsgerichts tritt, zuständig (§ 1962). Nachlaßgericht ist das Amtsgericht des Wohnsitzes des Erblassers z. Z. des Erbfalls (§§ 72, 73 FGG.). Sind für die dem Nachlaßgericht obliegenden Verrichtungen nach landesgesetzlichen Vorschriften andere als gerichtliche Behörden zuständig, so hat es dabei sein Bewenden (Art. 147 EG. z. BGB.). — Der Antrag auf Bestellung steht nur einem „Berechtigten" zu, d. h. demjenigen, welcher einen Anspruch gegen den Nachlaß hat; auch muß er die Absicht haben, gerichtlich vorzugehen, wenn eine friedliche Erledigung nicht zu erzielen sein würde. Der Anspruch ist glaubhaft zu machen. — Gegen die Ablehnung des Antrages steht dem Antragsteller Beschwerde zu (§§ 19, 20 Abs. 2 ff. FGG.). — Gegen die Bestellung des Pflegers steht die Beschwerde jedem zu, dessen Recht durch die Bestellung beeinträchtigt ist (§ 20 Abs. 1 FGG.). Im übrigen siehe §§ 21 ff., 194 FGG. — Auf den Antrag bezw. das Verfahren finden die Vorschriften der ZPO. über das Armenrecht sowie die der §§ 34—36 der Rechtsanwaltsordnung (Beiordnung eines Rechtsanwalts) entsprechende Anwendung (§ 14 FGG.).

Es ist trotz der Tatsache, daß der Pfleger nach § 1961 nur zum Zwecke der gerichtlichen Geltendmachung eines Anspruches gegen den Nachlaß bestellt werden darf, keineswegs erforderlich, sofort mit Klage gegen ihn vorzugehen. Es ist im Einzelfalle natürlich möglich, daß der Pfleger vielleicht im Gegensatz zum Erben den Anspruch für gerechtfertigt hält und ohne Urteil befriedigt. In solchem Falle ist der Anspruch erledigt; vielleicht auch die nach § 1961 begründete Pflegschaft, die allerdings erst durch Aufhebung seitens des Gerichts erlischt. Im übrigen muß die Klage gegen den Pfleger so lange gerichtet werden, als nicht die Aufhebung der Pflegschaft erfolgt ist.

Haftet im Einzelfalle der Erbe auch persönlich, so steht einem gerichtlichen Vorgehen gegen ihn selbst auch vor Annahme der Erbschaft nichts im Wege, nur ist ein gegen ihn selbst erwirktes Urteil erst dann in den Nachlaß vollstreckbar, wenn die Erbschaft durch den verurteilten Erben angenommen ist. Will der Gläubiger auch in den Nachlaß vollstrecken, so muß er auch gegen den Pfleger Urteil erwirken. Das gegen den auch persönlich haftenden Erben selbst erwirkte Urteil ist natürlich in sein Eigenvermögen auch vor Annahme und ferner auch im Falle der Ausschlagung der Erbschaft vollstreckbar, während es im letzteren Falle gegen den Nachlaß überhaupt nicht vollstreckbar ist.

Für einen nach § 1960 bestellten Nachlaßpfleger ist im Abs. 3 angeordnet, daß der § 1958 auf ihn keine Anwendung findet, d. h. daß er wegen eines gegen den Nachlaß gerichteten Anspruchs gerichtlich belangt werden kann. Auch der noch § 1961 bestellte Pfleger kann sofort gerichtlich in Anspruch genommen werden, da er ja für das Stadium vor Annahme zum Zwecke des gerichtlichen Vorgehens gegen den Nachlaß bestellt wird.

Beim Vorhandensein mehrerer Erben gelten dieselben Grundsätze. Nur insofern können hier Abweichungen vorkommen, als die Voraussetzungen für die Bestellung eines Nachlaßpflegers nach § 1960 im Einzelfalle auch bloß auf einige oder nur auf einen Miterben zutreffen mögen. Wenn von mehreren Erben auch nicht alle sogleich die Pflege des Nachlasses übernehmen, so wird ein Sicherungsbedürfnis hinsichtlich des Anteils der übrigen Miterben kaum vorliegen, da die ersteren den Nachlaß als Ganzes sichern. Immerhin kann es im Einzelfalle erforderlich werden, lediglich zur Sicherung des Anteils eine Nachlaßpflegschaft einzuleiten; in diesem Falle wird der Nachlaß von den Miterben in Gemeinschaft mit dem Pfleger verwaltet. Auch nach § 1961 kann ein Nachlaßpfleger lediglich für einen einzelnen Miterben bestellt werden, wenn dies dem Nachlaßgläubiger die Vollstreckung in den Gesamtnachlaß ermöglichen soll, denn diese letztere ist nur auf Grund eines gegen die sämtlichen Miterben gerichteten Schuldtitels möglich (§ 747 ZPO.). Soweit ein Miterbe, weil er die Erbschaft noch nicht angenommen hat, nicht selbst verklagt werden kann, muß danach der Pfleger statt seiner verklagt werden.

Der Pfleger wird „als Vertreter der unbekannten Xschen Erben" gerichtlich in Anspruch genommen; die Bezeichnung dieser Erben kann nicht erfolgen, da der Pfleger nur den definitiven Erben vertritt, dieser aber vor Annahme der Erbschaft nicht bekannt ist. Das gegen den Pfleger erzielte Urteil kann nur gegen den Nachlaß vollstreckt werden, weil der Pfleger nur den Nachlaß verwaltet bezw. das Vorgehen gegen den Pfleger nur gegen den Nachlaß gerichtet ist. Die Tatsache, daß im Einzelfalle — nach Annahme — mehrere Erben vorhanden sein werden, ist ohne Einfluß auf die Ausgestaltung des Instituts. Der Schuldtitel ist ohne Rücksicht auf etwa eintretendes oder vorläufig bestehendes Miteigentum der mehreren Erben gegen den Nachlaß vollstreckbar. Da die Angriffe, welche gegenüber dem Pfleger erhoben sind, sich stets nur gegen den Nachlaß richten, so kann nicht davon die Rede sein, daß der Pfleger sich das Recht, die Haftung auf den Nachlaß zu beschränken, erst vorbehalten müßte (§ 780 Abs. 2 ZPO.). Die Haftung ist durch § 778 Abs. 1 ZPO. schon kraft Gesetzes auf den Nachlaß beschränkt.

Daß auch die Verbindlichkeit aus § 1963 (Anspruch der schwangeren Mutter des erwarteten Erben auf standesgemäßen Unterhalt aus dem Nachlasse bis zur Entbindung) und daß ferner auch die gegenüber den Familienangehörigen des Erblassers auf Gewährung des sog. Dreißigsten aus § 1969 vor Annahme der Erbschaft nur gegen den (evtl. nach § 1961 zu bestellenden) Nachlaßpfleger gerichtlich geltend gemacht werden kann, bedarf nach obiger Erörterung keiner Ausführung. Siehe hierzu die Darlegung auf Seite 8, 17 ff.

Kann der Nachlaßpfleger auch sofort gerichtlich in Anspruch genommen werden, so stehen ihm, gleichviel ob er nach § 1960 oder § 1961 bestellt ist, nach § 2017 doch die sog. aufschiebenden Einreden der §§ 2014, 2015 d. h. Rechtsbehelfe zu, durch welche es ihm möglich wird, das Vorgehen der Nachlaßgläubiger gegen den Nachlaß zu hemmen. Es liegt hierin kein Widerspruch zu § 778 Abs. 1 ZPO., denn es wird nicht die Vollstreckung in den Nachlaß gehemmt, sondern die Durchführung derselben, die Befriedigung des Gläubigers, welche nur durch eine endgültige Entfernung von Nachlaßgegenständen aus dem Nachlasse geschehen könnte. Dieser Hemmungsbefugnis liegt folgender Gedanke zugrunde: Die Interessen der Nachlaßgläubiger sind genügend berücksichtigt, wenn ihnen gestattet wird, in den Nachlaß zu vollstrecken, denn sie erlangen dadurch eine Sicherung. Es kann ihnen aber nicht ohne weiteres auch das Recht zustehen, sich sogleich aus dem Gegenstande ihres Pfändungspfandrechts zu befriedigen, denn es ist möglich, daß der Nachlaß nicht für alle Nachlaßverbindlichkeiten ausreicht und daß später andrängende Nachlaßgläubiger mehr oder weniger leer ausgehen. Es soll aber kein Nachlaßgläubiger vor dem anderen bevorzugt werden; sie sollen eventuell konkursmäßig befriedigt werden. Ehe der Pfleger an die Befriedigung eines Nachlaßgläubigers herantritt bezw. eine solche zuläßt, muß er wissen, ob der Nachlaß nicht etwa überschuldet ist. Es muß ihm zur Feststellung einer etwa vorliegenden Überschuldung Zeit gelassen werden. Es ist angenommen, daß drei Monate seit der Bestellung ausreichen (§ 2017). Bis zum Ablaufe der Frist hat er das Recht, die „Berichtigung einer Nachlaßverbindlichkeit zu verweigern". Reichen im Einzelfalle die drei Monate nicht zur Feststellung der Überschuldung hin, so ist ihm Gelegenheit gegeben, eine weitere Frist zu erlangen, indem ihm gestattet ist, die Nachlaßgläubiger zur Anmeldung ihrer Ansprüche öffentlich aufzufordern (Aufgebot § 1970 ff., § 991 ZPO.). Während der Dauer des Aufgebotsverfahrens hat er nämlich gleichfalls das Verweigerungsrecht (§ 2015). Das Aufgebot kann sich an die Dreimonatsfrist anschließen, es kann aber auch schon während dieser Frist beantragt werden. Je danach hat der Pfleger das Verweigerungsrecht entweder nur aus § 2014 bezw. nur aus § 2015 oder — bis zum Ablauf der drei Monate — aus beiden zugleich. Der Nachlaßpfleger hat die Pflicht, das Verweigerungsrecht auszuüben, da er sich andernfalls dem Erben gegenüber regreßpflichtig macht. Ein Schaden kann für den Erben aus der Unterlassung des Pflegers insofern entstehen, als ein geschädigter (einen Ausfall erleidender) Gläubiger ihn schadensersatzpflichtig machen kann. Der Gläubiger kann sich nur an den definitiven Erben, als den vom Pfleger Vertretenen, halten. Aus dem angegebenen Grundgedanken folgt, daß das Verweigerungsrecht dem Pfleger nur so lange zusteht, als bis die Überschuldung bezw. der Vermögensstand des Nachlasses festgestellt sein kann, also bis zum Ablaufe der Dreimonatsfrist bezw. bis zur Beendigung des Aufgebotsverfahrens. Schon mit der Errichtung eines Inventars ist der Vermögensstand des Nachlasses klargestellt, da es die Nachlaßaktiva wie Passiva verzeichnen soll (§§ 2001, 2009). Inventar im Sinne des § 2014 ist nur das nach der Vorschrift der §§ 2001 ff. errichtete. Ein vom Pfleger selbst als Grundlage seiner Verwaltung errichtetes Inventar benimmt ihm das Verweigerungsrecht nicht, wenn es nicht den erwähnten Vorschriften entspricht. Sollte das Inventar jemals schon vor Annahme der Erbschaft vom Erben selbst errichtet werden, so hört auch für den Pfleger das auf § 2014 beruhende Verweigerungsrecht auf. Meist wird in dieser Inventarerrichtung bereits die Annahme der Erbschaft liegen, sie wird die Aufhebung der Pflegschaft zur Folge haben.

Über die Bedeutung und die Form der Geltendmachung der Einrede soll hier folgendes angeführt werden: Das Verweigerungsrecht ist nicht dahin zu verstehen, daß der Pfleger das gerichtliche Vorgehen des Nachlaßgläubigers überhaupt verhüten kann. Nach den §§ 782, 783 ZPO., in welchen die Tragweite des betr. Rechts behandelt ist, darf er vielmehr nur verlangen, daß es auf solche Maßregeln beschränkt wird, welche zur Vollziehung eines Arrestes zulässig sind (§§ 930—932 ZPO.). Danach darf der Gläubiger klagen, ohne im Prozesse einer auf §§ 2014, 2015 basierenden Einrede weichen zu müssen, auch darf er vollstrecken, um wenigstens eine Sicherung zu erlangen, was ja auch der Zweck eines Arrestes und im Arrestverfahren zulässig ist, aber er darf die Zwangsvollstreckung nicht durchführen, er muß sich eine Hemmung d. h. einen Aufschub lediglich der Befriedigung gefallen lassen. Dies ergibt insbesondere der § 305 ZPO., wonach der Erbe (bezw. hier der Pfleger) durch Geltendmachung des Verweigerungsrechts im Prozesse nicht eine Verurteilung abwenden kann. Das bereits im Prozesse geltend gemachte Verweigerungsrecht äußert also keine Wirkung, dem Pfleger bleibt die Wiederholung gegenüber der Zwangsvollstreckung in den Nachlaß nicht erspart, wenn anders eine Hemmung herbeigeführt werden soll. Der Pfleger bedarf zur Wahrung des Rechtes keines Vorbehalts im Urteile, wie dies allerdings für den Erben selbst erforderlich wäre, denn der § 780 Abs. 2 ZPO. bestimmt, daß der Pfleger eines Vorbehalts zur Wahrung des Beschränkungsrechts überhaupt nicht bedarf. Das Verweigerungsrecht ist aber nur Ausfluß des Haftungsbeschränkungsrechts überhaupt; es fehlt, wo das Beschränkungsrecht verloren ist (§ 2016 Abs. 1). — Das durch § 2014 begründete Verweigerungsrecht beginnt mit der Bestellung des Pflegers und endigt mit dem Ablaufe von drei Monaten, abgesehen von dem Falle, daß ein Inventar errichtet ist. Dagegen beginnt das auf § 2015 beruhende Recht erst mit der Zulossung des gestellten Aufgebotsantrages und dauert bis zur Beendigung des Verfahrens, dieses Mal ohne Rücksicht auf das etwa errichtete Inventor Ausnahmsweise darf der Pfleger das Recht sogar noch nach Ablauf der Fristen geltend machen, wenn nämlich vor ihrem Ablaufe die Eröffnung des Nachlaßkonkurses, sei es von ihm selbst oder von anderer Seite, beantragt ist. Diese Fortdauer des Rechts erstreckt sich bis zu dem Augenblicke, wo über die Eröffnung des Konkursverfahrens entschieden ist (§ 782 S. 2 ZPO.). Nach Ablauf der Fristen darf der Gläubiger die Vollstreckung ohne weiteres fortsetzen. Ein weiteres Vorgehen gegen den Nachlaß könnte der Pfleger nur durch den Antrog auf Eröffnung des Nachlaßkonkurses hemmen (§ 221 KO.). Das Verweigerungsrecht wird durch Klage geltend gemacht (§ 785 ZPO.). Der Pfleger hat, sobald in den Nachlaß vollstreckt ist, die negative Feststellungsklage dahin zu erheben, daß die Zwangsverwertung (Versteigerung, Überweisung, Zahlung an den Gläubiger) bis zum Ablaufe der drei Monate, bezw. bis zur Beendigung des Aufgebotsverfahrens bezw. bis zur Entscheidung über den Antrag auf Eröffnung des Nachlaßkonkurses unzulässig sei. In diesem Prozeß sind also der Pfleger Kläger, der Nachlaßgläubiger Beklagter. Der Klage kann bezw. wird der Pfleger den Antrag auf Einstellung der Zwangsvollstreckung (§ 769 ZPO.) vorausgehen lassen

Mit Rücksicht auf die Bestimmung des § 779 ZPO., wonach die bereits gegen den Erblasser begonnene Zwangsvollstreckung in den Nachlaß fortgesetzt werden darf, fragt es sich, ob das Hemmungsrecht auch gegenüber der Fortsetzung der Zwangsvollstreckung besteht. Die Frage ist grundsätzlich zu bejahen, was sich von selbst ergibt, wenn man bedenkt, daß das Institut ja nur den Zweck hat, eine vorzeitige Entfremdung der Nachlaßgegenstände zu verhindern, letztere für den vielleicht eintretenden Nachlaßkonkurs bezw. für die darin eintretende gleichmäßige Befriedigung aller Nachlaßgläubiger aufzusparen. Es ist hier aber eine Einschränkung zu machen. Das Hemmungsrecht des Pflegers besteht nur gegenüber derjenigen begonnenen Zwangsvollstreckung, welche noch kein dingliches Recht gegen den Erblasser begründet hatte; es darf also geltend gemacht werden, wenn das dingliche Recht erst nach dem Eintritt des Erbfalls im Wege der Zwangsvollstreckung oder der Arrestvollziehung begründet wurde oder wenn im Wege einer einstweiligen Verfügung eine Vormerkung erst nach dem Eintritt des Erbfalls erlangt war. Hatte die Zwangsvollstreckung schon bei Lebzeiten des Erblassers z. B. durch Erlaß eines Pfändungsbeschlusses begonnen, war aber die Zustellung an den Drittschuldner, die allein das dingliche Recht des Gläubigers entstehen läßt (§ 829 Abs 3 PZO.), zulässigerweise (§ 779 ZPO.) erst nach dem Erbfalle erfolgt, so findet nicht der Grundsatz des § 2016 Abs. 2 Anwendung, sondern die eben da enthaltene Einschränkung dieses Grundsatzes, wonach das Verweigerungsrecht besteht. War dagegen das dingliche Recht bereits gegen den Erblasser begründet, so entfällt das Verweigerungsrecht; die Durchführung der Vollstreckung muß zugelassen werden, weil nämlich ein solches Recht auch im Nachlaßkonkurse bestehen bleibt (im § 221 KO. ist die Rede von Zwangsmaßregeln, die nach dem Eintritt des Erbfalls gegen den Nachlaß erfolgt sind!), es also keinen Zweck hat, die Pfandstücke für den Konkurs zu reservieren. Aus demselben Grunde kann der Pfleger wegen der Vorschrift des § 2016 Abs. 2 das Hemmungsrecht nicht gegenüber dem Vorgehen der im § 1971 bezeichneten dinglich berechtigten Nachlaßgläubiger, welche ein dingliches Recht durch Rechtsgeschäft mit dem Erblasser oder mit dem Erben bezw. Nachlaßpfleger oder Testamentsvollstrecker oder Nachlaßverwalter erworben haben, geltend machen, denn auch für ein solches Recht besteht im Konkurse ein Absonderungsrecht. Natürlich besteht das Hemmungsrecht hier nur insoweit nicht, als Befriedigung aus dem Gegenstande des Vorrechts gesucht wird.

Gegenüber einer Zwangsvollstreckung der Eigengläubiger des Erben in den Nachlaß steht dem Pfleger die Einwendung aus § 766 ZPO. zu, da der § 778 Abs. 2 ZPO. diese Vollstreckung vor Annahme der Erbschaft für unzulässig erklärt. Der Pfleger wird also nicht in die Lage kommen, den § 783 ZPO. anzuwenden.

Der § 2016 Abs. 1 kommt für den Pfleger nicht in Betracht, weil im Stadium der Pflegschaft ein Verlust des Beschränkungsrechts des Erben bezw. des Miterben, dessen Erbteil er vertritt, nicht eintreten kann.

Aus der Natur der in §§ 1963, 1969 genannten Kategorien von Verbindlichkeiten — siehe oben Seite 7, 14 — bezw. aus der Tatsache, daß ihre Berichtigung keinen Aufschub verträgt, folgt, daß der Pfleger ihnen gegenüber das Hemmungsrecht nicht haben kann.

Daß der Nachlaßpfleger das Aufgebot, d. i. die Voraussetzung des Verweigerungsrechts des § 2015 beantragen darf, bestimmt der § 991 Abs. 2 ZPO. Was die Befugnis des Nachlaßpflegers zur Anwendung eines der ordentlichen Beschränkungsmittel anlangt, so ist vorweg zu bemerken, daß diese Mittel hier nicht zum Zwecke der Beschränkung der Haftung angewendet werden, weil schon durch den § 778 Abs. 1 ZPO. die Haftung auf den Nachlaß beschränkt ist. Es könnte sich für den Pfleger also immer nur um Erreichung anderer Ziele handeln und zwar beim Nachlaßkonkurs um die Herbeiführung einer konkursmäßigen Befriedigung der Nachlaßgläubiger, bei der Nachlaßverwaltung um eine Entlastung seiner eigenen Person, bei der Unzulänglichkeitseinrede um die Anwendung der besonderen Regeln der §§ 1990, 1991 hinsichtlich der Verwendung des Nachlasses. Was nun den Nachlaßkonkurs anlangt, so ist der Nachlaßpfleger gemäß § 217 KO. antragsberechtigt, vorausgesetzt natürlich, daß Überschuldung des Nachlasses vorliegt. Auch ist er, wie schon erwähnt, zur Durchführung eines Aufgebots als Mittels der Feststellung dieser etwa vorliegenden Überschuldung berechtigt. Er ist zur Vermeidung von Schadensersatzansprüchen gegenüber dem endgültigen Erben sogar zur Konkursanmeldung bezw. zum Aufgebotsantrage verpflichtet; nur wenn das Aufgebot unverhältnismäßig hohe Kosten verursachen würde, darf er davon absehen (§ 1980 Abs. 2). Ein Schaden könnte dem Erben aus der verzögerten Konkursanmeldung dadurch erwachsen, daß ein Nachlaßgläubiger, der infolge dieser Verzögerung einen Ausfall erleidet, den Erben wegen Schadensersatzes in Anspruch nimmt (§ 1980 Abs. 1). — Der Erbe hat neben dem Pfleger ein selbständiges Konkursantragsrecht.

Die Frage, ob der Nachlaßpfleger eine Nachlaßverwaltung beantragen darf, muß verneint werden. Er kann das Antragsrecht nicht haben (anders Staudinger zu § 1981 Nr. 4), weil die Verwaltung des Nachlasses und evtl. der Antrag auf Eröffnung des Nachlaßkonkurses sowie im Falle des Andrängens der Nachlaßgläubiger auch deren Befriedigung schon ihm selbst obliegt. Das Nachlaßverwaltungsverfahren würde also keinen anderen Zweck erfüllen, wie ihn schon die Nachlaßpflegschaft erfüllt. Lediglich zur Entlastung seiner Person kann dem Pfleger kein Antragsrecht zugestanden werden. Abgesehen davon kann es nicht s e i n e Aufgabe sein, den Nachlaß der Verwaltung des definitiven Erben zu entreißen bezw. demjenigen, der Erbe werden will, vorzugreifen. Dasselbe trifft auf denjenigen Pfleger zu, der — beim Vorhandensein mehrerer Erben — nur einen Erbteil vertritt, da die Verwaltung jedenfalls nicht allein auf seinen Schultern ruht. Hier aber kommt noch hinzu, daß auch ein einzelner Miterbe für sich allein nicht die Nachlaßverwaltung beantragen darf (§ 2062), der Pfleger also bei einer den Gesamtnachlaß betreffenden Maßregel keine größere Selbständigkeit wie der Erbe selbst besitzen kann. — Was das Antragsrecht der Nachlaß g l ä u b i g e r anlangt, so ist es beim Vorliegen der Voraussetzungen des § 1981 Abs. 2 nicht durch die Nachlaßpflegschaft gehemmt, doch dürfte der Fall da, wo der Pfleger den Gesamtnachlaß verwaltet, kaum praktisch werden, wohl aber kann die Nachlaßverwaltung da erforderlich werden, wo der Pfleger nur einen Erbteil vertritt. In solchen Fällen ist also Nachlaßverwaltung neben der Nachlaßpflegschaft denkbar. Der Pfleger hat die Interessen des Erben gegenüber dem Nachlaßverwalter zu wahren, die Verwaltung geht in jedem Falle für die Dauer der Verwaltung auf den Verwalter über. Nach Beendigung des Verfahrens fällt sie wieder auf den Pfleger, der sie vorher geführt hatte, zurück, wenn nicht inzwischen die Pflegschaft aufgehoben worden sein sollte.

Der Nachlaßpfleger darf bezw. muß in dem Falle, wo die Eröffnung des Nachlaßkonkurses wegen Mangels einer den Kosten des Verfahrens entsprechenden Masse nicht tunlich ist, bei der Befriedigung der andrängenden Nachlaßgläubiger die Regeln der §§ 1990—1992 beachten, namentlich was die Reihenfolge der Befriedigung der Gläubiger anlangt (§ 1991 Abs. 4), auch darf und muß er die Befriedigung der Verbindlichkeiten aus Vermächtnissen und Auflagen nach Maßgabe des § 1992 bewirken.

Der nach §§ 1960, 1961 bestellte Nachlaßpfleger ist „den Nachlaßgläubigern gegenüber" verpflichtet, über den Bestand des Nachlasses Auskunft zu erteilen (§§ 2012, 260 BGB.). Eine Inventarfrist kann ihm nicht bestimmt werden, daher kann er niemals infolge eines Verstoßes hinsichtlich des Inventars den Verlust des Haftungsbeschränkungsrechts des Erben herbeiführen; auch sonst kann er nicht auf die Beschränkung der Haftung des Erben verzichten (§ 2012).

Soll ein g e g e n den Erblasser bei dessen Ableben anhängig gewesener Rechtsstreit fortgesetzt werden, so ist zu bemerken: Der Rechtsstreit war, abgesehen vom Falle des § 246 ZPO., unterbrochen worden. Er kann wegen der Vorschrift der §§ 1958 BGB. und 239 Abs. 5 ZPO. vor Annahme der Erbschaft nicht gegen den (die) Erben fortgeführt werden, vielmehr kann dies, sofern kein Nachlaßverwalter oder kein mit der Gesamtverwaltung des Nachlasses betrauter Testamentsvollstrecker vorhanden ist, nur gegen einen nach Maßgabe der §§ 1960, 1961 bereits bestellten bezw. nach Maßgabe des § 1961 erst noch zu bestellenden Nachlaßpfleger geschehen. Sollte je vor ausdrücklich erklärter Annahme der Erbschaft durch den (die) Erben die Aufnahme seitens der Erben erfolgen, so würde darin die Annahme der Erbschaft auch dann zu erblicken sein, wenn der Aufnehmende sich dagegen verwahren sollte (Seuffert zu § 239 Anm. 5 letzter Absatz). Wenn etwa der Gläubiger in der Meinung, daß die Erben die Aufnahme verzögern, sie zur Aufnahme gemäß § 239 Abs. 2 ZPO. laden und dabei nicht behaupten sollte, daß die Erbschaft vom Geladenen angenommen sei, so braucht dieser im Termine nicht zu erscheinen. Das Gericht muß von Amtswegen den Gläubiger mit seinem Antrag auf Fortsetzung des Rechtsstreits durch Endurteil abweisen. Wenn die Annahme aber behauptet ist, so ist das Vorbringen schlüssig und der Geladene zum Erscheinen gezwungen, da andernfalls die Behauptung der Annahme als zugestanden zu erachten ist (§ 331 Abs. 1 ZPO.). Daß der ladende Gläubiger die Rechtsnachfolger mit Namen bezeichnen muß, ist selbstverständlich. Erscheint der Geladene im Termine und bestreitet er die Annahme der Erbschaft nicht, verhandelt vielmehr zur Sache, so liegt darin die Annahme der Erbschaft. Bestreitet er aber die Annahme (die der Gläubiger selbst nicht behauptet hat), so muß Abweisung des Gläubigerantrages erfolgen. Hat der Gläubiger aber die Annahme behauptet bezw. behauptet er sie im Termine, so muß er sie beweisen; das Gericht entscheidet. Im übrigen siehe die Darstellung über die Aufnahme beim Kapitel B Abschnitt „Prozessuales" beim Vorgehen gegen die Miterben.

Die §§ 243, 241 ZPO. regeln die Aufnahme des durch den Tod unterbrochenen Rechtsstreits beim Vorhandensein bezw. nach der Bestellung eines Nachlaßpflegers. Danach dauert die Unterbrechung so lange, als bis entweder der Nachlaßpfleger dem Gläubiger Anzeige von seiner Bestellung als Nachlaßpfleger gemacht oder der Gläubiger dem Nachlaßpfleger mitgeteilt hat, er beabsichtige das Verfahren fortzusetzen. Diese

Erklärungen bedeuten die Aufnahme; einer ausdrücklichen Aufnahme erklärung bedarf es nicht. Die betr. Erklärungen werden im Schriftsatz gemacht, welcher der Gegenpartei zugestellt werden muß (§ 250 ZPO.). Im amtsgerichtlichen Verfahren erfolgt die Zustellung von Amtswegen (§ 496 ZPO.). Im Anwaltsprozeß erfolgt sie durch die Partei bezw. deren Anwalt (§ 78 Abs. 1 ZPO.). Mit der Zustellung dieses Schriftsatzes ist die Unterbrechung beseitigt und kann der Rechtsstreit fortgeführt werden. Die Ladung zu einem Termine kann — in Amtsgerichtssachen durch das Gericht (§ 497 ZPO.) — gleichzeitig mit diesem Schriftsatz oder nachher zugestellt werden. Der bisher gegen den Erblasser gerichtete Antrag wird nunmehr gegen den Nachlaßpfleger „als Vertreter der unbekannten Erben" des Erblassers gerichtet. — Lag zur Zeit des Ablebens bereits ein den Erblasser verurteilendes Erkenntnis vor und will der Nachlaßpfleger ein Rechtsmittel bezw. Einspruch einlegen, so muß zunächst der Rechtsstreit in der angegebenen Weise aufgenommen werden. Der betr. Schriftsatz wird, gleichviel ob das Erkenntnis dem Erblasser bereits zugestellt war oder nicht, dem Instanzgericht eingereicht und im Amtsgerichtsverfahren dem Gegner vom Gericht, im Anwaltsprozeß von der Partei zugestellt. Erst danach ist die Einlegung des Einspruchs bezw. Rechtsmittels zulässig. Will der Gläubiger das den Erblasser verurteilende, noch nicht zugestellte Urteil zustellen, so kann er dies vor Annahme der Erbschaft nur einem Nachlaßpfleger gegenüber tun, doch muß vorher der unterbrochene Rechtsstreit in der besprochenen Weise aufgenommen sein. Will der Gläubiger aus dem gegen den Erblasser erwirkten, dem Erblasser gegenüber auch rechtskräftig gewordenen Urteil vor Annahme der Erbschaft in den Nachlaß vollstrecken, so bedarf es zunächst der Bestellung des Nachlaßpflegers nach § 1961, wenn nicht bereits ein solcher nach §§ 1960, 1961 bestellt war. Gemäß § 727 ZPO. muß alsdann die Erteilung (Umschreibung) der Vollstreckungsklausel gegen den Pfleger als den Vertreter der Erben erbeten werden. Dem Pfleger muß der Schuldtitel mit der Klausel zugestellt werden (§ 750 Abs. 2 ZPO.). Von einer Aufnahme des Rechtsstreits kann, da er rechtskräftig und nicht unterbrochen war, nicht die Rede sein. War das Urteil z. Z. des Ablebens des Erblassers noch nicht rechtskräftig, und soll mit der Zwangsvollstreckung gegen den Nachlaß erst begonnen werden, so bedarf es, da stets die Umschreibung der Vollstreckungsklausel gegen den Pfleger sowie eine neue Zustellung an ihn erforderlich ist (§ 750 Abs. 1 u. 2 ZPO.), immer erst der Einbeziehung des Pflegers in den Rechtsstreit; diese aber kann eben nur durch Aufnahme erfolgen. (Daß zur Zwangsvollstreckung in den Nachlaß auch beim Vorhandensein eines Nachlaßpflegers die Umschreibung der Klausel auf den Erben Voraussetzung ist, behaupten mit Unrecht Sydow-Busch zu § 779 ZPO. infolge unrichtiger Würdigung von JW. 07, 207 Nr. 14; der Erbe ist ja in diesem Stadium oft unbekannt!)

Beim Vorhandensein mehrerer Erben kann es wegen der Möglichkeit, daß die Annahme der Erbschaft seitens der Erben zu verschiedenen Zeiten erfolgt, vorkommen, daß einige Erben angenommen haben, die übrigen aber noch nicht. In diesem Falle kann der Nachlaßgläubiger die bereits endgültigen Erben unter der Voraussetzung des § 239 Abs. 2 ZPO. zur Aufnahme laden. Er würde damit aber seinen Zweck, nämlich eine Vollstreckung in den Nachlaß, nicht erreichen, weil nach § 747 ZPO. hierzu erforderlich ist, daß der Schuldtitel gegen sämtliche Miterben (weil sie alle Eigentümer des Nachlasses sind) gerichtet ist. Dagegen könnte er sehr wohl den „Anteil" der endgültigen Erben nach Maßgabe der §§ 2059 BGB. und 859 Abs. 2 ZPO. pfänden; die Vollstreckung in das sonstige Eigenvermögen der verurteilten Miterben würden diese ihm auf Grund des § 2059 Abs. 1 S. 1 verwehren können. Will der Gläubiger in den „Nachlaß", d. h. in die Nachlaßgegenstände vollstrecken, so ist er genötigt, den Rechtsstreit auch gegen die noch nicht endgültigen Erben fortzuführen. Dies ist aber nur gegenüber dem Nachlaßpfleger zulässig, der also, wenn nicht schon vorhanden, auf Betreiben des Gläubigers nach § 1961 bestellt werden muß. Die Bestellung erfolgt hier nur für die Erbteile derjenigen Erben, die noch nicht angenommen haben. Bezüglich dieser Aufnahme gilt das oben Gesagte. Der Rechtsstreit wird danach gegen Pfleger und definitive Erben einheitlich fortgesetzt; der Antrag wird, da die Erben selbst nach § 2058 gesamtschuldnerisch haften, gerichtet gegen den Nachlaßpfleger als Vertreter der Anteile der noch unbekannten Erben des Erblassers in Gesamtverbindlichkeit mit den endgültigen Erben. Auf Grund des nach diesem Antrage ergehenden Urteils kann in den Nachlaß vollstreckt werden.

Die Nachlaßpflegschaft dauert auch nach Annahme der Erbschaft seitens einzelner oder aller Miterben so lange fort, bis sie formell aufgehoben wird (§ 1919). Die Aufhebung muß mindestens insoweit erfolgen, als die Erbschaft angenommen ist, d. h. es bleiben nur die Erbteile der noch nicht definitiven Erben unter Pflegschaft. Im Einzelfalle kann die Annahme der Erbschaft auch nur seitens eines Miterben die Aufhebung der Pflegschaft überhaupt zur Folge haben, wenn nämlich die Voraussetzungen der Pflegschaft entfallen. Doch müßte in solchem Falle auf Antrag eines Gläubigers die neue Bestellung eines Pflegers nach § 1961 zum Zwecke der gerichtlichen Geltendmachung eines gegen den Nachlaß gerichteten Anspruchs gegen die noch nicht endgültigen Miterben erfolgen. — Wird der Rechtsstreit gegen einen Nachlaßpfleger als Vertreter aller Erben aufgenommen, nehmen aber während des Verlaufes des Prozesses einige der Erben die Erbschaft an, so wird, so lange die Pflegschaft nicht formell aufgehoben wird, an der Rechtslage nichts geändert. Wird die Pflegschaft, sei es auf Anregung des Pflegers selbst oder der Erben oder des Nachlaßgläubigers, aufgehoben, was in der Regel nur hinsichtlich des definitiv Erben gewordenen Miterben geschieht, so tritt dieser kraft Gesetzes in den Rechtsstreit ein; der § 53 ZPO., der für den Rechtsstreit den vom Pfleger vertretenen Erben einem Prozeßunfähigen gleichmacht, verliert gegenüber dem definitiven Miterben seine Bedeutung; der letztere ist prozeßfähig geworden. Der Gläubiger muß nunmehr den Antrag, wie oben angegeben, ändern.

Die Vollstreckungsklausel kann gegen Miterben vor deren Annahme der Erbschaft nicht erteilt werden. Mit der gegen den Pfleger gerichteten Klausel ist die Zwangsvollstreckung in den Nachlaß nur dann zulässig, wenn der Pfleger (noch) sämtliche Erbteile vertritt, jedenfalls aber so lange die Pflegschaft formell noch besteht. Sind einige der Miterben bereits definitiv Erben, so müßte die Klausel auch gegen sie gerichtet sein. Sie muß lauten: Vorstehende Ausfertigung wird zum Zwecke der Zwangsvollstreckung gegen den Z als Nachlaßpfleger der noch unbekannten Erben des X, diese in Gesamtverbindlichkeit mit den (definitiven) Miterben erteilt. Schuldtitel und Klausel sind dem Pfleger und den Erben zuzustellen. Liegt der Fall so, daß von den mehreren Erben zwar noch keiner die Erbschaft angenommen hat, daß aber die auf § 1960 basierende Nachlaßpflegschaft nicht für alle Erbteile eingeleitet wurde, so muß für die nicht vertretenen Erbteile die Bestellung eines Pflegers nach § 1961 beantragt werden, da die gegen die betr. Erbteile zu richtende Klausel auch nur gegenüber einem Pfleger umgeschrieben werden kann. Natürlich wird das Nachlaßgericht hier den bereits bestellten Pfleger auch für das gerichtliche Vorgehen gegen die übrigen Erben bestellen. Die Klausel kann auch gegen nur einen der definitiven Erben erbeten und erteilt werden, doch ist daraufhin vor der Teilung des Nachlasses nur der Anteil desselben pfändbar; nach der Teilung des Nachlasses ist ein solcher Titel gegen den betr. Miterben unbeschränkt, d. h. in sein durch die ihm bei der Teilung zugefallenen Nachlaßgegenstände vergrößertes Gesamtvermögen vollstreckbar.

Aus einem Urteil, das gegen den Nachlaßpfleger, sei es direkt oder nach Fortsetzung eines durch den Tod des Erblassers unterbrochenen Rechtsstreits erwirkt ist, kann der Gläubiger vor Annahme der Erbschaft nur in den Nachlaß vollstrecken (§ 778 Abs. 1 ZPO.). Haftet im Einzelfalle der — vorläufige — Erbe auch persönlich, kann also auf Grund eines gegen ihn selbst erwirkten Urteils an sich gegen ihn bezw. gegen sein Eigenvermögen schon vor Annahme der Erbschaft vorgegangen werden, so kann doch, obwohl der Pfleger Vertreter des Erben ist und deshalb das gegen den Pfleger erwirkte Urteil auch zu ungunsten des Erben wirkt, aus diesem Urteil nicht vor Annahme der Erbschaft in das Eigenvermögen des Erben gepfändet werden. Der Pfleger vertritt, wie bekannt, nur denjenigen, welcher Erbe werden wird; ob dies bezüglich des auch persönlich haftenden vorläufigen Erben der Fall sein wird, steht noch dahin. Schlägt er die Erbschaft schließlich aus, so entfällt jegliche Wirkung des gegen den Pfleger erzielten Urteils hinsichtlich des Ausschlagenden. Zwar haftet er auch weiter, da er persönlich verpflichtet ist, aber es bedarf eines Urteils gegen ihn selbst. Das gegen den Pfleger ergangene Urteil verpflichtet aber den endgültigen Erben. Hier hat der Gläubiger also zwei Schuldner, von denen der erstere nur persönlich, der letztere persönlich aber beschränkbar haftet.

War mit der Zwangsvollstreckung bereits gegen den Erblasser begonnen, so darf sie nach der Sondervorschrift des § 779 Abs. 1 ZPO. ohne Rücksicht darauf, ob der Erbe oder der Miterbe die Erbschaft angenommen hat oder nicht, in den „Nachlaß" d. i. das Vermögen des Erblassers, in das sie begonnen war, fortgesetzt werden; es bedarf hier weder der Bestellung eines Nachlaßpflegers noch einer neuen Zustellung des Schuldtitels noch einer Umstellung der Vollstreckungsklausel. Ist jedoch bei einer gegen den Erblasser begonnenen und gegen den Nachlaß fortgesetzten oder fortzusetzenden Zwangsvollstreckung im Einzelfalle die Zuziehung des Schuldners nötig (conf. §§ 808, 826, 829, 844, 875, 885 ZPO., 22, 32, 41, 88, 99, 105, 144, 146, 153 ZwVG.), so kann jedenfalls nicht der vorläufige Erbe zugezogen werden. Andererseits ist es auch nicht zulässig, die Bestellung eines Nachlaßpflegers, dessen Interessen den Nachlaß als Ganzes umfassen, lediglich aus diesem Grunde zu betreiben. Der Nachlaßgläubiger hat, sofern nicht bereits andere vertretungsberechtigte Personen, nämlich ein Nachlaßpfleger oder Testamentsvollstrecker oder Nachlaßverwalter vorhanden sind, gemäß § 779 Abs. 2 ZPO. die Bestellung eines „einstweiligen besonderen Vertreters" beim Vollstreckungsgericht zu bewirken. Die Funktion eines solchen Vertreters ad hoc hört mit der Bestellung eines Nachlaßpflegers oder Nachlaßverwalters kraft Gesetzes auf (§ 1918 Abs. 3). Beim Vorhandensein mehrerer Erben bedarf es der Bestellung nur eines Sondervertreters für alle diejenigen Miterben, die noch nicht angenommen haben, während im übrigen die definitiven Miterben daneben zuzuziehen sind.

Beginn der Zwangsvollstreckung im Sinne obigen Abschnitts liegt vor: bei beweglichen Sachen, wenn der Gerichtsvollzieher gepfändet hat, bezw. wenn ein Pfändungsbeschluß bloß „erlassen" ist, bezw. wenn eine Benachrichtigung gemäß § 845 ZPO. zugestellt war; bei unbeweglichen Sachen, wenn die Zwangsversteigerung oder die Eintragung einer Sicherheitshypothek (§ 867 ZPO.) angeordnet war. — Eine solche begonnene Zwangsvollstreckung kann sowohl in die bereits von der Vollstreckung ergriffenen wie auch in die übrigen Gegenstände des Nachlasses fortgesetzt werden; es ist auch zulässig, die bereits erworbenen Pfandrechte aufzugeben, um eine andere Vollstreckung vorzunehmen. In die Erbteile der Miterben kann die Vollstreckung nicht fortgesetzt werden, weil sich dies gegen das Eigenvermögen des betr. Miterben richten würde. Hatte der Erblasser eine Handlung, die auch ein Dritter vornehmen kann, vorzunehmen und hatte der Gläubiger bereits zu Lebzeiten des Erblassers die im § 887 ZPO. erwähnte Ermächtigung bekommen, so kann der Nachlaßgläubiger diese Zwangsvollstreckung gegenüber dem Nachlaß fortsetzen, ohne daß die Vollstreckungsklausel gegen den Erben bezw. Pfleger umgestellt oder der Schuldtitel von neuem zugestellt werden müßte. Dagegen kann eine ausschließlich vom Willen des Erblassers abhängig gewesene, durch einen Dritten nicht vornehmbare Handlung (§ 888 ZPO.) nicht gegenüber dem Nachlaß erzwungen werden, auch wenn das zur Willensbeugung gegebene Erkenntnis bereits gegen den Erblasser vorlag. Dasselbe gilt hinsichtlich der Vollstreckung nach §§ 889 und 890 ZPO. (siehe Seuffert zu § 779 ZPO.). — Der nach § 779 Abs. 2 zu bestellende besondere Vertreter berechtigt und verpflichtet, wie der Nachlaßpfleger, denjenigen, der schließlich Erbe wird.

Über die Möglichkeit, aus den gegenüber dem Nachlaßpfleger erwirkten Schuldtiteln nach Annahme der Erbschaft gegen den Erben bezw. gegen den Nachlaßverwalter zu vollstrecken siehe das folgende Kapitel (B) beim Abschnitt: „Gerichtliches Vorgehen gegen den Erben" am Ende.

Der Rechtsstreit des Erblassers wird nicht unterbrochen, wenn ein Prozeßbevollmächtigter bestellt war (§ 246 ZPO.); der Tod des Vollmachtgebers hebt die Vollmacht nicht auf (§ 86 ZPO.). Jede der Parteien ist jedoch zum Antrage auf Aussetzung des Verfahrens berechtigt. Mit der Aussetzung erlischt die Vollmacht des Prozeßbevollmächtigten (RG. Bd. 50 S. 339). Die Aufnahme darf ihm gegenüber nicht mehr erfolgen, doch ist ihm der die Ladung enthaltende Schriftsatz zuzustellen (§ 246 Abs. 2 ZPO.). Die Aufnahme kann wegen des § 239 Abs. 5 ZPO. und § 1958 BGB. auch nicht gegenüber dem Erben selbst geschehen; es ist die Bestellung eines Nachlaßpflegers erforderlich. Die Aufnahme geschieht in der durch die §§ 250, 243, 241 ZPO. vorgeschriebenen Form.

Die vorstehenden Ausführungen betreffen durchweg das Vorgehen gegen den Nachlaß wegen eines gegen diesen gerichteten Anspruchs. Was dagegen die zum Nachlasse gehörigen Aktiva anlangt, so ist der Erbe als Eigentümer des Nachlasses berechtigt, sie evtl. durch Prozeß einzufordern. Er bedarf hierbei nicht der Vertretung durch einen Nachlaßpfleger; seinem Antrage, einen solchen aus dem Grunde zu bestellen, weil eine Forderung des Nachlasses beigetrieben werden soll, könnte nur stattgegeben werden, wenn die Voraussetzungen des § 1960 überhaupt vorliegen. Der Erbe ist aber, auch wenn Gefahr vorliegt, nicht verpflichtet, eine Forderung beizutreiben, wenn er nicht die Verwaltung des Nachlasses führt. In der Beitreibung einer Forderung ist nicht ohne weiteres eine Annahme der Erbschaft (pro herede gestio) zu erblicken. — Dieselben Grundsätze gelten für die Mehrheit von Erben. Für ihr Verhältnis untereinander und zum Schuldner kommen die §§ 2038, 2039 in Betracht.

Der Erbe bezw. die Miterben dürfen den durch den Tod des Erblassers etwa unterbrochenen Aktivprozeß schon vor Annahme der Erbschaft aufnehmen (§§ 239 Abs. 1, 250 ZPO.), während dies dem Prozeßgegner wegen der Vorschrift des § 239 Abs. 5 ZPO. nicht gestattet ist. — Der Erbe bezw. die Miterben dürfen ein zugunsten des Erblassers ergangenes Urteil sofort zur Vollstreckung bringen. Voraussetzung ist die Umstellung der Klausel auf sie (§§ 727, 730 ZPO.), die auf ihren Antrag erfolgen muß. Beim Vorhandensein mehrerer Erben kann, auch wenn der Antrag nur von einem einzelnen Miterben ausgehen sollte, diese Umstellung nur auf alle Erben gemeinsam erfolgen (§ 2039), da das betr. Aktivum (die Forderung) gemeinschaftliches Eigentum aller Miterben ist und der Verwaltung aller Miterben unterliegt (§§ 2032, 2038). Die Umschreibung bezw. Erteilung der Klausel kann auf einen einzelnen Miterben nur dann erfolgen, wenn er (etwa durch Vorlegung des Auseinandersetzungsvertrages) dartut, daß er alleiniger Eigentümer der Forderung ist (Seuffert zu § 727 ZPO. Anm. 4). — Zur Fortsetzung einer bereits vom Erblasser begonnenen Zwangsvollstreckung ist gleichfalls die Umschreibung der Klausel auf den Erben bezw. die sämtlichen Miterben erforderlich; der § 779 ZPO. betrifft nur Vollstreckungen g e g e n den Nachlaß!

Der Erbe verliert die Fähigkeit zur Herbeiziehung von Nachlaßaktiven durch Rechtsstreitigkeiten nicht dadurch, daß ein Nachlaßpfleger bestellt ist (siehe oben S. 23). Nur verliert er, sofern der Pfleger bereits klagt oder den Prozeß des Erben übernimmt, für diesen Prozeß die Prozeßfähigkeit. Je danach ist also eine Vollstreckungsklausel zu einem für den Erblasser ergangenen Urteil dem Erben selbst oder nur dem Nachlaßpfleger zu erteilen. Ist sie dem Erben erteilt, so hat der Pfleger kein Widerspruchsrecht, er kann aber das weitere Vorgehen übernehmen.

b. Testamentsvollstreckung.

Die Testamentsvollstreckung beruht stets auf dem Willen des Erblossers. Der Erblasser kann durch Testament (vergl. jedoch § 2299) einen oder mehrere Testamentsvollstrecker ernennen (§ 2197 Abs. 1). Die Bestimmung der Person des Testamentsvollstreckers geschieht nach Maßgabe der §§ 2197 ff. Das Amt des Testamentsvollstreckers beginnt nicht mit dem Erbfalle, sondern erst mit der Annahme des Amtes; letztere kann erst nach Eintritt des Erbfalls erklärt werden. Über diese Erklärung siehe § 2202 Abs. 2. Über die Ausübung des Amtes v o r Annahme siehe Staudinger Anm. 6 zu § 2202. Jeder an der Testamentsvollstreckung Beteiligte, also auch ein Nachlaßgläubiger (auch ein Pflichtteilsberechtigter, da dieser trotz § 2213 Abs. 1 S. 3 den Testamentsvollstrecker jedenfalls wegen Duldung nach Maßgabe des § 2213 Abs. 3 in Anspruch nehmen muß) darf beim Nachlaßgericht beantragen, daß dem Vollstrecker eine Frist zur Erklärung über die Annahme bestimmt werde. Sollte der Aufgeforderte nicht rechtzeitig die Annahme erklären, so gilt das Amt als abgelehnt (§ 2202 Abs. 3). Auch für den Fall der Annahme des Amtes kann bei Behinderung des Vollstreckers eine Sicherung des Nachlasses durch Nachlaßpflegschaft bezw. die Bestellung eines Nachlaßpflegers nach § 1961 in Frage kommen; dasselbe trifft für die Zeit bis zum Ablaufe der zur Erklärung gesetzten Frist zu. Die Testamentsvollstreckung wird im Falle der Amtsannahme wirksam unabhängig von der Tatsache, daß der eingesetzte Erbe (Allein- oder Miterbe) die Erbschaft ausschlägt, es müßte denn der Erblasser für diesen Fall abweichende Anordnungen getroffen haben (vergl. auch Planck § 2197 Anm. 3). Die angeordnete Testamentsvollstreckung bleibt wirksam, gleichviel ob die Erbschaft nur einem oder mehreren Erben zufällt. Für den letzteren Fall kann die Testamentsvollstreckung auch nur hinsichtlich einzelner Erbteile angeordnet werden. Das Amt des Testamentsvollstreckers erlischt nach Maßgabe der §§ 2225—2227. Sollte seitens des Erblassers nicht für Ersatz gesorgt sein, so hört damit die Testamentsvollstreckung überhaupt auf. Die Testamentsvollstreckung entfällt von Anfang an, wenn der Vollstrecker das Amt nicht annimmt oder vor Eintritt des Erbfalles stirbt und für diese Fälle kein anderer Testamentsvollstrecker ernannt ist (§ 2197 Abs. 2). Der § 2306 Abs. 1 S. 1 statuiert einen Fall, wo die Ernennung eines Testamentsvollstreckers als eine nicht zu rechtfertigende Beschränkung der Verwaltungsfreiheit eines Miterben als nicht angeordnet gilt. Dies ist dann der Fall, wenn ein durch die Testamentsvollstreckung beschränkter Miterbe, der im konkreten Falle einen Pflichtteilsanspruch hätte oder — siehe § 2305 — hat, einen Erbteil erbt, der nicht größer ist, wie die Hälfte seines gesetzlichen Erbteils. In diesem Falle wirkt die Testamentsvollstreckung lediglich nicht hinsichtlich des betr. Miterben.

Der Testamentsvollstrecker hat die letztwilligen Verfügungen des Erblassers zur Ausführung zu bringen (§ 2203). Sollte das Testament keine anderen letztwilligen Verfügungen wie die der Begründung einer Testamentsvollstreckung enthalten, so hat der Vollstrecker nach Maßgabe lediglich des Gesetzes (§§ 2204 ff.) zu walten. Beim Vorhandensein mehrerer Erben hat er die Auseinandersetzung unter ihnen nach Maßgabe der §§ 2042—2056 zu bewirken. Diese, wie überhaupt die in den §§ 2203—2206 bestimmten Rechte hat er nicht, soweit anzunehmen ist, daß sie ihm nach dem Willen des Erblassers nicht zustehen sollen (siehe auch §§ 2209, 2210).

Der Testamentsvollstrecker ist im Rahmen seiner Verwaltungssphäre mangels gegenteiliger Anordnung des Erblassers zur Eingehung von Verbindlichkeiten für den Nachlaß berechtigt, soweit die Eingehung zur ordnungsmäßigen Verwaltung erforderlich ist (§§ 2206, 2207). Diese Verbindlichkeiten sind Nachlaßverbindlichkeiten, desgl. die Verbindlichkeiten des (der) Erben gegenüber dem Testamentsvollstrecker aus dessen Geschäftsführung. Es haftet demnach neben dem Nachlaß auch das Eigenvermögen des endgültigen Erben. Der § 327 ZPO. bestimmt hinsichtlich derjenigen Urteile, die zwischen dem Testamentsvollstrecker und einem Dritten über ein der Verwaltung des ersteren unterliegendes Recht oder über einen gegen den Nachlaß gerichteten Anspruch, sofern hier der Vollstrecker zur Führung des Rechtsstreits befugt war, ergehen, daß derartige

Urteile zugunsten bzw. zu Lasten des Erben wirken. Ferner ist im § 749 ZPO. angeordnet, daß Urteile, die für oder gegen den Erblasser erwirkt waren, auf den Testamentsvollstrecker vollstreckbar nach Maßgabe der §§ 727, 730—732 ZPO. ausgefertigt werden können, so als ob er der Rechtsnachfolger des Erblassers wäre, was in Wahrheit natürlich nur der Erbe ist.

Dem Testamentsvollstrecker kann eine Inventarfrist nicht bestimmt werden. Er kann in keinem Falle den Verlust der Haftungsbeschränkung des Erben herbeiführen. Die Verantwortlichkeit des Testamentsvollstreckers im Verhältnisse zum Erben bestimmt sich nach § 2219; danach besteht sie nur bei Verschulden. Im Verhältnisse zum Nachlaßgläubiger besteht eine direkte Verantwortlichkeit nur dann, wenn der Gläubiger ein Legatar ist und es sich um Vollziehung seines Vermächtnisses handelt. Im übrigen vergl. zu dieser Frage Planck Vorbem. zu § 2197 Anm. 5 g.

Für die Haftung für Nachlaßverbindlichkeiten ist es von Bedeutung, ob dem Testamentsvollstrecker die Verwaltung des gesamten Nachlasses obliegt oder ob er hierbei beschränkt ist.

Im folgenden sollen diese beiden Fälle gesondert behandelt werden:

1. Hinsichtlich des mit der Verwaltung des gesamten Nachlasses betrauten Testamentsvollstreckers (§ 2205) ist zu bemerken: Der Testamentsvollstrecker ist in seiner Eigenschaft als Verwalter des Nachlasses Gegner derjenigen Nachlaßgläubiger, welche ihren gegen den Nachlaß gerichteten Anspruch verwirklichen wollen. Der § 2213 Abs. 3 bestimmt noch besonders, daß der Testamentsvollstrecker schon vor Annahme der Erbschaft gerichtlich in Anspruch genommen werden kann. Da die Person des Erben wegen des § 1958 vor Annahme der Erbschaft nicht behelligt werden darf, die Bestellung eines Nachlaßpflegers hier aber nicht in Frage kommen kann, weil schon der Testamentsvollstrecker die Pflege des Nachlasses besorgt, vorausgesetzt freilich, daß der Vollstrecker das Amt annimmt und tatsächlich ausübt, kann der Nachlaßgläubiger vor Annahme der Erbschaft überhaupt nur gegen den Testamentsvollstrecker wegen Leistung gerichtlich vorgehen, wenn nicht etwa im Einzelfalle der Erbe für die Nachlaßverbindlichkeiten auch persönlich haftet. In diesem letzteren Falle könnte zwar gleichfalls gegen den Vollstrecker wegen Leistung, doch auch gegen den Erben nur auf Leistung und den Vollstrecker nur auf Duldung (§ 2213 Abs. 3) und zwar (letzteres) gleichzeitig geklagt werden.

Das gegen den Vollstrecker erzielte Urteil kann vor Annahme der Erbschaft nur gegen den Nachlaß vollstreckt werden, weil der Vollstrecker nur den Nachlaß verwaltet bezw. das Vorgehen gegen den Vollstrecker nur gegen Nachlaß gerichtet ist. Im übrigen ist das Urteil auch dann gegen den Nachlaß vollstreckbar, wenn augenblicklich mehrere Erben vorhanden sind oder möglicherweise nach Annahme mehrere Erben vorhanden sein werden. Da die gegenüber dem Vollstrecker erhobenen Angriffe stets nur gegen den Nachlaß gerichtet sind, braucht der Vollstrecker sich das Recht, die Haftung auf den Nachlaß zu beschränken, nicht erst vorzubehalten (§ 780 Abs. 2 ZPO.). Für die Zeit vor Annahme der Erbschaft ist durch § 778 Abs. 1 ZPO. die Haftung auch kraft Gesetzes auf den Nachlaß beschränkt.

Gegen den Testamentsvollstrecker können auch die Verbindlichkeiten aus §§ 1963, 1969 gerichtlich geltend gemacht werden. Dagegen nicht die Verbindlichkeiten aus

Pflichtteilsansprüchen (§ 2213 Abs. 1 S. 3). Im Stadium vor Annahme der Erbschaft können Pflichtteilsberechtigte wegen des ein Vorgehen gegen die Person des (der) Erben verbietenden § 1958 nur gegenüber einem — evtl. nach § 1961 auf ihren Antrag zu bestellenden — Nachlaßpfleger gerichtlich vorgehen. Die Vollstreckung des Urteils ist in den Nachlaß jedoch erst dann möglich, wenn auf Grund des gegen den Pfleger erstrittenen Urteils eine Klage gegen den Testamentsvollstrecker mit Erfolg dahin durchgeführt ist, daß letzterer die Zwangsvollstreckung in die seiner Verwaltung unterliegenden Nachlaßgegenstände dulde (§§ 2213 Abs. 3 BGB. und 748 Abs. 3 ZPO.), denn ein Eingriff in den Machtbereich des Vollstreckers setzt seine Verurteilung voraus.

Hinsichtlich des Testamentsvollstreckers fehlt es an einer Bestimmung, wonach er, wie nach § 2017 der Nachlaßpfleger, die Hemmungsbefugnis nach §§ 2014, 2015 schon vor Annahme der Erbschaft geltend zu machen befugt wäre. Bezüglich der auf § 2015 basierenden Hemmungsbefugnis ergibt sich schon aus § 991 ZPO., wonach der Vollstrecker das Aufgebot nicht vor Annahme der Erbschaft beantragen darf, die Unmöglichkeit ihrer Anwendung für ihn. Er kann daher eine Vollstreckung in den Nachlaß vor Annahme der Erbschaft nicht anders hemmen, als dadurch, daß er die Konkurseröffnung beantragt, was allerdings die — infolge des § 991 Abs. 3 ZPO. nicht stets schon vor Annahme mögliche — Glaubhaftmachung der Überschuldung durch ihn voraussetzt (§ 217 Abs. 3 KO., Jäger Anm. 31).

Über die Befugnis des Testamentsvollstreckers zur Anwendung eines der ordentlichen Beschränkungsmittel ist zu bemerken: Die Tatsache, daß ein Testamentsvollstrecker den Gesamtnachlaß verwaltet, hat an sich nicht die Bedeutung, daß die Haftung des Erben für Nachlaßverbindlichkeiten auf den vom Vollstrecker verwalteten Nachlaß beschränkt ist. Im Gegenteil bestimmt der § 2213 ausdrücklich, daß der Erbe auch selbst in Anspruch genommen werden darf. Im Stadium vor Annahme der Erbschaft gelten freilich die Bestimmungen des § 1958 BGB. und des § 778 Abs. 1 ZPO., welche die Haftung auf den Nachlaß beschränken, sie sind aber keine Besonderheit der Testamentsvollstreckung, sie gelten vielmehr ganz allgemein. Wenn danach dem Vollstrecker die Anwendung der Verfahren schon vor Annahme der Erbschaft gestattet wäre, so könnte sie in diesem Zeitpunkte nie den Zweck verfolgen, das Eigenvermögen des Erben erst noch zu schützen, d. h. ein Mittel der Beschränkung der Haftung zu sein. Auch hier also, wie beim Pfleger, könnte ein solches Verfahren zunächst immer nur andere Ziele erfüllen und zwar: der Nachlaßkonkurs: die Herbeiführung einer konkursmäßigen Befriedigung der Nachlaßgläubiger, die Nachlaßverwaltung: eine Entlastung der Person des Vollstreckers, die Unzulänglichkeitseinrede: die Anwendbarkeit der besonderen Regeln der §§ 1990—1992 hinsichtlich der Verwendung des unzulänglichen Nachlasses. Was nun den Nachlaßkonkurs anlangt, so ist, wie schon erwähnt, der Vollstrecker zum Antrage berechtigt; doch soll der Konkurs nicht vor Anhörung des Erben eröffnet werden. Auch für den Vollstrecker besteht wegen seiner Verantwortlichkeit gegenüber dem Erben aus § 2219 ein Zwang, den Nachlaßkonkurs anzumelden; im Verhältnis zu den Nachlaßgläubigern besteht die Pflicht nicht, auch nicht wegen seiner ausnahmsweise gegenüber dem Legatar normierten Verantwortlichkeit, weil das Interesse eines Legatars nicht so beachtenswert ist, daß daraufhin der Nachlaßkonkurs geboten wäre (§ 1980

Abs. 1 S. 2). Der Erbe selbst ist seinerseits nicht durch das Vorhandensein eines Testamentsvollstreckers gehindert, den Nachlaßkonkurs anzumelden, doch ist nach § 217 Abs. 3 KO. der Testamentsvollstrecker zu hören. Für die Dauer des Nachlaßkonkurses geht das Recht der Verwaltung und Verfügung über den Nachlaß auf den Nachlaßkonkursverwalter über. — Das Konkursantragsrecht des Nachlaßgläubigers wird durch das Vorhandensein eines Testamentsvollstreckers nicht berührt. Dem Testamentsvollstrecker steht die Beschwerde (§ 109 KO.) gegen die auf den Antrag eines Gläubigers (oder des Erben) erfolgte Eröffnung des Konkurses zu.

Der Testamentsvollstrecker darf die Nachlaßverwaltung nicht beantragen, da die Verwaltung des Nachlasses und die Befriedigung der Nachlaßgläubiger ihm selbst obliegt und er sich dieser Aufgabe nicht entziehen soll. Der Erbe selbst hat vor Annahme der Erbschaft keine Veranlassung, die Nachlaßverwaltung zu beantragen, wenn ein mit der Gesamtverwaltung des Nachlasses betrauter Testamentsvollstrecker vorhanden ist. Denn als Mittel der Haftungsbeschränkung kann sie wegen der durch § 778 Abs. 1 ZPO. ohnehin auf den Nachlaß beschränkten Haftung keine Bedeutung haben; einer Entlastung des Erben von den Mühen der Verwaltung und von der Verantwortlichkeit bedarf es nicht, da der Vollstrecker den Nachlaß verwaltet. Sollte trotzdem auf Antrag des Erben die Nachlaßverwaltung angeordnet sein, so gibt es dagegen keine Beschwerde (§ 76 Abs. 1 FGG.), sofern — beim Vorhandensein mehrerer Erben — nur sonst der § 2062 gewahrt ist; doch ist die (einfache) Beschwerde hier n u r den Erben gegeben. — Auch die Nachlaßverwaltung kann trotz des Vorhandenseins eines Testamentsvollstreckers seitens der Nachlaßgläubiger beantragt werden. Der Testamentsvollstrecker, aber auch jeder Erbe, hat dagegen das Recht der sofortigen Beschwerde (§ 76 Abs. 2 FGG.). Voraussetzung des Gläubigerantrags ist auch hier stets nur das Verhalten oder die Vermögenslage des E r b e n, nicht die des Testomentsvollstreckers. (And. Ans. Planck Vorb. zu § 2197 Anm. 5 c β. Siehe dazu Staudinger E. 2 zu § 2197.) Pflichtverletzungen des Testamentsvollstreckers berechtigen jeden daran rechtlich Interessierten, die Entlassung des Vollstreckers beim Nachlaßgericht zu betreiben (§ 2227). Dem Vollstrecker steht gegen die Entlassung sofortige Beschwerde zu (§ 81 Abs. 2 FGG.), dem Antragsteller gegenüber der Abweisung die Beschwerde (§§ 19, 20 FGG.). Daß es aus Anlaß einer lediglich von dem Erben selbst ausgehenden Gefährdung des Gläubigerrechts je zur Nachlaßverwaltung kommen wird, wenn ein Testamentsvollstrecker den ganzen Nachlaß verwaltet, dürfte kaum denkbar sein. Die Verwaltung des Nachlasses steht für die Dauer des Nachlaßverwaltungsverfahrens dem Nachlaßverwalter zu.

Der Testamentsvollstrecker muß in dem Falle, wo die Eröffnung des Nachlaßkonkurses wegen Mangels einer die Kosten des Verfahrens deckenden Masse untunlich ist, bei der Befriedigung der andrängenden Nachlaßgläubiger die Vorschriften der §§ 1990, 1991 Abs. 3 und 4 beachten; Verbindlichkeiten aus Vermächtnissen und Auflagen muß er nach Maßgabe des § 1992 berichtigen.

Eine Inventarfrist kann dem Testamentsvollstrecker ebensowenig wie überhaupt einem Funktionär hinsichtlich des Nachlasses bestimmt werden.

Hinsichtlich der Fortführung eines gegen den Erblasser anhängig gewesenen, durch seinen Tod unterbrochenen Rechtsstreites ist zu bemerken: Die Aufnahme kann wegen der Vorschrift des § 239 Abs. 5 ZPO. und des § 1958 BGB. nicht gegen den Erben, wohl aber kann sie nach § 2213 Abs. 2 gegenüber bezw. von dem Testamentsvollstrecker geschehen. Hierüber gilt das auf S. 30 Dargelegte (§§ 243, 241, 250 ZPO.) mit der Abweichung, daß an Stelle des Nachlaßpflegers in allen Fällen der Testamentsvollstrecker tritt. — Aus einem Urteil, das gegen den Testamentsvollstrecker, sei es direkt, sei es nach Fortsetzung eines durch den Tod des Erblassers unterbrochenen Rechtsstreits auf Leistung erwirkt ist, kann der Gläubiger vor Annahme der Erbschaft nur in den Nachlaß vollstrecken. Haftet im Einzelfalle der Erbe auch persönlich, kann also an sich gegen ihn bezw. gegen sein Eigenvermögen vorgegangen werden, so wird dennoch das Urteil zunächst noch nicht gegen den Erben wirken, weil noch nicht feststeht, ob der Erbe die Erbschaft behalten wird. Ist der betr. Erbe selbst verurteilt, so bedarf es zum Vorgehen gegen den Nachlaß eines gegen den Vollstrecker erwirkten Duldungsurteils. Schlägt der betr. Erbe aber die Erbschaft aus, so ist ein Vorgehen gegen den Nachlaß aus dem gegen den Erben erwirkten Urteil überhaupt nicht möglich; es bedarf einer neuen Leistungsklage entweder nur gegen den Vollstrecker oder einer solchen Klage gegen den endgiltigen Erben und einer Duldungsklage gegen den Testamentsvollstrecker.

Soll auf Grund eines bereits gegen den Erblasser ergangenen Urteils die bereits gegen den Erblasser begonnene Zwangsvollstreckung (hierüber siehe Seite 34) fortgesetzt werden, so greift auch hier die Sonderbestimmung des § 779 ZPO. ein, wonach es zur Fortsetzung der Vollstreckung in den Nachlaß keiner Umschreibung der Klausel bezw. auch keiner neuen Zustellung des Titels bedarf. Wegen des Vorhandenseins des Testamentsvollstreckers kann bezw. muß in allen Fällen, wo zu einzelnen Vollstreckungshandlungen der Schuldner zugezogen werden soll, die Bestellung eines „einstweiligen besonderen Vertreters" unterbleiben; der Testamentsvollstrecker ist zuzuziehen (§ 779 Abs. 2 ZPO.). — Anders ist die Rechtslage, wenn aus einem gegen den Erblasser ergangenen Urteil mit der Zwangsvollstreckung in den Nachlaß erst begonnen werden soll. Da der Nachlaß nunmehr der Verwaltung des Testamentsvollstreckers unterliegt, darf an sich nicht in den Nachlaß vollstreckt werden; auch ist es nicht selbstverständlich, daß die Vollstreckungsklausel gegen den Vollstrecker umgeschrieben wird (§ 727 ZPO.), er ist ja nicht der Rechtsnachfolger des Erblassers. Der § 749 ZPO. erklärt aber die Vorschriften der §§ 727, 730—732 ZPO. auf die Umstellung der Klausel gegenüber dem Vollstrecker für entsprechend anwendbar. Es ist also zulässig und erforderlich, daß die Klausel zunächst gegen den Vollstrecker umgeschrieben wird. Die Vollstreckung in den Nachlaß darf erst nach Zustellung des Titels und der Klausel gegenüber dem Vollstrecker vorgenommen werden (§ 750 Abs. 2 ZPO.); daß dies schon vor Annahme der Erbschaft zulässig ist, folgt aus § 2213 Abs. 2 BGB. und 778 Abs. 1 ZPO.

Die hier durchgeführten Grundsätze gelten auch beim Vorhandensein mehrerer Erben. Die Tatsache, daß während des Vorgehens gegen den Testamentsvollstrecker einzelne Erben die Erbschaft annehmen, ist hier (anders wie evtl. beim Vorgehen gegen den Nachlaßpfleger) bedeutungslos, weil die Testamentsvollstreckung nicht von der Annahme der Erbschaft berührt wird. Auf Grund eines nur gegen den Vollstrecker auf Leistung gerichteten Schuldtitels kann nicht der „Anteil" eines Miterben gepfändet werden, da er dem letzteren persönlich gehört, der Schuldtitel aber nur gegen den Nachlaß gerichtet ist. Über die Möglichkeit, aus dem gegenüber dem Testamentsvollstrecker erwirkten Schuldtitel nach Annahme der Erbschaft bezw. nach Beendigung der Testamentsvollstreckung gegen den bezw. die Erben selbst oder gegen einen Nachlaßverwalter zu vollstrecken, siehe das Kapitel B Abschnitt „Vorgehen gegen den Vollstrecker".

Über den Fall, daß der Rechtsstreit des Erblassers wegen Vorhandenseins eines Prozeßbevollmächtigten nicht unterbrochen wird, siehe oben Seite 34. An Stelle des Pflegers tritt hier der Testamentsvollstrecker.

Gegenüber der Vollstreckung der Erbengläubiger in den Nachlaß darf bezw. muß der Testamentsvollstrecker Einwendungen auf Grund des § 778 Abs. 2 ZPO. erheben (§ 766 ZPO.). Übrigens steht einer solchen Vollstreckung überhaupt der § 2214 BGB. entgegen.

Was die zum Nachlasse gehörigen Aktiva anlangt, so ist der Erbe bezw. sind die Erben nicht zur Herbeiziehung zum Nachlasse berechtigt, sofern das Recht der Verwaltung allein dem Testamentsvollstrecker zusteht (§ 2212). Der Erbe ist also auch nicht zur Führung bezw. Fortsetzung derartiger Rechtsstreitigkeiten befugt. Es kann ihm keine Vollstreckungsklausel zu einem für den Erblasser ergangenen Urteil gegeben werden, er kann keine schon begonnene Zwangsvollstreckung des Erblassers fortsetzen. Die Klausel kann nur bezw. muß auf den Vollstrecker umgeschrieben werden; ohne diese Umstellung darf auch der Vollstrecker keine Zwangsvollstreckung beginnen oder fortsetzen. Sollte irrtümlich die Klausel dem Erben selbst erteilt werden, so hat der Testamentsvollstrecker (anders wie der Pfleger — Seite 35) ein Widerspruchsrecht, desgl. darf der Schuldner Einwendungen erheben (§§ 732, 768 ZPO.). Ebenso Gaupp, anders Seuffert zu § 749 Anm. 2.

2. Hinsichtlich des nicht mit der Gesamtverwaltung des Nachlasses betrauten Testamentsvollstreckers ist zu bemerken: Der § 2213 Abs. 1 S. 2 erklärt die Inanspruchnahme eines solchen Vollstreckers wegen Leistung überhaupt für unzulässig. Der Nachlaßgläubiger, der im Stadium vor Annahme der Erbschaft andererseits auch nicht gegen den Erben selbst vorgehen kann (§ 1958), ist gezwungen, die Bestellung eines Nachlaßpflegers gemäß § 1961 zu betreiben. Hierzu siehe Seite 22. Diesen kann er sofort gerichtlich wegen Leistung in Anspruch nehmen, aber das gegen ihn erwirkte Urteil reicht nur zur Vollstreckung in diejenigen Nachlaßgegenstände aus, welche sich in der Verwaltung des Erben bezw. Pflegers befinden. Zur Vollstreckung in die der Verwaltung des Testamentsvollstreckers etwa unterliegenden Nachlaßgegenstände ist ein weiteres gegen den Vollstrecker selbst nach Maßgabe des § 2213 Abs. 3 auf Duldung zu erwirkendes Urteil erforderlich (§ 748 Abs. 2 ZPO.).

Schon aus obigem ergibt sich, daß der in der Verwaltung beschränkte Testamentsvollstrecker nicht der gesetzliche Vertreter des Erben hinsichtlich des Nachlasses ist, soweit ein Vorgehen gegen den Nachlaß in Frage steht. Es ist ja die Klage auf Leistung nur gegen den Erben selbst zulässig! Vertreter des letzteren ist vor Annahme der Erbschaft der nach § 1961 bestellte Nachlaßpfleger. Die Duldungsklage ist nur deshalb vorgeschrieben, weil nicht ohne Urteil in die Verwaltungssphäre des Vollstreckers eingegriffen werden soll; nicht das Duldungsurteil, sondern das gegen den Erben bezw. hier Pfleger gerichtete Leistungsurteil verpflichtet den Erben hinsichtlich des Nachlasses. Würde der

Vollstrecker zur Leistung verurteilt werden, so würde das Urteil nicht gegen den Erben wirken; der § 327 Abs. 2 ZPO. normiert eine Urteilswirkung hinsichtlich des Erben nur da, wo der Testamentsvollstrecker zur Führung des Rechtsstreits berechtigt ist.

Daß der Pflichtteilsberechtigte nur gegen den Erben selbst, hier also zunächst gegen einen nach § 1961 zu bestellenden Nachlaßpfleger gerichtlich vorgehen darf, ist beim Vorhandensein eines in der Verwaltung beschränkten Testamentsvollstreckers keine Besonderheit. Dem in der Verwaltung beschränkten Vollstrecker ist die Anwendung eines Beschränkungsverfahrens der Haftung überhaupt versagt. Der § 217 Abs. 1 KO. verleiht das Konkursantragsrecht ausdrücklich nur dem mit der Verwaltung des Nachlasses betrauten Testamentsvollstrecker. Dem beschränkten Vollstrecker steht das Beschwerderecht hinsichtlich der auf Antrag des Nachlaßgläubigers erfolgten Konkurseröffnung nicht zu.

Hinsichtlich der Nachlaßverwaltung ist durch § 76 Abs. 2 FGG. das Beschwerderecht gegenüber der auf Antrag eines Nachlaßgläubigers erfolgten Anordnung ausdrücklich nur dem mit der Verwaltung des Nachlasses betrauten Vollstrecker erteilt.

Der durch den Tod des Erblassers etwa (siehe § 246 ZPO.) unterbrochene Rechtsstreit kann gegen den nicht mit der Gesamtverwaltung des Nachlasses betrauten Vollstrecker selbst dann nicht fortgeführt werden, wenn nur ein Vorgehen gegen die der Verwaltung des Vollstreckers unterliegenden Nachlaßgegenstände beabsichtigt ist. Ein Nachlaßpfleger muß bestellt und es muß, wie oben ad a dargelegt, verfahren werden. Aus dem gegen den Pfleger etwa erwirkten Urteile ist Vollstreckung nur in den nicht vom Testamentsvollstrecker verwalteten Nachlaß zulässig, zur Vollstreckung in den vom Testamentsvollstrecker verwalteten Nachlaß ist Duldungsklage bezw. -urteil gegen den Vollstrecker erforderlich (§ 748 Abs. 2 ZPO.).

War mit der Zwangsvollstreckung gegen den — bereits verurteilten — Erblasser noch nicht begonnen, und will der Gläubiger in den nicht vom Testamentsvollstrecker verwalteten Nachlaß vollstrecken, so ist Bestellung eines Nachlaßpflegers und Umstellung bezw. Erwirkung der Klausel gegen diesen erforderlich. Will der Gläubiger aber in den vom Testamentsvollstrecker verwalteten Nachlaß vollstrecken, so kann der § 748 Abs. 2 keine Anwendung finden, denn das Urteil gegen den Erben bezw. Nachlaßpfleger wird durch das bereits gegen den Erblasser erlassene Urteil ersetzt (so mit Recht Seuffert zu § 749 Anm. 3 b; anders Gaupp und Petersen), das Duldungsurteil gegen den Vollstrecker ist aus demselben Grunde entbehrlich; es muß einfach Vollstreckungsklausel auch gegen den Vollstrecker erteilt (§ 749 ZPO.) und sie muß nach Maßgabe des § 750 Abs. 2 zugestellt werden.

War mit der Vollstreckung gegen den Erblasser bereits begonnen, so kann sie ohne weiteres und zwar sowohl in den nicht vom Testamentsvollstrecker verwalteten Nachlaß, wie auch in die der Verwaltung des Vollstreckers unterliegenden Nachlaßbestandteile fortgesetzt werden (§ 779 ZPO.). Wo im Einzelfalle zur Vollstreckungshandlung der Schuldner zugezogen werden muß, ist der Testomentsvollstrecker nur hinsichtlich desjenigen Nachlasses hinzuzuziehen, der seiner Verwaltung unterliegt, im übrigen verbleibt es bei der Bestimmung des § 779 Abs. 2 ZPO., wonach auf Antrag des Gläubigers ein einstweiliger besonderer Vertreter zu bestellen und hinzuzuziehen ist.

Die eigenen Gläubiger eines Erben können in die der Verwaltung des Testamentsvollstreckers unterliegenden Nachlaßbestandteile nicht vollstrecken; der § 2214 bezieht sich auch auf den in der Verwaltung beschränkten Vollstrecker. Soweit diese Gläubiger in den etwa vom Erben selbst verwalteten Nachlaß vollstrecken, findet der §§ 778 Abs. 2, 766 ZPO. Anwendung.

Der beschränkte Testamentsvollstrecker ist zur Beitreibung der Aktiva des Nachlasses allein befugt, soweit sie seiner Verwaltung unterliegen, im übrigen ist nur der Erbe und zwar er selbst hierzu legitimiert. Diese Aktivstellung des Vollstreckers ist im § 327 Abs. 1 ZPO. hinsichtlich der zwischen dem Vollstrecker und einem Dritten ergehenden Urteile normiert, die letzteren wirken zugunsten und zum Nachteil des Erben selbst. Zur Fortführung eines Aktivprozesses des Erblassers ist ebenfalls der Erbe selbst bezw. der Vollstrecker befugt, und zwar jeder allein im Rahmen seiner Verwaltungssphäre. Das bereits zugunsten des Erblassers ergangene Urteil muß nach denselben Grundsätzen entweder auf den Erben oder auf den Vollstrecker umgeschrieben werden (§ 749 ZPO.), doch hat jeder von ihnen ein Beschwerderecht, wenn die Klausel einem von ihnen zu Unrecht erteilt ist, desgl. hat der Schuldner die Einwendungen aus §§ 732 oder 768 ZPO. (So auch Gaupp zu § 749 ZPO., anders Petersen und Seuffert.) Auch zur Fortsetzung einer vom Erblasser bereits begonnenen Zwangsvollstreckung ist diese Umstellung der Klausel erforderlich (§ 727 ZPO.); der § 779 ZPO. handelt nur von Zwangsvollstreckungen gegen den Nachlaß!

c. Nachlaßverwaltung.

Die Nachlaßverwaltung ist die eine der beiden Formen der amtlichen Liquidation des Nachlasses. Die andere Form ist der Nachlaßkonkurs. Die erstere setzt einen nicht überschuldeten Nachlaß voraus, der letztere ist nur bei Überschuldung zulässig.

Beides sind Sonderverfahren der Verwaltung des Nachlasses, beide können nur vom Gericht angeordnet werden und zwar sowohl auf den Antrag der Erben selbst, wie auch der Nachlaßgläubiger. Der Zweck beider ist die Befriedigung der Nachlaßgläubiger aus Mitteln lediglich des Nachlasses. Die — gesonderte — Verwaltung des Nachlasses geschieht in jedem der beiden Verfahren durch einen ad hoc bestellten Verwalter, nämlich den Nachlaßverwalter bezw. den Nachlaßkonkursverwalter.

Was insbesondere die Nachlaßverwaltung anlangt, so verfolgt der Erbe, der die Nachlaßgläubiger auch in eigener Verwaltung des Nachlasses befriedigen kann, mit der Weggabe des Nachlasses zu abgesonderter Befriedigung durch einen Dritten entweder lediglich die Entlastung seiner Person von den Mühen und der Verantwortlichkeit, welche die Verwaltung des Nachlasses mit sich bringt, oder aber die Freiheit seines Privatvermögens vor Angriffen der Nachlaßgläubiger sowie die Freiheit des Nachlasses vor Angriffen seiner Privatgläubiger. Denn die Folgen der Anordnung der Nachlaßverwaltung sind, sofern nur der Erbe die Beschränkungsmöglichkeit noch nicht allgemein eingebüßt hat, stets die Beschränkung der Haftung wegen der Nachlaßverbindlichkeiten auf den Nachlaß (§ 1975) und die Unangreifbarkeit des Nachlasses für Privatgläubiger (§ 1984 Abs. 3), abgesehen davon, daß die Verwaltung und die Verantwortlichkeit auf den Nachlaßverwalter übergeht. Der Nachlaßgläubiger wird wegen der genannten Folge der Anordnung des Verfahrens, die ihn insofern schädigt, als sie ihm die Möglichkeit jeglichen

Angriffs in das Privatvermögen des Erben nimmt, den Nachlaß nur dann der Verwaltung des Erben selbst entreißen, wenn bei der Verwaltung durch den Erben — sei es wegen seines Verhaltens, sei es wegen seiner Vermögenslage — der Nachlaß und damit zugleich seine Aussicht auf Befriedigung gefährdet erscheint (§ 1981 Abs. 2).

Die Nachlaßverwaltung ist auch im Stadium vor Annahme der Erbschaft zulässig. Vom Standpunkt des Erben aus erübrigt sie sich hier freilich als Mittel der Haftungsbeschränkung, weil diejenigen Folgen, die sich normalerweise erst an die Anordnung des Verfahrens knüpfen: Freiheit des Eigenvermögens gegenüber Nachlaßgläubigern, Freiheit des Nachlasses gegenüber Eigengläubigern für das Stadium vor Annahme der Erbschaft kraft Gesetzes ohnehin bestehen (§ 778 ZPO.). Dagegen kann es im Interesse des Erben liegen, sich schon vor Annahme der Erbschaft der mit der Verwaltung des Nachlasses verbundenen Mühe und Verantwortlichkeit zu entziehen, und die Verwaltung — sei es im eigenen Interesse, sei es in dem der Nachlaßgläubiger — von Anfang an in geordneter Weise durch einen dazu berufenen Dritten führen zu lassen. Sehr oft wird der Erbe mit seinem Antrage auf Anordnung des Verfahrens zu erkennen geben, daß er die Erbschaft annehmen will und insofern wird man in dem Antrage eine Annahme der Erbschaft durch pro herede gestio erblicken, notwendig ist dies aber ebensowenig, wie man aus einem Konkursantrage des Erben auf seinen Annahmewillen schließen muß. Die Tatsache, daß der Erbe, der im Stadium vor Annahme zu einer Verwaltungstätigkeit für den Nachlaß nicht verpflichtet erscheint, sich der Verwaltung, sei es selbst oder durch einen besonderen Verwalter, annimmt, kann gerechtfertigt sein durch sein Interesse an der Sache, das ihm vernünftigerweise auch im Falle schließlicher Ausschlagung nicht abgeht. Was ferner das Interesse der Gläubiger an einer Nachlaßverwaltung im Stadium vor Annahme anlangt, so können ohne Frage die im § 1981 Abs. 2 angegebenen Voraussetzungen von Anfang an vorliegen. Die Nachlaßpflegschaft, die gemäß § 1960 in diesem Stadium als Maßregel der Sicherung des Nachlasses auch auf Anregung der Nachlaßgläubiger angeordnet werden könnte, beruht auf anderen Voraussetzungen wie die Nachlaßverwaltung (siehe aber Planck § 1981 Anm. 4 a); sie wird nicht stets da angeordnet werden können, wo an sich Nachlaßverwaltung am Platze wäre. Diese letztere bezweckt lediglich die Befriedigung der Nachlaßgläubiger aus Mitteln des Nachlasses, die Nachlaßpflegschaft hat einen viel weiteren Inhalt; in jedem Falle aber ist sie lediglich aus Bedürfnissen des Nachlasses selbst heraus zulässig. Eine Nachlaßpflegschaft kann keinesfalls ausschließlich zur Wahrung des Befriedigungsrechts der Nachlaßgläubiger eingeleitet werden. Die Nachlaßverwaltung ist nach § 1975 eine Nachlaßpflegschaft zu besonderem Zwecke, sie ist also eine Pflegschaft im engeren Sinne. Über die Anordnung einer Nachlaßverwaltung beim Vorhandensein eines Nachlaßpflegers siehe Seite 29, beim Vorhandensein eines Testamentsvollstreckers Seite 39, 42.

Da die Nachlaßverwaltung eine Pflegschaft ist, haben auf sie die Regeln des Vormundschaftsrechts Anwendung zu finden, doch siehe §§ 1981 Abs. 3 und 1987. Als Pfleger ist der Nachlaßverwalter der gesetzliche Vertreter des (der) Erben hinsichtlich des Nachlasses. Die Verbindlichkeiten, die der Nachlaßverwalter im Rahmen seines Amtes hinsichtlich des Nachlasses eingeht, sind Nachlaßverbindlichkeiten, desgl. die im Verhältnis des (der) Erben zum Nachlaßverwalter aus dessen Geschäftsführung entstandenen Ansprüche des letzteren, sowie die Verfahrenskosten; der Erbe haftet dafür demnach mit Nachlaß und Eigenvermögen bezw. für die Dauer des Verfahrens nur mit dem Nachlasse, wenn er nicht bereits unbeschränkbar haftet.

Beim Vorhandensein mehrerer Erben ist im § 2062 vorgeschrieben, daß die Nachlaßverwaltung nur von den sämtlichen Erben gemeinschaftlich beantragt werden kann. Für das Antragsrecht des Nachlaßgläubigers ist das Vorhandensein einer Mehrheit von Erben ohne Bedeutung. Schon ein sein Befriedigungsrecht gefährdendes Verhalten bezw. die ungünstige Vermögenslage eines einzelnen Miterben kann sein Antragsrecht im Sinne des § 1981 Abs. 2 begründen. Der Erbe bezw. jeder Miterbe hat nach § 76 Abs. 2 FGG. die sofortige Beschwerde gegen eine Verfügung, durch die dem Antrage eines Nachlaßgläubigers, die Nachlaßverwaltung anzuordnen, stattgegeben wird. Ist sie auf Antrag nur e i n e s Miterben angeordnet, so steht jedem anderen Miterben die einfache Beschwerde zu; dem Nachlaßgläubiger ist sie versagt.

Die Verwaltung des Nachlasses geht für die Dauer des Nachlaßverwaltungsverfahrens auf den ad hoc bestellten Nachlaßverwalter über. Daß er aus diesem Grunde, sowie deshalb, weil er lediglich zum Zwecke der Gläubigerbefriedigung bestellt ist, schon vor Annahme der Erbschaft gerichtlich in Anspruch genommen werden kann, ist bereits oben (Seite 4) erwähnt. Andererseits versteht es sich von selbst, daß die gegen den Nachlaß gerichteten Ansprüche vor der Annahme der Erbschaft überhaupt n u r gegen ihn geltend gemacht werden können, abgesehen von dem Falle, wo der Erbe etwa auch persönlich haftet. Selbst wenn dies im Einzelfalle zutrifft, besteht keine Gesamtverbindlichkeit des Erben und Nachlaßverwalters. — Der Nachlaßverwalter ist auf Grund des § 1985 Abs. 2 sowohl dem Erben wie dem Nachlaßgläubiger gegenüber für seine Verwaltung verantwortlich. Daß auch der Erbe für die Handlungen bezw. Unterlassungen des Nachlaßverwalters im Verhältnisse zu den Nachlaßgläubigern haftet, wird bestritten von Kreß 138 Nr. 8, Planck § 1978 Anm. 3 a. E. Der Nachlaßverwalter wird „als Nachlaßverwalter des X schen Nachlasses" gerichtlich in Anspruch genommen. Das gegen den Nachlaßverwalter erzielte Urteil kann nur gegen den Nachlaß vollstreckt werden, weil der Nachlaßverwalter nur den Nachlaß verwaltet bezw. das Vorgehen gegen den Verwalter nur gegen den Nachlaß gerichtet ist. Die Tatsache, daß mehrere Erben vorhanden sind, ändert an diesen Grundsätzen nichts. Der Nachlaßverwalter hat es nicht nötig, das Recht, die Haftung auf den Nachlaß zu beschränken, vorzubehalten (§ 780 Abs. 2 ZPO.), weil ohnehin gegenüber dem Verwalter nur der Nachlaß angegriffen wird; übrigens ist ja vor Annahme der Erbschaft die Haftung durch § 778 Abs. 2 ZPO. auf den Nachlaß beschränkt. — Gegenüber dem Nachlaßverwalter kann unterschiedslos jede Nachlaßverbindlichkeit geltend gemacht werden, siehe dagegen § 2213 bezgl. des Testamentsvollstreckers.

Der Nachlaßverwalter ist vor Annahme der Erbschaft ebensowenig wie der Testamentsvollstrecker imstande, die auf den §§ 2014, 2015 basierenden Hemmungseinreden gegenüber einer Zwangsvollstreckung in den Nachlaß geltend zu machen. Es gilt das bezgl. des Testamentsvollstreckers auf Seite 38 Ausgeführte. Die Tatsache, daß Nachlaßverwaltung angeordnet ist, bietet für den Nachlaßgläubiger kein Hemmnis hinsichtlich des Beginns und der Durchführung einer Zwangsvollstreckung in den Nachlaß.

Der Nachlaßverwalter ist berechtigt bezw. nach §§ 1985 Abs. 2, 1980 verpflichtet, den Nachlaßkonkurs anzumelden, sofern Überschuldung des Nachlasses vorliegt. Auch ist ihm das Aufgebot, also das Mittel zur Feststellung einer etwa vorliegenden Überschuldung gegeben (§ 991 ZPO.). Den Nachlaßkonkurs beantragt er nicht als Mittel der Haftungsbeschränkung, da die Haftung bereits beschränkt ist, sondern als Mittel einer konkursmäßigen Befriedigung der Nachlaßgläubiger. Der Erbe selbst hat trotz des Vorhandenseins eines Nachlaßverwalters ein selbständiges Konkursantragsrecht. Ebendasselbe gilt bezgl. des Antragsrechts der Nachlaßgläubiger. Der Nachlaßverwalter hat gegen die Eröffnung des Konkurses wegen der §§ 1988 Abs. 1 BGB., 572 ZPO. keine Beschwerde. Mit der Eröffnung des Nachlaßkonkurses wird die Nachlaßverwaltung beendigt (während Nachlaßpflegschaft und Testamentsvollstreckung von dieser Eröffnung nicht berührt werden). Die Anwendung der Regeln der §§ 1990, 1991 wird für den Nachlaßverwalter wohl nicht in Frage kommen, da beim Mangel einer den Kosten des Verfahrens entsprechenden Masse die Aufhebung der Nachlaßverwaltung erfolgen wird (§ 1988 Abs. 2). Wohl aber wird er bei Überschuldung des Nachlasses lediglich durch Legat bezw. Auflage nach § 1992 verfahren dürfen. Hierzu siehe Bd. II das Kapitel: Die Beschränkung der Haftung nach § 1992. Der Nachlaßverwalter ist „den Nachlaßgläubigern gegenüber" zur Auskunfterteilung über den Bestand des Nachlasses verpflichtet (§ 2012 Abs. 2). Eine Inventarfrist kann ihm nicht bestimmt werden, daher kann er niemals infolge eines Verstoßes hinsichtlich des Inventars den Verlust des Haftungsbeschränkungsrechts des Erben herbeiführen; auch sonst kann er nicht auf die Beschränkung der Haftung des Erben verzichten (eod. l).

Soll ein gegen den Erblasser bei dessen Ableben anhängig gewesener, durch den Tod unterbrochener Rechtsstreit mit dem Nachlaßverwalter fortgeführt werden, so gilt alles oben hinsichtlich des Nachlaßpflegers hierüber Dargelegte; die Aufnahme geschieht nach der Vorschrift des § 241 Abs. 2 ZPO. War der Erblasser durch einen Prozeßbevollmächtigten vertreten, so findet § 246 ZPO. Anwendung (siehe oben Seite 34).

War mit der Zwangsvollstreckung gegen den Erblasser aus einem gegen ihn erwirkten Urteil schon bei seinen Lebzeiten begonnen (hierüber siehe Seite 34), so gilt hier wieder der § 779 ZPO.; die Zwangsvollstreckung kann ohne Umstellung der Vollstreckungsklausel und ohne weitere Zustellung gegen den Nachlaß auch gegenüber dem Nachlaßverwalter fortgesetzt werden. Die Bestellung eines einstweiligen besonderen Vertreters muß hier unterbleiben, da der Nachlaßverwalter der Vertreter ist; der § 779 Abs. 2 S. 2 ZPO. findet Anwendung, da der dort erwähnte Nachlaßpfleger auch den Nachlaßverwalter in sich begreift. — Soll auf Grund eines bereits gegen den Erblasser ergangenen Urteils mit der Zwangsvollstreckung gegen den Nachlaß erst begonnen werden, so ist die Umschreibung des Titels gegen den Nachlaßverwalter erforderlich (anders siehe bei Staudinger zu § 1984 Anm. II E und Planck l. c. Anm. 3 c). Denn der Verwalter ist nur Vertreter des Erben; gegen diesen selbst könnte nicht ohne Umstellung der Klausel vollstreckt werden. Siehe Seuffert zu §§ 778 Anm. 3 c und 727 Anm. 1 ZPO. (Etwas anderes ist es, wenn die Klausel bereits gegen den Erben gerichtet ist; in diesem Falle bedarf es, da sie gegen den Nachlaß gerichtet ist, keiner Umstellung der Klausel gegen den Nachlaßverwalter.) Daß die Klausel gegen den Verwalter gerichtet werden darf, folgt aus seiner Eigenschaft als Vertreter des Erben hinsichtlich des Nachlasses. Klausel und Titel sind vor oder gleichzeitig mit dem Beginn der Zwangsvollstreckung an den Verwalter zuzustellen. Ein Umschreiben der Klausel ist gegen den Erben wegen des § 778 Abs. 1 ZPO. nicht vor Annahme der Erbschaft zulässig, nach Annahme kann es wegen des § 1984 Abs. 1 S. 3 gleichfalls nicht geschehen, abgesehen von dem Falle, wo der Erbe auch persönlich haftet.

Die Tatsache, daß einer von mehreren Erben die Erbschaft während des Schwebens der Nachlaßverwaltung annimmt, ist auf den Bestand der Nachlaßverwaltung ohne Einfluß; auch weiterhin müssen die gegen den Nachlaß gerichteten Ansprüche gegen den Verwalter gerichtlich geltend gemacht werden. Auf Grund eines nur gegen den Nachlaßverwalter gerichteten Schuldtitels kann nicht der „Anteil" eines Miterben gepfändet werden, da der Schuldtitel nur gegen den Nachlaß gerichtet ist, der Anteil aber nicht Bestandteil des Nachlasses ist.

Über die Möglichkeit, aus dem gegenüber dem Nachlaßverwalter erwirkten Schuldtitel nach Beendigung des Verfahrens gegen den Erben selbst zu vollstrecken, siehe das folgende Kapitel (B) Abschnitt „Vorgehen gegen den Nachlaßverwalter". Während der Dauer der Nachlaßverwaltung dürfen eigene Erbengläubiger nicht in den Nachlaß vollstrecken (§ 1984 Abs. 2). Vor Annahme der Erbschaft wirkt auch § 778 Abs. 2 ZPO. Einwendungen sind nach Maßgabe des § 766 ZPO. zu erheben.

Hinsichtlich der Herbeiziehung von Nachlaßaktiven gilt für die Stellung des Erben bezw. Nachlaßverwalters alles dasjenige, was oben Seite 41 für den Testamentsvollstrecker erwähnt ist. Die Grundsätze beruhen hier auf den §§ 1984 Abs. 1 S. 1 und 1985 Abs. 1.

d. Nachlaßkonkurs.

Der Nachlaßkonkurs ist die Form der amtlichen Liquidation des Nachlasses bei Überschuldung des letzteren. Er kann auch schon vor Annahme der Erbschaft beantragt und eröffnet werden (§ 216 KO.). Zu dem Antrage berechtigt ist jeder Erbe (Gegensatz zu § 2062 bezgl. der Nachlaßverwaltung), der Nachlaßverwalter, der Nachlaßpfleger, der mit der Gesamtverwaltung betraute Testamentsvollstrecker und ferner auch der Nachlaßgläubiger (§ 217 KO.), siehe aber bezgl. des letzteren die in den §§ 218, 219 Abs. 1 S. 2 und Abs. 2 KO. normierte Einschränkung. — Es besteht auch ein Antragszwang (§ 1980) insofern, als der den Gläubigern durch schuldhafte Verzögerung der Konkursanmeldung etwa erwachsende Schaden seitens des zur Anmeldung Verpflichteten erstattet werden muß; der betr. Verpflichtete ist sogar auch verpflichtet, die Konkursvoraussetzung, d. i. die Überschuldung, festzustellen, sobald es den Anschein hat, daß noch unbekannte Nachlaßverbindlichkeiten vorhanden sind (§ 1980 Abs. 2). Das Mittel dieser Feststellung ist der Erlaß des Aufgebots und die Errichtung des Inventars. Im Stadium vor Annahme besteht der erwähnte Zwang bezw. die Schadensersatzpflicht für den Erben nur dann, wenn er die Verwaltung des Nachlasses übernommen hat, wozu er ja, wie wiederholt erwähnt, nicht verpflichtet ist. Für einen Nachlaßverwalter besteht der Zwang unter allen Umständen (§ 1985). Desgl. für einen Nachlaßpfleger, dies allerdings lediglich wegen der dem Erben gegenüber bestehenden Regreßpflicht, während für den Nachlaßverwalter eine Verantwortung auch gegenüber den Nachlaßgläubigern direkt besteht. Hinsichtlich des Testamentsvollstreckers vergl. Seite 37, doch ist dabei zu beachten, daß er das Antragsrecht nur dann besitzt, wenn ihm die Verwaltung des gesamten Nachlasses obliegt (§ 2205 BGB., § 217 KO.). Der Konkursantrag setzt stets Überschuldung des Nachlasses voraus. Gegen die Eröffnung des Verfahrens auf Gläubigerantrag steht dem Erben und seinen Vertretern hinsichtlich des Nachlasses, auch dem Testamentsvollstrecker, sofern er die Verwaltung zu führen hat, dagegen nicht dem Nachlaßverwalter, die sofortige Beschwerde zu (§ 109 KO.). Die Verwaltung und die Verfügungsmacht hinsichtlich des Nachlasses geht für die Dauer des Konkurses auf den Nachlaßkonkursverwalter über (§ 6 KO.). Eine Nachlaßverwaltung wird durch die Eröffnung des Verfahrens beendigt (§ 1988), nicht aber eine Nachlaßpflegschaft oder eine Testamentsvollstreckung, welche letzteren also nach Konkursbeendigung evtl. wieder in Kraft treten, auch während des Konkurses nicht an Bedeutung verlieren.

Der Nachlaßkonkursverwalter ist der gesetzliche Vertreter des Erben als des Gemeinschuldners hinsichtlich des Nachlasses, soweit er vom Konkurse betroffen wird (Jäger zu § 14 Anm. 11 KO.). Die Verantwortlichkeit des Konkursverwalters besteht sowohl dem Erben wie den Gläubigern gegenüber (§ 82 KO.). Der Nachlaßkonkurs ist ein Mittel, die Haftung für Nachlaßverbindlichkeiten auf den Nachlaß zu beschränken. Im Stadium vor Annahme bedarf der Erbe jedoch nicht dieses Mittels, da er wegen der Vorschrift des § 778 Abs. 1 ZPO. ohnehin nur mit dem Nachlaß haftet; den Konkurs wird er also hier nicht als Mittel der Haftungsbeschränkung, sondern zur Erreichung einer gleichmäßigen Befriedigung der Nachlaßgläubiger beantragen. Er wird allerdings auch zu bedenken haben, daß schließlich die Zeit kommt, wo er sich über Annahme der Erbschaft evtl. zu entscheiden hat und daß, wenn er zur Annahme trotz der Überschuldung entschlossen sein sollte, dann der Konkurs sein Eigenvermögen vor Angriffen der Nachlaßgläubiger schützt, was um so wichtiger ist, als bei überschuldetem Nachlaß das Privatvermögen ihren Vollstreckungen ganz besonders ausgesetzt sein muß. Was den Antrag der Nachlaßgläubiger hinsichtlich des Konkurses anlangt, so wird er — im Stadium vor Annahme der Erbschaft — gleichfalls nur von dem Verlangen nach einer gleichmäßigen (konkursmäßigen) Befriedigung der sämtlichen Nachlaßgläubiger diktiert sein. Denn der Nachlaß ist zunächst ja eine Sondermasse, die evtl. von einem Nachlaßpfleger, Testamentsvollstrecker, Nachlaßverwalter ordnungsmäßig verwaltet wird, also einer Verwaltung durch den Nachlaßkonkursverwalter nicht bedarf. In dem Falle, wo die Verwaltung vom Erben selbst geführt wird, kann freilich die Gefahr bestehen, daß eigene Gläubiger den Nachlaß angreifen oder überhaupt, daß das Interesse der Nachlaßgläubiger nicht genügend gewahrt wird. Sollten derartige Bedenken nicht bestehen, die Person und das Vermögen des Erben auch genügend Sicherheit bieten, so wird der Konkurs nicht stets angebracht sein, da — nach Annahme — der Erbe unbeschränkt haftet, was den Nachlaßgläubigern die Aussicht auf volle Befriedigung statt auf konkursmäßige bietet.

Die Stellung der Nachlaßkonkursgläubiger (§ 3 KO.) ist im Nachlaßkonkurse die folgende: Sie können, da der § 1958 ein Vorgehen gegen die Person des Erben wegen eines gegen den Nachlaß (jetzt Konkursmasse) gerichteten Anspruchs im Stadium vor Annahme der Erbschaft verbietet, gegen den Erben selbst nicht vorgehen. Abgesehen davon können sie ihre Ansprüche überhaupt nur nach konkursrechtlichen Grundsätzen verfolgen (§ 12 KO.). Sie haben ihre Forderung zum Konkurse anzumelden. Erfolgt hier, ohne daß jemand bestreitet, die Feststellung, so wird der Gläubiger nach Kräften des Nachlasses im Verfahren befriedigt. Im übrigen kann er aus der Tabelle vollstrecken (§ 164 Abs. 2 KO.), sobald das Verfahren aufgehoben ist. Da es sich um einen gegen den Nachlaß gerichteten Anspruch handelt und grundsätzlich dafür sowohl der Nachlaß wie auch das Privatvermögen des Erben haftet, kann auf Grund der Tabelle nach Aufhebung des Konkurses auch in das Privatvermögen des — endgültigen — Erben vollstreckt werden. Der Erbe kann auch jetzt noch die Haftung beschränken und zwar nach Maßgabe des § 1989 auf den Überschuß vom Nachlasse, der allerdings in den meisten Fällen aufgebraucht sein wird. Beim Vorhandensein mehrerer Erben ist in derselben Weise die Beschränkung und zwar sowohl vor wie nach der Teilung des Nachlasses möglich; nach der Teilung kommt außerdem noch § 2060 Nr. 3 in Frage, wonach der einzelne Miterbe überhaupt nur wegen des der Höhe seiner Erbquote entsprechenden Teils der Verbindlichkeit in Anspruch genommen werden kann. — Wird die angemeldete Forderung lediglich vom Erben bestritten, so erfolgt dennoch die Feststellung (§ 144 Abs. 1 KO.). Die Eintragung in die Tabelle verschafft hier keinen gegen das Eigenvermögen gerichteten Schuldtitel (§ 164 Abs. 2 KO.). Es wird trotzdem kaum je einen Zweck haben, den Erben selbst zu verfolgen, weil das gegen ihn etwa erwirkte Urteil gegen sein Eigenvermögen während der Konkursdauer nicht verwendet werden könnte (§ 1975) und weil nach Aufhebung des Verfahrens der Erbe die Haftung auf die — nicht vorhandene — Bereicherung beschränken wird. Übrigens steht auch die Möglichkeit, daß der Erbe die Erbschaft noch ausschlägt, in welchem Falle das Urteil ihm gegenüber keinerlei Wirkung äußern würde, einem Vorgehen gegen ihn im Wege. Wesentlich anders ist die Situation dann, wenn es sich nicht um eine reine Nachlaßverbindlichkeit handelt, der Erbe also auch persönlich haftet. Hier wird im Bestreitungsfalle der Erbe auch persönlich vor Annahme in Anspruch genommen werden dürfen, da seine persönliche Haftung auch im Falle der Ausschlagung der Erbschaft bestehen bleibt. Der Vorbehalt (§ 780 ZPO.) kann für einen solchen Erben niemals in Betracht kommen, da es sich hier um eine Verbindlichkeit handelt, die er in eigener Person kontrahiert hat; auch der § 2059 Abs. 1 S. 2 (Beschränkung der Haftung eines bereits unbeschränkbar haftenden Miterben in derjenigen Höhe der Forderung, die seiner Erbquote enrspricht) kann hier keine Anwendung finden. Aus eben diesem Grunde hindert der Konkurs auch die Vollstreckung in das Eigenvermögen nicht, auch nicht die in den Anteil eines solchen Miterben, da der Anteil ja Eigenvermögen des betr. Miterben ist, wobei aber zu bedenken sein wird, daß der Erbteil schwerlich einen Wert haben wird, wenn erst mal Nachlaßkonkurs schwebt und ferner, daß mit der Ausschlagung der Erbschaft durch den betreffenden Miterben dessen Miteigentum am Nachlasse überhaupt aufhört. — Im Falle des Bestreitens der angemeldeten Forderung durch Konkursverwalter oder Gläubiger hat der Anmelder die Feststellung nach Maßgabe des § 146 KO. zu betreiben. — Hatte gegen den Erblasser z. Z. seines Ablebens wegen einer Verbindlichkeit, die jetzt Nachlaßverbindlichkeit ist, ein Rechtsstreit geschwebt, so war dieser (abgesehen vom Falle des § 246 ZPO.) unterbrochen worden. Dauert die Unterbrechung noch bei Eröffnung des Konkurses an, so kann sie nunmehr nur nach konkursrechtlichen Regeln beseitigt werden. Handelt es sich um einen Gläubiger, der jetzt Nachlaß k o n k u r s gläubiger ist, so kann zunächst von einer Aufnahme des Rechtsstreites überhaupt keine Rede sein, vielmehr muß der Gläubiger, wenn er aus der Masse Befriedigung erlangen will, seine Forderung zum Konkurse anmelden. Der weitere Verlauf ist aus der obigen Darstellung zu entnehmen, doch erfolgt hier im Bestreitungsfalle die Aufnahme des Rechtsstreits gegenüber dem Erben nach § 144 Abs. 2 KO., gegenüber dem Konkursverwalter und Gläubiger nach § 146 Abs. 3 KO. Gegenüber dem Erben bezw. dem Nachlaßpfleger wird der Antrag wie bisher auf Leistung gerichtet, gegenüber dem Verwalter und Gläubiger auf Feststellung zu einem bestimmten Betrage evtl. mit dem beanspruchten Vorrecht. Die Aufnahme erfolgt nach §§ 243, 250 ZPO., sie darf nur g e g e n die Bestreitenden, nicht d u r c h die Bestreitenden erfolgen. — War der betr. Rechtsstreit bereits gegen den Nachlaßpfleger, Testamentsvollstrecker oder Nachlaßverwalter aufgenommen worden, und schwebt er noch z. Z. der Eröffnung des Konkurses, so tritt eine neue Unterbrechung ein, da die Masse betroffen ist (§ 240 ZPO.). Das weitere Verfahren ist das eben dargelegte. — Haftet der Erbe auch persönlich (als Selbstkontrahent), so wird der Rechtsstreit, der gegen den Erben selbst geführt wird, nicht unterbrochen, wohl aber der gegen einen Funktionär geführte, weil das Vorgehen gegen diesen in erster Reihe einen Angriff gegen den Nachlaß bezweckt, der aber jetzt nur nach konkursrechtlichen Grundsätzen angegangen werden kann. Der Gläubiger kann den gegen einen auch persönlich verpflichteten Erben selbst geführten Rechtsstreit unbekümmert um den Nachlaßkonkurs fortsetzen. Die hierbei etwa erzielte Verurteilung des Erben reicht aber während der Konkursdauer zur Vollstreckung in den Nachlaß nicht aus, wohl aber zur Vollstreckung in das Privatvermögen des Erben und zwar auch im Falle der Ausschlagung der Erbschaft. Will der Gläubiger Befriedigung aus der Konkursmasse erreichen, so muß er seine Forderung anmelden. Wird hier die Forderung von keiner Seite bestritten, so berechtigt die Tabelle zur Vollstreckung auch in das Privatvermögen des Erben, gleichviel ob es derjenige Erbe ist, der persönlich haftet oder ein anderer nach der Ausschlagung der Erbschaft durch den letzteren; jedoch ist die Vollstreckung aus der Tabelle erst nach Aufhebung des Konkurses möglich (§ 164 Abs. 1 KO.). Der nebenher schwebende Prozeß wird, da der Erbe im Prüfungstermin nicht bestritten hat, meist in der Hauptsache erledigt und nur wegen der Kosten fortzusetzen sein, im Bestreitungsfalle aber kann er ohne weiteres gegen den Erben selbst fortgesetzt werden, selbst wenn letzterer inzwischen die Erbschaft ausschlägt. — Liegt z. Z. der Konkurseröffnung ein bereits gegen den Erblasser oder Nachlaßpfleger, Testamentsvollstrecker, Nachlaßverwalter ergangenes Urteil vor, aus welchem mit der Vollstreckung noch nicht begonnen war, so darf der Konkursgläubiger nicht mit der Vollstreckung gegen die Masse beginnen (§§ 12, 14 KO.), er hat vielmehr auch diese Forderung zum Konkurse anzumelden; im Bestreitungsfalle obliegt hier die Feststellung des Nichtbestehens der Urteilsforderung dem Bestreitenden (§ 146 Abs. 6 KO.). — Hatte der Gläubiger mit der Vollstreckung erst in den Nachlaß begonnen und dabei bereits ein Pfandrecht erlangt, wobei es gleichgültig ist, ob das Urteil gegen den Erblasser oder einen Funktionär gerichtet war, so kann der Gläubiger doch kein Recht auf abgesonderte Befriedigung aus dem Pfandgegenstande (lediglich) für die Dauer des Nachlaßkonkurses geltend machen (§ 221 KO.). Handelt es sich jedoch um ein Absonderungsrecht, das vor der Pfändung (z. B. durch Rechtsgeschäft) für den Gläubiger begründet war (§ 48 KO.) und nur durch die Pfändung verwirklicht werden sollte, so behält es auch gegenüber dem Konkurse volle Wirkung; der Gläubiger kann die Vollstreckung fortsetzen. Siehe jedoch auch die §§ 126, 127 KO., 172—174 ZwV. Ges., Jäger zu § 221 Anm. 4 KO.

War mit der Zwangsvollstreckung bereits gegen den Erblasser begonnen, so gilt, gleichviel ob sie gegen den Nachlaß bereits fortgesetzt worden war (§ 779 ZPO.) oder nicht, folgendes: Ist der Gläubiger nur ein Konkursgläubiger, so kommt es darauf an, ob er sich vor dem Erbfalle bereits ein dingliches Recht (Pfandrecht, Sicherungshypothek) verschafft hatte oder nicht. Im ersteren Falle darf er ein Absonderungsrecht geltend machen, evtl. ohne Umstellung der Klausel die Zwangsvollstreckung gegen die Masse fortsetzen und sich Befriedigung verschaffen, im letzteren Falle kann er zwar die Vollstreckung bis zur Eröffnung des Konkurses ohne weiteres fortsetzen, aber ein Pfandrecht, das er jetzt erst erwirbt, verschafft ihm wegen des § 221 KO. für die Konkursdauer kein Absonderungsrecht.

Die Stellung der Aussonderungsberechtigten (§ 43 KO.), Absonderungsberechtigten (§ 47 KO.) und Massegläubiger (§§ 57 ff., 224 KO.) ist im Nachlaßkonkurse folgende: Auch diese Gläubiger können nicht gegen den Gemeinschuldner selbst (hier den Erben) vorgehen, vielmehr ist lediglich der Konkursverwalter in Anspruch zu nehmen (conf. Jäger KO. § 43 Anm. 56 ff., § 47 Anm. 9 ff., § 57 Anm. 10 ff.). Vollstreckung ist hier auch gegen die Konkursmasse gestattet; das Verbot des § 14 KO. hat hier keine Anwendung, da die betr. Gläubiger nicht „Konkursgläubiger" sind (vergl. Jäger § 14 Anm. 3—9 KO.). — Schwebten z. Z. des Erbfalls gegen den Erblasser Prozesse der bezeichneten Gläubiger, die nunmehr, d. h. dem Nachlasse gegenüber, Nachlaßgläubiger sind, und war gemäß § 239 ZPO. Unterbrechung eingetreten, so kann die Aufnahme sowohl durch den Konkursverwalter wie auch durch den Gläubiger erfolgen (§ 11 KO.). Liegt bereits ein Urteil gegen den Erblasser vor, so darf der Gläubiger mit der Vollstreckung gegenüber dem Nachlasse (der Konkursmasse) beginnen. Die Vollstreckungsklausel muß jedoch gegen den Konkursverwalter umgestellt werden, da die Vollstreckung gegen den Erben selbst nicht ohne Umstellung der Klausel geschehen darf, der Konkursverwalter aber Vertreter des Erben hinsichtlich des Nachlasses ist. War die Klausel bereits vor Eröffnung des Nachlaßkonkurses gegenüber einem Nachlaßpfleger usw. umgestellt worden, dann bedarf es keiner neuen Umstellung gegenüber dem Konkursverwalter, denn dann ist sie schon gegen den Nachlaß gerichtet.

Schwebt z. Z. der Konkurseröffnung ein (vom Nachlaßpfleger, § 991 ZPO.) veranlaßtes Aufgebot, so wird es sofort beendigt (§ 993 Abs. 2 ZPO.). Liegt Aufgebots- und Konkursantrag gleichzeitig vor, so soll über den ersteren nicht früher entschieden werden, als bis der letztere erledigt ist (§ 993 Abs. 1 ZPO.).

Da die Verwaltung des Nachlasses dem Konkursverwalter zusteht, darf der Erbe bezw. der Nachlaßpfleger oder Testamentsvollstrecker nicht die zur Masse gehörigen Aktiva beitreiben bezw. keine (Aktiv-) Prozesse darüber führen, soweit der Verwalter ihnen dies nicht überläßt (§ 10 Abs. 2 KO.). Aktivprozesse, die für den Erblasser beim

Eintritte des Erbfalls anhängig waren, darf nur der Konkursverwalter aufnehmen (§ 10 KO.), gleichviel ob der Erbe oder Pfleger usw. sie bereits aufgenommen hatte (§ 243 ZPO.). Wenn der Konkursverwalter die Aufnahme verzögert, kommen die Bestimmungen des § 239 Abs. 2—4 zur Anwendung (§ 10 Abs. 1 S. 2 KO.). Ein zugunsten des Erblassers ergangenes Urteil darf der Erbe nicht zur Vollstreckung bringen, wenn es sich um solche Aktiva handelt, die der Verwalter für die Masse beansprucht. Die Klausel kann in diesem Falle nur auf den Verwalter umgeschrieben werden. Daß es dessen bedarf, ergibt der § 727 ZPO.

D. Das Inventar.

Das Inventar ist ein vollständiges Verzeichnis der beim Eintritte des Erbfalls vorhandenen Nachlaßaktiva und Nachlaßverbindlichkeiten (§§ 2001, 1993). Ein Inventar errichten heißt, ein solches Verzeichnis in der im § 2002 bestimmten Form herstellen **und** beim Nachlaßgericht einreichen. Der Erbe ist nach § 1993 **berechtigt**, ein solches Inventar zu errichten. Diese Befugnis steht ihm auch schon vor Annahme der Erbschaft zu, doch wird er von ihr kaum je Gebrauch machen, wenn er nicht entschlossen ist, die Erbschaft schließlich anzunehmen. Im Einzelfalle wird der Erbe von dem durch die Inventarerrichtung zu gewinnenden Resultat die Annahme bezw. Ablehnung der Erbschaft abhängig machen, doch bedarf er zur Gewinnung einer Übersicht nicht gerade eines in der Form des § 2002 errichteten Inventars. Der Erbe ist zur Errichtung eines Inventars im Sinne der §§ 1993 ff. vor Annahme der Erbschaft selbst dann nicht **verpflichtet**, wenn er die Verwaltung des Nachlasses tatsächlich führt; doch besteht insofern ein Zwang für ihn, als aus der Nichterrichtung ihm auch schon für die Zeit vor Annahme ein Vorwurf nach der Seite hin gemacht werden könnte, daß er eine etwa vorliegende Überschuldung des Nachlasses zu spät erkannt und daher die Konkursanmeldung verzögert habe (§ 1980), dies jedoch nur, wenn er die Verwaltung tatsächlich führt. Das Inventar dient zur Offenlegung des Nachlasses namentlich im Interesse der Nachlaßgläubiger. Ihnen gegenüber gilt sein Inhalt, soweit er die Aktiva betrifft, als richtig (§ 2009); der Beweis für die Unrichtigkeit ist ihnen aufgebürdet. Eine solche Kraft dürfte auch das vor Annahme der Erbschaft errichtete Inventar haben. Das schon vor Annahme der Erbschaft errichtete Inventar verliert auch dann nicht seine Bedeutung, wenn der inventarisierende Erbe schließlich ausschlagen sollte: der definitive Erbe kann es durch Bezugnahme gemäß § 2004 zu seinem eigenen Inventar machen.

Die Nachlaßgläubiger sind befugt, dem Erben eine Frist zur Errichtung eines Inventars setzen zu lassen (§ 1994). Der Erbe muß dem unter peinlicher Wahrung der Frist (§ 1994 Abs. 1 S. 2) und mit größter Sorgfalt (§ 2005) entsprechen, da er andernfalls jede Möglichkeit, die Haftung für Nachlaßverbindlichkeiten auf den Nachlaß zu beschränken, endgültig verliert. Diese Gefahr ist aber für die Zeit vor Annahme der Erbschaft durch § 1995 Abs. 2 vom Erben noch abgewendet. Danach kann ihm die Frist zwar schon vor Annahme bestimmt werden, aber sie beginnt doch erst mit der Annahme zu laufen. Vor Annahme schadet ihm daher weder die Fristversäumnis noch die Errichtung eines völlig falschen Inventars, auch kann er vor Annahme zur Ableistung des Offenbarungseides (§ 2006) bezgl. der Richtigkeit des Inventars nicht geladen werden. Sonach gibt es für das Stadium vor Annahme der Erbschaft keine „unbeschränkte"

Haftung des Erben. Würde er etwa freiwillig eine solche unbeschränkte Haftung übernehmen (auf das Recht der Haftungsbeschränkung verzichten), so würde er damit die Erbschaft bereits annehmen.

Dem Nachlaßpfleger, Testamentsvollstrecker, Nachlaßverwalter kann keine Inventarfrist bestimmt werden. Auf das von ihnen bei Beginn ihrer Verwaltung als Grundlage derselben zu errichtende Inventar haben die §§ 1993 ff. keine Anwendung.

Vor Annahme der Erbschaft kann niemals ein vereinzelter, d. h. nur zugunsten eines einzelnen Nachlaßgläubigers wirkender Verlust der Haftungsbeschränkung eintreten. Ein solcher Verlust wird im § 2006 als Folge der Verweigerung des Offenbarungseides bezgl. des Inventars gegenüber dem zur Ableistung des Eides ladenden Gläubiger statuiert. Es ist aber nicht zulässig, schon vor Annahme der Erbschaft den Eid zu erfordern. Ein solcher Verlust wird ferner für den Fall statuiert, daß der vom Nachlaßgläubiger im Prozeßwege in Anspruch genommene Erbe es unterläßt, sich das Recht der Beschränkung der Haftung auf den Nachlaß im Urteile vorzubehalten (§ 780 ZPO.). Da aber im Stadium vor Annahme der Erbschaft ein gerichtliches Vorgehen gegen den Erben untersagt ist, kann hier ein Verstoß gegen § 780 gar nicht in Frage kommen. Andererseits können auch der etwa in Anspruch genommene Nachlaßpfleger, Testamentsvollstrecker und Nachlaßverwalter nicht für den Erben den Verlust der Beschränkung herbeiführen; diese ihrerseits sind nicht genötigt, den Vorbehalt nach § 780 zu erwirken — siehe dortselbst Abs. 2 —; natürlich berührt dies die beschränkte Haftung des Erben selbst nicht, abgesehen davon, daß den Funktionären gegenüber immer nur der Nachlaß, der ja allein in ihrer Verwaltung ist, angegriffen wird.

E. Das Aufgebot.

Das Aufgebot ist eine öffentliche Aufforderung an die Nachlaßgläubiger, ihre Ansprüche beim Nachlaßgerichte innerhalb einer bestimmten Frist anzumelden. Es hat den Zweck, den Umfang der Nachlaßverbindlichkeiten offenbar zu machen. Nur die gemeldeten Nachlaßgläubiger haben unbedingt Anspruch auf volle (bezw. bei Überschuldung des Nachlasses auf konkursmäßige) Befriedigung. Die nicht gemeldeten Nachlaßgläubiger nehmen eine mindere Gläubigerstellung ein; sie haben nur einen eingeschränkten Anspruch auf Befriedigung (§§ 1973 BGB., 226 KO.). Ein Ausschlußurteil stellt die gemeldeten Gläubiger fest und beschränkt das Befriedigungsrecht der nicht gemeldeten. — Im Stadium vor Annahme der Erbschaft ist der Erbe mit Rücksicht darauf, daß er die Erbschaft immer noch ausschlagen kann, nicht berechtigt, ein solches Aufgebotsverfahren zu beantragen bezw. durchzuführen; er soll dem endgültigen Erben nicht vorgreifen. Auch der Testamentsvollstrecker und Nachlaßverwalter hat vor Annahme der Erbschaft kein solches Recht (§ 991 Abs. 3 ZPO.). Der Nachlaßpfleger dagegen, der ja immer nur im Stadium vor Annahme der Erbschaft bezw. im Stadium der Ungewißheit von der Annahme der Erbschaft bestellt wird (§ 1960), ist nach § 991 ZPO. zum Aufgebotsantrage mit der vollen im § 2015 BGB. und 782 ZPO. normierten Wirkung berechtigt (§ 2017). Dadurch kann es geschehen, daß ein — in der Meldung säumiger — Nachlaßgläubiger sein volles Befriedigungsrecht schon vor Annahme der Erbschaft bezw. noch ehe feststeht, wer überhaupt Erbe ist, verliert, weiter kann der Pfleger die bereits in den Nachlaß vorgenommenen Zwangsvollstreckungen der Nachlaß- wie eigenen Erbengläubiger hemmen. Hierüber siehe Seite 26 ff.

F. Die Aufforderung.

Beim Vorhandensein mehrerer Erben ist es nach § 2061 jedem Miterben gestattet, die Nachlaßgläubiger zur Anmeldung ihrer Ansprüche binnen 6 Monaten bei ihm oder beim Nachlaßgericht aufzufordern. Der diese Aufforderung ablassende Miterbe hat die Kosten derselben (Inseratkosten) selbst zu tragen. Der Zweck dieses Instituts ist, wie der des Aufgebots, die Feststellung des Umfanges der Nachlaßverbindlichkeiten im Interesse einer gleichmäßigen Befriedigung der Nachlaßgläubiger. Der Erbe hat sich vor der Gefahr zu schützen, die ihm dann erwachsen würde, wenn er trotz unzulänglichen Nachlasses einzelne Nachlaßgläubiger voll befriedigt, wobei natürlich die am spätesten fordernden Gläubiger einen mehr oder weniger großen Ausfall erleiden und den Erben dafür verantwortlich machen würden. Der Erbe wird einen solchen Verstoß gegen seine Pflicht einer ordnungsmäßigen Verwaltung des Nachlasses natürlich nicht begehen, wenn er den Umfang der Nachlaßverbindlichkeiten kennt. Er hat im eigensten Interesse die Pflicht, sich diese Kenntnis zu verschaffen. Eines der dazu dienenden Mittel ist die Privataufforderung des § 2061, doch erfüllt sie als formloses Institut diesen Zweck bei weitem nicht in dem Maße, wie das Aufgebot, welches ein nur gerichtliches Verfahren ist. Das nach Ablauf der Aufforderungsfrist durch Anmeldungen von Schulden gewonnene Resultat ist nicht, wie das Ausschlußurteil beim Aufgebot, geeignet, ein sicheres Bild vom Umfange der Nachlaßverbindlichkeiten zu geben, weil im Gegensatz zu den Wirkungen des Ausschlußurteils die Miterben nicht bloß die gemeldeten, sondern auch die nicht rechtzeitig bezw. die überhaupt nicht gemeldeten oder auch sonst nicht bekannt gewordenen Schulden in voller Höhe aus Mitteln der Erbschaft berichtigen müssen. Lediglich den einen Vorteil verschafft ihnen die Säumnis eines Gläubigers, daß die Haftung nach der Teilung ihm gegenüber eine anteilige statt eine gesamtschuldnerische ist. Da also das Institut Bedeutung im wesentlichen für die Zeit nach der Teilung hat, ja sogar ein die Teilung vorbereitender Verwaltungsakt ist, und da ferner die zur Anmeldung zu setzende Frist sechs Monate d. h. mehr beträgt, wie die für die Ausschlagung im Normalfalle bestimmte Frist, weshalb die Erben das Resultat der Aufforderung fast stets erst nach Ablauf der Ausschlagungsfrist kennen lernen werden, wird in einer vor Annahme der Erbschaft erlassenen Aufforderung stets die Annahme der Erbschaft seitens des bezw. der die Aufforderung ablassenden Miterben zu erblicken sein, dies um so mehr, als zur Aufforderung nicht einmal ein Zwang besteht, wie er durch § 1980 Abs. 2 für das Aufgebot normiert ist. Auch sei erwähnt, daß das Aufgebot im Stadium vor Annahme der Erbschaft dem Erben ausdrücklich versagt ist.

G. Der Nachlaß im Verhältnis zu den Privatschulden des Erben.

Die Eigengläubiger des Erben sind nicht berechtigt, in die Nachlaßgegenstände zu vollstrecken, so lange der Erbe die Erbschaft noch nicht angenommen hat (§ 778 Abs. 2 ZPO.). Der Nachlaß dient zur alleinigen Berichtigung der Nachlaßverbindlichkeiten.

Der Erbe darf einer Vollstreckung seiner Privatgläubiger in den Nachlaß nach Maßgabe des § 766 ZPO. entgegentreten. Ist ein Nachlaßpfleger vorhanden, so hat auch er dieses letztere Recht, ohne indes den Erben auszuschließen; erst wenn der Nachlaßpfleger sein Recht ausübt, kann der Erbe nicht auch seinerseits eingreifen. Ist ein Testamentsvollstrecker vorhanden, so hat er dieses Recht lediglich bezgl. der seiner Verwaltung anvertrauten Sachen des Nachlasses; der Erbe ist insoweit überhaupt nicht zum Schutze berechtigt (§§ 2214, 2212). Ist ein Nachlaßverwalter vorhanden, so hat lediglich er das Recht der Abwehr der Eigengläubiger vom Nachlasse, da nur ihm die Gesamtverwaltung zusteht (§§ 1984, 1985 BGB., § 784 Abs. 2 ZPO.). Nach Eröffnung des Nachlaßkonkurses ist lediglich der Konkursverwalter zur Abwehr unberechtigter Angriffe von der Masse berechtigt (§ 766 ZPO.). — Vor Annahme kann durch Vorgehen gegen den Erben auch durch Arrest hinsichtlich des Nachlasses Sicherung nicht verlangt werden. (Rg. Bd. 60 S. 179). — Beim Vorhandensein mehrerer Erben ist gegenüber einer in den Nachlaß vorgenommenen Vollstreckung des Eigengläubigers eines Miterben jeder Miterbe (auch der Schuldner selbst) zur Widerspruchsklage nach § 771 ZPO. oder zu Einwendungen nach § 766 ZPO. selbständig legitimiert (§ 2038). Zulässig dagegen ist die Vollstreckung der Eigengläubiger in den „Anteil" eines Miterben, der ihr Schuldner ist, denn der Anteil gehört jedem Miterben für sich, auch schädigt eine solche Vollstreckung nicht die Interessen der Nachlaßgläubiger, da sie keinen einzigen Gegenstand des Nachlasses ergreift. Diese Anteilspfändung wird mit der Ausschlagung der Erbschaft durch den betreffenden Miterben natürlich hinfällig.

Die Nachlaßgläubiger haben gegenüber der Zwangsvollstreckung des Privatgläubigers des Erben in den Nachlaß ihrerseits kein anderes Mittel, sie aufzuhalten, als den Antrag auf Anordnung der Nachlaßverwaltung (§ 1981 Abs. 2) bezw. bei Überschuldung des Nachlasses den Nachlaßkonkurs. So mit Recht Planck zu § 1958 Anm. 4 c, anders siehe Seuffert zu § 778 Anm. 4 b ZPO. und die dort angeführte Literatur. Eine Nachlaßpflegschaft wäre hier kaum am Platze, weil bezw. sofern es sich nicht um Sicherung des Nachlasses, sondern lediglich um den Schutz der Nachlaßgläubiger handelt. (Staudinger § 1960 Anm. 3 b. Siehe aber Planck § 1984 Anm. 4 a.) Sollten die Nachlaßgläubiger vom Vorgehen des Privatgläubigers erst nach dessen aus dem Nachlaß erfolgter Befriedigung erfahren, so würde gleichfalls Nachlaßverwaltung zu beantragen sein. Der Nachlaßverwalter hat, sofern der ihm zur Verwaltung übergebene Nachlaß nicht zur Berichtigung der sämtlichen Nachlaßverbindlichkeiten ausreicht, im Interesse der Nachlaßgläubiger den Nachlaß möglichst auf diejenige Werthöhe zu bringen, die er z. Z. des Erbfalls hatte. Er wird also den zugunsten des Privatgläubigers geschehenen Abgang wieder heranziehen und sich hierbei an den Erben wie auch an den befriedigten Privatgläubiger halten. Was das Vorgehen gegen den Erben anlangt, so sind dafür folgende Gesichtspunkte maßgebend: Hatte der Erbe die Verwaltung des Nachlasses tatsächlich geführt, so bestand für ihn die Pflicht einer ordnungsmäßigen Verwaltung im alleinigen Interesse der Nachlaßgläubiger und ist es ein Verstoß gegen diese Pflicht, wenn er die Befriedigung eines Privatgläubigers aus Nachlaßmitteln duldet oder gar vornimmt. Der Nachlaßverwalter kann bezw. muß im Interesse der Nachlaßgläubiger den etwa erforderlichen Ersatz auf Grund des § 1978 gegenüber dem Erben als dem negotiorum gestor verlangen. Hatte der Erbe dagegen die Verwaltung des Nachlasses nicht geführt (Seite 2), so liegt kein schuldhaftes Verhalten vor; er haftet nur aus der Bereicherung, insofern seinem Privatvermögen eine Aufwendung auf Kosten des Nachlasses erspart wurde (Planck § 1978 Anm. 2 a, Staudinger ebenda, Seuffert § 778 Anm. 4 b ZPO.). Was das Vorgehen gegen den befriedigten Privatgläubiger anlangt, so ist er, gleichviel ob der Erbe die Verwaltung geführt hat oder nicht, lediglich zur Herausgabe der Bereicherung verpflichtet (Staudinger § 1978 Anm. 2 a). — Wenn es nun aber nicht zur Nachlaßverwaltung bezw. zum Nachlaßkonkurse kommt, sei es daß der betr. Antrag gar nicht gestellt oder daß er abgelehnt wurde, so können nicht etwa ohne weiteres die Nachlaßgläubiger vereint oder einzeln gegen den Erben bezw. den befriedigten Privatgläubiger vorgehen, in der Absicht, den Nachlaß wieder aufzubessern. Vielmehr kann jeder Nachlaßgläubiger nur einzeln Befriedigung wegen seiner Forderung gegen den Nachlaß gegenüber einem ad hoc bestellten Nachlaßpfleger (§ 1961) fordern und, sofern und soweit sich dabei die Unmöglichkeit herausstellt, aus dem Nachlasse Befriedigung zu erlangen, kann der davon betroffene einzelne Nachlaßgläubiger den Erben bezw. den Privatgläubiger nach den oben erörterten Grundsätzen in Anspruch nehmen (§§ 1991 Abs. 2 mit 1978).

Wenn der Erbe, dessen Privatgläubiger sich aus dem Nachlaß befriedigt hat, die Erbschaft ausschlägt, so haben die Nachlaßgläubiger am definitiven Erben einen anderen Schuldner. Kommt es diesem gegenüber zu keinem Sonderverfahren der Verwaltung des Nachlasses, macht er auch selbst keinerlei Beschränkung geltend, so halten sich die Nachlaßgläubiger an sein Gesamtvermögen und haben keinen Anlaß, gegen den Ausschlagenden oder gegen dessen Privatgläubiger vorzugehen. Dazu kann es aber kommen, sowohl in der Zeit, wo der neue Erbe die Erbschaft noch nicht angenommen hat, sofern nämlich beim Vorgehen gegen den Nachlaß sich dessen Unzulänglichkeit erweist, wie überhaupt, wenn das Gesamtvermögen des neuen Erben unzulänglich ist oder wenn es zu einem Sonderverfahren der Beschränkung ihm gegenüber kommt. Hier dürfen die Nachlaßgläubiger gegen den Privatgläubiger wegen Herausgabe der Bereicherung vorgehen. Auch der Bereicherungsanspruch gegen den Ausschlagenden ist gegeben. Dagegen nicht der auf §§ 1978, 1890 beruhende Anspruch, da dieser nur gegen den „Erben" gerechtfertigt ist. Doch wird auch hier nach allgemeinen Grundsätzen Schadensersatz gefordert werden können. Der definitive Erbe hat seinerseits gegen den Ausschlagenden einen Anspruch auf Herausgabe der Bereicherung bezw. auf Schadensersatz nach allgemeinen Grundsätzen.

B. Das Stadium nach Annahme der Erbschaft.

I. Der Alleinerbe.

A. Der Nachlaß:

a. Eigentum, Besitz.

Der sich bereits mit dem Erbfalle vollziehende Übergang des Vermögens des Erblassers auf den Erben wird für denjenigen Erben, welcher die Erbschaft schließlich annimmt, endgültig. Der Erbe wird endgültig Eigentümer und Besitzer des Nachlasses mit allen sich daran knüpfenden Rechtsfolgen. Alle diejenigen Beschränkungen und Rechtsbehelfe, welche durch die Rücksicht auf eine mögliche Ausschlagung der Erbschaft geboten waren, entfallen nunmehr.

b. Verschmelzung.

Aus der Tatsache, daß der Erbe von der Annahme ab endgültig alleiniger Eigentümer der Erbschaft wird, ergibt sich, daß die Sonderstellung des Nachlasses, welche im Stadium vor Annahme gegenüber dem sonstigen Eigenvermögen des Erben bestanden hatte, nicht fortdauern kann. Es tritt eine Verschmelzung der beiden Vermögensmassen ein, der Erbe besitzt fortan nur noch Eigenvermögen, ein Gesamtvermögen. Eine Folge dieser Verschmelzung, dieser Vereinigung von Recht und Verbindlichkeit oder von Recht und Belastung ist das Erlöschen der Rechtsverhältnisse, welche zwischen Erblasser und Erben bestanden hatten. Die Verschmelzung ist nicht unbedingt eine dauernde, sie wird wieder aufgehoben, wenn — sei es auf Antrag des Erben bezw. der Funktionäre oder auf Antrag des Nachlaßgläubigers — ein die Sonderverwaltung des Nachlasses wieder von neuem erforderndes sog. Beschränkungsverfahren angeordnet wird, oder wenn der Erbe den Nachlaß vom Eigenvermögen durch Veräußerung absondert, oder wenn der Erbe den Nachlaß an einen Nacherben abgeben muß. In allen diesen Fällen erfolgt dann auch ein Wiederaufleben der erwähnten erloschenen Rechtsverhältnisse mit Rückwirkung auf den Moment der Vereinigung (§§ 1976, 1991 Abs. 2, 2143, 2377, 2175). Ist die Verschmelzung aufgehoben, so ist ein Zustand wieder hergestellt, wie er vor Annahme der Erbschaft bestanden hat: Nachlaß und sonstiges Erbenvermögen stehen gesondert neben einander; jedes hat seine Sonderschicksale.

c. Verwaltung.

Von einer Verwaltung des Nachlasses als eines Sondervermögens sollte, nachdem dargelegt ist, daß Nachlaß und sonstiges Erbenvermögen sich mit der Erbschaftsannahme zu einem Gesamtvermögen vereinigen, füglich nicht geredet werden können In Wahrheit wird der Erbe auch tatsächlich die Verwaltung nicht gesondert führen. Hierauf nimmt das Gesetz mehrfach Rücksicht. So verwehrt es den Nachlaßgläubigern nach zweijähriger Dauer dieser Verschmelzung die Herbeiführung einer Trennung der Vermögen durch Nachlaßverwaltung und Nachlaßkonkurs (§§ 220 KO., 1981 Abs. 2) und gibt es nach Verlauf von fünf Jahren seit dem Erbfalle dem Erben die Möglichkeit der Haftungsbeschränkung ohne diese Trennung (§ 1974). Der Gesetzgeber erwägt eben, daß nach längerer Dauer der Verschmelzung die Loslösung der beiden Vermögen so schwierig ist, daß sie dem Erben nicht ohne weiteres zugemutet werden kann. Trotz der erwähnten Verschmelzung dauert in Ansehung der Verwaltung die Sondernatur des Nachlasses fort. Dies erfordert das Interesse der Nachlaßgläubiger. So lange freilich die Haftung nicht auf den Nachlaß beschränkt ist, die Nachlaßverbindlichkeiten vielmehr vom Erben selbst aus seinem Gesamtvermögen berichtigt werden, wird es nicht darauf ankommen, ob die Verwaltung gerade des Nachlasses ordnungsmäßig oder ordnungswidrig war. Daher wird kein Nachlaßgläubiger vom Erben hierüber eine Auskunft oder eine Rechenschaft fordern können. Wenn dagegen durch eine Maßnahme des Erben oder der Nachlaßgläubiger die Haftung auf den Nachlaß beschränkt, also lediglich dieser das Objekt der Haftung ist, liegt es im Interesse der Nachlaßgläubiger, daß der Nachlaß bis dahin ordnungsmäßig verwaltet, namentlich auf seiner Werthöhe erhalten sei. Hier hat der Erbe evtl. seine Verwaltung offen zu legen und zu rechtfertigen bezw. im Falle der Mißwirtschaft Ersatz und Schadensersatz zu leisten. In diesem Falle erstreckt sich die Verantwortlichkeit sogar auf die Zeit vor Annahme der Erbschaft, sofern in diesem Stadium der Erbe die Verwaltung tatsächlich geführt hatte, wozu er, wie auf Seite 2 ausgeführt ist, nicht verpflichtet war.

Die Grundsätze, nach welchen der Alleinerbe im Gläubigerinteresse die Verwaltung der Erbschaft zu führen hat, sind für den Alleinerben dieselben wie für den Miterben. Sie sind weiter unten dargelegt. Hier soll nur kurz bemerkt werden, daß im wesentlichen das Erfordernis einer ordnungsmäßigen Verwaltung das ist, daß der Nachlaß möglichst auf derjenigen Werthöhe erhalten werde, die er beim Erbfall gehabt hat; daß der Nachlaß zur Befriedigung der Nachlaßgläubiger verwendet werde; daß diese Befriedigung entsprechend der Rangstellung der Gläubiger erfolge. Für die ordnungsmäßige Verwaltung ist der Erbe nach den in dem § 1978 niedergelegten Grundsätzen verantwortlich und zwar ist danach seine Verantwortlichkeit für die Zeit vor Annahme nach Grundsätzen der negotiorum gestio, für die Zeit nach Annahme nach denen des Mandats zu beurteilen. Für das Recht und die Pflicht des Erben hinsichtlich der Berichtigung der Nachlaßverbindlichkeit gilt folgendes:

Der in Anspruch genommene Erbe ist grundsätzlich zur Berichtigung der Nachlaßverbindlichkeiten b e r e c h t i g t. Er kann sie entweder selbst berichtigen oder durch ein besonderes Berichtigungs- (Beschränkungs-) Verfahren berichtigen lassen. Auch wenn er es zunächst selbst tut, kann er später immer noch ein Beschränkungsverfahren veranlassen, sei es, weil er sieht, daß er die Schwierigkeiten der Verwaltung des Nachlasses unterschätzt, sei es, weil er den Vermögensbestand des Nachlasses überschätzt hat. Wenn der Erbe entschlossen (und natürlich auch imstande) ist, die Nachlaßverbindlichkeiten ohne Anwendung eines Beschränkungsmittels voll zu berichtigen, so kommt es auf den Umfang des Nachlasses nicht an. Er kann alsdann nach Belieben schalten, minderberechtigte Nachlaßgläubiger vor besser Berechtigten befriedigen usw. Ist er aber entschlossen, nur den Nachlaß zu opfern bezw. sich selbst nur in der Höhe des Wertes des Nachlasses zu engagieren, im Notfalle also die Haftung auf den Nachlaß zu beschränken, so hat er den Grundsatz zu beachten, daß er durch die Befriedigung eines Nachlaßgläubigers nicht das Gesamtinteresse der Nachlaßgläubiger verletzen darf. Er soll also die Gläubiger gleichmäßig unter Wahrung ihres Ranges befriedigen und, sobald Überschuldung erkennbar wird, Nachlaßkonkurs beantragen. Verletzt er diesen Grundsatz, so schadet er nur sich selbst, auch nützt er nicht stets den bevorzugten Gläubigern. Denn das Fehlende muß er schließlich, gleichviel ob es zu einem Beschränkungssonderverfahren kommt oder nicht, aus eigener Tasche ersetzen bezw. kann einem bevorzugten Nachlaßgläubiger, insbesondere Pflichtteilsberechtigten, Legatar und Auflageforderungsberechtigten das an sie Geleistete durch Anfechtung abgenommen werden (§ 222 KO., § 3 a Anfecht.Ges.). — Was den Fall anlangt, daß ein Erbe trotz Unzulänglichkeit des Nachlasses einen Nachlaßgläubiger voll bezw. höher, wie es im Konkursfalle geschehen wäre, aus dem Nachlasse befriedigt, so ist zu bemerken: Einen Ersatzanspruch haben die übrigen, geschädigten Nachlaßgläubiger nicht, so lange es nicht zu einem Beschränkungsverfahren kommt; sie haben vielmehr nur den Anspruch auf Befriedigung aus dem ursprünglichen Schuldgrunde aus dem Gesamtvermögen des Erben. Kommt es dagegen zu einem Beschränkungsverfahren, so ist zu unterscheiden, ob der Erbe die Unzulänglichkeit des Nachlasses gekannt hat bezw. hätte erkennen müssen oder ob er nach den Umständen eine solche Kenntnis nicht haben konnte. Im ersteren Falle hat er das aus **Nachlaß**mitteln zur Befriedigung des bevorzugten Gläubigers Aufgewendete voll zurückzuerstatten, das aus eigenen Mitteln Aufgewendete kann er nicht erstattet verlangen. Nur einen beschränkten Ausgleich statuiert hier der § 225 Abs. 2 KO. für den Konkursfall. Hat aber der Erbe die Unzulänglichkeit nicht gekannt und auch nicht kennen müssen, so ist er nicht verpflichtet, das aus Nachlaßmitteln Aufgewendete zu erstatten (§ 1979), und hinsichtlich des aus eigenen Mitteln Aufgewendeten hat er Anspruch auf vollen Ersatz (§ 224 Nr. 1 KO.). In Zweifelsfällen tut der Erbe gut, den Gläubiger klagen zu lassen. Die Verurteilung, die etwa daraufhin erfolgen sollte, schadet ihm unter Umständen nämlich weniger, wie eine freiwillige Berichtigung der betreffenden Verbindlichkeit; er gewinnt Zeit, eine etwa vorliegende Überschuldung festzustellen, was durch Inventarisierung des Nachlasses oder bezw. und durch ein Aufgebot der Nachlaßgläubiger geschieht; auch hat er die Möglichkeit, eine mehr oder weniger lange Zeit hindurch der Entfernung (Veräußerung) der Nachlaßgegenstände durch Zwangsvollstreckung zu widersprechen, sofern die Voraussetzung des § 2014 vorliegt bezw. er sich die Voraussetzung des § 2015 durch Bewirkung eines Aufgebots schafft. Die Prozeßkosten hat der Erbe zunächst zwar zu tragen, aber er muß, auch wenn er dazu eigene Mittel verwendet, das Recht haben, damit den Nachlaß zu belasten, wenn er diesen zu einem Beschränkungsverfahren absondert, weil bezw. sofern er die betreffenden Prozesse eben nur aus dem Grunde geführt hat, daß die Interessen auch der übrigen Gläubiger gewahrt werden (§ 1978 Abs. 3). Im übrigen darf der Erbe nicht glauben, daß ihn eine Verurteilung ohne weiteres berechtigt, den betreffenden Gläubiger nunmehr zu befriedigen. Das Urteil ändert an der oben besprochenen Situation nicht das Geringste. Er soll auch jetzt noch nichts leisten, wenn die Zulänglichkeit des Nachlasses unsicher ist; er soll, sofern die Überschuldung noch nicht nachweisbar ist und deshalb der Nachlaßkonkurs noch nicht beantragt werden kann, diejenigen Mittel anwenden, die ihm eine Hemmung der Zwangsvollstreckung ermöglichen, nämlich die §§ 2014, 2015 BGB. bezw. §§ 991, 782 ZPO.

Sollte aber im Einzelfalle der Erbe die Möglichkeit verloren haben, diese Mittel anzuwenden, sei es weil er die Beschränkungsmöglichkeit überhaupt eingebüßt hat (§§ 1994, 2005), oder weil die Fristen der §§ 2014, 2015 vorüber sind, so muß er allerdings die betreffende Forderung berichtigen und zwar evtl. ohne Zwangsvollstreckung, da er sonst für die dadurch zwecklos entstehenden Kosten Ersatz leisten muß.

Gerät der Erbe mit seinem Gesamtvermögen in Konkurs, so gehört auch der Nachlaß zur Masse. Die Nachlaßgläubiger haben diesem Konkurse gegenüber nicht ihre besondere Qualifikation, sie werden auch nicht bloß aus Mitteln des Nachlasses befriedigt, wie andererseits allerdings auch die eigenen Gläubiger des Erben aus Mitteln der Gesamtmasse befriedigt werden. Kommt es zur Anwendung eines Beschränkungsmittels, so wird der Nachlaß zur alleinigen Befriedigung der Nachlaßgläubiger ausgesondert. Daß es bei gegebener Sachlage zum besonderen Beschränkungsverfahren kommen wird, ist sehr natürlich, namentlich, wenn der Nachlaß für sich allein nicht überschuldet ist. Auch die Nachlaßgläubiger haben nach § 1981 Abs. 2 die Macht, das Sonderverfahren in die Wege zu leiten. Auch der Konkursverwalter wird die Nachlaßverwaltung beantragen müssen, da er das Interesse jedes Gläubigers und schließlich auch des Erben zu wahren verpflichtet ist (§ 82 KO.). Der Erbe selbst ist gleichfalls antragsberechtigt.

Grundsätzlich ist der Erbe nach Annahme der Erbschaft zur Berichtigung der Nachlaßverbindlichkeiten *verpflichtet*. Nur das Interesse der Gläubigergesamtheit kann im Einzelfalle die Situation so ändern, daß der Erbe einer Entfernung von Nachlaßgegenständen vorläufig bezw. eine gewisse Zeit hindurch widersprechen darf. Doch ist auch dieses Recht zeitlich beschränkt. Es ist nur für die ersten drei Monate seit der Annahme der Erbschaft gegeben, bezw. weiterhin nur für die Dauer eines Aufgebotsverfahrens, sofern es binnen Jahresfrist nach der Annahme der Erbschaft beantragt ist. Abgesehen von diesen Rechtsbehelfen könnte einer Durchführung der Zwangsvollstreckung nur mit der Eröffnung des Nachlaßkonkurses begegnet werden (§ 221 KO.). Der Erbe haftet mit seinem Gesamtvermögen so lange, als er nicht ein Mittel der Haftungsbeschränkung anwendet. Diese Mittel sind Nachlaßverwaltung, Nachlaßkonkurs und Unzulänglichkeitseinrede (§§ 1975, 1990). Die Folge ihrer Anwendung ist die Beschränkung der Haftung auf den Nachlaß d. h. das Recht der Erben, jede gegen sein Eigenvermögen gerichtete Zwangsvollstreckung als unzulässig zur Aufhebung zu bringen.

Das Gesetz berücksichtigt auch die anläßlich der Verwaltung des Nachlasses durch den Erben gemachten Aufwendungen; er kann sie, sofern es zu einer Trennung des Nachlasses vom sonstigen Vermögen kommt, also jedesmal bei Anwendung der Haftungsbeschränkung aus dem Nachlaß ersetzt verlangen. Auch hierbei sind die Grundsätze von der negotiorum gestio bezw. vom Mandat zugrunde zu legen (§§ 1978 Abs. 3, 1991 Abs. 1).

d. Verfügung.

Der Erbe kann den Nachlaß durch ein einheitliches Rechtsgeschäft veräußern. Der Vertrag, durch den er dies tut, bedarf der gerichtlichen oder notariellen Beurkundung (§§ 2371, 2385). Die Übergabe des verkauften Nachlasses kann, da die dingliche Verfügung über einen Inbegriff nicht möglich ist nicht durch einheitlichen Akt erfolgen, vielmehr muß jeder einzelne Nachlaßgegenstand nach den dafür geltenden besonderen

Regeln übergeben werden. Der Erwerber des Nachlasses wird nicht Erbe, vielmehr verbleibt das Erbrecht beim Veräußerer; dagegen wird der Erwerber zur Tilgung der Nachlaßverbindlichkeiten verpflichtet und zwar sowohl gegenüber dem Veräußerer (§ 2378), wie auch im Verhältnis zu dem Nachlaßgläubiger (§§ 2382, 2383). Daneben haftet der Veräußerer auch selbst weiter. Bezgl. des Überganges der Lasten und Nutzungen siehe §§ 2379, 2380.

B. Die Haftung für Nachlaßverbindlichkeiten:

a. Der Begriff: Nachlaßverbindlichkeiten.

Was unter „Nachlaßverbindlichkeiten", für welche der Erbe haftet, zu verstehen ist, wird vom Gesetze nicht definiert, es zählt sie aber z. T. auf und unterscheidet im übrigen dabei zwei Kategorien von Nachlaßverbindlichkeiten, nämlich: a) die vom Erblasser herrührenden Schulden, b) die den Erben als solchen treffenden Verbindlichkeiten (§ 1967 Abs. 2). (Vergl. auch Rg. Bd. 62 S. 40.)

Daß die erstere Gruppe zu den Nachlaßverbindlichkeiten gehört, folgt schon aus § 1922, wonach die Erbschaft als Ganzes auf den Erben übergeht. Diese Schulden haften dem Nachlaß an; sie haben rechnerisch schon das Vermögen des Erblassers vermindert und der Erbe überkommt es mit eben dem Minus, das es schon bei Lebzeiten des Erblassers gehabt hat. Soweit die Schulden des Erblassers kraft besonderer gesetzlicher Vorschrift oder ihrer Natur nach der Vererbung nicht unterliegen, erlöschen sie mit dem Tode des Erblassers. Dies trifft z. B. zu auf das Versprechen einer in wiederkehrenden Leistungen bestehenden Unterstützung eines Schenkers, sofern nicht aus dem Versprechen sich ein anderes ergibt (§ 520 BGB.); ferner erlischt nach § 673 BGB. im Zweifel der Auftrag durch den Tod des Beauftragten, jedoch ist im Falle des Erlöschens des Auftrages der Erbe des Beauftragten verpflichtet, den Tod dem Auftraggeber unverzüglich anzuzeigen und, wenn mit dem Aufschube Gefahr verbunden ist, die Besorgung des übertragenen Geschäfts fortzusetzen, bis der Auftraggeber anderweit Fürsorge treffen kann; der Auftrag gilt insoweit als fortbestehend (§§ 666, 667 BGB.). Es trifft ferner auf die Unterhaltspflicht der Verwandten in gerader Linie (§ 1601) und des Ehegatten (§ 1608) zu; sie erlischt nach § 1615 mit dem Tode des Verpflichteten (oder Berechtigten), dagegen erlischt nicht der auf Erfüllung oder Schadensersatz wegen Nichterfüllung für die Vergangenheit oder auf solche im Voraus zu bewirkende Leistungen gerichtete Unterhaltsanspruch, die z. Z. des Todes des Verpflichteten (oder des Berechtigten) fällig sind. — Zu den auf den Erben übergegangenen Schulden des Erblassers gehören auch diejenigen, für welche zwar der Verpflichtungsgrund schon für den Erblasser bestanden hatte, die Folgen aber erst hinsichtlich des Erben entstehen. Hierhin gehören Haftungen aus Bürgschaften, bedingte, befristete Verbindlichkeiten (so Strohal Bd. II 176 oben und Anm. 2). — Für alle diese Verbindlichkeiten haftet der Erbe grundsätzlich unbeschränkt.

Was die zweite Gruppe der Nachlaßverbindlichkeiten anlangt, so gehören dazu einmal alle diejenigen Verbindlichkeiten, welche erst als unmittelbare Folgen des Erbfalles existent werden; sie treffen den Erben, weil er Erbe ist, sie haben als Verbindlichkeiten des Erblassers noch nicht bestanden. Es sind dies, abgesehen von den im Gesetze selbst als Beispiele aufgeführten Verbindlichkeiten aus Pflichtteilen, Vermächtnissen und Auflagen, noch folgende: Der Voraus, den der Ehegatte als gesetzlicher Erbe gegenüber den Miterben (Verwandten zweiter Ordnung oder Großeltern) nach Maßgabe des § 1932 für sich allein fordern kann; in Ansehung der Haftung steht der schuldende Miterbe dieser Verbindlichkeit wie einem Vermächtnisse gegenüber. Da es sich hier um die zum ehelichen Haushalte gehörigen Gegenstände und die Hochzeitsgeschenke, also um Nachlaßgegenstände handelt, so sind sie aus dem Nachlasse herauszugeben. — Ferner die Unterhaltspflicht des Erben während der Dauer von 30 Tagen seit dem Erbfalle gegenüber Familienangehörigen des Erblassers nach Maßgabe des § 1969 (s. Seite 14). Der Erbe haftet nach der Annahme der Erbschaft auch für diese Verbindlichkeit mit seinem Gesamtvermögen. Im übrigen hat auch sie den Charakter eines Vermächtnisses. — Ferner gehört hierher die auf § 1963 beruhende Unterhaltspflicht gegenüber der schwangeren Mutter des erwarteten Erben bezw. Miterben (s. Seite 7). Für sie ist nur der Nachlaß bezw. bei einer Mehrheit von Erben der Erbteil des Kindes verhaftet. Im übrigen ist diese Verbindlichkeit vollberechtigt. — Endlich gehört hierher die Verpflichtung des Erben zur Tragung der standesgemäßen Kosten der Beerdigung des Erblassers. Hier haftet der Erbe nach den für die Haftung für Nachlaßverbindlichkeiten geltenden Regeln, d. h. unbeschränkt aber beschränkbar. — Zu der zweiten Gruppe der Nachlaßverbindlichkeiten gehören ferner auch solche, die nicht gerade eine unmittelbare Folge des Erbfalles sind, sondern nur im Zusammenhange mit dem Erbfall oder der Verwaltung des Nachlasses oder überhaupt zur Regelung erbschaftlicher Verhältnisse kontrahiert bezw. entstanden sind. Auch sie belasten den Erben, weil er Erbe ist, d. h. das Gesamtvermögen des Erben nach allgemeinen Haftungsgrundsätzen. Hierher gehören die Kosten: der Eröffnung einer letztwilligen Verfügung des Erblassers, ferner der im § 1960 zur Sicherung des Nachlasses behandelten Maßnahmen, weiter die Verbindlichkeiten aus den von einem Nachlaßpfleger, Testamentsvollstrecker (§§ 2206, 2207), Nachlaßverwalter, Nachlaßkonkursverwalter hinsichtlich des Nachlasses vorgenommenen Rechtsgeschäften, da diese Funktionäre Vertreter des Erben hinsichtlich des Nachlasses sind Die Gläubiger dieser letzteren Verbindlichkeiten halten sich naturgemäß zunächst an den Nachlaß, hinsichtlich dessen das Rechtsgeschäft vorgenommen wird; während der Dauer einer Nachlaßpflegschaft, einer Nachlaßverwaltung und eines Nachlaßkonkurses können sie den Erben überhaupt nicht in Anspruch nehmen, und zwar während der Nachlaßpflegschaft wegen der §§ 1958 BGB., 778 Abs. 1 ZPO., während der anderen Verfahren, weil sie Verfahren der Haftungsbeschränkung sind. Dagegen können sie auch den Erben selbst in Anspruch nehmen, wenn der Gesamtnachlaß in der Verwaltung eines Testamentsvollstreckers ist (§ 2213 Abs. 1), es müßte denn daneben ein Beschränkungsverfahren bestehen. Ferner kann der Erbe selber dann unbeschränkt in Anspruch genommen werden, wenn die Nachlaßpflegschaft bezw. die Nachlaßverwaltung beendet ist, während für die Zeit nach Beendigung des Nachlaßkonkurses der § 1989 und auch § 2060 Nr. 3 eine gewisse Einschränkung der Haftung des Erben statuieren. Hinsichtlich derartiger, durch den Konkursverwalter begründeter Verbindlichkeiten bestimmt der § 59 Nr. 1 KO. und hinsichtlich derartiger vom Nachlaßpfleger, worunter hier auch der Nachlaßverwalter zu verstehen ist, sowie vom

Testamentsvollstrecker kontrahierten Verbindlichkeiten bestimmt der § 224 Nr. 5 KO., daß sie Masseschulden sind. — Hierher gehören ferner die Verbindlichkeiten zugunsten der Funktionäre wegen ihrer Honorar- und Ersatzansprüche. Hinsichtlich des Nachlaßpflegers ist hier auf die §§ 1835, 1836, 1915 zu verweisen. Für die Dauer der Nachlaßpflegschaft gilt auch hier, daß lediglich der Nachlaß haftet; erst nach Annahme der Erbschaft ist auch der Erbe persönlich verhaftet, wenn nicht ein die Haftung beschränkendes Verfahren eingeleitet bezw. angewendet wird; für den Konkursfall ist die betreffende Verbindlichkeit nach Maßgabe des § 224 Nr. 6 KO. Masseschuld. Hinsichtlich des Testamentsvollstreckers ist auf §§ 2221, 2218 zu verweisen; der Vollstrecker muß den Anspruch evtl. im Prozeßwege gegen den Erben verfolgen, es haftet der Erbe mit dem Nachlaß und mit seinem sonstigen Vermögen, da die Testamentsvollstreckung keine Beschränkung der Haftung zur Folge hat, es müßte denn ein Beschränkungsverfahren angewendet werden, in welchem Falle der Anspruch nur gegen den Nachlaß gerichtet werden könnte; für den Konkursfall liegt auch hier nach Maßgabe des § 224 Nr. 6 eine Masseschuld vor. Hinsichtlich des Nachlaßverwalters ist auf § 1987 zu verweisen. Da der Nachlaßverwalter Pfleger im Sinne der §§ 1909 ff. ist (siehe auch § 1915), so sind auch hier im übrigen die §§ 1835, 1836 anwendbar, wonach das Honorar vom Nachlaßgericht (§ 1962) festgesetzt wird. Für die Dauer der Nachlaßverwaltung bezw. eines sonstigen Beschränkungsverfahrens haftet allein der Nachlaß, im übrigen der Erbe auch persönlich; für den Konkursfall ist die Verbindlichkeit Masseschuld (§ 224 Nr. 6 KO.). Endlich ist hinsichtlich des Nachlaßkonkursverwalters auf §§ 85, 58 Nr. 2 KO. (Massekosten!) zu verweisen; es haftet der Nachlaß bezw. nach Beendigung des Konkurses im Sinne §§ 202, 204 KO. der Erbe unbeschränkt, und nach „Aufhebung" des Konkurses der Erbe beschränkt nach Maßgabe der §§ 1989, 2060 Nr. 3. — Eine Nachverbindlichkeit wird auch durch die Besorgung erbschaftlicher Geschäfte seitens eines ausschlagenden Erben zu Lasten des endgültigen Erben begründet; für den Konkursfall ist sie Masseschuld nach Maßgabe des § 224 Nr. 6 KO.

Den Erben als solchen belasten die Nachlaßverbindlichkeiten sehr oft in der Weise, daß er seine Haftung dafür nicht auf den Nachlaß beschränken kann, d. h. es haftet unbeschränkbar das Gesamtvermögen und zwar auch beim Schweben eines Beschränkungsverfahrens. Dies ist dann der Fall, wenn der Erbe sich auch persönlich verpflichtet hat. Hierher gehört die Verpflichtung zur Tragung der Beerdigungskosten ggenüber demjenigen, welchem der Erbe zur Besorgung der Beerdigung den Auftrag gegeben hat (siehe hierzu Strohal Bd. II 177). Ferner überhaupt jede aus der durch den Erben selbst geschehenden Verwaltung hinsichtlich des Nachlasses entstehende Verbindlichkeit, auch diejenige aus dem Antrage des Erben auf Todeserklärung des Erblassers oder auf Inventarisierung des Nachlasses oder auf Erlaß des Aufgebots gegenüber dem Gerichte bezw. einem Beamten (conf. § 2002). Auch die Kosten einer Nachlaßpflegschaft, wenn sie der Erbe selbst beantragt, und die Kosten eines vom Erben selbst geführten Rechtsstreits (siehe hierzu auch Strohal Bd. II 181, Kreß 116, 153) gehören hierher. — Hinsichtlich der Verpflichtung, die Erbschaftssteuer zu bezahlen, vergl. Staudinger zu § 1967 Anm. II 2b und die dort angeführte Literatur.

Eine Reihe von Verbindlichkeiten, welche den Erben als solchen treffen, belasten überhaupt nur den Erben, nicht also den Nachlaß. Hierher gehören außer den im § 2061 erwähnten Kosten der gerichtlichen Aufforderung die auf §§ 1978, 1980 beruhenden Ersatzverbindlichkeiten des Erben. Es handelt sich bei letzteren vielmehr um Aktiva des Nachlasses; es wird gegen den Erben nicht lediglich die Berichtigung einer Nachlaßverbindlichkeit aus dem ursprünglichen Schuldgrunde geltend gemacht, sondern Ersatz bezw. Schadensersatz zum Nachlasse, der dadurch wieder auf seine ursprüngliche Werthöhe gebracht und dem Zwecke der vollen Berichtigung der Nachlaßverbindlichkeiten dienstbar gemacht werden kann.

Nachlaßverbindlichkeiten sind auch die Verbindlichkeiten gegenüber den aussonderungs- und absonderungsberechtigten Gläubigern.

Forderungen, welche dem Erben selbst gegen den Nachlaß zustehen, sei es, daß sie ihm bereits gegen den Erblasser zugestanden und sich auf ihn vererbt haben, sei es, daß sie aus Anlaß seiner Verwaltung des Nachlasses entstanden sind, sind Nachlaßverbindlichkeiten. Sie können jedoch so lange nicht geltend gemacht werden, als die mit der Erbschaftsannahme eintretende Verschmelzung des Nachlasses mit dem Erbenvermögen besteht. Denn durch „Vereinigung von Recht und Verbindlichkeiten oder von Recht und Belastung" erlöschen die Rechtsverhältnisse Erst die mit der Anwendung eines Beschränkungsverfahrens eintretende Sonderung der genannten Vermögensmassen (§§ 1976, 1991 Abs. 1 und 2) läßt die Forderungen als selbstständige wieder erstehen. Ausnahmsweise sind sie auch, abgesehen vom Sonderverfahren, als selbständige Forderungen bei Berechnung des „Überschusses" einzusetzen, der im Verhältnisse zu ausgeschlossenen oder den diesen gleichstehenden Nachlaßgläubigern nach Maßgabe der §§ 1973, 1974 eine Rolle spielt (Strohal Bd. II 237 Anm. 14).

In der Behandlung der Nachlaßverbindlichkeiten bestehen erhebliche Ungleichheiten. So können Verbindlichkeiten aus Pflichtteilsrechten nicht gegen einen Testamentsvollstrecker, sondern nur gegen den Erben selbst, abgesehen natürlich vom Falle, daß ein Beschränkungsverfahren schwebt, bzw. daß die Erbschaft noch nicht angenommen ist, geltend gemacht werden. Weitere Besonderheiten bestehen

1. hinsichtlich der Verbindlichkeiten gegenüber den im § 1971 erwähnten dinglich Berechtigten:

Hinsichtlich der Gläubiger dieser Verbindlichkeiten kann der Erbe nämlich niemals in die Lage kommen, sie wie ausgeschlossene Gläubiger zu behandeln. Wenn Gläubiger dieser Kategorie sich zu einem Aufgebote nicht melden oder wenn sie ihr Vorrecht nicht innerhalb fünf Jahren seit dem Erbfalle geltend machen, so erleiden sie, anders wie die bloß obligatorisch berechtigten Nachlaßgläubiger, darum noch keinen Nachteil hinsichtlich ihres Vorrechts; sie werden weder vom Aufgebote (§ 1973) noch vom Zeitablaufe (§ 1974) betroffen. § 2060 findet auf sie nie Anwendung. Während ferner jede — gleichviel ob vom Nachlaßgläubiger oder Eigengläubiger des Erben — in den Nachlaß vorgenommene Zwangsvollstreckung unter gewissen Voraussetzungen auf Grund der §§ 2014, 2015, 2017 gehemmt werden kann, ist ein solcher Widerstand gegen die wegen eines dinglichen Vorrechts vorgenommene Zwangsvollstreckung nicht zulässig

(§ 2016 Abs. 2). Über den Grund dieser Gläubigerstellung siehe Band II Kapitel C I Abschnitt II E.;

2. hinsichtlich der Verbindlichkeiten aus Pflichtteilsrechten, Legaten und Auflagen:

Auch die Verbindlichkeiten gegenüber Pflichtteilsberechtigten, Vermächtnisnehmern und denjenigen Gläubigern, welche die Erfüllung einer Auflage fordern dürfen, können, wenn der Schuldner ein Alleinerbe ist, nicht im Aufgebote ausgeschlossen werden (§ 1972). Beim Vorhandensein mehrerer Erben tritt gleichfalls ein Ausschluß im Aufgebote nach § 1973 d. h. hinsichtlich des Gegenstandes der Haftung nicht ein, dagegen wirkt die Nichtanmeldung insofern nachteilig, als — nach der Erbschaftsteilung — jeder Erbe nur entsprechend der Höhe seiner Erbquote haftet (§ 2060 Nr. 1). Hierüber siehe hier Kapitel B II 2. Dagegen stehen hinsichtlich der Ausschlußwirkung des § 1974 diese Gläubiger nicht besser wie alle übrigen obligatorisch Berechtigten. — So lange der Erbe unbeschränkt haftet, d. h. ein Mittel nicht anwendet, durch welches er die Haftung für Nachlaßverbindlichkeiten auf den Nachlaß beschränkt, hat er es nicht nötig, bei der Berichtigung der Verbindlichkeiten irgend eine Forderung um einer anderen willen hintanzusetzen; jede Forderung ist vor ihm gleich. Derselbe Grundsatz besteht auch gegenüber dem Beschränkungsverfahren der Nachlaßverwaltung. Der Erbe bezw. der Nachlaßverwalter tun aber gut, eine mögliche Überschuldung des Nachlasses ins Auge zu fassen, ehe sie eine Nachlaßverbindlichkeit gegenüber einem Pflichtteilsberechtigten, Legatar usw. berichtigen. Liegt eine solche Möglichkeit vor, so sollen sie überhaupt keine Verbindlichkeit berichtigen, sondern erst die Vermögensverhältnisse klar stellen. Ergibt sich schließlich eine Überschuldung — in der Zwischenzeit kann der Erbe bezw. Nachlaßverwalter sich durch die in den §§ 2014, 2015 normierte Hemmungsbefugnis gegen die Durchführung jeder Zwangsvollstreckung wehren —, so soll der Nachlaßkonkurs angemeldet werden. Hierbei nun nehmen die betreffenden Nachlaßgläubiger eine Minderstellung ein, da sie erst h i n t e r allen anderen, sogar ai ch hinter den nach § 1973 im Aufgebot ausgeschlossenen bezw. nach § 1974 den durch Zeitablauf den ausgeschlossenen gleichstehenden Nachlaßgläubigern befriedigt werden dürfen (§ 226 KO.). Dieselbe mindere Stellung nehmen sie aber auch dann ein, wenn der Nachlaß so unzureichend ist, daß er nicht die Kosten eines Beschränkungsverfahrens decken würde (§ 1991 Abs. 4). Konkurrieren derartige Gläubiger mit solchen, die im Aufgebote ausgeschlossen sind, so sollen sie erst h i n t e r den ausgeschlossenen Gläubigern befriedigt werden (§ 1973 Abs. 1). Sind die betreffenden Gläubiger aber bereits vor den Ausgeschlossenen bezw. überhaupt vor besser Berechtigten befriedigt, so ist immer noch eine Anfechtung ihnen gegenüber zulässig und zwar sowohl im Nachlaßkonkurse (§ 222 KO.) wie außerhalb desselben (§ 3 a Anfecht.Ges.). Die Anfechtung durch die vollberechtigten bezw. minderberechtigten (ausgeschlossenen) Nachlaßgläubiger setzt freilich voraus, daß sie beim Vorgehen gegen den Nachlaß bezw. Erben keine volle Befriedigung erlangen können. — Auch insofern sind die betreffenden Nachlaßgläubiger schlechter wie andere gestellt, als dasjenige, was infolge der Anfechtung einer Rechtshandlung des E r b l a s s e r s zur Konkursmasse zurückgewährt wird, nicht zur Berichtigung gerade ihrer Forderung verwendet werden darf (§ 228 Abs. 1 KO.). Ferner sind die Forderungen der Vermächtnisnehmer und derjenigen Nachlaßgläubiger, welche die Erfüllung einer Auflage fordern dürfen (hier nicht auch der Pflichtteilsberechtigten) noch in folgenden Beziehungen hintangesetzt: Zum Antrage auf Eröffnung des Nachlaßkonkurses sind diese Gläubiger nur dann befugt, wenn auch über das sonstige Erbenvermögen der Konkurs eröffnet wird (§ 219 Abs. 1 KO.). Der Erbe bezw. Nachlaßpfleger, Testamentsvollstrecker, Nachlaßverwalter, für welche ein Zwang zur Konkursanmeldung besteht und die sich bei jeder Verzögerung evtl. schadensersatzpflichtig machen (§ 1980), haben in dem Falle, wo die Überschuldung des Nachlasses allein auf den betreffenden Verbindlichkeiten beruht, nicht die Pflicht, den Konkurs anzumelden, weil um dieser so minderberechtigten Nachlaßgläubiger willen den besser Berechtigten ein Nachlaßkonkurs, den diese bei gegebener Sachlage natürlich nicht brauchen, nicht zugemutet werden kann. Die Verbindlichkeit wird bei der behufs Feststellung einer etwa vorliegenden Überschuldung vorgenommenen Berechnung der Nachlaßverbindlichkeiten nicht mitgerechnet (§ 1980 Abs. 1 S. 2). Soweit etwa ein Rest auch für diese Verbindlichkeiten vorhanden ist, kann der Erbe bezw. der Funktionär, wenn Befriedigung verlangt wird, einwenden, daß der Nachlaß lediglich durch sie überschuldet sei, daß man aber bereit sei, ihn zum Zwecke ihrer Berichtigung der Zwangsvollstreckung zu überlassen (§§ 1992 und 1990, 1991). Dieses Verhalten zwingt den betreffenden Gläubiger zu einer Klage. Anspruch auf Befriedigung durch Verwertung des Nachlasses durch den Erben haben also bei Überschuldung diese Gläubiger nicht, auch soll die Befriedigung stets im Wege der Zwangsvollstreckung erfolgen. Der Erbe hat die Vollstreckung in den Nachlaß zu dulden. Seinem Ermessen bleibt es überlassen, ob er die Herausgabepflicht durch Zahlung des Wertes des Nachlaßrestes abwenden will (§ 1992). Im übrigen besteht auch diesen Gläubigern gegenüber, die eben nur durch Zeitablauf (§ 1974) vom vollen Befriedigungsrecht ausgeschlossen werden können, die volle Verantwortlichkeit für die Verwaltung des Nachlasses, so lange als sie nicht durch Zeitablauf ausgeschlossen sind. Zum Antrage auf Anordnung einer Nachlaßverwaltung sind sie nach Maßgabe des § 1981 Abs. 2 befugt. Die mindere Stellung der Pflichtteilsberechtigten usw. erklärt sich aus der Erwägung, daß ihre (erst mit dem Erbfalle entstehenden) Forderungen mehr den Charakter von freiwilligen Zuwendungen haben und nicht geeignet sind, die übrigen Forderungen zu beeinträchtigen. Wegen des Kürzungsrechts des Erben siehe weiter unten (Abschnitt B d α).

Lediglich nach Eröffnung eines Nachlaßkonkurses bestehen auch hinsichtlich der übrigen Forderungen Rangverschiedenheiten (§ 226 KO.).

b. Unbeschränkte Haftung.

Aus der Tatsache, daß mit der Annahme der Erbschaft der Nachlaß mit dem sonstigen Erbenvermögen zu einem einheitlichen Erbenvermögen verschmilzt, folgt, daß die auch hinsichtlich der Haftung für Nachlaßverbindlichkeiten im Stadium vor der Annahme bestehende, durch § 778 Abs. 1 und 2 ZPO. gegebene scharfe Sonderung vom Nachlaß und Eigenvermögen aufhört. Auch die Unterscheidung von Nachlaß- und Erbengläubigern erscheint nicht mehr gerechtfertigt. Wie es jetzt nur ein einheitliches Erbenvermögen gibt, so gibt es auch nur noch Erbengläubiger. Es kann nicht mehr die Rede davon sein, daß der bisherige Erbengläubiger sich „bereichert", wenn er sich aus Mitteln des Nachlasses befriedigt bezw. daß sich der bisherige Nachlaßgläubiger bereichert, wenn ihm Befriedigung aus den bisherigen eigenen Mitteln des Erben zuteil wird. Gerät der Erbe mit seinem nunmehrigen Eigenvermögen in Konkurs (Gesamtkonkurs im Gegensatz zum Nachlaßkonkurse), so wird nicht etwa der Nachlaß zur alleinigen Berichtigung der Nachlaßverbindlichkeiten ausgesondert, vielmehr bildet er einen ungesonderten Teil der Konkursmasse. Es bestehen keine Sonderrechte der Nachlaßgläubiger. Kommt es jedoch zur Anwendung eines Beschränkungsverfahrens, so lebt auch wieder die Unterscheidung von Nachlaß- und Eigengläubigern auf, wie ja auch der Nachlaß sich vom sonstigen Eigenvermögen des Erben wieder absondert. Nunmehr dient der Nachlaß wieder nur der Befriedigung der Nachlaßgläubiger, das sonstige Erbenvermögen derjenigen der Erbengläubiger. Ist der Nachlaß überschuldet, so wird auch bezgl. seiner der Konkurs (Nachlaßkonkurs) eröffnet. Es schweben Nachlaß- und Erbenkonkurs nebeneinander.

Der oben aufgestellte Satz, daß das Gesamtvermögen den Nachlaßgläubigern hafte (unbeschränkte Haftung), ist bestritten. Vielfach wird angenommen, daß der Erbe nur mit dem Nachlasse (beschränkt) hafte. Tatsächlich aber normiert das Gesetz eine Reihe von Mitteln, durch deren Anwendung die Haftung auf den Nachlaß erst beschränkt wird, und andererseits kennt es Institute, welche dem Erben die Möglichkeit dieser Beschränkung in mehr oder weniger weitem Umfange überhaupt nehmen können. Die Frage, ob der Erbe beschränkt oder unbeschränkt hafte, hat praktische Bedeutung für das Vorgehen der Nachlaßgläubiger bezw. für die Stellung des Erben als Schuldner. Bei der Annahme der unbeschränkten Haftung ist die obige Erörterung wichtig, wonach es nur ein Erbenvermögen und nur Erbengläubiger gibt. Jeder Gläubiger nimmt den Erben als seinen Schuldner in Anspruch und beabsichtigt damit, das gesamte Erbenvermögen zu treffen. Daß in diesem Erbenvermögen der Nachlaß enthalten ist, muß für ihn ohne Interesse sein. Er nimmt also den Erben ohne jede Einschränkung in Anspruch, er fordert namentlich nicht nur „nach Kräften des Nachlasses"; die Tatsache, daß der Erbe die Möglichkeit hat, durch Anwendung einzelner Mittel das Vorgehen d. h. die Vollstreckung auf den Nachlaß zu konzentrieren, berührt ihn, so lange die Mittel nicht angewendet sind, in keiner Weise. Ja nicht einmal die seitens des Erben etwa geschehende Ankündigung, daß ein solches Beschränkungsmittel angewendet werden würde, ist geeignet, sein Vorgehen gegen das Gesamtvermögen aufzuhalten. Er darf es einfach dem Erben überlassen, das Mittel eben anzuwenden bezw. sich gegen den das ganze Vermögen bedrohenden Angriff zu wehren. Wer dagegen die Ansicht vertritt, daß der Erbe von vornherein nur mit dem Nachlaß haftet, kann ihn nur „nach Kräften des Nachlasses" in Anspruch nehmen, er hat also dem Erben vorzugreifen; schon er hat die Inanspruchnahme auf dasjenige Vermögen zu beschränken, auf das nach dem Gesetze durch die Anwendung eines Beschränkungsverfahrens die Haftung beschränkt wird.

Aus folgenden Erwägungen ergibt sich, daß dem Gesetze die unbeschränkte Haftung für Nachlaßverbindlichkeiten entspricht: Der zweite Teil des 5. Buches (Erbrecht) des BGB., der von der Haftung des Erben für Nachlaßverbindlichkeiten handelt, hat folgende Unterabteilungen: I. Nachlaßverbindlichkeiten. II. Aufgebot der Nachlaßgläubiger. III. Beschränkung der Haftung des Erben. In der ersteren statuiert der § 1967 die Haftung des Erben für Nachlaßverbindlichkeiten ganz allgemein ohne Einschränkung auf den Nachlaß. Der zur III. Unterabteilung gehörige § 1975 bestimmt eine Haftungs**beschränkung** nur als die Folge der Anwendung eines besonderen Mittels. Dieses System läßt keinen anderen Schluß zu, als den, daß die unbeschränkte Haftung die Regel, die beschränkte die Abweichung von der Regel ist. Die Unterabschnitte I und II stehen in einem Gegensatze zu III; sie behandeln die Norm, nämlich die unbeschränkte Haftung, da auch das Aufgebot an der Haftung nichts ändert; die Abteilung III behandelt die Abweichung davon, nämlich die als Folge der Nachlaßverwaltung und des Nachlaßkonkurses eintretende Beschränkung. Mit dem Prinzip einer nur beschränkten Haftung ist es nicht vereinbar, daß die Fälle, wo die Haftung eine nur beschränkte ist, **stets** besonders normiert sind, so bei Anwendung des Nachlaßkonkurses und der Nachlaßverwaltung (§ 1975), bei Anwendung der Unzulänglichkeitseinrede (§ 1990), bei Anwendung eines Aufgebots im Verhältnisse zu den säumigen Gläubigern (§ 1973), bei der Wirkung des Zeitablaufes (§ 1974). Gerade diese Fälle bedeuten aber durchweg Ausnahmezustände. Die Befriedigung der Nachlaßgläubiger geht hier besondere Wege; statt des zu ihrer Durchführung selbstverständlich in erster Reihe berufenen Erben sind andere Personen in Anspruch zu nehmen bezw. treten besondere Umstände ein, welche die Haftung des Erben nicht bloß beschränken, sondern überhaupt verändern. Und gerade die Tatsache, daß für diese Fälle durchweg auch die Verschmelzung der Vermögensmassen aufgehoben wird und erloschene Rechtsverhältnisse wieder aufleben, deutet darauf hin, daß es sich hier nur um Einzelerscheinungen handelt, die sich vom Prinzip abheben und die eben darum eine besondere Behandlung im Gesetze erforderten. Die Verschmelzung ist das Prinzip: der § 1976 und die durch § 1978 ff. bestimmte Ersatzpflicht begründen nur die Möglichkeit einer Neubildung bezw. Rekonstruktion des Nachlasses zum Zwecke eines Sonderverfahrens. Mit dem Grundsatze einer von Gesetzes wegen nur beschränkten Haftung wäre ferner gar nicht die Tatsache zu vereinbaren, daß das Eigenvermögen des Erben erst durch besondere Mittel **geschützt** werden muß. Darüber jedenfalls besteht kein Streit, daß das eigene Vermögen des Erben nicht vor Angriffen der Nachlaßgläubiger geschützt werden kann, wenn nicht ein Mittel der Haftungsbeschränkung angewendet wird.

Daß der Erbe kraft Gesetzes sowohl mit dem Nachlaß, wie gleichzeitig auch mit dem Eigenvermögen haftet, geht am klarsten aus der Bestimmung des § 2213 hervor, wonach beim Vorhandensein eines mit der Gesamtverwaltung betrauten Testamentsvollstreckers sowohl gegen den Erben selbst, wie auch gegen den Testamentsvollstrecker vorgegangen werden darf. Es handelt sich, obwohl der Vollstrecker den Nachlaß gesondert vom sonstigen — durch den Erben selbst verwalteten — Eigenvermögen des Erben verwaltet, hier **nicht** um ein die Haftung beschränkendes Verfahren, denn einem solchen entspricht es, daß der Erbe **nicht** selbst in Anspruch genommen werden kann (§ 1984 BGB., § 6 KO.). Die Tatsache nun, daß sowohl der Erbe wie auch der Testamentsvollstrecker gerichtlich belangt werden kann, hat die Bedeutung, daß dem Nachlaßgläubiger sowohl das Eigenvermögen des Erben wie auch der Nachlaß haftet (siehe auch § 728 Abs. 2 S. 2 ZPO.). Im Erben wird auch dessen Eigenvermögen, im Testamentsvollstrecker der Nachlaß angegriffen. Überhaupt besteht der Grundsatz, daß ein Vorgehen gegen die Person des Erben stets auch einen Angriff in sein Eigenvermögen gestattet. Dies folgt arg. e contr. aus der Vorschrift des § 1958, die (vor Annahme) einen Angriff der Nachlaßgläubiger gegen die Person des Erben verbietet, in Verbindung mit § 778 Abs. 1 ZPO., der dementsprechend Angriffe der Nachlaßgläubiger in das Eigenvermögen des Erben für unzulässig erklärt. Es folgt arg. e contr. weiter aus den §§ 1984 Abs. 1 S. 3 und 1975, welche bei Anordnung einer Nachlaßverwaltung den Nachlaßgläubigern nur ein Vorgehen gegen den Nachlaßverwalter und dementsprechend in den Nachlaß gestatten.

Ferner zeigen den Grundsatz der unbeschränkten Haftung auch die §§ 2382, 2383, wonach der Erbe, auch wenn er die Erbschaft verkauft, sich ihrer also entledigt hat, noch weiterhin, natürlich persönlich, für Nachlaßverbindlichkeiten haftet.

Aus der Bestimmung des § 1984 Abs. 2 bezw. aus der Tatsache, daß ein derartiges Verbot der Vollstreckung für die Nachlaßverwaltung besonders erlassen wurde, folgt gleichfalls, daß für den Normalfall das Gesamtvermögen auch für den Eigengläubiger offen steht, was aber nur möglich ist, wenn es grundsätzlich auch den Angriffen der Nachlaßgläubiger unterliegt.

Auch die ZPO. basiert auf dem Gedanken einer unbeschränkten Haftung. Nach § 780 muß sich der Erbe im Prozeßfalle die Beschränkung erst vorbehalten. Nach § 781 bleibt eine Beschränkung der Haftung des Erben unberücksichtigt, bis auf Grund derselben gegen die Zwangsvollstreckung von den Erben Einwendungen erhoben werden. — Aus der Tatsache, daß für die Zeit nach Annahme der Erbschaft Bestimmungen, wie sie der § 778 Abs. 1 und 2 enthält, fehlen, daß also die Zwangsvollstreckung wegen eines gegen den Nachlaß gerichteten Anspruchs nicht bloß in den Nachlaß und daß ferner die Zwangsvollstreckung der Eigengläubiger auch in den Nachlaß zulässig ist, folgt, entsprechend dem mit der Annahme der Erbschaft entstehenden Gesamtvermögen, die unbeschränkte Haftung.

Auf das Prinzip der unbeschränkten Haftung ist dagegen kein Schluß aus den Regeln des Aufgebots und des § 1989 (Haftung nach Beendigung eines Nachlaßkonkurses) gerechtfertigt, denn dort soll nicht, wie durch § 1975, eine Abweichung von der Norm der unbeschränkten Haftung, sondern eine durch besondere Ursachen begründete, besonders ausgestaltete, und nur vereinzelt wirkende Einschränkung der Haftung statuiert werden.

Was die Regeln vom Inventar anlangt, so wäre es falsch, aus der Tatsache, daß erst durch Verstöße im Sinne der §§ 1994, 2005 eine unbeschränkte Haftung eintritt, zu schließen, daß grundsätzlich die Haftung beschränkt sein müsse; der Verstoß *macht* nicht erst den Erben zum unbeschränkt haftenden, er benimmt ihm vielmehr nur die Möglichkeit, die bestehende unbeschränkte Haftung in eine beschränkte bezw. beschränktere zu verwandeln; er macht seine Haftung unbeschränk*bar* (§ 2013).

c. Die Mittel der Haftungsbeschränkung.

Der Erbe kann der grundsätzlich unbeschränkten Haftung, sofern er nicht überhaupt unbeschränkbar haftet, nur durch Anwendung eines Beschränkungsmittels entgehen. Die Folge der Anwendung eines solchen Mittels ist stets eine mehr oder weniger weitreichende Einschränkung der Haftung hinsichtlich des Gegenstandes, und zwar nicht bloß dann, wenn das Mittel vom Erben selbst bezw. einem Funktionär, sondern auch wenn es vom Nachlaßgläubiger veranlaßt ist. Wegen der Verschiedenartigkeit der Wirkungen der Beschränkungsmittel scheidet man sie in zwei Gruppen. Von umfassender Wirkung sind nur folgende: Nachlaßverwaltung, Nachlaßkonkurs, Unzulänglichkeitseinrede; sie verhelfen dem Erben im Verhältnisse zu sämtlichen Nachlaßgläubigern zu einer auf den Nachlaß beschränkten Haftung, sie berechtigen den Erben also, das eigene Vermögen vor jedem Angriffe der Nachlaßgläubiger zu schützen bezw. ihn zu entkräften. Dagegen haben folgende Beschränkungsinstitute eine nur beschränktere Wirkung: Aufgebot und Zeitablauf; sie wirken nämlich überhaupt nicht gegenüber denjenigen Nachlaßgläubigern, die in der Beitreibung ihrer Forderungen nicht säumig sind, während sie im Verhältnisse zu säumigen Gläubigern dem Erben die Möglichkeit geben, die Haftung auf dasjenige zu beschränken, um was er infolge der Erbschaft z. Z. der Geltendmachung des Anspruchs etwa noch bereichert sein sollte. Man kann die ersteren Mittel als die „ordentlichen", die letzteren als „besondere" bezeichnen. Es ist möglich, daß beide Arten von Instituten neben einander bestehen; es kann also z. B. der Nachlaßverwalter ein Aufgebot beantragen oder die durch Zeitablauf hintangesetzten Gläubiger nach Maßgabe des § 1974 auf die etwa noch vorhandene Bereicherung verweisen; es kann der Erbe eine Nachlaßverwaltung und gleichzeitig ein Aufgebot beantragen. Gegenüber einem ordentlichen Beschränkungsverfahren hat der Erbe erforderlichenfalles die bisherige Verwaltung des Nachlasses zu rechtfertigen und evtl. Ersatz bezw. Schadensersatz zu leisten, dagegen besteht eine Rechtfertigungspflicht bezw. Verantwortlichkeit gegenüber den im Aufgebote ausgeschlossenen bezw. den durch Zeitablauf den im Aufgebote Ausgeschlossenen gleichstehenden Nachlaßgläubigern nur in beschränktem Maße. Die durch ein ordentliches Beschränkungsmittel auf den Nachlaß beschränkten sämtlichen Nachlaßgläubiger haben Anspruch auf volle bezw. bei Überschuldung auf anteilige konkursmäßige Befriedigung eben aus dem „Nachlasse", auf den ja die Haftung beschränkt ist, und nur aus diesem Grunde besteht die eben erwähnte Verantwortlichkeit des Erben für die bis hierher geführte Verwaltung; der Nachlaß soll vom Erben in seiner ursprünglichen Werthöhe erhalten werden, evtl. soll ihn der Erbe durch Ersatzleistungen wieder auf diese Höhe bringen müssen. Die durch ein Beschränkungsinstitut nur auf die „Bereicherung" beschränkten Nachlaßgläubiger haben keinen Anspruch auf Befriedigung aus dem „Nachlasse", weshalb es bei ihnen im wesentlichen nur auf dasjenige ankommt, was z. Z. der Geltendmachung ihres Anspruchs etwa noch mit dem Charakter der Bereicherung vorhanden ist.

Nur die ordentlichen Beschränkungsmittel haben das Charakteristische, daß sie mit einer Absonderung des Nachlasses vom sonstigen Eigenvermögen des Erben und im allgemeinen mit einer Wiederherstellung der in der Zeit vor Annahme der Erbschaft getrennt gewesenen, durch die Annahme erloschenen Rechtsverhältnisse Hand in Hand gehen. Bei der Nachlaßverwaltung geht Besitz und Verwaltung des Nachlasses auf den Nachlaßverwalter, beim Nachlaßkonkurse auf den Nachlaßkonkursverwalter über. Auch bei der mit der Unzulänglichkeitseinrede gewollten Haftungsbeschränkung findet eine Absonderung des Nachlasses statt; der Erbe hat ihn ebenso wie bei Nachlaßverwaltung bezw. Nachlaßkonkurs herauszugeben, nur erfolgt die Herausgabe hier, wo kein besonderes Verfahren eingeleitet wird, an den Gläubiger direkt im Wege der Zwangsvollstreckung, damit dieser sich aus den herausgegebenen Gegenständen befriedige. Bei allen drei Instituten erfolgt die Befriedigung wegen eines auf Geld gerichteten Anspruchs mit Geld; bei Nachlaßverwaltung bezw. Nachlaßkonkurs verwertet der Verwalter, bei der Unzulänglichkeitseinrede das Vollstreckungsorgan den Nachlaß. In allen Fällen befreit sich der Erbe durch Herausgabe des Nachlasses von seiner unbeschränkten Haftung; bei der Unzulänglichkeitseinrede behält er die Verwaltung des Nachlasses zwar selbst, weshalb er, so lange er ihn besitzt bezw. verwaltet, stets unbeschränkt haftet; indem er den Nachlaß dem andrängenden Nachlaßgläubiger aber herausgibt, beschränkt er ihm gegenüber die Haftung. Behält er noch etwas vom Nachlasse übrig bezw. fließt ein zur Befriedigung des einen Gläubigers nicht gebrauchter Teil wieder an ihn zurück, so beginnt stets wieder seine unbeschränkte Haftung, die er eben immer von neuem gegenüber jedem ferner andrängenden Nachlaßgläubiger durch die Einrede beschränken muß.

Die Absonderung des Nachlasses hat nicht zur Folge, daß der Erbe das E i g e n t u m am Nachlasse verliert, nur verfallen Nachlaß und Eigenvermögen wieder ihrem besonderen Interessenkreise. Der Nachlaß haftet lediglich den Nachlaßgläubigern, das Eigenvermögen des Erben lediglich seinen eigenen Gläubigern. Das ist hinsichtlich der Nachlaßverwaltung und des Nachlaßkonkurses im Gesetze geregelt, und zwar: hinsichtlich des Schutzes des Eigenvermögens des Erben vor Angriffen der Nachlaßgläubiger durch § 1984 Abs. 1 S. 3 BGB. bezw. durch § 784 ZPO.; sie machen eine Vollstreckung in das Eigenvermögen des Erben unzulässig. Daß andererseits der Nachlaß vor Angriffen der Eigengläubiger des Erben geschützt ist, ergibt sich zunächst aus § 1984 Abs. 2. wonach während der Dauer der Nachlaßverwaltung eine Vollstreckung in den Nachlaß seitens eines Eigengläubigers unzulässig ist (§ 766 ZPO.) und aus § 784 Abs. 2 ZPO., wonach eine z. Z. der Eröffnung des Verfahrens bestehende Zwangsvollstreckung des Eigengläubigers in den Nachlaß durch die negative Feststellungsklage (§ 785 ZPO.) als nunmehr unzulässig zur Aufhebung gebracht werden kann. Für den Nachlaßkonkurs folgt aus § 14 KO., daß eine Zwangsvollstreckung in den Nachlaß während des Schwebens des Verfahrens überhaupt unzulässig ist, abgesehen vom Aussonderungs- bezw. absonderungsberechtigten Nachlaßgläubiger, und ferner bestimmt der § 221 KO. bezgl. der z. Z. der Eröffnung des Nachlaßkonkurses noch bestehenden Zwangsmaßregel auch der eigenen Gläubiger des Erben, daß eine abgesonderte Befriedigung für die Dauer des Nachlaßkonkurses nicht gefordert werden kann. — Für die Unzulänglichkeitseinrede fehlt es an Bestimmungen, durch welche Nachlaß und Eigenvermögen je ihrem besonderen Interessenkreise zugeführt werden. Trotzdem ist es auch hier der Fall. Aus § 1990 folgt, daß das Eigenvermögen des Erben vor Angriffen der Nachlaßgläubiger geschützt ist, da eben dieses das Wesen der Beschränkung der Haftung auf den Nachlaß ist. Würde auf der anderen Seite der Nachlaß den Zugriffen der eigenen Erbengläubiger offen stehen, so wäre die Situation der Nachlaßgläubiger eine üble, denn zwar würden sie sich hinsichtlich des Nachlasses die Konkurrenz der Erbengläubiger gefallen lassen müssen, aber am eigenen Erbenvermögen dürften sie sich nicht schadlos halten. Allerdings haben die Nachlaßgläubiger das Recht, das aus Nachlaßmitteln seitens eines Eigengläubigers Aufgezehrte aus Mitteln des Erben ersetzt zu verlangen (der § 1978 gilt auch neben § 1990), aber es muß schon aus dem in den §§ 1984 Abs. 2 BGB. und 784 Abs. 2 ZPO. bezw. § 221 KO. zum Ausdrucke kommenden Prinzip gefolgert werden, daß der Gesetzgeber den Nachlaßgläubiger nicht auf bloße Ersatzforderungen, also auf eine

Befriedigung auf Umwegen verweisen will. Auch folgt aus der vor Annahme der Erbschaft bestehenden gleichen Situation die scharfe Sonderung von Nachlaß- und Eigenvermögen (§ 778 ZPO.).

1. Die ordentlichen Mittel:

a. Nachlaßverwaltung.

Der Erbe kann die Nachlaßverwaltung voraussetzungslos beantragen. Allerdings darf — abgesehen von den Verbindlichkeiten aus Vermächtnissen und Auflagen (§ 1992) — der Nachlaß nicht überschuldet sein bezw. darf die Überschuldung nicht offenbar sein. Das Nachlaßgericht verlangt nicht den Nachweis der Zulänglichkeit des Nachlasses, es ordnet das Verfahren an, sofern nur eine die Kosten des Verfahrens deckende Masse vorhanden ist. Daß aber trotzdem die Nachlaßverwaltung das Beschränkungsverfahren nur für einen im obigen Sinne nicht überschuldeten Nachlaß ist, ergibt sich aus folgender Erwägung: Der § 1980 trifft die Bestimmung, daß der Erbe sich schadensersatzpflichtig mache, wenn er trotz erkannter Überschuldung des Nachlasses den Nachlaßkonkurs nicht beantragt. Hieraus folgt, daß er sich durch den Antrag auf Anordnung einer Nachlaßverwaltung nicht von der Schadensersatzpflicht befreit, d. h., daß bei offenbarer Überschuldung die Nachlaßverwaltung für den Erben nicht in Frage kommt. Auch der bei Anordnung der Nachlaßverwaltung ernannte Nachlaßverwalter ist zur Anmeldung des Nachlaßkonkurses auf Grund des § 1980 verpflichtet (§ 1985 Abs. 2). Hieraus ergibt sich, daß das Nachlaßverwaltungsverfahren die volle Befriedigung der Nachlaßgläubiger voraussetzt, während für eine nur anteilige, konkursmäßige Befriedigung nur das Konkursverfahren bestimmt ist. Aus § 1982, wonach die Anordnung der Nachlaßverwaltung beim Mangel einer den Kosten des Verfahrens entsprechenden Masse abgelehnt werden kann, ist nicht zu folgern, daß die Nachlaßverwaltung auch bei überschuldetem Nachlaß zulässig ist, denn das Vorliegen eines solchen Mangels ist nicht gleichbedeutend mit dem Vorhandensein einer Überschuldung, vielmehr ist hier nur an einen zwar in der Kostenfrage unzulänglichen, im übrigen aber nicht überschuldeten (also kleinen) Nachlaß gedacht.

Die Erwägungen, welche den Erben zum Antrage auf Anordnung einer Nachlaßverwaltung veranlassen, sind oben dargelegt. Als wesentlichstes Motiv wird für die Zeit nach Annahme der Erbschaft das Bestreben in Betracht kommen, die Haftung für Nachlaßverbindlichkeiten auf den Nachlaß zu beschränken. Der Erbe ist von der Anordnung des Verfahrens ab imstande, jeden Angriff des Nachlaßgläubigers in Ansehung seiner Person bezw. seines Eigenvermögens zurückzuweisen; das Verfahren zwingt den Nachlaßgläubiger zur Teilnahme, wenn anders er Befriedigung für die Dauer des Verfahrens erlangen will; nur der Nachlaß dient zur Befriedigung.

Der allgemein unbeschränkbar haftende Erbe kann seine Haftung nicht beschränken, daher ist ihm der Antrag auf Anordnung einer Nachlaßverwaltung versagt (§ 2013). Trotzdem kann auch bei Unbeschränkbarkeit der Haftung die Nachlaßverwaltung schweben, nur ist alsdann Voraussetzung der Anordnung der Antrag eines Nachlaßgläubigers (§ 1981 Abs. 2). Es kann dann aber trotz der Nachlaßverwaltung jeder Nachlaßgläubiger auch gegen den Erben persönlich vorgehen, ohne daß der Erbe befugt wäre, ihn auf den Nachlaß zu verweisen. Kein Gläubiger kann gleichzeitig gegen Erben und Nachlaßverwalter (Eigenvermögen und Nachlaß) vorgehen. Bleibt, weil die Gläubiger nur bezw. im wesentlichen gegen den Erben selbst vorgehen, der Nachlaß zum größten Teil unverbraucht, so ist er schließlich an den Erben zurückzuliefern (§ 1986). Es wird kaum je vorkommen, daß die Gläubiger, wenn sie durch Vorgehen gegen den Erben selbst Befriedigung erlangen können, die Nachlaßverwaltung beantragen. — Der nur vereinzelt unbeschränkbar haftende Erbe (§ 2006 BGB., § 780 ZPO.) darf die Nachlaßverwaltung beantragen (§ 2013 Abs. 2); eine die Haftung beschränkende Wirkung hat das Verfahren aber insoweit nicht, als er unbeschränkbar haftet. Soweit er unbeschränkbar haftet, kann er auch persönlich gerichtlich in Anspruch genommen werden.

Der Nachlaßgläubiger kann die Nachlaßverwaltung nur unter den im § 1981 Abs. 2 normierten Voraussetzungen beantragen, auch ist der Antrag in diesem Falle zeitlich beschränkt, während der Erbe ihn jederzeit stellen kann. Doch wird man der Erbe den Antrag in der Regel dann nicht mehr stellen, wenn seit dem Erbfalle fünf Jahre verstrichen sind, weil er nämlich alsdann unter Umständen die Haftung in einer einfacheren Weise (nach Maßgabe des § 1974) beschränken kann. — In Ansehung des Antragsrechts sind die Gläubiger alle gleich, d. h. der Antrag kann auch vom minderberechtigten Gläubiger, z. B. vom Legatar, vom Ausgeschlossenen gestellt werden. Die Haftung des Erben wird auch bei der auf Antrag eines Gläubigers geschehenden Anordnung der Nachlaßverwaltung auf den Nachlaß beschränkt, weshalb es klar ist, daß der Gläubiger nicht ohne Not den Antrag stellen wird; er wird es nur dann tun, wenn es wichtig ist, dem Erben den Nachlaß aus Händen zu reißen. Sind die zwei Jahre verflossen, welche den Gläubigern zur Antragstellung gestattet sind, so können die Gläubiger dem Erben nicht mehr den Nachlaß entwinden, er haftet zwar auch weiterhin unbeschränkt (wenn er nicht etwa selbst die Nachlaßverwaltung beantragt), aber das wird nicht stets für sie ein Aequivalent sein, zumal wenn der Erbe unzuverlässig und sein Vermögen unzureichend ist. In solchen Fällen werden sie sich nur durch Arrest und dergl. eine Sicherung verschaffen können, da auch der Nachlaßkonkurs ihnen versagt ist (§ 220 KO.). — Die Beschränkung der Haftung, welche als Folge der Anordnung des Nachlaßverwaltungsverfahrens eintritt, endigt mit der Beendigung des Verfahrens, wenn nicht etwa das Nachlaßverwaltungsverfahren durch entsprechenden Antrag in den Nachlaßkonkurs übergeht, in welchem Falle die Beschränkung als Folge des letzteren Verfahrens fortdauert. Nach Beendigung der Nachlaßverwaltung tritt wieder unbeschränkte Haftung ein. Doch besteht die Möglichkeit der Haftungsbeschränkung auch jetzt noch fort; der Erbe kann, wenn es ihm je erforderlich erscheinen sollte, eine neue Nachlaßverwaltung bezw. jedes andere Beschränkungsmittel anwenden, um der Haftung mit dem Eigenvermögen zu entgehen. Oft wird nach Beendigung einer Nachlaßverwaltung die Masse so klein sein, daß sie die Kosten eines neuen Nachlaßverwaltungs- oder eines Konkursverfahrens nicht mehr decken würde; in solchem Falle wird sich der Erbe der Unzulänglichkeitseinrede bedienen und die Haftung auf diese Weise auf den Nachlaß beschränken.

Durch Anordnung der Nachlaßverwaltung hört zwar die persönliche Haftung des Erben für Nachlaßverbindlichkeiten auf, es kann aber eine andere Kategorie von Ansprüchen gegen ihn entstehen, nämlich diejenige, welche auf seiner bisherigen Verwaltung des Nachlasses basiert (§ 1978). Für die entsprechenden Ansprüche ist er persönlich verpflichtet; die Verbindlichkeit ist keine Nachlaßverbindlichkeit. Gläubiger derselben ist die Gläubigergesamtheit, nicht der einzelne Gläubiger, daher wird sie vom Nachlaßverwalter geltend gemacht, doch dies nur unter der Voraussetzung, daß der Nachlaß dessen bedarf. Im Verhältnis zum Nachlaß handelt es sich hier um Aktiva.

Ersatzansprüche können gegenüber einem allgemein unbeschränkbar haftenden Erben nicht erhoben werden (§§ 2013 und 1978), da dieser Erbe ohnehin unbeschränkt aus dem ursprünglichen Schuldgrunde haftet. Was also am Nachlasse infolge der Mißwirtschaft des betr. Erben etwa fehlt, bleibt ein Manko; hier bleibt es jedem einzelnen Gläubiger überlassen, seinen Ausfall gegenüber dem Erben geltend zu machen bezw. sich von Anfang an überhaupt nur an den Erben zu halten.

β. Nachlaßkonkurs.

Den Nachlaßkonkurs wendet der Erbe als Beschränkungsmittel nur dann an, wenn der Nachlaß überschuldet ist (§ 215 KO.). Dem Nachlaßgericht ist die Überschuldung nicht glaubhaft zu machen, es ist nur ein Verzeichnis der Gläubiger und Schuldner sowie eine Übersicht der Vermögensmasse bei Stellung des Antrages einzureichen, bezw. wenn dies untunlich ist, ohne Verzug nachzureichen (§ 104 KO.). Beim Mangel einer den Kosten des Verfahrens entsprechenden Masse kann der Antrag abgewiesen werden, wenn nicht ein im Sinne des § 107 Abs. 1 KO. ausreichender Kostenvorschuß gezahlt wird.

Während eine Nachlaßverwaltung vom Erben stets weniger im Interesse — wenn auch stets zum Zwecke der Befriedigung — der Nachlaßgläubiger beantragt wird (§ 1975), weil nämlich bei völlig zureichendem Nachlasse die Interessen der Nachlaßgläubiger ohnehin nicht gefährdet sind, wird der Nachlaßkonkurs vom Erben nicht sowohl als Mittel der Haftungsbeschränkung, als vielmehr zur gleichmäßigen Befriedigung der Nachlaßgläubiger beantragt werden, denn hier, wo der Nachlaß unzureichend ist, würde allerdings der einzelne, sich aus dem Nachlasse vorweg Befriedigung verschaffende Nachlaßgläubiger die Interessen der übrigen beeinträchtigen. Im Konkurse werden die Nachlaßgläubiger nach bestimmten Regeln (siehe insbesondere die im § 226 KO. normierte Rangordnung) befriedigt. Den Erben selbst dürfen sie von der Eröffnung des Verfahrens ab nicht in Anspruch nehmen, weshalb sein Eigenvermögen vor ihnen geschützt ist. Das Verfahren zwingt die Gläubiger zur Teilnahme, wenn anders sie überhaupt noch Befriedigung aus dem „Nachlasse" erlangen wollen.

Der allgemein unbeschränkbar haftende Erbe kann zwar Nachlaßkonkurs beantragen (§ 216 KO.), aber er erzielt dadurch keine Haftungsbeschränkung. Daß ihm der Antrag trotzdem gestattet ist, beruht darauf, daß das Konkursverfahren in weit höherem Maße wie die Nachlaßverwaltung dem Interesse der Nachlaßgläubiger dient. Der Nachlaßkonkurs eines unbeschränkbar haftenden Erben zwingt die Nachlaßgläubiger nicht zur Teilnahme am Konkurse; der Erbe kann, wenn sie auch alle gegen ihn persönlich vorgehen sollten, keinen auf den Nachlaß verweisen, doch kann auch hier kein Gläubiger gleichzeitig gegen ihn und den Nachlaß (die Konkursmasse) vorgehen. Bleibt, weil die Gläubiger vornehmlich den Erben selbst in Anspruch nehmen, Masse übrig, so ist sie dem Erben auszuliefern. — Der nur vereinzelt unbeschränkbar haftende Erbe darf natürlich den Nachlaßkonkurs beantragen, auch beschränkt die Eröffnung des Verfahrens seine Haftung, soweit sie beschränkbar war, im übrigen aber ist er ein unbeschränkbar haftender Erbe und muß sich eine Inanspruchnahme seines eigenen Vermögens gefallen lassen. Immerhin ist für einen solchen Erben einigermaßen durch die Bestimmung des § 225 Abs. 3 KO. insofern gesorgt, als er für seine Person die Forderung desjenigen Gläubigers, dem er unbeschränkbar haftet, zum Konkurse anmelden kann, wodurch er aus der Masse eine Befriedigung erlangt, die er alsdann für den betr. Gläubiger als einen Teil der an diesen zu machenden Leistung verwenden bezw., sofern der Gläubiger von ihm schon befriedigt war, als einen, wenn auch nicht vollen, Ersatz betrachten kann.

Während der Erbe zur Antragstellung hinsichtlich der Nachlaßverwaltung nicht verpflichtet ist, besteht hinsichtlich des Nachlaßkonkurses ein derartiger Zwang infolge des § 1980, der den Erben für allen den Gläubigern aus der Säumnis erwachsenden Schaden haften läßt. Voraussetzung dieses Anspruchs ist, daß der Erbe die Überschuldung kennt bezw. daß er durch Fahrlässigkeit die Kenntnis nicht erlangt hat. Was als Fahrlässigkeit erachtet ist, wird im Abs. 2 des § 1980 durch ein Beispiel belegt.

Der Nachlaßgläubiger kann den Nachlaßkonkurs nur beim Vorliegen einer Überschuldung, dann aber ohne jede weitere Voraussetzung beantragen. In Ansehung der Zeit gilt dieselbe Beschränkung wie hinsichtlich der Nachlaßverwaltung (§ 220 KO.), während andererseits der Erbe zeitlich nicht beschränkt ist. Auch hier ist zu sagen, daß nach Ablauf von fünf Jahren seit dem Erbfalle der Erbe meist auch beim Vorliegen einer Überschuldung nicht gezwungen sein wird, den Konkurs zu beantragen, da ihm im § 1974 eine einfachere Beschränkungsmöglichkeit gegeben ist. — In Ansehung des Antragsrechts bestehen beim Nachlaßkonkurse Unterschiede: Die durch ein Aufgebot ausgeschlossenen bezw. durch Zeitablauf einem solchen Gläubiger gleichstehenden Nachlaßgläubiger sowie ein Legatar und Auflageforderungsberechtigter haben nur ein bedingtes Antragsrecht (§ 219 KO.). Dem entspricht es, daß der Erbe um solcher Gläubiger willen zur Konkursanmeldung nicht verpflichtet ist, auch wenn die Überschuldung offenbar ist (§§ 1973, 1980 Abs. 1 S. 2, § 1992). Auch wenn der Nachlaßgläubiger den Konkurs veranlaßt, beschränkt sich die Haftung des Erben auf den Nachlaß, weshalb der Gläubiger nur dann den Antrag stellen wird, wenn in der Person des Erben eine Gefahr für die Forderung liegt. Daß der Nachlaßkonkurs entbehrt werden kann, wenn außergerichtlich eine Einigung mit den Gläubigern erzielt wird, bedarf keiner Ausführung.

Die Beschränkung der Haftung, welche durch den Nachlaßkonkurs herbeigeführt wird, dauert grundsätzlich nur so lange, wie das Verfahren dauert. Der Erbe kann nach Beendigung des Konkursverfahrens durch Einstellung (§§ 202, 204 KO., in welchen Fällen der Konkurs nicht durchgeführt war), die wieder eintretende unbeschränkte Haftung von neuem durch jedes jeweilig der Sachlage entsprechende Beschränkungsmittel beschränken, also Nachlaßverwaltung evtl. Nachlaßkonkurs beantragen oder die Unzulänglichkeit des Nachlasses einwenden. Auch im Falle der Aufhebung des Konkurses bei Zwangsvergleich oder nach Ausschüttung der Masse, also nach Durchführung des Verfahrens ist die Haftung eine unbeschränkte. Doch ist hier gleichzeitig die Haftung des Erben insofern eine andere wie im obigen Falle bezw. wie im Falle der Beendigung einer Nachlaßverwaltung, als der Erbe seine Haftung in einfacherer Weise beschränken kann, wie dort. Er braucht nämlich nicht eines der ordentlichen Beschränkungsmittel anzuwenden, sondern das besondere des § 1989, welches entsprechend dem des § 1973 gestaltet ist, den jetzt etwa noch interessierten Gläubiger also so minderberechtigt hinstellt, als wenn er im Aufgebote ausgeschlossen wäre. Danach haftet der Erbe ihm nur so weit, als er aus Anlaß der Erbschaft noch bereichert sein sollte. Während im Falle der Beendigung durch Einstellung der Erbe die volle Verantwortung für die Verwaltung des Nachlasses vom Erbfalle ab bis zur Anwendung eines neuen Beschränkungsmittels hat, ist der Erbe bei Aufhebung des Konkurses für die Verwaltung des Nachlasses den etwa noch in Betracht kommenden Nachlaßgläubigern nicht verantwortlich, wie dies auch sonst nicht gegenüber einem ausgeschlossenen Gläubiger der Fall ist.

Hinsichtlich der gegen den Erben aus seiner Verwaltung des Nachlasses nach Eröffnung des Konkurses etwa zu erhebenden Ersatzansprüche gilt wie bei der Nachlaßverwaltung der § 1978. Hierüber siehe oben Seite 74.

γ. **Unzulänglichkeitseinrede. § 1990.**

Die Unzulänglichkeitseinrede wendet der Erbe als Beschränkungsmittel sowohl bei einem überschuldeten wie auch bei einem zulänglichen Nachlaß an, und zwar immer dann, wenn es an einer den Kosten einer Nachlaßverwaltung oder eines Nachlaßkonkurses entsprechenden Masse fehlt. Daß die Einrede auch bei nicht überschuldetem Nachlaß gegeben ist, erhellt aus der Erwähnung auch der Nachlaßverwaltung im § 1990. Ist z. B. der Nachlaß 100 *M*, betragen die Nachlaßverbindlichkeiten aber zusammen nur 63 *M*, so liegt ein an sich zulänglicher Nachlaß vor, aber die Kosten der Nachlaßverwaltung würden höher sein wie die Gesamtmasse. Hier ist Nachlaßverwaltung untunlich. Ist ferner z. B. der Nachlaß 100 *M*, der Gesamtbetrag der Nachlaßverbindlichkeiten aber 600 *M*, so ist der Nachlaß überschuldet, aber zu einem Nachlaßkonkurse reicht die Masse wegen der Kosten des Verfahrens nicht hin. Hier ist Nachlaßkonkurs untunlich.

Die Bezeichnung des Beschränkungsmittels als Unzulänplichkeitseinrede ist danach nicht so zu verstehen, daß der Nachlaß im Verhältnis zu der Gesamtsumme der Nachlaßverbindlichkeiten, sondern nur zu den Kosten des Beschränkungsverfahrens der Nachlaßverwaltung bezw. des Nachlaßkonkurses unzulänglich ist. Die auch sonst beliebte Bezeichnung „Erschöpfungseinrede" ist falsch, da sie nur auf den Fall des Nachlaßkonkurses paßt. — Das auf § 1990 beruhende Mittel der Haftungsbeschränkung unterscheidet sich von der Nachlaßverwaltung bezw. vom Nachlaßkonkurse dadurch, daß es kein Sonderverfahren ist und überhaupt nicht der Einwirkung des Nachlaßgerichts unterliegt. Es ist auch kein die Gesamtheit der Nachlaßgläubiger gleichzeitig betreffendes, sondern immer nur ein gegen denjenigen Gläubiger wirkendes Mittel, der den Erben verfolgt. Das Mittel erschöpft sich von Fall zu Fall; es wird geltend gemacht immer nur durch Einrede im Prozesse. Für dieses Verfahren gibt es keinen Verwalter, wie z. B. bei der Nachlaßverwaltung, denn der Erbe bleibt im Besitze des Nachlasses. Insofern aber gleicht das Mittel den anderen, als sich mit seiner Anwendung die Haftung auf den Nachlaß beschränkt. Es besteht also auch hier die auf § 1978 basierende Ersatzpflicht für verwirtschafteten Nachlaß (§ 1991 Abs. 1). — Im Gegensatze zu den Verfahren der Nachlaßverwaltung und des Nachlaßkonkurses kann die Beschränkung aus § 1990 dem

Erben nur durch seine eigene Maßnahme (durch Einrede) erwachsen; ein Nachlaßgläubiger kann sie ihm nicht verschaffen. Der Erbe kann sie auch dann anwenden, wenn der Nachlaß anfangs völlig ausreichte und schließlich durch Mißwirtschaft aufgezehrt wurde; es besteht in solchen Fällen nur die Ersatzpflicht. Voraussetzung der Anwendung des Mittels ist nicht, daß Nachlaßverwaltung usw. beantragt und abgelehnt war; der Erbe ist, wenn der erwähnte Mangel in Hinsicht auf die Kostenfrage besteht, ohne jede Voraussetzung zur Geltendmachung der Beschränkung befugt. — Daß nach Beendigung der Nachlaßverwaltung und unter Umständen auch des Nachlaßkonkurses die Einrede oft am Platze sein wird, ist oben dargelegt. — In der Anwendung des Mittels ist der Erbe zeitlich nicht beschränkt. Nur wird es seine Schranke an der Bestimmung des § 1974 finden, weil nämlich nach Ablauf von fünf Jahren seit dem Erbfall dem Erben ein ihm noch günstigeres Mittel der Beschränkung gegenüber gewissen Gläubigern zusteht. Er haftet danach im Verhältnis zu den vom Zeitablauf betroffenen Gläubigern nicht mal mehr mit dem Nachlasse, sondern nur noch mit der etwa vorhandenen Bereicherung, also ohne Verantwortlichkeit für die bisherige Verwaltung des Nachlasses.

Haftet der Erbe allgemein unbeschränkbar, so ist ihm die Beschränkung der Haftung durch Bezugnahme auf § 1990 versagt (§ 2013). Wenn er aber nur einzelnen Gläubigern unbeschränkbar haftet, so kann er die Einrede allen übrigen Gläubigern gegenüber zur Anwendung bringen. Hat er einen Gläubiger, dem er unbeschränkbar haftet, aus eigenen Mitteln befriedigt, so kann er gegenüber einem anderen Gläubiger, dem er die Beschränkung zulässigerweise entgegenhält, das Aufgewendete nicht in Anrechnung bringen, denn dem ersteren Gläubiger haftet er eben gerade persönlich, d. h. mit seinem eigenen Vermögen.

§ 1992.

Besondere Regeln bestehen für die Beschränkung der Haftung gegenüber Legaten und Auflagen. Für diese Beschränkung ist nämlich die Unzulänglichkeitseinrede selbst dann gegeben, wenn die Masse die Kosten eines Nachlaßkonkurses decken würde. Jedoch ist zu unterscheiden: Ist der Nachlaß auch für diese Kategorie von Verbindlichkeiten ausreichend, so haftet der Erbe, wie immer, grundsätzlich auch für sie zwar unbeschränkt, aber mit der Möglichkeit der Beschränkung durch Nachlaßverwaltung; der Erbe, der bei gegebener Sachlage die Haftung auf den Nachlaß beschränken will, ist zur Anwendung der Nachlaßverwaltung gezwungen. Anders ist es bei unzureichendem Nachlaß, sofern die Unzulänglichkeit bloß auf den Vermächtnissen und Auflagen beruht. Grundsätzlich haftet der Erbe natürlich unbeschränkt, auch hat er hier wie stets die Möglichkeit der Haftungsbeschränkung und zwar beim Vorhandensein einer mit Rücksicht auf die Kosten ausreichenden Masse durch Nachlaßkonkurs, bei einer im Sinne des § 1990 nicht ausreichenden Masse durch die Unzulänglichkeitseinrede. Aber seine Stellung ist hier durch den § 1992 etwas anders geordnet dergestalt, daß er berechtigt ist, seine Haftung auch in anderer Weise zu beschränken. Er ist nämlich auch beim Vorhandensein einer für die Kosten eines Konkurses ausreichenden Masse berechtigt, vom Nachlaßkonkurse abzusehen und dafür die Unzulänglichkeitseinrede anzuwenden. Er darf also, wenn die Masse die Kosten des Verfahrens decken würde, zwar Nachlaßkonkurs anwenden, um seine Haftung auf den Nachlaß zu beschränken, er darf aber auch einfach ohne Sonderverfahren einwenden, daß der Nachlaß gerade mit Bezug auf die betr. Verbindlichkeiten überschuldet sei, und sich zur Herausgabe des Nachlasses nach Maßgabe des § 1990 Abs. 1 S. 2 erbieten. Ist dagegen der Nachlaß im Sinne des § 1990 unzureichend, so kann er selbstverständlich nach dem allgemeinen Grundsatz des § 1990 die Haftung beschränken. Als dritter Fall ist hier der zu erwähnen, daß der Nachlaß nicht bloß mit Rücksicht auf Verbindlichkeiten aus Vermächtnissen und Auflagen, sondern auch schon wegen der übrigen Verbindlichkeiten überschuldet ist. Hier ist der Erbe zur Vermeidung von Schadensansprüchen der übrigen Gläubiger zur Konkursanmeldung gezwungen, nicht dagegen auch um der Legatare willen (§ 1980 Abs. 1 S. 2). Einigt er sich also z. B. mit allen übrigen Gläubigern, so kann er in Ansehung der Legatare usw. die Haftung nach Maßgabe der §§ 1990, 1992 beschränken, gleichviel ob der Nachlaß die Verfahrenskosten decken würde oder nicht; der Nachlaß ist dann wieder bloß mit Rücksicht auf die Legate und Auflagen überschuldet. — Legatare und diejenigen Gläubiger, welche die Erfüllung einer Auflage zu fordern berechtigt sind, haben ihrerseits die Befugnis, Nachlaßverwaltung zu beantragen, sofern die Voraussetzungen des § 1981 Abs. 2 vorliegen. In Beziehung auf den Nachlaßkonkurs aber ist ihr Antragsrecht davon abhängig, daß der Erbe mit seinem übrigen Vermögen in Konkurs gerät (§ 219 KO.).

2. Die besonderen Mittel.

Was die Stellung des Erben bei den Beschränkungsinstituten des Aufgebots und Zeitablaufs anlangt, so ist zu bemerken:

α. Das Aufgebot.

Das Aufgebot ist ein gerichtliches, nur auf Antrag des Erben bezw. seiner Funktionäre statthaftes Verfahren, durch welches die Nachlaßgläubiger zur Anmeldung ihrer Ansprüche beim Nachlaßgericht binnen einer bestimmten öffentlich bekannt gemachten Frist aufgefordert werden. Daß während der Schwebe des Verfahrens der Erbe die Hemmungsbefugnis nach §§ 2015 BGB., 782, 783 ZPO. hat, ist oben schon erwähnt. Das Verfahren findet seinen Abschluß mit einem Ausschlußurteil, durch welches die säumigen Gläubiger, abgesehen von den in den §§ 1971, 1972 erwähnten, ausgeschlossen werden. Der Erbe hat es nunmehr mit zwei Kategorien von Gläubigern zu tun: den Nichtausgeschlossenen, d. s. die Gemeldeten; zu ihnen gehören (auch wenn nicht gemeldet) die in den §§ 1971, 1972 erwähnten Gläubiger, und den Ausgeschlossenen, d. s. die Nichtgemeldeten. Der Erbe haftet den Nichtausgeschlossenen nach allgemeinen Grundsätzen unbeschränkt, aber mit der Möglichkeit der Haftungsbeschränkung. Insoweit besteht keine Besonderheit. Die Kategorie der Pflichtteilsberechtigten usw., die zwar auch bei Nichtmeldung zu den nicht ausgeschlossenen Gläubigern gehört, ist nach der ausdrücklichen Vorschrift des § 1973 Abs. 1 S. 2 der Kategorie der Ausgeschlossenen hinsichtlich der Befriedigung im wesentlichen nachrangiert. Auch den Ausgeschlossenen gegenüber besteht grundsätzlich unbeschränkte Haftung, jedoch kann der Erbe die Haftung im Verhältnisse zu diesen Gläubigern nach Maßgabe des § 1973 einschränken, gleichviel ob der Nachlaß absolut ausreicht oder völlig unzureichend ist. Er ist nicht gezwungen (wohl aber berechtigt, auch) um solcher Gläubiger willen ein besonderes Beschränkungsverfahren anzuwenden, er bedarf im Verhältnis zu ihnen auch nicht der Unzulänglichkeitseinrede, da der § 1973 die Haftung noch weiter einschränkt, wie dies auf Grund eines der ordentlichen Beschränkungsmittel geschieht. Der Erbe kann durch die Einrede des Ausschlusses die Haftung auf den „Überschuß" beschränken, den er etwa vom Nachlaß noch hat, wobei ihm zugute kommt, daß als Überschuß hier nicht das erachtet wird, was in Wahrheit vom Nachlasse etwa noch übrig ist, sondern was eine ungerechtfertigte Bereicherung des Erben darstellt. Er darf sich also auf den Überschuß Aufwendungen u. dergl. anrechnen. Diese mindere Stellung der Ausgeschlossenen ändert sich natürlich nicht, wenn außerdem noch ein ordentliches Beschränkungsverfahren eingeleitet wird. Für den Nachlaßkonkurs ist die Stellung dieser Gläubiger im § 226 noch besonders als eine solche minderen Rechtes gekennzeichnet. Bei Konkurrenz mehrerer Ausgeschlossener darf der Erbe die andrängenden in derjenigen Reihenfolge aus der etwa vorhandenen Bereicherung befriedigen, in der sie ihre Forderung geltend machen.

Der allgemein unbeschränkbar haftende Erbe darf das Aufgebot nicht beantragen (§ 991 ZPO.); ihm gegenüber kann es also keine Ausgeschlossenen geben. Durch den § 2013 Abs. 1 S. 2 ist aber von dieser Regel für den Fall eine Ausnahme gemacht, daß der Verlust der Beschränkungsmöglichkeit erst nach erfolgtem Ausschluß eintritt; in diesem Falle soll der bereits ausgeschlossene Gläubiger nicht wieder die Rechte eines Nichtausgeschlossenen haben, vielmehr darf der nunmehr unbeschränkbar haftende Erbe ihm gegenüber die persönliche Haftung durch die Einrede des Ausschlusses abwenden. Er haftet ihm gleichfalls nur mit der Bereicherung. — Hinsichtlich der für den allgemein unbeschränkbar haftenden Erben bestehenden Unmöglichkeit, ein Aufgebot zu beantragen, sei hier noch darauf hingewiesen, daß dieses Verbot nicht im § 2013 normiert ist, obwohl gerade da im wesentlichen alle Folgen des Verlustes des Beschränkungsrechts niedergelegt sind. Die Nichterwähnung des § 1970 erklärt sich aber daraus, daß das Aufgebot auch bei unbeschränkbarer Erbenhaftung nicht überhaupt unzulässig ist; ein unbeschränkbar haftender Miterbe kann es beantragen (§ 997 Abs. 2 ZPO.).

Der nur einzelnen Gläubigern gegenüber unbeschränkbar haftende Erbe darf die Einrede des Ausschlusses denjenigen Gläubigern gegenüber nicht geltend machen, denen er unbeschränkbar haftet; hier ist also an den Fall gedacht, daß diese unbeschränkt berechtigten Gläubiger infolge Nichtmeldung ausgeschlossen werden. Der Fall kann sehr leicht vorkommen. Wenn z. B. ein Nachlaßgläubiger, der den Erben erfolglos zum Offenbarungseid nach § 2006 geladen hat, sich zum Aufgebote nicht meldet, wird er ausgeschlossen. Dasselbe geschieht mit einem Gläubiger, der gegen den Erben ein Urteil ohne Vorbehalt der Haftungsbeschränkung erwirkt hat, wenn er sich zum Aufgebote nicht meldet. Die mit Bezug auf § 2013 Abs. 1 S. 2 erwähnte Ausnahme, wonach der spätere d. h. nach bereits erfolgtem Ausschlusse eintretende Verlust des Beschränkungsrechts dem Erben gegenüber den Ausgeschlossenen nicht mehr schadet, bezieht sich nicht auf den Fall des nur vereinzelten Verlustes des Beschränkungsrechts.

Wenn das Aufgebot auch eine gewisse Beschränkung der Haftung zur Folge hat, so wird es in der Regel nicht um dieser Folge willen, sondern als Mittel zur Feststellung der Nachlaßverbindlichkeiten angewendet. Auf das Aufgebot melden sich die Nachlaßgläubiger, wodurch der Erbe in den Stand gesetzt ist, die Schuldenhöhe zu berechnen.

Diese Berechnung erfaßt nur die gemeldeten Verbindlichkeiten, wobei aber die aus Legaten und Auflagen außer Betracht bleiben können (§ 1980 Abs. 1 S. 2), soweit es sich um die Feststellung einer Überschuldung handelt. Die nicht gemeldeten bleiben außer Betracht, nicht bloß insoweit sie in Wahrheit unbekannt sind, sondern auch die bekannten, da sie eben ausgeschlossen und Gläubiger minderen Rechts geworden sind. Sehr oft wird der Erbe das Aufgebot um der Hemmungsmöglichkeit (§ 2015) willen beantragen, da sie ihm ein Zusammenhalten des Nachlasses bis zur Beendigung des Verfahrens ermöglicht. Im wesentlichen also liegt die Bedeutung des Aufgebots darin, daß es eine den Nachlaßkonkurs vorbereitende Maßregel ist.

β. **Zeitablauf.**

Das Beschränkungsinstitut des Zeitablaufs kann bei der Haftung des Erben erst nach Ablauf von fünf Jahren seit dem Erbfalle (nicht seit der Annahme der Erbschaft) bezw. seit der Todeserklärung des Erblassers eine Rolle spielen. Der Erbe haftet in dieser Frist grundsätzlich unbeschränkt, abgesehen von den durch die Anwendung von Beschränkungsmitteln hervorgerufenen Einschränkungen der Haftung. Auch nach Ablauf der Frist besteht grundsätzlich unbeschränkte Haftung, doch kann sie der Erbe nunmehr auch ohne Anwendung eines besonderen Beschränkungsverfahrens einfach durch die Einrede des Zeitablaufs beschränken. Er bedarf nicht einmal der Unzulänglichkeitseinrede mehr, da die Einrede des Zeitablaufs eine weitergehende Einschränkung gewährt.

Im einzelnen ist auszuführen: Nach Ablauf von fünf Jahren wird die Zahl der noch unbefriedigten Nachlaßgläubiger in der Regel äußerst gering sein. Entweder wird die letzteren der Erbe selbst oder in einem Beschränkungsverfahren der betr. Verwalter befriedigt haben. Sollten trotzdem Gläubiger noch unbefriedigt sein, so können sie allerdings entweder als noch vollberechtigte oder schon als nur minderberechtigte in Betracht kommen. Vollberechtigt sind sie, wenn überhaupt kein Beschränkungsverfahren geschwebt hatte, bezw. wenn das Verfahren, das etwa durchgeführt wurde, die Nachlaßverwaltung war; denn mit der Beendigung dieses Verfahrens tritt der frühere Zustand wieder ein. Hatte dagegen Nachlaßkonkurs geschwebt oder war ein Aufgebot durchgeführt worden, so werden die bisher nicht befriedigten Gläubiger in der Regel nur noch minderberechtigte sein, da die §§ 1989, 1973 die Haftung im Verhältnisse zu den säumigen Gläubigern einschränken. Soweit nun nach Ablauf der fünf Jahre die minderberechtigte letztere Gruppe unbefriedigt sein sollte, kann von einer Wirkung des Zeitablaufs im Verhältnisse zu ihnen keine Rede sein, weil da schon die §§ 1989, 1973 wirken. Der Erbe kann sein Haftung durch den Hinweis (die Einrede) auf den Zeitablauf also nur gegenüber den Vollberechtigten einschränken, aber auch hier sind Unterschiede zu machen. Es ist zu scheiden zwischen denjenigen Gläubigern, die ihre Forderung rechtzeitig geltend gemacht bezw. auf andere Weise dem Erben als Gläubiger bekannt geworden sind und denen, deren Forderung dem Erben unbekannt geblieben ist. Im Verhältnisse zu ersteren ist der Erbe, sofern er die Haftung auf den Nachlaß beschränken will, genötigt, ein ordentliches Mittel der Haftungsbeschränkung evtl. also ein Sonderverfahren in Anwendung zu bringen; im Verhältnisse zur letzteren Gruppe genügt zur Beschränkung der Haftung die Einrede des Zeitablaufs. Die Beschränkung ist im Anschluß an das Aufgebot geordnet, d. h. der Erbe kann den im erwähnten Sinne säumigen Gläubiger auf die etwa noch vorhandene

Bereicherung verweisen. Im Nachlaßkonkurse sind diese Gläubiger nach § 226 KO. minderberechtigt.

Hinsichtlich eines allgemein oder nur vereinzelt unbeschränkbar haftenden Erben gilt das, was im Anschluß an die Erwähnung des Aufgebots (oben Seite 79) dargelegt ist (§ 2013 Abs. 1 S. 2).

Vom Zeitablaufe bleiben, wie vom Aufgebote, die im § 1971 erwähnten dinglich berechtigten Gläubiger unberührt, dagegen nicht auch die im § 1972 erwähnte obligatorisch berechtigte Gläubigerkategorie, d. h. der Erbe kann also auch dieser letzteren gegenüber nach dem Ablauf der fünf Jahre die Haftung unter Bezugnahme auf § 1974 beschränken, wenn nur sonst die Voraussetzungen dieses Paragraphen vorliegen.

d. Insbesondere die Haftung:

α. Wegen Pflichtteils, Legats und Auflage. (Das Kürzungsrecht.)

Es besteht der Grundsatz, daß die Nachlaßverbindlichkeiten in voller Höhe berichtigt werden müssen. Die Tatsache, daß im Falle der Beschränkung der Haftung auf einen unzulänglichen Nachlaß eine Befriedigung in voller Höhe nicht erfolgt, bedeutet keine Ausnahme von diesem Grundsatze, weil die Verbindlichkeiten in ihrem Umfange an sich nicht herabgesetzt werden. Das BGB. kennt aber ausnahmsweise eine Herabsetzung von Nachlaßverbindlichkeiten hinsichtlich ihrer Höhe dergestalt, daß nach vorgenommener Kürzung die betr. Verbindlichkeit dauernd kleiner bleibt als wie sie vorher gewesen ist, also im Nachlaßkonkurse auch nur zu dem herabgesetzten Betrage angesetzt werden kann. Der Herabsetzung unterliegen einzig und allein Verbindlichkeiten gegenüber einem Pflichtteilsberechtigten, Vermächtnisnehmer und Auflagenempfänger, aber auch hier nur unter bestimmten Voraussetzungen. Im einzelnen macht es bezgl. der Herabsetzung einen Unterschied, ob der Erbe ein Extraneus ist, oder ein an sich Pflichtteilsberechtigter, d. h. ein Erbe, der, wenn er nicht zum Erben berufen worden wäre, im konkreten Falle einen Pflichtteilsanspruch haben würde. Deshalb wird im folgenden zunächst das Kürzungsrecht des Extraneus und sodann des Pflichtteilsberechtigten erörtert. Im Zusammenhange damit erscheint es nützlich, die Stellung jeder der eben erwähnten beiden Erbenkategorien gegenüber dem Pflichtteilsberechtigten sowie Legatar bezw. Auflagenempfänger zu behandeln.

1. Die Haftung des Alleinerben, welcher ein Extraneus ist.

a) Der Extraneus ist verpflichtet, die Pflichtteilsansprüche aus seinem gesamten Vermögen bezw. im Falle der Beschränkung der Haftung aus dem Nachlasse in voller Höhe evtl. nach konkursrechtlichen Grundsätzen zu befriedigen. Ein Kürzungsrecht hat er gegenüber dem Pflichtteilsanspruche nicht. Darauf, daß ihm selber vom Nachlasse etwas verbleibe, hat er keinen Anspruch.

Diese Regel gilt hinsichtlich des Pflichtteilsanspruchs auch für den Fall, daß der Extraneus außer dem Pflichtteil noch Vermächtnisse bezw. Auflagen zu leisten haben sollte. Beispiel: X hat seinen Freund F zum Alleinerben eingesetzt und seinen Sohn A, der sein einziger gesetzlicher Erbe war, in der letztwilligen Verfügung von der Erbschaft ausgeschlossen. Der Nachlaß ist 10 000 ℳ. A ist infolge des Ausschlusses pflichtteilsberechtigt; F ist, da der Pflichtteil $^1/_2$ von 10 000 ℳ beträgt, in Höhe von 5000 ℳ Schuldner des A, er haftet mit dem ganzen Vermögen bezw. nach Anwendung eines

Mittels der Haftungsbeschränkung mit dem Nachlasse. Der Pflichtteil wird auf Grundlage des Nettonachlasses berechnet, d. h. es wird einerseits der Aktivbestand und auf der anderen Seite werden diejenigen Verbindlichkeiten, welche dem Pflichtteile im Range vorgehen, festgestellt. Im einzelnen siehe hierzu Planck § 2311 Anm. 2. Die Differenz ist der Nettonachlaß, der für die Pflichtteilsberechnung in Betracht kommt. Wenn der Wert des Nachlasses nicht berechnet werden kann, so ist er durch Schätzung zu ermitteln. Eine vom Erblasser getroffene Wertbestimmung ist nicht maßgebend. Es kommt auf denjenigen Bestand und Wert an, den der Nachlaß zur Zeit des Erbfalles gehabt hat; sollte er zu der Zeit, wo der Pflichtteil gefordert und berechnet wird, höher wie zur Zeit des Erbfalles sein, so kommt danach die Wertsteigerung dem Pflichtteilsberechtigten nicht zugute. Umgekehrt schadet ihm eine Wertminderung oder gar ein gänzlicher Verlust nicht, d. h. er benimmt dem Pflichtteilsberechtigten nicht die Forderung, die nun einmal auf der Grundlage des beim Erbfall vorhandenen Nachlasses berechnet wird, wohl aber allerdings evtl., nämlich bei Beschränkung der Haftung auf den Nachlaß, die Möglichkeit der Befriedigung. Wo freilich der Verlust infolge schlechter Verwaltung des Nachlasses durch den Erben eingetreten ist, wird der Erbe nach §§ 1978, 1991 Abs. 2 verantwortlich gemacht werden können und muß er alsdann den Schaden aus eigenem Vermögen ersetzen. Ist der Nachlaß von Anfang an d. h. schon durch vererbte Schulden überschuldet, so ist kein Netto-Nachlaß vorhanden, der Pflichtteilsberechtigte hat also keine Forderung und kann auch keinen Nachlaßkonkurs beantragen. Ist dagegen z. Z. des Erbfalls ein Nettonachlaß vorhanden gewesen, die Pflichtteilsforderung also einmal entstanden, so kann sie bei später eintretender Überschuldung zum Nachlaßkonkurse angemeldet werden, auch ist um ihretwillen der Erbe zur Konkursanmeldung verpflichtet (§ 1980 Abs. 1 S. 2). Der Pflichtteilsberechtigte darf alsdann auch seinerseits den Nachlaßkonkurs beantragen.

Wegen der Besonderheit, welche unter Umständen für die Berechnung des Pflichtteils der Eltern gilt, siehe weiter unten bei der Erbenmehrheit. Im übrigen siehe §§ 2311 ff. — Der Pflichtteilsanspruch kann gegen einen Testamentsvollstrecker nicht geltend gemacht werden (§ 2213 Abs. 1 S. 3).

b) Der Extraneus kann auch einem Vermächtnisnehmer oder Auflagenempfänger die Leistung des Vermächtnisses bezw. der Auflage nicht verweigern, wenn nicht zugleich ein Pflichtteil an einen Pflichtteilsberechtigten zu leisten ist. Hierüber siehe weiter unten zu c. Beispiel: X, der keinen Verwandten hat, setzt seinen Freund F zum Alleinerben ein und bestimmt, daß er dem Z als Vermächtnis 20 000 *M* zahle. Der Nachlaß beträgt 10 000 *M*. F muß, wenn er die Haftung nicht auf den Nachlaß beschränkt, den Z in voller Höhe aus seinen gesamten Mitteln befriedigen. Bei dem hier angenommenen krassen Falle wird F, wenn er nicht überhaupt ausschlägt, wegen der Überschuldung des Nachlasses die Haftung durch den Antrag auf Eröffnung des Nachlaßkonkurses auf den Nachlaß beschränken oder aber einfacher sich auf § 1992 berufen können, d. h. mit Rücksicht auf die Tatsache, daß der Nachlaß lediglich infolge des Vermächtnisses überschuldet ist, die Haftung auch ohne Nachlaßkonkurs, durch die Einrede der Unzulänglichkeit auf den Nachlaß beschränken können und danach den Nachlaß gemäß § 1991 herausgeben oder aber die Herausgabe durch Ablösung nach Maßgabe des § 1992 abwenden. Ist der Nachlaß schon durch sonstige Nachlaßverbindlichkeiten überschuldet, so wird der Erbe bei einem im Sinne des § 1990 konkurs u n fähigen Nachlaß die Haftung durch die Einrede der Unzulänglichkeit nach § 1990 auf den Nachlaß beschränken, dagegen bei konkursfähigem Nachlaß den Nachlaßkonkurs beantragen.

Sehr oft entschädigt der Testator seinen nächsten gesetzlichen, an sich pflichtteilsberechtigten Erben, wenn er ihn von der Erbschaft ausschließt, in der Weise, daß er ihn mit einem Vermächtnis bedenkt. Beispiel: X hat zwar als einzigen gesetzlichen Erben einen Sohn A, er schließt ihn aber von der Erbfolge aus und setzt seinen Freund F zum Alleinerben ein, bestimmt jedoch, daß F dem A 5000 M Vermächtnis, d. i. so viel, wie der Pflichtteil des Sohnes betragen haben würde, zahle. A ist hier lediglich Legatar. Der Erbe darf natürlich auch ein solches Vermächtnis nicht kürzen. Hier sei bemerkt, daß A nach § 2307 als mit einem Legat bedachter an sich Pflichtteilsberechtigter auch das Legat ausschlagen und dafür den Pflichtteil fordern kann, der allerdings hier gleichfalls 5000 M beträgt. A hat, wenn er von diesem Rechte Gebrauch macht, lediglich einen Pflichtteilsanspruch. Für die Pflicht des Erben, den Pflichtteil zu leisten, ist auf das ad a Gesagte zu verweisen. Sollte das Legat kleiner sein, wie der Pflichtteil gewesen wäre, so wird der Berechtigte entweder das Legat ausschlagen, um den größeren (den vollen) Pflichtteil zu fordern oder er wird das Legat annehmen, aber das am Werte des Pflichtteils Fehlende als Pflichtteil gezahlt verlangen. Insoweit ist er Legatar und Pflichtteilsberechtigter in einer Person und in der ersteren Eigenschaft nach den hier zu b, in der letzteren nach den oben zu a dargelegten Regeln zu befriedigen. Von einem Abzugsrechte des Erben kann keine Rede sein. Wegen der Berechnung des Wertes des den Wert des Pflichtteils nicht erreichenden Vermächtnisses im Falle der Annahme desselben siehe § 2307 Abs. 1.

c) Der § 2318 Abs. 1 gibt dem Extraneus als Alleinerben, wenn er sowohl einen Pflichtteil wie auch ein Legat zu leisten hat, das Recht, die ihn bedrückende Pflichtteilslast zum Teil auf den Legatar abzuwälzen bezw. um der Pflichtteilslast willen einen Abzug vom Legat (der Auflage) zu machen. Wenn der Erblasser durch Verfügung von Todeswegen diese Kürzung verboten oder eingeschränkt haben sollte, wozu er nach § 2324 berechtigt ist, so hat es dabei sein Bewenden. Die Kürzung kann auch dann nicht vorgenommen werden, wenn der Erbe die — zwar vorhandene — Pflichtteilslast nicht zu tragen braucht. (Hierüber siehe weiter unten Seite 86 f. mehr; §§ 2321, 2322. Der § 2320 interessiert nur bei Miterben!) Der Erbe, gegen welchen sowohl der Anspruch des Pflichtteilsberechtigten wie auch des Legatars besteht, hat den Pflichtteil, der im Range dem Vermächtnis vorgeht (siehe aber § 2189) in voller Höhe nach den oben zu a angegebenen Regeln zu leisten. Der Pflichtteilsberechtigte kann seinerseits den Pflichtteilsanspruch nur gegen den Erben, der sein Schuldner ist, geltend machen; das, was der Legatar zu diesem Pflichtteil beizutragen hat, fordert von ihm der Erbe, der es seinerseits dem Pflichtteilsberechtigten auszahlt. Der Legatar bzw. Auflagenempfänger ist durch das Kürzungsrecht des Erben nicht gehindert, das Legat (die Auflage) in voller Höhe zu fordern, da es Sache der (zerstörenden) Einrede des Erben ist, das Abzugsrecht geltend zu machen. Der Erbe hat der Forderung des Legatars gegenüber die Einrede zu machen, daß „die Pflichtteilslast, die ihn zugunsten des (der) bestimmt zu bezeichnenden Pflichtteilsberechtigten im Betrage von x *M* beschwert, von ihm und dem Legatar (Kläger) verhältnismäßig getragen werde." Der Erbe muß dieses Verhältnis selbst bestimmen bezw. den Abzug berechnen und darf in Höhe desjenigen Teils des Pflichtteils, den der Legatar zu tragen hat, Abweisung der Klage beantragen. Der Legatar hat also nicht nötig, etwas zuzuzahlen, seine Leistung geschieht durch den ihm am Legat gemachten Abzug. Der Erbe muß das Abzugsrecht schon im Prozesse geltend machen. Es liegt hier keine Beschränkung im Sinne des § 780 ZPO. vor, weshalb der Vorbehalt insoweit wirkungslos wäre. Daß der Vorbehalt aber notwendig ist, wenn der Erbe wegen des anerkannten oder anzuerkennenden Teils des Legats die Beschränkung wahren will, bedarf keiner Ausführung. Der Erbe hat die Voraussetzung des Abzugsrechts, d. i. das Vorliegen eines Pflichtteilsanspruchs, zu beweisen. Der — zu Recht bestehende — Abzug setzt das Legat dauernd herab. — Was nun das oben erwähnte Verhältnis anlangt, nach welchem der Erbe und der Legatar (Auflagenempfänger) die Pflichtteilslast zu tragen haben, so ist für jeden von ihnen derjenige Betrag maßgebend, den er aus dem Nachlasse erhält. Ist der Nachlaß 10 000 *M*, das Legat 4000 *M*, der Pflichtteil 5000 *M*, so sollen die 5000 *M* vom Erben mit 6000 *M*, d. i. der ihm nach Abzug des Legats zufallende Nachlaß und vom Legatar mit 4000 *M*, d. i. das ihm aus dem Nachlaß Zufallende, gemeinschaftlich aufgebracht werden. Die 5000 *M* sind nach dem Verhältnisse 6000 : 4000 aufzubringen. Da dieses Verhältnis 3 : 2 ist, hat der Erbe $^3/_5$ und der Legatar $^2/_5$ von 5000 *M* beizusteuern, d. i. 3000 bezw. 2000 *M*. Auf die letztere Zahl kommt es an, sie stellt den Abzug dar, den der Erbe vom Legat mit Rücksicht auf den Pflichtteil machen kann. Der Legatar erhält also nur 2000 *M* (statt 4000 *M*), während von den an den Pflichtteilsberechtigten zu zahlenden oder bereits gezahlten 5000 *M* den Erben selbst nur 3000 *M* belasten. Der Erbe gibt also von den 10 000 *M* fort: an den Pflichtteilsberechtigten 5000 *M*, an den Legatar 2000 *M*, er darf für sich 3000 *M* behalten. Hätte er das Legat voll zahlen müssen, so würden ihm nur 1000 *M* verblieben sein. Würde das Legat 5000 *M* betragen, so wäre der Berechnung des Abzugs das Verhältnis 5000 : 5000 = 1 : 1 zugrunde zu legen, d. h. es wären zwei Teile zu bilden, und es müßte der Pflichtteil von den beiden Trägern je zur Hälfte getragen werden. Es könnten hier 2500 *M* vom Legat abgezogen werden. — Sollte der Gegenstand des Legats unteilbar sein, so darf der Erbe den Legatar auffordern, ihm gegen Hergabe des Gegenstandes den nach dem geschätzten Werte des Gegenstandes berechneten abzugsfähigen Betrag zu zahlen, im Weigerungsfalle aber darf der Erbe den Gegenstand behalten und dem Legatar den Schätzungswert unter Abzug des Kürzungsbetrages zahlen.

Sind mehrere Legatare bezw. Auflagenempfänger vorhanden, so muß sich jeder von ihnen einen Abzug zugunsten des Pflichtteilsberechtigten gefallen lassen. Hier wird der nach Abzug der sämtlichen Legate bezw. Auflagen vom Nachlaß verbleibende Wert in ein Verhältnis zur Gesamtsumme der Legate gebracht und auf diese Weise zunächst festgestellt, in welcher Höhe einerseits die Legate zusammen und andererseits der Erbe an der Erfüllung des Pflichtteils beteiligt sind. Alsdann muß der Erbe nach dem Verhältnisse der Legate unter einander berechnen, was er von jedem e i n z e l n e n Legat abziehen darf. Beispiel: Der Extraneus F ist Alleinerbe. Dem Sohne A stehen 5000 *M* Pflichtteil von dem 10 000 *M* betragenden Nachlasse zu. Legate sind bestimmt für Z

2000 M, für Y 1500 M, für W 500 M, insgesamt also 4000 M. Es ist zu rechnen, daß die 5000 M Pflichtteil von F mit 6000 M und den Legataren mit zusammen 4000 M, also im Verhältnisse von 6000 : 4000 = 3 : 2, d. h. in Höhe von 3000 bezw. 2000 M zu tragen sind. Die abzugsfähigen 2000 M sind nunmehr unter den Legataren nach dem Verhältnisse 2000 : 1500 : 500 = 4 : 3 : 1 zu verteilen, d. h. F kann dem Z $^4/_8$ von 2000 M = 1000 M, dem Y $^3/_8$ = 750 M, dem W $^1/_8$ = 250 M in Abzug bringen.

Sind mehrere Pflichtteilsberechtigte vorhanden, so muß sich der Legatar bezw. Auflagenempfänger wegen **jedes** Pflichtteilsanspruchs einen Abzug gefallen lassen. Beispiel: Der X übergeht seine Ehefrau R und seinen einzigen Sohn A und setzt den Extraneus F zum Alleinerben ein. Er beschwert ihn mit 4000 M Legat zugunsten des Z. Der Nachlaß beträgt 12 000 M. Der Pflichtteil der R ist 1500 M ($^1/_8$), der des A ist 4500 M ($^3/_8$ von 12 000 M). Der F muß mit 8000 M und der Z mit 4000 M 1500 + 4500 = 6000 M Pflichtteil aufbringen. Es ist also zu rechnen 8000 : 4000 M wie 2 : 1, d. h. es trägt F $^2/_3$ von 6000 M = 4000 M und Z $^1/_3$ von 6000 M = 2000 M. F kann dem Z 2000 M in Abzug bringen. — Sind mehrere Pflichtteilsberechtigte und mehrere Legatare zu befriedigen, so wird der Gesamtbetrag der Pflichtteile von dem dem Erben zustehenden Nachlaß, soweit er ihm nach Abzug sämtlicher Legate verbleibt, in Gemeinschaft mit dem Gesamtbetrage der Legate getragen. Ist auf diese Weise dasjenige festgestellt, was der Erbe von dem Gesamtbetrage der Legate abziehen darf, so muß alsdann nach dem Verhältnisse der Legate zu einander berechnet werden, inwieweit das einzelne Legat gekürzt werden kann.

Das Gesetz hat das hier dargelegte Kürzungsrecht des Erben gegenüber einem Legat für den Fall eingeschränkt, daß der Legatar ein an sich Pflichtteilsberechtigter ist. Es ist oben bei b erwähnt, daß der Erblasser oft einen Pflichtteilsberechtigten wegen des ihm entzogenen Erbrechts durch Zuwendung eines Legats entschädigt. Würden einem Legatar unterschiedslos Abzüge gemacht werden dürfen, so würde eine Schmälerung des Pflichtteils eintreten können, was schon darum nicht zu rechtfertigen wäre, weil die Schmälerung ja zugunsten eines anderen Pflichtteilsberechtigten vorgenommen würde. Deshalb bestimmt der Absatz 2 des § 2318, daß die Kürzung zwar vorgenommen werden, aber jedenfalls den Pflichtteil, den der Legatar bekommen hätte, wenn er den Pflichtteil zu fordern gehabt hätte, nicht schmälern darf. Natürlich hat der Legatar hier das Recht, das Legat auszuschlagen und seinen Pflichtteil zu fordern (§ 2307); das wird er aber nicht ohne Grund tun, wenn ihm der Erbe auch das Legat nicht weiter kürzen kann als bis zur Höhe des Pflichtteils. Beispiel 1: X, welcher als einzige gesetzliche Erben zwei Söhne A und B hat, setzt zum Alleinerben seines 10 000 M betragenden Nachlasses den Extraneus F ein und beschwert ihn zugunsten des B mit 5000 M Vermächtnis. F hat hier zu leisten: an den übergangenen A den Pflichtteil, der hier $^1/_4$ = 2500 M beträgt, und an den Legatar B 5000 M. B wird hier nicht ausschlagen, da sein Pflichtteil geringer wie das Legat wäre. Den Pflichtteil des A (2500 M) haben F und B mit je 5000 M, also nach dem Verhältnis 5000 : 5000 = 1 : 1 zu tragen, d. h. es hat jeder 1250 M beizusteuern. F kann dem B 1250 M abziehen, muß ihm also statt 5000 M nur 3750 M zahlen. Das muß B sich gefallen lassen, da sein eigener Pflichtteil nur 2500 M beträgt und nicht geschmälert wird. Beispiel 2: Ist das dem B zugedachte Legat nur 3000 M groß (er wird es nicht ausschlagen, da es seinen Pflichtteil übersteigt), so ist der Pflichtteil des A von F und B nach dem Verhältnis 7000 : 3000 = 7 : 3 zu tragen. F muß $^7/_{10}$ von 2500 = 1750 M und B würde $^3/_{10}$ von 2500 M = 750 M beisteuern, d. h. es könnten ihm 750 M abgezogen werden; hier aber würde er nur 2250 M, also 250 M weniger wie seinen Pflichtteil erhalten. Er braucht sich daher nur 500 M abziehen zu lassen, damit ihm 2500 M verbleiben. Der Erbe ist um 250 M geschädigt. Beispiel 3: Ist das Legat gerade 2500 M, so ist jede Kürzung unzulässig, F muß an A 2500 M Pflichtteil und an B 2500 M Legat geben. Der Erbe ist um 625 M geschädigt. Würde B das Legat ausschlagen (§ 2180) und seinen Pflichtteil fordern (§ 2307), so hätte F nur Pflichtteile zu erfüllen, was rechnerisch auf dasselbe, wie im letzten Beispiel, hinauskommt, für den Erben und den Berechtigten aber in Ansehung der Haftung keineswegs dasselbe bedeutet (vergl. oben ad a und b).

In dem eben geschilderten Falle, daß der Erbe das Legat mit Rücksicht auf das Pflichtteilsrecht des Legatars nicht kürzen darf, erleidet, wie schon angedeutet, der Erbe insofern einen Schaden, als er den Pflichtteil in einem größeren Umfange tragen muß, wie es nach der Regel des § 2318 Abs. 1 der Fall wäre. Dabei muß es sein Bewenden haben, wenn kein weiteres Legat zu berichtigen ist. Sollten jedoch noch andere Legate angeordnet sein, so kann nach der Regel, daß der Pflichtteil vom Erben und sämtlichen Legataren zu tragen ist, der Erbe den Schaden auf die übrigen Legatare verhältnismäßig abwälzen (Planck Anm. 3 zu § 2318). Beispiel: F, ein Extraneus, wird Alleinerbe, obwohl zwei Söhne A und B als (einzige) gesetzliche Erben vorhanden sind. Der Nachlaß ist 20 000 M. Es ist angeordnet, daß B 5000 M, Z 6000 M, Y 4000 M, V 2000 M Legat erhalten sollen. Es ist der Pflichtteil des A mit 5000 M aufzubringen. Würde die Regel des § 2318 Abs. 1 Platz greifen, so würde zu rechnen sein 3000 : 17 000 = 3 : 17, d. h. es würden F 750 M und die Legatare 4250 M zu tragen haben. Da aber bezgl. des B der § 2318 Abs. 2 anzuwenden und sein Legat gerade so groß ist, wie sein Pflichtteil gewesen sein würde, so kann dem B ein Abzug nicht gemacht werden und ist der Pflichtteil des A einerseits von F mit 8000 M und andererseits nur von Z, Y, V mit den ihnen zusammen zustehenden 12 000 M, also nach dem Verhältnis 2 : 3 aufzubringen. Die Legatare tragen hier $^3/_5$ von 5000 M = 3000 M, der Erbe $^2/_5$ = 2000 M, d. i. 1250 M mehr wie bei obiger Berechnung. Diesen Schaden kann er auf Z, Y, V nach dem Verhältnis ihrer Legate 6000 : 4000 : 2000 = 3 : 2 : 1 abwälzen. Die Legatare haben also aufzubringen 3000 + 1250 = 4250 M (nach dem Verhältnis 3 : 2 : 1, sie müssen sich abziehen lassen: der Z $^3/_6$ von 4250 M = 2125 M, der Y $^2/_6$ von 4250 = $1416^2/_3$ M, der V $^1/_6$ von 4250 M = $708^1/_3$ M, zusammen 4250 M), so daß vom Erben zu tragen bleiben, wie zuvor, nur 750 M.

§ 2321.

In denjenigen Fällen, wo die Konkurrenz von Pflichtteils- und Vermächtnislast nicht von Anfang an besteht, sondern erst später dadurch entsteht, daß ein an sich pflichtteilsberechtigter Legatar das Legat ausschlägt und seinen Pflichtteil fordert, kann die Kürzung nicht nach § 2318, sondern nur nach § 2321 vorgenommen werden. Natürlich ist vorausgesetzt, daß außer dem ausgeschlagenen Vermächtnis noch eins oder mehrere andere vorhanden sind. Der § 2321 bestimmt, daß der Erbe den Vorteil, den er durch die Ausschlagung des ihn beschwerenden Legats erlangt, also den Wert dieses Legats, das er doch zu leisten erspart, auf den Pflichtteil leisten muß, den der Ausschlagende nunmehr statt des Legats fordert. Über den Grund dieser Bestimmung siehe weiter unten bei der Erbenmehrheit. Im Verhältnis zwischen dem Erben und den übrigen Vermächtnisnehmern ist bei Anwendung des § 2321 die Lage des Erben die, daß er selbst den Pflichtteil in Höhe des Wertes des ausgeschlagenen Legats tragen muß; insoweit also kann er auf den Legatar die Last nicht abwälzen. Nur wenn der zu deckende Pflichtteil größer ist, wie das ausgeschlagene Legat, ist der alsdann noch aufzubringende Rest des Pflichtteils wieder nach der Regel des § 2318 gemeinschaftlich vom Erben und den Legataren zu tragen. Beispiel: X setzt den Extraneus F zum Alleinerben seines 10 000 *M* betragenden Nachlasses ein. Er bestimmt weiter, daß sein einziger gesetzlicher Erbe, sein Sohn A, 1000 *M* und daß der Z 3000 *M* als Legat erhalten sollen. Schlägt A das Legat aus, so kann er Zahlung von 5000 *M* als Pflichtteil fordern. Da der F durch die Ausschlagung des Legats seitens des A von der Pflicht, ihm 1000 *M* als Legat zu zahlen, frei wird, muß er diese 1000 *M* auf den Pflichtteil des A verwenden. Die restierenden 4000 *M* des Pflichtteils sind nach dem Verhältnisse 7000 : 3000 = 7 : 3 von F und Z gemeinschaftlich zu tragen, es können dem Z $^3/_{10}$ von 4000 *M* = 1200 (statt, wie es bei Anwendung des § 2318 der Fall wäre, 1500) *M* in Abzug gebracht werden. Die Anwendung des § 2321 kann durch den Erblasser in letztwilliger Verfügung verboten werden (§ 2324). — Das folgende Beispiel zeigt, daß infolge des § 2321 unter Umständen ein Abzug vom Legat überhaupt nicht gemacht werden kann. Der Nachlaß ist 10 000 *M*. A ist mit 5000 *M* Legat bedacht, Z soll außerdem noch 1000 *M* Legat bekommen. A schlägt das Legat, obwohl es dem Pflichtteil entspricht, aus und fordert 5000 *M* als Pflichtteil. F hat hier den Pflichtteil allein zu tragen, da sein Vorteil gerade 5000 *M* beträgt. — Sollte die Ausschlagung des Legats durch den an sich Pflichtteilsberechtigten einem anderen wie dem Erben, also z. B. einem Legatar zustatten kommen, so hat dieser die Pflichtteilslast in Höhe des erlangten Vorteils zu tragen. Es soll hier das von Staudinger zu § 2321 dafür gegebene Beispiel herangezogen werden: Der Extraneus E ist als Alleinerbe eingesetzt. Der Nachlaß beträgt 100 000 *M*. Der einzige Sohn A ist enterbt. E soll an B 20 000 *M* Vermächtnis zahlen, B soll davon 10 000 *M* an deu A zahlen. (Hier kann A, auch wenn er das Vermächtnis nicht ausschlägt, 40 000 *M* als Pflichtteil fordern, § 2307). Es schlage der A aus. Sein Pflichtteil ist 50 000 *M*. Den Vorteil von der Ausschlagung hat hier der Legatar B, da er die 10 000 *M* Legat an A zu zahlen erspart. Nach der Regel des § 2318 Abs. 1 würde sich folgende Berechnung ergeben: Die 50 000 *M* Pflichtteil des A sind von E mit 80 000 und von B mit 20 000 *M*, also nach dem Verhältnisse von 80 000 : 20 000 = 4 : 1 aufzubringen. E hat $^4/_5$ von 50 000 = 40 000 *M*, B $^1/_5$ = 10 000 *M* beizusteuern. E gibt also fort 50 000 an A und 10 000 an B, er behält 40 000. Wird aber der Vorteil von 10 000 *M* berücksichtigt, den der B von der Ausschlagung des A hatte, so muß B sich seitens des E zunächst einen Abzug vom Legat in Höhe dieses Vorteils gefallen lassen, da insoweit der B allein die Pflichtteilslast zu tragen hat; es verbleiben ihm nunmehr nur 10 000 Mark und als Pflichtteil sind nur noch 40 000 *M* von E und B aufzubringen. Es tragen E und B daran nach dem Verhältnis 80 000 : 10 000 = 8 : 1, d. h. es muß E $^8/_9$ von

40 000 ℳ = 35 555⁵/₉ und B ¹/₉ = 4444⁴/₉ tragen. Diese 4444⁴/₉ ℳ kann E dem B weiter in Abzug bringen, zusammen also 14 444 ⁴/₉ ℳ. E behält hier 100 000 — 50 000 — 5555⁵/₉ = 44 444⁴/₉ ℳ (statt, wie oben, 40 000 ℳ), während B 5555⁵/₉ ℳ (statt, wie oben, 10000 ℳ) erhält. Auch hier ist festzuhalten, daß der Schuldner des Pflichtteils stets der Erbe ist (Schuldner des Legats wäre im Beispiel natürlich der B) und daß die Berechnung des abzugsfähigen Teils des Legats ein Internum des Erben und Legatars ist. — Der Fall kann so liegen, daß — infolge des § 2320 — die Pflichtteilslast n u r von dem Vermächtnisnehmer zu tragen ist. Beispiel: Der Extraneus F soll als Alleinerbe dem Z 6000 ℳ Legat auszahlen, Z soll dem Sohne A 5000 ℳ Legat zahlen. A schlägt aus und fordert 5000 ℳ als Pflichtteil. Der F als Schuldner muß sie ihm zwar zahlen, aber er kann dem Z, der infolge der Ausschlagung des Legats durch A 5000 ℳ Vorteil hat, einen Abzug in Höhe dieses Vorteils machen und braucht ihm nur 1000 ℳ zu zahlen. — Der Erbe darf die Kürzung nicht früher vornehmen, als bis die Konkurrenz von Pflichtteilslast und Vermächtnislast auch wirklich besteht. Die Möglichkeit, daß sie eintreten werde, genügt nicht. Beispiel: F, der Extraneus, ist Alleinerbe. Er ist mit 3000 ℳ Legat für den Z beschwert. Dem Z ist ein Legat von 2000 ℳ zugunsten des A auferlegt, der als einziger Sohn des Erblassers alleiniger gesetzlicher Erbe gewesen wäre. Fordert Z 3000 ℳ, noch ehe der A sich entschieden hat, ob er das Legat ausschlagen werde, so muß F zahlen. Schlägt dann der A aus, so kann F gegenüber Z Rückzahlung des abzugsfähigen Betrages aus der ungerechtfertigten Bereicherung geltend machen (Planck Anm. 3 zu § 2321). Die (beiden letzteren) Fälle, in denen die Pflichtteilslast nicht ganz oder überhaupt nicht vom Erben getragen wird, sind im § 2323 besonders behandelt. Danach ist der Erbe insoweit nicht berechtigt, dem Vermächtnisnehmer oder dem Auflagenempfänger einen Abzug zu machen, als er die Pflichtteilslast nicht zu tragen hat (doch hat es, wenn der Erblasser eine abweichende Anordnung in der letztwilligen Verfügung getroffen hat, dabei sein Bewenden (§ 2324)). Der Erbe muß also, um an das oben erwähnte Beispiel anzuknüpfen, die 1000 ℳ, welche dem Z noch verbleiben, ungeschmälert auszahlen, der Pflichtteil ist ja erledigt. — Würde das Legat, das der Z dem A zahlen soll, nur 4000 ℳ betragen, so würde der Z im Falle der Ausschlagung des Legats durch A 4000 ℳ Vorteil haben, sich also insoweit den Abzug durch F gefallen lassen müssen, da insoweit nur er den Pflichtteil trägt. Da aber der Pflichtteil 5000 ℳ beträgt, bleiben noch 1000 ℳ Pflichtteil zu erledigen. Insoweit kommt wieder die allgemeine Regel des § 2318 Abs. 1 zur Anwendung. Es haben also diese 1000 ℳ wieder der Erbe und der Z und zwar nach dem Verhältnis 4000 : 2000 ℳ statt 4000 : 6000 (da das Legat des Z in Höhe von 4000 ℳ bereits konsumiert ist) zu tragen. Der § 2323 verhütet somit, daß der Erbe Abzüge auch insoweit machen darf, als der Legatar ohnehin schon den Pflichtteil zu tragen hat; dasjenige, was der Legatar auf den Pflichtteil schon nach § 2321 opfern muß, hat bei der Verteilung des danach ungetilgt verbleibenden Pflichtteilsrestes außer Betracht zu bleiben.

§ 2322.

Auch der § 2322 beschäftigt sich mit dem Kürzungsrecht für den Fall, daß die Konkurrenz von Pflichtteils- und Vermächtnislast nicht von Anfang an besteht, sondern erst später entsteht. Während der § 2321 für das Eintreten dieser Konkurrenz voraussetzt, daß der an sich Pflichtteilsberechtigte ein ihm zugewendetes Legat ausschlägt und den Pflichtteil fordert, der alsdann vom Erben und von weiteren Legataren aufzubringen ist, setzt der § 2322 voraus, daß der an sich Pflichtteilsberechtigte ein ihm zugewendetes Legat ausschlägt, weil er selbst gleichzeitig mit einem Legat (oder einer Auflage) beschwert ist. Ein weiterer Legatar wird hier nicht erfordert. Der Erbe schuldet den Pflichtteil, den der Ausschlagende statt des ihm zugedachten Legats fordert, sowie das Legat, mit dem der Pflichtteilsberechtigte beschwert war (§ 2161). Beispiel: X, welcher einen Sohn A als einzigen gesetzlichen Erben hat, setzt seinen Freund F zum Alleinerben ein, beschwert ihn aber zugunsten des A mit einem Vermächtnis von 5000 *M* und ferner beschwert er den A zugunsten des Z mit einem Vermächtnis, dessen Wert sich auf 8000 *M* beläuft, wie sich nach dem Erbfalle herausstellt. Nachdem A ausgeschlagen hat, schuldet F ihm (bei 10 000 *M* Nachlaß) 5000 *M* Pflichtteil, ferner schuldet er dem Z 8000 *M* Legat. Es ist also hier jetzt — rein äußerlich betrachtet — die im § 2318 Abs. 1 für die Kürzung des Legats vorausgesetzte Situation gegeben. In Wahrheit ist sie aber anders. Der Erblasser, der von vornherein den gesetzlichen Erben ausschließt und auf den Pflichtteil angewiesen sein läßt, und ihn ferner gleichzeitig mit einem Legat für irgend jemand beschwert, beabsichtigt, den Erben gleichzeitig mit der Pflichtteils- und Legatslast zu beschweren. Wenn aber der Erblasser seinen gesetzlichen Erben mit einem Legat abfindet und gleichzeitig mit einem Legat beschwert, so will er doch nicht, daß der Erbe zwei Lasten, sondern daß er nur die eine, nämlich das für den Pflichtteilsberechtigten bestimmte Legat trage. Kommt es nun infolge der Ausschlagung des Legats durch den Pflichtteilsberechtigten dazu, daß der Erbe Pflichtteil und Legat tragen muß, so widerspricht dies dem Willen des Erblassers. Andererseits entspricht es aber auch nicht dem Willen des Erblassers, daß der Erbe nunmehr von der Leistung des ihm auferlegten Legats befreit sein solle. Das Gesetz hat hier, wie folgt, einen Ausgleich geschaffen: Der Erbe hat keinen Anspruch darauf, den Vorteil endgültig zu behalten, den er dadurch erfährt, daß der Pflichtteilsberechtigte ihn durch Ausschlagung des Legats entlastet. Er soll diesen Vorteil wieder fortgeben und zwar auf den Pflichtteil des nunmehr den Pflichtteil Fordernden. Er soll aber andererseits das nunmehr ihn beschwerende Vermächtnis des Z zur Beseitigung der Überschwerung insoweit kürzen dürfen, daß er aus dem Zusammentreffen der Pflichtteils- und Legatslast keinen Schaden hat. Im Beispiel würde F überschwert sein, da ihm die Leistung von 5000 *M* + 8000 *M* obliegt. Da es darauf ankommt, den Pflichtteil in voller Höhe zu erfüllen, muß Z sich 3000 *M* kürzen lassen, d. i. der Betrag, der dem F zur Erfüllung des Pflichtteils fehlen würde, wenn er dem Z 8000 *M* zahlen würde. Es ist ersichtlich, daß die Kürzung hier ganz anders wie die nach § 2318 zulässige geartet ist. Sollte im Einzelfalle infolge des Zusammentreffens von Pflichtteils- und Vermächtnislast keine Überschwerung eintreten, so darf eine Kürzung am Legat nicht vorgenommen werden; darauf, daß der Erbe etwas für sich selbst behalte, kommt es hier, wo ihm ein Vorteil erwächst, der ihm nicht zugedacht war, nicht an. Ist das Vermächtnis, das der Z bekommen soll, nur 5000 *M*, so würden 5000 *M* Pflichtteil und 5000 *M* Legat zu leisten sein. Das Legat könnte nicht gekürzt werden, weil auch bei voller Leistung für die Deckung des Pflichtteils genügend übrig bleibt.

Der § 2322 ist auch für den Fall anwendbar, daß die Konkurrenz von Pflichtteils- und Vermächtnislast später dadurch eintritt, daß der Pflichtteilsberechtigte zum Alleinerben eingesetzt, aber gleichzeitig mit einem Legat beschwert ist. Wenn er nämlich wegen der Beschwerung die Erbschaft ausschlägt und den Pflichtteil fordert, so schuldet der Erbe diesen Pflichtteil und das Legat, um deswillen der Pflichtteilsberechtigte die Erbschaft ausschlug (§ 2161). Auf diese Weise treffen Pflichtteils- und Legatslast zusammen und es ist — rein äußerlich — der Fall der Kürzung nach § 2318 Abs. 1 gegeben. Beispiel: X setzt seinen einzigen Sohn A zum Alleinerben ein und legt ihm zugunsten des Z 7000 ℳ Vermächtnis auf. Der Nachlaß ist 10 000 ℳ. Der Pflichtteil, den der A nach Ausschlagung der Erbschaft fordert, ist 5000 ℳ. An Stelle des A werde Erbe der Extraneus F. Der F kann das Legat nicht nach § 2318, sondern nur nach § 2322 kürzen. Es ist nämlich nicht ebendasselbe, ob X den F von vornherein zum Erben bestimmt und ihm den Pflichtteil zugunsten des A und das Legat zugunsten des Z auferlegt oder ob F erst an Stelle des A Erbe geworden und mit den beiden Lasten beschwert ist. Der Wille des Erblassers ging dahin, daß A das Legat an Z zahle. Wenn jetzt aus der einen Verpflichtung des Erben bei F deren zwei werden, so ist der Erbe mehr beschwert, wie es dem Willen des Erblassers entsprach. Andererseits ist ihm dadurch, daß er zu einer für ihn nicht bestimmten Erbschaft berufen wurde, ein Vorteil erwachsen, auf den er im Grunde keinen Anspruch hat. Der § 2322 schafft hier, wie folgt, einen Ausgleich: Der Erbe soll den Vorteil (die Erbschaft) nicht behalten dürfen, er soll ihn für den Pflichtteil des Ausschlagenden fortgeben; er soll aber andererseits nicht durch die gleichzeitig auf ihn übergegangene Legatslast Nachteil haben. Im Beispiel würde F 5000 ℳ + 7000 ℳ leisten müssen. Da es darauf ankommt, daß der Pflichtteil in voller Höhe geleistet werde, muß Z sich 2000 ℳ kürzen lassen, d. h. den Betrag, der dem F bei voller Tilgung des Legats zur Deckung des Pflichtteils fehlen würde. Wo ein solches Manko bei der vollen Tilgung des Legats nicht eintreten würde, kann vom Legat nichts gekürzt werden. Der Erbe hat keinen Anspruch darauf, vom Nachlaß etwas für sich zu behalten, da er ihm nicht von Anfang an zugedacht war.

2. Die Haftung des Alleinerben, der selbst pflichtteilsberechtigt ist.

Vorausgeschickt sei folgendes: Die Verbindung: „Der Alleinerbe, der selbst pflichtteilsberechtigt ist", kann nicht dahin verstanden werden, daß der Alleinerbe auch noch einen Pflichtteilsanspruch haben kann, vielmehr schließt das Erbrecht des alleinigen Erben seinen Pflichtteilsanspruch geradezu aus. (Anders bei Miterben. § 2305.) Der Alleinerbe erhält die gesamte Erbschaft als Eigentümer, der Pflichtteilsberechtigte kann nur eine Zahlung (den Pflichtteil) gegenüber dem Erben fordern. Unter der Verbindung: „Der Alleinerbe, der selbst pflichtteilsberechtigt ist", ist ein Alleinerbe zu verstehen, der, wenn er nicht im konkreten Falle zur Erbfolge berufen bezw. wenn er von der Erbfolge durch Verfügung von Todeswegen ausgeschlossen wäre, den Pflichtteil fordern könnte. Es kann sich hier immer nur um einen Abkömmling des Erblassers, seinen Ehegatten oder seine Eltern handeln (§ 2303).

Ein an sich pflichtteilsberechtigter Alleinerbe kann, wie jeder andere Erbe, die Erbschaft ausschlagen. Er hat alsdann nicht nur kein Erbrecht (§ 1953 Abs. 1), sondern auch keinen Pflichtteilsanspruch. Er kann also die Erbschaft nicht aus dem Grunde ausschlagen, weil er dafür seinen Pflichtteil fordern möchte. Im Falle der Ausschlagung wird Erbe der nach § 1953 Abs. 2 zunächst Berufene. — Der an sich pflichtteilsberechtigte in letztwilliger Verfügung berufene Alleinerbe kann, wenn er ohne die Verfügung des Erblassers im konkreten Falle zum gesetzlichen Erben berufen gewesen wäre, die Erbschaft aus der letztwilligen Verfügung ausschlagen und als gesetzlicher Erbe annehmen (§ 1948). Schlägt er die Erbschaft aus, so erstreckt sich „im Zweifel" die Wirkung auf alle Berufungsgründe, die ihm zur Zeit der Ausschlagung bekannt sind (§ 1949 Abs. 2).

Der an sich pflichtteilsberechtigte Alleinerbe kann nur dann die Erbschaft ausschlagen und dafür den Pflichtteil fordern, wenn er, wie folgt, beschränkt bezw. beschwert ist: a) Beschränkungen: Die Einsetzung eines Testamentsvollstreckers, die Einsetzung eines Nacherben oder als Nacherbe, eine Teilungsanordnung, b) Beschwerungen: Vermächtnis, Auflage. Dieses Recht beruht auf § 2306 Abs. 1 S. 2, da auf den Alleinerben zutrifft, daß er mehr wie die Hälfte seines gesetzlichen Erbteils erbt. (Der § 2306 Abs. 1 S. 1 kann nur einen Miterben betreffen, da in dem Falle, wo der Erbe höchstens die Hälfte seines gesetzlichen Erbteils erhält, hinsichtlich des Restes weitere Erben in Betracht kommen.) Nach der Ausschlagung gestaltet sich die Lage im einzelnen wie folgt: Der Ausschlagende hört auf, Erbe zu sein, er kann seinen Pflichtteil gegenüber dem an seine Stelle tretenden Erben fordern. Dieser schuldet, sofern nicht ein anderer Wille des Erblassers anzunehmen ist, auch die Legate bezw. Auflagen, um derentwillen der an sich pflichtteilsberechtigte Alleinerbe die Erbschaft ausgeschlagen hat (§§ 2161, 2192). Die angeordnete Testamentsvollstreckung und die Teilungsanordnung bleibt bestehen. Hatte der Ausschlagende ausgeschlagen, weil er lediglich als Nacherbe eingesetzt war, so entfällt die Nacherbschaft ganz; dafür fordert der Ausschlagende den Pflichtteil. War er durch die Einsetzung eines Nacherben belastet, selber also nur Vorerbe, so hört lediglich er auf, Vorerbe zu sein, dafür fordert er den Pflichtteil. Vorerbe wird der an seine Stelle tretende Erbe, die Nacherbschaft bleibt bestehen.

Nunmehr soll im einzelnen über die Haftung bezw. das Verweigerungsrecht des Erben folgendes ausgeführt werden:

a) Für die Frage, ob ein Alleinerbe, der selber an sich pflichtteilsberechtigt ist, die Erfüllung der Forderung eines anderen Pflichtteilsberechtigten verweigern kann, kommt es darauf an, ob der andere Pflichtteilsberechtigte den ordentlichen (§ 2303) oder den außerordentlichen (§ 2325) Pflichtteil fordert. α) Die Erfüllung des ordentlichen Pflichtteils kann auch der selber pflichtteilsberechtigte Alleinerbe niemals verweigern, weil nämlich auch bei voller Befriedigung des Pflichtteilsberechtigten der eigene Pflichtteil des Erben keinerlei Schmälerung erfahren kann. Zum Verständnis sei auf das oben 1 a (Seite 82) über die Berechnung des Pflichtteils Dargelegte verwiesen. Da der Pflichtteil vom Netto-Nachlaß berechnet wird und stets nur ein Bruchteil desselben ist, verbleibt für den Erben jedenfalls ein seinem eigenen Pflichtteil entsprechender Nachlaß. Beispiel: Es seien vererbte Nachlaßschulden im Betrage von 40 000 ℳ vorhanden; der Nachlaß betrage 50 000 ℳ. Hier ist der für die Berechnung des Pflichtteils maßgebende Betrag 50 000 — 40 000 = 10 000 ℳ. Der Testator X habe Frau und Kinder. Er setzt die Frau zum Alleinerben ein. Demzufolge sind die Kinder pflichtteilsberechtigte Nachlaßgläubiger, die ihre Ansprüche gegen ihre Mutter geltend machen. Da Kinder zusammen $^3/_4$ erben, ist ihr Pflichtteil zusammen $^3/_8$, d. i. hier, bei einem Nettonachlaß von 10 000 ℳ, 3750 ℳ. Wenn die Witwe 3750 ℳ zahlt, verbleiben ihr selbst noch 6250 ℳ; ihr eigener Pflichtteil, der nur $^1/_8$ von 10 000 ℳ = 1250 ℳ betragen haben würde, ist nicht geschmälert. — Wegen der sonstigen für die Leistung des Pflichtteils geltenden Regeln siehe Seite 82. Sollte der Erbe durch Mißwirtschaft den Nachlaß so verringern, daß die Leistung des Pflichtteils seinen eigenen Pflichtteil schmälern würde, so muß er den Pflichtteil dennoch leisten, da die Folgen seiner Mißwirtschaft nur ihn selbst treffen. Auch wenn die Minderung des Nachlasses nicht auf Mißwirtschaft zurückzuführen ist, hat der Erbe den Pflichtteil zu leisten, da die Gefahr auf ihm lastet (§ 2311). — β) Die Erfüllung des außerordentlichen Pflichtteils (§ 2325) kann ein an sich pflichtteilsberechtigter Alleinerbe verweigern, wenn bezw. insoweit durch die Erfüllung sein eigener außerordentlicher Pflichtteil geschmälert werden würde (§ 2328). Der zum Erben berufene Pflichtteilsberechtigte ist hier also den auf den Pflichtteilsanspruch angewiesenen Berechtigten vorgezogen; den letzteren bleibt nur übrig, nach Maßgabe des § 2329 von dem Beschenkten die Bereicherung insoweit herauszufordern, als es zu seiner Befriedigung erforderlich ist. Beispiel: Der X hat von seinen beiden Söhnen A und B, die seine einzigen gesetzlichen Erben sind, nur den A zum Erben seines 10 000 ℳ betragenden Nachlasses eingesetzt. X hatte bei Lebzeiten an seinen Freund 50 000 ℳ verschenkt. Der ordentliche Pflichtteil des A und B wäre je $^1/_4$ von 10 000 ℳ = 2500 ℳ; ihr außerordentlicher Pflichtteil ist $^1/_4$ von (10 000 + 50 000) = 15 000 ℳ. Würde nun A gezwungen sein, an B 15 000 ℳ zu zahlen, so würde ihm selbst nichts verbleiben. Er darf die Befriedigung des B überhaupt verweigern. Nimmt man als Schenkung nur 5000 ℳ an, so ist der außerordentliche Pflichtteil $^1/_4$ von (10 000 + 5000 ℳ) = 3750 ℳ. Hier muß A den B voll befriedigen, weil er dadurch an seinem eigenen außerordentlichen Pflichtteil, der gleichfalls 3750 ℳ beträgt, keinen Schaden erleidet. Nimmt man aber als Nachlaß nur 3000 ℳ und als Schenkung 5000 ℳ an, so ist der außerordentliche Pflichtteil des A und B je $^1/_4$ von (3000 + 5000) = 2000 ℳ. A ist also ohne Nachteil für seinen eigenen außerordentlichen Pflichtteil nur zur Zahlung von 1000 ℳ imstande; diese 1000 ℳ muß er also dem B zahlen.

b) Ist der an sich pflichtteilsberechtigte Alleinerbe mit einem Vermächtnis oder mit einer Auflage beschwert, so kommt es für das Schicksal des Legats darauf an, ob er die Erbschaft annimmt oder ausschlägt. Ihm steht nach § 2306 Abs. 1 S. 2 das Recht zu, diese beschwerte Erbschaft auszuschlagen, um dafür seinen vollen Pflichtteil zu fordern. Fall α: Der Erbe nimmt die Erbschaft an. Hier ist das Legat (die Auflage) voll zu erfüllen, weil mit der Annahme der Erbe zu erkennen gibt, daß er sich der Beschwerung unterwerfen will. Fall β: Der Erbe schlägt aus und fordert den Pflichtteil. Hier ist der an seine Stelle tretende Erbe Schuldner sowohl des Pflichtteils wie der Beschwerung. Es liegt der im § 2322 (siehe weiter unten Seite 95) behandelte Fall vor; die Kürzung am Legat ist unter Umständen, so weit sie nämlich zur Abwendung einer Überschwerung des Erben erforderlich ist, zulässig. Sollte der an sich pflichtteilsberechtigte Alleinerbe das Legat bezw. die Auflage an einen auch seinerseits an sich Pflichtteilsberechtigten, der durch das Legat usw. für den Ausschluß von der Erbfolge entschädigt werden sollte, zu leisten haben, so ist die Situation folgende: α) Der Erbe nimmt die Erbschaft an. Hier muß er aus dem oben angegebenen Grunde die Beschwerung ungekürzt erfüllen. Schlägt der Begünstigte das Legat (die Auflage) aus (conf. § 2307) und fordert er dafür den Pflichtteil, so steht dem an sich pflichtteilsberechtigten Alleinerben ein anderer Pflichtteilsberechtigter gegenüber, der nach den bei 2 a (Seite 91) angegebenen Regeln zu befriedigen ist. β) der Erbe schlägt die Erbschaft aus und fordert seinerseits seinen Pflichtteil. Hier ist der an seine Stelle tretende Erbe sein Schuldner in Höhe des Pflichtteils und auch Schuldner des an sich pflichtteilsberechtigten Legatars. Schlägt auch der Legatar aus und fordert er seinen Pflichtteil, so schuldet der an Stelle des ausschlagenden Erben tretende Erbe an beide Ausschlagende den Pflichtteil. Es liegt ein Fall der Kürzungsmöglichkeit nicht vor.

c) Steht dem an sich pflichtteilsberechtigten Alleinerben von Anfang an sowohl der Anspruch eines anderen Pflichtteilsberechtigten wie auch der eines Legatars (Extraneus!) bezw. Auflagenempfängers gegenüber, so kommt für sein Verweigerungsrecht wieder in Betracht, ob er die Erbschaft annimmt oder wegen der Beschwerung ausschlägt. Fall 1: Der Erbe schlägt die Erbschaft aus. (Er kann es lediglich wegen des Legats, nicht auch wegen des Pflichtteils tun, § 2306 Abs. 1). Der an seine Stelle tretende neue Erbe verschuldet sowohl das Legat (die Auflage) wie auch den Pflichtteil und endlich auch den Pflichtteil des Ausschlagenden. Der § 2322 hat Anwendung zu finden (conf. die Darstellung Seite 88). Sollte auch der Legatar, weil an sich pflichtteilsberechtigt, ausschlagen, so würde der neue Erbe drei Pflichtteile zu erfüllen haben; von einer Kürzung kann keine Rede sein. Fall 2: Der Erbe nimmt die Erbschaft an Er schuldet also dem Pflichtteilsberechtigten den Pflichtteil, dem Legatar das Legat. Hier ist ihm das Recht verliehen, das Legat um des Anspruchs des Pflichtteilsberechtigten willen so weit zu kürzen, daß ihm sein eigener Pflichtteil ungeschmälert verbleibt (§ 2318 Abs. 3). Ist der Nachlaß 10 000 M, der Pflichtteil des B 2500 und der des Erben A 2500 M, das Legat des Z 6000 M, so kommt zweierlei in Betracht. Zahlt A dem B 2500 M und dem Z 6000 M, so verbleiben ihm auf seinen eigenen Pflichtteil nur 1500 M, also um 1000 M zu wenig; zahlt er an Z 6000 M und, um seinen eigenen Pflichtteil ungeschmälert zu erhalten, an B nur 1500 M, so schmälert er den Pflichtteil des B um 1000 M. Das Gesetz wahrt im § 2318 das Interesse beider Pflichtteile auf Kosten des Legatars, der sich eine zwiefache Kürzung gefallen lassen muß. Die erste Kürzung geschieht um der fremden Pflichtteilslast willen nach der Regel des Abs. 1. Sollte sich hierbei eine Schmälerung des Pflichtteils des Erben ergeben, so kann er nach Abs. 3 am Legat eine zweite Kürzung vornehmen und zwar bis höchstens zur Höhe des fremden Pflichtteils, also nicht auch bis zur Höhe des eigenen Pflichtteils, wenn auch um des eigenen Pflichtteils willen. Der Abs. 3 des § 2318 bessert also gegenüber dem Abs. 1 die Stellung des Erben, aber er wahrt ihm doch nicht den vollen Pflichtteil. Beispiel: X hat zwei Söhne A und B als einzige gesetzliche Erben. Er setzt den A zum Alleinerben ein und beschwert ihn mit einem Legat von 5000 M zugunsten des Extraneus Z.

Der Nachlaß ist 12 000 M. A schuldet dem B 3000 M Pflichtteil, dem Z 5000 M Legat. Nimmt er die Erbschaft an, so bleibt es dabei, daß er Schuldner beider Verbindlichkeiten ist. Er kann das Legat nach Maßgabe des § 2318 Abs. 1 mit der durch Abs. 3 bestimmten Modifikation kürzen. Er hat den Pflichtteil des B mit den 7000 M, die ihm vom Nachlasse verbleiben, Z hat ihn mit den ihm zugedachten 5000 M aufzubringen. Es kommt das Verhältnis 7000 : 5000 = 7 : 5 in Betracht, d. h. A hat $^7/_{12}$, Z $^5/_{12}$ von 3000 M = 1750 M bezw. 1250 M beizusteuern. A darf dem Z hier 1250 M in Abzug bringen. Er gibt fort: 3000 + 3750 = 6750 M, es verbleiben ihm selbst mehr wie sein eigener Pflichtteil (3000 M), weshalb er am Legat keine weitere Kürzung vornehmen darf. Nimmt man aber als Nachlaß 10 000 M und als Legat des Z 8000 M an, so schuldet A dem B 2500 M Pflichtteil und dem Z 8000 M Legat. Die 2500 M des B sind von A mit 2000 M und von Z mit 8000 M, also im Verhältnis von 1 : 4 aufzubringen; es muß A $^1/_5$, Z $^4/_5$ bezw. A 500, Z 2000 M beisteuern bezw. Z sich 2000 M abziehen lassen und mit 6000 M zufrieden sein. Gibt der A nun an den B 2500 M und an Z 6 000 M, so verbleiben ihm selbst nur 1500 M d. h. 1000 M weniger wie sein eigener Pflichtteil. Er darf nun dem Z nicht etwa weitere 1000 M abziehen, um dieses Manko auszugleichen, er darf aber seine Position verbessern, indem er das Legat, das bisher erst um 2000 M gekürzt ist, noch um weitere 500 M, d. h. bis zur Höhe der f r e m d e n Pflichtteilslast kürzt. Er gibt danach also fort: An A 2500 M, an Z 5500 M und behält 2000 M. Handelt es sich darum, den Anspruch des fremden Pflichtteilsberechtigten neben dem eines gleichfalls an sich pflichtteilsberechtigten Legatars zu erfüllen, so hat auch hier der Erbe das im Abs. 3 des § 2318 normierte Kürzungsrecht. Es steht also der Legatar trotz seines an sich bestehenden Pflichtteilsrechts dem Erben, wenn er an sich pflichtteilsberechtigt ist, nach (Staudinger zu § 2318 Anm. 3 am Ende; Planck l. c. Anm. 4 a. E.). Beispiele: X hat zwei Söhne, A und B, sowie eine Ehefrau K als einzige gesetzliche Erben. Er setzt jedoch zum Alleinerben seines 6000 M betragenden Nachlasses den Sohn A ein, übergeht den Sohn B ganz und bestimmt für seine Ehefrau K als Legat 1500 M. Der Pflichtteil des A und B beträgt je $^3/_{16}$ von 6000 M = je 1125 M, der Pflichtteil der K $^1/_8$ von 6000 M = 750 M. Der A hat an B 1125 M Pflichtteil und an die K 1500 M Legat zu leisten. Den Pflichtteil des B mit 1125 M hat A mit 4500, K mit 1500 M aufzubringen, d. h. es trägt A $^3/_4$ von 1125 M = 843 M 75 Pf., K $^1/_4$ von 1125 M = 281,25 M. A darf der K 281,25 M abziehen, d. h. also nur 1218,75 M zahlen. Einen weiteren Abzug darf er nicht machen, weil sein eigener Pflichtteil hier nicht geschmälert wird; er behält, da er an B 1125 und an K 1218,75 M zahlt, 3656,25 M. Nimmt man aber als Legat der K 5000 M an, so ist der Pflichtteil des B von A mit 1000 M und von der K mit 5000 M, d. h. nach dem Verhältnis 1 : 5 aufzubringen, es trägt also die K $^5/_6$ von 1125 M = 937,50 M. Demnach hat A an B 1125 M, an K 4062,50 M, zusammen 5187,50 M zu zahlen, es würden ihm selbst nur 812,50 M verbleiben, d. h. 312,50 M weniger wie sein Pflichtteil betragen hätte. Er darf deshalb der K noch einen weiteren Abzug machen, allerdings nicht in Höhe von 312,50 M, sondern nur von 187,50 M, nämlich im ganzen bis zur Höhe des Pflichtteils des B (1125 — 937,50 M).

§ 2321.

Hat der an sich pflichtteilsberechtigte Alleinerbe mehrere Legate zu erfüllen, deren eines oder mehrere solchen Personen zusteht, die gleichfalls an sich pflichtteilsberechtigt sind, so gelten die allgemeinen Grundsätze (siehe oben ad 2 b). Der Erbe muß die Legate erfüllen, da er die beschwerte Erbschaft einmal angenommen hat. Schlägt einer oder schlagen mehrere der an sich pflichtteilsberechtigten Legatare die Erbschaft aus, bleiben die übrigen Legate aber bestehen, so schuldet der Erbe an den (die) ausschlagenden Legatare (je) den Pflichtteil, an die annehmenden Legatare je das Legat. Es liegt also Konkurrenz von Pflichtteils- und Vermächtnislast vor. Was nun das Verweigerungsrecht anlangt, so kommt auch für den an sich pflichtteilsberechtigten Erben der § 2321 zur Anwendung, wonach er in Höhe des ausgeschlagenen Legats den Pflichtteil des Ausschlagenden allein tragen muß. Er muß also, wenn auch nicht das Legat, so doch den Wert des Legats fortgeben. Sollte der Pflichtteil damit noch nicht voll aufgebracht sein, so ist der Rest wieder nach der Regel des § 2318 Abs. 1 und 3, wie dies eben dargelegt ist, vom Erben und den Legataren aufzubringen. Beispiel: X setzt seinen Sohn A zum Alleinerben ein. Für den Sohn B bestimmt er 1000 ℳ Legat, für den Extraneus Z 7000 ℳ. Der Nachlaß ist 10 000 ℳ. B schlägt das Legat aus und fordert 2500 ℳ Pflichtteil. Diese 2500 ℳ muß A in Höhe des ausgeschlagenen Legats, also von 1000 ℳ allein tragen, die noch aufzubringenden 1500 ℳ muß er gemeinschaftlich mit Z tragen nach dem Verhältnis 3000 : 7000 = 3 : 7. Er darf hier dem Z 1050 ℳ abziehen, müßte also fortgeben an B 2500 ℳ, an Z 5950 ℳ, zusammen 8450 ℳ, weshalb ihm selbst nur 1550 ℳ, d. h. 950 ℳ weniger wie sein eigener Pflichtteil, verbleiben würden. Da der Pflichtteil des B von Z schon mit 1050 ℳ getragen wird, nach § 2318 Abs. 3 aber bis zur vollen Höhe von jetzt noch 2500 ℳ — 1000 ℳ = 1500 ℳ — da doch A 1000 ℳ allein tragen muß — getragen werden muß, so kann ihm A noch (1500 — 1050 =) 450 ℳ, die er zur Aufbesserung seines eigenen Pflichtteils braucht, abziehen. A gibt demnach fort: an B 2500 ℳ, an Z 5500 ℳ, er behält 2000 ℳ.

§ 2322.

Siehe hierzu auf Seite 88. Anwendungsfall 1: Die Konkurrenz von Pflichtteils- und Vermächtnislast tritt dadurch ein, daß der mit einem Vermächtnis bedachte Pflichtteilsberechtigte das letztere ausschlägt, weil er gleichzeitig mit einem Legat beschwert ist. Beispiel: X, welcher zwei Söhne, A und B, als einzige gesetzliche Erben hat, setzt den A zum Alleinerben ein, beschwert ihn aber zugunsten des B mit 8000 ℳ Vermächtnis. Gleichzeitig beschwert er auch den B mit 7000 ℳ Vermächtnis zugunsten des Z. Der Nachlaß ist, wie nach dem Erbfall festgestellt wird, 6000 ℳ. B schlägt wegen der Beschwerung aus. A schuldet ihm 1500 ℳ Pflichtteil und dem Z 7000 ℳ Vermächtnis, zusammen 8500 ℳ. Um die 1500 ℳ Pflichtteil aufbringen zu können, darf er dem Z 2500 ℳ abziehen. A hat keinen Anspruch darauf, daß ihm selbst sein eigener Pflichtteil ungeschmälert verbleibt, nachdem er die beschwerte Erbschaft angenommen hat; er ist genügend geschützt, wenn er die Überschwerung beseitigen kann. Würde auch der A ausschlagen, so würde der Erbe (z. B. der Fiskus) verschulden: an A und B je 1500 ℳ Pflichtteil und an Z 7000 ℳ Legat. Nach § 2318 Abs. 1 muß der Legatar hier beide Pflichtteile selbst tragen, wodurch sein Legat auf 4000 ℳ herabgesetzt wird.

Der Erbe zahlt an A und B zusammen 3000 ℳ, die restierenden 3000 ℳ gibt er an Z nach Maßgabe des § 1992 heraus. — Anwendungsfall 2: Die Konkurrenz von Pflichtteils- und Vermächtnislast tritt dadurch ein, daß der als Erbe eingesetzte an sich Pflichtteilsberechtigte die Erbschaft wegen eines ihn beschwerenden Vermächtnisses ausschlägt und den Pflichtteil fordert. Beispiel: X hat als einzige gesetzliche Erben zwei Söhne, A und B, die er zu je $1/2$ zu Erben einsetzt. Er beschwert sie mit 8000 ℳ Vermächtnis für Z. Hier würde — im Innenverhältnisse — jeder der Erben an der Vermächtnislast mit 4000 ℳ beteiligt sein. A schlägt die Erbschaft wegen der Beschwerung aus, da sich jetzt herausstellt, daß der Nachlaß nur 6000 ℳ beträgt. Dem B kommt dies insofern zustatten, als er 3000 ℳ mehr wie vorher erbt. Aber diese 3000 ℳ bringen ihm 5500 ℳ Schulden, nämlich die Pflichtteilslast gegenüber A mit 1500 ℳ und die Vermächtnislast gegenüber Z mit 4000 ℳ. Deshalb kann er dem Z (5500 — 3000 =) 2500 ℳ abziehen. Es wäre nicht zutreffend, zu rechnen, daß den B jetzt 1500 + 8000 = 9500 ℳ beschweren, und deshalb 3500 ℳ abzuziehen, denn es haben ihn auch schon vor der Ausschlagung des A 4000 ℳ Vermächtnis belastet; es kommt nur darauf an, daß nicht infolge der Ausschlagung, d. h. mit dem dadurch eintretenden Zuwachs, die Überschwerung eintrete. B schuldet also nunmehr dem Z nur 4000 ℳ, die ihn schon bisher beschwert haben, und 4000 — 2500 = 1500 ℳ neue Beschwerung, d. i. 5500 ℳ, und dem A 1500 ℳ, zusammen 7000 ℳ, während er nur 6000 ℳ erbt. Er zahlt also an A 1500 ℳ und stellt die restierenden 4500 ℳ dem Z nach Maßgabe des § 1992 zur Verfügung.

β. Haftung beim Erbschaftskauf.

Die Haftung für Nachlaßverbindlichkeiten bei dem Institute des Erbschaftskaufes.

Die im folgenden behandelten Grundsätze über die Haftung für Nachlaßverbindlichkeiten des Erben als Verkäufers und des Erwerbers als Käufers einer Erbschaft gelten entsprechend auch bei anderen Verträgen (z. B. Schenkung), durch welche der Erbe die ihm angefallene Erbschaft veräußert; sie gelten ferner entsprechend auch für die jedesmalige Weiterveräußerung der Erbschaft durch den Erwerber, sei es daß sie durch Verkauf oder durch anderen Vertrag geschieht, gleichviel ob der Veräußerer selbst sie durch Kauf oder anderen Vertrag erworben hatte (§§ 2385 BGB., 233 KO.).

Über die Form des Erbschaftskaufes bezw. der übrigen eben erwähnten, die Veräußerung der Erbschaft beurkundenden Verträge siehe §§ 2371, 2385, wonach gerichtliche oder notarielle Beurkundung vorgeschrieben ist. Im Interesse der Nachlaßgläubiger bestimmt der § 2384, daß der Verkäufer (Veräußerer) verpflichtet ist, die Veräußerung der Erbschaft und den Namen des Erwerbers dem Nachlaßgericht unverzüglich, d. h. ohne schuldhaftes Zögern (§ 121 BGB.), anzuzeigen, daß aber diese Verpflichtung zessiert, wenn die Anzeige durch den Erwerber rechtzeitig gemacht ist. Diese Anzeigepflicht besteht nur gegenüber den Nachlaßgläubigern; ein Verstoß gegen sie verpflichtet zum Ersatz des etwa auf ihm beruhenden Schadens eines Nachlaßgläubigers. Dem Grundgedanken dieser Bestimmung entspricht es, daß jedem, der ein rechtliches Interesse glaubhaft macht, die Einsicht in die Anzeige zu gestatten ist.

Durch die Veräußerung der Erbschaft entäußert sich der Erbe nicht des Erbrechts, das also der Erwerber nicht erwirbt. Der Veräußerungsvertrag des Alleinerben verpflichtet den Veräußerer lediglich, die Erbschaft an den Erwerber zu übertragen, er ist also nur ein rein obligatorischer Vertrag. Da sich eine Erbschaft nicht im ganzen bezw. durch einen einheitlichen Akt übertragen läßt, begründet der Vertrag die Verpflichtung des Veräußerers bezw. den Anspruch des Erwerbers auf Übertragung der zur Erbschaft gehörigen einzelnen Gegenstände; sie erfolgt nach den hierfür bestehenden besonderen Grundsätzen, bei beweglichen Sachen also durch Übergabe, bei Grundstücken durch Auflassung, bei Forderungen durch Abtretung.

Über den Gegenstand des Verkaufs treffen u. a. die §§ 2372—2377 Bestimmungen. Sie haben für die Grundsätze der Haftung für die Nachlaßverbindlichkeiten insofern Bedeutung, als sie den Nachlaß begrenzen, auf den sich im Falle der Anwendung eines Mittels der Haftungsbeschränkung die Haftung beschränkt; zum Nachlasse gehören alsdann auch die Ansprüche des Käufers gegen den Verkäufer aus dem Kaufe (§ 2383 Abs. 1 S. 3). Insbesondere sei hier auf den § 2377 verwiesen, wonach im Verhältnisse der Vertragschließenden diejenige Vereinigung von Recht und Verbindlichkeit oder von Recht und Belastung, welche mit der Annahme der Erbschaft durch den Erben eintritt und Erlöschen der Rechtsverhältnisse bewirkt, als nicht erfolgt gilt; dies hat zur Folge, daß die Forderungen, welche der Erblasser gegen den Erben hatte, nunmehr Forderungen des Käufers gegen den Erben sind, also zum Nachlasse als Aktiva gehören, während andererseits Forderungen des Erben, die gegen den Erblasser bestanden hatten, dem Erben nunmehr gegen den Käufer zustehen und also Nachlaßverbindlichkeiten begründen. Welche Bedeutung im übrigen die im § 2377 normierte Beschränkung der betreffenden Wirkung auf das Verhältnis lediglich von Käufer zu Verkäufer hat, darüber siehe Strohal Bd. II 418 und Planck zu § 2377.

Durch den Verkauf der Erbschaft befreit sich der Erbe nicht von der Haftung für Nachlaßverbindlichkeiten; sie dauert fort. Daneben aber wird durch die Sondervorschrift des § 2382 der Käufer gleichfalls Schuldner der Nachlaßverbindlichkeiten, obwohl die Erbeneigenschaft nicht auf ihn übergeht. Käufer und Verkäufer haften nunmehr als Gesamtschuldner. Über die Frage, ob der Käufer auch dann haftet, wenn zwar der obligatorische Vertrag, nicht aber auch die Übertragung des Anteils ungültig ist, vergl. Eccius bei Gruchot Bd. 43 S. 808, Strohal Bd. II 97 u. 416 II, Kreß 183⁴. Im folgenden soll die Stellung, welche Käufer und Verkäufer in Ansehung der Haftung gegenüber den Nachlaßgläubigern einnehmen, gesondert erörtert werden:

1. Die Haftung des Käufers. Sie beginnt schon mit dem Abschluß des Kaufvertrages, hängt also nicht davon ab, ob die Erbschaft bereits übergeben ist und ebensowenig davon, ob dem Käufer die Nachlaßverbindlichkeiten bekannt gegeben wurden. Im § 2376 ist insoweit die Gewährleistungspflicht des Verkäufers dahin geregelt, daß der Verkäufer dafür einzustehen hat, daß nicht Vermächtnisse, Auflagen und Pflichtteilslasten (§ 1967 Abs. 2) bestehen. Im Verhältnisse aber zu den Nachlaßgläubigern haftet der Käufer für alle Nachlaßverbindlichkeiten. Eine Abrede der Vertragschließenden des Inhalts, daß die Haftung des Käufers ausgeschlossen oder beschränkt

sein solle, hat nur Bedeutung im Verhältnisse der Vertragschließenden selbst; den Nachlaßgläubigern gegenüber wirkt sie gar nicht (§ 2382 Abs. 2).

Ob der Käufer unbeschränkt und beschränkbar, oder bereits beschränkt, oder ob er unbeschränkbar (allgemein oder relativ) haftet, richtet sich zunächst nach der Haftung des Verkäufers z. Z. des Vertragsschlusses. Die Haftung des Käufers ist nämlich genau dieselbe, wie die des Verkäufers in diesem Zeitpunkte (§ 2383 Abs. 1 S. 2). Hatte also der Verkäufer ein Beschränkungsmittel noch nicht angewendet, hatte er aber die Möglichkeit dieser Anwendung noch gewahrt, so haftet auch der Käufer unbeschränkt, aber beschränkbar. Hatte der Verkäufer Nachlaßverwaltung beantragt, die aber z. Z. des Erbschaftskaufes beendigt war, so haftet der Käufer (wie auch der Verkäufer) unbeschränkt und beschränkbar; dasselbe hat statt, wenn ein Nachlaßkonkurs geschwebt hatte und z. Z. des Kaufes durch Einstellung (§§ 202, 204 KO.) beendigt war; war er dagegen durch Aufhebung nach Akkord und Ausschüttung beendigt, so haftet der Käufer (wie der Verkäufer) beschränkbar nach Maßgabe des § 1989. Hatte der Verkäufer ein Aufgebot durchgeführt und haftete er danach z. Z. des Vertragsschlusses den (säumigen) Nachlaßgläubigern beschränkt nach Maßgabe des § 1973, so haftet auch der Käufer diesen selben Gläubigern nur beschränkt im Sinne des § 1973. — Waren z. Z. des Vertragsschlusses die im § 1974 erwähnten fünf Jahre bereits abgelaufen und war aus diesem Grunde dem Verkäufer gegenüber den säumigen Gläubigern die Einrede der Haftungsbeschränkung nach Maßgabe des § 1974 erwachsen, so steht auch dem Käufer diese Einrede zu. — Hatte der Verkäufer, sei es infolge eines Verstoßes im Sinne der §§ 1994, 2005, sei es durch einen allgemeinen Verzicht, die Möglichkeit der Haftungsbeschränkung im Verhältnis zu allen Gläubigern (absolut) eingebüßt, so ist auch der Käufer nicht bezw. nur soweit, wie der Verkäufer, imstande, die Haftung durch Beschränkungsmittel irgendwelcher Art zu beschränken, wenngleich er den Nachlaßkonkurs beantragen darf. Im Falle eines relativen Verlustes der Beschränkungsmöglichkeit (§ 780 ZPO., § 2006 BGB.) trifft die Unbeschränkbarkeit den Käufer genau so weit wie den Verkäufer z. Z. des Vertragsschlusses. Wegen der Gewährleistungspflicht des Verkäufers gegenüber dem Käufer bei absolut oder relativ unbeschränkbarer Haftung siehe § 2376. — Hatte der Verkäufer ein Mittel der Haftungsbeschränkung bereits vor dem Vertragsschluß angewendet und besteht das Verfahren z. Z. des letzteren noch fort, so kommt dies auch dem Käufer zustatten, d. h. seine Haftung ist von Anfang nur beschränkt. Das Verfahren setzt sich ihm gegenüber fort bezw. er kann es fortsetzen. Ein z. Z. des Vertragsschlusses schwebendes Aufgebot gibt ihm sofort die Hemmungsbefugnis nach § 2015; er kann das Ausschlußurteil beantragen und seine Haftung nach Maßgabe des § 1973 im Verhältnisse zu den säumigen Nachlaßgläubigern einschränken. Sollte der Kaufabschluß je während des Schwebens eines Nachlaßkonkurses stattfinden, so gerät der Käufer sofort in die Stellung des Gemeinschuldners (§ 232 KO.), welch' letztere der Verkäufer (ausnahmsweise) verliert. — War für den Verkäufer die auf § 2014 beruhende Hemmungsbefugnis z. Z. des Vertragsschlusses wegen Fristablaufs oder Inventarerrichtung bereits unanwendbar, so trifft dies auch den Käufer.

Nach Abschluß des Veräußerungsvertrages richtet sich die Wahrung bezw. der Verlust der Haftungsbeschränkung des Käufers nicht mehr nach der Stellung des Verkäufers, vielmehr ist die des Käufers (Erwerbers) nunmehr eine völlig selbständige; sie berührt die des Käufers in keiner Weise nachteilig, weshalb also der Käufer die Möglichkeit der Haftungsbeschränkung verlieren, der Verkäufer sie erhalten, und umgekehrt der Verkäufer sie einbüßen, der Käufer sie wahren kann.

Dem Käufer kann auf Antrag eine Inventarfrist bestimmt werden. Für das zu errichtende Inventar gelten die Bestimmungen der §§ 1993 ff. Auch das Inventar des Käufers soll die bei dem Eintritte des Erbfalls vorhandenen Nachlaßgegenstände und die Nachlaßverbindlichkeiten vollständig ergeben (§ 2001). Naturgemäß ist der Käufer bei der Inventarisierung auf die Mitteilung des Erben angewiesen; soweit er lediglich als Käufer in Betracht kommt, kann er seinerseits die Bestimmung einer Inventarfrist gegenüber dem Erben zur Erzwingung richtiger bezw. vollständiger Angaben nicht beantragen, wohl aber wenn er zugleich Nachlaßgläubiger ist. Ein Verstoß im Sinne des § 2005 würde auf seiten des Käufers nur vorliegen, wenn er seinerseits ungetreu ist. Die Bestimmungen der §§ 2005 Abs. 1 S. 2 und 2003 Abs. 2 betreffend die Erteilung der zur Aufnahme des Inventars erforderlichen Auskunft bezw. den Verlust des Beschränkungsrechts als Folge der Verweigerung bezw. absichtlichen Verschleppung dieser Auskunft haben keine Anwendung in Ansehung des Erben, wenn die Frist dem Käufer bestimmt ist, wohl aber natürlich in Ansehung des Käufers. Die im § 2009 statuierte Vermutung bezüglich der Richtigkeit des Inventars in Ansehung der Nachlaßaktiva besteht, auch wenn das Inventar nur vom Käufer errichtet ist, ganz allgemein, d. h. zugunsten des Käufers wie des Erben (§ 2383 Abs. 2) in ihrem Verhältnisse zum Nachlaßgläubiger, daher liegt diesem letzteren jedesmal der Gegenbeweis ob, wenn er eine Unrichtigkeit des Inventars behauptet. Die Folge eines Verstoßes im Sinne des § 2005 ist der Verlust der Beschränkung lediglich für den Käufer; der Erbe, dem ja die Inventarfrist nicht bestimmt war, haftet für die Richtigkeit seiner Angaben über den Bestand des Nachlasses nur im Verhältnisse zum Käufer, wenn nicht auch ihm selbst die Frist bestimmt war. — Versäumt der Käufer die ihm gesetzte Inventarfrist, so verliert nur er die Möglichkeit der Haftungsbeschränkung. Wird aber das Inventar vor Ablauf der Frist vom Verkäufer, gleichviel, ob die Frist auch ihm gesetzt war oder nicht, errichtet, so schadet dem Käufer die Versäumung der Frist nicht (§ 2383 Abs. 2), wobei aber vorausgesetzt wird, daß der Käufer sich auf dieses Inventar rechtzeitig beruft (§ 2004) und ferner, daß kein Verstoß des Verkäufers im Sinne des § 2005 vorliegt; es würde anderenfalls selbst der gute Glaube des Käufers ihn nicht vor dem Verluste der Beschränkung schützen, da innerhalb der Frist ein richtiges Inventar errichtet werden muß. Errichtet der Käufer rechtzeitig ein ordnungsmäßiges Inventar, so kommt dies umgekehrt auch dem Verkäufer zustatten, dem also in diesem Falle die Versäumung einer etwa auch ihm bestimmten Frist nichts schadet. Ebenso ist ein Verstoß im Sinne des § 2005 dem Begeher desselben unschädlich, wenn der andere rechtzeitig ein ordnungsmäßiges Inventar errichtet. Das von dem einen errichtete Inventar kommt dem anderen aber nur dann zustatten, wenn der andere nicht schon unbeschränkbar haftet, was z. B. der Fall ist, wenn das Inventar erst nach Ablauf (Versäumung) der dem anderen bestimmten Frist errichtet wird (§ 2383 Abs. 2). — Die Inventarfrist kann gleichzeitig für den Käufer und den Verkäufer beantragt bezw. bestimmt werden. Die Folge der Säumnis beider ist für beide der Eintritt der Unbeschränkbarkeit. Dasselbe tritt ein, wenn beide ein im Sinne des § 2005 ungetreues Inventar errichten bezw. wenn nur einer ein solches errichtet und der andere die Frist versäumt oder sich auf dieses Inventar beruft. Dagegen macht, wie schon gesagt, die rechtzeitige Errichtung eines richtigen Inventars durch den einen die Verstöße des anderen unschädlich. — Gegenüber der auf Antrag des Erben als Nachlaßgläubigers dem Käufer gesetzten Frist dürfte ein Verstoß des Käufers den Verlust des Beschränkungsrechts für diesen nicht zur Folge haben, weil der Erbe den Nachlaß kennen muß. — Dem Käufer kann der Offenbarungseid mit Beziehung auf das von ihm selbst errichtete Inventar (§ 2006) abgefordert werden, in Ansehung des vom Verkäufer errichteten nur dann, wenn der Käufer es zu seinem eigenen gemacht hat (§ 2004). Die Eidesverweigerung des Käufers begründet nur für ihn den (relativen) Verlust der Beschränkung. In gleicher Weise ist die Verwirkung des Vorbehalts durch den Käufer (§ 780 ZPO.) nur diesem nachteilig. — Die Errichtung des Inventars durch den Käufer benimmt auch dem Verkäufer die etwa sonst noch mögliche Hemmungsbefugnis aus § 2014; diese Wirkung der Errichtung über den Errichter hinaus muß aus der Tatsache gefolgert werden, daß im § 2014 nur von der Errichtung des Inventars (das im übrigen natürlich den Bestimmungen des § 1993 ff. entsprechen muß) ohne die Beziehung auf den Errichter die Rede ist. (Siehe hierzu die von Planck § 2383 Anm. 2 h gegebene abweichende, doch gleichfalls zutreffende Begründung.) Im übrigen aber steht die Einrede dem Käufer, der noch beschränkbar haftet, unter den sonstigen Voraussetzungen des Paragraphen zu. Die Frist beginnt auch für ihn mit der Annahme der Erbschaft durch den Erben bezw. mit der Bestellung eines Nachlaßpflegers.

Der Käufer, der noch beschränkbar haftet, hat das Recht, selbständig ein *Aufgebot* zu beantragen und durchzuführen (§ 1000 ZPO.). An den von ihm gestellten Antrag sowie an das von ihm erwirkte Ausschlußurteil knüpfen sich die ordentlichen Rechtsfolgen, also die Hemmungsbefugnis bezw. — im Verhältnis zum ausgeschlossenen Gläubiger — die Einrede der Haftungsbeschränkung (§§ 2015, 1973). Wird der Käufer zur Herausgabe der Bereicherung (durch Klage des Ausgeschlossenen) gezwungen, so darf er zu seinen Gunsten den für die Erbschaft gezahlten bezw. etwa noch geschuldeten Kaufpreis in Anrechnung bringen, weil er andernfalls den Kaufpreis *und* den Nachlaß opfern müßte, während der zu erreichende Zweck nur der sein soll, daß er nicht bereichert bleiben soll. — Fand der Erbschaftskauf *während* des Schwebens des Aufgebotsverfahrens statt, so wirkt das letztere von dem Vertragsschlusse ab auch zugunsten des Käufers. — Durch die Vorschrift des § 1000 ZPO. ist die Wirkung des vom Käufer veranlaßten und durchgeführten Aufgebotsverfahrens auf den Verkäufer, sofern er noch beschränkbar haftet, ausgedehnt; danach stehen die erwähnten Einreden auf Grund des Aufgebots des Käufers auch dem Verkäufer zu.

Der Käufer hat, wenn er beschränkbar haftet, das Recht, *Nachlaßverwaltung* zu beantragen (§ 2383 Abs. 1 S. 1). Dasselbe Recht haben auch die Nachlaßgläubiger ohne Rücksicht darauf, ob der Käufer oder der Erbe die Möglichkeit der Haftungsbeschränkung gewahrt haben, sofern nur die Voraussetzungen des § 1981 Abs. 2 gegeben sind. Meist wird es hier auf das Verhalten und die Vermögenslage lediglich des Käufers als desjenigen ankommen, welcher den Nachlaß besitzt und von welchem daher ein Aufzehren oder eine Preisgabe des Nachlasses an persönliche Gläubiger zu befürchten ist. — Durch Anordnung der Nachlaßverwaltung beschränkt sich die Haftung nicht bloß des Käufers, sondern auch des Verkäufers auf den Nachlaß, was sich insofern aus § 1975 ergibt, als dort der Eintritt der Beschränkung ohne eine Beziehung auf den Antragsteller normiert ist. Unter „Nachlaß" sind sowohl die beim Käufer wie auch beim Verkäufer befindlichen Nachlaßgegenstände zu verstehen, gleichviel ob der Erbe bezw. Käufer beschränkt oder unbeschränkbar haften. Gegenüber einer Weigerung des Erben bezw. des Käufers, die bei ihnen befindlichen Nachlaßgegenstände herauszugeben, ist der Nachlaßverwalter zur Klage berechtigt (§ 1985 Abs. 1) und verpflichtet (§ 1985 Abs. 2; Eccius, Gruchot Bd. 43 S. 635). Erbe wie Käufer verlieren mit der Anordnung des Verfahrens die Befugnis, den Nachlaß zu verwalten und über ihn zu verfügen. Der § 1984 Abs. 1 S. 2 gilt gleichfalls für beide. Die §§ 1978, 1979 regeln auch die Verwaltungspflicht bezw. die Verantwortlichkeit des Käufers; es bestehen also Ersatzansprüche sowohl gegen den Erben wie gegen den Käufer, ja es ist der Erbe sogar auch für die vom Käufer geführte Verwaltung mit verantwortlich, weil nämlich die dem Erben selbst obliegende Verwaltungspflicht einen Verkauf der Erbschaft an sich nicht zuläßt. Derartige Ansprüche gehören als Aktiva zum Nachlasse nur dann, wenn der Käufer beschränkt haftet (§§ 1978 ff. mit § 2013). Desgleichen gehören die aus dem Kaufe dem Käufer gegen den Verkäufer zustehenden Ansprüche zum Nachlasse nur dann, wenn der Käufer beschränkt haftet (§ 2383 Abs. 1 S. 3). Haftet der Käufer bereits unbeschränkbar, liegt also der Fall so, daß die Nachlaßverwaltung nur auf Antrag der Gläubiger oder des Erben angeordnet werden konnte und wurde, so besteht der Nachlaß lediglich aus den Nachlaßgegenständen, denn die gleichzeitig persönliche Haftung des Käufers macht es unnötig, dem Nachlasse, d. h. hier der Gläubigergesamtheit, derartige Ansprüche zuzugestehen; der einzelne Gläubiger kann sich durch gesondertes Vorgehen Befriedigung aus dem eigenen Vermögen des Käufers verschaffen. Daß er hierbei die dem Käufer aus dem Kaufe gegen den Verkäufer etwa zustehenden Ansprüche durch Pfändung an sich bringen kann, versteht sich von selbst.

Der Käufer ist nach § 2383 Abs. 1 S. 1 zum Antrage auf Eröffnung des Nachlaßkonkurses berechtigt. Seine Antragspflicht regelt sich nach § 1980. Daß auch für ihn die Voraussetzung des Antrages: Überschuldung des Nachlasses vorliegen muß, bedarf nur der Erwähnung. Auch der unbeschränkbar haftende Käufer hat das Konkursantrags- wenn auch nicht das Beschränkungsrecht (§ 216 KO.), ebenso haben es die Nachlaßgläubiger (§§ 217, 220 KO.). Die im § 219 KO. erwähnten minderberechtigten Nachlaßgläubiger haben das Antragsrecht gegenüber dem Käufer nur dann, wenn der Käufer auch mit seinem Eigenvermögen im Konkurse ist. Durch den § 232 KO., der die Bestimmung trifft, daß in Ansehung des Konkursverfahrens der Käufer an die Stelle des Erben tritt, ist keine Besonderheit (Abweichung vom Grundsatze des § 2383 Abs. 1 S. 1) hinsichtlich des Käufers, sondern des Erben bestimmt. Der Käufer also ist antragsberechtigt nach § 2383, nicht nach § 232 KO. Dieser letztere Paragraph ordnet nur an, daß der Käufer allein antragsberechtigt ist, er schaltet also den Erben hinsichtlich des Konkursverfahrens (nicht aber etwa auch hinsichtlich der Schuldenhaftung) aus; nur der Käufer ist Gemeinschuldner, nur gegen ihn, bezw. evtl. nur wenn e r im eigenen Konkurse ist (§ 219 KO.), kann der Gläubiger den Nachlaßkonkurs beantragen; nur der Käufer kann einen Akkord in Vorschlag bringen (§ 230 KO.). Die persönlichen durch den Konkurs gegebenen Beschränkungen treffen nur den Käufer. — Durch die Eröffnung des Nachlaßkonkurses beschränkt sich die Haftung für Nachlaßverbindlichkeiten, sowohl für den — beschränkbar haftenden — Käufer, wie auch für den — beschränkbar haftenden — Verkäufer auf den „Nachlaß". Dies folgt aus § 1975. Zur Masse gehören sämtliche Nachlaßgegenstände, auch wenn sie sich noch im Besitze des Erben befinden (Planck § 2383 Anm. 2 d, Jäger KO. zu § 232 Anm. 16), ferner gehören dazu die auf §§ 1978, 1979 basierenden Ersatzansprüche sowohl gegen den Käufer wie gegen den Erben und endlich auch die dem Käufer aus dem Kaufe gegen den Verkäufer zustehenden Ansprüche (§ 2383 Abs. 1 S. 3). Daß der Erbe nicht bloß für seine eigene Verwaltung, sondern auch für diejenige des Käufers verantwortlich ist, wurde oben bereits erwähnt. Da der Erbe nicht das Recht hat, den Nachlaßkonkurs zu beantragen, kann ihm niemals der Vorwurf einer Verzögerung der Konkursanmeldung nach Maßgabe des § 1980 gemacht werden, wohl aber kann er für eine Verschleppung, die dem K ä u f e r zur Last fällt, aus § 1978 auf Ersatz des am Nachlasse Fehlenden in Anspruch genommen werden, weil er die Verwaltung des Käufers zu verantworten hat. Ist die Haftung des Käufers bereits unbeschränkbar, so gehören die erwähnten Ansprüche durchweg nicht zur Masse, weil nämlich letztere ihrer nicht bedarf, der Käufer vielmehr vom einzelnen Nachlaßgläubiger auch unabhängig vom Nachlaßkonkurse persönlich in Anspruch genommen werden kann. — Daß mit der Eröffnung des Verfahrens der Käufer den Vorschriften der §§ 7, 8 KO. (Unwirksamkeit der vom Gemeinschuldner nach Eröffnung des Verfahrens vorgenommenen Rechtshandlungen) unterliegt bezw. daß auf ihn die Anfechtungsgrundsätze der KO. Anwendung zu finden haben, ist, da der Käufer Kridar ist, selbstverständlich. Die Bestimmung des § 232 Abs. 1 KO., wonach für das Verfahren der Käufer an die Stelle des Erben tritt, macht es aber fraglich, ob die erwähnten Bestimmungen auch auf den Erben Bezug haben. Siehe hierzu Planck, Jäger an den letztangegebenen Stellen, Strohal Bd. II 425. Dies wird anzunehmen sein, weil der Nachlaßkonkurs den „Nachlaß" ergreift, auch wenn er sich noch beim Erben befindet. — Nach Aufhebung des Nachlaßkonkurses (Verteilung, Akkord) haftet der unbeschränkbar haftende Käufer unbeschränkbar (§§ 1989, 2013), der beschränkbar haftende beschränkt nach Maßgabe des § 1989. Das gleiche gilt alsdann auch für den Erben.

Der beschränkbar haftende Käufer kann, wenn die Erbschaft im Sinne der §§ 1990 ff. unzureichend ist, die U n z u l ä n g l i c h k e i t s e i n r e d e geltend machen, und zwar sowohl v o r Anwendung eines Sonderverfahrens der Haftungsbeschränkung, wie auch unbedingt nach Beendigung der Nachlaßverwaltung. Hinsichtlich des Nachlaßkonkurses kommt es darauf an, ob er durch Aufhebung (nach Verteilung, Akkord) oder durch Einstellung (§§ 202, 204) beendigt ist. Im ersteren Falle hat der Käufer im § 1989 ein weiter wie nach § 1990 reichendes (ihm günstigeres), weil nur die Bereicherung ergreifendes Mittel der Beschränkung, im letzteren Falle dagegen kann er die Haftung nur auf den „Nachlaß" beschränken, also bei unzureichendem Nachlaß auch unter Anwendung der Einrede nach § 1990. Da sich auch bei der Unzulänglichkeitseinrede die Haftung auf den

„Nachlaß" beschränkt, so gehören (nach § 2383 Abs. 1 S. 3) zum Nachlasse die Ansprüche des Käufers gegen den Verkäufer aus dem Kaufe, und zwar auch die auf § 2374 beruhenden. Außerdem bemißt sich der Nachlaß auch nach den auf §§ 1978, 1979 (nicht auf 1980, der die Konkurseröffnung voraussetzt!) beruhenden Ansprüchen gegen den Käufer, um die er sich also evtl. vergrößert, wie er sich umgekehrt durch Ansprüche des Käufers auf Ersatz seiner Aufwendungen verringert. Die Aufwendung, die in der Zahlung des Kaufpreises besteht, kann der Käufer nicht von dem herauszugebenden Nachlaß in Abzug bringen, denn diese Aufwendung begründet keine Forderung gegen den Nachlaß (Planck § 2383 Anm. 2 f.), das Geld ist möglicherweise verloren (§ 2376).

Hatte der Erbe z. Z. des Vertragsschlusses die Einrede der Haftungsbeschränkung durch Zeitablauf (§ 1974) bereits erworben, so kommt dies auch dem Käufer zustatten. War dagegen durch Geltendmachung oder sonst die Forderung des Gläubigers dem Erben bereits innerhalb der Frist und z. Z. des Vertragsschlusses bekannt geworden, so steht, wie ihm selbst, so auch dem Käufer die betreffende Einrede nicht zu. — Schwierigkeiten macht die Frage, ob der Erwerb der betreffenden Einrede seitens des Käufers oder Verkäufers nur demjenigen zustatten kommt, der sie erwirbt oder auch dem anderen. Der Fall ist, wie folgt, zu denken: Die Erbschaft ist innerhalb der Frist des § 1974 verkauft, die Forderung des X wird vor Ablauf der Frist nur dem Verkäufer bekannt, dem deshalb die Einrede der Haftungsbeschränkung durch Zeitablauf nicht gegen X zusteht. Der Käufer aber weiß nichts von der Forderung des X. Hat der Käufer die Einrede, obwohl sie der Verkäufer nicht hat? oder steht sie dem Verkäufer zu, weil sie der Käufer etwa erworben hat? Mit Recht vertritt Planck (§ 2383 Anm. 2 c) die Ansicht, daß die Grundsätze des § 1000 ZPO., wonach der Erwerb der Einrede des Ausschlusses im Aufgebote durch den einen der Vertragschließenden auch dem anderen zustatten komme, nicht entsprechend anwendbar seien, denn sonst würde der Erwerb der Einrede durch den einen stets auch dem anderen zugute kommen, selbst wenn dieser die Forderung kennt; der Gläubiger würde den Schaden nur dann nicht haben, wenn er sich bei beiden meldete. Beim Aufgebot liegen die Verhältnisse insofern ganz anders, als die Anmeldung einer Forderung beim Nachlaßgericht zu erfolgen hat, weshalb eine Forderung, die nicht angemeldet ist, als voll zu berücksichtigende weder im Verhältnisse zum Käufer noch zum Verkäufer in Betracht kommt. Dagegen kann Planck insoweit nicht beigetreten werden, als er ausführt, daß die Einrede der Beschränkung durch Zeitablauf selbständig für jeden Vertragschließenden dadurch erworben wird, daß der Gläubiger die Forderung ihm gegenüber nicht geltend macht. Hier muß vielmehr, wie beim Aufgebot, eine einmalige Geltendmachung der Forderung des Gläubigers hinreichend sein, die Einrede auch für den anderen auszuschließen. Die Stellung des Gläubigers kann dadurch, daß die Erbschaft verkauft wird, nicht schlechter bezw. schwieriger werden. Es kommt also der Erwerb der Einrede durch den einen nicht bloß nicht dem anderen zustatten, es erwirbt im Gegenteil die Einrede keiner von beiden, wenn der Gläubiger die Forderung auch nur gegenüber dem einen geltend macht.

2. Die Haftung des Verkäufers. Der Erbe bleibt trotz Abschlusses des Vertrages und Übertragung der Erbschaftsgegenstände auf den Erwerber Erbe und — nach der Bestimmung des § 2382 Abs. 1 S. 1 — auch Schuldner der Nachlaß-

verbindlichkeiten. Diese seine Rechtsstellung wird auch nicht durch die Sondervorschrift des § 232 Abs. 1 KO. geändert, da dort nur angeordnet ist, daß der Käufer für das Konkursverfahren an die Stelle des Erben tritt; der Erbe ist hier also nicht Gemeinschuldner, wohl aber bleibt er Schuldner, was sich z. B. dann als wichtig zeigt, wenn er unbeschränkbar haftet. Weitere Besonderheiten sind im § 2383 Abs. 2 BGB. hinsichtlich des Inventars, und im § 1000 ZPO. hinsichtlich des Aufgebots normiert.

Im einzelnen ist zu bemerken:

Dem Erben kann auch nach dem Abschluß des Vertrages eine Inventarfrist bestimmt werden und zwar ihm allein oder auch in Gemeinschaft mit dem Käufer. Für das Inventar des Erben gelten sämtliche hierfür in den §§ 1993 ff. gegebenen Normen. Der Erbe, der also die Frist versäumt oder sich im Sinne des § 2005 vergeht, verliert die Möglichkeit der Haftungsbeschränkung. Die Tatsache, daß er den Nachlaß bereits vollständig an den Käufer übergeben hat, befreit ihn nicht von der Pflicht, der Inventarfrist zu genügen. Errichtet der Erbe (Verkäufer) rechtzeitig ein ordnungsmäßiges Inventar, so wahrt er für sich und gleichzeitig auch für den Käufer, sofern letzterer nicht bereits unbeschränkbar haftet, die Möglichkeit der Haftungsbeschränkung, desgleichen begründet er für beide im Verhältnis zum Nachlaßgläubiger die Vermutung der Richtigkeit des Inventars (§§ 2383 Abs. 2, 2009). Versäumt er dagegen die Inventarfrist oder vergeht er sich im Sinne des § 2005, so schadet dies nur ihm selbst. Hat dagegen der Käufer rechtzeitig ein ordnungsmäßiges Inventar errichtet, so schaden die Verstöße des Erben nicht einmal ihm selbst, wenn er nicht zur Zeit der Errichtung dieses Inventars bereits unbeschränkbar haftet. — Gegenüber der dem Erben als Schuldner auf Antrag des Käufers als Nachlaßgläubigers bestimmten Inventarfrist dürfte der Erbe zur ordnungsmäßigen Inventarerrichtung für verpflichtet zu erachten sein, da gerade vom Erben eine erschöpfende Auskunft erwartet werden kann und die Tatsache, daß zufällig der Nachlaßgläubiger zugleich Käufer ist, die Stellung des ersteren nicht ändert. — Dem Erben kann der Offenbarungseid (§ 2006) hinsichtlich des von ihm selbst errichteten Inventars stets abgefordert werden, dagegen hinsichtlich des vom Käufer errichteten nur dann, wenn er sich darauf beruft (§ 2004). Die Eidesweigerung schadet nur ihm. — Verwirkt im Falle eines Rechtsstreites nur der Erbe den Vorbehalt (§ 780 ZPO.), so wird auch nur seine Haftung (relativ) unbeschränkbar. — Die Errichtung des Inventars durch den Erben benimmt ihm selbst, aber allerdings auch dem Käufer, die auf § 2014 beruhende Hemmungsbefugnis; im übrigen steht sie (abgesehen von den Fällen des § 2016) dem Erben auch noch nach dem Erbschaftskaufe zu, sofern nur ihre sonstigen Voraussetzungen vorliegen.

Der Erbe kann auch nach Abschluß des Vertrages ein Aufgebot beantragen und durchführen. Die Wirkungen des von ihm gestellten Antrages (§ 2015) und des von ihm erwirkten Ausschlußurteils (§ 1973) kommen ihm selbst und auch dem Käufer zugute, sofern er bezw. der Käufer noch beschränkbar haftet (§ 1000 ZPO.). Ebendasselbe hat statt, wenn der Kauf während des Schwebens des Verfahrens abgeschlossen wurde. — Wird der Verkäufer von einem im Aufgebote ausgeschlossenen Nachlaßgläubiger in Anspruch genommen, so kommen als die von ihm herauszugebende Bereicherung der Kaufpreis bezw. die Kaufpreisforderung sowie die ihm nach Maßgabe des § 2379 verbleibenden Nutzungen in Betracht (Planck zu § 2383 Anm. 2 b), nicht dagegen auch die auf §§ 2381, 2378 Abs. 2 beruhenden Ersatzansprüche gegen den Käufer, da es sich dort nur um Ausgleichung von Aufwendungen aus eigenem Vermögen handelt.

Die Bestimmung des § 2382 von der Fortdauer der Haftung des Erben ist für das Gebiet des Nachlaßkonkurses durch die §§ 232, 233 KO. insofern modifiziert, als der Erbe als solcher nach Verkauf der Erbschaft nicht mehr einen Nachlaßkonkurs beantragen, also niemals Gemeinschuldner eines solchen sein kann. Im übrigen bleibt er, wie schon erwähnt, Schuldner der Nachlaßverbindlichkeiten, was sich allerdings (auch) während des Verfahrens nur dann als wichtig erweist, wenn der Erbe bereits unbeschränkbar haftet, weil er nämlich (nur) in diesem Falle trotz des Konkurses von den Nachlaßgläubigern persönlich in Anspruch genommen werden kann. Umstände, welche in der Person des Erben liegen (§ 219 KO.), rechtfertigen auch nicht den Antrag der Gläubiger auf Eröffnung des Nachlaßkonkurses. Der Nachlaßkonkurs ist auch nach Abschluß des Erbschaftskaufes natürlich zulässig, jedoch nur auf Antrag des Käufers bezw. als eine gegen diesen gerichtete Maßregel. Ist in einem solchen Konkurse der Erbe nicht Gemeinschuldner, so treffen ihn auch keine persönlichen Beschränkungen, auch kann er keinen Zwangsvergleich anbieten (§ 230 KO.). Dagegen unterliegt auch er den Bestimmungen der §§ 7 und 8 KO. sowie denen über die Anfechtung, weil jedenfalls der Nachlaß die Konkursmasse bildet. Der Erbe muß also zur Masse alle etwa noch bei ihm befindlichen Nachlaßgegenstände herausgeben, sie sind Masse. Gerät er mit seinem Eigenvermögen in Konkurs, so besteht deshalb hinsichtlich der bei ihm befindlichen Nachlaßgegenstände ein Aussonderungsrecht zugunsten der Nachlaßmasse. Was die aus dem Kaufe dem Käufer gegen den Erben zustehenden Ansprüche anlangt, so ist zu unterscheiden, ob der Nachlaßkonkurs die Haftung des Käufers auf den Nachlaß beschränkt oder nicht; die Beschränkung tritt nur dann ein, wenn der Käufer nicht bereits unbeschränkbar haftet. Bei beschränkbarer Haftung gehören die erwähnten Ansprüche zur Erbschaft (§ 2383 Abs. 1 S. 3), sie sind also zur Masse zu erfüllen; haftet der Käufer aber bereits absolut unbeschränkbar, so ist der Erbe aus dem Kaufe nur Schuldner des Kridars, gegen den im angegebenen Falle die Gläubiger ja auch persönlich vorgehen können. Der Erbe ist gegenüber der Konkursmasse für seine eigene Verwaltung der Erbschaft verantwortlich nach Maßgabe der §§ 1978, 1979; des weiteren ist er auch für die Verwaltung des Käufers verantwortlich, weil der Verkauf der Erbschaft ein Verstoß gegen die Verwaltungspflicht des Erben ist. Haftet der Käufer bereits allgemein unbeschränkbar, so gehören auch diese Ansprüche nicht zur Masse, weil in diesem Falle die Ergänzung des Nachlasses entbehrlich ist. — Der Erbe, der nicht das Konkursantragsrecht hat, kann niemals für einen durch Verzögerung der Konkursanmeludng den Nachlaßgläubigern etwa erwachsenden Schaden auf Grund des § 1980 verantwortlich gemacht werden; nur nach §§ 1978, 1979 kann er zum Ersatze herangezogen werden.

Die Vorschrift des § 223 KO. (wonach der Erbe wegen der ihm nach § 1978, 1979 gegenüber der Masse zustehenden Ersatzansprüche kein Zurückbehaltungsrecht hat) gilt nicht bloß für den Käufer, sondern in Abweichung des im § 232 Abs. 1 KO. gegebenen Grundsatzes auch noch für den Erben (§ 232 Abs. 2 S. 3). Auch der § 224 Nr. 1 KO. (wonach die dem Erben nach §§ 1978, 1979 aus der Masse zu ersetzenden Aufwendungen im Nachlaßkonkurs Masseanspruch sind) gilt noch nach dem Verkaufe auch zugunsten des Erben. Endlich darf er auch noch seine eigenen, ihm gegen den Erblasser zustehenden Forderungen, sowie — unter den Voraussetzungen des § 225 Abs. 2 und 3 KO. — die ihm nach Berichtigung einer Nachlaßverbindlichkeit erwachsende Forderung zum Konkurse geltend machen.

Durch den § 232 KO. ist dem Erben das Konkursantragsrecht in seiner Eigenschaft als Erbe (Verkäufer), nicht aber in seiner Eigenschaft als Nachlaßgläubiger genommen. Daß der Erbe zugleich auch Nachlaßgläubiger sein kann, folgt aus §§ 1978, 1979 BGB., 224 Nr. 1 und 225 KO. — Der § 232 Abs. 2 gibt dem Erben aber weiter das Konkursantragsrecht auch in Fällen, wo er nicht Nachlaßgläubiger ist, ohne es ihm jedoch als einem Erben zu verleihen. Das Gesetz geht nämlich auf das Verhältnis des Erben als des Verkäufers zum Käufer zurück und erwägt folgendes: In diesem Verhältnisse gibt es nach der Abrede der Kontrahenten oder nach dem Gesetze Nachlaßverbindlichkeiten, zu deren Berichtigung entweder der Käufer oder der Verkäufer verpflichtet ist. Nach dem Gesetze fällt im internen Verhältnisse vom Erben zum Käufer dem letzteren die Last aller Nachlaßverbindlichkeiten zu, mit Ausnahme derjenigen aus Pflichtteil, Legat und Auflage, die ihm beim Vertragsschluß unbekannt waren (§§ 2378, 2376, 2379, 439 BGB.). Der mit der Erbschaft Beschenkte haftet im internen Verhältnisse für alle Nachlaßverbindlichkeiten (§§ 2385 Abs. 2 S. 2, 2378; siehe auch Jäger zu § 232 Anm. 18). (Daß die Haftung nach außen stets gesamtschuldnerisch ist, das Innenverhältnis also keinen Einfluß hat, ist oben, Seite 97, bereits hervorgehoben.) Insoweit nun nach dem Innenverhältnis der Käufer der Schuldner ist, hat der Erbe naturgemäß ein Interesse, daß der Käufer die Verbindlichkeit erfülle, da alsdann die Gläubiger ihn selbst verschonen. Das Gesetz stellt ihn hier einem Nachlaßgläubiger, der er ja dem Käufer gegenüber in Wahrheit nicht ist, gleich, es gibt ihm das Antragsrecht — nur dieses — in derselben Weise, wie es ein Nachlaßgläubiger hat, und zwar als eine gegen den Käufer (Kridar) gerichtete Maßregel. Es ist dabei, abgesehen vom Vorliegen einer Überschuldung, natürlich vorausgesetzt, daß eine Nachlaßverbindlichkeit noch besteht, die der Käufer wegen seines Verhältnisses zum Erben an den Gläubiger zu berichtigen verpflichtet ist. Handelt es sich um eine Forderung, wegen welcher nach §§ 219 und 232 Abs. 1 KO. der Nachlaßkonkurs nur bei persönlicher Vergantung des Käufers beantragt werden darf, so ist auch das Konkursantragsrecht des Erben von dieser Voraussetzung abhängig (Jäger KO. zu § 232 Anm. 11). Ob der Erbe beschränkbar oder bereits unbeschränkbar haftet, bezw. ob der Käufer bereits ein (anderes) Beschränkungsmittel der Haftung, also z. B. Nachlaßverwaltung angewendet hat, kommt für dieses Antragsrecht des Erben nicht in Betracht. Anders ist die Rechtslage hinsichtlich derjenigen Nachlaßverbindlichkeiten, die im Verhältnisse zum Käufer der Erbe selbst gegenüber dem Gläubiger zu berichtigen verpflichtet ist. Daß der Erbe hier, wo er selbst nicht bloß nach außen, sondern auch im Innenverhältnis Schuldner einer Nachlaßverbindlichkeit ist, ein Interesse hat, bei unzulänglichem Nachlaß die Haftung auf den Nachlaß zu beschränken, d. h. den Nachlaßkonkurs eröffnen zu lassen, bedarf keiner Ausführung. Freilich ist hier, wo der Käufer im Innenverhältnis nicht der Schuldner ist, der Nachlaßkonkurs eine für ihn sehr unangenehme Maßnahme. Aber das Gesetz hat auch hier den Erben einem Nachlaßgläubiger gleichgestellt und ihm das Konkursantragsrecht verliehen, hier aber hat es zugleich die Einschränkung gemacht, daß der Erbe als Erbe nicht bereits unbeschränkbar haften darf, bezw. daß die Haftung nicht schon durch Nachlaßverwaltung auf den Nachlaß beschränkt sein darf, denn im ersteren Falle hat er überhaupt kein Beschränkungsrecht, soll er vielmehr die Verbindlichkeiten aus eigenem Vermögen berichtigen, im letzteren Falle ist die ihm vielleicht noch zustehende Beschränkung bereits Tatsache geworden. Nach dieser Darlegung erhellt, daß grundsätzlich auch nach dem Erbschaftskaufe der Erbe den Nachlaßkonkurs in die Wege leiten kann und zwar wegen aller noch bestehenden Nachlaßverbindlichkeiten, gleichviel ob sie nach dem Innenverhältnis der Erbe oder der Erwerber zu tragen hat. Der Unterschied ist nur der, daß da, wo sie im Innenverhältnis der Erwerber berichtigen soll, der Konkursantrag ohne Einschränkung, im anderen Falle aber nur mit den erwähnten Beschränkungen zulässig ist. Hierbei ist noch auf folgenden sich aus obigem ergebenden Unterschied aufmerksam zu machen: Während der Erbe, auch wenn er allgemein unbeschränkbar haftet, sonst das Konkursantragsrecht hat (§ 216 KO.), ist es ihm da, wo er es nur wie ein Nachlaßgläubiger hat, versagt, wenn er als Erbe unbeschränkbar haftet. — In allen Fällen, wo der Erbe als Nachlaßgläubiger oder wie ein solcher den Nachlaßkonkurs beantragen darf, hat er die für einen Gläubiger normierten Voraussetzungen (§§ 105, 215 KO.) glaubhaft zu machen; das Antragsrecht hängt ferner davon ab, daß seit der Annahme der Erbschaft noch nicht zwei Jahre verstrichen sind (§ 220 KO.). — Über die Haftung des Verkäufers nach Beendigung des Nachlaßkonkurses siehe oben S. 102. Auch wenn der Konkurs auf Antrag des Erben als Nachlaßgläubigers bezw. als eines einem Nachlaßgläubiger Gleichgestellten eröffnet wird, beschränkt sich die Haftung des Erben wie des Käufers auf den „Nachlaß", sofern nicht etwa hinsichtlich eines von ihnen oder gar beider die Haftung bereits überhaupt unbeschränkbar war.

Der Erbe darf, sofern er nicht etwa unbeschränkbar haftet, auch nach der Veräußerung der Erbschaft die N a c h l a ß v e r w a l t u n g beantragen. Dies folgt aus der Tatsache der Fortdauer seiner Haftung (§ 2382 Abs. 1 S. 1) bezw. der Fortdauer seiner Erbeigenschaft. Dieser Grundsatz, den auch Eccius in Gruchot 43 S. 631 vertritt ist sehr bestritten. Planck (l. c. Anm. 2 e), Strohal (Bd. II 425), Staudinger (§ 2382 Anm. C) sprechen dem Erben in seiner Eigenschaft als Erbe die Fähigkeit, Nachlaßverwaltung zu beantragen, ab, der erstere mit der Begründung, daß es mit dem Recht und dem Interesse des Käufers nicht vereinbar sein würde, wenn gegen dessen Willen der Verkäufer unbedingt die Anordnung der Nachlaßverwaltung beantragen könnte. Sie erkennen dem Erben das Antragsrecht hinsichtlich der Nachlaßverwaltung in demselben Umfange zu, wie dies die KO. hinsichtlich des Antrages auf Eröffnung des Nachlaßkonkurses normiert (§ 232 KO.), wobei Planck noch die Beschränkung macht, daß dem Erben das Antragsrecht (wie einem Gläubiger) nur dann zustehen kann, wenn die Voraussetzungen des § 1981 Abs. 2 (Unzuverlässigkeit der Person des Käufers; Frist!) hinsichtlich des Käufers vorliegen. Würde man diesen Grundsätzen folgen, so müßten sie folgendes ergeben: In Ansehung der Nachlaßverwaltung tritt an die Stelle des Erben der Käufer, weshalb also z. B. ein Nachlaßgläubiger die Nachlaßverwaltung stets nur aus Gründen beantragen könnte, die in der Person des Käufers liegen. Der Erbe kann die Nachlaßverwaltung beantragen, wenn er in Wahrheit Nachlaßgläubiger ist (§§ 1978, 1979, 1976); daß hierbei in der Person des Käufers die Voraussetzungen nach § 1981 Abs. 2 erfüllt sein müssen, versteht sich von selbst. Der Erbe kann die Nachlaßverwaltung auch dann beantragen, wenn er nicht Nachlaßgläubiger ist, indem er einem solchen gleichgestellt ist, und zwar hat er das Antragsrecht stets nur dann, wenn in der Person des Käufers die Voraussetzungen des § 1981 Abs. 2 vorliegen, im übrigen aber würde hierbei nicht wie beim Konkurse zu unterscheiden sein, je nachdem die Verbindlichkeiten im Innenverhältnis (Verhältnis des Erben zum Käufer) vom Käufer oder vom Erben zu berichtigen sind, denn, da der Erbe als solcher nur, wenn er nicht schon überhaupt unbeschränkbar haftet, die Nachlaßverwaltung beantragen kann (§ 2013), würde er auch als Gläubiger das Verfahren stets nur dann beantragen können, wenn er nicht als Erbe bereits allgemein unbeschränkbar haftet. Auf den Umfang der Haftung des Käufers würde es nicht ankommen, wie dies ja auch sonst nicht gegenüber einem Gläubigerantrag ins Gewicht fällt. — Nach diesseitiger Auffassung geht es aber nicht an, den § 232 KO. analog anzuwenden bezw. dem Erben das Antragsrecht nur wie einem Gläubiger beim Vorliegen der Voraussetzungen des § 1981 Abs. 2 zu gewähren. Schon die Tatsache, daß eine den § 2382 Abs. 1 S. 1 modifizierende Sonderbestimmung, wie es in Ansehung des Konkursverfahrens der § 232 KO. ist, bezüglich der Nachlaßverwaltung gänzlich fehlt, dürfte die analoge Anwendung des § 232 KO. ausschließen, bezw. zeigen, daß es bei allgemeinen Haftungsgrundsätzen des Erben nach Maßgabe des § 2382 Abs. 1 S. 1 verbleibt. Würde man dem Erben das Antragsrecht nur unter der Fiktion geben, daß er Nachlaßgläubiger sei, so würde es allerdings vom Vorliegen der vom Erben glaubhaft zu machenden Voraussetzungen des § 1981 Abs. 2 abhängig sein, in anderen Fällen aber entfallen. Der Erbe kann aber auch, abgesehen von einer durch die Person und die Vermögenslage des Käufers begründeten Gefährdung der etwa noch bestehenden Nachlaßverbindlichkeiten sehr wohl in die Lage kommen, zur Abwendung persönlicher Inanspruchnahme die Haftung auf den Nachlaß beschränken zu müssen. Da er nämlich, wie dargelegt, neben dem Käufer als Gesamtschuldner für die Nachlaßverbindlichkeiten haftet, ist es jedem Nachlaßgläubiger überlassen, gerade den Erben in Anspruch zu nehmen. Man denke nun, daß der Nachlaß zur Berichtigung aller Nachlaßverbindlichkeiten ausreicht und daß die Masse auch die Kosten des Sonderverfahrens der Nachlaßverwaltung decken würde; der Erbe, der hier mangels einer Überschuldung keinen Nachlaßkonkurs nach § 232 Abs. 2 KO. in die Wege leiten, andererseits aber auch nicht die Haftung nach Maßgabe des § 1990 beschränken könnte — siehe hierzu den hier folgenden Absatz — würde, wenn ihm nunmehr auch der Antrag auf Anordnung einer Nachlaßverwaltung versagt wäre, unbeschränkt, d. h. mit Eigenvermögen haften und einen Ausgleich evtl. erst gegenüber dem Käufer suchen müssen. Es ist ferner darauf hinzuweisen, daß der Erbe, da ihm die Verantwortung für die Verwaltung auch des Käufers aufgebürdet ist, ein Interesse hat, einfach aus dem Grunde, um dieser Verantwortlichkeit ledig zu werden, die Nachlaßverwaltung zu beantragen; daß hierbei stets eine durch die Persönlichkeit des Käufers drohende Gefährdung Voraussetzung sein muß, kann nicht angenommen werden, denn auch ein unbedenklicher Käufer kann so ungeschickt wirtschaften, daß die Gläubiger geschädigt werden und dem Erben eine Ersatzpflicht erwächst.

Es kann also Planck, der das Entscheidende in der durch das Innenverhältnis zugunsten des Käufers gebotenen Rücksicht erblickt, nicht beigetreten werden. — Auch die auf Antrag des Erben angeordnete Nachlaßverwaltung beschränkt die Haftung sowohl des beschränkt haftenden Erben wie des beschränkt haftenden Käufers auf den Nachlaß. Die Tatsache, daß der Käufer etwa allgemein unbeschränkbar haftet, hindert nicht den Antrag des (beschränkt haftenden) Erben. — Im übrigen siehe über die Bestandteile des von der Nachlaßverwaltung ergriffenen Nachlasses oben Seite 101.

Der (beschränkbar haftende) Erbe kann noch nach Abschluß des Vertrages die Unzulänglichkeitseinrede geltend machen; dies ergibt der § 2382 Abs. 1 S. 1. Vorausgesetzt ist, daß kein Sonderverfahren der Haftungsbeschränkung (Nachlaßverwaltung bezw. Nachlaßkonkurs) schwebt und daß die Anordnung eines solchen an der Kostenfrage scheitert (§ 1990). Es kommt für diese Einrede stets auf den Gesamtnachlaß und nicht bloß darauf an, daß der etwa noch beim Erben befindliche Nachlaß im Sinne des § 1990 unzureichend ist. In den Fällen also, wo der Nachlaß überhaupt überschuldet ist und Deckung für die Kosten des Konkurses vorhanden ist, müßte der Erbe zur Herbeiführung der Beschränkung Nachlaßkonkurs gemäß § 232 Abs. 2 KO. beantragen, bei zureichendem Nachlaß dagegen Nachlaßverwaltung. Liegen hinsichtlich des Gesamtnachlasses die Voraussetzungen des § 1990 vor, so beschränkt auch der Erbe die Haftung durch die Einrede auf den Nachlaß. Er hat alsdann auf die Klage des Gläubigers dasjenige, was er von der Erbschaft noch hat, zu spezifizieren und nach Maßgabe des § 1990 zur Verwertung im Wege der Zwangsvollstreckung herauszugeben. Er ist aber auch dafür verantwortlich, daß er den — an den Käufer übertragenen — übrigen Nachlaß nicht herausgeben kann, denn der Verkauf wird als ein Verstoß gegen die Verwaltungspflicht des Erben erachtet. Er hat deshalb für den übrigen Nachlaß gemäß §§ 1978, 1979 Ersatz zu leisten. Seine Verantwortlichkeit erstreckt sich auch hier nicht bloß auf seine eigene Verwaltung, sondern auch auf die des Käufers. Andererseits sind natürlich evtl. auch seine Ansprüche gegenüber dem Nachlaß gemäß § 1978 Abs. 3, die den letzteren mehr oder weniger absorbieren können, zu berücksichtigen. Den für die Erbschaft erzielten Kaufpreis hat der Erbe, da er eben nach §§ 1978, 1979 den Nachlaß evtl. durch Ersatzleistung ergänzen muß, als solchen nicht herauszugeben.

Hinsichtlich der dem (beschränkt haftenden) Erben nach dem Abschlusse des Kaufes noch zustehenden Einrede der Beschränkung durch Zeitablauf (§ 1974) siehe die Darlegung über die Haftung des Käufers Seite 103.

γ. Haftung beim Bestehen eines Nießbrauchs an der Erbschaft.

Die Haftung für Nachlaßverbindlichkeiten weist keine Besonderheiten auf, wenn an der Erbschaft ein Nießbrauch besteht. Es kann ein Nießbrauch an der Erbschaft sowohl dann in Frage kommen, wenn ihn der Erblasser, wie dann, wenn ihn der Erbe bestellt hat. Bestellt jemand den Nießbrauch über sein Vermögen (§ 1085), so gelten bezgl. der Schuldenhaftung folgende Grundsätze: Die Gläubiger des Bestellers können gegen ihn vorgehen, gleichviel ob die Schulden bereits vor der Bestellung des Nießbrauchs oder erst nachher entstanden sind. Als Objekt der Befriedigung kommt in jedem Falle dasjenige Vermögen in Betracht, das der Besteller etwa noch besitzt bezw. nach der Bestellung erworben hat. Auch das zum Nießbrauche weggegebene Vermögen, das ja im Eigentum des Bestellers verbleibt, kann wegen der vor oder nach der Bestellung entstandenen Schulden in Anspruch genommen werden, wobei aber bezgl. der vor der Bestellung entstandenen gilt, daß der Nießbrauch vom Gläubiger überhaupt nicht berücksichtigt werden muß (§ 1086), während bezgl. der nach der Bestellung entstandenen gilt, daß der Gläubiger die Vollstreckung nur unter Berücksichtigung des Nießbrauchs betreiben, also z. B. ein Grundstück nur als ein mit dem Nießbrauche belastetes zur Versteigerung bringen kann. (Seuffert zu §§ 737, 738 ZPO. Anm. 2 a.) Unter allen Umständen ist — wenn nicht etwa der Nießbraucher freiwillig die Vollstreckung in die seinem Nießbrauche unterworfenen Gegenstände duldet (conf. § 794 Abs. 1 Nr. 5 ZPO. und Seuffert l. c. Anm. 2 c) — erforderlich, daß ein gegen den Besteller auf Leistung und gegen den Nießbraucher auf Duldung der Zwangsvollstreckung gerichteter Schuldtitel vorliegt (§ 737 Abs. 1 ZPO.). War z. Z. der Nießbrauchsbestellung eine Schuld des Bestellers bereits rechtskräftig festgestellt, so bedarf es keines gegen den Nießbraucher wegen Duldung gerichteten besonderen Schuldtitels, es kann vielmehr nach Maßgabe der Vorschriften der §§ 727, 730 ZPO. vollstreckbare Ausfertigung des Urteils gegen den Nießbraucher gefordert und daraufhin in die dem Nießbrauche unterworfenen Gegenstände vollstreckt werden. Die Klausel muß gegen den Nießbraucher auf Duldung formuliert werden (Seuffert l. c. Anm. 4). Gehören zu dem Vermögen, bezgl. dessen der Nießbrauch bestellt ist, verbrauchbare Sachen, so gehen sie in das Eigentum des Nießbrauchers über; an Stelle der Sachen kann der Besteller (erst nach Beendigung des Nießbrauchs) den Wert ersetzt verlangen, welchen die Sachen z. Z. der Bestellung hatten (§ 1067). Wegen der vor der Bestellung entstandenen Schulden des Bestellers kann dieser Ersatzanspruch des letzteren von seinem Gläubiger gepfändet werden, auch ist im Interesse des Gläubigers der Nießbraucher zur *sofortigen* Ersatzleistung verpflichtet (§ 1086 S. 2). Ob insoweit der auf Leistung gerichtete Schuldtitel gegen den Besteller genügt, oder ob auch hier ein Titel auf Duldung gegen den Nießbraucher erforderlich ist, ist bestritten (Seuffert l. c. Anm. 3 b u. Gaupp § 737 Anm. III). Was die *nach* der Bestellung entstandenen Schulden anlangt, so ist der Ersatzanspruch zwar gleichfalls sofort pfändbar, jedoch erst nach Beendigung des Nießbrauchs realisierbar. — Handelt es sich um eine vor der Bestellung des Nießbrauchs entstandene Schuld des Bestellers, so ist er bei eintretender Fälligkeit berechtigt, von dem Nießbraucher Rückgabe der zur Befriedigung des Gläubigers erforderlichen Gegenstände nach Maßgabe des § 1087 Abs. 1 zu verlangen, er ist alsdann zur Befriedigung des Gläubigers verpflichtet. Bezüglich der nach der Bestellung kontrahierten Schulden besteht ein solches Rückforderungsrecht des Bestellers nicht, ist aber, wie eben erwähnt, der Gläubiger auf Grund des Leistungstitels (gegen den Besteller) bezw. Duldungstitels (gegen den Nießbraucher) zur Vollstreckung in die dem Nießbrauche unterliegenden Gegenstände unter Wahrung des Nießbrauchs des Nießbrauchers befugt. Der Nießbraucher seinerseits ist nur in Ausnahmefällen *verpflichtet*, die Schulden des Bestellers zu bezahlen (§ 1088). Siehe weiter unten. Dagegen ist er dazu im Rahmen des § 1087 Abs. 2 nur *berechtigt*, was also insoweit ein direktes Vorgehen der Gläubiger gegen ihn ausschließt. Berechtigt ist er danach für den Fall, daß ein Gegenstand geschuldet wird, diesen aus der Nießbrauchsmasse dem Gläubiger zu übergeben; gehört der geschuldete Gegenstand nicht zum Nießbrauchsvermögen, so kann der Nießbraucher trotzdem (nach Maßgabe des § 1087 Abs. 2 S. 2) das Nießbrauchsvermögen zur Befriedigung des Gläubigers verwenden. — Eine direkte Inanspruchnahme auf Leistung ist gegenüber dem Nießbraucher nur bezgl. der Zahlung der Zinsen von den schon bei der Bestellung des Nießbrauchs verzinslichen Forderungen und anderer wiederkehrender Leistungen nach Maßgabe des § 1088 Abs. 1 zulässig. Der Besteller kann vom Nießbraucher die Befriedigung der Gläubiger dieser Forderungen verlangen (§ 1088 Abs. 3).

Diese Grundsätze finden durchweg auch dann Anwendung, wenn das dem Nießbrauche unterworfene Vermögen infolge Ablebens des bestellenden Eigentümers auf den Erben übergegangen (Nachlaß geworden) ist (§§ 1089 BGB., 737 Abs. 2, 738 Abs. 2 ZPO.); nur tritt hier an die Stelle des Bestellers jedesmal der Erbe desselben. Er kann danach wegen aller Schulden des Erblassers, gleichviel ob sie vor oder nach Bestellung des Nießbrauchs entstanden waren, in Anspruch genommen werden. Objekt der Befriedigung ist, soweit der Nachlaß in Betracht kommt, sowohl dasjenige Vermögen, das nicht vom Nießbrauche ergriffen ist (es bedarf insoweit eines gegen den Erblasser bezw. Erben auf Leistung gerichteten Schuldtitels), wie auch der dem Nießbrauche unterliegende Nachlaß, in den die Vollstreckung aber nur auf Grund eines gegen den Nießbraucher auf Duldung gerichteten Schuldtitels zulässig ist. Daß, je nachdem die Schuld vor oder nach der Bestellung entstanden war, das Nießbrauchsrecht des Nießbrauchers nicht gewahrt bezw. gewahrt werden muß, gilt auch hier. War eine Schuld gegen den Erblasser noch vor der Bestellung des Nießbrauchs rechtskräftig festgestellt, so bedarf es — wegen der Leistung — der Umstellung der Klausel zunächst gegen den Erben; weiterhin reicht es aus, das Urteil gegen den Nießbraucher wegen Duldung umstellen zu lassen. Siehe aber auch § 779 ZPO., der jedoch nicht auch die Umstellung der Klausel gegenüber dem Nießbraucher entbehrlich macht. Bezüglich der zum Nießbrauchsvermögen gehörigen verbrauchbaren Sachen steht der im § 1067 normierte Ersatzanspruch dem Erben zu, gegen welchen also der Leistungstitel als Voraussetzung der Anspruchspfändung erwirkt werden muß. Da der Alleinerbe nach Annahme der Erbschaft unbeschränkt haftet, kann der Nachlaßgläubiger auf Grund des gegen ihn erwirkten Urteils auch in sein Eigenvermögen vollstrecken. Die Privatgläubiger des Erben können, so lange kein Beschränkungsverfahren schwebt, gleichfalls den Nachlaß, d. h. also auch das dem Nießbrauche unterworfene Vermögen, auf Grund eines gegen den Nießbraucher gerichteten Duldungsurteils angreifen; sie sind aber genötigt, das Nießbrauchsrecht zu wahren; Ersatzansprüche nach § 1067 sind erst nach Beendigung des Nießbrauchs realisierbar. — Kommt es zu einem Verfahren der Haftungsbeschränkung, so dürfen die Nachlaßgläubiger den Erben selbst, wenn er nicht etwa unbeschränkbar haftet, nicht in Anspruch nehmen, es haftet lediglich der Nachlaß einschließlich des dem Nießbrauche unterliegenden Vermögens. Wegen der Leistung haben sich die Gläubiger nun nur an den Verwalter des betreffenden Verfahrens zu halten bezw. sich an dem Verfahren zu beteiligen. Die Inanspruchnahme des Nießbrauchers wegen Duldung bezw. seine persönliche Haftung richtet sich, wie stets, nach den Grundsätzen der §§ 1086, 1088 BGB., 737, 738 ZPO. Den Eigengläubigern des Erben, die sich an den Nachlaß überhaupt nicht mehr halten können, steht eine Klage auf Duldung gegen den Nießbraucher nicht mehr zu. — Nach Eintritt der Fälligkeit einer vor der Bestellung des Nießbrauchs entstandenen Schuld kann der Erbe bezw. der Verwalter des Beschränkungsverfahrens von dem Nießbraucher Rückgabe der zur Befriedigung des Gläubigers erforderlichen Gegenstände verlangen; das Verhalten des Fordernden bestimmt sich nach § 1087 Abs. 1. Für das Recht des Nießbrauchers, seinerseits eine Verbindlichkeit des Bestellers zu erfüllen, gilt der § 1087 Abs. 2.

δ. Haftung wegen Geschäftsschulden.

1. Der § 27 HGB.

Über den § 27 HGB. im Stadium vor Annahme der Erbschaft siehe Seite 18. Bezüglich der Erbenmehrheit siehe weiter unten.

Nachdem oben dargelegt ist, daß der Erbe grundsätzlich zwar unbeschränkt haftet, aber auch die Möglichkeit hat, die Haftung zu beschränken; daß er weiter diese Möglichkeit durch Verstöße gegen die Inventarpflicht einbüßen kann, ist nunmehr auf eine Gruppe von Nachlaßverbindlichkeiten hinzuweisen, für welche unter Umständen der Erbe schon kraft Gesetzes unbeschränkbar haftet, ohne daß also ein Verstoß gegen die Inventarpflicht vorliegen muß. Es sind dies die vom Erblasser im Betriebe seines *Handelsgeschäfts* kontrahierten vererbten Schulden dann, wenn der Erbe das Handelsgeschäft endgültig unverändert fortführt (§ 27 Abs. 1 HGB.). Wird also der Erbe, der diesen Erfordernissen genügt, vom Gläubiger einer solchen ererbten Geschäftsschuld in Anspruch genommen, so hat er ihn aus seinem gesamten Vermögen zu befriedigen, er kann ihn nicht auf den Nachlaß allein oder gar auf das Handelsgeschäft allein verweisen (beschränken). Führt der Erbe dagegen das Geschäft überhaupt nicht fort oder führt er es unverändert nur vorläufig fort oder ändert er die Firma, so nehmen die ererbten Geschäftsschulden keine andere Stellung ein, wie die sonstigen Nachlaßverbindlichkeiten, d. h. der Erbe haftet auch für sie zwar unbeschränkt, doch aber auch beschränkbar bezw. bei Verstößen gegen die Inventarpflicht oder bei Verzicht auf die Beschränkung allerdings überhaupt unbeschränkbar.

Das Gesetz läßt, wie schon oben angedeutet, den Erben erst dann unbeschränkbar haften, wenn die unveränderte Fortführung des Geschäfts durch ihn *endgültig* ist (§ 27 Abs. 2). Das ist dann nicht der Fall, wenn der Erbe den Geschäftsbetrieb vor dem Ablauf von drei Monaten nach dem Zeitpunkt, in welchem er von dem Anfall der Erbschaft Kenntnis erlangt hat, gänzlich einstellt. Es ist hier also ein Provisorium geschaffen, in welchem der Erbe Zeit hat zu überlegen, ob er das Geschäft endgültig unverändert bezw. ob er es unter Änderung der Firma (unter eigenem Namen) fortführen oder ob er den Betrieb überhaupt einstellen soll. Im folgenden soll zunächst über die vorläufige und sodann über die endgültige unveränderte Fortführung eingehender gesprochen werden:

a) Das Provisorium. Es beginnt mit der Kenntnis des Erben vom Anfalle der Erbschaft und dauert drei Monate. Unter Umständen dauert es noch länger, nämlich dann, wenn die Ausschlagungsfrist beim Ablaufe der drei Monate noch nicht abgelaufen sein sollte. Es ist hier in die Erinnerung zurückzurufen, daß die Ausschlagungsfrist nicht notwendig zugleich mit der hier maßgeblichen Dreimonatsfrist zu laufen beginnen muß; meist wird sie sogar später anfangen, weil für ihren Beginn nicht bloß die Kenntnis vom

Anfall der Erbschaft, sondern auch von dem Grunde der Berufung (Testament, Erbvertrag, Gesetz) erforderlich ist. In der Regel wird trotzdem die Ausschlagungsfrist früher wie die Frist des § 27 Abs. 2 ablaufen; im Einzelfalle kann der Erbe von dem Grunde der Berufung so spät Kenntnis erhalten, daß sie auch später endigen kann; überdies dauert sie unter Umständen sogar sechs Monate (§ 1944 Abs. 3). In den Fällen, wo das Ausschlagungsrecht bezw. die Ausschlagungsfrist die Dreimonatsfrist überdauert, verlängert sich letztere, d. h. das Provisorium, dergestalt, daß es zugleich mit der Ausschlagungsfrist abläuft. Danach kann man innerhalb des Provisoriums evtl. verschiedene Stadien unterscheiden:

Ist die Ausschlagungsfrist kürzer wie die Frist des § 27 Abs. 2, so ist das Stadium bis zur Annahme der Erbschaft von demjenigen seit der Annahme bis zum Ablauf des Provisoriums zu unterscheiden; ist sie aber länger wie jene, enden also die Fristen zu gleicher Zeit, so ist der Erbe während des ganzen Provisoriums nur vorläufiger Erbe, der bis zuletzt das Recht der Ausschlagung hat. Diese Unterscheidung ist für die Frage, ob der Erbe innerhalb des Provisoriums gerichtlich in Anspruch genommen werden kann, wichtig. So lange noch die Ausschlagungsmöglichkeit besteht, kommen die Grundsätze der Haftung, wie sie für das Stadium vor Annahme bestehen, zur Anwendung, kann also der Erbe persönlich selbst dann nicht in Anspruch genommen werden, wenn er zunächst das Geschäft unverändert fortführt, während er in der Zeit von der Annahme ab bis zum Ablauf des Provisoriums allerdings auch persönlich belangt werden, aber die Haftung auf den Nachlaß beschränken kann. — Hinsichtlich der Dreimonatsfrist ist noch bestimmt, daß auf ihren Lauf die für die Verjährung geltenden Vorschriften des § 206 BGB. entsprechende Anwendung finden. Dies setzt voraus, daß der geschäftsunfähige oder in der Geschäftsfähigkeit beschränkte Erbe einen gesetzlichen Vertreter hatte, der das Geschäft des Erblassers fortführte, aber vor Ablauf der Frist wegfiel, so daß der Erbe nun ohne Vertreter ist. Für diesen Fall läuft die Frist nicht, so lange der Mangel der Vertretung besteht. Die nach seiner Beseitigung laufende Frist beträgt nach Maßgabe der §§ 27 Abs. 2, 206 Abs. 1 S. 2 drei Monate.

Der Erbe haftet innerhalb des Provisoriums für die Geschäftsschulden des Erblassers nicht anders wie für sonstige Nachlaßverbindlichkeiten. Was also hinsichtlich der Haftung als Besonderheit statuiert ist, gilt noch nicht für das Provisorium. Er haftet vor der Annahme nur mit dem Nachlaß, nach der Annahme auch mit seinem Privatvermögen bezw. also mit seinem Gesamtvermögen. In der Zeit nach der Annahme kann er vom Privatgläubiger wie vom Nachlaßgläubiger, wozu auch der Geschäftsgläubiger des Erblassers gehört, unbeschränkt, also auch mit Angriffen in das Geschäft verfolgt werden. Mit der Anordnung eines Beschränkungsverfahrens der Haftung können die Geschäftsgläubiger sich lediglich an den Nachlaß halten bezw. sich am Verfahren beteiligen. Das Geschäft gehört, soweit es Nachlaß ist, zur Masse des Verfahrens. Der Nachlaßverwalter kann dadurch, daß er das Geschäft über die Frist des § 27 Abs. 2 hinaus unverändert fortführt, keine persönliche Haftung des Erben für die früheren Geschäftsschulden begründen.

Ob der Erbe innerhalb des Provisoriums das Geschäft mit der früheren oder unter einer neuen Firma fortführt, ist für die Haftung hinsichtlich der ererbten Geschäftsschulden gleichgültig; sie ist in dieser Zeit stets beschränkbar. Stellt er innerhalb des Provisoriums den Betrieb überhaupt ein, so ist die Haftung dauernd beschränkbar. Eine Änderung der Firma kann im Einzelfalle die Bedeutung haben, daß in ihr die (etwa noch nicht erfolgte) Annahme der Erbschaft zu erblicken ist; die Annahme für sich allein begründet aber nicht die hier vorgesehene persönliche Haftung für die früheren Geschäftsschulden. — Es ist natürlich denkbar, daß der Erbe auch schon innerhalb des Provisoriums unbeschränkbar haftet; dies tritt als Folge eines Verstoßes gegen die Inventarpflicht oder eines allgemeinen Verzichts auf die Beschränkung hinsichtlich aller Nachlaßverbindlichkeiten, durch einen Teilverzicht auch bloß hinsichtlich der alten Geschäftsschulden ein. Dieser Fall bietet jedoch nichts Besonderes.

b) Der endgültige Zustand. Wenn der Erbe das Geschäft unverändert über das Provisorium hinaus fortführt, so haftet er für sämtliche noch nicht berichtigten früheren Geschäftsschulden nunmehr unbeschränkbar. Es ist also diese Gruppe der Nachlaßverbindlichkeiten nunmehr von allen übrigen Nachlaßverbindlichkeiten zu unterscheiden, da für diese letzteren eben nur beschränkbare Haftung besteht, wenn nicht etwa nunmehr aus einem der oben erwähnten Gründe die Haftung ganz allgemein unbeschränkbar wird. So lange kein die Haftung auf den Nachlaß beschränkendes Verfahren eingeleitet ist, haftet das gesamte Erbenvermögen einschließlich des Geschäfts sämtlichen Gläubigern des Erben, wozu auch die Nachlaßgläubiger einschl. der Geschäftsgläubiger gehören. Kommt es zu einem Beschränkungsverfahren, so sondert sich der Nachlaß, wozu auch das Geschäft bezw. alles dasjenige gehört, was im Geschäfte Nachlaß ist, ab. Die früheren Geschäftsgläubiger können sich, da sie Nachlaßgläubiger sind, am Verfahren beteiligen. Sie können aber, da sie infolge der Vorschrift des § 27 Abs. 1 unbeschränkt berechtigt sind, daneben auch das Privatvermögen des Erben angreifen. Dem Privatgläubiger des Erben ist der Zugriff in das Geschäft, soweit es Nachlaß ist, verschlossen (§§ 784, 766 ZPO., § 14 KO.). Zu diesen Privatgläubigern gehören auch diejenigen Gläubiger, mit denen der Erbe seinerseits während des Provisoriums kontrahiert hat, denn die dadurch begründeten Verbindlichkeiten sind stets nur seine eigenen. Weder gegenüber diesen Gläubigern noch denjenigen der vererbten Geschäftsschulden könnte dem Erben der Vorbehalt (§ 780 ZPO.) gegeben werden.

Die Haftung des ein Handelsgeschäft endgültig fortführenden Erben lehnt sich an den § 25 HGB., d. h. an den Fall an, wo jemand das Geschäft unter Lebenden erwirbt und fortführt. Im § 25 ist unterschieden, ob der Erwerber das Geschäft unverändert bezw., was dem gleichsteht, mit Beifügung eines das Nachfolgeverhältnis andeutenden Zusatzes fortführt oder ob er die Firma ändert. Im ersteren Falle haftet der Erwerber grundsätzlich für die früheren Geschäftsschulden persönlich (Abs. 1) und nur ausnahmsweise zessiert diese Haftung, d. h. sie bleibt beim früheren Inhaber. Im letzteren Falle ist es umgekehrt: Grundsätzlich haftet der Erwerber nicht; seine Haftung tritt nur als Ausnahme ein (Abs. 3). Zum Teil macht die „entsprechende" Anwendung — nur sie ist vorgeschrieben — dieser Sätze auf die Fortführung eines ererbten Handelsgeschäfts durch den Erben Schwierigkeit. Die Grundregeln der Absätze 1 und 3 des § 25 lassen sich leicht anwenden. Der Erbe haftet, wenn er das Geschäft endgültig unverändert fortführt, persönlich; wenn er die Firma im Provisorium geändert hat

— eine Änderung nach Ablauf des Provisoriums würde an der Haftung nichts mehr ändern können — beschränkbar. Auch die Anwendung der Ausnahme des Abs. 3 ist einfach; der Erbe haftet auch bei Firmenänderung persönlich, wenn er sich dazu verpflichtet bezw. die Verpflichtung in handelsüblicher Weise bekannt macht (conf. hierzu Staub HGB. § 25 Anm. 26 ff.); diese Verpflichtung kann er naturgemäß einseitig auf sich nehmen. Dagegen erweist sich die Anwendung der Ausnahme vom Grundsatz des Abs. 1, also des Abs. 2, als unmöglich. Nach dieser Bestimmung haftet der Erwerber unter Lebenden für die Geschäftsschulden des früheren Inhabers dann nicht, wenn die Haftung des Erwerbers durch Abrede mit dem früheren Inhaber ausgeschlossen und dieser Ausschluß in das Handelsregister eingetragen und bekannt gemacht oder von dem Erwerber oder von dem Veräußerer dem Gläubiger mitgeteilt worden ist. Während danach der Erwerber unter Lebenden durch Abrede mit dem Veräußerer die Haftung von sich abwälzen kann, fragt es sich, mit wem der Erbe die Vereinbarung treffen soll, durch die er der persönlichen Haftung entgeht? (Daß er — wie ein Erwerber unter Lebenden — der Haftung für die Geschäftsschulden ganz und gar entgehen kann, ist, da er jedenfalls als Erbe haftet, natürlich nicht denkbar.) Staub Komm. § 27 Anm. 11 vertritt die Ansicht, daß in entsprechender Anwendung des Abs. 2 § 25 statt der Vereinbarung eine einseitige Erklärung des Erben, wonach er für die Geschäftsschulden trotz unveränderter Fortführung des Geschäfts nur beschränkt haften wolle, ausreiche. Dies bedinge die Rechtslage an und für sich, nicht etwa sei die Beschränkung erst eine Folge der Erklärung. Diese Ansicht kann nicht für zutreffend erachtet werden. Sie geht von einem Mißverständnisse aus. Staub macht nämlich die Ansicht zu der seinigen, daß der Erbe von vornherein nur beschränkt hafte (conf. Anm. 6). Wenn also, so folgert Staub, der Erbe erklärt, daß er auch für die Geschäftsschulden nur beschränkt haften wolle, so erklärt er ja nur, daß er sich auch insoweit der bestehenden Rechtslage anpasse. Hier ist aber, selbst wenn man sich der Ansicht, daß ein Erbe grundsätzlich beschränkt hafte, anschließen wollte, übersehen, daß selbst nach den Vorschriften des BGB. die Beschränkung doch nur durch ein erst anzuwendendes Mittel erworben wird (§§ 1975 BGB., 781 ZPO.). Diese Mittel sind im BGB. festgelegt, das HGB. hat keinesfalls ein besonderes weiteres Mittel der Beschränkung schaffen wollen. Der einseitigen Erklärung des Erben, wonach er nur beschränkt haften wolle, kann danach keinerlei Bedeutung zukommen. Die etwa im Testamente enthaltene Bestimmung des Erblassers, wonach der Erbe nur beschränkt haften solle, ist nicht geeignet, die „Vereinbarung" zu ersetzen.

Über die Fortführung des Geschäfts mit veränderter Firma ist im Zusammenhange folgendes zu bemerken:

Der Grundsatz des § 25 Abs. 3, wonach derjenige Erwerber unter Lebenden, der das Geschäft mit veränderter Firma fortführt, nicht für die früheren Geschäftsschulden haftet, bedeutet, entsprechend auf das ererbte Geschäft angewendet, nicht etwa, daß der das Geschäft mit veränderter Firma fortführende Erbe von der Haftung für die früheren Geschäftsschulden überhaupt frei, sondern, daß er für sie nicht nach besonderen, vielmehr nach allgemeinen Grundsätzen der Erbenhaftung verhaftet sei. Denn er ist ja, indem er das Geschäft behält, Erbe und muß in jedem Falle als solcher haften. Da seine Haftung für die früheren Geschäftsschulden sich nicht von der sonstigen Haftung für Nachlaßverbindlichkeiten unterscheidet, ist sie grundsätzlich unbeschränkt, aber doch auch beschränkbar. Beschränkt der Erbe die Haftung also durch ein ordentliches Beschränkungsverfahren auf den Nachlaß, so können sich auch die Gläubiger der früheren Geschäftsschulden nur an den Nachlaß halten bezw. sich an dem Verfahren beteiligen. Das Geschäft gehört zum Nachlasse, soweit es z. Z. des Erbfalles Nachlaß war. So lange ein Beschränkungsverfahren nicht schwebt, bildet das ererbte Handelsgeschäft mit dem sonstigen Privatvermögen des Erben und mit dem übrigen Nachlaß ein Gesamtvermögen und sind alle Gläubiger Erbengläubiger, die zur Vollstreckung in dieses Vermögen befugt sind. Mit der infolge eines Beschränkungsverfahrens eintretenden Absonderung des Nachlasses vom sonstigen Erbenvermögen werden die Privatgläubiger des Erben genötigt, ihre Angriffe auf das Privatvermögen des Erben zu beschränken. Vom Handelsgeschäft können, wie angedeutet, sehr wohl einzelne Bestandteile Eigenvermögen des Erben sein. Es kann eintreten, daß der Erbe auch für die vererbten Geschäftsschulden völlig unbeschränkbar (persönlich) haftet, doch ist dies hier keine Besonderheit, vielmehr würde es nur die Folge eines absoluten Verlustes der Beschränkungsmöglichkeit sein (§§ 1994, 2005).

Ein Fortführen des ererbten Handelsgeschäfts unter veränderter Firma liegt nicht vor, wenn nur ein das Nachfolgeverhältnis andeutender Zusatz gemacht wird. Der Erbe verliert die Möglichkeit der Beschränkung hinsichtlich der ererbten Geschäftsschulden nicht dadurch, daß er die Firma zunächst unverändert läßt und sie erst später ändert, sofern dies nur innerhalb der im § 27 Abs. 2 HGB. erwähnten Frist geschieht. Ist — infolge des Fristablaufs — die persönliche Haftung erst einmal eingetreten, so kann sie durch eine Firmenänderung nicht wieder in eine beschränkbare abgeschwächt werden.

Die vom Erben selbst im Geschäftsbetriebe kontrahierten Geschäftsschulden sind keine Nachlaßverbindlichkeiten; für sie haftet er persönlich, gleichviel ob sie vor oder nach Firmenänderung begründet wurden. Auch für sie kann natürlich das Gesamterbenvermögen in Anspruch genommen werden, so lange nicht durch ein Beschränkungsverfahren der Nachlaß eine Sondermasse geworden ist; aus dem Nachlasse können sie, wenn ein Beschränkungsverfahren besteht, nicht berichtigt werden.

Eine Änderung erfährt der oben angegebene Grundsatz der §§ 25 Abs. 3, 27 HGB. entsprechend der im § 25 Abs. 3 enthaltenen Ausnahme dann, wenn ein besonderer Verpflichtungsgrund vorliegt, insbesondere wenn der Erbe die ererbten Geschäftsschulden freiwillig übernimmt und dies in handelsüblicher Weise bekannt macht (Staub zu § 25 Anm. 26 ff.). Hierdurch wird der Erbe hinsichtlich der früheren Geschäftsverbindlichkeiten persönlicher Schuldner. Im Verhältnisse zu allen übrigen Nachlaßverbindlichkeiten bleibt es bei der allgemeinen Regel von der Beschränkbarkeit der Haftung. So lange ein ordentliches Beschränkungsverfahren nicht schwebt, besteht danach zugunsten sämtlicher Gläubiger des Erben (also auch für die Nachlaßgläubiger) unbeschränkte Haftung mit dem Gesamtvermögen einschl. des Handelsgeschäfts. Mit der Bildung einer Sondermasse zu einem Beschränkungsverfahren, zu der alle diejenigen Bestandteile auch des Geschäfts gezogen werden müssen, die „Nachlaß“ sind, können aus dem Nachlasse nur noch die Nachlaßgläubiger einschließlich der Gläubiger der vererbten Geschäftsschulden befriedigt werden. Die letzteren Gläubiger können sich als persönliche Gläubiger auch an das Privatvermögen des Erben halten.

Daß der § 27 nur dann anwendbar ist, wenn der Erblasser Vollkaufmann war, siehe oben Seite 18.

2) Der § 139 HGB.

Über den § 139 HGB. siehe bezügl. der Erbenmehrheit weiter unten.

Der § 139 trifft im Abs. 4 Bestimmungen über die Haftung des Erben eines offenen Handelsgesellschafters für Gesellschaftsschulden in gewissen Fällen. Abgesehen hiervon kann für einen solchen Erben eine *persönliche* Haftung in Frage kommen, ohne daß sie auf einen Verstoß gegen die Inventarpflicht zurückgeführt werden muß; sie besteht unter Umständen kraft Gesetzes.

Der § 139 geht von der Voraussetzung aus, daß im Gesellschaftsvertrage — eine Bestimmung im Testamente reicht nicht aus (siehe hierzu Staub § 139 Anm. 1) — unter den Gesellschaftern vereinbart ist, daß im Falle des Todes eines Gesellschafters die Gesellschaft mit dessen Erben fortgesetzt werden solle. Nur für diesen Fall regelt er die Haftung des Erben. Fehlt es also im Vertrage an einer solchen Bestimmung, so ist für die Anwendung des § 139 kein Raum; die Gesellschaft wird aufgelöst (§ 131 Nr. 4 HGB.), der Erbe haftet für die Nachlaßverbindlichkeiten einschließlich der früheren Schulden der Gesellschaft lediglich nach allgemeinen Grundsätzen, also unbeschränkt aber beschränkbar. Sollte die Gesellschaft auf Grund einer *neuen* mit dem Erben getroffenen Abrede fortgesetzt werden (Staub zu § 131 Vorbem.), so ist der § 139 dennoch unanwendbar.

Die im Gesellschaftsvertrage getroffene Bestimmung, wonach die Gesellschaft mit dem Erben fortzusetzen ist, bindet den Erben nicht. Abgesehen davon, daß sie ihm nicht das Recht der Ausschlagung der Erbschaft nimmt, verpflichtet sie ihn auch im Falle der Erbschaftsannahme nicht, offener Gesellschafter zu bleiben. Daß er zunächst ein *Recht* hat, als offener Gesellschafter in der Gesellschaft zu verbleiben, ist natürlich, denn dies ist vertraglich bestimmt. Aber er hat nicht das Recht, aus der Gesellschaft ohne weiteres überhaupt auszuscheiden. Er ist an sie insofern gebunden, als er, wenn er offener Gesellschafter nicht bleiben will, erst den Versuch machen *muß*, als Kommanditist in ihr zu verbleiben; nur wenn dieser Versuch mißlingt, ist ihm das Recht zugestanden, aus der Gesellschaft auszuscheiden (§ 139 Abs. 1 und 2). Ob der Erbe in der Gesellschaft als offener Handelsgesellschafter oder ob er als Kommanditist verbleibt bezw. ob er überhaupt ausscheidet, hat in Ansehung der Haftung für die *Schulden der Gesellschaft* Bedeutung. Im Falle des Verbleibens als offener Gesellschafter ist seine Haftung eine persönliche, ohne daß dies irgend einen Einfluß auf seine Haftung gegenüber den sonstigen Nachlaßverbindlichkeiten hat; in den beiden anderen Fällen und ferner in dem Falle, daß die Gesellschaft überhaupt aufgelöst wird, ist die Haftung auch für die früheren Schulden der Gesellschaft eine beschränkbare.

Wie bei der Fortführung des Handelsgeschäfts eines Einzelkaufmanns dem Erben eine gewisse Zeit zur Gewinnung einer Übersicht über die Sachlage gegeben ist, innerhalb welcher die Fortführung ihn noch nicht definitiv zum Erben macht und nicht der Möglichkeit beraubt, die beschränkbare Haftung zu gewinnen, so ist auch bei der Vererbung eines Gesellschaftsanteils, bezgl. dessen nach dem Vertrage die Gesellschaft mit den Erben fortgesetzt werden soll, dem Erben eine gewisse Frist gegeben, innerhalb welcher er Maßnahmen treffen kann, die je nach seiner Wahl die persönliche oder die beschränkbare Haftung zur Folge haben. Es besteht also auch hier ein Provisorium.

a) Das Provisorium. Bezgl. seines Beginnes und Ablaufs gilt das oben bei der Erörterung über § 27 HGB. Ausgeführte durchweg. Auch hier ist das Stadium vor Annahme der Erbschaft von demjenigen, welches etwa noch von der Annahme ab bis zum Ablauf der besonderen Frist des § 139 Abs. 3 läuft, hinsichtlich der Haftung des Erben (Gesellschafters) zu unterscheiden. So lange die Annahme noch nicht erfolgt ist, kann der Gläubiger nur mit Vollstreckungen in den Nachlaß einschl. des Gesellschaftsanteils des Erblassers gegenüber einem Nachlaßpfleger vorgehen (§§ 778 Abs. 1 ZPO.), 1958 BGB.). Nach Annahme der Erbschaft, mit welcher auch der Gesellschaftsanteil des Erblassers endgültig in das Eigentum des Erben übergeht, kann der Erbe auch persönlich in Anspruch genommen werden, er kann aber die Haftung auf den Nachlaß einschließlich des Gesellschaftsanteils beschränken. Das Verbleiben des Erben in der Gesellschaft als offener Gesellschafter während des Provisoriums hat also im Stadium vor Annahme nicht die Bedeutung einer stillschweigenden Annahme der Erbschaft und im etwaigen weiteren Verlaufe nicht die Bedeutung, daß die Haftung für die Geschäftsschulden vorläufig persönlich ist. Erst wenn der Erbe auch über das Provisorium hinaus in der Gesellschaft als offener Gesellschafter verbleibt, wird die Haftung für alle noch nicht berichtigten Geschäftsschulden persönlich.

Innerhalb des Provisoriums muß der Erbe danach die Vorkehrungen treffen, die für seine spätere Haftung von Einfluß sein sollen. Er kann bezw. muß sich, wie folgt, verhalten: Will er endgültig persönlich haften, so kann er die besondere Frist des Abs. 3 einfach verstreichen lassen, ohne eine Erklärung abzugeben. Damit übernimmt er die persönliche Haftung, d. h. er kann von jetzt ab wegen aller noch nicht berichtigten Geschäftsschulden persönlich wie ein Gesellschafter in Anspruch genommen werden (§ 128 HGB.). Siehe weiteres hierzu Staub zu § 139 Anm. 14. Der Erbe kann natürlich auch ausdrücklich erklären, daß er als offener Gesellschafter in der Gesellschaft verbleiben wolle. Darin liegt nicht bloß eine Annahme der Erbschaft, sondern es bringt auch das Provisorium zur Erledigung, da hierin ein Verzicht auf die übrigen ihm im Abs. 1 und 2 eingeräumten Rechte liegt. — Der Erbe, der nicht offener Gesellschafter sein möchte, kann bezw. muß innerhalb des Provisoriums jedem anderen Gesellschafter erklären, daß er sein Verbleiben in der Gesellschaft davon abhängig mache, daß ihm unter Belassung des bisherigen Gewinnanteils die Stellung eines Kommanditisten eingeräumt und der auf ihn fallende Teil der Einlage des Erblassers als seine Kommanditeinlage anerkannt werde. Die Gesellschafter können diese Offerte annehmen oder ablehnen. Nehmen sie an, wird dem Erben also die Stellung eines Kommanditisten eingeräumt, so steht seine spätere Stellung fest. Er hat damit die Erbschaft angenommen, auch ist das Provisorium beendigt. Für die bis dahin entstandenen Gesellschaftsschulden haftet er nunmehr dauernd nur beschränkbar, es müßte denn ein sonstiger Grund für eine persönliche Haftung hinsichtlich der Nachlaßverbindlichkeiten hinzutreten. Im übrigen siehe hierzu Staub Anm. 15 ff. Wird der Vorschlag des Erben von den Gesellschaftern, die sich darüber natürlich einig sein müssen, abgelehnt, so kann der Erbe innerhalb der weiteren bis zum Ablaufe des Provisoriums etwa noch laufenden Frist immer noch überlegen, wie er sich verhalten soll, ohne durch das vorläufige Verbleiben als offener Gesellschafter Rechte zu verlieren. Schweigt er sich bis zum Ablaufe der Frist aus, so bleibt er dauernd offener Gesellschafter mit allen Folgen hinsichtlich der Haftung für die Schulden der Gesellschaft; er kann aber wegen der Ablehnung seiner Offerte aus der Gesellschaft ausscheiden, so lange noch die Frist läuft. Das Ausscheiden muß jedem anderen Gesellschafter erklärt werden. Würde er die Erklärung erst nach Ablauf des Provisoriums abgeben, so würde sie nicht den ihr im § 139 verliehenen Wert mehr haben. Die rechtzeitige Erklärung bringt das Provisorium zum Ende; sie hat eine nur beschränkbare Haftung für die bis dahin entstandenen Schulden der Gesellschaft zur Folge. Im Innenverhältnis gilt der § 738 BGB., wonach die übrigen Gesellschafter verpflichtet sind, den Ausscheidenden von den gemeinschaftlichen Schulden zu befreien. Für den Fall, daß die Gesellschaft innerhalb des Provisoriums, das damit natürlich sein Ende erreicht, aufgelöst wird (siehe hierzu Staub Anm. 21), ist die Haftung für die bis dahin entstandenen Gesellschaftsschulden gleichfalls nur beschränkbar. Ob sie — nach obigen Regeln — beschränkbar oder persönlich ist, hat keinen Einfluß auf die Tatsache, daß der Erbe auch für die (im Sinne des Abs. 4) „bisherigen" Gesellschaftsschulden jedenfalls als Gesellschafter mit den übrigen Gesellschaftern gesamtschuldnerisch in Anspruch genommen werden kann, denn er ist vom Erbfalle ab „Gesellschafter". Es ist seine Sache, die Beschränkung geltend zu machen. Nur im Stadium vor Annahme der Erbschaft ist die Inanspruchnahme seiner Person wegen des § 1958 ausgeschlossen.

b) Der endgültige Zustand. Er ist nach obigen Ausführungen gegeben 1. sobald der Erbe binnen der besonderen Frist des Abs. 3 erklärt, daß er in der Gesellschaft als offener Gesellschafter verbleiben wolle; hier ist seine Haftung für die sämtlichen Gesellschaftsschulden eine persönliche, er haftet wie jeder andere Gesellschafter; 2. sobald die besondere Frist des Abs. 3 abgelaufen ist, ohne daß der Erbe die ad 1 erwähnte Erklärung abgegeben hat; bezgl. der Haftung gilt das ad 1 Gesagte; 3. sobald der vom Erben rechtzeitig im Sinne des Abs. 3 gestellte Antrag, in der Gesellschaft als Kommanditist verbleiben zu dürfen, akzeptiert wird; hier ist die Haftung für die bis dahin entstandenen Gesellschaftsschulden beschränkbar, der Erbe haftet als Erbe; 4. sobald der Erbe nach Ablehnung seines ad 3 erwähnten Antrages rechtzeitig sein Ausscheiden aus der Gesellschaft erklärt; bezgl. der Haftung gilt das ad 3 Gesagte; 5. sobald — rechtzeitig im Sinne des Abs. 3 — die Gesellschaft aufgelöst wird; bezgl. der Haftung gilt das ad 3 Gesagte.

Im einzelnen ist bezgl. der Haftung folgendes auszuführen:

I. Dadurch daß der Erbe als offener Gesellschafter in der Gesellschaft verbleibt, hört das etwa vorhandene Gesellschaftsguthaben des Erblassers nicht auf, „Nachlaß" zu sein. So lange der Erbe die Haftung nicht beschränkt, bildet dieser Nachlaß mit dem sonstigen Vermögen des Erben eine einheitliche (verschmolzene) Masse. Es können vier Gläubigergruppen, für welche dieses Gesamtvermögen Objekt der Befriedigung ist, in Betracht kommen: 1. Diejenigen Gläubiger, welche bereits zu Lebzeiten des Erblassers gegen die Gesellschaft eine Forderung erworben haben: Sie behalten diese Forderung auch nach dem Erbfalle. Daneben haftet ihnen aber der

Erbe in seiner Eigenschaft als Gesellschafter auch persönlich. Je nachdem diese Gesellschaftsgläubiger einen Schuldtitel gegen die Gesellschaft oder gegen den Erben als Gesellschafter erworben haben, können sie gegen das Vermögen der Gesellschaft bezw. des Erben als Gesellschafters vorgehen. Obwohl in dem Erbenvermögen das Gesellschaftsguthaben des Erblassers bezw. jetzt des Erben enthalten ist, wird zu einem Sondervorgehen gegen dieses kein Anlaß vorliegen, weil überhaupt das Vermögen der Gesellschaft haftet. 2. Diejenigen Gläubiger, welche erst nach Eintritt des Erbfalls eine Forderung gegen die Gesellschaft erwerben: Sie sind lediglich Gläubiger der Gesellschaft bezw. der Gesellschafter einschl. des Erben, können sich also an das Vermögen der Gesellschaft wie des Erben halten, werden aber, weil überflüssig, das Gesellschaftsguthaben des Erblassers wie des Erben unangetastet lassen. 3. Diejenigen Gläubiger, welche Privatgläubiger (im Gegensatze zu Gesellschaftsgläubigern) des Erblassers waren: Bei Lebzeiten des Erblassers haftete ihnen nicht das Gesellschaftsvermögen, wohl aber das Privatvermögen des Erblassers. Sein Anteil am Gesellschaftsvermögen war pfändbar (siehe Staub § 135 Anm. 2), auch konnte dieses Vermögen durch Kündigung der Gesellschaft nach Maßgabe des § 135 HGB. für die Befriedigung des Gläubigers flüssig gemacht werden. Diese Gläubiger sind nach dem Erbfalle lediglich Nachlaßgläubiger, das Vermögen der Gesellschaft ist für sie direkt nicht angreifbar; nur das gesamte Erbenvermögen einschl. des Anteils des Erblassers (des Nachlasses) bezw. des Erben selbst am Gesellschaftsvermögen ist Objekt der Zwangsvollstreckung dieser Nachlaßgläubiger, auch kann unter Beobachtung der im § 135 HGB. gegebenen Voraussetzungen die Aufkündigung erfolgen bezw. die Auflösung der Gesellschaft erzwungen werden. 4. Diejenigen Gläubiger, welche, ohne Gesellschaftsgläubiger zu sein, eine Forderung lediglich gegen den Erben selbst haben: Auch sie können nicht in das Gesamtvermögen der Gesellschaft, vielmehr nur in das — gesamte — Vermögen des Erben, wie ad 3 dargelegt, vorgehen.

Kommt es — sei es auf Antrag des Erben selbst oder eines sonst Berechtigten — zum Konkurse über den Nachlaß, so muß der Anteil des Erblassers am Gesellschaftsvermögen als Nachlaß für das Konkursverfahren flüssig gemacht bezw. zur Masse gezogen werden. Zu der letzteren gehört außerdem noch das etwaige sonstige Vermögen des Erblassers (Nachlaß). Die Eröffnung des Nachlaßkonkurses hat, weil zu demselben das im Gesellschaftsvermögen enthaltene Vermögen des Erblassers abgeliefert werden muß, die Auflösung der Gesellschaft zur Folge (§ 131 Nr. 5 HGB.). Der Anteil des Erblassers wird außerhalb des Konkurses besonders berechnet bezw. flüssig gemacht, wobei diejenigen Schulden, welchen das Vermögen der Gesellschaft haftet, aus diesem Vermögen vorweg zu berichtigen sind (Jäger KO. § 16 Anm. 4 u. 17). Erst der etwa verbleibende Reinüberschuß bezw. Reinanteil fließt als Nachlaß zur Masse des Konkurses. Was nun das Haftungsverhältnis des Erben zu den erwähnten vier Gläubigergruppen anlangt, so ist es gegenüber dem durch die Eröffnung des Nachlaßkonkurses veränderten Zustand folgendes: 1. Die Gläubiger der Gesellschaft, die zugleich Nachlaßgläubiger sind, können sich, wenn sie bei der Liquidation des Gesellschaftsvermögens noch nicht befriedigt worden sein sollten, wie vor dem Konkurse an das etwa noch vorhandene Vermögen der Gesellschaft und auch an das gesamte Vermögen des

Erben als Gesellschafters halten. Der Nachlaßkonkurs ändert also ihre Stellung nicht, da der Erbe als Gesellschafter ihnen eben persönlich haftet. Insofern diese Gläubiger auch Nachlaßgläubiger sind, dürfen sie Befriedigung auch aus der Masse (dem Nachlasse) fordern. 2. Diejenigen Gläubiger, welche zwar Gesellschafts- aber nicht Nachlaßgläubiger sind, werden auch ihrerseits bei der auf Grund des Konkurses erfolgenden Auseinandersetzung mit dem Erben (Gesellschafter) befriedigt sein bezw. evtl. einen Anspruch auf Befriedigung aus dem Vermögen der Gesellschaft haben. Da aber der Erbe als Gesellschafter ihnen auch persönlich haftet, dürfen sie sich an das Erbenvermögen halten; sie haben aber keinen Anspruch auf Befriedigung aus der Konkursmasse (dem Nachlasse). 3. Die Privatgläubiger des Erblassers haben, da sie Nachlaßgläubiger sind und der Erbe ihnen nicht als Gesellschafter, sondern nur als Erbe haftet, nur Anspruch auf Befriedigung aus dem Nachlasse, auf den sich durch den Nachlaßkonkurs die Haftung beschränkt hat. Hatte der Erbe aus irgendwelchen Gründen die Möglichkeit der Haftungsbeschränkung verloren, so können sie allerdings auch das Privatvermögen (d. i. das gesamte übrige Vermögen) des Erben angreifen. 4. Die Eigengläubiger des Erben können sich am Nachlaßkonkurse nicht beteiligen. Ihnen haftet nur das sonstige Vermögen des Erben.

Gerät der Erbe (Gesellschafter) persönlich in Konkurs, so wird gemäß § 131 Nr. 5 HGB. die Gesellschaft gleichfalls aufgelöst. Zur Masse gehört sein gesamtes konkursfähiges Vermögen einschl. seines auch den Anteil des Erblassers umfassenden Anteils am Gesellschaftsvermögen (§ 16 KO.). Die Nachlaßgläubiger sind hier nicht anders gestellt, wie die sonstigen Gläubiger des Erben. Sie haben sich sämtlich an die Masse zu halten. — Kommt es aber daneben auch noch zum Nachlaßkonkurse, so gehört zum Erbenkonkurse das Vermögen des Erben einschl. desjenigen Auseinandersetzungsguthabens, das allein dem Konto des Erben, und zur Masse des Nachlaßkonkurses der Nachlaß einschl. des Auseinandersetzungsguthabens des Erblassers und zwar bestenfalls in demjenigen Umfange, den es z. Z. des Erbfalls gehabt hatte. Die Nachlaßgläubiger nehmen nunmehr nicht mehr am Erbenkonkurse teil, sie sind Nachlaßgläubiger im Nachlaßkonkurse. — Gerät die Gesellschaft mit ihrem Vermögen in Konkurs, so wird die Masse durch das Gesellschaftsvermögen gebildet. Von einem Anteil des Erblassers oder des Erben an dem Gesellschaftsvermögen kann hier nicht die Rede sein. Kommt es daneben jedoch zum Nachlaßkonkurse, so muß das etwaige Auseinandersetzungsguthaben des Erblassers zur Masse des letzteren Konkurses gezogen werden. Für den Fall, daß auch der Gesellschafter (Erbe) selbst in Konkurs gerät, siehe Jäger § 51 Anm. 3.

II. Wird der Erbe infolge entsprechenden Angebots und Annahme des letzteren Kommanditist, so ist die Einlage des Erblassers seine Kommanditeinlage; auch ist er mit dem bisherigen Gewinnanteil des Erblassers am Gewinne beteiligt (§ 139 Abs. 1). Auch hier behält das etwa vorhandene Gesellschaftsguthaben des Erblassers den Charakter des Nachlasses; es bildet aber, so lange die Haftung nicht auf den Nachlaß beschränkt wird, mit dem sonstigen Vermögen des Erben eine einheitliche Masse, ein Gesamterbenvermögen. Für die vier Gläubigergruppen gestalten sich die Verhältnisse, wie folgt: 1. Die Gläubiger der Gesellschaft, die zugleich Nachlaßgläubiger sind, können sich an das Vermögen der Gesellschaft auch jetzt halten. Daneben, d. h. sowohl dann wenn er allein als Gesellschafter, wie auch dann, wenn er zugleich mit der Gesellschaft in Anspruch genommen wird, haftet ihnen der Erbe nur wie ein Erbe, d. h. unbeschränkt aber beschränkbar. So lange die Haftung nicht beschränkt wird, bezw. wenn die Möglichkeit der Beschränkung überhaupt nicht mehr besteht (§§ 1994, 2005, 2006 BGB., 780 ZPO.), ist Objekt ihrer Befriedigung sein Gesamtvermögen, also auch insoweit, als es aus dem Nachlaß einschl. des Gesellschaftsguthabens des Erblassers besteht. Daß aber das letztere hier besonderen Angriffen unterliegen wird, dürfte, weil ja das gesamte Vermögen der Gesellschaft angegriffen werden kann, ausgeschlossen sein. 2. Was die Haftung gegenüber denjenigen Gläubigern der Gesellschaft anlangt, welche es erst nach Eintritt des Erbfalls werden, so ist sie verschieden, je nachdem das Schuldverhältnis in der Zeit bis zur Einräumung der Kommanditistenstellung an den Erben oder erst nachher entstanden ist. Die Haftung gegenüber der ersteren Gruppe ist dieselbe wie die eben ad 1 erwähnte, dies auf Grund des § 139 Abs. 4 HGB., der diese Haftung für die in dem erwähnten Zeitraum kontrahierten Gesellschaftsschulden nach Grundsätzen der Haftung für Nachlaßverbindlichkeiten ordnet. Die Haftung des Erben (Kommanditisten) gegenüber den erst nach Aufnahme des Erben als Kommanditisten begründeten Gesellschaftsschulden ist die eines Kommanditisten (§ 171 HGB., Staub § 139 Anm. 17), d. h. sie geht bis zur Höhe der Kommanditeinlage des Erben. Insoweit ist sie eine persönliche und bleibt es auch gegenüber einem Beschränkungsverfahren der Haftung. 3. Die Privatgläubiger des Erblassers, jetzt Nachlaß-, aber nicht Gesellschaftsgläubiger, können sich lediglich an den Erben als solchen halten, insoweit aber an sein gesamtes Vermögen, so lange er nicht die Haftung beschränkt bezw. wenn er die Möglichkeit der Beschränkung verloren haben sollte. Da zu dem Erbenvermögen auch der Nachlaß und zu diesem das in der Gesellschaft steckende Vermögen des Erblassers gehört, ist die Zwangsvollstreckung auch insoweit zulässig (§ 161 Abs. 2 HGB.). Danach kann unter Beobachtung der Voraussetzungen des § 135 auch die Auflösung der Gesellschaft erzwungen werden, wenn die Flüssigmachung des Anteils des Erben am Gesellschaftsvermögen durchgesetzt werden soll (siehe auch Staub § 161 Anm. 13). 4. Die Privatgläubiger des Erben selbst können sich an sein gesamtes Vermögen halten. Es gilt das eben ad 3 Gesagte.

Kommt es zum Nachlaßkonkurse, so gehört zur Masse der Nachlaß einschl. des Anteils des Erblassers am Gesellschaftsvermögen. Der Konkurs hat auch hier die Auflösung der Gesellschaft zur Folge (Staub Exkurs zu § 177 Anm. 1). Das Auseinandersetzungsguthaben des Erblassers wird besonders berechnet. Siehe Jäger § 16 Anm. 4 und oben ad I. Die Nachlaßgläubiger einschl. der Gesellschaftsgläubiger, die schon beim Erbfall Nachlaßgläubiger waren, sowie derjenigen, die bis zur Einräumung der Kommanditistenstellung Gesellschaftsgläubiger wurden, können sich, soweit das Vorgehen gegen den Erben in Frage steht, nur noch an den Nachlaß halten. — Wegen derjenigen Gesellschaftsschulden, welche nach Aufnahme des Erben in die Gesellschaft als Kommanditist entstanden sind, kann der Erbe lediglich als Kommanditist nach Maßgabe des § 171 HGB. bis zur Höhe seiner Einlage von den Gläubigern persönlich in Anspruch genommen werden. An dem Beschränkungsverfahren nehmen die betr. Gläubiger nicht teil, da sie nicht Nachlaßgläubiger sind. Im übrigen siehe zur Haftung des Kommanditisten § 139 Anm. 17 bei Staub.

III. Erklärt der Erbe wegen der Weigerung der Gesellschafter, ihm die Stellung eines Kommanditist einzuräumen, rechtzeitig seinen Austritt aus der Gesellschaft, so hat er, da er als Gesellschafter ausscheidet, abgesehen von den ihm in natura zurückzugebenden Sachen dasjenige zu beanspruchen, was er als Auseinandersetzungsguthaben erhalten würde, wenn die Gesellschaft z. Z. seines Ausscheidens aufgelöst wird (§ 738 BGB.). Siehe hierzu Staub Exkurs zu § 141 HGB. Die ihm auszuliefernden Sachen, bezw. die ihm auszuantwortende Abfindungssumme werden das in der Gesellschaft steckende Vermögen des Erblassers (Nachlaß) darstellen; im Einzelfalle kann aber infolge der nach dem Eintritt des Erbfalls von der Gesellschaft gemachten Gewinne auch bereits eigenes Vermögen des Erben in Frage kommen. So lange die Auslieferung von Sachen bezw. Geld nicht erfolgt, besteht insoweit der Nachlaß in einer Forderung gegen die Gesellschaft. Was die Haftung anlangt, so ist das Verhältnis des Ausscheidenden zu den übrigen Gesellschaftern von dem zu den Gläubigern zu unterscheiden. Der Ausscheidende kann nach § 738 BGB. von den übrigen Gesellschaftern verlangen, daß sie ihn von der Verpflichtung befreien, seinerseits Gesellschaftsschulden — sei es, daß sie vor oder nach dem Erbfalle entstanden sind — zu bezahlen (Staub l. c. Anm. 10—12). Dies hindert natürlich nicht die Gläubiger, sich gerade an den Erben zu halten. Im Hinblick auf die Haftung gegenüber den Gläubigern gilt folgendes: 1. Diejenigen Gläubiger, welche bereits zu Lebzeiten des Erblassers Gesellschaftsgläubiger waren, dem Erben gegenüber also Nachlaßgläubiger sind, können sich an das Vermögen der etwa fortgesetzten Gesellschaft, auf Grund eines gegen den Erben gerichteten Schuldtitels auch an das gesamte Vermögen des Erben halten, dies letztere so lange, als keine Beschränkung der Haftung geltend gemacht wird. Sein Vermögen besteht aus seinem bisherigen Privatvermögen und dem Nachlaß, zu welchem das in der Gesellschaft enthalten gewesene Vermögen des Erblassers gehört. Natürlich ist der Anspruch auf Auslieferung bezw. Zahlung gegen die Gesellschaft der Pfändung unterworfen. Der Erbe kann die Haftung nach allgemeinen Grundsätzen auf den Nachlaß beschränken, wenn er nicht diese Möglichkeit durch einen Verzicht oder durch Verstöße gegen die Inventarpflicht verloren hat. Daß die Eintragung des Ausscheidens aus der Gesellschaft in das Handelsregister Voraussetzung für die Beschränkungsmöglichkeit hinsichtlich der Gesellschaftsschulden ist, vergl. Staub zu § 139 Anm. 19. 2. Wie oben ad II ist auch hier bezgl. der nach dem Erbfalle entstandenen Gesellschaftsschulden hinsichtlich der Haftung ein Unterschied zu machen. Der Erbe haftet denjenigen Gesellschaftsgläubigern, die bis zum Ausscheiden eine Forderung gegen die Gesellschaft erworben haben, grundsätzlich zwar gleichfalls unbeschränkt, aber beschränkbar auf den Nachlaß als Erbe; die Haftung richtet sich also auch hier nach erbrechtlichen Grundsätzen (§ 139 Abs. 4 HGB.). Beim Verlust der Beschränkungsmöglichkeit ist danach die Haftung eine persönliche. Denjenigen Gläubigern, welche erst nach dem — sofort ins Handelsregister eingetragenen — Ausscheiden Gesellschaftsgläubiger werden, haftet er überhaupt nicht mehr, da er aus der Gesellschaft ausgeschieden ist. 3. Die Privatgläubiger des Erblassers, jetzt Nachlaßgläubiger, können sich an das gesamte Erbenvermögen einschl. des oben charakterisierten Nachlasses halten; erst auf Grund geltend gemachter Haftungsbeschränkung beschränkt sich die Haftung auf den Nachlaß allein. 4. Die Privatgläubiger des Erben können sich an das gesamte Erbenvermögen halten. Im Falle geltend gemachter Beschränkung haben sie den Nachlaß freizulassen.

Kommt es zum Nachlaßkonkurs, so bildet der Nachlaß die Masse. Es gehört hierzu das bereits ausgeantwortete Gesellschaftsvermögen des Erblassers evtl. der Anspruch auf Ausantwortung. Da die Gemeinschaft des Erben mit den Gesellschaftern infolge seines Ausscheidens aus der Gesellschaft bereits aufgehoben war, kann der § 16 KO. keine Anwendung finden. Der Konkursverwalter macht hier einfach die Forderung für die Nachlaßkonkursmasse nach allgemeinen Grundsätzen geltend. Alle diejenigen Gläubiger, denen der Erbe hier nur als Erbe haftet, können sich nunmehr nur an den Nachlaß, die Privatgläubiger des Erben nur an dessen Privatvermögen halten.

IV. Wird die Gesellschaft innerhalb der Frist des § 139 Abs. 3 aufgelöst (siehe hierzu Staub § 139 Anm. 21), so gilt folgendes: Es ist hier, wie sich aus dem Wortlaut des § 139 Abs. 4 ergibt, nur an den Fall zu denken, daß die Auflösung erfolgt, ohne daß es sich entschieden hat, ob der Erbe offener Gesellschafter oder Kommanditist bleibt oder überhaupt ausscheidet, da in den letzteren Fällen die Haftung sich nach der nun einmal festgelegten Stellung des Erben richtet. Der Erbe haftet den Gesellschaftsgläubigern, soweit sie Nachlaßgläubiger sind und ferner soweit sie zwar nach Eintritt des Erbfalls aber bis zur Auflösung Gesellschaftsgläubiger wurden, nur als Erbe, d. h. unbeschränkt bezw. beschränkbar. Zu seinem Gesamtvermögen gehört sein Privatvermögen und der Nachlaß. Zu dem letzteren gehört das in dem Vermögen der aufgelösten Gesellschaft enthaltene Vermögen des Erblassers (oder Nachlaß), das nach Maßgabe des Liquidationsverfahrens frei wird. Der Anspruch auf Auszahlung des Auseinandersetzungsguthabens ist nach allgemeinen Grundsätzen der Pfändung unterworfen. Dieser Nachlaß gehört im Falle der Eröffnung des Nachlaßkonkurses zur Masse und dient lediglich zur Befriedigung der Nachlaßgläubiger. Für die Auseinandersetzung des Erben mit den übrigen Gemeinschaftern dürfte der § 16 KO. in Betracht kommen (siehe auch Staub § 131 Anm. 1). An das gesamte Erbenvermögen können sich auch die Privatgläubiger des Erben halten, so lange keine Beschränkung der Haftung auf den Nachlaß geltend gemacht wird, andernfalls ist Objekt ihrer Befriedigung das Erbenvermögen unter Ausschluß des Nachlasses.

C. Das Inventar. §§ 1993 ff.

Der Erbe kann die Möglichkeit der Haftungsbeschränkung durch Verstöße gegen die Inventarisierungspflicht hinsichtlich des Nachlasses im Verhältnisse zu allen Nachlaßgläubigern verlieren (absoluter Verlust). Er haftet in solchen Fällen selbst dann persönlich, wenn es zu einem Sonderverfahren kommen sollte, was ja hinsichtlich der Nachlaßverwaltung bezw. des Nachlaßkonkurses auf Antrag der Nachlaßgläubiger, hinsichtlich des Nachlaßkonkurses auch auf Antrag des unbeschränkbar haftenden Erben selbst geschehen kann (§ 216 Abs. 1 KO.).

Über den Begriff des Inventars siehe oben Seite 52. Über die Herstellung des Inventars trifft der § 2002 Bestimmungen. — Die Inventarisierung des Nachlasses hat den Zweck, das, was z. B. des Erbfalles Nachlaß war, offen zu legen. Die Bedeutung des Inventars erhellt aus § 2009, durch welchen eine Vermutung für die Richtigkeit seines Inhalts hinsichtlich der Nachlaß a k t i v a begründet wird, was übrigens den einzelnen Nachlaßgläubiger nicht hindert, den Erben zur Ableistung des Offenbarungseides bezüglich des Inventars (§ 2006) zu laden mit der Folge, daß der den Eid verweigernde Erbe (nur) im Verhältnisse zu dem ladenden Nachlaßgläubiger die Möglichkeit der Haftungsbeschränkung verliert (relativer Verlust). Abgesehen davon ist der Beweis der Unrichtigkeit des Inventars nicht unzulässig, nur liegt er dem die Unrichtigkeit behauptenden Gläubiger ob. Die Inventarerrichtung wird immer dann kein Interesse bieten, wenn der Erbe entschlossen ist, für die Nachlaßverbindlichkeiten unbeschränkt zu haften, weil es in diesem Falle auf die Zulänglichkeit des Nachlasses nicht ankommt. Freilich wird auch die Voraussetzung vorliegen müssen, daß der Erbe ein ausreichendes Vermögen besitzt, da andernfalls die Nachlaßgläubiger ein begreifliches Interesse haben, den Nachlaßbestand kennen zu lernen und evtl. den Nachlaß zur alleinigen Berichtigung der Nachlaßverbindlichkeiten gesondert von dem sonstigen Erbenvermögen verwalten zu lassen. Das Inventar ändert an der Haftung des Erben nichts, namentlich ist es kein Mittel der Haftungsbeschränkung. Die Inventarerrichtung ist auch nicht Voraussetzung für die Anwendung eines solchen Mittels. Es dient lediglich der Offenlegung des Nachlasses und mag im Einzelfalle Grundlage für die vom Erben zu ergreifenden Maßnahmen der Verwaltung des Nachlasses, insbesondere der Gläubigerbefriedigung sein.

Der Erbe ist b e r e c h t i g t, ein Inventar zu errichten, auch wenn er dazu nicht aufgefordert ist. Die Errichtung ist voraussetzungslos gestattet. Er verliert diese Befugnis nicht durch einen Verzicht auf die Haftungsbeschränkung oder durch das Schweben eines Beschränkungsverfahrens. Die innerhalb der ersten drei Monate seit Erbschaftsannahme erfolgte Inventarerrichtung hat die besondere Wirkung, daß sie dem Erben das Recht nimmt, die Hemmungsbefugnis des § 2014 gegenüber der Zwangsvollstreckung in den Nachlaß und in sein Eigenvermögen geltend zu machen. Diese im Einzelfalle vielleicht unangenehme Folge kann er dadurch beseitigen, daß er ein Aufgebot beantragt (§ 2015). Der Erbe ist zur freiwilligen Inventarerrichtung unter Umständen v e r p f l i c h t e t in dem Sinne, daß ihm bei Nichterrichtung evtl. eine Schadensersatzpflicht drohen kann. Wenn er nämlich durch die Inventarerrichtung eine etwa vorliegende Überschuldung und damit die Konkursvoraussetzung hätte feststellen können, so würde er für allen durch verzögerte Konkursanmeldung den Nachlaßgläubigern erwachsenden Schaden verantwortlich gemacht werden können (§ 1980).

Jeder Nachlaßgläubiger kann dem Erben eine Frist zur Errichtung des Inventars setzen lassen (§ 1994). Er muß sich dabei der Hilfe des Nachlaßgerichts bedienen. Ist die Frist schon vor Annahme der Erbschaft gesetzt, so beginnt sie erst mit der Annahme zu laufen; es bedarf keiner neuen Fristsetzung, es müßte denn sein, daß der annehmende Erbe nicht derjenige ist, dem sie gesetzt war. Der Erbe ist gezwungen, das Inventar innerhalb der ihm gegebenen Frist zu errichten; nur ausnahmsweise ist eine Fristverlängerung, die aber vor Ablauf der erstbestimmten Frist beim Gericht nachzusuchen ist, zulässig. Auch das auf diese Weise erzwungene Inventar schafft die Vermutung, daß der Nachlaß nicht größer bezw. so beschaffen wie angegeben ist; es benimmt, wie das freiwillig errichtete, dem Erben die Hemmungsbefugnis des § 2014; es ändert in keiner Weise die Haftung des Erben für Nachlaßverbindlichkeiten, die also nach wie vor unbeschränkt aber beschränkbar ist. Dagegen verliert der Erbe die Möglichkeit der Beschränkung, wenn er die Inventarfrist versäumt oder Verstöße im Sinne des § 2005 begeht. Im wesentlichen sind die Folgen eines solchen Verlustes im § 2013 normiert, doch sind sie auch an anderen Stellen, so z. B. im §§ 991, 783, 784 ZPO., 225 Abs. 2 KO. behandelt. Der Verlust wirkt nur zum Nachteil des Erben, er beeinflußt nicht die Rechtsstellung der Nachlaßgläubiger, deshalb dürfen sie Nachlaßverwaltung auch da beantragen (§ 1981 Abs. 2), wo es der Erbe nicht mehr darf (§ 2013). Der Nachlaßkonkurs kann, wie schon erwähnt, auch vom unbeschränkbar haftenden Erben beantragt werden (§ 216 KO.), doch gibt er dem Erben nicht die einmal verlorene Beschränkung zurück. Nur in dem Falle, daß ein Ausschlußurteil im Aufgebote oder der Zeitablauf nach Maßgabe des § 1974 zeitlich v o r den Verlust der Beschränkungsmöglichkeit fällt, haftet der Erbe einem ausgeschlossenen Gläubiger beschränkt wie v o r dem Verlust nach Maßgabe der §§ 1973, 1974, während er den nicht ausgeschlossenen Gläubigern unbeschränkbar haftet.

Der Erbe kann das Beschränkungsrecht auch durch einen freiwilligen Verzicht (Vertrag) verlieren.

Der Verlust des Beschränkungsrechts infolge der erwähnten Vorgänge wirkt zugunsten a l l e r Nachlaßgläubiger, also allgemein. Er verpflichtet den Erben zur vollständigen Berichtigung aller Nachlaßverbindlichkeiten evtl. aus eigenem Vermögen selbst dann, wenn infolge eines Beschränkungsverfahrens eine Trennung von Nachlaß- und Eigenvermögen eingetreten sein sollte. Daß der Gläubiger aber nur e i n m a l Befriedigung erhält, bedarf keiner Ausführung.

§ 2006 BGB.

Das Gesetz kennt aber auch einen Verlust des Haftungsbeschränkungsrechts, der nur relativ, d. h. im Verhältnisse nur zu einem bestimmten Gläubiger und zwar überhaupt oder auch nur hinsichtlich einer bestimmten Forderung wirkt. Der § 2006 nämlich gestattet dem Nachlaßgläubiger, den Erben zur Beschwörung des von ihm errichteten Inventars (zur Leistung des Offenbarungseides) vor Gericht zu laden und knüpft an die Eidesweigerung den Verlust des Haftungsbeschränkungsrechts (lediglich) im Verhältnisse zu allen Forderungen d i e s e s Gläubigers. Dieser Verlust äußert sich aber ganz verschieden von dem allgemeinen; er hindert den Erben in keiner Weise an der Anwendung der Beschränkungsmittel, auch besteht alsdann, wie im Normalfalle, beschränkte Haftung; nur gerade dem einen Nachlaßgläubiger gegenüber wirkt der Verlust in der Weise, daß der Erbe von ihm auch persönlich in Anspruch genommen werden kann. Mit dieser Maßgabe gleicht ein solchergestalt unbeschränkt haftender Erbe einem überhaupt beschränkt haftenden (§ 2013 Abs. 2. Siehe auch § 225 Abs. 3 KO.)

§ 780 ZPO.

Weiter tritt ein relativer Verlust des Beschränkungsrechts in dem Falle ein, wo der Erbe, von einem Nachlaßgläubiger gerichtlich in Anspruch genommen, es unterläßt, beim Prozeßgericht den Antrag zu stellen, daß ihm die Beschränkung vorbehalten werde bezw. wenn der betreffende Antrag im Urteil übersehen und nicht durch die — lediglich auch aus diesem Grunde zulässigen Rechtsmittel (abgesehen von der Revision) — doch noch erwirkt ist. Gegenüber einem Zahlungsbefehl oder Vollstreckungsbefehl ist Widerspruch bezw. Einspruch zur Erwirkung des Vorbehalts erforderlich. Die Verwirkung des Vorbehalts hat den Verlust des Beschränkungsrechts des Erben nur im Verhältnis zu dem ihn bedrängenden Nachlaßgläubiger zur Folge. Sie ist aber insofern enger, wie der oben erwähnte Einzelverlust, als sie nur die Forderung des betreffenden Schuldtitels, nicht aber auch die übrigen Forderungen desselben Gläubigers trifft. Auch im Falle eines solchen Einzelverlustes steht der Erbe zu den übrigen Nachlaßgläubigern genau so da, wie ein überhaupt beschränkbar haftender Erbe. Die Anwendung der Beschränkungsmittel ist ihm gestattet, auch führen sie die Beschränkung herbei; nur im Verhältnis zu der Forderung des Schuldtitels besteht daneben auch die persönliche Haftung des Erben.

D. Prozessuales.

a. Gerichtliches Vorgehen gegen den Alleinerben.

Es ist oben dargelegt, daß ein Vorgehen gegen den Erben selbst stets die Bedeutung eines Angriffs gegen sein Gesamtvermögen hat. Eine Bestimmung, wie sie die §§ 1958 BGB., 778 Abs. 1 ZPO. für die Zeit vor Annahme der Erbschaft enthalten, wonach also Person und Eigenvermögen des — nicht auch persönlich haftenden — Erben für Nachlaßgläubiger unangreifbar sind, besteht, abgesehen vom Falle der Anwendung eines Beschränkungsverfahrens, für die Zeit nach Annahme der Erbschaft nicht.

Nach Annahme der Erbschaft sind die Nachlaßgläubiger berechtigt, wegen eines gegen den Nachlaß gerichteten Anspruchs gegen den Erben gerichtlich vorzugehen, wenn nicht etwa Nachlaßverwaltung oder Nachlaßkonkurs schwebt. Ist ein mit der Gesamtverwaltung des Nachlasses betrauter Testamentsvollstrecker vorhanden, so kann trotzdem auch der Erbe gerichtlich belangt werden (§ 2313 Abs. 1); ist der Testamentsvollstrecker hinsichtlich der Verwaltung beschränkt, so kann nur der Erbe gerichtlich in Anspruch genommen werden. Hierüber siehe unten mehr.

Über die Zuständigkeit für die gegen den Erben auf Erfüllung von Nachlaßverbindlichkeiten anzustrengenden Rechtsstreitigkeiten siehe oben Seite 7.

Die Nachlaßgläubiger nehmen den Erben als ihren Schuldner (gerichtlich) in Anspruch. Sie stellen gegen ihn, sofern es sich um vererbte Schulden handelt, denselben Antrag, wie sie es dem Erblasser gegenüber hätten tun müssen. Da er ihnen grundsätzlich mit seinem gesamten Vermögen, und nicht bloß „nach Kräften des Nachlasses" haftet, ist es überflüssig, auf das durch die Zwangsvollstreckung evtl. anzugreifende Objekt schon im Verlaufe des Rechtsstreites hinzuweisen. Auch die Tatsache, daß es dem Erben möglich ist, die Haftung auf den Nachlaß zu beschränken, beeinflußt ihr Vorgehen in keiner Weise; es ist nicht ihre Aufgabe, davon Notiz zu nehmen. Sie dürfen abwarten, wie sich der Erbe zu ihrem Angriff stellen wird und können dann allerdings in die Lage kommen, ihr Vorgehen danach zu ändern.

Der § 780 ZPO.

Gegenüber dem Vorgehen des Nachlaßgläubigers hat der Erbe zu erwägen, ob er die Nachlaßverbindlichkeiten überhaupt, bezw. die gerade geltend gemachte, aus Mitteln bloß des Nachlasses oder des Gesamtvermögens berichtigen will. Ist er entschlossen, sein eigenes Vermögen (abgesehen vom Nachlasse) nicht zu opfern, so muß er schon jetzt die Möglichkeit, jede Zwangsvollstreckung von seinem Eigenvermögen abzuwenden, vorbereiten. Dies ist aber auch dann zu empfehlen, wenn er augenblicklich noch nicht entschlossen sein sollte, die Haftung auf den Nachlaß zu beschränken, da sich die Entwicklung der Dinge sehr oft nicht mit Sicherheit voraussehen läßt. Das Mittel, durch welches er sich die Beschränkung wahrt, ist im § 780 ZPO. gegeben; er darf sich die Beschränkung seiner Haftung im Urteil *vorbehalten* lassen. Danach beantragt er zunächst, abgesehen von seiner Stellungnahme zur Sache, daß ihm die Beschränkung seiner Haftung vorbehalten werde. Es sei schon hier darauf hingewiesen, daß der § 780 ZPO. nicht von dem Vorbehalte einer Beschränkung der Haftung gerade auf den *Nachlaß* spricht. Dies ist aus dem Grunde wesentlich, weil das BGB. auch Beschränkungen der Haftung anderer Art (die der §§ 1973, 1974, 1989, 2059) kennt, und weil der Vorbehalt danach *jegliche* Beschränkung wahrt. Die Bedeutung des Vorbehalts liegt nicht darin, daß er dem Erben erst die Möglichkeit der Haftungsbeschränkung verleiht — diese Möglichkeit hat er vielmehr von der Annahme der Erbschaft ab voraussetzungslos —, er *wahrt* vielmehr das bereits bestehende Beschränkungsrecht des Erben auch für die Zukunft. Aber auch insoweit ist seine Wirkung beschränkt. Er gilt nicht, weil etwa einmal erwirkt, allgemein; er erspart dem Erben nicht die neuerliche Erwirkung des Vorbehalts gegenüber anderen in Prozessen geltend gemachten Forderungen desselben Gläubigers oder anderer Gläubiger. Andererseits hat auch die *Ver*wirkung des Vorbehalts keine allgemeine Wirkung, sie benimmt dem Erben nicht etwa die Möglichkeit, die jeweilig gegebenen Mittel der Haftungsbeschränkung geltend zu machen und die Haftung ganz allgemein zu beschränken, sie wirkt nur im Verhältnis zu der im Schuldtitel festgelegten Nachlaßverbindlichkeit, der gegenüber allein der Erbe trotz etwaiger Anwendung der Beschränkungsmittel persönlich haftet. Selbst wenn der Erbe mit sämtlichen Nachlaßgläubigern prozessiert und in keinem Falle den Vorbehalt erwirkt hat, benimmt ihm dies nicht „allgemein" das Beschränkungsrecht, sofern nur noch eine einzige nicht ausgeklagte Nachlaßverbindlichkeit vorhanden ist. — Daß einem Erben, der wegen eines allgemeinen Verlustes der Beschränkung (§§ 1994, 2005) die Möglichkeit der Haftungsbeschränkung eingebüßt hat, der Vorbehalt *nicht* gewährt werden soll, wird im Gesetze nicht ausgesprochen. Es gibt im Gegenteil Fälle, wo auch ein allgemein unbeschränkbar haftender Erbe die Haftung beschränken kann, so §§ 2059 Abs. 1 S. 2, 2013 Abs. 1 S. 2, 2063 Abs. 2; für sie wird der Erbe des Vorbehalts nicht entraten können, da er sonst auch die ihm ausnahmsweise gewährte Beschränkungsmöglichkeit verlieren würde. Im übrigen wird aber einem allgemein unbeschränkbar haftenden Erben der Vorbehalt versagt werden können, da er ihm nichts nützt, obwohl er allerdings auch dem Gläubiger nichts schadet. Denn der Vorbehalt wirkt eben in allen denjenigen Fällen nicht, wo der Erbe die Möglichkeit der Haftungsbeschränkung nicht besitzt. Dies ist besonders dann von Bedeutung, wenn der Erbe das Beschränkungsrecht erst *nach* Erlaß des Urteils verliert, denn in diesem Falle wird das Urteil den Vorbehalt meist enthalten, ohne daß er aber irgend eine Wirkung äußert. Es zeigt sich hierdurch, daß der Vorbehalt überhaupt erst eine Bedeutung in der Vollstreckungsinstanz gewinnt und daß es müßig ist, schon im Prozesse über die Frage zu streiten, ob der Erbe beschränkbar oder unbeschränkbar hafte. Wesentlich ist dies nur dann, wenn der Erbe seine Haftung schon im Prozesse selbst beschränken will, um eine Verurteilung zu vermeiden, die einen Angriff gegen sein Eigenvermögen überhaupt zuläßt, was er bei Anwendung der Grundsätze der §§ 1990 bis 1992, unter Umständen auch der §§ 1973, 1974, 1989 tun kann, sowie dann, wenn ein Beschränkungsverfahren anderer Art (Nachlaßverwaltung, Nachlaßkonkurs) schwebt und er eine Verurteilung seiner Person überhaupt abwenden und die Angriffe auf den Nachlaß allein hinlenken will. — Der Vorbehalt ist nicht nur ein wichtiges Mittel zur Wahrung der Beschränkungsmöglichkeit gegenüber der Urteilsforderung, sondern auch zur Vermeidung des Verlustes des in den §§ 2014, 2015 statuierten Leistungsverweigerungsrechts, denn dieses ist nicht gegeben, wenn bezw. soweit unbeschränkbare Haftung des Erben besteht (§ 2016 Abs. 1). — Der Vorbehalt ist nicht das Beschränkungsmittel selbst! Der Nachlaßgläubiger ist durch den Vorbehalt nicht gehindert, in das eigene Vermögen des Erben zu vollstrecken (§ 781 ZPO.). Der Erbe seinerseits würde nichts erreichen, wenn er dies allein mit dem Hinweis auf den Vorbehalt abwehren wollte. Da eine Beschränkung der Haftung auf den Nachlaß immer erst auf Grund der Anwendung eines Beschränkungsmittels eintritt, so kann der Erbe, welcher eine sein Eigenvermögen bedrohende Zwangsvollstreckung abwehren will, dies nur dadurch erreichen, daß er Nachlaßverwaltung bezw. (bei Überschuldung des Nachlasses) Nachlaßkonkurs veranlaßt. (Über den Fall der Unzulänglichkeit des Nachlasses siehe weiter unten.) Alsdann ist er imstande, die Unzulässigkeit der Zwangsmaßregeln im Wege der Gegenklage (negative Feststellung) durchzusetzen (§§ 784 Abs. 1, 785 ZPO.). Ergeht in einem solchen Gegenprozesse des Erben Urteil zu seinen Gunsten, so kommen für das weitere Verfahren die §§ 775 Nr. 1 (Einstellung der Vollstreckung) bezw. 776 ZPO. (Aufhebung der bereits erfolgten Maßregeln) in Betracht. — Trotzdem die Beschränkung der Haftung (die Freiheit des Eigenvermögens) des Erben immer nur die Folge der Anwendung eines Beschränkungsmittels ist, kann der Erbe die gegen sein Eigenvermögen gerichtete Zwangsvollstreckung mit der negativen Feststellungsklage auch schon *vor* Anwendung des Beschränkungsmittels erheben; Erfolg kann sie nur dann haben, wenn z. B. der Urteilsfällung Nachlaßverwaltung bezw. Nachlaßkonkurs bereits angeordnet bezw. eröffnet sind. Der Nachweis der Antragstellung hinsichtlich dieser Verfahren würde also für sich allein noch nicht ausreichen. — Gegen eine Zwangsvollstreckung in Eigenvermögen kann sich (abgesehen vom Falle des § 2013 Abs. 1 S. 2, des § 2059 Abs. 1 S. 2, des § 2063 Abs. 2) der Erbe nicht gegenüber einem Nachlaßgläubiger, dem er unbeschränkbar haftet, wehren. Im Einzelfalle kann es vorkommen, daß der Erbe z. B. der Erhebung der Gegenklage aus § 784 ZPO. noch beschränkbar haftet und die Möglichkeit der Beschränkung erst im Verlaufe des Rechtsstreits verliert. Sofern der beklagte Gläubiger dies geltend macht, muß Abweisung der Gegenklage des Erben erfolgen, selbst wenn ein Beschränkungsverfahren schon bezw. noch schwebt. — Hatte der Nachlaßgläubiger von Anfang an nur in den Nachlaß vollstreckt, so kann der Erbe dagegen nichts machen (abgesehen vom Falle des §§ 1990, 1992); auch die Anwendung eines Beschränkungsmittels kann im Prinzip nicht dagegen ins Feld geführt werden, denn gerade der Nachlaß ist das Objekt der Haftung für Nachlaßverbindlichkeiten. Nur für den Nachlaßkonkurs besteht die im § 221 KO. normierte Bestimmung, daß eine nach dem Erbfalle in den Nachlaß vorgenommene Maßregel der Zwangsvollstreckung dem Pfandgläubiger für die Dauer des Nachlaßkonkurses kein Absonderungsrecht gewährt, es müßte denn ein Absonderungsrecht bereits anderweit (z. B. durch Vertrag mit dem Erben oder Erblasser) begründet gewesen sein.

Das Erlöschen des Absonderungsrechts macht allein der Konkursverwalter geltend. Im Prozesse kann die Möglichkeit der Haftungsbeschränkung wohl vorbehalten werden, aber die Beschränkung selbst läßt sich im Prozesse nur bei einem Nachlasse, der im Sinne der §§ 1990, 1992 unzulänglich ist, durchsetzen, sowie gegenüber den von §§ 1973, 1974, 1989 betroffenen Gläubigern. Ist der Nachlaß dagegen zulänglich dergestalt, daß auch Nachlaßverwaltung beantragt werden könnte (d. h. daß die Kosten des Verfahrens nicht die Masse verschlingen würden), so kann der Erbe niemals erreichen, daß er „als beschränkt haftender" Erbe verurteilt wird. Denn beschränkt haftet er nur nach Anwendung eines Beschränkungsmittels; wendet er aber Nachlaßverwaltung an, so kann er persönlich überhaupt nicht mehr verurteilt werden, weil der Rechtsstreit unterbrochen wird und nur noch gegen den Verwalter des betreffenden Verfahrens fortgeführt werden kann (§ 241 Abs. 2 ZPO.). Genau ebenso ist die Lage des Erben bei überschuldetem Nachlasse, sofern wenigstens eine den Kosten eines Nachlaßkonkurses entsprechende Masse vorhanden ist. Auch hier kann der Erbe nicht schon im Prozesse die Beschränkung durchführen bezw. diejenigen Sachen des Nachlasses angeben, mit welchen er haftet. Denn er haftet, so lange er den Nachlaßkonkurs nicht zur Eröffnung bringt, unbeschränkt. Er kann sich also nur mit dem Vorbehalt aus § 780 ZPO. verurteilen lassen, oder er muß zur Vermeidung der Verurteilung den Nachlaßkonkurs anmelden, der den Rechtsstreit unterbricht (§ 240 ZPO., §§ 146, 144 Abs. 1 KO.). — Dagegen ist die Stellung des Erben dann eine andere, wenn der Nachlaß so klein ist, daß er nicht die Kosten eines Nachlaßkonkurses oder einer Nachlaßverwaltung decken würde. Da hier die Anwendung der betreffenden Beschränkungsverfahren untunlich ist (§ 1990), hat der Erbe es nicht nötig, sich erst einen Vorbehalt geben zu lassen, der ihm die Anwendung der betreffenden Verfahren wahren sollte. Er ist berechtigt, die Beschränkung der Haftung schon im Prozesse geltend zu machen und es durchzusetzen, daß er als beschränkt haftender Erbe verurteilt wird. Die Einrede, daß die Anwendung einer Nachlaßverwaltung bezw. eines Nachlaßkonkurses wegen Mangels einer den Kosten der betreffenden Verfahren entsprechenden Masse untunlich sei, ist das Beschränkungsmittel selbst. Seine Anwendung (die sog. Unzulänglichkeitseinrede) setzt (siehe § 2013 Abs. 1) voraus, daß der Erbe entweder nicht allgemein unbeschränkbar haftet oder wenigstens nicht im Verhältnisse zum klagenden Gläubiger. Sie zwingt den Gläubiger, statt des unbeschränkten Zahlungsantrages den Antrag auf Zahlung bloß aus dem Nachlasse zu stellen; sie verpflichtet den Erben, den Nachlaß — mit diesem haftet er jedenfalls und will er allein haften — der Zwangsvollstreckung preiszugeben. Des Vorbehalts bedarf der Erbe gegenüber dem auf den Nachlaß eingeschränkten Antrage nicht mehr. Es kann hier wegen der Vorschrift des § 1990 Abs. 1 S. 2 nicht Verurteilung zur Zahlung (eine solche würde gegen das gesamte Erbenvermögen gerichtet sein), sondern nur zur Zahlung aus dem Nachlasse wegen der (zu bezeichnenden) Forderung erfolgen. Daß nur insoweit vollstreckt werden darf, als zur Deckung der Forderung erforderlich ist, versteht sich von selbst. Bei einem im Sinne des § 1990 unzulänglichen Nachlasse darf der Erbe den Nachlaßgläubiger nicht ohne Klage befriedigen; vielmehr muß die Befriedigung im Wege der Zwangsvollstreckung erfolgen, was ja begrifflich eine Klage voraussetzt. Ein Mehrerlös fließt an den Erben als Nachlaßbestandteil zurück. — Ist der Erbe danach auch berechtigt, die im Sinne des

§ 1990 bestehende Unzulänglichkeit schon im Prozesse geltend zu machen, so ist er dazu doch nicht verpflichtet. Er wahrt die Unzulänglichkeitseinrede nach diesseitiger Auffassung auch dann, wenn er sich einfach mit dem Vorbehalte aus § 780 ZPO. verurteilen läßt. Zwar hindert, wie oben dargetan, dieses Urteil den Nachlaßgläubiger nicht an der Vollstreckung auch in Eigenvermögen des Erben, aber der Erbe kann, wie auf Grund eines bereits bestehenden Beschränkungsverfahrens, so auch auf Grund der Unzulänglichkeit des Nachlasses mit der negativen Feststellungsklage die Zwangsvollstreckung wieder zur Aufhebung bringen. Er muß in dem von ihm angestrengten Gegenprozeß nun den Nachlaß offenlegen und die Unzulänglichkeit im Sinne des § 1990 dartun. Der Gläubiger ist danach evtl. abzuweisen und darauf angewiesen, lediglich in den ihm nun offen gelegten Nachlaß zu vollstrecken. Daß aber unter Umständen auch eine Vollstreckung in den Nachlaß durch die Gegenklage als unzulässig zur Aufhebung gebracht werden kann, ist an anderer Stelle zu erörtern (Bd. II, das Kapitel B III 1).

Die aufschiebenden Einreden.

Wenn der Erbe auch sofort nach Annahme der Erbschaft wegen aller gegen den Nachlaß gerichteten Ansprüche gerichtlich belangt werden kann, so sind ihm doch andererseits Rechtsbehelfe gegeben, durch welche er das Vorgehen der Gläubiger in einem bestimmten Stadium zum Stillstand bringen kann. Diese Rechtsbehelfe dienen sowohl dem Interesse der Nachlaßgläubiger wie des Erben selbst. Es ist von der Erwägung ausgegangen, daß eine gleichmäßige Gläubigerbefriedigung nur dann möglich ist, wenn der Nachlaß so lange in seinem gesamten Bestande erhalten bleibt, als bis der Erbe sich über den Vermögensstand des Nachlasses ausreichende Klarheit verschafft haben kann. Um den Nachlaß für eine solche Befriedigung aufzusparen, war es erforderlich, ihn nicht bloß vor Angriffen der eigenen Erbengläubiger überhaupt, sondern auch der Nachlaßgläubiger selbst zu schützen. Dem Erben ist ein entsprechendes Mittel an die Hand gegeben; er ist im Interesse der Nachlaßgläubigergesamtheit zur Anwendung desselben sogar gezwungen, wenn er ihren Ersatzansprüchen aus dem Wege gehen will. Insofern es den Erben in den Stand setzt, den Nachlaß ordnungsmäßig zu verwalten und Ersatzansprüche der Nachlaßgläubiger erst nicht zur Entstehung kommen zu lassen, schützt es das Interesse des Erben. Weiter ist auch dafür gesorgt, daß die Nachlaßgläubiger bei ihrem Vorgehen auch gegen das eigene Vermögen des Erben aufgehalten werden können, weil, wenn der Erbe ein Beschränkungsmittel erst mal anwendet, die Nachlaßgläubiger hinsichtlich ihrer Befriedigung allein auf den Nachlaß angewiesen sind. Durch diese Rechtsbehelfe ist also dem Erben zu einer Zeit, wo er die Zulänglichkeit des Nachlasses noch nicht zu erkennen vermag, Gelegenheit gegeben, vorübergehend einen Zustand herzustellen, der ihm denselben Schutz verleiht, wie die Anwendung eines Beschränkungsverfahrens selbst, im übrigen aber insofern eine noch weitere Wirkung hat wie letzteres, als sich die Nachlaßgläubiger sogar auch in ihrer Befriedigung aus Mitteln des Nachlasses einen Aufschub gefallen lassen müssen. Im wesentlichen dienen die erwähnten Rechtsbehelfe als Vorbereitung zum Nachlaßkonkurse. Reicht nämlich der Nachlaß nicht zur Berichtigung sämtlicher Nachlaßverbindlichkeiten aus, so ist es klar, daß es im Interesse der sämtlichen Nachlaßgläubiger liegt, ihn ungeschmälert (durch rasches Zugreifen einzelner Nachlaßgläubiger oder gar Erbengläubiger) zu erhalten, während bei völlig ausreichendem Nachlasse eine Schmälerung, die das Gesamtinteresse der Nachlaßgläubiger verletzt, kaum aus dem Grunde eintreten wird, daß der Erbe das Vorgehen der Gläubiger nicht hemmt.

Der § 2014.

Das im obigen angedeutete Mittel ist im § 2014 gegeben. Danach ist der Erbe berechtigt, die Berichtigung einer Nachlaßverbindlichkeit überhaupt zu verweigern, wenn eine solche bis zum Ablaufe der ersten drei Monate nach der Annahme der Erbschaft gefordert wird. Dieses Verweigerungsrecht ist an die kurze Frist von nur drei Monaten deshalb gebunden, weil das Interesse der Nachlaßgläubiger einen weiteren Aufschub nicht rechtfertigt, und weil dem Erben, der etwa verschleppen will, nicht Vorschub geleistet werden kann; immerhin ist ihm durch die weiter noch zu erwähnende Aufgebotswirkung noch Gelegenheit genug gegeben, eine endgültige Befriedigung der Nachlaßgläubiger weit hinauszuschieben. Derartige Verschleppungsabsichten des Erben können die Nachlaßgläubiger nur durch Anträge auf Anordnung einer Nachlaßverwaltung bezw. eines Nachlaßkonkurses durchkreuzen, was allerdings das Vorliegen der besonderen Gründe der §§ 1981 Abs. 2 bezw. 215 KO. voraussetzt.

Das im § 2014 normierte Verweigerungsrecht, als aufschiebende Einrede bezeichnet, unterscheidet sich von dem als Folge eines erlassenen Aufgebots dem Erben nach § 2015 zustehenden Verweigerungsrecht dadurch, daß es (abgesehen vom Bestehen einer Nachlaßpflegschaft § 2017) einfach an die Annahme der Erbschaft anknüpft, während jenes sich an ein besonderes Verfahren (das Aufgebot) anschließt; es ist daher, sofern nur die Erbschaft angenommen ist, dem Erben voraussetzungslos gegeben. Daß der Erbe sich dieses Rechtes in allen Fällen der Zwangsvollstreckung in sein Eigenvermögen bedienen wird, bedarf keiner Ausführung, denn es kann leicht geschehen, daß er geschädigt wird, weil er nämlich einen Ersatz aus dem Nachlaß nur dann nehmen kann, wenn dieser völlig ausreicht bezw. wenn er nach den Umständen als völlig ausreichend erschienen war; in allen anderen Fällen hat der Erbe nur eine beschränkte Ausgleichungsmöglichkeit (§§ 225 KO., 1979 BGB.). Aber auch bei Zwangsvollstreckungen der Nachlaßgläubiger in den Nachlaß wird der Erbe das Verweigerungsrecht geltend machen, um nicht der in den §§ 1978, 1980 normierten Ersatzpflicht zu verfallen. Der im § 2014 statuierte Schutz ist dem Erben drei volle Monate nur für den Fall gewährt, daß nicht vorher ein Inventar im Sinne der §§ 1993 ff. errichtet wird. Über die Inventarerrichtung hinaus wirkt der § 2014 nicht, weshalb der Erbe, sofern er eines weiteren Verweigerungsrechts nicht entraten kann, gezwungen wird, das Aufgebot zu veranlassen, welches ihm alsdann auch das auf § 2015 beruhende Verweigerungsrecht gewährt. Übrigens darf der Erbe ein Aufgebot auch schon während der ersten drei Monate nach Annahme der Erbschaft veranlassen und alsdann bis zum Ablaufe der drei Monate bezw. bis zur Errichtung eines Inventars nach Belieben beide Verweigerungsrechte geltend machen, hinterher aber nur das auf Grund des § 2015 so lange, als bis das Aufgebot beendigt bezw. evtl. darüber hinaus so lange, als über einen inzwischen gestellten Antrag auf Eröffnung des Nachlaßkonkurses entschieden ist (§ 782 S. 2 ZPO.) Die im § 2014 durch die Erwähnung der Inventarerrichtung normierte Beschränkung ist im Institute selbst begründet. Der § 2014 soll dem Erben über die Zeit hinweghelfen, wo er das Nachlaßvermögen noch nicht zu übersehen vermag. Das Inventar, welches nach § 2001 die beim Erbfalle vorhandenen

Nachlaßaktiva und -Passiva enthalten soll, gibt aber Aufschluß über das Nachlaßvermögen; der Erbe bedarf keines weiteren Schutzes. Sollte das Inventar die Überschuldung ergeben, so mag er Nachlaßkonkurs anmelden. Wo aber noch unbekannte Nachlaßverbindlichkeiten vorhanden zu sein scheinen, da kann der Erbe das Aufgebot beantragen, um sich auch fernerhin das Verweigerungsrecht zu sichern. — Es kann vorkommen, daß für den Erben nach Annahme der Erbschaft nicht die volle Frist von drei Monaten oder überhaupt keine Frist für die Geltendmachung des Verweigerungsrechts läuft. War nämlich im Stadium vor Annahme der Erbschaft ein Nachlaßpfleger (§§ 1960, 1961) bestellt, so hatte der Lauf der Dreimonatsfrist bereits mit dessen Bestellung begonnen (§ 2017). Bei längerer Dauer der Pflegschaft wird die Frist des § 2014 z. Z. der Annahme der Erbschaft also stets abgelaufen sein. Eine neue Frist läuft für den Erben nicht. Dem Erben wird dies in der Regel nicht schädlich sein, denn bei längerer Dauer der Nachlaßpflegschaft wird der Nachlaßbestand schon durch den Pfleger klargestellt sein, zumal diesem ja auch das Recht zusteht, ein Aufgebot zu beantragen und dadurch die Nachlaßverbindlichkeiten festzustellen. Wo der Pfleger das Aufgebot aber noch nicht veranlaßt haben sollte, darf es der Erbe tun; sofern er es nur binnen Jahresfrist seit der Annahme der Erbschaft beantragt, gewährt es ihm das Verweigerungsrecht für die Dauer des Aufgebotsverfahrens.

Der Erbe kann das Verweigerungsrecht des § 2014 nicht geltend machen, wenn er — natürlich innerhalb der Dreimonatsfrist — infolge eines Verstoßes hinsichtlich des Inventars im Sinne der §§ 1994, 2005 die Möglichkeit der Haftungsbeschränkung allgemein verliert (§ 2016 Abs. 1). Da dem Erben eine Inventarfrist sofort nach Annahme der Erbschaft, ja sogar schon vor Annahme (§ 1995) bestimmt werden kann (wenngleich alsdann der Lauf der Frist erst mit der Annahme beginnt), so kann der Erbe leicht schon in den ersten drei Monaten nach Annahme z. B. die Inventarfrist versäumen, zumal diese kaum je drei Monate betragen wird (§ 1995 Abs. 1). Es hat demnach hinsichtlich der Geltendmachung der Einrede aus § 2014 die Errichtung eines richtigen Inventars dieselbe negative Wirkung wie ein Verstoß im Sinne der §§ 1994, 2005, nur sind die Gründe verschieden: im ersten Falle ist es die nunmehr erworbene Kenntnis von dem Vermögensstande des Nachlasses, im letzteren Falle die Strafe für den Verstoß. Hier aber muß darauf hingewiesen werden, daß, indem man dem Erben die Möglichkeit genommen hat, die Hemmungseinrede geltend zu machen, sehr leicht einer Schädigung der Interessen der Nachlaßgläubiger die Tür geöffnet ist, was nicht gerechtfertigt ist, weil das Institut der Hemmung auch dem Interesse der Nachlaßgläubiger dienen soll. Kann nämlich der Erbe die Hemmungsbefugnis nicht geltend machen, so muß er gestatten, daß eigene wie Nachlaßgläubiger sich aus Mitteln des Nachlasses im Wege der Zwangsvollstreckung befriedigen. Daß dadurch — bei unzureichendem Nachlaß — diejenigen Nachlaßgläubiger geschädigt werden, die nicht so rasch wie jene vorgehen, liegt auf der Hand. Der Fall liegt nämlich nicht immer so, daß die Überschuldung sogleich offenbar und der Antrag auf Eröffnung des Nachlaßkonkurses möglich ist. Es kommt hinzu, daß der unbeschränkbar haftende Erbe auch nicht eigene Gläubiger vom Nachlaß fernhalten kann (§ 783 ZPO.). Allerdings sind diese Bestimmungen aus dem Gedanken heraus getroffen, daß es bei einem unbeschränkbar haftenden Erben nicht erforderlich erscheint, gerade den Nachlaß zu schützen, eben weil ein solcher Erbe ja auch mit dem eigenen Vermögen haftet. Aber dieser Umstand bietet keinen absolut ausreichenden Ausgleich zum § 2016 Abs. 1, weil er nämlich immer dann illusorisch ist, wenn der Erbe nicht ausreichendes Eigenvermögen besitzt. — Haftet der Erbe nur einzelnen Nachlaßgläubigern gegenüber unbeschränkbar, so kann er die Einrede aus § 2014 überall da nicht geltend machen, wo er unbeschränkt haftet. Auch dies kann zu einer schweren Schädigung der übrigen Nachlaßgläubiger, die doch sicherlich an dem Verstoße des Erben nicht schuld sind, führen.

Dem Erben steht das Verweigerungsrecht nicht gegenüber den im § 1971 erwähnten dinglich berechtigten Gläubigern zu (§ 2016 Abs. 2), weshalb Gläubiger dieser Kategorie die Zwangsvollstreckung durchführen und sich aus dem Gegenstande ihres Vorrechts befriedigen können. Im Verhältnisse zu solchen Gläubigern bleibt also die Rücksicht auf das Interesse der Gläubigergesamtheit außer Betracht, weil nämlich auch im Nachlaßkonkurse selbst der Gegenstand des Vorrechts dieser Gläubiger ihrer alleinigen Befriedigung überlassen bleibt, es also keinen Zweck hätte, die Gläubiger bei ihrer Befriedigung aufzuhalten.

Das Verweigerungsrecht des Erben hat lediglich die Bedeutung einer prozessualen Einrede. Es hindert den Gläubiger nicht am Vorgehen, auch steht es einer Verurteilung des Erben nicht entgegen (§ 305 ZPO.). Der Erbe seinerseits braucht es sich nicht besonders vorzuhalten, vielmehr kann er auf Grund des allgemeinen, auf § 780 ZPO. beruhenden Vorbehalts, der dem Erben ja das Recht der Haftungsbeschränkung überhaupt erhält, auch ohne weiteres die Zwangsvollstreckung hemmen. Wenn allerdings der Erbe den Vorbehalt aus § 780 nicht erwirkt, d. h. im Verhältnisse zum klagenden Gläubiger wegen der Urteilsforderung unbeschränkbar haftet, so kann er insoweit die Vollstreckung auch nicht hemmen (§ 2016). Das Hemmungsrecht hängt also vom Beschränkungsrecht überhaupt ab. Beim Vorgehen des eigenen Erbengläubigers gegen den Erben kann dagegen von einem Vorbehalt nach § 780 ZPO. nicht die Rede sein, denn es fehlt hier an der Voraussetzung, daß der Erbe „als Erbe" verurteilt wird. Trotzdem hat gegenüber der Zwangsvollstreckung dieses Gläubigers in den Nachlaß der Erbe das Hemmungsrecht kraft der besonderen Bestimmung des § 783 ZPO. Nach dieser Erörterung erscheint es überflüssig, die Hemmungsbefugnis schon im Prozesse vorzubringen; sie würde keinen Gläubiger hindern, mit der Zwangsvollstreckung zu beginnen. Daß der Gläubiger die Zwangsvollstreckung nicht durchführen kann, sobald sie der Erbe unter Berufung auf § 2014 zu hemmen beginnt, beruht auf den §§ 782 S. 1 und 783 ZPO. Denn danach muß er die Zwangsvollstreckung für die Dauer der im § 2014 bestimmten Frist auf solche Maßregeln beschränken, die zur Vollziehung eines Arrestes zulässig sind. Zur Vollziehung eines Arrestes ist wohl die Pfändung, aber nicht die Versteigerung — siehe aber § 930 Abs. 3 ZPO. — bezw. Überweisung zulässig, ferner die Eintragung einer Sicherungshypothek. Im übrigen aber finden die Grundsätze vom Arrest keine Anwendung, namentlich bedarf es, wenn die Frist des § 2014 abgelaufen ist, nicht der Erwerbung eines endgültigen, weiteren Schuldtitels zur Verwertung der Pfandstücke im Wege der Zwangsvollstreckung.

Die Hemmungsbefugnis (das Verweigerungsrecht) wird durch Klage des Erben gegenüber dem vollstreckenden Nachlaßgläubiger gemäß § 785 ZPO. geltend gemacht.

Die Klage ist die negative Feststellungsklage; ihr Antrag geht dahin, festzustellen, daß die Zwangsverwertung (Versteigerung, Überweisung, Zahlung an den Gläubiger) bis zum Ablaufe von drei Monaten seit der Annahme der Erbschaft unzulässig sei. Daß hier ein Streit hinsichtlich des Zeitpunktes der Annahme der Erbschaft entstehen kann, ist sehr natürlich, wenn man bedenkt, daß die Annahme der Erbschaft sehr oft durch pro herede gestio stattfindet und der Augenblick der Annahme sich dabei kaum je bestimmt feststellen lassen wird. Daß ferner die Klage des Erben schon dann zur Abweisung gelangen muß, wenn er ein Inventar errichtet hatte, gleichviel ob es ordnungsmäßig war oder nicht, ergibt die obige Darlegung. Sollte vor Beendigung der Frist des § 2014 der Nachlaßkonkurs beantragt sein, so darf der Erbe den Antrag dahin stellen, daß die Zwangsverwertung bis zur rechtskräftigen Entscheidung über die Eröffnung des Konkursverfahrens unzulässig sei, wie er auch bei einem sich an die Frist des § 2014 anschließenden bereits zugelassenen Aufgebot den betreffenden Antrag für die Zeit bis zur Beendigung des Aufgebotsverfahrens stellen kann. Schon vor Beginn der Zwangsvollstreckung kann, sofern letztere droht, der Erbe (sie zwar nicht überhaupt verhindern, da der Gläubiger sich ja eine Sicherung verschaffen darf, wohl aber) dahin klagen, daß die Zwangsvollstreckung bis zur bestimmten Frist auf solche Maßregeln beschränkt wird, die zur Vollziehung eines Arrestes zulässig sind. Der Ablauf der Frist kann im Urteil kalendermäßig festgestellt werden, wenn über ihren Beginn kein Streit besteht bezw. der Streit im Prozesse entschieden wird. — Gegenüber der Zwangsvollstreckung eines Nachlaßgläubigers in Eigenvermögen kann der Erbe statt der Hemmungsbefugnis auf Grund des § 2014, deren Geltendmachung ja nie zur Aufhebung der Zwangsmaßregel, sondern nur zum Stillstand führt, auch schon die negative Feststellungsklage wegen Unzulässigkeit der Maßregel überhaupt erheben (§ 785 ZPO.) bezw. mit Erfolg durchführen, sofern er entschlossen ist, die Haftung auf den Nachlaß zu beschränken und dies bis zur Erlassung des Urteils auch tut.

Das Verweigerungsrecht des Erben endigt, abgesehen vom Falle der Inventarerrichtung, mit dem Ablaufe von drei Monaten seit der Annahme der Erbschaft. Daß der Fristlauf kein Hindernis für den Antrag auf Einleitung einer Nachlaßverwaltung oder eines Nachlaßkonkurses seitens des Erben oder eines Nachlaßgläubigers ist, bedarf keiner Ausführung. Sollte der Nachlaß**konkurs** vor Ablauf der Frist des § 2014 beantragt, sollte aber beim Ablauf noch nicht über den Antrag entschieden sein, so ist dies, wie oben dargelegt, für den Erben sogar ein Grund, einen noch weiteren Aufschub für die Zwangsverwertung zu erlangen. Es kommt hier also der Grundgedanke der aufschiebenden Einreden, daß sie nämlich Vorbereitungsmaßregeln für den Nachlaßkonkurs sind, zum Ausdruck. Wird nämlich der Nachlaßkonkurs eröffnet, so sind die Pfandstücke für die Interessen der Gläubigergesamtheit endgültig erhalten, da wegen des § 221 KO. das durch die **Pfändung** (**nur** durch sie!) erworbene Absonderungsrecht (§ 59 Nr. 2 KO.) für die Dauer des Nachlaßkonkurses erlischt, der Gläubiger also, wie wenn er noch gar nicht vollstreckt hätte, zur Beteiligung am Konkurse gezwungen ist. Wird der Konkursantrag rechtskräftig abgelehnt, so darf der Gläubiger die Zwangsvollstreckung fortsetzen, doch ist dem Erben immer noch das Aufgebot mit seiner im § 2015 normierten Wirkung verstattet, evtl. mag er die Haftung nach Maßgabe der §§ 1990 ff.

auf den Nachlaß beschränken. Wird Nachlaßverwaltung angeordnet, so kann der Erbe bezw. Nachlaßverwalter die Vollstreckung in den N a c h l a ß weiterhin nicht anders hemmen, als eben mit Rücksicht auf eine nun noch erfolgte Konkurseröffnung oder auf Grund eines Aufgebots nach Maßgabe des § 2015; der Fortsetzung der Vollstreckung in Eigenvermögen kann er nach § 784 Abs. 1 ZPO. durch eine neue negative Feststellungsklage, mit der er Unzulässigkeit der Zwangsmaßregeln behauptet und durchsetzt, begegnen (§ 785 ZPO.).

In den Fällen, wo sich an die Dreimonatsfrist des § 2014 kein Verfahren der Haftungsbeschränkung bezw. des Aufgebots anschließt, kann der Nachlaß- wie Erbengläubiger die gesamte Vollstreckung fortsetzen. Sollte der Erbe den Ablauf der — nicht im Urteil des Gegenprozesses kalendermäßig festgelegten — Frist bestreiten, so wird das Vollstreckungsorgan nicht ohne weiteres die Vollstreckung fortsetzen dürfen, vielmehr wird es eine Bescheinigung des Nachlaßgerichts darüber fordern, wann etwa der Erbe die Erbschaft angenommen hat bezw. daß ein Inventar errichtet ist. Ist letzteres nicht der Fall bezw. ist der Zeitpunkt der Annahme der Erbschaft nicht in dieser Weise feststellbar, so wird der Gläubiger gegen den Erben auf Einwilligung der Fortführung der Zwangsvollstreckung zu klagen haben (conf. Staudinger Vorbem. zu § 2014 Anm. 4). And. Ans. Kreß Seite 84, wonach der Gerichtsvollzieher entscheidet und dagegen mit §§ 766, 793 ZPO. anzukämpfen ist.

Wie schon erwähnt, kann der Erbe sich das Verweigerungsrecht auch dadurch verschaffen, daß er ein Aufgebot beantragt (§ 2015). Da er dies schon von der Annahme der Erbschaft ab tun darf (§ 991 ZPO.), so steht ihm evtl. eine Zeitlang das Verweigerungsrecht sowohl aus § 2014 wie aus § 2015 zu. Im übrigen siehe über die Ausgestaltung dieses letzteren Verweigerungsrechts die Darlegung Bd. II Kapitel C I 1, Abschnitt: Wirkung des Aufgebotsantrages.

Die Hemmungsbefugnis kann sowohl bei offensichtlich für alle Nachlaßverbindlichkeiten ausreichendem wie auch bei völlig unzulänglichem Nachlaß geltend gemacht werden, sofern nur die Frist des § 2014 läuft bezw. das Aufgebot schwebt. Freilich würde die Anwendung der Befugnis bei absolut ausreichendem Nachlasse nicht das Zusammenhalten des Nachlasses gerade für einen Nachlaßkonkurs bezwecken, aber sie kann doch auch mit Rücksicht auf eine Nachlaßverwaltung, die etwa der Erbe zu beantragen vorhat, erwünscht sein, indem der Erbe die endgültige Erledigung aller Nachlaßverbindlichkeiten einem Verwalter anvertrauen will. Andererseits wird die Geltendmachung der Einrede bei offensichtlich unzulänglichem Nachlaß meist illusorisch werden, da bei solcher Sachlage der Nachlaßkonkurs sogleich beantragt werden wird; immerhin kann im Einzelfalle der Erbe dadurch Zeit zu einer gütlichen Erledigung (außergerichtlichem Akkord) gewinnen.

Passivlegitimation des Erben neben einem Beschränkungsverfahren.

Der Grundsatz, daß wegen eines gegen den Nachlaß gerichteten Anspruchs gegen die Person des Erben gerichtlich vorgegangen werden kann, erleidet g r u n d s ä t z l i c h Ausnahmen in keinem Falle. Namentlich kann nicht der Grundsatz aufgestellt werden, daß die Inanspruchnahme des Erben neben einem Beschränkungsverfahren unter allen Umständen ausgeschlossen ist, denn die Inanspruchnahme eines u n beschränkbar haftenden Erben ist unter allen Umständen zulässig. Was aber einen noch beschränkbar haftenden Erben anlangt, so kann er neben einer Testamentsvollstreckung stets gerichtlich in Anspruch genommen werden; die Testamentsvollstreckung hat übrigens keine Beschränkung der Haftung im Gefolge hat. Dagegen kann er neben einer Nachlaßverwaltung nicht in Anspruch genommen werden, da dies durch besondere gesetzliche Vorschrift untersagt ist (§ 1984 Abs. 1 S. 3). Hinsichtlich des Vorgehens neben einem Nachlaßkonkurse gilt dies nicht so unbedingt, da nach §§ 144, 146 KO. gegen einen die angemeldete Konkursforderung bestreitenden Erben sowohl eine Klage neu eingereicht, wie auch ein durch die Konkurseröffnung unterbrochener Rechtsstreit aufgenommen werden kann. Der Grund des Verbots, den Erben neben den Beschränkungsverfahren der Nachlaßverwaltung bezw. des Nachlaßkonkurses gerichtlich in Anspruch zu nehmen bezw. der Grund dafür, daß die Ansprüche nur gegen den Verwalter des betreffenden Verfahrens zu richten sind, ist der, daß infolge des Verfahrens die Haftung auf den Nachlaß beschränkt ist, der Nachlaß aber nur in der Person des Verwalters angegriffen werden kann. Die Inanspruchnahme des Erben selbst bleibt dagegen zulässig bezw. geboten neben einem im Sinne des § 1990 unzureichenden Nachlasse, da hier kein formelles Sonderverfahren schwebt; der Erbe hat hier vielmehr die Beschränkung seiner Haftung jedem einzelnen ihn belangenden Nachlaßgläubiger gegenüber geltend zu machen. Ebenso kann nur der Erbe selbst von einem im Aufgebote ausgeschlossenen oder von einem infolge des Zeitablaufs (§ 1974) einem ausgeschlossenen Gläubiger gleichstehenden Gläubiger in Anspruch genommen werden, es müßte denn Nachlaßverwaltung oder Nachlaßkonkurs schweben, in welchem Falle der Anspruch gegen den betreffenden Verwalter zu richten bezw. die Teilnahme am gemeinsamen Beschränkungsverfahren vorgeschrieben ist. Endlich kann auch nach Beendigung eines Nachlaßkonkurses durch Ausschüttung oder durch Zwangsvergleich nur der Erbe selbst gerichtlich in Anspruch genommen werden (§ 1989).

Die Leistung des Erben.

Soweit der Erbe selbst gerichtlich in Anspruch genommen werden kann, ist der Antrag wegen einer auf Geld gerichteten Forderung stets auf Zahlung zu richten. Solange der Erbe ein Mittel der Haftungsbeschränkung nicht anwendet, muß er zahlen. Auch bei Anwendung der Beschränkungsverfahren, also bei Nachlaßverwaltung und Nachlaßkonkurs hat der Gläubiger einen Anspruch auf Zahlung. Nicht anders ist es bei der Anwendung der Unzulänglichkeitseinrede, sowie der Einrede des Ausschlusses, sei es durch Aufgebot, sei es durch Zeitablauf. Die auf die Einrede der Beschränkung sich gründende Pflicht des Erben, den Nachlaß in natura (§ 1990) bezw. den Überschuß (§§ 1973, 1974, 1989) in natura herauszugeben, bedeutet nichts anderes, als Zahlung aus dem Nachlaß bezw. aus dem Überschuß, nur daß die Versilberung des Nachlasses hier nicht durch den Erben, sondern im Zwangswege durch den Gerichtsvollzieher erfolgt. Der Erbe ist aber durch besondere gesetzliche Bestimmung (§ 1973 Abs. 2 S. 2) für berechtigt erklärt, zwar grundsätzlich durch Duldung der Vollstreckung in den Nachlaß zu leisten, diese Art der Befriedigung aber durch Zahlung des Wertes der der Vollstreckung unterliegenden Sache abzuwenden. Ausnahmsweise ist dies auch bei Anwendung des ordentlichen Beschränkungsmittels der Unzulänglichkeitseinrede (jedoch nur) nach § 1992 für zulässig erklärt, sofern es sich um Berichtigung von Legaten und Auflagen handelt und die Überschuldung des Nachlasses nur auf ihnen beruht. In allen diesen Fällen ändert sich also die grundsätzlich bestehende Haftung cum viribus hereditatis in eine Haftung pro viribus hereditatis. Wie sich diese Befriedigung der Nachlaßgläubiger in praxi gestaltet, ist bei den einzelnen Beschränkungsinstituten ausgeführt.

Auskunftspflicht.

Es besteht keine allgemeine Pflicht des Erben, dem Nachlaßgläubiger über den Bestand des Nachlasses Auskunft zu erteilen, weil der Gläubiger in der Inventarfrist ein Mittel hat, den Nachlaßbestand zu erfahren bezw. den Erben zur Offenlegung des z. Z. des Eintritts des Erbfalles vorhandenen bezw. vorhanden gewesenen Nachlasses zu zwingen. Gerade für die Inventarerrichtung ist noch besonders eine Auskunftspflicht gegenüber der das Inventar zusammenstellenden Behörde normiert (§§ 2003), und es ist der Verlust des Haftungsbeschränkungsrechts des Erben auch schon an die Verweigerung oder absichtliche Verzögerung der Auskunft geknüpft (§ 2005 Abs. 1 S. 2). Wo dagegen dem Gläubiger die Setzung einer Inventarfrist versagt ist, nämlich im Verhältnisse zum Fiskus als gesetzlichen Erben, besteht wiederum die Auskunftspflicht (§ 2011). Über Auskunftspflicht im Verhältnisse zum Gläubiger siehe auch § 2314.

Unterbrechung von Rechtsstreitigkeiten.

Über die Unterbrechung eines beim Tode des Erblassers gegen diesen anhängigen Rechtsstreits und über die Beseitigung der Unterbrechung vergl. oben Seite 30 und weiter unten beim Vorgehen gegen Miterben. Über die Zwangsvollstreckung aus den gegen den Erblasser ergangenen Urteilen siehe Seite 31, 33.

War mit der Zwangsvollstreckung bereits gegen den Erblasser begonnen (über den Begriff „Beginn der Zwangsvollstreckung" siehe oben Seite 34), so kann sie, wie schon vor Annahme der Erbschaft, so natürlich auch nachher ohne Umstellung der Klausel gegen den Erben und ohne (erneute) Zustellung gegen den Nachlaß fortgesetzt werden (§ 779 ZPO.). Will der Gläubiger auch gegen das Eigenvermögen des ihm nach Annahme der Erbschaft unbeschränkt haftenden Erben vorgehen, so bedarf es auch in diesem Falle der Umstellung der Klausel gegen den Erben und der Zustellung des Titels nebst der Klausel an den Erben, damit der Erbe auf die nun auch seinem Eigenvermögen drohende Zwangsvollstreckung aufmerksam gemacht und in die Lage gesetzt wird, die Zwangsvollstreckung durch Mittel der Haftungsbeschränkung abzuwenden bezw. zur Aufhebung zu bringen. Es ist hierbei folgendes zu erwägen: Eine in Eigenvermögen vorgenommene Zwangsvollstreckung kann der Erbe nur dann abwenden, wenn er ein Mittel der Haftungsbeschränkung zur Anwendung bringt bezw. bringen darf. Liegt ein Urteil vor, so ist Voraussetzung dieser Anwendung im Verhältnisse zum Pfändungsgläubiger der Vorbehalt der Beschränkung (§ 780 ZPO.). Da aber bei einem bereits gegen den Erblasser ergangenen und nunmehr gegen den Erben umgeschriebenen Urteile natürlich keine Rede von dem Vorbehalt sein kann — der § 780 ZPO. setzt Verurteilung des Erben selbst voraus! —, so würde der Erbe stets schutzlos sein, wenn gegen ihn aus einem bereits gegen den Erblasser ergangenen Urteil vollstreckt werden würde. In solchen Fällen ist dem Erben die Abwehr der Zwangsvollstreckung nach Maßgabe der §§ 785, 767 ZPO. auch ohne den Vorbehalt der Haftungsbeschränkung gestattet. Er darf also die negative Feststellungsklage wegen Unzulässigkeit der Zwangsvollstreckung sofort erheben und mit Erfolg durchführen, wenn z. B. der Urteilsfällung eines der Beschränkungsmittel angewendet ist. Sollte im Einzelfalle der Erbe den Vorbehalt noch für das gegen den Erblasser ergangene Urteil erwirken können, also indem er Berufung, Einspruch, Widerspruch einlegt bezw. erhebt, so ist er dazu bei Vermeidung des Verlustes der Gegenklage, d. h. der Haftungsbeschränkung hinsichtlich der Urteilsforderung, verpflichtet. In der Revisionsinstanz kann der Vorbehalt nicht mehr erwirkt werden, es ist hier also die Gegenklage ohne Vorhandensein des Vorbehalts zulässig. Im übrigen aber steht die Befugnis des Erben, die Gegenklage zu erheben, der Umschreibung der Klausel gegen den Erben nicht im Wege, weil die Beschränkung des Erben stets Sache der Einrede des Erben ist und der Gläubiger diese Einrede bezw. die Anwendung der Beschränkungsmittel seitens des Erben abwarten kann.

Soweit zu einer einzelnen Vollstreckungshandlung bei einer fortzusetzenden Zwangsvollstreckung (§ 779 ZPO.) der Schuldner hinzuzuziehen ist, ist der Erbe dieser Schuldner (vergl. auch § 1918 Abs. 3).

Hatte im Stadium vor Annahme der Erbschaft eine Nachlaßpflegschaft bestanden, so wird sie nach Annahme der Erbschaft, welch' letztere ja nunmehr durch das Interesse des Erben selbst an der Erhaltung dieses Vermögens genügend gesichert ist, vom Nachlaßgericht aufgehoben. Auch der auf Grund des § 1961 bestellte Nachlaßpfleger kann nur durch Aufhebung der Pflegschaft ausgeschaltet werden (§ 1919). Die Aufhebung erfolgt auf Anregung sowohl des Erben bezw. Pflegers wie auch des Nachlaßgläubigers. Schwebt wegen eines gegen den Nachlaß gerichteten Anspruchs z. B. der Aufhebung der Nachlaßpflegschaft ein Rechtsstreit, der gegen den Pfleger begonnen oder fortgesetzt war, so tritt keine Unterbrechung ein, vielmehr tritt der Erbe ipso iure an die Stelle des ausscheidenden Pflegers, er wird prozeßfähig (§ 53 ZPO.). Der Gläubiger muß den Antrag nunmehr gegen den Erben richten, der sich, wie es oben dargelegt ist, verteidigen, insbesondere sich also den Vorbehalt (§ 780 ZPO.) verschaffen wird. — Aus einem gegen den Pfleger ergangenen Urteil kann, weil der Pfleger Vertreter des Erben ist, ohne Umstellung der Klausel in den Nachlaß und in das Eigenvermögen des Erben vollstreckt bezw. die Vollstreckung fortgesetzt werden, doch wird mit Rücksicht auf § 750 Abs. 1 ZPO. der Vollstreckung stets das Hindernis erstehen, daß der Erbe im Urteile nicht namentlich bezeichnet sein wird, weil der Pfleger als Vertreter der unbekannten Erben verklagt bezw. verurteilt wird. Hier dürfte mit Seuffert zu § 728 Anm. 3 ZPO. eine entsprechende Anwendung der §§ 727, 731 ZPO. nach Analogie von § 728 Abs. 2 ZPO. anzunehmen sein; eine direkte Anwendung der Paragraphen ist nicht möglich, weil der Erbe nicht Rechtsnachfolger des Pflegers ist. Der Erbe kann sich, obwohl der Vorbehalt im Urteile fehlt, gegen die Vollstreckung in Eigenvermögen nach Maßgabe der §§ 785, 767 ZPO. mit der negativen Feststellungsklage auf Grund angewendeten bezw. anzuwendenden Beschränkungsmittels zur Wehr setzen. Dieselben Grundsätze gelten, wenn eine gegen den Nachlaß gegenüber dem Pfleger bereits begonnene Zwangsvollstreckung nach Aufhebung der Nachlaßpflegschaft gegen den Nachlaß bezw. das Erbenvermögen fortgesetzt werden soll.

b. Gerichtliches Vorgehen gegen den Testamentsvollstrecker,

a) wenn er mit der Gesamtverwaltung des Nachlasses betraut ist.

Über die Verantwortlichkeit des Testamentsvollstreckers im Verhältnis zum Erben und zu Nachlaßgläubigern siehe oben Seite 37.

Ein gegen den Nachlaß gerichteter Anspruch kann nach Annahme der Erbschaft sowohl gegen den Erben selbst sowie auch gegen den Testamentsvollstrecker gerichtlich geltend gemacht werden, es müßte denn eine Nachlaßverwaltung oder ein Nachlaßkonkurs bestehen, in welchem Falle der Anspruch nur gegen den Verwalter des betreffenden Verfahrens zu richten bezw. Beteiligung am Verfahren geboten ist. Auch wenn der Erbe unbeschränkbar haftet, kann sowohl der Erbe wie auch der Testamentsvollstrecker in Anspruch genommen werden. Daß der Erbe selbst neben dem Testamentsvollstrecker gerichtlich belangt werden kann, beruht darauf, daß die Testamentsvollstreckung für sich allein eine Beschränkung der Haftung auf den Nachlaß, wie dies bei Nachlaßverwaltung und Nachlaßkonkurs der Fall ist, nicht zur Folge hat. Dem Vorgehen gegen den Erben entspricht die Möglichkeit der Vollstreckung in sein Eigenvermögen als in dasjenige Vermögen, das seiner Verwaltung untersteht; dem Vorgehen gegen den Testamentsvollstrecker entspricht die Zulässigkeit der Vollstreckung in den von ihm verwalteten Nachlaß. Auf Grund des gegen den Erben erwirkten Urteils ist eine Zwangsvollstreckung in den Nachlaß nicht ohne weiteres möglich, es wird hierzu auch noch ein gegen den Testamentsvollstrecker auf Duldung der Zwangsvollstreckung in die seiner Verwaltung unterliegenden Nachlaßgegenstände gerichtetes Urteil erfordert (§ 2213 Abs. 1 und 3 BGB. und § 748 Abs. 1 ZPO.). Umgekehrt kann aus einem gegen den Testamentsvollstrecker erzielten Urteil gegen das Eigenvermögen des Erben kraft der besonderen gesetzlichen Bestimmung des § 327 ZPO. vollstreckt werden, sofern nur der Testamentsvollstrecker zur Führung des Rechtsstreits nach § 2213 BGB. berechtigt war. Es bedarf jedoch der Umstellung der Vollstreckungsklausel gegen den Erben selbst (§§ 728, 727 ZPO.). Der Erbe hat auch hier, wo er sich nicht auf den Vorbehalt nach § 780 ZPO. stützen kann, die Zwangsvollstreckungsgegenklage nach Maßgabe der §§ 785, 767 ZPO. zum Schutze seines Eigenvermögens unter der Voraussetzung des Schwebens eines Beschränkungsverfahrens. Siehe die Ausführung Seite 138, 139.

Für das Vorgehen gegen den Erben selbst gelten die oben Seite 127 ff. niedergelegten Grundsätze durchweg. Namentlich ist festzuhalten, daß die Tatsache des Bestehens einer Testamentsvollstreckung dem Erben nicht die Erwirkung des Vorbehalts (§ 780 ZPO.) erspart, da andernfalls unbeschränkbare Haftung im Verhältnisse zur Urteilsforderung mit deren Nachteilen für das Eigenvermögen des Erben eintritt. Gegenüber der Vollstreckung in das Eigenvermögen steht dem — noch beschränkbar haftenden — Erben (conf. § 2016 Abs. 1) die Hemmungsbefugnis aus den §§ 2014, 2015 BGB., § 782 ZPO. unter der Voraussetzung zu, daß die betreffenden Fristen laufen, bezw. daß innerhalb der ersten drei Monate nach Annahme der Erbschaft ein Inventar noch nicht errichtet ist. Die Klage gegen den Erben kann nur auf L e i s t u n g gerichtet werden, auch wenn daneben der Testamentsvollstrecker in Anspruch genommen wird. Der Erbe wird durch das Bestehen der Testamentsvollstreckung nicht gehindert, durch Anwendung von

Nachlaßverwaltung bezw. Nachlaßkonkurs die Haftung auf den Nachlaß, bezw. durch ein Aufgebot die Haftung im Verhältnis zu ausgeschlossenen Nachlaßgläubigern auf die Bereicherung zu beschränken. Auch der ausgeschlossene Nachlaßgläubiger kann zwar, da die Beschränkung nur durch Einrede geltend gemacht wird, den Erben persönlich auf Leistung gerichtlich belangen; macht aber der Erbe den Ausschluß einredeweise geltend, so könnte er nur zur Leistung aus dem Überschuß verurteilt werden und gegen den Erben nur insoweit vollstrecken, als ein solcher im Eigenvermögen des Erben enthalten, d. h. in dasselbe übergegangen ist. Da aber der Nachlaß vom Testamentsvollstrecker verwaltet, bezw. die Bereicherung sich stets beim Vollstrecker befinden wird, wird stets noch die Duldungsklage gegen den Testamentsvollstrecker erforderlich sein. Sollte im Einzelfalle der Nachlaß im Sinne des § 1990 unzureichend sein, so wird zunächst freilich der Erbe selbst in Anspruch genommen, auch verurteilt werden können, aus dem Nachlasse zu leisten, aber es wird stets der Duldungsklage gegen den Testamentsvollstrecker bedürfen, da nur in den Nachlaß vollstreckt werden darf, der aber in der Verwaltung des Testamentsvollstreckers ist. — Während der Gläubiger, der bei bestehender Testamentsvollstreckung den Erben allein oder in Gemeinschaft mit dem Vollstrecker in Anspruch nimmt, offenkundig macht, daß er gewillt ist, evtl. oder zunächst auch in das Eigenvermögen des Erben zu vollstrecken, zeigt er durch das Vorgehen gegen den Testamentsvollstrecker allein, daß er zunächst nur gegen den Nachlaß vorgehen will, wenngleich er, wie bereits angedeutet, auch auf Grund des gegen den Vollstrecker gerichteten Urteils evtl. gegen das Eigenvermögen des Erben selbst vollstrecken kann (§§ 327 Abs. 2, 728 Abs. 2 ZPO.).

Auch der Testamentsvollstrecker wird, sofern nur er belangt wird, auf Leistung in Anspruch genommen. Durch § 780 Abs. 2 ZPO. ist es ihm (im Gegensatz zum Erben) erspart, die Beschränkung durch den Vorbehalt zu wahren, denn der Vorbehalt hat keinerlei Bedeutung für ihn selbst, sondern nur für den Erben. Der Erbe wahrt sich durch Erwirkung des Vorbehalts die Möglichkeit, die Haftung im Verhältnisse zur Urteilsforderung auf den Nachlaß zu beschränken, weil grundsätzlich zunächst eine Vollstreckung in das Gesamtvermögen zulässig ist. Der Testamentsvollstrecker, der nur den Nachlaß verwaltet, kann nur durch eine Vollstreckung in den Nachlaß beunruhigt werden; diese aber ist zulässig, die Haftung wird ja stets gerade auf den Nachlaß beschränkt. Würde also der Testamentsvollstrecker den Vorbehalt erbitten, so würde er damit ein persönliches Recht des Erben wahren, dazu aber erscheint er ebensowenig befugt wie anderseits zur Verwirkung des Beschränkungsrechts des Erben. Der Erbe, der sein Eigenvermögen schützen will, mag dies nur selbst tun; der Mittel dazu hat er genug, namentlich kann er, wie schon oben erwähnt, der Vollstreckung aus dem gegen den Testamentsvollstrecker gerichteten Urteil in sein Eigenvermögen mit der Zwangsvollstreckungsgegenklage begegnen, ohne daß hier Voraussetzung der Klage der Vorbehalt der Haftungsbeschränkung ist. — Zur Vollstreckung in den Nachlaß reicht, sofern nur der Testamentsvollstrecker mit der Gesamtverwaltung des Nachlasses betraut ist, ein gegen den Testamentsvollstrecker auf Leistung gerichtetes Urteil aus. Andererseits läßt sich eine Zwangsvollstreckung in den Nachlaß nicht schon auf Grund eines gegen den Erben gerichteten Urteils ausführen, es bedarf in jedem solchen Falle eines gegen den Vollstrecker nach Maßgabe der § 2213 Abs. 3 auf Duldung gerichteten Schuldtitels. — Im übrigen siehe über die Inanspruchnahme des Erben und des Vollstreckers weiter unten.

Der Testamentsvollstrecker ist berechtigt, die Hemmungsbefugnis nach Maßgabe der §§ 2014, 2015 geltend zu machen, bezw. ist er, wo es notwendig ist, dazu sogar verpflichtet. Die Anwendung der betreffenden Bestimmungen hat bei ihm stets nur den Zweck, den Nachlaß für eine gleichmäßige, evtl. konkursmäßige Befriedigung zusammenzuhalten. Auch für ihn gilt, daß die Errichtung des Inventars durch den Erben innerhalb der ersten drei Monate seit Annahme der Erbschaft die Hemmungsbefugnis beseitigt, nicht aber ist dies auch eine Folge der durch den Testamentsvollstrecker selbst geschehenden Inventarerrichtung, da alsdann bezw. sofern kein Inventar im Sinne der §§ 1993 ff. vorliegt. Die Dreimonatsfrist beginnt, wenn im Stadium vor Annahme der Erbschaft eine Nachlaßpflegschaft geschwebt hat (was aber biem Vorhandensein eines mit der Gesamtverwaltung des Nachlasses betrauten Testamentsvollstreckers kaum je der Fall sein wird — Seite 36 —), schon mit der Bestellung des Nachlaßpflegers (§ 2017), weshalb im Einzelfalle die Frist für den Testamentsvollstrecker unter Umständen überhaupt nicht mehr läuft. Der Testamentsvollstrecker darf die Hemmungsbefugnis nach § 2015 auch dann geltend machen, wenn das Aufgebot nicht gerade von ihm veranlaßt ist. Auch der Testamentsvollstrecker kann die Hemmungsbefugnis nur durch Gegenklage in der Zwangsvollstreckungsinstanz (§ 785 ZPO.) mit dem Antrage der Unzulässigkeit der Zwangsverwertung der Pfandstücke für die bestimmte Dauer (§ 782 ZPO.) geltend machen. Insbesondere sei mit Bezug auf die Vollstreckungen der Eigengläubiger des Erben in den Nachlaß bemerkt, daß der Testamentsvollstrecker sich nicht des § 783 ZPO., d. h. der Hemmungsbefugnis wird bedienen müssen, weil nämlich eine solche Vollstreckung im Hinblicke auf die bestehende Testamentsvollstreckung überhaupt unzulässig ist (§ 2214 BGB., § 766 ZPO.). Wenn der Erbe die Möglichkeit der Haftungsbeschränkung allgemein verloren hat, so kann zwar nicht er, wohl aber bezgl. des Nachlasses der Testamentsvollstrecker die Hemmungsbefugnis geltend machen. Darüber siehe die Hemmungsbefugnis des Vollstreckers bei der Erbenmehrheit, sowie Bd. II beim Aufgebot, Abschnitt: Wirkung des Aufgebotsantrages.

Daß der Testamentsvollstrecker auch selbst das Aufgebot beantragen darf (um der Hemmungsbefugnis des § 2015 teilhaftig zu werden bezw. um eine etwa vermutete Überschuldung des Nachlasses feststellen zu können), ist im § 991 Abs. 2 ZPO. normiert.

Will der Gläubiger aus einem gegen den Testamentsvollstrecker auf Leistung erwirkten Urteile gegen das Eigenvermögen des Erben vorgehen, so ist er gezwungen, Vollstreckungsklausel gegen den Erben selbst zu erwirken. Hierüber trifft § 728 Abs. 2 ZPO. im Anschluß an § 327 ZPO. Bestimmung, wonach die Vorschriften des § 727 ZPO. entsprechende Anwendung finden. Der Paragraph ordnet gleichzeitig an, daß die Klausel auch während Bestehens der Testamentsvollstreckung gegen den Erben persönlich gerichtet werden kann, weil nämlich die Tatsache der Testamentsvollstreckung nicht eine Beschränkung der Haftung zur Folge hat. Wenn freilich ein Beschränkungsverfahren schwebt, könnte die Klausel aus diesem Grunde nicht gegen den — beschränkt haftenden — Erben umgeschrieben werden.

Nach der bisherigen Darlegung kann gegen den Nachlaß vollstreckt werden, wenn auch nur ein Urteil gegen den Testamentsvollstrecker (auf Leistung) vorliegt. Deshalb wird es, wenn eine Vollstreckung nur in den Nachlaß beabsichtigt ist, stets genügen, nur gegen den Vollstrecker vorzugehen, um so mehr, als auch die danach beabsichtigte Vollstreckung in sonstiges Erbenvermögen keine besondere Klage, sondern nur Umstellung der Klausel gegen den Erben erfordert.

Ein Pflichtteilsberechtigter kann in keinem Falle den Testamentsvollstrecker, sondern stets nur den Erben selbst gerichtlich auf Leistung seines Pflichtteils belangen (§ 2213 Abs. 1 S. 2), weil nämlich die Erfüllung des Pflichtteils allein Sache des Erben ist. Will der Pflichtteilsberechtigte, nachdem er seine Forderung gegen den Erben durch Urteil festgelegt hat, gegen den Nachlaß vollstrecken, so bedarf er dazu daneben eines auch gegen den Testamentsvollstrecker auf Duldung (§ 2213 Abs. 3) gerichteten Urteils (§ 748 Abs. 3 ZPO.).

Der Nachlaßgläubiger ist befugt, den Erben und den Testamentsvollstrecker auch gleichzeitig in Anspruch zu nehmen, doch liegt keine Gesamtverbindlichkeit vor. Überhaupt kann in solchem Falle, wie stets in dem Falle, wo der Erbe bereits auf Leistung in Anspruch genommen ist, gegenüber dem Testamentsvollstrecker nur Duldung gemäß § 2213 Abs. 3 gefordert werden.

War ein gegen den Nachlaß gerichteter Anspruch schon vor Annahme der Erbschaft gegenüber dem Testamentsvollstrecker gerichtlich geltend gemacht, so wird daran nichts durch die Annahme der Erbschaft geändert. Der Rechtsstreit bleibt zwischen den bisherigen Parteien anhängig. Will der Gläubiger auch gegen das Eigenvermögen des Erben vorgehen, so kann er nunmehr auch gegen den Erben selbst klagen, muß aber den bisherigen Leistungsanspruch gegenüber dem Vollstrecker in den Duldungsanspruch ändern. Liegt dagegen bereits ein Urteil gegen den Testamentsvollstrecker vor, so ist eine neue Klage gegen den Erben, weil überflüssig, unzulässig; derselbe Effekt, wie durch eine neue Klage kann durch Anwendung der §§ 327, 728 ZPO. erreicht werden (conf. Seuffert zu § 727 Anm. 8 ZPO.).

Hinsichtlich derjenigen Rechtsstreitigkeiten, welche z. Z. des Ablebens des Erblassers gegen ihn anhängig waren, ist zu bemerken: War der Rechtsstreit schon vor der Annahme der Erbschaft mit dem Vollstrecker weitergeführt worden — hierüber siehe oben Seite 40 —, so bleibt er trotz Annahme der Erbschaft mit dem Vollstrecker anhängig. Will der Gläubiger auch gegen den Erben vorgehen, so dürfte er genötigt sein, eine neue Klage gegen den Erben auf Leistung anzustrengen. Gegenüber dem Testamentsvollstrecker muß er den Antrag nunmehr auf Duldung ändern. Auch wird zweckmäßig eine Verbindung der Prozesse stattfinden. — War der Rechtsstreit nicht schon mit dem Testamentsvollstrecker vor Annahme der Erbschaft fortgeführt, soll dies vielmehr erst nach Annahme geschehen, so kann der Rechtsstreit entweder nur gegenüber dem Erben (nach Maßgabe des § 239 Abs. 1—4 ZPO.) wegen Leistung, oder nur gegenüber dem Vollstrecker (nach Maßgabe der §§ 243, 241 ZPO.) wegen Leistung aufgenommen werden. Der Gläubiger kann den einen Rechtsstreit auch zugleich gegen Erben auf Leistung und Vollstrecker auf Duldung fortführen.

Hinsichtlich der Zwangsvollstreckungen aus den bereits gegen den Erblasser erwirkten Urteilen ist folgendes zu bemerken: Über den Beginn der Vollstreckung in den Nachlaß ist oben (Seite 40) ausgeführt, daß er erst dann zulässig ist, wenn die Klausel gegen den Testamentsvollstrecker gerichtet wird, und daß diese Umstellung der Klausel durch die Ausnahmebestimmung des § 749 ZPO. für zulässig erklärt ist. Diese Bestimmung gilt für die Zeit vor wie nach Annahme der Erbschaft. Will der Gläubiger nur in Eigenvermögen des Erben vollstrecken, so muß er die Klausel gegen den Erben umstellen lassen, welcher alsdann zum Schutze seines Vermögens die Zwangsvollstreckungsgegenklage (§ 785 ZPO.) erheben kann, wenn er nicht überhaupt unbeschränkbar haftet. Der Gläubiger kann die Klausel auch zugleich gegen den Erben und Vollstrecker umschreiben lassen, gegen letzteren in diesem Falle allerdings nur auf Duldung der Zwangsvollstreckung in den Nachlaß. Über die Zustellung des Titels bezw. der Klausel siehe § 750 Abs. 2 ZPO. — Eine Zwangsvollstreckung, die gegenüber dem Testamentsvollstrecker in den Nachlaß schon im Stadium vor Annahme der Erbschaft begonnen hatte, darf ohne Rücksicht auf die Annahme der Erbschaft in den Nachlaß fortgesetzt werden. — War mit der Vollstreckung bereits gegen den Erblasser begonnen, so kann sie vor und nach Annahme der Erbschaft gegen den Nachlaß fortgesetzt werden, ohne daß der Titel auf den Vollstrecker oder Erben umgeschrieben bezw. ihnen zugestellt werden muß. Will der Gläubiger dagegen nunmehr auch gegen den Erben persönlich vorgehen, so muß die Klausel gegen diesen nach § 727 ZPO. erwirkt werden. Der Erbe schützt sich gegen diese Vollstreckung, wie wiederholt erwähnt, trotz des fehlenden Vorbehalts mit der Gegenklage nach §§ 785, 767 ZPO., sofern er noch die Möglichkeit der Haftungsbeschränkung hat bezw. wenn schließlich ein Beschränkungsmittel bezw. -Verfahren angewendet wird.

Über das Recht bezw. die Pflicht des Testamentsvollstreckers, den Nachlaßkonkurs anzumelden und über das entsprechende Recht des Erben und der Nachlaßgläubiger siehe oben Seite 38, 39. — Über das Recht des Erben und des Gläubigers, trotz bestehender Testamentsvollstreckung die Nachlaßverwaltung zu beantragen sowie darüber, daß der Testamentsvollstrecker seinerseits die Nachlaßverwaltung nicht beantragen darf, siehe oben Seite 39. — Über die Stellung des Testamentsvollstreckers zur Unzulänglichkeitseinrede und zur Inventarfrist Seite 39.

Nach Beendigung der Testamentsvollstreckung geht die Gesamtverwaltung des Nachlasses auf den Erben über. Für die gegen den Nachlaß gerichteten Ansprüche ist nunmehr nur er so lange legitimiert, als nicht etwa Nachlaßverwaltung oder Nachlaßkonkurs angeordnet wird. Der gegen den Testamentsvollstrecker auf Duldung gerichtete Anspruch wird gegenstandslos; in den gegen ihn auf Leistung gerichteten noch anhängigen Rechtsstreit tritt ipso iure der Erbe ein. War der Vollstrecker bereits zur Leistung verurteilt, so ist der Beginn oder die Fortsetzung einer Vollstreckung in den Nachlaß an sich ohne Umstellung der Klausel gegenüber dem Erben zulässig. Schwierigkeiten werden nur insofern erwachsen, als der Erbe aus dem Schuldtitel nicht ersichtlich und der Erbe auch nicht der Rechtsnachfolger des Vollstreckers ist (§ 727 ZPO.). Es wird auch hier, wie im gleichen Falle nach Beendigung der Nachlaßpflegschaft, eine entsprechende Anwendung der §§ 727, 731 nach Analogie von § 728 Abs. 2 geboten sein. — Eine Vollstreckung in Eigenvermögen des Erben bedarf noch der Umschreibung der Klausel gegenüber dem Erben auf Grund des § 728 Abs. 2 ZPO.

Über die Rechtsstellung des mit der Gesamtverwaltung betrauten Testamentsvollstreckers in Ansehung der Nachlaß a k t i v a vergl. oben Seite 41. Hier sei noch unter Bezugnahme auf § 327 ZPO. bemerkt, daß das Urteil, welches in einem zwischen dem Testamentsvollstrecker und einem Dritten über ein der Verwaltung des Vollstreckers unterliegendes Recht anhängigen Rechtsstreite ergeht, f ü r und g e g e n den Erben wirkt. Will der Erbe aus dem zugunsten des Vollstreckers ergangenen Urteile (nach Beendigung der Testamentsvollstreckung) vollstrecken, so bedarf es vorher der Umschreibung der Vollstreckungsklausel auf ihn (§ 728 Abs. 2 ZPO.). Über die Fragen, ob in dem mit dem Testamentsvollstrecker geführten Rechtsstreit der Erbe oder der Vollstrecker Partei ist, bezw. ob der Erbe Zeuge oder Nebenintervenient sein darf, ferner über die gerichtliche Geltendmachung einer Widerklage und über die Aufrechnung im Prozesse vergl. Staudinger zu §§ 2212 und 2197.

b) Ist der Testamentsvollstrecker nicht mit der Gesamtverwaltung des Nachlasses betraut, sei es daß er überhaupt keine oder nur beschränkte Verwaltungsbefugnis hat, so kann nach Annahme der Erbschaft ein gegen den Nachlaß gerichteter Anspruch auf Leistung n u r g e g e n d e n E r b e n gerichtlich geltend gemacht werden, es müßte denn eine Nachlaßverwaltung oder ein Nachlaßkonkurs bestehen, in welchem Falle ein Vorgehen gegen den noch beschränkbar haftenden Erben nicht mehr zulässig ist. Das Vorgehen gegen den Erben ermöglicht eine Vollstreckung in dasjenige Vermögen, welches der Erbe verwaltet, also in sein Eigenvermögen sowie in diejenigen Nachlaßgegenstände, die seiner Verwaltung unterliegen, während eine Vollstreckung in die etwa der Verwaltung des Testamentsvollstreckers unterliegenden Gegenstände hier stets einen auf Leistung gegen den Erben und auf Duldung der Zwangsvollstreckung gegen den Testamentsvollstrecker gerichteten Schuldtitel erfordert (§ 748 Abs. 2 ZPO.).

Für das Vorgehen gegen den Erben selbst gelten die allgemeinen Grundsätze; namentlich ist er zur Wahrung der Beschränkungsmöglichkeit hinsichtlich der Urteilsforderung zur Erwirkung des Vorbehalts (§ 780 ZPO.) gezwungen, und ist er, sofern er nicht die Beschränkungsmöglichkeit allgemein verloren hat, zur Geltendmachung jeglicher durch die Sachlage begründeten Beschränkung befugt. Macht der Erbe gegenüber der Klage des Nachlaßgläubigers die Unzulänglichkeitseinrede geltend, so muß er, auch wenn der (nach § 1990 Abs. 1 S. 2 herauszugebende) Nachlaß sich nur beim Testamentsvollstrecker befindet, die Verurteilung auf Leistung aus dem Nachlaß hinnehmen, doch erspart sie dem Gläubiger nicht die Duldungsklage gegen den Vollstrecker. Dieselben Grundsätze haben gegenüber der Klage eines ausgeschlossenen Nachlaßgläubigers statt, denn auch hier ist die Herausgabe des Überschusses die Leistung; die aber kann hier nur gegen den Erben selbst gefordert werden. In allen Fällen kann der Testamentsvollstrecker gegenüber der Duldungsklage auch materielle Einwendungen erheben. Die Vollstreckung in den der Verwaltung des Testamentsvollstreckers unterstehenden Nachlaß setzt nicht nur eine Verurteilung des Vollstreckers zur Duldung, sondern stets auch eine Verurteilung des Erben zur Leistung voraus (§ 748 Abs. 2 ZPO.). Dies ist auch bei Forderungen der Pflichtteilsberechtigten der Fall (§ 748 Abs. 3 ZPO.).

Auch der in der Verwaltung des Nachlasses beschränkte Testamentsvollstrecker darf gegenüber der in die seiner Verwaltung etwa unterliegenden Nachlaßgegenstände vorgenommenen Zwangsvollstreckung (nach Annahme der Erbschaft durch den Erben) die Hemmungsbefugnis der §§ 2014, 2015 beim Vorliegen ihrer Voraussetzungen geltend machen, dagegen kann er nicht das Aufgebot beantragen, also nicht seinerseits die Voraussetzungen des § 2015 schaffen (§ 991 ZPO.). Über den Beginn der Dreimonatsfrist des § 2014 für den Fall, daß im Stadium vor Annahme der Erbschaft eine Nachlaßpflegschaft bestanden hatte, siehe oben Seite 26.

War ein gegen den Nachlaß gerichteter Anspruch schon vor Annahme der Erbschaft gegen den Nachlaßpfleger auf Leistung und vielleicht auch schon gegen den Testamentsvollstrecker auf Duldung geltend gemacht (siehe hierüber oben Seite 37), so ändert sich infolge der Annahme der Erbschaft die Situation. Nach Aufhebung der Pflegschaft tritt, wie oben dargelegt, der Erbe selbst in den Rechtsstreit ipso iure ein, dagegen bleibt der Vollstrecker nach wie vor legitimiert. Der Gläubiger richtet den Leistungsanspruch gegen den Erben, der Duldungsanspruch bleibt gegen den Vollstrecker bestehen. — Hatte eine Zwangsvollstreckung schon vor Annahme der Erbschaft begonnen, gleichviel ob gegenüber dem Pfleger oder Testamentsvollstrecker, so kann sie nach Aufhebung der Pflegschaft in den Nachlaß ohne weiteres fortgesetzt werden, obwohl die vom Pfleger verwalteten Gegenstände des Nachlasses nunmehr in die Verwaltung des Erben selbst gelangen, dagegen kann in das Eigenvermögen des Erben nicht ohne Umstellung der Klausel bezw. ohne Zustellung nach § 750 Abs. 2 ZPO. vollstreckt werden (siehe oben Seite 144).

Hinsichtlich der Fortführung des z. Z. des Erbfalles gegen den Erblasser schwebenden Rechtsstreites gilt folgendes: War der Rechtsstreit mit dem Nachlaßpfleger auf Leistung und vielleicht daneben auch mit dem Testamentsvollstrecker auf Duldung aufgenommen, so tritt statt des Pflegers mit der Annahme der Erbschaft und von der Aufhebung der Pflegschaft ab der Erbe in den Rechtsstreit ein; hinsichtlich des Testamentsvollstreckers wird nichts geändert. War der Rechtsstreit noch nicht aufgenommen, so kann er nach Annahme der Erbschaft nur gegenüber dem Erben auf Leistung, zugleich kann er (muß er aber nicht) auch gegenüber dem Testamentsvollstrecker auf Duldung fortgeführt werden.

Hinsichtlich der Zwangsvollstreckungen aus Urteilen, die bereits gegen den Erblasser erlassen waren, gilt folgendes: Zum B e g i n n der Zwangsvollstreckung in den Nachlaß muß die Vollstreckungsklausel gegen den Erben umgeschrieben werden (§§ 750, 727 ZPO.). Soll auch in die vom Vollstrecker verwalteten Nachlaßgegenstände vollstreckt werden, so muß die Klausel auch gegen den Vollstrecker auf Duldung gerichtet werden; der § 748 Abs. 2 ZPO. kann hier, wo schon der Erblasser verurteilt ist, keine Anwendung finden (siehe oben Seite 42). Die gegen den Erben gerichtete Klausel ermöglicht auch die Vollstreckung in sein Eigenvermögen; gegen sie schützt er sich mit der Gegenklage (§§ 785, 767 ZPO.). Eine Zwangsvollstreckung, die schon vor Annahme der Erbschaft gegenüber dem Nachlaßpfleger oder Testamentsvollstrecker in den Nachlaß begonnen hatte — sie setzte Umstellung des Titels evtl. gegen beide voraus —, darf nach Annahme der Erbschaft ohne weiteres in den Nachlaß fortgesetzt werden. — War mit der Vollstreckung bereits gegen den Erblasser begonnen worden, so kann sie auch hier ohne weiteres nach wie vor der Annahme der Erbschaft in den Nachlaß fortgesetzt werden (siehe hierzu Seite 144, 40). Zur Vollstreckung in das Eigenvermögen des Erben ist, wie stets, eine gegen den Erben gerichtete Klausel erforderlich.

Über die Befugnisse des in der Verwaltung beschränkten Testamentsvollstreckers vergl. im übrigen Seite 41 und über sein Recht, Nachlaßaktiva einzufordern, Seite 43.

c. Gerichtliches Vorgehen gegen den Nachlaßverwalter.

Über die Rechtsstellung des Nachlaßverwalters und über seine Verantwortlichkeit gegenüber dem Erben und den Nachlaßgläubigern siehe oben Seite 45.

Ein gegen den Nachlaß gerichteter Anspruch kann nach Anordnung der Nachlaßverwaltung nur gegen den Nachlaßverwalter gerichtlich geltend gemacht werden, weil die Nachlaßverwaltung die Beschränkung der Haftung auf den Nachlaß zur Folge hat (§§ 1984 Abs. 1 S. 3, 1975). Wenn der Erbe das Recht der Haftungsbeschränkung allgemein verloren hat, so finden die eben erwähnten Paragraphen keine Anwendung (§ 2013), es ist also eine Inanspruchnahme auch des Erben selbst bezw. seines Eigenvermögens zulässig. Ebendasselbe hat im Verhältnisse zu derjenigen einzelnen Nachlaßverbindlichkeit statt, für welche der Erbe, ohne allgemein unbeschränkbar zu haften, unbeschränkbar haftet. Daß während der Dauer der Nachlaßverwaltung ein allgemeiner Verlust der Beschränkung jedenfalls nicht als Folge eines Verstoßes gegen die Inventarisierungspflicht im Sinne der §§ 1994, 2005 eintreten kann, folgt aus § 2000, wonach bei schwebender Nachlaßverwaltung dem Erben eine Inventarfrist nicht bestimmt werden kann, bezw. eine früher bestimmte und z. Z. der Anordnung der Nachlaßverwaltung noch laufende Frist die Wirkung verliert. Daß ferner auch ein relativer Verlust der Beschränkung nicht während der Schwebe des Verfahrens eintreten kann, folgt aus der Tatsache, daß während der Dauer des Verfahrens der Erbe nicht zum Offenbarungseide (§ 2006) geladen bezw. daß er überhaupt nicht gerichtlich in Anspruch genommen werden, also auch nicht den Vorbehalt nach § 780 ZPO. verwirken kann. Würde der Erbe sich freiwillig durch ausdrücklichen Verzicht der Beschränkungsmöglichkeit allgemein begeben, so würde damit ein von ihm veranlaßtes Nachlaßverwaltungsverfahren noch nicht gegenstandslos und auch nicht ohne weiteres aufgehoben werden; auch ein auf den Antrag eines Nachlaßgläubigers aus den im § 1981 Abs. 2 angegebenen Gründen eröffnetes Verfahren müßte wegen der für die Nachlaßgläubiger bestehenden Gefahr trotz eines Verzichtes des Erben selbstverständlich fortgeführt werden. Dem Vorgehen gegen den Nachlaßverwalter entspricht die Zulässigkeit der Vollstreckung in den Nachlaß. Aus dem gegen den Nachlaßverwalter erwirkten Urteile ist eine Vollstreckung gegen den Erben selbst während der Dauer des Verfahrens nicht zulässig (§ 766 ZPO.), bezw. müßte der Antrag auf Erteilung der Vollstreckungsklausel gegen den Erben abgewiesen werden, weil die Haftung eben auf den Nachlaß beschränkt ist. Hier also besteht ein grundsätzlicher Unterschied zu § 728 Abs. 2 S. 2 ZPO., der den gleichen Fall mit Beziehung auf eine Testamentsvollstreckung behandelt. Aus einem gegen den im Einzelfalle persönlich haftenden Erben erwirkten Urteile kann, obwohl auch der Nachlaß dem betreffenden Gläubiger haftet, nicht gegen den Nachlaß vollstreckt werden, weil bezw. sofern es an einem Schuldtitel gegen den Nachlaßverwalter fehlt. Ein gegen den

Nachlaßverwalter erwirktes Urteil wirkt im übrigen auch gegen den Erben (siehe hierzu weiter unten). Andererseits ist eine gleichzeitige Inanspruchnahme des im Einzelfalle auch persönlich haftenden Erben und des Nachlaßverwalters auf Leistung nicht zulässig, weil die Befriedigung nicht gleichzeitig gegenüber Nachlaß und Eigenvermögen des Erben gefordert werden kann. — War vor Anordnung der Nachlaßverwaltung seitens eines Nachlaßgläubigers gegen das Eigenvermögen des Erben vollstreckt, so kann letzterer die zur Zeit der Anordnung des Verfahrens etwa noch bestehende Maßregel nach Maßgabe des § 784 Abs. 1 ZPO. mit der Zwangsvollstreckungsgegenklage nach § 785 ZPO. als nunmehr unzulässig abwehren. Daß ihm diese Möglichkeit insoweit versagt ist, als er die Möglichkeit der Haftungsbeschränkung verloren hat, folgt aus der Natur dieses Verlustes von selbst, ist aber noch besonders im § 784 Abs. 1 ZPO. normiert.

Dem gerichtlich in Anspruch genommenen Nachlaßverwalter ist die Erwirkung des Vorbehalts der Beschränkung erspart (§ 780 Abs. 2 ZPO.). Es gilt auch hier das oben Seite 141 bezgl. des Testamentsvollstreckers Ausgeführte. Der Erbe kann durch Unterlassungen oder Handlungen des Nachlaßverwalters überhaupt nicht der Möglichkeit der Haftungsbeschränkung verlustig gehen, da dem Verwalter keine Inventarfrist bestimmt werden kann und da ferner ein freiwilliger Verzicht auf die Beschränkung zulasten des Erben wirkungslos wäre.

Der Nachlaßverwalter kann zwar (infolge des § 305 ZPO.) eine Verurteilung wegen eines gegen den Nachlaß gerichteten Anspruchs nicht unter Hinweis auf den Lauf der Fristen der §§ 2014, 2015 verhindern, aber er kann gegenüber der Zwangsvollstreckung der Nachlaßgläubiger in den Nachlaß die Hemmungsbefugnis der betreffenden Paragraphen geltend machen, sofern deren Voraussetzungen nur sonst vorliegen. Daß er zu ihrer Geltendmachung wegen seiner Verantwortlichkeit gegenüber dem Erben und den Nachlaßgläubigern evtl. sogar verpflichtet ist, ergibt der § 1985 Abs. 2 insbesondere durch seine Einbeziehung des § 1980. Auch für den Nachlaßverwalter wird die Anwendung des § 2014 von der Inventarerrichtung durch den Erben ab unmöglich, sofern es sich um ein Inventar im Sinne der §§ 1993 ff. handelt. Das gleiche gilt vom Inventar des Nachlaßverwalters mit derselben Beschränkung. Die Dreimonatsfrist beginnt mit der Annahme der Erbschaft bezw., wenn im Stadium vor Annahme eine Nachlaßpflegschaft bestanden hatte, schon mit der Bestellung des Pflegers, weshalb für den Nachlaßverwalter der § 2014 evtl. überhaupt nicht in Frage kommen wird. Er kann das Aufgebot als Mittel zur Feststellung einer vermuteten Überschuldung des Nachlasses bezw. zur Schaffung der Voraussetzungen des § 2015 veranlassen bezw. kann er sich der Hemmungsbefugnis des § 2015 auch dann bedienen, wenn das Aufgebot von anderer Seite her beantragt war (§ 991 ZPO.). Der Nachlaßverwalter macht, wie der Erbe, die Hemmung durch die Zwangsvollstreckungsgegenklage mit dem Antrage der Unzulässigkeit der Zwangsverwertung der Pfandstücke für die bestimmte Dauer geltend. Dagegen wird er, weil durch § 1984 Abs. 2 BGB. die Zwangsvollstreckung eigener Erbengläubiger in den Nachlaß für die Dauer der Nachlaßverwaltung überhaupt für unzulässig erklärt ist, kaum in die Lage kommen, auch den § 783 ZPO. anzuwenden; er kann sich einfacher nach § 766 ZPO. helfen. Der Nachlaßverwalter kann sich das Aufgebot, d. h. die Voraussetzung des § 2015, auch dann verschaffen, wenn der Erbe allgemein unbeschränkbar haftet. Darüber vergl. Bd. II beim Aufgebot, Abschnitt II B 6.

Hinsichtlich derjenigen Rechtsstreitigkeiten, welche z. Z. des Ablebens des Erblassers gegen ihn anhängig waren, ist zu bemerken: Der Rechtsstreit kann, sofern er nicht vor Anordnung der Nachlaßverwaltung gegen den Erben selbst bezw. gegen den Nachlaßpfleger oder Testamentsvollstrecker fortgesetzt sein sollte, nach Anordnung des Verfahrens nur gegen den Nachlaßverwalter und zwar nach Maßgabe der §§ 250, 243, 241 ZPO. fortgeführt werden. Sollte die Nachlaßverwaltung schon vor Annahme der Erbschaft bestanden haben und der Rechtsstreit bereits in diesem Stadium mit dem Verwalter fortgeführt worden sein, so bleibt er bei Annahme der Erbschaft unverändert mit dem Verwalter anhängig. Desgl. wird eine gegen den Nachlaß schon vor Annahme der Erbschaft gegenüber dem Nachlaßverwalter begonnene Zwangsvollstreckung durch die Annahme nicht berührt. Haftet der Erbe unbeschränkbar, so kann der durch den Tod des Erblassers unterbrochene Prozeß auch lediglich ihm gegenüber fortgeführt werden.

Hinsichtlich der Vollstreckung aus bereits gegen den Erblasser ergangenen Urteilen gilt folgendes: Soll mit der Vollstreckung erst nach Annahme der Erbschaft begonnen werden, so kann dies bei bestehender Nachlaßverwaltung nur gegen den Nachlaß geschehen. Es bedarf der Umschreibung der Klausel und der erneuten Zustellung des Urteils mit Klausel gegenüber dem Nachlaßverwalter. Soweit der — noch nicht verurteilte — Erbe für die betreffende (gegen den Erblasser bereits urteilsmäßig festgelegte) Schuld auch persönlich haftet, z. B. als Gesamtschuldner, kann während der Dauer der Nachlaßverwaltung trotzdem nur in den Nachlaß vollstreckt werden, weil der Erbe, soweit er persönlich haftet, nicht als Erbe, sondern als Selbstschuldner verpflichtet ist; soweit seine Haftung als Erbe in Frage kommt, ist sie im gegenwärtigen Stadium eine nur beschränkte. Ist auch der Erbe bereits verurteilt, so kann aus dem Schuldtitel natürlich gegen ihn persönlich ohne weiteres vollstreckt werden.

War mit der Vollstreckung bereits gegen den Erblasser begonnen, so kann sie vor wie nach Annahme der Erbschaft ohne neue Zustellung bezw. Umstellung der Klausel gegen den Nachlaß ohne Rücksicht auf das Bestehen der Nachlaßverwaltung fortgesetzt werden (§ 779 ZPO.). Gegen das Erbenvermögen kann dagegen während Bestehens der Nachlaßverwaltung nicht vollstreckt, auch kann die Klausel gegen den Erben nicht erteilt werden, es müßte denn unbeschränkbare Haftung vorliegen.

Schwebt z. Z. der Anordnung der Nachlaßverwaltung ein Rechtsstreit gegen den Erben oder Nachlaßpfleger oder Testamentsvollstrecker, so wird er unterbrochen (§ 241, Abs. 2 ZPO.). Die Aufnahme erfolgt nur gegenüber dem bezw. durch den Nachlaßverwalter. Haftet der Erbe persönlich, so wird der gegen ihn schwebende Rechtsstreit durch die Anordnung der Nachlaßverwaltung nicht unterbrochen. Das gegen ihn etwa ergehende Urteil ist lediglich gegen sein Eigenvermögen vollstreckbar. Soll auch die Vollstreckung gegen den Nachlaß ermöglicht werden, so muß auch der Nachlaßverwalter in Anspruch genommen werden. Will der Gläubiger lediglich gegen den Nachlaß vorgehen so muß er den Rechtsstreit als in der Hauptsache erledigt erklären und nur noch wegen der Kosten mit dem Erben streiten, im übrigen muß er eine neue Klage gegen den Nachlaßverwalter anstrengen.

Einem gegen den Nachlaßverwalter wegen einer Nachlaßverbindlichkeit ergangenen Urteil wird, da die Nachlaßverwaltung die Befriedigung der Nachlaßgläubiger zum Zwecke hat, vom Nachlaßverwalter genügt werden (§ 1986). Immerhin kann nach Aufhebung der Nachlaßverwaltung wegen Mangels einer den Kosten entsprechenden Masse oder auch bei Vorliegen eines Falles des § 1986 Abs. 2 eine Vollstreckung aus einem gegen den Nachlaßverwalter erwirkten Urteil in der Richtung gegen den Erben selbst möglich sein. Das Urteil wirkt, da der Verwalter Vertreter des Erben ist, gegen den Erben, d. h. es ist Vollstreckung in Nachlaß und Eigenvermögen des Erben zulässig. Nur würde auch hier die oben Seite 144 besprochene Schwierigkeit bestehen und Abhilfe nur durch Umstellung der Klausel gegen den Erben selbst zu schaffen sein. Da auch nach Beendigung der Nachlaßverwaltung zwar unbeschränkte aber doch beschränkbare Haftung besteht, muß der Erbe zum Schutze des — angegriffenen — Eigenvermögens die Gegenklage erheben (§§ 785, 767 ZPO.), was er hier tun kann, obwohl dem Urteil der Vorbehalt (§ 780 Abs. 2 ZPO.) fehlt.

d. Gerichtliches Vorgehen gegen den Nachlaßkonkursverwalter.

Mit der Eröffnung des Nachlaßkonkurses wird die Haftung auf den Nachlaß beschränkt. Der Nachlaß wird Konkursmasse. Ein Vorgehen gegen den Erben selbst kann grundsätzlich nicht mehr zulässig sein, weil es nunmehr nur einen Angriff in sein Eigenvermögen bedeuten würde. Ein Vorgehen gegen den Nachlaß kann nur gegenüber dem Nachlaßkonkursverwalter, als dem allein zur Verwaltung und Verfügung über den Nachlaß Befugten, geschehen. Dies gilt auch für den Fall, daß ein Nachlaßverwalter vorhanden war, schon aus dem Grunde, weil gemäß § 1988 die Nachlaßverwaltung mit der Eröffnung des Nachlaßkonkurses von selbst endigt und die Funktion des Nachlaßverwalters aufhört; es gilt auch für den Fall, daß ein mit der Gesamtverwaltung betrauter Testamentsvollstrecker vorhanden ist, obwohl dessen Funktion auch neben dem Nachlaßkonkurse fortdauert. Auch wenn eine Nachlaßpflegschaft über die Annahme der Erbschaft hinaus fortdauern würde — es könnte möglich sein, weil die Pflegschaft nur durch Aufhebung erlischt —, würde allein der Konkursverwalter legitimiert sein. Lediglich dann wäre aber auch die Passivlegitimation des Erben selbst gegeben, wenn er aus irgend einem Grunde persönlich bezw. unbeschränkbar haftet (§§ 1975, 2013), jedoch kann aus einem gegen den Erben selbst erwirkten Urteil für die Dauer des Konkurses nicht gegen den Nachlaß vollstreckt werden, obwohl auch dieser dem betreffenden Nachlaßgläubiger haftet; vielmehr kann Befriedigung aus dem N a c h l a s s e nur nach konkursrechtlichen Grundsätzen verlangt werden (§ 12 KO.).

Daß der Alleinerbe w ä h r e n d der Dauer des Nachlaßkonkurses allgemein die Beschränkungsmöglichkeit verliert, ist ausgeschlossen, weil ihm eine Inventarfrist in dieser Zeit nicht gesetzt werden darf und eine vor Eröffnung des Verfahrens gesetzte unwirksam wird (§ 2000). Ein freiwilliger Verzicht auf die Beschränkung, d. h. also eine Erklärung des Inhalts, daß die Nachlaßverbindlichkeiten trotz vorliegender Überschuldung voll berichtigt werden sollen, kann natürlich auch nach Konkurseröffnung abgegeben werden, sie würde persönliche Haftung des Erben zur Folge haben; ob sie aber zur Beendigung des Konkurses führt, hängt von den Umständen des Falles ab (§ 202 KO.). Es wird auf das Vertrauen, das der Erbe genießt, bezw. auf die Sicherheiten, die er beibringt, ankommen. Was einen relativen Verlust der Beschränkungsmöglichkeit während der Konkursdauer anlangt, so kann ein solcher nach § 2006 nicht in Frage kommen, weil die Ladung zum Offenbarungseide nach § 2006 (wohl aber natürlich nach konkursrechtlichen Regeln) in dieser Zeit unmöglich ist. Dagegen ist es sehr wohl möglich, daß der Erbe in den Zustand relativer Haftung infolge Verwirkung des Vorbehalts (§ 780 ZPO.) gerät. Unter Umständen kann nämlich auch nach Konkurseröffnung sogar der beschränkt haftende Erbe selbst gerichtlich durch Aufnahme eines unterbrochenen oder durch Anstrengung eines neuen Rechtsstreits in Anspruch genommen werden (§ 144 Abs. 2 KO.). Da dies stets nur dann möglich ist, wenn er die angemeldete Forderung im Prüfungstermin bestreitet, hier aber auch dann zulässig ist, wenn der Konkursverwalter seinerseits nicht bestreitet, also eine Befriedigung aus dem N a ch l a ß in Aussicht steht, so bedeutet die Aufnahme bezw. die neue gegen den Erben selbst gerichtete Klage zunächst stets einen Angriff gegen sein Eigenvermögen; er ist also zur Erwirkung des Vorbehalts gezwungen, wenn er — sei es während des Konkurses, sei es nach dessen Beendigung — ermöglichen will, hinsichtlich der Urteilsforderung die Haftung auf den Nachlaß zu beschränken. Durch Verstöße bezw. Verzicht des Konkursverwalters kann der Erbe die Möglichkeit der Haftungsbeschränkung nicht verlieren.

Die Verfolgung der gegen den Nachlaß gerichteten Ansprüche ist, wie erwähnt, nur nach den Regeln des Konkurses möglich. Über die Stellung der Nachlaßkonkursgläubiger siehe oben Seite 48, der sonstigen Nachlaßgläubiger Seite 51. Soweit eine Inanspruchnahme des Erben selbst als Gemeinschuldners neben dem Konkurse gestattet ist (§ 144 Abs. 2 KO.), wird sie, wie auch sonst, nicht durch die Tatsache des Vorhandenseins eines mit der Gesamtverwaltung des Nachlasses betrauten Testamentsvollstreckers gehindert; dagegen ist die Inanspruchnahme des Testamentsvollstreckers selbst, die ja nur einen Angriff in den Nachlaß bedeuten könnte, weder wegen Leistung, noch wegen Duldung (§ 2213 Abs. 3) für die Dauer des Konkurses denkbar. Höchstens nach Beendigung des Konkurses bezw. nach Rückgabe eines etwa übrig gebliebenen Nachlaßrestes müßte, sofern darein vollstreckt werden soll, der Testamentsvollstrecker wegen Duldung belangt werden. Der in Anspruch genommene Erbe muß sich zur Wahrung des Schutzes für sein Eigenvermögen bezw. der Beschränkung auf die Bereicherung (§ 1989) den Vorbehalt (§ 780 ZPO.) ausbitten. — Hatte der Konkursgläubiger einen Schuldtitel bereits gegen den Erblasser erwirkt, so kann während des Konkurses Umstellung nicht gegen den Erben erfolgen, da der letztere jetzt nur beschränkt haftet und da gegen den Nachlaß nur durch Anmeldung vorgegangen wird. Aus dem letzteren Grunde kann der betr. Schuldtitel oder ein bereits gegen den Erben selbst oder gegen einen Funktionär erwirkter Schuldtitel nicht gegen den Konkursverwalter umgestellt werden. — Haftet der Erbe jedoch bereits unbeschränkbar oder von Anfang an persönlich, so kann ohne Rücksicht auf den Nachlaß gegen ihn gerichtlich vorgegangen, auch in sein Eigenvermögen vollstreckt werden. Das gegen den Erblasser erwirkte Urteil kann gegen ihn umgestellt werden. Will dagegen der Konkursgläubiger, dem der Erbe unbeschränkbar haftet, Befriedigung aus dem Nachlasse erreichen, so muß er sich am Verfahren beteiligen. — Besteht z. B. der Konkurseröffnung eine Maßregel der Zwangsvollstreckung bezgl. des Privatvermögens des Erben seitens eines Nachlaßgläubigers, so kann sie der Erbe durch negative Feststellungsklage als nunmehr unzulässig zur Aufhebung bringen (§§ 785, 784 Abs. 1 ZPO.). Natürlich steht diese Klage nicht auch einem persönlich haftenden Erben zu. Besteht umgekehrt die Zwangsmaßregel eines Privatgläubigers gegenüber dem Nachlaß, so steht dem Konkursverwalter der Schutz des Nachlasses (der Masse) zu, er kann Aufhebung fordern (§ 766 ZPO.). Übrigens kann das Absonderungsrecht für die Dauer des Konkurses nicht geltend gemacht werden (§ 221 KO.).

Über das Verhältnis von Aufgebot und Konkurs siehe § 993 ZPO.

II. Die Erbenmehrheit.

1. Vor der Teilung des Nachlasses.

A. Der Nachlaß:

a. Eigentum.

Wenn mehrere Erben vorhanden sind, so geht das Vermögen des Erblassers mit dem Erbfalle auf sie sämtlich über (§ 1922). Sie werden gemeinschaftlich Eigentümer (Miteigentümer) dieses Vermögens, des Nachlasses (§ 2032 Abs. 1). Sie bilden eine durch den Zufall des Erbfalls begründete Gemeinschaft, die Erbengemeinschaft. Der Gemeinschaft bezw. den durch die Gemeinschaft begründeten Pflichten kann der einzelne Miterbe, abgesehen von der Ausschlagung der Erbschaft, nur durch die Veräußerung und die Übertragung seines Anteils am Nachlasse entrinnen, doch hat auch sie keine absolut befreiende Wirkung, denn kraft besonderer gesetzlicher Vorschrift bleibt er für die Nachlaßverbindlichkeiten verhaftet und für die Ordnungsmäßigkeit der Verwaltung im Verhältnisse zu den Nachlaßgläubigern verantwortlich (§ 2382). Lediglich im Innenverhältnisse (verliert er das Recht und) befreit er sich von der Pflicht, zu den zur ordnungsmäßigen Verwaltung erforderlichen Maßnahmen mitzuwirken (§§ 2038, 2039), auch kann er zu Verfügungen über Nachlaßgegenstände nicht herangezogen werden. Die Eigenschaft als Miterbe bezw. Erbe kann er durch keine Verfügung über seinen Anteil am Nachlasse aufheben bezw. übertragen.

Die Erbengemeinschaft ist rechtlich besonders charakterisiert. Sie ist nach Grundsätzen der deutschrechtlichen Gemeinschaft zur gesamten Hand geordnet. Das Wesen derselben besteht darin, daß die Erben nur gemeinschaftlich über den Nachlaß im ganzen bezw. über die einzelnen Nachlaßgegenstände oder über einen Anteil an solchen verfügen können, daß also der einzelne Erbe weder über einen Nachlaßgegenstand noch über seinen Anteil daran (ein solcher steht ihm als dem Miteigentümer des Gesamtnachlasses unbedingt zu, conf. § 2033 Abs. 2) freiwillig verfügen kann bezw. daß auch ein Nachlaßgläubiger nicht in diesen Anteil, in Nachlaßgegenstände aber nur auf Grund eines gegen sämtliche Erben gerichteten Schuldtitels vollstrecken kann (§§ 859 Abs. 2, 747 ZPO.). Die Erben sind nur gemeinschaftlich Subjekt des Nachlasses; gesamtschuldnerisch sind sie zur Berichtigung der am Nachlasse haftenden Verbindlichkeiten verpflichtet. Daß eine Verpflichtung zur Berichtigung der Nachlaßverbindlichkeiten für sie überhaupt besteht, beruht auf § 1922, wonach das Vermögen als G a n z e s auf die Erben übergeht; daß die Haftung als gesamtschuldnerische geordnet ist, beruht auf der Erwägung, daß andernfalls (bei der im § 420 BGB. gegebenen Regel) die Verbindlichkeit zersplittert und die Gläubiger gezwungen sein würden, jeden einzelnen Miterben anteilig in Anspruch zu nehmen. Allerdings ist entsprechend dem Miteigentum zur gesamten Hand ein gegen die sämtlichen Erben gerichteter Schuldtitel erforderlich, wenn in den Nachlaß vollstreckt werden soll, aber es ist, indem die Pfändung des Anteils am Nachlasse zugelassen ist (§ 2059 BGB., § 859 Abs. 2 ZPO.), auch beim Vorgehen gegen einen einzelnen Miterben eine Einwirkung auf den Gesamtnachlaß insofern ermöglicht, als der Pfandgläubiger die Erben zur Auseinandersetzung hinsichtlich des Nachlasses zwingen und seine Befriedigung aus Mitteln des Nachlasses herbeiführen kann (§§ 2042, 751 BGB.). Die Erbengemeinschaft kann als solche nicht in Anspruch genommen werden oder Rechte ausüben; sie ist keine juristische Person. Träger der Rechte und der Verbindlichkeiten sind vielmehr die Erben selbst.

Dem einzelnen Miterben steht als dem Miteigentümer jedes durch die Gemeinschaft gegebene Recht, so dasjenige der Anteilnahme an der Verwaltung des Nachlasses (§§ 2038, 2039) und der Verfügung darüber (§ 2040), am Ertrage der Erbschaftssachen (§ 2038 Abs. 2) zu, andererseits hat er an jeder aus der Gemeinschaftlichkeit sich ergebenden Pflicht, so der einer ordnungsmäßigen Verwaltung und der Verfügung teil, er hat mitzuwirken (§§ 2038, 2040). — Was die Rechte anlangt, so durchbricht das Gesetz wiederholt das Prinzip der durch die Gemeinschaft begründeten Gebundenheit der Mitglieder, indem es auch dem einzelnen Miterben eine gewisse Selbständigkeit verleiht, so in den §§ 2038, 2039, 2045, 2061 BGB., §§ 991, 997 ZPO., § 217 KO.

Dem einzelnen Miterben gehört ein Anteil am Nachlasse. Dieser Anteil wird im § 1922 Abs. 2 als „Erbteil" bezeichnet. Das Gesetz hält sich im übrigen bei der Anwendung der Begriffe Anteil und Erbteil an keine feste Regel. Die §§ 2033 ff. behandeln die freiwillige Verfügung über den „Anteil"; im Gegensatze hierzu spricht der sich daran anschließende § 86 Abs. 2 FGG. vom Erwerber eines „Erbteils" bezw. vom Pfandrecht an einem Erbteile. Die Begriffe haben hier denselben Inhalt. Verschiedenen Inhalt haben sie im § 2059. Im Abs. 1 S. 1 wird vom „Anteil", im Satz 2 vom „Erbteil" gesprochen. Im Satz 1 ist der Anteil als Gegenstand der Haftung eines noch beschränkt haftenden Miterben vor der Teilung bezeichnet; im Satz 2 ist der Erbteil lediglich Maßstab für den Umfang der Haftung eines unbeschränkbar haftenden Miterben vor der Teilung hinsichtlich seines Eigenvermögens. Das Gesetz bestimmt hier nämlich, daß der betr. Miterbe einerseits mit dem Anteil hafte und andererseits noch mit dem sonstigen Vermögen, dies letztere jedoch mit der Einschränkung, daß es nur wegen desjenigen Teiles der Verbindlichkeit angegriffen werden kann, welcher dem Erbteil des betr. Erben entspricht (Arch. f. civ. Praxis Bd. 91 Seite 281 ff.).

Der Miterbe ist der alleinige Eigentümer des Anteils. Hierüber ist ihm die Verfügung selbständig gestattet, und auch die Zwangsvollstreckung von Gläubigern ist insoweit zugelassen. Der Anteil des Miterben am Nachlasse ist Bestandteil seines Privatvermögens, also nicht Nachlaß. Deshalb kann der einzelne Miterbe über seinen Anteil auch neben einem Beschränkungsverfahren verfügen, bezw. können seine Privatgläubiger den Anteil auch neben einem solchen Verfahren pfänden, während ihn die Nachlaßgläubiger, weil sie beim Bestehen eines besonderen Beschränkungsverfahrens Befriedigung nur aus dem Nachlasse fordern können, nicht angreifen dürfen.

b. Besitz.

Mit dem Erbfalle geht beim Vorhandensein mehrerer Erben auch der unmittelbare wie der mittelbare Besitz des Erblassers an den Nachlaßgegenständen auf die Erben über. Es vererbt sich hier freilich nicht der tatsächliche Besitz, sondern die Rechtsstellung, welche dem Erblasser als Besitzer der Nachlaßsachen zukam (Kreß 30). Auch der Besitz geht auf die Erben nach Grundsätzen der gesamten Hand über. Daraus folgt, daß der einzelne Miterbe nur Mitbesitz an den Nachlaßgegenständen hat und daß nur die Erben gemeinschaftlich berechtigt sind, die aus ihrer Besitzerstellung sich ergebenden Rechte geltend zu machen, doch siehe § 2039, wonach dies zwar auch der einzelne Erbe, jedoch nur für die sämtlichen Erben tun kann.

c. Verschmelzung.

Die Tatsache, daß beim Vorhandensein mehrerer Erben der Nachlaß gemeinschaftliches Vermögen der sämtlichen Erben ist, macht eine Verschmelzung des Nachlasses mit dem Vermögen der einzelnen Miterben unmöglich. Der Nachlaß bleibt vielmehr, so lange er nicht aufgeteilt ist, ein Sondervermögen, das unabhängig von den Schicksalen der Privatvermögen der Erben ist. Den einzelnen Erben gehört von dem Nachlaß gegenständlich nichts, sie haben nur Miteigentum und Mitbesitz. Nur diejenigen Nachlaßgegenstände, die im Wege allmählicher Aufteilung dem einzelnen Miterben zugewiesen, also aus der Gemeinschaft ausgeschieden werden, verschmelzen mit dem Privatvermögen der sie empfangenden Miterben. Mit der völligen Aufteilung des Nachlasses — sie hat ein Aufhören der Erbengemeinschaft zur Folge — ist eine Verschmelzung der Nachlaßgegenstände mit dem Vermögen der Erben eingetreten. Es ist nicht der „Nachlaß" mit dem Erbenvermögen verschmolzen, sondern jeder einzelne Gegenstand des Nachlasses mit dem Vermögen desjenigen Erben, der ihn zugeteilt erhalten hat. Vor dieser Aufteilung kann keine Rede davon sein, daß als Folge des Erbfalls Rechtsverhältnisse durch Vereinigung von Recht und Verbindlichkeit oder von Recht und Belastung erlöschen bezw. bei Anwendung eines Sonderverfahrens der Haftungsbeschränkung erst wieder aufleben; der § 1976 ist für die Erbenmehrheit vor der Teilung unanwendbar.

d. Surrogation.
§ 2041.

Für die Erbenmehrheit ist durch § 2041 das Surrogationsprinzip aufgestellt. Danach treten Neuerwerbungen, welche in einem rechtlichen Zusammenhange mit dem Nachlasse stehen, in die Gesamtberechtigung der Miterben, sie werden „Nachlaß" und unterliegen als solcher den allgemeinen hinsichtlich des Nachlasses bezw. der Nachlaßgegenstände gegebenen Bestimmungen. Dies ist namentlich für die Zwangsvollstreckung in den Nachlaß von Bedeutung. Der Nachlaßgläubiger, welcher in Surrogate vollstreckt, muß gegenüber dem Widerspruche der Erben die Zugehörigkeit des Pfandobjekts zum Nachlasse beweisen. — Drei Gruppen von Surrogaten kommen nach § 2041 in Betracht:

a) Der Erwerb auf Grund eines zum Nachlaß gehörenden Rechts. Nach Planck zu §§ 718 und 1370 gehört hierher der unmittelbar kraft Gesetzes gemachte Erwerb, wie z. B. der natürliche Ertrag der Nachlaßgegenstände, der An- und Zuwachs, der im Nachlaß gefundene Schatz (§ 984 BGB.), der Gewinn des zum Nachlasse gehörenden Loses. Es gehört ferner hierher der durch Erfüllung einer dem Nachlasse gegenüber bestehenden Verpflichtung gemachte Erwerb, ebenso der gegen Miterben oder Funktionäre gerichtete Anspruch der Erben auf Ersatz des durch schlechte Verwaltung dem Nachlasse etwa zugefügten Schadens.

b) Das seitens des Ersatzpflichtigen als Ersatz für die Zerstörung, Beschädigung oder Entziehung eines Nachlaßgegenstandes dem Nachlasse Geleistete oder noch Geschuldete. Hierher gehören (nach Planck zu § 718) Versicherungsgelder, der Überschuß bei einer Zwangsversteigerung, die bei der Enteignung in Betracht kommenden Leistungen bezw. Ansprüche. Das als Ersatz Geleistete wird mit der Leistung Nachlaß; die Ansprüche werden mit der Entstehung Bestandteile des Nachlasses, sie unterliegen dem Zugriff der Nachlaßgläubiger. Über die Entstehung und den Umfang derartiger Ersatzansprüche gegenüber Erbschaftsbesitzern, wozu auch Miterben gehören können, siehe die Darlegung bei Kreß Seite 18 und 19 sowie die §§ 2020 ff. BGB.

c) Das durch ein Rechtsgeschäft Erworbene, sofern sich das Rechtsgeschäft auf den Nachlaß bezieht. Diese Bestimmung betrifft lediglich den gemeinschaftlichen Erwerb sämtlicher Miterben. (Was ein einzelner Miterbe oder ein Dritter mit Beziehung auf den Nachlaß durch Rechtsgeschäft erwirbt, fällt unter § 2019 und ist weiter unten zu behandeln.) Einziges Erfordernis dafür, daß der rechtsgeschäftliche Neuerwerb „Nachlaß" wird, ist, daß er für den Nachlaß gemacht wird. Ob die Mittel, mit dem der Erwerb gemacht ist, aus dem Nachlasse oder aus dem Vermögen der Erben oder eines Dritten stammen, ist hierbei gleichgültig (Strohal Bd. II 84), während andererseits sogar der mit Nachlaßmitteln gemachte Erwerb nicht „Nachlaß" wird, wenn er nicht für den Nachlaß gemacht ist. Beispiel: A, B, C sind die Erben des X. Sie kaufen mit Mitteln des Nachlasses ein Pferd für den Nachlaß. Das Pferd gehört zum Nachlasse. Verwenden die Erben für den Kaufpreis eigene Mittel, so gehört das für den Nachlaß gekaufte Pferd dennoch zum Nachlaß. Kaufen sie das Pferd mit Nachlaßmitteln zum persönlichen Bedarf, so gehört es nicht zum Nachlaß. — Wird durch ein sich auf den Nachlaß beziehendes Rechtsgeschäft eine Forderung erworben, so tritt auch sie in die Gesamtberechtigung der Miterben. Daher kann sie mit einem gegen sämtliche Erben gerichteten Schuldtitel (§ 747 ZPO.) gepfändet werden. Besonderheiten ergeben sich hier jedoch infolge des Satz 2 des § 2041: „Auf eine durch ein solches Rechtsgeschäft erworbene Forderung findet die Vorschrift des § 2019 Abs. 2 Anwendung." Hier ist für den Schuldner einer durch Rechtsgeschäft dem Nachlasse erworbenen Forderung für den Fall, daß er die Zugehörigkeit seiner Schuld zur Erbschaft nicht kennt, ein Schutz statuiert. Nach allgemeinen Grundsätzen ist jeder Gläubiger einer teilbaren Leistung nur zu einem gleichen Anteile berechtigt (§ 420 BGB.); sind die Gläubiger aber Miterben, so darf der Schuldner seine Schuld nur an die Erben gemeinschaftlich tilgen (§ 2039). Wenn nun der Schuldner nicht weiß, daß er den Gläubigern gerade als Miterben schuldet, bezw. daß die betr. Forderung dem Nachlasse gehört, so wird er an jeden Miterben einen gleichen Teil seiner Verbindlichkeit tilgen oder aber die gesamte Leistung an einen der Erben machen, den er für berechtigt hält. Er wird, wenn er gegen einen der Berechtigten zufällig eine Forderung hat, in Höhe des vermeintlichen Anteils desselben aufrechnen, er wird, wenn der vermeintlich anteilig Berechtigte seinen Anteil zediert, an den Zessionar zahlen. Wenn er dies in Unkenntnis der Zugehörigkeit der Forderung zur Erbschaft tut, so geht insoweit seine Schuld dem Nachlaß gegenüber unter, d. h. der Nachlaß hat insoweit die Forderung gegen den Schuldner nicht mehr, sie unterliegt nicht mehr der Zwangsvollstreckung (Pfändung und Überweisung) eines Nachlaßgläubigers. Würde dagegen der Schuldner an den einzelnen Erben leisten, obwohl er die Zugehörigkeit der Forderung zur Erbschaft kennt, so würde die Forderung gegen ihn dem Nachlasse erhalten bleiben. Vergl. §§ 406—408 mit §§ 2041 S. 2, 2019 Abs. 2, Planck zu § 2041 Anm. 2.

Es ist hier aber zu fragen, ob nicht das seitens des Schuldners an den einzelnen Miterben Geleistete bezw. überhaupt ob das seitens eines Nachlaßschuldners an einen einzelnen Miterben Geleistete seitens des Erben für den Nachlaß erworben wird, d. h. in die Gesamtberechtigung der Miterben tritt. Endlich kann auch der Erwerb eines der Erbschaft ganz fern Stehenden in Betracht kommen. Der einzelne Miterbe, der eine dem Nachlaß, d. h. den sämtlichen Miterben geschuldete Leistung annimmt, ist „Erbschaftsbesitzer", da er etwas aus der Erbschaft (d. h. Mittel der Erbschaft) auf Grund eines ihm in Wirklichkeit nicht zustehenden Erbrechts erlangt hat (§ 2018). Er geriert sich als Alleinerbe. Dasselbe trifft auf einen ganz Fremden zu. Bezgl. des vom Erbschaftsbesitzer durch Rechtsgeschäft mit Mitteln der Erbschaft gemachten Erwerbs gilt, daß er in die Gesamtberechtigung der Miterben tritt. Während also nach § 2041 der von Miterben gemeinschaftlich gemachte rechtsgeschäftliche Neuerwerb schon dann zum Nachlaß gehört, wenn die Willensrichtung dahin ging, für den Nachlaß zu erwerben, ist der vom Erbschaftsbesitzer evtl. also vom einzelnen Miterben gemachte rechtsgeschäftliche Neuerwerb erst dann für den Nachlaß gemacht, wenn er „mit Mitteln der Erbschaft" gemacht ist. Hier ist es ohne Einfluß, daß der Erwerb in Beziehung auf die Erbschaft gemacht ist. Beispiel: Von den drei Erben des X: A, B, C kauft der A mit Mitteln des Nachlasses ein Pferd. Es wird Bestandteil der Erbschaft, gleichviel, ob es für diese oder für die persönlichen Zwecke des Miterben gekauft ist. Kauft der Miterbe es aber mit Privatmitteln, so wird es nicht Bestandteil der Erbschaft, auch wenn er es für diese kaufen wollte. Der Erwerb vollzieht sich nicht in der Person des Miterben, sondern sofort für den Nachlaß. Jedoch ist erforderlich, daß die Miterben ihn für den Nachlaß in Anspruch nehmen, d. h. die Surrogation geltend machen; erst in diesem Falle ist der Erwerb Nachlaß, dies jedoch mit Rückwirkung, andernfalls vollzieht er sich für den Nachlaß überhaupt nicht. Planck § 2019, Anm. 2. — Kreß Seite 15 und 16 behandelt den Fall, daß ein Nachlaßschuldner seine zum Nachlaß geschuldete Forderung zu Händen eines Miterben berichtigt. Die Valuta wird dem Nachlasse erst dann einverleibt, wenn die übrigen Miterben die Erfüllung an ihren Genossen genehmigen; so lange dies nicht geschieht, bleibt die betr. Forderung dem Nachlaß erhalten, ist der Vollzug der Surrogation gehindert (siehe auch Planck § 2019 Anm. 3 Abs. 2). Erst mit der oben erwähnten Inanspruchnahme für den Nachlaß bezw. mit der oben erwähnten Genehmigung kann man sagen, daß der Erwerb mit Mitteln des Nachlasses gemacht ist; erst jetzt ist das als Kaufpreis für das Pferd Verwendete dem Nachlaß endgültig entzogen bezw. die Forderung, die der Nachlaß gegenüber ihrem Schuldner hatte, untergegangen. Der solchergestalt gemachte Neuerwerb unterliegt auf Grund eines gegen die sämtlichen Erben gerichteten Schuldtitels (§ 747 ZPO.) der Zwangsvollstreckung in den Nachlaß, auch wenn er sich noch im Besitze des Erbschaftsbesitzers befinden sollte (§ 809 ZPO.). Es sei noch auf Planck § 2019 Anm. 3 Abs. 1 verwiesen, wonach „Mittel der Erbschaft" sind: „alles, was als rechtsgeschäftlich erworbene Gegenleistung für die Veräußerung eines Erbschaftsgegenstandes aufgefaßt werden kann, daher nicht nur die Kaufpreise für verkaufte Erbschaftsgegenstände und die mit Erbschaftsgeld angeschafften oder für Erbschaftsgegenstände eingetauschten Sachen und Rechte, sondern nicht minder auch die durch Einziehung von Erbschaftsforderungen erhaltenen Leistungen, die wegen solcher Forderungen auf Grund eines gerichtlichen oder außergerichtlichen Vergleichs erhaltenen Abfindungen und andererseits die durch Ausleihung von Erbschaftskapital erworbenen Forderungen".

Wegen einer vom Erbschaftsbesitzer mit Mitteln der Erbschaft dem Nachlaß erworbenen Forderung ist der Schuldner durch § 2019 Abs. 2 geschützt, wenn er in Unkenntnis der Zugehörigkeit der Forderung zum Nachlasse an den Erbschaftsbesitzer leistet oder mit ihm aufrechnet. Über den Umfang der Surrogation siehe Planck zu § 2041 Anm. 3 Abs. 4.

e. Verwaltung.

Über das interne Verhältnis der Miterben siehe § 2038.

Die Verwaltung steht den Erben gemeinschaftlich zu. Sie haben ein Recht, die Erbschaft zu verwalten. Nur unter besonderen Umständen kann ihnen die Verwaltung gegen ihren Willen genommen werden, nämlich unter den Voraussetzungen des § 1981 Abs. 2 BGB. (Gläubigerantrag auf Anordnung einer Nachlaßverwaltung bei einem zur Berichtigung der Nachlaßverbindlichkeiten ausreichenden Nachlasse) und des § 215 KO. (bei Überschuldung des Nachlasses). Im Falle der Überschuldung ist auch ein einzelner Miterbe imstande, den Nachlaß der gemeinschaftlichen Verwaltung der Erben zu entziehen (§ 217 KO.), nicht jedoch ohne daß die übrigen Erben, wenn tunlich, vorher gehört werden. Die Erben haben ihrerseits das Recht, die Verwaltung des Nachlasses abzugeben; bei einem zur Berichtigung aller Nachlaßverbindlichkeiten ausreichenden Nachlasse kann es nur auf einen gemeinschaftlichen Antrag aller beschränkbar haftenden Miterben (§ 2062), bei vorliegender Überschuldung kann es, wie erwähnt, auch durch einen einzelnen Miterben geschehen. In den beiden erwähnten Fällen der Abgabe der Verwaltung wird die letztere durch den Nachlaßverwalter bezw. den Nachlaßkonkursverwalter geführt. Die Verwaltung des Nachlasses als ganzen oder einzelner Gegenstände des Nachlasses bezw. eines Anteils kann den Erben dann entzogen sein, wenn der Erblasser einen Testamentsvollstrecker bestellt hat. Der Testamentsvollstrecker verwaltet nur in den vom Erblasser gezogenen Grenzen. Unter Umständen kann die Verwaltung demnach einigen Miterben in Gemeinschaft mit einem Testamentsvollstrecker zustehen. Sollte ein Erbteil noch unter Nachlaßpflegschaft stehen, so wird der Nachlaß vom Pfleger in Gemeinschaft mit den Erben verwaltet.

Der einzelne Miterbe hat ein Recht, an der Verwaltung des Nachlasses mitzuwirken. Er verliert es nicht dadurch, daß er seinen Erbteil verpfändet oder einen Nießbrauch daran bestellt, nur ist zur Verfügung über den Nachlaß bezw. über einzelne Nachlaßgegenstände die Zustimmung des Pfandgläubigers bezw. Nießbrauchers erforderlich (§§ 1276, 1071). Dagegen erlischt das Recht der Mitverwaltung für denjenigen Miterben, der seinen Erbteil veräußert, obwohl im übrigen die Erbenqualität des Veräußerers nicht untergeht und auch seine Verpflichtung in Ansehung der Schuldentilgung bestehen bleibt (§ 2382). — Gewisse Maßnahmen der Verwaltung, die allerdings keinen Eingriff in Nachlaßwerte bedeuten, kann nach besonderer gesetzlicher Bestimmung auch ein einzelner

Miterbe selbständig ergreifen, so das Aufgebot (§ 997 ZPO.) und die Aufforderung (§ 2061); in beiden Fällen wirkt die Maßnahme jedoch auch für die übrigen Miterben. Auch nach der Veräußerung eines Erbteils geht dieses selbständige Recht für den Veräußerer nicht verloren, weil es sich um Maßnahmen handelt, welche Einfluß auf die (auch für den Veräußerer fortdauernde) Schuldenhaftung haben. — Das Verwaltungsrecht der Miterben unterliegt Beschränkungen, wenn eine Nacherbfolge angeordnet ist (§§ 2112 ff., 2130).

Da der Nachlaß zur Befriedigung der Nachlaßgläubiger verwendet werden muß, haben die Miterben die Pflicht, den Nachlaß ordnungsmäßig zu verwalten. Sie gelten als Beauftragte der Nachlaßgläubiger (§ 1978), sind also auf Erfordern verpflichtet, den Offenbarungseid zu leisten (§§ 666, 259 BGB.). Sie sind für die Ordnungsmäßigkeit ihrer Verwaltung den Gläubigern verantwortlich und zwar nicht bloß (wie ein Alleinerbe) dann, wenn ein Beschränkungsverfahren angewendet wird, sondern auch abgesehen von einem solchen, also unter allen Umständen, weil nämlich beim Vorhandensein mehrerer Erben der ungeteilte Nachlaß ohnehin eine Sondermasse bildet und die Beschränkung auf ihn hier schon durch den Hinweis (die Einrede) der Ungeteiltheit des Nachlasses, nicht also bloß durch die Anordnung der Nachlaßverwaltung usw. durchgeführt werden kann. Aus dieser Situation ergibt sich, daß bei Miterben der auf §§ 1978 ff. beruhende Ersatzanspruch nicht bloß vom Verwalter des betreffenden Sonderverfahrens, sondern auch vom einzelnen Nachlaßgläubiger im eigenen Interesse geltend gemacht werden kann, dies freilich nur dann, wenn ein besonderes Beschränkungsverfahren nicht schwebt. Voraussetzung für die Durchführung des betreffenden Ersatz- bezw. Schadensersatzanspruchs ist stets, daß der vorhandene Nachlaß zur Befriedigung der Gläubiger bezw. des einzelnen Gläubigers nicht ausreicht. Der Ersatz kann immer nur gegen den bezw. die Miterben gerichtet werden, denen die Mißwirtschaft zur Last fällt. Die Ersatzpflicht lastet auf dem Privatvermögen der Erben, die also insoweit keinen Ersatz aus dem Nachlaß fordern dürfen. Es wird überwiegend angenommen, daß mehrere nach §§ 1978 ff. verantwortliche Miterben dann, wenn ein gemeinsam begangener Verstoß vorliegt (z. B. die in bewußtem Widerspruch zu § 2046 S. 1 erfolgende Aufteilung des Nachlasses), gesamtschuldnerisch haften. Kreß 135 ist anderer Meinung. — Während den unbeschränkbar haftenden Alleinerben eine Verantwortlichkeit für seine Verwaltung des Nachlasses nicht trifft (§§ 1978 ff. mit § 2013), weil nämlich er ohnehin auch mit eigenem Vermögen für alle Nachlaßverbindlichkeiten haftet, ist die Verwaltungspflicht und die Verantwortlichkeit eines unbeschränkbar haftenden Miterben nicht so völlig beseitigt, weil ein solcher Miterbe nicht völlig mit seinem Privatvermögen für die Nachlaßverbindlichkeiten haftbar ist. Nach § 2059 Abs. 1 S. 2 vermag er nämlich durch die Einrede des ungeteilten Nachlasses sein Eigenvermögen in einem gewissen Umfange vom Zugriff des Nachlaßgläubigers zu befreien. Danach zessiert seine Verantwortlichkeit nur in demselben Maße, wie er absolut unbeschränkbar haftet (was durchaus dem § 2013 entspricht), während er andererseits insoweit für seine Verwaltung verantwortlich ist, als er die Haftung auf den Nachlaß beschränken kann. Beträgt die Forderung des Nachlaßgläubigers A 1000 *M*, die Erbquote des unbeschränkbar haftenden Miterben X $^1/_4$, so kann A von X aus eigenem Vermögen nur Zahlung von 250 *M* fordern und insoweit für den Fall, daß der Nachlaß nicht zu seiner Befriedigung ausreicht, keinen Ersatz, sondern eben Zahlung aus dem ursprünglichen Schuldgrunde aus dem Privatvermögen des X verlangen; wegen der restierenden 750 *M*, die lediglich der Nachlaß zu leisten hat, darf A gegen X, sofern dieser Mißwirtschaft getrieben hat, evtl. vollen Ersatz bezw. Schadensersatz geltend machen, wenn der Nachlaß versagt. Siehe hierzu Strohal II 357 VIII und Kreß 136.

Die Ansprüche der Nachlaßgläubiger auf Ersatz bezw. Schadensersatz nach §§ 1978 bis 1980 werden, wie schon erwähnt, evtl. vom Verwalter des Nachlaßkonkurses bezw. der Nachlaßverwaltung erhoben. Diese Erhebung ist nur dann bezw. insoweit gerechtfertigt, wenn bezw. als der die Masse des Sonderverfahrens bildende Nachlaß nicht zur Befriedigung der Nachlaßgläubiger ausreicht. Der Verwalter wird, ehe er die Klage erhebt, meist genötigt sein, von den Erben Auskunft über den Stand der Geschäfte zu verlangen, da er dessen für die Fortführung der Verwaltung bedarf. Die Erben sind voraussetzungslos zur Erteilung der Auskunft verpflichtet (§ 666 BGB.). Dagegen dürfte die Pflicht der Erben, Rechenschaft abzulegen, von der Tatsache abhängig sein, daß der Nachlaß zur Berichtigung der Nachlaßverbindlichkeiten nicht ausreicht, weil andernfalls eine Ersatzpflicht überhaupt nicht besteht. Das Verhältnis der Erben zu den Nachlaßgläubigern ist nicht ein reines Auftragsverhältnis; die Gläubiger sind nicht, wie ein Auftraggeber, grundsätzlich Herren der erbschaftlichen Geschäfte, ihr Interesse ist begrenzt durch die Höhe ihrer Forderung, die ihrerseits mit dem Auftragsverhältnis nichts zu tun hat; nur die Verantwortlichkeit ist nach den Grundsätzen des Mandats geordnet. Ob der Verwalter zur Feststellung der Zulänglichkeit des Nachlasses des Aufgebots bedürfen wird, kann nur von Fall zu Fall entschieden werden; jedenfalls wird selbst die Tatsache, daß es erst noch eines Aufgebots, das immerhin eine nicht unbeträchtliche Zeit in Anspruch nimmt, bedarf, nicht ohne weiteres rechtfertigen, daß die Erben zur Rechenschaftsablegung angehalten werden. Es wird immer darauf ankommen, ob nicht Zulänglichkeit des Nachlasses anzunehmen ist. — Der Anspruch auf Auskunftserteilung und Rechenschaftsablegung ist einklagbar. Unter Umständen wird es auch der Klage auf Ableistung des Offenbarungseides gemäß § 259 Abs. 2 BGB. bedürfen. Mit jeder dieser Klagen läßt sich die Klage auf Leistung des Ersatzes nach Maßgabe des § 254 ZPO. verbinden.

Wesentlich anders gestaltet sich die Verfolgung der Ersatzansprüche durch die Nachlaßgläubiger selbst in den Fällen, wo ein Sonderverfahren der Verwaltung nicht schwebt. Daß zunächst auch hier sowohl diese Ansprüche, wie auch diejenigen auf Auskunftserteilung, Rechenschaftsablegung und Leistung des Offenbarungseides selbständig erhoben bezw. durch Klage durchgeführt werden können, kann einem Bedenken nicht unterliegen. Zweifelhaft ist nur, unter welchen Voraussetzungen diese Klagen gerechtfertigt sind. Die Situation ist für den einzelnen Nachlaßgläubiger ganz anders, wie für den Verwalter eines Sonderverfahrens, da dieser letztere im Gegensatz zum einzelnen Gläubiger imstande ist, sich eine völlig ausreichende Übersicht über die Zulänglichkeit des Nachlasses zu verschaffen. Der einzelne Gläubiger kann nur die Inventarerrichtung erzwingen (§ 1994) und dadurch die Aktiva des Nachlasses erfahren, während ihm das Mittel des Aufgebots, durch das allein in zuverlässiger Weise auch die Nachlaßschulden zu erfahren sind, verschlossen ist. Er kann die Zulänglichkeit des Nachlasses lediglich durch Vollstreckungen in den Nachlaß bezw. durch die gegenüber der Vollstreckung in den Nachlaß seitens der Erben beliebten Maßregeln erfahren. Die Vollstreckungen der Nachlaßgläubiger in Eigenvermögen der Erben reichen hier nicht aus, selbst wenn die Erben sie (gemäß § 2059) zurückweisen, denn damit ist noch keineswegs erkennbar gemacht, daß der Nachlaß für den gerade vorgehenden Nachlaßgläubiger nicht ausreichen werde. Meist wird die Situation die sein, daß der zunächst vorgehende einzelne Gläubiger durch Vollstreckung in den Nachlaß volle Befriedigung erlangen wird, und daß den Ausfall erst die säumigen Gläubiger erleiden. Für denjenigen Gläubiger nun, der offensichtlich aus dem Nachlaß befriedigt werden wird, liegt keinerlei Veranlassung vor, von den Erben Auskunft und Rechenschaftsablegung zu fordern; das kann ruhig dem Verwalter z. B. des Nachlaßkonkurses vorbehalten bleiben, wenn es eben zum Konkurse kommen sollte. Stets wird die Erhebung derartiger Ansprüche erst dann gerechtfertigt sein, wenn die Erben gegen die Vollstreckung in den Nachlaß Front machen, was freilich stets die Unzulänglichkeit im Sinne des § 1990 voraussetzt, da eine Situation, die den Nachlaßkonkurs auch mit Rücksicht auf die Kostendeckung zuläßt, eben den Konkurs erfordert, wenn anders dem Vorgehen der Nachlaßgläubiger in den Nachlaß eine Schranke gesetzt werden soll. Die Erhebung der erwähnten Ansprüche durch einen Gläubiger wird sich danach auf den Fall beschränken, daß ein Gläubiger offensichtlich aus Mitteln des Nachlasses keine Befriedigung erzielen wird und die Erben kein Sonderverfahren der Haftungsbeschränkung beantragen. Der Gläubiger seinerseits hat es in keinem Falle nötig, ein Sonderverfahren zu beantragen, er kann evtl. Ersatz aus dem eigenen Vermögen der Erben fordern. Eccius bei Gruchot Bd. 43 S. 615 ff. ist der Meinung, daß der Nachlaßgläubiger die Klage auf Ersatz bezw. Rechenschaftslegung gegenüber der Widerspruchsklage des durch Vollstreckung in sein Eigenvermögen beunruhigten Miterben erheben kann. Kreß 138 ist der Meinung, daß der Gläubiger seinen ursprünglichen auf Zahlung gerichteten Antrag durch den Antrag auf Rechnungsablegung und Leistung des Offenbarungseides erweitern wird, sobald die Erben den Vorbehalt (§ 780 ZPO.) erbitten und dadurch zu erkennen geben, daß die Haftung auf den Nachlaß beschränkt werden wird. Auch hier kommt, wie bei Eccius, die Ansicht zum Ausdrucke, daß schon die Beschränkung der Haftung auf den Nachlaß den Gläubiger zur Geltendmachung des Anspruchs auf Rechenschaftsablegung berechtigt. Diese Ansichten erscheinen nach obiger Darlegung nicht annehmbar, weil der Widerspruch gegen die Vollstreckung in Eigenvermögen noch keinen Schluß auf die Frage zuläßt, ob nicht der Gläubiger durch Vollstreckung in den Nachlaß Befriedigung erlangen wird. Die Vollstreckung in Eigenvermögen entspricht, obwohl sie an sich zulässig ist, so wenig dem Prinzip des Gesetzes, nach welchem vielmehr allein der Nachlaß haften soll, daß ihr für die Befriedigungsaussichten des Gläubigers keinerlei Bedeutung beigelegt werden kann. Nach diesseitiger Auffassung kann der einzelne Gläubiger vielmehr nur unter den oben dargelegten Voraussetzungen Auskunft usw. über die Verwaltung des Nachlasses von jedem Miterben fordern. Es kann leicht vorkommen, daß dies schon im Hauptprozesse durch Erweiterung des Klageantrages möglich ist, wenn nämlich schon in diesem Stadium erkennbar ist, daß bei Beschränkung der Haftung auf den Nachlaß ein Ausfall eintreten wird. Ist dies nicht offensichtlich, so wird der Erweiterung in der Richtung nach Rechenschaftsablegung das Hindernis entgegenstehen, daß die Unzulänglichkeit des Nachlasses gerade mit Bezug auf die vorliegende Verbindlichkeit nicht feststeht. Im übrigen kann der Gläubiger auch hier mit der Klage auf Rechenschaftslegung oder auf Leistung des Offenbarungseides die Klage auf die Ersatzleistung verbinden. Wird schließlich eine Verpflichtung der Erben im letzteren Sinne in bestimmter Höhe festgestellt, so muß insoweit Verurteilung erfolgen und der Antrag der Erben auf Bewilligung des Vorbehalts (§ 780 ZPO.) insoweit zurückgewiesen werden, da in dieser Höhe die Miterben bezw. ein bestimmter Miterbe persönlich haften. Der Tenor muß z. B. lauten: „A, B, C werden als Gesamtschuldner verurteilt, an X 1000 ℳ zu zahlen usw. Dem A und B wird die Beschränkung der Haftung vorbehalten, dem C — der sich in Höhe von 600 ℳ ersatzpflichtig gemacht hat — wird die Beschränkung der Haftung nur wegen 400 ℳ vorbehalten, im übrigen wird sein Antrag zurückgewiesen." Sollte die Rechnungslegung bezw. Feststellung des Ersatzes erst auf die Widerspruchsklage des einzelnen Miterben gegen die in sein Eigenvermögen vorgenommene Zwangsvollstreckung des Nachlaßgläubigers erfolgen, so müßte die Abweisung der Widerspruchsklage insoweit erfolgen, als der Miterbe mit eigenem Vermögen haftet. Der Tenor müßte lauten: „Es wird festgestellt, daß die Zwangsvollstreckung des Z in das Eigenvermögen des Klägers wegen eines Betrages von (z. B.) 500 ℳ unzulässig ist, im übrigen — nämlich soweit Kläger sich ersatzpflichtig gemacht hat — wird Kläger mit seiner Klage abgewiesen".

Eine besondere Beachtung ist der Verwaltung des Nachlasses insoweit zu widmen, als es sich um die Berichtigung der Nachlaßverbindlichkeiten handelt. Die Erben haben im allgemeinen das Recht, die Nachlaßverbindlichkeiten zu berichtigen in dem Sinne, daß der Befriedigte das aus Mitteln des Nachlasses Geleistete behalten kann. Die Regeln von der Anfechtung gelten auch hier durchweg. Hinsichtlich der Pflichtteilsberechtigten, Legatare und Auflagenempfänger kommen noch die Bestimmungen der §§ 222 KO. und 3 a Anfecht.Ges. in Betracht, wonach ihnen das aus Mitteln des Nachlasses Geleistete durch Anfechtung wieder abgefordert werden kann ohne andere Voraussetzung, als die, daß beim Vorgehen gegen die Erben bezw. den Nachlaß volle Befriedigung nicht erlangt werden kann. Auch sonst ist das Recht der Erben, eine Nachlaßverbindlichkeit zu erfüllen, nicht absolut frei, da sie sich bei Regelwidrigkeiten unter Umständen ersatz- bezw. schadensersatzpflichtig machen. Es besteht im allgemeinen der Grundsatz, daß sie keinen Nachlaßgläubiger befriedigen dürfen, wenn dadurch die übrigen einen Ausfall erleiden würden. Hier ist vielmehr der Nachlaßkonkurs am Platze. Nur in gewissen Fällen sind sie von dieser Rücksichtnahme befreit, nämlich zum Nachteile der im Aufgebot bezw. durch Zeitablauf ausgeschlossenen Nachlaßgläubiger, ferner der Legatare und Auflagenempfänger (§ 1980 Abs. 1 S. 2, § 1992).

Die vornehmlichste Aufgabe der Verwaltung wird stets die Feststellung des Vermögensstandes des Nachlasses sein, da erst dadurch eine geordnete Befriedigung der Nachlaßgläubiger ermöglicht wird. Ist die Zulänglichkeit des Nachlasses gewiß, so können die Erben von jeder Maßnahme, die jenen erst feststellen soll, absehen, doch sind sie, gleichviel, ob die Zulänglichkeit völlig außer Zweifel ist oder nicht, in jedem Falle berechtigt, ein Inventar zu errichten (§§ 1993 ff.), ein Aufgebot zu beantragen (§ 1970), eine Aufforderung zu veröffentlichen (§ 2061), d. h. Mittel anzuwenden, durch welche sie die Nachlaßaktiva und -Passiva feststellen können. Haben sie auf diese Weise die Zulänglichkeit des Nachlasses festgestellt bezw. unterlassen sie diese Feststellung, weil nichts für eine Unzulänglichkeit des Nachlasses, für das Vorhandensein unbekannter Nachlaßverbindlichkeiten spricht, so sind die Erben hinsichtlich der Zulänglichkeit des Nachlasses gutgläubig. Wenn sie in diesem Glauben die ihnen bekannten Nachlaßverbindlichkeiten voll berichtigen, so ist ihnen dies gegenüber später auftauchenden Nachlaßgläubigern, die etwa einen Ausfall erleiden, unschädlich.

Sind die Erben über die Zulänglichkeit des Nachlasses im Zweifel, so zessiert ihr Recht, die Nachlaßverbindlichkeiten zu erfüllen so lange, als bis der Zweifel beseitigt ist. Zwar kann trotzdem Überschuldung vorliegen, aber ihre zur Behebung der Zweifel ergriffenen Maßnahmen würden die Berichtigung der Nachlaßverbindlichkeiten gerechtfertigt erscheinen lassen. Berichtigen sie die Verbindlichkeiten aber, bevor sie den Zweifel beseitigt haben, so können sie, wenn später Überschuldung offenbar wird, der Ersatzpflicht aus §§ 1978 ff. unterliegen und verlieren außerdem das Recht, die aus eigenen Mitteln zur Berichtigung gemachten Verwendungen voll erstattet zu fordern; im Konkurse sind sie nur Konkursgläubiger.

Haben die Erben die Überschuldung festgestellt, bezw. ist sie offenbar, so ist es selbstverständlich, daß die Erben nicht jeden zunächst andrängenden Gläubiger voll befriedigen können, da alsdann die später fordernden mehr oder weniger leer ausgehen würden. Ebensowenig sind sie berechtigt, eine konkursmäßige Befriedigung eintreten zu lassen, wenn es nicht wirklich zum Nachlaßkonkurse kommt. Vielmehr dürfen sie, wenn nur die Masse zur Deckung der Kosten eines Nachlaßkonkurses ausreicht oder wenigstens ein ausreichender Vorschuß zur Kostendeckung eingezahlt wird, den Nachlaßkonkurs beantragen. Dieses R e ch t steht den Erben gemeinschaftlich wie auch jedem einzelnen Miterben zu. Es ist auch dann gegeben, wenn die Überschuldung lediglich auf den Verbindlichkeiten gegenüber Legataren, Auflagenempfängern, oder den im Aufgebote bezw. durch Zeitablauf ausgeschlossenen Gläubigern beruht. Ist dagegen die überschuldete Masse so gering, daß die Kosten des Nachlaßkonkursverfahrens daraus nicht gedeckt werden könnten, und wird auch kein Vorschuß geleistet, so scheitert das an sich bestehende Antragsrecht an dieser Tatsache. In diesem Falle aber haben die Erben das Recht, den Nachlaß trotz der offensichtlich für einige Gläubiger zu erwartenden Ausfälle nach Maßgabe der Geltendmachung der Forderungen zu verwenden, sind sie also keineswegs verpflichtet bezw. auch nur berechtigt, allgemein die Gläubiger anteilig zu befriedigen. Lediglich das eine haben sie zu beachten, daß die Pflichtteilsberechtigten, Legatare und Auflagenempfänger erst hinter allen anderen Nachlaßgläubigern und auch sonst nach konkursrechtlichen Grundsätzen zu befriedigen sind (§ 1991 Abs. 4).

Die Erben haben das Recht, bei ausreichendem Nachlasse einen Nachlaßverwalter zur Verwaltung des Nachlasses bestellen zu lassen. Es bedarf hierzu eines gemeinschaftlichen Antrages aller beschränkbar haftenden Erben. Einer Rechtfertigung gegenüber den Gläubigern unterliegt dieser Antrag nicht. Das gleiche gilt hinsichtlich der Inventarerrichtung, des Aufgebotsantrages und der öffentlichen Aufforderung; bezüglich der letzteren schon darum, weil die Kosten derselben vom Aufforderer selbst zu tragen sind.

Die Erben haben die Pflicht, den Nachlaß zunächst für die Berichtigung der Nachlaßverbindlichkeiten zu verwenden, sei es daß sie die Regulierung in eigener Hand behalten oder durch den ad hoc bestellten Nachlaß- bezw. Nachlaßkonkursverwalter bewerkstelligen lassen. Sie haben die Pflicht, den Vermögensstand des Nachlasses festzustellen, weil dies die Grundlage für die Tilgung der Nachlaßverbindlichkeiten nach der gesetzlich festgelegten Ordnung in jedem Falle ist. Diese Pflicht erfüllen sie mit der Inventarerrichtung und dem Aufgebot. Des letzteren bedarf es nur in einem bestimmten Falle (conf. § 1980 Abs. 2, wo auch eine Ausnahme statuiert ist). Steht die Überschuldung fest bezw. wird sie in der erwähnten Weise festgestellt, so haben die Erben die Pflicht, den Nachlaßkonkurs zu beantragen, es müßte denn die Masse so gering sein, daß die Kosten des Verfahrens nicht gedeckt werden könnten. Eine Pflicht zur Beantragung der Nachlaßverwaltung besteht nicht. — Die Erben sind verpflichtet, die Nachlaßverbindlichkeiten freiwillig zu berichtigen, wenn der Nachlaß offensichtlich für alle Verbindlichkeiten ausreicht und die Schuld unstreitig ist. Die Prozeßkosten, die etwa auf dem Nachlaß haften bleiben, würden evtl. anderenfalls von den Erben zum Nachlaß zu erstatten sein. Nur hinsichtlich der (im Aufgebot oder durch Zeitablauf) ausgeschlossenen und der im Nachlaßkonkurse nicht berücksichtigten Nachlaßgläubiger (§§ 1973, 1974, 1989), ferner bei einem im Sinne des § 1990 unzulänglichen Nachlasse sind die Erben verpflichtet, auch unstreitige Forderungen nicht ohne Prozeß zu erfüllen, da hier die Befriedigung im Wege der Zwangsvollstreckung, also auf Grund Urteils erfolgen soll. Die hierdurch etwa für die Masse entstehenden Kosten sind demzufolge den Erben, die sie aus eigenen Mitteln nach außen allerdings verauslagen müssen, zu erstatten bezw. die Erben dürfen sich wegen dieser Aufwendungen vorweg befriedigen. — Die Erben dürfen eine streitige Forderung nicht berichtigen, müssen sie vielmehr erst durch Urteil feststellen lassen; da auch dies im Interesse der Masse geschieht bezw. im Rahmen einer ordnungsmäßigen Verwaltung sogar geschehen muß, gilt bezüglich der Kostenfrage das eben Gesagte auch hier. — So lange der Vermögensstand des Nachlasses zweifelhaft ist, sind die Erben verpflichtet (berechtigt sind sie auch bei als ausreichend erkanntem Nachlaß), die ihnen etwa zustehenden Hemmungsbefugnisse geltend zu machen. Dies wird meist möglich sein, sei es daß die im § 2014 erwähnte Frist von drei Monaten seit der Annahme der Erbschaft noch laufen wird, sei es, daß die auf § 2015 beruhende Hemmungsbefugnis durch ein erst zu beantragendes Aufgebot verschafft werden kann. Mit Hilfe dieser Befugnis machen die Erben es möglich, die im Wege der Zwangsvollstreckung seitens eines Nachlaßgläubigers beabsichtigte Verwertung der gepfändeten Nachlaßgegenstände so lange aufzuhalten, bis — sei es durch Inventarerrichtung, sei es durch Ausschlußurteil im Aufgebot — der Schuldenbestand festgestellt und damit der für die ordnungsmäßige Befriedigung der Nachlaßgläubiger einzuschlagende Weg gegeben ist.

Die Erben sind verpflichtet zu verhüten, daß die eigenen Gläubiger eines Miterben Nachlaßgegenstände zu ihrer Befriedigung in Anspruch nehmen; sie müssen gegen eine solche Vollstreckung (gemäß §§ 766 oder 771 ZPO.) ankämpfen.

So lange der Vermögensstand des Nachlasses nicht feststeht, sind die Erben selbst nicht auf Grund eines Urteils, an dessen Erlangung sie den Gläubiger ja nicht hindern können, berechtigt, Zahlung zu leisten, vielmehr sind sie verpflichtet, sich verklagen und in den Nachlaß vollstrecken zu lassen, weil sie einesteils schon dadurch wie andererseits durch die auf den §§ 2014, 2015 zu stützende, aus der Zwangsvollstreckung heraus sich ergebende Widerspruchsklage (§§ 785, 767 ZPO.) Zeit gewinnen, den Vermögensstand des Nachlasses festzustellen.

Was den bei Berichtigung der Nachlaßverbindlichkeiten zu wahrenden Rang anlangt, so sind die Erben bei offensichtlicher Zulänglichkeit des Nachlasses berechtigt, jeden Gläubiger ohne Rücksicht auf seine Qualifikation in der Reihe wie er sich meldet oder auch unter Außerachtlassung jeden Systems zu befriedigen. Selbst wenn sich eine — nicht vermutete und durch keine Umstände sich als möglich ankündigende — Überschuldung später als vorliegend herausstellen sollte, kann ein Ersatzanspruch aus dieser regellosen Befriedigung nicht hergeleitet werden. Stehen den Erben auch (im Aufgebot oder durch Zeitablauf) ausgeschlossene, also minderberechtigte Gläubiger gegenüber, so sind sie verpflichtet, diesen die vollberechtigten Nachlaßgläubiger vorzuziehen; erweist es sich, daß für diese ausgeschlossenen Gläubiger überhaupt nichts übrig bleiben wird, so dürfen sie dieselben nicht befriedigen. Konkurrieren mit den Ausgeschlossenen auch Pflichtteilsberechtigte, Legatare und Auflagenempfänger, so sind die ersteren vor den letzteren zu befriedigen, es müßte denn sein, daß die Ausgeschlossenen ihre Forderung erst nach der Befriedigung der Pflichtteilsberechtigten usw. geltend machen. Ist der Nachlaß so unzulänglich, daß ein Beschränkungsverfahren im Sinne des § 1990 untunlich ist, so sind die Erben verpflichtet, die Gläubiger in derjenigen Reihenfolge zu befriedigen, in der sie ihre Ansprüche geltend machen; es entscheidet also Prävention. Die Verbindlichkeiten aus Pflichtteilen, Legaten und Auflagen sind in diesem Falle aber stets nach konkursrechtlichen Grundsätzen, also hinter allen anderen Verbindlichkeiten zu befriedigen (§§ 1991 Abs. 4 BGB., 226 Abs. III und Nr. 4, 5 KO.). — Ist der Nachlaß lediglich mit Rücksicht auf bestehende Legat- und Auflagenschulden überschuldet, so sind die Erben berechtigt, die Berichtigung nach Maßgabe des § 1992 vorzunehmen bezw. den nach Befriedigung aller übrigen Verbindlichkeiten etwa verbleibenden Rest selbst dann ohne Nachlaßkonkurs — aber nur auf Grund Urteils — herauszugeben bezw. in bar abzulösen, wenn an sich der Konkurs auch mit Rücksicht auf die Kostenfrage möglich wäre.

Die Erben sind verpflichtet, sich gegen die Zwangsvollstreckung der Nachlaßgläubiger, soweit sie den Nachlaß ergreift, unter Umständen im Interesse der besser berechtigten Gläubiger zu wehren. Dies geschieht durch Widerspruchsklage (§ 767 ZPO.), mit welcher zu beantragen ist, daß die Zwangsvollstreckung insoweit für unzulässig erklärt werde, als der Erlös zur Befriedigung des besser berechtigten und zur Deckung der durch das Vorgehen der Erben notwendig entstandenen Kosten verwendet werden muß (Kreß 133).

Über das Recht und die Pflicht der Miterben, einen anderen Miterben, der zugleich Nachlaßgläubiger ist, aus Mitteln des Nachlasses zu befriedigen, sowie über das Recht des Miterben-Gläubigers, diese Befriedigung zu fordern bezw. entgegenzunehmen, ist folgendes zu bemerken: Der Miterbe, der zugleich Nachlaßgläubiger ist, hat wegen seiner Forderung kein durch die Miterbenstellung begründetes Vorzugsrecht gegenüber anderen gegen den Nachlaß gerichteten Forderungen. Die übrigen Miterben dürfen ihn daher nur nach denselben Grundsätzen, wie jeden dritten Nachlaßgläubiger befriedigen, wenn anders sie sich nicht den übrigen Nachlaßgläubigern evtl. ersatzpflichtig machen wollen. Andererseits haben sie die Verwaltung aber auch ihm als einem Nachlaßgläubiger gegenüber zu verantworten und haften ihm insoweit evtl. mit eigenem Vermögen. Der forderungsberechtigte Miterbe selbst wird durch die Tatsache, daß er zugleich eine Forderung gegen den Nachlaß hat, im Verhältnisse zu den übrigen Nachlaßgläubigern seiner eigenen für ihn als Miterben-Schuldner bestehenden Verantwortlichkeit für die Verwaltung des Nachlasses nicht ledig; in der Empfangnahme der ihm aus Mitteln des Nachlasses zum Zwecke seiner Befriedigung dargebotenen Leistung kann er sich im Einzelfalle eines seine Ersatzpflicht begründenden Verstoßes gegen die Pflicht einer ordnungsmäßigen Verwaltung schuldig machen. Die Haftung des beschränkbar haftenden Miterben ist gegenüber der gegen den Nachlaß gerichteten Forderung eines Miterben dieselbe wie gegenüber allen übrigen gegen den Nachlaß gerichteten Forderungen. Dagegen ist die Stellung der bereits allgemein oder vereinzelt unbeschränkbar haftenden Miterben in Ansehung der Haftung ihr gegenüber eine andere wie sonst: ihre Haftung ist nämlich auch hier stets auf den Nachlaß beschränkbar (§ 2063 Abs. 2). Im Verhältnisse der Miterben untereinander besteht also unter allen Umständen eine auf den Nachlaß beschränkbare Haftung, woraus aber folgt, daß auch die unbeschränkbar haftenden Miterben einem forderungsberechtigten Miterben gegenüber auf Grund der §§ 1978 ff. für Verstöße bei der Verwaltung wegen der gesamten Höhe der Forderung mit eigenem Vermögen verantwortlich sein können. (Im Verhältnisse zu allen übrigen Nachlaßgläubigern ist die Verantwortlichkeit durch § 2013 gemildert bezw. aufgehoben. Siehe oben Seite 159.) — Die Miterben sind nicht berechtigt, die Befriedigung der forderungsberechtigten Miterben aus dem Grunde zu verweigern, weil der Nachlaß noch nicht aufgeteilt sei, ebensowenig ist der betreffende Miterbe an der Geltendmachung seiner Forderung dadurch gehindert, daß sich die Erben hinsichtlich des Nachlasses noch nicht auseinandergesetzt haben. Vielmehr kommt es hier, wie stets, allein auf die Zulänglichkeit des Nachlasses an. Liegt eine solche vor, so steht der Berichtigung der betreffenden Verbindlichkeit aus ungeteiltem Nachlasse (conf. § 2046 S. 1) nichts im Wege; auch ist der forderungsberechtigte Miterbe evtl. zum gerichtlichen Vorgehen und zur Vollstreckung in den Nachlaß befugt. Hierbei ist zu beachten, daß der betreffende Miterbe, insoweit er als Gläubiger fordert, seine Eigenschaft als Schuldner verliert, weshalb von dem Erfordernis eines Schuldtitels gegen ihn selbst abgesehen werden muß (§ 747 ZPO.). Wie gegenüber jedem anderen Nachlaßgläubiger ist auch gegenüber dem Miterben-Gläubiger jeder einzelne Miterbe gesamtschuldnerisch zur Leistung verpflichtet (§ 2058); er muß sich auf seine Klage einlassen und zum Schutze des Eigenvermögens bezw. zur Regulierung der Berichtigung aus Mitteln des Nachlasses den Vorbehalt (§ 780 ZPO.) erwirken und sich die Pfändung in seinen Anteil (§ 2059) gefallen lassen.

Die erörterten Grundsätze beziehen sich auf jede Forderung eines Miterben gegen den Nachlaß, gleichviel ob sie eine vererbte oder eine erst mit dem Ableben des Erblassers entstandene (z. B. eine Legatforderung) ist. Der Miterbe-Gläubiger einer Legatforderung müßte sich, wie auch ein anderer Legatar, wenn er die Berichtigung des Legats entgegengenommen hat, evtl. die Anfechtung (§ 3 a Anfecht.Ges. und § 222 KO.) gefallen lassen und kann außerdem wie jeder der übrigen Miterben schadensersatzpflichtig sein (§ 1980). Die Miterben dürfen ihn, sofern der Nachlaß im Sinne des § 1990 unzulänglich ist, nicht ohne Urteil und auch dann nur nach konkursrechtlichen Grundsätzen (§ 1991 Abs. 4), d. h. hinter allen anderen besser Berechtigten befriedigen, da sie sich anderenfalls ersatzpflichtig machen können. Sollte der Nachlaß lediglich durch bestehende Verbindlichkeiten aus Legat und Auflage (im übrigen also nicht) überschuldet sein, so müssen die Miterben, wenn sie, was in diesem Falle zulässig ist, nicht zum Konkurse schreiten, den Miterben-Legatar nach Maßgabe des § 1992, d. h. nicht ohne Urteil und gleichfalls nur nach konkursrechtlichen Grundsätzen befriedigen.

Eine besondere Beachtung verdient die Verantwortlichkeit, welche den Miterben aus dem Ersatz der von einem Miterben zum Vorteil des Nachlasses gemachten Aufwendungen erwachsen können.

1. Besteht die von einem Miterben aus eigenem Vermögen gemachte Aufwendung in der Tilgung einer Nachlaßverbindlichkeit, so tritt der betreffende Miterbe, auch wenn er den Nachlaß als völlig unzulänglich kennt, an die Stelle des befriedigten Gläubigers mit derselben Qualifikation, welche der befriedigte Gläubiger hatte (§§ 426 Abs. 2, 412 BGB.). Nunmehr ist der betreffende Miterbe Nachlaßgläubiger. Was die Frage anlangt, ob ihn die Miterben mit Rücksicht auf die Rechte der übrigen Nachlaßgläubiger aus dem Nachlaß befriedigen dürfen und ob er die Befriedigung fordern bezw. die ihm angebotene Leistung entgegennehmen darf, ist zu bemerken:

Fall a: Der Nachlaß ist als völlig zureichend erkannt. Hier ist die Ersatzleistung an den Miterben unbedenklich, auch wenn er allgemein unbeschränkbar haften sollte.

Fall b: Der Nachlaß ist von sämtlichen Erben als unzureichend erkannt. Hier ist zu unterscheiden, ob mit Rücksicht auf die Kosten des Verfahrens der Nachlaßkonkurs eröffnet werden könnte bezw. müßte, oder ob das Verfahren mangels ausreichender Kostendeckung untunlich wäre (§ 1990):

α) Im Falle, daß der Konkurs eröffnet werden könnte, dürfen die Erben den Ersatz an ihren Gläubiger nicht leisten, auch darf dieser ihn nicht annehmen, wobei es gleichgültig ist, ob der Ersatzforderungsberechtigte zu der Zeit, wo er die Aufwendung machte, den Nachlaß entschuldbar für ausreichend gehalten hat oder nicht. Wenn im Widerspruch hiermit die Erben aus Mitteln des Nachlasses Ersatz leisten bezw. der Ersatzforderungsberechtigte den ihm dargebotenen Ersatz annimmt, machen sie sich, gleichviel ob es schließlich noch zum Nachlaßkonkurse kommt oder nicht, durchweg schadensersatzpflichtig (§ 1980). Der Schadensersatz ist in jedem Falle auf der Grundlage des Konkurses zu berechnen, und zwar in der Weise, daß festgestellt wird, welche Stellung der regreßberechtigte Miterbe im Konkurse gehabt hätte und welche Befriedigung er dabei erlangt hätte bezw. erlangen würde. Was er danach außerhalb des Konkurses zuviel bekommen hat, bildet den an die geschädigten übrigen Nachlaßgläubiger im Höchstfalle zu leistenden Ersatz. Die Stellung des regreßberechtigten Miterben ist nämlich, entsprechend dem Umfange seines Ersatzforderungsrechts, im Konkurse, verschieden je nachdem er bei seiner Leistung bezüglich der Zulänglichkeit des Nachlasses entschuldbar gut- oder schlechtgläubig war. Da er als Gutgläubiger nach § 1979 vollen Ersatz seiner Aufwendungen fordern kann, ist er im Konkurse Massegläubiger (§ 224

Nr. 1 KO.). Was er danach im Konkurse als Massegläubiger weniger wie bei der Vorbefriedigung bekommen hätte, haben die Miterben einschließlich seiner eigenen Person an die geschädigten Nachlaßgläubiger zu erstatten. Daß als geschädigte übrige Gläubiger nur gleichfalls Massegläubiger, nicht aber auch die Konkursgläubiger bezw. nur solche Gläubiger in Frage kommen können, die im Konkurse gleichfalls Massegläubiger sein würden, ergeben die folgenden Beispiele:

Der Miterbe A hat gutgläubig 1000 ℳ aus eigenem Vermögen an einen Nachlaßgläubiger bezahlt (wobei es gleichgültig ist, ob dieser ein voll- oder minderberechtigter war). Die übrigen Miterben haben dem A die 1000 ℳ aus Mitteln des Nachlasses erstattet. Es kommt zum Nachlaßkonkurse, dessen Masse 4000 ℳ beträgt, während die Konkursgläubiger insgesamt 20 000 ℳ zu fordern haben. Massegläubiger sind nicht vorhanden. Die 4000 ℳ müssen für die Konkursgläubiger verwendet werden. Würde A nicht vorwegbefriedigt worden sein, so würde der Nachlaß 5000 ℳ betragen haben und A wäre Massegläubiger gewesen. Er würde die 1000 ℳ erst jetzt bekommen haben, für die Konkursgläubiger wären wie vorher nur 4000 ℳ verblieben, sie sind also durch die Vorbefriedigung des A nicht geschädigt.

Sind außer A noch weitere Massegläubiger mit zusammen 5000 ℳ vorhanden, so sind bei Vorbefriedigung des A 4000 ℳ auf 5000 ℳ Forderungen der Massegläubiger zu verteilen, die Konkursgläubiger können nichts erhalten. Würde A nicht außerhalb des Konkurses befriedigt worden sein, so wäre die Masse von 5000 ℳ auf 6000 ℳ Forderungen der Massegläubiger zu verteilen, die Konkursgläubiger würden auch hier nichts erhalten. Diese haben also hier keinen Anspruch auf Schadensersatz. Geschädigt wären nur die Massegläubiger, deren jeder $^1/_{30}$ (statt $^5/_6$ nur $^4/_5$ seiner Forderung) weniger erhalten kann. Auch A würde im Konkurse nur $^5/_6$ statt $^6/_6$ erhalten haben; das an ihn zuviel gezahlte $^1/_6$ ist seitens der Erben allen übrigen Massegläubigern als Schaden zu erstatten. Macht außerhalb des Konkurses ein einzelner Nachlaßgläubiger den Anspruch auf Schadensersatz geltend, so ist sein Schade nur das, was er im Konkurse mehr bekommen hätte, wie er außerhalb des Konkurses aus dem Nachlasse erzielen kann.

War der A dagegen bereits z. Z. seiner Leistung bezüglich der Zulänglichkeit des Nachlasses schlechtgläubig, so kommt ihm der § 1979 nicht zu statten. Trotzdem ist für die Schadensersatzberechnung auch hier der Konkurs zugrunde zu legen, weil nämlich auch ein bei seiner Leistung schlechtgläubiger Erbe im Konkurse Ansprüche zum Zwecke eines Ersatzes seiner Aufwendung geltend machen kann (§ 225 Abs. 2 KO.). Da er also auch im Konkurse etwas erhält bezw. erhalten würde, können die übrigen Nachlaßgläubiger nicht den ganzen an ihn seitens der übrigen Erben außerhalb des Konkurses geleisteten Ersatz als Schaden fordern, sondern nur so viel, als er im Konkurse weniger bekommen hätte, wie er vorher bekommen hat. Seine Stellung im Konkurse kann, da er nach ausdrücklicher Bestimmung im § 225 Abs. 2 durch seine Leistung an die Stelle des von ihm befriedigten Nachlaßgläubigers tritt, verschieden sein, je nachdem er einen bevorrechtigten oder einen voll- bezw. minderberechtigten Konkursgläubiger befriedigt hat. Daß da, wo er an die Stelle eines Massegläubigers getreten ist, durch seine Vorbefriedigung ein Schaden nur für einen anderen Massegläubiger erwachsen konnte, ist eben dargelegt. Daß aber, wenn er an die Stelle z. B. eines Konkursgläubigers getreten ist, auch eine Schädigung der übrigen Konkursgläubiger eingetreten sein kann, ergibt folgendes Beispiel: A hat schlechtgläubig eine Nachlaßverbindlichkeit von 1000 ℳ getilgt und ist schlechtgläubig von den übrigen Miterben aus Nachlaßmitteln befriedigt worden. Es kommt zum Nachlaßkonkurse, dessen Masse nunmehr nur 4000 ℳ beträgt. Es ist ein Massegläubiger mit 1000 ℳ und es sind Konkursgläubiger mit 19 000 ℳ vorhanden. Hier müssen 1000 ℳ für den Massegläubiger und 3000 ℳ für die Konkursgläubiger verwendet werden, die also nur $^3/_{19}$ ihrer Forderung bezahlt bekommen. Würde A nicht vorbefriedigt worden sein, so wäre die Masse 5000 ℳ gewesen; davon hätten 1000 ℳ für den Massegläubiger und 4000 ℳ auf 20 000 ℳ Konkursforderungen — die dem A zustehende ist nunmehr mitgerechnet — verwendet werden können. Die Konkursgläubiger würden also 20 % statt wie vorher etwa 16 % bekommen haben, sie haben danach Anspruch auf Schadensersatz. Auch A würde im Konkurse nur etwa 16 % statt wie vorher 100 % erhalten haben; der Schaden würde also etwa 84 % der Forderung des A betragen und von den Erben einschließlich des A zu erstatten sein.

Haftet der Miterbe, welcher eine Nachlaßverbindlichkeit aus eigenen Mitteln tilgt, allgemein unbeschränkbar, so findet dennoch auch hier der Übergang auf ihn in der Richtung gegen den Nachlaß statt. Denn in erster Reihe ist es, wenigstens im Innenverhältnis der Erben, der Nachlaß, der für die Nachlaßverbindlichkeiten haftet; der unbeschränkbar haftende Erbe muß, soweit sein Verhältnis zum Nachlaß in Betracht kommt, die Inanspruchnahme seines Privatvermögens seitens eines Nachlaßgläubigers nur dann und insoweit hinnehmen, als der Nachlaß nicht zur Berichtigung ausreicht. So weit aber der Nachlaß ersatzfähig ist, ist der dem eigenen Vermögen zugefügte Nachteil aus Nachlaßmitteln auszugleichen. Der unbeschränkbar haftende Miterbe wird, da auch er (nach § 2059 Abs. 1 S. 2) die Haftung mit eigenem Vermögen auf einen Teil der Verbindlichkeit beschränken kann, freiwillig kaum je mehr leisten, als er danach zu leisten verpflichtet ist. Die Erben dürfen, sobald die Unzulänglichkeit des Nachlasses bekannt wird, natürlich auch einem solchen Miterben keinen Ersatz leisten bezw. darf er den Ersatz nicht annehmen, auch wenn ihm zur Seite steht, daß er z. B. seiner Leistung die Zulänglichkeit des Nachlasses entschuldbar nicht gekannt hat. Die im Widerspruch hiermit erfolgte Leistung bezw. Annahme des Ersatzes macht die Erben schadensersatzpflichtig (§ 1980). Auch hier ist der Schadensersatz auf der Grundlage des Ausfalls zu berechnen, welchen der ersatzforderungsberechtigte Miterbe im Nachlaßkonkurse erleiden würde. Die Stellung eines allgemein unbeschränkbar haftenden Miterben als Nachlaßgläubigers ist wesentlich anders wie die eines noch beschränkbar haftenden Miterben-Gläubigers. Soweit er nämlich unbeschränkbar haftet, hat er gegenüber einem als unzulänglich bekannten Nachlaß überhaupt keine Ersatzforderung, auch wenn er z. B. seiner Leistung gutgläubig war (§ 1979 mit § 2013). Insoweit kann er wegen seiner Aufwendung zum Konkurse keinen Ersatz geltend machen (§ 225 Abs. 2 letzter Teil). In diesem Umfange haben die Erben, die ihm außerhalb des Konkurses bösgläubig Ersatz geleistet haben, den übrigen Nachlaßgläubigern unter allen Umständen Schadensersatz zu leisten. Soweit (nach § 2059 Abs. 1 S. 2) der unbeschränkbar haftende Miterbe-Gläubiger aber die Möglichkeit der Haftungsbeschränkung hat, d. h. wegen desjenigen Teils der Forderung, für welchen er die Haftung hätte auf den Nachlaß beschränken können, hat er auch gegenüber einem unzulänglichen Nachlasse im Konkurse eine Ersatzforderung, weil er insoweit einem überhaupt beschränkbar haftenden Miterben gleichsteht. Wegen dieser Aufwendung kommt es deshalb wieder darauf an, ob er z. Z. seiner Leistung gut- oder bösgläubig war; im ersteren Falle ist er Massegläubiger, im letzteren Falle tritt er an die Stelle des von ihm befriedigten ausgeschiedenen Nachlaßgläubigers mit der Rolle, die jener gehabt hätte, also entweder als Massegläubiger oder als Konkursgläubiger. Es gilt insoweit alles oben bezüglich der überhaupt beschränkbar haftenden Erben Ausgeführte.

Haftet der Miterbe, welcher eine Nachlaßverbindlichkeit aus eigenem Vermögen tilgt, nur vereinzelt unbeschränkbar, so unterscheidet sich dessen Recht auf Ersatz nicht von dem Rechte eines überhaupt beschränkbar haftenden Miterben, gleichviel ob er für die von ihm getilgte Forderung beschränkbar oder unbeschränkbar haftete.

β) Im Falle, daß die Konkurseröffnung im Sinne des § 1990 untunlich ist, kann die Stellung, welche dem regreßberechtigten Miterben im Konkurse einzuräumen gewesen wäre, nicht in Betracht kommen. Vielmehr sind die Nachlaßgläubiger nach dem im § 1991 Abs. 3 und 4 festgestellten Range zu befriedigen, d. h. nach derjenigen Reihenfolge, nach welcher sie für ihre Forderungen rechtskräftige Schuldtitel erlangen; die Pflichtteilsberechtigten, Legatare und Auflagenempfänger sind, auch wenn sie für ihre Forderung einen rechtskräftigen Titel erlangt haben, nach konkursrechtlichen Grundsätzen, d. h. als minderberechtigte Konkursgläubiger nach dem im § 226 KO. festgelegten Range, also sogar hinter den durch Ausschlußurteil und evtl. auch durch Zeitablauf ausgeschlossenen Nachlaßgläubigern zu befriedigen. Nach denselben Grundsätzen ist auch ein Miterbe-Gläubiger zu befriedigen, da dieser durch seine Leistung an die Stelle des von ihm befriedigten Nachlaßgläubigers tritt. Hat er also z. B. einen Legatar befriedigt, so ist seine Gläubigerstellung nur die eines bezw. dieses Legatars, während er durch Befriedigung eines besser Berechtigten dessen bessere Position einnimmt. Würden die Erben ihn bei der Ersatzleistung anderen danach Besserberechtigten vorziehen, so würden sie sich einschließlich des Ersatzforderungsberechtigten den übrigen besser Rangierenden nach § 1978 ersatzpflichtig machen. (Der § 1980 begründet einen Schadensersatzanspruch nur bei einem konkursfähigen Nachlaß; ist ein Alleinerbe vorhanden, so ist der Paragraph überhaupt nur nach Konkurseröffnung anwendbar!) Davon besteht nur dann eine Ausnahme, wenn der Regreßberechtigte z. Z. seiner Leistung entschuldbar den Nachlaß für ausreichend gehalten hat. Die Erben dürfen also einem z. Z. seiner Leistung gutgläubigen Erben trotz erkannter Überschuldung bei einem nicht konkursfähigen Nachlasse Ersatz leisten bezw. darf der Ersatzforderungsberechtigte den Ersatz annehmen, ohne sich den übrigen Gläubigern ersatzpflichtig zu machen, selbst wenn der Berechtigte durch seine Aufwendung die Position eines minderberechtigten Gläubigers erworben haben sollte. Leisten die Erben dagegen einem schon z. Z. seiner Leistung schlechtgläubigen Miterben Ersatz, so sind sie, nicht aber ist der Empfänger, von der Ersatzpflicht frei, wenn sie z. Z. ihrer Ersatzleistung den Nachlaß entschuldbar für ausreichend gehalten haben.

Haftet der regreßberechtigte Miterbe bereits allgemein unbeschränkbar, so hat er, auch wenn er z. Z. seiner Leistung gutgläubig war, in derjenigen Höhe seiner Aufwendung, in welcher er ohnehin nach § 2059 Abs. 1 S. 2 mit eigenem Vermögen haftete, gegen einen überschuldeten Nachlaß keine Regreßforderung. Die Erben dürfen ihn insoweit nicht befriedigen bezw. darf er den Ersatz nicht annehmen, da sie anderenfalls insoweit sämtlich ersatzpflichtig sind; halten sie aber bei ihrer Ersatzleistung den Nachlaß entschuldbar für zulänglich, so entfällt überhaupt jede Ersatzpflicht für sie einschl. des Empfängers. Hatte der regreßberechtigte Miterbe die Nachlaßverbindlichkeiten etwa voll berichtigt, so gleicht er bezüglich derjenigen Höhe seiner Aufwendung, wegen welcher er sein Eigenvermögen hätte schonen können, einem überhaupt beschränkbar haftenden Miterben; es kommt insoweit also wieder auf seinen Glauben über die Zulänglichkeit des Nachlasses z. Z. seiner Leistung an, wie dies im vorigen Absatz erörtert ist.

Fall c. Die Erben halten den Nachlaß entschuldbar für ausreichend, obwohl er in Wahrheit überschuldet ist. In diesem Falle sind sie, wenn es später zum Konkurse kommt oder wenn, abgesehen vom Konkurse, ein Nachlaßgläubiger einen Ausfall erleidet, wegen des an den Miterben-Gläubiger geleisteten Ersatzes nicht schadensersatzpflichtig; dasselbe gilt für den Empfänger (§ 1979). Hatte der Ersatzforderungsberechtigte einen Gläubiger der Kategorie der Pflichtteilsberechtigten usw. (§ 222 KO.) befriedigt, so ist er nach Empfang des Ersatzes aus dem Nachlaß evtl. gezwungen, das Empfangene, auch wenn er stets gutgläubig war, im Wege der Anfechtung sowohl im Konkurse wie auch außerhalb eines solchen (§ 3 a Anfecht.Ges.) herauszugeben. Hatten die Erben ihm bis zur Konkurseröffnung noch keinen Ersatz geleistet, so ist er im Konkurse Massegläubiger. — War der regreßberechtigte Miterbe seinerseits schon z. Z. seiner Leistung bösgläubig, die ihm Ersatz leistenden Miterben z. Z. der Ersatzleistung gutgläubig, so sind die letzteren von einer Schadensersatzleistung frei, nicht aber der erstere; im Konkurse ist er nach Maßgabe des § 225 Abs. 2 KO. berechtigt. Danach richtet sich der von ihm zu leistende Schadensersatz.

Haftet der regreßberechtigte Miterbe allgemein unbeschränkbar, so würden die Erben, welche ihm seine in der vollen Höhe der Forderung gemachte Aufwendung in voller Höhe gutgläubig erstattet haben, nach § 1979 nicht schadensersatzpflichtig sein. Dasselbe würde für den gutgläubigen Empfänger des Ersatzes gelten, was aber die Nachlaßgläubiger natürlich nicht hindert, das eigene Vermögen des betreffenden Miterben aus dem ursprünglichen Schuldgrunde im Rahmen des § 2059 Abs. 1 S. 2 in Anspruch zu nehmen. — War der regreßberechtigte allgemein unbeschränkbar haftende Miterbe z. Z. seiner Leistung bösgläubig, waren die Miterben aber z. Z. des Ersatzes gutgläubig, so unterliegen zwar die letzteren der Schadensersatzpflicht nicht, wohl aber der erstere; dieser würde im Konkurse mit demjenigen Teil der Aufwendung, für den er ohnehin unbeschränkbar haftet, überhaupt nicht Gläubiger sein können (§ 225 Abs. 2 letzter Teil KO.), insoweit also wegen der Annahme des Ersatzes Schadensersatz leisten müssen. Wegen desjenigen Teiles seiner Aufwendung, für den er die Beschränkungsmöglichkeit gehabt hätte, würde er im Konkurse dieselbe Rolle haben, wie der von ihm befriedigte ausgeschiedene Nachlaßgläubiger, also entweder Masse- oder Konkursgläubiger sein und je danach einen Ausfall erleiden, der für seine Schadensersatzpflicht bestimmend wäre.

2. Von zum Teil anderen Gesichtspunkten ist dann auszugehen, wenn es sich um Aufwendungen anderer Art bezw. um die Frage handelt, ob aus Mitteln des Nachlasses dafür Ersatz geleistet und genommen werden darf. Der Anspruch auf Ersatz einer aus

eigenem Vermögen im Interesse des Nachlasses gemachten Aufwendung hängt in erster Reihe davon ab, ob die Aufwendung bezw. die eine solche begründende Maßnahme im Rahmen der Verwaltungsbefugnis des einzelnen Miterben geblieben ist. War dies nämlich nicht der Fall, so würde ein Ersatz aus Mitteln des Nachlasses selbst dann nicht von der Pflicht, den Nachlaßgläubigern Ersatz zu leisten, befreien, wenn die Erben den Nachlaß z. Z. ihrer Ersatzleistung entschuldbar für ausreichend gehalten haben, denn in Wahrheit war dem die Aufwendung machenden Miterben in diesem Falle ein Ersatzanspruch gegen den Nachlaß gar nicht erwachsen. Die Situation ist hier also anders, wie bei der Tilgung einer Nachlaßverbindlichkeit, wo der die Befriedigung vornehmende Miterbe stets an die Stelle des befriedigten Gläubigers tritt und eine Ersatzforderung gegen den Nachlaß erwirbt. Zwar gibt jede im Innenverhältnis gerechtfertigte Maßnahme bezw. Aufwendung eines Miterben ohne weiteres einen Ersatzanspruch gegen den Nachlaß, aber diese Tatsache reicht für sich allein noch nicht aus, um auch den Nachlaßgläubigern gegenüber die Leistung bezw. Entgegennahme des Ersatzes aus Mitteln des Nachlasses zu rechtfertigen. Diesen gegenüber ist vielmehr die Aufwendung nur dann wirksam, wenn sie im Rahmen der §§ 1978, 670 bezw. §§ 1978, 683 — siehe auch § 684 — BGB. geblieben war, d. h. wenn der Miterbe, je nachdem er z. Z. seiner Aufwendung die Erbschaft bereits angenommen hatte oder nicht, die Aufwendung den Umständen nach für erforderlich halten durfte bezw. sie dem Interesse oder dem wirklichen oder dem mutmaßlichen Willen der Nachlaßgläubiger entsprach. Erst wenn dies der Fall ist, erwächst dem Miterben auch ein den Nachlaßgläubigern gegenüber wirksamer Ersatzanspruch gegen den Nachlaß (§ 1978 Abs. 3). Ob nun die übrigen Miterben diesen Ersatz leisten bezw. der regreßberechtigte Miterbe den Ersatz fordern bezw. annehmen darf, hängt wieder von der Zulänglichkeit des Nachlasses bezw. dem guten Glauben der Miterben ab. Bei völlig zulänglichem Nachlasse ist die Leistung bezw. Annahme des Ersatzes unbedenklich, auch wenn der Regreßberechtigte die Möglichkeit der Haftungsbeschränkung allgemein verloren haben sollte. Ist der Nachlaß dagegen als unzulänglich und konkursfähig erkannt, so machen sich die den Ersatz leistenden und die ihn annehmenden Miterben schadensersatzpflichtig (§ 1980). Da im Nachlaßkonkurse auch die hier behandelte Aufwendung — und zwar stets — eine Masseschuld begründet (§ 224 Nr. 1 KO.), kann der Ersatz eines Schadens nur für die durch die Vorbefriedigung etwa geschädigten übrigen Massegläubiger bezw. für solche Nachlaßgläubiger in Betracht kommen, die im Konkurse Massegläubiger sein würden (siehe hierzu die Beispiele auf Seite 168). Wird der Nachlaß dagegen entschuldbar für ausreichend gehalten, obwohl er in Wahrheit überschuldet ist, so sind die Erben von der Ersatzpflicht befreit (§ 1979). — Handelt es sich um Ersatzansprüche, die zwar, weil auf im Rahmen der Verwaltungsbefugnisse bleibenden Maßnahmen beruhend, im Innenverhältnisse, nicht aber auch nach §§ 1978, 670, 683 BGB. auch den Nachlaßgläubigern gegenüber wirksam sind, so machen sich die Erben schadensersatzpflichtig, wenn sie bei der Leistung bezw. Annahme des Ersatzes erkannt hatten, daß der Nachlaß überschuldet und konkursfähig ist (§ 1980), während der gute Glaube sie allerdings auch hier gegen Schadensersatzansprüche schützt (§ 1979). — Ist der Nachlaß zwar als überschuldet, aber als nicht konkursfähig erkannt (§ 1990), so haben die regreßberechtigten Miterben ein Recht, sich aus Nachlaßmitteln vorweg zu befriedigen; es besteht keine Ersatzpflicht, wenn die Aufwendung nach Maßgabe der oben erwähnten gesetzlichen Bestimmungen den Nachlaßgläubigern gegenüber wirksam ist, während im anderen Falle Ersatzpflicht (§ 1978) besteht. Nur wenn entschuldbar guter Glaube hinsichtlich der Zulänglichkeit des Nachlasses besteht, kann auch hier von einer Ersatzpflicht nicht die Rede sein.

Haftet der die Aufwendung machende Miterbe allgemein unbeschränkbar, so kann er den Ersatz annehmen bezw. können die übrigen Erben den Ersatz leisten, ohne sich ersatzpflichtig zu machen, wenn sie entschuldbar den Nachlaß für ausreichend halten, gleichviel ob er sich nachträglich als konkursfähig oder konkursunfähig überschuldet herausstellt (§ 1979). Ist dieser gute Glaube aber nicht vorhanden, so entfällt der Ersatzanspruch nach Maßgabe der §§ 1978 Abs. 3, 1990 mit § 2013 überhaupt. Die Erben würden sich hier also ersatzpflichtig machen.

Früchte. § 99 BGB.

Besonderer Erwähnung bedarf ferner die Verwendung der Früchte des Nachlasses. Wegen der Vorschrift des § 2041 (siehe Seite 155) treten die Früchte in die Gesamtberechtigung der Erben kraft Gesetzes. Die Erben sind, wie zur ordnungsmäßigen Verwaltung des Nachlasses überhaupt, so auch der Früchte, die auch ihrerseits „Nachlaß" sind, verpflichtet. Die Früchte müssen mit dem Nachlaß bezw. als Nachlaß für die Interessen der Nachlaßgläubiger verwendet werden, so lange der Nachlaß der Früchte zur Befriedigung dieser Gläubiger bedarf. Aus diesem Grunde ist (im § 2038 Abs. 2 S. 2) in Übereinstimmung mit dem im § 2046 S. 1 ausgesprochenen Grundsatz, daß Nachlaßverbindlichkeiten aus dem ungeteilten Nachlaß zu berichtigen sind, angeordnet, daß die Früchte grundsätzlich erst bei der Auseinandersetzung, also nach Berichtigung der Nachlaßverbindlichkeiten unter den Miterben verteilt werden sollen. Zwar können die Erben trotzdem zur Verteilung der Früchte schon vorher schreiten bezw. kann ihnen dies vielleicht durch den Erblasser (§ 2048) ausdrücklich gestattet sein, aber sie begeben sich dabei in die Gefahr, bei einer sich etwa später herausstellenden Überschuldung des Nachlasses verantwortlich zu werden. Das Innenverhältnis bezw. die von den Erben hinsichtlich der Früchteverteilung gefaßten Beschlüsse tangieren daher, gleichviel ob sie den gesetzlichen Bestimmungen bezw. den Anordnungen des Erblassers entsprechen oder nicht, das Verhältnis zu den Nachlaßgläubigern nicht. So kann auch die im § 2038 Abs. 2 S. 3 den Miterben dahin gemachte Konzession, daß auf Erfordern jedes einzelnen Miterben die Aufteilung der Früchte am Schlusse jeden Jahres stattfinden muß, wenn die Auseinandersetzung des Nachlasses auf längere Zeit als ein Jahr ausgeschlossen ist, im Einzelfalle von den Erben nicht die Schadensersatzpflicht wegen der vorgenommenen Aufteilung beseitigen, sofern der Nachlaß als überschuldet oder unentschuldbar nicht als überschuldet erkannt war. In jedem Falle müssen die Erben auch für die im Rahmen des Gesetzes verwendeten Früchte Ersatz zum Nachlaß bezw. den Nachlaßgläubigern leisten, wenn bezw. soweit dem Nachlasse durch die Verteilung der Früchte Mittel zur Berichtigung von Nachlaßverbindlichkeiten entzogen wurden. Auch gutgläubige Empfänger der Früchte sind hiervon betroffen, weil eine ordnungsmäßige Verwaltung im Sinne der Interessen der Nachlaßgläubiger in erster Reihe die Verwendung des Nachlasses für die Nachlaßverbindlichkeiten erfordert;

den Miterben würde andernfalls im Widerspruche zu diesem Grundsatze „Nachlaß" zugeflossen sein.

Dem Anspruch der Erben auf Zuteilung der gezogenen Früchte entspricht im übrigen eine Nachlaßverbindlichkeit; er geht auf Zahlung (§ 2046 Abs. 3). Für den Miterben, der solchergestalt Nachlaßgläubiger ist, gelten auch insoweit die oben dargelegten Regeln, wonach lediglich der Nachlaß haftet und auch die bereits allgemein unbeschränkbar haftenden Miterben vor wie nach der Teilung die Haftung auf den Nachlaß beschränken können. Nur insoweit gilt die allgemeine Regel, wonach auch schon vor der Teilung die Berichtigung der Forderung verlangt werden kann, hier nicht so allgemein, als dem vorzeitigen Verlangen der § 2038 Abs. 2 S. 2 und 3 und des weiteren die von den Erben hierüber, sei es übereinstimmend, sei es durch Mehrheitsbeschluß (§ 745 BGB.), getroffenen Verwaltungsanordnungen oder endlich die Anordnung des Erblassers eine Schranke setzen können. — Die Früchte gebühren den Miterben, wie der Aktivbestand überhaupt, stets nur nach dem Verhältnisse der Erbteile.

f. Verfügung.

Über den Nachlaß im ganzen können auch Miterben nicht durch einheitlichen Akt dinglich verfügen. Es bedarf der Verfügung über jeden einzelnen Nachlaßgegenstand nach den dafür geltenden besonderen Regeln. — Miterben können den Nachlaß durch einheitlichen Vertrag veräußern, er bedarf der gerichtlichen oder notariellen Beurkundung (§§ 2371, 2385).

Die Erben können dinglich nur gemeinschaftlich über einen Nachlaßgegenstand verfügen (§ 2040 Abs. 1). Auch der obligatorische Vertrag, durch welchen eine Verbindlichkeit zu einer dinglichen Verfügung über einen Nachlaßgegenstand übernommen werden soll, kann nur von den Erben gemeinschaftlich geschlossen werden. Auf demselben Prinzip (dem der gesamten Hand) beruht die Vorschrift des § 747 ZPO., wonach die Zwangsvollstreckung in den Nachlaß (d. h. stets: in die einzelnen Nachlaßgegenstände), so lange als der Nachlaß noch nicht aufgeteilt ist, nur auf Grund eines gegen die sämtlichen Miterben gerichteten Schuldtitels möglich ist. — Zu den Verfügungen, welche die Erben hinsichtlich der Nachlaßgegenstände nur gemeinschaftlich vornehmen dürfen, gehören sowohl die vertragsmäßigen, wie die einseitigen. Solche einseitige Verfügungen sind z. B. die Kündigung, Anfechtung, der Rücktritt. Wegen der Mahnung siehe bei der Abhandlung über § 2039. Es können danach nur die Erben gemeinschaftlich ein auf den Nachlaß bezügliches Rechtsverhältnis kündigen und kann die Kündigung ihnen gegenüber nur gemeinschaftlich ausgesprochen werden (Rg. Bd. 65 S. 5). Ebenso sind die Erben nur gemeinschaftlich zur Prozeßführung legitimiert, soweit es sich um ein Recht des Nachlasses handelt. Über die Legitimation des einzelnen Miterben in Prozessen, wo es sich um Ansprüche auf eine Leistung handelt, siehe § 2039.

Was die Verfügung über einen Anteil an einem Nachlaßgegenstande anlangt, so ist eine solche den Miterben gemeinschaftlich natürlich gestattet. Nur der einzelne Miterbe kann weder freiwillig über seinen Anteil an den einzelnen Nachlaßgegenständen verfügen, noch kann darüber im Wege der Zwangsvollstreckung (§§ 2033 Abs. 2 BGB., 859 Abs. 2 ZPO.) durch einen Gläubiger verfügt werden.

Der einzelne Miterbe kann demnach weder über die Erbschaft im ganzen, noch über einen einzelnen Nachlaßgegenstand, noch über einen Anteil an einem einzelnen Nachlaßgegenstand verfügen. Er ist alleiniger Eigentümer eines Anteils am Nachlasse. Hierüber ist ihm sowohl die dingliche Verfügung (§ 2033 S. 1) wie der obligatorische Veräußerungsvertrag (§ 2371) selbständig zugebilligt. Die dingliche Verfügung ist hier durch einheitlichen Akt, nämlich durch Vertrag, welcher der gerichtlichen oder notariellen Beurkundung bedarf, möglich, bezw. lediglich durch Vertrag ausführbar, da eine Einwirkung auf Nachlaßgegenstände dem einzelnen Miterben ja versagt ist. Auch der obligatorische Vertrag, durch den sich der Miterbe zur Verfügung über den Anteil verpflichtet, bedarf derselben Form (§ 2371). Der einzelne Miterbe bleibt auch nach der Verfügung bezw. Veräußerung Mit-(Gesamt-)schuldner der Nachlaßverbindlichkeiten. Der Erwerber wird daneben Gesamtschuldner der Nachlaßverbindlichkeiten schon vom Abschluß des obligatorischen Geschäfts ab. Der Anteil am Nachlasse ist der Zwangsvollstreckung unterworfen (§ 859 Abs. 2 ZPO.). Über das — nur bei einer freiwilligen Verfügung ausübbare (§ 512 BGB.) — Vorkaufsrecht der Miterben siehe §§ 2034—2037. — Der obligatorische Vertrag, durch den etwa ein einzelner Miterbe sich zu einer dinglichen Verfügung über sämtliche oder einzelne Nachlaßgegenstände verpflichtet, hat die volle Wirkung unter den Kontrahenten nach allgemeinen Grundsätzen; daß der Erbe die betreffende Verfügung etwa nicht vornehmen kann, ist hierbei ohne Einfluß. Die — regelwidrig — vom einzelnen Miterben vorgenommene vertragsmäßige Verfügung über einen Nachlaßgegenstand bleibt zugunsten eines gutgläubigen Erwerbers wirksam. Bezüglich beweglicher Sachen conf. §§ 932—935, 1032 S. 2, 1207 BGB., bezüglich unbeweglicher Sachen §§ 892, 893 BGB. Einseitige, in Rechtshandlungen bestehende Verfügungen, die — regelwidrig — gegenüber einem Miterben bezw. durch ihn vorgenommen werden, sind stets unwirksam. Hinsichtlich der Aktivstellung ist im § 2039 zugunsten des einzelnen Miterben bestimmt, daß er die auf eine Leistung gerichteten Ansprüche selbständig geltend machen kann, doch ist damit die Beschränkung verbunden, daß er nicht für sich allein, sondern für die sämtlichen Erben fordern muß. Näheres hierzu siehe im letzten Abschnitt (Prozessuales) dieses Kapitels. — Handelt es sich um die dem Nachlasse zur Last liegenden Verbindlichkeiten, so unterliegen die Verfügungen der Erben den Bestimmungen der §§ 421 ff., 2058. Danach wirkt die Erfüllung durch einen einzelnen Miterben befreiend auch für die übrigen Erben. Das gleiche gilt von der Leistung an Erfüllungsstatt, der Hinterlegung und der Aufrechnung einer nur dem die Aufrechnung erklärenden Miterben gegen den Nachlaßgläubiger zustehenden Forderung (§ 422 Abs. 1 BGB.). In gleicher Weise wirkt ein zwischen dem Nachlaßgläubiger und dem einzelnen Miterben vereinbarter Erlaß auch für die übrigen Miterben, wenn die Vertragschließenden das ganze Schuldverhältnis aufheben wollen (§ 423 BGB.). Ferner äußert der Verzug des Nachlaßgläubigers gegenüber der ihm seitens eines einzelnen Miterben angebotenen Leistung auch zugunsten der übrigen Erben Wirkung (§ 424 BGB.). Andere als die eben bezeichneten Tatsachen äußern, soweit sich nicht aus dem Schuldverhältnis ein anderes ergibt, keine allgemeine Wirkung, sondern beschränken die letztere auf diejenigen Miterben, in dessen Person sie eintreten, so die Kündigung, der Verzug, das Verschulden, in der Person des Miterben liegende Unmöglichkeit der Leistung, die Verjährung sowie deren Unterbrechung und Hemmung, die Vereinigung der Forderung mit der Schuld (Konfusion) und das rechtskräftige Urteil (§ 425 BGB.). Soweit danach die Wirkung zugunsten aller übrigen Miterben eintritt, erlischt das Schuldverhältnis für alle Miterben; soweit die Wirkung sich auf eine Person beschränkt, wird das Gesamtschuldverhältnis in Beziehung auf die übrigen Miterben nicht berührt. — Auch hinsichtlich der durch die Aufrechnung erfolgenden Verfügung über eine Verbindlichkeit bezw. Forderung des Nachlasses gilt natürlich der Grundsatz, daß sie nur den Miterben gemeinschaftlich zusteht, gleichviel ob es sich um eine vertragsmäßige oder einseitige Verfügung handelt. In gleicher Weise kann die Aufrechnung durch den Nachlaßgläubiger, wenn er zugleich Schuldner des Nachlasses ist, nur gegenüber den sämtlichen Miterben, sei es ohne oder mit deren Zustimmung, erklärt werden. Hier stehen sich stets Forderung und Verbindlichkeit des Nachlasses (nicht bloß einzelner Miterben) gegenüber. In den Fällen aber, wo der einzelne Miterbe gegen den Nachlaßgläubiger forderungsberechtigt oder der Gläubiger eines Miterben zugleich Nachlaßschuldner ist, kann unter Umständen auch von bezw. gegenüber einem einzelnen Miterben durch Aufrechnung hinsichtlich einer Nachlaßforderung bezw. -Verbindlichkeit, also über einen einzelnen Nachlaßgegenstand, verfügt werden. Es sind hier folgende Fälle zu unterscheiden:

a) Hat ein einzelner Miterbe gegen einen Nachlaßgläubiger eine Privatforderung, so kann *er* die Aufrechnung mit oder ohne Zustimmung des anderen Teils erklären. Er verfügt über die Nachlaßverbindlichkeit, indem er sie mit seiner Forderung, also mit eigenen Mitteln berichtigt. Er gibt zugunsten des Nachlasses seine eigene Forderung auf, wird allerdings nun seinerseits Gläubiger des Nachlasses, insofern er wegen seiner Aufwendung Ausgleichung fordern kann. Diese Verfügung durch Aufrechnung hat Wirkung zugunsten aller Erben (§ 422 BGB.). Die hier erwähnte Aufrechnung des Miterben zeigt keine Besonderheit, denn der betreffende bezw. jeder Miterbe ist infolge des § 2058 Schuldner der Nachlaßverbindlichkeiten; der einzelne Miterbe, der also Schuldner und zufällig zugleich Gläubiger des Nachlaßgläubigers ist, rechnet demnach *seine* Schuld mit seiner Forderung auf. Wesentlich anders liegt die Situation auf seiten des Nachlaßgläubigers, der zufällig zugleich Schuldner eines Miterben ist. Zwar gilt auch für den Standpunkt dieses Nachlaßgläubigers, daß der betreffende Miterbe, dem er etwas schuldet, als Miterbe zugleich sein Schuldner ist. Trotzdem ist *ihm* die — einseitige d. h. ohne Zustimmung des Erben gewollte — Aufrechnung versagt. Würde man lediglich aus der Bestimmung des § 1977 Abs. 1, der gerade den vorliegenden Fall zum Gegenstande hat, nach seinem Wortlaute zu entscheiden haben, so würde in allen denjenigen Fällen, wo *kein* Beschränkungsverfahren schwebt, allerdings auch die vom Nachlaßgläubiger ausgehende Aufrechnungserklärung zunächst zulässig und wirksam sein. Für das Vorhandensein mehrerer Erben ist, wie schon erwähnt wurde, im Stadium vor der Teilung die Situation insofern eine andere, als der Nachlaß auch ohne Anwendung eines Beschränkungsverfahrens eine Sondermasse ist. Der im § 1977 gegebene Grundsatz muß daher für die Erbenmehrheit auch abgesehen von einem Beschränkungsverfahren gegeben sein, wie dies ja auch für die von den §§ 1978 ff. geordnete Erbenverantwortlichkeit der Fall ist. Nur ist hier entsprechend die Aufrechnung als von vornherein unzulässig zu betrachten. Daß dies zutrifft, ergibt sich aus der Erwägung, daß anderenfalls der die Aufrechnungserklärung empfangende Miterbe gezwungen würde, die Verbindlichkeit des Nachlasses mit dem eigenen Vermögen, nämlich mit seiner Forderung gegen den Nachlaßgläubiger, die ihm auf diese Weise verloren gehen würde, zu berichtigen. Der Nachlaßgläubiger hat nur Anspruch auf Berichtigung aus dem Nachlaß; dem Miterben kann durch den Zufall, daß er dem Nachlaßgläubiger gegenüber zugleich forderungsberechtigt ist, nicht die Möglichkeit genommen sein, die Haftung auf den Nachlaß bezw. auf seinen Anteil am Nachlasse zu beschränken. Gerade dann wäre die Konsequenz der Aufrechnungsmöglichkeit durch einseitige Erklärung des Nachlaßgläubigers kraß, wenn der Nachlaß überschuldet wäre und trotzdem der Nachlaßgläubiger sich durch das Mittel der Aufrechnung vielleicht voll befriedigen könnte. Nur in dem Falle, daß der betreffende (zugleich forderungsberechtigte) Miterbe die Möglichkeit der Haftungsbeschränkung überhaupt verloren hat, wird man auch die einseitige Aufrechnungserklärung des Nachlaßgläubigers wirksam sein lassen müssen, weil in diesem Falle der betreffende Miterbe die Nachlaßverbindlichkeit mit eigenem Vermögen berichtigen soll; aber auch hier kann die Aufrechnung nicht stets in voller Höhe, sondern immer nur in derjenigen Höhe zulässig sein, als eben die unbeschränkbare (persönliche) Haftung des betreffenden Miterben reicht, da sie ja (gemäß § 2059 Abs. 1 S. 2) hier nur einen Teil (entsprechend der Quote des betreffenden Miterben) der Verbindlichkeit erfaßt. Der § 1977 gilt trotz der im § 2013 gegebenen Begrenzung jedenfalls insoweit, als beschränkbare Haftung des sonst unbeschränkbar haftenden Miterben besteht.

b) Steht eine Forderung dem Nachlasse zu, so kann keiner der Miterben sie ihm dadurch entfremden, daß er mit einer eigenen Verbindlichkeit gegenüber seinem Gläubiger (dem Nachlaßschuldner) einseitig oder vertragsmäßig aufrechnet. Dies folgt daraus, daß die Nachlaß*forderung* ihm nicht allein zusteht (die Nachlaß*schuld* liegt den Erben gesamtschuldnerisch ob!) und er allein nicht befugt ist, über die Nachlaßforderung zu verfügen. Daß andererseits auch der Nachlaßschuldner nicht seinerseits sich durch Aufrechnung mit seiner ihm gegen den einzelnen Miterben zustehenden Forderung von seiner Verbindlichkeit gegen den Nachlaß befreien kann, ist im § 2040 besonders bestimmt.

Hinsichtlich der Verfügung des einzelnen Miterben über seinen Anteil am Nachlasse ist im einzelnen noch folgendes auszuführen: Sie hat sich nach der Vorschrift des § 2033 Abs. 1 zu richten. Der obligatorische Vertrag wird durch § 2371 geordnet. Die dingliche Verfügung kann Übertragung zum Eigentum oder Bestellung eines Pfandrechts oder eines Nießbrauchs zum Gegenstande haben. Im ersteren Falle liegt Erbschaftskauf im Sinne der §§ 2371—2385 vor, die dabei geltenden Haftungsgrundsätze werden weiter unten dargelegt. Der verkaufende Miterbe verliert, wie angegeben, seine Erbeigenschaft nicht, doch hat er kein Verfügungsrecht hinsichtlich der Nachlaßgegenstände mehr, weder für sich allein noch in Gemeinschaft mit den übrigen Erben. Gewisse Maßnahmen der *Verwaltung* stehen ihm mit Rücksicht auf die besonders (§ 2382) normierte Fortdauer seiner Haftung für Nachlaßverbindlichkeiten noch zu, so z. B. das Aufgebot. Anders ist die Rechtsstellung des seinen Anteil *verpfändenden* Miterben (§ 1274), da ihm das Eigentum am Anteil verbleibt. Das Miterbenverhältnis wird weder in Ansehung der Haftung für Nachlaßverbindlichkeiten noch hinsichtlich der Vorschriften über die Verfügungsmacht der Erben bezw. des einzelnen Miterben geändert. Lediglich insoweit äußert das Pfandrecht Wirkung, als es durch Verfügung der Erben nicht beeinträchtigt werden kann, vielmehr bedarf es zur Verfügung über die einzelnen Nachlaßgegenstände, sofern sie noch der Gesamtberechtigung der Erben unterliegen, stets der — unwiderruflichen — Zustimmung des Pfandgläubigers, welche demjenigen zu erklären ist, zu dessen Gunsten sie erfolgt (§ 1276; siehe hierzu Planck § 1071 Anm. 2). Zur Wirksamkeit der eintretenden Verfügungsbeschränkung gegen Dritte bedarf es bei Nachlaßgrundstücken und Rechten an solchen der Eintragung im Grundbuche; sie kann im Berichtigungswege erfolgen (§ 22 GBO. und §§ 894—899 BGB.; iehe hierzu auch Staudinger zu § 2033 Anm. 4). Daß der Pfandgläubiger nicht wegen der Berichtigung von Nachlaßverbindlichkeiten in Anspruch genommen werden kann, bedarf kaum der Erwähnung. Andererseits kann er einen mit einem vollstreckbaren Titel gegen die sämtlichen Erben versehenen Gläubiger nicht an der Vollstreckung in die Nachlaßgegenstände selbst oder in die Erbteile der übrigen Miterben hindern. Der Pfandgläubiger kann sich aus dem ihm verpfändeten Anteil entweder nach Maßgabe der §§ 1282, 1228 Abs. 2 oder der §§ 1277, 1282 Abs. 2 befriedigen. Im ersteren Falle ist zwar Fälligkeit der ganzen gesicherten Forderung oder eines Teiles derselben, nicht aber die vorgängige Erlangung eines vollstreckbaren Titels gegen den Pfandschuldner erforderlich; die Befriedigung geschieht durch Einziehung des Anteils, d. h. der Pfandgläubiger fordert auf Grund seines Rechtes von den Miterben die Auseinandersetzung. Hierbei erwirbt er an Stelle des Pfandrechts am Anteile das Pfandrecht an den einzelnen Nachlaßgegenständen, welche bei der Aufteilung (statt an den Verpfänder nunmehr) an ihn zugeteilt werden. Zugleich erwirbt auch der Verpfänder, der im Verhältnisse zu den Miterben hinsichtlich der ihm zuzuteilenden Nachlaßsachen Gläubiger ist, diese Gegenstände (§§ 1287, 1288). Im letzteren Falle ist die Erwirkung eines vollstreckbaren Titels erforderlich; die Befriedigung erfolgt, sofern nichts anderes vereinbart wurde bezw. wird, nach den für die Zwangsvollstreckung geltenden Vorschriften (§§ 828 ff. ZPO., Planck zu § 1277 Anm. 1). — Bei Bestellung eines N i e ß b r a u c h s am Anteile (§ 1069) bleibt der Besteller, wie der Verpfänder, Eigentümer seines Anteils. Die Verfügungsmacht der Erben einschl. des Bestellers bleibt, wie bisher, gemeinschaftlich, nur ist die Zustimmung des Nießbrauchers zu allen Verfügungen über die Nachlaßgegenstände erforderlich (§ 1071) und zwar selbst dann, wenn die Verfügung zur Berichtigung der Nachlaßverbindlichkeiten notwendig ist. Die Zustimmung ist unwiderruflich und muß gegenüber demjenigen abgegeben werden, zu dessen Gunsten sie erfolgt. Der Besteller kann sie zur Berichtigung der Nachlaßverbindlichkeiten nach Maßgabe des § 1078 Abs. 1 verlangen. Der Nießbraucher kann wegen der Berichtigung der Nachlaßverbindlichkeiten nicht auf Leistung gerichtlich in Anspruch genommen werden, jedoch ist zur Vollstreckung in Nachlaßgegenstände oder in den seinem Nießbrauch unterliegenden Erbteil seine Zustimmung erforderlich; er ist evtl. wegen Duldung zu belangen (§§ 737 Abs. 2 ZPO., 1922 Abs. 2 BGB.). Siehe auch § 794 Abs. 2 ZPO. Im übrigen bedarf es, wie vor der Teilung des Nachlasses stets, zur Vollstreckung in Nachlaßgegenstände eines gegen sämtliche Erben, einschl. des Bestellers, gerichteten Schuldtitels (§ 747 ZPO.), während zur Vollstreckung in den betreffenden Erbteil ein gegen den Besteller auf Leistung (neben dem gegen den Nießbraucher auf Duldung) gerichteter Schuldtitel ausreicht. — Bezüglich der Auseinandersetzung siehe auch § 86 Abs. 2 FGG.

Bezüglich der Verfügung über den Anteil im Wege der Zwangsvollstreckung ist zu bemerken:

Anteilspfändung.

Die Zwangsvollstreckung in den Anteil wird im § 859 ZPO. für zulässig erklärt; an derselben Stelle wird ausgesprochen, daß die Zwangsvollstreckung in den Anteil an einzelnen Nachlaß g e g e n s t ä n d e n unzulässig ist, was der Bestimmung des § 2033 Abs. 2 BGB. hinsichtlich der f r e i w i l l i g e n Verfügung über einen solchen Anteil entspricht. — Der Anteil am Nachlasse ist ein „anderes Vermögensrecht" im Sinne des § 857 Abs. 1 ZPO.; die Pfändung und Überweisung erfolgt, wie die einer Geldforderung, nach der Vorschrift der §§ 829, 835 ZPO., wonach dem Pfandschuldner (dem Miterben, gegen welchen sich die Pfändung richtet) jede Verfügung über den Anteil, insbesondere die Einziehung (nämlich die Auseinandersetzung!) zu untersagen, dem Drittschuldner, d. s. hier — als zur Auseinandersetzung verpflichtet — die übrigen Miterben, die Ausantwortung des Anteils, die Zuteilung von Nachlaßgegenständen an den Pfandschuldner in Höhe des Wertes der Forderung des Gläubigers zu verbieten und dem Gläubiger der gepfändete Anteil zu überweisen ist. Der Pfändungsbeschluß ist danach sämtlichen Miterben zuzustellen. Der Pfändungsantrag, der an das für den Schuldner zuständige Amtsgericht als Vollstreckungsgericht zu richten ist (§ 828 ZPO.), muß die Pfändung des Anteils oder Erbteils des oder der bestimmt zu bezeichnenden Miterben am Nachlasse des bestimmt zu bezeichnenden Erblassers verlangen. Die Pfändung ist mit der Zustellung des Beschlusses an den bezw. die Drittschuldner bewirkt (§ 829 Abs. 3 ZPO.). Natürlich ist eine mehrfache Pfändung des Anteils zulässig, dagegen kann ein Anteil, über den ein Miterbe bereits anderweit verfügt (den er verpfändet oder veräußert und übertragen) hat, nicht mehr gepfändet werden. Hinsichtlich des gepfändeten Anteils steht den übrigen Miterben das Vorkaufsrecht (§ 2034) nicht zu (§ 512 BGB.), aber sie können, um einen weiteren, auch gegen sie selbst gerichteten Prozeß bezw. die Vollstreckung zu vermeiden, den Gläubiger aus dem Nachlaß befriedigen, wenn es sich um eine von den sämtlichen Erben geschuldete Nachlaßverbindlichkeit handelt, und auf diese Weise den gepfändeten Anteil wieder freibekommen. Der Pfandschuldner kann sogar verlangen, daß die Berichtigung aus dem ungeteilten Nachlaß erfolge (§ 2046 S. 1), es müßte denn die Verbindlichkeit nur ihn allein belasten, in welchen Falle er die Berichtigung nicht schon vor der Auseinandersetzung, sondern erst aus dem bei der Auseinandersetzung auf ihn entfallenden Nachlaßgegenständen verlangen kann (§ 2046 Abs. 2). Dem Interesse des Pfändungsgläubigers am Nachlasse bezw. seinem durch die Pfändung erworbenen Rechte entspricht es, daß es bei allen Verfügungen über den Nachlaß bezw. über Nachlaßgegenstände, nicht aber bei Anteilsverfügungen der übrigen Erben, seiner Zustimmung bedarf. Doch ist auch die Mitwirkung des Pfandschuldners nicht zu entbehren, da die Pfändung ihm sein Erbrecht und sein Eigentum am Anteile nicht nimmt. Die erwähnte Verfügungsbeschränkung bedarf ebenso wie diejenige, welche durch eine vertragliche Verpfändung begründet wird, zur Wirksamkeit gegen Dritte bei Nachlaßgrundstücken und Rechten an solchen der Eintragung im Grundbuche. Im Prozesse der Nachlaßgläubiger gegen die Erben ist die Heranziehung des Pfandgläubigers unmöglich, denn er wird durch seine Pfändung nicht Schuldner der Nachlaßverbindlichkeiten bezw. auch nicht „Miterbe". Natürlich kann gerade sein Pfandschuldner auch von anderen Gläubigern gesamtschuldnerisch in Anspruch genommen und es kann, wie schon gesagt, der bereits gepfändete Erbteil auch von anderer Seite her gepfändet werden. Durch die Pfändung und Überweisung wird der Gläubiger berechtigt, die Auseinandersetzung hinsichtlich des Nachlasses von den übrigen Erben zu verlangen (§§ 2042, 751 BGB.), sofern der Schuldtitel nicht bloß vorläufig vollstreckbar ist. Eine unter den Erben etwa dahin getroffene Vereinbarung, daß die Auseinandersetzung für immer oder auf Zeit ausgeschlossen oder nur auf Grund einer mit bestimmter Frist auszusprechenden Kündigung zulässig sei, ist nicht geeignet, dem Pfandgläubiger das Recht auf Auseinandersetzung zu nehmen (§ 751 BGB.). Die Auseinandersetzung findet unter Mitwirkung des Pfandschuldners und auch des Pfandgläubigers statt (Seuffert § 859 Anm. 1 ZPO.); es ist jedem Miterben sowie auch dem Pfandgläubiger freigegeben, die Vermittelung des Nachlaßgerichts für die Auseinandersetzung nachzusuchen, sofern nicht ein zur Bewirkung der Auseinandersetzung berechtigter Testamentsvollstrecker vorhanden ist (§§ 86 ff. FGG., 2204 BGB.). Ist die vom Gerichte beurkundete Auseinandersetzung rechtskräftig bestätigt (§§ 93, 96, 97 FGG.), so ist aus der Urkunde die Zwangsvollstreckung zulässig; die Vorschriften der §§ 795, 797 ZPO. finden Anwendung (§ 98 FGG.). Soweit nach § 2043 und § 2045 die Auseinandersetzung zeitweilig unzulässig oder aufzuschieben ist, wird hieran nichts dadurch geändert, daß eine Anteilspfändung erfolgt; dagegen dürfte die im § 2044 erwähnte Anordnung des Erblassers nicht geeignet sein, das Auseinandersetzungsrecht des Pfandgläubigers illusorisch zu machen. Bei der Pfändung des Anteils kommt es nicht darauf an, ob der Betrag der Forderung sich mit dem Werte des Anteils deckt. Die Befriedigung des Pfandgläubigers (Rg. 60 S. 133) erfolgt bei der Auseinandersetzung natürlich nur in Höhe der zu deckenden Forderung; sie wird aus den bei der Auseinandersetzung auf den gepfändeten Anteil entfallenden Gegenständen herbeigeführt, indem dem Pfandgläubiger die zur Verteilung gelangenden Barmittel seitens der übrigen Miterben direkt gezahlt bezw. indem die zur Verteilung gelangenden anderen Gegenstände auf Anordnung des Vollstreckungsgerichts seitens der übrigen Erben an einen vom Pfandgläubiger zu beauftragenden Gerichtsvollzieher herausgegeben werden (§ 847 ZPO.). Die Verwertung dieser Gegenstände erfolgt für den Pfandgläubiger nach Maßgabe der §§ 814—825 ZPO., also im Wege der Zwangsvollstreckung, siehe namentlich § 818 ZPO., wonach die Versteigerung einzustellen ist, sobald der Erlös zur Befriedigung des Gläubigers und zur Deckung der Kosten der Zwangsvollstreckung ausreicht.

Gemäß § 857 Abs. 5 ZPO. kann, weil der Anteil veräußerlich ist, der Pfandgläubiger, der die Überweisung des gepfändeten bezw. zu pfändenden Anteils zur Einziehung nicht wünscht, beim Vollstreckungsgericht die Anordnung der *Veräußerung* des Anteils beantragen. Dies kann gleichzeitig oder in — auch zeitlich — getrennten Anträgen geschehen und demgemäß beschlossen werden. Das Gericht kann eine

Zwangs- oder eine freihändige Veräußerung des Anteils beschließen (§ 825 ZPO.). Im ersteren Falle finden die §§ 814—825 ZPO. Anwendung, im letzteren Falle dürfte, da es sich wohl nicht mehr um eine Veräußerung im Wege der Zwangsvollstreckung handelt, die Formvorschrift des § 2033 Abs. 1 BGB. zu beachten sein. So auch Kreß 186. Im übrigen liegt auch bei der im Zwangswege erfolgenden Veräußerung ein „Erbschaftskauf" im Sinne des § 2371 mit allen sich daran schließenden Rechtsfolgen, insbesondere der Schuldenhaftung (§§ 2382—2384) vor. Das Vorkaufsrecht besteht auch bei der nach § 857 Abs. 5 ZPO. erfolgenden Befriedigung für die übrigen Miterben nicht.

Verfügungsmacht der Funktionäre.

Nach Anordnung einer Nachlaßverwaltung oder des Nachlaßkonkurses geht die Verfügungsmacht hinsichtlich des Nachlasses bezw. der Nachlaßgegenstände auf den Verwalter der betreffenden Verfahren über. Den Miterben steht sie fortan für die Dauer des Verfahrens nicht zu (§§ 1984, 1985 BGB., § 6 KO.). Dem Nachlaßgläubiger ist fortan auch die Anteilspfändung verwehrt, weil der Anteil eigenes Vermögen des Miterben ist, das Sonderverfahren die Haftung aber auf den gesamten Nachlaß beschränkt. Dem eigenen Gläubiger des Miterben ist die Anteilspfändung auch gegenüber dem Beschränkungsverfahren gestattet; statt der Überweisung kann hier nur Verwaltung oder Verkauf in Frage kommen (§ 857 Abs. 4 und 5 ZPO.). — Sollte noch eine Nachlaßpflegschaft für einen bezw. einzelne Miterben bestehen, so können Verfügungen von den übrigen Miterben in Gemeinschaft mit dem Pfleger, aber auch mit den durch den Pfleger noch vertretenen Miterben vorgenommen werden, da die Nachlaßpflegschaft die Verfügungsmacht des Vertretenen nicht aufhebt. Bezüglich der Verfügungsmacht des Nachlaßverwalters und Nachlaßpflegers ist im übrigen auch auf §§ 1821 ff., 1915 (die Nachlaßverwaltung ist eine besondere Art der Nachlaßpflegschaft, § 1975!) zu verweisen. — Wenn eine uneingeschränkte Testamentsvollstreckung angeordnet ist, so steht die Verfügungsmacht dem Vollstrecker zu (§ 2205 S. 2), die Miterben sind nicht verfügungsberechtigt (§ 2211 Abs. 1), doch siehe § 2217.

B. Die Haftung für Nachlaßverbindlichkeiten:

a. Unbeschränkte Haftung.

Über den Begriff der Nachlaßverbindlichkeiten siehe Seite 61. — Aus der Bestimmung des § 1922, wonach der Nachlaß als Ganzes auf mehrere Erben übergeht, folgt die Pflicht der Erben, die Nachlaßverbindlichkeiten zu berichtigen. Der § 1967, der diese Pflicht noch besonders statuiert, bezieht sich auch auf die Erbenmehrheit.

Beim Vorhandensein mehrerer Erben ist, wie hinsichtlich des Alleinerben, zunächst die Frage zu stellen, ob die Haftung grundsätzlich eine unbeschränkte, d. h. eine das Eigenvermögen jedes Erben und außerdem den Nachlaß erfassende, oder eine nur beschränkte, d. h. bloß den Nachlaß ergreifende ist. Beim Vorhandensein mehrerer Personen als Erben drängt sich aber sogleich die weitere Frage auf, wie sich diese — unbeschränkte oder beschränkte — Haftung mit Rücksicht gerade auf die Tatsache, daß der Erben eine Mehrheit vorhanden ist, gestaltet. Die Darlegung der Haftungsgrundsätze hat sich demnach hier nach den angedeuteten zwei Richtungen hin zu bewegen.

Was zunächst die Frage anlangt, ob für Miterben die Haftung grundsätzlich beschränkt oder unbeschränkt ist, so kann auf die hinsichtlich des Alleinerben auf Seite 66 ff. gemachte Darlegung und deren auch für Miterben gültiges Resultat sowie auf die hier folgende Erörterung hingewiesen werden, wonach die Haftung grundsätzlich unbeschränkt ist. Was die fernere Frage nach der mit Rücksicht auf die vorhandene Personenmehrheit bestehenden Haftung anlangt, so besteht nach § 2058 grundsätzlich gesamtschuldnerische Haftung. Von diesen Grundsätzen einer unbeschränkten gesamtschuldnerischen Haftung gibt es Abschwächungen und zwar bezgl. der ersteren dahin, daß die Haftung sich, wie hinsichtlich des Alleinerben, auf den Nachlaß beschränkt, es müßte denn die Möglichkeit der Beschränkung durch Verstöße in Beziehung auf das Inventar (§§ 1994, 2005) verloren gegangen sein, in welchem Falle die Haftung aber gegenüber der hinsichtlich des Alleinerben bestehenden strengen Haftung erheblich gemildert ist, und bezgl. der Gesamthaftung dahin, daß sie sich in eine nur anteilige abschwächt. Die Abweichung von dem Prinzip der unbeschränkten Haftung in die beschränkte tritt auch für die Erbenmehrheit als Folge der Anwendung eines ordentlichen Beschränkungsverfahrens (Nachlaßverwaltung usw.) ein. Hier aber ist im § 2059 noch ein weiteres vereinfachtes Mittel der Abschwächung der Haftung eingeführt, insofern, als durch die einfache Einrede der Ungeteiltheit des Nachlasses (also stets nur so lange der Nachlaß noch nicht aufgeteilt ist) die Angriffe vom Eigenvermögen ab- und auf den Nachlaß oder auf den Anteil der Erben am Nachlasse hingelenkt werden können. Von dem Prinzip der gesamtschuldnerischen Haftung wird durch die Anwendung jener Beschränkungsverfahren keine Abweichung, d. h. keine Umwandlung in eine nur anteilige Haftung herbeigeführt; überhaupt besteht im Stadium vor der Aufteilung des Nachlasses nur ein einziger Fall einer nur anteiligen Haftung; er ist nur dann gegeben, wenn ein Miterbe die Möglichkeit der Haftungsbeschränkung überhaupt verloren hat. Ein solcher Miterbe haftet mit dem Nachlaß, wie jeder Erbe, gesamtschuldnerisch, aber mit dem eigenen Vermögen nur wegen eines Teils der Verbindlichkeit, insoweit allein. Aus der bisherigen Erörterung ergibt sich, daß die Gebiete, auf denen sich die unbeschränkte bezw. beschränkbare und die gesamtschuldnerische bezw. anteilige Haftung bewegt, von einander im wesentlichen unabhängig sind, daher kann im Einzelfalle die Haftung sein: unbeschränkt und zugleich gesamtschuldnerisch, oder unbeschränkt und zugleich anteilig, oder beschränkt und zugleich gesamtschuldnerisch; sie kann aber im Stadium vor der Teilung niemals beschränkt und zugleich nur anteilig sein. Auch da, wo sie auf den Nachlaß beschränkt und zugleich gesamtschuldnerisch ist, wird die Gesamtverbindlichkeit für die Dauer des Beschränkungsverfahrens bedeutungslos, weil die Nachlaßgläubiger sich an dem Beschränkungsverfahren beteiligen, die Erben die Passivlegitimation verlieren. Im folgenden soll zunächst über die grundsätzlich unbeschränkte Haftung und die Mittel ihrer Abschwächung, sodann über die Grundsätze der Gesamthaftung und der Abweichung davon gehandelt werden.

Oben ist bezüglich des Alleinerben ausgeführt, daß nach der Annahme der Erbschaft infolge der mit ihr eintretenden Verschmelzung des Nachlasses und des Privatvermögens des Erben und der damit geschehenden Bildung eines Gesamterbenvermögens der Alleinerbe notwendig allen seinen Gläubigern einschließlich der Nachlaßgläubiger mit diesem Gesamtvermögen haften muß. Aus der oben ferner dargelegten Tatsache, daß beim Vorhandensein mehrerer Erben eine solche Vermögensverschmelzung nicht eintreten kann, daß vielmehr bis zur Teilung der Nachlaß ein Sondervermögen bleibt, wie er es auch im Stadium vor Annahme der Erbschaft gewesen war, könnte man geneigt sein, zu folgern, daß die Haftungsgrundsätze andere wie die hinsichtlich des Alleinerben für das Stadium nach Annahme dargelegten sein, daß sie vielmehr denen entsprechen müßten, die für die Zeit vor Annahme der Erbschaft gegeben sind. Dies ist aber nicht der Fall, vielmehr ist aus der Verschiedenartigkeit der gesetzlichen für die letztere Zeit gegebenen Bestimmungen und der für die Haftung nach Annahme durch § 2059 getroffenen Normen der Grundsatz zu folgern, daß auch für die Erbenmehrheit die Haftung grundsätzlich unbeschränkt und daß die Beschränkung eben nur eine Abschwächung des Grundsatzes ist. Im § 778 ZPO. ist für die Zeit vor Annahme die Haftung durch das Gesetz auf den Nachlaß beschränkt, weil mit der Möglichkeit der Ausschlagung der Erbschaft gerechnet ist. Mit der nach Annahme der Erbschaft eintretenden Unmöglichkeit der Ausschlagung mußte diese Rücksicht außer Betracht bleiben, deshalb hat nunmehr nicht das Gesetz eine Beschränkung statuiert, sondern es hat die Beschränkung in das Belieben der Miterben gestellt, ihnen aber natürlich das Recht hierzu verliehen. Im § 2059 ist gesagt, daß der Miterbe die Berichtigung einer Nachlaßverbindlichkeit aus seinem Vermögen „verweigern kann", woraus zu folgern ist, daß in dem Falle, wenn bezw. so lange als er von seinem Rechte keinen Gebrauch macht, sein Vermögen in Anspruch genommen werden kann. Daß in der Tat sein Privatvermögen Objekt der Angriffe ist, also das Prinzip der unbeschränkten Haftung auch hier Grundsatz ist, ergibt der Wortlaut des § 2059 ganz zweifelsfrei, da dasjenige Vermögen, von dem der Erbe die Angriffe abwenden darf, das also nicht kraft Gesetzes geschützt ist, deutlich gekennzeichnet ist: es ist das „Vermögen, das er außer seinem Anteil an dem Nachlasse hat", d. h. sein Privatvermögen. Nun gehört zwar auch der Anteil am Nachlasse zu diesem Vermögen; daß er aber dem Zugriffe auch der Nachlaßgläubiger freigegeben werden mußte, folgt aus der Erwägung, daß der Anteil immerhin nach dem Nachlasse hin gravitiert, d. h. derjenige Bestandteil des Privatvermögens ist, der aus Nachlaßwerten besteht; diese Nachlaßwerte sollen in jedem Falle aus dem Erbenvermögen ausgeschieden werden. Aus der Tatsache, daß im Stadium vor Annahme die Haftung kraft Gesetzes auf den Nachlaß beschränkt, im Stadium nach Annahme aber die Beschränkung Sache der Einrede ist, folgt, daß im ersteren Stadium ein Zugriff nur gegen den Nachlaß, nie gegen die Person des Erben erlaubt ist, während im Stadium nach Annahme jeglicher Angriff gegen die Person der Erben und deren Privatvermögen zulässig und durchführbar ist, so lange nicht der Miterbe die Haftung auf den Nachlaß bezw. den Anteil (durch Einrede) beschränkt.

Das Wesen der unbeschränkten Haftung besteht danach darin, daß sowohl der Nachlaß wie das Privatvermögen jedes Erben wegen aller gegen den Nachlaß gerichteten Ansprüche haftet. Handelt es sich um eine Nachlaßverbindlichkeit, die nur einen der Miterben belastet, so ist demnach auch hier die Haftung unbeschränkt, nur haftet hier nicht der Gesamtnachlaß, der ja dem betreffenden Erben nicht allein gehört, sondern nur der Anteil des Erben bezw. dasjenige, was bei der Auseinandersetzung diesem Erben zukommt (§ 2046 Abs. 2). Die unbeschränkte Haftung wird auch für Miterben in die auf den Nachlaß beschränkte herabgemindert, wenn es zu einem Sonderverfahren der Verwaltung des Nachlasses, also zum Nachlaßkonkurs oder zur Nachlaßverwaltung kommt, gleichviel ob dies auf Antrag der Erben selbst bezw. eines Funktionärs oder auf Antrag eines Nachlaßgläubigers geschehen sollte, ferner auch bei Anwendung der Einrede der Unzulänglichkeit des Nachlasses im Sinne der §§ 1990—1992.

Wie beim Alleinerben (s. oben), so gilt auch bei der Erbenmehrheit, daß die Nachlaßverwaltung, der Nachlaßkonkurs und die Unzulänglichkeitseinrede, d. h. die ordentlichen Beschränkungsmittel eine Beschränkung auf den Nachlaß gegenüber sämtlichen Nachlaßgläubigern, das Aufgebot und der Zeitablauf die Beschränkung auf die Bereicherung nur gegenüber den säumigen Gläubigern herbeiführt. Auch hier gilt weiter, daß die Miterben bei einer Beschränkung durch ein ordentliches Mittel die bisherige Verwaltung des Nachlasses nach den in den §§ 1978—1980 aufgestellten Grundsätzen zu verantworten haben, während bei den engeren Mitteln eine anders differenzierte Verantwortlichkeit besteht (conf. auch § 818 BGB.).

Außer den bisher behandelten ordentlichen Beschränkungsmitteln statuiert, wie schon angedeutet, das BGB. im § 2059 mit Rücksicht auf den über den Zeitpunkt der Erbschaftsannahme hinaus fortdauernden Zustand der Sonderung der Massen, der unter Umständen ein Beschränkungsverfahren entbehrlich macht, und zur Vermeidung desselben ein ferneres Beschränkungsmittel. Der einzelne Erbe kann danach die Haftung auf den (zu seinem Eigenvermögen gehörenden) Anteil am Nachlasse beschränken, dies ohne Anwendung eines anderen Verfahrens als der (auf § 2059) beruhenden E i n r e d e der Ungeteiltheit des Nachlasses. Diese Einrede gilt lediglich für die Haftung mehrerer Erben und nur so lange, als der Nachlaß noch ungeteilt ist, sie ist also ein für einen bestimmten Fall gegebenes b e s o n d e r e s Mittel der Haftungsbeschränkung. Obwohl der Anteil zum eigenen Vermögen jedes Miterben gehört, liegt dennoch keine Beschränkung auf einen Teil des Eigenvermögens, sondern auf den Nachlaß vor, weil, wie gesagt, der Anteil dasjenige Nachlaßvermögen ist, das dem einzelnen Miterben vom Nachlaß zusteht. Die Tatsache, daß beim Vorhandensein mehrerer Erben der ungeteilte Nachlaß eine Sondermasse auch nach Annahme der Erbschaft bleibt, ergibt, daß die infolge der Anwendung eines Sonderverfahrens der Haftungsbeschränkung eintretende Absonderung hier nicht eine solche vom Eigenvermögen des Miterben ist; vielmehr wird die Erbschaft hier lediglich der ohnedies gesondert geführten Verwaltung der Miterben entzogen und in die eines ad hoc bestellten Verwalters (Nachlaß- wie Nachlaßkonkursverwalters) gegeben. Ein Wiederaufleben von Rechtsbeziehungen, wie es sonst für solchen Fall der § 1976 statuiert, findet hier nicht statt, weil diese Rechtsbeziehungen überhaupt nicht erloschen waren. Das Sonderverfahren ändert insoweit also die Rechtsstellung des Miterben, der dem Nachlaß etwas schuldet, was er schon dem Erblasser geschuldet hat, oder vom Nachlaß etwas zu fordern hat, was er schon gegenüber dem Erblasser zu fordern hatte, nicht. Wenden die Miterben die Beschränkung durch Unzulänglichkeitseinrede an, so behalten sie zunächst den Nachlaß in ihrer Sonderverwaltung, haben ihn aber nach Maßgabe der §§ 1990 ff. an den Nachlaßgläubiger, der sie in Anspruch nimmt, herauszugeben.

Im übrigen siehe über die Folgen der Abgabe des Nachlasses zum Sonderverfahren, nämlich über den Schutz des Nachlasses vor Angriffen eigener Gläubiger der Miterben bezw. über den Schutz des Eigenvermögens, insbesondere des Anteils, vor Angriffen der Nachlaßgläubiger, weiter unten bei der Darlegung über die einzelnen Beschränkungsmittel. Über die Beschränkungsmittel bezw. -Verfahren ist im einzelnen nunmehr folgendes auszuführen:

b. Die Mittel der Haftungsbeschränkung.

α. Der § 2059.

Der Alleinerbe, der sein Eigenvermögen vor Angriffen der Nachlaßgläubiger schützen, die Haftung auf den Nachlaß beschränken will, muß stets zunächst eine neue besondere Situation schaffen. Er muß die mit der Annahme der Erbschaft eingetretene Verschmelzung des Nachlasses mit seinem sonstigen Eigenvermögen rückgängig machen, Eigenvermögen und Nachlaß von einander sondern. Gerade diese Wiederherstellung des Nachlasses als Sondervermögen macht es dem Alleinerben möglich, die Beschränkung durchzuführen.

Wesentlich anders liegen die Umstände beim Vorhandensein mehrerer Erben in der Zeit vor der Teilung des Nachlasses. Da hier eine Verschmelzung des Nachlasses mit dem sonstigen Erbenvermögen nicht eintreten kann, der Nachlaß vielmehr auch nach der Annahme der Erbschaft eine in sich abgeschlossene selbständige Masse bleibt, ist hier derjenige Zustand, der beim Alleinerben erst mit der Anwendung der Haftungsbeschränkung eintritt, auch ohne solche Voraussetzungen gegeben. Hieraus muß folgen, daß es hier nicht erst der Anwendung eines ordentlichen Beschränkungsmittels zur Herbeiführung eines Schutzes für das Eigenvermögen der Miterben bedarf, daß vielmehr hierzu schon die Tatsache der ohnehin bestehenden Selbständigkeit des Nachlasses ausreicht. In der Tat stellt der § 2059 Abs. 1 den Grundsatz auf, daß jeder Miterbe sein Eigenvermögen vor dem Zugriff der Nachlaßgläubiger ohne jede weitere Voraussetzung als diejenige des Bestehens eines ungeteilten Nachlasses, also ohne die Anwendung eines besonderen Beschränkungsverfahrens wie Nachlaßverwaltung usw. schützen kann. Was also der Alleinerbe stets nur unter der Voraussetzung der Anwendung eines Beschränkungsmittels durchzusetzen vermag, ist dem Miterben einzig und allein nur wegen der Tatsache der Ungeteiltheit, d. h. des Fortbestehens der Selbständigkeit des Nachlasses, zugebilligt. Die Stellung des einzelnen Miterben erscheint danach, verglichen mit der des Alleinerben, als günstiger. Sie ist es in der Tat, aber nicht ohne Grund. Für den Alleinerben ist nämlich die Anwendung der Beschränkungsmittel viel einfacher wie für einen Miterben, weil, abgesehen von den besonderen Umständen, sein alleiniger Wille ausschlaggebend ist. Beim Vorhandensein einer Mehrheit von Erben kann der einzelne Miterbe eine Nachlaßverwaltung nicht in die Wege leiten; es wird der gemeinschaftliche Antrag der sämtlichen Miterben erfordert (§ 2062). Wie also sollte bei ausreichendem Nachlasse der einzelne Erbe die Haftung auf den Nachlaß beschränken können, wenn der andere Miterbe seine Zustimmung zur Nachlaßverwaltung versagt? Er würde wehrlos das Eigenvermögen dem Zugriff der Nachlaßgläubiger preisgeben müssen! Der einzelne Miterbe kann zwar den Nachlaßkonkurs beantragen, aber er hat — im Gegensatz zum Alleinerben — die Überschuldung glaubhaft zu machen. Wie, wenn ihm dies nicht gelingt? Müßte er nicht die Vollstreckung des Nachlaßgläubigers in sein Eigenvermögen dulden? Endlich ist es allerdings auch dem einzelnen Miterben gestattet, die Unzulänglichkeit des Nachlasses im Sinne des § 1990 einzuwenden, aber im gegebenen Falle hat er den Beweis der Unzulänglichkeit zu führen, und nicht immer wird er hierzu imstande sein. Es ist offenbar, daß die Stellung des Miterben gegenüber der Anwendung der Beschränkungsmittel eine unerträgliche wäre, wenn nicht ein besonderes Mittel geschaffen wäre, mit dessen Hilfe er, ganz abgesehen von der Zulänglichkeit oder Unzulänglichkeit des Nachlasses, zunächst mal sein Eigenvermögen vor dem Zugriff der Nachlaßgläubiger schützen könnte. Dieses Mittel ist ihm im § 2059 gegeben. Für die Anwendung desselben kommt es nicht darauf an, ob an sich Nachlaßverwaltung oder Nachlaßkonkurs oder die Anwendung der Unzulänglichkeitseinrede am Platze wäre, der Miterbe kann es vielmehr unter allen Umständen so lange anwenden, als der Nachlaß noch nicht unter den Erben verteilt ist. Selbst wenn eine Teilung in geringem Umfange stattgefunden haben sollte, ist das Mittel immer noch anwendbar.

Der § 2059 macht keineswegs jegliches Sonderverfahren entbehrlich, er bezweckt n u r den Schutz des Eigenvermögens, ohne im übrigen die Befriedigung der Nachlaßgläubiger aus Mitteln des N a c h l a s s e s irgendwie zu berühren. Diese muß vielmehr nach allgemeinen Regeln erfolgen. Ist also der Nachlaß überschuldet dergestalt, daß die Eröffnung des Nachlaßkonkurses angebracht erscheint, so befreit die Gewißheit, im § 2059 einen Schutz für das Eigenvermögen zu haben, keinen Miterben von der Pflicht, den Nachlaßkonkurs zu beantragen. Denn mit der Anwendung des § 2059 nützt der Miterbe nur sich, indem er sein Eigenvermögen in Sicherheit bringt, aber er dient in keiner Weise dem Interesse der Nachlaßgläubiger. Er kann diesem Interesse im Gegenteil gar nicht m e h r schaden, wie dadurch, daß er den überschuldeten Nachlaß dem regellosen Zugriff der Nachlaßgläubiger aussetzt. Daß hiernach eine Pflicht jedes Miterben zum Ersatz des durch sein Verschulden den Nachlaßgläubigern auf diese Weise selbstverständlich erwachsenden Schadens bestehen muß, ist nur natürlich (§ 1980). Ähnlich liegen die Umstände dann, wenn bei überschuldetem Nachlasse der Nachlaßkonkurs wegen mangelnder Kostendeckung nicht eröffnet werden kann (§ 1990). Auch hier dürfen die Erben sich nicht mit dem Schutze des Eigenvermögens durch Bezugnahme auf § 2059 begnügen und den Nachlaß dem regellosen Zugriff der Nachlaßgläubiger überlassen, vielmehr ist es ihre Pflicht, die Gläubiger in der durch §§ 1990, 1991 bestimmten Rangordnung zu befriedigen, wenn anders sie sich nicht Schadensersatzansprüchen aussetzen wollen. Gänzlich verschieden aber ist die Sachlage bei einem (auch im Kosteninteresse) ausreichenden Nachlasse. Wenn sich h i e r die Erben auf den Schutz des Eigenvermögens beschränken und den Nachlaß dem Zugriffe der Nachlaßgläubiger überlassen, obwohl sie Nachlaßverwaltung beantragen könnten, so begehen sie nichts Ordnungswidriges, weil bezw. sofern eben der Nachlaß für sämtliche Verbindlichkeiten ausreicht, d. h. kein Gläubiger einen Ausfall erleidet. Hier also ist der § 2059 ein wahrer Ersatz für die Nachlaßverwaltung. Nach dieser Erörterung ist ersichtlich, daß die Erben sich mit der Anwendung des § 2059 immer dann begnügen dürfen, wo es sich lediglich um den Schutz ihres Eigenvermögens handelt; daß aber in allen Fällen, wo es darauf ankommt, die Mittel des Nachlasses in ordnungsmäßiger Weise unter Wahrung des Ranges und unter

Vermeidung von Schäden der einzelnen Gläubiger zu verwenden, das Sonderverfahren bezw. die Unzulänglichkeitseinrede geboten sein wird.

Der § 2059, der, wie dargelegt, seine Berechtigung in der Tatsache der über die Zeit der Annahme der Erbschaft hinaus fortdauernden Selbständigkeit des Nachlasses hat, führt keine Beschränkung der Haftung auf den Nachlaß kraft Gesetzes ein, wie sie der § 778 ZPO. für die Zeit vor der Annahme der Erbschaft gleichfalls mit Rücksicht auf die selbständige Stellung des Nachlasses statuiert. Der § 2059 gibt vielmehr dem Miterben die Möglichkeit, den Zugriff vom Eigenvermögen abzuwehren, indem er sagt, daß der Miterbe die Berichtigung aus diesem Vermögen verweigern kann. Die Vollstreckung in Eigenvermögen ist also nicht von vornherein unzulässig, wie dies vor der Annahme der Erbschaft der Fall ist, sie wird vielmehr erst dann unzulässig, wenn der Erbe von dem Verweigerungsrechte Gebrauch macht. Es liegt lediglich eine Einrede vor, und zwar die Einrede der Ungeteiltheit des Nachlasses, dies weil für ihre Anwendbarkeit allein die Tatsache der Ungeteiltheit des Nachlasses die Voraussetzung ist. Dem Wesen des Instituts als einer Einrede entspricht es, daß sie vom Gläubiger nicht früher zu beachten ist, als bis sie geltend gemacht wird. Der Nachlaßgläubiger ist also durch die Wahrscheinlichkeit, daß der einzelne Miterbe sein Eigenvermögen schützen werde, keineswegs gehindert, die Miterben zunächst als seine unbeschränkt haftenden Gesamtschuldner gerichtlich wegen aller gegen den Nachlaß gerichteten Forderungen in Anspruch zu nehmen und damit gegen das Eigenvermögen eines jeden der Erben sowie gegen den Nachlaß zu zielen; die Möglichkeit der Beschränkung der Gläubiger im Sinne des § 2059 hindert auch nicht die Verurteilung der Erben als Gesamtschuldner unbeschränkt und die Vollstreckung in jedes Vermögen der Erben. Nur auf die Einrede hin, daß der Nachlaß noch ungeteilt sei, wird der Gläubiger gezwungen, seine Angriffe allein gegen den Nachlaß zu richten, vom übrigen Erbenvermögen also abzulassen. (Das Prozessuale siehe im letzten Abschnitt dieses Kapitels.)

Der § 2059 führt kein reines Institut der Haftungsbeschränkung ein, denn er beschränkt in Wahrheit die Haftung nicht auf den Gesamtnachlaß. Er schützt das Eigenvermögen nicht in dem Umfange, wie dies die Folge der Nachlaßverwaltung, des Nachlaßkonkurses oder der Unzulänglichkeitseinrede ist. Der „Anteil" nämlich jedes Miterben am Nachlasse ist, obwohl er zum Eigenvermögen gehört, nach dem Wortlaute des Paragraphen dem Zugriff der Nachlaßgläubiger ausgesetzt. Da aber der Wert des Anteils darin liegt, daß er den Zugriff zum Nachlasse selbst eröffnet, weil ja die Pfandgläubiger die Auseinandersetzung betreiben und sich dadurch Befriedigung aus dem Nachlasse selbst verschaffen können (§ 751 BGB.), kommt das Institut des § 2059 im Effekt auf ein Beschränkungsmittel der Haftung auf den Nachlaß hinaus. Es ist ein Mittel besonderer Art, das keine allgemeine, d. h. gleichzeitig gegenüber den sämtlichen Nachlaßgläubigern wirkende Beschränkung wie Nachlaßverwaltung und Nachlaßkonkurs, ferner allerdings auch keine nur im Verhältnisse zu gewissen Nachlaßgläubigern wirkende Beschränkung, wie Aufgebot und Zeitablauf einführt. Es hat nur insofern eine allgemeine Wirkung, als es allen Nachlaßgläubigern gegenüber angewendet werden kann. Die größte Ähnlichkeit hat das Institut mit der Unzulänglichkeitseinrede: es führt wie sie eine Beschränkung ein, ohne daß es eines Sonderverfahrens bedürfte, es beruht vielmehr wie jene stets auf der einfachen Einrede. Beide sind nur von Fall zu Fall anwendbar und lassen im Verhältnisse zu anderen Gläubigern die unbeschränkte Haftung unbeeinflußt. Hier wie dort bleibt die Passivlegitimation der Erben gewahrt, während sie beim Sonderverfahren verloren geht. Hier wie dort wird der Schutz des Eigenvermögens durch den Vorbehalt (§ 780 ZPO.) gewahrt und ist gegen die Vollstreckung in Eigenvermögen mit der Zwangsvollstreckungsgegenklage anzukämpfen. Im übrigen aber bestehen in der Durchführung weittragende Verschiedenheiten. Schon die eben erwähnte Gegenklage ist bei der Unzulänglichkeit des Nachlasses in den Fällen, wo es sich nicht um den Schutz des angegriffenen Eigenvermögens handelt, also beim Angriff in den Nachlaß, mit der vom Erben zu beweisenden Unzulänglichkeit des Nachlasses zu begründen, während in den Fällen, wo nur der Schutz des Eigenvermögens in Frage kommt, die vom Erben zu beweisende Ungeteiltheit des Nachlasses zu behaupten ist. Die Einrede der Unzulänglichkeit zwingt den Nachlaßgläubiger, sich in der besonderen, durch § 1990 vorgeschriebenen Form zu befriedigen, es erfolgt Verurteilung zur Leistung aus dem Nachlasse. Die Einrede der Ungeteiltheit des Nachlasses hindert in keinem Falle eine Verurteilung zur Zahlung überhaupt. Die Miterben sind, wenn sie sich lediglich mit § 2059 verteidigen wollen, nicht gezwungen, die Klage abzuwarten, vielmehr dürfen sie den Nachlaß versilbern und die Gläubiger befriedigen; dagegen müssen sie, wenn die Unzulänglichkeitseinrede am Platze ist, die Klage des Nachlaßgläubigers abwarten und den Nachlaß auf Grund des sie verurteilenden Erkenntnisses zu dem Zwecke, daß der Gläubiger sich durch Zwangsvollstreckung befriedige, herausgeben. (Siehe zu letzterem Bd. II das Kapitel: Unzulänglichkeitseinrede.)

Während der Absatz 1 Satz 1 des § 2059 die Beschränkung der Haftung eines b e - schränkbar haftenden Miterben behandelt, beschäftigt sich der Satz 2 des Abs. 1 mit der Haftung eines bereits u n beschränkbar haftenden Miterben. Bei den Erwägungen über den Umfang der Haftung eines solchen Miterben war davon auszugehen, daß seine Haftung nicht so streng wie die eines Alleinerben sein kann. (Siehe Denkschrift zum Entwurfe eines BGB. Seite 411 und Protokolle der Kommission für die 2. Lesung des Entwurfs des BGB. Bd. V Seite 874.) Während nämlich der Alleinerbe der alleinige Schuldner jeder Nachlaßverbindlichkeit ist und deshalb nur er für die ganze und für jede Verbindlichkeit haften kann, ruht beim Vorhandensein mehrerer Erben die Verbindlichkeit auf den Schultern der sämtlichen Miterben. Es wäre nicht zu rechtfertigen, gerade den unbeschränkbar haftenden Miterben für die ganze und jede Verbindlichkeit allein haften zu lassen, obwohl bezw. so lange als der Nachlaß noch als das selbständige, den Zugriffen der Nachlaßgläubiger leicht zugängliche Ganze besteht. Es war zunächst auch dem unbeschränkbar haftenden Miterben zu gestatten, den Nachlaßgläubiger auf den Anteil an der Erbschaft zu verweisen, sodann aber war zum Nachteil eines solchen Erben anzunehmen, daß der auf jeden von ihnen entfallende Erbteil ausreiche, um den der Erbquote entsprechenden Teil der Forderung zu decken. Indem man den sofortigen Zugriff jedes Nachlaßgläubigers gegen das Eigenvermögen eines solchen Miterben und zwar nicht bloß den Zugriff wegen eines Ausfalls, sondern wegen des der Erbquote entsprechenden Teils der Forderung gestatte, gelange man „zu einer angemessenen Verbindung der für das Inventarrecht geltenden Grundsätze mit dem Gedanken, daß der einzelne Miterbe bis zur Auseinandersetzung berechtigt sei, die Nachlaßgläubiger auf seinen Erbteil zu verweisen". Die Tatsache der Ungeteiltheit des Nachlasses kommt demnach auch dem unbeschränkbar haftenden Miterben zugute, sie begründet auch für ihn eine gewisse Beschränkungsmöglichkeit, eine Milderung seiner sonst bestehenden strengen Haftung. Es ist ihm zwar die Einrede der Ungeteiltheit des Nachlasses gegeben, aber nicht mit der Wirkung des Schutzes für das ganze Privatvermögen, sondern nur in Ansehung des über den Erbteil hinausgehenden Teils der Verbindlichkeit, nicht also auch in Ansehung des der Erbquote entsprechenden Teils der Verbindlichkeit. Beträgt die Forderung 300 ℳ und ist die Quote eines Miterben $1/_3$, so kann mit der Einrede des ungeteilten Nachlasses der betreffende Erbe sein Eigenvermögen wegen 200 ℳ vor dem Zugriff des Gläubigers schützen, muß es aber wegen 100 ℳ preisgeben. In diesem Umfange haftet sein Eigenvermögen allen Nachlaßgläubigern. Sollte demnach der Fall so liegen, daß die Beschränkungsmöglichkeit für die sämtlichen Miterben verloren gegangen ist, so kann jeder Nachlaßgläubiger aus dem Eigenvermögen der sämtlichen Miterben volle Befriedigung wegen seiner Forderung erlangen, indem er das Eigenvermögen jedes einzelnen wegen des der Erbquote desselben entsprechenden Teils in Anspruch nimmt.

Ist der Nachlaßgläubiger zugleich Miterbe, so ist wegen der Vorschrift des § 2063 Abs. 2 die Tatsache, daß die übrigen Miterben die Möglichkeit der Haftungsbeschränkung verloren haben, im Verhältnisse zu diesem Gläubiger ganz unschädlich, d. h. sie können die Haftung in ebenderselben Weise, als ob sie die volle Beschränkungsmöglichkeit hätten, gemäß § 2059 Abs. 1 S. 1 auf den Nachlaß bezw. den Anteil am Nachlasse beschränken. Natürlich ist auch hier der Vorbehalt (§ 780 ZPO.) erforderlich.

Wird ein Miterbe von einem im Aufgebote ausgeschlossenen (§ 1973) oder infolge Zeitablaufs einem ausgeschlossenen gleichstehenden (§ 1974) oder von einem vom § 1989 betroffenen Nachlaßgläubiger gerichtlich in Anspruch genommen, so fragt es sich, ob er gegenüber einer Vollstreckung in Eigenvermögen die Einrede des ungeteilten Nachlasses oder ob er die des Ausschlusses geltend zu machen hat. Haftet der betreffende Miterbe unbeschränkbar, so wird er in den Fällen des § 1989 die auf diesem Paragraphen beruhende Einrede niemals (§ 2013), vielmehr stets die auf § 2059 Abs. 1 S. 2 beruhende vorbringen können; in den Fällen der §§ 1973, 1974 (conf. § 2013 Abs. 1 S. 2) wird er auch die Einrede des Ausschlusses haben, wenn der Ausschluß des Gläubigers vor dem Verlust der Beschränkungsmöglichkeit eingetreten war, andernfalls wird er sich stets nur auf § 2059 Abs. 1 S. 2 berufen können. Haftet der Miterbe noch beschränkbar, so wird er sich mit der Einrede aus § 2059 Abs. 1 S. 1 stets in einfacher Weise helfen können; er darf, gestützt auf § 767 ZPO., die Widerspruchsklage erheben und hat erforderlichenfalls nur zu beweisen, daß der Nachlaß noch nicht aufgeteilt sei. Es kann aber keinem Zweifel unterliegen, daß ihm auch die auf dem Ausschlusse beruhende Widerspruchsklage zusteht, da er die Haftung auf die Bereicherung beschränken kann. Gegenüber einer in Nachlaßgegenstände vorgenmomenen Zwangsvollstreckung kann natürlich stets nur auf den Ausschluß, niemals aber auf die Ungeteiltheit des Nachlasses hingewiesen werden, denn vor der Teilung ist gerade der Nachlaß das Objekt der Haftung. Auch ein minderberechtigter Gläubiger der eben erwähnten Kategorien muß als zur Pfändung des Anteils befugt erachtet werden. Da der betreffende Gläubiger auf die Bereicherung beschränkt werden kann, wird er bei der Auseinandersetzung Befriedigung nur insoweit verlangen können, als nach Befriedigung aller besser Berechtigten auf den Pfandschuldner noch ein Aktivum entfallen und dies eine Bereicherung darstellen sollte. Insoweit aber haftet der Schuldner hier für die ganze Forderung des Gläubigers.

Der § 2059 Abs. 1 schwächt im Interesse sowohl des einzelnen Miterben wie des Nachlaßgläubigers die gesamtschuldnerische Haftung der Miterben dadurch ab, daß er die Pfändung des Anteils ermöglicht. Der einzelne Miterbe, der den Nachlaßgläubiger aus Mitteln des Nachlasses befriedigen möchte, erscheint hierzu wegen der durch die Gemeinschaftlichkeit der Verwaltung für ihn bestehenden Bindung außerstande. Der Nachlaßgläubiger bedarf zur Vollstreckung in den Nachlaß eines gegen die sämtlichen Erben gerichteten Schuldtitels. Mit der Möglichkeit der Anteilspfändung sind diese Schwierigkeiten beseitigt; schon das Vorgehen gegen einen einzelnen Miterben eröffnet dem Gläubiger die Befriedigungsmöglichkeit aus Mitteln des Nachlasses, da seine Stellung als Pfändungspfandgläubiger ihn berechtigt, den gepfändeten Erbteil zu verwerten bezw. die Auseinandersetzung hinsichtlich des Nachlasses zu verlangen (§ 857 Abs. 5 ZPO., § 751 BGB.).

Über die rechtliche Natur des im § 2059 Abs. 1 gegebenen Instituts besteht Streit. Vielfach wird in ihm eine materielle Einrede erblickt. Danach müßte der Miterbe dahin wirken, daß die Beschränkung bereits im Urteil des Hauptprozesses zum Ausdrucke komme. So Seuffert § 780 ZPO. Anm. 2 c. Staudinger zu § 2059 ist der Ansicht, daß eine materielle Einrede schon aus dem Grunde vorliege, weil keine Möglichkeit bestehe, andernfalls der Einrede noch eine Wirksamkeit erst in der Zwangsvollstreckungsinstanz zu verschaffen. Der Vorbehalt (§ 780 ZPO.) sei nämlich hier nicht anwendbar, da der Ausdruck „Beschränkung der Haftung" im Sinne des § 780 zweifellos nur im Sinne der §§ 1973—1992 BGB. gemeint sei, wie sich aus § 786 ZPO. ergebe. Dem wird nicht gefolgt werden können, vielmehr wird aus der Tatsache, daß der § 786 sich auch auf die in anderen Rechtsgebieten liegende Haftungsbeschränkung bezieht, zu folgern sein, daß er sich viel eher zunächst auf das gesamte Gebiet des Erbrechts erstreckt (siehe hierzu auch Kreß 150). Es erscheint ja schon widerspruchsvoll, anzunehmen, daß der § 780 sich zwar auf die Beschränkung nach §§ 1973, 1974, 1989, nicht aber auf die nach § 2059 beziehen solle, da doch auch sie keine reine Beschränkung auf den Nachlaß betreffen. Der Ausdruck im § 780 ZPO. ist vielmehr so allgemein, daß er sich auf jede Art der Haftungsbeschränkung bezieht; er kann sehr wohl auch für die auf § 2059 Abs. 1 beruhende verwendet werden (siehe auch Strohal II 340, 341). Staudinger hält dies insbesondere mit Rücksicht darauf für unmöglich, weil der Abs. 1 S. 2 des § 2059 eine bereits unbeschränkbare Haftung voraussetze; er meint danach, daß „Beschränkung der Haftung" nicht einem bereits unbeschränkbar haftenden Miterben zustehen könne. In Wahrheit beschränkt der betreffende Miterbe die Haftung nicht lediglich auf den Nachlaß, er haftet auch mit dem Privatvermögen, nur ist insoweit mit Rücksicht auf die Mehrheit von Schuldnern eine gewisse Beschränkbarkeit nachgelassen. Der § 780

ZPO. ist aber wegen seines allgemeinen Ausdrucks auch zur Wahrung dieser Beschränkung anwendbar.

Während der Absatz 1 des § 2059 das Vorgehen gegen den bezw. die Haftung des einzelnen Miterben behandelt, hebt der Absatz 2 noch besonders hervor, daß die Nachlaßgläubiger auch das Recht haben, gegen die sämtlichen Erben vorzugehen und von ihnen Befriedigung aus dem ungeteilten Nachlasse zu verlangen. Natürlich kann insoweit die Einrede des ungeteilten Nachlasses aus Abs. 1, die ja nur den Schutz des Eigenvermögens bezweckt, nicht zur Anwendung gelangen. Die Vollstreckung in den ungeteilten Nachlaß erfordert einen bezw. mehrere gegen die sämtlichen Erben gerichteten Schuldtitel, während zur Vollstreckung in bereits verteilte Nachlaßgegenstände ein Titel gegen den einzelnen Miterben, den Empfänger, ausreicht. — Soweit der Nachlaßgläubiger einen Schuldtitel nicht gegen die sämtlichen Erben erlangen kann, z. B. weil zugunsten des einen Miterben die Forderung verjährt ist (§ 425 BGB.) oder weil von vornherein nicht alle Miterben Schuldner sind, ist danach ein Zugriff dieses Nachlaßgläubigers in den ungeteilten Nachlaß nicht möglich; der Gläubiger kann dann nur gegen die übrigen Erben vorgehen und sich an deren Erbteile halten. Wenn der Nachlaß aufgeteilt ist, so können die beiden Absätze des § 2059 keine Anwendung mehr finden, weil alsdann von einem „Anteile am Nachlasse" bezw. von einem „ungeteilten Nachlasse" nicht mehr die Rede ist. Die Erbteile der einzelnen Miterben sind realisiert, die Vollstreckung ist in die den Erben zugeteilten Nachlaßgegenstände selbst ausführbar. Die Befriedigung kann immer noch gegenüber den sämtlichen Miterben aus deren Gesamtvermögen verlangt werden, nur bedarf es zur Vollstreckung in die Nachlaßgegenstände nicht mehr eines gegen die sämtlichen Erben gerichteten Schuldtitels. Es kann auch jetzt noch eine Befriedigung aus dem Gesamtnachlaß in Frage kommen, doch setzt sie ein Sonderverfahren voraus. Als solches ist jetzt nur noch der Nachlaßkonkurs (conf. § 2062) denkbar.

Das im § 2059 zum Ausdruck kommende Prinzip, wonach wegen der Fortdauer der Selbständigkeit des Nachlasses den Nachlaßgläubigern allein der Nachlaß haftet, muß zu der Annahme führen, daß andererseits den Privatgläubigern der Erben allein das Privatvermögen haftet, ohne daß es zum Schutze des Nachlasses eines Sonderverfahrens bedürfte. Hierin liegt eine Abweichung von der Norm (conf. §§ 1984, 2214 BGB., 221 KO., 784 Abs. 2 ZPO.), die aber eine Unbilligkeit beseitigt, weil anderenfalls die Nachlaßgläubiger, die lediglich aus Mitteln des Nachlasses Befriedigung erhalten sollen, die Konkurrenz der Erbengläubiger erdulden müßten, ohne ein Aequivalent dafür zu haben. Ohnehin erscheint die Stellung der Erbengläubiger gegenüber derjenigen der Nachlaßgläubiger als günstiger, weil auch ihnen die Pfändung des Anteils der Miterben — neben der Vollstreckung in deren sonstiges Eigenvermögen — gestattet und dadurch zugleich eine Einwirkung auf den Nachlaß eröffnet ist, während den Nachlaßgläubigern eine Einwirkung auf das Privatvermögen der Miterben nicht zusteht. Die Vollstreckung der Privatgläubiger in Gegenstände des Nachlasses ist nach vorstehendem unzulässig, sie kann unter Bezugnahme auf die Ungeteiltheit des Nachlasses mit dem Hinweis auf § 766 ZPO. von jedem Miterben abgewehrt werden. Aus der Gesamtberechtigung der Miterben folgt aber auch die Zulässigkeit der Widerspruchsklage aus

§ 771 ZPO. Mit der Anwendung eines Beschränkungsverfahrens tritt hier nur insofern eine Änderung ein, als nunmehr nur der Verwalter zur Abwehr legitimiert ist (§ 784 Abs. 2 ZPO.). Diese Legitimation erstreckt sich auch auf diejenigen Nachlaßgegenstände, welche an die Miterben etwa im Wege der Auseinandersetzung verteilt waren. Wenn es zu einem Beschränkungsverfahren nicht kommt, unterliegen die verteilten Gegenstände der Gesamtberechtigung nicht mehr, weshalb die Vollstreckung in sie weder von dem davon betroffenen noch von den übrigen Miterben abgewehrt werden kann. — Im Falle der Testamentsvollstreckung ist bei einer Vollstreckung der Eigengläubiger in die der Verwaltung des Testamentsvollstreckers unterliegenden Nachlaßgegenstände lediglich der Verwalter zur Geltendmachung der Unzulänglichkeit legitimiert (§§ 2214, 2212). Bezüglich der einer Nacherbschaft unterliegenden Nachlaßgegenstände siehe das Kapitel: Haftung des Vor- und Nacherben.

Die Anteilspfändung ist den eigenen Gläubigern der Miterben unter allen Umständen, also auch beim Schweben eines Beschränkungsverfahrens gestattet, ferner auch dann, wenn der ganze Nachlaß oder nur der zu pfändende Anteil der Testamentsvollstreckung oder der Nacherbschaft unterliegt. Dagegen kann in den letzteren beiden Fällen sowie bei Bestehen eines Beschränkungssonderverfahrens die Befriedigung nicht durch das Verlangen nach Auseinandersetzung, sondern nur durch den Verkauf oder die Verwaltung (Sequestration) des Erbteils herbeigeführt werden, weil die Substanz bezw. die Verwaltung der auf den Erbteil bei der Auseinandersetzung etwa entfallenden Nachlaßgegenstände dem Nacherben bezw. Testamentsvollstrecker oder Verwalter zusteht (§§ 2130, 2214 BGB., § 857 Abs. 4 und 5 ZPO.).

Die z. Z. der Anordnung eines Beschränkungsverfahrens bestehende Vollstreckung der Nachlaßgläubiger in die Anteile wird durch die Anordnung unzulässig; der betroffene Miterbe kann ihr mit der auf §§ 784 Abs. 1, 785 ZPO. zu stützenden Widerspruchsklage begegnen. Ebenso ist die Anteilspfändung des Nachlaßgläubigers während der Schwebe eines Beschränkungsverfahrens unzulässig, weil mit der Anordnung des Verfahrens für die Miterben die Passivlegitimation verloren gegangen ist.

β. Nachlaßverwaltung.

Darüber, daß die Nachlaßverwaltung nur bei nicht überschuldetem bezw. auch bei einem bloß durch Legate und Auflagen überschuldeten Nachlasse anwendbar ist, siehe Seite 72.

Beim Vorhandensein mehrerer Erben hat die Nachlaßverwaltung bei weitem nicht die große Bedeutung wie beim Alleinerben. Während nämlich bei einem (auch im Kosteninteresse) zureichenden Nachlasse die Nachlaßverwaltung das einzige Mittel ist, durch dessen Anwendung der Alleinerbe die Haftung auf den Nachlaß beschränken kann, bedürfen Miterben in der Zeit vor der Teilung bei zureichendem Nachlasse gerade dieses Mittels nicht, um die Haftung auf den Nachlaß zu beschränken, weil ihnen durch den § 2059 Abs. 1 die Beschränkung auf den Nachlaß in viel einfacherer Weise möglich wird. Es bedarf lediglich der (natürlich nur im Prozesse geltend zu machenden) Einrede der Ungeteiltheit des Nachlasses, um jede Vollstreckung in Eigenvermögen eines Miterben als unzulässig zur Aufhebung zu bringen. Immerhin ist die Anwendung auch der Nachlaßverwaltung zulässig, weshalb im Einzelfalle es die Miterben in der Hand haben, dieses oder jenes Mittel der Beschränkung anzuwenden. Doch wird als Beschränkungsmittel die auf § 2059 basierende Einrede der Ungeteiltheit des Nachlasses eine größere Bedeutung wie die Nachlaßverwaltung haben, weil nämlich die letztere einen gemeinschaftlichen Antrag aller Erben, also völlige Übereinstimmung derselben erfordert, während die erstere von jedem einzelnen Miterben immer dann, wenn in sein Eigenvermögen vollstreckt wird, im Wege der auf § 767 ZPO. basierenden Gegenklage angewendet werden kann. Sie ist geradezu der Ersatz für die im § 2062 hinsichtlich der Nachlaßverwaltung gegebene Voraussetzung der Gemeinschaftlichkeit des Antrages in dem Falle, wo der durch die Vollstreckung in Eigenvermögen bedrängte einzelne Miterbe die übrigen Miterben nicht dazu veranlassen kann, mit ihm gemeinschaftlich die Nachlaßverwaltung zu beantragen. Würde der Miterbe diesen Ersatz nicht haben, so würde er schlechter stehen wie ein Alleinerbe, der doch die Nachlaßverwaltung voraussetzungslos beantragen kann; dem Miterben ist durch den § 2059 die Beschränkung ermöglicht, wie sie durch § 1975 dem Alleinerben ermöglicht ist; es ist ihm mit ihr eine selbständige Beschränkungsmöglichkeit auch bei ausreichendem Nachlasse gegeben. Im übrigen aber ist die Haftung bezw. Stellung des die Einrede aus § 2059 anwendenden Miterben nicht völlig die gleiche wie bei Anwendung der Nachlaßverwaltung. Gemäß § 1975 beschränkt sich auch für die Erbenmehrheit die Haftung lediglich auf den Nachlaß. Dies bewirkt, daß ein gegen den Nachlaß gerichteter Anspruch nicht mehr gegen die Miterben selbst gerichtlich geltend gemacht werden kann. Aus diesem Grunde ist es auch nicht zulässig, wegen eines solchen Anspruchs den „Anteil eines Miterben am Nachlasse" zu pfänden, denn der Anteil gehört jedem Erben persönlich, er ist sein Eigenvermögen, das nur auf Grund eines gegen den Erben persönlich gerichteten Schuldtitels der Vollstreckung unterliegt. Gegenüber der Nachlaßverwaltung würde allerdings eine solche Anteilspfändung ganz zwecklos sein, weil die Befriedigung des Gläubigers ohnehin aus dem Nachlasse erfolgt; die Anteilspfändung hat auch ihrerseits nur den Zweck, dem Gläubiger schließlich den Nachlaß zugänglich zu machen. Der § 2059 dagegen hindert den Gläubiger nicht, den einzelnen Miterben selbst in Anspruch zu nehmen. Die Wahrscheinlichkeit, daß der Erbe die Einrede geltend machen werde, beeinflußt sein Vorgehen nicht. Nur gibt es ihm nicht die Möglichkeit eines Zugriffs in den Gesamtnachlaß, vielmehr ist die Anteilspfändung das einzige Mittel, das dem Gläubiger hier eine Befriedigung aus dem Nachlasse ermöglicht; zur Vollstreckung in den Nachlaß als Ganzes (d. h. in die einzelnen Nachlaßgegenstände) ist ja stets ein Schuldtitel gegen die sämtlichen Miterben erforderlich (§ 747 ZPO.). — Die Nachlaßverwaltung wird für Miterben im wesentlichen dann in Frage kommen, wenn sie die Verwaltung des Nachlasses bezw. die Gläubigerbefriedigung und die Verantwortlichkeit für beide auf die Schultern des Nachlaßverwalters legen wollen, etwa weil ihnen die Verwaltung zu viele Mühe macht oder weil sie ihr nicht gewachsen sind.

Die Nachlaßverwaltung kann beim Vorhandensein mehrerer Erben überhaupt nur vor der Teilung des Nachlasses beantragt werden. Der § 2062 erfordert für ihre Anordnung einen gemeinschaftlichen Antrag der sämtlichen Miterben Hiermit kommt zum Ausdruck, daß hier in Wahrheit die Nachlaßverwaltung im wesentlichen nicht als Beschränkungsmittel, sondern als eine besondere Art der Verwaltung des Nachlasses betrachtet wird, denn nur dadurch ist es erklärlich, daß ein gemeinschaftlicher Antrag erfordert wird (§ 2038). Im Prinzip sollen die Erben den Nachlaß ihrerseits gemeinschaftlich verwalten; es soll nicht einem einzelnen Erben möglich sein, die Verwaltung eines zureichenden Nachlasses etwa gegen den Willen der übrigen diesen allen aus den Händen zu winden und in fremde Hände hinüberzuspielen. Der einzelne Miterbe könnte dies nur dann wollen, wenn ihm die Verwaltung des Nachlasses Beschwerden und Sorgen macht; da er diese Nachteile aber in Gemeinschaft mit anderen Personen trägt, ist auf ihn allein nicht besondere Rücksicht zu nehmen; es ist davon auszugehen, daß gerade, weil es mehrere Personen sind, die den Nachlaß zu verwalten haben, die Mühe des einzelnen nicht so drückend empfunden und die Verantwortung des einzelnen, der ja durch alle übrigen gebunden ist, nicht so leicht zu nachteiligen Folgen für ihn führen wird. Wie schon erwähnt, ist die Weigerung eines Miterben, sich am Antrage auf Anordnung der Nachlaßverwaltung zu beteiligen, den übrigen insofern unschädlich, als ihr Eigenvermögen schon durch die Einrede der Ungeteiltheit des Nachlasses geschützt werden kann; die Mühe der Verwaltung müssen sie allerdings schon beim Widerspruch eines einzigen Miterben behalten. — Haften die Miterben sämtlich unbeschränkbar, so dürfte ihnen die Nachlaßverwaltung selbst dann völlig verschlossen sein, wenn sie bereit sind, den Antrag gemeinschaftlich zu stellen (§ 2013). Kreß Seite 162 ist der Meinung, daß der Verlust der Beschränkungsmöglichkeit bei der Erbenmehrheit insoweit bedeutungslos sei, weil die Nachlaßverwaltung hier kein Mittel der Haftungsbeschränkung, sondern nur der Erleichterung der Liquidation des Nachlasses sei. Diese Begründung kann nicht zutreffen, weil nichts im Wege gestanden hätte, aus solchen Motiven auch dem Alleinerben die Anwendung der Nachlaßverwaltung zu gestatten. Im übrigen würde die Nachlaßverwaltung hier allerdings an den Haftungsgrundsätzen nichts ändern, denn die Nachlaßgläubiger würden durch das Verfahren nicht gehindert, die Miterben als Gesamtschuldner persönlich in Anspruch zu nehmen, und die Erben wären in der Lage, ihre persönliche Haftung nach Maßgabe des § 2059 Abs. 1 S. 2 anteilig zu beschränken. Eine andere Frage ist es, ob die Miterben auch dann, wenn sie nicht durchweg beschränkbar haften, die Nachlaßverwaltung in die Wege leiten können. Derjenige Miterbe nämlich, der die Beschränkungsmöglichkeit verloren hat, kann seinerseits den Antrag nicht stellen (§ 2013). Es entspricht der Billigkeit, anzunehmen, daß die übrigen hierdurch nicht an der Antragstellung gehindert sind; denn die an den Verlust der Beschränkungsmöglichkeit geknüpften Folgen können nicht auch die übrigen Miterben in ihren Maßnahmen der Verwaltung hemmen. Jeder Miterbe, der sich bei der Antragsstellung nicht beteiligt hat, kann gegen die dennoch erfolgte Anordnung des Verfahrens mit der einfachen Beschwerde vorgehen (§ 19 FGG.), dem Nachlaßgläubiger steht die Beschwerde nicht zu. Dagegen kann er, wenn nach seiner Meinung der Nachlaß bereits geteilt ist, Aufhebung des Verfahrens dadurch herbeiführen, daß er das Gericht auf diese Sachlage aufmerksam macht und die Teilung nachweist (§ 2062 S. 2).

Der Antrag der Miterben ist im übrigen voraussetzungslos gestattet, auch unterliegt er keiner zeitlichen Beschränkung. Daß aber die Erben eine Nachlaßverwaltung noch nach Ablauf von fünf Jahren seit dem Erbfalle bezw. seit der Todeserklärung des Erblassers beantragen werden, dürfte, auch wenn der Nachlaß noch ungeteilt sein sollte, nicht leicht vorkommen, weil alsdann die bekannten Nachlaßgläubiger, denen die Erben allerdings auch dann noch als Gesamtschuldner unbeschränkt haften würden, wohl durchweg befriedigt sein werden, die unbekannten aber durch die Einrede des Zeitablaufs auf die Bereicherung verwiesen werden können (§ 1974).

Auch bei der Erbenmehrheit ist die Nachlaßverwaltung auf Antrag der Nachlaßgläubiger gestattet. Insoweit kommt es nicht darauf an, ob der Gläubiger voll- oder im Sinne des § 226 Abs. 2 KO. minderberechtigt ist. Doch ist der Antrag zeitlich beschränkt und auch sonst nur bei Gefährdung der Gläubigerbefriedigung zulässig (§ 1981 Abs. 2). Was das erstere Erfordernis anlangt, so läuft die im § 1981 normierte zweijährige Frist von der Annahme der Erbschaft ab. Da beim Vorhandensein mehrerer Erben die Annahme in der Regel zu verschiedenen Zeiten erfolgen wird, so dürfte es immer auf den Zeitpunkt der letzten Annahme ankommen. Was das Erfordernis der Gefährdung anlangt, so genügt es schon, daß sie von nur einem Miterben ausgeht. Gegenüber der auf Antrag eines Nachlaßgläubigers angeordneten Nachlaßverwaltung steht jedem Miterben die sofortige Beschwerde zu (§ 76 Abs. 2 FGG.). — Die Nachlaßgläubiger sind in der Antragstellung nicht durch die Tatsache behindert, daß die Miterben bereits sämtlich die Möglichkeit der Haftungsbeschränkung verloren haben, denn für den Gläubiger ist das Verfahren ja kein solches der Beschränkung, sondern ein Mittel, die Verwaltung des Nachlasses im Interesse der Gläubigerbefriedigung den Händen der Erben zu entreißen und in die eines ad hoc bestellten Verwalters zu bringen. Daneben können sie immerhin das Eigenvermögen des unbeschränkbar haftenden Miterben in den (vom Erben selbst zu ziehenden) Grenzen des § 2059 Abs. 1 S. 2 angreifen, natürlich nur sofern ein Schuldtitel gegen diesen Erben vorliegt.

Mit der Anordnung der Nachlaßverwaltung beschränkt sich die Haftung auf den Nachlaß (§ 1975). Die Verwaltung führt nunmehr nur der Nachlaßverwalter. Er hat auch den Nachlaß in Besitz zu nehmen. Soweit einzelne Nachlaßgegenstände bereits verteilt sein sollten, sind sie von dem Empfänger dem Verwalter herauszugeben. Der Verwalter hat etwaige durch Mißwirtschaft verschuldete Abgänge gegen den bezw. die Erben geltend zu machen, sofern und soweit der in seiner Verwaltung befindliche Nachlaß nicht zur Befriedigung der Nachlaßgläubiger ausreicht. Vollstreckungen sind für Eigengläubiger in den Nachlaß unzulässig (§§ 1984 Abs. 2 BGB., 766 ZPO.). Gegenüber den bei Anordnung des Verfahrens etwa bestehenden Maßregeln der Vollstreckung eigener Gläubiger in Nachlaßgegenstände hat der Verwalter nach Maßgabe des § 784 Abs. 2 ZPO. zu klagen (§ 785 ZPO.). Dagegen kann er Vollstreckungen der Nachlaßgläubiger in den Nachlaß nicht verhindern bezw. die etwa zur Zeit der Anordnung des Verfahrens bestehenden nicht zur Aufhebung bringen. Nachlaßgläubiger dürfen fortan auch nicht mehr in Eigenvermögen bezw. in den „Anteil" eines Miterben pfänden, wohl aber steht dieses Recht den eigenen Gläubigern eines Miterben zu, da der Anteil zum eigenen Vermögen gehört. Gegenüber der Vollstreckung eines Nachlaßgläubigers in Eigenvermögen wehrt sich der Miterbe unter Hinweis auf § 1984 Abs. 1 S. 1 mit § 766 ZPO. Haftet der Erbe unbeschränkbar, so wirkt hinsichtlich seiner die Nachlaßverwaltung nicht beschränkend. Jeder Gläubiger kann ihn auch weiterhin persönlich in Anspruch nehmen, doch hat der betreffende Erbe die Beschränkungsmöglichkeit nach Maßgabe des § 2059

Abs. 1 S. 2. Der Erbe wehrt sich mit der Gegenklage nach §§ 785, 767 ZPO. Daneben kann der Gläubiger auch seinen „Anteil" pfänden, doch wird dies für einen Nachlaßgläubiger, der ja aus dem Gesamtnachlaß vom Verwalter befriedigt wird, zwecklos sein. — Über die Legitimation der Miterben in Rechtsstreitigkeiten siehe im Abschnitt: Prozessuales.

Nach Beendigung der Nachlaßverwaltung wird der Nachlaß, der etwa übrig bleibt, an die Erben zurückgegeben. War er bei Anordnung des Verfahrens noch völlig ungeteilt, so bleibt er auch nach Beendigung des Verfahrens gemeinschaftliches Eigentum der Erben; bleiben Gegenstände, die bereits verteilt waren, übrig, so werden sie den Eigentümern zurückgegeben. Auch wenn der Nachlaß im Verfahren völlig aufgebraucht wird, an die Erben also nichts zurückgelangt, kann nicht eine Teilung als vorliegend erachtet werden. Siehe hierzu das folgende Kapitel. Die Grundsätze des § 2059 sind alsdann dauernd anwendbar. Im übrigen ist nach Beendigung des Verfahrens bei noch ungeteiltem Nachlasse die Haftung des beschränkbar haftenden Miterben gemäß § 2059 auf den Anteil, die des unbeschränkbar haftenden nach Maßgabe des § 2059 Abs. 1 S. 2 beschränkbar, d. h. er haftet wegen des seiner Erbquote entsprechenden Teils der Forderung mit dem Eigenvermögen; wegen der ganzen Forderung kann sein Anteil angegriffen werden. Oft wird nach Beendigung der Nachlaßverwaltung der Nachlaß so gering sein, daß hinsichtlich der Haftung mit dem Nachlasse die Unzulänglichkeitseinrede am Platze sein wird.

γ. **Nachlaßkonkurs.**

Daß der Nachlaßkonkurs unter allen Umständen nur bei Überschuldung des Nachlasses angewendet werden kann, ist bereis dargestellt. Über den Nachlaßkonkurs beim Erbschaftskauf siehe den Abschnitt D d β dieses Kapitels.

Wie die Nachlaßverwaltung, so hat auch der Nachlaßkonkurs beim Vorhandensein mehrerer Erben als Mittel der Haftungsbeschränkung, d. h. als Mittel zum Schutze des Eigenvermögens, eine nur untergeordnete Bedeutung, obwohl sich allerdings mit seiner Eröffnung die Haftung auf den Nachlaß beschränkt. Das Eigenvermögen wird vielmehr in völlig ausreichender Weise durch die viel einfachere Einrede des ungeteilten Nachlasses gemäß § 2059 geschützt. Insoweit also bedürfen die Erben des Nachlaßkonkurses nicht. Für die Berichtigung der Nachlaßverbindlichkeiten kommt es aber nicht sowohl darauf an, daß sie unter Wahrung des Eigenvermögens der Erben geschieht, als vielmehr darauf, daß die Mittel des Nachlasses ordnungsmäßig verwendet werden. Dies kann bei unzureichendem, im Kosteninteresse auch konkursfähigem Nachlasse — anders wie bei ausreichendem — nur mit Hilfe eines Sonderverfahrens (des Nachlaßkonkurses) geschehen. Würden sich die Erben beim Vorgehen der Nachlaßgläubiger auf die Einrede des ungeteilten Nachlasses beschränken, jeden Gläubiger also auf den Nachlaß hinweisen, so würde dies dem Gesamtinteresse der Gläubiger schädlich sein, denn jeder einzelne von ihnen würde naturgemäß nicht auf die Unzulänglichkeit des Nachlasses Rücksicht nehmen, sondern sich wegen seiner ganzen Forderung befriedigen, weshalb schließlich die am spätesten Vorgehenden Ausfälle erleiden müßten. Im Interesse der Nachlaßgläubiger ist es deshalb geboten, den Erben nicht zu konzedieren, daß sie sich mit der Anwendung der Einrede aus § 2059 begnügen, es ist ihnen bezw. jedem von ihnen vielmehr zur Pflicht gemacht, den Nachlaßkonkurs unverzüglich anzumelden, sobald die Überschuldung offenbar wird, und weiterhin, die Überschuldung festzustellen, sobald sich Umstände zeigen, die eine solche als möglich erscheinen lassen. Immerhin steht an sich auch bei unzureichendem Nachlasse der Anwendung der Einrede des ungeteilten Nachlasses nichts im Wege. Namentlich kommt dies dem einzelnen durch Vollstreckungen in sein Eigenvermögen bedrängten Miterben in dem Falle zugute, wenn er für sich allein den Nachlaßkonkurs wegen der Unmöglichkeit, schon jetzt die Überschuldung glaubhaft zu machen, nicht beantragen kann. Er hilft sich wenigstens für den Augenblick und gewinnt Zeit. Zwar wird der Nachlaßgläubiger nunmehr gegen den Nachlaß selbst vorgehen (wenn er einen gegen sämtliche Erben gerichteten Schuldtitel besitzt), der Erbe wird aber das zur Konkurseröffnung erforderliche Material indes so rechtzeitig beschafft haben, daß es zu einer Versteigerung von Nachlaßgegenständen nicht kommen wird. Im übrigen ist die Stellung der Erben von der Eröffnung des Konkurses ab in gewisser Beziehung verschieden von derjenigen, die sie bei Anwendung lediglich der Einrede nach § 2059 haben. Die Erben verlieren im ersteren Falle die Passivlegitimation für Rechtsstreitigkeiten, im letzteren Falle bleibt sie ihnen erhalten, ferner ist im ersteren Falle jede Zwangsvollstreckung der Nachlaßgläubiger im Eigenvermögen einschließlich des Anteils eines Miterben unzulässig, im letzteren Falle aber an sich zulässig; bezüglich des Anteils sogar auch unabwendbar. Freilich würde bei unzulänglichem Nachlasse die Anteilspfändung meist zwecklos sein, nicht nur dann, wenn Konkurs eröffnet ist, sondern auch im konkurslosen Zustande, weil nämlich die Schulden die Aktiva ohnehin aufzehren müssen und es kaum zu einer Auseinandersetzung bezw. zu einer Zuteilung von Nachlaßgegenständen an den Pfandschuldner kommen wird.

Der Nachlaßkonkurs kann sowohl vor wie nach der Teilung beantragt werden (§ 216 KO.). Es ist hier nicht, wie für die Nachlaßverwaltung, ein gemeinschaftlicher Antrag aller Miterben erfordert, weil nämlich der Konkurs — anders wie die Nachlaßverwaltung — allein im Interesse der Nachlaßgläubiger liegt und es bei dieser Sachlage keinem Miterben benommen sein darf, jede sich als notwendig ergebende Maßregel auch selbständig zu ergreifen. Wäre ein gemeinschaftlicher Antrag erfordert, so wäre in allen Fällen, wo der Konkurs am Widerstande auch nur eines Miterben scheiterte, die ordnungsmäßige Befriedigung der Gläubiger vereitelt. Der Konkursantrag ist nach allgemeinen Grundsätzen auch dem bezw. den unbeschränkbar haftenden Miterben gestattet (§ 216 KO.). An ihrer Haftung ändert der Konkurs nichts; die Nachlaßgläubiger können trotz des Konkurses gegen die unbeschränkbar haftenden Miterben persönlich vorgehen, und die Erben haben die Möglichkeit, das Eigenvermögen in den ihnen vom § 2059 Abs. 1 S. 2 gezogenen Grenzen zu schützen; eine (an sich zulässige) Anteilspfändung wird hier nicht in Frage kommen, weil die Befriedigung des Nachlaßgläubigers aus dem Gesamtnachlasse erfolgt. Im übrigen macht es einen Unterschied, ob der Konkurs von sämtlichen oder nur einigen bezw. einem einzelnen Miterben beantragt wird, denn nur im ersteren Falle darf die Glaubhaftmachung der Überschuldung unterbleiben (§ 217 KO.), wird also Beibringung eines Verzeichnisses der Nachlaßgläubiger und Schuldner sowie einer Übersicht des Vermögensbestandes des Nachlasses für ausreichend erachtet. Im anderen Falle hat der Antragsteller die Überschuldung glaubhaft zu machen; auch hat das Gericht die übrigen Miterben, wenn tunlich, zu hören. Gegen die Eröffnung des Nachlaßkonkurses auf den Antrag nicht aller Miterben steht allen übrigen die sofortige Beschwerde zu (§ 109 KO.). Gegen die Ablehnung der Eröffnung steht die sofortige Beschwerde nur dem Antragsteller zu. Der Antrag der Erben unterliegt keiner zeitlichen Begrenzung. Doch ändert sich, sobald fünf Jahre seit dem Erbfalle bezw. seit der Todeserklärung des Erblassers verflossen sind, unter Umständen die Situation vollständig. Da nämlich im Verhältnis zu denjenigen Gläubigern, deren Forderung bis dahin nicht bekannt geworden bezw. auch nicht zu einem Aufgebote angemeldet war, die Haftung durch Einrede des Zeitablaufs auf die Bereicherung beschränkt werden kann (§ 1974), kommen die Forderungen der betreffenden Gläubiger bei Berechnung des Vermögensstandes des Nachlasses nicht in Betracht; der Nachlaß, der vorher unzureichend war, kann jetzt (für die übrigen, voll zu berichtigenden Forderungen) ausreichen, der Konkursgrund also weggefallen sein. Keinesfalls sind die Erben um der im Sinne des § 1974 ausgeschlossenen Gläubiger willen zur Anmeldung des Nachlaßkonkurses gezwungen; nicht einmal die Einrede aus § 2059, sondern eben die den Erben günstigere aus § 1974 ist anzuwenden.

Hinsichtlich des Alleinerben ist durch die Bestimmung des § 1980 ein Zwang zum Konkurseröffnungsantrage in dem Sinne statuiert, daß der Erbe sich wegen jedes durch schuldhafte (auch fahrlässige) Verzögerung den Gläubigern etwa erwachsenden Schadens ersatzpflichtig macht; der Anspruch setzt jedoch stets das Schweben des Nachlaßkonkurses voraus, da andernfalls der Erbe aus dem ursprünglichen Rechtsgrunde unbeschränkt haftet. Für Miterben ist die Rechtslage anders. Grundsätzlich besteht allerdings auch für sie die Antragspflicht mit der im § 1980 statuierten Schadensersatzpflicht, nur kann wegen der ohnehin bestehenden Sonderstellung des Nachlasses deren Geltendmachung hier nicht davon abhängig sein, daß es schließlich zum Konkurse kommt. Vielmehr kann, da die Möglichkeit der Haftungsbeschränkung schon durch den § 2059 gegeben ist, der Schadensersatzanspruch ganz unabhängig vom Konkurse geltend gemacht werden. An sich hat es also beim Vorhandensein mehrerer Erben der Nachlaßgläubiger nicht nötig, zur Herbeiführung einer ordnungsmäßigen (etwa konkursmäßigen) Befriedigung seinerseits den Nachlaßkonkurs zu beantragen, er kann es vielmehr, sofern nur die Erben zahlungsfähig sind, ruhig mit ansehen, daß der — unzureichende — Nachlaß verbraucht bezw. für die Befriedigung der Gläubiger in einer Weise verwendet wird, als ob er ausreichte, denn es ist ihm möglich, im Wege des Schadensersatzes jedenfalls aus dem Eigenvermögen der im Sinne des § 1980 schuldigen Miterben soweit Befriedigung zu erlangen, als er sie im Konkurse bekommen hätte. Freilich wird dieses Verfahren keineswegs den Vorzug vor dem weit sichereren Konkurse verdienen. Übrigens sind Ansprüche nach § 1980 wie auch nach § 1978 hier nur dann denkbar, wenn gegen sämtliche Erben in den Nachlaß vorgegangen wird und sich dabei die Unzulänglichkeit des Nachlasses infolge Mißwirtschaft ergibt. — Die Konkursantragspflicht entfällt dann, wenn der Nachlaß so unzureichend ist, daß er die Kosten des Verfahrens nicht decken würde (§ 1990), und weiter auch dann, wenn es sich lediglich um die Interessen der minderberechtigten Gläubiger des § 219 Abs. 1 KO. handelt. — Die Verantwortlichkeit, die im § 1980 statuiert ist, involviert für jeden Miterben die Pflicht, die Überschuldung festzustellen, wenn die Annahme begründet ist, daß noch unbekannte Nachlaßverbindlichkeiten bestehen (§ 1980 Abs. 2). Obwohl nun für die Erbenmehrheit als Mittel hierzu auch die Aufforderung (§ 2061) in Betracht kommen könnte, reicht sie dennoch nicht aus, um von den Erben Schadensersatzansprüche abzuwenden, weil der § 1980 Abs. 2 die Anwendung des Aufgebots vorschreibt. Die Aufforderung äußert nämlich nicht einen so starken Meldezwang wie das Aufgebot, einmal weil vor der Teilung auch bei Unterlassung der Anmeldung ein Nachteil überhaupt nicht eintritt, sodann weil auch nach der Teilung jeder Erbe zwar nur anteilig, aber im übrigen unbeschränkt bezw. auf den Nachlaß beschränkbar haftet; im Grunde verliert hier also der Gläubiger, sofern nur die Erben zahlungsfähig sind, nichts. Durch die §§ 991, 997 ZPO. ist jedem einzelnen Miterben die Möglichkeit gegeben, das Aufgebot zu beantragen. — Für einen bereits allgemein unbeschränkbar haftenden Miterben besteht die Verantwortlichkeit nach § 1980 bezw. also die Konkursantragspflicht in einem engeren Umfange wie für einen noch beschränkbar haftenden. Soweit er nämlich mit eigenem Vermögen haftet (§ 2059 Abs. 1 S. 2), ist er nach § 2013 nicht für seine Verwaltung des Nachlasses verantwortlich, dagegen ist er es, soweit diese Haftung nicht besteht, d. h. in Höhe des über seine Erbquote hinausgehenden Teils der Verbindlichkeit (Seite 159). Hierdurch unterscheidet sich die Konkursantragspflicht des allgemein unbeschränkbar haftenden Alleinerben von der eines ebenso haftenden Miterben.

Die Nachlaßgläubiger können den Nachlaßkonkurs nach Maßgabe des § 217 KO. beantragen; sie haben die Überschuldung glaubhaft zu machen. Gegen den Beschluß, durch den der Antrag des Gläubigers abgewiesen wird, steht ihm die sofortige Beschwerde zu; gegen den seinem Antrage stattgebenden Beschluß steht das Recht der sofortigen Beschwerde jedem Miterben zu. — Das Antragsrecht besteht grundsätzlich für jeden Nachlaßgläubiger, auch wenn er im Sinne der KO. (§ 226) minderberechtigt ist, doch ist bezüglich der letzteren im § 219 KO. die weitere Voraussetzung normiert, daß der Erbe mit seinem Eigenvermögen im Konkurse sei. Beim Vorhandensein mehrerer Erben ist der Konkursfall für einen derartig Minderberechtigten weder dann gegeben, wenn zufällig die sämtlichen Miterben im Konkurse sind, noch dann, wenn dies nur bezüglich eines oder einzelner der Fall ist. Die Substanz des — ungeteilten — Nachlasses wird nämlich in keinem Falle von dem Konkurse des einzelnen Miterben betroffen; zum Konkurse gehört stets nur der Anteil des Miterben. Wird im Konkurse der Anteil verwertet oder wird die Auseinandersetzung (§ 2042) betrieben, so werden die Interessen der Nachlaßgläubiger dadurch nicht beeinträchtigt (§§ 2382, 2046). Siehe auch Kreß 162 Anm. 7. — Der Antrag der Nachlaßgläubiger ist zeitlich begrenzt (§ 220 KO.). Man wird, da die Annahme durch Miterben sehr oft nicht zu gleicher Zeit erfolgt, hier die zwei Jahre von der letzten Annahme ab rechnen müssen. — Wie dem Erben selbst, so steht auch den Gläubigern der Konkursantrag selbst dann zu, wenn die Erben die Möglichkeit der Haftungsbeschränkung verloren haben; für sie ist das Konkursverfahren ja kein Mittel der Beschränkung, sondern ein Mittel, mit welchem sie eine geordnete Befriedigung der Nachlaßgläubiger durch die Verwaltung eines ad hoc bestellten Verwalters ermöglichen. Daneben ist ihnen der Angriff in das Eigenvermögen des unbeschränkbar haftenden Miterben unabhängig vom Konkurse gestattet und ist der betreffende

Miterbe zur Anwendung der Einrede aus § 2059 Abs. 1 S. 2 gezwungen, wenn er das Vorgehen der Gläubiger in den ihm konzedierten Schranken halten will.

Mit der Eröffnung des Nachlaßkonkurses beschränkt sich die Haftung auf den Nachlaß (§ 1975). Zur Verwaltung ist nunmehr allein der Konkursverwalter berechtigt; er hat den Nachlaß auch in Besitz zu nehmen. Soweit einzelne Nachlaßgegenstände bereits verteilt sein sollten, hat sie der Empfänger zur Masse herauszugeben. Der Verwalter hat etwaige Ersatz- bezw. Schadensersatzansprüche in dem Falle, daß die Masse der Ergänzung bedarf, gegen den bezw. die Miterben, denen ein Verstoß zur Last fällt, geltend zu machen. Vollstreckungen sind Eigengläubigern wie Nachlaßkonkursgläubigern in den Nachlaß fortan verwehrt. Bestehen z. Z. der Eröffnung des Verfahrens Maßregeln der Zwangsvollstreckung in den Nachlaß, so trifft auf sie evtl. der § 221 KO. zu, wonach das durch die Pfändung erworbene Absonderungsrecht für die Dauer des Konkurses zessiert. Bestehen Vollstreckungen der Nachlaßgläubiger in Eigenvermögen eines Miterben, so kann dieser sie nach Maßgabe der §§ 784 Abs. 1 und 785 ZPO. abwehren. Neue Vollstreckungen in Eigenvermögen, die ohnehin einen gegen den betreffenden Erben gerichteten Schuldtitel erfordern, desgleichen Pfändungen des Anteils können nicht mehr vorgenommen werden (§§ 1975 BGB., 766 ZPO.). Wohl aber unterliegt der Anteil der Pfändung eines Eigengläubigers jedes Miterben, doch wird sie, wenn der Nachlaßkonkurs besteht, wohl stets zwecklos sein. Haftet der Miterbe allgemein unbeschränkbar, so kann, wie erwähnt, das Eigenvermögen des Miterben in gewissem Umfange angegriffen werden. Der allgemein unbeschränkbar haftende Miterbe kann das, was er zur Befriedigung eines Nachlaßgläubigers aus eigenem Vermögen nach § 2059 Abs. 1 S. 2 aufwenden muß, zum Konkurse nicht anmelden, sich also für seinen Schaden insoweit keinen Ausgleich verschaffen (§ 225 Abs. 2 KO.). Bezüglich des vereinzelt unbeschränkbar Haftenden siehe Abs. 3 des § 225.

Nach Beendigung des Nachlaßkonkurses durch Einstellung (§§ 202, 204 KO.) wird der Nachlaß an die Erben zum gemeinschaftlichen Eigentum wieder zurückgegeben. Die Auseinandersetzung ist Sache der Erben. Soweit eine Teilung bereits stattgehabt hatte, werden die verteilten Gegenstände wieder ihrem Eigentümer zurückgegeben. Da sonach wieder derjenige Zustand hergestellt wird, der vor Eröffnung des Konkurses bestanden hatte, ist die Haftung der Miterben auch wieder dieselbe wie sie vorher gewesen war; sie ist gesamtschuldnerisch unbeschränkt bezw. nach Maßgabe des § 2059 oder der sonstigen Beschränkungsinstitute beschränkbar (§§ 1975, 1990 ff., 1973, 1974, nicht dagegen § 1989). — Wird der Nachlaßkonkurs auf Grund Akkords oder Ausschüttung der Masse aufgehoben, so ändert sich die Haftung gegenüber den etwa noch in Betracht kommenden vom Konkurse nicht betroffenen Nachlaßgläubigern, da sie zwar grundsätzlich unbeschränkt, im übrigen aber nach Maßgabe des § 1989 auf die Bereicherung beschränbkar ist. (Diese Beschränkbarkeit dauert auch über die Teilung des Nachlasses hinaus fort.) Diejenigen Gläubiger, die vom Konkurse betroffen werden, sind berechtigt nach Maßgabe des Zwangsvergleichs bezw. haben sie ihr volles Befriedigungsrecht gewahrt. Ob die Erben nach Aufhebung des Konkurses nach Maßgabe des § 1989 oder des § 2059 haften, ist für sie nicht ohne Bedeutung, weil ihre Verantwortlichkeit für die Verwaltung der zurückgegebenen Nachlaßgegenstände im ersteren Falle nicht so groß wie im letzteren Falle ist. (Kreß 154 ist der Ansicht, daß der § 1989 hier keine Anwendung findet.) Haftet ein Miterbe unbeschränkbar, so kommt ihm der § 1989 nicht zu statten, wohl aber bleibt ihm die Anwendung der Beschränkung auf einen Teil der Forderung gemäß § 2059 Abs. 1 S. 2.

Meist wird der Nachlaß im Konkurse aufgebraucht werden, es wird an die Erben kein Aktivum zurückgelangen. In diesem Falle muß der Zustand der Ungeteiltheit mit den sich aus ihm ergebenden Haftungsgrundsätzen (wie oben dargelegt) als dauernd erachtet werden. Eine Teilung liegt in dieser Erschöpfung des Nachlasses nicht. Siehe hierzu das folgende Kapitel.

δ. Unzulänglichkeitseinrede.

Darüber, daß die Unzulänglichkeitseinrede sowohl bei überschuldetem wie auch bei unzureichendem Nachlasse anwendbar ist, siehe Seite 76. Für ihre Geltendmachung wird hier wie beim Alleinerben nur erfordert, daß die Kosten eines Sonderverfahrens der Schuldentilgung, nämlich der Nachlaßverwaltung oder des Nachlaßkonkurses, nicht aus Mitteln des Nachlasses gedeckt werden könnten. Beim Alleinerben kommt der Unzulänglichkeitseinrede die zwiefache Bedeutung zu, Maßregel des Schutzes für das Eigenvermögen des Erben zu sein, weil sich nämlich mit der Geltendmachung der Einrede die Haftung auf den Nachlaß beschränkt, und ferner Maßregel für eine in bestimmter Weise geregelte Gläubigerbefriedigung zu sein; diese doppelte Wirkung ergibt sich als die Folge der Tatsache, daß die betreffende Einrede die oben erwähnten Sonderverfahren dann zu ersetzen bestimmt ist, wenn der Nachlaß im Sinne des § 1990 unzulänglich ist und infolgedessen die Verfahren unanwendbar sind. Eine engere Bedeutung hat die Unzulänglichkeitseinrede beim Vorhandensein mehrerer Erben. Allerdings ist auch hier die Wirkung dieselbe wie beim Alleinerben, aber, soweit es sich für Miterben darum handelt, Eigenvermögen zu schützen, bedürfen sie der Einrede ebensowenig wie eines Sonderverfahrens der Verwaltung des Nachlasses, denn sie können das Eigenvermögen mit der Einrede des ungeteilten Nachlasses (§ 2059) viel einfacher schützen, wie mit der Einrede der Unzulänglichkeit des Nachlasses im Sinne des § 1990. Zwar ist auch mit der Unzulänglichkeitseinrede kein Sonderverfahren verbunden, doch ist die Rechtsstellung der die Haftung wegen der Unzulänglichkeit beschränkenden Miterben im Verhältnisse zum andrängenden Nachlaßgläubiger weit ungünstiger wie bei der Einrede der Ungeteiltheit des Nachlasses, weil die Erben nämlich im ersteren Falle die Entwickelung des Nachlasses bis zum Eintritte der Unzulänglichkeit beweisen müssen, im letzteren Falle es aber auf die Umstände des Nachlasses überhaupt nur insofern ankommt, als er noch nicht aufgeteilt sein darf. Zum Schutze des Eigenvermögens genügt einzig und allein die Tatsache, daß die Auseinandersetzung nicht stattgefunden hat. Die Unzulänglichkeitseinrede wird daher vor der Teilung als Mittel der Beschränkung der Haftung auf den Nachlaß kaum Anwendung finden. Ihre Bedeutung beschränkt sich, wie die der Nachlaßverwaltung und des Nachlaßkonkurses hier darauf, Maßregel einer in bestimmter Weise zu bewerkstelligenden Befriedigung der Nachlaßgläubiger aus Mitteln des Nachlasses zu sein. Es gilt hier, wie bei der Erörterung der Regeln vom Nachlaßkonkurse dargetan ist, das Prinzip, daß es nicht sowohl darauf ankommt, das Eigenvermögen der Miterben zu schützen, als vielmehr den Nachlaß in ordnungsmäßiger Weise für die Zwecke der Nachlaßgläubiger zu verwenden, woraus sich ergibt, daß die Erben, wenn sie sich einfach mit der Einrede des ungeteilten Nachlasses behelfen, etwa weil gerade dies ihnen genügt, und die Gläubiger auf den Nachlaß selbst hinweisen, gegen das Gesamtinteresse der Nachlaßgläubiger verstoßen und sich ersatzpflichtig machen können. Die Erben dürfen es eben nicht dem einzelnen Gläubiger überlassen, sich nach Gutdünken oder durch größere Schnelligkeit im Vorgehen aus Mitteln des Nachlasses unter Schädigung der Interessen der übrigen Gläubiger zu befriedigen; sie ihrerseits müssen diese Befriedigung nach den vom Gesetze gegebenen Regeln, also unter Wahrung der Interessen aller Nachlaßgläubiger bewerkstelligen. Sie sind bei Zwangsvollstreckungen in den Nachlaß zur Anwendung der Unzulänglichkeitseinrede zu diesem Zwecke stets gezwungen, wenn der Nachlaß so unzureichend ist, daß er die Kosten eines Sonderverfahrens der Beschränkung nicht decken würde. In diesem Falle verliert die — nicht genügend weit wirkende — Einrede des ungeteilten Nachlasses an Bedeutung. Immerhin ist sie auch in den Fällen, wo die Unzulänglichkeitseinrede angebracht ist, als Schutzmaßregel für das Eigenvermögen, d. h. so lange die Vollstreckung nur Eigenvermögen erfaßt, anwendbar, und zwar wird lediglich sie angewendet werden; sobald aber die Vollstreckung in den Nachlaß übergreift, wird die Unzulänglichkeitseinrede (allerdings nur dann) angewendet werden müssen (wenn dem vorgehenden Nachlaßgläubiger der Rang, den ihm sein Vorgehen verschaffen würde, nicht zukommt). Im übrigen ist die Stellung der Erben bei Anwendung der Unzulänglichkeitseinrede verschieden von der Anwendung der Einrede des ungeteilten Nachlasses. Die erstere beschränkt nämlich die Haftung auf den Nachlaß, macht also auch eine Pfändung des Anteils, da er zum eigenen Vermögen jedes Erben gehört, unzulässig; bei der letzteren wird der Gläubiger zwar gleichfalls auf den Nachlaß hingewiesen, aber es ist doch daneben auch die Anteilspfändung zulässig. Daß letztere allerdings — jedenfalls bei einem überschuldeten Nachlasse — wohl stets zwecklos sein wird, liegt auf der Hand. Eine Verschiedenheit der Stellung liegt auch hinsichtlich der Verteidigung vor, deren sich die Erben in den beiden Fällen zu bedienen haben: Wollen sie sich nämlich zunächst auf die Einrede der Ungeteiltheit des Nachlasses beschränken, so wahren sie ihre Beschränkungsmöglichkeit ausreichend durch Erwirkung des Vorbehalts (§ 780 ZPO.); hindert der letztere auch nicht die Vollstreckung in Eigenvermögen, so setzt er jeden Erben doch in den Stand, ihr durch die Zwangsvollstreckungsgegenklage (§ 767 ZPO.) zu begegnen und sie zur Aufhebung zu bringen. Was die Unzulänglichkeitseinrede anlangt, so kann ihr mit Hilfe des Vorbehalts allerdings in genau derselben Weise sowohl dann, wenn in Eigenvermögen, wie auch dann, wenn regelwidrig in den Nachlaß vollstreckt wird, Geltung verschafft werden; nur ist der Verlauf des Gegenprozesses ein anderer, weil hier die Unzulänglichkeit des Nachlasses, dort aber nur die Ungeteiltheit bewiesen werden muß. Die Unzulänglichkeitseinrede kann aber bereits im Hauptprozesse vorgebracht werden, wenn die Erben erreichen wollen, daß sie nach Maßgabe des § 1990 nur zur Zahlung aus dem Nachlaß (statt pure zur Zahlung) verurteilt werden, um von vornherein jeder Vollstreckung in Eigenvermögen vorzubeugen.

Die Anwendung der Unzulänglichkeitseinrede bietet auch beim Vorhandensein mehrerer Erben keine Schwierigkeit. Wenn der Gläubiger die Erben sämtlich in Anspruch nimmt, so ist es ihnen, da sie den Nachlaß gemeinschaftlich verwalten, gemeinschaftlich möglich, den Nachlaß nach Maßgabe des § 1990 herauszugeben, gleichviel ob sie die Einrede schon im Hauptprozesse oder erst in der Zwangsvollstreckungsinstanz (dieses Mal evtl. als Kläger) geltend machen. Es erfolgt Verurteilung der Erben als Gesamtschuldner und zwar, wenn sie die Unzulänglichkeit schon im Hauptprozesse geltend machen, zur Zahlung aus dem Nachlasse ohne Vorbehalt; im Falle, daß sie die Unzulänglichkeit erst in der Zwangsvollstreckung geltend machen wollen, pure zur Zahlung mit dem — zu erbittenden — Vorbehalt (§ 780 ZPO.). Indem sie Verurteilung zur Zahlung aus dem Nachlasse erwirken, ist die Beschränkung auf den Nachlaß durchgeführt, also eine Vollstreckung in Privatvermögen und Anteil nicht mehr zulässig. Bei Übergriffen ist im ersteren Falle die Unzulässigkeit nach § 766 ZPO., im letzteren Falle nach §§ 785, 781 ZPO. zu betreiben. Nimmt der Gläubiger nicht alle Erben in Anspruch, so erfolgt Verurteilung der in Anspruch Genommenen je nach ihrer Stellungnahme in gleicher Weise, wie bei Inanspruchnahme der sämtlichen Erben. Die Vollstreckung ist hier, wenn der betreffende Erbe die Unzulänglichkeit sogleich eingewendet hat, jedoch undurchführbar, denn für die Vollstreckung in den Nachlaß fehlt es an einem gegen alle Miterben gerichteten Schuldtitel, die Anteilspfändung ist wegen der eingetretenen Beschränkung auf den Gesamtnachlaß unzulässig, die Vollstreckung in sonstiges Eigenvermögen kommt aus demselben Grunde gar nicht in Frage. Der Gläubiger müßte sich also auch gegen die übrigen Erben Titel beschaffen. Läßt sich der Erbe dagegen mit dem Vorbehalte pure zur Zahlung verurteilen und schreitet der Gläubiger zur — allein angebrachten — Anteilspfändung, so wird, wenn der Erbe nunmehr die Unzulänglichkeit (durch Klage) geltend macht, die Anteilspfändung unzulässig. Auch hier bliebe dem Gläubiger nur übrig, auch gegen alle anderen Erben vorzugehen. — Wenn dem Gläubiger lediglich der in Anspruch genommene eine Miterbe haftet, so kann auch dieser Miterbe die Unzulänglichkeit geltend machen. Er wird, wenn nicht etwa überhaupt kein Nachlaß vorhanden ist bezw. übrig sein wird, verurteilt, aus dem Nachlasse zu leisten. Wie im Abschnitt „Prozessuales" zu diesem Kapitel dargelegt ist, muß dieser Gläubiger den Anteil seines Schuldners am Nachlasse pfänden können, da dies die einzige Möglichkeit für ihn ist, Befriedigung zu erlangen. Die übrigen Erben haften ihm ja nicht; an den Gesamtnachlaß kann er nicht heran, er ist auf dasjenige angewiesen, was seinem Schuldner bei der Aufteilung des Nachlasses etwa zufallen wird, und er muß befugt sein, sich dies durch Pfändung zu sichern.

Haben die Miterben die Möglichkeit der Haftungsbeschränkung durchweg verloren, so steht ihnen die Unzulänglichkeitseinrede nicht zu (§ 2013). Zwar muß ihnen auf ihren Antrag der Vorbehalt (§ 780 ZPO.) gegeben werden, weil sie seiner zum Schutze des Eigenvermögens im Rahmen des § 2059 Abs. 1 S. 2 bedürfen, aber darüber hinaus, d. h. gegenüber der Vollstreckung in Nachlaßgegenstände, müssen sie sich jedes Vorgehen der Nachlaßgläubiger gefallen lassen. — Ist die Beschränkungsmöglichkeit nur für einen oder für einige Miterben verloren, so kann die Unzulänglichkeit doch von allen übrigen noch beschränkbar haftenden Miterben geltend gemacht werden.

Über die weiteren bei der Unzulänglichkeit des Nachlasses im Sinne des § 1990 geltenden Grundsätze siehe die Darstellung in Bd. II. Es sei noch darauf hingewiesen, daß die Miterben auch bei Anwendung der Unzulänglichkeitseinrede ihre Verwaltung des Nachlasses zu rechtfertigen und evtl. den Offenbarungseid zu leisten haben (§ 1978). Dagegen können sie nicht aus § 1980 wegen verspäteter oder unterlassener Konkursanmeldung schadensersatzpflichtig gemacht werden, weil die Unzulänglichkeitseinrede vielmehr zur Voraussetzung hat, daß der Nachlaßkonkurs nicht eröffnet werden *kann*.

Die Anwendung der Unzulänglichkeitseinrede ist zeitlich nicht beschränkt. Von selbst aber wird es sich ergeben, daß diese Einrede nach Ablauf von fünf Jahren seit dem Erbfalle bezw. der Todeserklärung des Erblassers im Verhältnisse zu allen denjenigen Nachlaßgläubigern keine Anwendung finden wird, welchen die Erben die Einrede des Zeitablaufs (§ 1974) entgegenhalten können, weil sie in diesem letzteren Falle nur mit dem Überschuß nach Grundsätzen einer ungerechtfertigten Bereicherung haften, im ersteren Falle aber mit dem Nachlaß. Daß die Verantwortung für die Verwaltung des Nachlasses im Falle der Haftung mit dem „Nachlaß" eine weitere ist, wie im Falle der Haftung mit der „Bereicherung", ist wiederholt hervorgehoben.

Über die Beschränkung der Haftung gegenüber Legataren und Auflagenempfängern in dem Falle, daß der Nachlaß lediglich durch *diese* Verbindlichkeiten überschuldet ist, siehe die Darlegung auf Seite 77 und Bd. II. Für die Form der Befriedigung gilt alles oben Dargelegte gleichfalls.

ε. Aufgebot.

Das Aufgebot hat auch für die Miterben die Bedeutung einer Abschwächung des Prinzips der unbeschränkten Haftung, aber auch hier ist die Haftung nur im Verhältnisse zu dem vom Ausschlußurteile betroffenen, dem ausgeschlossenen Nachlaßgläubiger auf die Bereicherung beschränkbar, während sie im Verhältnisse zu allen übrigen Gläubigern auf den Nachlaß beschränkbar ist. Der Umstand, daß das Ausschlußurteil es dem Miterben ermöglicht, die Vollstreckung eines Ausgeschlossenen in sein Eigenvermögen durch die Widerspruchsklage abzuwehren (§§ 1973 BGB., 767 ZPO.), zwingt zunächst zu der Frage, ob der § 2059, der ja für Miterben die Anwendung eines lediglich den Schutz des Eigenvermögens bezweckenden ordentlichen Beschränkungsmittels entbehrlich macht, nicht auch ein Aufgebot entbehren läßt. Dies muß allerdings bejaht werden. Da der § 2059 in so einfacher Weise, durch die Einrede der Ungeteiltheit des Nachlasses, das Privatvermögen eines jeden Erben ausreichend schützt, wäre es für Miterben völlig überflüssig, um dieses selben Schutzes willen ein kostspieliges Verfahren, wie es das Aufgebot ist, in die Wege zu leiten. Die Aufgabe des Aufgebots erschöpft sich aber ebenso wenig wie die der ordentlichen Beschränkungsmittel in dem Schutze des Eigenvermögens; als solches Mittel wird es kaum je angewendet, denn sein Zweck ist ja vielmehr die Heranziehung der Nachlaßgläubiger; der Ausschluß ist nur eine zum Schutze der Miterben gegen verspätet geltend gemachte Nachlaßverbindlichkeiten eingeführte, allerdings gerechtfertigte Begleiterscheinung. Das Aufgebot wird vielmehr als Mittel zur Feststellung und Abrundung des Schuldenbestandes angewendet, weshalb man nicht sagen kann, daß es durch die Einrede des ungeteilten Nachlasses, mit welcher lediglich der Nachlaß den Gläubigern als Objekt der Haftung zugewiesen wird, ersetzt bezw. überflüssig gemacht wird. Das Aufgebot reguliert eben die Befriedigung der Nachlaßgläubiger aus den Mitteln des Nachlasses, während die Einrede aus § 2059 ausschließlich das Privatvermögen der Miterben zu schützen bestimmt ist.

Das Aufgebot ist für Miterben, wie für den Alleinerben, dann am Platze, wenn wegen der Möglichkeit, daß noch unbekannte Nachlaßverbindlichkeiten vorhanden sind, über den Umfang derselben keine Klarheit besteht, eine solche aber erforderlich ist, damit durch die Berichtigung einzelner Verbindlichkeiten nicht alle übrigen einen Nachteil (Ausfall) erleiden. Die zum Aufgebote nicht gemeldeten Nachlaßgläubiger werden im Sinne des § 1973 ausgeschlossen, abgesehen von den im § 1971 erwähnten, dinglich Berechtigten, sofern es sich um den Gegenstand ihres Vorrechts handelt, und abgesehen von der im § 1972 erwähnten Kategorie der Pflichtteilsberechtigten usw. Die Ausgeschlossenen können, wenn sie jemals in Eigenvermögen eines Miterben vollstrecken sollten, durch die auf § 2059 gestützte Widerspruchsklage (§ 767 ZPO.), — wenn sie aber regelwidrig in Nachlaßgegenstände vollstrecken, durch die auf §§ 1973 BGB., 767 ZPO. gestützte Widerspruchsklage zurückgedrängt werden. Nur soweit die Vollstreckung wirklichen Überschuß bezw. die Bereicherung erfaßt, ist sie zulässig und aufrecht zu erhalten. Für die Miterben hat aber das Aufgebot noch eine weitere Abschwächung der Haftung zur Folge, dies jedoch nur für die Zeit nach der Teilung des Nachlasses. Während nämlich grundsätzlich auch noch nach der Teilung die Miterben als Gesamtschuldner haften, wird ihre Haftung im Verhältnisse zu Ausgeschlossenen eine nur anteilige, d. h. es haftet der einzelne Miterbe nur für denjenigen Teil der Nachlaßverbindlichkeit, welcher seiner Erbquote entspricht (§ 2060 Nr. 1). Insofern ist das Aufgebot geradezu ein wirksames Mittel, das von den Miterben die Gefahren einer Teilung des Nachlasses beseitigt; als solches wirkt es aber nur dann, wenn es im Stadium vor der Auseinandersetzung mit dem Ausschlußurteil durchgeführt wird, während es diese Wirkung also schon dann verliert, wenn zwar das Aufgebot, nicht aber auch das Ausschlußurteil in die Zeit vor der Teilung fällt (siehe hierzu das folgende Kapitel). So erscheint also die Durchführung eines Aufgebots aus mehrfachen Gründen als sehr zweckmäßig; geradezu notwendig aber ist es nur dann, wenn die Umstände dafür sprechen, daß noch unbekannte Nachlaßverbindlichkeiten vorhanden sind, weil ohne die endgültige Feststellung derartiger vermuteter Nachlaßverbindlichkeiten jedem Miterben unter Umständen ein Ersatz des Schadens aus eigenem Vermögen droht (§ 1980 Abs. 2).

Mit Rücksicht auf die weitere Bedeutung eines Miterbenaufgebots ist die Ausgestaltung desselben von derjenigen des Alleinerbenaufgebots wesentlich verschieden. Während das letztere, das lediglich die Ausschlußwirkung: Beschränkung auf die Bereicherung hat, nur die entsprechende Androhung aus § 995 ZPO. enthalten muß, ist für das Miterbenaufgebot vorgeschrieben, daß es auch die Androhung bezüglich der in der Zeit nach der Teilung eintretenden anteiligen Haftung jedes Miterben zu enthalten hat. Damit ist nicht gesagt, daß ein ohne die letztere Androhung erlassenes Aufgebot überhaupt unwirksam ist; es wirkt eben nur hinsichtlich der Beschränkung auf die Bereicherung. Beim Vorhandensein von Miterben ist schließlich auch ein Aufgebot zulässig, welches nur die in der Zeit nach der Teilung eintretende anteilige Haftung androht (beschränktes Aufgebot); in diesem Falle hat es für die Zeit vor der Teilung überhaupt keine Bedeutung (§ 997 Abs. 2 ZPO.).

Das vollwirksame Aufgebot bezw. Ausschlußurteil kann von jedem beschränkt haftenden Miterben beantragt werden. Es wirkt so, als ob es von allen (beschränkbar) haftenden Miterben beantragt wäre, d. h. es verschafft zugunsten aller dieser Miterben die Einrede der Beschränkung auf den Überschuß, und nach der Teilung außerdem auch noch die nur anteilige Haftung. Danach haftet vor der Teilung jeder Miterbe wegen der ganzen Forderung mit der Bereicherung, nach der Teilung wegen eines Teils der Forderung mit der Bereicherung. Auch gewährt das Aufgebot allen (beschränkbar haftenden) Miterben die Befugnis, unter den Voraussetzungen des § 2015 die Hemmung gegen jede Zwangsvollstreckung der Nachlaßgläubiger in den Nachlaß (durch Erhebung der Widerspruchsklage wegen Unzulässigkeit der Zwangsverwertung während Schwebens des Aufgebots) geltend zu machen. Die Vollstreckung der Eigengläubiger in den ungeteilten Nachlaß ist dagegen wegen der bestehenden Gesamtberechtigung aller Miterben durch § 766 bezw. 771 ZPO. als überhaupt unzulässig abzuwehren. Die Vollstreckung der Nachlaßgläubiger in Eigenvermögen ist mit §§ 2059 BGB., 767 ZPO. abzuwehren, es müßte denn das Pfandstück bereits zugeteilter Nachlaß sein, in welchem Falle nur mit §§ 1973 BGB., 767 ZPO. anzukämpfen wäre, sofern das betreffende Pfandstück nicht eine Bereicherung des betreffenden Miterben darstellen sollte.

Beim Vorhandensein mehrerer Erben ist die Stellung eines bereits unbeschränkbar haftenden Miterben gegenüber dem Aufgebot ganz anders wie die des unbeschränkbar haftenden Alleinerben. Bezüglich des letzteren siehe Bd. II das Kapitel: Aufgebot. Zwar gelten die Bestimmungen des § 2013 Abs. 1 S. 1 auch zum Nachteil, bezw. die des § 2013 Abs. 1 S. 2 ausnahmsweise zum Vorteile eines unbeschränkbar haftenden Miterben, aber es ist, wie dem beschränkbar haftenden Miterben, so auch ihm zugestanden (§ 2060), daß er nach der Teilung dem Ausgeschlossenen nur anteilig hafte. Hieraus ergibt sich sein Interesse am Aufgebote. Er ist danach berechtigt, ein Aufgebot zu beantragen, dies allerdings nur mit der Androhung der für die Zeit nach der Teilung eintretenden Teilhaftung, also das oben erwähnte beschränkte Aufgebot. Das von einem beschränkbar oder unbeschränkbar haftenden Miterben veranlaßte Aufgebot wirkt hinsichtlich des Eintritts der anteiligen Haftung auch zu seinen Gunsten. Die Vollstreckung der Nachlaßgläubiger in sein Eigenvermögen kann er nur nach Maßgabe der §§ 2059 Abs. 1 S. 2, 767 ZPO. beschränken.

Über die Pfändung des Anteils eines Miterben durch die im Aufgebote ausgeschlossenen Nachlaßgläubiger siehe oben Seite 189 unten.

Haften etwa sämtliche Miterben bereits unbeschränkbar, so kann für sie nur ein beschränktes Aufgebot mit Wirkung für die Zeit nach der Teilung in Frage kommen, nicht aber auch die Hemmungsbefugnis aus § 2015 (conf. § 2016). Tritt der Verlust der Beschränkungsmöglichkeit erst nach dem Erlaß des Aufgebots ein, war also das Aufgebot nicht ein nur beschränktes, so entfällt dennoch die Wirkung der auf § 995 ZPO. beruhenden Androhung bezw. kann das Ausschlußurteil insoweit gar nicht erlassen werden, dagegen verbleibt es bei der auf § 997 Abs. 1 S. 2 ZPO. beruhenden Androhung und Wirkung der Teilhaftung. Tritt der Verlust aber erst nach Erlaß des Ausschlußurteils ein, so verbleibt es in diesem Falle auch beim Ausschluß (Beschränkung auf die

Bereicherung), welcher beim Verluste der Beschränkungsmöglichkeit schon bestanden hatte (§ 2013 Abs. 1 S. 2). Über das Prozessuale siehe weiter unten und Bd. II.

ζ. **Zeitablauf.**

Wenn die im § 1974 erwähnte Frist von fünf Jahren seit dem Erbfalle bezw. seit der Todeserklärung des Erblassers noch vor der Teilung des Nachlasses abläuft, so begründet diese Tatsache für die Miterben gleichfalls eine das Prinzip der unbeschränkten Haftung durchbrechende Einrede, nämlich die Einrede des Zeitablaufs. Sie ist ein selbstständiges Beschränkungsmittel, also dem Miterben unabhängig von dem Schweben eines ordentlichen Mittels der Haftungsbeschränkung gegeben, das andererseits allerdings auch neben einem ordentlichen Beschränkungsverfahren Bedeutung hat. Wie das Aufgebot, so ist auch der Zeitablauf ein Beschränkungsmittel, das nur im Verhältnisse zu säumigen Nachlaßgläubigern Anwendung finden kann. Im Sinne des Zeitablaufs sind säumig nur diejenigen Gläubiger, deren Forderung nicht innerhalb der Frist bekannt geworden ist; ihnen gegenüber können die Miterben die Haftung auf die etwa vorhandene Bereicherung beschränken. Im Verhältnisse zu allen übrigen Gläubigern besteht die grundsätzlich unbeschränkte bezw. auf den Nachlaß beschränkbare Haftung, wobei es gleichgültig ist, ob das Bekanntwerden der Forderung durch gerichtliche bezw. außergerichtliche Geltendmachung oder auf irgend eine andere Weise erfolgt war. Die Anmeldung der Forderung zu einem Aufgebote (nicht auch zu einer Aufforderung nach § 2061) vermittelt stets ein Bekanntwerden im Sinne des § 1974 zum Nachteil aller Erben. Ein Bekanntwerden nach Ablauf der Frist hilft, auch wenn es noch vor der Teilung geschehen sollte, dem Gläubiger gar nicht mehr.

Wie beim Aufgebot ist auch bezüglich des Zeitablaufs darauf hinzuweisen, daß die betreffende Einrede für die Miterben eine mindere Bedeutung wie für den Alleinerben hat, weil die ersteren zur Beschränkung der Vollstreckung eines Nachlaßgläubigers auf den Nachlaß das einfache Mittel des § 2059 an der Hand haben, durch das sie jegliche Vollstreckung in Eigenvermögen durch die bloße Tatsache der Ungeteiltheit des Nachlasses als unzulässig abwehren können. Immerhin ist die Situation hier insofern wesentlich anders wie beim Aufgebot, als die Einrede des Zeitablaufs nicht ein erst besonderer Anträge bedürfendes kostspieliges Verfahren, wie es das Aufgebot ist, voraussetzt, sondern sich durch den Ablauf der bestimmten Frist von selbst ergibt. An sich also könnte es scheinen, daß es für den Miterben nicht größere Schwierigkeiten macht, die Einrede des Zeitablaufs wie die der Ungeteiltheit des Nachlasses geltend zu machen, wenn es gilt, das angegriffene Eigenvermögen zu schützen. In Wahrheit aber ist die auf den §§ 2059 BGB., 767 ZPO. beruhende Widerspruchsklage meist einfacher durchzuführen, wie die auf §§ 1974, 767 ZPO. beruhende, weil im ersteren Falle der klagende Miterbe nur die Ungeteiltheit des Nachlasses, im letzteren die der mangelnden Bereicherung zu behaupten und zu beweisen hat. Der Fall wird beim einzelnen Miterben übrigens nicht immer so liegen, daß er zu wählen haben wird, welche Widerspruchsklage er erheben soll. Ist nämlich, ohne daß eine Teilung überhaupt vorgenommen war, an einen Miterben die Zuteilung einiger Nachlaßgegenstände im Wege der beginnenden Aufteilung erfolgt, so ist er alleiniger Eigentümer dieser Gegenstände geworden. Gegenüber der gerade in sie erfolgten Vollstreckung des durch den Zeitablauf hintangesetzten

Nachlaßgläubigers könnte der betreffende Miterbe sich nicht mit der auf § 2059 beruhenden Widerspruchsklage behelfen, vielmehr müßte er sich auf den § 1974 stützen und könnte nur insoweit durchdringen, als diese Gegenstände keine Bereicherung im Sinne des § 1973 darstellen. Im wesentlichen aber wird, so lange der Nachlaß noch eine Sondermasse bildet, die Einrede des Zeitablaufs gegenüber der Vollstreckung in das Eigenvermögen des einzelnen Miterben kaum angewendet werden. Dagegen würde lediglich sie anzuwenden sein gegenüber der in den Nachlaß erfolgenden Vollstreckung. Daß es für die letztere zunächst auch für den vom Zeitablauf betroffenen Nachlaßgläubiger eines gegen die sämtlichen Miterben gerichteten Schuldtitels bedarf, ist nach § 747 ZPO. selbstverständlich. Selbst wenn er von Anfang an nur die Bereicherung zu erlangen bestrebt ist, hat er gegen alle Miterben zu klagen, weil die Bereicherung im Miteigentum der sämtlichen Miterben steht. Insoweit dies noch der Fall ist, wäre die Klage eines solchen Nachlaßgläubigers gegen einen einzelnen bezw. nicht alle Miterben von vornherein völlig zwecklos, da die Vollstreckung in Eigenvermögen zu seiner Befriedigung schon nach § 2059 niemals führen wird und auch die noch ungeteilte Bereicherung (der Überschuß) auf diesem Wege nicht angreifbar wird. Der Miterbe würde gar nicht erst in die Lage gebracht werden können, die Einrede des Zeitablaufs anwenden zu müssen, da er der Vollstreckung in den Nachlaß schon mit § 766 oder § 771 ZPO. begegnen könnte.

Über die Durchführung der Beschränkung durch die Einrede des Zeitablaufs siehe die Erörterung beim Abschnitt Prozessuales zu diesem Kapitel.

Der unbeschränkbar haftende Miterbe kann die Einrede des Zeitablaufs nach Maßgabe des § 2013 nur dann vorbringen, wenn er die Beschränkungsmöglichkeit erst nach Ablauf der fünf Jahre verliert, weil in diesem Falle das ältere Recht zur Geltendmachung der Einrede stärker ist. Er haftet also insoweit wie ein überhaupt beschränkbar haftender Erbe. Tritt der Verlust der Beschränkungsmöglichkeit innerhalb der fünf Jahre ein, so benimmt es ihm die Einrede des Zeitablaufs endgültig (§ 2013 Abs. 1 S. 1), ohne daß er aber die Möglichkeit verliert, der Vollstreckung in Eigenvermögen nach Maßgabe des § 2059 Abs. 1 S. 2 zu begegnen.

Der Zeitablauf wirkt auch beim Vorhandensein mehrerer Erben nach Maßgabe des § 1974 Abs. 3 nicht zum Nachteile der dinglich berechtigten Gläubiger des § 1971, soweit es sich um den Gegenstand ihres Vorrechts handelt. Dagegen wirkt er zum Nachteile der Kategorie der Pflichtteilsberechtigten usw., die insoweit keine Ausnahmestellung haben.

Für die Miterben hat der Zeitablauf noch die weitere Bedeutung, daß sich ihre Haftung gegenüber den von ihm betroffenen Gläubigern auch nach Maßgabe des § 2060 Nr. 2 abschwächt, indem sie statt als Gesamtschuldner für die ganze Forderung, nur einzeln für den ihrer Erbquote entsprechenden Teil der Forderung haften; jedoch gilt dies nur für die Zeit nach der Teilung. Insoweit aber ist es gleichgültig, ob die Teilung vor Ablauf der fünf Jahre vorgenommen wird oder nachher. Auch diese Wirkung des Zeitablaufs kommt nur gegenüber denjenigen Nachlaßgläubigern in Betracht, deren Forderung nicht innerhalb der Frist bekannt geworden bezw. nicht zu einem Aufgebote angemeldet war.

Über die Pfändung des Anteils eines Miterben durch die vom Zeitablaufe betroffenen Gläubiger siehe Seite 189 unten.

c. Gesamtschuldnerische Haftung.

Über die mit Rücksicht auf das Vorhandensein mehrerer Personen als Erben bestehende Haftung ist nunmehr folgendes auszuführen: Miterben haften für die gemeinschaftlichen Nachlaßverbindlichkeiten als Gesamtschuldner (§ 2058). „Gemeinschaftlich" sind nicht bloß diejenigen Verbindlichkeiten, welche für die sämtlichen Miterben, sondern auch diejenigen, welche für nur einige Miterben gemeinschaftlich sind. Die gesamtschuldnerische Haftung besteht immer für diejenigen Miterben, für welche die betreffende Verbindlichkeit gemeinschaftlich ist. (Über die hierüber bestehenden abweichenden Ansichten siehe Staudinger zu § 2058 und andererseits Strohal II Seite 332 Anm. 1 a.) Die gesamtschuldnerische Haftung besteht auch gegenüber Legataren und Auflagenempfängern (§§ 2148, 2192; and. Ans. Kreß Seite 77 II). — Gemeinschaftlich sind Nachlaßverbindlichkeiten für sämtliche Erben immer, wenn sie vom Erblasser herrühren; selbst eine vom Erblasser bezüglich seiner Schulden getroffene Anordnung, daß nur einer oder nur einige der Miterben mit ihnen belastet sein sollen, würde hieran nichts ändern können, weil die Verbindlichkeiten sich vererben. Eine solche Anordnung hat nur im Verhältnis der Erben zu einander, nicht aber zu dem Gläubiger eine Bedeutung. Wo dagegen die Verbindlichkeit erst als Folge des Erbfalls entsteht, wie Legat, Auflage — wegen des Pflichtteils siehe § 2324 —, hat eine Anordnung des Erblassers des Inhalts, daß sie von nur einem oder einigen Erben getragen werden soll, auch Bedeutung im Verhältnis zu dem betreffenden Gläubiger dergestalt, daß er nur den belasteten Erben bezw., wenn es mehrere sind, die gemeinschaftlich belasteten Erben als Gesamtschuldner in Anspruch nehmen kann. Eine Vollstreckung in den Nachlaß ist wegen der Vorschrift des § 747 ZPO. in diesem Falle nicht möglich, nur der „Anteil" der Schuldner kann gepfändet und insofern allerdings ein Einfluß auf den Nachlaß gewonnen werden (§ 751 BGB.). Zu den nicht gemeinschaftlichen Nachlaßverbindlichkeiten sind auch die nach dem Erbfalle von nur einem oder nur einzelnen Miterben kontrahierten Nachlaßverbindlichkeiten zu zählen (§ 1967 Abs. 2 und oben Seite 000). Im Verhältnisse der Erben zu einander gilt für die allen gemeinschaftlichen Nachlaßverbindlichkeiten der Grundsatz, daß sie nur in der ihrem Erbteile entsprechenden Höhe beizutragen haben, wenn nicht etwa der Erblasser hierüber anders bestimmt hat. Doch siehe § 2320. Vereinbarungen der Erben untereinander beeinflussen das Verhältnis zum Gläubiger nicht. Im übrigen kommt es auf das interne Verhältnis erst bei der Auseinandersetzung an, denn (nach § 2046 S. 1) werden die den sämtlichen Erben gemeinschaftlichen Nachlaßverbindlichkeiten ohne Rücksicht auf die Höhe der Erbteile aus dem ungeteilten Nachlaß bezw. im ersten Stadium der Auseinandersetzung berichtigt. Nur bezüglich der nicht allen Erben gemeinschaftlichen Nachlaßverbindlichkeiten bestimmt der § 2046 Abs. 2, daß die Schuldner die Befriedigung erst bei der Auseinandersetzung und zwar aus demjenigen verlangen können, was ihnen hierbei zukommt. Das hindert natürlich die Gläubiger dieser Verbindlichkeiten nicht, gerichtlich ohne Verzug vorzugehen und den „Anteil" der Schuldner zu pfänden.

Die Haftung ist gesamtschuldnerisch sowohl für die auf Zahlung gerichteten wie auch für alle sonstigen Ansprüche. Im wesentlichen wird auch gegen sämtliche Erben gesamtschuldnerisch vorgegangen werden müssen, weil bezw. sofern die Verwirklichung des Anspruchs eine Vollstreckung in den Gesamtnachlaß (in Nachlaßgegenstände) erfordert. Wenn es sich lediglich um Zahlung handelt, so kann der Anspruch auch beim Vorgehen gegen nur einen der Miterben realisiert werden. Zwar kann, da ein einzelner Miterbe über Nachlaßgegenstände einschl. Geld für sich allein nicht verfügen kann, nicht erwartet werden, daß er aus dem Nachlaß leisten werde, auch kann mit einem gegen einen einzelnen bezw. nicht alle Miterben gerichteten Schuldtitel nicht in Nachlaßgegenstände vollstreckt werden (§ 747 ZPO.), aber es kann auf dem Umwege der Anteilspfändung die Aufteilung des Nachlasses und dabei die Befriedigung des Pfandgläubigers erzwungen werden (Seite 180). Anders verhält es sich bei Ansprüchen auf Herausgabe einer beweglichen Sache (§ 883 ZPO.). Sie können nur durch Vollstreckung in den Nachlaß realisiert werden, erfordern also ein Vorgehen gegen sämtliche Miterben. Dies muß selbst dann geschehen, wenn einzelne der Miterben zur Herausgabe bereit, aber von den übrigen daran gehindert sind. Die Bereiten können nach § 2038 Abs. 1 S. 2 gegen die Widerspenstigen die Mitwirkung durch Klage erzwingen, doch braucht der Gläubiger dies nicht abzuwarten. Würde er nur gegen die Widerspenstigen klagen, indem er glaubt, daß die anderen die Vollstreckung in den Nachlaß nicht hindern werden, so könnten ihm wegen der Vorschrift des § 747 ZPO. sowohl von den Bereiten wie auch von den verurteilten Widerspenstigen selbst Schwierigkeiten gemacht werden (§§ 766, 771 ZPO.). Auf Grund der Verurteilung kann der im § 883 Abs. 2 ZPO. erwähnte Offenbarungseid jedem Miterben abgefordert werden, während beim Vorgehen gegen nicht alle Miterben die Eidesleistung keinem Miterben abverlangt werden könnte, weil die herauszugebende Sache nicht eher als „nicht vorgefunden" gelten kann, als bis die Zwangsvollstreckung in den Nachlaß, also auf Grund gegen alle Erben gerichteten Urteils ergebnislos war.

Geht der Anspruch gegen den Nachlaß auf Vornahme einer — auch von einem Dritten vornehmbaren — Handlung (§ 887 ZPO.), so kann die Befriedigung auch beim Vorgehen gegen einzelne, die widerspenstigen Erben, erreicht werden. An sich kann natürlich kein einzelner Erbe eine solche Handlung vornehmen (§ 2038 Abs. 1 S. 1). Wenn aber einige Erben die Handlung vorzunehmen nur durch die übrigen gehindert werden, so wird die Verurteilung der Widerspenstigen genügen, um nunmehr eine gemeinschaftliche Vornahme zu erreichen. Sollten die Widerspenstigen sich aber immer noch ablehnend verhalten, so kann der Gläubiger lediglich gegen sie als Gesamtschuldner den Beschluß auf Kostendeckung erwirken, um die Handlung durch einen Dritten vornehmen zu lassen. Da der so belastete widerspenstige Miterbe die Haftung für diese Verbindlichkeit (eine Nachlaßverbindlichkeit) auf den Anteil beschränken kann, wird der Gläubiger sich auch seinerseits mit der Anteilspfändung begnügen müssen und sich das Geld erst bei der Auseinandersetzung der Erben beschaffen können. Dies ist immerhin umständlich, weshalb auch hier die Inanspruchnahme der sämtlichen Erben als Gesamtschuldner von vornherein vorzuziehen ist.

Wesentlich anders ist die Rechtslage gegenüber denjenigen Handlungen, die ein Dritter nicht vornehmen kann (§ 888 ZPO.). Hier liegt dem Gläubiger nicht, wie im obigen Falle daran, evtl. das Geld zu bekommen, mit dessen Hilfe die Handlung durch einen Dritten ausgeführt werden kann, sondern es liegt ihm, da eben nur die Erben selbst die Handlung vornehmen können, daran, die Erben durchweg zu eigenem Handeln zu zwingen. Soweit sie nicht widerspenstig sind, wird sich ein Vorgehen erübrigen; die Widerspenstigen, evtl. also die sämtlichen Erben, müssen durch gerichtliches Vorgehen gezwungen werden. Weigern sich trotz der Verurteilung einzelne Erben, bei der Vornahme der Handlung mitzuwirken, so kann der Gläubiger gegen jeden einzelnen die im § 888 ZPO. erwähnte Maßregel der Willensbeugung zur Geltung bringen. Doch zwingt der Gerichtsbeschluß nur diejenigen Erben, gegen die er gerichtet ist; deshalb würde der Gläubiger mit der Vollstreckung gegen den einen Erben nichts im Verhältnis zu den übrigen erreichen. Die Vollstreckung ist, da die Maßregel den betreffenden Erben persönlich belastet (sie hat ja den Charakter einer Strafe!), allerdings auch auf Grund eines nur gegen einen einzelnen Erben greichteten Urteils oder Strafbeschlusses in voller Höhe der Strafe möglich. Es haftet das gesamte Vermögen, also auch der Anteil. Soll die Strafe gegen den Nachlaß vollstreckt werden, so muß das Urteil und der Strafbeschluß gegen alle Erben gerichtet sein. — Das gleiche bezw. entsprechendes gilt hinsichtlich der Erwirkung von Duldungen oder Unterlassungen (§ 890 ZPO.).

Die Abgabe einer Willenserklärung (§ 894 ZPO.) erfordert die Verurteilung sämtlicher Erben, weil evtl. nur ein solches Urteil bezw. seine Rechtskraft die von allen Erben abzugebende Erklärung (z. B. die Bewilligung zur Löschung einer für den Erblasser eingetragenen Hypothek) ersetzen kann.

Der Grundsatz der gesamtschuldnerischen Haftung hat für die Dauer des Nachlaßkonkurses bezw. der Nachlaßverwaltung keine Bedeutung, es haftet hier der Nachlaß. Dies gilt auch für die etwa bereits allgemein unbeschränkbar haftenden Erben, soweit die Haftung mit dem Nachlaß in Betracht kommt. Das Prinzip der gesamtschuldnerischen Haftung wird für die Zeit bis zur Aufteilung des Nachlasses durch den § 2059 Abs. 1 eingeschränkt. Der einzelne Miterbe kann zwar gesamtschuldnerisch in Anspruch genommen werden und die Haftung auf den Nachlaß beschränken, er kann aber, da der Nachlaß im gemeinschaftlichen Eigentume aller Miterben steht und der einzelne darüber nicht verfügen kann (§ 2040), den Gläubiger aus Mitteln des Nachlasses nicht befriedigen. Es ist deshalb die Haftung des einzelnen mit seinem Anteil zugelassen; mit ihm haftet er für die ganze Verbindlichkeit. Dies gilt auch hinsichtlich des allgemein unbeschränkbar haftenden Miterben; bezüglich seiner ist des weiteren eine anteilige (statt gesamtschuldnerischer) Haftung mit dem Eigenvermögen zugelassen, d. h. eine persönliche Haftung für einen Teil der Verbindlichkeit.

Der Grundsatz der gesamtschuldnerischen Haftung in Verbindung mit der Tatsache, daß das Eigenvermögen des Miterben nur vor der Teilung ohne Anwendung eines Beschränkungs*verfahrens* geschützt werden kann, zwingt die Erben zur Berichtigung der Nachlaßverbindlichkeiten *vor* der Aufteilung des Nachlasses. Die Grundsätze verleihen dem Gebote des § 2046 S. 1 Nachdruck. Der § 2046 ordnet nur das Verhältnis der Erben zu einander; er gibt jedem Miterben das Recht, zu verlangen, daß die Berichtigung der Nachlaßverbindlichkeiten aus dem ungeteilten Nachlaß erfolge, was aber eine Teilung im Widerspruche hiermit dann nicht ausschließt, wenn alle Erben mit einer solchen einverstanden sind. Dem Nachlaßgläubiger steht kein Mittel zu Gebote, diese Teilung zu verhindern, es müßten denn Überschuldung oder die Voraussetzungen für eine Nachlaßverwaltung (§ 1981 Abs. 2) vorliegen. Daß er aber ein Interesse an dem Fortbestande eines ungeteilten Nachlasses hat, ergibt sich aus der Tatsache, daß die Befriedigung aus einem solchen Nachlasse leichter zu erreichen ist, wie aus einem aufgeteilten. Darüber, daß die Befolgung der Vorschrift des § 2046 S. 1 auch im Interesse der Erben selbst liegt, siehe im folgenden Kapitel. Sollte die Berichtigung einer Nachlaßverbindlichkeit vor der Teilung nicht ausführbar sein, z. B. weil sie streitig oder noch nicht fällig ist, so soll das zur Berichtigung Erforderliche zurückbehalten werden. — Wenn eine Nachlaßverbindlichkeit im Innenverhältnis nur einem der Miterben zur Last fällt, so hat er nicht das Recht zu verlangen, daß die Berichtigung aus dem Gesamtnachlaß erfolge, auch kann er sich der beabsichtigten Aufteilung des Nachlasses nicht widersetzen. Wohl aber kann er verlangen, daß die Berichtigung aus demjenigen, was ihm vom Nachlasse bei der Auseinandersetzung zukommt, geschehe. Aus dem Wortlaute des § 2046 Abs. 2 scheint die Folgerung gerechtfertigt werden zu können, daß auch diese Berichtigung nur von den Erben gemeinschaftlich für den Schuldner, nicht also durch den Schuldner vorgenommen werden soll. Dieses Innenverhältnis beeinflußt die Stellung des Gläubigers in keiner Weise; er kann gegen die sämtlichen Erben mit Klage und Vollstreckung auch noch vor der Teilung vorgehen. Sollte die Verbindlichkeit auch im Verhältnis zum Gläubiger nur einen einzelnen Miterben belasten, so kann der Gläubiger zwar sofort gegen den Schuldner vorgehen, er darf aber nur den Anteil des Schuldners pfänden und muß im übrigen die Auseinandersetzung der Erben abwarten bezw. veranlassen oder die Veräußerung des gepfändeten Anteils betreiben (Seite 180). Die gesamtschuldnerische Haftung begründet in Ansehung der gegen den Nachlaß gerichteten Ansprüche den Gerichtsstand der Erbschaft (§ 28 ZPO. und oben Seite 7). Das zur Berichtigung der Nachlaßverbindlichkeiten gebrauchte Geld ist durch Umsetzung des Nachlasses in Geld zu beschaffen; hierbei haben, da es sich um eine Maßnahme der Verwaltung handelt, alle Erben gemeinschaftlich zu handeln bezw. mitzuwirken (§ 2038). Die Umsetzung soll nur soweit geschehen, als zur Berichtigung erforderlich ist. (Wegen der Versilberung zu Teilungszwecken siehe § 753 BGB.) Soweit eine Forderung nach § 2046 S. 2 noch nicht berichtigt werden kann, darf die Versilberung der zu ihrer Berichtigung evtl. zu verwendenden Gegenstände noch unterbleiben.

Nach dem bisher Gesagten bestehen für die Berichtigung der Nachlaßverbindlichkeiten im Stadium bis zur Auseinandersetzung folgende Grundsätze: Der Nachlaß soll nicht früher geteilt werden, als bis die Nachlaßverbindlichkeiten berichtigt sind. Die Erben haften als Gesamtschuldner unbeschränkt. Sie können die Haftung in einfacher Weise durch die Einrede aus § 2059 auf den Anteil an dem Nachlasse beschränken, doch steht der Anwendung der ordentlichen Beschränkungsmittel nichts im Wege bezw. werden letztere, soweit im Einzelfalle erforderlich, nicht durch die Einrede ersetzt.

α. Die Mittel der Beschränkung auf den Anteil.

Als ein die gesamtschuldnerische Haftung abschwächendes (aufhebendes) Institut ist die private Aufforderung des § 2061 zu erwähnen. Über ihren Zweck siehe oben Seite 54. Obwohl sie Wirkungen erst in der Zeit nach der Teilung äußert, bei ungeteiltem Nachlaß also insoweit völlig gleichgültig ist, muß sie dennoch schon hier bei der Behandlung der für die Zeit vor der Teilung geltenden Grundsätze erörtert werden, weil (wie weiter unten begründet wird) sie die beschränkende Wirkung nach der Teilung lediglich dann äußert, wenn sie im Stadium vor der Teilung sowohl erlassen wie auch mit dem Ablauf der Sechsmonatsfrist erledigt ist. Sie bereitet im Stadium vor der Teilung die Haftung der Miterben für die Zeit nach der Teilung vor. Die Anwendung der Aufforderung ist stets eine Maßnahme der Vorsicht, da ihre Wirkung, nämlich die Abschwächung der grundsätzlich auch nach der Teilung fortdauernden gesamtschuldnerischen Haftung in eine nur anteilige, die Gefahren der Teilung von dem einzelnen, namentlich von dem zahlungsfähigen Miterben abwendet, soweit es sich um — im Sinne des § 2061 — säumige Nachlaßgläubiger handelt. Daß es für jeden Miterben sehr bedeutungsvoll ist, ob er nach der Teilung, wo er nur einen Teil des Nachlasses besitzt, für die ganze (und jede) Nachlaßverbindlichkeit oder nur für einen Bruchteil der Verbindlichkeit unbeschränkt haftet, bedarf, zumal nach der Teilung die Beschränkung auf den Nachlaß recht erschwert ist, keiner Ausführung. So bereitet die Aufforderung also die Teilung vor. Die Anwendung des Instituts, d. i. die Publikation der Aufforderung ist jedem Miterben selbständig gestattet. Daß sie mit voller Wirkung auch dem allgemein unbeschränkbar haftenden Miterben zusteht, ist aus dem Wortlaute der Bestimmung: „jeder Miterbe" zu folgern, stimmt auch mit dem Gedanken des § 2060, mit dem der § 2061 inhaltlich verwandt ist, überein. Die Kosten der Aufforderung, d. i. der Inserate, hat der Auffordernde persönlich zu tragen, es liegt keine Nachlaßverbindlichkeit vor. Die Aufforderung ist nach Maßgabe des § 2061 Abs. 2 zu publizieren. Es ist nicht geboten, aber natürlich gestattet, daß sie den Hinweis auf die Folgen der Unterlassung der Anmeldung enthalte; dadurch unterscheidet sie sich von dem Aufgebot (§§ 995, 997 ZPO.). Dagegen muß sie jedenfalls zur A n m e l d u n g binnen sechs Monaten bei dem Auffordernden, der sich also nach Namen und Adresse bezeichnen muß, oder beim Nachlaßgericht auffordern. Den Aufgeforderten bleibt es überlassen, ihre Forderung anzumelden. Ob dies nun geschieht oder nicht, ist für die Zeit v o r der Teilung des Nachlasses ohne Einfluß auf das Recht des Gläubigers, die volle Befriedigung von jedem Miterben als Gesamtschuldner zu fordern. Das Schweben der Frist hindert die Erben, sofern sie darin einig sind, nicht, den Nachlaß aufzuteilen; es hindert die Nachlaßgläubiger nicht, gegen die Erben gerichtlich vorzugehen bezw. zu vollstrecken; es berechtigt die Erben nicht, die Zwangsvollstreckung auch nur zu hemmen. (Anders nach § 2015 für das Aufgebot!) Dagegen knüpft sich an den Erlaß der Aufforderung die Befugnis jedes Miterben, die Auseinandersetzung hinsichtlich des Nachlasses aufzuhalten (§ 2045), weil schließlich der Zweck des Instituts die Sammlung der Nachlaßgläubiger zur Feststellung des Schuldenbestandes ist und der Nachlaß nicht eher geteilt werden soll, als bis die Nachlaßverbindlichkeiten berichtigt sind (§ 2046). Deshalb äußert das Institut des § 2061 keine die gesamtschuldnerische Haftung abschwächende Wirkung, wenn die Teilung innerhalb der Frist von sechs Monaten vorgenommen wird, während es andererseits die betr. Wirkung auch dann noch hat, wenn die Forderung zwar erst nach dem Ablauf der Frist, aber doch noch vor der Teilung bekannt geworden ist.

Die Aufforderung eines einzelnen Miterben genügt, da sie allgemeine Wirkung hat. Diejenigen Nachlaßgläubiger, welche ihre Forderung rechtzeitig und entweder beim Auffordernden oder beim Nachlaßgericht anmelden, kommen für eine nur anteilige Haftung nach der Teilung nicht in Frage; ihnen haften die Erben vor wie nach der Teilung gesamtschuldnerisch. Dasselbe ist bezüglich der zwar nicht gemeldeten, aber bis zur Teilung auf andere Weise bekannt gewordenen Nachlaßgläubiger der Fall. Nur die nicht gemeldeten und zur Zeit der Teilung auch nicht sonst bekannt gewordenen Nachlaßgläubiger erleiden in der Zeit nach der Teilung den Nachteil, daß sie jeden der Miterben nur wegen desjenigen Bruchteiles ihrer Forderung in Anspruch nehmen können, welcher der Erbquote des in Anspruch genommenen entspricht. Eine Beschränkung auf den Nachlaß hat die Säumigkeit des Gläubigers nicht zur Folge, weshalb es hier der üblichen Beschränkungsmittel zur Beschränkung bedarf. Die Miterben können das durch die Meldungen gewonnene Resultat zur Feststellung des Vermögensstandes des Nachlasses benutzen. Da sie aber auch die nicht angemeldeten Forderungen aus dem Nachlaß berichtigen müssen, ist die Feststellung in keinem Falle eine so zuverlässige, wie sie das Ausschlußurteil im Aufgebote ermöglicht, da dort die nicht gemeldeten Forderungen dem Nachlaß nicht mehr gefährlich werden können, insofern die Erben ihnen nur noch mit dem etwa vorhandenen Überschuß haften. Diejenigen Nachlaßgläubiger, welche einen Nachteil dadurch erleiden, daß die Erben die Gläubiger auf Grund des mit der Aufforderung gewonnenen Resultats voll befriedigen, haben evtl. einen Anspruch auf Schadensersatz gegen die Erben. Wenn nämlich die Umstände dafür sprechen, daß noch unbekannte Nachlaßverbindlichkeiten vorhanden sind, und die Erben trotzdem nicht ein Aufgebot erwirkt, sondern nur eine Aufforderung nach § 2061 erlassen haben, so liegt ein Verschulden vor, das sie nach Maßgabe des § 1980 verantwortlich macht. Die Aufforderung ist demnach nicht stets am Platze. Weiteres über dieses Institut und namentlich über seine Wirkung siehe im Kapitel: Miterben nach der Teilung sowie im Band II.

Daß auch das Aufgebot, der Zeitablauf und der Nachlaßkonkurs neben ihrer die Haftung hinsichtlich des Gegenstandes beschränkenden Wirkung auch die Umwandlung der gesamtschuldnerischen in die nur anteilige Haftung für die Zeit nach der Teilung zur Folge haben, darüber siehe die Darlegung von der Haftung für die Zeit nach der Teilung.

d. Insbesondere die Haftung:

α. wegen Pflichtteils, Legats und Auflage. (Das Kürzungsrecht.)

1. Die Haftung der Miterben, welche Extranei sind. Siehe die Vorbemerkung Seite 81.

a) Die Miterben, welche Extranei sind, haben die Pflichtteilsansprüche voll zu erfüllen.

Im Verhältnis nach außen, d. h. zum Pflichtteilsberechtigten, haften sie sowohl vor wie nach der Teilung als Gesamtschuldner. Der Berechtigte kann sie also insgesamt oder einzeln wegen Leistung des vollen Pflichtteils in Anspruch nehmen. Nur mit einem gegen sämtliche Miterben gerichteten Schuldtitel ist die Vollstreckung in den Gesamtnachlaß zulässig (§ 747 ZPO.). Auf Grund eines gegen nur einen bezw. nicht gegen alle Miterben gerichteten Schuldtitels kann stets nur der „Anteil" derjenigen am Nachlasse gepfändet werden, gegen welche ein Schuldtitel erwirkt ist; in diesem Falle erfolgt in der Regel die Befriedigung des Pflichtteilsberechtigten erst bei der Auseinandersetzung. Natürlich sollen die Erben auch die Erfüllung des Pflichtteilsanspruches schon aus dem ungeteilten Nachlaß vornehmen (§ 2046 Abs. 1). Der Pflichtteilsberechtigte kann die sämtlichen bezw. einzelnen Miterben auch dann gesamtschuldnerisch in Anspruch nehmen, wenn der Erblasser durch Verfügung von Todeswegen die Pflichtteilslast nur einem oder einigen der Miterben auferlegt haben sollte; die Anordnung hat keine Wirkung nach außen hin (§ 2324). Die sonstigen hier in Betracht kommenden Haftungsgrundsätze siehe Seite 81 f. Im Verhältnis nach innen ist für die Beteiligung eines jeden Miterben an der Pflichtteilslast grundsätzlich die Höhe seines Erbteils entscheidend, d. h. jeder Miterbe muß sich bei der Auseinandersetzung diejenige Quote der Last auf seinen Anteil anrechnen lassen, die seiner Erbquote entspricht, wenn nicht etwa der Erblasser in letztwilliger Verfügung eine andere Beteiligung anordnet bezw. die Last einem einzigen der Erben auferlegt (§ 2324).

Der § 2320.

Eine von diesem Grundsatze abweichende Beteiligung eines Miterben an der Pflichtteilslast ergibt sich aus § 2320. Hierüber ist folgendes zu bemerken: Abkömmlinge, Ehegatte, Eltern des Erblassers sind seine nächsten gesetzlichen Erben. Schließt der Erblasser in seiner letztwilligen Verfügung denjenigen von ihnen, der im konkreten Falle sein gesetzlicher Erbe gewesen wäre, von der Erbfolge aus, so begründet er für ihn einen Pflichtteilsanspruch. Infolge dieses Ausschlusses muß notwendig an die Stelle des Ausgeschlossenen ein anderer Erbe treten und zwar entweder der gesetzliche oder der vom Erblasser eingesetzte. Der Ausgeschlossene aber fordert seinen Pflichtteil gegenüber den Erben, zu welchen auch der an seine Stelle getretene gehört. Beispiel: X, der als gesetzliche Erben lediglich zwei Söhne A und B hat, testiert, wie folgt: „Ich setze zu meinen Erben meinen Sohn A zu $1/2$ und meine Freunde F und G zu je $1/4$ ein." B ist hier ausgeschlossen, er darf gegenüber A, F, G den Pflichtteil fordern. F und G sind Erben an Stelle des B geworden. Oder: X testiert, wie folgt: „B soll $5/6$, mein Freund F $1/6$ erben. Den A enterbe ich aus ...... Gründen." Es stellt sich nachher heraus, daß die Enterbungsgründe nicht zutreffen (§ 2336). A fordert seinen Pflichtteil gegenüber B, F. Hier ist F Erbe an Stelle des A geworden. War die Enterbung gerechtfertigt, so hatte A kein Erbrecht und der F nähme nicht *seine* Stelle als Erbe ein. Wenn der Erblasser einen Pflichtteilsberechtigten, der sein gesetzlicher Erbe im konkreten Falle gewesen wäre, zwar zum Erben einsetzt und seinen Erbteil auf *mehr* wie seinen Pflichtteil bemißt, aber andererseits mit Legat oder Auflage beschwert, so kann der Erbe die Erbschaft ausschlagen und dafür seinen vollen Pflichtteil fordern (§ 2306 Abs. 1 S. 2). Auch hier tritt (an die Stelle des Ausschlagenden) ein anderer gesetzlicher oder eingesetzter Erbe ein, der alsdann mit den übrigen Erben zusammen den Pflichtteil des Ausschlagenden schuldet. Beispiel: X testiert, wie folgt: „Meine Söhne A und B sollen mich zu $1/4$ bezw. $3/4$ beerben. B soll dem Z ein Legat zahlen. Will B nicht Erbe sein, so soll mein Freund F Ersatzerbe sein." B schlägt wegen der Beschwerung aus. Er fordert den Pflichtteil, den ihm A, F verschulden. F ist hier Miterbe an Stelle des B geworden. Der § 2320 regelt die Beteiligung desjenigen Miterben, der solchergestalt an Stelle eines ausgeschlossenen oder ausschlagenden Pflichtteilsberechtigten Miterbe geworden ist, an der Pflichtteilslast. Es ist zu merken, daß der Paragraph nichts an dem Verhältnisse nach außen ändert. Auch ein solcher Miterbe haftet gesamtschuldnerisch für den vollen Pflichtteil. Der Paragraph bestimmt nur für das Innenverhältnis der Erben, daß der betr. Miterbe nicht entsprechend seiner Erbquote, sondern mit dem ganzen Vorteil, den ihm der Ausschluß bezw. die Ausschlagung des Berechtigten eingebracht hat, an der Pflichtteilslast zu tragen hat. Der Miterbe muß sich also bei der Auseinandersetzung der Erben auf seinen Anteil, als auf den Pflichtteil geleistet, seinen ganzen Vorteil anrechnen lassen; er behält den Vorteil nicht. Der Vorteil besteht in dem Erbteil des Ausgeschlossenen bezw. Ausschlagenden. Der § 2320 statuiert danach für den an die Stelle eines Pflichtteilsberechtigten tretenden Miterben eine erhöhte Beteiligung an der Pflichtteilslast. Er behandelt im Abs. 1 alle diejenigen Fälle, wo der an die Stelle des pflichtteilsberechtigten Miterben tretende Erbe gesetzlicher Miterbe wird; hier gilt die erwähnte Erhöhung unbedingt. Im Abs. 2 ist der durch den Willen des Erblassers an die Stelle des Pflichtteilsberechtigten durch Verfügung von Todeswegen eingesetzte Miterbe behandelt, doch gilt für diesen die erhöhte Beteiligung nur „im Zweifel“. Übrigens kann der Erblasser die Anwendung des § 2320 überhaupt ausschließen (§ 2324). Beispiel wie oben: X setzt seinen Sohn A zu $1/2$ und an Stelle seines Sohnes B seine Freunde F und G zu je $1/4$ des 10 000 ℳ betragenden Nachlasses als Erben ein. B fordert 2500 ℳ Pflichtteil gegenüber A, F, G und bekommt ihn. Bei der Auseinandersetzung unter A, F, G erhält A $1/2$, F und G je $1/4$ des Nachlasses. Während nach allgemeiner Regel sich hierbei der A $1/2$ von 2500 = 1250 und die F, G je $1/4$ von 2500 = je 625 ℳ, als auf den Pflichtteil verwendet auf ihren Erbteil anrechnen lassen müßten, ändert sich dieses Verhältnis infolge des § 2320 dahin, daß F und G sich ihren ganzen Vorteil auf die 2500 ℳ anrechnen lassen müssen. Da jeder von ihnen 2500 ℳ erbt, müssen sie zu gleichen Teilen die 2500 ℳ Pflichtteil allein tragen, können sich also nur je 1250 ℳ auszahlen lassen, während A an der Pflichtteilslast hier überhaupt nicht beteiligt ist. Oder: B erbt $5/6$, der Freund F $1/6$ an Stelle des Sohnes A. Nachlaß 12 000 ℳ. A fordert 3000 ℳ Pflichtteil, für den ihm B und F gesamtschuldnerisch haften. Bei der Teilung muß sich F, der $1/6$ von 12 000 ℳ = 2000 ℳ erbt, diese 2000 ℳ, als auf den Pflichtteil geleistet, auf seinen Erbteil anrechnen lassen. B hat nur den Rest = 1000 ℳ zu tragen. Der § 2320 ist auch auf den Fall anzuwenden, wo der Pflichtteilsberechtigte wegen des ihm entzogenen Erbrechts mit einem Legat bedacht ist und es ausschlägt. In diesem Falle fordert er den Pflichtteil (§ 2307); derjenige, der an seiner Stelle Erbe geworden ist, hat seinen Vorteil auf den Pflichtteil wieder wegzugeben.

b) Was die Stellung der Miterben, welche Extranei sind, gegenüber einem Legat, mit dem sie beschwert sind, oder gegenüber einer Auflage anlangt, so ist zu unterscheiden, ob außerdem noch ein Pflichtteilsanspruch besteht oder nicht. Im ersteren Falle haben die Erben ein Kürzungsrecht gegenüber dem Legat bezw. der Auflage. Hierüber siehe zu c. Im letzteren Falle, der jetzt hier interessiert, ist das Legat bezw. die Auflage ohne Abzug zu erfüllen. Im Verhältnis nach außen, d. h. dem Legatar bezw. Auflagenempfänger gegenüber, ist die Haftung der Erben gesamtschuldnerisch und zwar haften die sämtlichen Erben als Gesamtschuldner, wenn sie sämtlich beschwert sind, bezw. haften nur diejenigen Erben gesamtschuldnerisch, welche beschwert sind. Die Anordnung des Erblassers wirkt hier also — anders wie bezgl. des Pflichtteils — auch nach außen. Der Berechtigte, der in den Gesamtnachlaß vollstrecken will, muß einen (mehrere) Schuldtitel gegen sämtliche Erben erwirken; sollten nur einige, oder sollte nur einer der Miterben beschwert sein, so ist danach eine Vollstreckung in den Gesamtnachlaß nicht durchführbar; der Berechtigte muß sich auf eine Anteilspfändung beschränken und wird in der Regel erst bei der Aufteilung des Nachlasses Befriedigung erlangen. Die sonstigen hier in Betracht kommenden Haftungsgrundsätze siehe Seite 82. Für die Beteiligung der einzelnen Miterben an der Beschwerung, also für das Innenverhältnis, kommt es wieder in erster Reihe auf die Anordnung des Erblassers an. Ist nur einer der Miterben beschwert, so muß er es sich gefallen lassen, daß bei der Aufteilung die Befriedigung des Berechtigten aus seinem — etwa für die Forderung gepfändeten — Erbteil erfolgt. Sind mehrere beschwert, so gilt dasselbe für ihre Erbteile; inwieweit einem jeden die Last anzurechnen ist, bestimmt sich nach der Anordnung des Erblassers, in Ermangelung einer solchen aber nach dem Verhältnis ihrer Erbteile. Hat X z. B. seine Freunde F, G, H, J, K zu $^1/_5$ bezw. $^8/_{25}$ bezw. $^9/_{25}$ bezw. $^1/_{25}$ bezw. $^2/_{25}$ zu Erben eingesetzt und den F, G und H ein Legat von 10 000 ℳ für den Z auferlegt, so haben F, G, H, während sie nach außen gesamtschuldnerisch in der vollen Höhe des Legats haften, nach innen im Verhältnis von $^1/_5 : {}^8/_{25} : {}^9/_{25}$, d. i. 5 : 8 : 9 an dem Legat zu tragen, d. h. F muß sich $^5/_{22}$ von 10 000 ℳ = 2272 ℳ 75 Pf., G muß sich $^8/_{22}$, H $^9/_{22}$ anrechnen lassen. Sind die sämtlichen Erben beschwert, so haben sie mangels abweichender erblasserischer Anordnung nach dem Verhältnis ihrer Erbteile an der Beschwerung zu tragen. Eine von diesem Grundsatze abweichende Beteiligung eines Miterben an dem Legat bezw. der Auflage ergibt sich wieder aus § 2320. Es ist oben ad a hierüber mit Bezug auf die Beteiligung der Miterben an der Pflichtteilslast gehandelt. Der § 2320 berücksichtigt aber auch den Fall, daß der von der Erbfolge ausgeschlossene Pflichtteilsberechtigte zur Entschädigung mit einem Legate bedacht ist. Der Paragraph behandelt also die zwei Fälle, wo der pflichtteilsberechtigte Erbe von der Erbfolge zwar ausgeschlossen ist, dafür aber entweder den Pflichtteil oder ein Legat erhält. Auch hier ist zu bemerken, daß im Verhältnis zum Legatar, also nach außen, an den oben dargelegten Regeln durch den § 2320 nichts geändert wird; der Paragraph regelt vielmehr auch hier nur das Innenverhältnis der Beschwerten und zwar in derselben Weise wie bezgl. des Pflichtteils. Wer infolge des Ausschlusses des Pflichtteilsberechtigten von der Erbfolge den Vorteil hat (Erbe wird), soll den Vorteil, d. i. den Erbteil des Ausgeschlossenen, auf das Vermächtnis fortgeben müssen. Beispiel wie oben zu a: X setzt seinen Sohn A zu $^1/_2$ und statt seines Sohnes B seine Freunde F und G zu je $^1/_4$ zu Erben ein. Er bestimmt, daß B 6000 ℳ Legat erhalten soll. Der Nachlaß ist 12 000 ℳ. Das Legat des B wird von allen drei Erben gesamtschuldnerisch geschuldet. Aber im Verhältnis der Erben zu einander kommt in Betracht, daß F und G die Hälfte des Nachlasses (6000 ℳ), die dem B gebührt hatte, an dessen Stelle geerbt haben. Sie müssen sich diese 6000 ℳ auf das Legat anrechnen lassen, erhalten also bei der Teilung nichts, während A 6000 ℳ erhält. Der § 2320 hebt hervor, daß das dem Pflichtteilsberechtigten zugewendete Legat von ihm a n g e n o m m e n sein muß, wenn anders die erhöhte Beteiligung an der Last durchgreifen soll. Das ist selbstverständlich. Denn wenn das Legat ausgeschlagen wird, dann ist es nicht mehr vorhanden, und es kann von einer erhöhten Beteiligung an der Legatslast keine Rede sein. Daß auch im Falle der Ausschlagung des Legats der § 2320 Anwendung findet, aber die erhöhte Beteiligung alsdann für die Pflichtteilslast besteht, die an die Stelle des Legats tritt, ist oben ad a am Ende schon erwähnt. Nimmt der Pflichtteilsberechtigte ein Vermächtnis an, welches kleiner ist wie der volle Pflichtteil gewesen sein würde, so kann er sowohl das Legat wie auch als Pflichtteil den Wert des am vollen Pflichtteil Fehlenden fordern. Der an seine Stelle als Miterbe zur Erbschaft Berufene hat im Innenverhältnis das Vermächtnis und den Pflichtteil in Höhe des Erbteils, der dem Berechtigten entzogen ist, zu tragen.

c) Wesentlich ungünstiger kann die Rechtslage des Vermächtnisnehmers dann werden, wenn die Miterben neben seinem Vermächtnis auch noch einen Pflichtteil zu leisten haben, denn in diesem Falle sind die Miterben bezw. ist auch jeder einzelne Miterbe nach § 2318 berechtigt, ihm das Vermächtnis zu kürzen, sofern dies nicht etwa der Erblasser in letztwilliger Verfügung verboten haben sollte. Die Kürzung ist den Erben mit Rücksicht auf den gleichzeitig geschuldeten Pflichtteil gestattet, muß also da, wo die Pflichtteilslast überhaupt nicht oder nur zum Teil auf den Erben ruht, unterbleiben oder eingeschränkt sein (§ 2323). — Über die Grundsätze der Kürzung ist das Erforderliche oben Seite 83 dargelegt. Es sei hier wieder hervorgehoben, daß im Verhältnis nach außen, d. h. zum Pflichtteilsberechtigten, auch da, wo das Legat gekürzt werden darf, stets nur die Erben in Anspruch genommen werden können. Natürlich hält sich auch der Legatar an die Erben. Jeder Berechtigte fordert nach den oben ad a und b erwähnten Grundsätzen. Im folgenden soll an einigen Beispielen die Kürzung durchgeführt werden: X übergeht seinen einzigen gesetzlichen Erben, den Sohn A, und setzt die beiden Extranei E und F zu Erben seines 10 000 ℳ betragenden Nachlasses ein; er bestimmt, daß dem Z 3000 ℳ Legat ausgezahlt werden sollen. E und F haben dem ausgeschlossenen A als Gesamtschuldner 5000 ℳ Pflichtteil zu zahlen. Nimmt sie auch der Z auf Zahlung von 3000 ℳ in Anspruch, so dürfen sie ihm 1500 ℳ abziehen, indem sie seinen Anteil am Pflichtteil nach dem Verhältnis 7000 : 3000 = 7 : 3 berechnen, wobei auf Z $^3/_{10}$ von 5000 = 1500 ℳ entfallen. — Wenn der A nur einen der Miterben, z. B. den E, auf Zahlung der 5000 ℳ in Anspruch nimmt, muß Verurteilung wegen 5000 ℳ erfolgen. Wenn dagegen der Z den E allein in Anspruch nimmt, darf E die Kürzung vornehmen. Der Unterschied von dem obigen Fall ist der, daß E nicht in voller Höhe, d. h. für die Erben überhaupt, sondern nur für seine Person kürzen kann, mit der Wirkung allerdings, daß die von ihm gemachte Kürzung auch den übrigen Erben zugute kommt. E schuldet, weil er nur die Hälfte des Nachlasses erbt, im Innenverhältnis — mangels entgegenstehender Anordnung des Erblassers — sowohl den Pflichtteil wie auch das Vermächtnis nur zur Hälfte. Für seinen Teil kann er daher, auch wenn er wegen des ganzen Legats in Anspruch genommen wird, nur rechnen (statt 7000 : 3000) 3500 : 1500, wonach er mit 3500 ℳ und der Z mit 1500 ℳ den halben Pflichtteil = 2500 ℳ aufzubringen haben. Es können $^3/_{10}$ von 2500 ℳ = 750 ℳ vom Legat gekürzt werden. Das Urteil kann demnach nur dahin lauten, daß E zur Zahlung von 2250 ℳ verurteilt wird, wodurch endgültig das Vermächtnis auf diesen Betrag herabgesetzt ist, dergestalt, daß F nunmehr nur noch auf Zahlung von 2250 ℳ belangt werden könnte. Macht der F auch seinerseits dieselbe Rechnung wie E auf, so ergeben sich weiter als abzugsfähig auch hier 750 ℳ, wodurch das Legat, wie oben, auf 1500 ℳ herabgesetzt ist. Würde der Z auf Grund des bloß gegen E wegen 2250 ℳ erzielten Urteils gegen E vollstrecken, so wäre nur Anteilspfändung zulässig. Wird später durch Klage gegen F das Legat auf 1500 ℳ herabgesetzt, so kann die Vollstreckung gegenüber E wegen 2250 ℳ nicht aufrecht erhalten bleiben. Z kann, da er nunmehr gegen sämtliche Miterben Schuldtitel besitzt, wegen nur 1500 ℳ in den Gesamtnachlaß vollstrecken. Im Verhältnisse unter einander haben E und F sowohl nach allgemeinen Grundsätzen wie auch nach § 2320 hier je 2500 ℳ am Pflichtteil und je 750 ℳ an dem endgültig festgestellten Legat zu tragen bezw. sich bei der Teilung auf ihren Erbteil anrechnen zu lassen; es verbleibt jedem $^1/_2$ von 3500 ℳ. — Ist nur einer der Miterben mit dem Legat beschwert, so kann nur er, da nur für ihn Pflichtteilslast mit Vermächtnislast zusammentreffen, am Legat eine Kürzung vornehmen, wie ja auch nur er wegen des Vermächtnisses in Anspruch genommen werden kann. Beispiel: Wie oben. Das Legat von 3000 ℳ zugunsten des Z sei nur dem E auferlegt. E schuldet daher $^1/_2$ = 2500 ℳ Pflichtteil und 3000 ℳ Legat; der Pflichtteil = 2500 ℳ ist von ihm mit (5000 — 3000 =) 2000 ℳ und von Z mit 3000 ℳ aufzubringen, d. h. E kann dem Z $^3/_5$ von 2500 = 1500 ℳ kürzen. Im Innenverhältnis erhält F $^1/_2$ von 10 000 ℳ — 2500 ℳ Pflichtteil = 2500 ℳ, E $^1/_2$ von 10 000 ℳ — 2500 ℳ Pflichtteil — 1500 ℳ Legat = 1000 ℳ.

Über das Verfahren beim Vorhandensein mehrerer Legatare bezw. mehrerer Pflichtteilsberechtigten siehe Seite 84, 85.

Ist der von den Extranei zu berücksichtigende Legatar selbst an sich pflichtteilsberechtigt, so ist — vorausgesetzt, daß er das Legat annimmt (§ 2307) — die Kürzung auch hier zulässig, jedoch darf sie nicht so weit gehen, daß sie im Legat den Pflichtteil schmälert. Ist also das Legat gerade so groß wie der Pflichtteil des Legatars gewesen wäre, so kann von einer Kürzung keine Rede sein. Beispiel: X, welcher als einzige gesetzliche Erben 2 Söhne A und B hat, setzt seine Freunde E und F zu Erben seines 10 000 ℳ betragenden Nachlasses ein und beschwert sie mit 2500 ℳ Vermächtnis zugunsten des A. Den B erwähnt er nicht. Hier gilt es, den Pflichtteil des B mit 2500 ℳ und das Legat des A mit 2500 ℳ zu erfüllen. Das Legat kann hier, wo es gerade so groß wie der Pflichtteil des A ist, nicht gekürzt werden. — Ist das Legat 3000 ℳ, also größer wie der Pflichtteil des A, so kommt das Verhältnis 7000 : 3000 = 7 : 3 in Betracht. A müßte sich $^3/_{10}$ von 2500 ℳ = 750 ℳ abziehen lassen; dabei aber würde er nur 2250 ℳ, d. i. 250 ℳ weniger wie seinen Pflichtteil, erhalten, deshalb können ihm nur 500 ℳ abgezogen werden. — Ist das Legat 4000 ℳ, so tritt bei Kürzung nach § 2318 Abs. 1 keine Schmälerung des Pflichtteils des A ein. — Daß die Erben infolge der im Abs. 2 des § 2318 gemachten Einschränkung ihrerseits einen höheren Anteil an der Pflichtteilslast haben, wie es dem Abs. 1 entsprechen würde, und daß sie den Schaden auf etwa vorhandene sonstige Legatare abwälzen können, darüber siehe Seite 86.

Der § 2321.

Die Erben, welche sich gezwungen sehen, gleichzeitig Pflichtteil und Legat zu leisten, haben das Kürzungsrecht unter Umständen nicht nach § 2318, sondern nur nach

2321. Der Fall kann so liegen, daß anfänglich nur Legatslasten bestehen, daß aber einer der Legatare, weil er selbst ein Pflichtteilsberechtigter ist, das Legat ausschlägt und dafür den vollen Pflichtteil fordert (§ 2307). Auf diese Weise kommt es schließlich zu einer Konkurrenz von Pflichtteils- und Vermächtnislast. Oder es mag von Anfang an Pflichtteilslast mit mehreren Legatslasten konkurrieren, eine der Lasten aber aus dem angegebenen Grunde sich zur Pflichtteilslast umwandeln, also eine weitere Konkurrenz der verschiedenartigen Lasten eintreten. Rein äußerlich betrachtet ist die Situation alsdann dieselbe, wie sie für die Kürzung nach § 2318 erfordert wird. In Wahrheit liegen die Verhältnisse hier aber doch anders. Es ist nicht dasselbe, ob die Erben einige von vornherein bestimmte Legate oder ob sie nach der Ausschlagung eines dieser Legate statt desselben neben den übrigen Legaten einen Pflichtteil zu leisten haben. Die Erben erlangen infolge der Ausschlagung des Legats einen Vorteil, den ihnen der Erblasser nicht zugedacht hat; sie ersparen die Leistung des Legats. Das sollen sie nicht. Was sie infolge der Ausschlagung genießen, nämlich die Ersparnis, sollen sie auf den Pflichtteil, den der Ausschlagende nunmehr statt des Legats fordert, weggeben. Auf diese Weise wird der Pflichtteil des das Legat Ausschlagenden ganz oder zum größeren Teil, jedenfalls in Höhe des ausgeschlagenen Legats, von den Erben getragen, anstatt daß er verhältnismäßig von den Erben und (übrigen) Vermächtnisnehmern aufzubringen ist. Sollte im Einzelfalle der Vorteil, d. h. das ausgeschlagene Legat nicht die Höhe des Pflichtteils des Ausschlagenden erreichen, so muß der ungedeckte R e st des Pflichtteils wieder nach der Regel des § 2318 von den Erben und Legataren gemeinschaftlich verhältnismäßig aufgebracht werden, ist also ein Abzug vom Legat gestattet. Beispiel 1: F, G, H sind Extranei und erben je $^1/_3$. Der A ist Sohn des Erblassers und mit 6000 M Legat bedacht, ferner ist auch für den Z ein Legat von 3000 M bestimmt. Der Nachlaß ist 12 000 M. A schlägt aus und fordert 6000 M als Pflichtteil. F, G, H ersparen 6000 M als Legat, müssen sie aber auf den Pflichtteil fortgeben, d. h. hier den Pflichtteil allein tragen. — Ist das für A bestimmte Legat aber nur 2000 M, so deckt seine Ausschlagung den Pflichtteil für F, G, H nur in Höhe von diesen 2000 M, der ungedeckte Rest von 4000 M ist von den Erben mit den ihnen vom Nachlaß zufallenden (12 000 — 3000 M Legat des Z =) 9000 M und von Z mit 3000 M, d. h. im Verhältnis von 3 : 1, zu tragen, weshalb dem Z $^1/_4$ von 4000 M = 1000 M gekürzt werden können. — Beispiel 2: F, G, H sind Extranei und erben $^1/_3$ bezw. $^1/_6$ bezw. $^1/_2$. Der Sohn A des Erblassers ist mit 4000 M Legat bedacht, doch ist nur der H beschwert. Außerdem sind alle drei Erben für Z mit 2000 M Legat beschwert. Der Nachlaß ist 12 000 M. A schlägt das Legat aus und fordert 6000 M Pflichtteil. Hier hat nur H den Vorteil von dieser Ausschlagung, da nur er beschwert ist; er erspart es, 4000 M als Legat zu zahlen; er muß sie aber für den Pflichtteil des A hergeben. Die ungedeckten 2000 M Pflichtteil werden von F, G, H mit 10 000 M und von Z mit 2000 M getragen, Z muß sich $^1/_6$ von 2000 M abziehen lassen. Siehe die Durchführung des entsprechenden Beispiels auf Seite 87. Auch der § 2321 ändert nichts daran, daß der Pflichtteilsberechtigte lediglich die Erben (gesamtschuldnerisch wegen des vollen Pflichtteils) in Anspruch zu nehmen hat. — Daß der § 2321 auch dem Vermächtnisnehmer einen erhöhten Beitrag an der Pflichtteilslast, evtl. sogar die ganze Pflichtteilslast auferlegt, nämlich, wenn der Vorteil von der Ausschlagung des Legats statt dem Erben ihm, dem Vermächtnisnehmer, zufällt, ist oben Seite 87 dargelegt

Der § 2322.

Die Extranei, welche sich gleichzeitig einem Pflichtteils- und Legatsanspruch gegenüber sehen, dürfen das Legat unter Umständen weder nach Maßgabe des § 2318 noch des § 2321, sondern nur nach Maßgabe des § 2322 kürzen. Der § 2322 beschäftigt sich, wie die §§ 2318 und 2321, mit der Kürzung des Legats wegen einer gleichzeitig bestehenden Pflichtteilslast. Wie der § 2321, so geht in dem einen der beiden Anwendungsfälle auch der § 2322 von einem Legat aus, das einem Pflichtteilsberechtigten zugedacht ist; doch ist hier weiter vorausgesetzt, daß das Legat auch selbst zugunsten eines Vermächtnisnehmers beschwert ist. Schlägt der Pflichtteilsberechtigte das Legat, das ihm zugedacht ist, aus, so fällt nicht bloß die Pflichtteilslast, die an Stelle der Legatslast entsteht, auf die Erben, sondern auch die Legatslast, die auf dem Legatar lastete. So kommt es für die Erben zu einer Konkurrenz der beiden Lasten. Weiteres hierzu siehe Seite 88 f. Beispiel 1: X, welcher einen Sohn A als einzigen gesetzlichen Erben hat, setzt seine Freunde E, F, G zu Erben seines 10 000 ℳ betragenden Nachlasses zu $^1/_3$ bezw. $^1/_6$ bezw. $^1/_2$ ein. Er beschwert sie zugunsten des A mit 5000 ℳ Vermächtnis, legt aber auch dem A 8000 ℳ Legat zugunsten des Z auf. Nachdem A das ihm zugedachte Legat ausgeschlagen hat, schulden E, F, G gesamtschuldnerisch ihm 5000 ℳ Pflichtteil und dem Z 8000 ℳ Legat. Warum hier keine Kürzung des Legats nach § 2318, sondern nur nach § 2322 zulässig ist, wurde oben Seite 89 ausgeführt. Die Miterben dürfen, damit sie den Pflichtteil aus dem ihnen zugefallenen Nachlaß voll decken können, dem Z 3000 ℳ kürzen. Beispiel 2: Wie ad 1, aber lediglich der G ist mit 4000 ℳ zugunsten des A beschwert, der seinerseits für Z mit 3000 ℳ Legat beschwert ist. Nach der Ausschlagung des Legats durch A schulden ihm E, F, G gesamtschuldnerisch 5000 ℳ Pflichtteil. Das Legat des Z schuldet nur der G, der von der Ausschlagung allein den Vorteil hatte. Danach schuldet G, da er im Beispiel $^1/_2$ = 5000 ℳ erbt, $^1/_2$ des Pflichtteils = 2500 ℳ an A und 3000 ℳ Legat an Z, zusammen 5500 ℳ; er ist mit 500 ℳ überschwert und kann dem Z 500 ℳ abziehen.

Der fernere Anwendungsfall des § 2322 ist der, daß der Pflichtteilsberechtigte zwar als Miterbe eingesetzt, aber gleichzeitig mit einem Vermächtnis (einer Auflage) beschwert ist und aus diesem Grunde die Erbschaft ausschlägt (§ 2306 Abs. 1 S. 2). Der Ausschlagende fordert den Pflichtteil, der Vermächtnisnehmer das Vermächtnis. Auch hier tritt eine Konkurrenz von Pflichtteilslast und Vermächtnislast ein und kann das Vermächtnis nicht nach § 2318 oder 2321, sondern nur nach § 2322 gekürzt werden. Beispiel 1: X setzt seinen Sohn A und seine Freunde F und G zu Erben zu $^3/_5$ bezw. $^1/_{10}$ bezw. $^3/_{10}$ ein, gleichzeitig beschwert er sie zugunsten des Z mit 10 000 ℳ Legat. Der Nachlaß ist 10 000 ℳ. A, welcher 6000 ℳ erbt und $^3/_5$ von 10 000 ℳ = 6000 ℳ Legat an Z fortgeben müßte, schlägt aus und fordert 5000 ℳ Pflichtteil. Erbe werde an seiner Stelle der Vater des Erblassers, der V. Die Erben V, F, G schulden dem A als Gesamtschuldner 5000 ℳ Pflichtteil und dem Z 10 000 ℳ Vermächtnis. Die Ausschlagung des Erbteils durch A kommt hier dem V zustatten, da er Miterbe zu $^3/_5$ wird. Andererseits geht auch $^3/_5$ der Vermächtnislast = 6000 ℳ auf ihn über und hat er nach

§ 2320 die Pflichtteilslast = 5000 ℳ zu tragen. Bei 6000 ℳ Erbschaft schuldet er 11 000 ℳ, er darf deshalb dem Z 5000 ℳ abziehen, d. h. er trägt den Pflichtteil, 5000 ℳ, allein und zum Legat 1000 ℳ bei, er behält für sich nichts übrig. Der F, der $^1/_{10}$ = 1000 ℳ erbt, hat von der Ausschlagung des Erbteils des A keinen Vorteil, er schuldet wie vorher (im Innenverhältnis) bloß $^1/_{10}$ des Legats = 1000 ℳ. Er behält nichts für sich. Der G, der $^3/_{10}$ = 3000 ℳ erbt, hat von der Ausschlagung des Erbteils des A keinen Vorteil, er schuldet wie vorher (im Innenverhältnis) $^3/_{10}$ = 3000 ℳ Legat, er behält nichts für sich. Das Resultat ist: A bekommt 5000 ℳ Pflichtteil, Z 1000 ℳ und 1000 ℳ und 3000 ℳ Legat. Die Erben behalten nichts. In praxi wird A seinen Pflichtteilsanspruch gegen die drei Miterben zugleich geltend machen und Befriedigung aus dem Nachlasse erlangen. Weiter wird Z 10 000 ℳ Legat fordern. Die Erben, denen nach Befriedigung des im Range vorgehenden A nur noch 5000 ℳ Nachlaß zur Verfügung stehen, können dem Z gegenüber nach § 1992 verfahren, d. h. die Haftung auf den Nachlaß beschränken und den Nachlaß preisgeben oder aber sie müssen dem Legatar in der eben dargelegten Weise die Kürzung berechnen, worauf, da sich hierbei als Resultat eine Legatsschuld von nur 5000 ℳ ergibt, die Erben als Gesamtschuldner zur Zahlung von 5000 ℳ verurteilt werden. Im ersteren Falle des Prozedierens werden sie zur Zahlung aus dem Nachlasse wegen der 5000 ℳ, im letzteren Falle werden sie pure zur Zahlung verurteilt. Die Tatsache, daß der V zum Legat 1000 ℳ, der F 1000 ℳ, der G 3000 ℳ beisteuern muß, hat nur interne Bedeutung und zwar nur bei der Aufteilung des Nachlasses, d. h. bei der Anrechnung der Schulden auf das Konto jedes einzelnen Miterben. So lange der Nachlaß noch nicht geteilt ist, interessiert diese verschiedene Beteiligung auch nicht die Erben selbst. — Beispiel 2: X setzt seinen einzigen Sohn A zu $^3/_5$, den Extraneus F zu $^1/_{10}$, den Extraneus G zu $^3/_{10}$ zu Erben ein; er beschwert nur den A mit 4000 ℳ Legat zugunsten des Z. Der Nachlaß ist 10 000 ℳ. A schlägt wegen der Beschwerung aus und fordert 5000 ℳ Pflichtteil. An Stelle des A wird V, der Vater des Erblassers, Miterbe. Die V, F, G schulden dem A 5000 ℳ und zwar als Gesamtschuldner. Im Innenverhältnis hat sie lediglich der V zu tragen. Ferner schuldet nur der V auch noch 4000 ℳ Legat an Z, weil er an Stelle des A, welcher allein mit dem Legat beschwert war, Erbe geworden ist. Der V erbt $^3/_5$ von 10 000 ℳ = 6000 ℳ, er ist Schuldner von 5000 und 4000 ℳ, also um 3000 ℳ überschwert; sie kann er dem Z abziehen. Der F erbt $^1/_{10}$ von 10 000 ℳ = 1000 ℳ, er ist im Innenverhältnis nicht Mitschuldner des Pflichtteils. Auch das Legat beschwert ihn nicht. Der G erbt $^3/_{10}$ von 10 000 ℳ = 3000 ℳ, er ist an der Pflichtteilslast im Innenverhältnis nicht beteiligt. Das Legat beschwert ihn nicht. Nach außen gilt folgendes: Der A darf die Erben wegen der ihm zustehenden 5000 ℳ als Gesamtschuldner in Anspruch nehmen. Der Z darf nur den V belangen.

Wegen der Anwendung des § 2323 siehe Seite 88.

2. Die Haftung des Miterben, der selbst pflichtteilsberechtigt ist.

Vorbemerkung: Bezgl. der Verbindung: „Miterben, die selbst pflichtteilsberechtigt sind" ist folgendes zu bemerken: Es ist oben bei der Darlegung des Kürzungsrechts des Alleinerben ausgeführt, daß ein Alleinerbe nicht zugleich einen Pflichtteilsanspruch haben kann, weil er den ganzen Nachlaß als Erbe erhält (Seite 90), daß daher unter einem pflichtteilsberechtigten Alleinerben immer nur ein Erbe zu verstehen ist, der einen Pflichtteilsanspruch hätte, wenn er nicht zum Erben berufen wäre. Hinsichtlich eines Miterben ist die Rechtslage anders; der Miterbe kann Erbe sein und zugleich einen Pflichtteilsanspruch haben. Ist nämlich der für ihn bestimmte Erbteil kleiner wie die Hälfte seines gesetzlichen Erbteils (Pflichtteils), so ist er in Höhe desjenigen Betrages, der an dieser Hälfte fehlt, pflichtteilsberechtigt, d. h. Gläubiger der übrigen Miterben; im übrigen bleibt er Miterbe (§ 2305). Beispiel: X hat als einzige gesetzliche Erben drei Söhne A, B, C. Er verfügt letztwillig, daß A $^1/_3$, B $^1/_{12}$, C $^7/_{12}$ erben sollen. Da nach dem Gesetze jeder der Erben $^1/_3$ geerbt hätte, ist der Pflichtteil eines jeden $^1/_6$. B, der nur $^1/_{12}$ erbt, bekommt also $^1/_{12}$ weniger wie der volle Pflichtteil gewesen wäre; er ist in Höhe von $^1/_{12}$ Miterbe, in Höhe eines weiteren Zwölftels pflichtteilsberechtigter Nachlaßgläubiger. Was er als Pflichtteilsberechtigter zu fordern hat, wird im Gesetze „Pflichtteil" genannt, obwohl es eigentlich nur eine Ergänzung des am vollen Pflichtteil Fehlenden ist. Pflichtteil ist hier also ein anderer Begriff wie im § 2303, wo der volle Pflichtteil gemeint ist. Der Miterbe, welcher solchergestalt Miterbe ist und gleichzeitig einen Pflichtteilsanspruch hat, kann die Erbschaft ganz ausschlagen; in diesem Falle geht er aber des Pflichtteilsanspruchs nicht verlustig, doch kann er eben nur den Pflichtteil im Sinne des § 2305, nicht aber den vollen Pflichtteil fordern. Unter Miterben, die selbst pflichtteilsberechtigt sind, versteht man nach obigem sowohl diejenigen Miterben, welche, wenn sie nicht zu Erben berufen wären, den vollen Pflichtteil fordern könnten, wie auch diejenigen Miterben, welche, obwohl sie zu Erben berufen sind, einen Pflichtteilsanspruch haben. Unter Umständen kann ein pflichtteilsberechtigter Miterbe die Erbschaft (seinen Erbteil) ausschlagen und dafür den vollen Pflichtteil fordern. Dies ist dann der Fall, wenn der für ihn bestimmte Erbteil größer ist, wie die Hälfte seines gesetzlichen Erbteils (wie sein voller Pflichtteil) und er — sei es allein, sei es in Gemeinschaft mit anderen Miterben — mit Legat oder Auflage beschwert ist (§ 2306 Abs. 1 S. 2). Er kann die Erbschaft aber auch behalten. Im Falle der Ausschlagung wird er auch von der Beschwerung frei, im Falle der Annahme muß er die Beschwerung tragen, auch wenn sie seinen vollen Pflichtteil schmälert. Das Recht der Ausschlagung bezw. der Einforderung des Pflichtteils ist unabhängig von der Höhe der Beschwerung. Beispiel: X hat drei Söhne A, B, C als einzige gesetzliche Erben. Danach ist der Pflichtteil eines jeden $^1/_6$. X bestimmt, daß A $^1/_3$, B $^1/_{12}$, C $^7/_{12}$ erben sollen, außerdem legt er ihnen ein Vermächtnis zugunsten des Z in Höhe von 100 *M* auf. Hier haben A und C bezw. hat jeder von ihnen die Wahl: sie können die beschwerte Erbschaft annehmen und müssen alsdann die 100 *M* zahlen, oder sie können die Erbschaft um der Beschwerung willen ausschlagen und dafür den vollen Pflichtteil fordern, sie schulden alsdann auch nicht mehr die 100 *M*. — Der pflichtteilsberechtigte Miterbe, dessen Erbteil kleiner oder gerade so groß, wie die Hälfte seines gesetzlichen Erbteils, d. i. wie sein voller Pflichtteil ist, darf, gleichviel ob dieser Erbteil beschwert ist oder nicht, die Erbschaft nicht ausschlagen, um dafür den vollen Pflichtteil zu fordern; der § 2306 Abs. 1 S. 1 befreit ihn in solchem Falle von der Pflicht, die Beschwerung zu leisten, sie gilt als nicht angeordnet. Im obigen Beispiel würde danach der B wegen der 100 *M* nicht in Anspruch genommen werden können. Der B könnte, abgesehen davon, daß das Vermächtnis hinsichtlich seiner Person nicht als angeordnet gilt, gegenüber A und B $^1/_{12}$ als Pflichtteil fordern, weil er um $^1/_{12}$ zu wenig geerbt hat (§ 2305).

Dieselbe Rechtsstellung wie gegenüber der Beschwerung mit Legat und Auflage hat der pflichtteilsberechtigte Miterbe gegenüber einer Beschränkung durch einen Testamentsvollstrecker, durch eine Teilungsanordnung, durch Einsetzung eines Nacherben, durch Einsetzung als Nacherbe. Ist z. B. im obigen Beispiel der C zu $^7/_{12}$ als Nacherbe, statt als Vorerbe eingesetzt, so kann er die Erbschaft annehmen und Nacherbe zu $^7/_{12}$ bleiben oder er kann die Erbschaft ausschlagen und sofort den vollen Pflichtteil fordern. Ist dagegen der B zu $^1/_{12}$ als Nacherbe eingesetzt, so gilt die Beschränkung als nicht angeordnet, d. h. der B ist sofort Vorerbe zu $^1/_{12}$ und kann nach § 2305 den Pflichtteil im Sinne dieses Paragraphen fordern.

Ist der Pflichtteilsberechtigte, der im konkreten Falle einen Pflichtteilsanspruch gehabt hätte bezw. gesetzlicher Miterbe gewesen wäre, mit einem Legat b e d a c h t , so kann er es annehmen und ist insoweit Legatar. Sollte das Legat nicht den Wert seines Pflichtteils erreichen, so kann er das am Werte des Pflichtteils Fehlende als Pflichtteil fordern. Auch hier ist, wie im § 2305, Pflichtteil nicht der volle Pflichtteil im Sinne des § 2303. Der Berechtigte kann das Legat aber überhaupt ausschlagen und den vollen Pflichtteil fordern. Als Pflichtteilsberechtigter hat er den Erben gegenüber eine günstigere Stellung. Bei zulänglichem Nachlaß wird es hierauf nicht ankommen, hier wird für seinen Entschluß vielmehr entscheidend sein, ob sein Legat zugleich beschwert ist oder nicht, weil er im ersteren Falle evtl. weniger erhält; diese Beschwerung darf nämlich bei Berechnung des Wertes des angenommenen Legats nicht in Ansatz gebracht werden (§ 2307 Abs. 1); hier also würden Legat plus Pflichtteil nicht dem vollen Pflichtteil des § 2303 entsprechen, vielmehr um den Wert der Beschwerung kleiner sein.

Ist der Pflichtteilsberechtigte lediglich mit einem Legat bedacht, also nicht zugleich Miterbe, und gleichzeitig mit einem Legat (bezw. einer Auflage) beschwert, so hat er gleichfalls die Wahl, ob er das Legat annehmen und alsdann die ihn belastende Beschwerung leisten oder ob er das Legat ausschlagen und dafür den vollen Pflichtteil fordern will. Nimmt er das Legat an und ist es geringer wie der volle Pflichtteil, so kann er auch hier den Pflichtteil im Sinne des § 2307 fordern. Schlägt er das Legat aus und fordert er dafür den vollen Pflichtteil, so hört seine Verbindlichkeit bezgl. der ihn beschwerenden Last auf. Schuldner des Pflichtteils sind die Erben insgesamt. Schuldner des Legats ist derjenige, welchem der Wegfall des zunächst Beschwerten unmittelbar zustatten kommt (§ 2161). Beispiel: X hat drei Söhne A, B, C. Er setzt A, B zu je $^1/_2$ zu Erben ein, für C bestimmt er 1000 ℳ Vermächtnis, den C beschwert er zugunsten des Z mit 500 ℳ Vermächtnis. Der C schlägt aus und darf den Pflichtteil gegen A, B geltend machen, desgl. darf Z das Vermächtnis gegenüber A, B fordern. War aber nur der A zugunsten des C beschwert, so kommt die Ausschlagung des Legats durch C nur dem A zustatten, deshalb ist nur A Schuldner des Z. Dagegen sind Schuldner des Pflichtteils des C auch hier b e i d e Erben.

Trifft zusammen, daß ein Pflichtteilsberechtigter zum Erben zwar eingesetzt, aber mit einem Erbteil bedacht ist, der kleiner oder gerade so groß wie die Hälfte des gesetzlichen Erbteils ist, und außerdem einerseits mit einem Legat bedacht und andererseits mit einem Legat beschwert ist, so sind nicht gleichzeitig die §§ 2305, 2306 Abs. 1 S. 1 und 2307 anwendbar. Der Erbe kann nicht einerseits Miterbe sein und als solcher seinen Erbteil bekommen müssen und daneben pflichtteilsberechtigt im Sinne des § 2305 sein, andererseits das ihm zugedachte Legat evtl. nebst dem Pflichtteil im Sinne des § 2307 oder unter Ausschlagung des Legats dafür den vollen Pflichtteil fordern dürfen und gleichzeitig noch von der Legatslast befreit sein. Es ist zu unterscheiden, ob er das ihm zugedachte Legat annimmt oder ausschlägt. Beispiel: Der Nachlaß ist 24 000 ℳ. Erben sind A zu $^1/_{12}$, B zu $^7/_{12}$, C zu $^4/_{12}$. Dem A sind 3000 ℳ Vermächtnis zugedacht, doch ist er auch mit 2000 ℳ Vermächtnis zugunsten des Z beschwert. Der volle Pflichtteil des A wäre $^1/_6 = 4000$ ℳ gewesen, er erbt also 2000 ℳ weniger wie er als Pflichtteil zu verlangen gehabt hätte. Er kann die Erbschaft nicht ausschlagen, um den vollen Pflichtteil zu fordern; er kann, da er mit 3000 ℳ Legat bedacht ist, auch nicht den Pflichtteil im Sinne des § 2305 (2000 ℳ) fordern; er kann endlich auch nicht das Legat ausschlagen, um dafür den vollen Pflichtteil zu fordern, weil er nämlich zugleich als Erbe eingesetzt ist; er kann dagegen das Legat ausschlagen und den Pflichtteil im Sinne des § 2305, also 2000 ℳ fordern. Wenn er das ihm zugedachte Legat ausschlägt, schuldet er auch nicht das ihn beschwerende Legat als Legatar, wohl aber geht die Last auf ihn als Miterben über (§ 2161). A bekommt also als Erbe $^1/_{12} = 2000$ ℳ, als — das Legat ausschlagender — Legatar nichts, als Pflichtteilsberechtigter 2000 ℳ, das Legat des Z schuldet er nicht, weil er selbst als Erbe nicht mehr (sogar weniger) wie die Hälfte des gesetzlichen Erbteils bekommt. Es sind demnach nur §§ 2305 und 2306 Abs. 1 S. 1 anwendbar. Nimmt er das ihm zugedachte Legat an, so kann er, obwohl es um 1000 ℳ kleiner ist wie die Hälfte seines gesetzlichen Erbteils, hier doch nicht nach § 2307 1000 ℳ fordern, weil er als Erbe bereits 2000 ℳ und als Legatar 3000 ℳ, zusammen also 5000 ℳ bekommt. Er kann auch nicht auf die 2000 ℳ verweisen, die ihn beschweren, weil der Wert seines Legats (nach § 2307 Abs. 1 S. 2) ohne Rücksicht auf die ihn treffende Beschwerung bestimmt wird; er muß das Legat vielmehr erfüllen und erleidet hierbei 1000 ℳ Schaden, er erhält hier 3000 ℳ gegen 4000 ℳ im ersteren Falle. Dies ist eine Folge der Abnahme des beschwerten Legats. Hier ist nur der § 2307 anwendbar.

Trifft zusammen, daß ein Pflichtteilsberechtigter zu einem größeren Erbteil wie die Hälfte seines gesetzlichen Erbteils zum Miterben eingesetzt und gleichzeitig mit einem Legat bedacht sowie beschwert ist, so kann der § 2305 natürlich niemals in Frage kommen. Ist im obigem Beispiel dem B, welcher $^7/_{12} = 14\,000$ ℳ erbt, als Legat 3000 ℳ zugedacht und er gleichzeitig mit 2000 ℳ Legat für Z beschwert, so kann er die Erbschaft nach § 2306 Abs. 1 S. 2 ausschlagen und den vollen Pflichtteil fordern. Das ihm zugedachte Legat bleibt ihm erhalten, das ihn beschwerende belastet nunmehr den an seine Stelle tretenden Miterben. Nimmt er die Erbschaft an, so muß er auch das ihn beschwerende Legat leisten, ebenso bleibt ihm das ihm zugedachte Legat. Schlägt er die Erbschaft aus, um dafür den vollen Pflichtteil zu fordern, so kann er nicht gleichzeitig das ihm zugedachte Vermächtnis um desselben Zweckes willen ausschlagen. Ebensowenig kann er die Erbschaft annehmen und das ihm zugedachte Legat um seines vollen Pflichtteils willen ausschlagen, vielmehr würde die Ausschlagung des Legats nur die Wirkung haben, daß sein Legatsanspruch verloren geht. Der § 2307 ist hier also in keinem Falle anwendbar.

Nunmehr ist über das Verweigerungsrecht im einzelnen folgendes zu bemerken:

a) Auch pflichtteilsberechtigte Miterben haben gegenüber einem ordentlichen Pflichtteilsanspruch kein Verweigerungsrecht. (Dies gilt nicht auch für die Zeit nach der Teilung des Nachlasses — § 2319 —. Siehe das folgende Kapitel zu C f γ.) Eine Schmälerung des Pflichtteils der Erben selbst ist trotzdem ausgeschlossen, weil der Pflichtteil aller Pflichtteilsberechtigten stets nach dem Nettonachlaß berechnet wird und stets ein Bruchteil desselben ist. Der Nettonachlaß sei 12 000 ℳ und von den einzigen gesetzlichen Erben des X, seinen drei Söhnen A, B, C seien nur A und B zu Erben des gesamten Nachlasses eingesetzt. Hier wird C als Pflichtteil $^1/_6$ von 12 000 ℳ = 2000 ℳ fordern; eine Schmälerung der 4000 ℳ, welche dem A und B zusammen als Pflichtteil gebühren würden, tritt also nicht ein. Auch wenn nur einer der Erben pflichtteilsberechtigt ist, verbleibt ihm bei voller Befriedigung des Pflichtteilsberechtigten sein eigener Pflichtteil ungekürzt. Beispiel (conf. Kreß 92): Ist der Nachlaß 12 000 ℳ und sind Erben der Sohn A zu $^1/_5$ und der Extraneus F zu $^4/_5$, während der Sohn B ausgeschlossen ist, so kann B seinen Pflichtteil: 3000 ℳ in voller Höhe gegen A, F oder gegen jeden von ihnen besonders geltend machen. A kann die Abweisung der Klage nicht etwa deshalb beantragen, weil er nur $^1/_5$ = 2400 ℳ erbe oder weil sein eigener Pflichtteil: 3000 ℳ nicht durch seinen Erbteil gedeckt sei. Auf Grund des nur gegen A erzielten Urteils kann B nur den Anteil des A pfänden und sich erst bei der Auseinandersetzung der Erben befriedigen. Hierbei wird er aber nur in Höhe des auf A entfallenden gepfändeten Anteils, also in Höhe von 2400 ℳ befriedigt werden. Der F ist an sich natürlich gleichfalls zur Zahlung verpflichtet, doch liegt noch kein Schuldtitel gegen ihn vor. Normalerweise wird B bei der Auseinandersetzung voll befriedigt werden. Der danach verbleibende Nachlaß von 9000 ℳ fällt zu $^1/_5$ = 1800 ℳ dem A, zu $^4/_5$ = 7200 ℳ dem F zu. Da der A hier 1200 ℳ weniger bekommt, wie sein voller Pflichtteil betragen haben würde, darf er gegenüber F 1200 ℳ als Pflichtteil nach § 2305 fordern. Im übrigen siehe bezgl. des Verhältnisses der Erben nach außen oben Seite 214 bei a. Auch der Miterbe selbst, der, weil sein Erbteil zu klein ist, nach § 2305 den Pflichtteil im Sinne des Paragraphen fordern kann, darf seine Forderung gegen die sämtlichen übrigen Miterben geltend machen — so mit Recht Planck zu § 2305 Anm. 3 —, andererseits reicht das von ihm erwirkte Urteil zur Vollstreckung in den Gesamtnachlaß aus. Siehe auch § 2063 Abs. 2. Was das Verhältnis der Erben nach innen anlangt, so richtet sich die Beteiligung der einzelnen Miterben an der Pflichtteilslast auch hier nach der Höhe ihrer Erbquote, doch ist sie auch hier infolge des § 2320 unter Umständen höher (s. oben Seite 215).

Handelt es sich um Erfüllung des außerordentlichen Pflichtteils, so können die pflichtteilsberechtigten Miterben insoweit die Erfüllung verweigern, daß ihnen ihr außerordentlicher Pflichtteil verbleibt. Beispiel: A und B, Söhne des Erblassers, sind Erben des ganzen Netto-Nachlasses von 12 000 ℳ, der Sohn C ist ausgeschlossen. Der Erblasser hatte 48 000 ℳ an F verschenkt, weshalb der Pflichtteil nach 60 000 ℳ (12 000 + 48 000) zu berechnen ist. Der außerordentliche Pflichtteil des C ist also $^1/_6$ von 60 000 ℳ = 10 000 ℳ. Ebenso groß wäre aber auch der außerordentliche Pflichtteil je des A und B. Daher können sie von den 12 000 ℳ nichts fortgeben. C geht leer aus, er kann nicht einmal den ordentlichen Pflichtteil fordern (§ 2328). — Sind

Erben der Sohn A zu $^2/_3$ und der Extraneus F zu $^1/_3$, und kommt als Pflichtteilsberechtigter nur sein Sohn B in Betracht, so könnte B wegen seines ordentlichen oder außerordentlichen Pflichtteils keine Befriedigung erlangen. Der außerordentliche Pflichtteil wäre $^1/_4$ von 60 000 ℳ = 15 000 ℳ sowohl für B wie auch für A. Letzterer darf, da ihm selbst nicht soviel verbleibt, wie sein außerordentlicher Pflichtteil beträgt, die Leistung an B überhaupt verweigern. B kann dann auch nicht den F in Anspruch nehmen, vielmehr ist sein Pflichtteilsanspruch endgültig verloren (§ 2328). Es fragt sich nun, wie hier der Miterbe A zu seinem außerordentlichen Pflichtteil kommt, da ihm doch nur $^2/_3$ von 12 000 ℳ = 8000 ℳ hinterlassen sind. Es ist oben in der Vorbemerkung darauf hingewiesen, daß ein Miterbe, dessen Erbteil k l e i n e r wie die Hälfte seines gesetzlichen Erbteils ist, den Pflichtteil im Sinne des § 2305 gegenüber seinen Miterben fordern kann. Dem A ist aber $^2/_3$ des Nachlasses, also ein Erbteil hinterlassen, das größer ist, wie der Pflichtteil! Es ist hier auf § 2326 zu verweisen, wonach der Pflichtteilsberechtigte, wenn ihm als Miterbe die Hälfte des gesetzlichen Erbteils (also der ordentliche Pflichtteil) oder mehr hinterlassen ist, „die Ergänzung des Pflichtteils", d. h. das am a u ß e r o r d e n t l i c h e n Pflichtteil Fehlende gegen die übrigen Miterben fordern kann. Im Falle des § 2326 handelt es sich, da seine Anwendung voraussetzt, daß der Miterbe mindestens soviel erbt, als sein außerordentlicher Pflichtteil betragen würde, stets um den Anspruch auf den außerordentlichen Pflichtteil. — Nimmt man als Schenkung im obigen Beispiel nur 28 000 ℳ an, so ist der außerordentliche Pflichtteil des A und des B je 10 000 ℳ. A kann, da er $^2/_3$ von 12 000 ℳ = 8000 ℳ erbt, gegenüber F die Ergänzung in Höhe von 2000 ℳ fordern. Die übrigbleibenden 2000 ℳ müssen dem B auf seinen außerordentlichen Pflichtteil bezahlt werden, eine weitere Forderung hat B auch nicht gegenüber F.

b) Für die Frage, ob pflichtteilsberechtigte Miterben berechtigt sind, die Leistung eines Legats, mit dem sie beschwert sind, zu verweigern, kommt es zunächst darauf an, ob sie gleichzeitig einen Pflichtteil zu erfüllen haben oder nicht. Was im ersteren Falle rechtens ist, wird weiter unten zu c) dargelegt. Für den Fall, wo es sich lediglich um Legatslasten handelt, gilt das in der Vorbemerkung bereits Dargelegte. Danach kommt es darauf an, wie hoch der Erbteil des betreffenden Miterben ist. Bei einem Erbteil, der geringer oder gerade so groß wie die Hälfte des gesetzlichen Erbteils, d. i. der Pflichtteil, ist, gilt die Beschwerung als nicht angeordnet; der Miterbe darf also die Erfüllung verweigern, ohne erst die ihn beschwerende Anordnung anfechten zu müssen. Bei einem Erbteil, der größer wie die Hälfte des gesetzlichen Erbteils ist, entfällt die Beschwerung des Pflichtteilsberechtigten ganz, wenn er die Erbschaft um der Beschwerung willen überhaupt ausschlägt und dafür den vollen Pflichtteil fordert; dagegen ist die Beschwerung ohne Abzug zu erfüllen, wenn der Pflichtteilsberechtigte die Erbschaft trotz der Beschwerung annimmt. Das Verhältnis des pflichtteilsberechtigten Miterben ist nach außen, d. h. zum Legatar (Auflagenempfänger), nicht anders wie dasjenige der Extranei. Siehe hierzu oben Seite 216. Beispiel: Hat X nur zwei Söhne, und ist der Sohn A zu $^1/_6$ und der Sohn B zu $^5/_6$ als Erbe des gesamten Nachlasses eingesetzt und beiden ein Legat von 200 ℳ auferlegt, so braucht A, wenn er allein in Anspruch genommen wird, auf das Legat nichts zu leisten (§ 2306 Abs. 1 S. 1). Dagegen muß B, wenn er die beschwerte

Erbschaft annimmt, das Legat erfüllen, selbst wenn dadurch sein eigener Pflichtteil geschmälert wird. Schlägt B aus, so kann ihn der Legatar nicht mehr in Anspruch nehmen. Schuldner ist vielmehr der an Stelle des B eintretende Erbe. Nimmt der Legatar beide Erben zugleich als Gesamtschuldner in Anspruch, so müßte die Klage gegen A abgewiesen werden, gegen B, sofern er die Erbschaft angenommen hat (für die Ausschlagung ist B beweispflichtig), verurteilt werden. Was rechtens ist, wenn B die Erbschaft ausschlägt und seinen vollen Pflichtteil fordert, d. h. wenn die Erben nunmehr diesen Pflichtteil und das Legat, um dessentwillen er ausgeschlagen hat, schulden, wird bei der Behandlung des § 2322 (Seite 231) dargelegt. — Was die Beteiligung des pflichtteilsberechtigten Miterben an der Legatslast, also das Innenverhältnis anlangt, so entfällt sie für denjenigen pflichtteilsberechtigten Miterben, für den das Legat als nicht angeordnet gilt, überhaupt. Die übrigen Miterben müssen es, soweit sie damit beschwert sind, nach Verhältnis ihrer Erbteile tragen, wenn nicht eine Anordnung des Erblassers dies anderweit regelt. Daß unter Umständen die Beteiligung eines Miterben am Legat eine erhöhte sein kann, ist oben Seite 217 mit Bezug auf § 2320 dargelegt; natürlich kann auch ein Pflichtteilsberechtigter als Miterbe an Stelle eines Pflichtteilsberechtigten treten. X habe drei Söhne A, B und C, die also gesetzlich zu $^1/_3$ erben würden. X testiert, wie folgt: Ich setze den A und B zu je $^1/_3$ zu Erben ein. An Stelle des C soll A ein weiteres Drittel erben. Fordert hier C seinen Pflichtteil, so muß A das Drittel, mit dem er an Stelle des C Erbe geworden ist, auf diesen Pflichtteil fortgeben. Ist der Nachlaß 12 000 *M*, der Pflichtteil des C also 2000 *M*, so muß A, da er 4000 *M* an Stelle des C erbt, im Innenverhältnis den Pflichtteil des C allein tragen.

Ist der Legatar (oder Auflagenempfänger) auch seinerseits pflichtteilsberechtigt, so können sich folgende Situationen ergeben: α) Wenn der Erbteil des pflichtteilsberechtigten Miterben unter der Hälfte seines gesetzlichen Erbteils bleibt, oder sie gerade erreicht, so braucht er auch ein solches Legat nicht zu erfüllen (§ 2306 Abs. 1 S. 1). Wenn aber der betreffende Legatar das Legat ausschlägt und dafür den vollen Pflichtteil fordert, schuldet auch der betr. Miterbe den Pflichtteil gesamtschuldnerisch mit allen übrigen Erben; abgesehen davon entfällt im übrigen sein eigenes durch § 2305 begründetes Recht nicht. Im Innenverhältnis wird er an der Last unter solchen Umständen nicht beteiligt sein. — β) Wenn der Erbteil des pflichtteilsberechtigten Miterben größer wie die Hälfte seines gesetzlichen Erbteils ist, so kommt es darauf an, ob er die beschwerte Erbschaft annimmt oder nicht. Im ersteren Falle schuldet er das Legat des Pflichtteilsberechtigten in voller Höhe ohne Rücksicht auf seinen eigenen Pflichtteil; schlägt aber der Legatar das Legat aus, so schuldet der Erbe den Pflichtteil dieses Ausschlagenden in Gesamtverbindlichkeit mit den übrigen Miterben. Wenn der Erbe wegen der Beschwerung die Erbschaft ausschlägt, der Legatar das Legat aber annimmt, geht die Pflichtteilslast des Ausschlagenden auf die gesamten Erben über, während das Legat diejenigen beschwert, welche an Stelle der Ausschlagenden Erben werden und evtl. daneben diejenigen übrigen, welche es von Anfang an beschwert hatte. Siehe hierzu § 2322. Schlägt auch der Legatar das Legat aus und fordert er dafür seinen Pflichtteil, so haften die nunmehrigen Erben für die Pflichtteile beider ausschlagenden als Gesamtschuldner.

c) Wenn auf einem pflichtteilsberechtigten Miterben von Anfang an gleichzeitig ein Legat bezw. eine Auflage und ein Pflichtteil lastet, so muß er in jedem Falle den Pflichtteil nach den dafür geltenden Regeln voll leisten. Anders verhält es sich aber mit dem Legat (der Auflage). Wie schon aus der Darlegung zu b erhellt, braucht der pflichtteilsberechtigte Miterbe die betr. Beschwerung überhaupt nicht zu erfüllen, wenn sein Erbteil geringer oder gerade so groß wie die Hälfte seines gesetzlichen Erbteils (sein Pflichtteil) ist. Die Konkurrenz von Pflichtteil und Legat ist danach für den betr. Miterben nur dann von Bedeutung, wenn der Erbteil, zu dem er als Erbe berufen wurde, die Hälfte des gesetzlichen Erbteils übersteigt. Es ist ad b ausgeführt, daß im Falle der Annahme dieser Erbschaft das Legat in voller Höhe zu berücksichtigen ist, selbst wenn der Erbe dabei in seinem Pflichtteil geschmälert wird. Hier also gilt es, Pflichtteil und Legat zu leisten. Es greift wieder der § 2318 Abs. 1 ein, wonach mit Rücksicht auf den Pflichtteil des Berechtigten der Miterbe am Legat eine Kürzung vornehmen bezw. die Pflichtteilslast z. T. auf den Vermächtnisnehmer abwälzen kann. Danach hat auch der selbst pflichtteilsberechtigte Miterbe den fremden Pflichtteil gemeinsam mit dem Legatar zu tragen. Sollte sich bei der hier gestatteten verhältnismäßigen Kürzung ergeben, daß der pflichtteilsberechtigte Miterbe in seinem eigenen Pflichtteil geschmälert wird, so darf er das Legat noch weiter kürzen, jedoch nicht gerade so weit, daß ihm sein eigener Pflichtteil ungeschmälert verbleibt, sondern nur bis zur Höhe des fremden Pflichtteils. Dies erklärt sich daraus, daß die Kürzung ja lediglich um des fremden Pflichtteils willen normiert ist (§ 2318 Abs. 3). Eine evtl. Schmälerung seines eigenen Pflichtteils muß der Miterbe hier hinnehmen, weil er die beschwerte Erbschaft einmal angenommen hat bezw. der Schmälerung einfach dadurch hätte entgehen können, daß er die Erbschaft ausschlug. Beispiel 1: X hat als einzige gesetzliche Erben drei Söhne A, B, C. Er setzt zu $^1/_4$ den A, zu $^3/_4$ den B als Erben des ganzen 12 000 ℳ betragenden Nachlasses ein, den C schließt er (ausdrücklich oder stillschweigend) von der Erbfolge aus, für Z bestimmt er 4000 ℳ Legat. Der Pflichtteil des C ist $^1/_6$ von 12 000 ℳ = 2000 ℳ, die ihm A und B als Gesamtschuldner verschulden. Auf A, B lastet aber auch das Legat des Z mit 4000 ℳ. Sowohl A wie B können die Erbschaft wegen des Legats nach § 2306 Abs. 1 S. 2 ausschlagen, sie nehmen jedoch an, müssen dem C die 2000 ℳ voll zahlen, können aber nach § 2318 Abs. 1 dem Z nach dem Verhältnis 8000 : 4000 = 2 : 1 ein Drittel von 2000 ℳ = $666^2/_3$ ℳ kürzen. Ihnen selbst obliegt es, den Pflichtteil zu $^2/_3$, d. i. mit $1333^1/_3$ ℳ zu tragen, wobei ihnen aber soviel verbleibt, daß ihr eigener Pflichtteil, der gleichfalls je 2000 ℳ beträgt, nicht geschmälert wird. Sie erben 12000 ℳ — 2000 ℳ — $3333^1/_3$, = $6666^2/_3$ bezw. jeder $3333^1/_3$ ℳ. Über das Verfahren bei Inanspruchnahme je eines der Erben siehe oben zu c Seite 218. Beispiel 2: A setzt seine zwei Söhne A, B zu je $^1/_2$ zu Erben seines 12 000 ℳ betragenden Nachlasses ein, den Sohn C schließt er von der Erbfolge aus, für Z bestimmt er 8000 ℳ Vermächtnis. Der Pflichtteil des C: 2000 ℳ ist von A, B mit 4000 ℳ und von Z mit 8000 ℳ, also nach dem Verhältnis 1 : 2 aufzubringen. A, B werden dem Z zunächst $^2/_3$ von 2000 ℳ = $1333^1/_3$ ℳ abziehen. Sie würden alsdann erben: 12 000 — 2000 — $6666^2/_3$ = $3333^1/_3$ ℳ, d. h. es würde jeder in seinem Pflichtteil geschmälert werden. Es kommt nun nicht darauf an, diese Schmälerung a u s z u g l e i c h e n, d. h. dem Z weitere $666^2/_3$ ℳ abzuziehen, weil soviel nötig wäre, um den Pflichtteil des A, B auf die volle Höhe zu bringen, sondern es kommt nur darauf an, die Stellung der Erben aufzubessern, indem dem Z außer den bereits gekürzten $1333^1/_3$ noch weiter bis zur Höhe des Pflichtteils des C, also $2000 - 1333^1/_3 = 666^2/_3$ gekürzt werden. Hier hat Z die ganze Pflichtteilslast allein zu tragen. Nimmt Z wegen 8000 ℳ den A allein in Anspruch, so kommt in Betracht, daß A 6000 ℳ erbt und 4000 ℳ Legat zu tragen hat, sowie daß er nur $^1/_2$ des Pflichtteils = 1000 ℳ aufzubringen hat, weshalb das Verhältnis 2000 : 4000 = 1 : 2 maßgebend ist. A darf dem Z $^2/_3$ von $1000 = 666^2/_3$ ℳ abziehen. Da er dann aber übrig behält: $6000 - 1000 - 3333^1/_3 = 1666^2/_3$, darf er ferner noch $1000 - 666^2/_3 = 333^1/_3$ abziehen. Nunmehr ist endgültig das Legat des Z auf 7000 ℳ herabgesetzt, Z könnte gegenüber B nur 7000 ℳ fordern, der dann in gleicher Weise 1000 ℳ abziehen dürfte. — Beispiel 3: Ist in dem sonst gleichen Beispiel lediglich der B mit 4000 ℳ Legat beschwert, so kann insoweit nur er belangt werden. Er würde, da er 6000 ℳ erbt, ferner 1000 ℳ zum Pflichtteil beizutragen und 4000 ℳ Legat zu leisten hat, dem Z nach dem Verhältnisse 1 : 2, d. i. $^2/_3$ von 1000 ℳ $= 666^2/_3$ ℳ abziehen dürfen. Er würde erben: $6000 - 1000 - 3333^1/_3 = 1666^2/_3$ ℳ, also weniger wie seinen eigenen Pflichtteil. Deshalb darf er dem Z weiter bis zur Höhe von 1000 ℳ abziehen, um seinen eigenen Pflichtteil aufzubessern, d. h. hier $333^1/_3$ ℳ. Ist derjenige, für den das Legat bestimmt ist, auch seinerseits pflichtteilsberechtigt, so kann ihm das Legat nur soweit gekürzt werden, daß ihm sein Pflichtteil ungeschmälert verbleibt (§ 2318 Abs. 2). Der Pflichtteil dieses Legatars steht jedoch demjenigen des Erben nach, so daß also beim Vorliegen der Voraussetzungen sowohl des Abs. 2 wie auch des Abs. 3 des § 2318 der Erbe nach der Regel des Abs. 3 kürzen darf.

§ 2321.

Die Anwendung des § 2321 zeigt keine Besonderheit, wenn die Erben ihrerseits pflichtteilsberechtigt sind. Siehe zu § 2321 oben Seite 219. Beispiel: X hat als einzige gesetzliche Erben vier Söhne A, B, C, D. Er setzt jedoch nur A, B, C zu Erben ein und bestimmt, daß D und Z je 3000 ℳ Legat erhalten sollen. Der Nachlaß ist 24 000 ℳ. Die Konkurrenz von Pflichtteil und Legat tritt hier dann ein, wenn D das Legat ausschlägt und den Pflichtteil fordert. Da A, B, C durch diese Ausschlagung 3000 ℳ Vorteil haben, müssen sie diesen Betrag auf den Pflichtteil des D, der gleichfalls 3000 ℳ beträgt, verwenden, d. h. sie müssen den Pflichtteil allein tragen und dürfen dem Z nichts abziehen. Ist das Legat des D nur 1000 ℳ, so müssen A, B, C den Pflichtteil des D in Höhe von 1000 ℳ allein tragen, und dürfen nur wegen 2000 ℳ Rest des Pflichtteils die Verrechnung nach Maßgabe des § 2318 mit Z vornehmen. — Ist nur der A mit dem Legat des D beschwert, so hat von der Ausschlagung dieses Legats nur der A den Vorteil. Nimmt der Z wegen seines Legats von 3000 ℳ den A allein in Anspruch, so verfährt A wie folgt: Da er ein Drittel von 24 000 = 8000 ℳ erbt, und $^1/_3$ des Legats des Z = 1000 ℳ und ferner den Pflichtteil in Höhe von 1000 ℳ und $^1/_3$ von 2000 ℳ ($666^2/_3$ ℳ) zu tragen hat, so kann er dem Z die $666^2/_3$ ℳ nach dem Verhältnis 7000 : 1000 = 7 : 1 in Anrechnung bringen und danach $^1/_8$ von $666^2/_3 = 83$ ℳ 33 Pfg. kürzen. Der A für seinen Teil trägt zum Pflichtteil des D 1000 und ($^7/_8$ von $666^2/_3$) 583,33 ℳ bei. Geht der Z nunmehr gegen B wegen 3000 — 83,33 = 2916,67 ℳ vor, so kommt für B in Betracht, daß er 8000 ℳ erbt und $^1/_3$ des Legats des Z zu tragen hat, wonach also wieder das Verhältnis 7 : 1 maßgebend ist und dem Z weiter $^1/_8$ von $666^2/_3$ = 83,33 ℳ abgezogen werden. Es verbleiben für Z 2833,34 ℳ. Nun kann Z den C wegen 2833,34 ℳ in Anspruch nehmen und muß sich auch hier 83,33 ℳ kürzen lassen, worauf ihm 2750 ℳ verbleiben bezw. zu zahlen sind. Wenn Z von Anfang an die A, B, C gemeinschaftlich als Gesamtschuldner in Anspruch nimmt, so können sie von Anfang an nur den Pflichtteilsrest von 2000 ℳ mit Z verrechnen. Da sie 24 000 ℳ erben und 3000 ℳ Legat zahlen sollen, ist das Verhältnis 21 000 : 3000 = 7 : 1 maßgebend, d. h. sie dürfen dem Z $^1/_8$ von 2000 ℳ = 250 ℳ abziehen, worauf ihm, wie oben, nur 2750 ℳ zu zahlen sind. — Wegen des ferneren Anwendungsfalles des § 2321 siehe oben Seite 220.

§ 2322.

Über die Anwendungsfälle des § 2322 siehe oben Seite 221. Fall 1: Die Konkurrenz von Pflichtteils- und Vermächtnislast tritt dadurch ein, daß der mit einem Legat bedachte Pflichtteilsberechtigte das Legat ausschlägt, weil er gleichzeitig mit einem Legat beschwert ist. Beispiel: X, welcher drei Söhne A, B, C als einzige gesetzliche Erben hat, setzt den A zu $^1/_4$, den B zu $^3/_4$ als Erben ein und beschwert den A zugunsten des C mit 4000 ℳ Vermächtnis. Gleichzeitig beschwert er den C zugunsten des Z mit 3000 ℳ Vermächtnis. A und B nehmen die Erbschaft an. Der C schlägt wegen der Beschwerung das Vermächtnis aus. A und B schulden nunmehr dem C (bei 12 000 ℳ Nachlaß) 2000 ℳ Pflichtteil, bezw. es schuldet A $^1/_4$ = 500 ℳ und B $^3/_4$ = 1500 ℳ Pflichtteil (im Innenverhältnis). Im ganzen schuldet der A 500 und 3000 = 3500 ℳ, während er nur $^1/_4$ von 12 000 ℳ = 3000 ℳ erbt. Er ist mit 500 ℳ überschwert und darf dem Z insoweit einen Abzug machen. Daß der A nicht einmal seinen eigenen Pflichtteil für sich behalten darf, beruht darauf, daß er die beschwerte Erbschaft angenommen hat, obwohl er hätte ausschlagen und den Pflichtteil fordern können. — Fall 2: Die Konkurrenz von Pflichtteils- und Legatslast tritt dadurch ein, daß der als Miterbe eingesetzte Pflichtteilsberechtigte mit einem Legat beschwert ist und die Erbschaft ausschlägt. Beispiel 1: X hat vier Söhne A, B, C, D, er setzt die A, B, C zu je $^1/_3$ des 12 000 ℳ betragenden Nachlasses zu Erben ein. Dem C legt er zugunsten des D 3000 ℳ Legat auf. Hier würde A und B je $^1/_3$ = je 4000 ℳ, C $^1/_3$ = 4000 — 3000 = 1000 ℳ und D 3000 ℳ erhalten. Es nimmt aber nur A, B an, während C wegen der Beschwerung ausschlägt. D nimmt das Legat an. Nun schulden A und B den Pflichtteil des C, d. i. 1500 ℳ, und das Legat des D, d. i. 3000 ℳ, zusammen 4500 ℳ bezw. jeder 2250 ℳ, während der Vorteil, den jeder von der Ausschlagung des C hatte, $^1/_6$ von 12 000 ℳ = 2000 ℳ beträgt. Hier ist also nunmehr jeder mit 250 ℳ überschwert und kann dem D insoweit einen Abzug machen. Der Legatar D kann nicht damit kommen, daß A und B doch nun je 6000 ℳ erben, ihm also die 3000 ℳ sehr wohl unverkürzt zu geben imstande sind; es kommt nämlich lediglich darauf an, ob die sie infolge der Ausschlagung beschwerenden beiden Lasten mit dem V o r t e i l getilgt werden können. Da der Vorteil hier nur 4000 ℳ ist, die beiden Lasten zusammen aber 4500 ℳ betragen, liegt Überschwerung vor. Beispiel 2 (es ist Kreß 99 entnommen): X setzt zu Erben seines 16 000 ℳ betragenden Nachlasses den Sohn A und die Enkel B und C eines anderen (verstorbenen) Sohnes ein. Die Erben sollen an X 8000 ℳ Vermächtnis zahlen. Hier erben A 8000 ℳ, B und C je 4000 ℳ. Dabei belastet das Legat den A in Höhe von 4000 ℳ, den B und C in Höhe von je 2000 ℳ. B schlägt aus, weil er beschwert ist und fordert den Pflichtteil, der 2000 ℳ beträgt. Nunmehr erbt C auch noch die 4000 ℳ des B (§ 1935 BGB.). C hat also den Vorteil in Höhe von 4000 ℳ, er erbt 8000 ℳ, ist aber nunmehr belastet mit 4000 ℳ Vermächtnis und 2000 ℳ Pflichtteil des B. (Daß der Pflichtteil lediglich den C beschwert, beruht auf § 2320.) Dem Vorteil des C von 4000 ℳ entspricht eine Schuldenlast von 2000 ℳ Vermächtnis und 2000 ℳ Pflichtteil. Hier ist er nicht überschwert und muß den X voll befriedigen. Würde aber das Legat des X 10 000 ℳ groß sein, so würde dem Vorteil von 4000 ℳ eine Schuldenlast von 2500 ℳ Vermächtnis und 2000 ℳ Pflichtteil entsprechen und die Überschwerung 500 ℳ betragen. Insoweit könnte er dem X kürzen.

Die Frage, ob auch die sog. gesetzlichen Vermächtnisse, d. h. der Voraus des überlebenden Ehegatten (§ 1932, siehe weiter unten zu δ) und der Dreißigste (§ 1969, siehe Seite 14) dem Kürzungsrechte des bezw. der Erben unterliegen, ist streitig. Man wird wegen der in den §§ 1932, 1969 enthaltenen Bestimmung, wonach die allgemeinen Regeln vom Vermächtnis anwendbar sind, die Frage bejahen müssen. So Planck zu § 2318 Anm. 2, Staudinger ebenda Anm. 4. Was zunächst den Voraus anlangt, so kann er danach gekürzt werden, wenn der Erbe gleichzeitig den Pflichtteil von Abkömmlingen zu leisten hat; der Voraus kann dagegen wegen des § 2311 Abs. 1 S. 2 nicht auch bei der Konkurrenz mit dem Pflichtteil der Eltern gekürzt werden. Die Worte des § 2311 Abs. 1 S. 2: „Der Voraus bleibt außer Ansatz" sind, wie folgt, zu verstehen: Der Berechnung des Pflichtteils wird der Netto-Nachlaß zugrunde gelegt. Zu den Aktiven werden auch diejenigen Gegenstände gerechnet, die als Voraus an den überlebenden Ehegatten ausgeliefert werden müssen. Der § 2311 bestimmt nun, daß bei Berechnung des Pflichtteils der Eltern die den Voraus bildenden Gegenstände nicht als Aktiva mitgerechnet werden sollen. Diese Bestimmung hat eine Schmälerung des Pflichtteils der Eltern zur Folge. Ist der Netto-Nachlaß 10 000 ℳ plus 2000 ℳ Wert des Voraus, so wird der Pflichtteil der Abkömmlinge nach 12 000 ℳ, derjenige der Eltern nur nach 10 000 ℳ berechnet. Wenn der Erbe, vorausgesetzt, daß er den Voraus auch wirklich zu leisten, hat schon den Vorteil hat, daß er infolge dieser letzteren Berechnung an die Eltern einen kleineren Pflichtteil zu zahlen hat, so muß daraus folgen, daß der Erbe um dieses Pflichtteils willen nicht auch noch den Voraus kürzen kann, da er sonst einen doppelten Vorteil hätte, dagegen darf er um des Pflichtteils der Abkömmlinge willen die Kürzung vornehmen. Beispiel 1: X hat eine Ehefrau K und einen einzigen Abkömmling A. Auch lebt noch sein Vater V. X testiert, wie folgt: „Mein Sohn A soll von der Erbfolge ausgeschlossen sein". A wird nunmehr seinen Pflichtteil gegenüber K und V, die je $^1/_2$ erben, gezahlt verlangen und von ihnen erhalten müssen. Wenn nun die K gegenüber dem V den Voraus fordert, so kann er ihr entgegenhalten, daß ihn sowohl der Pflichtteil des A wie auch ihr Voraus belastet; er kann nach der allgemeinen Regel des § 2318 den Voraus kürzen. Er wird also den Voraus in Geld bewerten, den abzugsfähigen Betrag feststellen und diesen gegen das Anerbieten der Herausgabe des ganzen Voraus gezahlt verlangen, bezw. wenn Zahlung nicht erfolgt, die dem Werte des abzugsfähigen Betrages entsprechenden Sachen des Voraus zurückbehalten. — Beispiel 2: X ist in kinderloser Ehe mit der K verheiratet. Auch lebt noch sein Vater V und seine Mutter M. Er bestimmt letztwillig, wie folgt: „Mein Vater soll von der Erbfolge ausgeschlossen sein". V fordert den Pflichtteil ($^1/_8$) gegenüber K und M, die je $^1/_2$ erben. Der Pflichtteil wird auf Grund des um den Wert des Voraus gekürzten Netto-Nachlasses berechnet. Wenn nun auch die K den Voraus gegenüber der M fordert, kann diese ihr nicht entgegenhalten, daß ihr auch der Pflichtteil des V zur Last liege, vielmehr muß sie den Voraus ohne Abzug ausliefern.

Hinsichtlich des Dreißigsten siehe Seite 17 und Staudinger § 2318 Anm. 4.

β. Haftung der Miterben beim Erbschaftskaufe.

Die Haftung für Nachlaßverbindlichkeiten bei dem Institute des Erbschaftskaufs. (Für die Zeit nach der Teilung siehe das folgende Kapitel.)

Über die Grundsätze dieser Haftung siehe Seite 96 ff. Bezüglich der Miterben ist folgendes hervorzuheben: Der Miterbe kann seinen Anteil an dem Nachlasse veräußern und übertragen. Er entäußert sich dadurch nicht seines Miterbenrechts. Wie der obligatorische Vertrag, so muß auch die Übertragung des Anteils gerichtlich oder notariell beurkundet werden (§§ 2371, 1922 Abs. 2, 2033 Abs. 1 S. 2). Eine Übertragung von Nachlaß*gegenständen* bezw. Surrogaten derselben kann nur dann als Folge der Veräußerung gefordert werden (§ 2374), wenn dem Veräußerer im Wege der Aufteilung Nachlaßgegenstände bereits übergeben waren. Wegen des eventuellen Ersatzes des Wertes der zu übertragenden Gegenstände des Nachlasses siehe § 2375; bezgl. der Gewährleistung des Veräußerers wegen eines Mangels im Rechte siehe § 2376. Wegen des — Seite 155 erörterten — Grundsatzes, daß für Miterben keine Verschmelzung des Nachlasses mit Privatvermögen statt hat, ist für den Erbschaftskauf des Miterben der § 2377 unanwendbar; die in dem Paragraphen erwähnten Rechtsverhältnisse waren niemals erloschen.

Im Verhältnisse des Erbteilserwerbers zum Veräußerer besteht nach § 2378 für den ersteren die Pflicht, die Nachlaßverbindlichkeiten zu erfüllen, soweit nicht der veräußernde Erbe nach Maßgabe des § 2376 dafür haftet, daß sie nicht bestehen. Natürlich konnte durch diese auch auf den Erbschaftskauf des Miterben bezügliche Vorschrift dem Käufer als dem Erwerber nur eines Anteils nicht die Verpflichtung auferlegt werden, für sich allein die sämtlichen Nachlaßverbindlichkeiten zu tilgen, einerseits weil er dies aus Mitteln des *Nachlasses* wegen der den Erben einschließlich seiner Person nur gemeinschaftlich zustehenden Verfügungsmacht beim Widerspruch auch nur eines einzigen Miterben tatsächlich nicht bewerkstelligen könnte, andererseits weil ihm eine Haftung mit eigenem Vermögen nicht zugemutet werden kann. Die im § 2378 statuierte Verpflichtung kann für den Erwerber eines Erbteils nur die Bedeutung haben, daß er dem veräußernden Miterben gegenüber alle hinsichtlich der Erfüllung der Nachlaßverbindlichkeiten im Innenverhältnis bestehenden Verpflichtungen erfülle, also bei der Berichtigung mitwirke, ferner sie veranlasse und vor allem keine Aufteilung des Nachlasses zulasse (§ 2045), ehe die Verbindlichkeiten erfüllt sind (§ 2046 S. 1). Weiter wird nach § 2378 der Veräußerer berechtigt sein, vom Erwerber die Erfüllung der Verbindlichkeiten aus eigenem Vermögen im Rahmen des § 2059 Abs. 1 S. 2 zu fordern, wenn der Erwerber die Möglichkeit der Haftungsbeschränkung durch eigene Verstöße verloren hat, wenn auch der Veräußerer seinerseits noch beschränkbar haftet. Insoweit wäre eine Klage des Veräußerers gegen den Erbteilserwerber auf Erfüllung der Nachlaßverbindlichkeiten oder auf Befreiung zulässig, im übrigen aber wird ihm evtl. nur ein Anspruch auf Ersatz des durch Nichterfüllung der durch § 2378 im obigen Sinne statuierten Verpflichtung entstandenen Schadens gegeben sein. Daß der Veräußerer, wenn er seinerseits vom Gläubiger in Anspruch genommen wird, die Haftung, soweit er es kann, beschränken muß, versteht sich von selbst, da er den Schaden des Erwerbers nicht unnötig vergrößern darf. Der Erwerber ist zur Leistung aus eigenem Vermögen im Rahmen des § 2059 Abs. 1 S. 2 stets dann im Verhältnis zum veräußernden Miterben verpflichtet, wenn bezw. soweit der letztere bereits unbeschränkbar haftete und dies dem Erwerber bekannt war.

Der Miterbe befreit sich ebensowenig, wie der Alleinerbe durch die Veräußerung des Erbteils von seiner Verpflichtung, die Nachlaßverbindlichkeiten nach allgemeinen Grundsätzen zu berichtigen; vergl. den § 2382, woselbst zugleich hinsichtlich des Erwerbers statuiert ist, daß auch er für die Nachlaßverbindlichkeiten haftet. Weiter sind durch den § 2383 Abs. 1 S. 1 auf die Haftung des Erwerbers auch die für den Erben geltenden Grundsätze von der Beschränkung als gültig erklärt. Die Haftung des veräußernden Miterben und des Erbteilserwerbers bezw. des letzteren und überhaupt a l l e r Miterben ist hinsichtlich der gemeinschaftlichen Nachlaßverbindlichkeiten eine gesamtschuldnerische (§ 2058).

Über die Haftung des Veräußerers und des Erwerbers sei hier folgendes für Miterben Besondere vermerkt:

1. Die Haftung des Erwerbers richtet sich nach der für den Veräußerer z. B. d e s V e r t r a g s s c h l u s s e s bestehenden Haftung. Sie ist danach entweder unbeschränkt aber beschränkbar, oder absolut bezw. relativ unbeschränkbar. Der Erwerber kann dieselben Mittel der Haftungsbeschränkung anwenden, wie der veräußernde Miterbe z. B. des Vertragsschlusses; er kann also auch die Einrede des ungeteilten Nachlasses (durch Klage nach § 767 ZPO.) geltend machen und dadurch den Angriff des Nachlaßgläubigers vom Eigenvermögen ablenken und auf den etwa bereits übergebenen Anteil beschränken (§ 2059). Auch wenn der Anteil noch nicht zur Übergabe gelangt, also dem Erwerber gegenüber noch nicht pfändbar sein sollte, kann der Erwerber dennoch durch die betreffende Einrede das Eigenvermögen freihalten. Dem Gläubiger bleibt hier, da weder Anteil noch Eigenvermögen noch (wenn die Klage sich nur gegen den Erwerber richtete) Nachlaß pfändbar ist, nur die Pfändung des Anspruchs des Erwerbers aus dem Kaufvertrage, nämlich auf Übertragung des Anteils bezw. der sonst noch herauszugebenden Nachlaßgegenstände evtl. auf Werterſatz insoweit (§ 2375) gegenüber dem Veräußerer übrig (Kreß 182). Der Erwerber kann die Haftung durch Nachlaßverwaltung nur in Gemeinschaft mit den Miterben beschränken (§ 2062). Der Nachlaßkonkurs kann von ihm allein beantragt werden (§§ 232, 217 KO.). Zur Wahrung seiner Beschränkung ist er genötigt, den Vorbehalt zu erwirken (§ 780 ZPO.). Er ist dazu wegen der Vorschrift des § 2383 Abs. 1 S. 1 befugt. Will der Gläubiger in den Nachlaß selbst vollstrecken, so muß er sich wegen des § 747 ZPO. einen Schuldtitel gegen den Erwerber und alle Miterben (abgesehen vom Veräußerer) beschaffen. Notwendig ist es, den Veräußerer daneben dann in Anspruch zu nehmen, wenn er den Anteil noch nicht übergeben hat, weil nur dadurch die Vollstreckung in den Nachlaß möglich wird. Nach der Übergabe des Anteils ist die Verfolgung

des Veräußerers, wenn sie an sich auch zulässig ist, überflüssig, weil auch ohne sie in den Nachlaß vollstreckt werden kann bezw. sofern in den Nachlaß allein vollstreckt werden soll.

Haftet der Veräußerer z. Z. des Vertragsschlusses unbeschränkbar, ist deshalb also auch die Haftung für den Erwerber unbeschränkbar, so steht dem letzteren jedenfalls die Einrede aus § 2059 Abs. 1 S. 2 zu, wodurch er sein Eigenvermögen im Rahmen dieser Bestimmung zu schützen vermag, sofern er den Vorbehalt (§ 780 ZPO.) erwirkt hat. Die Vollstreckung ist gegen den Erwerber im Rahmen des § 2059 Abs. 1 S. 2 zulässig, bezw. kann der Erwerber das Eigenvermögen in diesem Rahmen unabhängig von der Übergabe des Anteils schützen. Die Anteilspfändung setzt natürlich, sofern sie dem Erwerber gegenüber erfolgen soll, Übergabe an ihn voraus; auch hier tritt hinsichtlich der Pfändung bei nicht erfolgter Übergabe an die Stelle des Anteils der Anspruch auf Übertragung aus dem obligatorischen Vertrage. Der unbeschränkbar haftende Erwerber kann sich an der Antragsstellung hinsichtlich der Nachlaßverwaltung nicht beteiligen (§ 2062). Er darf den Nachlaßkonkurs beantragen (§§ 232, 216, 217 KO.).

Wenn Miterben im Wege der Auseinandersetzung ihre Erbteile durchweg auf einen Miterben übertragen, so liegt kein Erbschaftskauf vor. Die Erbengemeinschaft wird aufgehoben, der Nachlaß ist aufgeteilt und es kommen alle diejenigen Grundsätze der Haftung zur Anwendung, welche auch sonst für die Zeit nach der Teilung gelten. Die Miterben haften sämtlich gesamtschuldnerisch unbeschränkt; von den ordentlichen Mitteln der Haftungsbeschränkung kommt nur der Nachlaßkonkurs und die Unzulänglichkeitseinrede in Betracht. Die Anwendung des § 2059 Abs. 1 ist unmöglich. Es tritt unbeschränkbare Haftung des Erwerbers wegen derjenigen ganzen Forderung ein, für welche auch nur einer der übertragenden Miterben mit seinem Erbteil unbeschränkbar haftete.

Ganz anders ist die Rechtslage, wenn sämtliche Miterben ihre Erbteile auf einen Dritten übertragen, weil hier der Wille nicht auf Teilung gerichtet ist. Es liegt Erbschaftskauf vor. Die Erbengemeinschaft ist aufgehoben, aber der Nachlaß ist ungeteilt; der Zustand der Ungeteiltheit ist dauernd. Es bleiben daher alle die für die Haftung vor der Teilung geltenden Regeln in Geltung. Hier kann der Erwerber für sich allein auch die Nachlaßverwaltung als Mittel der Haftungsbeschränkung beantragen, aber er kann die Haftung auch ohne ein Sonderverfahren durch den einfachen Hinweis auf § 2059 Abs. 1 beschränken, wie dies in dem Falle, wo mehrere Erwerber von Anteilen vorhanden sind, jeder einzelne für sich tun kann. Von einer Anteilspfändung kann da, wo die Erbteile durchweg auf einen Erwerber übertragen sind, keine Rede sein, weil solche Anteile nicht mehr bestehen. (Kreß 181 ist der Ansicht, daß beim Erwerb aller Erbteile durch einen einzigen Erwerber dieser letztere seine Haftung nur nach Grundsätzen der Beschränkung des Alleinerben beschränken kann; er läßt den § 2059 Abs. 1 S. 2 dann gelten, wenn einzelne der Miterben unbeschränkt haften, da nur d i e s e unbeschränkte Haftung auf den Erwerber und nunmehrigen Alleinerben übergeht. Es sei hierzu bemerkt, daß der Erwerber nicht Alleinerbe wird, da die Erbeneigenschaft nicht übertragbar ist; der Erwerber übernimmt nach § 2382 die Schulden des Nachlasses und hat lediglich deshalb die auch dem Erben zustehenden Beschränkungsmittel. Auch beim Erwerb sämtlicher

Erbteile durch einen einzigen Erwerber gelten dieselben Regeln; die Tatsache, daß Einzelübertragungen vorliegen, wirkt auch hier nach.) Waren einzelne oder gar sämtliche Erbteilsveräußerer der Beschränkungsmöglichkeit bereits verlustig gegangen, so steht dem Erwerber der im § 2059 Abs. 1 S. 2 gewährte Schutz des Eigenvermögens zu. Fordert also ein Nachlaßgläubiger, dem gegenüber die unbeschränkbare Haftung besteht, Befriedigung aus dem Eigenvermögen des Erwerbers, so kann dieser die Haftung mit dem Eigenvermögen entsprechend der Quote jedes unbeschränkbar haftenden Veräußerers einschränken. Fordert also X 1000 *M*, und betrugen die Erbteile der allein unbeschränkbar haftenden A und B je 1/4, so kann der Erwerber jede über je 250 *M* hinausgehende Inanspruchnahme des Eigenvermögens durch Gegenklage nach § 767 ZPO. entkräften.

2. Die Haftung des veräußernden Miterben. Es ist schon oben angedeutet, daß der Veräußerer auch nach der Veräußerung nach allgemeinen Grundsätzen als Miterbe gerichtlich in Anspruch genommen werden kann. Die Tatsache, daß er den Erbteil auf den Erwerber bereits übertragen hat, ändert hieran nichts. Nur ist alsdann natürlich ihm gegenüber keine Vollstreckung in den Anteil möglich. Er kann nach wie vor für sich allein oder in Gemeinschaft mit allen übrigen Miterben bezw. mit dem Erwerber gesamtschuldnerisch in Anspruch genommen werden. Gegenüber der Klage ist er zur Erwirkung des Vorbehalts als der Voraussetzung für die Geltendmachung jeglicher Haftungsbeschränkung gezwungen. Er kann sich alsdann auch der Einrede der Ungeteiltheit des Nachlasses bedienen, gleichviel ob er den Anteil auf den Erwerber bereits übertragen hat oder noch nicht, und dadurch jegliche Vollstreckung in sein Privatvermögen entkräften. Zu diesem Eigenvermögen gehört auch der für die Nachlaßgläubiger danach nicht pfändbare Anspruch auf Zahlung des Kaufpreises gegenüber dem Erwerber, weshalb es für den Nachlaßgläubiger nach Übertragung des Anteils kaum einen Zweck haben wird, gegen den Veräußerer vorzugehen. Auch für eine Vollstreckung in den Nachlaß selbst bedarf es nach Übergabe des Anteils keines auch gegen den Veräußerer, sofern nur auch gegen den Erwerber, gerichteten Schuldtitels, während ein solcher allerdings v o r Übergabe erforderlich ist; hier aber bedarf es wieder keines Titels gegen den Erwerber. Der Veräußerer ist nach diesseitiger Auffassung (conf. Seite 107 und § 2383 Abs. 1 S. 1) befugt, an der Antragsstellung bezüglich der Anordnung einer Nachlaßverwaltung teilzunehmen, auch wenn die Übergabe des Anteils bereits erfolgt war, doch ist die Anordnung des Verfahrens nicht von seiner Mitwirkung abhängig. Dagegen ist die Mitwirkung des Erwerbers, sofern er noch beschränkbar haftet, unentbehrlich.

Haftet der Veräußerer z. B. der gerichtlichen Inanspruchnahme bereits unbeschränkbar, sei es daß er den Verlust vor oder nach der Veräußerung herbeigeführt hat, so steht ihm zum Schutze des Eigenvermögens unter der Voraussetzung, daß er den Vorbehalt (§ 780 ZPO.) erwirkt hat, die Einrede der Ungeteiltheit des Nachlasses zu. Die Pfändung des Anteils muß er sich gefallen lassen bezw. wird sie der Nachlaßgläubiger vornehmen, wenn die Übergabe an den Erbteilserwerber noch nicht erfolgt ist. Der Anspruch auf Zahlung des Kaufpreises ist hier als zum Eigenvermögen gehörig der Pfändung unterworfen, wogegen der Veräußerer die Beschränkung nach Maßgabe des § 2059 Abs. 1 S. 2 herbeiführen kann. Zur Mitwirkung an dem Antrage auf Anordnung der Nachlaßverwaltung ist der Veräußerer wegen seines Verlustes der Haftungsbeschränkung nicht befähigt. Wegen der Stellung zum Nachlaßkonkurse siehe Seite 105 ff.

Die Veräußerung aller Erbteile an einen einzigen Erwerber bietet hinsichtlich der Haftung der Veräußerer keine Besonderheit.

γ. Haftung wegen Geschäftsschulden.

Für die Zeit vor Annahme der Erbschaft siehe Seite 18, für die Zeit nachher hinsichtlich des Alleinerben Seite 112.

1. Der § 27 HGB.

Beim Vorhandensein mehrerer Erben gelten im wesentlichen für die Haftung der vom Einzel- und Vollkaufmann (Erblasser) in dem Betriebe seines Handelsgeschäfts kontrahierten Verbindlichkeiten dieselben Grundsätze, wie sie oben hinsichtlich des Alleinerben dargelegt sind. Die im § 27 HGB. im Anschluß an § 25 HGB. für die Haftung gegebenen besonderen Regeln gelten, wie stets, auch hier nur für den Fall, daß die Erben das Geschäft endgültig und ohne Änderung der Firma fortführen. Die Erben haften für diesen Fall nach allgemeinen Grundsätzen des BGB. (§ 2058) als Gesamtschuldner und nach dem besonderen Grundsatz des HGB. (§§ 27, 25) unbeschränkbar (persönlich). Auf diese Haftung ist die Anwendung des § 2059 Abs. 1 S. 2 ausgeschlossen. Haften die bezw. einzelne Miterben auch infolge eines Verstoßes gegen die Inventarpflicht unbeschränkbar, so dürfen sie das Eigenvermögen im Rahmen des § 2059 Abs. 1 S. 2 zwar wegen aller sonstigen Nachlaßverbindlichkeiten, aber nicht hinsichtlich der ererbten Geschäftsschulden schützen. Daß es den Erben nicht möglich ist, durch einseitige Erklärung dahin, daß sie für die ererbten Geschäftsschulden nur beschränkt haften wollen, eine beschränkbare Haftung bei unveränderter Fortführung des Geschäfts herbeizuführen, ist oben (im Widerspruch zu Staub) erörtert (Seite 115). Eine Folge der gesamtschuldnerischen Haftung der Miterben ist es, daß der Geschäftsgläubiger auch einen einzelnen Miterben wegen der ganzen Geschäftsschuld in Anspruch nehmen kann. Auf Grund des etwa erzielten verurteilenden Erkenntnisses kann in diesem Falle der Geschäftsgläubiger jedoch nicht in den Nachlaß, wozu auch das Handelsgeschäft gehört, vollstrecken (§ 747 ZPO.). Dagegen ist er wohl imstande, den Anteil seines Schuldners am Nachlasse und natürlich auch in das sonstige Eigenvermögen zu pfänden. Der § 2059 Abs. 1 S. 1 ist, auch wenn im übrigen der Schuldner nur beschränkbar haftet, wegen der Geschäftsschulden nicht anwendbar.

Die Haftung während des Provisoriums beruht allein auf dem BGB. Sie ist bis zur Annahme der Erbschaft kraft Gesetzes eine Haftung mit dem Nachlasse (§ 778 ZPO.), darüber hinaus bis zum Ablauf des Provisoriums durch Einrede (§ 2059) auf den Anteil bezw. überhaupt auf den Nachlaß beschränkbar. Läuft das Provisorium zugleich mit der Ausschlagungsfrist ab (§ 27 Abs. 2 S. 3 HGB., oben Seite 112), so haftet in dieser ganzen Zeit nur der Nachlaß einschließlich des Geschäfts. Wegen persönlicher Verbindlichkeiten eines Miterben, wozu auch die während des Provisoriums von den Erben kontrahierten neuen Geschäftsschulden gehören, kann der Nachlaß bezw. das Geschäft, soweit es Nachlaß ist, aus allgemeinen Gründen (Seite 191) nicht in Anspruch genommen werden; es bedarf zum Schutze des Nachlasses vor diesen Verbindlichkeiten hier nicht erst eines besonderen Beschränkungsverfahrens. — Wenn die Erben die Firma des fortgeführten Geschäfts innerhalb des Provisoriums ändern, so kommt der § 27 Abs. 2 nicht mehr in Betracht, vielmehr die § 27 Abs. 1 und § 25 Abs. 3 HGB., §§ 2058, 1967). Danach ist die Haftung nun dauernd beschränkbar, soweit nicht etwa nach allgemeinen Grundsätzen (§§ 1994, 2005) die Beschränkungsmöglichkeit verloren geht; aber auch im letzteren Falle regelt sich die Haftung nicht nach § 25 Abs. 1 HGB., sondern nach § 2059 Abs. 1 S. 2 BGB. Wenn die Erben jedoch die persönliche Haftung nach Maßgabe des § 25 Abs. 3 übernehmen, beruht sie auf §§ 27 Abs. 1, 25 Abs. 1 bezw. 3, d. h. das Eigenvermögen haftet wegen der g a n z e n Geschäftsschuld. Soweit die Änderung der Firma lediglich eine Maßnahme der Verwaltung des Nachlasses ist, kommen die Grundsätze der §§ 2038 Abs. 1 und 2, 745 Abs. 1 BGB. zur Anwendung; danach entscheiden die Erben gemeinschaftlich evtl. durch Mehrheitsbeschluß. Soweit es sich für den einzelnen Miterben aber darum handelt, durch Änderung der Firma seine persönliche Haftung abzuwenden, wird der Gesamt- bezw. Mehrheitswille nicht mehr maßgebend sein können; die Änderung wird hier nicht mehr als Maßregel der Verwaltung des Nachlasses, sondern des Privatvermögens des Miterben gefordert und muß schon auf den Wunsch nur eines der Miterben vorgenommen werden. Der § 2038 Abs. 1 S. 1 dürfte hier unanwendbar sein, weil es sich dort stets um die Interessen des Nachlasses, hier um die des Erbenvermögens handelt. Daß hier vorbehaltlich anderweitiger Einigung die Mehrheit dem Willen des einzelnen unterliegen muß, ergibt sich daraus, daß der einzelne Miterbe bei unveränderter Fortführung für sich allein die persönliche Haftung nicht von sich abwenden könnte. Daß er andererseits zur Abwendung dieser Haftung gezwungen sein sollte, die Erbschaft überhaupt auszuschlagen, kann unmöglich angenommen werden. Unrichtig nach diesseitiger Auffassung Staub § 27 Anm. 27. — Wenn die Erben während des Provisoriums den Geschäftsbetrieb einstellen, so ist die Haftung dauernd beschränkbar; die vererbten Geschäftsschulden nehmen keine Sonderstellung mehr ein. Bezüglich des Rechtes des einzelnen Miterben, die Einstellung zu verlangen, gilt das eben hinsichtlich der Firmenänderung Gesagte. Siehe auch Düringer-Hachenburg I 125.

Die Bestimmung des § 27 Abs. 2, wonach die besondere Frist seit der Kenntnis der Erben vom Anfalle der Erbschaft läuft, dürfte beim Vorhandensein mehrerer Erben dahin zu verstehen sein, daß es auf die Kenntnis des einzelnen Miterben ankommt (anders, zweifelnd, Kreß 159 Anm. 26), da sich sonst Unzuträglichkeiten ergeben könnten bezw. unter Umständen die Frage der persönlichen Haftung zu lange ungeklärt bleiben könnte. Derjenige Miterbe, der mit Kenntnis des Anfalls das Handelsgeschäft allein fortführt (etwa wegen Abwesenheit und Unkenntnis der übrigen Miterben), übernimmt nach Ablauf des Provisoriums für sich die persönliche Haftung; nach den oben dargelegten Grundsätzen hat er es ja in der Hand, den Betrieb auch einseitig einzustellen bezw. die Firma zu ändern. Für die übrigen Erben läuft je die Frist des § 27 Abs. 2 besonders. Wenn freilich die Firma bereits geändert oder der Geschäftsbetrieb bereits eingestellt ist, muß das Provisorium auch für sie als erledigt gelten, d. h. kann eine persönliche Haftung für die ererbten Geschäftsschulden nicht mehr in Frage kommen. Ist aber Firma und Geschäft unverändert bestehen geblieben, so kann noch jeder der übrigen Erben die Firma ändern bezw. den Betrieb einstellen und damit seine nur beschränkbare Haftung auch für die übrigen Erben, abgesehen von demjenigen, der bereits persönlich haftet, zu einer dauernden machen.

Wesentlich anders ist die Rechtslage, wenn ein einzelner Miterbe das Handelsgeschäft auf Grund der (völligen oder allmählichen) Aufteilung des Nachlasses allein fortführt. Hier kann, da Erwerb unter Lebenden vorliegt, nur der § 25 HGB. für die Haftung des Erwerbers in Betracht kommen. Die Anwendung des § 25 Abs. 2 macht hier, wo eine Vereinbarung im Sinne dieser Bestimmung möglich ist, keine Schwierigkeit. Die Haftung der übrigen Erben richtet sich nach §§ 27, 25. In der Veräußerung des Geschäfts ist in der Regel keine Einstellung des Betriebes zu erblicken. (Staub § 27 Anm. 31 und 24, doch siehe auch Düringer-Hachenburg I 126.)

Unter Umständen kann in der Fortführung des Geschäfts mit oder ohne Firma die Begründung einer offenen Handelsgesellschaft liegen. Siehe hierzu Staub § 105 Anm. 40, § 27 Anm. 25, 26, Kreß 26 ff. Verabreden, was ja unbedenklich ist, die Erben die Begründung einer solchen Gesellschaft, so behalten sie im Verhältnisse zu den N a c h l a ß gläubigern dennoch die Rechtsstellung bezw. Haftung als Erben mit sämtlichen Folgen. Wegen der Haftung für die in der Eigenschaft als Gesellschafter von den Erben begründeten Geschäftsschulden siehe § 128 HGB. — Daß die Fortführung des Handelsgeschäfts durch die Erben als Handelsgesellschafter die Stellung der Erben hinsichtlich des übrigen Nachlasses nicht berührt, versteht sich von selbst.

2. Der § 139 HGB.

Vergl. die Darlegung auf Seite 117 ff. bezgl. des Alleinerben. Sollte im Gesellschaftsvertrage bestimmt sein, daß die Gesellschaft mit den Erben eines Gesellschafters fortgesetzt werden soll, so bezieht sich dies auf die sämtlichen Erben des Gesellschafters. So lange die Erben die Erbschaft noch nicht angenommen haben, haften sie lediglich als Erben; sie können danach wegen der früheren Schulden der Gesellschaft nur nach Maßgabe der §§ 1958, 1961 BGB., 778 ZPO. angegriffen werden. Der Gesellschaftsgläubiger, der zugleich Nachlaßgläubiger ist, kann entweder die Gesellschaft allein oder die überlebenden Gesellschafter allein oder die letzteren in Gemeinschaft mit der ersteren gesamtschuldnerisch als persönlich haftende Schuldner in Anspruch nehmen; er kann auch daneben oder allein den nach §§ 1960, 1961 bestellten bezw. zu bestellenden Nachlaßpfleger als Vertreter der unbekannten Erben des verstorbenen Gesellschafters in Gesamtverbindlichkeit mit der Gesellschaft bezw. den überlebenden Gesellschaftern gerichtlich belangen. Aus dem gegen den Nachlaßpfleger gerichteten Urteil kann natürlich in den Nachlaß des Gesellschafters vollstreckt werden. — Die vertragliche Bestimmung der Gesellschafter hindert keinen der Miterben an der Ausschlagung der Erbschaft. Sollte ein Miterbe, bevor er die Annahme der Erbschaft ausdrücklich erklärt hat oder sonst durch pro herede gestio endgültig Erbe geworden ist, den überlebenden Gesellschaftern erklären, daß er die Gesellschaft als offener Handelsgesellschafter fortzusetzen oder daß er die Stellung eines Kommanditisten einzunehmen wünsche, so würde hierin bereits die Annahme der Erbschaft liegen.

Auch die Annahme der Erbschaft hat für sich allein noch keine besonderen Folgen in Ansehung der Haftung für Geschäftsschulden hinsichtlich derjenigen Erben, bezgl. deren die Fortsetzung der Gesellschaft vertraglich bestimmt ist. Besondere Folgen hat vielmehr erst die Tatsache, daß der Miterbe erklärt, er wolle als offener Gesellschafter in der Gesellschaft verbleiben bezw. daß er die im Abs. 3 des § 139 HGB. bestimmte Frist von drei Monaten verstreichen läßt, ohne eine gegenteilige Erklärung abzugeben, ferner die Tatsache, daß er nach Maßgabe des Abs. 4 als Kommanditist in der Gesellschaft verbleibt, endlich die Tatsache, daß er nach Maßgabe des Abs. 4 aus der Gesellschaft ausscheidet. So lange ein Miterbe, für welchen die Dreimonatsfrist noch nicht abgelaufen ist, noch nicht in dem oben angegebenen Sinne Stellung genommen hat, haftet er auch nach der Annahme der Erbschaft nur wie ein Miterbe, d. h. er kann zwar auch als unbeschränkt haftender Schuldner gerichtlich in Anspruch genommen werden, er hat aber die Möglichkeit der Beschränkung der Haftung auf den Nachlaß, die er sich, wie auch sonst ein Erbe, wenigstens was das Verhältnis zu der geltend gemachten Forderung anlangt, durch den Vorbehalt (§ 780 ZPO.) wahren kann und muß. Der Antrag des Gesellschaftsgläubigers einer früheren Gesellschaftsschuld wird danach evtl. zwar gegen die sämtlichen Gesellschafter (vielleicht neben der Gesellschaft) als Gesamtschuldner gerichtet werden, aber die Erben des verstorbenen Gesellschafters werden eben nur als Erben in Anspruch genommen.

Spätestens mit dem Ablaufe der Frist des Abs. 3, früher schon dann, wenn die Erben durch Erklärungen ihre Stellung bereits festgelegt haben, entscheidet es sich, welcher Art die Haftung für Geschäftsschulden ist. Als offene Handelsgesellschafter haften sie für die früheren Gesellschaftsschulden persönlich. Ein etwa angeordnetes Verfahren der Haftungsbeschränkung würde daran nichts ändern, allerdings aber den ganzen Nachlaß des verstorbenen Gesellschafters einschließlich des in der Gesellschaft steckenden Vermögens ergreifen; das Besondere ist hier, daß Erben persönlich haften. Als Kommanditisten dagegen, bezw. als aus der Gesellschaft scheidende Erben, haften sie dauernd nur wie Erben; ebendasselbe gilt, wenn die Gesellschaft innerhalb der Frist aufgelöst wird. Das Besondere in diesen letzteren drei Fällen ist, daß die Erben auch für solche Geschäftsschulden, welche n a ch dem Erbfalle kontrahiert werden, nur wie Erben, also beschränkbar haften, allerdings nur dann, wenn die Schulden b i s zur Einräumung der Stellung als Kommanditist bezw. bis zum Ausscheiden bezw. bis zur Auflösung der Gesellschaft entstanden sind.

Wenn man auf das Innenverhältnis der durch einen Gesellschaftsvertrag in der erwähnten Weise evtl. an die Gesellschaft gebundenen Erben lediglich erbrechtliche Grundsätze anwenden würde (siehe hierzu die nach diesseitiger Auffassung unrichtige Ansicht von Staub zu § 139 Anm. 7), so würde es sich bald erweisen, daß eine Anwendung der Grundsätze des § 139 HGB. undenkbar wäre. Mit dem Erbfalle werden die Erben des Gesellschafters gemeinschaftlich Eigentümer seines Nachlasses. Zu dem letzteren gehört auch dasjenige Vermögen des Erblassers, das in der Gesellschaft steckt; es bildet mit dem übrigen Nachlasse eine einheitliche Masse. Nach erbrechtlichen Grundsätzen (§ 2038) unterliegt der gesamte Nachlaß der gemeinschaftlichen Verwaltung der sämtlichen Erben. Zur Verfügung über einen Nachlaßgegenstand sind die Erben gleichfalls nur gemeinschaftlich berechtigt (§ 2040 Abs. 1). Danach würden, so lange der Gesamtnachlaß ungeteilt ist, die Erben nur gemeinschaftlich den Anteil ihres Erblassers am Gesellschaftsvermögen verwalten und nur gemeinschaftlich über ihn verfügen können, da er im Sinne des § 2040 ein Nachlaßgegenstand ist (er ist ein einzelner Komplex des Nachlaßvermögens). Dies würde aber im Falle der Uneinigkeit der Erben ausschließen, daß der einzelne Miterbe diejenige Stellung zur Gesellschaft einnehmen könnte, die ihm genehm wäre; es könnte also nicht der eine von ihnen offener Gesellschafter, der andere Kommanditist werden, der dritte ausscheiden. Die Erben würden sich ferner, so lange keine Auseinandersetzung bezgl. des Geschäftsanteils erfolgt, insoweit stets in ungeteilter Gemeinschaft befinden. Es erhellt, daß erbrechtliche Grundsätze auf diese Verhältnisse nicht anwendbar sein können. Vielmehr ist hier allein der § 139 HGB. bestimmend. Der Wortlaut des Paragraphen läßt zweifelsfrei erkennen, daß bezgl. des Nachlasses, soweit er Gesellschaftsvermögen ist, die besonderen Grundsätze des § 139 zur Anwendung gelangen; er ergibt, daß jeder von mehreren Erben eines Gesellschafters vom Willen bezw. Einfluß der übrigen Erben unabhängig ist und selbständig die ihm passende Stellung zur Gesellschaft einnehmen kann. Der § 139 Abs. 1 spricht gerade von dem Falle, daß der verstorbene Gesellschafter Erben hat. Er sagt, daß „jeder" Erbe sein Verbleiben usw. abhängig machen kann; er spricht des weiteren stets von „dem" Erben und meint damit „jeden Erben", nämlich denjenigen, der zur Gesellschaft die ihm im Abs. 1 zugestandene Stellung einnimmt. Danach ist es zulässig, daß von mehreren Erben eines verstorbenen Gesellschafters jeder eine andere Stellung gegenüber der Gesellschaft einnimmt. Eine solche unterschiedliche Stellungnahme der Erben ist aber undenkbar, wenn angenommen wird, daß die Erben hinsichtlich des im Gesellschaftsvermögen steckenden Teils des Nachlasses aneinander gebunden sind. Es muß also, im Gegensatz zu dem übrigen Nachlasse, der bis zur Teilung in der Gesamtberechtigung der Erben steht, der im Gesellschaftsvermögen enthaltene Teil des Nachlasses eine Sonderstellung im Nachlasse einnehmen. Sie äußert sich vor allem darin, daß dieser Teil des Nachlasses unter den Erben als geteilt gilt. Der dabei dem einzelnen Miterben zufallende Teil richtet sich nach seiner Erbquote überhaupt. Beträgt der betr. Anteil z. B. 60 000 ℳ, und erbt A $^{1}/_{10}$, B $^{2}/_{10}$, C $^{3}/_{10}$, D $^{4}/_{10}$, so ist, wenn jeder Erbe offener Gesellschafter bleibt, dieser Anteil von 60 000 ℳ in der Weise von da ab geteilt, daß A mit 6000 ℳ, B mit 12 000 ℳ, C mit 18 000 ℳ, D mit 24 000 ℳ als offener Gesellschafter beteiligt ist. War die Gewinnbeteiligung des Erblassers $^{1}/_{3}$, so ist sie bezgl. des A $^{1}/_{30}$, des B $^{2}/_{30}$, des C $^{3}/_{30}$, des D $^{4}/_{30}$ des Gesamtgewinnes der Gesellschafter. Erhält jeder Erbe die Stellung eines Kommanditisten, so ist der auf den Erblasser fallende Teil der Einlage Kommanditeinlage der Erben und zwar bezgl. jedes Erben zu dem oben angegebenen Teil; desgl. ist die Gewinnbeteiligung des Erblassers auch diejenige der gesamten Erben bezw. ist sie bezgl. des einzelnen Erben die oben angegebene. Scheidet jeder Erbe aus der Gesellschaft aus, so erhält er als Abfindung die bezgl. seiner zu berechnende Abfindungssumme. Wählen die Erben verschieden bezw. wird infolge der Stellungnahme der übrigen Gesellschafter ihre Stellung verschieden, so gestalten sich bei der Annahme der Teilung auf Grundlage der Erbquoten die Verhältnisse einfach: Der als offener Gesellschafter in der Gesellschaft verbleibende Miterbe, z. B. der A und C, ist mit 6000 ℳ bezw. 18 000 ℳ beteiligt, der als Kommanditist verbleibende B hat 12 000 ℳ Kommanditeinlage, der ausscheidende D erhält 24 000 ℳ als Abfindung. Die Gewinnbeteiligung der Gesellschafter ändert sich infolge des Ausscheidens von Erben natürlich entsprechend demjenigen Kapital, mit dem jeder Gesellschafter nunmehr an der Gesellschaft beteiligt ist. Im Beispiel gehen dem Gesellschaftsvermögen 24 000 M verloren. Es sind z. B. die früheren Gesellschafter Y und Z mit je 60 000 M wie bisher beteiligt, der A mit 6000 M, der B mit 12 000 Mark, der C mit 18 000 M, deshalb wird der Gewinnbeteiligung nunmehr dieses Verhältnis zugrunde gelegt werden, sie wird also für Y und Z je $^{10}/_{26}$ (anstatt nur je $^{1}/_{3}$), für A $^{1}/_{26}$, für B $^{2}/_{26}$, für C $^{3}/_{26}$ des Gesamtgewinnes betragen. Als Zeitpunkt dieser hier behandelten Teilung des Gesellschaftsguthabens des Erblassers ist derjenige des Erbfalls zu erachten, weil die spätere Stellungnahme des einzelnen Miterben jedenfalls nichts daran ändern kann, daß er entweder offener Gesellschafter oder Kommanditist ist oder aus der Gesellschaft ausscheidet. Sollte einer der Erben die Erbschaft ausschlagen, so steht mangels gegenteiliger vertraglicher Bestimmung das Wahlrecht dem an die Stelle des Ausschlagenden tretenden Erben zu, auch für ihn gilt die Teilung als mit dem Erbfalle geschehen; sollten an die Stelle des Ausschlagenden mehrere Erben treten, so ist der Teil des Ausschlagenden nach Maßgabe ihrer Erbquote als vom Erbfalle an als geteilt zu erachten und es steht das Wahlrecht jedem von ihnen selbständig zu.

A) Im einzelnen ist, wenn die sämtlichen Miterben einheitlich vorgehen, folgendes auszuführen:

I. Verbleiben die Erben als offene Gesellschafter in der Gesellschaft, so haften sie als Gesellschafter für die sämtlichen Geschäftsschulden persönlich. Das Gesellschaftsguthaben des Erblassers behält den Charakter des Nachlasses, nur ist es bereits aufgeteilter Nachlaß, also je mit dem Vermögen des einzelnen Miterben verschmolzen. Der übrige Nachlaß dagegen bleibt bis zur Auseinandersetzung eine einheitliche, vom sonstigen Vermögen der Erben getrennte Masse. Objekt der Befriedigung ist 1. für diejenigen Gläubiger, welche bereits bei Lebzeiten des Erblassers eine Forderung gegen die Gesellschaft erworben hatten (sie sind im Verhältnis zu den Erben des verstorbenen Gesellschafters Nachlaßgläubiger), das gesamte Vermögen der Gesellschaft und der Gesellschafter einschl. der Erben. Zwar haben die letzteren an sich die Möglichkeit der Haftungsbeschränkung auf den Nachlaß, aber ihre persönliche Haftung bleibt gegenüber den betr. Gesellschaftsgläubigern bestehen. Daß beim Vorgehen gegen sie persönlich eine Pfändung ihres Auseinandersetzungsguthabens gegenüber der Gesellschaft vorkommen wird, dürfte, da das gesamte Vermögen der Gesellschaft haftet, ausgeschlossen sein. Es wird daher nur an eine Zwangsvollstreckung in ihr sonstiges Vermögen zu denken sein. Als solches kommt der übrige — geteilte oder ungeteilte — Nachlaß und ihr Privatvermögen in Betracht. Zur Vollstreckung in den ungeteilten übrigen Nachlaß ist gemäß § 747 ZPO. ein gegen sämtliche Erben gerichteter Schuldtitel erforderlich, daher wäre beim Vorgehen gegen nur einen der Miterben (Gesellschafter), abgesehen vom Privatvermögen, nur die Pfändung des Anteils an dem noch ungeteilten Nachlaß zulässig (§§ 2059 BGB., 859 Abs. 2 ZPO.). Würde der Gläubiger im Verlaufe dieser Anteilspfändung die Aufteilung des Nachlasses erzwingen (§§ 2042, 751 BGB.), so würde dies nicht den im Gesellschaftsvermögen steckenden Nachlaß, der ja bereits als geteilt gilt, betreffen. Auch würde der Gläubiger bei der Teilung nur aus dem hierbei aufzuteilenden Nachlaß Befriedigung erlangen können, während zur Erlangung einer Befriedigung aus dem Gesellschaftsvermögen seines Schuldners eine Pfändung des

Auseinandersetzungsguthabens und eine Aufkündigung der Gesellschaft nach Maßgabe des § 135 HGB. notwendig wäre. — Über die Folgen des Nachlaßkonkurses und die Haftung hierbei gilt das oben Seite 120 ff. Dargelegte. 2. für diejenigen Gläubiger, welche eine Forderung gegen die Gesellschaft erst nach dem Erbfalle erworben haben, also nicht Nachlaßgläubiger sind, das Vermögen der Gesellschaft und der sämtlichen Gesellschafter. Auch das Vermögen der Erben als Gesellschafter muß haften, dies jedoch nur mit der Einschränkung, daß der nicht im Gesellschaftsvermögen steckende übrige Nachlaß, so lange er ungeteilt ist, von einem solchen Gläubiger nicht in Anspruch genommen werden kann, denn der ungeteilte Nachlaß soll stets nur den Zwecken der Nachlaßgläubiger dienen. Dagegen kann der Gläubiger den Anteil jedes Miterben am ungeteilten Nachlasse nach allgemeinen Grundsätzen pfänden, da dieser Anteil Eigenvermögen des Erben ist. Ebenso könnte das Auseinandersetzungsguthaben jedes Erben als Gesellschafters gegenüber der Gesellschaft gepfändet werden und zwar auch soweit es Nachlaß ist, weil dieser Nachlaß bereits als geteilt, d. h. als mit dem Vermögen jedes Erben verschmolzen, zu erachten ist. — Kommt es zum Nachlaßkonkurse, so nehmen die betr. Gesellschaftsgläubiger daran nicht teil, dagegen verbleibt es im übrigen bei der Haftung des Vermögens der Gesellschaft und der Gesellschafter einschl. der Erben. 3. für diejenigen Gläubiger, welche zwar Nachlaß- aber nicht Gesellschaftsgläubiger sind, nur das Vermögen der Erben; die letzteren haften ihnen als Erben nach allgemeinen Grundsätzen. Daher ist hier kein direkter Angriff in das Gesellschaftsvermögen denkbar. Auf Grund eines gegen sämtliche Erben gerichteten Schuldtitels kann wegen der Tatsache, daß ihr Gesellschaftsguthaben bereits geteilter Nachlaß ist, lediglich gegenüber jedem der Miterben, dessen Anteil am Gesellschaftsvermögen, auch soweit er Nachlaß ist, gepfändet werden. — Kommt es zum Nachlaßkonkurse, so ist lediglich die Konkursmasse Objekt ihrer Befriedigung. 4. für die Privatgläubiger eines Miterben-Gesellschafters ist der — ungeteilte — Nachlaß unangreifbar. Da der im Gesellschaftsvermögen steckende Nachlaß als geteilt gilt, ist das Auseinandersetzungsguthaben des Schuldners, auch soweit es Nachlaß betrifft, pfändbar; die Auflösung der Gesellschaft durch Kündigung nach Maßgabe des § 135 HGB. ist möglich. Desgl. kann der „Anteil am Nachlasse", als im Eigenvermögen des Erben stehend, gepfändet werden. — Im Nachlaßkonkurse finden die Privatgläubiger keine Berücksichtigung.

II. Wird den Miterben einheitlich die Stellung von Kommanditisten eingeräumt, so haften sie für die vererbten sowie für die bis zur Einräumung der Kommanditistenstellung kontrahierten neuen Gesellschaftsschulden nur als Erben, evtl. also auch unbeschränkbar, wenn sie nämlich durch Inventarverstöße die Möglichkeit der Haftungsbeschränkung eingebüßt haben. Die betr. Gläubiger sind nur Nachlaßgläubiger. Für die Haftung wegen der *nach* Einräumung der Kommanditistenstellung kontrahierten Gesellschaftsschulden gelten die Grundsätze des HGB. § 171. Danach ist Objekt der Befriedigung 1. für diejenigen Gläubiger der Gesellschaft, welche zugleich Nachlaßgläubiger sind, das Vermögen der Gesellschaft, ferner das gesamte Vermögen der überlebenden Gesellschafter, endlich das Vermögen der Erben des verstorbenen Gesellschafters, dies nach erbrechtlichen Grundsätzen. Es gehört also zur Vollstreckung in den noch ungeteilten Nachlaß ein gegen sämtliche Erben gerichteter Schuldtitel. Auf Grund dieses Schuldtitels kann das Auseinandersetzungsguthaben des einzelnen Miterben gegen die Gesellschaft als geteilter Nachlaß gepfändet werden. Ebenso ist beim Vorgehen gegen nur einen Erben nur dessen Anteil am ungeteilten Nachlasse und dessen Gesellschaftsguthaben als bereits geteilter Nachlaß pfändbar. — Am Nachlaßkonkurse können sich auch diese Gläubiger beteiligen; abgesehen davon bleibt ihnen das Gesellschafts- und das Vermögen der überlebenden Gesellschafter verhaftet. 2. für diejenigen Gläubiger, die lediglich Gläubiger der Gesellschaft, nicht also auch Nachlaßgläubiger hinsichtlich des verstorbenen Gesellschafters sind, kommt der ungeteilte Nachlaß gar nicht in Betracht. Es ist nur der Anteil am Nachlasse als zum Eigenvermögen des Erben gehörig sowie das Auseinandersetzungsguthaben des betr. Erben-Kommanditisten angreifbar; überhaupt haftet der betr. Erbe als Kommanditist nur bis zur Höhe seiner Kommanditeinlage und zwar persönlich (§ 171 HGB.). Daneben haftet natürlich unbeschränkt das Vermögen der Gesellschaft und der offenen Gesellschafter. — Am Nachlaßkonkurse nehmen die betr. Gläubiger nicht teil, da sie nicht Nachlaßgläubiger sind. 3. für diejenigen Gläubiger, die lediglich gegen den Erblasser persönlich, nicht also gegen die Gesellschaft eine Forderung hatten, kommt das Vermögen der Gesellschaft und der überlebenden Gesellschafter nicht in Betracht; sie sind lediglich Gläubiger gegenüber dem Nachlasse des verstorbenen Gesellschafters. Dieser Nachlaß haftet ihnen nach allgemeinen erbrechtlichen Grundsätzen; es haftet also auch der im Gesellschaftsvermögen steckende Nachlaß, der als geteilter Nachlaß auch schon beim Vorgehen gegen die einzelnen Miterben pfändbar ist. — Die betr. Gläubiger können sich im Falle des Nachlaßkonkurses lediglich an den Nachlaß halten. 4. für die Privatgläubiger des Miterben, dem die Stellung als Kommanditist eingeräumt wurde, ist das gesamte Vermögen des Schuldners angreifbar. So lange der Nachlaß ungeteilt ist, kann er nicht angegriffen werden; nur der Anteil am Nachlaß ist der Pfändung unterworfen. Das Gesellschaftsguthaben des betr. Erben kann als geteilter Nachlaß gepfändet werden. — Im Nachlaßkonkurse finden die Privatgläubiger keine Berücksichtigung.

III. Scheiden die Miterben, deren Vorschlag, als Kommanditisten beteiligt bleiben zu dürfen, abgelehnt wurde, aus der Gesellschaft aus, so gilt bezgl. jedes einzelnen das oben S. 123 bezgl. des Alleinerben Ausgeführte. Auch hier gilt die Teilung als geschehen, und ist das Gesellschaftsguthaben des verstorbenen Gesellschafters nicht an die Erben zur gemeinschaftlichen Verwaltung, sondern an jeden Erben entsprechend seiner Erbquote gesondert auszuliefern. Daß dies zutrifft, ergibt schon die Erwägung, daß die Erben ja auch verschieden wählen können und daß ihre Stellungnahme nicht schon beim Erbfalle vorauszusehen ist. Objekt der Befriedigung ist 1. für diejenigen Gläubiger, welche, weil sie bereits bei Lebzeiten des Erblassers eine Forderung gegen die Gesellschaft erworben hatten, den Erben gegenüber Nachlaßgläubiger sind, abgesehen von dem Vermögen der Gesellschaft und der überlebenden Gesellschafter, jedenfalls auch der Nachlaß des verstorbenen Gesellschafters. Soweit in ungeteilten Nachlaß vorgegangen werden soll, ist, wie stets, ein gegen die sämtlichen Erben gerichteter Schuldtitel erforderlich. Die Auseinandersetzungsforderung der sämtlichen Miterben kann auf Grund eines solchen Schuldtitels gepfändet werden. Geht der Gläubiger nur gegen einen der Miterben vor, so kann er ihm gegenüber geteilten Nachlaß, also auch seine Forderung gegen die Gesellschaft und weiter, solange der Erbe die Haftung nicht auf den Nachlaß beschränkt, natürlich sonstiges Eigenvermögen und den Anteil am ungeteilten Nachlasse angreifen. — Beschränken die Erben ihre Haftung durch Nachlaßkonkurs auf den Nachlaß, so haftet den betr. Gläubigern in Ansehung der Erben lediglich der Nachlaß, zu welchem die Forderung des einzelnen Erben gegenüber der Gesellschaft gezogen wird; 2. für diejenigen Gläubiger, die erst nach dem Erbfalle mit der Gesellschaft kontrahiert und gegen sie eine Forderung erworben haben, das Vermögen der Gesellschaft und der überlebenden Gesellschafter in jedem Falle. Was die Erben des verstorbenen Gesellschafters anlangt, so haften sie für diese Verbindlichkeiten, sofern letztere bis zum Ausscheiden begründet wurden, nur wie Erben (vergl. oben zu 1), für die erst später begründeten haften sie überhaupt nicht.

IV. Wird die Gesellschaft aufgelöst, bevor es sich entschieden hat, ob die Erben offene Gesellschafter oder Kommanditisten bleiben oder ausscheiden sollen, so haften die Erben nur als Erben sowohl für die vererbten wie auch für die nach dem Erbfalle bis zur Auflösung kontrahierten Gesellschaftsschulden.

B) Wählen die Erben verschieden, d. h., bleibt z. B. der eine als offener Gesellschafter in der Gesellschaft, verlangt und erhält der andere die Stellung eines Kommanditisten, scheidet der dritte aus, so richtet sich die Haftung jedes einzelnen nach dieser von ihm eingenommenen Stellung. Bei der Annahme, daß der Nachlaß, soweit er im Vermögen der Gesellschaft enthalten ist, von dem Erbfalle ab geteilt ist, entstehen in der Anwendung der Haftungsgrundsätze keine Schwierigkeiten.

C) Ist im Gesellschaftsvertrage bestimmt, daß die Gesellschaft nur mit einem der Miterben fortgesetzt werden soll, so gilt, was das Verhältnis dieses Erben zu den überlebenden Gesellschaftern und zu Gläubigern anlangt, alles bisher Ausgeführte nach Maßgabe des § 139. Bezgl. seines Verhältnisses zu den übrigen Miterben ist folgendes zu bemerken: Die betr. Bestimmung des Erblassers ist nicht als Teilungsanordnung oder als Vermächtnis aufzufassen, weil sie nicht in einer letztwilligen Verfügung enthalten ist (§§ 2048, 1939 BGB.). Der betr. Erbe, vorausgesetzt, daß er die Erbschaft annimmt, und das Gesellschaftsguthaben sind durch den Gesellschaftsvertrag an die Gesellschaft gebunden. Die übrigen Erben können Herausgabe des betr. Nachlasses aus diesem Grunde nicht fordern, vielmehr haben sie gegen den betr. Miterben nur Anspruch auf Abfindung in Höhe des Wertes des betr. Teils des Nachlasses (vergl. § 2049 BGB.). Diesen Anspruch werden sie evtl. durch Zwangsvollstreckung verwirklichen müssen. Auch das Gesellschaftsguthaben des betr. Erben unterliegt natürlich dieser Zwangsvollstreckung. — Die Verwaltung des in dem Gesellschaftsvermögen enthaltenen Teils des Nachlasses steht von Anfang an nur dem begünstigten Erben allein zu, auch ist dieser Teil von Anfang an nicht „gemeinschaftliches" Vermögen der Erben. Anders (siehe bei Planck zu § 2048 Anm. 2) bezgl. der durch Teilungsanordnung des Erblassers einem Erben besonders zugewiesenen Erbschaftsgegenstände.

δ. Haftung wegen des Voraus (§ 1932).

Auf Grund des § 1932 kann der Ehegatte des Erblassers in gewissen Fällen die zum ehelichen Haushalte gehörenden Gegenstände und die Hochzeitsgeschenke aus dem Nachlasse herausverlangen. Sie gebühren ihm (gleichviel ob es der Mann oder die Frau ist) als „Voraus". Voraussetzung des Anspruchs hinsichtlich des Ehegatten ist, daß die Ehe z. Z. des Erbfalles nicht aufgelöst ist und daß auch kein Verschulden des Überlebenden zur Erhebung einer Klage auf Scheidung oder Aufhebung der ehelichen Gemeinschaft geführt hatte (§ 1933). Es wird ferner erfordert, daß der Überlebende nicht neben Abkömmlingen des Erblassers oder als Alleinerbe zur Erbschaft berufen ist, vielmehr kann er den Voraus nur dann verlangen, wenn er gesetzlicher Miterbe neben Eltern des Erblassers und deren Abkömmlingen (Verwandten der zweiten Erbordnung § 1925) oder neben Großeltern des Erblassers ist. Abkömmlinge schließen nicht grundsätzlich den Anspruch des überlebenden Ehegatten auf den Voraus aus, vielmehr kommt e nur darauf an, ob die Abkömmlinge zugleich Erben sind oder nicht. Sind sie durch Verfügung des Erblassers von Todeswegen von der Erbfolge ausgeschlossen und wird infolgedessen der Ehegatte des Erblassers gesetzlicher Miterbe neben Verwandten der zweiten bezw. den erwähnten Verwandten der dritten Ordnung, so gebührt ihm der Voraus, den Abkömmlingen aber evtl. der Pflichtteil. Ist der Ehegatte durch letztwillige Verfügung neben Verwandten der zweiten Ordnung oder neben Großeltern zur Erbfolge berufen, so gebührt ihm der Voraus nicht, auch wenn die Erbteile entsprechend der gesetzlichen Erbfolge bestimmt sein sollten. Ist dagegen der Ehegatte zwar durch letztwillige Verfügung zum Erben eingesetzt, schlägt er aber die Erbschaft aus dieser Verfügung aus und wird er gesetzlicher Erbe neben den im § 1932 benannten Verwandten des Erblassers (§ 1948 Abs. 1), so kann er den Voraus fordern. Dem Ehegatten gebührt der Voraus dann nicht, wenn er durch Verfügung von Todeswegen von der Erbfolge überhaupt ausgeschlossen, also auf den Pflichtteil angewiesen ist. Aber auch als gesetzlicher Miterbe neben den im § 1932 bezeichneten Verwandten kann er den Voraus dann nicht verlangen, wenn ihm der Erblasser durch Verfügung von Todeswegen den Anspruch entzogen hat, auch wenn er ihm im übrigen sein Miterbenrecht nicht genommen hat. Der Voraus kann nicht von einem Ehegatten verlangt werden, welcher bereits dem Erblasser gegenüber auf sein Erbrecht oder auf den Voraus verzichtet hatte. Ebensowenig steht er einem Ehegatten zu, bezgl. dessen die Erfordernisse des § 1932 zwar zunächst vorhanden sind, aber durch erfolgreiche Anfechtung seines Erbrechts wegen Erbunwürdigkeit mit Rückwirkung auf den Moment des Eintritts des Erbfalles beseitigt werden. Dasselbe trifft zu, wenn der Ehegatte die Erbschaft ausschlägt bezw. die Annahme der Erbschaft mit Erfolg anficht (§§ 1954, 1957), da auch die Ausschlagung ex tunc wirkt (§ 1953). So mit Recht Staudinger Anm. 3 zu § 1932, a. A. Strohal I, 79 Nr. 1 B. — In allen denjenigen Fällen, wo der Ehegatte den Voraus nicht verlangen kann, verbleibt letzterer, wie der Nachlaß überhaupt, dauernd im Eigentum des bezw. der Erben, wobei es natürlich vorkommen kann, daß der Ehegatte in seiner Eigenschaft als Miterbe (z. B. neben Abkömmlingen des Erblassers) auch Gegenstände des Voraus bei der Aufteilung des Nachlasses zugewiesen erhält; nur bilden diese Gegenstände hier nicht den besonders charakterisierten Vermögenskomplex des „Voraus" und kann der Ehegatte Übertragung nur kraft Miteigentums nach den für die Erbauseinandersetzung geltenden Regeln fordern.

Als Gegenstand des Voraus bezeichnet das Gesetz „die zum ehelichen Haushalte gehörenden Gegenstände, soweit sie nicht Zubehör eines Grundstücks sind, und die Hochzeitsgeschenke". Über die Gegenstände, welche danach im einzelnen zu leisten sind, siehe die Kommentare zu § 1932. Daß der überlebende Ehegatte einen Anspruch auf Herausgabe derjenigen zum ehelichen Haushalte gehörenden Gegenstände hat, die z. Z. des Erbfalles in seinem Eigentum standen bezw. noch stehen, bedarf keiner Ausführung, sie sind ja nicht Bestandteile des Nachlasses des Erblassers; er verfolgt den Anspruch mit der Eigentumsklage. Die Hochzeitsgeschenke dagegen werden, wenn sie nicht ausdrücklich dem überlebenden Ehegatten allein übereignet waren, stets als „Nachlaß" betrachtet und sind als Voraus herauszugeben. Gemeint sind natürlich nur diejenigen Hochzeitsgeschenke, welche sich auf die Ehe des Erblassers mit dem überlebenden Ehegatten beziehen. Hochzeitsgeschenke aus einer früheren Ehe des Erblassers können im Einzelfalle zu den ersterwähnten Haushaltungsgegenständen und als solche jetzt zum Voraus gehören, im übrigen stehen sie als Nachlaß den Miterben nach Maßgabe ihrer Erbteile zu.

Die rechtliche Natur des Voraus wird im Gesetze mit den Worten: „Auf den Voraus finden die für Vermächtnisse geltenden Vorschriften Anwendung" bestimmt (§§ 2147—2191). Der Voraus ist demnach, wie jedes andere Vermächtnis auch, Gegenstand einer gegen den Nachlaß gerichteten Forderung des überlebenden Ehegatten (§ 2174), d. h. der Ehegatte ist Nachlaßgläubiger. Dieser Forderung entspricht die Pflicht der Erben, den Voraus nach Maßgabe aller für ein Vermächtnis geltenden Regeln zu leisten. Die Verbindlichkeit trifft die Erben als solche (§ 1967 Abs. 2), sie entsteht mit dem Erbfalle (§§ 2176, 2184). Der Voraus wird als gesetzliches Vermächtnis bezeichnet, weil der Vermögensvorteil hier durch das Gesetz — im Gegensatz zum Erblasser — bestimmt ist; das Gesetz ergänzt die Anordnungen des Erblassers. Dem Charakter des Instituts entspricht es, daß der überlebende Ehegatte den Voraus durch Erklärung gegenüber den Miterben in toto ausschlagen kann und daß alsdann der Anspruch entfällt (§§ 2176, 2180). Eine Frist zur Ausschlagung besteht nicht. Die Miterben können aber, da hier der Ehegatte als an sich Pflichtteilsberechtigter mit einem Vermächtnis bedacht ist, dem Berechtigten gemäß § 2307 Abs. 2 eine angemessene Frist zur Erklärung über die Annahme des Voraus setzen mit der Wirkung, daß mit dem Ablaufe der Frist das Vermächtnis als ausgeschlagen gilt, wenn nicht vorher den Erben die Annahme erklärt ist. Die Fristsetzung hat nur dann eine Wirkung, wenn sie von den Erben gemeinschaftlich vorgenommen wird. Es ist schon oben erwähnt, daß die Ausschlagung der Erbschaft durch den überlebenden Ehegatten auch die Verwirkung des Anspruchs auf den Voraus nach sich zieht; dagegen hat naturgemäß die Ausschlagung des Voraus keine Wirkung auf das Erbrecht des Ehegatten. Schlägt der Ehegatte den Voraus aus, so gilt der Anfall als nicht erfolgt (§§ 2180 Abs. 3, 1953 Abs. 1). Im übrigen ist der Voraus auch an die Erben des überlebenden Ehegatten zu leisten, doch haben auch sie das Recht, lediglich den Voraus auszuschlagen (§§ 2180 Abs. 3, 1952 Abs. 1).

Während der überlebende Ehegatte als Miterbe zugleich Miteigentümer des Nachlasses ist und als solcher seinen Anteil am Nachlasse nach den besonderen für die Erbauseinandersetzung geltenden Regeln fordern kann, darf er außerdem die den Voraus bildenden Gegenstände zum alleinigen Eigentum nur nach den Regeln fordern, nach welchen ein Nachlaßgläubiger und insbesondere ein Legatar die Erfüllung verlangen kann. Er hat also seine Forderung gegen die Miterben geltend zu machen, braucht aber andererseits nicht bis zur Auseinandersetzung zu warten. Auch kann er schon unmittelbar nach dem Eintritt des Erbfalles fordern, evtl. also gegenüber einem Nachlaßpfleger (§ 1961). Er hat keine Vindicatio, sondern einen obligatorischen Anspruch auf Herausgabe der zum Voraus gehörigen Gegenstände. Da hier Gegenstände, die im Nachlaß vorhanden sind, herausgefordert werden, kann nicht davon die Rede sein, daß die Erben unbeschränkt haften. Eine persönliche bezw. eine Inanspruchnahme eigenen Vermögens der Erben ist seitens des Ehegatten nur als Ersatzforderung wegen Mißwirtschaft denkbar (§ 1978). Natürlich können die Gegenstände des Voraus nicht herausverlangt bezw. kann auch kein Ersatz gefordert werden, wenn sie schon z. Z. des Erbfalls nicht vorhanden, z. B. vom Erblasser in der Absicht, sie dem Ehegatten zu entziehen, beiseite gebracht waren; der Erblasser könnte ja auch ein ausdrücklich angeordnetes Vermächtnis eines bestimmten Gegenstandes auf dieselbe Wiese unwirksam machen (§ 2169) oder über den Voraus in letztwilliger Verfügung abweichend von § 1932 bestimmen. Durch die Gleichstellung des Voraus mit Vermächtnissen ist auch das Verhältnis des Voraus zu den übrigen Nachlaßverbindlichkeiten festgelegt; er rangiert — auch im Nachlaßkonkurse — hinter den vererbten Schulden des Erblassers sowie hinter den Pflichtteilsansprüchen und sogar hinter Ansprüchen der im Aufgebote ausgeschlossenen Nachlaßgläubiger (§ 1973 Abs. 1 S. 2). Der Zwangsvollstreckung wegen des Voraus kann nach Maßgabe der §§ 2014, 2015 begegnet werden. Der Ehegatte könnte wegen seines Anspruchs auf den Voraus den Nachlaßkonkurs nur nach Maßgabe des § 219 Abs. 1 S. 2 KO. beantragen, in seiner Eigenschaft als Miterbe dagegen nach § 217 Abs. 2 KO. Wegen der Anfechtung der Leistung an den Ehegatten für den Fall unberechtigter Bevorzugung siehe § 222 KO. und § 3 a Anfecht.-Ges. Ist der (im übrigen konkursfähige) Nachlaß lediglich durch den Voraus oder durch sonstige Vermächtnisse und Auflagen über schuldet, so sind die Erben zur Konkursanmeldung nicht verpflichtet (wohl aber berechtigt!), vielmehr können sie den Ehegatten nach Maßgabe des § 1992 befriedigen, d. h. sie können, wenn er den Voraus fordert, auf die erwähnte Vermögenslage des Nachlasses hinweisen. Ist der Nachlaß z. B. 4000 *M* und außerdem der Voraus 2000 *M* wert, betragen also die Aktiva 6000 *M*, sind ferner an Schulden vorhanden: sonstige (besser rangierende) im Betrage von 5000 *M* und 2000 *M* Wert der Vorausverbindlichkeit, so ist der Nachlaß wegen des Voraus um 1000 *M* überschuldet. Halten dies die Erben dem den Voraus fordernden Ehegatten entgegen, so muß er sich gefallen lassen, daß er nach Maßgabe des § 1991 Abs. 4 erst hinter den Gläubigern der 5000 *M* befriedigt wird; er kann also als Voraus nur dasjenige fordern, was nach Berichtigung aller besser berechtigten Verbindlichkeiten übrig geblieben ist. Die Erben werden zum Zwecke der Befriedigung der besser Berechtigten den Nachlaß, soweit erforderlich, versilbert haben (§ 2046), wobei im Interesse des gleichfalls forderungsberechtigten Ehegatten natürlich die Gegenstände des Voraus, soweit angängig, verschont geblieben sein werden. Während bei Anwendung der Beschränkung nach § 1992 wegen des darin erwähnten § 1990 die Befriedigung der Gläubiger nur auf Klage bezw. im Wege der Zwangsvollstreckung erfolgen soll, dies damit der unzulängliche Nachlaß wenigstens richtig, nämlich amtlich (durch den die Versteigerung bewerkstelligenden Gerichtsvollzieher) im Interesse aller, namentlich der später andrängenden Nachlaßgläubiger taxiert werde, ist für den Voraus die Klage entbehrlich, weil der Voraus ein in sich abgeschlossener Vermögenskomplex ist und im ganzen bezw. in dem noch vorhandenen Umfange in natura herausgegeben wird und dem Ehegatten in diesem Zustande verbleibt; es findet keine Taxe bezw. keine Versteigerung statt, wie es der Fall ist, wenn wegen einer Geldforderung vollstreckt wird. Der § 1992 hat für den Ehegatten weiter insofern Bedeutung, als der Ehegatte bei Konkurrenz mit anderen gleich rangierenden kein Vorrecht hat, sondern sich nach Verhältnis der Beträge befriedigen lassen muß. Dagegen kann das im § 1992 normierte Ablösungsrecht nicht gegenüber dem Anspruch auf Leistung des Voraus angewendet werden, weil der Anspruch ja gerade auf die bestimmten Gegenstände gerichtet ist. — Ist der Nachlaß im Sinne des § 1990 überhaupt konkursunfähig, so gilt gleichfalls das eben Gesagte mit der Maßgabe, daß hier ein Ablösungsrecht überhaupt nicht besteht. — Darüber, daß der Erbe bei Konkurrenz des Vorausanspruches mit dem Pflichtteilsanspruche der Eltern des Erblassers den Pflichtteil der Eltern auf Grundlage desjenigen Nachlasses, der ohne Berücksichtigung der den Voraus bildenden Gegenstände verbleibt, berechnen darf, siehe § 2311 Abs. 1 S. 2 und Strohal Bd. I 447; ferner darüber, daß der Erbe den Voraus zwar nicht um des Pflichtteils der Eltern willen, wohl aber um des Pflichtteils der Abkömmlinge willen gemäß § 2318 kürzen darf, siehe Seite 232. Hat der Ehegatte selbst nur einen Pflichtteilsanspruch, steht ihm der Voraus also nicht zu, so wird sein Pflichtteil auf Grundlage desjenigen Nachlasses berechnet, der sich unter Einbeziehung der Vorausgegenstände in den Nachlaß ergibt (§ 2311 Abs. 1 S. 1).

Insofern der Voraus dem Ehegatten als Erben zusteht, ist er stets ein Vorausvermächtnis (§ 2150). Es ist dennoch, abgesehen von seiner Stellung gegenüber einem Aufgebote (§ 1972), in keiner Weise bevorrechtigt. Ebensowenig ist für ein Vorausvermächtnis der Charakter als Nachlaßverbindlichkeit in Frage gestellt. Nach § 2150 gilt ein Vorausvermächtnis auch insoweit als Vermächtnis, als der Erbe selbst beschwert ist. Da der Voraus eine gegen den Nachlaß gerichtete Forderung begründet und der Nachlaß allen Miterben mit Einschluß des überlebenden Ehegatten gehört, könnte man allerdings dazu kommen, insoweit ein Vermächtnis nicht anzunehmen, als der Ehegatte selbst beschwert ist, denn er kann nicht für sich selbst mit einem Vermächtnis belastet sein. Das Gesetz statuiert nun zwar nicht, daß auch hinsichtlich seiner ein Vermächtnis vorliegt, wohl aber, daß auch hinsichtlich seiner der Voraus als Vermächtnis gilt, d. h. wie ein Vermächtnis zu behandeln ist (conf. Staudinger zu § 2150 Anm. 1 Abs. 3). Daraus folgt einerseits, daß der Ehegatte hinsichtlich des Voraus nicht sein eigener Schuldner ist und daß er im Prozesse nur die übrigen Miterben gesamtschuldnerisch in Anspruch nehmen kann, sowie daß ein so erlangter Schuldtitel zur Vollstreckung in den Nachlaß ausreicht, andererseits, daß der Ehegatte Dritten gegenüber seinen Vermächtnisanspruch zur Geltung bringen kann. Beispielsweise könnte er, wenn Nachlaßverwaltung angeordnet ist, gegen den Verwalter den Voraus als Legatar geltend machen, dagegen als Erbe hätte er keinen Anspruch auf die zum Voraus gehörigen Gegenstände. Oder: Ein durch Aufgebot ausgeschlossener Gläubiger soll trotz des Ausschlusses aus dem Nachlaß bezw. dem Überschuß vom Nachlaß befriedigt werden, da die Erben auf Kosten auch eines Ausgeschlossenen nicht bereichert bleiben sollen. Hat der Ehegatte etwas, was zum Voraus gehört, oder überhaupt den Voraus als Erbe erhalten, so könnte der Ausgeschlossene es als Bereicherung herausverlangen (§ 1973 Abs. 2). Der Ehegatte darf sich aber auf § 1973 Abs. 1 S. 2 berufen und das Empfangene als Legat behalten (Staudinger § 2150 Anm. 2 e).

ε. Haftung mit mehreren Erbteilen (2007).

Im Anschluß an die Haftung von Miterben ist zu erörtern, wie ein Alleinerbe oder ein Miterbe haftet, der in seiner Person mehrere Erbteile vereinigt.

Erbt z. B. ein Ehegatte als Gatte $^1/_2$ und als Verwandter $^1/_2$, so ist er Alleinerbe mit zwei Erbteilen. Es fragt sich, wie er a) gegenüber den Nachlaßverbindlichkeiten überhaupt, b) gegenüber den nur einen der Erbteile belastenden Verbindlichkeiten, z. B. gegenüber einem Legat, c) gegenüber den beide Erbteile ungleich beschwerenden Verbindlichkeiten, z. B. Legaten, sei es bei beschränkbarer, sei es bei unbeschränkbarer Haftung hinsichtlich aller oder einzelner Erbteile haftet. Bestimmungen hierüber trifft der § 2007.

Aus der Tatsache, daß der Satz 2 des § 2007 diejenigen Fälle, wo sich durch Anwachsung und Erhöhung mehrere Erbteile in einer Hand vereinigen, besonders behandelt, erhellt, daß der Satz 1 alle anderen Fälle der Vereinigung mehrerer Erbteile in einer Hand umfaßt. Hieraus ergibt sich die Disposition für die folgende Darstellung.

A) Die Vereinigung mehrerer Erbteile in einer Hand, abgesehen von der Anwachsung und Erhöhung.

Es gehört unter anderem hierher der bereits oben erwähnte Fall, daß ein Ehegatte zugleich als Verwandter erbt (§§ 1934, 2088). Ist der Ehegatte zugleich der einzige bezw. nächste erbberechtigte Verwandte, z. B. die Nichte des Erblassers, so bekommt er den gesamten Nachlaß als Alleinerbe mit zwei Erbteilen. Ferner der Fall des § 1927, d. h. wenn jemand mit dem Erblasser mehrfach verwandt ist und demzufolge in verschiedenen Stämmen zur Erbfolge gelangt. Siehe das bei Staudinger zu § 1927 gegebene Beispiel, wo A $^1/_4 + ^1/_4$, B und C je $^1/_4$ erben, A also Miterbe mit zwei Erbteilen ist. Ferner der Fall des § 2096 (des Ersatzerben). Beispiel: A und B sind zu Erben und zwar zu $^5/_6$ bezw. $^1/_6$ eingesetzt, dem B ist A als Ersatzerbe bestimmt. Wird A alleiniger Erbe, so bekommt er den ganzen Nachlaß mit zwei ungleichen Erbteilen. Wegen weiterer Fälle siehe Planck und Staudinger zu § 2007 Anm. 1. Bei allen hierher gehörigen Fällen bleiben die in einer Hand vereinigten mehreren Erbteile gesonderte Erbteile auch im Verhältnisse zu den Nachlaßgläubigern. Hinsichtlich der Haftung für die Nachlaßverbindlichkeiten bestimmt der § 2007, daß der zu mehreren Erbteilen berufene Erbe so haftet, wie wenn die Erbteile verschiedenen Erben gehörten, d. h. als ob so viele Erben da wären wie Erbteile. Es kann danach vorkommen, daß auch auf den Alleinerben, weil er zu mehreren Erbteilen berufen ist, die Grundsätze, die hinsichtlich der Haftung für Miterben bestehen, in Anwendung zu bringen sind. Im folgenden wird zunächst die Haftung des Alleinerben und zwar des beschränkbar wie des unbeschränkbar haftenden, und sodann die eines Miterben behandelt.

1. Haftung des zu mehreren Erbteilen berufenen Alleinerben,

a) wenn er durchweg beschränkbar haftet.

Handelt es sich um eine den ganzen Nachlaß belastende Verbindlichkeit, z. B. um die Verpflichtung des Erben, das vom Erblasser aufgenommene Darlehn von 300 *M* an den Gläubiger Z zurückzuzahlen, so würde, wenn für die Verbindlichkeit in Wahrheit z. B. zwei Erben hafteten, der Gläubiger zur Ermöglichung einer Vollstreckung in den Nachlaß gezwungen sein, sie beide als Gesamtschuldner zu verklagen (§ 747 ZPO.). Er würde in das Eigenvermögen der Erben ohne Erfolg zu vollstrecken versuchen, da insoweit den Erben der § 2059 zur Seite stünde. Würde Z nur gegen einen der beiden Erben als Gesamtschuldner klagen, so würde hinsichtlich der Vollstreckung in das Privatvermögen des Verurteilten dasselbe gelten, abgesehen vom Anteil, den er allerdings pfänden könnte. Wie schon hervorgehoben, besteht für Miterben die Besonderheit, daß sie vor der Teilung zum Schutze des Eigenvermögens nicht eines besonderen Beschränkungsverfahrens bedürfen, da die Tatsache der Ungeteiltheit des Nachlasses nach § 2059 zum Schutze ausreicht. Vereinigen sich (z. B.) zwei Erbteile in der Hand eines einzigen Erben, so kann nicht jede der eben erwähnten Regeln Anwendung finden. Es ist natürlich ausgeschlossen, daß der Erbe so oft, als er — der Zahl nach — Erbteile bekommen hat, verklagt wird. Da der gesamte Nachlaß sich bei ihm vereinigt, die betreffende Verbindlichkeit auch den gesamten Nachlaß (d. h. alle Erbteile) belastet, so kann der Gläubiger den Erben nur einmal und zwar einheitlich wegen der gesamten Verbindlichkeit in Anspruch nehmen. Auch kann er auf Grund des hierbei erzielten Urteils einfach in den Nachlaß vollstrecken. Von einer Pfändung in einen „Anteil" kann hier keine Rede sein. Wohl aber könnte bei der grundsätzlich unbeschränkten Haftung des Erben eine Vollstreckung in sein Privatvermögen versucht werden, und es würde sich fragen, ob sich der Erbe zu dessen Schutze eines besonderen Beschränkungsverfahrens (§ 1975), wie dies für den Alleinerben vorgeschrieben ist, bedienen muß, oder ob er einfach die Einrede der Ungeteiltheit des Nachlasses nach § 2059, wie es ein Miterbe tun dürfte, anwenden darf. Nach diesseitiger Auffassung genügt die Berufung auf § 2059, wobei zu bemerken ist, daß hinsichtlich der in der Hand eines Alleinerben vereinigten Erbteile der Zustand der Ungeteiltheit des Nachlasses dauernd ist. Kreß 197 nimmt zwar auch seinerseits dies letztere an, ist aber der Auffassung, daß der Alleinerbe die Haftung auf den Nachlaß auch hier nur nach Maßgabe des § 1975 beschränken kann, d. h. (abgesehen vom Falle der Unzulänglichkeit des Nachlasses) ein Sonderverfahren beantragen muß; er begrenzt die Besonderheit der Vorschrift des § 2007 auf diejenigen Fälle, wo der Erbe die Beschränkungsmöglichkeit hinsichtlich e i n z e l n e r der in seiner Hand vereinigten Erbteile verloren, also hinsichtlich der übrigen gewahrt hat, schließt die Anwendung dieser Vorschrift also immer da aus, wo die Beschränkungsmöglichkeit bezüglich a l l e r Erbteile besteht oder verloren ist. Er weist darauf hin, daß durch den § 2007 lediglich die Härten abgewendet werden sollen, welche entstehen würden, wenn sich der Verlust des Inventarrechts bezüglich eines Erbteils auch auf die anderen erstrecken würde, insofern alsdann alle vereinigten Erbteile unbeschränkbar belastet wären. Es dürfte hierbei aber übersehen sein, daß dieser — vom Gesetze in der Tat gewollte — Zweck (Motive Bd. V 678) hier keineswegs die Anwendung der für die Haftung von Miterben geltenden Grundsätze ausschließt. Siehe hierüber weiter unten. Da das Gesetz mit großer Klarheit und ohne jegliche Einschränkung die Anwendung dieser Sätze vorschreibt, ist nicht ersichtlich, warum gerade in den Fällen, wo der Erbe die Beschränkungsmöglichkeit hinsichtlich aller Erbteile gewahrt hat oder verloren hat, die Anwendbarkeit des § 2007 entfallen sollte, wenn sie nicht geradezu unmöglich erscheint.

Handelt es sich um eine Verbindlichkeit, die nur einen der Erbteile belastet, so beschränkt sich die Haftung für die Schuld auf den belasteten Erbteil. Ist z. B. im Testamente gesagt, daß die Ehefrau A zur Hälfte Erbe sein und an Z ein Legat von 1000 ℳ zahlen soll, und ist nach dem Eintritte des Erbfalles die A als Verwandte auch gesetzlicher Erbe hinsichtlich der anderen Hälfte, so vereinigt sie in ihrer Hand den Nachlaß mit zwei Erbteilen, deren einer mit dem Legat beschwert ist. Die Beibehaltung der Sonderung der Erbteile und der § 2007 haben auch hier Bedeutung. Wären in Wahrheit zwei Erben A und A^1 vorhanden, so würde Z wegen des Legats nur die testamentarische Erbin A belangen und (wegen des § 747 ZPO.) nicht in den Nachlaß, sowie ferner (wegen des § 2059) nicht in ihr Privatvermögen, wohl aber in ihren Anteil vollstrecken können; der gesetzliche Erbe A^1 könnte, da er nicht beschwert ist, überhaupt nicht in Anspruch genommen werden. Es sei aber noch festgehalten, daß A jedenfalls grundsätzlich unbeschränkt für das ganze Legat haftet. Ist A die zu mehreren Erbteilen berufene alleinige Erbin, so haftet sie nur mit dem beschwerten Erbteil für das ganze Legat. Sie kann, da sie für die Inanspruchnahme nur allein in Frage kommt, wegen Zahlung der 1000 ℳ ohne jegliche Einschränkung in Anspruch genommen werden, wie ja auch ein Miterbe wegen Berichtigung der ganzen Nachlaßverbindlichkeit in Anspruch genommen werden darf (§ 2058), obgleich er für sich allein nicht mit dem — ihm nicht allein gehörigen — Nachlaß, sondern nur mit seinem Anteile am Nachlaß haftet. Die so in Anspruch genommene Erbin A wird das Bestreben haben, ihre Verurteilung so zu gestalten, daß die Vollstreckung nur in den einen (den belasteten) Erbteil erfolgen kann, da sie anderenfalls einen Schaden erleiden könnte. Ist nämlich die Last größer wie der Wert des Erbteils, so würde der unbelastete Erbteil bezw. unterschiedslos der Nachlaß überhaupt in Anspruch genommen werden, was doch aber der Bestimmung des Erblassers widerspricht. Würde sich die A mit dem Vorbehalte aus § 780 ZPO. verurteilen lassen in der Meinung, daß sie dadurch in der Zwangsvollstreckungsinstanz gegenüber einer auch die unbeschwerte Hälfte des Nachlasses ergreifenden Vollstreckung die Gegenklage auf Grund des § 767 ZPO. erheben kann, so würde sie einen Fehler machen, weil es sich hier nicht um eine „Beschränkung" handelt. Sie muß vielmehr schon im Prozesse geltend machen, daß nur der eine der Erbteile belastet ist und sich des weiteren allerdings auch insoweit die Beschränkung vorbehalten lassen, um auch das Eigenvermögen schützen zu können. — Reicht der beschwerte Erbteil nicht zur Deckung der Verbindlichkeit aus, so muß sie neben der Tatsache, daß nur der eine Erbteil belastet ist, die Unzulänglichkeit des Erbteils schon im Prozesse geltend machen, also z. B. erklären, daß der Erbteil, der wegen der 1000 ℳ beschwert ist, nur einen Wert von 200 ℳ hat. Nunmehr kann sie nur verurteilt werden, die Zwangsvollstreckung in die Nachlaßgegenstände (im Werte von 200 ℳ) wegen der Forderung des Klägers von 1000 ℳ zu dulden. Oder sie kann einfach die Tatsache behaupten, daß nur der eine, ihr als testamentarischer Erbin zugefallene, Erbteil beschwert ist und sich mit dem Vorbehalte (§ 780 ZPO.) verurteilen lassen. Der Tenor lautet: „Die A wird verurteilt, an den Z 1000 ℳ aus dem ihr als testamentarischer Erbin zugefallenen Erbteil zu zahlen, ihr wird die Beschränkung der Haftung vorbehalten." Der Z kann nun nicht in das Eigenvermögen vollstrecken (§ 2059). Die Anteilspfändung kommt gleichfalls nicht in Frage. Vollstreckt er wegen 1000 ℳ in den Nachlaß, so kann die A durch Gegenklage die Vollstreckung auf den Wert des Erbteils, mit dem sie zahlen soll, einschränken. Sie würde klagend zu beantragen haben: „Festzustellen, daß der Z nur berechtigt ist, in die .... Nachlaßsachen (die zusammen 200 ℳ wert sind!) die Vollstreckung zu betreiben, im übrigen aber die Zwangsvollstreckung für unzulässig zu erklären". — Ist der beschwerte Erbteil ausreichend, so kann die A sich einfach mit dem Vorbehalte verurteilen lassen, denn wenn Z sich auch aus dem Gesamtnachlaß befriedigt, so tritt doch keine Schmälerung des Wertes des unbeschwerten Erbteils ein. Sie kann aber natürlich auch sogleich erklären, daß nur der ihr als Testamentserbin zugefallene Erbteil beschwert ist und beantragen, daß sie nur zur Leistung aus dem betreffenden Erbteil mit dem Vorbehalt verurteilt werde.

Sind beide Erbteile mit derselben Verbindlichkeit beschwert, so ergibt sich folgendes: Beispiel: X setzt seine Ehefrau A zur Hälfte als Erbin mit Beschwerung wie oben ein und bestimmt, daß der gesetzliche Erbe die andere Hälfte bekommen und für das Legat mitverhaftet sein soll. Dieser Fall bietet keine Besonderheit; es liegt, da beide Erbteile gleichmäßig belastet sind, eine den „Nachlaß" belastende Verbindlichkeit vor, wie dies oben erörtert ist.

Sind beide Erbteile verschieden beschwert, z. B. derjenige der A mit 1000 ℳ für Z und derjenige des gesetzlichen Erben mit 2000 ℳ für W, so ergibt sich: Wären in Wahrheit zwei Erben A und A^1 vorhanden, so könnte Z nur gegen A, W nur gegen A^1 vorgehen. Die Vollstreckung in den „Nachlaß" wäre ausgeschlossen, weil hier jeder Erbe nur mit seinem Anteil haftet, die Vollstreckung in Eigenvermögen wäre durch den Hinweis (Gegenklage) auf § 2059 abzuwenden; es könnte nur der Anteil jedes Erben in der vollen Höhe seiner Schuld gepfändet werden. Soll A als Alleinerbin in Anspruch genommen werden, so fordert Z Zahlung von 1000 ℳ, W von 2000 ℳ ohne jede Einschränkung. A muß sich verteidigen, wie dies oben dargelegt ist, wenn sie so verurteilt werden will, daß die Vollstreckung in den Nachlaß sie nicht schädigt. Der Angriff in Eigenvermögen kann durch den bloßen Hinweis auf § 2059 (durch Gegenklage nach § 767 ZPO.) entkräftet werden.

b) wenn er durchweg unbeschränkbar haftet.

Hier ist zuvörderst zu erörtern, wie es möglich ist, daß ein Alleinerbe mit den verschiedenen in seiner Hand vereinigten Erbteilen unbeschränkbar haftet. Aus dem Satze 1 des § 2007, wonach die Haftung mit mehreren Erbteilen sich so bestimmt, wie wenn verschiedene Erben da wären, muß gefolgert werden, daß auch in Ansehung des Inventars die Fiktion des Vorhandenseins so vieler Erben, wie es Erbteile gibt, besteht. Wie es zulässig ist, jedem von mehreren Miterben gesondert eine Inventarfrist bestimmen zu lassen, so ist es danach möglich, dem Erben, der zu mehreren Erbteilen berufen ist, wegen jedes Erbteils gesondert eine Inventarfrist zu setzen, wobei zu bemerken ist, daß das zu errichtende Inventar natürlich den gesamten Nachlaß umfassen muß. Es hat aber weiter auch der § 2063 Abs. 1 Anwendung zu finden, wonach die Errichtung des Inventars durch einen Miterben auch allen übrigen — noch beschränkbar haftenden — Miterben zustatten kommt, d. h. daß die einmalige Inventarerrichtung hinsichtlich aller noch beschränkbar haftenden Erbteile ausreicht. Würde sich der hinsichtlich eines einzelnen Erbteils eingetretene Verlust der Beschränkungsmöglichkeit auch auf die übrigen Erbteile erstrecken, so würde der Erbe schwer geschädigt sein. Ein solcher Fall könnte leicht eintreten, z. B. wenn der Erbe, der bezgl. eines bereits angenommenen Erbteils in unbeschränkbare Haftung gerät, einen später anfallenden Erbteil nicht mehr ausschlagen darf (§ 1951 Abs. 2). Die Aufrechterhaltung der Sonderung der Erbteile schützt den Erben vor dieser Gefahr.

Die Regeln des Inventars gestalten sich hier, wie folgt: Wird die Inventarfrist zu einer Zeit bestimmt, wo die Erbteile dem Erben bereits sämtlich zugefallen und von ihm angenommen waren, so genügt die Errichtung e i n e s ordnungsmäßigen Inventars zur Abwendung des Verlustes der Beschränkung von allen Erbteilen, wobei aber für den Fall mehrfacher Fristbestimmung der § 2004 zu beachten ist. Versäumt der Erbe die Frist, so verliert er die Beschränkungsmöglichkeit hinsichtlich aller Erbteile. Ist das Inventar ungetreu im Sinne des § 2005, so tritt der Verlust hinsichtlich aller zur Zeit der Errichtung bereits angefallenen und angenommenen Erbteile ein. — Waren einzelne der angefallenen Erbteile z. Z. der Fristbestimmung noch nicht angenommen, so läuft die gesetzte Frist n u r für die bereits angenommenen Erbteile, für die nicht angenommenen beginnt sie erst mit der Annahme zu laufen (§ 1995 Abs. 2), kann sie also zu verschiedenen Zeiten ablaufen. Es kann danach vorkommen, daß die Frist hinsichtlich des einen Erbteils versäumt, hinsichtlich des anderen gewahrt wird. Für diesen Fall gilt folgendes: Ist das Inventar ordnungsmäßig errichtet, so wahrt es die Beschränkung hinsichtlich aller übrigen Erbteile, für welche überhaupt die Beschränkungsmöglichkeit noch besteht; ist die Frist bezüglich des einen Erbteils versäumt, so kann sie doch hinsichtlich der übrigen Erbteile noch gewahrt werden. — War z. Z. der Fristbestimmung ein Erbteil noch nicht einmal angefallen, so muß hinsichtlich seiner evtl. eine neue Frist bestimmt werden. — Hinsichtlich des relativen Verlustes (§ 2006) ist zu bemerken, daß die Beschränkung nur für diejenigen Erbteile verloren gehen kann, welche z. Z. der Eidesweigerung bereits angefallen und angenommen waren.

Der Erbe haftet mit jedem Erbteil, hinsichtlich dessen einer der erwähnten Verluste eingetreten ist, gesondert unbeschränkbar, im übrigen aber beschränkbar. Aus der Tatsache, daß der Inhalt des § 2007 im System des Erbrechts gerade unter die Regeln vom Inventar gesetzt ist, ergibt sich, daß die Sonderhaftung jedes Erbteils allerdings gerade deswegen eingeführt ist, damit bei Inventarverstößen der Verlust der Beschränkungsmöglichkeit auf die davon betroffenen Erbteile beschränkt bleibe, was aber, wie schon angedeutet, nicht ausschließt, daß die Fiktion des Vorhandenseins mehrerer Erben auch in jeder anderen Hinsicht bestehe und Wirkung äußere. Die Anwendung eines Rechtssatzes beschränkt sich nicht auf diejenigen Fälle, an die vornehmlich gedacht ist, vielmehr ist sie eine allgemeine. In praxi gestaltet sich die Haftung des mit allen Erbteilen unbeschränkbar haftenden Alleinerben, wie folgt: Handelt es sich um eine den Nachlaß überhaupt belastende Nachlaßverbindlichkeit, also z. B. um ein vom Erblasser aufgenommenes, vom Erben zurückzuzahlendes Darlehn, so nimmt der Gläubiger den Erben, der (z. B.) zu zwei gleichen Erbteilen als Alleinerbe berufen ist, wegen Berichtigung der ganzen Forderung einheitlich in Anspruch. Auf Grund des Urteils kann er natürlich ohne weiteres in den Nachlaß vollstrecken, dagegen kann von einer Pfändung des Anteils hier natürlich keine Rede sein. Die Anwendung des § 2059 Abs. 1 S. 2 würde ergeben, daß der Erbe wegen jedes Erbteils in Höhe einer Hälfte der Darlehnssumme mit dem Privatvermögen, im ganzen also in Höhe des gesamten Darlehns in Anspruch genommen werden könnte. Danach kann hier der Anwendung des § 2059 Abs. 1 S. 2 keine Bedeutung zukommen, es kann ohne weiteres in das gesamte Privatvermögen des Erben vollstreckt werden. Ein solcher Erbe kann die Nachlaßverwaltung seinerseits nicht beantragen (§ 2013 Abs. 1). Der Konkursantrag steht ihm zu (§ 216 KO.). — Andere Grundsätze bestehen, wenn der Erbe nicht mit sämtlichen Erbteilen unbeschränkbar haftet. Im obigen Beispiel würde der Erbe, der mit dem einen Erbteil unbeschränkbar, mit dem anderen noch beschränkbar haftet, einheitlich in Anspruch zu nehmen sein und sich die Vollstreckung in den Nachlaß gefallen lassen müssen. Auch hier ist die Pfändung des Anteils undenkbar. Was dagegen die Vollstreckung in das Privatvermögen anlangt, so gewinnt hier der § 2059 Abs. 1 S. 2 Bedeutung: die Vollstreckung ist insoweit nur wegen der Hälfte der Darlehnssumme, d. h. entsprechend der Höhe des unbeschränkbar haftenden Erbteils, durchführbar. Der Erbe kann hier auch Nachlaßverwaltung beantragen. Der Vollstreckung in Privatvermögen wegen der anderen Hälfte der Darlehnssumme kann er durch Bezugnahme auf die Ungeteiltheit des Nachlasses gemäß § 2059 Abs. 1 S. 1, also ohne Sonderverfahren der Haftungsbeschränkung, widersprechen. In jedem Falle hat der Erbe den Vorbehalt (§ 780 ZPO.) zu erwirken, um nicht der Rechte aus § 2059 verlustig zu gehen. — Dieselben Grundsätze haben Anwendung zu finden, wenn die Erbteile durchweg mit derselben Last (z. B. einem Legat) ausdrücklich belastet sind. — Hat der Erbe hinsichtlich desjenigen Erbteils, der mit dem Legat beschwert ist, die Beschränkung verloren, so fordert der Legatar auch hier Zahlung der ganzen Legatsumme ohne Rücksicht auf ein etwaiges Beschränkungsrecht des Erben. Es haftet für das Legat lediglich der belastete Erbteil, weshalb der Erbe prozessual so zu verfahren hat, wie dies oben dargelegt ist. Die Unzulänglichkeit darf er jedoch nicht einwenden (§ 2013 Abs. 1). Zur Wahrung der Beschränkung hinsichtlich des Eigenvermögens hat er den Vorbehalt zu erwirken; er hat das Eigenvermögen nur soweit zu opfern nötig, als seinem Erbteile entspricht. Ist er z. B. zur Zahlung von 400 *M* verurteilt und ist der Erbteil, mit dem er unbeschränkbar haftet, $^2/_5$, so haftet sein Privatvermögen nur wegen 160 *M*.

2. Haftung des zu mehreren Erbteilen berufenen Miterben.

Die Tatsache, daß unter mehreren Miterben der eine oder einige oder alle mehrere Erbteile in ihrer Hand vereinigen, ändert an den Regeln der Geltendmachung des Anspruchs nichts. Sie können alle zusammen bezw. kann auch jeder einzelne wegen einer den ganzen Nachlaß belastenden Verbindlichkeit, z. B. wegen eines Darlehns des Erblassers, als Gesamtschuldner in Anspruch genommen werden (§ 2058). Die Vollstreckung in das Eigenvermögen der Erben wird mit Rücksicht auf § 2059 Abs. 1 S. 1 unterbleiben. Dagegen kann hier die Pfändung des Anteils vorgenommen werden; hierbei aber ist zu bemerken, daß stets nur der durch die mehreren Erbteile zu einem

Erbteil vereinigte Erbteil als etwas Ganzes, nicht aber jeder der verbundenen Erbteile gesondert gepfändet werden kann. Die Rechtslage ist insoweit bezüglich der vereinigten Erbteile dieselbe, als wenn der betreffende Miterbe Alleinerbe wäre. Der die mehreren Erbteile vereinigende Miterbe kann die Nachlaßverwaltung nur in Gemeinschaft mit allen übrigen Miterben (§ 2062), den Nachlaßkonkurs aber allein beantragen. Soweit diese Maßregeln etwa den Schutz des Privatvermögens bezwecken, sind sie entbehrlich, weil der § 2059 ausreicht. — Ist von denjenigen Erbteilen, die sich in der Hand eines Miterben vereinigen, der eine bezw. sind einzelne besonders belastet oder sind sie durchweg verschieden belastet, so kann natürlich nur der belastete Miterbe in Anspruch genommen werden. Die Sonderung der einzelnen zusammengegangenen Erbteile ist hier zu beachten! Betragen diese Erbteile z. B. $^1/_4 + ^1/_6$ und ist nur der erstere z. B. mit einem Legat von 100 *M* belastet, so fordert der Gläubiger Zahlung von 100 *M*. Schon im Prozesse muß der Miterbe darauf halten, daß auf Grund des Urteils wegen der 100 *M* sein Erbteil nur in Höhe von $^1/_4$ der Erbschaft angegriffen werden kann. Ist das $^1/_4$ mehr wert, wie die geforderten 100 *M*, bezw. ist es so groß, daß auch unter Berücksichtigung anderer Verbindlichkeiten des Nachlasses die 100 *M* aus dem Viertel gedeckt werden können, so wird der Miterbe sich — mit dem Vorbehalte (§ 780 ZPO.) — verurteilen lassen können. Die Vollstreckung in den Nachlaß ist unmöglich, weil der Schuldtitel nur gegen den einen Miterben gerichtet ist (§ 747 ZPO.), die Vollstreckung in das Privatvermögen des Verurteilten wird wegen des § 2059 Abs. 1, der hier, wo es sich um einen wahren Miterben handelt, ohne jedes Bedenken anwendbar ist, unterbleiben. Was die Anteilspfändung anlangt, so kann sie nur wegen der ganzen Urteilssumme in die beiden vereinigten Erbteile, d. h. in den „Anteil" des Verurteilten, der aus $^1/_4 + ^1/_6$ besteht, vorgenommen werden. Der beschwerte Miterbe ist aber auch bei zulänglichem Erbteile befugt, die Haftung von vornherein auf das beschwerte Viertel zu beschränken, d. h. im Prozesse einzuwenden, daß er wegen der 100 *M* nur mit einem Viertel der Erbschaft hafte und deshalb zu verlangen, daß er mit dem Vorbehalt der Haftungsbeschränkung verurteilt werde, 100 *M* aus dem beschwerten einen Viertel der Erbschaft zu leisten. Das Urteil hat zu lauten: „Der Beklagte wird verurteilt, an den Kläger 100 *M* aus einem Viertel der Erbschaft zu zahlen; die Beschränkung wird dem Beklagten vorbehalten". Auch hier ist die Zwangsvollstreckung in den Nachlaß unzulässig, in das Privatvermögen zwecklos. Es bleibt nur Pfändung des Anteils übrig; der Gläubiger hat zu beantragen, daß wegen seiner bestehenden Urteilsforderung von 100 *M* gegen $^1/_4$ des Nachlasses $^3/_5$ des Anteils seines Schuldners am Nachlasse gepfändet und ihm zur Einziehung überwiesen werde. ($^1/_4$ des Nachlasses ist so viel wie $^3/_5$ des $^1/_4 + ^1/_6 = ^5/_{12}$ betragenden Anteils des Verurteilten.) Bei der Aufteilung des Nachlasses entfallen auf den betr. Miterben $^5/_{12}$ des ganzen Nachlasses, $^3/_5$ davon sind für den Gläubiger gepfändet, aus ihnen sind die 100 *M* zu tilgen. — Ist der Wert des beschwerten $^1/_4$ so gering, daß die 100 *M* aus ihm nicht voll oder überhaupt nicht gedeckt werden können, so wird der Erbe die Unzulänglichkeit des beschwerten Erbteils im Prozesse geltend machen (§§ 1990, 1992). Kann bei Bewertung des Erbteils auf die 100 *M* nichts entfallen, sei es weil überhaupt kein Wert besteht oder daß besser berechtigte Nachlaßgläubiger zu berücksichtigen sind, so wird bei Anwendung der §§ 1990 ff. sofort Abweisung der Klage erfolgen können. Wird dagegen etwas für den Kläger übrig bleiben, so wird wegen der ganzen 100 M Verurteilung zur Zahlung aus dem Viertel des Nachlasses mit dem Vorbehalt auszusprechen sein, wie dies eben dargelegt ist.

Haftet ein Miterbe mit allen vereinigten Erbteilen unbeschränkbar, so kann in sein Eigenvermögen entsprechend der Höhe aller vereinigten Erbteile vollstreckt werden. Haftet er (z. B. nur) mit einem der vereinigten Erbteile unbeschränkbar, so ist das Eigenvermögen nur entsprechend der Höhe dieses Erbteils angreifbar. Im ersteren Falle kann der betreffende Miterbe die Nachlaßverwaltung nicht in Gemeinschaft mit den anderen beantragen, wohl aber im letzteren Falle.

Während oben bei der Erwähnung des Alleinerben gesagt wurde, daß dort von keiner Aufteilung des durch vereinigte Erbteile gebildeten Nachlasses die Rede sein kann, können Miterben natürlich zur Aufteilung schreiten. Nach der Teilung haften alle Miterben nach der Kardinalregel gesamtschuldnerisch und unbeschränkt. Da „Anteile" nach vollendeter Aufteilung des Nachlasses nicht mehr bestehen, kommt es auch nicht darauf an, daß ein Miterbe vor der Teilung einen aus mehreren Erbteilen gebildeten Anteil besessen hatte; er haftet nunmehr mit allem demjenigen, was ihm bei der Teilung als Nachlaß zugefallen ist, wegen der ganzen Forderung, auch wenn sie vor der Teilung nur einen Teil beschwert hatte. Haftete ein Miterbe mit einem der in seiner Hand vereinigten Erbteile unbeschränkbar, so ist nach der Teilung die Situation dieselbe, wie wenn er nur einen Erbteil besessen hätte; er haftet überhaupt unbeschränkbar. Da nach der Teilung von Erbteilen keine Rede mehr sein kann, ist auch § 2059 Abs. 1 S. 2 nicht mehr anwendbar. — Als ordentliche Beschränkungsmittel kommen nunmehr nur Nachlaßkonkurs und (allerdings nur bei beschränkbarer Haftung) Unzulänglichkeitseinrede in Betracht. In den Fällen, wo nach Maßgabe der §§ 2060, 2061 nach der Teilung anteilige Haftung eintritt, kann die Sonderstellung der einzelnen Erbteile noch insofern nachwirken, als der Erbe unbeschränkt nur wegen desjenigen Teils der Verbindlichkeit in Anspruch genommen werden darf, der dem Erbteil, mit dem er unbeschränkbar haftete, entspricht. Beispiel: A, B, C sind Erben zu $^1/_4$ bezw. $^1/_4$ bezw. $^1/_4 + {}^1/_4 = {}^2/_4$. C haftet mit einem der Viertel unbeschränkbar. Nach der Teilung haftet er überhaupt unbeschränkbar, weil Anteile nicht mehr bestehen. Ist ein Gläubiger aber im Aufgebote ausgeschlossen gewesen, so kann er von seiner 500 M betragenden Forderung gegenüber dem C nunmehr 250 M ($^2/_4$ von 500 M), also entsprechend der Höhe der Erbteile fordern (§ 2060 Nr. 1); das Eigenvermögen haftet hier jedoch nur für $^1/_4 = 125$ M, da nur ein Viertel die Beschränkungsmöglichkeit verloren hatte. Wegen der übrigen 125 M haftet der Erbe mit der Bereicherung (§ 1973), die er durch den Nachlaß erfahren hat.

B. Die Vereinigung mehrerer Erbteile bei Erhöhung und Anwachsung.

Von der Erhöhung des Erbteils eines Erben durch einen hinzutretenden Erbteil wird im § 1935 gesprochen. Sie hat stets nur bei der gesetzlichen Erbfolge statt. Wenn von mehreren gesetzlichen Erben einer schon bei Lebzeiten des Erblassers verstirbt oder verzichtet oder von der Erbfolge ausgeschlossen wird (§§ 1923 Abs. 1, 1938, 2346), so wird derjenige Erbteil, der dem Weggefallenen zugefallen wäre, frei; er kommt nach Eintritt des Erbfalls den übriggebliebenen gesetzlichen Erben zugute;

der Erbteil eines jeden von ihnen erhöht sich wegen desjenigen, was dem Weggefallenen gebührt hätte. Wenn ferner nach dem Ableben des Erblassers einer der gesetzlichen Erben durch Ausschlagung oder Erbunwürdigkeit oder weil er totgeboren wird, wegfällt (§§ 1953, 2344, 1923 Abs. 2), so fällt der an sich ihm gebührende Erbteil den übrigen gesetzlichen Erben zu; der Erbteil eines jeden von ihnen erhöht sich wegen desjenigen, was dem Weggefallenen zugefallen wäre. Waren A, B, C gesetzliche Erben (Söhne) des X, so beträgt der Erbteil eines jeden $1/3$. Schlägt C die Erbschaft aus, so erben A und B je $1/2$ (je $1/3 + 1/6$).

Von der Anwachsung kann nur bei gewillkürter Erbfolge gesprochen werden (§ 2094). Sie hat nicht statt, wenn neben dem gewillkürten Erben auch der gesetzliche zur Erbfolge gelangt. Hat X in seinem Testamente den A zu $1/3$, den B zu $1/4$, den C zu $5/12$ zu Erben eingesetzt und es stirbt der A noch bei Lebzeiten des X oder er verzichtet auf sein Erbrecht (§§ 1923, 2352), so wird das Drittel frei; es wächst mit dem Ableben des X dem B und C nach Verhältnis ihrer Erbteile an. Wenn ferner nach dem Ableben des X der zu $1/3$ eingesetzte A zum Beispiel ausschlägt oder für erbunwürdig erklärt wird (§§ 1953, 2344), so wird das Drittel des A frei und wächst, wie oben, dem B und C an. Bestimmt X, daß A und B zusammen eine Hälfte seines Nachlasses erben sollen, ohne über die andere Hälfte zu verfügen, so fällt diese den gesetzlichen Erben zu. Erhalten A und B, welche beispielsweise an sich nicht gesetzliche Erben wären, zusammen $1/2$, so sind (z. B.) H, I, K die gesetzlichen Erben zur anderen Hälfte bezw. zu je $1/6$. Schlägt nun der A aus, so erbt der B die eine Hälfte, da Anwachsung stattfindet (§ 2094 Abs. 2); die gesetzlichen Erben haben daran keinen Teil. Waren die A und B zu je $1/4$ eingesetzt, so findet im Falle des Wegfalls des B (z. B. durch Ausschlagung) keine Anwachsung statt, d. h. der A erhält $1/4$, die H, I, K erhalten je $1/6$. Das Viertel des B fällt demjenigen an, welcher berufen sein würde, wenn der Ausschlagende zur Zeit des Erbfalls nicht gelebt hätte (§ 1953 Abs. 2), hier also vielleicht den H, I, K, die demnach zusammen $1/2 + 1/4 = 3/4$ bezw. je $1/4$ erhalten. Fällt einer der gesetzlichen Erben (K) fort, so findet gleichfalls keine Anwachsung statt, das Sechstel des Wegfallenden fällt nach Maßgabe des § 1953 Abs. 2 an, hier also vielleicht dem H und J, die danach je $1/4$ erben. Dieser Zuwachs fällt in beiden hier erwähnten Fällen unter den Begriff der „Erhöhung" (§ 1935).

Hinsichtlich dieser Fälle der Erhöhung und Anwachsung gilt nun nicht so allgemein, wie hinsichtlich der ad A erwähnten Fälle, daß die in einer Hand vereinigten Erbteile ihre Besonderheit behalten. Im Prinzip bilden sie vielmehr in der Hand eines Miterben zusammen einen einzigen Anteil bezw. in der Hand des Alleinerben den Nachlaß. Lediglich in Ansehung der Vermächtnisse und Auflagen, mit denen der hinzutretende Erbteil des Weggefallenen oder der Erbteil des Empfängers beschwert ist, sowie in Ansehung der Ausgleichungspflicht gilt der hinzutretende Teil als besonderer Erbteil. Hinsichtlich der Haftung für Nachlaßverbindlichkeiten können auch hier folgende Situationen vorkommen: Die durch Vereinigung zusammengekommenen Erbteile sind a) überhaupt nicht beschwert, b) es ist entweder nur der frühere Erbteil des Empfängers oder nur der hinzutretende Erbteil beschwert, c) es ist jeder Erbteil mit derselben Last beschwert, d) es ist jeder verschieden beschwert. Beispiel ad a: X setzt seine drei Söhne A zu $1/3$, B zu $1/4$, C zu $5/12$ zu Erben ein. B fällt weg, sein $1/4$ wächst dem A und C nach dem Verhältnisse ihrer Erbteile zu. Danach erhält A $1/3 + 1/12$ und C $5/12 + 2/12$ ($1/6$). Die Erbteile gelten hier nicht als besondere, es erbt A $5/12$ und C $7/12$. ad b: Dasselbe Beispiel, doch bestimmt X, daß B dem Z 100 ℳ als Legat auszahlen soll. Hier lasten auf dem an A fallenden $1/12$ und an C fallenden $1/6$ 100 ℳ Legat. Dies hat zur Folge, daß das $1/12$ bezw. $1/6$ auch weiterhin als besonderer Erbteil gelten, soweit das Legat in Betracht kommt, im übrigen aber nicht. ad c: Dasselbe Beispiel, doch bestimmt X allgemein, daß dem Z ein Legat von 100 ℳ ausgezahlt werden soll. Hier ist das $1/3$ sowie das hinzutretende $1/12$ des A und ferner auch das $5/12$ und das hinzutretende $1/6$ des C mit derselben Last beschwert. Auch hier gelten das $1/12$ und $1/6$ und natürlich auch das $1/3$ bezw. $5/12$ als besondere Erbteile hinsichtlich des Legats. Ebendasselbe ist der Fall, wenn jedem der Erben gesondert ein Legat von 100 ℳ zugunsten desselben oder verschiedener Legatare auferlegt ist. ad d: Dasselbe Beispiel, doch bestimmt X, daß A dem Z 200 ℳ, B dem Z 100 ℳ, C dem Z 300 ℳ als Legat zahlen soll. Hier ist der Erbteil des A $1/3$ mit 200 ℳ und der hinzutretende Erbteil mit 100 ℳ belastet; der Erbteil des C $5/12$ ist mit 300 ℳ und der hinzutretende mit 100 ℳ belastet. Lediglich hinsichtlich der Legate gelten — in den Beispielen — die Erbteile auch hier als besondere Erbteile.

Der § 2007 S. 2 beschäftigt sich nur mit dem Zusammengehen verschieden beschwerter Erbteile. Es sind dies die eben ad b und d erwähnten Fälle. Wenn die durch Erhöhung und Anwachsung sich vereinigenden Erbteile verschieden beschwert sind, so gelten hinsichtlich der Haftung für Nachlaßverbindlichkeiten dieselben Regeln, wie bei der sonstigen Vereinigung mehrerer Erbteile in einer Hand, d. h. der Erbe haftet mit jedem Erbteile so, wie wenn jeder Erbteil einem besonderen Miterben gehörte. Es läge nun nahe, diese Sonderstellung der Erbteile nur auf die Haftung wegen der Beschwerung zu beziehen, so daß also hinsichtlich der Haftung für andere Nachlaßverbindlichkeiten z. B. für ein vom Erblasser aufgenommenes, von den Erben zurückzuzahlendes Darlehn eine Sonderhaftung der Erbteile nicht anzunehmen wäre. Allein der Wortlaut des § 2007 S. 2 zwingt zur Annahme, daß bei verschiedener Beschwerung der durch Erhöhung und Anwachsung sich vereinigenden Erbteile die Haftungsgrundsätze des Satz 1 hinsichtlich *aller* Nachlaßverbindlichkeiten gelten; es ist da nämlich nicht etwa gesagt, daß diese Grundsätze des Satz 1 „nur soweit als die verschiedene Beschwerung vorliegt" anzuwenden seien, sondern es ist gesagt, daß sie beim Vorliegen einer verschiedenen Beschwerung anzuwenden seien. Danach bestehen für die Haftung *bei verschiedener Beschwerung* (Beispiele ad b und d) durchweg die oben ad A erörterten Grundsätze. Dagegen gestaltet sich die Haftung *bei gleicher Beschwerung* oder beim Mangel einer Beschwerung, wie folgt:

I. Beispiele für den Fall des Alleinerben:

1. A und B sind Erben zu $5/12$ und $7/12$, die nicht beschwert sind. A fällt weg, sein Anteil wächst dem B an, der danach $5/12 + 7/12$ erbt. Er haftet z. B. für ein Darlehn (100 ℳ), das der Erblasser aufgenommen hatte, wie ein Alleinerbe. Eine Sonderung der Erbteile kommt nicht in Betracht; daher kann er sein Eigenvermögen nur durch ein besonderes Beschränkungsverfahren, nicht also durch § 2059 schützen. Haftete der A allgemein oder relativ unbeschränkbar, so muß sich dies auch auf den anwachsenden usw

Erbteil erstrecken, weil nach § 2007 S. 2 die Sonderstellung der Erbteile nur für Fälle verschiedener Beschwerung durchgeführt ist. Der B haftet dann also wie der A unbeschränkbar. (Bezüglich der etwa bestehenden Unmöglichkeit, den später anfallenden Erbteil auszuschlagen, siehe § 1951.)

2. A und B erben $^{5}/_{12}$ bezw. $^{7}/_{12}$. Es ist ihnen ein Legat von 100 *M* zugunsten des Z auferlegt. A fällt weg, B erbt alles. Das Legat belastet hier einheitlich den ganzen Nachlaß, daher haftet B wie bezw. als ein Alleinerbe.

3. Dasselbe Beispiel, nur soll A dem Z 100 *M*, B dem Y 100 *M* Legat zahlen. B erbt alles. Er schuldet dem Z und dem Y je 100 *M*. Wegen jedes Legats haftet der B als Alleinerbe, d. h. unbeschränkt, bezw. nach allgemeinen für die Haftung des Alleinerben bestehenden Grundsätzen beschränkbar. Eine Sonderung der Erbteile besteht nicht.

II. Beispiele für den Fall der Miterben:

1. A, B, C sind Erben zu $^{1}/_{3}$ bezw. $^{1}/_{4}$ bezw. $^{5}/_{12}$. Keiner ist beschwert. B fällt fort, A erbt nunmehr $^{1}/_{3} + ^{1}/_{12}$, C $^{5}/_{12} + ^{2}/_{12}$. Handelt es sich um eine Verbindlichkeit des Gesamtnachlasses, z. B. um das Darlehn des Erblassers, so haften A und C als Gesamtschuldner unbeschränkt bezw. — nach allgemeinen Grundsätzen oder dem besonderen des § 2059 — beschränkbar. Haftete der B unbeschränkbar, so haften nunmehr A und C unbeschränkbar im Rahmen des § 2059 Abs. 1 S. 2. Der Pfändung unterliegt nie der hinzutretende oder der alte Erbteil, sondern nur der vereinigte als ein einheitlicher Erbteil. Für die Zeit nach der Teilung gelten die allgemeinen Haftungsgrundsätze. Soweit anteilige Haftung in Frage kommt, kann sie sich nur nach der Höhe des vereinigt gewesenen Erbteils, nicht nach der Höhe eines der bei der Vereinigung zusammengekommenen Erbteile richten.

2. A erbt $^{1}/_{3}$, B $^{1}/_{4}$, C $^{5}/_{12}$. Es war zugunsten des Z ein Legat von 100 *M* bestimmt. Es handelt sich hier um eine den Nachlaß einheitlich belastende Verbindlichkeit, daher haften, wenn B wegfällt, und A und C das $^{1}/_{4}$ des B durch Anwachsung oder Erhöhung erhalten, A und C als Miterben nach allgemeinen Grundsätzen, ohne daß ihre Erbteile als je aus zweien zusammengesetzt gelten.

3. Dasselbe gilt, wenn den drei Erben j e ein Legat von 100 *M* auferlegt ist.

Wegen der bezgl. des § 2207 bestehenden Kontroversen siehe Planck § 2007 Anm. 4. — Planck und Staudinger sind der Ansicht, daß die §§ 2059, 2061 bezw. 2058 nicht anwendbar sind, wenn die mehreren Erbteile sich in der Hand eines einzigen Erben vereinigen.

C. Das Inventar. §§ 1993 ff., 2063.

Miterben können, wie der Alleinerbe — siehe Seite 124 ff. — die Möglichkeit, ihre Haftung auf den Nachlaß zu beschränken, durch Verstöße gegen die Inventarisierungspflicht verlieren. Die §§ 1993 ff. gelten durchweg auch für Miterben. Jeder derartige Verlust begründet für den Miterben, der davon betroffen wird, die persönliche, d. h. die nicht auf den Nachlaß beschränkbare Haftung im Verhältnisse zu a l l e n Nachlaßgläubigern. Immerhin ist die Rechtsstellung des unbeschränkbar haftenden Miterben in Ansehung der Haftung günstiger wie die des unbeschränkbar haftenden Alleinerben, weil ihm durch § 2059 Abs. 1 S. 2 verstattet ist, sein Eigenvermögen wenigstens in einem bestimmten Umfange zu schützen; er haftet nämlich jedem Nachlaßgläubiger nur in Höhe des seinem Erbteil entsprechenden Teils der Verbindlichkeit mit dem eigenen Vermögen (unbeschränkbar), im übrigen aber beschränkbar wie ein überhaupt beschränkbar haftender Erbe. Im Verhältnisse der Erben zueinander, d. h. der Miterben als Nachlaßgläubiger zu den übrigen Miterben als Schuldnern ist der Verlust der Beschränkung dem Miterben gänzlich unschädlich, da — nach § 2063 — insoweit die Haftung stets auf den Nachlaß beschränkbar ist. Die im § 2013 Abs. 1 S. 2 mit Bezug auf das Verhältnis zu dem durch Aufgebot oder Zeitablauf ausgeschlossenen Nachlaßgläubiger dem unbeschränkbar haftenden Erben verliehene Vergünstigung einer beschränkbaren Haftung besteht auch zugunsten von Miterben. Im übrigen aber besteht die infolge der oben erwähnten Verstöße eintretende persönliche Haftung auch neben den Sonderverfahren der Haftungsbeschränkung, gleichviel ob sie auf Antrag der Nachlaßgläubiger oder der Miterben selbst angeordnet werden. Was den Antrag der ersteren anlangt, so ist auf ihn die Tatsache, daß die Erben etwa sämtlich die Beschränkungsmöglichkeit verloren haben, ohne Einfluß; natürlich ist von ihrem Standpunkt aus das jeweilig veranlaßte Sonderverfahren kein Mittel der Haftungsbeschränkung, sondern ein Mittel zu einer ordnungsmäßigen Befriedigung der Nachlaßgläubiger. Was den Antrag der Erben anlangt, so ist er hinsichtlich des Nachlaßkonkursverfahrens kraft besonderer Vorschrift (§ 216 KO.) auch unbeschränkbar haftenden Miterben gestattet (§ 217 KO.). Die Nachlaßverwaltung kann nach § 2013 kein unbeschränkbar haftender Miterbe, ja nicht einmal ein beschränkbar haftender für sich allein beantragen (§ 2062). Soll die Nachlaßverwaltung angeordnet werden, so bedarf es des gemeinschaftlichen Antrages aller beschränkbar haftender Miterben; er ist nach diesseitiger Auffassung ausreichend.

Über den Begriff und die Bedeutung des Inventars, seine Form bezw. Errichtungserfordernisse und die Inventarfrist siehe die §§ 1993—2012. Über die Folgen der Fristversäumnis und der Errichtung eines falschen Inventars siehe § 2013. Im einzelnen ist auf die Darstellung Bd. II zu verweisen. Hier soll nur folgendes hervorgehoben werden: Die Inventarfrist kann nicht einheitlich der Erbengemeinschaft gesetzt werden, da diese keine juristische Person ist; sie ist nur den Erben selbst zu setzen. Ob sie einem oder mehreren Erben bezw. welchen Erben sie zu bestimmen ist, hängt ganz vom Antrage des die Inventarerrichtung betreibenden Nachlaßgläubigers ab. Die Frist kann den Miterben gleichzeitig oder nach einander bestimmt, auch braucht nicht abgewartet zu werden, bis die gerade laufende Frist abgelaufen ist. Ist aber das Inventar erst einmal errichtet, so sind die übrigen Erben von der Pflicht erneuter Inventarerrichtung frei (§ 2063 Abs. 1), vorausgesetzt, daß das Inventar in jeder Beziehung ordnungs- und fristgemäß errichtet wurde, da andernfalls auch sie infolge Fristversäumung die Beschränkungsmöglichkeit verlieren, ohne daß es eines dolus ihrerseits bedürfte. Anders Kreß 144.

Auch der einzelne zur Inventarisierung aufgeforderte Miterbe ist gezwungen, den gesamten beim Eintritt des Erbfalles vorhandenen Nachlaß (Aktiva und Passiva) anzugeben (§ 2001). Hierzu ist er vermöge seiner hinsichtlich des Nachlasses ihm zustehenden Verwaltungsbefugnis (§ 2038) befähigt.

Der Verlust der Beschränkungsmöglichkeit hat auf die Gesamthaftung keinen Einfluß. Auch soweit die von dem Verluste betroffenen Miterben hinsichtlich des Eigenvermögens in Anspruch genommen werden sollen, haften sie grundsätzlich gesamtschuldnerisch. Sofern sie jedoch von der ihnen im § 2059 Abs. 1 S. 2 eingeräumten Befugnis der Beschränkung Gebrauch machen, schwächen sie die Gesamthaftung des Eigenvermögens in eine nur anteilige ab. Es haftet alsdann jeder zwar mit dem gesamten Eigenvermögen, aber insoweit nur für den seiner Erbquote entsprechenden Teil der Verbindlichkeit. Die Inanspruchnahme ihres Anteils am Nachlasse dagegen darf wegen der ganzen Forderung geschehen, insoweit besteht wieder gesamtschuldnerische Haftung.

§ 2006 BGB.

Im Anschluß an ein auf Fristsetzung errichtetes, selbst gänzlich ordnungsmäßiges Inventar kann der Errichter immer noch in einen — allerdings nur beschränkten — Verlust der Beschränkungsmöglichkeit dadurch geraten, daß er der Aufforderung irgendeines Nachlaßgläubigers, das Inventar zu beschwören, nicht nachkommt (§ 2006). Über das Verfahren siehe Bd. II beim Inventar. Der Verlust ist insofern von geringerer Bedeutung, als er nur gegenüber dem den Eid verlangenden Nachlaßgläubiger, diesem gegenüber allerdings bezüglich aller seiner gegen den Nachlaß gerichteten Forderungen eintritt. Doch kann er dadurch, daß der Errichter des Inventars den Eid auch anderen bezw. allen Nachlaßgläubigern gegenüber verweigert, allerdings im wesentlichen dieselbe Wirkung wie ein allgemeiner Verlust haben. — Die Ableistung des Offenbarungseides nach § 2006 kann nur dem Errichter des Inventars zugemutet werden. Ein anderer Miterbe wird zur Ableistung des Eides nur dadurch verpflichtet, daß er das Inventar durch Berufung darauf gemäß § 2004 zu dem seinigen gemacht hat. Anders wieder Kreß 144. Die Verweigerung des Offenbarungseides durch einen der Miterben beeinträchtigt die Beschränkungsmöglichkeit der übrigen nicht. Die Leistung des Eides durch einen der Miterben bewahrt auch die übrigen vor der infolge ihrer Eidesweigerung bestehenden Gefahr, in unbeschränkbare Haftung gegenüber dem ladenden Gläubiger zu geraten. Die Eidesleistung durch einen der Miterben befreit aber alle übrigen von der Pflicht, dasselbe Inventar auch ihrerseits zu beschwören, was aus § 2063 Abs. 1 zu folgern ist.

§ 780 CPO.

Über den zweiten Fall eines relativen Verlustes der Beschränkungsmöglichkeit siehe Seite 126. Hier wird bezüglich der Erbenmehrheit noch bemerkt, daß im Falle gerichtlicher Inanspruchnahme aller Erben in einem Prozeß ein einziger Vorbehalt für alle ausreicht, während die gegen einzelne Erben gerichteten Sonderklagen jeden Verklagten für sich zur Erwirkung des Vorbehalts zwingen. Wegen der Vorschrift des § 2059 Abs. 1 S. 2 und des § 2063 Abs. 2 sind Miterben, selbst wenn sie bereits allgemein unbeschränkbar haften, im Interesse der Wahrung der ihnen ausnahmsweise eingeräumten Vergünstigung zur Erwirkung des Vorbehalts gezwungen und befugt. — Über die Wirkung des relativen Verlustes siehe die Abhandlung über § 780 ZPO. Seite 127 und hier den nun folgenden Abschnitt: Prozessuales, Seite 263.

D. Prozessuales:

a. Gerichtliches Vorgehen gegen Miterben.

Nach Annahme der Erbschaft sind die Nachlaßgläubiger berechtigt, wegen eines gegen den Nachlaß gerichteten Anspruchs gegen die Miterben gerichtlich vorzugehen.

Das Bestehen einer Testamentsvollstreckung ist nicht geeignet, dieses Vorgehen zu vereiteln, ja es kann der Testamentsvollstrecker, der nicht mit der Gesamtverwaltung betraut ist, überhaupt nicht wegen Leistung gerichtlich in Anspruch genommen werden, während allerdings der mit der Gesamtverwaltung betraute Testamentsvollstrecker auch neben den Miterben oder allein gerichtlich belangt werden kann. Die Anordnung der Nachlaßverwaltung bezw. die Eröffnung des Nachlaßkonkurses schließen dagegen ein gerichtliches Vorgehen gegen die Miterben, sofern sie noch beschränkbar haften, aus.

Bezüglich der Zuständigkeit für die gegen Miterben wegen Berichtigung einer Nachlaßverbindlichkeit anzustrengenden Rechtsstreitigkeiten siehe Seite 7.

Das gerichtliche Vorgehen gegen die Miterben hat, da grundsätzlich unbeschränkte Haftung besteht, stets die Bedeutung eines gegen den Nachlaß und das Eigenvermögen jedes Miterben gerichteten Angriffs. Die den Miterben gegebene Möglichkeit der Haftungsbeschränkung bezw. die Tatsache der Ungeteiltheit des Nachlasses hat für das Vorgehen der Nachlaßgläubiger keine Bedeutung, es beschränkt sie in keiner Weise. Die Erben sind ihre Schuldner mit Nachlaß und sonstigem Vermögen, so lange als es nicht zur Anwendung eines der Beschränkungsmittel kommt. Ist letzteres aber der Fall, so ist das Eigenvermögen des Miterben zu schonen, da andernfalls der Gläubiger nunmehr der Klage des Erben, die ihn auf den Nachlaß einschränkt, ausgesetzt ist.

§ 780 ZPO.

Wie der Alleinerbe, so ist auch der Miterbe gezwungen, die Möglichkeit der Beschränkung im Prozesse durch den Vorbehalt nach § 780 ZPO. zu wahren. Näheres hierüber siehe Seite 127. Ein Miterbe kann sich nicht etwa darauf berufen, daß der in einem anderen Prozesse wegen desselben Streitgegenstandes in Anspruch genommene andere Miterbe den Vorbehalt erwirkt habe, vielmehr ist jeder Miterbe bezw. sind alle in besonderen Prozessen in Anspruch genommenen Miterben behufs Ermöglichung der Beschränkung gezwungen, den Vorbehalt zu erwirken. Nur für die in *einem* Prozesse belangten Miterben reicht der einheitlich erwirkte Vorbehalt aus. Hinsichtlich eines Miterben gilt die Besonderheit, daß ihm der Vorbehalt auch dann gegeben werden muß, wenn er die Möglichkeit der Haftungsbeschränkung allgemein verloren hat. Da nämlich im § 2059 Abs. 1 S. 2 auch dem unbeschränkbar haftenden Miterben eine gewisse Beschränkung zugestanden ist, muß er die Möglichkeit haben, sie sich zu wahren. Ferner ist auch auf § 2063 Abs. 2 zu verweisen, wonach im Verhältnisse der Miterben zu einander diesen stets die Befugnis der Beschränkung verliehen ist, die aber vorbehalten werden muß. Der Miterbe, der es unterläßt, den Vorbehalt zu erwirken, haftet, gleichviel ob er sonst noch beschränkbar oder unbeschränkbar haftet, (lediglich) wegen der *ganzen* Urteilsforderung mit seinem *gesamten* Eigenvermögen. Die Berufung auf § 2059 Abs. 1 steht ihm nicht mehr zu. Dies gilt auch für das Verhältnis der Erben zu einander. Der Vorbehalt ist auch dann erforderlich, wenn die Erben ihre Haftung ohne ein Sonderverfahren, also durch die bloße Einrede der Ungeteiltheit des Nachlasses auf den Anteil beschränken wollen. Andererseits hindert der Vorbehalt auch in diesem Falle nicht die Vollstreckung in das sonstige Privatvermögen des Miterben. Vielmehr können die Erben die Freiheit dieses Vermögens wieder nur durch die Zwangsvollstreckungsgegenklage (§ 767 ZPO.) durchsetzen, wobei sie, wie üblich, den Antrag stellen, die Zwangsvollstreckung in die (bestimmt zu bezeichnenden) Gegenstände für unzulässig zu erklären. Zur Begründung der Klage reicht hier der Hinweis auf die Ungeteiltheit des Nachlasses aus. Es ist nicht erforderlich, daß der diese Klage erhebende Miterbe den Gläubiger auf seinen Anteil am Nachlasse „verweise", da dies im Gesetze nicht vorgeschrieben wird; der § 2059 begrenzt dasjenige Vermögen, bezüglich dessen der Miterbe bis zur Teilung die Berichtigung verweigern kann, e r enthält also seinerseits für den Gläubiger einen Hinweis auf dasjenige Vermögen des Miterben, das zur Berichtigung herhalten muß, nämlich auf den Anteil am Nachlasse. Will der Gläubiger also die Widerspruchsklage vermeiden, so wird er gut tun, sich mit der Anteilspfändung zu begnügen. Die Gegenklage eines u n beschränkbar haftenden Miterben kann, da das eigene Vermögen des Verurteilten jedenfalls z u m T e i l haftet, nicht Unzulässigkeit der gesamten in das Privatvermögen vorgenommenen Zwangsvollstreckung fordern, sondern nur insoweit, als nach § 2059 Abs. 1 S. 2 nicht die unbeschränkbare Haftung des Miterben reicht; soweit also der Klageantrag die Zwangsvollstreckung nicht angreift, kann der Gläubiger sie durchführen. Der Nachlaßgläubiger, der die Gegenklage des unbeschränkbar haftenden Miterben vermeiden will, wird also gut tun, seine Vollstreckung in das Privatvermögen des Erben von vornherein nicht weiter auszudehnen, als die persönliche Haftung nach § 2059 Abs. 1 S. 2 reicht. In jedem Falle ist die Vollstreckung in den Anteil auch hier gestattet, sie kann wegen der ganzen Forderung des Gläubigers vorgenommen werden. Ist dies geschehen, so kann in das sonstige Eigenvermögen des betreffenden Miterben, abgesehen von der auf Grund des § 2059 Abs. 1 S. 2 einzuhaltenden Grenze, daneben nur insoweit gepfändet werden, als nicht durch die Anteilspfändung die Forderung gedeckt werden möchte, da sonst eine Überpfändung vorliegen würde. Dem Anteile muß hiernach ein Wert zugrunde gelegt werden. Soll z. B. ein unbeschränkbar haftender Erbe, dessen Erbteil $^1/_3$ beträgt und 300 ℳ wert ist, 1200 ℳ zahlen, so kann der Gläubiger den Anteil wegen der 1200 ℳ pfänden. Da er sich dabei aber nur in Höhe von 300 ℳ befriedigen kann, darf er das übrige Eigenvermögen des Erben wegen $^1/_3$ von 1200 ℳ = 400 ℳ angreifen. Beträgt die Forderung aber z. B. im ganzen nur 400 ℳ, so kann in das Eigenvermögen nur wegen weiterer 100 ℳ vollstreckt werden. Es wird sich, wenn sich der Gläubiger mit der Anteilspfändung nicht begnügen will, empfehlen, in das sonstige Eigenvermögen wegen des nach § 2059 Abs. 1 S. 2 begrenzten Teils, in den Anteil aber wegen des Restes zu vollstrecken. Es ist ersichtlich, daß der Anteil, obwohl er zum Eigenvermögen des Miterben gehört, doch nicht zu demjenigen Eigenvermögen zu rechnen ist, mit welchem ein Miterbe nach § 2059 Abs. 1 S. 2 haftet, denn immerhin ergibt der Anteil dasjenige Vermögen des Miterben, welches „Nachlaß" bezw. dasjenige ist, was vom Nachlaß ihm zukommt.

Der Vorbehalt hat die Bestimmung, das eigene Vermögen der Erben zu schützen. Hinsichtlich der Zwangsvollstreckung in den Nachlaß hat er keine Bedeutung. Es kann aber Fälle geben, wo beim Fehlen des Vorbehalts die Erben die Regulierung aus Mitteln des Nachlasses nicht ordnungsmäßig vornehmen können. Ist nämlich der Nachlaß unzulänglich im Sinne der §§ 1990, 1992, so können die Miterben bezw. kann auch jeder einzelne Miterbe an sich z. B. einen Legatar, der in den Nachlaß vor einem besser Berechtigten vollstreckt, durch Widerspruchsklage zurückdrängen (§ 1991 Abs. 4). Er ist dazu sogar zur Vermeidung des Vorwurfs einer ordnungswidrigen Verwaltung und seiner Verantwortlichkeit (§ 1978) gezwungen. Die Widerspruchsklage setzt aber voraus, daß das Urteil, welches der Legatar erwirkt hat, den Vorbehalt der Haftungsbeschränkung zugunsten der Erben enthält, da letztere andernfalls dem Legatar unbeschränkbar haften. Das gleiche gilt für die Einrede des Ausschlusses nach §§ 1973, 1974 gegenüber der Vollstreckung eines Ausgeschlossenen in den Nachlaß, da dem Ausgeschlossenen nur die Bereicherung haftet. Daß im übrigen unter Umständen bei Anwendung der Unzulänglichkeitseinrede oder der Einrede des Ausschlusses der Erbe den Vorbehalt ersparen kann, wenn er nämlich schon im Hauptprozesse die Unzulänglichkeit oder den Ausschluß einwendet, sowie daß der Vorbehalt überhaupt dem Nachlaßverwalter, Testamentsvollstrecker und Nachlaßpfleger erspart bleibt, weil das Vorgehen gegen sie ohnehin nur gegen den Nachlaß gerichtet ist, wurde oben bereits ausgeführt.

Vorgehen gegen sämtliche Erben.

Der Nachlaßgläubiger kann, da die Erben nach § 2058 für die gemeinschaftlichen Nachlaßverbindlichkeiten als Gesamtschuldner haften, die sämtlichen Erben wegen aller gegen den Nachlaß gerichteten Ansprüche gesamtschuldnerisch gerichtlich in Anspruch nehmen. Er kann dies in e i n e r Klage oder in mehreren Klagen, gleichzeitig oder auch zeitlich getrennt, tun. Auch im letzteren Falle kann stets nur die Verurteilung in Gesamtverbindlichkeit mit den bereits verurteilten Miterben verlangt werden. Siehe hierzu Gruchot 43 Seite 812, Planck § 2059 Anm. 3, Staudinger § 2059 Anm. 1 a, Strohal II 337, Rg. 68, 222. 71, 371. Nur wenn das Urteil bezw. die Urteile (Titel) gegen sämtliche Erben gerichtet sind, ist dem Gläubiger die Zwangsvollstreckung in Nachlaßgegenstände gestattet (§ 747 ZPO., Rg. Bd. 68, 221). In Fällen also, wo hinsichtlich auch nur eines einzigen Miterben aus Gründen, die in seiner Person liegen (z. B. bei Verjährung, § 425 BGB.), ein Urteil nicht ergehen kann, ist dem Gläubiger der Zugriff in Gegenstände des Nachlasses verschlossen. Der Gläubiger ist, auch wenn er gegen sämtliche Erben einen oder mehrere Schuldtitel erwirkt hat, nicht gezwungen, gerade in den Nachlaß zu vollstrecken; er kann sich mit der Pfändung eines Erbteils gegenüber einem einzelnen Erben begnügen, kann natürlich auch alle Erbteile pfänden. Es steht an sich auch einer Pfändung in das sonstige Eigenvermögen jedes Miterben nichts im Wege, obwohl dies kaum je einen Zweck haben wird, da die auf die Ungeteiltheit des Nachlasses gestützte Gegenklage nach § 767 ZPO. kaum je ausbleiben wird. Diese Widerspruchsklage kann da, wo sie nur die Freiheit des Privatvermögens eines Miterben durchsetzen soll, natürlich nur von einzelnen Miterben hinsichtlich der ihm gegenüber vorgenommenen Zwangsvollstreckung erhoben werden; nur wo etwa eine in den Nachlaß vorgenommene Vollstreckung in dem Falle der §§ 1990, 1991 Abs. 4, 1992, 1973, 1974 durch Widerspruchsklage beseitigt werden soll, kann sie von den Erben gemeinschaftlich oder — vermöge § 2038 Abs. 1 — auch vom einzelnen Miterben angestrengt werden. Begründung siehe weiter unten. Soweit der Gläubiger den Schuldtitel nicht gegen alle Miterben erwirken kann, ist er gezwungen, sich mit der Anteilspfändung der verurteilten Erben zu begnügen. Hat der Nachlaßgläubiger gegen sämtliche Erben ein Urteil erwirkt, so kann er in Nachlaßgegenstände selbst dann vollstrecken, wenn einer der Erben oder alle bereits unbeschränkbar haften. Denn der Nachlaß ist stets das dem Gläubiger haftende Objekt. Der Gläubiger kann daneben auch in das Eigenvermögen des (der) unbeschränkbar haftenden Miterben (vernünftigerweise nur im Rahmen der durch § 2059 Abs. 1 S. 2 begrenzten persönlichen Haftung der betreffenden Schuldner) vollstrecken. Natürlich ist eine Überpfändung zu vermeiden und könnte auch der unbeschränkbar haftende Miterbe, wenn die vorher ausgeführte Vollstreckung in den Nachlaß offensichtlich zur Befriedigung des Gläubigers wegen der zur Vollstreckung stehenden Forderung führen muß, sich gegen die in sein Eigenvermögen vorgenommene Vollstreckung zur Wehr setzen (§ 766 ZPO.). Der Vollstreckung in den Anteil des unbeschränkbar haftenden Miterben steht, wie schon erwähnt, neben der Vollstreckung in sein Eigenvermögen nichts im Wege. Dagegen ist eine Pfändung der Anteile der Miterben neben einer Vollstreckung in Nachlaß, sofern er nur erreichbar ist, wegen ebenderselben Forderung des Gläubigers sinnlos.

Die Zwangsvollstreckung in den N a c h l a ß wird natürlich durch die Ungeteiltheit des Nachlasses nicht berührt, im Gegenteil soll der ungeteilte Nachlaß Objekt der Gläubigerbefriedigung sein (§ 2046 S. 1). Der § 2059 Abs. 1 schützt nur das eigene Vermögen der Miterben, und nur für die Zeit, wo der Nachlaß noch ungeteilt ist, obwohl er an sich auch die Zwangsvollstreckung in das Eigenvermögen der Erben nicht hindert. Dagegen wird durch die Anordnung einer Nachlaßverwaltung bezw. die Eröffnung des Nachlaßkonkurses jede Zwangsvollstreckung in das Privatvermögen der Erben gehindert; sie ist nunmehr geradezu unzulässig, es müßte sich denn um einen bereits unbeschränkbar haftenden Miterben handeln, in welchem Falle die Vollstreckung aber auch nur im Rahmen des § 2059 Abs. 1 S. 2 gestattet ist.

Auch wenn der Gläubiger des gegen den Nachlaß gerichteten Anspruchs ein Miterbe selbst ist, kann er die übrigen Miterben als Gesamtschuldner in Anspruch nehmen. Obwohl nun in diesem Falle dem Erfordernis des § 747 ZPO. nicht genügt ist, kann dennoch in den Nachlaß selbst vollstreckt werden. Natürlich kann der Miterbe als Nachlaßgläubiger auch den Anteil eines bezw. aller übrigen Miterben pfänden und sich daraus — sei es im Wege der Überweisung oder des Verkaufs — befriedigen.

Haben nicht alle Miterben die Erbschaft angenommen, so kann, was die Person des Erben selbst anlangt, der Erbe, der noch nicht angenommen hat, gerichtlich wegen des gegen den Nachlaß gerichteten Anspruchs nicht verfolgt werden. Danach ist nur eine Anteilspfändung gegen die übrigen Erben denkbar. Will der Nachlaßgläubiger in die Nachlaßgegenstände direkt vollstrecken, so muß er für die Erbteile derjenigen Erben, die noch nicht angenommen haben, gemäß § 1961 einen Nachlaßpfleger bestellen lassen und auch diesen evtl. in Gemeinschaft mit allen endgültigen Erben verklagen.

In dem Falle, wo n u r der (mit der Gesamtverwaltung betraute) Testamentsvollstrecker (auf Leistung) verurteilt ist, kann von einer Pfändung des Anteils der Erben keine Rede sein, da hierzu ein gegen die Erben selbst gerichteter Schuldtitel erforderlich ist; der Schuldtitel ist nach Maßgabe des § 728 Abs. 2 ZPO. zu beschaffen. Doch hat die Anteilspfändung hier, wo in den Nachlaß selbst vollstreckt werden kann, natürlich keinen Sinn.

Eine in den Nachlaß selbst ohne Vorliegen eines gegen s ä m t l i c h e Erben gerichteten Schuldtitels ausgeführte Zwangsvollstreckung ist unzulässig. Es ist mit § 766 ZPO. dagegen anzukämpfen, auch die auf § 771 ZPO. zu stützende Widerspruchsklage ist gegeben; beide Mittel können auch von denjenigen Miterben angewendet werden, gegen die der Schuldtitel bereits erwirkt ist. Eine auf die regelgemäße Befriedigung aus dem Nachlasse abzielende Widerspruchsklage kann gleichfalls auch vom verurteilten Miterben (evtl. auch sogar von ihm allein) erhoben werden; dies kann z. B. vorkommen, wenn ein Nachlaßgläubiger bei einem im Sinne des § 1990 unzulänglichen Nachlaß sich vor einem besser Berechtigten durch Vollstreckung in den Nachlaß befriedigen will, ferner wenn ein durch Aufgebot oder Zeitablauf ausgeschlossener Nachlaßgläubiger über die Bereicherung hinaus in den Nachlaß vollstreckt oder sich vor besser Berechtigten aus Mitteln des Nachlasses befriedigen will.

Vorgehen gegen einzelne Miterben.

Der Nachlaßgläubiger kann, wenn er will, auch nur einen einzelnen oder einige der Miterben gerichtlich als Gesamtschuldner wegen der ganzen Forderung oder wegen eines Teiles derselben in Anspruch nehmen (Rg. Bd. 68, 221). Das wird er dann tun, wenn er gewillt ist, sich mit der Anteilspfändung zu begnügen, denn, wie gesagt, ihm ist mit einem nicht gegen sämtliche Miterben gerichteten Schuldtitel die Vollstreckung in Gegenstände des Nachlasses verwehrt. Nur ausnahmsweise könnte auch eine solche Vollstreckung möglich sein, wenn nämlich der verurteilte Miterbe Gegenstände des Nachlasses bereits zugeteilt erhalten hatte, weil alsdann das Miteigentum der übrigen Erben insoweit erloschen und unbeschränktes Eigentum des Empfängers hergestellt war. Handelt es sich um einen bereits unbeschränkbar haftenden Miterben, so wird sich der Nachlaßgläubiger, wenn er durch die Vollstreckung in den Anteil und in das sonstige Eigenvermögen im Rahmen des § 2059 Abs. 1 S. 2 des betreffenden Erben seine Befriedigung zu erlangen hofft, natürlich mit der Klage gegen diesen Erben allein begnügen.

Soweit ein Urteil gegen einzelne Miterben bereits ergangen ist bezw. ein Rechtsstreit gegen sie schwebt, können sie in einen neuen gegen die übrigen Miterben gerichteten, dieselbe Forderung betreffenden Rechtsstreit nicht mehr einbezogen werden; der erneut Verklagte würde die Einrede der Rechtshängigkeit geltend machen können (Rg. Bd. 68, 221). Über die Einzelheiten der Anteilspfändung und die für den Gläubiger zur Bewirkung seiner Befriedigung einzuschlagenden Wege siehe Seite 179. Daß die Anteilspfändung dem Nachlaßgläubiger dann verwehrt ist, wenn Nachlaßverwaltung oder Nachlaßkonkurs schweben, ist gleichfalls bereits erwähnt.

Hat der Nachlaßgläubiger eine Forderung nur gegen einen einzelnen Miterben, so kann er natürlich nur diesen Erben belangen und ist ihm jeder andere Zugriff als derjenige in den Anteil bezw. evtl. in das sonstige Eigenvermögen dieses Schuldners versagt. Dieselben Regeln haben Geltung, wenn eine Nachlaßverbindlichkeit nur einige (statt aller) Miterben gemeinschaftlich belastet. Auch das Vorgehen gegen nur einen Miterben involviert einen Angriff gegen das Eigenvermögen dieses Erben und den Nachlaß. Zwar haftet der einzelne Miterbe nur mit seinem Anteile am Nachlasse, da ja eben nur dieser ihm gehört, aber es ist auf dem Umwege über die Anteilspfändung möglich, an den Nachlaß selbst heranzukommen und aus ihm Befriedigung zu erlangen (§ 751 BGB.).

Bezüglich des Vorgehens der durch Ausschlußurteil bezw. Zeitablaufs ausgeschlossenen Nachlaßgläubiger ist zu bemerken: Wer im Aufgebot durch das Ausschlußurteil ausgeschlossen ist, ist minderberechtigt gegenüber den sämtlichen Erben. Da sie aber grundsätzlich auch ihm gesamtschuldnerisch unbeschränkt haften, kann er sie wegen seiner ganzen Forderung sämtlich oder auch einzeln gesamtschuldnerisch unbeschränkt in Anspruch nehmen. Die Erben haben den Ausschluß einzuwenden, um Verurteilung zur Zahlung aus dem Überschusse herbeizuführen. Das können sie entweder sogleich, d. h. im Prozesse des Gläubigers gegen sie tun oder aber sie können — nach diesseitiger Auffassung — sich mit dem Vorbehalt (§ 780 ZPO.) antragsgemäß verurteilen lassen und erst gegen eine Zwangsvollstreckung, die nicht bloß eben den Überschuß ergreift, mit einer ihrerseits erhobenen Gegenklage, der negativen Feststellungsklage mit dem Ziele der Unzulässigkeitserklärung der betr. Zwangsvollstreckung, vorgehen. Nimmt der ausgeschlossene Gläubiger die Erben sämtlich als Gesamtschuldner unbeschränkt in Anspruch, so bietet die Durchführung der Beschränkung auf die Bereicherung keinerlei Schwierigkeit. Sobald die Erben dem Gläubiger den Ausschluß einwenden, hat der Gläubiger seinen Antrag einzuschränken; er darf nur noch beantragen, daß die Erben als Gesamtschuldner verurteilt werden, wegen seiner (ganzen) Forderung Zahlung aus dem Überschusse zu leisten oder die Zwangsvollstreckung in den Überschuß zu dulden. Des Vorbehalts (§ 780 ZPO.) bedürfen die Erben hier nicht, da der Gegenstand, der von der Zwangsvollstreckung ergriffen werden darf, schon durch das Urteil fest begrenzt ist. Des Vorbehalts bedarf es dagegen dann, wenn die Erben sich antragsgemäß zur Zahlung verurteilen lassen, weil sie alsdann der unbeschränkten Zwangsvollstreckung des Gläubigers ausgesetzt sind und die Unzulässigkeit einer sich im Rahmen des Urteils haltenden Zwangsvollstreckung bezw. die Beschränkung nur mit Gegenklage durchsetzen können (§ 785 ZPO.). Die Erben sind, wenn sämtlich in Anspruch genommen, vermöge ihres Rechts einer gemeinschaftlichen Verwaltung des Nachlasses und ihres gemeinschaftlichen Eigentums daran imstande, gemeinschaftlich dem Urteil zu genügen. Wesentlich anders ist die Rechtslage, wenn der ausgeschlossene Gläubiger nur einen einzelnen Miterben gesamtschuldnerisch unbeschränkt in Anspruch nimmt. Natürlich wird der betreffende Miterbe den Ausschluß einwenden; ist er in der Lage nachzuweisen, daß ein Überschuß aus dem Gesamtnachlaß überhaupt nicht vorhanden ist, so hat Abweisung der Klage zu erfolgen, denn es wird für den Erben selbst kein Überschuß verbleiben. Sollte dagegen ein Überschuß vorhanden sein, der Gläubiger also auf Befriedigung in irgend einem Umfange rechnen können, so kann der den Ausschluß einwendende Miterbe zwar die Verurteilung zur Zahlung aus dem Überschuß nicht abwenden, aber er kann den letzteren als im Miteigentum der sämtlichen Erben stehend, nicht leisten. Der Gläubiger, der einen Schuldtitel nicht gegen sämtliche Erben erlangt hat, darf den Anteil der verurteilten Erben in den durch das Urteil gezogenen Grenzen pfänden. Bei der Aufteilung des Nachlasses erhält er dann (siehe Seite 180) von demjenigen, was auf den betr. Erbenschuldner entfallen würde, nur die Bereicherung. Eingehender ist dies Bd. II beim Aufgebote dargelegt; vergl. daselbst die beiden Abschnitte: die Wirkungen des Ausschlußurteils. Der Gläubiger wird nur dann unter Umständen auch beim Vorgehen gegen nur einen Miterben sogleich eine gewisse Befriedigung aus dem Überschuß direkt erlangen können, wenn der betr. Miterbe bereits gelegentlich Sachen zugeteilt erhalten haben sollte, die bei ihm noch als Bereicherung vorhanden sind. Die hier durchgeführten Grundsätze gelten auch hinsichtlich des Ausschlusses durch Zeitablauf (§ 1974). Ist eine

Verbindlichkeit sämtlichen Erben im Sinne des § 1974 unbekannt geblieben, so haben sie sämtlich das Recht, dem sie in Anspruch nehmenden Nachlaßgläubiger den Ausschluß einzuwenden; es gilt dann, wie gesagt, alles oben Angeführte. War die betr. Verbindlichkeit nur einzelnen Erben bekannt geworden, so haben nur sie die Einrede des Zeitablaufs erworben. Der Gläubiger nimmt die sämtlichen Erben als Gesamtschuldner in Anspruch. Wenden die Erben, welche den Ausschluß einwenden können, diesen ein, so ändert der Gläubiger den Antrag insoweit. Er beantragt also zwar wie bisher Verurteilung der Erben als Gesamtschuldner, jedoch hinsichtlich der infolge des Zeitablaufs nur mit der Bereicherung haftenden Erben schränkt er den Antrag dahin ein, daß diese Erben ihm nur aus der Bereicherung leisten. Gemeint ist nur diejenige Bereicherung, welche die betr. Erben haben werden. Das Urteil ist gegen diese Erben nur realisierbar durch Pfändung und Überweisung ihrer Erbteile, die aber nur mit der Beschränkung erfolgen kann, daß die Leistung aus der Bereicherung geschehe. Es fragt sich aber, ob nicht der Gläubiger schon in den ungeteilten Nachlaß vollstrecken kann, da er doch einen Titel auch gegen diejenigen Erben hat, die noch gesamtschuldnerisch unbeschränkt haften. Nach diesseitiger Auffassung ist dies nicht angängig. Der Titel geht nicht in dem Sinne gegen den „Nachlaß", wie wenn die Haftung sämtlicher Erben eine unbeschränkte bezw. auf den Nachlaß (statt auf die Bereicherung) beschränkbare wäre. Der Gläubiger ist ja auch nicht so vollberechtigt, wie ein anderer, dem keiner der Erben die Einrede des Zeitablaufs entgegenhalten kann. Der Gläubiger kann danach auch bezgl. derjenigen Erben, welche die Einrede des Zeitablaufs nicht haben, nur zur Pfändung der Anteile schreiten.

Die aufschiebenden Einreden.

Über die Beschränkung (Hemmung), die das Vorgehen der Nachlaßgläubiger in den ersten drei Monaten oder für die Dauer des Schwebens eines Aufgebotsverfahrens durch den Erben erfahren kann, siehe Seite 132 ff. Die dort erörterten Grundsätze gelten auch für die Miterben. Hier ist noch einiges Besondere zu bemerken:

1. § 2014.

Der § 2014 gestattet dem Erben, die Berichtigung einer Nachlaßverbindlichkeit bis zum Ablaufe der ersten drei Monate nach der Annahme der Erbschaft zu verweigern. Mit Rücksicht darauf, daß beim Vorhandensein mehrerer Erben die Annahme der Erbschaft wohl meist zu verschiedenen Zeiten erfolgt, muß die Frist hier für jeden Miterben gesondert gerechnet werden. Jeder Miterbe, für welchen die drei Monate noch nicht abgelaufen sind, kann danach durch Gegenklage die in den Nachlaß vorgenommene Zwangsvollstreckung hemmen. Daß für andere Miterben die Frist bereits abgelaufen ist oder noch nicht zu laufen angefangen hat, bietet kein Hindernis; die Klage (die Hemmung) kommt hinsichtlich des Nachlasses allen zu statten. Wird hierdurch auch die Frist, in welcher die Nachlaßgläubiger Befriedigung aus dem Nachlasse erhoffen dürfen, bei Miterben unter Umständen sehr verlängert, so besteht für die Gläubiger doch keine Gefahr, da sie jedenfalls vollstrecken und sich eine Sicherung verschaffen können.

Der durch die §§ 2014 BGB. und 782 ZPO. auch für das Privatvermögen des Erben gewährleistete Schutz gegenüber Nachlaßgläubigern wird für Miterben im Stadium vor der Teilung des Nachlasses kaum je anzurufen sein, weil der § 2059 das Eigenvermögen in weiterem Umfange und in einfacherer Weise schützt; es genügt hier einfach der (evtl. durch Gegenklage zu erhebende) Hinweis auf die Ungeteiltheit des Nachlasses, um die Zwangsvollstreckung als unzulässig sogar zur Aufhebung zu bringen. Der § 2014 verschafft nur einen Aufschub! Wenn freilich der Nachlaß bereits innerhalb der drei Monate aufgeteilt sein sollte, so würde nach der Teilung mit § 2059 nicht anzukämpfen, vielmehr lediglich auf der Grundlage der §§ 2014 BGB., 782 ZPO. vorzugehen sein. — Der in den genannten Paragraphen gegebene Schutz des Privatvermögens der Miterben besteht auch gegenüber dem Vorgehen der Nachlaßgläubiger in den Anteil. Es kann der Pfändung des Anteils (Erwerb eines Pfandrechts am Anteil) seitens des Miterben nicht widersprochen werden, wohl aber ist die Gegenklage zulässig gegenüber jedem Verwertungsversuche hinsichtlich des Anteils, also z. B. der Überweisung, denn darin würde ein Eingriff in den Nachlaß selbst liegen, da die Erben zur Auseinandersetzung gezwungen werden könnten. Diese aber würde eine Zersplitterung des Nachlasses zu einer Zeit bedingen, für welche der § 2014 eine ordnungsmäßige Befriedigung der Gläubiger aus dem (in jedem Falle) ungeteilten Nachlaß zu schützen bezweckt (conf. auch § 2046 S. 1).

Der Privatgläubiger eines Miterben ist schon nach allgemeinen Grundsätzen (conf. Seite 191) gehindert, in den ungeteilten Nachlaß selbst zu vollstrecken, abgesehen davon, daß er wohl selten einen gegen sämtliche Miterben gerichteten Schuldtitel besitzen wird (§ 747 ZPO.). Noch besonders bestimmt der § 783 ZPO. auch bezüglich seiner, daß er an der Durchführung einer Zwangsvollstreckung durch Widerspruchsklage gehindert werden kann. Bedeutung wird dies nur für die Pfändung in den Anteil haben, die ihm allerdings in jedem Falle gestattet ist. Daß aber auch hier lediglich die Pfändung und nicht auch die Durchführung der Vollstreckung bis zur Befriedigung des Gläubigers gestattet werden muß, beruht auch wieder darauf, daß der Nachlaß im weiteren Verfolge der Pfändung nicht vorzeitig zersplittert werden soll.

Der im § 2014 statuierte Schutz versagt mit der Errichtung des Inventars. Es ist nicht erfordert, daß das Inventar von allen Miterben oder gerade von dem in Anspruch genommenen errichtet sei, es genügt die Inventarerrichtung durch irgend einen der Miterben. Über die Gründe siehe Seite 132. Der Schutz versagt auch, wenn die sämtlichen Erben die Möglichkeit der Haftungsbeschränkung verloren haben (§ 2016). Diese Erben können also die Zwangsvollstreckung in den Nachlaß nicht hemmen; gegenüber der in das Eigenvermögen können sie sich nicht auf Grund der §§ 2014 BGB., 782 ZPO., sondern nur auf Grund des § 2059 Abs. 1 S. 2, wie üblich, schützen. Haben nur einige oder hat nur einer der Miterben die Möglichkeit der Haftungsbeschränkung allgemein verloren, so können die davon betroffenen sich gegen eine Vollstreckung in den Anteil oder in ihr Eigenvermögen, sofern letztere im Rahmen des § 2059 Abs. 1 S. 2 bleibt, nicht auf Grund des § 2014 wehren, ebensowenig aber können sie, als unbeschränkbar haftende, die Vollstreckung in den Nachlaß hemmen. Der dem letzteren durch die Anteilspfändung drohenden Zersplitterung kann nur jeder der übrigen noch beschränkbar haftenden Miterben mit der Widerspruchsklage gegen die Überweisung auf Grund des § 2014 entgegentreten. Kreß 83 spricht davon, daß der einzelne unbeschränkbar haftende Miterbe die Anteilspfändung insoweit nicht hemmen kann, als er nach § 2059 Abs. 1 S. 2 mit eigenem Vermögen hafte. Diese Ansicht beruht auf der — diesseits nicht akzeptierten — Annahme, daß der Anteil zu dem nach § 2059 Abs. 1 S. 2 nur zum Teil pfändbaren Eigenvermögen eines unbeschränkbar haftenden Miterben gehöre.

Es ist oben (Seite 133) dargelegt, daß beim Vorhandensein eines Nachlaßpflegers die Frist des § 2014 bereits von der Bestellung ab läuft. Dies trifft auch beim Vorhandensein mehrerer Erben zu, jedoch stets nur für die von ihm vertretenen Erbteile bezw. Miterben. Für jeden anderen Miterben läuft die Frist nach allgemeinen Grundsätzen gesondert von seiner Annahme der Erbschaft an. Dies kommt hinsichtlich des Nachlasses auch dem vom Pfleger vertretenen bezw. vertreten gewesenen Miterben zugute.

2. § 2015.

Über die Wirkung des Schwebens eines Aufgebotsverfahrens in Ansehung der Hemmung gegenüber einer Zwangsvollstreckung in den Nachlaß siehe Bd. II. Bezüglich der Erbenmehrheit gilt das eben hinsichtlich der §§ 2014 BGB., 782, 783 ZPO. Dargelegte mit der Modifikation, daß die Schutzfrist der Dauer des Aufgebotsverfahrens entspricht, und daß der Schutz überhaupt nur dann gewährt ist, wenn das Aufgebot innerhalb eines Jahres seit der Annahme der Erbschaft durch den Antragsteller beantragt ist. Es ist weiter auf § 997 ZPO. zu verweisen, wonach der von einem Miterben gestellte Aufgebotsantrag auch den anderen Erben zustatten kommt, weshalb sich sämtliche beschränkbar haftenden Erben gegen jegliche Zwangsverwertung auf Grund des § 2015 schützen können, wenn auch nur ein Miterbe das Aufgebot beantragt hat. Endlich ist als eine Besonderheit hervorzuheben, daß schon von der Stellung des Aufgebotsantrages an, ohne Rücksicht auf seine Zulassung, kein Miterbe die (sonst grundsätzlich jederzeit zulässige) Auseinandersetzung hinsichtlich des Nachlasses zu dulden braucht (§ 2045). Die Folge davon ist, daß der Gläubiger, der eine Anteilspfändung vorgenommen hat, für die Dauer des Aufgebotsverfahrens keine Befriedigung erlangen wird, denn diese erfolgt im wesentlichen ja erst bei der Auseinandersetzung. Selbstverständlich aber können die Erben gegen die Zersplitterung des Nachlasses (Überweisung des Anteils) während des Aufgebotsverfahrens auch durch Gegenklage (§§ 2015, 785 ZPO.) Front machen. Die Inventarerrichtung benimmt — im Gegensatze zu § 2014 — den Miterben nicht den für die Dauer des Aufgebotsverfahrens gegebenen Schutz gegen die Zwangsverwertung des Nachlasses bezw. Anteils bezw. sonstigen Privatvermögens, wohl aber verlieren sie ihn, wenn sie sämtlich die Beschränkungsmöglichkeit verlieren (§ 2016).

Das weitere Vorgehen.

Ist die Dreimonatsfrist des § 2014 bezw. die etwa gleichzeitig laufende oder hinterher in Lauf gesetzte Frist des § 2015 abgelaufen, so fehlt es nunmehr an einem Grunde, die Nachlaßgläubiger noch weiter aufzuhalten bezw. den Miterben noch weiter Schutz zu gewähren. Die Verhältnisse müssen sich in der Zwischenzeit durch das Resultat des Aufgebots, das die Gläubiger zur Anmeldung ihrer Forderungen veranlaßt hat und durch Feststellung der Aktiva so geklärt haben, daß die Erben die Wege für ihr weiteres Vorgehen kennen: Ist der Nachlaß zulänglich bezw. besteht keine Ursache, daran zu zweifeln, so werden sie die Nachlaßgläubiger evtl. durch Versilberung der Nachlaßwerte oder aus eigenem Vermögen freiwillig befriedigen oder aber sie werden, wenn sie der Mühe und den Gefahren der Verwaltung des Nachlasses entgehen wollen, Nachlaßverwaltung beantragen. Soweit Zwangsvollstreckungen der Gläubiger bestehen, können die Erben einen Schutz durch Gegenklage nur in einem Ausnahmefalle (§ 782 S. 2 ZPO.) noch fürder geltend machen, im wesentlichen also die Zwangsverwertung der Pfandstücke bezw. die Überweisung oder den Verkauf des Anteils nicht mehr bezw. nicht anders aufhalten als durch freiwillige Befriedigung der Nachlaßgläubiger. Daß die Gläubiger ihrerseits zum Antrage auf Anordnung der Nachlaßverwaltung schreiten, ist nicht unzulässig, doch hat es die im § 1981 Abs. 2 normierte Voraussetzung. Bei erkannter Überschuldung des Nachlasses werden die Erben weder eine freiwillige Befriedigung der Nachlaßgläubiger vornehmen, noch werden sie die Durchführung der bereits bestehenden Maßregeln der Zwangsvollstreckung zulassen; sie werden sich beeilen, den Nachlaßkonkurs zu beantragen und auf § 1980 achten, der ihnen andernfalls eine Verantwortlichkeit für die durch die Verzögerung etwa eintretenden Schäden aufbürdet. Auch die Gläubiger (§ 217 KO.) haben bei Überschuldung das Konkursantragsrecht.

Soweit es sich um Rechtsstreitigkeiten bezw. die Passivlegitimation dazu handelt, wird durch den Ablauf der Fristen der §§ 2014, 2015 an den allgemeinen Grundsätzen nichts geändert. Die Erben werden nach wie vor als unbeschränkt haftende Gesamtschuldner in Anspruch genommen, auch wenn etwa Testamentsvollstreckung besteht (§ 2213), und haben im § 2059 eine Stütze für die Freiheit ihres Eigenvermögens. Mit der Anordnung eines formellen Beschränkungsverfahrens (nicht also auch bei vorhandener Unzulänglichkeit im Sinne des § 1990) geht ihnen die Passivlegitimation für die Dauer desselben allerdings verloren; sie bleibt nur insoweit bestehen, als bereits unbeschränkbare Haftung eingetreten ist. Nach Beendigung der Nachlaßverwaltung bezw. des Nachlaßkonkurses erwerben die Erben wieder die Passivlegitimation für die gegen den Nachlaß gerichteten Ansprüche. Gegenüber den durch Aufgebot bezw. Zeitablauf ausgeschlossenen Nachlaßgläubigern bleiben die Erben passiv legitimiert, so lange kein formelles Sonderverfahren der Haftungsbeschränkung schwebt. Siehe hierzu und über das von Erben auf Grund Urteils zu Leistende Bd. II.

Daß der Nachlaß, soweit für die Gläubigerbefriedigung erforderlich, in Geld umzusetzen ist, bestimmt der § 2046 Abs. 3, der allerdings nur für das Innenverhältnis eine Norm gibt, ausdrücklich.

Über die Auskunftspflicht der Miterben hinsichtlich des Nachlaßbestandes gilt dasselbe, was hierüber bezgl. des Alleinerben ausgeführt ist (Seite 138).

Unterbrechung von Rechtsstreitigkeiten.

Über die Fortführung eines beim Tode des Erblassers gegen diesen anhängigen Rechtsstreits ist folgendes zu bemerken:

Infolge des Todes des Erblassers tritt, abgesehen vom Falle des § 246 ZPO. (worüber weiter unten mehr), eine Unterbrechung ein. Die Miterben (Rechtsnachfolger) beseitigen die letztere dadurch, daß sie den Rechtsstreit aufnehmen (§ 239 Abs. 1 ZPO.). Es geschieht durch Zustellung eines Schriftsatzes gemäß § 250 ZPO. (Hierzu siehe Seite 31.) Sie können sich auf die Aufnahmeerklärung beschränken und alles weitere dem Gläubiger überlassen, sie können aber auch zugleich oder später zur Verhandlung über die Hauptsache laden bezw. — in Amtsgerichtssachen — Ansetzung eines Termins zur Verhandlung der Hauptsache beantragen. Wenn in dem darauf anberaumten Termine lediglich der Gläubiger nicht erscheint, so ist auf Antrag der Erben die Rechtsnachfolge als zugestanden anzusehen und Versäumnisurteil in der Sache selbst zu erlassen. — Erscheint auch der Gläubiger, so wird er die Rechtsnachfolge entweder anerkennen bezw. sie nicht bestreiten oder aber er wird sie bestreiten. Im ersteren Falle wird zur Hauptsache verhandelt, im letzteren über die Rechtsnachfolge. Die Erben müssen sie beweisen. Erachtet das Gericht den Beweis als geführt, so kann es dies entweder in einem Zwischenurteil (§ 303 ZPO.), das nur mit dem Urteil in der Hauptsache anfechtbar ist, oder aber es muß dies in dem Endurteil begründen; in jedem Falle wird nach der getroffenen Feststellung zur Hauptsache verhandelt. Ist dagegen nach Ansicht des Gerichts der Beweis nicht geführt, so spricht es den Erben die Befugnis, den Rechtsstreit fortzuführen, ab; das Urteil ist Endurteil und selbständig anfechtbar. — Bleiben im Termine die Erben selbst aus, so kann der Gläubiger Versäumnisurteil in der Sache selbst verlangen. Hiermit gesteht er die Rechtsnachfolge zu; will er letzteres nicht, so muß er Versäumnisurteil dahin beantragen, daß die Erben mit ihrem Anspruch auf Fortsetzung des Rechtsstreits abgewiesen werden (vergl. Seuffert zu § 239 Anm. 1 i ZPO.). — Der Rechtsstreit kann auch dann nicht gegen die Erben ohne deren Aufnahme fortgesetzt werden, wenn sie die letztere verzögern. Nur muß der Gläubiger sie in diesem Falle zur Aufnahme und zugleich zur Verhandlung der Hauptsache laden (§ 239 Abs. 2 ZPO.). Der betreffende Schriftsatz kann nur den Erben selbst bezw. ihrem gesetzlichen Vertreter, nicht also dem Prozeßbevollmächtigten, zugestellt werden (l. c. Abs. 3). Beim Nichterscheinen der Erben im Termine ist auf Antrag des Gläubigers die von ihm behauptete Rechtsnachfolge als zugestanden anzusehen und in der Hauptsache Versäumnisurteil zu erlassen (l. c. Abs. 4). Erscheinen die Erben im Termine, so werden sie entweder ihre Rechtsnachfolge nebst Aufnahmeverpflichtung anerkennen bezw. nicht bestreiten, oder sie werden sie bestreiten. Im ersteren Falle wird zur Hauptsache verhandelt, im letzteren Falle über die Rechtsnachfolge bezw. Aufnahmeverpflichtung. Der Gläubiger ist im letzteren Falle Beweisführer. Erachtet das Gericht den Beweis für geführt, so kann es dies entweder in einem — nicht selbständig anfechtbaren — Zwischenurteil oder erst in dem zur Hauptsache ergehenden Endurteil begründen; in jedem Falle wird zur Hauptsache verhandelt. Wenn das Gericht den Beweis aber nicht für geführt erachtet, so hat die Abweisung des vom Gläubiger auf Aufnahme gestellten Antrages durch selbständig anfechtbares Endurteil zu erfolgen. Bleibt im Termin der die Aufnahme betreibende Gläubiger selbst aus, so können die Erben entweder Versäumnisurteil zur Hauptsache beantragen, dies jedoch nicht ohne vorherige Abgabe der Aufnahmeerklärung, oder aber Versäumnisurteil gegenüber dem Antrage des Gläubigers auf Aufnahme beantragen, worin ein Bestreiten ihrer Aufnahmepflicht liegt (vergl. Seuffert zu § 239 Anm. 2—4 ZPO.). — Über die Aufnahme beim Vorhandensein eines Testamentsvollstreckers, Nachlaßverwalters bezw. Nachlaßkonkursverwalters siehe weiter unten.

Der Abs. 5 des § 239 ZPO. sowie die §§ 1958, 1961 BGB. kommen bezügl. desjenigen Miterben, der die Erbschaft angenommen hat, nicht in Betracht.

Die Aufnahme des unterbrochenen Rechtsstreits kann durch alle Erben gemeinschaftlich bezw. auch durch einige oder nur einen von ihnen erklärt bezw. kann die vom Gläubiger ausgehende Ladung zur Aufnahme usw. gegenüber allen Erben oder auch nur einigen oder einem von ihnen erfolgen. Der Antrag ist entsprechend gegen die sämtlichen bezw. die mehreren Miterben als Gesamtschuldner zu richten.

Will der Gläubiger aus einem bereits gegen den Erblasser erwirkten Urteile nach der Annahme der Erbschaft vollstrecken, so ist zu unterscheiden, ob das Urteil bereits z. Z. des Erbfalls rechtskräftig war oder nicht. Im ersteren Falle muß die Vollstreckungsklausel gegen die Erben erwirkt bezw. umgeschrieben werden (§§ 727, 731 ZPO.; siehe auch § 750 Abs. 2 ZPO.). Die Umschreibung kann nach Wahl des Gläubigers gegen sämtliche oder auch nur gegen einige oder einen der Miterben erfolgen; je danach ist die Zwangsvollstreckung in die Nachlaßgegenstände selbst oder nur in Anteile statthaft. In der Vollstreckungsklausel muß, wenn sie gegen mehrere Erben gerichtet wird, das Gesamtschuldverhältnis ausgedrückt werden. — War das Urteil z. Z. des Erbfalls noch nicht rechtskräftig, so wird der Rechtsstreit durch den Erbfall unterbrochen. Das Urteil kann, sofern es noch nicht zugestellt war, nicht vor Aufnahme zugestellt werden. Desgl. bedarf es zur Einlegung des Einspruchs bezw. eines Rechtsmittels der Aufnahme. Weiter bedarf es auch zur Vollstreckung, sofern mit ihr nicht bereits dem Erblasser gegenüber begonnen war (siehe hierzu oben Seite 34), der Aufnahme. Endlich kann das Urteil nicht ohne Aufnahme Rechtskraft erlangen. Auch in diesen Stadien kann die Aufnahme nur durch die Erben selbst erfolgen und ist zu unterscheiden, ob sie es freiwillig tun oder ob sie wegen Verzögerung vom Gläubiger dazu geladen werden. Die Aufnahme seitens der Erben geschieht durch einen bei dem Instanzgericht einzureichenden Schriftsatz, der — im Amtsgerichtsprozeß — von Amtswegen an den Gläubiger zugestellt wird. Will der Gläubiger die Rechtsnachfolge bestreiten, so muß er bei dem Gericht die Anberaumung eines Termins zur Verhandlung über die Erbeneigenschaft beantragen und die Erben laden bezw. — in Amtsgerichtssachen — die Ladung durch das Gericht veranlassen. Die Erben sind beweispflichtig. Das ergehende Urteil ist Zusatzurteil zu dem bereits bestehenden Urteile, und als solches nur mit dem letzteren anfechtbar, wenn es die Erbeneigenschaft feststellt und dadurch anzeigt, daß das Endurteil in der Richtung gegen die Erben wirksam ist (Seuffert zu § 239 Anm. 1 k). Wenn es die Erbeneigenschaft verneint, ist es Endurteil und selbständig anfechtbar. Diese Grundsätze gelten sowohl dann, wenn das Urteil dem Erblasser noch nicht zugestellt war, wie auch für die Zeit nach Zustellung an den Erblasser. Bestreitet der Gläubiger die Erbeneigenschaft der Aufnehmenden nicht, so bedarf es natürlich keiner Verhandlung darüber. Die Ladung zur Aufnahme seitens des Gläubigers geschieht in der üblichen Weise. Da hier ein Urteil bereits vorliegt und zur Hauptsache nicht verhandelt wird, kann nur zur Aufnahme vor das Instanzgericht geladen werden. Wollen die Geladenen die Erbeneigenschaft nicht bestreiten, so können sie sich trotzdem nicht passiv verhalten, vielmehr müssen sie erscheinen und die Aufnahme erklären, da andernfalls der Gläubiger ein Versäumnisurteil des Inhalts erwirken kann, daß die Aufnahme bewirkt sei. Wollen sie die Erbeneigenschaft bestreiten, so müssen sie erscheinen. Der Gläubiger ist beweispflichtig. Es wird in derselben Weise verfahren bezw. entschieden, wie dies oben für den Fall freiwilliger Aufnahme durch die Erben dargelegt ist. Auch diese Grundsätze gelten in gleicher Weise für den Fall, daß das Urteil dem Erblasser bereits zugestellt war wie für den Fall, daß es noch nicht geschehen war.

War mit der Zwangsvollstreckung gegen den Erblasser bereits begonnen — siehe hierzu Seite 34 —, so kann sie ohne Umstellung der Klausel und ohne erneute Zustellung des Urteils in den Nachlaß fortgesetzt werden (§ 779 ZPO.). Die Zwangsvollstreckung in Privatvermögen einschließlich des Anteils der Miterben ist, so lange die Klausel nicht gegen sie selbst umgeschrieben ist, unzulässig. Die Umschreibung kann aber ohne Aufnahme des etwa noch nicht rechtskräftig beendeten Rechtsstreits nicht erfolgen. Die Erben können in dem Verfahren betreffend die Aufnahme nicht erreichen, daß der Vorbehalt der Haftungsbeschränkung (§ 780 ZPO.) im Urteil bezw. als Nachtrag aufgenommen werde. Um der hieraus für ihr Eigenvermögen sich ergebenden Gefahr unbeschränkter Inanspruchnahme zu entgehen bezw. um der im § 2059 normierten Möglichkeit der Beschränkung auf den Anteil teilhaftig zu werden, ist derjenige Miterbe, gegen den die Klausel direkt gerichtet wird, gezwungen, gestützt auf § 767 ZPO. die Gegenklage (negative Feststellungsklage) gegenüber jeder über den Rahmen des § 2059 hinausgehenden Vollstreckung zu erheben. Er muß hierzu, da andernfalls er in üblerer Lage wäre, wie ein Miterbe, gegen den der Rechtsstreit durchgeführt wird, als berechtigt erachtet werden. Von der Zulässigkeit dieser Klage kann aber in allen denjenigen Fällen keine Rede sein, wo die Erben den Vorbehalt durch evtl. nur zu diesem Zwecke erforderliche Einlegung eines Rechtsmittels noch für das gegen sie erstrebte Urteil erwirken können (siehe Seite 139).

Wegen des Falles, wo der Erblasser im Rechtsstreite durch einen Prozeßbevollmächtigten vertreten war (§ 246 ZPO.), vergl. oben Seite 34.

Wegen des Falles, wo eine allgemeine Nachlaßpflegschaft geschwebt hatte, die durch bezw. nach Annahme der Erbschaft seitens aller Erben zur Aufhebung gelangt, vergl. Seite 32, 139. Die Aufhebung der Nachlaßpflegschaft nach § 1960 wird meist schon dann erfolgen können, wenn auch nur einer der Erben die Erbschaft annimmt, weil zu erwarten ist, daß nunmehr Sicherheit für die Erhaltung der Erbschaft besteht. Im Einzelfalle kann die Pflegschaft auch für diejenigen Erben, welche die Erbschaft noch nicht angenommen haben, aufrecht erhalten bleiben. Schwebt wegen eines gegen den Nachlaß gerichteten Anspruchs ein Rechtsstreit gegen den Pfleger z. Z. der Aufhebung der Pflegschaft, so wird der Rechtsstreit nicht unterbrochen. Alle diejenigen Miterben, welche die Erbschaft angenommen haben, treten ipso iure an die Stelle des ausscheidenden Vertreters; sie werden prozeßfähig. Der Rechtsstreit wird gegen den bezw. die Miterben fortgeführt; gegen sie richtet der Gläubiger nunmehr seinen Antrag. Will er den Prozeß gegen den Nachlaß gerichtet fortführen, so ist er gezwungen, ihn gegen alle Erben, die angenommen haben und zugleich gegen den Pfleger als den Vertreter der übrigen Erben fortzuführen. Doch ist ihm nicht benommen, den Rechtsstreit auch nur gegen diejenigen Erben, welche angenommen haben, fortzusetzen, was er tun wird, wenn er sich mit der Pfändung der Anteile der betreffenden Erben begnügen will.

Über die Vollstreckung aus einem gegen den Nachlaßpfleger ergangenen Urteil gegenüber dem Nachlaß und die Erben vergl. Seite 139.

Der § 2039.

Im Zusammenhange mit der Darlegung der bezgl. des Vorgehens gegen die Erben als Schuldner bestehenden Grundsätze sollen hier auch die für die Beitreibung von Nachlaß **aktiven** seitens der Miterben bestehenden Regeln erörtert werden. Über die Verjährung der Forderungen des Nachlasses siehe Staudinger zu § 2039 Anm. 4, Kreß 74 Anm. 9, Planck zu § 2039 Anm. 3. Dem Grundsatze des § 2040 Abs. 1 entspricht es, daß ein „zum Nachlaß gehöriger Anspruch“ — auch er ist im Sinne dieser Bestimmung ein Nachlaßgegenstand! — nur von allen Erben gemeinschaftlich geltend gemacht werden kann. Dieser Grundsatz ist jedoch für das Geltendmachen des erwähnten Anspruchs nicht festgehalten, weil andernfalls unter Umständen ein solcher Anspruch für den Nachlaß überhaupt nicht oder nur unter großen Schwierigkeiten realisierbar sein würde. Dies würde jedesmal dann der Fall sein, wenn auch nur einer der Erben aus irgendwelchen unberechtigten Gründen sich von der Geltendmachung ausschließen würde. Die Möglichkeit, seine Mitwirkung auf Grund des § 2038 durch Klage zu erzwingen, konnte wegen der Langwierigkeit eines Prozeßverfahrens nicht als ausreichend erachtet werden. Es ist im § 2039 ausgesprochen, daß auch der einzelne Miterbe den Anspruch geltend machen kann, dies allerdings mit der Einschränkung, daß er nur die Leistung an **alle** Erben fordern kann. Im § 2039 ist dem einzelnen Miterben hinsichtlich der zum Nachlasse gehörigen Ansprüche zur Verhütung der Schutzlosigkeit der übrigen Erben nicht bloß ein individuelles **Klage**recht gegeben, sondern überhaupt die Befugnis zur Geltendmachung eines gemeinschaftlichen Anspruchs für den Nachlaß; das Klagerecht ist lediglich Ausfluß dieser Befugnis. Daher darf der einzelne Miterbe auch schon außergerichtlich einen Anspruch für den Nachlaß, also durch Mahnung mit der vollen Verzugswirkung zulasten des Nachlaßschuldners geltend machen. (And. Ans. Kreß 58 mit Rücksicht auf Prot. V 863.) Andernfalls wären die übrigen Miterben bei ungerechtfertigter Weigerung eines Miterben hinsichtlich der Teilnahme an einer Mahnung ebenso schutzlos, wie sie es bei unbegründeter Weigerung hinsichtlich der Teilnahme an einer Klage wären. Der einzelne Miterbe wäre in Fällen, wo die Verzugsfolge erst durch die Mahnung begründet wird (§ 284 BGB.), für sich allein nicht imstande, den Schuldner in Verzug zu setzen; sein Klagerecht wäre insofern illusorisch, als ihm bei sofortigem Anerkenntnis des Schuldners auch im Innenverhältnis der Erben die Kosten des Rechtsstreits zur Last fallen würden, insofern er geklagt habe, ohne den Verzug des Gegners begründet zu haben.

Der § 2039 gibt dem einzelnen Miterben nicht die Stellung eines Vertreters der sämtlichen übrigen Erben, er begründet vielmehr sein Sonderrecht hinsichtlich der Geltendmachung eines zum Nachlaß gehörigen Anspruchs. Er gibt ihm lediglich eine Legitimation, ohne ihn im übrigen zu einer Verfügung über die geltend gemachte Forderung selbst zu ermächtigen. Die Legitimation erstreckt sich auf die vollständige Durchführung des Anspruchs, also auch auf die Zwangsvollstreckung. Unter allen Umständen muß sich aus dem Vorgehen des Miterben ergeben, daß die Leistung an alle Erben gefordert wird. Daher muß er im Prozesse den Antrag stellen, daß der Beklagte zur Leistung an die Erben verurteilt werde. Hier hat, da die Leistung **an** die Erben erfolgen soll, der klagende Erbe die Namen und Adressen aller übrigen Erben zu bezeichnen (§ 750 Abs. 1 ZPO.). War das Urteil bereits für den Erblasser ergangen, so müssen diese Namen und Adressen in die auf Antrag aller oder auch nur eines einzelnen Miterben umzustellende Vollstreckungsklausel hineingesetzt werden. Dies hat auch dann zu geschehen, wenn einzelne

Miterben die Erbschaft noch nicht angenommen haben sollten, da sie jedenfalls zur Empfangnahme geschuldeter Leistung berechtigt sind. Das um Vornahme von Vollstreckungshandlungen von dem klagenden Miterben ersuchte Organ (das Vollstreckungsgericht, der Gerichtsvollzieher) wird, obwohl der Auftrag bezw. Antrag nur von dem einzelnen Miterben ausgeht, danach für sämtliche Miterben tätig; das durch die Zwangsvollstreckung Beigetriebene wird gemeinschaftliches Eigentum sämtlicher Miterben; das durch die Pfändung begründete Pfandrecht steht den Erben gemeinschaftlich zu. Bei Fruchtlosigkeit der Vollstreckung ist der beitreibende Miterbe zum Erfordern der Ableistung des Offenbarungseides legitimiert. Ist der vom Erblasser wegen Beitreibung einer Forderung anhängig gemachte Rechtsstreit durch seinen Tod unterbrochen, so können ihn nicht nur die Erben gemeinschaftlich, sondern es kann ihn im Rahmen des § 2039 auch der einzelne Miterbe, dieser aber nur für alle Miterben, aufnehmen. Verzögern die Erben die Aufnahme, so können sie nur gemeinschaftlich zur Aufnahme geladen werden, da der einzelne Miterbe lediglich ein Recht, aber keine Pflicht hat, den Anspruch für die sämtlichen Erben geltend zu machen. Siehe auch Seuffert zu § 239 Anm. 1 h a. E. ZPO. Die Umstellung der Vollstreckungsklausel eines zugunsten des Erblassers ergangenen Urteils kann in derselben Weise auch vom einzelnen Miterben beantragt werden. Übrigens kann ein einzelner Miterbe auch die seitens der Miterben gemeinschaftlich oder seitens eines andern Miterben allein erwirkten Urteile für alle Erben zur Vollstreckung bringen, ohne daß von einer Umstellung der Klausel die Rede sein kann, weil nämlich die Legitimation jedes Miterben bereits aus dem Urteile erhellt.

Nach § 2039 kann der einzelne Miterbe statt der Leistung an alle Erben die Hinterlegung der zu leistenden Sache für alle Erben fordern. Dies wird er dann tun, wenn nicht alle Erben die Leistung in Empfang nehmen können oder wenn er nicht imstande ist, alle Erben mit Namen zu bezeichnen, z. B. weil ein Erbe infolge Zweifel über die Gültigkeit des Testaments noch unbekannt ist. Wenn die Sache sich zur Hinterlegung nicht eignet, kann er Ablieferung an einen gerichtlich zu bestellenden Verwahrer (§ 165 FGG.) fordern. Auch hier ist die außergerichtliche wie die gerichtliche Geltendmachung gemeint. Hat z. B. einer der Miterben die Hinterlegung gefordert, so ist der Schuldner zur Leistung nicht mehr berechtigt. Es kann auch keiner der Erben noch Leistung fordern, wohl aber kann auch jeder andere selbständig auf Hinterlegung bezw. Ablieferung für alle Erben klagen. Hierbei bedarf es der namentlichen Bezeichnung der einzelnen bezw. sämtlichen Erben nicht; es genügt Hinterlegung „für die Erben des X".

Die Möglichkeit, daß jeder Miterbe einzeln gegen einen Nachlaßschuldner klagen kann, birgt für den letzteren die Gefahr, daß im Falle des Mißerfolges eines Miterben jeder andere in der Hoffnung auf besseren Erfolg von neuem zur Klage schreiten möchte. Dem kann der Bedrohte dadurch begegnen, daß er gegen alle übrigen Erben auf Feststellung des Nichtbestehens der Schuld Klage erhebt (Prot. V 864).

Der § 2039 betrifft Ansprüche auf Leistung (§ 241 BGB.). Daß er auch dingliche Ansprüche und Feststellungsklagen betrifft, scheint nach Prot. V 863 nicht beabsichtigt gewesen zu sein und entspricht auch nicht seinem Wortlaut. Planck zu § 2039 Anm. 1 scheint einen Unterschied nicht machen zu wollen. Der Paragraph ist nicht anwendbar, wo es sich nicht um zum Nachlaß gehörige „Ansprüche" handelt, so für die Ausübung des gesetzlichen oder vertragsmäßigen Rücktrittsrechts, des Wiederkaufsrechts, des Vorkaufsrechts (Planck Anm. 5). — Die negativen Feststellungsklagen, welche sich aus den §§ 2014, 2015 BGB., 782, 785 ZPO. ergeben, können von jedem einzelnen Miterben erhoben werden. Dies ist aus § 2038 Abs. 1 S. 2 zu folgern. Zwar steht danach die Verwaltung des Nachlasses — um eine Maßnahme der Verwaltung, Verhinderung der vorzeitigen Zersplitterung des Nachlasses, handelt es sich hier! — nur den Erben gemeinschaftlich zu; aber diejenigen Verwaltungsmaßregeln, welche die Erhaltung der Substanz des Nachlasses bezwecken, kann auch der einzelne Miterbe ohne Mitwirkung der anderen ergreifen. Das gleiche gilt von der Klage eines Miterben gegenüber der Zwangsvollstreckung des ausgeschlossenen Nachlaßgläubigers, wenn letztere mehr wie den Überschuß nach Maßgabe des § 1973 ergreift, oder gegenüber der Zwangsvollstreckung eines Nachlaßgläubigers, der sich aus einem im Sinne des § 1990 unzulänglichen Nachlaß vor einem besser berechtigten Nachlaßgläubiger befriedigen will.

Der § 2039 trifft weiter noch eine Bestimmung über die Leistung des Schuldners. Sie wirkt befreiend für ihn nur dann, wenn er an alle Erben gemeinschaftlich leistet (siehe aber oben Seite 157). Die Leistung an den mit der Beitreibung betrauten Gerichtsvollzieher ist Leistung an alle Erben. Der Gerichtsvollzieher darf demgemäß solche gemeinschaftlichen Vermögenswerte nicht den die Vollstreckung betreibenden Miterben allein, sondern nur allen Gemeinschaftern aushändigen; ist ihm dies nicht möglich, so wird nur ihre Hinterlegung beim Vollstreckungsgericht übrig bleiben. (So Kreß 72.) Der Schuldner ist gezwungen, die geschuldete Leistung allen Erben am Erfüllungsorte (§ 294 BGB.), d. h. an dem für die Leistung bestimmten oder aus den Umständen, insbesondere aus der Natur des Schuldverhältnisses sich ergebenden Orte anzubieten, evtl. an demjenigen Orte, an welchem der Erblasser z. Z. der Entstehung des Schuldverhältnisses seinen Wohnsitz evtl. seine gewerbliche Niederlassung hatte (§ 269 BGB.). — Die Zeit der Leistung am Erfüllungsorte muß den Erben rechtzeitig bekannt gegeben werden (Kreß 62), die Erben müssen anwesend oder vertreten sein und die Leistung evtl. zur Vermeidung der Folgen des Verzuges entgegennehmen. Eben wegen der damit für die Erben verbundenen Gefahr wird hinsichtlich der unter den § 2039 fallenden Ansprüche der einzelne Miterbe Hinterlegung bezw. Ablieferung der zu leistenden Sache (evtl. nur am Erfüllungsorte) verlangen. Staudinger zu § 2039 Anm. 1 ist der Ansicht, daß Erfüllungsort bei ungeteilter Erbschaft der letzte Wohnsitz des Erblassers ist, daß also durch den Erbgang der Erfüllungsort sich ändert. Nach diess. Auffassung ändert sich, auch wenn es sich um Übermittelung von Geld handelt, durch den Erbfall der im § 270 BGB. statuierte Übersendungsort nicht. Conf. dagegen Kreß 61, der für den Fall, daß die Wohnsitze der Erben von dem Wohnsitze bezw. der gewerblichen Niederlassung des Erblassers verschieden sind, jeden der Wohnsitze der Erben nach Wahl des Schuldners als Übersendungsort erachtet. Bei der diess. Auffassung ist es Aufgabe des Schuldners (§ 242 BGB.), die Zeit der Leistung den Erben rechtzeitig bekannt zu machen, damit die Erben am Übersendungsorte die Verzugsfolgen abwenden können.

Der § 2039 ist auch gegenüber einem Miterben-Schuldner anwendbar (Rg. 65, 8).

b. Gerichtliches Vorgehen gegen den Testamentsvollstrecker.

a) Wenn er mit der Gesamtverwaltung des Nachlasses betraut ist.

Es ist hier im wesentlichen auf die auch für Miterben gültigen Ausführungen Seite 37, 140 zu verweisen. Was zunächst das Vorgehen gegen die Erben selbst anlangt, so ist es auch neben bestehender Testamentsvollstreckung zulässig (§ 2213). Die Erben werden nach der Regel des § 2058 wegen derjenigen Nachlaßverbindlichkeiten, für welche sie gemeinschaftlich haften, gesamtschuldnerisch einzeln oder auch gemeinschaftlich in Anspruch genommen. Da der Nachlaß nicht der Verwaltung der Erben unterliegt, so hat das Vorgehen gegen sie nicht die Bedeutung eines Angriffs gegen den Nachlaß, wenigstens nicht direkt, vielmehr bedarf es, wenn auch gegen den Nachlaß vollstreckt werden soll, noch eines gegen den Testamentsvollstrecker gerichteten Titels auf Duldung (§ 2213 Abs. 3). Auf Grund des gegen die Erben gerichteten Schuldtitels ist nur die Vollstreckung in den Anteil und in das sonstige Eigenvermögen denkbar, doch wird der Gläubiger das letztere besser verschonen, da auch hier den Erben die Einrede der Ungeteiltheit des Nachlasses zusteht, wodurch sie — vor der Teilung — jeden unberechtigten Angriff vom Eigenvermögen abwenden können. Dagegen kann der Miterbe gegen die Pfändung seines Anteils am Nachlasse hier nichts unternehmen, da die Testamentsvollstreckung keine Beschränkung der Haftung auf den Nachlaß zur Folge hat. Gegen die Erben selbst kann auch auf dem Umwege über den Testamentsvollstrecker vorgegangen werden. Der Gläubiger kann, sofern der Testamentsvollstrecker nach § 2213 zur Führung des Rechtsstreits berechtigt war, die Umstellung der Vollstreckungsklausel des gegen den Testamentsvollstrecker erwirkten Urteils in der Richtung gegen die Erben oder auch nur gegen einzelne bezw. einen derselben durchsetzen (§§ 327, 728 ZPO.). Freilich wird dies während bestehender Testamentsvollstreckung zwecklos sein, weil die Vollstreckung in Eigenvermögen der Erben wegen ihrer auf § 2059 beruhenden Berechtigung zu einem Resultate nicht führen kann und weil auch die Anteilspfändung sinnlos ist, wo doch auf Grund des Titels bereits in den Nachlaß selbst vollstreckt werden kann. Immerhin ist nach Umstellung der Klausel eine solche Anteilspfändung an sich zulässig. Haften Miterben bereits unbeschränkbar, so hat die Umstellung der Klausel gegen sie allerdings den Zweck, daß ihr Privatvermögen (im Rahmen des § 2059 Abs. 1 S. 2) angegriffen werden kann. Da das gegen den Testamentsvollstrecker erwirkte Urteil keinen Vorbehalt enthält (§ 780 Abs. 2 ZPO.), so ist nach Umstellung der Klausel gegen die Erben zunächst jeder Miterbe der unbegrenzten Vollstreckung in sein Privatvermögen ausgesetzt. Der angegriffene Miterbe kann nur die Gegenklage erheben (§§ 785, 767 ZPO.).

Das Vorgehen gegen den Testamentsvollstrecker allein deutet zunächst darauf hin, daß nur das von ihm verwaltete Objekt, d. i. der Nachlaß, in Anspruch genommen werden soll. Es kann von ihm, wenn nur er belangt wird, nur Leistung gefordert werden. Wird er aber in Gemeinschaft mit den Erben belangt, so kann der Antrag gegen ihn nur auf Duldung der Zwangsvollstreckung in den Nachlaß gerichtet werden. Daß (und wie) das gegen ihn erwirkte Urteil eine Zwangsvollstreckung auch in das Eigenvermögen der Miterben einschließlich ihres Anteils am Nachlasse ermöglicht, ist eben erwähnt. Werden Erben und der Testamentsvollstrecker in Anspruch genommen, so besteht Gesamtverbindlichkeit nur unter den ersteren; der Vollstrecker kann nicht gesamtschuldnerisch belangt werden.

Das Vorgehen gegen den Testamentsvollstrecker wegen Duldung der Zwangsvollstreckung in den Nachlaß setzt voraus, daß die sämtlichen Miterben wegen Leistung sei es daneben in Anspruch genommen werden, sei es bereits früher in Anspruch genommen oder verurteilt sind. Denn die Vollstreckung in den Nachlaß erfordert einen gegen sämtliche Erben gerichteten Schuldtitel (§ 747 ZPO.), wovon bei der Testamentsvollstreckung nur dann abgewichen werden kann, wenn der Vollstrecker selbst zur Leistung verurteilt ist. Sollte das zur Leistung verurteilende Erkenntnis nur gegen einen bezw. einzelne Miterben ergangen sein, so kann der Gläubiger lediglich den Anteil des verurteilten Miterben am Nachlasse pfänden. Eine Überweisung des gepfändeten Anteils kann hier jedoch nicht erfolgen, weil sie dem Gläubiger den Zugriff in den Nachlaß auf dem Umwege der Auseinandersetzung und damit einen Eingriff in die Sphäre des Testamentsvollstreckers trotz Fehlens eines Titels gegen den letzteren ermöglichen würde. Der Gläubiger kann den gepfändeten Anteil nur durch Verkauf oder durch Verwaltung (§ 857 Abs. 4 u. 5 ZPO.) verwerten bezw. sich nutzbar machen.

Die Geltendmachung der Hemmungsbefugnis (§§ 2014, 2015) steht dem Testamentsvollstrecker auch beim Vorhandensein mehrerer Erben zu bezw. sie liegt ihm ob. Trotz der Vorschrift des § 2016 trifft dies auch auf den Fall zu, daß die Erben durchweg die Möglichkeit der Haftungsbeschränkung verloren haben. Hierzu siehe Bd. II beim Aufgebot.

b) Ist der Testamentsvollstrecker nicht mit der Gesamtverwaltung des Nachlasses betraut (vergl. Seite 41, 145), so kann der gegen den Nachlaß gerichtlich geltend zu machende Anspruch nur gegen die bezw. einen oder einige Miterben nach den oben angegebenen Grundsätzen gerichtet werden. Der Testamentsvollstrecker kann wegen solcher Ansprüche nicht auf Leistung belangt werden. Soweit in die der Verwaltung der Erben selbst unterliegenden Nachlaßgegenstände vollstreckt werden soll, genügt ein gegen die sämtlichen Erben (§ 747 ZPO.) auf Leistung gerichteter Schuldtitel. Soll auch gegen die etwa in der Verwaltung des Testamentsvollstreckers befindlichen Nachlaßgegenstände vollstreckt werden, so kann dies nur auf Grund eines gegen den Vollstrecker auf Duldung gerichteten Urteils geschehen. Die Vollstreckung in die vom Vollstrecker verwalteten Nachlaßgegenstände setzt voraus, daß das Leistungsurteil gegen die sämtlichen Erben gerichtet ist, da auch diese Gegenstände „Nachlaß" sind (§ 747 ZPO.). Wie aus dem Nachlasse die Befriedigung eines Gläubigers, der lediglich den Anteil eines Miterben am Nachlaß pfändet, erfolgt, wurde eben bei a dargelegt.

c. Gerichtliches Vorgehen gegen den Nachlaßverwalter.

Über die Rechtsstellung des Nachlaßverwalters im Verhältnisse zu den Erben und über seine Verantwortlichkeit gegenüber den Erben und den Nachlaßgläubigern siehe Seite 45. Über die Nachlaßverwaltung beim Vorhandensein mehrerer Erben und über die Bedeutung des § 2059 im Verhältnisse zu ihr siehe Seite 192 f. Über das gerichtliche Vorgehen gegen den Nachlaßverwalter beim Alleinerben bezw. gegen den Alleinerben beim Bestehen einer Nachlaßverwaltung siehe Seite 147 ff.

Nach Anordnung der Nachlaßverwaltung kann auch bei der Erbenmehrheit ein gegen den Nachlaß gerichteter Anspruch nur gegen den Nachlaßverwalter gerichtlich geltend gemacht werden, weil von der Anordnung des Verfahrens ab die Haftung auf den Nachlaß beschränkt und der Nachlaß in die Verwaltung des Nachlaßverwalters gelangt ist. Selbst wenn einer oder einige oder gar alle Miterben die Beschränkungsmöglichkeit bereits allgemein verloren haben sollten, ist der Nachlaßverwalter für die gegen den Nachlaß gerichteten Ansprüche passiv legitimiert. Das Vorgehen gegen den Nachlaßverwalter hat zunächst immer die Bedeutung eines Angriffs gegen den Nachlaß als das vom Nachlaßverwalter verwaltete Objekt (§ 1984 Abs. 1 S. 1 und 3). Auf Grund des gegen den Nachlaßverwalter erwirkten Urteils kann während der Dauer des Verfahrens lediglich gegen den Nachlaß vorgegangen werden. Da der Nachlaßverwalter der Vertreter sämtlicher Erben hinsichtlich des Nachlasses ist, wird mit einem gegen den Nachlaßverwalter gerichteten Schuldtitel dem Erfordernis des § 747 ZPO. für die Vollstreckung in den Nachlaß genügt. Das gegen den Verwalter gerichtete Urteil kann während der Dauer der Nachlaßverwaltung schon aus dem formellen Grunde nicht zu einer Vollstreckung in Privatvermögen der Miterben verwendet werden, weil es die Namen der Erben nicht enthält; einer Umschreibung gegen sie steht die Tatsache des Bestehens der — die Haftung auf den Nachlaß beschränkenden — Nachlaßverwaltung entgegen. Aus eben diesem Grunde ist für Nachlaßgläubiger die Anteilspfändung auch aus einem bereits vor Anordnung der Nachlaßverwaltung gegen Miterben erwirkten Schuldtitel für die Zeit nach Anordnung des Verfahrens unzulässig (§ 1984 Abs. 1 S. 1). Der Nachlaßverwalter kann nicht etwa seinerseits mit Rücksicht auf die Tatsache der Ungeteiltheit des Nachlasses einen Nachlaßgläubiger, der in den Nachlaß vollstrecken will, gemäß § 2059 auf den Anteil eines Miterben verweisen, etwa in der Absicht, die Befriedigung dieses Gläubigers bis zu der — erst nach Beendigung der Nachlaßverwaltung eintretenden — Auseinandersetzung der Erben hinsichtlich des Nachlasses hinauszuschieben. Denn es ist nunmehr der G e s a m t nachlaß Objekt der Haftung. Wo aber lediglich der Anteil eines Miterben haftet, muß allerdings der Nachlaßverwalter den betr. Gläubiger vom Nachlasse fernhalten und es ihm überlassen, sich aus dem Anteil seines Schuldners zu befriedigen. Was derartige, nur einen oder nur einige Erben gemeinschaftlich belastende Nachlaßverbindlichkeiten anlangt, so ist der Nachlaßverwalter für die Inanspruchnahme nicht als passiv legitimiert zu erachten. Hat X z. B. die A, B, C zu Erben seines gesamten Vermögens eingesetzt, aber den A allein oder den A und B gemeinschaftlich mit einem Legat von 1000 ℳ zugunsten des Z beschwert, so kann Z nicht Befriedigung aus dem Gesamtnachlaß, sondern nur aus demjenigen fordern, was bei der Aufteilung des Nachlasses auf den A bezw. auf den A und B gemeinschaftlich entfällt. In beiden Fällen ist demnach die Aufteilung des Nachlasses Voraussetzung der Befriedigung des Z. Die Aufteilung kann aber, da der Nachlaßverwalter sie nicht vornehmen darf, und die Erben dazu tatsächlich (wegen der Unmöglichkeit, während der Nachlaßverwaltung über Nachlaßgegenstände zu verfügen) außerstande sind, erst zu einer Zeit vor sich gehen, wo das Amt des Nachlaßverwalters bereits beendigt ist. Hier haftet stets nur derjenige Nachlaß, der nach Befriedigung aller hinsichtlich des Gesamtnachlasses Berechtigten etwa noch übrig bleibt und bei der Aufteilung des Nachlasses an die Erben bezw. an den einzelnen Erben gelangt. Kreß 202 hält den Nachlaßverwalter auch insoweit für legitimiert, was zutreffend von Strohal Bd. I 116 Anm. 15 a widerlegt wird. Da sonach derartige Nachlaßgläubiger von der Nachlaßverwaltung nicht betroffen werden, wird man ihnen auch ein Klagerecht gegen ihren Schuldner unabhängig von dem Beschränkungsverfahren einräumen müssen, da sie anderenfalls eine Ausnahmestellung insofern einnehmen würden, als alle anderen Nachlaßgläubiger zwar nicht gegen die Erben, so doch aber gegen den Nachlaßverwalter vorgehen können, während ihnen beides verwehrt wäre. Hatte ein solcher Gläubiger einen Titel schon vor Anordnung der Nachlaßverwaltung erlangt, so kann er ihn auch nach Anordnung des Verfahrens zu einer Pfändung des Anteils seines Schuldners verwerten, wie auch die bereits bestehende Anteilspfändung nicht nach Maßgabe der §§ 785, 784 Abs. 1 ZPO. abgewehrt werden kann. Nur muß er die Beendigung des Verfahrens abwarten; er kann sie, da der Gesamtnachlaß der Befriedigung der sämtlichen gegen ihn gerichteten Ansprüche dient und vom Nachlaßverwalter vor der Teilung entsprechend zu verwenden ist, nicht beschleunigen; er kann keine Überweisung, sondern nur Verkauf oder Verwaltung (§ 857 Abs. 4 und 5 ZPO.) fordern.

Hatte der Nachlaßgläubiger einen rechtskräftigen Schuldtitel gegen die sämtlichen Miterben bereits v o r Anordnung der Nachlaßverwaltung erstritten, so kann daraus auch nach Anordnung des Verfahrens gegen den Nachlaß vollstreckt bezw. kann die bereits vorher betriebene Zwangsvollstreckung in den Nachlaß fortgesetzt werden. In keinem der beiden Fälle bedarf es der Umstellung der Klausel gegenüber dem Nachlaßverwalter. Die Pfändung des Anteils eines Miterben ist, sofern es sich um eine den Gesamtnachlaß belastende Verbindlichkeit eines Nachlaßgläubigers handelt, während der Dauer des Verfahrens unzulässig; eine z. Z. der Anordnung der Nachlaßverwaltung bereits bestehende Anteilspfändung eines Nachlaßgläubigers erlischt nicht ohne weiteres, doch ist der davon betroffene Miterbe befugt, sie durch negative Feststellungsklage gemäß §§ 785, 784 Abs. 1 ZPO. als nunmehr unzulässig zur Aufhebung zu bringen. Auf eben diese Weise könnte er auch jeder anderen in sein Privatvermögen vorgenommenen noch bestehenden Zwangsvollstreckung begegnen, doch kann er sich auch mit der auf die Ungeteiltheit des Nachlasses gemäß § 2059 gestützten Gegenklage (§ 767 ZPO.) zur Wehr setzen.

Hatte der Nachlaßgläubiger vor Anordnung der Nachlaßverwaltung einen rechtskräftigen Schuldtitel für eine gegen den Gesamtnachlaß gerichtete Forderung nur gegen einen oder nur gegen einige Miterben erwirkt, so kann er nach Anordnung des Verfahrens damit nichts anfangen. Es bedarf zur Vollstreckung in den Nachlaß noch des Vorgehens gegen den Nachlaßverwalter wegen Leistung. Die Stellung des Nachlaßverwalters ist demnach insoweit ganz verschieden von der des Testamentsvollstreckers. Da neben dem letzteren auch die Erben selbst wegen Leistung in Anspruch genommen werden können, ist die Vollstreckung in den Nachlaß als ein Eingriff in die Verwaltung des Vollstreckers davon abhängig, daß gegen den Vollstrecker ein Urteil auf Duldung erwirkt wird. Dagegen kann bei bestehender Nachlaßverwaltung ein Anspruch nicht auch gegen die Erben selbst, vielmehr n u r gegen den Nachlaßverwalter erhoben werden. Andererseits reicht ein vor Anordnung des Verfahrens gegen die sämtlichen Erben d. h. hier gegen den Nachlaß durchgesetzter Anspruch zur Vollstreckung in den Nachlaß aus, es bedarf hier keiner Duldungsklage gegen den Verwalter. Aber der Titel muß eben gegen **sämtliche** Erben gerichtet sein, da andernfalls nicht dasjenige Vermögen, über das der Nachlaßverwalter die Verwaltung hat, nämlich der **Gesamtnachlaß**, verhaftet ist.

Das Vorgehen der Privatgläubiger eines Miterben gegen diesen selbst wird durch das Verfahren der Nachlaßverwaltung natürlich in keiner Weise beeinflußt bezw. aufgehalten. Dagegen ist jede Vollstreckung eines solchen Gläubigers gegenüber dem Nachlaß, d. h. in Gegenstände des Nachlasses, sofern sie nicht etwa im Wege der Aufteilung bereits an den betreffenden Miterben gelangt und also aus der Gesamtberechtigung der Erben ausgeschieden sind, unzulässig (§ 1984 Abs. 2). Aber auch diese ausgeschiedenen Gegenstände kann der Nachlaßverwalter als zur Masse gehörig zum Nachlasse ziehen, wodurch er den Angriff des eigenen Gläubigers illusorisch macht, wenn er sich der Gegenklage bedient (§ 784 Abs. 2 ZPO.). Der Anteil des betreffenden Miterben am Nachlasse ist, als zum Eigenvermögen des Erben gehörig, der Vollstreckung des Privatgläubigers auch beim Bestehen der Nachlaßverwaltung preisgegeben; die vor Anordnung des Verfahrens erwirkte Anteilspfändung kann durch den Erben nicht zur Aufhebung gebracht werden. Andererseits führt sie während der Dauer des Verfahrens nicht zur Befriedigung des Gläubigers, weil der von der Nachlaßverwaltung erfaßte Nachlaß zunächst zur Befriedigung der Nachlaßgläubiger bestimmt ist (§ 1984 Abs. 2). Der Gläubiger könnte also die Auseinandersetzung nicht herbeiführen, er kann statt der Überweisung nur die Verwaltung nach § 857 Abs. 4 und 5 ZPO. fordern.

Der Nachlaßverwalter ist allein auch für diejenigen Ansprüche passiv legitimiert, welche die durch Aufgebot oder Zeitablauf ausgeschlossenen Nachlaßgläubiger erheben (§§ 1973, 1974).

Nach Beendigung der Nachlaßverwaltung kann ein gegen den Nachlaß gerichteter Anspruch wieder nur gegen die Miterben selbst nach allgemeinen Grundsätzen gerichtet werden; sollte das Verfahren in das des Nachlaßkonkurses übergehen (§ 1988), so hat sich das weitere Vorgehen gegen Nachlaß und Erben nach konkursrechtlichen Grundsätzen zu richten. Hatte der Nachlaßgläubiger ein Urteil gegen den Nachlaßverwalter erwirkt, so wird Befriedigung durch den letzteren erfolgen, da andernfalls die Nachlaßverwaltung nicht aufgehoben werden könnte (doch siehe § 1986 Abs. 2). Soweit die Befriedigung noch nicht erfolgt sein sollte, kann nach Beendigung des Verfahrens in den an die Erben zurückgelangten Nachlaß (§ 1986 Abs. 1) sowie auch in das Eigenvermögen der Erben vollstreckt werden, da der Verwalter Vertreter der Erben ist und das Urteil gegen diese wirkt. Wegen der sich hierbei ergebenden Schwierigkeiten, daß die Namen der Erben im Schuldtitel fehlen, vergl. Seite 144, 150. Für die Vollstreckung in den Anteil der Miterben aus dem gegen den Nachlaßverwalter gerichteten Urteile gilt dasselbe. Der einzelne Miterbe kann sich gegen die Vollstreckung in Eigenvermögen (nicht aber in den Anteil, mit dem er nach § 2059 haftet) nach Maßgabe der §§ 2059 BGB, 785 767 ZPO. wehren, obwohl dem gegen den Nachlaßverwalter erlassenen Urteile der Vorbehalt (§ 780 ZPO.) fehlt. Vergl. hierzu Seite 150.

Diejenigen Miterben, welche die Beschränkungsmöglichkeit absolut verloren haben, bleiben auch nach Anordnung der Nachlaßverwaltung für die gegen den Nachlaß gerichteten Ansprüche passiv legitimiert, nur kann die Vollstreckung in den Nachlaß nicht auf Grund eines solchen während der Nachlaßverwaltung erzielten Urteils vorgenommen werden, weil während des Verfahrens ein gegen den Nachlaß beabsichtigter Angriff lediglich gegen den Verwalter durch Klage auf Leistung geltend zu machen ist. Sollte das Urteil gegen sämtliche Erben, sei es daß alle oder nur einzelne bereits unbeschränkbar haften, vor Anordnung des Verfahrens erwirkt und rechtskräftig sein, so kann ohne Umstellung der Klausel auch gegen den von der Nachlaßverwaltung ergriffenen Nachlaß vollstreckt werden. Der bei bestehender Nachlaßverwaltung gegen die unbeschränkbar haftenden Erben selbst gerichtete Angriff ist nur in das Privatvermögen einschließlich des Anteils am Nachlasse durchführbar. Daß gegenüber einer im Sinne des § 2059 Abs. 1 S. 2 zu weit reichenden Zwangsvollstreckung der Miterbe, sofern er den Vorbehalt (§ 780 ZPO.) erwirkt hatte, die negative Feststellungsklage (§ 767 ZPO.) erheben kann, ist bereits erwähnt.

Über die Hemmungsbefugnis in Beziehung auf den Nachlaßverwalter siehe Seite 45, 148. Der Nachlaßverwalter, der sich — nach diess. Auffassung — die Voraussetzung der Geltendmachung der auf § 2015 beruhenden Hemmungsbefugnis, nämlich das Aufgebot, auch bei unbeschränkbarer Haftung sämtlicher Miterben verschaffen kann, muß demzufolge trotz des § 2016 Abs. 1 die Hemmungsbefugnis geltend machen dürfen.

Ein gegen die sämtlichen Miterben z. Z. der Anordnung der Nachlaßverwaltung wegen eines gegen den Nachlaß gerichteten Anspruchs anhängiger Rechtsstreit wird unterbrochen (§ 241 Abs. 2 ZPO., siehe aber § 246 ZPO.), gleichviel ob er gegen die Erben angestrengt oder nach der durch den Erbfall erfolgten Unterbrechung von den Erben aufgenommen war. Die Unterbrechung wird nach Maßgabe des § 241 Abs. 1 ZPO. beseitigt. War der Rechtsstreit, der bereits gegen den Erblasser anhängig gemacht und durch seinen Tod unterbrochen war, z. Z. der Anordnung der Nachlaßverwaltung noch nicht aufgenommen, so kann er während der Dauer der Nachlaßverwaltung nur nach Maßgabe des § 241 ZPO. aufgenommen werden. Bei der Fortführung des Rechtsstreits wird der Antrag, der bisher eine Verurteilung der Erben als Gesamtschuldner erstrebte, einheitlich gegen den Nachlaßverwalter gerichtet; die Gesamtverbindlichkeit ist bedeutungslos geworden.

Mit der Anordnung der Nachlaßverwaltung wird ein gegen den Erblasser gerichtet gewesener Rechtsstreit nur dann unterbrochen, wenn der geltend gemachte Anspruch sich gegen den Nachlaß richtet, weil (nach Anordnung der Nachlaßverwaltung) ein solcher Anspruch gerichtlich nur gegen den Nachlaßverwalter geltend gemacht werden kann (§ 1984 Abs. 1 S. 3). Ob der Rechtsstreit gegen die sämtlichen oder nur gegen einzelne der Miterben schwebte, kommt hierbei nicht in Betracht. Zwar kann ein Anspruch, der nicht gegen die sämtlichen Miterben anhängig gemacht ist, nicht zur Vollstreckung in den Nachlaß, vielmehr nur in die Anteile der Verurteilten gedeihen, aber er bleibt darum nicht weniger ein „gegen den Nachlaß" gerichteter Anspruch, insofern, als für ihn der Gesamtnachlaß verhaftet ist und es dem Gläubiger ein Leichtes wäre, auch die übrigen Erben in Anspruch zu nehmen und sich die Möglichkeit der Vollstreckung in den Nachlaß zu verschaffen. Es kommt also nicht darauf an, was mit dem Vorgehen des Gläubigers angegriffen werden kann, sondern was für den geltend gemachten Anspruch rechtlich verhaftet ist. Ist dies der Nachlaß, so kann nur der Nachlaßverwalter angegriffen werden. Würde eine Unterbrechung des gegen nicht alle Erben gerichteten Rechtsstreits nicht eintreten, so hätte doch die Fortsetzung des Rechtsstreits gegen die betr. Erben keinen Zweck. Die etwa erzielte Verurteilung würde zu einer Vollstreckung in den Nachlaß nicht ausreichen, weil nicht alle Erben verurteilt sind und abgesehen davon der Nachlaß nur im Nachlaßverwalter angreifbar ist. Der Gläubiger könnte auch nicht an die Pfändung der Erbteile der Verurteilten denken, denn diese sind für ihn unpfändbar; sie sind Eigenvermögen, die Haftung ist durch die Nachlaßverwaltung aber auf den Nachlaß beschränkt. Natürlich wird übrigens der Gläubiger, wenn er Aussicht hat, vom Nachlaßverwalter — sei es freiwillig oder auf Grund Urteils — aus dem Nachlasse befriedigt zu werden, es vorziehen, sich mit seinen Ansprüchen an den Verwalter zu wenden. Kreß 168 Anm. 22 ist der Ansicht, daß auch der gegen einzelne Miterben geführte Rechtsstreit durch die Anordnung der Nachlaßverwaltung unterbrochen werde, weil der Prozeß sich neben der Inanspruchnahme der Erbteile auch gegen den Nachlaß selbst (nämlich auf dem Wege der Anteilspfändung) richte. Hier ist m. E. die Begründung unrichtig, weil es, wie gesagt, nicht darauf ankommt, wogegen sich der Prozeß richtet, sondern ob für den Anspruch, der im Prozeß geltend gemacht ist, der Nachlaß (d. h. der Gesamtnachlaß) verpflichtet ist. (Eccius bei Gruchot Bd. 43 Seite 822 N. 5 ff., 827 ist der Meinung, daß der gegen einzelne Miterben schwebende Rechtsstreit nicht unterbrochen werde.) Dagegen kommt es für die Frage der Aufnahme des unterbrochenen Rechtsstreits allerdings darauf an, ob die etwa erzielte Verurteilung zur Vollstreckung in den Nachlaß oder nur in Anteile berechtigt. Im ersteren Falle, d. h. bei Inanspruchnahme sämtlicher Erben — gleichviel ob in einem Prozesse oder in getrennten — kann die Aufnahme des Rechtsstreites von und gegenüber dem Verwalter erfolgen, denn hier ist der Gesamtnachlaß angegriffen. Dagegen richtet sich der Angriff nicht gegen den Gesamtnachlaß, wenn nicht sämtliche Erben verklagt sind; es hat demnach der Verwalter kein Interesse an der Aufnahme, weshalb er dazu auch nicht gezwungen werden kann. Ja, er ist nach diesf. Auffassung zur Aufnahme gar nicht berechtigt. Da nämlich nur das Eigenvermögen der betr. Miterben einschl. des — dazu gehörigen — Anteils angegriffen ist, kann der Nachlaßverwalter die betr. Erben gar nicht vertreten; der Anteil des Miterben am Nachlasse realisiert sich erst bei der Teilung, d. i. zu einer Zeit, wo der Nachlaßverwalter sein Amt gar nicht mehr bekleidet; er hat kein Interesse an den dem einzelnen bei der Teilung zufallenden Nachlaßgegenständen und deshalb auch nicht an der Abwehr der Pfändung der Anteile. Der Nachlaßverwalter ist Vertreter der Miterben nur hinsichtlich des Gesamtnachlasses! (Ganz anders, nach diesf. Ansicht unrichtig, Kreß 171.) Danach ist der Gläubiger, der nicht alle Erben in Anspruch genommen hatte, gezwungen, den Prozeß überhaupt fallen bezw. ruhen zu lassen und von neuem gegen den Nachlaßverwalter vorzugehen. Erzielt er hierbei Verurteilung, so kann, sofern nicht eben seitens des Verwalters Befriedigung erfolgen sollte, aus dem Urteil nach Beendigung der Verwaltung gegen die sämtlichen Erben in deren ganzes Vermögen vollstreckt werden, da der Verwalter ihr Vertreter hinsichtlich der gegen den Nachlaß gerichteten Ansprüche ist und für derartige Ansprüche auch das Privatvermögen der Erben so lange haftet, als nicht die Haftung auf den Nachlaß bezw. auf den Anteil am Nachlasse beschränkt wird. Nach Beendigung der Nachlaßverwaltung kann dann der unterbrochene Rechtsstreit wegen der Kosten zur Entscheidung gebracht werden, in der Hauptsache ist er natürlich erledigt. Wird der gegen die sämtlichen Erben angestrengte Prozeß nach der Unterbrechung mit dem Verwalter fortgesetzt, so kann, weil der Anspruch gegen den Nachlaß gerichtet ist, seine Verurteilung zur Leistung auch dann erfolgen, wenn hinsichtlich eines der Erben Verurteilung z. B. wegen Verjährung nicht hätte erfolgen können. Anders wäre es, wenn gegen die sämtlichen Erben Einzelprozesse geschwebt hätten. Würden sie mit dem Nachlaßverwalter einzeln fortgeführt werden, so könnte allerdings im Hinblick auf den einen oder anderen Erben Abweisung erfolgen. Nach diess. Auffassung ist ein solches Prozedieren nicht möglich, der Verwalter kann die Prozesse als selbständige nicht weiterführen. Hat der Gläubiger Z die Erben A, B, C in getrennten Prozessen in Anspruch genommen, so muß der Antrag die Gesamthaftung zum Ausdruck bringen. Der Antrag gegen A lautet auf Zahlung z. B. von 100 *M* in Gesamtverbindlichkeit mit B und C. Entsprechend hat auch der gegen B und C gerichtete Antrag zu lauten. Führt der Verwalter diese unterbrochenen Prozesse nach der Aufnahme getrennt fort, so hat der Gläubiger in jedem Prozesse denselben statt wie bisher verschiedene Gegner. In jedem der Prozesse handelt es sich um dieselben 100 *M*. Der Gläubiger müßte, wenn der Verwalter die Prozesse aufnimmt, entweder zwei Prozesse ganz fallen lassen und insoweit nur wegen der Kosten streiten oder er müßte, da kein Grund vorliegt, ihn zu einer Teilung des Objekts in drei Teile zu zwingen, in jedem Prozesse Zahlung von 100 *M* fordern. Die Gesamtverbindlichkeit könnte nicht zum Ausdruck kommen, der Verwalter würde dreimal zur Zahlung von 100 *M* verurteilt werden können. Würde er in einem oder zweien der Prozesse unterliegen, so würde, da der Anspruch gegen den Gesamtnachlaß gerichtet ist, der Nachlaßverwalter dennoch die 100 *M* auf Grund des verurteilenden Erkenntnisses aus dem Nachlaß zahlen müssen. Danach wäre die Fortführung mit dem Nachlaßverwalter nur möglich, wenn die Prozesse gemäß § 147 ZPO. verbunden werden.

Wesentlich anders ist die Rechtslage, wenn es sich nicht um einen gegen den Gesamtnachlaß gerichteten Anspruch handelt. Er wird von § 1984 Abs. 1 S. 3 nicht berührt. Schuldet kraft Anordnung des Erblassers nur einer der Miterben z. B. ein Legat, so kann überhaupt nur er in Anspruch genommen werden; es haftet lediglich der Anteil des Erben, wie er sich bei der Auseinandersetzung realisiert. Die Auseinandersetzung findet erst nach Beendigung der Nachlaßverwaltung statt. Der wegen einer solchen Verbindlichkeit schwebende Rechtsstreit wird nicht unterbrochen und kann deshalb nur gegen den Erben selbst fortgesetzt werden. Die etwa erfolgende Verurteilung des Erben berechtigt nicht zur Vollstreckung in den Nachlaß gegenüber dem Nachlaßverwalter bezw. auch nicht gegenüber dem Erben selbst nach Beendigung der Nachlaßverwaltung, so lange nicht Teilung der Erbschaft erfolgt bezw. sofern nicht schon Gegenstände des Nachlasses zugeteilt waren. Dagegen ist der Anteil am Nachlasse pfändbar, dies hier aber nicht erst nach Beendigung der Nachlaßverwaltung, weil die Nachlaßverwaltung den betr. Gläubiger gar nicht berührt. Natürlich kann aber, so lange Nachlaßverwaltung schwebt, keine Auseinandersetzung erzwungen werden, denn der Nachlaß muß in erster Reihe zur Befriedigung derjenigen Verbindlichkeiten verwendet werden, für die er als Ganzes verhaftet ist; es kann nicht Überweisung, sondern nur Verwaltung (§ 857 Abs. 4 und 5 ZPO.) gefordert werden.

Der gegen Miterben anhängige Rechtsstreit wird, wenn sie alle unbeschränkbar haften, mit Anordnung der Nachlaßverwaltung insoweit unterbrochen, als die Inanspruchnahme des Nachlasses in Frage kommt, im übrigen aber tritt keine Unterbrechung ein. Es hängt dies ganz vom Willen des Gläubigers ab. Will er trotz der Nachlaßverwaltung nur gegen das Privatvermögen einschl. des Anteils seiner Schuldner am Nachlasse vollstrecken, so führt er den Prozeß einfach gegen die Erben selbst fort. Eine Unterbrechung liegt hier nicht vor. Es bedarf keiner Erklärung, daß lediglich das Eigenvermögen angegriffen werden soll, da sich dies von selbst versteht bezw. das etwa erzielte Urteil zu einer Vollstreckung in den Nachlaß nicht ausreicht. Will der Gläubiger dagegen nur in den Nachlaß vollstrecken, so nimmt er den Rechtsstreit ohne weiteres gegen den Nachlaßverwalter auf, woraus also auf eine Unterbrechung geschlossen werden muß. Die Erben ihrerseits können nunmehr den Gläubiger nicht mehr zwingen, den Rechtsstreit gegen sie selbst fortzusetzen, denn der Gläubiger hat durch seine gegenüber dem Verwalter geschehene Aufnahme zu erkennen gegeben, daß er vorläufig ihr Privatvermögen nicht anzugreifen gedenke. Sollten die Erben den Rechtsstreit fortsetzen, noch ehe der letztere gegen den Verwalter aufgenommen ist, so kann der Gläubiger immer noch erklären, daß er den Rechtsstreit gegen den Verwalter aufnehmen wolle, w.mit die Unterbrechung gekennzeichnet ist; sollte der Verwalter den Rechtsstreit aufnehmen, weil der Gläubiger ihn nicht gegen die Erben fortführt und eine Unterbrechung für vorliegend erachtet, so kann der Gläubiger immer noch erklären, er wolle lediglich gegen die Erben vorgehen, während er, wenn er den Rechtsstreit mit dem Verwalter ohne Widerspruch fortführt, die Erben vorläufig freigibt. Aus dem Urteil, das der Gläubiger beim Vorgehen gegen die Erben erwirkt, kann er lediglich in den Anteil und in das Privatvermögen im Rahmen des § 2059 Abs. 1 S. 2, aus dem gegen den Nachlaßverwalter erwirkten in den Nachlaß vollstrecken. Da der Verwalter der Vertreter hinsichtlich aller gegen den Gesamtnachlaß gerichteten Ansprüche ist, so wirkt auch bei noch bestehender Nachlaßverwaltung das gegen ihn erwirkte Urteil auch gegen die Erben selbst, weshalb auf Antrag auch sogleich die Klausel gegen die Erben (natürlich nur weil sie unbeschränkbar haften) umgeschrieben werden muß und die Vollstreckung auch in Eigenvermögen der Erben zulässig ist.

Haften bei dem gegen die sämtlichen Miterben anhängigen Rechtsstreite nicht alle unbeschränkbar, so wird er hinsichtlich der beschränkbar haftenden endgültig unterbrochen. Hinsichtlich der unbeschränkbar haftenden muß er, soweit es sich um ein Vorgehen gegen den Nachlaß handelt, gleichfalls unterbrochen sein. Will der Gläubiger nunmehr nur gegen den Nachlaß vorgehen, so muß er die Unterbrechung beseitigen, d. h. gegen den Verwalter aufnehmen. Führt er dagegen lediglich gegen die unbeschränkbar haftenden Erben den Prozeß weiter, so gibt er seine Absicht kund, nur gegen deren Eigenvermögen und Anteil zu vollstrecken; der Rechtsstreit war insoweit nicht unterbrochen und bedarf keiner Aufnahme. Es geht nicht an, den Rechtsstreit gegen den Verwalter u n d gegen die unbeschränkbar haftenden Erben fortzuführen. Wenn der Verwalter aufnimmt, noch ehe der Gläubiger seinerseits gegen die unbeschränkbar haftenden Miterben weiter prozessiert hat, so kann der Gläubiger noch immer die Erklärung abgeben, daß er lediglich gegen die unbeschränkbar haftenden Erben vorzugehen beabsichtige, d. h. daß der Rechtsstreit hinsichtlich dieser nicht unterbrochen war. Der Nachlaßverwalter kann den Rechtsstreit nur für sämtliche Erben aufnehmen; daher kann er, wenn der Gläubiger die eben erwähnte Erklärung abgibt, auch nicht bezgl. der beschränkbar haftenden Miterben den Rechtsstreit fortführen, denn, es ist dann nicht der „Nachlaß“, der ja nur in sämtlichen Erben angegriffen werden kann, sondern nur der Anteil einiger Erben bedroht. Will der Gläubiger später doch noch gegen den Nachlaß vorgehen, so kann er dies nur durch eine neue gegen den Nachlaßverwalter anzustrengende Klage tun. Er kann den Rechtsstreit nicht etwa jetzt noch gegen den Verwalter aufnehmen, etwa weil der Rechtsstreit hinsichtlich der beschränkbar haftenden Erben noch unterbrochen ist, denn er ist gegen die unbeschränkbar haftenden bereits fortgeführt, kann also hinsichtlich dieser nicht „aufgenommen“ werden.

Schwebt z. Z. der Anordnung der Nachlaßverwaltung ein Rechtsstreit wegen eines gegen den Gesamtnachlaß gerichteten Anspruchs nur gegen einen einzigen unbeschränkbar haftenden Miterben, so wird er, was nach obiger Darlegung selbstverständlich ist, nicht unterbrochen. Seine Fortführung kann dem Gläubiger aber nur die Vollstreckung in das Eigenvermögen einschl. des Anteils des Verklagten ermöglichen.

d. Gerichtliches Vorgehen gegen den Nachlaßkonkursverwalter.

Über den Nachlaßkonkurs beim Vorhandensein von Miterben und über die Bedeutung des § 2059 im Verhältnisse zum Nachlaßkonkurse siehe Seite 196 und Seite 185 ff. Über die Verfolgung der gegen den Nachlaß gerichteten Ansprüche im Nachlaßkonkurse vergleiche für die Zeit vor Annahme der Erbschaft Seite 48 f. und nach Annahme bezgl. des Alleinerben Seite 150 f. Nach Eröffnung des Nachlaßkonkurses kann ein gegen den Nachlaß gerichteter Anspruch auch beim Vorhandensein mehrerer Erben nicht gegen diese, sondern lediglich gegenüber dem Nachlaß bezw. dem Nachlaßkonkursverwalter verfolgt werden, weil die Verfügungsmacht nunmehr dem Verwalter allein zusteht (§ 6 KO.) und die Haftung auf den Nachlaß beschränkt ist (§ 1975). Die Legitimation des Nachlaßverwalters sowie des Testamentsvollstreckers entfällt, und zwar die des ersteren endgültig (§ 1988), die des letzteren für die Dauer des Konkurses. Selbst wenn alle Miterben die Beschränkungsmöglichkeit verloren haben, ist, soweit Befriedigung aus Mitteln des Nachlasses gefordert wird, allein die Geltendmachung gegenüber dem Nachlaß geboten. Lediglich dann, wenn gegen das Eigenvermögen der unbeschränkbar haftenden Miterben vorgegangen werden soll, ist der betreffende Miterbe selbst in Anspruch zu nehmen; seine Passivlegitimation wird durch die Konkurseröffnung nicht aufgehoben (§§ 1975, 2013). Das gegen unbeschränkbar haftende Miterben während des Konkurses erzielte Urteil wirkt nicht gegen den Nachlaß (die Masse); es hat im Konkurse selbst überhaupt keine Bedeutung. Daß der Miterbe während der Dauer des Konkurses nicht infolge eines Verstoßes gegen die Inventarisierungspflicht die Möglichkeit der Haftungsbeschränkung allgemein verlieren bezw. der durch die Eröffnung des Konkurses bereits eingetretenen Beschränkung nicht wieder verlustig gehen kann, beruht auf der Bestimmung des § 2000, nach welcher in dieser Zeit keine Inventarfrist bestimmt werden kann bezw. die vorher bestimmte unwirksam wird. Ein vereinzelter Verlust, d. h. ein solcher, der nur e i n e m Gläubiger gegenüber wirkt, kann zwar nicht nach § 2006 eintreten, wohl aber infolge einer Verwirkung des Vorbehalts (§ 780 ZPO. und § 144 Abs. 2 KO.). Auch der bereits allgemein unbeschränkbar haftende Miterbe ist, wenn er neben dem Nachlaßkonkurse persönlich in Anspruch genommen wird, zur Erwirkung des Vorbehalts gezwungen, da er andernfalls auch noch die ihm im § 2059 Abs. 1 S. 2 eingeräumte Beschränkungsbefugnis verliert.

Der Nachlaß*konkurs*gläubiger hat, wenn er Befriedigung aus dem Nachlasse erstrebt, sich am Konkurse zu beteiligen, d. h. seine Forderung anzumelden. Hierbei kann er nicht etwa mit Bezug auf § 2059 Abs. 1 auf den Anteil eines — sei es beschränkt, sei es unbeschränkbar haftenden — Miterben am Nachlasse verwiesen werden, da er Anspruch auf Befriedigung aus dem Gesamtnachlasse hat (§ 2059 Abs. 2), und da er ferner schon im Verlauf des Konkurses und nicht erst nach dessen Beendigung zu befriedigen ist; der Anteil kann nämlich erst nach Beendigung des Verfahrens bei der Auseinandersetzung, die aber nicht dem Konkursverwalter zusteht, realisiert werden. Die Anwendung des durch § 2059 verliehenen Rechts ist übrigens Sache des Miterben selbst, da der Anteil nicht Nachlaß, sondern sein Eigenvermögen ist. Wird die angemeldete Forderung vom Konkursverwalter oder von einem Gläubiger bestritten, so ist nach § 146 KO. zu verfahren, d. h. Feststellung zu betreiben. Besteht ein Titel (siehe hierzu Jäger KO. § 146 Anm. 22) schon z. Z. der Konkurseröffnung, so liegt die Verfolgung des Widerspruchs dem Bestreitenden ob. Hier kann nur an einen (bezw. an mehrere) gegen die *sämtlichen* Erben gerichteten (gerichtete) Schuldtitel gedacht werden, da nur in diesem Falle eine Leistung aus der Masse in Frage steht. Der gegen nur *einen* Miterben gerichtete Schuldtitel kann den Zwang des Anmelders, die Feststellung seinerseits zu betreiben, nicht beseitigen, weil der Schuldtitel nicht gegen den *Gesamt*nachlaß wirkt. — Die Feststellung begründet den Anspruch auf Befriedigung im Konkurse, verleiht aber infolge der Aufnahme in die Konkurstabelle auch das Recht zur Vollstreckung nach Beendigung des Konkurses, wenn die Miterben ihrerseits nicht bestritten haben (§ 164 Abs. 2 KO.). Den Erben steht, wenn die Beendigung durch Aufhebung erfolgt ist, der § 1989 zur Seite, wonach sie nur mit der Bereicherung haften. Diese Beschränkbarkeit auf die Bereicherung ist auch noch nach der Teilung des Nachlasses zulässig. Bestreiten die sämtlichen Miterben die angemeldete Forderung, so können sie auch neben dem Konkurse gemäß § 144 Abs. 2 KO. persönlich als Gesamtschuldner auf Zahlung verklagt werden. Das dabei etwa erstrittene Urteil gestattet während des Konkurses keinerlei Vollstreckung, sofern die Erben den Vorbehalt (§ 780 ZPO.) erwirkt haben, andernfalls ist schon während des Konkurses die Vollstreckung in das Privatvermögen der Erben wegen der *ganzen* Forderung zulässig. Dagegen ist auf Grund des mit dem Vorbehalte versehenen Urteils die Vollstreckung nach Beendigung des Konkurses in den Nachlaß und Eigenvermögen an sich zulässig, den Erben aber die Beschränkung sowohl nach § 2059 — vor der Teilung — wie nach § 1989 — dies auch nach der Teilung — gegeben. Die Tabelle allein berechtigt in diesem Falle nicht zur Vollstreckung über den Konkurs hinaus. Bestreitet nur einer der Miterben bezw. bestreiten einige die angemeldete Forderung, so kann der Gläubiger die Klage nur gegen die Bestreitenden richten und evtl. erst nach Konkursbeendigung in deren Anteil, nicht aber in den Nachlaß bezw. in die Bereicherung, soweit letztere noch ungeteilt ist, vollstrecken, da auch insoweit die Feststellung in der Tabelle dem Gläubiger nichts nützt (§ 164 Abs. 2 KO., § 747 ZPO., Jäger § 214 Anm. 18 KO.). — Der Anmeldung zum Konkurse kann der Konkursgläubiger selbst dann nicht entraten, wenn er einen Schuldtitel gegen sämtliche Erben erwirkt hatte oder wenn der Erblasser selbst bereits verurteilt war. Wegen der Feststellung kommt, wie bereits erwähnt, hier — im Falle — des Bestreitens der § 146 Abs. 6 KO. zur Anwendung. Die Vollstreckung in den Nachlaß (die Masse) ist aus solchem Urteile während des Konkurses unzulässig, ebenso die in Eigenvermögen einschließlich des Anteils. Der gegen den Erblasser gerichtete, etwa noch nicht umgestellte Schuldtitel kann während der Dauer des Nachlaßkonkurses auch nicht gegen einen oder die Miterben umgestellt werden, es müßte denn unbeschränkbare Haftung bestehen. Doch ist auch im letzteren Falle keine Vollstreckung in den Nachlaß, wohl aber in den Anteil — und im Rahmen des § 2059 Abs. 1 S. 2 — in sonstiges Eigenvermögen des Miterben zulässig. Besteht z. B. der Konkurseröffnung eine Pfändung in den Anteil oder in sonstiges Vermögen eines beschränkbar haftenden Miterben, so kann der betreffende Erbe sie nach §§ 784 Abs. 1, 785 ZPO., die Vollstreckung in das sonstige Vermögen auch unter Berufung auf § 2059 Abs. 1 S. 1 zur Aufhebung bringen. Hatte der Konkursgläubiger bereits gegen den Erblasser selbst vollstreckt und dabei ein dingliches Recht erworben, so kann er ein Absonderungsrecht geltend machen; es bedarf keiner Umstellung der Klausel gegen den Konkursverwalter und keiner weiteren Zustellung. Hatte er das dingliche Recht erst nach dem Erbfalle erworben, so entfällt für die Dauer des Konkurses das dadurch begründete Absonderungsrecht (§ 221 KO.) und ist die Forderung zum Konkurse anzumelden.

Hatte der Privatgläubiger eines Miterben vor der Konkurseröffnung den Anteil seines Schuldners am Nachlasse gepfändet, so bleibt die Pfändung auch neben dem Konkurse in Kraft, wie sie überhaupt auch erst neben dem Konkurse vorgenommen werden kann. Zu einer Befriedigung des Gläubigers bezw. des den Anteil nach § 857 Abs. 5 ZPO. kaufenden Erwerbers kann es im Verlaufe des Konkursverfahrens nicht kommen, weil der Nachlaß der alleinigen Befriedigung der Nachlaßgläubiger vorbehalten ist; es kann nicht Überweisung, sondern nur Verwaltung gefordert werden (§ 857 Abs. 4 und 5 ZPO.). Zur Auseinandersetzung, die wegen seiner alleinigen Verfügungsmacht hinsichtlich der Nachlaßgegenstände nur der Konkursverwalter vornehmen könnte, ist er nicht befugt. Meist wird die Anteilspfändung neben dem Konkurse schon aus dem Grunde zwecklos sein, weil der Nachlaß im Konkurse für die Interessen der Nachlaßgläubiger aufgebraucht wird.

Nach Beendigung des Nachlaßkonkurses kann ein gegen den Nachlaß gerichteter Anspruch nur wieder gegen die Erben selbst bezw. evtl. auch gegenüber einem mit der Gesamtverwaltung betrauten Testamentsvollstrecker gerichtet werden.

Wegen der Ansprüche der Aussonderungs-, Absonderungsberechtigten und wegen der als Masseschuld zu erachtenden Ansprüche vergl. oben Seite 51.

Durch die Konkurseröffnung wird ein Rechtsstreit, der wegen eines gegen den Nachlaß gerichteten Anspruchs gegen die sämtlichen Miterben schwebt, bezw. werden die gegen die sämtlichen Miterben einzeln angestrengten Rechtsstreitigkeiten bezw. der gegen einen Funktionär schwebende Rechtsstreit unterbrochen. Der § 246 ZPO. kommt hier nicht in Betracht. Die Unterbrechung kann stets nur nach Maßgabe des § 240 ZPO.

und der konkursrechtlichen Grundsätze beseitigt werden; dies gilt auch für denjenigen Rechtsstreit, der bereits durch den Erbfall eine Unterbrechung erfahren hatte, aber z. Z. der Konkurseröffnung noch ruhte. Über die Beseitigung der Unterbrechung, für welche die Grundsätze verschieden sind, je nachdem es sich um den Rechtsstreit eines Konkursgläubigers oder eines Aussonderungs- usw. Berechtigten handelt, siehe oben Seite 50f. (§§ 240 ZPO., 144 Abs. 2, 146, 11 KO.).

Bezüglich der Frage, ob auch die gegen einzelne bezw. richtiger nicht gegen die sämtlichen Miterben z. Z. der Konkurseröffnung schwebenden Prozesse unterbrochen werden, siehe die auch hier entsprechend gültige, hinsichtlich der Nachlaßverwaltung gemachte Darlegung Seite 284. Hinsichtlich der Unterbrechung eines gegen unbeschränkbar haftende Miterben anhängigen Rechtsstreits vergl. das beim Nachlaßverwaltungsverfahren Seite 287 Dargelegte. Es ist hinsichtlich des Konkurses zu bemerken, daß, soweit die Unterbrechung stattgefunden hat, immer nur nach konkursrechtlichen Grundsätzen (§§ 12, 11, 144 Abs. 2, 146 KO., 240 ZPO.) aufgenommen werden kann.

2. Nach der Teilung des Nachlasses.

A. Die Teilung.

Über die Art der Teilung und deren Vollzug siehe die Kommentare zu § 2042. — Durch die Teilung heben die Miterben die Gesamtberechtigung bezgl. der Nachlaßgegenstände und damit die Erbengemeinschaft überhaupt auf. Eine Teilung kann im Sinne der Haftungsgrundsätze auch in dem Erwerb der sämtlichen Erbteile durch einen Miterben gefunden werden (Strohal II 372, Kreß 25). Ohne Einfluß ist es im übrigen, wenn die Auseinandersetzung noch nicht bezgl. aller Nachlaßgegenstände erfolgt ist, sofern sie nur soweit durchgeführt ist, daß mit Rücksicht auf die Zugriffsmöglichkeit der Nachlaßgläubiger der Nachlaß nicht mehr als ungeteilt im Sinne des § 2059 Abs. 2 bezeichnet werden kann (so Strohal II 355). Die Teilung setzt eine darauf abzielende Tätigkeit der Miterben voraus (Kreß 29, 263). Deshalb kann eine Teilung nicht in der durch die Befriedigung der Nachlaßgläubiger eingetretenen völligen Erschöpfung des Nachlasses gefunden werden, gleichviel ob die Befriedigung der Gläubiger durch die Erben selbst bezw. in einem Beschränkungsverfahren durch den Verwalter erfolgt ist, oder ob die Gläubiger den Nachlaß durch Zwangsvollstreckungen aufgezehrt haben. Die Richtigkeit dieser im übrigen bestrittenen Ansicht — conf. Strohal II 351 Anm. 10 und die dort zitierte Literatur — ergibt sich schon aus der Tatsache, daß der Teilung ein System auf der Basis der Erbquoten zugrunde gelegt werden muß (§ 2047), während die Befriedigung der Nachlaßgläubiger im Verfahren der Nachlaßverwaltung bezw. des Nachlaßkonkurses ohne jede Rücksicht auf das Teilungssystem erfolgt. Die Frage, ob der Nachlaß geteilt ist, hat gerade für die hier interessierende Haftung für Nachlaßverbindlichkeiten Bedeutung insofern, als die Haftung, die vor wie nach der Teilung grundsätzlich gesamtschuldnerisch unbeschränkt ist, gerade in der Zeit nach der Teilung in gewissen Fällen in eine nur anteilige — beschränkte oder unbeschränkte — abgeschwächt wird. Hierüber weiter unten mehr.

Die Teilung soll nach der Vorschrift des § 2046 S. 1 und des § 2047 nicht vor der Berichtigung der (evtl. durch Aufgebot — § 1970 — oder Aufforderung — § 2061 — zu ermittelnden) bekannt gewordenen Nachlaßverbindlichkeiten erfolgen. Die Tatsache, daß eine Nachlaßverbindlichkeit noch nicht fällig oder — sei es unter den Erben selbst, sei es im Verhältnis zum Gläubiger — streitig ist, braucht die Teilung nicht zu hemmen; das für die Berichtigung der Verbindlichkeit evtl. noch Aufzuwendende soll ungeteilt zurückbehalten werden (§ 2046 Abs. 2). — Die Teilung kann, abgesehen von den gesetzlich festgelegten Ausnahmen (§§ 2043 und 2044), grundsätzlich jederzeit von jedem Miterben verlangt werden (§ 2042). Daß sie in jedem Falle aber nur dann erfolge, wenn alle Miterben darüber einig sind, ist durch die Bestimmung des § 2045 gesichert. Danach kann nämlich jeder (auch der unbeschränkbar haftende) Miterbe dem auf die Auseinandersetzung gerichteten Verlangen eines oder aller übrigen Miterben widersprechen, sofern er sich dabei auf ein schwebendes Aufgebot oder eine öffentliche noch schwebende Aufforderung (§ 2061) stützen kann bezw. sofern unverzüglich von irgendeinem Miterben ein Aufgebot beantragt oder die Aufforderung erlassen wird; dieses Widerspruchsrecht besteht nur für die Dauer des Aufgebotsverfahrens bezw. nur bis zum Ablauf der im § 2061 bestimmten Anmeldungsfrist. Da diese beiden Institute die Ermittelung der Nachlaßverbindlichkeiten bezwecken, diese letzteren aber v o r der Teilung berichtigt werden sollen, so ist das Widerspruchsrecht des § 2045 ersichtlich als eine Maßregel gegeben, mit welcher dem einzelnen Miterben die Erfüllung der Vorschrift des § 2046 S. 1 ermöglicht werden soll. — Daß aber auch im Falle der Einigkeit sämtlicher Erben die Teilung nicht vor der Berichtigung der Nachlaßverbindlichkeiten geschehe, ist durch eine Reihe anderer Vorschriften gesichert. Naturgemäß liegt die Berichtigung der Verbindlichkeiten vor der Teilung im Interesse der Nachlaßgläubiger. Denn einmal ist es klar, daß die Befriedigung beim Vorgehen in den noch ungeteilten Nachlaß leichter zu erzielen ist, wie aus dem bereits verteilten, und zwar insbesondere deswegen, weil es ungewiß ist, ob nach der Teilung der Nachlaß bei den einzelnen Erben noch so unverkürzt vorhanden sein wird, daß er z. B. zu einem Nachlaßkonkurse wieder zusammengebracht bezw. ob die Vermögenslage der einzelnen Miterben so gut ist, daß evtl. mit Erfolg ein Ersatzanspruch wegen der Abgänge vom Nachlasse gegen sie erhoben werden könnte. In erster Reihe kommt hier die Tatsache in Betracht, daß die Miterben auch nach der Teilung gesamtschuldnerisch haften (§ 2058) und eine Beschränkungsmöglichkeit nur noch bei Überschuldung — sei es ob Nachlaßkonkurs oder ob die Unzulänglichkeitseinrede in Frage steht — haben; Nachlaßverwaltung ist nach der Teilung überhaupt ausgeschlossen (§ 2062), die Einrede des ungeteilten Nachlasses (§ 2059) ist nicht mehr anwendbar. Diese Vorschriften sind gerade für den zahlungsfähigen Miterben eine ernste Mahnung, die Teilung nicht vor der Berichtigung der Verbindlichkeiten geschehen zu lassen. Da es nämlich nach der Teilung so erschwert ist, die Haftung auf den Nachlaß zu beschränken; da es ferner fraglich ist, ob der Nachlaß überhaupt noch rekonstruiert werden kann, so wird sich ein zahlungsfähiger Miterbe vorzustellen haben, daß am Ende gerade auf ihm allein die Verpflichtung zur Berichtigung der Nachlaßverbindlichkeiten lasten bleiben werde. Und wenn es ihm im Einzelfalle auch möglich sein würde, wegen Überschuldung des Nachlasses den Nachlaßkonkurs zur Eröffnung zu bringen oder die Unzulänglichkeitseinrede anzuwenden, so würde auch dies noch kein ausreichender Schutz für ihn sein, weil nämlich in jedem Falle die auf §§ 1978 ff. beruhende Verantwortlichkeit wegen ordnungswidriger Verwaltung des Nachlasses besteht und gerade ihn, als zahlungsfähigen Erben, besonders hart treffen könnte. Einen Grund zur Erhebung der hieraus resultierenden Ersatz- bezw. Schadensersatzansprüche würde, wenn der Nachlaß verwirtschaftet ist, die Tatsache der im bewußten Widerspruche zu § 2046 S. 1 erfolgten Teilung schon für sich allein abgeben, da es in der Macht jedes Erben liegt, die Teilung vor Berichtigung der Nachlaßverbindlichkeiten zu verhüten. Zwar ist jedem Miterben im Verhältnisse zu den übrigen der Anspruch auf Ausgleichung wegen des von ihm zur Berichtigung einer Nachlaßverbindlichkeit Aufgewendeten gegeben, aber da ist wieder die Schwierigkeit, daß die Miterben unter einander immer nur beschränkbar, also nur mit den bei der Teilung empfangenen Nachlaßgegenständen haften (§ 2063 Abs. 2); allerdings ist auch hier die Folge dieser Beschränkungsmöglichkeit die auf § 1978 basierende Verantwortlichkeit jedes Miterben im Verhältnisse zum anderen, sofern dieser als Gläubiger in Betracht kommt, aber der Wert eines etwaigen Ersatzanspruchs hängt auch hier wieder von der Zahlungsfähigkeit der Miterben ab. — In zweiter Reihe ist der § 2059 geeignet, von einer vorzeitigen Teilung abzuschrecken insofern, als nach der Teilung keinem Miterben mehr das einfache Mittel der Beschränkung durch die bloße Einrede der Ungeteiltheit des Nachlasses zusteht. Vielmehr bedarf es alsdann stets der Anwendung eines ordentlichen Beschränkungsmittels, die aber, wie erwähnt, sehr oft an der Unmöglichkeit der Rekonstruierung des Nachlasses scheitern wird. Insbesondere hat der allgemein unbeschränkbar haftende Miterbe wegen der ihm so günstigen Bestimmung des § 2059 Abs. 1 S. 2 ein lebhaftes Interesse an einem Zusammenhalten des Nachlasses bis zur Berichtigung aller Nachlaßverbindlichkeiten. Vor der Teilung kann nämlich auch er die Haftung hinsichtlich seines Eigenvermögens erheblich einschränken, nach der Teilung ist ihm diese Möglichkeit genommen. — Endlich ist auf die Bestimmung des § 2062 zu verweisen, wonach die Beschränkung der Haftung zwar vor, aber nicht nach der Teilung durch Nachlaßverwaltung möglich ist. Bei einem für die Nachlaßverbindlichkeiten ausreichenden Nachlaß gibt es demzufolge nach der Teilung eine Beschränkungsmöglichkeit weder durch Nachlaßverwaltung noch durch die Unzulänglichkeitseinrede.

Die Frage, ob der Nachlaß bereits geteilt sei, kann, zumal eine Teilung unter Umständen auch schon dann vorliegen kann, wenn noch nicht sämtliche Nachlaßgegenstände verteilt sind, im Einzelfalle streitig werden. Erben sowohl wie Gläubiger können je nach der Sachlage ein Interesse daran haben, daß Teilung oder Ungeteiltheit angenommen werde. Glauben die Erben zu dem Beschränkungsverfahren der Nachlaßverwaltung greifen zu müssen, so liegt es in ihrem Interesse, die Ungeteiltheit des Nachlasses zu behaupten, da sie nach der Teilung die Nachlaßverwaltung nicht mehr veranlassen dürfen. Stellen sie (gemeinschaftlich) den Antrag auf Anordnung des Verfahrens, so haben sie allerdings keine Veranlassung, Ungeteiltheit zu behaupten bezw. hat das Gericht keinen Anlaß, hierüber Untersuchungen anzustellen. Behauptet aber der Gläubiger, weil er nur nach der Teilung auch das Eigenvermögen des Erben angreifen kann, daß der Nachlaß geteilt sei, so kann das Gericht das Verfahren nicht ohne weiteres trotzdem bestehen lassen, es wird vom Gläubiger den Beweis der Teilung erwarten. Staudinger zu § 2059 Anm. 2 ist der Ansicht, daß das Gericht nunmehr von Amtswegen Ermittelungen anstellen müsse, was aber kaum zutreffen dürfte. Überhaupt haben die Erben stets dann ein Interesse an der Ungeteiltheit des Nachlasses, wenn ein Nachlaßgläubiger in ihr Eigenvermögen vollstreckt. Geschieht dies nämlich vor der Teilung, so können sie ohne besonderes Beschränkungsverfahren einfach durch den Hinweis auf die Ungeteiltheit des Nachlasses gemäß § 2059 die Vollstreckung vom Eigenvermögen ab- und auf den Nachlaß hinlenken; geschieht es aber erst nach der Teilung, so können sie dies nur durch die — recht erschwerte — Anwendung des Nachlaßkonkurses und der Unzulänglichkeitseinrede erreichen.

Entsteht nun bei einer Vollstreckung in Eigenvermögen ein Streit über die Frage, ob Teilung vorliege, so wird der Gläubiger den Beweis der Teilung zu führen haben.

Die Miterben haben auch gegenüber ihren eigenen Gläubigern ein Interesse an der Ungeteiltheit des Nachlasses, weil jede Vollstreckung eigener Gläubiger in den ungeteilten Nachlaß, d. h. in Nachlaßgegenstände, unzulässig ist (§ 766 ZPO.). Auf die Erinnerung der Erben dürfte die Vollstreckung ohne weiteres aufzuheben sein; dem Gläubiger evtl. der Nachweis der Teilung obliegen. — Andererseits können die Miterben wieder ein Interesse an der Teilung des Nachlasses haben, wenn sie nämlich als Gesamtschuldner in Anspruch genommen werden in einem Falle, wo vielleicht anteilige Haftung eingetreten ist, z. B. § 2061. Hier wird der Beweis der Teilung den Erben obliegen. Siehe auch Strohal II 354 V, Staudinger zu § 2059 Anm. 2.

B. Der Nachlaß.

a. Eigentum, Besitz.

Mit dem Vollzuge der Teilung wird jeder Miterbe alleiniger Eigentümer der ihm zugefallenen Nachlaßgegenstände. Die Erbengemeinschaft (Miteigentum zur gesamten Hand) hört auf. Von einem „Anteile" je eines Miterben am Nachlasse kann keine Rede mehr sein. Es bleibt lediglich das Gesamtschuldverhältnis bestehen (§ 2058). Sollten dagegen einzelne Nachlaßgegenstände noch nicht verteilt werden, so bleibt insoweit die Erbengemeinschaft bestehen. Das Ungeteilte ist dann der im § 2059 Abs. 2 erwähnte „ungeteilte Nachlaß"; bezgl. seiner gelten die hinsichtlich der Haftung mit dem Nachlaß gegebenen Vorschriften noch weiter, namentlich z. B. die des § 747 ZPO., wonach eine Vollstreckung nur auf Grund eines gegen sämtliche Miterben gerichteten Schuldtitels zulässig ist. Demgegenüber ist es ohne Bedeutung, daß der noch gemeinschaftlich gebliebene Nachlaß in Wahrheit sich verstreut bei den Erben befindet, wenn er nur noch nicht planmäßig verteilt ist, während andererseits auch bei im wesentlichen ungeteiltem Nachlasse eine Vollstreckung gegen einzelne im Besitze eines Miterben befindliche Nachlaßgegenstände schon auf Grund eines nur gegen diesen Erben gerichteten Titels zulässig ist, wenn die Gegenstände dem Erben zugeteilt waren. — Hinsichtlich der ungeteilt gebliebenen Nachlaßgegenstände ist auch noch eine „Anteils"pfändung im Sinne des § 2059 Abs. 1 S. 1 und § 859 Abs. 2 ZPO. möglich. — Eine Erbengemeinschaft bezw. ein in diesem Sinne ungeteilter Nachlaß ist aber insoweit nicht vorhanden, als Schriftstücke — siehe § 2047 Abs. 2 — gemeinschaftlich geblieben sind.

Mit der Auseinandersetzung wird auch der Mitbesitz der zur Teilung gebrachten Nachlaßgegenstände aufgehoben.

b. Verschmelzung.

Mit der Teilung des Nachlasses hört dessen bis dahin gewahrte Sonderstellung auf. Die einzelnen Nachlaßgegenstände verschmelzen mit dem sonstigen Vermögen des Miterben, dem sie zugeteilt werden. Fortan besitzt jeder Miterbe nur noch ein Gesamtvermögen, wie es bezgl. des Alleinerben von der Annahme der Erbschaft an der Fall ist. Auch jetzt ist diese Verschmelzung noch nicht so dauernd, daß sie nicht wieder aufgehoben werden könnte, doch geschieht es jetzt nur als Folge der Einleitung eines Nachlaßkonkurses bezw. der Anwendung der Unzulänglichkeitseinrede, nicht aber mehr im Zusammenhange mit einer Nachlaßverwaltung, da eine solche nunmehr überhaupt nicht mehr angeordnet werden kann (§ 2062). Mit der Anwendung eines der erstgenannten Beschränkungsmittel sondern sich die Nachlaßgegenstände wieder zu einer Sondermasse ab. Kommt es zum Nachlaßkonkurse, so werden die im Besitze eines jeden der Erben befindlichen Nachlaßgegenstände davon ergriffen, sie sind also an den Nachlaßkonkursverwalter herauszugeben. In dieser Weise wird der Nachlaß, auf den sich die Haftung nunmehr beschränkt, rekonstruiert; wegen der Abgänge, die er bei dem einzelnen Miterben erlitten hat, kann auf Grund der §§ 1978 ff. seitens des Verwalters im Interesse der Nachlaßgläubiger die Ergänzung bezw. der Schadensersatz gegenüber dem betr. Erben gefordert und dadurch der Nachlaß mehr oder weniger auf seine ursprüngliche Werthöhe gebracht werden. Kommt es dagegen nur zur Anwendung der Unzulänglichkeitseinrede, so sondern sich lediglich die bei den durch Prozeß in Anspruch genommenen Miterben befindlichen Nachlaßgegenstände von deren sonstigem Vermögen ab; die Haftung beschränkt sich lediglich auf sie, wenn auch im übrigen für die Frage, ob die Voraussetzungen des § 1990 (die Untunlichkeit der Anwendung eines Nachlaßkonkurses im Kosteninteresse) vorliegen, der bei den sämtlichen Erben verstreute Nachlaß in Betracht kommt. Allerdings tritt der auf den §§ 1978 ff. beruhende, gegen den Erben etwa bestehende Ersatzanspruch, den Nachlaß ergänzend, hinzu.

Die Verschmelzung wird nicht dadurch aufgehoben, daß der einzelne Miterbe mit seinem Gesamtvermögen in Konkurs gerät, vielmehr gehören auch die ihm zugeteilten Nachlaßgegenstände zur Masse. Die Nachlaßgläubiger sind nunmehr nur noch Erbengläubiger ohne die auf der Nachlaßgläubigereigenschaft beruhende Sonderstellung. Erst mit der Anwendung eines Beschränkungsmittels werden die Nachlaßgegenstände aus der Konkursmasse ausgesondert. Die Nachlaßverwaltung kann als solches Beschränkungsmittel jetzt nicht mehr in Betracht kommen. Dagegen kann es, wenn der Nachlaß als Ganzes überschuldet ist, zum Nachlaßkonkurse kommen, in welchem Falle der Nachlaß wieder aus der Konkursmasse des Erben ausgesondert wird. Antragsberechtigt sind, wie stets, jeder Miterbe sowie die Nachlaßgläubiger, abgesehen von den im § 219 KO. erwähnten. Auch der Verwalter des Gesamtkonkurses dürfte hierzu berechtigt und je nach der Sachlage im Interesse der Erben- wie der Nachlaßgläubiger dazu verpflichtet sein. — Endlich kann der Nachlaß überschuldet und dabei so unzulänglich sein, daß sich die Anwendung der Unzulänglichkeitseinrede als notwendig erweist. Hier dürfte sie vom Konkursverwalter geltend gemacht werden können. Die daraufhin gemäß § 1990 geschehende Herausgabe der Nachlaßgegenstände hat, wie auch sonst bei Anwendung der Einrede des § 1990, die Trennung — nur — des jeweilig herausgegebenen Nachlasses vom sonstigen Erbenvermögen, hier von der Konkursmasse, zur Folge (Jäger zu § 234 Anm. 5 KO.).

c. **Verwaltung.**

Jeder Miterbe verwaltet nach der Teilung die ihm zugeteilten Nachlaßgegenstände für sich; keinem Miterben steht hinsichtlich der Verwaltung des anderen eine Einwirkung zu (§ 2032 Abs. 2). Dagegen ist es allerdings jedem Erben möglich, allen übrigen die Nachlaßgegenstände wieder aus den Händen zu winden, indem er — bei vorliegender Überschuldung — Nachlaßkonkurs veranlaßt. Die Verwaltung muß, obwohl die Nachlaßgegenstände mit dem sonstigen Vermögen jedes Miterben zu einem Gesamtvermögen verschmelzen, doch im besonderen Interesse gerade der Nachlaßgläubiger, der bekannten wie unbekannten, ordnungsmäßig erfolgen. Der Grad der Verantwortlichkeit ist verschieden, je nachdem es sich um vollberechtigte oder minderberechtigte Gläubiger handelt:

Was die vollberechtigten anbelangt, so wird — nach der Teilung — keinem Miterben die Rechtfertigung seiner Verwaltung bezw. auch nur eine Auskunftspflicht zugemutet, so lange es nicht zu einem Sonderverfahren der Verwaltung der Nachlaßgegenstände kommt, denn die Haftung der Miterben ist unbeschränkt. Mit der Absonderung aber der Nachlaßgegenstände für eine Beschränkung der Haftung, die eine Rekonstruktion bezw. evtl. eine Ergänzung des Nachlasses erfordert, mit dem Eintritt also der alleinigen Haftung des Nachlasses ist jeder Miterbe auf Verlangen des Nachlaßkonkursverwalters (im Nachlaßkonkurs) bezw. jedes Nachlaßgläubigers (im Falle der Anwendung der Unzulänglichkeitseinrede) zur Auskunftserteilung und Rechenschaftsablegung (§ 1978, 666 BGB.) und evtl. zur Leistung des Offenbarungseides (§ 259 Abs. 2 BGB.) verpflichtet (siehe Seite 160). Jeder Miterbe ist für die durch seine ordnungswidrige Verwaltung entstandenen Schäden bezw. Abgänge nach den im § 1978 festgelegten Grundsätzen, nämlich denen der negotiorum gestio für die Zeit vor der Annahme und des Auftrages für die Zeit nach der Annahme verantwortlich. Die auf den §§ 1978—1980 beruhenden Ansprüche der Nachlaßgläubiger sind nicht N a ch l a ß-verbindlichkeiten, sondern Verbindlichkeiten des Erben selbst, also vielmehr Forderungen des Nachlasses; danach können die §§ 2058, 2060, 2061 auf sie keine Anwendung finden. Im übrigen haftet jeder Erbe für die gerade ihm zur Last gelegten Verstöße nur selbst; er kann n a ch der Teilung sowohl für die vor der Annahme der Erbschaft (siehe Seite 2) wie für die nach der Annahme (vor oder nach der Teilung) begangenen Verstöße wegen Ersatzes in Anspruch genommen werden. Dasselbe gilt, wenn der Verstoß von mehreren Erben begangen wurde bezw. wird; nur haften sie als Gesamtschuldner (siehe Seite 159). Ein die Erben gesamtschuldnerisch verpflichtender Verstoß gegen die Pflicht einer geordneten Verwaltung wird in der Teilung des Nachlasses zu erblicken sein, wenn letztere im bewußten Widerspruch zu der Vorschrift des § 2046 S. 1 erfolgt. Im allgemeinen werden Verstöße, die eine Gesamthaftung begründen könnten, in der Zeit nach der Teilung kaum vorkommen, da die Verwaltung keine einheitliche mehr ist. — Der allgemein unbeschränkbar haftende Miterbe kann nach der Teilung nicht nach Maßgabe der §§ 1978 ff. wegen seiner etwa ordnungswidrigen Verwaltung der ihm zugeteilten

Nachlaßgegenstände verantwortlich gemacht werden (§ 2013), weil der vollberechtigt gebliebene Nachlaßgläubiger ihn als Gesamtschuldner unbeschränkt in Anspruch nehmen kann, selbst wenn es etwa zum Nachlaßkonkurse kommen sollte. Aus diesem Grunde kann auch nicht ein Ersatzanspruch gegen ihn auf die in die Zeit vor der Teilung etwa fallenden Verstöße oder auf den in der Teilung selbst etwa liegenden Verstoß gegründet werden.

Was die durch Aufgebot ausgeschlossenen (§ 1973) oder durch Zeitablauf den Ausgeschlossenen gleichstehenden Gläubiger (§ 1974) anlangt, so besteht eine Verantwortlichkeit der Erben nach den Grundsätzen der §§ 1978 ff. selbst dann nicht, wenn es abgesehen von diesen durch sich selbst wirkenden Beschränkungsinstituten auch noch zur Anwendung eines ordentlichen Beschränkungsmittels kommt. Eine Gesamthaftung der etwa verantwortlichen Erben dürfte hier überhaupt kaum in Betracht kommen. — Hinsichtlich des unbeschränkbar haftenden Miterben ist zu bemerken, daß auch er einem im Sinne des Aufgebots und Zeitablaufs verspätet auftretenden Gläubiger im allgemeinen unbeschränkbar haftet und daß infolgedessen eine Verantwortlichkeit wegen der Verwaltung insoweit überhaupt nicht besteht. Soweit dagegen das Ausschlußurteil bezw. der Zeitablauf auch zugunsten eines unbeschränkbar haftenden Erben Wirkung äußert (§ 2013 Abs. 1 S. 2), kann er in demselben Umfange, wie ein überhaupt beschränkbar haftender Miterbe, von den betreffenden Gläubigern für die ihnen zugefügten Schäden verantwortlich gemacht werden.

Was endlich die Verantwortlichkeit im Verhältnisse zu denjenigen Gläubigern anbetrifft, denen jeder Miterbe nur anteilig haftet, so sind die Fälle des § 2060 von dem des § 2061 zu unterscheiden. In der Regel haften die Erben nach der Teilung da, wo sie einem vom Zeitablauf oder Ausschlußurteil oder von der Konkursbeendigung im Sinne des § 2060 betroffenen Nachlaßgläubiger gegenüberstehen, nicht bloß auf die Bereicherung beschränkbar, sondern auch noch zugleich nur anteilig. Infolgedessen beschränkt sich die hier ohnehin sehr eingeengte Verantwortlichkeit auch noch insofern weiter, als sie nicht wegen der ganzen Forderung des Gläubigers besteht, sondern nur wegen desjenigen Teils derselben, wegen dessen der Gläubiger den Erben überhaupt nur in Anspruch nehmen darf. Im Verhältnisse zu einem von der Aufforderung nach § 2061 betroffenen Gläubiger ist die Verantwortlichkeit zwar gleichfalls insofern herabgedrückt, als sie nur wegen eines Teils der Forderung besteht, im übrigen aber gelten auch hier die Grundsätze der §§ 1978 ff. — Der einzelne Miterbe kann unter Umständen für seine Verwaltung auch im Verhältnisse zum anderen Miterben verantwortlich werden, sofern letzterer als Nachlaßgläubiger forderungsberechtigt ist. Die Haftung der Miterben im Verhältnisse zu einem anderen Miterben, der zugleich Nachlaßgläubiger ist, wird im § 2063 Abs. 2 in einer von der allgemeinen Norm abweichenden Weise dahin geregelt, daß sie unter allen Umständen auf den Nachlaß, d. h. hier auf die dem einzelnen Miterben bei der Teilung zugeteilten Nachlaßgegenstände beschränkbar ist. Dies gilt auch zugunsten eines bereits allgemein unbeschränkbar haftenden Miterben. Diese Beschränkbarkeit der Haftung auf den Nachlaß muß zur Folge haben, daß die Grundsätze der Verantwortlichkeit nach § 1978 unter allen Umständen im Verhältnis der Miterben untereinander anwendbar sind; hier muß folgerichtig auch der allgemein unbeschränkbar haftende Miterbe nach diesen selben Grundsätzen verantwortlich gemacht werden können, denn die Ersatzansprüche werden stets nur dann bezw. insoweit nicht zugelassen, wo bezw. als die Haftung unbeschränkbar ist. Eine besondere Bedeutung gewinnt diese Beschränkbarkeit bezw. Verantwortlichkeit in dem Falle, wo ein einzelner Miterbe nach der Teilung freiwillig oder gezwungen eine Nachlaßverbindlichkeit voll berichtigt und gegen die übrigen Miterben Ausgleichung fordert (§ 426 BGB.). Der fordernde Miterbe ist insoweit Nachlaßgläubiger; die übrigen Erben haften ihm nur nach Verhältnis ihrer Erbquoten, also anteilig (§ 426 Abs. 2 BGB.) und überdies, wie angegeben, beschränkbar auf den Nachlaß unter Verantwortlichkeit für die Verwaltung. Daß diese Grundsätze unter Umständen für einen unbeschränkbar haftenden Erben im Verhältnisse zu einem anderen unbeschränkbar haftenden Erben zu schweren Nachteilen führen können, führt mit Recht Strohal II 356 an der Hand folgenden Beispiels aus: A und B erben jeder $1/2$, haben den Nachlaß geteilt und haften unbeschränkbar. A wird von irgendeinem Gläubiger als Gesamtschuldner auf Zahlung von 200 ℳ in Anspruch genommen und muß sie zahlen. Er fordert von B 100 ℳ zum Ausgleich, kann aber nur 50 ℳ bekommen, da der Nachlaß, auf den B die Haftung gemäß § 2063 Abs. 2 beschränkt, nur 50 ℳ wert ist. Strohal ist deshalb der Meinung, daß der § 2063 Abs. 2 bei den nach § 426 Abs. 2 BGB. zu beurteilenden Fällen des Übergangs der Forderung eines Nachlaßgläubigers auf einen Miterben dann nicht eingreift, wenn der wegen der Forderung in Anspruch genommene Miterbe schon zur Zeit des Überganges nicht nur gesamtschuldnerisch, sondern auch schlechthin unbeschränkt (d. h. unbeschränkbar) haftet. Diesseits wird diese Folgerung nicht akzeptiert; die dem Anscheine nach vorhandene Unbilligkeit ist eben eine — für einen Miterben besonders harte (siehe Seite 188 unten) — Folge des Verlustes der Beschränkungsmöglichkeit. Muß ja doch auch ein Alleinerbe, der unbeschränkbar haftet, jede Nachlaßverbindlichkeit voll berichtigen, auch wenn der Nachlaß bei weitem nicht zur Berichtigung aller Nachlaßverbindlichkeiten ausreicht.

d. Verfügung.

Eine Verfügung über den Nachlaß als Ganzes oder über einen Anteil kann nach der Teilung nicht mehr in Betracht kommen. Die seitens des einzelnen Miterben beliebte Verfügung über die ihm zugeteilten Nachlaßgegenstände unterliegt nicht der Vorschrift des § 2371. — Sollte nach der grundsätzlich vorgenommenen Teilung eine Gesamtberechtigung noch hinsichtlich einzelner Nachlaßgegenstände bestehen geblieben sein, so ist zwar keine Verfügung über den „Nachlaß", wohl aber über den „Anteil" denkbar; insoweit haben die Bestimmungen der §§ 2371, 2033 auch jetzt noch Geltung. Ebenso ist für die Vollstreckung in die gemeinschaftlich gebliebenen Nachlaßgegenstände ein gegen sämtliche Miterben gerichteter Schuldtitel (§ 747 ZPO.) erforderlich. Hinsichtlich der Vollstreckung in den Anteil gelten die §§ 859 Abs. 2, 857 ZPO., 2042 BGB. (siehe auch Seite 179).

C. Die Haftung für Nachlaßverbindlichkeiten:

a. Einführung.

Über den Begriff „Nachlaßverbindlichkeiten" und über die Frage, ob die Haftung hinsichtlich des Gegenstandes beschränkt oder unbeschränkt ist, siehe Seite 61 ff., 67.

Aus den Bestimmungen der §§ 2046, 2047 geht hervor, daß im Prinzip das BGB. an eine Berichtigung der Nachlaßverbindlichkeiten vor der Teilung denkt. Es ist oben schon hervorgehoben, daß in der voreiligen, d. h. vor Berichtigung der Nachlaßverbindlichkeiten vorgenommenen Teilung nicht bloß eine Gefahr gerade für den zahlungsfähigen Miterben liegt, sondern auch ein evtl. die Ersatzansprüche nach §§ 1978 ff. gegen sämtliche Miterben auslösender Verstoß gegen die Pflicht einer geordneten Verwaltung des Nachlasses. Normalerweise werden in der Zeit nach der Teilung daher nur solche Nachlaßverbindlichkeiten ungedeckt sein, deren Bestehen den Erben bis zur Teilung unbekannt geblieben war. Immerhin ist auch die Möglichkeit in Betracht zu ziehen, daß die Teilung mehr oder weniger ohne Rücksicht auf das Bestehen der Nachlaßverbindlichkeiten vollzogen wird. Der Fall kann schließlich so liegen, daß die Erben s o f o r t teilen, gerade um der Haftung mit dem ungeteilten Nachlaß zu entgehen. Es ist danach sehr wohl denkbar, daß die Berichtigung der Nachlaßverbindlichkeiten bezw. die Geltendmachung der Forderungen gegen die Erben mehr oder weniger erst in die Zeit nach der Teilung fällt, zumal übrigens die Miterben keineswegs genötigt sind, die Teilung mit Rücksicht auf etwaige unbekannt gebliebene, nicht aus den Umständen zu vermutende Nachlaßschulden aufzuschieben.

Die Haftungsgrundsätze sind auch bezgl. der Zeit nach der Teilung nach zwei Richtungen hin zu behandeln, und zwar die Haftung hinsichtlich des Gegenstandes wie hinsichtlich der Mehrheit der Schuldner. Grundsätzlich ist die Haftung unbeschränkt und gesamtschuldnerisch, doch bestehen auch jetzt noch Abweichungen. Die Haftung kann hinsichtlich des Gegenstandes beschränkt werden, sei es daß sie alsdann nur noch den „Nachlaß" oder den „Überschuß nach Grundsätzen einer ungerechtfertigten Bereicherung" erfaßt. Sie kann auch statt einer gesamtschuldnerischen eine nur anteilige sein, d. h. den einzelnen Miterben überhaupt nur für denjenigen Teil der noch ungedeckten Nachlaßverbindlichkeiten belasten, welcher seinem Erbteil entspricht. Während aber die Beschränkung hinsichtlich des Gegenstandes, sei es auf den Nachlaß, sei es auf die Bereicherung, auch noch nach der Teilung z. B. durch Nachlaßkonkurs oder Aufgebot herbeigeführt werden kann, wird die Haftung anteilig nur durch Maßnahmen bezw. Ereignisse, welche schon in der Zeit vor der Teilung ergriffen bezw. eingetreten sind. Die anteilige Haftung muß also schon vor der Teilung vorbereitet worden sein bezw. sich vorbereitet haben. Die Miterben haben es danach in der Regel in der Hand, vor Teilung des Nachlasses zu ihrer Sicherheit der in der Fortdauer der Gesamthaftung liegenden Gefahr der Teilung dadurch zu begegnen, daß sie diejenigen Mittel anwenden, welche in der Zeit nach der Teilung den Eintritt der Teilhaftung gewähren. Diese Mittel sind das Aufgebot (§ 1970) und die Aufforderung (§ 2061). Auch der in die Zeit vor der Teilung (fallende und) aufgehobene Nachlaßkonkurs sowie der in dieser Zeit sich vollendende Zeitablauf des § 1974 bewirken für die Zeit nach der Teilung eine nur anteilige Haftung jedes Miterben. Das Aufgebot und der Nachlaßkonkurs können natürlich auch noch nach der Teilung durchgeführt werden, der Zeitablauf kann sich nach der Teilung vollenden, die Aufforderungsfrist des § 2061 kann nach der Teilung ablaufen; dies alles aber schwächt die Gesamthaftung, wenn sie erst einmal unmittelbar nach der Teilung bestanden hatte, nicht mehr ab.

Die anteilige Haftung wird kaum eine größere Bedeutung haben, denn einmal setzt sie die Durchführung eines Aufgebots bezw. einer Aufforderung oder eines Nachlaßkonkurses oder den Ablauf von 5 Jahren voraus und ferner werden nach Durchführung dieser Institute bezw. nach dem Ablauf einer so langen Frist, wie überhaupt nach der Teilung, Nachlaßverbindlichkeiten, die noch unberichtigt sein sollten, kaum noch bestehen. Die anteilige Haftung trifft eben im wesentlichen nur die in der Beitreibung ihrer Forderung nachlässigen Gläubiger. Alle übrigen Gläubiger sind auch nach der Teilung vollberechtigt; gerade mit Rücksicht auf sie werden die Erben der Vorschrift des § 2046 S. 1 Genüge leisten und es inzwischen zur Teilung nicht kommen lassen.

Die in der Zeit nach der Teilung in den oben erwähnten Fällen der §§ 2060, 2061 ausnahmsweise bestehende anteilige Haftung ist in den drei Fällen des § 2060 zugleich eine auf die Bereicherung beschränkte bezw. richtiger beschränkbare; nur hinsichtlich der bereits allgemein unbeschränkbar haftenden Miterben ist die — im übrigen gleichfalls nur anteilige — Haftung unbeschränkbar, und mit Rücksicht auf die Kategorie der Pflichtteilsberechtigten usw. (§ 1972) ist sie im Falle des § 2060 Nr. 1 zwar anteilig aber hinsichtlich des Gegenstandes unbeschränkt bezw. nur durch die ordentlichen Mittel beschränkbar. Dagegen ist die Haftung gegenüber den nach § 2061 ausgeschlossenen Nachlaßgläubigern neben der nur anteiligen eine unbeschränkte bezw. durch die ordentlichen Beschränkungsmittel beschränkbare; hinsichtlich des allgemein unbeschränkbar haftenden Miterben ist auch hier die anteilige Haftung eine unbeschränkbare.

Die auf den §§ 2060, 2061 beruhende nur anteilige Haftung ist eine Beschränkung der Haftung kraft G e s e t z e s. Dies ergibt sich aus der Wendung: „Jeder Miterbe haftet", während in allen übrigen Fällen der Beschränkung mit den Worten: „Der Erbe kann verweigern" auf die E i n r e d e der Beschränkung hingewiesen ist, z. B. § 2059. Siehe auch §§ 1973, 1990, 2014. Der Gläubiger, dem sonach das materielle Recht nicht zur Seite steht, kann einen nur anteilig haftenden Miterben nur in Höhe des dessen Erbteil entsprechenden Teils seiner Forderung in Anspruch nehmen; das Gericht hat diese Tatsache von Amtswegen zu berücksichtigen; die Erben machen deshalb, wenn sie darauf aufmerksam machen, keine zivilrechtliche Einrede, sondern nur eine prozessuale Einwendung (Planck zu § 2060 Anm. 1). Im übrigen aber, d. h. hinsichtlich des anzugreifenden Gegenstandes, erfolgt die Inanspruchnahme unbeschränkt, da es Sache der Miterben ist, die Haftung hinsichtlich des Gegenstandes durch Einrede zu beschränken.

Nunmehr soll im einzelnen zunächst über die grundsätzlich unbeschränkte, beschränkbare Haftung, sodann über die grundsätzlich gesamtschuldnerische und ausnahmsweise nur anteilige Haftung der Miterben gehandelt werden.

b. Unbeschränkte Haftung.

Der im § 1967 normierte Grundsatz der unbeschränkten Haftung gilt auch für die Zeit nach der Aufhebung der Erbengemeinschaft. Er hat zur Folge, daß auch jetzt noch die Miterben hinsichtlich ihres (aus dem Eigenvermögen und den dem einzelnen bei der Auseinandersetzung zugefallenen Nachlaßgegenständen gebildeten) Gesamtvermögens in Anspruch genommen werden können; jeder gegen die Miterben unternommene Angriff wegen eines gegen den Nachlaß gerichteten Anspruchs hat die Bedeutung eines Angriffs gegen das Gesamtvermögen jedes Erben. Dieses Vermögen muß nunmehr auch Befriedigungsobjekt für die eigenen Gläubiger eines jeden Miterben sein. Keine Kategorie von Gläubigern kann für sich vorzugsweise dieses oder jenes Vermögen in Anspruch nehmen, die Gläubiger sind durchweg nur noch Erbengläubiger. Der Grundsatz der unbeschränkten Haftung gilt, wie stets, auch dann, wenn ein die Haftung endgültig beschränkendes Verfahren, wie Nachlaßkonkurs oder Aufgebot geschwebt hatte, bezw. wenn fünf Jahre seit dem Erbfalle verstrichen sind; die Haftung ist auch in diesen Fällen nicht eine gesetzlich beschränkte, sondern nur durch Einrede beschränkbare.

c. Die Mittel der Haftungsbeschränkung.

Auch für das Stadium nach der Teilung können die Miterben der grundsätzlich unbeschränkten Haftung nur durch ein Mittel der Haftungsbeschränkung entgehen, soweit sie nicht bereits überhaupt unbeschränkbar haften. Die Beschränkung reicht je nach dem zur Anwendung gelangenden Mittel mehr oder weniger weit. Die ordentlichen Beschränkungsmittel haben eine auf den „Nachlaß" beschränkte Haftung zur Folge. Da auch hier stets der Gesamtnachlaß gemeint ist — Beschränkungsverfahren sind hinsichtlich eines Bruchteils des Nachlasses oder hinsichtlich einzelner Nachlaßgegenstände bezw. Komplexe von solchen nicht zulässig — so ergibt sich, daß die Nachlaßgegenstände für das Sonderverfahren des Nachlaßkonkurses (nur dieser kommt als Sonderverfahren noch in Betracht) erst wieder bei den einzelnen Miterben gesammelt werden müssen, damit sie als Nachlaßkonkursmasse in der Hand des Konkursverwalters vereinigt werden können. Mit der Eröffnung des Verfahrens beschränkt sich die Haftung im Verhältnisse zu sämtlichen etwa noch forderungsberechtigten Nachlaßgläubigern auf den Nachlaß; die §§ 1978 ff. werden evtl. anwendbar. Die besonderen Beschränkungsinstitute (Aufgebot, Zeitablauf) haben für sich allein hinsichtlich derjenigen Nachlaßgläubiger, welche sich im Sinne der §§ 1973, 1974 nicht haben ausschließen lassen, keinerlei beschränkende Wirkung, vielmehr bedarf es zur Beschränkung insoweit der Anwendung eines ordentlichen Beschränkungsmittels; dagegen beschränken sie die Haftung im Verhältnisse zu den im Sinne dieser Institute säumigen Nachlaßgläubigern auf den Überschuß vom Nachlasse insofern bezw. insoweit, als die Erben durch ihn ungerechtfertigt bereichert sind. Insoweit entfällt auch die Möglichkeit der Anwendung der §§ 1978; die Verantwortlichkeit wegen der Verwaltung ist im wesentlichen mit Bezug auf diejenigen — ausgeschlossenen — Verbindlichkeiten beschränkt, deren Bestehen der Miterbe zur Zeit der Verbringung gekannt hat (§ 819 BGB., anders Kreß 129). Über die Absonderung des Nachlasses und ihre Folgen siehe im übrigen Seite 71.

Eine Besonderheit besteht im Stadium nach der Teilung insofern, als das Beschränkungsverfahren der Nachlaßverwaltung überhaupt unzulässig ist (§ 2062). Dies ist, wie folgt, zu rechtfertigen: Die Nachlaßverwaltung kommt überhaupt nur bei einem zur Berichtigung aller Nachlaßverbindlichkeiten ausreichenden Nachlaß in Betracht (siehe hierzu Seite 72). In der überwiegenden Mehrheit der Fälle wird sie da angewendet werden, wo der Erbe die Last der Verwaltung von sich abschütteln will. Beim Alleinerben kann dies viel leichter vorkommen, wie beim Vorhandensein mehrerer Erben, die sich gegenseitig beraten und einen allseitig befriedigenden Verwaltungsmodus finden werden. Aus diesem Grunde ist in der Zeit vor der Teilung, wo die Erbengemeinschaft noch besteht, für die Anordnung der Nachlaßverwaltung der gemeinschaftliche Antrag der sämtlichen Miterben erfordert. Im Stadium nach der Teilung der Erbschaft besteht keine Erbengemeinschaft mehr und kann schon aus diesem Grunde kein „gemeinschaftlicher" Antrag erfordert werden; auch würde, wenn ein solcher gefordert wäre, kein Aequivalent gegenüber dem Widerspruch eines Miterben, wie es im Stadium vor der Teilung der § 2059 ist, bestehen. Es konnte aber von der Nachlaßverwaltung überhaupt abgesehen werden, weil in der Zeit nach der Teilung kein lediglich aus Schwierigkeiten der Verwaltung des Nachlasses zu entnehmender Anlaß dazu denkbar war. Denn der Nachlaß wird jetzt nicht mehr als Ganzes verwaltet; es wäre aber nicht zu rechtfertigen gewesen, lediglich wegen der für den e i n z e l n e n Miterben aus der Verwaltung sich etwa ergebenden Schwierigkeiten über den Kopf der übrigen hinweg das Verfahren zu gestatten und den Erben die ihnen zugeteilten Nachlaßgegenstände aus den Händen zu winden. Daß ein einzelner Miterbe die Nachlaßverwaltung nur hinsichtlich der ihm zugeteilten Gegenstände beantragt, ist wegen des Prinzips, daß jedes ordentliche Beschränkungsverfahren nur hinsichtlich des Gesamtnachlasses zulässig ist, nicht möglich (siehe auch § 235 KO.). — Immerhin kann infolge des vom § 2062 statuierten Verbots der einzelne Miterbe in Bedrängnis geraten. Da er nämlich wegen Berichtigung der g a n z e n Verbindlichkeit in Anspruch genommen werden kann, so wird er in allen Fällen, wo diese den Wert der ihm zugeteilten Nachlaßgegenstände übersteigt, das Bestreben haben, die Haftung auf den Nachlaß zu beschränken, um nicht auf die hinsichtlich des Erfolges oft recht zweifelhafte Ausgleichung gegenüber den übrigen Miterben angewiesen zu sein. Die Beschränkung ist, wenn der Nachlaß nicht überschuldet ist, nicht durchführbar, da die Nachlaßverwaltung ausgeschlossen ist. Diese dem einzelnen Miterben evtl. abträgliche Rechtslage ist nur durch die Erwägung zu rechtfertigen, daß nur das Interesse a l l e r Miterben für die Anordnung der Nachlaßverwaltung maßgebend ist. Dagegen kann man zu dem Verbote des § 2062 nicht stets einen Ausgleich in den Vorschriften des § 2046 S. 1 und § 2045 erblicken, da es bei aller Sorgfalt vorkommen kann, daß eine Nachlaßverbindlichkeit unbekannt bleibt, und da der Fall des Aufgebots durch das eine solche Verbindlichkeit bekannt oder ausgeschlossen würde, nicht stets als gegeben erachtet werden wird (§ 1980 Abs. 2). — Auch den Nachlaßgläubigern steht nach der Teilung der Antrag auf Anordnung der Nachlaßverwaltung nicht zu. Das kann für sie in allen denjenigen Fällen nachteilig sein, wo — bei sonst ausreichendem Nachlaß — ihre Forderung durch das Verhalten oder die Vermögenslage der sämtlichen oder auch nur e i n e s Miterben gefährdet wird. Meist wird allerdings die Teilung nicht s o rasch vor sich gehen können, daß nicht die Nachlaßgläubiger ihr durch den — vor der Teilung zulässigen — Antrag auf Anordnung der Nachlaßverwaltung zuvorkommen könnten. Immerhin ist der Fall aber nicht gerade undenkbar, daß ganz arme Erben eine große Erbschaft erhalten und sie sofort in der Absicht teilen, die Befriedigung der Nachlaßgläubiger aus dem ungeteilten Nachlaß, insbesondere eben die Nachlaßverwaltung zu vereiteln. Hier würde dem Gläubiger nur ein rasches Vorgehen übrig bleiben, damit er durch Vollstreckungen in das Gesamtvermögen jedes Miterben etwas erlange. — Sollte auf den Antrag eines Nachlaßgläubigers, der von der Teilung nichts weiß, Nachlaßverwaltung angeordnet sein, so ist jedem Miterben die sofortige Beschwerde gegeben (§ 76 Abs. 2 FGG.). Sollte die Nachlaßverwaltung auf den gemeinschaftlichen Antrag aller Miterben wegen Verschweigung der Teilung angeordnet werden, so muß das Gericht auf die Kunde von der Teilung das Verfahren von Amtswegen aufheben.

Die öffentliche Aufforderung der Nachlaßgläubiger hat keine die Haftung hinsichtlich des Gegenstandes beschränkende Wirkung. Ob nun eine solche Aufforderung erlassen war oder nicht, bezw. ob, wenn sie erlassen war, die Anmeldung erfolgt war oder nicht, ist in Ansehung dieser Haftung einerlei; die Miterben haften auch den nicht gemeldeten Gläubigern unbeschränkt bezw. nur durch die ordentlichen Mittel beschränkbar. — Daß die öffentliche Aufforderung nach der Teilung überhaupt zwecklos bezw. wirkungslos ist und daß sie Einfluß nur auf die Abschwächung der Gesamt- in die anteilige Haftung hat, darüber siehe Seite 212 unten.

α. Nachlaßkonkurs.

Der Nachlaßkonkurs ist auch noch nach der Teilung zulässig (§ 216 Abs. 2 KO.). Die Verhältnisse liegen hier insofern anders wie bei der Nachlaßverwaltung, als bei Überschuldung des Nachlasses das Verfahren insbesondere den Interessen der Nachlaßgläubiger dient. — Der Nachlaßkonkurs setzt, wie stets, so auch nach der Teilung, eine Überschuldung voraus. Daß der Nachlaß ursprünglich zur Berichtigung sämtlicher Nachlaßverbindlichkeiten ausreichte, steht der Eröffnung des Verfahrens nicht entgegen; nur ist erforderlich, daß die Masse die Kosten des Verfahrens deckt bezw. ein ausreichender Vorschuß geleistet wird (§§ 107, 204 KO.). Im übrigen liegt Überschuldung nicht schon dann vor, wenn das, was der e i n z e l n e als Gesamtschuldner in Anspruch genommene Miterbe bei der Teilung erhalten hat bezw. was er jetzt noch davon besitzt, nicht zur Berichtigung a l l e r oder der gegen ihn geltend gemachten Nachlaßverbindlichkeiten ausreichend ist, sondern nur dann, wenn dies hinsichtlich des in den Händen a l l e r Erben befindlichen Nachlasses der Fall ist. Unter Umständen kann nämlich das, was der einzelne Miterbe bekommen hat, zur Berichtigung der gegen ihn geltend gemachten Forderung nicht ausreichen, obwohl der Nachlaß im ganzen nicht überschuldet ist! — Der Antrag auf Eröffnung des Nachlaßkonkurses wird, da die Erbengemeinschaft nicht mehr vorhanden ist, in der Regel von einem oder einzelnen Miterben gestellt werden; in diesem Falle ist die Überschuldung glaubhaft zu machen. Sollte dagegen der Antrag von allen Erben gestellt werden, so entfällt dieser Zwang für sie auch nach der Teilung (§ 217 Abs. 2 KO.). Das Antragsrecht der Erben ist nicht an eine Frist gebunden. Gegen die auf den Antrag nicht aller Erben erfolgende Eröffnung des Verfahrens steht den übrigen die sofortige Beschwerde zu (§ 109 KO.). — Der Nachlaßkonkurs kann auch nach der Teilung vom Konkursgläubiger beantragt werden, sofern die im § 220 KO. normierte Frist noch nicht abgelaufen ist. Die im § 219 Abs. 1 KO. bezeichneten minderberechtigten Nachlaßgläubiger können den Nachlaßkonkurs nicht schon dann beantragen, wenn nur einer oder einzelne Miterben mit ihrem Gesamtvermögen in Konkurs geraten, wohl aber wenn dies bezgl. aller der Fall ist. Wegen der Tatsache der Gesamthaftung der Erben kann eine Gefährdung der betreffenden, ohnehin nur hinter den vollberechtigten Gläubigern rangierenden Gläubiger nicht schon beim Konkurse einzelner Miterben als vorliegend erachtet werden.

Die Eröffnung des Nachlaßkonkurses hat die Beschränkung der Haftung auf den Nachlaß zur Folge. Die Masse wird durch Wegnahme der bei den einzelnen Miterben befindlichen Nachlaßgegenstände und — bei Mißwirtschaft — durch die Ergänzung auf Grund der §§ 1978 ff. gebildet. Diese Ergänzung kann wegen der Vorschrift des § 2013 nicht auch gegenüber einem allgemein unbeschränkbar haftenden Miterben geltend gemacht werden. (Anders ist insoweit die Situation vor der Teilung; siehe Seite 159.) Jeder Miterbe ist berechtigt, die bei Eröffnung des Konkurses etwa bestehende Maßregel der Zwangsvollstreckung eines Nachlaßgläubigers in sein Eigenvermögen als nunmehr unzulässig durch negative Feststellungsklage zur Aufhebung zu bringen (§§ 785, 784 Abs. 1 ZPO.). Vollstreckungen, die z. Z. der Eröffnung in Nachlaßgegenstände bestehen, unterliegen, gleichviel ob sie vom Nachlaß- oder Erbengläubiger vorgenommen waren, den allgemeinen Bestimmungen (§ 221 KO.).

Nach Beendigung des Nachlaßkonkurses durch Akkord oder Ausschüttung ist die Haftung der Miterben auf die Bereicherung beschränkbar (§ 1989). Dasselbe gilt auch dann, wenn der Konkurs in der erwähnten Weise vor der Teilung beendigt war.

β. **Die Unzulänglichkeitseinrede.**

Die Anwendung der Unzulänglichkeitseinrede ist den Miterben auch nach der Teilung gestattet. Jedoch ist mit Rücksicht auf § 2062 das Anwendungsgebiet hier eingeengt. Nach der Bestimmung des § 1990 darf der Erbe die betreffende Einrede sowohl bei einem an sich zulänglichen wie auch bei überschuldetem Nachlasse vorbringen, wenn nur die Masse so gering ist, daß sie die Kosten einer Nachlaßverwaltung bezw. eines Nachlaßkonkurses nicht decken würde. (Siehe über diese Einrede oben Seite 76.) Sie ersetzt in allen Fällen, wo die Masse zu geringfügig ist, um für die Kosten eines Sonderverfahrens auszureichen, diese Sonderverfahren, indem sie auch ohne die letzteren die Haftung auf den Nachlaß beschränkt. Der Erbe wendet sie also als Ersatz entweder für die Nachlaßverwaltung (bei einem zur Schuldentilgung zureichenden Nachlaß) oder für den Nachlaßkonkurs (bei einem überschuldeten Nachlaß) an. Da nach der Teilung die Anwendung der Nachlaßverwaltung überhaupt ausgeschlossen ist, kann auch die Unzulänglichkeitseinrede nicht als Ersatz für die Nachlaßverwaltung angewendet werden. So erweist sich auch hierdurch, daß es nach der Teilung des Nachlasses beim Vorhandensein eines für die sämtlichen Nachlaßverbindlichkeiten ausreichenden Nachlasses überhaupt kein Mittel einer Haftungsbeschränkung auf den Nachlaß gibt. Die Anwendung der Unzulänglichkeitseinrede ist auf den Fall eines überschuldeten Nachlasses beschränkt, wenn dieser so gering ist, daß er die Kosten des Konkursverfahrens nicht decken würde. — Bei der Prüfung der Frage, ob der Nachlaß diese Eigenschaft hat, ist stets der gesamte Nachlaß und nicht etwa bloß dasjenige ins Auge zu fassen, was der einzelne in Anspruch genommene Erbe bei der Teilung bekommen hat bezw. was er noch davon besitzt. Sehr wohl könnte dies nämlich relativ viel sein bezw. zur Berichtigung der geltend gemachten Forderung ausreichen, ohne daß darum der gesammelte Nachlaß die Kosten des Verfahrens decken müßte. In solchen Fällen kann der Erbe die Unzulänglichkeit einwenden. Andererseits kann er, weil etwa das, was er vom Nachlasse noch besitzt, zur Berichtigung der Forderung nicht ausreicht, die Einrede nicht geltend machen, wenn nur der wieder gesammelte Nachlaß groß genug ist, um die Kosten eines Konkurses zu decken; er mag den Konkurs beantragen. Aus dieser Erörterung ergibt sich mit Sicherheit, daß die Anwendung der Unzulänglichkeitseinrede nach der Teilung nicht gerade sehr einfach für den einzelnen Miterben ist, da ihm nämlich nicht immer bekannt sein wird, ob der im Besitze aller Miterben befindliche Nachlaß im Sinne des § 1990 z. Z. der Geltendmachung des Anspruchs des Gläubigers unzureichend ist. Es kommt aber gerade auf diesen Augenblick an! Der Miterbe hat den Beweis der Unzulänglichkeit zu führen. Der hierin liegenden Gefahr kann nur durch Berichtigung der bekannten Nachlaßverbindlichkeiten vor der Teilung begegnet werden; hinsichtlich der unbekannten Nachlaßverbindlichkeiten würde nur das Aufgebot bezw. Ausschlußurteil, nicht auch die Aufforderung (§ 2061), eine solche Gefahr ausschließen, da alsdann die Haftung auf die Bereicherung beschränkt und überdies nur anteilig ist. — Ist nach obigem auch der Gesamtnachlaß der Maßstab für die Anwendung der Unzulänglichkeitseinrede, so können die Miterben andererseits die Haftung nur dann auf den Gesamtnachlaß beschränken, wenn der Gläubiger sie sämtlich in Anspruch nimmt, denn nur in diesem Falle kann Verurteilung zur Leistung aus dem „Nachlaß" erfolgen. Dem einzelnen Miterben kann nur die Herausgabe der ihm zugeteilten bezw. noch bei ihm vorhandenen Nachlaßgegenstände zugemutet werden, obwohl er im übrigen für die ganze Forderung gesamtschuldnerisch haftet. — Die §§ 1978, 1979 sind auch neben der Unzulänglichkeitseinrede anwendbar. — Der allgemein unbeschränkbar haftende Miterbe kann nach der Teilung keinerlei Rücksicht hinsichtlich seines Eigenvermögens verlangen, also die Unzulänglichkeitseinrede nicht geltend machen (§ 2013).

γ. Aufgebot. § 1970 ff.

Das Aufgebot wird im Prinzip seine Aufgabe schon im Stadium vor der Teilung zu erfüllen haben, einesteils weil die Nachlaßverbindlichkeiten schon vor der Teilung berichtigt werden sollen und eine geordnete Berichtigung sehr oft ein Aufgebot erforderlich macht, anderenteils weil durch das Ausschlußurteil eine nur anteilige Haftung der Miterben gegenüber den ausgeschlossenen Nachlaßgläubigern für die Zeit nach der Teilung vorbereitet wird; insoweit ist es geradezu ein Mittel, das den Erben eine gefahrlose Teilung sichert. Aber auch nach der Teilung wird das Aufgebot unter Umständen nicht entbehrt werden können, wenn nämlich noch nachträglich Nachlaßverbindlichkeiten bekannt werden. Das muß keineswegs nur dann geschehen, wenn die Erben *voreilig* geteilt haben, da auch bei ganz ordnungsmäßigem Vorgehen, in Fällen, wo weitere wie die bekannten Nachlaßverbindlichkeiten gar nicht vermutet werden konnten, Geschäfte, aus denen der Erblasser etwas schuldig geworden sein kann, erst nach der Teilung bekannt werden können. Es mag also im Einzelfalle erst nach der Teilung sich als notwendig erweisen, die Nachlaßverbindlichkeiten durch ein Aufgebot festzustellen, sei es, daß dadurch der Nachlaßkonkurs vorbereitet oder die Haftung gegenüber den etwa nicht zur Meldung gelangenden Forderungen auf den Überschuß beschränkt werden soll. Namentlich dürfte die Zulässigkeit des Aufgebots nach der Teilung aus der Tatsache zu folgern sein, daß der § 1980 in seiner Wirkung nicht auf die Zeit vor der Teilung des Nachlasses beschränkt ist; es muß danach möglich sein, die Voraussetzung des Nachlaßkonkurses auch noch nach der Teilung festzustellen.

Das Aufgebot kann nach der Teilung von jedem beschränkbar haftenden Miterben beantragt werden; der § 997 Abs. 1 ZPO. findet Anwendung bezgl. der Wirkung dieses Antrages zugunsten aller übrigen Miterben. Dagegen geht es nicht mehr an, im Aufgebot auch die im § 997 Abs. 1 S. 2 normierte Androhung zu veröffentlichen, weil das Aufgebot, das nach der Teilung erlassen wird, nicht mehr die Teilhaftung herbeiführen kann; es darf danach nur die Androhung aus § 995 ZPO. hinsichtlich des Ausschlusses im Rahmen des § 1973 enthalten, d. h. nur die Beschränkung auf den Überschuß androhen. Der allgemein unbeschränkbar haftende Miterbe darf, da nach der Teilung keine Teilhaftung mehr herbeigeführt werden, sein Aufgebot aber nur eine Teilhaftung androhen bezw. herbeiführen kann (§ 997 Abs. 2 ZPO.), ein Aufgebot nach der Teilung nicht mehr beantragen. Ebensowenig wirkt das von einem beschränkt haftenden Miterben nach der Teilung veranlaßte Aufgebot zugunsten eines allgemein unbeschränkbar haftenden Miterben.

Gemäß § 2015 berechtigt schon die Tatsache, daß der Aufgebotsantrag zugelassen ist, jeden, sei es vom Nachlaßgläubiger, sei es vom eigenen Gläubiger in Anspruch genommenen beschränkbar haftenden Miterben, die Berichtigung der Verbindlichkeiten zu verweigern und zwar gegenüber dem Nachlaßgläubiger überhaupt, gegenüber dem Erbengläubiger bei Zwangsvollstreckungen in Nachlaßgegenstände, sofern seit der Annahme der Erbschaft durch den betr. Miterben z. Z. des Aufgebotsantrages noch kein Jahr verstrichen war.

Das Aufgebot hat keine Wirkung im Verhältnisse zu den Gläubigern, welche Forderungen aus Pflichtteilen, Vermächtnissen und Auflagen haben (§ 1972), insoweit also kommt es nicht darauf an, ob sich diese Gläubiger zum Aufgebote gemeldet haben. Ebensowenig hat es Wirkung hinsichtlich der im § 1971 erwähnten dinglich Berechtigten, soweit es sich um das dingliche Recht handelt. Im Verhältnis dagegen zu allen anderen Gläubigern ist zu unterscheiden, ob sie sich gemeldet haben oder nicht. Den gemeldeten Gläubigern gegenüber verbleibt es bei der unbeschränkten bezw. durch die ordentlichen Beschränkungsmittel (§§ 214 KO., 1990 BGB.) beschränkbaren Haftung; den nicht gemeldeten Gläubigern gegenüber erwerben die sämtlichen Miterben die Einrede der auf die Bereicherung beschränkten Haftung (§ 1973). Hinsichtlich dieser Wirkung macht es keinen Unterschied, ob das Aufgebot oder das Ausschlußurteil vor oder nach der Teilung erlassen wird, wohl aber, wie noch zu erörtern ist, hinsichtlich der Wirkung auf die Gesamthaftung. Verliert ein Miterbe die Beschränkungsmöglichkeit erst nach dem Erlaß des Ausschlußurteils, so kommt ihm dennoch das letztere im Verhältnisse zu den bereits ausgeschlossenen Gläubigern sowie überhaupt auch das Aufgebot zu statten (§ 2013 Abs. 1 S. 2). — Die Anmeldung zum Aufgebote hat gemäß § 1974 auch noch die Wirkung, daß die gemeldete Forderung als bekannt gilt, vom Zeitablaufe also nicht mehr betroffen werden kann; die nicht gemeldete Forderung wird, da sie bereits durch das Ausschlußurteil im Aufgebote ausgeschlossen wird, gleichfalls nicht mehr von der Einrede des Zeitablaufes betroffen. Die gemeldete Forderung ist danach vollberechtigt, die nicht gemeldete ausgeschlossen auch schon vor Ablauf der im § 1974 erwähnten fünf Jahre. Das Aufgebot macht also gewissermaßen den Zeitablauf unwirksam; daß dies aber nicht auch auf die Gläubiger der Kategorie der Pflichtteilsberechtigten usw. Bezug hat, wenn diese nicht zum Aufgebot gemeldet sind, darüber vergl. Bd. II das Kapitel vom Zeitablauf und den hier folgenden Abschnitt.

δ. Zeitablauf. § 1974.

Wenn seit dem Erbfalle bezw. seit der Todeserklärung des Erblassers fünf Jahre verstrichen sind, so ist die Haftung der Erben grundsätzlich zwar immer noch unbeschränkt und durch die ordentlichen Beschränkungsmittel auf den Nachlaß beschränkbar, aber es ist doch mit Rücksicht auf die lange bis dahin verstrichene Zeit durch den § 1974 eine Einrede statuiert, durch welche die Erben die Haftung auch ohne die ordentlichen Beschränkungsmittel beschränken können und dies sogar noch weiter wie mit Hilfe jener, nämlich auf den „Überschuß". Diese Beschränkung wird seitens der in Anspruch genommenen Miterben einfach dadurch herbeigeführt, daß sie auf den Ablauf der fünf Jahre hinweisen, d. h. die Einrede des Zeitablaufs machen. Die Vergünstigung besteht jedoch nicht allgemein; die Erben sind vielmehr gehalten, die Nachlaßverbindlichkeiten, sobald sie ihnen innerhalb der fünf Jahre bekannt werden, freiwillig ohne Zeitverlust zu berichtigen; sie sollen aus einer Säumnis der Gläubiger keinen Vorteil haben. Daher unterscheidet das Gesetz, ob die Forderung vor Ablauf der Frist bekannt war oder nicht: im Verhältnisse zu den bekannten oder, was dem gleich steht, zu einem Aufgebote angemeldeten Forderungen haften die Erben nach wie vor unbeschränkt und auf den Nachlaß beschränkbar; im Verhältnisse dagegen zu den nicht bekannten besteht unbeschränkte aber durch die Einrede des Zeitablaufs auf den Überschuß beschränkbare Haftung. Ob die Frist des § 1974 vor oder nach der Teilung abläuft, ist für die Einrede des Zeitablaufs ohne Bedeutung; die Einrede ist vielmehr nur davon abhängig, daß z. Z. der Geltendmachung einer Forderung die fünf Jahre verstrichen sind, ohne daß die betreffende Forderung vor dem Ablauf der fünf Jahre bekannt geworden war. Andererseits macht es für die Fortdauer der unbeschränkten bezw. auf den Nachlaß beschränkbaren Haftung keinen Unterschied, ob die verspätet geltend gemachte Forderung vor oder nach der Teilung bekannt bezw. zu einem Aufgebote angemeldet wurde, sofern es nur innerhalb der fünf Jahre geschah. War die verspätet geltend gemachte Forderung zum Aufgebote (das dann natürlich vor dem Ablauf der fünf Jahre geschwebt haben muß) angemeldet, so wirkt dies zum Nachteile sämtlicher Miterben, denn die Forderung gilt nunmehr als allgemein bekannt; es kann keiner die Einrede des Zeitablaufes machen. Dies gilt auch im Verhältnisse zu Pflichtteilsberechtigten usw., wenn sie, wozu sie jedenfalls berechtigt sind, die Forderung angemeldet hatten. War eine Forderung zu dem Aufgebote, trotzdem es geschwebt hatte, nicht angemeldet, so wirkt insoweit schon das Ausschlußurteil; die Miterben haben hier die Einrede des Ausschlusses nach § 1973. Dies gilt jedoch nicht auch in Verhältnisse zu Pflichtteilsberechtigten usw., weil Gläubiger dieser Kategorie niemals im Sinne des § 1973 ausgeschlossen sein können (§ 1972). Dagegen hat die unterlassene Meldung zum Aufgebote evtl. insofern einen Nachteil für sie, als sie nunmehr der Wirkung des Zeitablaufes verfallen; hinsichtlich dieser Wirkung haben sie nämlich keine Ausnahmestellung. Hat ein Aufgebot nicht geschwebt, so kommt es für die Einrede des Zeitablaufs darauf an, ob innerhalb der fünf Jahre die verspätet geltend gemachte Forderung bekannt war und wem sie bekannt war. Daß die Forderung allen Miterben bekannt ist, wird nicht stets zutreffen. Die Meldung zu einer etwa erlassenen öffentlichen Aufforderung (§ 2061) vermittelt im Sinne des § 1974 keine allgemeine Kenntnis, in der Regel vielmehr nur die des die Aufforderung ablassenden bezw. des die Meldung empfangenden einzelnen Miterben.

Der Gläubiger kann, da jede Beschränkung auf Einrede beruht, diejenigen Erben, denen seine Forderung bekannt war, wie auch die, denen sie nicht bekannt war bezw. nicht als bekannt gelten darf, unbeschränkt in Anspruch nehmen. Es ist klar, daß ihm bei dieser Sachlage verschiedenartige Beschränkungen eingewendet werden können, so seitens der ersterwähnten Miterben die der Beschränkung auf den Nachlaß und seitens der letzterwähnten die auf den Überschuß, und daß sich der Gläubiger in seinem Vorgehen entsprechend auf den Nachlaß oder zum Teil sogar bloß auf die Bereicherung beschränken muß.

Für den allgemein unbeschränkbar haftenden Miterben besteht die Unbeschränkbarkeit, d. h. die Haftung mit seinem Gesamtvermögen, trotz des Zeitablaufs unabänderlich, wenn er die Beschränkung bereits beim Ablauf der fünf Jahre verloren hatte, während ein erst nach dem Ablauf der fünf Jahre eintretender allgemeiner Verlust ihm die durch den Zeitablauf einmal erworbene Einrede nicht mehr benimmt (§ 2013 Abs. 1 S. 1 und 2).

Im Verhältnisse zu den im § 1971 erwähnten dinglich Berechtigten zessiert jegliche Wirkung des Zeitablaufs; die Gläubiger bleiben, soweit ihr Vorrecht in Frage steht, vollberechtigt.

Über die Wirkung des Zeitablaufs auf die Gesamthaftung siehe die hier folgende Darstellung zu e γ.

d. Gesamtschuldnerische Haftung.

Der Grundsatz des § 2058, wonach die Miterben für die gemeinschaftlichen Nachlaßverbindlichkeiten als Gesamtschuldner haften, gilt auch für die Zeit nach der Teilung des Nachlasses. Die Teilung an sich hat demnach keine die gesamtschuldnerische Haftung aufhebende Wirkung. Allerdings ist die Haftung gerade nach der Teilung in gewissen Fällen nur anteilig, aber das beruht nicht auf der Teilung, sondern auf anderen Maßnahmen bezw. Ereignissen, wie Aufgebot, öffentlicher Aufforderung, Zeitablauf, Nachlaßkonkurs, denen in Verbindung mit der Teilung die Bedeutung beigelegt ist, daß sie die Haftung in eine nur anteilige herabdrücken. Die Norm von der Fortdauer der Gesamthaftung über die Teilung hinaus ist mit der Tatsache nicht vereinbar, daß mit der Teilung die Erbengemeinschaft (das Miteigentum zur gesamten Hand) aufgehoben und der Nachlaß als solcher nicht mehr vorhanden ist. Daß trotzdem wenigstens eine Gemeinschaft hinsichtlich der Schulden aufrecht erhalten wurde, ist nur als ein Mittel zu betrachten, durch welches die Erben zur Berichtigung der Nachlaßverbindlichkeiten v o r der Teilung gezwungen werden sollen. Die Schuldengemeinschaft birgt nämlich vor der Teilung keine Gefahr für das Eigenvermögen des einzelnen Miterben in sich, weil es ihm verstattet ist, durch den einfachen Hinweis auf die noch bestehende Ungeteiltheit des Nachlasses (§ 2059) sein Eigenvermögen ausreichend zu sichern. Die Gesamthaftung beschränkt sich hier auf eine Haftung mit dem Nachlasse. Nach der Teilung dagegen kommt im wesentlichen die Gesamthaftung gerade hinsichtlich des Erbenvermögens zur Geltung, und es ist dem einzelnen Miterben nur durch Anwendung eines Beschränkungsmittels (und auch dies nur in beschränktem Maße und nicht ohne erhebliche Schwierigkeiten) möglich, die Haftung auf den Nachlaß hinzulenken. Inwiefern gerade einem zahlungsfähigen Miterben die Teilung gefährlich werden kann, ist oben Seite 292 näher dargelegt. Die Gesamthaftung hat zur Folge, daß trotz aufgehobener Erbengemeinschaft der Nachlaßgläubiger entweder alle Miterben oder nur einzelne oder nur einen wegen Berichtigung der ganzen Verbindlichkeit so lange, bis einmal die Befriedigung erfolgt, gerichtlich in Anspruch nehmen kann. Der Angriff richtet sich stets gegen das Gesamtvermögen des Miterben; und er kann nur durch Anwendung eines der jetzt noch zulässigen Beschränkungsmittel von dem Eigenvermögen ab- und auf den Nachlaß hingelenkt werden. Während vor der Teilung die Vollstreckung in den Nachlaß regelmäßig einheitlich ist, sind im Stadium nach der Teilung evtl. so viele Vollstreckungsversuche erforderlich, als Miterben vorhanden sind. Allerdings ist es denkbar, daß auch vor der Teilung der Nachlaß bei einzelnen Erben verstreut ist; in solchen Fällen kann nur auf Grund eines gegen sämtliche Erben gerichteten Urteils gegenüber einem einzelnen vollstreckt werden, während im Stadium nach der Teilung eine Vollstreckung gegenüber einem Erben schon dann möglich ist, wenn das Urteil *nur* gegen ihn gerichtet ist.

Die Fälle, in welchen Miterben nach der Teilung statt als Gesamtschuldner nur *anteilig* haften, sind in den §§ 2060, 2061 geordnet. Die anteilige Haftung tritt niemals im Verhältnis zu sämtlichen Nachlaßgläubigern ein (wie etwa die Beschränkung nach Anordnung der ordentlichen Beschränkungsmittel), weil sie immer eine Maßnahme oder ein Ereignis voraussetzt, das nur im Verhältnis zu einzelnen Gläubigern wirkt. Stets wird also in den Fällen, wo nur anteilige Haftung besteht, ein Ausnahmefall vorliegen, in der Hauptsache vielmehr daneben gesamtschuldnerische Haftung gegenüber den von der Maßnahme bezw. dem Ereignis *nicht* betroffenen Nachlaßgläubigern bestehen. Freilich wird in den meisten Fällen die Gesamthaftung nicht mehr in Frage kommen, weil die betreffenden Gläubiger befriedigt sein werden. Die anteilige Haftung betrifft nämlich im wesentlichen nur solche Gläubiger, welche in der Beitreibung säumig sind. — Maßnahmen bezw. Ereignisse, an welche sich die anteilige Haftung knüpft bezw. die von Anfang an darauf abzielen, evtl. die Gesamthaftung in eine nur anteilige zu verwandeln, sind das Aufgebot (§ 1970 ff.), die Aufforderung (§ 2061), der Zeitablauf (§ 1974) und der Nachlaßkonkurs (§ 214 ff. KO.). Das Institut des Zeitablaufs kann, da seine Anwendung sich ohne Zutun des Erben als gegeben erweist, nicht als Vorbereitungs*mittel* zur Herbeiführung einer nur anteiligen Haftung „angewendet" werden. Der Nachlaßkonkurs wiederum wird nur zur Herbeiführung einer nach den Regeln des Konkurses geordneten Berichtigung aller Nachlaßverbindlichkeiten angewendet, ohne daß gleichzeitig die Absicht obwaltet, die Haftung für die Zeit nach der Teilung zu einer nur anteiligen zu machen.

Da die Haftung auch nach der Teilung grundsätzlich eine gesamtschuldnerische ist, so bedeutet jeder Fall einer nur anteiligen Haftung eine Abschwächung dieses Grundsatzes. Der Grundsatz der Gesamthaftung hat im übrigen mit der Frage der Unbeschränktheit der Haftung hinsichtlich des Gegenstandes nichts zu tun, d. h. die Haftung ist nicht stets da, wo sie gesamtschuldnerisch ist, unbeschränkt und wo sie nur anteilig ist, beschränkt; sie kann vielmehr auch gesamtschuldnerisch beschränkt bezw. anteilig unbeschränkt sein.

Das erstere ist der Fall z. B. im Verhältnisse zu ausgeschlossenen Gläubigern vor der Teilung, oder auch nach der Teilung, wenn nämlich das Aufgebot erst nach der Teilung erlassen wird (nicht aber nach der Teilung, wenn das Aufgebot vor der Teilung durchgeführt war, denn dann ist sie anteilig beschränkt). Das letztere (anteilige unbeschränkte Haftung) besteht in der Zeit nach der Teilung gegenüber denjenigen Nachlaßgläubigern, welche sich auf eine öffentliche Aufforderung (§ 2061) nicht gemeldet haben; ferner gegenüber den Gläubigern der Kategorie der Pflichtteilsberechtigten usw. (§ 1972), welche sich zu einem Aufgebote, das vor der Teilung durchgeführt war, nicht gemeldet haben; ferner ist die Haftung unbeschränkbar haftender Erben gegenüber den vom Aufgebot, Zeitablauf, Nachlaßkonkurs betroffenen Nachlaßgläubigern nach der Teilung zwar anteilig aber unbeschränkt.

Die anteilige Haftung ist, wie erwähnt, in allen Fällen schon durch das Gesetz begründet, sie beruht also nicht auf der Einrede des Erben. Dies hat in praxi zur Folge, daß der nur anteilig haftende Erbe stets nur wegen eines Teiles der Verbindlichkeit und zwar desjenigen Teiles, der seinem Erbteil entspricht, in Anspruch genommen werden darf. Soweit aber die Beschränkung nur auf der Einrede beruht, nämlich hinsichtlich des Gegenstandes, braucht der Gläubiger hierauf keine Rücksicht zu nehmen. Er klagt also z. B. gegen einen nur noch anteilig haftenden Miterben, der zu $1/3$ Erbe war, wegen seiner 300 ℳ betragenden Forderung nur 100 ℳ ein und überläßt es im übrigen dem Erben, einzuwenden, daß die Haftung auch hinsichtlich des Gegenstandes eine — nämlich auf die Bereicherung nach Maßgabe entweder des § 1973 oder des § 1974 oder des § 1989 — beschränkte sei. Wendet der Erbe dies ein, so kann Verurteilung wegen der Teilforderung von 100 ℳ nur zur Leistung aus der Bereicherung nach Maßgabe des § 1973 Abs. 2 S. 1 erfolgen. Auch der unbeschränkbar haftende Miterbe kann in den Fällen des § 2060, wie auch im Falle des § 2061 nur anteilig in Anspruch genommen werden, er hat aber im übrigen hinsichtlich des Gegenstandes keine Möglichkeit, die Haftung zu beschränken; er wird einfach zur Zahlung des betreffenden Teils der Forderung verurteilt.

Gegenüber einer auf eine unteilbare Leistung gerichteten Forderung kann die nur anteilige Haftung selbst dann nicht geltend gemacht werden, wenn auch sonst ihre Voraussetzungen nach §§ 2060, 2061 vorliegen sollten (§ 431 BGB., Planck zu § 2060 Anm. 1 Abs. 2). Die Leistung kann als Ganzes gegen jeden einzelnen bezw. auch gegen alle Miterben geltend gemacht werden, so z. B. die Rechnungslegung. Handelt es sich um Herausgabe einer unteilbaren Sache, so kann sie nur gegen denjenigen Miterben gefordert werden, dem die Sache bei der Auseinandersetzung zugeteilt worden war. Ist der Gläubiger berechtigt, Schadensersatz wegen Nichterfüllung zu verlangen (§ 283 BGB.), so kann nur wieder anteilig gefordert werden (Kreß 269).

e. Die Mittel der Beschränkung auf den Anteil:

Im einzelnen ist über die §§ 2060, 2061 folgendes auszuführen:

α. Öffentliche Aufforderung. § 2061.

Jeder Miterbe, auch der unbeschränkbar haftende, kann auf seine Kosten die Nachlaßgläubiger öffentlich (§ 2061 Abs. 2) auffordern, ihre Forderungen binnen sechs Monaten bei ihm oder bei dem Nachlaßgericht anzumelden. Erfolgt auf diese Aufforderung die

Anmeldung, so wahrt der meldende Gläubiger sein volles Befriedigungsrecht gegenüber allen Miterben. Erfolgt auf die Aufforderung dagegen die Anmeldung einer Forderung nicht, so hat dies für die Zeit nach der Teilung zur Folge, daß sich im Verhältnis zu dieser Forderung die Haftung abschwächt; sie hört auf, gesamtschuldnerisch zu sein, sie wird eine nur anteilige. Die Aufforderung des § 2061 hat im übrigen in keinem Falle irgendeine Abschwächung der Haftung hinsichtlich des Gegenstandes zur Folge, vielmehr haftet der Erbe auch da, wo er nur anteilig in Anspruch genommen werden kann, stets unbeschränkt bezw. nur durch die ordentlichen Beschränkungsmittel beschränkbar.

Eine Besonderheit ist hinsichtlich derjenigen Verbindlichkeit bestimmt, die zwar nicht während der sechs Monate zur Anmeldung gelangt, aber wenigstens bis zur Teilung bekannt geworden war. Man muß sich den Fall so denken, daß die Anmeldefrist abgelaufen und alsdann bis zur Teilung eine mehr oder weniger lange Zeit verstrichen ist. Diejenige Forderung, die zwar nicht angemeldet, innerhalb der Frist bezw. noch vor der Teilung aber bekannt wurde, ist ebenso vollberechtigt geblieben, wie jede andere rechtzeitig angemeldete Forderung. Freilich kann die Wirkung des Bekanntwerdens nicht so allgemein sein, wie die der Meldung; während die gemeldete Forderung als allen Miterben bekannt gilt, weshalb die Haftung aller Erben gesamtschuldnerisch bleibt, wirkt das Bekanntwerden einer Forderung nur gegen denjenigen bezw. diejenigen Miterben, dem bezw. denen sie bis zur Teilung bekannt geworden war, weshalb hier nur dieser bezw. diese Erben gesamtschuldnerisch haften, während es bezgl. der übrigen Erben, die von der Forderung vor der Teilung nichts gewußt haben, bei der anteiligen Haftung verbleibt. Sollte eine Forderung erst in der Zeit vom Ablauf der Frist ab bis zur Teilung gemeldet werden, so hat dies nicht die allgemeine Wirkung einer Anmeldung mehr; nur soweit dadurch die Forderung dem einzelnen Miterben bis zur Teilung auch bekannt wird, hindert die Anmeldung den Eintritt einer nur anteiligen Haftung für ihn; das Gesetz bestimmt ausdrücklich bezgl. der Anmeldung, daß sie vor dem Ablaufe der Frist erfolgen müsse. (Über den Fall, daß die Frist bei der Teilung noch nicht abgelaufen war, siehe die folgende Ausführung.) Die Anmeldung, welche auf die Aufforderung hin etwa bei einem anderen als dem auffordernden Miterben geschieht, hat, da sie bei dem Auffordernden oder beim Nachlaßgericht erfolgen soll, nicht die Wirkung einer Anmeldung, wohl aber kann sie ein Bekanntwerden — sei es bei einzelnen oder bei allen Erben — zur Folge haben.

Nach dieser Darlegung können im Stadium nach der Teilung auf Grund voraufgegangener Aufforderung 2 Kategorien von Nachlaßgläubigern in Betracht kommen: solche, denen die Erben gesamtschuldnerisch unbeschränkt und solche, denen sie anteilig unbeschränkt haften. Die ersteren dürfen die Erben wegen Berichtigung der ganzen Forderung nach den Grundsätzen der Gesamthaftung in Anspruch nehmen und sind nur gegenüber einem der jetzt noch zulässigen Beschränkungsmittel genötigt, die Angriffe auf den Nachlaß allein zu richten. Die letzteren Gläubiger dürfen nur jeden Erben besonders wegen Berichtigung des seiner Erbquote entsprechenden Teils der Forderung in Anspruch nehmen, im übrigen ist in Ansehung der Beschränkung auf den Nachlaß ihre Rechtslage dieselbe wie die der ersteren.

Die Aufforderung wirkt auch zugunsten der unbeschränkbar haftenden Miterben, d. h. die Unterlassung der Anmeldung hat zur Folge, daß nach der Teilung auch ein solcher Miterbe nur anteilig (im übrigen aber natürlich unbeschränkbar) haftet, wenn ihm nicht bis zur Teilung die betreffende Forderung anderweit bekannt geworden ist; umgekehrt wirkt die Anmeldung zu seinem Nachteil, d. h. es verbleibt bei seiner gesamtschuldnerischen Haftung.

Aus den Worten des Gesetzes: „Ist die Aufforderung erfolgt, so haftet nach der Teilung jeder Miterbe nur" ist zu folgern, daß das Institut der privaten Aufforderung nur für die Zeit vor der Teilung gedacht und bestimmt ist, die Haftung für die Zeit nach der Teilung vorzubereiten; es hat also Bedeutung nur für die Zeit nach der Teilung, während es eingeleitet werden muß schon vor der Teilung. Es kann sich aber fragen, ob es eine Wirkung auch dann noch äußert, wenn es zwar vor der Teilung eingeleitet, die Teilung aber vor dem Ablauf der sechs Monate vollzogen wird. Die Frage dürfte zu verneinen sein. (Anders Planck zu § 2061 Anm. 2 und Kreß 267.) Die diesseitige Ansicht ergibt sich aus folgender Erwägung: Die Nachlaßverbindlichkeiten sollen vor der Teilung berichtigt werden (§ 2046 S. 1), andernfalls dauert die gesamtschuldnerische unbeschränkte Haftung fort. Die Aufforderung des § 2061 hat den Zweck, die Nachlaßverbindlichkeiten vor der Teilung festzustellen, damit eine geordnete Berichtigung noch vor der Teilung erfolgen kann. Dies liegt im Interesse der Erben wie der Nachlaßgläubiger und vor allem im Rahmen des Gesetzes. Würde man konzedieren, daß die Teilung auch innerhalb der Anmeldefrist des § 2061 geschehen dürfe, obwohl es doch klar ist, daß mancher Gläubiger seine Forderung erst nach der — ihm ja gar nicht bekannt werdenden — Teilung anmelden wird, so würde man sich zunächst mit dem Gebote des § 2046 S. 1 in Widerspruch setzen, das eine Berichtigung schon vor der Teilung verlangt und damit auch implicite eine Anordnung trifft, die den Erben aufgibt, die Verbindlichkeiten auch schon vor der Teilung in Erfahrung zu bringen. Sodann würde ein Widerspruch zu dem Zwecke des § 2061 vorliegen: Mit der Zulassung der nur anteiligen statt einer gesamtschuldnerischen Haftung will der § 2061 für die Miterben einen Schutz gegen die Gefahren der Teilung begründen; diejenigen Gläubiger, welche sich erst nach Ablauf der sechs Monate melden, sollen nach der Teilung nur anteilig fordern dürfen. Wenn es nun aber zulässig ist, daß ein Gläubiger sich erst nach der Teilung bis zum Ablaufe der Frist meldet, so sind die Erben ja gar nicht gegenüber dieser ihnen bei der Teilung noch unbekannten Forderung geschützt, sie haften ihr gegenüber gesamtschuldnerisch!

Der § 2061 ist kein so vollkommenes Schutzmittel gegen eine voreilige Teilung wie das Aufgebot, weil nämlich danach die Haftung nach der Teilung zwar eine anteilige, im übrigen aber eine unbeschränkte ist, woraus zudem im Falle der Anwendung eines Beschränkungsmittels die Verantwortlichkeit nach Maßgabe der §§ 1978 ff. folgt. Gerade durch diese Momente der Haftung bezw. der Verantwortlichkeit unterscheidet sich die Stellung der Erben gegenüber dem durch die Aufforderung Betroffenen von derjenigen gegenüber den durch das Aufgebot oder den Zeitablauf oder den Konkurs Betroffenen, da in diesen letzteren Fällen die Haftung auf den Überschuß beschränkbar und die Verantwortlichkeit nach Grundsätzen der §§ 1978 ff. beseitigt ist.

Die Anmeldung zur Aufforderung ersetzt, wenn es schließlich noch zu einem Aufgebote kommen sollte, nicht die Anmeldung zum Aufgebote; ebensowenig ersetzt sie die Beteiligung am Konkurse oder vermittelt sie ein Bekanntwerden im Sinne des § 1974, abgesehen natürlich von demjenigen Miterben, dem gegenüber angemeldet wird. In diesen drei Fällen würde also die Anmeldung zur Aufforderung nicht verhindern, daß die Erben nur anteilig haften, wenn nicht außerdem die Meldung zum Aufgebot oder die Beteiligung am Konkurse oder ein Bekanntwerden im Sinne der §§ 1974, 2060 Nr. 2 statt hat.

Die im § 1971 erwähnten dinglich Berechtigten dürften von der Aufforderung unberührt bleiben. Es fehlt allerdings hier — im Gegensatz zum Aufgebot und Fristablauf — an einer gesetzlichen Regelung.

β. Aufgebot. § 2060 Nr. 1.

Der § 2060 Nr. 1 bestimmt, daß im Stadium nach der Teilung jeder Miterbe im Verhältnisse zu einem im Aufgebote ausgeschlossenen Gläubiger nur anteilig haftet. Es könnte ein Aufgebot in Betracht kommen, das vor der Teilung sowohl erlassen wie auch mit Ausschlußurteil abgeschlossen war, oder ein Aufgebot, das nach der Teilung erlassen und durchgeführt war, oder endlich ein solches, das vor der Teilung erlassen, aber erst nach der Teilung durch Ausschlußurteil beendigt war. Für die vorliegende Erörterung kommt nur das ersterwähnte Aufgebot in Frage (anders Kreß 265). Allerdings hindert das Aufgebot nicht die Teilung bezw. ist auch noch nach der Teilung die Erlassung eines Aufgebots nicht unzulässig, aber aus dem Wortlaut des § 2060 Nr. 1 in Verbindung mit dem Vordersatz, sowie aus § 997 Abs. 1 S. 2 ZPO. muß gefolgert werden, daß in Ansehung des Eintritts der anteiligen Haftung nur an ein vor der Teilung abgeschlossenes Aufgebot gedacht ist. Dies allein stimmt mit der im § 2046 S. 1 getroffenen Anordnung überein, daß die Verbindlichkeiten vor der Teilung berichtigt werden sollen. Das Aufgebot soll den Erben die Nachlaßverbindlichkeiten, die von ihnen als vollberechtigt zu würdigen sind, bekannt machen; erst auf Grund dieser Kenntnis können sie zu einer ordnungsmäßigen Schuldenregulierung gelangen. Da diese letztere in der Zeit vor der Teilung erfolgen soll, ist es ersichtlich, daß im Sinne des § 2046 S. 1 das Resultat des Aufgebots abgewartet werden muß. Die Annahme, daß nur ein vor der Teilung abgeschlossenes Aufgebot die anteilige Haftung für die auf die Teilung folgende Zeit zur Folge hat, entspricht auch allein dem Geiste der Bestimmung; sie hat den Zweck, die in der Teilung möglicherweise liegende Gefahr von den einzelnen Erben abzuwenden, da angenommen wird, daß die Erben die Gläubiger kennen lernen wollen, um nachher vor Überraschungen sicher zu sein. Da es aber möglich ist, daß ein bei der Teilung noch unbekannter Gläubiger sich erst nachher zum — noch schwebenden — Aufgebot meldet, so würde das Aufgebot dann, wenn die Teilung vor seiner Durchführung geschieht, für sie ganz zwecklos sein, denn ein — wenn auch nach der Teilung — rechtzeitig zum Aufgebot gemeldeter Gläubiger muß gesamtschuldnerisch unbeschränkt befriedigt werden! Hiernach scheiden für die folgende Betrachtung die Fälle aus, wo das Ausschlußurteil erst nach der Teilung ergeht, gleichviel ob das Aufgebot vor oder nach der Teilung eingeleitet ist. Das Ausschlußurteil bewirkt in diesem Falle keine nur anteilige Haftung, es hat nur die in jedem Falle eintretende Wirkung der Beschränkbarkeit der

Haftung hinsichtlich des Gegenstandes (auf die Bereicherung) nach Maßgabe des § 1973 zur Folge.

Ist das Ausschlußurteil vor der Teilung erlassen, so bereitet es für die Zeit nach der Teilung die anteilige Haftung vor. Die nur anteilige Haftung ist in diesem Falle die Folge des Ausschlußurteils auch dann, wenn der Antragsteller allgemein unbeschränkbar haftet. Das Urteil wirkt gemäß § 997 ZPO. zugunsten aller Miterben; die anteilige Haftung tritt danach auch für die anderen beschränkbar haftenden Miterben ein; im § 2060 Nr. 1 ist diese Wirkung aber auch auf einen bereits allgemein unbeschränkbar haftenden Miterben ausgedehnt. Unter allen Umständen aber setzt der Eintritt der nur anteiligen Haftung die Androhung der Teilhaftung im Aufgebote gemäß § 997 Abs. 1 S. 2 ZPO. voraus. Daß diese Androhung auch im Aufgebote eines unbeschränkbar haftenden Miterben enthalten sein darf bezw. daß das Aufgebot eines solchen Miterben überhaupt nur diese Androhung enthalten darf, ist ebenda bestimmt. Das erst nach der Teilung erlassene Aufgebot darf, da die anteilige Haftung nur als Folge eines vor der Teilung erlassenen Ausschlußurteils eintritt, nicht die Androhung der Teilhaftung, wohl aber der Beschränkung auf den Überschuß enthalten, auch kann ein unbeschränkbar haftender Miterbe nach der Teilung kein Aufgebot mehr beantragen, da es für ihn nach der Teilung keine Beschränkung auf den Überschuß gibt. Wird das Aufgebot zu einer Zeit beantragt, wo die Teilung noch nicht erfolgt ist, so wird es freilich die beiden Androhungen aus §§ 995, 997 Abs. 2 S. 2 enthalten, auch auf den Antrag eines bereits allgemein unbeschränkbar haftenden Miterben mit der Androhung (allein) der Teilhaftung erlassen werden müssen; es wird aber, wenn die Teilung vor dem Ausschlußurteil erfolgt, den Eintritt der anteiligen Haftung auch gegenüber den nicht gemeldeten Forderungen nicht zur Folge haben.

Die nur anteilige Haftung wird infolge des Ausschlußurteils auch gegenüber den Gläubigern aus Pflichtteilen, Vermächtnissen und Auflagen erworben, weshalb sie zur Abwendung dieses Nachteils sich allerdings zum Aufgebote melden müssen. Im übrigen ist wegen des § 1972 ihnen gegenüber die Haftung unbeschränkt bezw. durch die ordentlichen Mittel beschränkbar, bis sie etwa auch noch vom Zeitablauf betroffen werden. Dagegen macht das Ausschlußurteil die Haftung gegenüber den im § 1971 erwähnten dinglich Berechtigten niemals zu einer nur anteiligen hinsichtlich des Gegenstandes des Vorrechts.

Auch hier werden also, wenn das Ausschlußurteil vor der Teilung erlassen ist, nach der Teilung zwei Kategorien von Gläubigern in Betracht kommen: Die zum Aufgebot Gemeldeten einschließlich der Pflichtteilsberechtigten usw. sind vollberechtigt, d. h. die Miterben haften ihnen als Gesamtschuldner, im übrigen ist die Haftung auch unbeschränkt bezw. durch Nachlaßkonkurs und Unzulänglichkeitseinrede auf den Nachlaß beschränkbar; die nicht zum Aufgebot gemeldeten dürfen jeden Miterben nur anteilig belangen, im übrigen ist die Haftung zugleich unbeschränkt, aber durch die Einrede des Ausschlusses auf den Überschuß beschränkbar, abgesehen von den Pflichtteilsberechtigten usw., denen gegenüber die anteilige Haftung stets eine in dem Sinne unbeschränkte ist, wie wenn Meldung zum Aufgebote erfolgt wäre. — Haftet ein Miterbe allgemein unbeschränkbar, so kann er von jedem Gemeldeten unbeschränkt als Gesamtschuldner in Anspruch genommen werden, dagegen vom Ausgeschlossenen nur anteilig, insoweit aber hat er die Möglichkeit der Beschränkung nicht. Verliert der Miterbe die Beschränkungsmöglichkeit erst nach dem Erlasse des Ausschlußurteils, so kann auch er die Haftung auf die Bereicherung beschränken und er haftet nur anteilig; es macht hierbei keinen Unterschied, ob der Verlust vor oder nach der Teilung eingetreten ist.

Das Aufgebot verdient (obwohl es teurer ist) gegenüber der Aufforderung den Vorzug, denn es beschränkt die Haftung nicht nur anteilig, sondern, abgesehen von den Pflichtteilsberechtigten usw., auch hinsichtlich des Gegenstandes, auch ist das Ausschlußurteil für sich allein schon das Beschränkungsmittel im Verhältnisse natürlich zu den davon Betroffenen, während im Verhältnisse zu den auf die Aufforderung nicht gemeldeten und z. Z. der Teilung nicht bekannten Gläubigern zur Beschränkung der Haftung auf den Nachlaß erst eines der jetzt noch zulässigen Beschränkungsmittel, also Nachlaßkonkurs oder Unzulänglichkeitseinrede, angewendet werden muß. Hieraus ergibt sich auch, daß das Aufgebot einen wirksameren Schutz gegen die Gefahren einer Teilung des Nachlasses gewährt, wie die Aufforderung.

Die Anmeldung zum Aufgebote ersetzt unter Umständen diejenige zum Nachlaßkonkurse (§ 229 KO.), ist also evtl. geeignet, den Eintritt der anteiligen Haftung nach § 2060 Nr. 3 zu verhindern. Unter allen Umständen verhindert sie aber ausdrücklich den Eintritt der anteiligen Haftung nach § 2060 Nr. 2; daher haften die Erben nach Ablauf der fünf Jahre des § 1974 einem zum Aufgebote gemeldeten Gläubiger nach wie vor gesamtschuldnerisch und unbeschränkt bezw. auf den Nachlaß beschränkbar, dagegen einem zum Aufgebote nicht Gemeldeten und auch sonst nicht bekannt gewordenen Gläubiger einschließlich der Pflichtteilsberechtigten usw. anteilig und auf die Bereicherung beschränkbar.

γ. Zeitablauf. § 2060 Nr. 2.

Darüber, daß der Zeitablauf (§ 1974) die Einrede der auf die Bereicherung beschränkbaren Haftung verleiht, siehe oben Seite 307. Beim Vorhandensein mehrerer Erben kommt im Stadium nach der Teilung als fernere Wirkung des Zeitablaufs der Eintritt einer nur anteiligen, statt gesamtschuldnerischen Haftung zugunsten der Erben hinzu. Auch diese Vergünstigung besteht nicht allgemein, vielmehr ist auch hier zu unterscheiden, ob die Forderung vor dem Ablauf der Frist bekannt war oder nicht: im Verhältnisse zu den bekannten oder, was dem gleich gilt, zu einem Aufgebote angemeldeten Forderungen ist die Haftung gesamtschuldnerisch, im Verhältnisse dagegen zu den nicht bekannten ist die Haftung nur anteilig. Macht ein Gläubiger seine Forderung zwar nach der Teilung, aber vor dem Ablauf der fünf Jahre geltend, so kann von einer Wirkung des Zeitablaufs natürlich keine Rede sein; die Erben haften als Gesamtschuldner. Macht er sie zwar erst nach Ablauf der fünf Jahre geltend, war sie aber vor dem Ablauf, sei es vor oder nach der Teilung, bekannt geworden, so ist die Haftung gleichfalls gesamtschuldnerisch. War die Teilung erst nach dem Ablaufe der Frist erfolgt, so ist b i s zur Teilung die Haftung unter allen Umständen gesamtschuldnerisch, denn sie wird anteilig überhaupt erst mit der Teilung und zwar auch dann, wenn die Forderung noch vor der Teilung (aber nach Fristablauf) bekannt geworden war; es kommt nach § 2061 Nr. 2 allein auf die Tatsache an, daß die fünf Jahre verstrichen waren, ohne daß vorher die Forderung bekannt wurde. Freilich verletzen die Erben, wenn sie die ihnen — nach Fristablauf — bekannt gewordene Forderung nicht berichtigen, sondern den Nachlaß, vielleicht gerade um der gesamtschuldnerischen Haftung zu entgehen, teilen, das Gebot des § 2046 S. 1, auch machen sie sich, sofern es dann zu einer Beschränkung der Haftung kommt, evtl. nach § 1978 ff. verantwortlich, aber an der anteiligen Haftung ändert das nichts (Strohal Bd. II 350 zu a.).

War die verspätet geltend gemachte Forderung zum Aufgebote, das innerhalb der fünf Jahre etwa geschwebt hat, angemeldet, so wirkt dies auch in Ansehung der Gesamthaftung zum Nachteile der sämtlichen Erben; sie haften als Gesamtschuldner. Dies gilt auch im Verhältnisse zur Kategorie der Pflichtteilsberechtigten usw. War die Forderung dagegen zum Aufgebote, obwohl es geschwebt hatte, nicht angemeldet und war sie auch sonst nicht bekannt, so kommt es für die Frage, ob die betreffende Forderung vom Ausschlußurteil im Sinne einer ihr gegenüber bestehenden anteiligen Haftung nach § 2060 Nr. 1 betroffen wird, darauf an, ob das Ausschlußurteil vor oder nach der Teilung erlassen war. Im ersteren Falle ist die Haftung nach der Teilung gegenüber der ausgeschlossenen Forderung nach § 2060 Nr. 1 anteilig; im letzteren Falle aber ist die Haftung gesamtschuldnerisch geblieben (siehe oben Seite 312). Deshalb wird allerdings nunmehr der Zeitablauf wirksam; die Erben haften für die betreffende Forderung, sofern letztere nicht binnen fünf Jahren bekannt wird, nur anteilig nach § 2060 Nr. 2. Diese Grundsätze gelten auch im Verhältnisse zur Kategorie der Pflichtteilsberechtigten, da in Ansehung der Gesamthaftung für sie nicht dieselbe Vergünstigung normiert ist, wie es im § 1972 in Ansehung der Wirkung des Ausschlusses nach § 1973 geschehen ist. Hat ein Aufgebot nicht geschwebt, so kommt es für die Frage, ob Gesamt- oder nur anteilige Haftung der Erben besteht, darauf an, ob innerhalb der fünf Jahre die nach der Teilung verspätet geltend gemachte Forderung bekannt war und wem sie bekannt war. Die Forderung wird nicht stets allen Erben bekannt gewesen sein; hatte eine Aufforderung (§ 2061) geschwebt, so kann doch der dazu erfolgten Anmeldung einer Forderung nicht eine allgemeine Wirkung im Sinne des § 2060 Nr. 2 beigelegt werden, vielmehr haftet gesamtschuldnerisch nur derjenige Miterbe, der in Wahrheit die Forderung gekannt hat. Der Gläubiger kann diejenigen Erben, die seine Forderung nicht gekannt haben, nur in Höhe des ihrer Erbquote entsprechenden Teiles seiner Forderung und zwar jeden für sich gerichtlich in Anspruch nehmen. Nimmt er, weil ihm die Sachlage nicht genau bekannt ist, die Erben sämtlich als Gesamtschuldner in Anspruch, so muß er, wenn ihm der Zeitablauf eingewendet wird, evtl. nach Beweiserhebung — beweispflichtig ist der Gläubiger — den Antrag dahin ändern, daß jeder von seiner Forderung bis zum Ablaufe der fünf Jahre nicht unterrichtete Miterbe nur anteilig verurteilt werde, bezgl. der übrigen verbleibt es bei der Gesamthaftung.

Was den unbeschränkbar haftenden Miterben anlangt, so haftet auch er den vom Zeitablaufe betroffenen Gläubigern nur anteilig, wie sich aus den Worten des Vordersatzes des § 2060: „jeder" Miterbe haftet . . . . . ergibt.

Die anteilige Haftung tritt nach § 2060 Nr. 2 unter genau denselben Voraussetzungen ein, wie die Beschränkung auf die Bereicherung nach § 1974. Daher haftet nach Ablauf der fünf Jahre der einzelne Miterbe zugleich anteilig und (auf die Bereicherung) beschränkbar oder gesamtschuldnerisch und (auf den Nachlaß) beschränkbar; der unbeschränkbar haftende haftet, gleichviel ob er anteilig oder gesamtschuldnerisch in Anspruch genommen werden kann, unbeschränkbar. Den zur Kategorie der Pflichtteilsberechtigten usw. gehörigen Gläubigern haften die Erben gleichfalls anteilig und beschränkt, da auf sie der Zeitablauf sowohl nach § 1974 wie nach § 2060 Nr. 2 Anwendung findet.

Im Verhältnisse zu den im § 1971 erwähnten dinglich Berechtigten ist, wie der § 2060 Nr. 2 bestimmt, die Haftung der Miterben auch nach Ablauf der fünf Jahre stets gesamtschuldnerisch, soweit es sich um den Gegenstand des Vorrechts handelt. Bezüglich der Aussonderungsansprüche, die auf Besitzübertragung gerichtet sind, ergibt sich dies schon aus ihrer Unteilbarkeit (Kreß 269). Wegen unteilbarer Leistung siehe oben Seite 310.

δ. Nachlaßkonkurs. § 2063 Nr. 3.

Es ist oben Seite 200, 304 dargelegt, daß die Haftung der Miterben nach Aufhebung des Nachlaßkonkurses auf Grund Akkords oder Verteilung der Masse gemäß § 1989 durch Einrede auf die Bereicherung beschränkbar ist, gleichviel ob z. B. der Aufhebung der Nachlaß bereits geteilt war oder ob die Teilung erst nach Aufhebung erfolgt. Nach § 2060 Nr. 3 schließt sich an die erwähnte Aufhebung des Nachlaßkonkurses noch die weitere Wirkung, daß nach der Teilung die Haftung der Miterben statt einer gesamtschuldnerischen eine nur anteilige ist. Für den Eintritt der anteiligen Haftung des § 2060 Nr. 3 ist Voraussetzung, daß „der Nachlaßkonkurs eröffnet und durch Verteilung der Masse oder durch Zwangsvergleich beendigt worden ist". Es kann sich hier fragen, ob die Haftung nach der Teilung nur dann anteilig ist, wenn diese Eröffnung *und* Beendigung des Konkurses in die Zeit vor der Teilung oder auch dann, wenn diese Tatsachen in die Zeit nach der Teilung fallen. Die dritte Möglichkeit, daß nämlich die Eröffnung des Konkurses vor, die Beendigung aber erst nach der Teilung statt hat, wird außer Betracht bleiben müssen, da die Teilung während des Konkurses ausgeschlossen ist. Aus dem Wortlaute des Vordersatzes des § 2060: „Nach der Teilung haftet der Erbe, wenn" . . . . . ist zu folgern, daß hier wie auch beim Aufgebot und bei der Aufforderung an die Beendigung des Konkurses *vor* der Teilung gedacht werden muß. Wie schon der § 1989 durch seine Bezugnahme auf § 1973 beweist, hat die Aufhebung des Konkurses eine gewisse Ausschlußwirkung wie das Ausschlußurteil selbst; dem entspricht es dann auch, daß der Aufhebung dieselbe Wirkung in Ansehung des Eintritts der anteiligen Haftung innewohnt wie nach § 2060 Nr. 1 dem Ausschlußurteil, und weiter, daß nur diejenige Aufhebung gemeint ist, die vor der Teilung den Konkurs beendigt. Für die folgende Betrachtung hat daher der Fall der nach der Teilung erfolgenden Aufhebung des Konkurses kein Interesse; die Haftung der Miterben bleibt gesamtschuldnerisch, wenngleich sie allerdings gemäß § 1989 auf die Bereicherung beschränkbar ist.

Ist der Nachlaßkonkurs vor der Teilung durch „Aufhebung" (im Gegensatz zur „Einstellung" §§ 202, 204 KO.) beendigt, so wird im Verhältnisse zu den etwa vom Zwangsvergleich und der Verteilung der Masse nicht berührten Nachlaßgläubigern die Haftung für die Zeit nach der Teilung vorbereitet. Die Haftung ist eine nur anteilige

Dies gilt auch für einen Miterben, der allgemein unbeschränkbar haftet, wie sich aus dem Vordersatz des Paragraphen: „jeder" Miterbe haftet ..... ergibt. Die Aufhebung hat naturgemäß eine allgemeine Wirkung, d. h. sie verschafft die Vergünstigung der nur anteiligen Haftung sämtlichen Miterben, weshalb nach der Teilung eine Inanspruchnahme der Erben als Gesamtschuldner jedenfalls seitens eines der von der Aufhebung Betroffenen unzulässig ist.

Der § 2060 Nr. 3 setzt, wie gesagt, voraus, daß der Nachlaß erst nach der Aufhebung geteilt werde. Es wird hier also der kaum je vorkommende Fall zugrunde gelegt, daß eine Masse im Konkurse überhaupt übrig bleibt und an die Erben zurückgelangt. Hieraus ergibt sich, daß der § 2060 Nr. 3 wohl äußerst selten zur Anwendung gelangen wird. So lange die Erben die an sie zurückgegebene Masse nicht teilen, besteht der im § 2059 hinsichtlich der Haftung geregelte Zustand der Ungeteiltheit des Nachlasses; es kann also zunächst von einer nur anteiligen Haftung keine Rede sein, sie ist vielmehr erst eine Folge der Teilung. In der Mehrzahl der Fälle wird der Nachlaß im Konkurse völlig erschöpft sein und an die Erben nichts zurückgegeben werden können. Es ist schon oben (Seite 291) darauf hingewiesen, daß in dieser Erschöpfung keine Teilung des Nachlasses zu erblicken, daß vielmehr der Zustand der Ungeteiltheit des Nachlasses dauernd geworden ist. Es erhellt, daß für diesen Fall die Haftung der Miterben keine anteilige sein kann. Sie ist zwar gesamtschuldnerisch geblieben, für die Erben aber ungefährlich, weil letztere die Haftung jedenfalls gemäß § 1989 auf die Bereicherung beschränken können. (Kreß 273 ist der Ansicht, daß sie die Haftung nur gemäß § 2059 beschränken können, er gibt aber für die Ausschaltung des § 1989 keine Begründung.) Würde man in der Erschöpfung eine Teilung erblicken, so würden die Erben nunmehr allerdings anteilig, aber gleichfalls nur mit der Bereicherung haften. Es würde im Effekt kaum ein Unterschied bestehen. Hinsichtlich eines allgemein unbeschränkbar haftenden Miterben ist die Situation bei jeder Auffassung dieselbe: Besteht nämlich Gesamthaftung, so kann der betreffende Miterbe die Haftung gemäß § 2059 Abs. 1 S. 2 auf einen Teil seines Eigenvermögens beschränken; besteht anteilige Haftung, so wirkt der § 2060 Nr. 3 auch zu seinen Gunsten, d. h. er haftet auch hier nur anteilig. Eine Haftung mit dem Nachlaß kommt nicht in Frage, da dieser ja erschöpft ist. Das von Strohal II 351 Anm. 10 gegebene Beispiel, durch das er nachweisen will, daß in der Erschöpfung eine Teilung liegen müsse, erscheint danach nicht genügend durchgeführt. Strohal legt lediglich darauf Gewicht, daß der unbeschränkbar haftende Erbe bei Annahme von der Fortdauer der Ungeteiltheit des Nachlasses wegen der ganzen Forderung in Anspruch genommen werden könne, übersieht aber, daß der Erbe dem gegenüber gemäß § 2059 Abs. 1 S. 2 die Haftung zu einer anteiligen machen kann, wie wenn die Teilung in Wahrheit bestände.

Es ist schon oben (Seite 315) darauf hingewiesen, daß der Eintritt der anteiligen Haftung nach § 2060 Nr. 3 unter Umständen durch die Anmeldung zu einem Aufgebote verhindert werden kann (§ 229 KO.). Der Fall ist so zu denken, daß der Gläubiger, der sich zum Aufgebot gemeldet hat, am Konkurse nicht teilnimmt; er gehört aber trotzdem zu denjenigen Gläubigern, die beim Akkord bezw. bei der Ausschüttung berücksichtigt werden müssen.

Die anteilige Haftung dürfte gegenüber den im § 1971 erwähnten dinglich Berechtigten hinsichtlich des Gegenstandes ihres Vorrechtes nicht bestehen; eine gesetzliche Regelung hat der Fall nicht gefunden.

Wird der Nachlaßkonkurs nach Maßgabe der §§ 202, 204 KO. eingestellt, so ist die Haftung nicht eine nur anteilige. Doch kann sie es noch werden, wenn nämlich nachträglich ein zweiter Nachlaßkonkurs vor der Teilung eröffnet und nach Maßgabe des § 2060 Nr. 3 beendigt wird bezw. wenn ein anderer Fall der nur anteiligen Haftung (§ 2060 Nr. 1, 2 und § 2061) vorliegt.

Die Haftung auf Grund des § 2060 ist, soweit sie anteilig ist, zugleich auf die Bereicherung beschränkbar, abgesehen vom allgemein unbeschränkbar haftenden Miterben, für welchen auch die anteilige Haftung unbeschränkbar ist, und abgesehen von der Kategorie der Pflichtteilsberechtigten usw., für welche sie auf den Nachlaß beschränkbar ist, dies jedoch nur im Falle Nr. 1 des § 2060. Der § 2060 Nr. 3 hat hinsichtlich der Beschränkung auf den Teil dieselben Voraussetzungen wie der § 1989 hinsichtlich der Beschränkung auf die Bereicherung, nur ist die Wirkung des letzteren Paragraphen nicht darauf beschränkt, daß die Aufhebung des Konkurses vor der Teilung erfolgt.

f. Insbesondere die Haftung:
α. Beim Erbschaftskaufe.

Für das Stadium vor der Teilung siehe Seite 233.

Beim Erbschaftskauf des Alleinerben (Seite 96) sind die wesentlichen Grundsätze der Haftung dargelegt.

Nach Aufteilung des Nachlasses wird von einem Erbschaftskaufe kaum noch die Rede sein, weil bezw. sofern der Nachlaß als Sondergut aufgehört hat zu existieren und weil auch „Anteile" der einzelnen Miterben am Nachlasse nicht mehr bestehen. Der einzelne Miterbe hat nun nur einzelne Nachlaßgegenstände, bezgl. deren die Gesamtberechtigung der Miterben erloschen ist. Danach kann es sich hier im wesentlichen nur darum handeln, zu erörtern, wie in der Zeit nach der Teilung die Haftung der Miterben und des Erwerbers hinsichtlich eines vor der Teilung stattgehabten Erbschaftskaufes sich gestaltet. Ist durch den Erbschaftskauf der Erwerber als Mitberechtigter in die Gemeinschaft der Erben eingetreten, so gilt das im § 2046 S. 1 statuierte Gebot, wonach die Nachlaßverbindlichkeiten vor der Teilung zu berichtigen sind, auch für den Erwerber, der demnach im Falle einer voreiligen Teilung der im § 1978 geregelten Verantwortlichkeit unterliegt. Dies sowie die Tatsache, daß auch der veräußernde Miterbe die Verantwortlichkeit für die Ordnungsmäßigkeit der Verwaltung behält, wird in Normalfällen dazu führen, daß in der Zeit nach der Teilung unberichtigte Verbindlichkeiten des Nachlasses im Allgemeinen nicht mehr bestehen werden. Allerdings kann nach der Veräußerung und Übertragung der Veräußerer die Teilung nicht mehr verhindern, weil er nunmehr nicht an der Verwaltung teilnehmen kann, aber er ist für die mit der Zustimmung des Erwerbers vorgenommene, im Sinne des § 2046 S. 1 voreilige Teilung auch weiterhin verantwortlich; denn es liegt, wie schon erwähnt, in der Veräußerung ein Verstoß gegen die Verwaltungspflicht des Erben. Aus diesem Grunde ist der Veräußerer auch für die Verstöße des Erwerbers verantwortlich, und es muß die mit der Teilung eintretende Verschärfung der Haftung auch den Veräußerer treffen (anders Kreß 178). Diesem bleibt nur übrig, nach Maßgabe des § 2378 gegen den Erwerber evtl. Schadensersatzansprüche geltend zu machen. (Siehe auch Planck zu § 2383 Anm. 3 d.) Der Erwerber ist, gestützt auf § 2046 evtl. durch die im § 2045 angegebenen Mittel, imstande und, wie gesagt, im Verhältnis auch zum Veräußerer verpflichtet, die vor Berichtigung der Nachlaßverbindlichkeiten seitens der Erben beabsichtigte Teilung zu vereiteln.

1. Das im BGB. zum Ausdruck kommende Prinzip der Haftungsverschärfung im Falle einer im Sinne des § 2046 S. 1 voreiligen Aufteilung des Nachlasses erstreckt sich selbstverständlich auch auf den Erbteils e r w e r b e r. Er haftet nach wie vor grundsätzlich unbeschränkt (§§ 1967, 2382 Abs. 1 S. 1) und kann die Haftung nur nach den über die Beschränkung der Haftung des Erben für die Zeit nach der Teilung geltenden Vorschriften beschränken (§ 2383 S. 1). Demgemäß ist ihm, wie nunmehr auch den Erben gemeinschaftlich, der Antrag auf Anordnung einer Nachlaßverwaltung versagt (§ 2062). Der Nachlaßkonkurs besteht dagegen als Mittel der Beschränkung über die Teilung hinaus auch für den Käufer des Erbteils. Siehe hierüber Seite 234, 101 und über den Nachlaßkonkurs nach der Teilung Seite 303, 317. Die Unzulänglichkeitseinrede ist ihm bei überschuldetem und zugleich konkursunfähigem Nachlaß gegeben. Die Einrede der Ungeteiltheit des Nachlasses kann er, da der § 2059 nur für die Zeit b i s zur Teilung gilt, nicht mehr geltend machen. Zur Vollstreckung in die ihm bei der Teilung zugewiesenen Nachlaßgegenstände genügt ein gegen ihn allein erwirkter Schuldtitel. Die vor der Teilung gegen ihn vorgenommene Pfändung und Überweisung seines Anteils verpflichtet die Erben bezw. ihn selbst, b e i der Aufteilung den Pfandgläubiger aus den ihm (dem Erwerber) zukommenden Bestandteilen des Nachlasses zu befriedigen (Seite 180). Auch die Grundsätze von der Gesamt- bezw. nur anteiligen Haftung gelten gegenüber dem Erbteilserwerber bezw. zu seinen Gunsten nach der Teilung (§§ 2058 bis 2061). Demnach haftet er grundsätzlich auch nach der Teilung gesamtschuldnerisch mit sämtlichen Miterben einschließlich des Veräußerers. Nur in den Fällen der §§ 2060 2061, also gegenüber den in der Geltendmachung bezw. Beitreibung ihrer Forderung säumigen Nachlaßgläubigern, besteht kraft Gesetzes die anteilige Haftung, die danach im Gebiete des § 2060 zugleich unbeschränkt bezw. (im wesentlichen) auf die Bereicherung beschränkbar und anteilig, im Gebiete des § 2061 unbeschränkt bezw. auf den Nachlaß beschränkbar und anteilig ist. Über die besonderen Voraussetzungen dieser anteiligen Haftung und ihre prozessuale Gestaltung siehe Seite 310 ff. und weiter unten zu g. Was die Wirkung der in den §§ 2060, 2061 erwähnten Institute über den Erwerber hinaus, also zugunsten des Veräußerers und der übrigen Miterben anlangt, so ist zu bemerken: Das — vor der Teilung — mit Ausschlußurteil durchgeführte Aufgebot hat, auch wenn der Erwerber der Betreibende war, Wirkung zugunsten des Veräußerers (§ 1000 ZPO.) und aller übrigen Miterben (§ 997 ZPO., § 2060 Vordersatz). Sie haften jetzt (nach der Teilung) im Verhältnisse zu den ausgeschlossenen Gläubigern durchweg nur anteilig. — Die Geltendmachung einer Nachlaßverbindlichkeit innerhalb der im § 1974 begrenzten Frist gegenüber auch nur dem Erwerber hat nach diesseitiger Auffassung nicht bloß für den letzteren, sondern auch für den Veräußerer die gesamtschuldnerische Haftung auch für die Zeit nach der Teilung zur Folge (siehe hierzu Seite 103, 315). In Ansehung der übrigen Erben wirkt diese Geltendmachung an sich nicht, d. h. sie schließt für diejenigen

von ihnen nicht den Eintritt der anteiligen Haftung in der Zeit nach der Teilung aus, denen die Forderung innerhalb der Frist nicht bekannt wird. Macht der Gläubiger die Forderung gegen den Erwerber nicht innerhalb der Frist geltend, so erwirbt der Erwerber in der Zeit nach der Teilung die anteilige Haftung, wenn er nicht etwa von dem Bestehen der Forderung vor Ablauf der Frist Kenntnis erlangt hat. Die Unkenntnis des Erwerbers kommt weder ihm selbst noch dem Veräußerer zu statten, wenn der Veräußerer die Forderung kennt, wie umgekehrt seine Kenntnis auch dem mit der Forderung unbekannten Veräußerer schadet, dies deshalb, weil durch die Veräußerung des Erbteils die Rechtsstellung des Gläubigers nicht beeinträchtigt werden darf. — Die Befugnis des Erwerbers, vor der Teilung auf seine Kosten eine „Aufforderung" im Sinne des § 2061 zu veröffentlichen, folgt aus § 2383 Abs. 1 S. 1. War daraufhin die Meldung beim Nachlaßgericht oder beim Erwerber erfolgt, so hat sie allgemeine Wirkung, d. h. es verbleibt für alle Erben einschl. des Erwerbers in der Zeit nach der Teilung bei der gesamtschuldnerischen unbeschränkten Haftung (§ 2061). War die Meldung überhaupt nicht erfolgt und die Forderung auch nicht bis zur Teilung bekannt geworden, so begründet dies in der Zeit nach der Teilung für sämtliche Erben einschließlich des Erwerbers die anteilige, im übrigen allerdings unbeschränkte bezw. durch die ordentlichen Beschränkungsmittel (wozu jetzt die Nachlaßverwaltung nicht mehr gehört) auf den Nachlaß beschränkbare Haftung. Ist die Anmeldung nicht in der ersterwähnten Weise erfolgt und die Forderung dem Erwerber bis zur Teilung auch nicht bekannt geworden, so haftet er nach der Teilung an sich anteilig. Doch ist dabei vorausgesetzt, daß die Forderung auch nicht dem Veräußerer bekannt war, da — aus dem oben angegebenen Grunde — nach diesseitiger Auffassung die Kenntnis auch nur eines von beiden dem anderen schadet, d. h. seine gesamtschuldnerische Haftung bestehen läßt. Die Kenntnis der übrigen Erben ist nur von Bedeutung für jeden von ihnen allein. — Ein vor der Teilung durch Aufhebung beendigter Nachlaßkonkurs begründet auch für den Erwerber in der Zeit nach der Teilung die anteilige Haftung nach Maßgabe des § 2060 Nr. 3. Die Beschränkung hinsichtlich des Gegenstandes beruht auf § 1989.

2. Bezüglich der in der Zeit nach der Teilung bestehenden Haftung des Veräußerers ist zu bemerken:

Der Veräußerer haftet nach der Teilung grundsätzlich gesamtschuldnerisch unbeschränkt, aber auf den Nachlaß beschränkbar (§§ 1967, 2058, 2382 Abs. 1 S. 1). Es ist ihm, wie überhaupt, wegen des § 2062 jedoch der Antrag auf Anordnung der Nachlaßverwaltung nicht mehr gegeben, den Nachlaßkonkurs kann er nur nach Maßgabe des § 232 KO. beantragen (siehe Seite 105). Die Unzulänglichkeitseinrede ist ihm — im beschränkten Umfange, siehe hierzu Seite 304 — verblieben. Die Einrede der Ungeteiltheit des Nachlasses steht, auch wenn er die Teilung nicht gebilligt hat (ein Widerspruchsrecht hat er nicht), ihm nicht mehr zu. Anders Kreß 180, der aus der Tatsache, daß der Erwerber die Haftung des Veräußerers nicht durch Verletzung der Inventarpflicht erweitern kann, schließt, daß der Erwerber durch seine Zustimmung zu einer im Sinne des § 2046 voreiligen Teilung die Haftung des Veräußerers auch nicht verschärfen bezw. ihm nicht die Einrede aus § 2059 Abs. 1 nehmen kann. Kreß übersieht hierbei, daß die Teilung nicht, wie die Verletzung der Inventarpflicht, nur auf dem Willen des Erwerbers, sondern der sämtlichen noch im Besitz ihrer Erbteile befindlichen Miterben beruht, d. h. daß die Verschärfung der Haftung hier gar nicht auf Maßnahmen des Erwerbers allein, sondern auf Maßnahmen der sämtlichen übrigen Erben zurückzuführen ist; und ferner, daß kein Grund vorhanden ist, dem Veräußerer einen Verstoß des Erwerbers, den der Veräußerer bei Nichtveräußerung hätte verhindern können, nicht anzurechnen. Der Veräußerer kann also sein Eigenvermögen nach der Teilung nicht ohne ein ordentliches Beschränkungsmittel schützen bezw. er kann es, da Nachlaßverwaltung unzulässig, der Nachlaßkonkurs erschwert ist und die Unzulänglichkeitseinrede schwer durchgeführt werden kann (siehe Seite 305), unter Umständen überhaupt nicht schützen. — Die Grundsätze der Gesamt- bezw. anteiligen Haftung gelten nach der Teilung auch gegen bezw. für den Veräußerer (§§ 2058—2061, 2382 Abs. 1 S. 1). Danach haftet er gesamtschuldnerisch mit den übrigen Erben und dem Erwerber, bezw. in den Fällen der §§ 2060, 2061 nur anteilig. Das vor der Teilung von ihm oder einem anderen Miterben durchgeführte Aufgebot verschafft nach der Teilung im Verhältnisse zu allen ausgeschlossenen Gläubigern die anteilige und auf die Bereicherung beschränkbare Haftung zugunsten aller Erben und des Erwerbers (§§ 1000, 997 ZPO.). — Bezüglich der als Folge des Zeitablaufs in der Zeit nach der Teilung eintretenden anteiligen Haftung gegenüber ausgeschlossenen Gläubigern gilt entsprechend alles bezgl. der Haftung des Erwerbers Ausgeführte. Dasselbe ist hinsichtlich der nach der „Aufforderung" in der Zeit nach der Teilung eintretenden Haftung zu sagen. Nach Beendigung des Nachlaßkonkurses vor der Teilung durch Aufhebung ist die Haftung auch für den Veräußerer nach der Teilung anteilig und beschränkt.

β. **Haftung bei der Ausgleichung.**

Die Tatsache, daß einer der Miterben oder mehrere oder alle zur Ausgleichung (§§ 2050 ff., 2315, 2316) verpflichtet sind, hat zur Folge, daß einer oder einige von ihnen bei der Auseinandersetzung aus dem Nachlasse gar nichts zugeteilt bekommen bezw. weniger oder mehr, wie es bei reiner Teilung nach Quoten hätte der Fall sein müssen. Für die Zeit bis zur Teilung hat diese für die Auseinandersetzung bevorstehende Erbteilsverschiebung eine sehr untergeordnete Bedeutung. Sie ändert auch für denjenigen Miterben, welcher bei der Teilung gar nichts bekommen wird, nicht sein Mitverwaltungs-Mitbesitz- und Mitgenußrecht (Kreß 40). Desgl. befreit sie ihn nicht von seinen durch die Erbengemeinschaft begründeten Pflichten. Er hat danach das Recht, sich bei der Stellung des Antrages auf Anordnung einer Nachlaßverwaltung zu beteiligen, darf selbständig den Nachlaßkonkurs und das Aufgebot beantragen, das Inventar errichten, die Unzulänglichkeit des Nachlasses einwenden, gegen jede nicht auf Grund eines gegen alle Miterben gerichteten Schuldtitels in den Nachlaß vorgenommene Zwangsvollstreckung die Widerspruchsklage erheben und die Hemmungsbefugnis nach §§ 2014, 2015 geltend machen. Er ist verpflichtet und berechtigt, sich an der Berichtigung der Nachlaßverbindlichkeiten zu beteiligen und setzt sich im Schadensfalle der Inanspruchnahme seitens der Nachlaßgläubiger aus, wenn er die Aufteilung des Nachlasses im Widerspruche zu § 2046 S. 1 zuläßt. — Das Vorgehen der Nachlaßgläubiger wird durch die mögliche Ausgleichung in keiner Weise beeinflußt; sie können auch gerade denjenigen Miterben in Anspruch nehmen, der infolge der Ausgleichung bei der Teilung nichts erhalten wird, dies nicht bloß dann, wenn ihnen gerade dieser Miterbe allein haften sollte, sondern auch wenn er in Gesamtverbindlichkeit mit einigen oder allen übrigen Miterben haftet. Der Tatsache, daß dieser eine Miterbe bei der Aufteilung des Nachlasses nichts erhalten kann, kommt nur wirtschaftlich eine Bedeutung zu. Der Nachlaßgläubiger, der beim Vorgehen gegen nicht alle Miterben immer nur den „Anteil" der Verurteilten am Nachlasse pfänden kann, weiß, daß es zwei Wege gibt, sich Befriedigung zu verschaffen: entweder er wartet die Auseinandersetzung der Erben ab bezw. er veranlaßt sie (§ 751 BGB.) und wird hierbei aus demjenigen befriedigt, was auf den Pfandschuldner entfällt, oder er veranlaßt die Veräußerung des gepfändeten Anteils (siehe hierzu Seite 180). Muß sich der Gläubiger sagen, daß der Anteil, weil auf den Erben nichts vom Nachlaß entfallen kann, keinen Wert hat, also unveräußerlich ist, oder daß er bei der Teilung nichts erhalten wird, so wird er selbstverständlich von einer Inanspruchnahme dieses Erben allein absehen, vielmehr zur Ermöglichung der Vollstreckung in den Gesamtnachlaß die sämtlichen Erben in Anspruch nehmen. Sollte infolge der bevorstehenden Ausgleichung dagegen der Erbteil eines Miterben einen Zuwachs erfahren, so wird dies einen Gläubiger um so eher veranlassen, gerade diesen Erben allein in Anspruch zu nehmen, wenn er sich sagt, daß er bei der Aufteilung oder Anteilsveräußerung volle Befriedigung schon hierdurch erlangen kann.

Für das Stadium nach der Teilung kommen für einen beschränkbar haftenden Miterben verschiedene Abstufungen der Haftung in Betracht. Die Haftung kann sein: gesamtschuldnerisch und dabei unbeschränkt, aber auf den Nachlaß beschränkbar; oder anteilig und dabei unbeschränkt, aber auf den Nachlaß beschränkbar; oder anteilig und dabei unbeschränkt, aber auf den Überschuß nach Grundsätzen einer ungerechtfertigten Bereicherung beschränkbar.

a) In dem ersteren dieser Fälle, also in dem Normalfalle, kommt, was das Verhältnis der Erben zum Nachlaßgläubiger anlangt, der Ausgleichung keinerlei Bedeutung zu bei einem für alle Nachlaßverbindlichkeiten ausreichenden Nachlasse. Denn im Stadium nach der Teilung kann bei ausreichendem Nachlasse die Haftung niemals auf den Nachlaß beschränkt werden. Wo aber unbeschränkte Haftung besteht, muß der einzelne Miterbe mit seinem gesamten Vermögen haften, auch wenn er bei der Teilung des Nachlasses wegen seiner Ausgleichungspflicht nichts erhalten haben sollte. Muß er danach einen Nachlaßgläubiger voll befriedigen, so kann er im Innenverhältnis, also gegenüber den übrigen Miterben, wegen des Geleisteten vollen Ersatz verlangen, wobei er die einzelnen aber nicht entsprechend der Höhe der Erbquoten (§ 426 BGB.), sondern entsprechend der durch die Ausgleichung eingetretenen Erbteilsverschiebung in Anspruch zu nehmen berechtigt ist. Daß im Verhältnisse unter einander die Erben stets die Haftung auf den Nachlaß beschränken können, sei hier in die Erinnerung zurückgebracht; es beruht auf § 2063 Abs. 2. — Es kann auch nicht gesagt werden, daß die Ausgleichung auf die Haftungsgrundsätze immer einwirkt, wenn der Nachlaß überschuldet ist. Bei Überschuldung des Nachlasses ist je nach der Sachlage eine zwiefache Beschränkung der Haftung auf den Nachlaß denkbar: durch Nachlaßkonkurs oder durch Unzulänglichkeitseinrede. Im Falle des Nachlaßkonkurses kommt die Ausgleichung nicht in Betracht, denn es erfolgt eine Rekonstruktion des Nachlasses, mit welchem alsdann einheitlich gehaftet wird. Der einzelne Erbe haftet alsdann nicht mehr, weshalb es auch nicht darauf ankommt, ob er infolge seiner Ausgleichungspflicht bei der Aufteilung etwas erhalten hat. Anders ist die Rechtslage bei einem Nachlasse, der im Sinne des § 1990 unzulänglich ist. Hier gewinnt die Ausgleichung Bedeutung. Hier kommt es nicht zur Bildung einer einheitlichen Nachlaßmasse. Es behält jeder Erbe, was er vom Nachlasse erhalten hat, er beschränkt die Haftung auf dieses, sofern der gesamte bei den einzelnen Erben befindliche Nachlaß unzulänglich ist. (Siehe hierzu Seite 304.) Dabei muß er dem Nachlaßgläubiger, dem gegenüber er die Haftung beschränkt, den Nachlaß herausgeben, den er z. Z. der Inanspruchnahme noch hat bezw. für Abgänge muß er evtl. nach § 1978 Ersatz leisten. Hat nun ein Erbe keinen Nachlaß bekommen, so kann er ihn auch nicht herausgeben, bezw. hat die Beschränkung zur Folge, daß der Gläubiger mit seiner Klage abgewiesen werden muß. Einen Nachteil erleidet der Gläubiger dadurch in Ansehung seiner Forderung nicht, weil die Erben ihm als Gesamtschuldner haften und er beim Vorgehen gegen die übrigen Erben den ganzen noch vorhandenen Nachlaß bezw. evtl. Ersatz für Abgänge erlangen kann. Die gleiche Rechtslage besteht bei Anwendung des § 1992. — Die Erörterung ergibt, daß bei gesamtschuldnerischer unbeschränkter aber beschränkbarer Haftung der Miterben nach der Teilung die Ausgleichung nur in den Fällen eine Rolle spielt, daß der Nachlaß überschuldet und zugleich konkursunfähig bezw. daß er überschuldet, aber der § 1992 anwendbar ist; daß aber das Recht des Gläubigers im Grunde auch hier nicht beeinträchtigt wird, weil infolge der Gesamthaftung der Erben jedenfalls der Nachlaß in demjenigen Umfange, den er z. Z. des Erbfalls gehabt hat und unter Berücksichtigung ordnungsmäßiger Abgänge auch nach der Teilung bezw. bei der Inanspruchnahme durch den Nachlaßgläubiger haben mußte, haftet, nur daß er ihn gegenüber denjenigen Erben angreifen muß, die ihn in Wahrheit erhalten haben.

Haftet ein Miterbe bereits unbeschränkbar, so hat im Stadium vor der Teilung die ihm etwa obliegende Ausgleichung hinsichtlich der Haftung mit dem Nachlasse genau so wenig eine rechtliche Bedeutung, wie wenn er beschränkbar haftete. Auch hier kommt ihr nur wirtschaftlich eine Rolle insofern zu, als je nach dem höheren oder geringeren Werte des Anteils dieses Erben eine Inanspruchnahme gerade dieses Erben eintreten bezw. unterbleiben wird. Die Ausgleichung spielt aber auch hinsichtlich der Haftung mit dem Eigenvermögen keine Rolle. Auch wenn der betr. Miterbe infolge seiner Ausgleichungspflicht bei der Auseinandersetzung nichts aus dem Nachlasse erhalten wird, kann er dennoch die Haftung mit dem Eigenvermögen nicht überhaupt ablehnen, er haftet vielmehr nach Maßgabe des § 2059 Abs. 1 S. 2. Andererseits braucht er aber für den Fall, daß er infolge seines Rechtes auf Ausgleichung bei der Teilung mehr wie seine Erbquote erhalten wird, nicht einen entsprechend größeren Teil seines Eigenvermögens als wie er der Erbquote entspricht, zu opfern. — Nach der Teilung hat auch hinsichtlich eines unbeschränkbar haftenden Miterben die Ausgleichung bei einem völlig zureichenden Nachlaß keinerlei Bedeutung; es haftet in solchem Falle eben jeder Erbe nunmehr unbeschränkbar, wobei es auf die Tatsache nicht ankommt, daß er etwa infolge der Ausgleichung nichts bekommen hatte. — Was den Fall der Überschuldung des Nachlasses anlangt, so gilt für den Konkursfall auch hier das oben Dargelegte, weil im Konkurse nur ein einheitlicher Nachlaß besteht. Da aber ein unbeschränkbar haftender Miterbe durch den Konkurs nicht die Haftung zu beschränken vermag, muß er, wenn in Anspruch genommen, die ganze und jede Nachlaßverbindlichkeit ohne Rücksicht auf das ihm bei der Teilung Zugefallene berichtigen. Der Gefahr einer solchen Inanspruchnahme kann er, wie überhaupt ein Miterbe, leicht dadurch entgehen, daß er die Aufteilung des Nachlasses nicht vor Berichtigung der Nachlaßverbindlichkeiten geschehen läßt (§§ 2045, 2046 und oben Seite 292, 293). — Die Unzulänglichkeitseinrede kann der unbeschränkbar haftende Miterbe nicht anwenden (§§ 2013, 1990), er kann also die Haftung nicht auf den ihm zugeteilten Nachlaß beschränken, muß vielmehr die Nachlaßverbindlichkeit in voller Höhe erfüllen und ist auf den Regreß gegen die übrigen Miterben angewiesen. Danach hat die Ausgleichung hinsichtlich der Haftung eines gesamtschuldnerisch unbeschränkbar haftenden Miterben keinerlei Bedeutung.

Strohal Bd. II 366 unter V erwähnt den Fall, daß die mehreren Miterben dem einen gegenüber, der wegen seiner Ausgleichspflicht bei der Teilung nichts mehr erhalten wird, diese Tatsache feststellen. Mit Recht führt er aus, daß dieser Erbe, wenn vor der Teilung in Anspruch genommen, die Einrede des ungeteilten Nachlasses (§ 2059 Abs. 1 S. 1) und, wenn er unbeschränkbar haftet, die des § 2059 Abs. 1 S. 2 machen kann, da der Nachlaß ja ungeteilt ist, und ferner daß nach der Teilung die allgemeinen Haftungsgrundsätze Anwendung haben. Dies alles ist aber nichts Besonderes, denn die erwähnte Feststellung hat weder im Verhältnisse zum Nachlaßgläubiger noch im Innenverhältnisse der Erben eine rechtliche Bedeutung, namentlich benimmt sie dem ausgleichungspflichtigen Erben nicht das Recht, die Aufteilung des Nachlasses vor Berichtigung der Nachlaßverbindlichkeiten zu verhindern.

b) In dem zweiten der oben angegebenen Fälle, also bei anteiliger, unbeschränkter, auf den Nachlaß beschränkbarer Haftung — es ist z. B. der Fall des § 2061 — ist die Rechtslage mit einer Ausnahme völlig die gleiche wie die oben bei a behandelte. Bei einem für sämtliche Nachlaßverbindlichkeiten zulänglichen Nachlaß kommt eine Sonderung von Nachlaß und Erbenvermögen, d. i. eine Beschränkung der Haftung, nicht in Frage; die Befriedigung erfolgt seitens jedes Erben, welcher in Höhe des seiner Erbquote entsprechenden Teils der Forderung in Anspruch genommen wird, ohne Rücksicht darauf, daß er bei der Aufteilung infolge der Ausgleichung nichts erhalten hat, aus dem Gesamtvermögen. Hat ein solcher Erbe den Gläubiger wegen des Teils der Forderung befriedigen müssen, so kann er nur gegen die übrigen Erben vollen Ersatz geltend machen, da er im Innenverhältnis zur Nachlaßverbindlichkeit nur insoweit beitragen muß, als er selbst Nachlaß bekommen hat. — Kommt es zum Nachlaßkonkurse, also zur Wiedervereinigung des ungeteilten Nachlasses in der Hand des Nachlaßkonkursverwalters, so spielt es auch hier keine Rolle, daß der einzelne Miterbe bei der Teilung nichts erhalten hat. Der Gläubiger wird aus dem Nachlaß befriedigt und hat, da der Konkurs die Haftung beschränkt, keinen Zugriff gegen das Privatvermögen eines Erben. — Ist der Nachlaß dagegen im Sinne der §§ 1990, 1992 unzulänglich, bezw. wendet der Miterbe die Unzulänglichkeitseinrede an, so kann Verurteilung nur zur Leistung aus dem, was der Erbe aus dem Nachlasse bei der Teilung erhalten hat, soweit es noch vorhanden ist, erfolgen; hat er infolge seiner Ausgleichungspflicht nichts erhalten, so muß die Klage abgewiesen werden. Der Nachlaßgläubiger ist dadurch geschädigt, da er die übrigen Erben nur wegen desjenigen Teils seiner Forderung in Anspruch nehmen kann, der je ihrer Erbquote entspricht. Selbst wenn er dort volle Befriedigung erlangt, würde er doch in Höhe desjenigen Teils seiner Forderung endgültig einen Ausfall erleiden, mit dem er bereits abgewiesen ist, denn die Erben haften nur anteilig, weshalb keiner in Anspruch genommen werden kann wegen eines Ausfalls, welchen der Gläubiger beim anderen erlitten hat. Es ist offenbar, daß dieser Ausfall durch die Sach- und Rechtslage nicht gerechtfertigt ist. Der Nachlaß ist ja, wenn auch verstreut, vorhanden! Der Gläubiger muß Befriedigung aus dem Nachlaß erlangen können, solange und soweit ein solcher da ist. Es muß dem Gläubiger gestattet sein, denjenigen Nachlaß, der infolge der Ausgleichung einem der Miterben verloren ging, bei den übrigen Miterben, die ihn bekommen haben, nach Verhältnis der Erbteile der Empfänger in Anspruch zu nehmen. Beispiel: Der Nachlaß betrug 10 000 ℳ. Erben sind A zu $^{1}/_{10}$, B zu $^{2}/_{10}$, C zu $^{3}/_{10}$, D zu $^{4}/_{10}$. Der Nachlaß ist geteilt. Der A hat infolge der Ausgleichung nichts erhalten. Das ihm an sich zustehende $^{1}/_{10}$ ist auf B, C, D übergegangen und zwar erhielt nach dem Verhältnis 2 : 3 : 4 der B $2222^{2}/_{9}$, der C $3333^{3}/_{9}$, der D $4444^{4}/_{9}$ ℳ. Der Nachlaßgläubiger P, der sich zur privaten Aufforderung der Erben vor der Teilung des Nachlasses nicht gemeldet hat und vom § 2061 betroffen ist, hat gegen den Nachlaß 3000 ℳ zu fordern. Er weiß nichts von der Ausgleichung, die unter den Erben stattgefunden hat, und fordert gegenüber A $^{1}/_{10}$ von 3000 = 300 ℳ. Solange A wegen der 300 ℳ keine Beschränkung geltend machen kann, muß er zur Zahlung von 300 ℳ verurteilt werden und dafür mit dem Eigenvermögen einstehen. Ist er imstande nachzuweisen, daß der bei B, C, D befindliche Nachlaß z. B. soweit verbraucht ist, daß er nicht die Kosten eines Nachlaßkonkurses decken würde, d. h. beschränkt er die Haftung auf den im Sinne des § 1990 jetzt unzulänglich gewordenen Nachlaß, so muß P mit der Klage abgewiesen werden, weil A keinen Nachlaß erhalten hat. P geht nun, nachdem ihm die geschehene Ausgleichung durch diesen Prozeß bekannt geworden ist, gegen B und zwar nicht bloß wegen $^{2}/_{10}$ von 3000 = 600 ℳ, sondern entsprechend der Tatsache, daß B infolge der Ausgleichung Nachlaß im Werte von $2222^{2}/_{4}$ ℳ bekommen hat und $2222^{2}/_{4}$ der $4^{1}/_{2}$te Teil von 10 000 ℳ ist, wegen $4^{1}/_{2}$ von 3000 ℳ = $666^{2}/_{3}$ ℳ vor. Desgl. geht er gegen C statt wegen $^{3}/_{10}$ wegen $^{1}/_{3}$ von 3000 ℳ = 1000 ℳ und gegen D wegen $1333^{1}/_{3}$ ℳ vor. Auf diese Weise erhält er jedenfalls den ganzen Nachlaß, soweit ihn die B, C, D noch hinter sich haben; wegen etwaiger Ausfälle kann er evtl. Ersatzansprüche nach Maßgabe des § 1978 erheben. Würde P gegen B, C, D nur wegen $^{2}/_{10}$ (600 ℳ) bezw. $^{3}/_{10}$ (900 ℳ) bezw. wegen $^{4}/_{10}$ (1200 ℳ) vorgehen können, so würde er nur 2700 ℳ geltend machen können, also eine Herabsetzung seiner Forderung hinnehmen müssen, während er dies in Wahrheit selbst dann nicht tun muß, wenn er wegen der 3000 ℳ nicht volle Befriedigung erlangt, denn hier geht ihm wenigstens nicht die Forderung verloren.

Haftet ein Miterbe, der infolge seiner Ausgleichungspflicht bei der Teilung leer ausgegangen ist, allgemein unbeschränkbar, so kann auch er nur wegen des Teils der Forderung, der seiner Erbquote entspricht, von dem vom § 2061 betroffenen Nachlaßgläubiger in Anspruch genommen werden, aber er haftet wegen dieses Teils unbeschränkbar. Deshalb kann er sich nicht damit schützen, daß er das Resultat der Ausgleichung vorbringt, vielmehr muß er in jedem Falle wegen des betr. Teils verurteilt werden und aus seinem Gesamtvermögen leisten. Im Innenverhältnis hat er Anspruch auf vollen Ersatz, doch brauchen ihm diesen die übrigen Erben nur mit dem Nachlaß, d. h. nach dessen Kräften und evtl. mit der auf § 1978 beruhenden Verantwortlichkeit zu leisten (§ 2063 Abs. 2). Die erwähnte unbeschränkbare Haftung hinsichtlich des Teils der Forderung besteht auch neben dem etwa eröffneten Nachlaßkonkurse.

c) Was den dritten der oben angegebenen Fälle, also die anteilige, unbeschränkte, auf die Bereicherung beschränkbare Haftung anlangt — es sind die drei Fälle des § 2060 —, so muß man auch hier zu dem Resultat gelangen, daß die Ausgleichung zwar hinsichtlich des Erben selbst unter Umständen eine Bedeutung hat, daß sie aber den Gläubiger in keinem Falle zu schädigen geeignet ist. Ein z. B. im Aufgebot ausgeschlossener Gläubiger darf nach der Teilung die Miterben nur anteilig, d. h. nur in derjenigen Höhe der Forderung in Anspruch nehmen, welche der Erbquote des in Anspruch Genommenen entspricht. Dieser letztere darf nun, auch bei völlig zulänglichem Nachlaß, die Haftung auf die Bereicherung beschränken. Bei zulänglichem Nachlaß wird der Gläubiger volle Befriedigung erlangen und den Nachteil seines Ausschlusses nur insofern zu fühlen bekommen, als die Form, in der er sich Befriedigung gefallen lassen muß, eine von der Norm abweichende ist; er muß sich nämlich mit der Beschränkung auf die als Überschuß etwa noch vorhandenen Nachlaßsachen zur Verwertung im Wege der Zwangsvollstreckung zufrieden geben (§ 1973 Abs. 2). Gerät er nun an einen Miterben, der infolge seiner Ausgleichungspflicht leer ausgegangen ist, und beschränkt dieser die Haftung in der besprochenen Weise, so muß Abweisung der Klage erfolgen; der Erbe ist ja nicht bereichert! Hier würde der Gläubiger einen — der Sach- und Rechtslage nicht entsprechenden — Ausfall erleiden, wenn seine Forderung zu einem der Höhe der Erbquote dieses Erben entsprechenden Teil überhaupt verloren wäre. Da der Nachlaß an die übrigen Erben gelangt ist und die Erben mit ihm, solange er vorhanden ist, bezw. mit der Bereicherung, die sie durch ihn erfahren haben, haften, muß der Gläubiger sie wegen derjenigen Quote der Forderung in Anspruch nehmen können, die er dem einen gegenüber nicht geltend machen kann. Wegen der Höhe dieser Inanspruchnahme siehe das Beispiel bei b.

Bezgl. des unbeschränkbar haftenden Miterben gilt im wesentlichen das hierüber bei b Dargelegte. Hier kann wegen des § 2013 Abs. 1 S. 2 immerhin eine Beschränkbarkeit in Frage kommen, in welchem Falle die eben erwähnte Situation gegeben sein würde.

Das Ergebnis obiger Darstellung stimmt nicht mit der von Strohal Bd. II 67 zu V ausgesprochenen Ansicht, wonach bei überschuldetem Nachlasse der Ausgleichung praktische Bedeutung im Verhältnisse der Erben zu den Nachlaßgläubigern überhaupt nicht zukomme, überein. Gerade im Gegenteil kommt sie hier bei einem nicht überschuldeten Nachlasse gar nicht in Betracht, während sie bei überschuldetem Nachlasse nur für den Konkursfall keine Bedeutung hat, stets aber für den Fall der Unzulänglichkeitseinrede. Strohal mag vorgeschwebt haben, daß bei vorliegender Überschuldung der Nachlaß schon vor der Teilung aufgezehrt sein und an den einzelnen, auch an die ausgleichungs*berechtigten* Erben überhaupt kein Nachlaß gelangen wird. Es ist doch aber denkbar, daß Erben ohne Rücksicht auf zu berichtigende Nachlaßverbindlichkeiten auch einen überschuldeten Nachlaß teilen oder daß ein z. Z. der Teilung nicht als überschuldet bekannter Nachlaß sich nach der Teilung als überschuldet herausstellt. Auch dann kann, wie dargelegt, Nachlaßkonkurs oder die Unzulänglichkeitseinrede in Frage kommen, wobei dann auch der Ausgleichung, wie dargelegt, eine Rolle zukommen kann.

γ. **Haftung gegenüber dem Pflichtteilsberechtigten. § 2319.**

Sollte im Widerspruche zu § 2046 die Aufteilung des Nachlasses unter Miterben erfolgen, bevor ein pflichtteilsberechtigter Nachlaßgläubiger den Pflichtteil erhalten hat, so haften auch für den Pflichtteil die Miterben nach wie vor als Gesamtschuldner, kann also der betr. Nachlaßgläubiger jeden Miterben wegen der ganzen Pflichtteilslast in Anspruch nehmen. Der § 2319 bestimmt nun für diesen Fall, daß der in Anspruch Genommene, wenn er auch seinerseits pflichtteilsberechtigt ist, eine Kürzung am fremden Pflichtteil und zwar insoweit vornehmen darf, daß ihm sein eigener Pflichtteil verbleibt. Beispiel: X setzt seinen Sohn A sowie seine Freunde E und F zu Miterben zu gleichen Teilen ein. Den Sohn B schließt er von der Erbfolge aus. Der Nachlaß ist 6000 ℳ. Der Pflichtteil des B ist $1/4$ von 6000 ℳ = 1500 ℳ, ebenso groß würde der des A gewesen sein. Die Erben teilen; es erhält jeder 2000 ℳ. Nun fordert B von A Zahlung der 1500 ℳ. Der A kann Zahlung in Höhe von 1000 ℳ verweigern, 500 ℳ muß er zahlen. B darf den Ausfall von 1000 ℳ gegen die E und F geltend machen. Nimmt B nur den E oder nur den F bezw. beide in Anspruch, so haben sie kein Verweigerungsrecht. Siehe das Eichhornsche Beispiel bei Staudinger zu § 2319 Anm. 5, wo der an sich pflichtteilsberechtigte Miterbe schon als Erbe bei der Teilung weniger wie seinen Pflichtteil bekommen hat, daher dem andern Pflichtteilsberechtigten die Erfüllung überhaupt verweigern kann. Das betr. Beispiel kann dahin ergänzt werden, daß auch der an sich pflichtteilsberechtigte Miterbe, der ja nur zu $1/3$ eingesetzt ist, während sein Pflichtteil $3/8$, d. h. $1/24$ mehr betragen würde, die übrigen Miterben wegen Bezahlung von $1/24$ des Nachlasses von 9000 ℳ (also von 375 ℳ) in Anspruch nehmen kann (§ 2305).

δ. **Prozessuales.**

Auch nach der Teilung des Nachlasses sind die Nachlaßgläubiger berechtigt, wegen der gegen den Nachlaß gerichteten Ansprüche gegen die Erben selbst gerichtlich vorzugehen. Dies gilt nicht bloß hinsichtlich der bereits allgemein unbeschränkbar, sondern auch hinsichtlich der noch beschränkbar haftenden Miterben. Die Passivlegitimation der beschränkbar haftenden Miterben entfällt nur dann, wenn Nachlaßkonkurs schwebt, weil dieser die Haftung auf den Nachlaß beschränkt, dagegen bleibt die Passivlegitimation der bereits unbeschränkbar haftenden Miterben auch neben dem Nachlaßkonkurse bestehen.

Die Zuständigkeit des Prozeßgerichts richtet sich nach den §§ 27, 28 ZPO. Was insbesondere die unter § 28 ZPO. fallenden Nachlaßverbindlichkeiten anlangt — siehe hierzu Seuffert § 28 ZPO. Anm. 4 —, so ist zu unterscheiden, ob im gegebenen Falle die Erben für sie gesamtschuldnerisch oder nur anteilig haften. Im ersteren, d. i. im Normalfalle (§ 2058), ist auch nach der Teilung der Gerichtsstand der Erbschaft (Seite 7) begründet; insoweit ist die Teilung hier ohne Einfluß. Desgl. bleibt der betr. Gerichtsstand so lange bestehen, als sich der Nachlaß noch ganz oder teilweise im Bezirke des im § 27 ZPO. angegebenen Gerichts befindet. Doch siehe hierzu die widersprechenden Ansichten bei Seuffert § 28 Anm. 5 b. Im zweiten der oben angegebenen Fälle, also in dem, wo die Erben einem Nachlaßgläubiger nur anteilig haften (§§ 2060), kann der Rechtsstreit nur bei dem für jeden einzelnen Miterben nach allgemeinen Regeln zuständigen Gerichte anhängig gemacht werden.

Das gerichtliche Vorgehen gegen die Miterben nach der Teilung hat, da die unbeschränkte Haftung fortdauert, gleichviel ob sie eine gesamtschuldnerische oder nur anteilige ist, stets die Bedeutung eines in das Gesamtvermögen jedes in Anspruch genommenen Miterben gerichteten Angriffs. Dieses Gesamtvermögen jedes Miterben besteht aus seinem Privatvermögen und den ihm bei der Aufteilung des Nachlasses zugeteilten Nachlaßgegenständen. Die Gläubiger sind durch die Tatsache, daß die Erben auch nach der Teilung die Haftung durch Nachlaßkonkurs oder Unzulänglichkeitseinrede auf den Nachlaß oder infolge eines Ausschlußurteils, einer Aufforderung, des Zeitablaufs, eines Nachlaßkonkurses auf die Bereicherung beschränken können, nicht gehindert, die volle ihnen zustehende, d. h. also entweder überhaupt die ganze oder nur die der Erbquote jedes Miterben entsprechende Forderung geltend zu machen, da sich die Haftung eben erst dann beschränkt, wenn der Konkurs eröffnet ist bezw. die in Anspruch Genommenen die Einrede der Unzulänglichkeit, des Ausschlusses usw. geltend machen. Die beim Vorgehen gegen die Erben erzielte Verurteilung gestattet den Angriff gegen das Gesamtvermögen jedes Verurteilten; natürlich muß gegenüber jedem Erben besonders vollstreckt werden. Sollte hierbei ein Vermögen angegriffen werden, das im Einzelfalle dem betreffenden Gläubiger nicht haftet, bezw. das nicht dasjenige Vermögen ist, auf welches der Erbe die Haftung beschränken will, so kann er mit der Geegnklage (§§ 785, 781 ZPO.) die Aufhebung der Zwangsmaßregel als unzulässig beantragen. So haftet für den Fall, daß Nachlaßkonkurs beantragt ist bezw. er noch beantragt werden soll, das Privatvermögen eines noch beschränkbar haftenden Miterben überhaupt nicht, wohl aber das Vermögen eines bereits unbeschränkbar haftenden, der also im Falle gesamtschuldnerischer Haftung nicht mehr, wie in der Zeit vor der Teilung, bloß wegen eines Teiles der Verbindlichkeit mit dem Eigenvermögen in Anspruch genommen werden kann; ferner haftet für den Fall, daß der Erbe in der Lage ist, die Unzulänglichkeit des Nachlasses im Sinne des § 1990 einzuwenden, gleichfalls nicht das Privatvermögen eines noch beschränkbar haftenden Erben, während das eines unbeschränkbar Haftenden haftet; ferner haftet für den Fall, daß der Gläubiger zu den von den §§ 1973, 1974, 1989 betroffenen gehört, der einzelne Erbe nur mit der Bereicherung, kann er also die Zwangsvollstreckung von allem, was nicht als Bereicherung bei ihm vorhanden ist, in der erwähnten Weise (§ 767 ZPO.) abwehren; endlich haftet für den Fall, daß der Gläubiger zu den vom § 2061 betroffenen gehört, der Erbe nur mit dem Nachlasse, sofern er sich auf einen bereits schwebenden oder noch zu beantragenden Nachlaßkonkurs oder auf die Unzulänglichkeit des Nachlasses im Sinne des § 1990 berufen kann. Der Gläubiger wird sich jedoch durch diese dem Erben zustehende Beschränkungsmöglichkeit gerade in der Zeit nach der Teilung um so weniger von der Zwangsvollstreckung in Gesamtvermögen abhalten lassen, weil in der Zeit nach der Teilung die Durchführung einer Beschränkung auf den Nachlaß dem Erben keineswegs leicht gemacht ist; bei einem zur Berichtigung aller Verbindlichkeiten zulänglichen Nachlasse ist sie ja überhaupt unmöglich. (Siehe hierzu Seite 304.)

Die Miterben sind auch nach der Teilung berechtigt, und, sofern sie die Beschränkung wahren wollen, auch gezwungen, den Vorbehalt zu erwirken (§ 780 ZPO.). Einem bereits allgemein unbeschränkbar haftenden Erben kann der Vorbehalt nun nicht mehr gegeben werden; er haftet nach der Teilung absolut unbeschränkbar für sämtliche Nachlaßverbindlichkeiten, hat also keine Vergünstigung mehr, wie er sie infolge des § 2059 Abs. 1 S. 2 vor der Teilung des Nachlasses hatte. Der Vorbehalt muß zur Wahrung der Beschränkung auch gegenüber dem Anspruche eines Miterben selbst, der zugleich Nachlaßgläubiger ist, erwirkt werden (§ 2063 Abs. 2). Der Erbe, der es unterläßt, den Vorbehalt zu erwirken, haftet (nur) wegen der Urteilsforderung unbeschränkbar, kann also, da kein allgemeiner Verlust der Beschränkung vorliegt, wegen aller übrigen Forderungen (desselben Gläubigers oder anderer Gläubiger) bei Überschuldung des Nachlasses die Haftung beschränken, d. h. je nach der Sachlage die Unzulänglichkeit des Nachlasses geltend machen oder den Nachlaßkonkurs beantragen. Daß im übrigen der Vorbehalt die Vollstreckung in Privatvermögen an sich nicht unzulässig macht, ist oben erwähnt und auf Seite 129, 263 genauer dargelegt.

Was die gerichtliche Verfolgung der Miterben im einzelnen anbelangt, so ist zu unterscheiden, ob die Erben gesamtschuldnerisch oder nur anteilig haften. Im ersteren Falle liegt es im Belieben des Nachlaßgläubigers, ob er sie sämtlich oder nur einzelne bezw. nur einen von ihnen in Anspruch nehmen will. Daß er sie auch jetzt noch gesamtschuldnerisch belangen kann, bedeutet gegenüber dem v o r der Teilung geltenden Haftungsprinzip eine Verschärfung, da die Erben nunmehr nicht mehr die Haftung auf den Anteil beschränken können. Während also vor der Teilung ein Gläubiger im wesentlichen davon absehen wird, einen einzelnen Miterben als Gesamtschuldner in Anspruch zu nehmen, eben weil er sich nur an den Anteil dieses Erben halten könnte, wird er nach der Teilung auch den einzelnen, und natürlich gerade den zahlungsfähigen allein belangen, weil das gegen ihn erzielte Urteil nunmehr die Zwangsvollstreckung in das gesamte Vermögen dieses Erben gestattet. Der § 747 ZPO. hat, da nun kein ungeteilter, kein Gesamtnachlaß mehr vorhanden ist, keine Bedeutung mehr; der Gläubiger, der nur gegen einen der Miterben vorgeht, kann trotzdem in den „Nachlaß" vollstrecken, womit aber hier nur der dem betr. Verurteilten bei der Teilung zugeteilte Nachlaß gemeint ist. Natürlich kann Nachlaß nur gegenüber demjenigen Erben angegriffen werden, gegen welchen ein Urteil ergangen ist. Will der Erbe, bei welchem „Nachlaß" gepfändet ist, diesen für die Gesamtheit der Nachlaßgläubiger ungeschmälert erhalten, weil er nämlich Nachlaßkonkurs beantragen will, so hat er kein anderes Mittel, wie den Antrag auf Eröffnung des Nachlaßkonkurses. Will ein anderer Miterbe, der durch Zwangsvollstreckung nicht behelligt wurde, den Nachlaßkonkurs beantragen, und zu diesem Zwecke den Nachlaß ungeschmälert erhalten, so kann er nicht etwa irgend eine Widerspruchsklage gegen die Zwangsmaßregel, die gegen den a n d e r e n Miterben vorgenommen wurde, erheben, er hat eben den Konkurs zu beantragen. Nach Eröffnung des Konkurses kann lediglich der Konkursverwalter die Maßregeln der Zwangsvollstreckung in den Nachlaß zur Aufhebung bringen (§§ 221 KO., 766 ZPO.). Dies gilt auch für den Fall, daß ein Privatgläubiger eines Miterben bei diesem in Nachlaßgegenstände vollstreckt haben sollte. Gegenüber der Zwangsvollstreckung eines Nachlaßgläubigers in Eigenvermögen des Erben kann nach Eröffnung des Nachlaßkonkurses nur der Erbe selbst nach Maßgabe der §§ 785, 784 Abs. 1 ZPO. die Widerspruchsklage wegen Aufhebung der Maßregel erheben. — Die Miterben werden auch von einem anderen Miterben, der zufällig Nachlaßgläubiger ist, gesamtschuldnerisch und unbeschränkt in Anspruch genommen. Gerade nach der Teilung kann ein Miterbe leicht Gläubiger der übrigen Miterben werden, wenn er nämlich infolge seiner gesamtschuldnerischen unbeschränkten Haftung einen Nachlaßgläubiger voll befriedigen muß und gegen die übrigen Erben, die im Innenverhältnis für jede Nachlaßverbindlichkeit ja nur entsprechend ihrer Erbquote haften, Ausgleichung fordert. Auch für diese Ausgleichsforderung besteht die auf den Nachlaß beschränkbare Haftung nur für den Fall, daß der Vorbehalt im Urteil erwirkt ist. — Die gesamtschuldnerisch haftenden Miterben können auch nach der Teilung gleichzeitig oder zeitlich getrennt, in einzelnen Klagen oder in einer und derselben Klage belangt werden.

Haften die sämtlichen Miterben einem Nachlaßgläubiger nach der Teilung nur anteilig (§§ 2060, 2061), so können alle diejenigen Gläubiger, denen sie noch gesamtschuldnerisch verhaftet sind, sie als Gesamtschuldner in Anspruch nehmen, derjenige Gläubiger aber, dem sie nur anteilig haften, kann jeden nur einzeln bezw. für sich wegen desjenigen Teils der Verbindlichkeit in Anspruch nehmen, der seiner Erbquote entspricht, dies, weil die anteilige Haftung eine Haftung kraft Gesetzes ist. Dagegen darf der betreffende Teil der Forderung gegen jeden Erben unbeschränkt gefordert werden und es muß dem Miterben überlassen bleiben, hinsichtlich des Gegenstandes die Haftung zu beschränken.

Sollten einem und demselben Gläubiger einzelne Erben noch wegen der vollen Forderung, die übrigen aber nur wegen eines Teils verhaftet sein, so kann der betr. Gläubiger die ersteren Erben gesamtschuldnerisch, die letzteren nur anteilig in Anspruch nehmen. Beispiel: Erben sind A zu $^1/_{10}$, B zu $^2/_{10}$, C zu $^3/_{10}$, D zu $^4/_{10}$. A hat vor der Teilung eine Aufforderung erlassen (§ 2061). Der Gläubiger P, der 3000 ℳ zu fordern hat, hat sich nicht gemeldet. Nach Ablauf der sechs Monate, aber noch vor der Teilung des Nachlasses, wird die Forderung des P dem C und D bekannt, dem A und B bleibt sie unbekannt. Die Erben teilen, ohne daß C und D auf P Rücksicht nehmen. Nunmehr will P seine Forderung gerichtlich geltend machen. Es haften C und D als Gesamtschuldner wegen 3000 ℳ, A haftet nur wegen $^1/_{10}$ von 3000 = 300 ℳ, B haftet nur wegen 600 ℳ. P kann entweder nur den C und D bezw. den C oder den D auf Zahlung von 3000 ℳ gesamtschuldnerisch in Anspruch nehmen. Wird er hierbei befriedigt, so kann er gegen A und B keine Forderung mehr geltend machen; wird er von C und D nicht in voller Höhe befriedigt, so kann er doch gegen A nur wegen höchstens 300 ℳ, gegen B nur wegen höchstens 600 ℳ vorgehen. Oder P geht gegen A wegen 300 ℳ, gegen B wegen 600 ℳ und schließlich gegen C und D als Gesamtschuldner wegen 2100 ℳ vor. Oder endlich er geht zugleich gegen alle vier Erben vor und stellt folgenden Antrag: den A zur Zahlung von 300 ℳ, den B zur Zahlung von 600 ℳ zu verurteilen, die C und D als Gesamtschuldner zur Zahlung von 3000 ℳ zu verurteilen und zwar mit der Maßgabe, daß C und D von der Zahlungspflicht insoweit befreit sind, als P bei A und B Befriedigung erlangt und daß A und B von der Zahlungspflicht insoweit befreit sind, als P von C und D mehr als 2100 ℳ erhält. P kann auf Grund dieses Urteils gegenüber A wegen 300 ℳ und gegenüber B wegen 600 ℳ vollstrecken. Soweit er hierbei Befriedigung erlangt, wird die Zahlungspflicht des C und D herabgesetzt, P kann also nur wegen des Restes bis zur Höhe von 3000 ℳ im ganzen gegen C und D vorgehen. Oder P kann zunächst gegen C und D vollstrecken. Kann er hierbei nur z. B. 2400 ℳ erlangen, so darf er wegen der restierenden 600 ℳ entweder nur gegen B oder aber auch gegen A wegen 300 ℳ und gegen B wegen nur 300 ℳ vorgehen. — Die Mehrleistung des C und D, die über 2100 ℳ hinausgeht, befreit also nicht gerade den A oder gerade den B, vielmehr hat P die Wahl, gegen wen von A und B und je in welcher Höhe er die Restforderung geltend machen will. — Sind, weil der Nachlaß, wie er nunmehr bei sämtlichen Miterben beschaffen ist, unzulänglich im Sinne des § 1990 ist, im obigen Beispiel die Erben in der Lage, die Unzulänglichkeit einzuwenden, so wird der Antrag der Klage genau so zu lauten haben, wie er oben angegeben ist. Auch können sich nach diesseitiger Auffassung die Erben antragsgemäß mit dem Vorbehalte (§ 780 ZPO.) verurteilen lassen. Sollte der Gläubiger, wie oben angegeben, mit Vollstreckung vorgehen und hierbei Privatvermögen der Erben angreifen, so kann jeder der Erben die Gegenklage wegen Unzulässigkeit der Zwangsvollstreckung, soweit sie Privatvermögen ergriffen hatte, erheben, indem er sich auf die gegenwärtig bestehende Unzulänglichkeit des gesamten, bei den Erben vorhandenen Nachlasses stützt und den Nachlaß im einzelnen offen legt. Die Erben dürfen die Unzulänglichkeit aber auch schon in dem vom Gläubiger gegen sie angestrengten Prozesse einwenden. Sie legen also den Nachlaß sofort offen und zeigen, daß er konkursunfähig im Sinne des § 1990 ist. Nunmehr kann nicht mehr pure Verurteilung zur Zahlung erfolgen, sondern nur auf Zahlung aus dem Nachlasse. Das Urteil lautet nunmehr, wie folgt: A wird verurteilt, wegen der Forderung des P von 300 ℳ die Zwangsvollstreckung in die bei ihm — A — befindlichen Gegenstände des Nachlasses zu dulden; B wird verurteilt, wegen der Forderung des P von 600 ℳ die Zwangsvollstreckung in die bei ihm — B — befindlichen Gegenstände des Nachlasses zu dulden; C und D werden verurteilt, wegen der Forderung des P von 3000 ℳ, für die sie als Gesamtschuldner haften, die Zwangsvollstreckung in die bei ihnen befindlichen Gegenstände des Nachlasses zu dulden. Die Verurteilung der C und D erfolgt mit der Maßgabe, daß sie von der Zahlungspflicht insoweit befreit sind, als P bei A und B Befriedigung erlangt. Die Verurteilung der A und B erfolgt mit der Maßgabe, daß sie von der Zahlungspflicht insoweit befreit sind, als P bei C und D zu einem höheren Betrage wie 2100 ℳ Befriedigung erlangt. — Sollten die zum Beispiel von A und B herausgegebenen Gegenstände bei der Zwangsversteigerung mehr als 300 bezw. 600 ℳ Netto-Erlös ergeben, so fließt der Überschuß an A bezw. B zurück. Gegenüber C und D dürfen zusammen nur Gegenstände im Werte von höchstens 3000 ℳ gepfändet werden; soweit der Erlös 3000 ℳ übersteigt, fällt er an C oder D für die jedem von ihnen gehörig gewesenen Sachen zurück. Daß die Zwangsvollstreckung bezw. -Versteigerung nicht weiter reichen darf als zur Deckung der gesamten 3000 ℳ erforderlich ist, bedarf keiner Ausführung.

Sollte ein Nachlaßgläubiger nach der Teilung gegen Miterben vollstrecken zu einer Zeit, wo die im § 2014 erwähnten drei Monate noch nicht abgelaufen sind, so kann der betr. Miterbe die Hemmungsbefugnis zur Geltung bringen. Der Grundsatz des § 2046 S. 1, daß Nachlaßverbindlichkeiten vor der Auseinandersetzung berichtigt werden sollen, steht dem nicht entgegen, selbst wenn die Miterben im bewußten Widerspruch zu § 2046 S. 1 geteilt haben. Denn die Hemmung ist lediglich mit Rücksicht auf einen evtl. erforderlichen Nachlaßkonkurs gestattet; ein solcher aber ist auch nach der Teilung zulässig! Sie liegt daher im Interesse aller noch nicht befriedigten Nachlaßgläubiger. Übrigens kann im Einzelfalle die Situation die sein, daß die Erben ohne jede Schuld das Bestehen von Nachlaßverbindlichkeiten erst nach der Teilung erfahren; ein Aufgebot haben sie nach § 1980 Abs. 2 ja erst dann zu bewirken, wenn anzunehmen ist, daß unbekannte Nachlaßverbindlichkeiten vorhanden sind. Es kann vorkommen, daß diese Befürchtung sich erst nach der Teilung aufdrängt, und daß infolgedessen die Erben das Aufgebot nunmehr erst beantragen. Da haben sie denn, sofern nur die Frist des § 2015 gewahrt ist, auch die auf § 2015 beruhende Hemmungsbefugnis noch nach der Teilung. Wegen des § 783 ZPO. ist die Hemmung auch gegenüber Privatgläubigern, die etwa in Nachlaßgegenstände vollstreckt haben sollten, unter den Voraussetzungen der §§ 2014, 2015 gestattet, was gerade nach der Teilung wichtig ist, weil nach der Teilung jeder Miterbe nur ein Gesamtvermögen hat und weil jedem Gläubiger die Vollstreckung darein gestattet ist. Über die Art, wie der Miterbe, der von der Zwangsvollstreckung eines Nachlaß- oder Privatgläubigers betroffen ist, sich dagegen wehrt (negative Feststellungsklage wegen Unzulässigkeit der Zwangsverwertung § 785 ZPO.) siehe oben Seite 270, 135. Über den Fristbeginn für einen Miterben siehe Seite 269. Natürlich hemmt auf Grund der §§ 2014, 2015 jeder Miterbe die Zwangsverwertung nur bezgl. der ihn betreffenden Vollstreckung, kann er also der Verbringung des Nachlasses bei einem anderen Miterben nur durch den Konkursantrag begegnen. Die Einwirkung einer Inventarerrichtung auf die Hemmungsbefugnis ist oben Seite 270 behandelt. Der unbeschränkbar haftende Miterbe hat die Befugnis der Hemmung nicht (§ 2016).

Rechtsstreitigkeiten, die z. Z. des Erbfalls gegen den Erblasser wegen eines Anspruchs anhängig waren, der nach dem Erbfalle ein gegen den Nachlaß gerichteter Anspruch ist, werden, wenn die durch den Tod etwa — § 246 ZPO. — eingetretene Unterbrechung noch bis in die Zeit nach der Teilung hinein fortdauern sollte, nach allgemeinen Regeln (siehe Seite 30, 138, 272) aufgenommen. Haften die Erben nach der Teilung gesamtschuldnerisch, so kann der Rechtsstreit durch bezw. gegen alle Erben oder auch nur durch bezw. gegen einige oder nur einen der Erben fortgeführt werden. Der Antrag muß nun natürlich gegen die Erben gerichtet werden, er kann wegen deren gesamtschuldnerischer Haftung auch gegenüber nur einem der Erben in der vollen Höhe der Forderung aufrecht erhalten werden. — War bereits die Verurteilung des Erblassers erfolgt, mit der Zwangsvollstreckung aber noch nicht begonnen, so kann der Gläubiger auch nach der Teilung die Vollstreckungsklausel unter Berücksichtigung der bestehenden Gesamthaftung gegen alle oder gegen einzelne Erben umstellen lassen (§§ 727, 730 ZPO.) und nach Zustellung des Titels nebst Klausel (§ 750 Abs. 2 ZPO.) mit der Zwangsvollstreckung in das Gesamtvermögen aller derjenigen beginnen, gegen welche die Klausel gerichtet wurde. — Eine bereits gegen den Erblasser begonnene (Seite 34) Zwangsvollstreckung, die etwa nicht vor der Teilung fortgesetzt sein sollte, kann ohne Umstellung der Klausel und ohne erneute Zustellung gegen jeden Erben auch noch nach der Teilung fortgesetzt werden, und zwar nicht bloß in diejenigen Gegenstände, die, weil sie bereits gepfändet waren, ungeteilt geblieben sind, sondern in das Gesamtvermögen. Daß der einzelne Erbe hier trotz des Fehlens des Vorbehalts im Urteil (§ 780 ZPO.) sein Eigenvermögen durch Klage nach § 767 ZPO. zu schützen vermag (sofern der Nachlaßkonkurs oder die Unzulänglichkeitseinrede gegeben ist), wurde oben Seite 138, 275 dargelegt.

Will ein Gläubiger, dem die Erben nach §§ 2060, 2061 nur anteilig haften, einen durch den Tod des Erblassers unterbrochenen Rechtsstreit erst nach der Teilung fortsetzen, so kann er dies hinsichtlich jedes einzelnen Miterben nur bezgl. desjenigen Teils seiner Forderung tun, welcher der Erbquote des betr. Erben entspricht. Dies kann natürlich in dem e i n e n anhängigen Prozeß geschehen; der Antrag aber ist nunmehr gegen jeden Erben besonders zu stellen. Lautet der Antrag gegenüber dem Erblasser auf Zahlung von 3000 ℳ und erben A $^1/_3$, B $^1/_{12}$, C $^7/_{12}$, so lautet der Antrag nunmehr auf Verurteilung von A wegen 1000 ℳ, gegen B wegen 250 ℳ, gegen C wegen 1750 ℳ. — Soll erst nach der Teilung mit der Vollstreckung aus einem bereits gegen den Erblasser erwirkten Urteil begonnen werden, so darf die Vollstreckungsklausel gegen anteilig haftende Miterben nur entsprechend der Erbquote des anzugreifenden Erben beantragt und erteilt werden, andernfalls ist die Klausel zu beanstanden (§ 732 ZPO.). — War mit der Zwangsvollstreckung bereits gegen den Erblasser begonnen gewesen, so kann der Gläubiger die Vollstreckung zwar ohne Umstellung der Klausel fortsetzen (§ 779 ZPO.), er hat hierbei aber die Tatsache — sofern sie besteht — zu berücksichtigen, daß die Erben ihm nicht mehr gesamtschuldnerisch haften und darf deshalb gegen jeden einzelnen Erben nur wegen desjenigen Teils seiner Forderung die Vollstreckung fortsetzen, welcher der Quote jedes Erben entspricht. Die Erben dürften Schutz im § 766 ZPO. finden.

Ein Rechtsstreit, der gegen die Erben wegen eines gegen den Nachlaß gerichteten Anspruchs schwebt, hindert die Teilung nicht. Nur werden ordnungsmäßig verwaltende Erben das zur Deckung der geltend gemachten Forderung Erforderliche ungeteilt zurückhalten (§ 2046 S. 2). Umgekehrt hat auch die Teilung keinen Einfluß auf den Rechtsstreit in dem Sinne, daß seine Fortführung in Frage gestellt wird; eine Unterbrechung bewirkt sie nicht. Haften die Erben gesamtschuldnerisch, so ändert sich in dem Rechtsstreit prozessual nichts, da auch materiell die Haftung der Erben dieselbe bleibt. Ergeht das Urteil nach der Teilung g e g e n die Erben, so ist ihre Lage eine üblere, weil die Möglichkeit und die Durchführung der Beschränkung auf den Nachlaß erheblich erschwert ist. Vorteilhaft ist dagegen für die Erben die Teilung im Verhältnisse zu denjenigen Gläubigern, denen sie nach der Teilung nur anteilig haften. Klagt also ein durch Aufgebot ausgeschlossener Gläubiger vor der Teilung, wo ihm die Erben noch als Gesamtschuldner haften, gegen sämtliche Erben, und teilen letztere den Nachlaß während des Schwebens des Prozesses (der Gläubiger kann es nicht hindern!), so muß der Antrag nunmehr geändert werden, es darf die Verurteilung jedes der Erben nur anteilig gefordert werden. Sollte das Ausschlußurteil noch vor der Entscheidung des Rechtsstreits vor der Teilung ergangen sein, so ist der klagende Nachlaßgläubiger, wenn er sich zum Aufgebote nicht gemeldet hatte, trotz der Tatsache, daß die Erben seine Forderung kennen, ausgeschlossen. Trotzdem kann er, so lange nicht der Nachlaß geteilt ist, den Prozeß gegen die Erben als Gesamtschuldner fortsetzen (nur muß er sich auf die Bereicherung beschränken lassen); nach der Teilung kann er den Prozeß nur gegen die einzelnen Erben wegen je des der Erbquote entsprechenden Teiles seiner Forderung fortführen. — Gegenüber dem Institute des Zeitablaufs (§ 1974) ist die Situation folgende: Klagt der Gläubiger vor der Teilung zu einer Zeit, wo der Zeitablauf vollendet ist, so kann er es gegen alle Erben als Gesamtschuldner tun, da sie, auch wenn sie ihm die Beschränkung durch Zeitablauf, d. h. auf die Bereicherung entgegenhalten können, vor der Teilung doch als Gesamtschuldner haften. Erben seien A zu $^1/_{10}$, B zu $^2/_{10}$, C zu $^3/_{10}$, D zu $^4/_{10}$. A und B kannten die Forderung des Z (3000 ℳ) innerhalb der fünf Jahre des § 1974, C und D kannten sie nicht. Der Z darf vor der Teilung folgenden Antrag stellen: A, B, C, D gesamtschuldnerisch zur Zahlung von 3000 ℳ zu verurteilen. Wenden C und D den Zeitablauf ein, so wird Z es bei dem Antrage mit der Maßgabe belassen, daß C und D nur aus dem Überschuß (den sie bei späterer Aufteilung aus dem Nachlasse etwa herausbekommen) zu leisten haben. Vergl. hierzu auch die Darstellung über § 1974 im Bd. II. Wird nun während der Schwebe dieses Rechtsstreits der Nachlaß geteilt, so muß mit Rücksicht darauf, daß die gesamtschuldnerische Haftung für diejenigen Erben, welche die Einrede des Zeitablaufs erworben hatten, aufhört, der Gläubiger den Antrag dahin ändern, daß A und B gesamtschuldnerisch zu verurteilen seien, an ihn 3000 ℳ zu zahlen, während er gegenüber C und D gesondert nur Zahlung von 900 ℳ bezw. 1200 ℳ aus dem Überschusse verlangen kann. Über die Formulierung des Antrages siehe Seite 331. Hatten die Erben C und D den Zeitablauf zunächst noch nicht eingewendet, weil sie dies erst in der Zwangsvollstreckungsinstanz, sofern nötig, tun wollen, so ist der Gläubiger nach der Teilung dennoch zur Änderung des Antrages, wie eben erwähnt, gezwungen, da nach der Teilung die anteilige Haftung des C und D kraft Gesetzes besteht. Wenn der Rechtsstreit gegen die sämtlichen Erben innerhalb der fünf Jahre schwebt, was natürlich der Normalfall ist, so kann von einer Beschränkung durch Zeitablauf überhaupt keine Rede sein. Schwebt er aber nur gegen einzelne Erben, so können die übrigen die Einrede durch den sich indessen vollendenden Zeitablauf gewinnen, wenn sie nämlich von der Forderung des Klägers keine Kenntnis erlangen, es müßte denn die Forderung zu einem Aufgebot angemeldet gewesen sein, in welchem Falle die Forderung auch ihnen als bekannt gilt. — Gegenüber dem Institut der Aufforderung des § 2061 ist die Situation folgende: Wenn der Gläubiger, der sich zur Aufforderung nicht gemeldet hatte und dessen Forderung auch sonst überhaupt unbekannt geblieben war, seine Forderung nach Ablauf der sechs Monate, aber noch vor der Teilung geltend macht, so kann er es gegen sämtliche Erben als Gesamtschuldner tun. Wird während des Rechtsstreits der Nachlaß geteilt, so wirkt dies auf den Anspruch des Gläubigers nicht ein, da die Erben durch den Prozeß davon jedenfalls vor der Teilung Kenntnis erlangt haben. Es bleibt also bei dem Antrage auf Verurteilung der Erben als Gesamtschuldner (§ 2061 Abs. 1).

War aus einem gegen die sämtlichen Erben als Gesamtschuldner erwirkten, sei es den Vorbehalt (§ 780 ZPO.) enthaltenden sei es die Haftung bereits selbst beschränkenden,

Urteil vor der Teilung in den Gesamtnachlaß vollstreckt worden und teilen die Erben, bevor die Vollstreckung beendigt ist, so kann der Gläubiger nach der Teilung, die ja im Normalfall nur die von der Zwangsvollstreckung nicht berührten Sachen betroffen haben wird, die Zwangsvollstreckung in die verteilten Nachlaßsachen gegenüber jedem einzelnen gesamtschuldnerisch haftenden Erben solange fortsetzen, bis er wegen seiner Forderung einmal befriedigt ist. Während er vor der Teilung Privatvermögen der Erben wegen der drohenden, auf § 2059 Abs. 1 basierenden Widerspruchsklage nicht angegriffen haben wird, wird er dies nach der Teilung ohne Zaudern tun, weil der § 2059 Abs. 1 nun nicht mehr anwendbar und die Durchführung der Haftungsbeschränkung für die Erben jetzt erschwert ist. — Gehört der Gläubiger zu denjenigen, die nach der Teilung jeden Erben nur anteilig in Anspruch nehmen können, so wird er, da das Urteil dies gestattet, trotzdem gegen die Erben nach wie vor gesamtschuldnerisch vollstrecken können. Die davon betroffenen Erben sind zur Herbeiführung der Beschränkung auf den Anteil genötigt, gemäß § 767 ZPO. dahin zu klagen, daß die Zwangsvollstreckung des Gläubigers ihnen gegenüber in der — anzugebenden — Höhe für unzulässig erklärt wird. Haftet ein Erbe diesem Gläubiger auch noch auf die Bereicherung beschränkbar, so darf er gegenüber einer Zwangsvollstreckung, die ein danach nicht haftendes Vermögen ergreift, (gleichfalls) die negative Feststellungsklage dahin erheben, daß die Zwangsvollstreckung in die zu bezeichnenden Gegenstände entweder überhaupt oder nur zum Teil für unzulässig erklärt wird. Waren z. B. die drei Erben A, B, C, welche $^1/_3$ bezw. $^1/_{12}$ bezw. $^7/_{12}$ erben, als Gesamtschuldner zur Zahlung von 3000 ℳ aus dem Überschuß auf Antrag des Ausgeschlossenen P verurteilt, und setzt der P nach der Teilung bei A die Zwangsvollstreckung wegen 3000 ℳ fort, wobei er unter anderem einen im Privatvermögen des Erben stehenden Flügel pfänden läßt, so kann A dahin klagen, daß die Zwangsvollstreckung wegen einer Forderung von 2000 ℳ überhaupt, im übrigen aber auch die Zwangsvollstreckung in den Flügel für unzulässig erklärt werde; A haftet ja nur in Höhe von 1000 ℳ.

Haftet ein Miterbe bereits allgemein unbeschränkbar, und hatte der Gläubiger vor der Teilung Eigenvermögen im Rahmen des § 2059 Abs. 1 S. 2 gepfändet, so kann, wenn die Teilung vor der Befriedigung des Gläubigers erfolgt, der letztere nunmehr wegen seiner g e s a m t e n Forderung in das gesamte Vermögen des betr. Erben bis zu seiner vollen Befriedigung vollstrecken. Die Beschränkung nach § 2059 Abs. 1 S. 2 ist nur für die Zeit bis zur Teilung möglich, nach der Teilung haftet der unbeschränkbar haftende Miterbe überhaupt unbeschränkbar. Nur die eine Vergünstigung hat er, daß derjenige Gläubiger, der durch Aufgebot, Aufforderung, Zeitablauf, Nachlaßkonkurs nach Maßgabe der §§ 2060, 2061 ausgeschlossen ist, auch ihn nur wegen desjenigen Teils seiner Forderung in Anspruch nehmen kann, welcher der Erbquote des betr. Erben entspricht. Hatte ein solcher — minderberechtigter — Nachlaßgläubiger vor der Teilung, wo die Erben noch gesamtschuldnerisch haften, mit der Vollstreckung begonnen und kommt es vor der Beendigung der Vollstreckung zur Teilung, so kann der Gläubiger die Vollstreckung zwar in das g e s a m t e Vermögen des unbeschränkbar haftenden Erben fortsetzen, aber doch nur wegen des der Erbquote entsprechenden Teils der Verbindlichkeit. — Hatte der — minderberechtigte — Gläubiger vor der Teilung nur in Eigenvermögen des betr. Erben im Rahmen des § 2059 Abs. 1 S. 2, d. h. nur wegen eines Teils seiner

Forderung vollstreckt, so ist damit die Vollstreckung für die Zeit nach der Teilung noch nicht erschöpft, obwohl der betreffende Erbe dem betreffenden minderberechtigten Gläubiger nach der Teilung überhaupt nur wegen des zur Vollstreckung gebrachten Teils der Forderung haftet; es kann wegen eben dieses Teils auch noch in den dem betr. Erben bei der Teilung zugeteilten Nachlaß vollstreckt werden, vorausgesetzt, daß das von der Maßregel ergriffene Privatvermögen den zur Vollstreckung stehenden Teil der Forderung nicht deckt. Die Maßregel der Vollstreckung wird natürlich durch die Teilung in keiner Weise berührt.

Es sei noch auf den § 2013 Abs. 1 S. 2 verwiesen, der den Fall einer möglichen Beschränkung hinsichtlich des Gegenstandes auch für einen allgemein unbeschränkbar haftenden Erben normiert. In den Fällen, wo der Verlust der Beschränkung für den Erben später eintritt, wie der Verlust des Vollrechts für den Gläubiger, haftet der betr. Erbe dem betr. minderberechtigten Gläubiger also gleichfalls anteilig und dazu beschränkbar auf die Bereicherung. Hatte ein minderberechtigter Gläubiger vor der Teilung gegen den Nachlaß vollstreckt und die Vollstreckung nach der Teilung anteilig gegen das Vermögen des betr. Miterben fortgesetzt, so kann der Miterbe gegen jede Vollstreckung in sein Gesamtvermögen, die nicht lediglich „Bereicherung" ergreift, die negative Feststellungsklage erheben, wie ein überhaupt beschränkbar haftender Miterbe.

C. Die Haftung des Vorerben und Nacherben für Nachlaßverbindlichkeiten.

I. Der Vorerbe.

A. Einführung.

Das BGB. behandelt die Rechtsstellung des Vorerben stets nur mit Rücksicht auf das Recht des Nacherben, weil abgesehen von diesem Rechte sie sich von derjenigen eines sonstigen Erben nicht unterscheidet. Das BGB. gibt im § 2100, mit welchem es das Institut der Nacherbschaft einführt und wo es den Nacherben definiert, keine Definition des Vorerben, es deutet auf ihn mit den Worten hin: „nachdem zunächst ein anderer Erbe geworden ist". Vorerbe ist danach derjenige, von welchem die Erbschaft auf den Nacherben gelangt. Deshalb ist auch ein Nacherbe im Verhältnisse zu einem späteren Nacherben Vorerbe.

Die Einsetzung eines Nacherben enthält immer auch die eines Vorerben. Ist der Vorerbe nicht näher bezeichnet, so ist der gesetzliche Erbe des Erblassers Vorerbe (§ 2105).

Der Vorerbe ist „Erbe" (§ 2100). Die Tatsache, daß ihn ein Nacherbe ablösen wird, hat keinen Einfluß auf die Rechtsstellung des Vorerben als Erben. Die Besonderheit seiner Stellung liegt darin, daß er Erbe nur auf Zeit ist, d. h. daß er die Erbschaft nicht dauernd behalten darf. Hat die Nacherbfolge mit seinem Tode einzutreten, so geht die Vorerbschaft nicht, wie sonst, auf seinen Erben über, sondern auf den Nacherben. Hat die Nacherbfolge mit einem bestimmten Ereignisse einzutreten, das der Vorerbe nicht erlebt hat, so war mit seinem Ableben die Erbschaft zwar auf seine Erben übergegangen, aber die letzteren müssen sie beim Eintritte des Ereignisses an den Nacherben herausgeben.

Der Vorerbe ist Erbe des Erblassers; er tritt also in dessen Rechtsstellung ein. Er wird Eigentümer der Erbschaft, darf sie in Besitz nehmen und verwalten. Diese Rechte sind aber an Zeit gebunden. Sie dauern nur so lange, bis der Fall der Nacherbfolge, der auf der Bestimmung des Testators beruht, eintritt; alsdann hören sie auf und gehen auf den Nacherben über.

Der Tatsache, daß der Vorerbe Eigentümer der Erbschaft ist, entspricht es, daß er auch „verpflichtet" ist, wie ein Erbe: er hat die Nachlaßverbindlichkeiten zu erfüllen. Im Gesetze ist dies nicht besonders zum Ausdruck gebracht, es folgt aus der Erbeneigenschaft des Vorerben; es ist aber gelegentlich, nämlich bei der näheren Ausgestaltung der Verfügungsmacht des Vorerben hinsichtlich der Erbschaftsgegenstände erwähnt (§§ 2115 S. 2, 2120). Auch der § 2145 S. 1, welcher von dem Sonderfalle der Haftung des Vorerben über die Dauer der Vorerbschaft hinaus handelt, ist nicht so zu verstehen, daß er diese Haftung erst begründet. Sie ist vielmehr selbstverständlich. Dort ist von Nachlaßverbindlichkeiten die Rede, die im Verhältnisse zu den Nachlaßgläubigern nicht den Nach-, sondern infolge einer Anordnung des Erblassers allein den Vorerben belasten. Gemeint sind Legat und Auflage. Während regelmäßig die Haftung des Vorerben für Nachlaßverbindlichkeiten mit dem Eintritte der Nacherbfolge erlischt (§§ 2139, 2145), ist dies also bei den erwähnten Verbindlichkeiten nicht der Fall. Dies beruht auf dem Grundsatze der unbeschränkten Haftung eines Erben für Nachlaßverbindlichkeiten; der Vorerbe muß verhaftet bleiben, wenn die Verbindlichkeit nicht vom Nacherben zu erfüllen ist. — Dagegen führt der § 2145 Abs. 1 S. 2 eine Haftung des Vorerben ein, die nicht mit den für die Nacherbschaft gegebenen Haftungsgrundsätzen übereinstimmt. Dort ist von Nachlaßverbindlichkeiten die Rede, welche im Verhältnisse zwischen dem Vorerben zum Nacherben dem Vorerben zur Last fallen. Gemeint sind Verbindlichkeiten, die bereits bei Lebzeiten des Erblassers bestanden haben und deren Erfüllung der Erblasser nur dem Vorerben zur Last legt. Diese Bestimmung des Erblassers ändert natürlich nichts an dem Charakter der Verbindlichkeit als einer Nachlaßverbindlichkeit; der Nachlaßgläubiger kann sich an den Vorerben halten, so lange dieser die Erbschaft als Vorerbe besitzt, er darf nach dem Eintritte der Nacherbfolge den Nacherben in Anspruch nehmen. Nach allgemeinen Grundsätzen müßte die Haftung des Vorerben aufhören (§ 2139), sobald die Nacherbfolge eintritt. Hiervon statuiert aber der betr. Satz 2 eine Abweichung, er begründet, abgesehen von der gleichfalls bestehenden Haftung des Nacherben, auch weiterhin eine Haftung des Vorerben und überläßt es dem Nacherben, der etwa dennoch zur Erfüllung herangezogen sein sollte, gegen den Vorerben eine Ersatzforderung geltend zu machen.

In Ansehung der Haftung des Vorerben für Nachlaßverbindlichkeiten gelten die allgemeinen Bestimmungen. Er haftet für alle Nachlaßverbindlichkeiten unbeschränkt (§ 1967), aber mit dem Rechte der Haftungsbeschränkung. Der Allein-Vorerbe haftet mit dem Nachlasse und mit dem Eigenvermögen so lange, als es nicht zu einer Beschränkung durch Nachlaßverwaltung, Nachlaßkonkurs, Unzulänglichkeitseinrede, Aufgebot, Zeitablauf kommt; er haftet unbeschränkbar, wenn er das Recht der Haftungsbeschränkung aufgegeben oder durch Verstöße bezgl. des Inventars eingebüßt hat. Die mehreren Vorerben haften gesamtschuldnerisch, und zwar vor der Auseinandersetzung nach § 2059 Abs. 1 beschränkbar auf den Nachlaß, abgesehen vom unbeschränkbar haftenden Vor-Miterben, dessen Haftung eine weitergehende ist (§ 2059 Abs. 1 S. 2); nach der Auseinandersetzung haftet jeder mit dem eigenen Vermögen und mit dem ihm zugeteilten Nachlasse. Es bedarf hier lediglich des Hinweises auf die frühere Darstellung über die Haftungsgrundsätze bezgl. des Allein- bezw. der mehreren Erben.

Die vom BGB. getroffenen, eine Beschränkung der Verfügungsmacht des Vorerben hinsichtlich der Erbschaftsgegenstände zugunsten des Rechtes des Nacherben statuierenden Sonderbestimmungen befreien bezw. hindern in keinem Falle den Vorerben von bezw. an der Pflicht, die Nachlaßverbindlichkeiten zu erfüllen, auch bieten sie den Nachlaßgläubigern kein Hindernis bei der Beitreibung ihrer Forderungen. Soweit die freiwilligen Verfügungen des Vorerben hinsichtlich der Erbschaftsgegenstände einen Widerstand an den gesetzlichen Bestimmungen hierüber erfahren (§§ 2113, 2114), ist der Vorerbe in der Lage, ihn in einfacher Weise dadurch zu beseitigen, daß er die Zustimmung des Nacherben einholt; der Nacherbe ist zu ihrer Erteilung verpflichtet (§ 2120), wenn die Berichtigung von Nachlaßverbindlichkeiten eine Verfügung des Vorerben erforderlich macht. Hinsichtlich der Zwangsvollstreckung der Nachlaßgläubiger besteht dagegen eine Beschränkung überhaupt nicht (§ 2115 S. 2).

Das BGB. behandelt im § 2145 einen Fall der Haftung des Vorerben zu einer Zeit, wo er gar nicht mehr „Erbe" ist, nämlich zur Zeit der Nacherbfolge, in welcher bereits der Nacherbe Erbe ist (§ 2139). Deshalb ist es erforderlich, für die Haftung des Vorerben zu scheiden

a) das Stadium der Vorerbschaft. Es beginnt (auch für den späteren Nacherben) mit dem Erbfalle und hört mit dem Eintritte des Falles der Nacherbfolge auf. In diesem Stadium haftet der Vorerbe für Nachlaßverbindlichkeiten. Es haftet nicht auch der Nacherbe und zwar weder er allein noch in Gemeinschaft mit dem Vorerben;

b) das Stadium der Nacherbschaft. Es beginnt mit dem Eintritte des Falles der Nacherbfolge. Grundsätzlich hört die Haftung des Vorerben auf und tritt die des Nacherben ein. In Ausnahmefällen haftet auch der Vorerbe weiter und zwar entweder er allein (§ 2145 S. 1) oder neben dem Nacherben (S. 2).

Bei der nun folgenden Erörterung der Details der Vorerbenhaftung für Nachlaßverbindlichkeiten wird auch darüber zu sprechen sein, inwieweit die Nachlaßgegenstände zur Berichtigung eigener Verbindlichkeiten des Vorerben verwendet werden dürfen. Die Abhandlung hat entsprechend der gesetzlichen Anordnung (§§ 2112—2115) die freiwillige Berichtigung sowohl der Nachlaß- wie der eigenen Verbindlichkeiten von der Berichtigung derselben im Wege der Zwangsvollstreckung zu scheiden.

B. Die Berichtigung der Nachlaßverbindlichkeiten durch den Vorerben.

1. Die freiwillige Berichtigung.

Das Berichtigen von Nachlaßverbindlichkeiten ist Sache einer ordentlichen Verwaltung der Erbschaft. Dem Vorerben steht das Recht der Verwaltung nach gesetzlich festgelegten, die Rechte des Nacherben berücksichtigenden Grundsätzen zu. Nur insofern ist dem Vorerben eine Konzession gemacht, als er dem Nacherben gegenüber nur diejenige Sorgfalt zu vertreten hat, die er in eigenen Angelegenheiten zu üben pflegt (§ 2131). Er ist dem Nacherben dafür verantwortlich, daß er wenigstens nach diesem Grundsatze verfährt; er hat beim Eintritte der Nacherbfolge dem Nacherben die Erbschaft in dem Zustande herauszugeben, der sich bei einer bis zur Herausgabe fortgesetzten (im obigen Sinne) ordnungsmäßigen Verwaltung ergibt (§ 2130), er muß auf Verlangen Rechenschaft ablegen, für Abgänge, Wertminderungen, Veränderungen, die er nicht rechtfertigen kann, aufkommen, für Verwendungen im eigenen Nutzen Ersatz leisten, evtl. noch weiteren Schaden ersetzen (§§ 2131—2134).

Dem Vorerben ist weiter grundsätzlich das Recht gegeben, über die zum Nachlaß gehörigen Gegenstände frei zu verfügen (§ 2112) mit der Folge, daß diese Verfügungen, auch wenn sie dem Rechte des Nacherben abträglich sind, volle Wirksamkeit sowohl gegenüber dem Nacherben wie Dritten behalten. Die Verfügungsfreiheit ist demnach nicht auf diejenigen Verfügungen beschränkt, die einer ordnungsmäßigen Verwaltung entsprechen. Sie sind also nicht bloß wirksam, wenn sie zum Zwecke der Berichtigung einer Nachlaßverbindlichkeit vorgenommen werden, sondern auch, wenn es sich um Berichtigung eigener Verbindlichkeiten handelt. Das BGB. hat aber weiter eine Reihe von Beschränkungen der Verfügungsmacht des Vorerben statuiert und auch auf dieser negativen Seite keinen Unterschied gemacht, ob der Zweck der Verfügung die Berichtigung einer Nachlaß- oder einer eigenen Verbindlichkeit ist.

Danach darf der Vorerbe, auch wenn er eine Nachlaßverbindlichkeit berichtigen will, über Nachlaßgegenstände nur insoweit frei verfügen, als überhaupt freie Verfügungsmacht des Vorerben besteht. Soweit Beschränkungen normiert sind, ist nicht etwa sein Recht bezw. seine Pflicht, die Verbindlichkeit zu erfüllen, aufgehoben, vielmehr ist er auf die Zustimmung des Nacherben angewiesen, die er also einholen und die ihm der Nacherbe erteilen muß (§ 2120). Die Zustimmung ist auf Verlangen des Vorerben in öffentlich beglaubigter Form zu erteilen. Die Kosten der Beglaubigung hat der Vorerbe aus eigenen Mitteln zu bezahlen. Wo der Vorerbe die im Einzelfalle zur Verfügung erforderliche Zustimmung einzuholen unterläßt, ist die Verfügung trotz des Zweckes derselben unwirksam. Aus diesem Grunde muß der vorsichtige Dritte, dem gegenüber der Vorerbe verfügt, darauf halten, daß die Zustimmung des Nacherben beigebracht wird, oder daß ihm der Vorerbe seinen auf Erteilung der Zustimmung gegenüber dem Nacherben bestehenden Anspruch zediert (Staudinger zu § 2120).

Die §§ 2112 ff statuieren bezw. beschränken das Recht des Vorerben über die zur Erbschaft gehörigen Gegenstände zu „verfügen", sie beschäftigen sich nicht auch mit den obligatorischen Rechtsgeschäften, die der Vorerbe bezgl. der Erbschaftsgegenstände vornimmt (hierüber siehe Seite 345). Diese sind vielmehr einer Beschränkung überhaupt nicht unterworfen, verpflichten allerdings den Nacherben in keiner Weise, begründen vielmehr nur eigene Verbindlichkeiten des Vorerben. — Unter „Verfügen" der §§ 2112 ff. sind die dinglichen Verfügungen über Erbschaftsgegenstände zu verstehen, also die Übertragung zum Eigentume u. dergl., und zwar nur rechtsgeschäftliche, nicht dagegen tatsächliche, die vielmehr in den Rahmen der Verwaltung der Erbschaft fallen. Den rechtsgeschäftlichen Verfügungen des Vorerben stehen die durch Urteil nach Maßgabe der §§ 894, 895 ZPO. erzwungenen gleich. Das z. B. auf Bewilligung der Eintragung oder der Löschung einer Hypothek auf dem Erbgrundstück lautende, gegen den Vorerben gerichtete rechtskräftige Urteil bewirkt zwar die Begründung bezw. Löschung der Hypothek gegenüber dem Vorerben, aber dem Nacherben gegenüber ist die Rechtslage genau dieselbe, wie wenn der Vorerbe die Eintragung bezw. Löschung freiwillig vorgenommen hätte, d. h. sie ist im Falle des Eintritts der Nacherbfolge unwirksam, es müßte denn die Zustimmung des Nacherben eingeholt oder freiwillig (sogleich oder später) erfolgt sein.

Die Beschränkungen der Verfügungsmacht des Vorerben hinsichtlich der zur Erbschaft gehörenden Gegenstände sind in den §§ 2113, 2114 aufgezählt und besonders normiert. Die Beschränkungen beziehen sich überhaupt nicht auf die zur Erbschaft gehörigen beweglichen Sachen und Forderungen; über sie darf der Vorerbe (abgesehen von den hier nicht interessierenden Verfügungen durch Schenkung) unbeschränkt, d. h. ohne Rücksicht auf das „Recht" des Nacherben (freilich aber zur Vermeidung des Regresses nicht ordnungswidrig im Sinne der §§ 2130 ff.) verfügen. Ein absolutes Verfügungsverbot enthält nur der § 2114 S. 2 bezgl. der Empfangnahme des Kapitals von zur Erbschaft gehörigen Hypothekenforderungen, Grund- und Rentenschulden (der Vorerbe darf die betr. Gelder nicht ohne Zustimmung des Nacherben für die Erbschaft einkassieren) und ferner der § 2116 Abs. 2 bezgl. der Verfügung über die hinterlegten Papiere des § 2116 Abs. 1, für welche der Vorerbe der Zustimmung des Nacherben bedarf. Die darüber hinaus bestehenden Beschränkungen sind nicht absolut, d. h. die ihnen unterworfenen Verfügungen sind nicht überhaupt verboten, sie sind vielmehr sogar wirksam insoweit, als sie das Recht des Nacherben nicht vereiteln oder beeinträchtigen. Aber auch insoweit sie danach unwirksam sind, sind sie nicht unzulässig, vielmehr bestehen sie für die ganze Dauer der Vorerbschaft zu Recht und sind erst im Falle des Eintritts der Nacherbfolge, d. h. wenn die Nacherbfolge überhaupt eintritt, der Vorerbe also die Erbschaft an den Nacherben abgeben muß, unwirksam. Bedarf der Nacherbe eines Schutzes, um nicht seines Rechts verlustig zu gehen, so findet er ihn in den §§ 2121—2123, 2127—2129. Auch besteht die Verantwortlichkeit des Vorerben.

Die Beschränkungen beziehen sich lediglich auf

a. folgende Gegenstände der Erbschaft: Grundstücke, Rechte an Grundstücken, Hypothekenforderungen, Grundschulden, Rentenschulden, hinterlegte Papiere des § 2116 Abs. 1;

b. folgende Verfügungen: Schenkung oder Erfüllung eines Schenkungsversprechens des Vorerben; Empfangnahme der auf eine Hypothekenforderung, Grundschuld, Rentenschuld zur Erbschaft zurückzuzahlenden Beträge.

ad a. Bezgl. der Erbschafts*gegenstände* ist ein durchgreifender Unterschied zwischen beweglichen Sachen und Grundstücken gemacht. Während die Verfügung über erstere, zu denen auch die Forderungen gehören, in jedem Falle dauernd wirksam bleibt, wird die über Grundstücke ipso jure unwirksam, wenn die Nacherbfolge eintritt, und zwar insoweit, als das Recht des Nacherben vereitelt oder beeinträchtigt ist. Der Nacherbe kann die Unwirksamkeit der Verfügung erst nach dem Eintritt der Nacherbfolge geltend machen. *Bis* zum Eintritt derselben ist sie wirksam. Dauernd bleibt sie es, wenn die Nacherbfolge nicht eintritt (§ 2142 Abs. 2) oder wenn der Nacherbe sogleich oder später genehmigt. Auch beim Eintritt des Falles der Nacherbfolge bleibt sie insoweit wirksam, als sie das Recht des Nacherben nicht vereitelt oder beeinträchtigt. Die Verfügung tangiert in der erwähnten Weise das Recht des Nacherben immer, wenn die *Substanz* dem Nachlasse entfremdet wird. Es kommt nicht darauf an, daß der Gegenwert in die Erbschaft fließt, denn Verletzung des „Rechts" des Nacherben ist nicht identisch mit Verletzung der Interessen des Nacherben. Das Recht des Nacherben geht dahin, die Substanz der Erbschaft so unverändert, wie eine ordnungsmäßige Verwaltung es erfordert, zu bekommen. Die dingliche Verfügung über das Grundstück, d. h. seine Entfernung aus der Nachlaßmasse, verletzt dieses Recht unter allen Umständen. Wo Verfügungen bei einer ordnungsmäßigen Verwaltung erforderlich werden, ist durch Einholung der Zustimmung des Nacherben das Hindernis in der Verfügungsfreiheit zu beheben. In der Regel wird eine Verfügung über ein Erbgrundstück durch den Vorerben ohne Zustimmung des Nacherben nicht ausführbar sein. Denn, wenn der Vorerbe als Eigentümer im Grundbuche bereits eingetragen ist, wird wohl stets auch das Recht des Nacherben eingetragen sein, da dies der § 52 der Grundbuchordnung vorschreibt. War die Eintragung des Vorerben noch nicht erfolgt, so muß sich der Vorerbe als verfügungsberechtigt durch Testament, Erbschein legitimieren. Auch der Erbschein muß nach § 2363 BGB. den Vermerk über die Nacherbfolge enthalten. Der mit dem Vorerben kontrahierende Dritte wird also die Beibringung der Genehmigung des Nacherben fordern; auch der Grundbuchrichter macht die Eintragungen im Grundbuche von ihr abhängig. Der Nacherbe hat übrigens zu seiner Sicherheit das Recht, vom Vorerben zu verlangen, daß dieser sein — der Nacherbfolge unterliegendes — Recht im Grundbuche eintragen lasse, weil alsdann auch das des Nacherben eingetragen werden muß (§ 895 BGB.).

Verfügungen über ein Grundstück sind z. B. die Übertragung zum Eigentum, die Belastung. Besondere Bestimmungen trifft der § 2135 für die Vermietung oder Verpachtung eines Erbgrundstücks; diese Vorgänge sind allerdings keine „dingliche" Verfügung im Sinne des § 2113. Nach dem im § 2135 angezogenen § 1056 bleibt auch beim Eintritt der Nacherbfolge das betr. Rechtsverhältnis bestehen, ist aber der Nacherbe jederzeit zur Kündigung unter Einhaltung der gesetzlichen Kündigungsfrist berechtigt; auch kann der Mieter bezw. Pächter vom Nacherben unter Bestimmung einer angemessenen Frist eine Erklärung darüber fordern, ob der Nacherbe von dem Kündigungsrechte Gebrauch mache, mit der Wirkung, daß die Kündigung nur in der Frist erfolgen kann. (Im übrigen siehe hierzu Strohal Bd. I § 28 Seite 184.)

Was bezgl. der Grundstücke gilt, trifft durchweg auch auf die „Rechte an Grundstücken" zu. Eine besondere Stellung nehmen aber die zur Erbschaft gehörigen Hypothekenforderungen, Grundschulden und Rentenschulden ein.. Bezgl. ihrer ist keine einheitliche Regelung erfolgt. Vielmehr besteht eine Beschränkung überhaupt nicht für die Befugnis des Vorerben, sie zu kündigen. Die danach vom Vorerben ausgesprochene Kündigung muß im Falle des Eintritts der Nacherbfolge der Nacherbe gelten lassen. Dagegen ist dem Vorerben die Einziehung der betr. Kapitalien nicht gestattet. Ein Schuldner, der an den Vorerben zahlen würde, kann Gefahr laufen, an den Nacherben noch einmal zahlen zu müssen. Der Vorerbe darf die Kapitalien nur mit Genehmigung des Nacherben in Empfang nehmen, Löschung der Hypothek nur mit Zustimmung des Nacherben verlangen; bei dem Mangel einer Genehmigung darf er lediglich Hinterlegung für sich und den Nacherben fordern. — Alle übrigen auf Hypothekenforderungen usw. bezüglichen Verfügungen, also z. B. Zession, Verpfändung, unterliegen der Bestimmung des § 2113 Abs. 1, sind also wirksam insoweit, als sie das Recht des Nacherben nicht vereiteln oder beeinträchtigen, unwirksam insoweit, als sie im Falle des Eintritts der Nacherbfolge dieses Recht in der erwähnten Weise tangieren.

ad b. Bezgl. der Empfangnahme von Hypotheken- usw. Geldern ist eben gesprochen worden. Die Schenkungen des Vorerben interessieren hier nicht. Schenkungsversprechen des Erblassers, die der Vorerbe als Nachlaßverbindlichkeit erfüllen will bezw. muß, unterliegen nicht der Bestimmung des § 2113 Abs. 2, sondern den allgemeinen Bestimmungen der §§ 2112, 2113 Abs. 1, 2114.

Die „Unwirksamkeit" der in den erwähnten Paragraphen behandelten Verfügungen hat zur Folge, daß der Nacherbe sie als ihm gegenüber nicht erfolgt betrachten und behandeln kann. Das Grundstück darf er für sich fordern und sich dabei auf sein Eigentum daran stützen, da er mit der Nacherbfolge das Eigentum an der Erbschaft erwirbt. Es bedarf keiner Anfechtung seinerseits (§ 894 BGB.).

Der mit dem Vorerben kontrahierende gutgläubige Dritte, demgegenüber die an sich unwirksame Verfügung vorgenommen ist, wird durch die Bestimmung des § 2113 Abs. 3 BGB. geschützt. Gegenüber dem redlichen Erwerber eines Grundstücks oder eines Rechtes an einem solchen, der im Vertrauen auf die Richtigkeit des Grundbuchs die Verfügung des Vorerben entgegengenommen hat, kann der Nacherbe die Unwirksamkeit nicht geltend machen (§§ 982 BGB.). Ebensowenig kann er dies gegenüber dem redlichen Erwerber einer diesem u n entgeltlich übergebenen beweglichen Sache tun (§ 932 BGB.); die entgeltlichen Verfügungen über bewegliche Sachen sind ohnehin wirksam! Redlich ist der Dritte dann, wenn er nicht weiß, daß der Gegenstand zu einer der Nacherbfolge unterliegenden Erbschaft gehört, bezw. wenn er sich über den Umfang einer etwaigen Befreiung des Vorerben von Beschränkungen (§§ 2136, 2137) geirrt hat (Staudinger zu § 2115). Der redliche Dritte ist aber verpflichtet, eine bei ihm vorhandene Bereicherung an den Nacherben herauszugeben (§ 816 Abs. 1 S. 2; siehe Strohal Bd. I § 28 Anm. 28).

Dem Vorerben ist jede Verfügung über Nachlaßgegenstände, die nicht unter die besprochenen Beschränkungen fällt, mit Wirkung gegen den Nacherben und gegen Dritte gestattet. So darf er also z. B. Forderungen kündigen, einziehen, abtreten, verpfänden, erlassen. Nur die §§ 2130 ff., die ihm eine Verantwortung für seine Verwaltung der Erbschaft auferlegen, verpflichten ihn zu einer gewissen Sorgfalt.

Die besprochenen Grundsätze bieten dem Vorerben die Richtschnur für alle zum Zwecke der freiwilligen Berichtigung von Nachlaßverbindlichkeiten vorzunehmenden Verfügungen. Im wesentlichen wird der Vorerbe zur Berichtigung der Nachlaßverbindlichkeiten des G e l d e s bedürfen. Über Geld kann er ohne Rücksicht auf das Recht des Nacherben verfügen, der § 2119 BGB. behindert ihn nicht, da dort eine Anordnung nur bezgl. der etwa erforderlichen dauernden Anlegung von Nachlaßgeldern getroffen wird. Soweit es an flüssigem Gelde fehlt, ist er zur Versilberung der zur Erbschaft gehörigen Gegenstände gezwungen. Berechtigt ist er dazu nach obigen Ausführungen ohne Rücksicht auf das Recht des Nacherben bezgl. aller beweglichen Gegenstände einschl. der Forderungen. Er darf körperliche bewegliche Sachen zum Eigentum übertragen, zum Faustpfand übergeben, Forderungen darf er kündigen, einziehen, zedieren, erlassen, verpfänden. Bezgl. der Aufrechnung siehe Strohal Bd. I 182 Anm. 31. Er darf alle diese Verfügungen auch gegenüber dem Nachlaßgläubiger direkt vornehmen, z. B. um ihn durch Hingabe an Zahlungsstatt zu befriedigen (was natürlich das Einverständnis des Gläubigers voraussetzt). Zu keiner dieser Verfügungen bedarf er der Zustimmung des Nacherben. Dagegen kann er über Grundstücke und Rechte daran einschl. der Hypothekenforderungen, Grundschulden, Rentenschulden nur mit Zustimmung des Nacherben verfügen, sie also z. B. zum Zwecke der Versilberung an den Erwerber zum Eigentume übertragen (zedieren) oder dem Nachlaßgläubiger an Zahlungsstatt hingeben.

Andernfalls, d. h. wenn die Zustimmung nicht erteilt ist, darf nach Eintritt der Nacherbfolge der Nacherbe den Gegenstand der Verfügung des Vorerben wieder an sich bringen, sofern nicht die Schutzbestimmung des § 2113 Abs. 3 dem Erwerber zur Seite steht.

Zu den „Verfügungen" der §§ 2112—2114 gehören nicht das obligatorische Rechtsgeschäft und die Prozeßführung des Vorerben. Bezgl. dieser Maßnahmen besteht demnach eine Beschränkung für den Vorerben nicht. Freilich sind sie dem Nacherben gegenüber gar nicht oder nur sehr beschränkt wirksam. Hierüber ist folgendes zu sagen:

α) bezgl. der obligatorischen Rechtsgeschäfte: Die §§ 2112 ff. umfassen, wie schon gesagt, nur dingliche Verfügungen des Vorerben auf Grund von Rechtsgeschäften bezw. als Rechtsgeschäft, z. B. die Übertragung des Eigentums an einem Grundstücke der Erbschaft auf Grund Kaufes. Der Rechtsgrund, hier Kauf, wird durch §§ 2112 ff. nicht betroffen, er hat (abgesehen vom Falle des § 2113 Abs. 2) auf die Wirksamkeit der Verfügung, die Übertragung zum Eigentume, keinen Einfluß; er selbst ist stets nur im Verhältnisse des Vorerben zum Erwerber, nicht aber auch zum Nacherben wirksam. §§ 2112 ff. behandeln demnach im wesentlichen die dingliche Verfügung, losgelöst von ihrem Rechtsgrunde. Der Vorerbe darf z. B. zum Zwecke der Beschaffung von Geldmitteln zur Berichtigung von Nachlaßverbindlichkeiten bezgl. aller zur Erbschaft gehörigen Gegenstände Veräußerungsgeschäfte mit voller Wirksamkeit im Verhältnisse zum Gegenkontrahenten vornehmen, nur tangieren sie nicht das Recht des Nacherben, der nach Eintritt der Nacherbfolge daraus weder in Anspruch genommen werden, noch auch seinerseits Unwirksamkeit behaupten kann. Erst die dingliche Verfügung bezw. die oben im einzelnen angegebenen Verfügungen unterliegen den Vorschriften der §§ 2112 ff., berühren also das Recht des Nacherben und berechtigen ihn evtl., Unwirksamkeit geltend zu machen. Dem obligatorischen Rechtsgeschäft des Vorerben wird in der Regel die dingliche Verfügung auf dem Fuße folgen, daher wird für die Rechtsstellung des Nacherben auf das obligatorische Rechtsgeschäft in der Regel nichts mehr ankommen. Es kann aber für ihn dann eine Bedeutung haben, wenn die Nacherbfolge vor der dringlichen Verfügung eintritt, er braucht es, da es keine Verbindlichkeit für ihn begründet, nicht gegen sich gelten zu lassen. Er ist nicht verpflichtet, es zu erfüllen, es sei denn, daß es mit seiner Zustimmung vorgenommen war. Er ist selbst dann nicht zur Erfüllung des Rechtsgeschäfts des Vorerben verpflichtet, wenn Gegenstand der Verfügung eine Sache ist, über die der Vorerbe nach den Grundsätzen der §§ 2112 ff. wirksam verfügen durfte, oder wenn der Vorerbe schon die Gegenleistung empfangen und beim Eintritte der Nacherbfolge auf den Nacherben übertragen hatte. Der Nacherbe hat lediglich die Bereicherung herauszugeben. Im übrigen darf der Gegenkontrahent des Vorerben sich nur an diesen bezw. an dessen Erben halten. — Der Vorerbe kann nach dem Eintritte der Nacherbfolge auch seinerseits das Rechtsgeschäft nicht mehr erfüllen, weil ihm nunmehr die Verfügungsmacht hinsichtlich der zur Erbschaft gehörigen Gegenstände fehlt; die trotzdem erfolgende Verfügung kann nicht mehr nach den Grundsätzen der §§ 2112 ff. beurteilt werden, sie ist vielmehr unwirksam, soweit nicht die Schutzvorschriften bezgl. des redlichen Erwerbers durchgreifen. Der Vorerbe würde in jedem Falle Ersatz zu leisten bezw. noch weiteren Schaden zu ersetzen haben.

Diese hier erörterten Grundsätze über die obligatorischen, auf Erbschaftsgegenstände bezüglichen Rechtsgeschäfte des Vorerben müssen aber in den Fällen, wo sie zum Zwecke der Berichtigung einer Nachlaßverbindlichkeit vorgenommen sind, eine abweichende Beurteilung erfahren. Daß sie in jedem Falle im Verhältnisse zum Gegenkontrahenten wirksam sind, und daß demzufolge der letztere während der Dauer der Vorerbschaft jedenfalls gegenüber dem Vorerben Erfüllung, d. h. die dingliche Verfügung evtl. im Wege des Prozesses verlangen kann (§ 897 ZPO.), ist bereits angedeutet. Die persönliche Verpflichtung des Vorerben aus diesem Rechtsgeschäfte bleibt im Verhältnisse zum Gegenkontrahenten auch nach dem Eintritte des Falles der Nacherbfolge bestehen. Der Vorerbe hat aber gegenüber dem Nacherben das Recht, zu verlangen, daß der Nacherbe ihn von dieser Verbindlichkeit gegenüber dem Dritten befreie; diese Pflicht des Nacherben charakterisiert sich als eine Nachlaßverbindlichkeit (Strohal Bd. II § 70 Anm. 23). Gläubiger ist der Vorerbe. Insofern also äußert das zum Zwecke der Erfüllung von Nachlaßverbindlichkeiten vorgenommene obligatorische Rechtsgeschäft des Vorerben eine Wirksamkeit auch gegenüber dem Nacherben, es begründet aber kein direktes Recht des Dritten gegenüber dem Nacherben, der danach nicht als Schuldner von dem Dritten, der auch nicht Nachlaßgläubiger ist, angegriffen werden kann. Der Vorerbe, der die Gegenleistung seitens des Dritten bereits in Empfang genommen hatte, ist verpflichtet, sie dem ihn liberierenden Nacherben auszuliefern, während dagegen ein direktes Recht des erfüllenden Nacherben auf die Gegenleistung gegenüber dem Dritten folgerichtig zu verneinen sein wird, wenn es nicht durch Zession seitens des Vorerben auf den Nacherben übertragen wird; denn der Wille bezw. das Recht des Vorerben, daß der Nacherbe ihn liberiere, stellt keine Rechtsbeziehung zwischen dem Nacherben und dem Dritten her.

Aufwendungen, die der Vorerbe zum Zwecke der Berichtigung von Nachlaßverbindlichkeiten aus eigenem Vermögen gemacht hat, machen ihn zum Gläubiger des Nacherben und zwar nur zum Nachlaßgläubiger. Natürlich ist der Vorerbe berechtigt, sich aus der Erbschaft zu befriedigen, so lange die Nacherbfolge noch nicht eingetreten ist, auch steht ihm ein Rückbehaltungsrecht zu.

β) Die Prozeßführung des Vorerben hinsichtlich des Nachlasses fällt gleichfalls nicht unter die von den §§ 2112 BGB. getroffenen Verfügungen. Der Vorerbe ist als Eigentümer der Erbschaft aktiv und passiv zur Führung dieser Prozesse legitimiert, er unterliegt hierbei keiner anderen als der allgemeinen, vom Standpunkte einer ordnungsmäßigen Verwaltung im Interesse des Nacherben in §§ 2130 ff. gegebenen Beschränkung. Muß der Vorerbe auf Grund des Urteils etwas leisten, so unterliegen die betr. Verfügungen den allgemeinen Vorschriften der §§ 2112—2114. Inwieweit das Urteil aber auf die Rechte des Nacherben eine Wirkung hat, richtet sich nach der Bestimmung des § 326 ZPO. Hierüber ist folgendes anzuführen: Der § 326 Abs. 1 bestimmt, daß der vom Vorerben hinsichtlich einer Nachlaßverbindlichkeit durchgeführte Prozeß unter Umständen auch Wirkung auf die Rechte des Nacherben äußert. Ist nämlich der Rechtsstreit zugunsten des Vorerben entschieden und ist das Urteil während der Vorerbschaft auch noch rechtskräftig geworden, so wirkt es auch zugunsten des Nacherben, d. h. es kann nicht derselbe Rechtsstreit auch dem Nacherben gegenüber anhängig gemacht werden, evtl. hat der Nacherbe den Einwand der rechtskräftig entschiedenen Sache. Andererseits f o l g t aus § 326 ZPO., daß ein zu u n g u n s t e n des Vorerben entschiedener Rechtsstreit — gleichviel ob das Urteil in der Zeit der Vorerbschaft rechtskräftig geworden ist oder nicht — gegenüber dem Nacherben keine Wirksamkeit zeigt, d. h. daß der Nachlaßgläubiger aus dem Urteile in keinem Falle auch gegen den Nacherben vollstrecken kann. Aus § 326 ZPO. folgt weiter, daß auch der z u g u n s t e n des Vorerben entschiedene Rechtsstreit dann keine Wirkung zugunsten des Nacherben äußert, wenn die Nacherbfolge vor der Rechtskraft des Urteils eintritt; der etwa von neuem verklagte Nacherbe kann den Gläubiger nicht mit dem Hinweise auf die dem Vorerben günstig gewesene Entscheidung abwehren, er muß sich auf den Rechtsstreit einlassen. (Über das weitere Schicksal (Unterbrechung) des mit dem V o r erben anhängigen Rechtsstreits siehe weiter unten beim „Nacherben" unter K.)

Der § 326 Abs. 1 ZPO. behandelt auch die Wirkung eines Urteils, das in einem zwischen dem Vorerben und einem Dritten „über einen der Nacherbfolge unterliegenden Gegenstand" ergeht. Ein Gegenstand kann der Nacherbfolge unterliegen auf Grund Rechtsgeschäfts des Erblassers oder des Vorerben. Soweit der letztere Fall zutrifft, handelt es sich um eine eigene Verbindlichkeit des Vorerben, weshalb darüber erst auf Seite 367 bei der Abhandlung über die Berichtigung der eigenen Vorerbenverbindlichkeiten gesprochen wird. Soweit aber ein Rechtsgeschäft des Erblassers Grundlage des Rechtsstreits ist, handelt es sich um eine Nachlaßverbindlichkeit, und es treffen die obigen Erörterungen auch auf diesen Fall zu.

Die bisherige Erörterung hat sich nur mit den zur Erbschaft gehörigen „Gegenständen" befaßt, weil die §§ 2112 ff. nur die Verfügung über diese regeln. Die Verfügung über die Erbschaft als Ganzes bezw. über einen Anteil an der Erbschaft wird durch die §§ 2112 ff. nicht betroffen. Auch bei der Verfügung über die Erbschaft als Ganzes ist der obligatorische Vertrag von der dinglichen Verfügung zu scheiden. Der erstere steht dem Vorerben frei, er bindet aber nur ihn, nicht auch den Nacherben. Für das Verhältnis des Vorerben zum Dritten (Erbschaftskäufer) sind die §§ 440, 320 ff. BGB. bestimmend. Daß der Erbschaftskauf auch dem Vorerben gestattet sein muß, ergibt der § 2376 BGB., der vom Erbschaftskaufe handelt und den Umfang der Gewährleistungspflicht des Verkäufers (Erben) wegen eines Mangels im Rechte bestimmt; er beschränkt sie unter anderem darauf, daß das Erbrecht des Verkäufers nicht durch das Recht eines Nacherben beschränkt ist. Im übrigen siehe über den Erbschaftskauf §§ 2371 ff. — Was die dingliche Verfügung über die Erbschaft als Ganzes, d. h. z. B. die Übertragung durch e i n e n Akt anlangt, so kann sie, da sie nach dem BGB. überhaupt nicht möglich ist, es vielmehr der Übertragung der einzelnen Erbschaftsgegenstände bedarf, auch für den Vorerben, gleichviel ob es ein alleiniger Vorerbe ist oder eine Erbenmehrheit, nicht vorkommen. Sollte der Vorerbe die Nachlaßgegenstände einzeln übertragen, so kommen wieder die Grundsätze der §§ 2112—2114 in Betracht, d. h. es ist nach ihnen die Wirksamkeit bezw. Unwirksamkeit jeder Verfügung besonders zu beurteilen; der Nacherbe könnte demnach beim Eintritt der Nacherbfolge dem Erwerber nicht einfach die Erbschaft als Ganzes abverlangen, er müßte vielmehr die w i r k s a m e n Verfügungen, z. B. die über bewegliche Sachen, Forderungen gelten lassen. Anders ist es beim Vorhandensein einer Erbenmehrheit bezgl. der Anteile der Miterben. Zwar ist auch hier der obligatorische Vertrag von der dinglichen Verfügung zu unterscheiden, aber die dingliche Verfügung über einen Anteil ist nach § 2033 BGB. möglich. (Der Nacherbe, der nicht zugleich Miterbe ist bezw. sofern er es nicht ist, hat nicht das im § 2034 den Miterben eingeräumte Vorkaufsrecht.) Sie beeinträchtigt das Recht des Nacherben nicht. Soweit nämlich Verfügungen über einzelne Nachlaßgegenstände in Betracht kommen, kann der Erwerber des Anteils sie ebensowenig vornehmen, wie ein einzelner Miterbe überhaupt (§ 2140). Sollten dagegen von den Miterben und dem Erwerber gemeinschaftlich derartige Verfügungen vorgenommen worden sein, so unterliegen sie den allgemeinen Bestimmungen, evtl. also Beschränkungen, und ist der Nacherbe bei Eintritt der Nacherbschaft evtl. befugt, sie als unwirksam zu behandeln. Was endlich den Anteil als Ganzes anlangt, so kann ihn der Erwerber beim Eintritt der Nacherbfolge nicht behalten, denn, was der Vorerbe ihm veräußert und übergeben hat, realisiert sich erst bei der Auseinandersetzung der Vorerben untereinander; wird die Auseinandersetzung durch den Eintritt der Nacherbfolge verhindert und ist die Erbschaft Eigentum des Nacherben geworden, so entfällt das Recht der Vorerben überhaupt. Der Erwerber hat Gewährleistungsansprüche gegenüber dem Veräußerer (§§ 2376, 1922 Abs. 2 BGB.). — Anders liegt der Fall, wenn die Vorerben sich noch während der Dauer der Vorerbschaft bezgl. der Erbschaft auseinandersetzen. Einer solchen Teilung, gleichviel ob es eine freiwillige oder durch Klage bezw. gerichtliches Teilungsverfahren erzwungene ist, steht das Recht des Nacherben nicht entgegen. Zur Ausführung der Teilung werden dingliche Verfügungen der Gemeinschafter, z. B. Übergabe beweglicher Sachen, Überweisung von Forderungen, Übergabe eines Grundstücks an einzelne Vor-Miterben erforderlich sein. Für diese Verfügungen gelten, wenigstens soweit sie gegenüber den Miterben selbst vorgenommen sind, nach diesseitiger Auffassung die Bestimmungen der §§ 2112—2114 nicht. Siehe hierzu aber die gegenteiligen Ansichten von Planck und Staudinger zu § 2112. Die der Verfügungsmacht des Vorerben in den §§ 2113, 2114 auferlegten Beschränkungen bezw. die ihm auferlegte Verantwortlichkeit bezwecken, die Substanz der Erbschaft für den Nacherben so weit wie möglich zu erhalten, ihn so wenig wie angängig auf Ersatzansprüche gegen den Vorerben zu verweisen. Die Erbschaft soll dem Nacherben nicht entfremdet, die einzelnen Nachlaßgegenstände nicht aus der Erbschaft entfernt werden. Dies erhellt namentlich aus den Bestimmungen des § 2115 in Verbindung mit § 773 ZPO., welche eine Entfernung der Sachen aus dem Nachlasse für eigene Zwecke des Vorerben gegen den Willen des Nacherben unmöglich machen. Die Verfügungen, welche der Vorerbe gegenüber Dritten vornimmt bezw. die Zwangsvollstreckung Dritter in Erbschaftsgegenstände entfremdet die letzteren der Erbschaft mehr oder weniger überhaupt; z. B. kann der Nacherbe gegenüber dem gutgläubigen Dritten nichts ausrichten. Anders ist aber die Situation bei der Teilung des Nachlasses unter den mehreren Miterben. Die einzelnen Miterben, an welche die Erbschaftsgegenstände übertragen (verteilt) sind, bleiben auch nach der Auseinandersetzung Vorerben. Die verteilten Erbschaftssachen sind nicht aus der Erbschaft entfremdet. Es kann keiner der Vorerben z. B. eine bewegliche Erbschaftssache aus dem Grunde behalten wollen, weil die Vorerben gemeinschaftlich nach § 2112 hierüber zu verfügen befugt gewesen seien, denn alsdann würde der Nacherbe dem Prinzip des Gesetzes zuwider überall nur auf Ersatzansprüche angewiesen sein; vielmehr ist eine Verfügung im Sinne des § 2112 überhaupt noch nicht vorgenommen. Jeder Vorerbe hat alles dasjenige, was ihm bei der Auseinandersetzung zuteil geworden war, an den Nacherben beim Eintritt der Nacherbfolge herauszugeben. Die Verantwortlichkeit (§ 2130) besteht für die Erben als Gesamtverbindlichkeit bis zur Auseinandersetzung und auch wegen derselben, von da ab aber für jeden Vorerben besonders. Die §§ 2112 ff. gelten nach der Teilung für die Verfügungen der einzelnen Vorerben, vor der Teilung für die gemeinschaftlichen Verfügungen der Erben; sie gelten immer nur für Verfügungen nach außen. Anders verhält es sich mit den Verfügungen, welche die Vorerben bei der Auseinandersetzung gegenüber einem Erbteilserwerber vornehmen. Die an ihn übergebenen Erbschaftsgegenstände scheiden aus der Erbschaft überhaupt aus, deshalb müssen die allgemeinen Bestimmungen über die Verfügungsmacht bezw. -Beschränkung insoweit Anwendung finden. — Der Nacherbe kann sich gegen eine sein Recht gefährdende Teilung der Erbschaft nach Maßgabe der §§ 2127 ff. schützen.

2. Die Berichtigung von Nachlaßverbindlichkeiten im Wege der Zwangsvollstreckung.

Der § 2115 BGB. bestimmt folgendes: Die Verfügung (scil. über einen Erbschaftsgegenstand), die im Wege der Zwangsvollstreckung oder der Arrestvollziehung oder durch den Konkursverwalter erfolgt, ist unbeschränkt wirksam, wenn der Anspruch eines Nachlaßgläubigers geltend gemacht wird. Dieser Satz, welcher dem Nachlaßgläubiger gestattet, im Wege der Zwangsvollstreckung die zur Erbschaft gehörigen Gegenstände gegenüber dem Vorerben unbekümmert um das Recht des Nacherben anzugreifen, enthält in zwiefacher Beziehung keine Ausnahme von dem Prinzip der Verfügungsfreiheit des Vorerben, worauf besonders aus dem Grunde hinzuweisen ist, weil der § 2112 auf den § 2115 als eine Ausnahme von der Regel der freien Verfügungsmacht des Vorerben Bezug nimmt. Abgesehen eben davon, daß er der Vollstreckung der Nachlaßgläubiger gegenüber dem beim Vorerben befindlichen Nachlasse keine Schranken setzt, handelt er nicht mal von Verfügungen des Vorerben selbst, sondern Dritter. Danach hat es den Anschein, daß diese Bestimmung innerlich gar nicht in den Zusammenhang, in welchem sie sich befindet, paßt; nur insofern ist ein Zusammenhang gegeben, als auch sie davon handelt, inwieweit über den dem Vorerben unterstehenden Nachlaß verfügt werden kann; sie vervollständigt demnach die Lehre hierüber: es sind in den §§ 2112 bis 2114 die Rechte bezw. Beschränkungen des Vorerben selbst, und im Zusammenhange damit im § 2115 die Rechte bezw. Beschränkungen Dritter behandelt. Im Satz 1 des § 2115 ist lediglich an diejenigen Gläubiger des Vorerben gedacht, die nicht Nachlaßgläubiger sind; der Satz 2 dagegen bezieht sich mit den Worten: „die Verfügung ist unbeschränkt wirksam, wenn der Anspruch eines Nachlaßgläubigers — — — geltend gemacht wird", lediglich auf die Zwangsverfügungen der Nachlaßgläubiger, während er mit den Worten: „Die Verfügung ist unbeschränkt wirksam, wenn ein an einem Erbschaftsgegenstand bestehendes Recht geltend gemacht wird, das im Falle des Eintritts der Nacherbfolge dem Nacherben gegenüber wirksam ist", sich wieder nur auf die Zwangsverfügungen der eigenen Gläubiger des Vorerben bezieht.

Nach der Bestimmung des § 2115 S. 2 ist der Nachlaßgläubiger, der seinen Anspruch im Wege der Zwangsvollstreckung, Arrestvollziehung realisieren oder sichern bezw. der Konkursverwalter im Konkurse des Vorerben, wenn er eine Veräußerung von Erbschaftsgegenständen im Interesse der Erfüllung von Ansprüchen der Nachlaßgläubiger vornehmen will, einer Beschränkung durch das Recht des Nacherben in keiner Weise unterworfen; es ist hierbei von den in den §§ 2112, 2113 statuierten Beschränkungen völlig abgegangen. Im Interesse der Realisierung der Ansprüche der Nachlaßgläubiger ist demnach die Zwangsverfügung bezgl. eines zur Erbschaft gehörenden Grundstücks, einer Hypothek bezw. eines sonstigen Rechtes an einem Grundstücke gestattet; ob sie das Recht des Nacherben vereitelt oder beeinträchtigt, ist nicht Gegenstand der Fürsorge des Nachlaßgläubigers. Im Konkurse des Vorerben selbst, in welchem auch die Erbschaft als ein Bestandteil des Vermögens des Vorerben zur Masse gezogen werden muß, ist es dem Konkursverwalter gestattet, Veräußerungen der (aller) Nachlaßgegenstände vorzunehmen, (nur) sofern sie zum Zwecke der Befriedigung der Nachlaßgläubiger, die im übrigen im Konkurse des Vorerben nicht etwa die besondere Qualifikation als Nachlaßgläubiger (Rangordnung des § 226 KO.) haben, erfolgen soll (§ 128 KO.). Diese Grundsätze dürfen nicht zu dem Gedanken verleiten, daß die nach den Grundsätzen der §§ 2130 ff. bestehende Verantwortlichkeit des Vorerben gegenüber dem Nacherben aufgehoben ist, wenn es sich um derartige Zwangsverfügungen handelt. Wäre dem so, so könnte der Vorerbe allen Schwierigkeiten, die bei der Berichtigung der Nachlaßverbindlichkeiten wegen der Beschränkungen nach §§ 2113, 2114 bestehen, einfach in der Weise aus dem Wege gehen, daß er von einer freiwilligen Berichtigung absieht und abwartet, daß die Nachlaßgläubiger sich mit Zwangsvollstreckungen an den Nachlaß machen. Der Vorerbe hat vielmehr die Pflicht der ordnungsmäßigen Verwaltung für die ganze Dauer seiner Herrschaft über den Nachlaß; im Rahmen dieser Aufgabe liegt die freiwillige Berichtigung der Nachlaßverbindlichkeiten. Wo er die Kosten der Zwangsbeitreibung, — sie fallen der Erbschaft, nicht dem Vorerben selbst zur Last — dem Nacherben gegenüber nicht rechtfertigen kann (§ 2130 Abs. 2), ist er dem Nacherben für die verminderte Substanz der Erbschaft Ersatz zu leisten verpflichtet. Soweit er sie aber rechtfertigen kann, ist dem Vorerben diese Verminderung der Substanz der Erbschaft unschädlich. Der Nachlaßgläubiger, der bezgl. eines Erbschaftsgegenstandes im Wege des Zwanges verfügt hat, unterliegt in keinem Falle einer Ersatz- bezw. Herausgabepflicht gegenüber dem Nacherben; der Nacherbe hat bezgl. der Erbschaft ein schwächeres Recht wie die Nachlaßgläubiger. Der § 773 ZPO., der die im Wege der Zwangsvollstreckung erfolgende Veräußerung von Erbschaftsgegenständen oder Überweisung von Erbschaftsforderungen verbietet, bezieht sich nicht auf die Ansprüche der Nachlaßgläubiger, sondern der eigenen Gläubiger des Vorerben, denn diese Akte sind, soweit sie sich auf den Anspruch eines Nachlaßgläubigers beziehen, nach § 2115 absolut wirksam.

Die Bestimmung des § 2115 bringt bezgl. derjenigen Erbschaftsgegenstände, über die auch der Vorerbe frei verfügen darf, keine Besonderheit; was der Vorerbe freiwillig tun darf, ist selbstverständlich auch den Nachlaßgläubigern (nicht auch den eigenen Gläubigern des Vorerben) im Wege des Zwanges gestattet. Die Besonderheit besteht darin, daß den Nachlaßgläubigern dieser Zwang auch in Bezug auf diejenigen

Nachlaßgegenstände zusteht, über die der Erbe nicht oder nur beschränkt bezw. mit Zustimmung des Nacherben verfügen darf. Weiter kommt im § 2115 der im Erbrecht des BGB. bestehende Grundsatz zum Ausdruck, daß der Nachlaß der Befriedigung der Nachlaßgläubiger dienen soll. Zwar ist nach Satz 1 den eigenen Gläubigern des Vorerben eine Zwangsvollstreckung in die Erbschaftsgegenstände nicht grundsätzlich untersagt, aber einerseits ist durch § 773 ZPO. die Zwangsverwertung zu solchen Zwecken unterbunden, andererseits bedeutet im Verhältnisse zum Nacherben diese Befriedigung eine Mißwirtschaft, für die ihm der Vorerbe verantwortlich ist (§ 2134). Insofern ist also dafür gesorgt, daß der Vorerbe es um der eigenen Gläubiger willen nicht so leicht zu einer Zwangsvollstreckung in die Erbschaft bezw. zu einer Zwangsverwertung kommen lassen wird. Andererseits ist aber dem Vorgehen der Nachlaßgläubiger in das eigene Vermögen des Vorerben (d. h. das ihm außer der Erbschaft gehörende) keine Schranke gezogen. Der Vorerbe haftet unbeschränkt (§ 1967). Gegenüber solchen in sein Eigenvermögen gerichteten Angriffen der Nachlaßgläubiger gibt es für den — mit dem Rechte der Haftungsbeschränkung noch haftenden — Vorerben keinen anderen Schutz, wie die Anwendung eines Mittels der Haftungsbeschränkung, welches ihm das Recht gibt, diese Angriffe abzuwehren (§§ 784 ZPO., 1975, 1990 ff. BGB.).

Der § 2115 spricht von der Verfügung über einen Erbschaftsgegenstand, er umfaßt also einerseits nur Gegenstände der „Erbschaft", andererseits nur „Gegenstände" der Erbschaft.

α) Zur „Erbschaft" gehört deren Substanz. Die Nutzungen (siehe §§ 100, 101 BGB.) fallen nach § 953 BGB. dem Vorerben zu; sie verbleiben, soweit sie auf die Zeit der Vorerbschaft entfallen, dem Vorerben dauernd. Die Zwangsvollstreckung der Nachlaßgläubiger in diese Früchte ist demnach unbeschränkt zulässig. Die Zulässigkeit der Vollstreckung folgt auch aus § 863 Abs. 2 ZPO.; dort ist statuiert, daß die Nachlaßgläubiger (anders nach Abs. 1 die eigenen Gläubiger des Vorerben) die Nutzungen gegenüber einem Vorerben unbeschränkt pfänden können, der wegen Verschwendung oder Überschuldung (§ 2338) durch die Einsetzung eines Nacherben in seiner Verfügungsmacht beschränkt ist.

β) Zu den „Gegenständen" der Erbschaft gehört nicht der Nachlaß im ganzen oder ein Bruchteil desselben. Daher ist die Zwangsvollstreckung in diese nicht nach § 2115 zu beurteilen. Im übrigen aber ist sie, ebenso wie die bezgl. einzelner Nachlaßgegenstände, für die Nachlaßgläubiger ohne Beschränkung zulässig. Nur ist eine Zwangsvollstreckung in den Nachlaß als Ganzes überhaupt unausführbar; daher kann demjenigen Vorerben gegenüber, in dessen Hand der Nachlaß nur als Ganzes in Betracht kommt, also gegenüber dem Alleinerben sowie — vor der Teilung — gegenüber der Erbenmehrheit keine Pfändung des Nachlasses durch einen einheitlichen Akt erfolgen, vielmehr kann sie nur bezgl. jedes Nachlaßgegenstandes gesondert geschehen und ist alsdann allerdings nach § 2115 zu beurteilen, d. h. ist zugunsten eines Nachlaßgläubigers stets wirksam. Zulässig ist dagegen die Pfändung des Anteils eines Mit-Vorerben (§ 859 Abs. 2 ZPO.), so lange noch ein Anteil existiert, d. h. so lange nicht die Erbschaft unter den mehreren Vorerben geteilt ist. Diese Pfändung geschieht nach den Vorschriften über die Zwangsvollstreckung in Forderungen, d. h. es wird durch Gerichtsbeschluß der

Anteil des von der Pfändung betroffenen Vor-Miterben gegenüber den übrigen Miterben gepfändet (§§ 828 ff., 857 ZPO.). Auch die „Überweisung" ist zulässig, soweit es sich um die Pfändung eines Nachlaßgläubigers handelt. Auf Grund derselben kann der Pfandgläubiger, sofern der Schuldtitel nicht bloß vorläufig vollstreckbar ist, die Auseinandersetzung fordern (§ 751 BGB.). Zwar werden hierbei die auf ihn entfallenden Nachlaßgegenstände der Erbschaft entfremdet, aber es handelt sich hier um Ansprüche eines Nachlaß gläubigers, zugunsten dessen die Zwangsvollstreckung unbeschränkt zulässig ist. Daß aber hier die Befriedigung durchweg im Wege der Zwangsvollstreckung erfolgt, beruht auf § 847 ZPO., wonach die betr. Nachlaßgegenstände an einen Gerichtsvollzieher herauszugeben und von diesem zu verwerten sind.

Der § 2115 behandelt Verfügungen, die im Wege der Zwangsvollstreckung, Arrestvollziehung oder durch den Konkursverwalter vorgenommen sind.

a) Eine Verfügung im Wege der Zwangsvollstreckung oder Arrestvollziehung ist die Zwangsvollstreckung in Nachlaßgegenstände wegen einer Geldforderung (§§ 803 ff. ZPO.). Sie ist dem Nachlaßgläubiger ohne Beschränkung erlaubt. Der Begriff „Zwangsvollstreckung" ist im weitesten Sinne zu verstehen, es gehört dazu die Pfändung durch den Gerichtsvollzieher bezw. durch das Gericht (Überweisung) sowie die Zwangsversteigerung (Veräußerung). Daß auch die Veräußerung hierher gehört, ergibt der § 773 ZPO., der mit Bezug auf den § 2115 von einer „Veräußerung" von Pfandgegenständen spricht, obwohl dieser Begriff in dem Paragraphen nicht ausdrücklich enthalten ist; ebenso ergibt es der § 128 KO., der für den Konkurs des Vorerben die „Veräußerung" der Nachlaßgegenstände, sofern sie im Interesse der Nachlaßgläubiger erfolgt, mit Bezug auf den § 2115 BGB. nicht verbietet. — Eine Vollstreckung, die nach § 2115 wirksam ist, ist auch die Eintragung einer Zwangshypothek; als Maßregel der Nachlaßgläubiger ist sie dauernd wirksam, kann ihre Löschung seitens des Nacherben also weder sogleich noch nach Eintritt der Nacherbfolge erzwungen werden.

Die Zwangsvollstreckung zur Erwirkung der Herausgabe von Sachen und zur Erwirkung von Handlungen und Unterlassungen (§§ 883 ff. ZPO.) wird nicht durch den § 2115 betroffen. Soll der Vorerbe eine Sache, die der Erblasser herausgeben sollte, aber nicht herausgegeben hat, an X herausgeben, so kann er dies freiwillig tun nur nach Maßgabe der §§ 2112—2114. Muß X dagegen klagen, so erfolgt die Zwangsvollstreckung durch den Gerichtsvollzieher, der die Sache dem Vorerben wegnimmt und dem X übergibt (§ 883 ZPO.). Diese Verfügung durch den Gerichtsvollzieher ist nicht nach § 2115, sondern nach §§ 2112—2114 zu beurteilen, denn sie gilt als Verfügung des Vorerben selbst.

Dieselben Grundsätze haben bei den Zwangsvollstreckungen auf Grund des § 897 ZPO. (Übertragung des Eigentums oder Bestellung eines Rechts an einer beweglichen Sache) Anwendung. Sollte der Erblasser das Eigentum an einem ihm gehörigen Gegenstande auf X übertragen und verlangt der Gläubiger dies gegenüber dem Vorerben, so kann der Vorerbe dies freiwillig tun nur nach Maßgabe der §§ 2112—2114. Muß X klagen, so erfolgt die Übergabe durch Wegnahme, die die der Gerichtsvollzieher zum Zwecke der Übergabe gegenüber dem Vorerben vornimmt. Diese Verfügung durch den Gerichtsvollzieher hat dieselbe Wirkung wie die durch den Vorerben selbst, sie begründet das Eigentum des Gläubigers; sie ist nach den Grundsätzen der §§ 2112—2114 wirksam.

Die Verurteilung des Vorerben zur Abgabe einer Willenserklärung (§§ 894, 895 ZPO.), die als Nachlaßverbindlichkeit begründet war bezw. die auf Grund dieser Verurteilung als abgegeben geltende Erklärung ist gleichfalls keine Verfügung im Wege der Zwangsvollstreckung nach Maßgabe des § 2115.

b) Der § 2115 behandelt des weiteren auch diejenige Verfügung über einen Erbschaftsgegenstand, die durch den Konkursverwalter erfolgt; er erklärt die Veräußerung für unbeschränkt wirksam, wenn der Anspruch eines Nachlaßgläubigers geltend gemacht wird. Die Verfügung über einen Erbschaftsgegenstand durch den Konkursverwalter setzt einen Konkurs voraus. Es ist hier nicht an den Nachlaßkonkurs gedacht (der selbstverständlich auch bezgl. der Vorerbschaft zulässig ist), sondern an den Konkurs über das Gesamtvermögen des Vorerben. Die Erbschaft, die ein Teil dieses Vermögens ist, gehört zur Konkursmasse. Die Nachlaßgläubiger haben in diesem Konkurse keine andere Stellung wie die anderen Gläubiger des Vorerben auch, evtl. sind sie also Konkursgläubiger. Nach der Bestimmung des § 2115 kann der Konkursverwalter zum Zwecke der Befriedigung der als Gläubiger gemeldeten Nachlaßgläubiger über die zur Erbschaft gehörigen Gegenstände der Konkursmasse verfügen, ohne durch das Recht des Nacherben irgendwie beschränkt zu sein; ob es sich um Verfügungen über Grundstücke bezw. über Rechte daran oder über bewegliche Sachen, Forderungen handelt, macht keinen Unterschied; es ist auch unbeachtlich, daß die betr. Verfügung etwa das Recht des Nacherben beeinträchtigt oder vereitelt. (Im Interesse eigener Gläubiger des Vorerben darf der Verwalter über Nachlaßgegenstände nicht verfügen.) In praxi aber wird der Verwalter die Verfügung über Erbschaftsgegenstände auch dann nicht vornehmen, wenn es sich um Berichtigung von Nachlaßverbindlichkeiten handelt, weil nämlich für die Befriedigung der Nachlaßgläubiger lediglich aus Mitteln der Erbschaft im Konkurse des Vorerben kein Raum ist. Das betr. Verfahren würde eine Absonderung der Erbschaftsgegenstände von der übrigen Konkursmasse, also die Bildung einer Sondermasse erfordern; es würde eine Sonderstellung der Nachlaßgläubiger im Konkurse begründen. In Wahrheit aber sind im Konkurse des Vorerben alle Gläubiger gleich; die besondere Qualifikation als Nachlaßgläubiger haben die letzteren nur im Nachlaßkonkurse. Die Nachlaßgläubiger können es danach im Konkurse des Vorerben nicht erreichen, daß, dem Prinzip des BGB. entsprechend, der Nachlaß nur zu ihrer Befriedigung verwendet wird. Dagegen ist dies durch Anwendung eines Mittels der Haftungsbeschränkung zu erreichen, nämlich durch den Antrag auf Anordnung einer Nachlaßverwaltung oder auf Eröffnung des Nachlaßkonkurses. Dieser Antrag steht dem Vorerben selbst bezw. dem Konkursverwalter beim Vorliegen der allgemeinen Voraussetzungen für diese Verfahren frei; der Verwalter wird gemäß § 82 KO., je nach der Sachlage, im Interesse der eigenen Gläubiger des Vorerben oder der Nachlaßgläubiger hierzu sogar verpflichtet sein; auch darf bezw. muß er die Unzulänglichkeit der Erbschaft nach Maßgabe der §§ 1990 ff. einwenden, sofern die Vermögenslage des Nachlasses dies an sich rechtfertigt. Der Antrag steht auch dem Nachlaßgläubiger frei, sofern die allgemeinen Voraussetzungen dafür vorliegen. Gefahr im Sinne des § 1981 Abs. 2 wird in der Tatsache des Konkurses nicht an sich erblickt werden können, weil dem Verwalter durch §§ 128 KO. und 2115 BGB. die Verfügung über Erbschaftsgegenstände für die Vorerbenzwecke selbst untersagt ist; immerhin wird die gegebene Situation die Anordnung der Nachlaßverwaltung rechtfertigen. Siehe auch §§ 2128, 2129. Der Nachlaßkonkurs ist schon bei Überschuldung der Erbschaft anzuordnen. Diese Verfahren begründen die Absonderung der Erbschaft aus der Konkursmasse; sie gehen neben dem Vorerbenkonkurse einher. — Der § 128 KO. bezieht sich auf Verfügungen des Verwalters im Interesse der Befriedigung der Nachlaßgläubiger nicht, denn er betrifft nur die nach § 2115 unwirksamen Veräußerungen, während nach § 2115 die im Interesse der Nachlaßgläubiger geschehende Veräußerung wirksam ist. — Es ist noch auf die Verschiedenheit der Ausdrucksweise der §§ 128 KO. und 2115 BGB. hinzuweisen. Der § 2115 spricht, wie der betr. Abschnitt überhaupt, immer nur von einer „Verfügung" über die Erbschaftsgegenstände, während der § 128 KO. von einer „Veräußerung" handelt. Wie aber die Bezugnahme des § 128 KO. auf den § 2115 bezw. der Satz: „wenn die Veräußerung nach § 2115 unwirksam ist" zeigt, muß der § 2115 mit der Verfügung auch die Veräußerung (die „Verfügung" ist der weitere Begriff) umfassen.

Die Erörterung bezgl. des im Satz 2 § 2115 enthaltenen zweiten Falles gehört in die Abhandlung über die Zwangsvollstreckung eigener Vorerbengläubiger, denn dieser Teil des Satzes bezieht sich auf ein vom Vorerben selbst an einer Nachlaßsache begründetes, dem Nacherben (bei dessen Zustimmung!) gegenüber wirksames Recht, also auf eine eigene Verbindlichkeit des Vorerben. Eine solche bleibt es auch, wenn das Recht zum Zwecke der Berichtigung einer Nachlaßverbindlichkeit begründet war. War das betr. Recht vom Erblasser bestellt, so liegt eine Nachlaßverbindlichkeit vor und es findet alsdann die Bestimmung des Satz 2 Fall 1 Anwendung, die allerdings, wie bei Fall 2, unbeschränkte Wirksamkeit der Zwangsmaßregel statuiert.

C. Die Verwendung der Erbschaft zur Berichtigung eigener Verbindlichkeiten des Vorerben.

Auch hier sind die Grundsätze für die freiwillige Berichtigung der Verbindlichkeiten des Vorerben verschieden von denen für die Berichtigung im Wege der Zwangsvollstreckung.

1. Die freiwillige Berichtigung der eigenen Verbindlichkeiten des Vorerben aus Mitteln der Erbschaft.

Die Verwendung von Erbschaftsgegenständen im eigenen Nutzen begründet eine Ersatzpflicht des Vorerben gegenüber dem Nacherben in Höhe des Wertes der verwendeten Sache; bei vorliegendem Verschulden ist die Haftung eine weitergehende (§ 2134). Mit diesem Satze ist eine starke Beschränkung des Eigentums des Vorerben an der Erbschaft zum Ausdrucke gebracht. Die Erbschaft ist dem Vorerben nicht zur beliebig freien Verwaltung und Verfügung, nicht zum freiesten Genusse gegeben, sie ist ihm nur anvertraut. Das ihm im BGB. allerdings eingeräumte Eigentum und Herrschaftsrecht erleidet eine Einschränkung durch das Recht des Nacherben; die Rechte sind ihm nur als Mittel zur zwar freien, aber ordnungsmäßigen Nutzung, nur zur Beseitigung von Schwierigkeiten bei der Nutznießung und Verwaltung gegeben. Die Rechte sind auszuüben immer mit Rücksicht auf das Recht des Nacherben, dem deshalb einschneidende Mittel zum Schutze gegenüber der Verwaltung des Vorerben verliehen sind. Wenn auch nur irgendwie begründet angenommen werden kann, daß erhebliche Verletzung der Rechte des Nacherben vorliegt, hat der letztere die Befugnis, von dem Vorerben Auskunft über den Bestand der Erbschaft zu verlangen, ist er also jederzeit in der Lage, die Verwendung der Erbschaftsgegenstände zu ermitteln und nachzuprüfen (§ 2127). Eine durch das Verhalten des Vorerben oder durch seine ungünstige Vermögenslage begründete Besorgnis erheblicher Verletzung der Rechte des Nacherben berechtigt diesen, ohne daß im übrigen die Verletzung vorliegen muß, vom Vorerben eine Sicherheit zu verlangen und ihm evtl. sogar die Verwaltung der Erbschaft zu entziehen (§§ 2128, 1052 BGB.). Diese Entziehung benimmt dem Vorerben zugleich das Recht der Verfügung über die Erbschaftsgegenstände überhaupt (§ 2129). Endlich ist der Vorerbe beim Eintritt der Nacherbfolge, d. i. der Zeitpunkt, wo er die Erbschaft an den Nacherben herauszugeben hat, auf Verlangen des Nacherben verpflichtet, Rechenschaft über seine Verwaltung, die, soll sie nicht Ersatzforderungen des Nacherben begründen, bis zuletzt ordnungsmäßig gewesen sein muß, abzulegen (§ 2130 Abs. 2).

Nach diesen Grundsätzen gehört die Substanz der Erbschaft dem Vorerben überhaupt nur für die Dauer der Vorerbschaft, doch ist auch in dieser Zeit infolge des Rechtes des Nacherben die Verwaltung unfrei. Die Substanz ist dem Vorerben vielmehr zum Eigentume nur deshalb gegeben, damit er die Nutzungen ziehe; die Nutzungen verbleiben ihm dauernd. Zu einer ordnungsmäßigen Verwaltung der Erbschaft durch den Vorerben gehört es nicht, daß er mit denjenigen Bestandteilen derselben, die nicht dauernd in seinem Eigentume verbleiben, eigene Verbindlichkeiten berichtige, gleichviel ob er die Gegenstände an Zahlungsstatt übergibt oder sie zum Zwecke der Beschaffung flüssiger Mittel versilbert. Dagegen darf er die Nutzungen beliebig verwenden, also auch zur Berichtigung eigener Verbindlichkeiten. Allerdings kann im Einzelfalle auch hier eine Beschränkung bestehen. Der § 2124 macht es dem Vorerben zur Pflicht, die gewöhnlichen Unterhaltungskosten der Erbschaft aus eigenen Mitteln zu tragen. Daraus folgt, daß evtl., d. h. in Ermangelung anderer Mittel, dazu die Nutzungen der Erbschaft zu verwenden sind, und daß andernfalls der Nacherbe dem Vorerben wegen ordnungswidriger Verwaltung die oben erwähnten Schwierigkeiten machen kann.

Was das Verhältnis des Nacherben zum Gläubiger des Vorerben anlangt, so gilt folgendes: Die Ordnungswidrigkeit einer Maßnahme der Verwaltung des Vorerben berechtigt den Nacherben zu bestimmten Maßregeln gegen den Vorerben; ob aber die seitens des Vorerben mit Erbschaftsgegenständen an den Dritten gemachte Leistung em Nacherben gegenüber unwirksam ist, hängt nicht von der Ordnungsmäßigkeit der Maßnahme des Vorerben ab, sondern von der Einhaltung der Grenzen der Verfügungsmacht bezgl. der zur Erbschaft gehörigen Gegenstände nach Maßgabe der §§ 2112 ff. Gibt der Vorerbe einen zur Erbschaft gehörigen Tisch weg, so verletzt er das Recht des Nacherben; er vermindert die Substanz und muß Ersatz leisten. Trotzdem kann der Nacherbe nach Eintritt der Nacherbfolge den Tisch dem Dritten nicht abverlangen, denn der Vorerbe ist nach § 2112 BGB. berechtigt, über bewegliche Sachen zu verfügen, d. h.

sie an einen anderen zum Eigentume oder zum Faustpfande zu übergeben. Veräußert der Vorerbe ein Recht an einem Grundstücke, z. B. eine zur Erbschaft gehörige Hypothekenforderung, so verletzt er das Recht des Nacherben und muß Ersatz leisten. Der Nacherbe kann aber nach dem Eintritte der Nacherbfolge auch dem Dritten gegenüber, dem Erwerber der Hypothekenforderung, die Unwirksamkeit der Veräußerung durchsetzen und die Hypothekenforderung zur Erbschaft zurückbringen. Denn die Verfügung über diese Forderung unterliegt der Beschränkung der §§ 2114 S. 2, 2113 BGB. Der Vorerbe darf — ohne Ansehen des Zwecks der Verfügung — über Erbschaftsgegenstände nur nach Maßgabe der §§ 2112—2114 und des § 2116 Abs. 2 verfügen. Er darf demnach — ohne seiner Verantwortlichkeit gegenüber dem Nacherben ledig zu werden — über alle beweglichen Gegenstände einschließlich der zur Erbschaft gehörigen Forderungen auch zum Zwecke der Berichtigung eigener Verbindlichkeiten verfügen. Er macht den Gläubiger, dem er einen solchen Gegenstand an Zahlungsstatt übergibt, zum Eigentümer desselben; es ist hierbei ohne Bedeutung, daß dadurch das Recht des Nacherben beim Eintritt der Nacherbfolge vereitelt oder beeinträchtigt sein wird. Dem Nacherben bleibt nur die Ersatz- bezw. evtl. eine weitergehende Schadensersatzforderung. Dasselbe trifft zu, wenn der Vorerbe diese Gegenstände auf Grund eines Veräußerungsgeschäfts an einen Dritten übergibt, um daraus die Mittel (Geld) zur Berichtigung eigener Verbindlichkeiten zu erlangen. Die Rechtslage ist genau dieselbe, wie bezgl. derselben Maßnahme, wenn sie zum Zwecke der Berichtigung von N a ch l a ß verbindlichkeiten vorgenommen sind. Hierüber siehe Seite 344. Beschränkt ist der Vorerbe nur bezgl. der zur Erbschaft gehörigen Grundstücke und Rechte an letzteren; seine Verfügung darüber ist unwirksam, wenn sie das Recht des Nacherben im Falle des Eintritts der Nacherbfolge im Sinne des § 2113 Abs. 1 verletzt. Es gelten auch hier dieselben Grundsätze, wie sie oben (Seite 342) bezgl. der Verfügungsmacht des Vorerben im Verhältnisse zu Nachlaßgläubigern erörtert sind. Eine erhebliche Abweichung besteht hier aber in der Anwendung der im § 2120 enthaltenen Bestimmung. Während der Vorerbe berechtigt ist, die Zustimmung des Nacherben für eine zum Zwecke der Berichtigung von Nachlaßverbindlichkeiten erforderliche Verfügung über Erbschaftsgegenstände einzuholen und der Nacherbe verpflichtet ist, die Genehmigung zu erklären, besteht dieses selbe Recht des Vorerben bezw. die entsprechende Pflicht des Nacherben nicht auch bezgl. derjenigen die Erbschaftsgegenstände betreffenden Verwaltungshandlungen des Vorerben, die auf eine Berichtigung eigener Verbindlichkeiten abzielen. Eine Ausnahme hiervon ist nur dann gegeben, wenn die Berichtigung der eigenen Vorerbenverbindlichkeit im Interesse einer ordnungsmäßigen Verwaltung der Erbschaft erforderlich erscheint. Hat z. B. der Vorerbe zur Durchführung einer solchen Verwaltung, etwa zur Berichtigung einer Nachlaßverbindlichkeit, ein Darlehn aufnehmen müssen, und will er, um die Mittel zur Rückzahlung desselben zu beschaffen, über ein Erbschaftsgrundstück verfügen, so darf er dazu die Genehmigung des Nacherben erfordern. Denn es liegt im Rahmen einer ordnungsmäßigen Verwaltung der Erbschaft, daß der Vorerbe wegen seiner Aufwendungen für die Erbschaft befriedigt werde, bezw. sich von einer in diesem Rahmen kontrahierten Verbindlichkeit durch Berichtigung mit Mitteln der Erbschaft befreien darf. Für den Fall, daß dies noch nicht zur Zeit des Eintritts der Nacherbfolge geschehen sein sollte, hat der Vorerbe gegenüber dem Nacherben ein Recht auf Befreiung von der Verbindlichkeit; die Pflicht des Nacherben ist eine Nachlaßverbindlichkeit, deren Gläubiger der Vorerbe (nicht der Dritte, der Darlehnsgeber) ist (Strohal I 180, 187, II 185).

Zu den in den §§ 2112 ff. erwähnten Verfügungen des Vorerben gehört, wie schon oben Seite 345 dargetan wurde, nicht auch die Prozeßführung des Vorerben hinsichtlich der der Nacherbfolge unterliegenden Gegenstände. Der Vorerbe ist vielmehr ohne Rücksicht auf das Recht des Nacherben zur Prozeßführung befugt. Der § 326 Abs. 2 ZPO. schränkt aber die Wirkung des in einem solchen Rechtsstreit ergehenden Urteils gegenüber dem Nacherben in gewisser Beziehung ein, er geht auf die Bestimmungen des BGB. §§ 2112, 2113 zurück und unterscheidet, wie die letzteren, ob der Vorerbe befugt ist, mit Wirkung gegen den Nacherben über den betr. Gegenstand zu verfügen oder nicht. Der Abs. 1 des § 326 ZPO. bestimmt, daß das Urteil zugunsten des Nacherben wirkt, wenn es noch während der Vorerbschaft rechtskräftig geworden ist. Ob der Vorerbe zur Verfügung über den im Prozesse befangenen Erbschaftsgegenstand befugt war oder nicht, ist dabei gleichgültig. Es ist hier ein Urteil gemeint, welches zugunsten des Vorerben ergeht; es kommt auch dem Nacherben zugute. Der Dritte kann nach Eintritt der Nacherbfolge nicht noch einmal gegen den Nacherben klagen, er würde dem Einwande der rechtskräftig entschiedenen Sache begegnen bezw. könnte der Nacherbe auf Grund des Urteils dem Dritten den ihm aberkannten Gegenstand abfordern. Nach § 728 Abs. 1 ZPO. (einer Sondervorschrift, die erforderlich war, weil der Nacherbe nicht Rechtsnachfolger des Vorerben ist) kann nach dem Eintritte der Nacherbfolge der Nacherbe entsprechend den Vorschriften des § 727 ZPO. (Erteilung einer vollstreckbaren Ausfertigung für und gegen einen Rechtsnachfolger) vollstreckbare Ausfertigung des Urteils für sich erfordern und evtl. gegen den Dritten vollstrecken. — Ob dagegen ein Urteil auch zuungunsten des Nacherben wirkt, hängt von der Frage ab, ob der Vorerbe über den der Nacherbfolge unterliegenden, im Prozesse befangenen Gegenstand ohne Zustimmung des Nacherben verfügen darf oder nicht. Es ist selbstverständlich, daß, soweit er verfügen darf, die Verfügung und demzufolge auch das Urteil, das die Verfügung erzwingen soll, gegen den Nacherben wirken muß, daß aber andererseits die Verfügung, zu welcher der Vorerbe der Zustimmung des Nacherben bedarf, und daß demzufolge auch das Urteil nicht ohne weiteres zulasten des Nacherben wirken kann. Bezgl. beweglicher Sachen und Forderungen besteht absolut freie Verfügungsmacht des Vorerben; ein über sie zuungunsten des Vorerben ergehendes Urteil wirkt also auch zuungunsten des Nacherben. Der Dritte darf sich nach Maßgabe der §§ 728, 727 ZPO. vollstreckbare Ausfertigung gegen den Nacherben erteilen lassen und vollstrecken. Es kommt hierbei nicht darauf an, ob das Urteil z. Z. des Eintritts der Nacherbfolge bereits rechtskräftig geworden ist, weil, wenn die Verfügung vom Vorerben vorgenommen würde, sie in jedem Falle wirksam wäre. Tritt die Nacherbfolge noch vor der Rechtskraft des Urteils ein, so wird der Rechtsstreit unterbrochen (§ 242, aber auch § 246 ZPO.) und kann von bezw. gegenüber dem Nacherben aufgenommen und fortgesetzt werden (§ 239 ZPO.). Der Vorerbe selbst ist zur Sache nicht mehr legitimiert, da er nicht mehr Erbe ist. Weiteres hierzu siehe bei Seuffert § 326 Anm. 3 a. — War der Vorerbe nicht befugt, über den Erbschaftsgegenstand ohne Zustimmung des Nacherben zu verfügen, so wirkt das zuungunsten des Vorerben ergehende Urteil gegen den Nacherben nicht. Der Rechtsstreit geht den Nacherben überhaupt nichts an, es bleibt dem Vorerben überlassen, ihn durchzuführen; er wird nicht unterbrochen (§ 242 ZPO.). — Über die Unterbrechung der zwischen dem Vorerben und einem Dritten beim Eintritte der Nacherbfolge schwebenden Rechtsstreitigkeiten siehe Seite 397ff.

2. Die Zwangsvollstreckung in Nachlaßgegenstände wegen eigener Verbindlichkeiten des Vorerben.

a. Allgemeines.

Von ihr handeln die §§ 2115 BGB., 773 ZPO., 128 KO. Es kommt in ihnen das Prinzip zum Ausdruck, daß der Nachlaß nicht für diese Zwecke des Vorerben, daß er vielmehr zur Berichtigung der Nachlaßverbindlichkeiten verwendet werden soll. Den Grundsatz enthält der § 2115, während die §§ 128 KO. und 773 ZPO. seine Durchführung sichern. Die drei Paragraphen bedeuten folgendes: Eigene Gläubiger des Vorerben sollen nicht über Erbschaftsgegenstände im Wege der Zwangsvollstreckung, Arrestvollziehung oder durch den Konkursverwalter verfügen, wenn das Recht des Nacherben im Falle des Eintritts der Nacherbfolge vereitelt oder auch nur beeinträchtigt werden würde. Liegt dieser Fall (einer Verletzung des Rechtes des Nacherben) vor, so soll die Zwangsvollstreckung nicht durchgeführt werden, die Zwangsversteigerung (Überweisung einer Forderung) soll unterbleiben, die Veräußerung durch den Konkursverwalter soll von Anfang an unwirksam sein.

Der § 2115 statuiert, wie oben (Seite 349) ausgeführt ist, keine Ausnahme vom Grundsatze der freien Verfügungsmacht des Vorerben, denn er handelt nicht von Verfügungen des Vorerben, sondern seiner Gläubiger. Für deren Verfügungsrecht hinsichtlich der Erbschaftsgegenstände führt er allerdings eine Beschränkung ein und paßt insofern in den Zusammenhang der Bestimmungen. Nach allgemeinen Grundsätzen müßte die Erbschaft, die von der Annahme ab mit dem sonstigen Vermögen des Allein-Vorerben verschmilzt, dem Zugriffe auch der eigenen Gläubiger des Vorerben offen stehen. Der § 2115 S. 1 schließt dies aber aus und zwar nicht bloß bezgl. unbeweglicher Erbschaftsgegenstände, sondern überhaupt; er begründet demnach einen scharfen Gegensatz zwischen der Verfügungsmacht des Vorerben und der seiner Gläubiger, die ihrerseits auch nicht in diejenigen Gegenstände der Erbschaft vollstrecken können, über die der Vorerbe selbst mit Wirksamkeit verfügen darf und die auch der Nachlaßgläubiger ohne Beschränkung pfänden kann. Demnach besteht folgende Situation: bezgl. beweglicher Sachen und Forderungen: Der Vorerbe darf über sie frei verfügen, der Nachlaßgläubiger darf in sie unbeschränkt vollstrecken, der eigene Gläubiger soll in sie nicht vollstrecken bezw. sie nicht veräußern, versteigern lassen, auch darf der Konkursverwalter sie zum Zwecke der Berichtigung von eigenen Vorerbenverbindlichkeiten nicht veräußern. Bezgl. der Grundstücke und der an denselben bestehenden Rechte darf der Vorerbe nicht frei verfügen; der Nachlaßgläubiger darf es im Wege der Zwangsvollstreckung tun, auch der Konkursverwalter im Konkurse des Vorerben darf es im Interesse der Nachlaßgläubiger tun, dagegen darf der eigene Gläubiger weder vollstrecken noch darf in seinem Interesse der Konkursverwalter veräußern.

Der § 2115 spricht von der Verfügung, die im Wege der Zwangsvollstreckung usw. erfolgt. Darunter ist sowohl die Pfändung wie die Versteigerung bezw. Überweisung zu verstehen. Dies ergibt sich aus § 773 ZPO. und aus § 128 KO. Beide Paragraphen nehmen auf § 2115 Bezug und sagen, daß die Veräußerung bezw. Überweisung eines Erbschaftsgegenstandes unterbleiben soll, wenn sie nach § 2115 dem Nacherben gegenüber im Falle des Eintritts der Nacherbfolge unwirksam ist. Die hier zum Ausdruck gebrachte „Veräußerung" ist demnach eine der Verfügungen, von denen im § 2115 die Rede ist; sie ist der engere Begriff.

Bei einer Vergleichung des § 2115 mit dem § 773 ZPO. fällt auf, daß der letztere im Gegensatze zum ersteren nicht die im Wege der Arrestvollziehung erfolgende Verfügung erwähnt. Nach § 2115 soll der eigene Gläubiger des Vorerben auch nicht im Wege der Arrestvollziehung über Erbschaftsgegenstände verfügen; an einem Verbote aber, die etwa trotzdem gepfändeten Sachen zu veräußern bezw. zu überweisen, fehlt es im § 773 ZPO. Dies erklärt sich einfach daraus, daß die im Arrestvollzug gepfändeten Gegenstände überhaupt nicht veräußert werden. Sie bleiben im Machtbereiche des Vorerben; es bedarf keines besonderen Schutzes.

Die Bedeutung der §§ 128 KO. und 773 ZPO. liegt darin, daß sie einen von Anfang an wirkenden Schutz des Nacherben statuieren; dadurch bilden sie einen Gegensatz zu den Bestimmungen der §§ 2113—2115. Nach diesen letzteren ist, wie oben dargelegt, die Verfügung in jedem Falle so lange wirksam, als die Vorerbschaft dauert. Darum bleibt auch die im § 2115 erwähnte, in der Pfändung bestehende Verfügung mindestens bis zum Eintritte der Nacherbfolge wirksam. Dagegen verbietet der § 773 ZPO. die Veräußerung (Überweisung) der Pfandgegenstände; er gibt dem Nacherben das Recht, sofort, d. h. schon vor Eintritt der Nacherbfolge, Schritte zu tun, durch welche die Veräußerung verhindert werden kann. Der § 128 KO. verbietet dem Konkursverwalter die Veräußerung überhaupt. Eine entgegen dem Verbote vorgenommene Veräußerung ist dem Nacherben gegenüber überhaupt unwirksam. Siehe hierzu Jäger Anm. 9 § 128 KO. wegen des Schutzes gutgläubiger Dritter.

b. Im einzelnen:

Für das Stadium vor Annahme der Erbschaft durch den Vorerben gelten die allgemeinen Grundsätze. Siehe hierüber Seite 54. Die Zwangsvollstreckungen eigener Vorerbengläubiger in den Nachlaß sind überhaupt unzulässig (§ 778 Abs. 2 ZPO.) und berechtigen den Vorerben zur Erinnerung bezw. zur Klage nach Maßgabe der §§ 766, 771 ZPO. Ob auch den Nachlaßgläubigern Mittel gegen diese Vollstreckung gegeben sind, ist streitig. Siehe Seite 55. Wegen der Rechtslage nach vollendeter Vollstreckung bezw. nach erfolgter Befriedigung des Vorerbengläubigers siehe Seite 55.

Was den Nacherben anlangt, so hat er gegenüber dieser Zwangsvollstreckung auch schon im Stadium vor Annahme der Erbschaft durch den Vorerben das ihm in § 773 ZPO. gegebene Mittel der Widerspruchsklage nach § 771 ZPO., der er einen Antrag nach § 769 ZPO. zur Sicherung seines Rechts vorausschicken darf (§ 771 Abs. 3 ZPO.). Gegen den Vorerben hat der Nacherbe die ihm in den §§ 2127 ff. gegebenen Befugnisse nicht früher, als bis der Vorerbe die Erbschaft wenigstens in Besitz genommen oder als bis er die Annahme erklärt hat. Der Antrag auf Anordnung einer Nachlaßpflegschaft nach § 1960 dürfte ihm zustehen.

Im Stadium nach Annahme der Erbschaft durch den Vorerben gilt folgendes: Mit der Annahme der Erbschaft durch den Vorerben verschmilzt die Erbschaft mit dem sonstigen Vermögen des Vorerben. Es besteht nunmehr nur ein Vorerbenvermögen; vom Nachlaß als einer Sondermasse ist nicht mehr die Rede. Dieses Gesamterbenvermögen kann Gegenstand der Angriffe sowohl der Nachlaß- wie der eigenen Gläubiger des Vorerben sein. Die Konkurrenz der Vorerbengläubiger kann jedoch nach allgemeinen Regeln durch Maßnahmen der Nachlaßgläubiger oder des Vorerben selbst, nämlich mit dem Antrage auf Anordnung der Nachlaßverwaltung bezw. des Nachlaßkonkurses beseitigt werden, insofern durch die Anordnung der betr. Verfahren wieder eine Absonderung der Erbschaft vom sonstigen Vorerbenvermögen eintritt, welche zur Folge hat, daß der Nachlaß den Zugriffen der eigenen Vorerbengläubiger entzogen ist. Auch eine Sicherung des Nacherben, die es ihm ermöglicht, die Aufzehrung bezw. überhaupt die Inanspruchnahme der Erbschaftsbestandteile durch Vorerbengläubiger zu verhindern, ist vorgesehen; das BGB. statuiert eine Reihe von derartigen Bestimmungen, deren eine (§ 2128) dem Vorerben sogar die Verpflichtung auferlegt, eine Sicherheit zu leisten (§§ 232 ff. BGB.) oder gar die Verwaltung nebst dem Verfügungsrecht bezgl. der Erbschaft an einen Verwalter abzugeben (§ 1052 BGB.). Den eigenen Vorerbengläubigern soll der Nachlaß nicht zur Befriedigung dienen; das Prinzip, wonach der Nachlaß den Zugriffen der Nachlaßgläubiger offen steht, macht natürlich eine Bestimmung unmöglich, nach welcher die Vorerbengläubiger bezgl. des Nachlasses die Konkurrenz der Nachlaßgläubiger beseitigen könnten. Sie können dies aber auch nicht mal bezgl. des sonstigen Vorerbenvermögens tun; selbst der etwa über das Vorerbenvermögen beantragte Konkurs hat nicht die Ausschließung der Nachlaßgläubiger vom Gesamtvorerbenvermögen zur Folge, vielmehr sind in diesem Konkurse auch die Nachlaßgläubiger Gläubiger. Nur der Vorerbe selbst bezw. der Konkursverwalter können durch Anwendung der Mittel der Haftungsbeschränkung: Nachlaß-Verwaltung bezw. -Konkurs oder Unzulänglichkeitseinrede die Inanspruchnahme des eigenen Vorerbenvermögens durch die Nachlaßgläubiger verhindern. Der Grundsatz, wonach das gesamte Vermögen eines Erben einschl. der Erbschaft den Zugriffen der eigenen Erbengläubiger unterliegen muß, wenn nicht die oben erwähnte Absonderung durchgeführt wird, ist für das Verhältnis des Vorerben zu seinen Gläubigern ganz erheblich abgeschwächt. Gilt, wie oben dargelegt, auf der einen Seite das Prinzip, daß die Rechte der Nachlaßgläubiger denen des Nacherben vorangehen, daß also die Zwangsvollstreckung der Nachlaßgläubiger in den Nachlaß unbeschränkt wirksam ist, so besteht auf der anderen Seite das Prinzip, daß die Rechte der eigenen Vorerbengläubiger denen des Nacherben nachstehen, daß also die Zwangsmaßregeln der eigenen Vorerbengläubiger nur eine sehr beschränkte Wirksamkeit haben. Der hierüber maßgebende Grundsatz wird im § 2115 ausgesprochen. Der Satz 1 behandelt lediglich die dort erwähnten Verfügungen über Erbschaftsgegenstände im Hinblick auf diejenigen Vorerbengläubiger, welche nicht Nachlaßgläubiger sind, während der Satz 2 im ersten Teile nur von denjenigen Vorerbengläubigern handelt, welche Nachlaßgläubiger sind, und der Satz 2 im zweiten

Teile sich wieder nur auf die eigenen Vorerbengläubiger, die nicht Nachlaßgläubiger sind, bezieht.

Der § 2115 ist, soweit er sich mit den eigenen Vorerbengläubigern befaßt, nach seiner Stellung im Systeme und nach seiner Erwähnung im § 2112 BGB., eine Ausnahmebestimmung. Das BGB. spricht im § 2112 den Grundsatz aus, daß die Verfügungsmacht des Vorerben hinsichtlich der zum Nachlaß gehörenden Gegenstände, abgesehen von einigen Ausnahmen, frei ist. Während die §§ 2113 und 2114 die freiwilligen Verfügungen des Vorerben einschränken, soll der § 2115 die Zwangsverfügungen regeln. Da aber Zwangsverfügungen nur von Dritten ausgehen, handelt es sich in Wahrheit im § 2115 nicht um eine Ausnahme des § 2112, d. h. nicht um Verfügungen des Vorerben selbst, sondern Dritter, nämlich der Gläubiger, sei es daß es eigene oder Nachlaßgläubiger sind. Indem aber der § 2115 dieses Verfügungsrecht Dritter z. T. einschränkt, behandelt er immerhin eine Beschränkung von Verfügungen hinsichtlich der Erbschaftsgegenstände und begründet insoweit in Wahrheit eine Ausnahme vom Grundsatz der Verfügungsfreiheit. (Soweit es sich um die Zwangsmaßregeln der Nachlaßgläubiger handelt, ist, wie oben Seite 349 dargelegt, der § 2115 auch nicht mal eine Ausnahme von der Regel des § 2112.) Die Grundsätze der §§ 2112 und 2115, wonach die Verfügungsmacht des Vorerben selbst frei, die seiner eigenen Gläubiger hinsichtlich der Erbschaftsgegenstände aber beinahe völlig ausgeschaltet ist, würde an sich einen Widerspruch involvieren, denn das der freien Verfügung des Vorerben unterliegende Vermögen müßte folgerichtig auch ebenso frei von seinen Gläubigern aufgezehrt werden dürfen. Das Verhältnis des Nach- zum Vorerben, die Tatsache, daß das Vorerbenrecht im ganzen nur zeitlich begrenzt oder auflösend bedingt ist (siehe Planck vor § 2100 Bem. 3), rechtfertigt aber eine unterschiedliche Behandlung des Verfügungsrechts des Vorerben und das seiner Gläubiger. Das Eigentum an der Erbschaft und infolgedessen die Verfügungsmacht darüber ist dem Vorerben nicht als Selbstzweck gegeben, sondern nur, um ihm die Nutzung derselben zu erleichtern; die Substanz soll er ungeschmälert für den Nacherben erhalten und verwalten. Sein Recht macht es erforderlich, daß er frei verfügen kann, aber seine Pflicht schließt die Verwendung der Erbschaft im eigenen Nutzen gänzlich aus. Würde den eigenen Gläubigern diese Aufzehrung der Substanz, die dem Vorerben selbst nur beschränkt gestattet ist, frei stehen, so würde dies ein Widerspruch sein. Ja es wäre schon dann ein Mißbrauch, wenn sie auch nur diejenigen Verfügungen vornehmen dürften, die der Vorerbe selbst vornehmen darf, denn der Vorerbe verfügt unter Berücksichtigung des Rechts des Nacherben, jedenfalls nicht ohne Verantwortlichkeit, der eigene Gläubiger aber ohne Rücksicht und ohne Verantwortung. Deshalb beschränkt das BGB. im § 2115 die Verfügungsmacht der Vorerbengläubiger nicht bloß entsprechend derjenigen des Vorerben, sondern weitergehend hinsichtlich sämtlicher Erbschaftsgegenstände; es betrachtet dies nicht bloß als eine Beschränkung, es gesteht vielmehr den betr. Gläubigern überhaupt keine Verfügungsmacht zu, es verbietet den Eingriff bezw. gibt dem Nacherben die Mittel, ihn, wenn er geschehen ist, zu entkräften. Der Vorerbe darf über die zur Erbschaft gehörige Standuhr, da sie eine bewegliche Sache ist, mit Wirkung gegen den Nacherben verfügen, sie auch an den eigenen Gläubiger zum Eigentum übertragen, aber der eigene Gläubiger kann die Uhr, die er wegen seiner Geldforderung gepfändet hat, nicht zur Versteigerung bringen, wenn der Nacherbe widerspricht. Auch die freiwillige Verfügung über die Uhr schädigt das Recht des Nacherben, zwingt ihn beim Eintritte der Nacherbfolge sich mit einer Ersatzforderung gegen den Vorerben zu begnügen, aber sie macht den Erwerber (evtl. den eigenen Gläubiger des Vorerben) zum Eigentümer, auch wenn ihm die Eigenschaft der Uhr als einer zur Vorerbschaft gehörigen bekannt war, ja auch wenn der Nacherbe widersprochen hatte. Ist aber die Uhr vom eigenen Vorerbengläubiger gepfändet, so kommt es sofort darauf an, ob dadurch das Recht des Nacherben tangiert wird. Dies geschieht in jedem Falle, denn es bedeutet Verminderung der Substanz; es würde also eine Maßnahme vorliegen, die im Falle des Eintritts der Nacherbfolge unwirksam ist. Deshalb darf der Nacherbe die Veräußerung durch den Gerichtsvollzieher überhaupt verhindern (§ 773 ZPO.). Hinsichtlich der Zwangsvollstreckungen der eigenen Vorerbengläubiger schließt sich der § 2115 bezgl. sämtlicher Erbschaftsgegenstände dem Prinzip der §§ 2113, 2114 an, wonach die Verfügung nur insoweit unwirksam ist, als sie bei wirklich eingetretener Nacherbfolge das Recht des Nacherben vereiteln oder beeinträchtigen würde. Damit ist also zum Ausdruck gebracht, daß die Zwangsvollstreckung nicht prinzipiell unwirksam ist, einfach zu unterbleiben hätte, daß sie vielmehr nur dann unwirksam ist, wenn die erwähnte Verletzung des Rechtes des Nacherben vorliegen würde. Es handelt sich also hier wie bei allen übrigen Ausnahmen von der Regel des § 2112 immer nur darum, daß das Recht des Nacherben unverletzt bleibt; soweit dies zutrifft, ist jede Verfügung, auch die Zwangsvollstreckung der Vorerbengläubiger, wirksam. Freilich kommt im Effekt das Verbot des § 2115 auf ein absolutes Verbot hinaus, denn im wesentlichen verletzt jede Maßregel bezgl. der Substanz das Recht des Nacherben, da „Recht" hier nicht in ökonomischer Bedeutung gebraucht wird, sondern in juristischem Sinne. Maßregeln bezgl. der Früchte der Erbschaft, die ja dem Vorerben verbleiben, fallen nicht unter § 2115; bezgl. ihrer besteht für die Vorerbengläubiger kein Verbot oder auch nur eine Pfändungsbeschränkung. Doch siehe § 863 Abs. 1 ZPO. bezgl. der einem bona mente enterbten Vorerben zustehenden Früchte.

Nach § 2115 ist die Zwangsvollstreckung usw. nur dann evtl. unwirksam, wenn der Fall der Nacherbfolge eintritt, sie ist also bis zu diesem Zeitpunkte wirksam. Der Gläubiger darf danach zunächst die Vollstreckung vornehmen lassen. Ihn an der Vollstreckung überhaupt zu hindern, wäre schon um deswillen untunlich, weil bei der Verschmelzung des Nachlasses mit dem Vermögen des Vorerben der Gläubiger zunächst nicht wissen muß bezw. wird, was eigentlich zum Nachlasse gehört. Er wird es darauf ankommen lassen, daß seitens des Nacherben Rechte bezgl. des Pfandgegenstandes geltend gemacht werden, was um so sicherer geschehen wird, als der Vorerbe zur Verminderung der eigenen dem Nacherben gegenüber bestehenden Verantwortung den Nacherben entsprechend aufmerksam machen wird. Wenn dem Nacherben kein anderes Gesetz wie eben der § 2115 zur Seite stände, könnte er den Gläubiger nicht nur nicht wegen der Zwangsvollstreckung, sondern auch nicht wegen der im Vollstreckungsverfahren bewirkten Verwertung des Pfandgegenstandes angreifen. Trotz des Bewußtseins, daß sein Recht durch die bevorstehende Maßnahme illusorisch werde, wäre er doch gezwungen, den Eintritt der Nacherbfolge abzuwarten, und darauf angewiesen, erst danach gegenüber dem Erwerber des Gegenstandes sein Eigentum geltend zu machen, was aber um deswillen äußerst problematisch wäre, weil der gutgläubige Dritte gegen diese Ansprüche geschützt ist. Dem Nacherben würden lediglich Ersatzansprüche gegen den Vorerben verbleiben, was aber dem Prinzip widerspricht, wonach die Substanz dem Nacherben erhalten bleiben soll. Zur Verhütung derartiger Nachteile ist dem Nacherben im § 773 ZPO. eine Maßregel gegeben, mit der er die endgültige Entfernung des Pfandstücks aus der Erbschaft dauernd verhindern kann; er hat die Widerspruchsklage aus § 771 ZPO. dann, wenn der erwähnte Fall der Unwirksamkeit beim Eintritt der Nacherbfolge vorliegen würde. Danach braucht er nicht den Eintritt der Nacherbfolge abzuwarten, er kann sofort dem weiteren Vollstreckungsverfahren Einhalt gebieten; er kann aber nicht auch die Pfändung überhaupt zur Aufhebung bringen, denn diese ist nach § 2115 ja nicht grundsätzlich unwirksam; sie kann, wenn die Nacherbfolge z. B. gar nicht eintritt (§ 2142 Abs. 2), sogar volle Wirksamkeit behalten. Der im § 773 ZPO. statuierte Schutz erstreckt sich danach lediglich auf die Veräußerung des Pfandgegenstandes oder auf die Überweisung der gepfändeten Erbschaftsforderung, nicht aber auf die Pfändung durch den Gerichtsvollzieher oder durch das Gericht, nicht auf die Beschlagnahme oder auf die Eintragung einer Sicherungshypothek. Nach erfolgter Pfändung ist also dem Nacherben die Widerspruchsklage (§ 771 ZPO.), aber auch die Erinnerung gegen die Art und Weise der Zwangsvollstreckung (§ 766 ZPO.) gegeben. Ist die Vollstreckung bereits zur Veräußerung (Zwangsversteigerung) gediehen, so stehen dem Nacherben (abgesehen von Ersatzansprüchen gegen den Vorerben) keine Rechte wegen der Veräußerung gegenüber dem Gläubiger zu, er kann vielmehr, und zwar erst nach dem Eintritt der Nacherbfolge, nur die Unwirksamkeit der Veräußerung gegenüber dem Erwerber durchsetzen und diesem den Gegenstand abverlangen, sofern jener nicht durch die Vorschriften zugunsten derjenigen, welche Rechte von einem Nichtberechtigten herleiten, geschützt ist. Der § 2115 enthält diesen Schutz Dritter (der dem im § 2113 Abs. 3 bezgl. freiwilliger Verfügungen des Vorerben statuierten entspricht) nicht, weil die im § 2115 erwähnten Verfügungen nicht solche sind, durch welche der Gegenstand der Erbschaft endgültig aus der Erbschaft entfernt wird, aber er folgt aus allgemeinen Grundsätzen bezgl. des Eigentumserwerbs (§ 1244 BGB.). Ist dem Verbot des § 773 ZPO. zuwider eine Forderung an den Vorerbengläubiger zur Einziehung überwiesen, so kann der Nacherbe sie durch die Einwendung aus § 766 bezw. durch die Widerspruchsklage aus § 771 ZPO. immer noch retten, so lange nicht der Drittschuldner an den Vorerbengläubiger Zahlung geleistet hat. Die Klage wegen Unzulässigkeit der Überweisung richtet er natürlich gegen den Vorerbengläubiger. — Der § 773 ZPO. bietet dem Nacherben keinen Schutz gegen die Eintragung einer Zwangshypothek für einen Vorerbengläubiger (diese ist keine „Veräußerung"), weshalb er sie zu dulden hat, bis die Nacherbfolge eintritt; erst dann kann er ihre Unwirksamkeit geltend machen bezw. Löschung durchsetzen.

Da der § 2115 sich nur auf Verfügungen über die zur Erbschaft gehörigen Gegenstände bezieht, ist die Zwangsvollstreckung der eigenen Vorerbengläubiger in die Nutzungen der Erbschaft zulässig, denn die Nutzungen verbleiben dauernd dem Vorerben, wie sich z. B. aus § 2111 ergibt. Siehe auch §§ 100, 101 BGB. Dieser Grundsatz der Pfändbarkeit der Nutzungen der Erbschaft wird durch den § 863 Abs. 1 ZPO. im Hinblick auf die eigenen Vorerbengläubiger (anders Abs. 2 bezgl. der Nachlaßgläubiger) eingeengt. Sind nämlich einem (verschwenderischen oder verschuldeten) Vorerben nach Maßgabe des § 2338 BGB. dessen gesetzliche Erben durch den Erblasser in guter Absicht zu Nacherben bestimmt, so sind die Nutzungen der Erbschaft für die eigenen Vorerbengläubiger nur beschränkt pfändbar. Soweit der Vorerbe sie nämlich braucht, um die ihm gegenüber seinem jetzigen und früheren Ehegatten oder seinen Verwandten gesetzlich obliegende Unterhaltspflicht zu erfüllen und seinen eigenen standesmäßigen Unterhalt zu bestreiten, kann er sowie der Verletzte der Vollstreckung widersprechen (§ 766 ZPO.). — Zu den im § 2115 bezeichneten „Gegenständen" der Erbschaft gehört nicht die Erbschaft im ganzen oder ein Bruchteil derselben; daher besteht für die Vollstreckung der eigenen Gläubiger in diese keine auf § 2115 beruhende Beschränkung. Die eigenen Gläubiger können aber in die Erbschaft als Ganzes nicht vollstrecken, weil eine solche Vollstreckung in e i n e m Akte nicht möglich ist; vielmehr bedarf es der Vollstreckung in die einzelnen Nachlaßgegenstände; diese aber unterliegt dann wieder der Beschränkung des § 2115. Die Pfändung des Anteils eines Miterben, die überhaupt möglich und zulässig ist, ist auch einem Vorerbengläubiger gestattet. Was aber die Verwertung desselben anlangt, so ist zu bedenken, daß die „Überweisung" eine Entfremdung von Nachlaßgegenständen zugunsten eines Privatgläubigers des Vorerben zur Folge haben kann, sofern es nämlich zur Aufhebung der Gemeinschaft der mehreren Vorerben kommt (§ 751 ZPO). Wegen der gegen eine Überweisung bestehenden Bedenken führt Planck zu § 2100 aus, daß „die Verwertung des gepfändeten Erbteils nicht durch Überweisung an den Gläubiger zur Einziehung oder durch Verkauf des Erbteils, sondern nur in der Weise zu bewirken sei, daß entsprechend der Vorschrift der ZPO. § 857 Abs. 4 über die Verwertung gepfändeter Nutzungsrechte eine „Verwaltung" angeordnet wird. Dies sei im Gesetze zwar nicht ausgesprochen, ergebe sich aber aus einer sinngemäßen Übertragung des in dem § 773 ZPO. aufgestellten Verbots der zwangsweisen Veräußerung und Überweisung der einzelnen zu einer Vorerbschaft gehörenden Gegenstände". Auf den § 773 ZPO. wird weiter unten eingegangen werden; hier soll nur angedeutet werden, daß dieser Paragraph die Versteigerung von Erbschaftsgegenständen, die ein e i g e n e r Vorerbengläubiger gepfändet hat, gegen den Willen des Nacherben nicht zuläßt und zwar aus der Erwägung heraus, daß die Erbschaft dem Nacherben, dessen Recht stärker wie das der eigenen Vorerbengläubiger ist, zu erhalten ist. Der Paragraph bezieht sich nur auf „Gegenstände" der Erbschaft, doch überträgt Planck den in ihm ausgesprochenen Grundsatz auf den „Anteil". Dieser Auffassung folgt auch Seuffert zu § 859 Anm. 2. Allerdings soll die mit der Überweisung evtl. verbundene Entfremdung von Substanz des Nachlasses im Interesse des Nacherben unterbleiben, aber es ist doch eine solche gegen den Willen des Nacherben auch hier nicht möglich, da er der nach § 847 ZPO. zulässigen Zwangsversteigerung der auf den Pfandgläubiger bei der Aufteilung des Nachlasses entfallenden Nachlaßgegenstände auf Grund des § 773 ZPO. widersprechen kann. Trotzdem wird man der Planckschen Ansicht zustimmen müssen, weil es sich hier um die Befriedigung eines Privatgläubigers des Vorerben handelt und es nicht angehen kann, daß er hinsichtlich des Nachlasses ein Recht gewinnt, das ihm ermöglicht, die Gemeinschaft der Vorerben zur Aufhebung zu bringen (§ 751 BGB.). Ein solches Recht würde ihm aber die Überweisung des Anteils gewähren. Auch rechtlich läßt sich die Plancksche Ansicht rechtfertigen, insofern die Überweisung des Anteils in eine Zwangsversteigerung einzelner Nachlaßgegenstände (nämlich bei der Teilung des Nachlasses) ausmündet. Der Nacherbe wird also schon gegen die Überweisung des Anteils auf Grund des § 773 ZPO. die Klage nach § 771 ZPO. erheben können. Dagegen darf die Verwaltung des gepfändeten Anteils angeordnet werden. Natürlich verwaltet ein danach bestellter Verwalter nicht die Vorerbschaft gemeinschaftlich mit den Vorerben, sondern nur den gepfändeten Anteil, d. h. dessen Erträgnisse, die er in Höhe und zur Deckung der zur Beitreibung stehenden Forderung an den Pfandgläubiger abführt (Seuffert § 857 Anm. 3 ZPO.).

Nach Teilung der Erbschaft unter den Miterben ist der „Anteil", da er nicht mehr existiert, auch nicht mehr pfändbar.

Der § 2115 S. 1 statuiert die Beschränkung bezgl. der im Wege der Zwangsvollstreckung, Arrestvollziehung oder durch den Konkursverwalter vorgenommenen Verfügung:

α) Eine Verfügung im Wege der Zwangsvollstreckung oder Arrestvollziehung ist die Zwangsvollstreckung in Nachlaßgegenstände wegen einer Geldforderung (§§ 803 ff. ZPO.). Sie ist dem eigenen Vorerbengläubiger nur mit der durch § 2115 S. 1 gegebenen Beschränkung gestattet. Zu ihr gehört die Pfändung durch den Gerichtsvollzieher und durch das Gericht (Überweisung), sowie die Zwangsversteigerung (Veräußerung). Daß auch die letztere hierher gehört, ergibt der § 773 ZPO., der mit Bezug auf § 2115 die „Veräußerung" des Pfandgegenstandes verbietet, obwohl der Begriff in dem Paragraphen nicht ausdrücklich erwähnt ist. Die Vollstreckung selbst kann, wie schon hervorgehoben, vom Nacherben zunächst nicht angefochten oder, als ob sie unwirksam wäre, zur Aufhebung gebracht werden. Sie bleibt vielmehr bestehen, bis die Nacherbfolge eintritt; alsdann wird sie von selbst unwirksam. Nur die Veräußerung bezw. Überweisung vermag der Nacherbe sofort aufzuhalten bezw. überhaupt zu verhindern. Die so geartete Beschränkung bezieht sich auf sämtliche Gegenstände der Erbschaft, also auch auf diejenigen, über die der Vorerbe selber mit Wirkung gegen den Nacherben frei verfügen könnte. Auch gegen die Eintragung einer Zwangshypothek auf dem Erbschaftsgrundstück kann der Nacherbe gegenüber dem Vorerbengläubiger nichts unternehmen; da hier von „Veräußerung" keine Rede ist, kommt § 773 ZPO. gar nicht in Frage. Der Nacherbe muß den Eintritt der Nacherbfolge abwarten.

Die Zwangsvollstreckung zur Erwirkung der Herausgabe von Sachen und zur Erwirkung von Handlungen und Unterlassungen (§§ 883 ff. ZPO.) wird nicht vom § 2115 betroffen. Der eigene Vorerbengläubiger darf die Herausgabe der im Schuldtitel bezeichneten Sache durch den Gerichtsvollzieher bewirken; die betr. Verfügung ist als solche des Vorerben selbst zu erachten und wirksam.

Dieselben Grundsätze gelten bei den Zwangsvollstreckungen auf Grund des § 897 ZPO. (Übertragung des Eigentums oder Bestellung eines Rechts an einer beweglichen Sache). Siehe hierzu auch Strohal I § 28 Anm. 32.

Die Verurteilung des Vorerben zur Abgabe einer Willenserklärung (§§ 894, 895 ZPO.) bezw. die daraufhin als abgegeben geltende Erklärung ist gleichfalls keine Verfügung im Sinne des § 2115. Hierüber siehe oben Seite 353.

β) Der § 2115 behandelt des weiteren auch diejenige Verfügung über einen Erbschaftsgegenstand, die durch den Konkursverwalter erfolgt; er erklärt die Veräußerung dem Nacherben gegenüber für unwirksam, wenn sie nach § 2115 unwirksam ist. Es ist hier an den Konkurs des Vorerben selbst gedacht, in welchem das Vermögen einschließlich der Erbschaft zur Masse gezogen wird. Die Gläubiger des Vorerben haben, auch insoweit sie nicht Nachlaßgläubiger sind, an sich Anspruch auf Befriedigung auch aus den Gegenständen der Erbschaft. Lediglich mit Rücksicht auf das Recht des Nacherben, für welchen die Substanz der Erbschaft zu erhalten ist, hat eine abweichende Normierung eintreten müssen. Es ist angeordnet, daß der Verwalter Nachlaßgegenstände nicht veräußern soll, wenn dies nach § 2115 unwirksam ist; dies ist der Fall, wenn die Veräußerung im Interesse nur der eigenen Vorerbengläubiger erfolgen müßte. Der § 128 KO. statuiert einen Schutz nur des Nacherben; die Nachlaßgläubiger, die im Konkurse des Vorerben (Gegensatz: der Nachlaßkonkurs) keine andere Gläubigerstellung haben, wie die übrigen Gläubiger des Vorerben, sind durch die Bestimmung des Paragraphen sogar in Nachteil gesetzt, denn, da die Erbschaftsgegenstände um der eigenen Vorerbengläubiger willen nicht veräußert werden sollen, um der Nachlaßgläubiger willen allein aber nicht veräußert werden können (siehe oben Seite 353), bleiben die Nachlaßgegenstände unveräußert. Deshalb sind die Nachlaßgläubiger, sofern sie die Erbschaft zu ihrer alleinigen Befriedigung verwendet wünschen, gezwungen, die Erbschaft aus der Konkursmasse abzusondern, indem sie also Nachlaßverwaltung (§ 1981 Abs. 2) bezw. Nachlaßkonkurs (§ 217 KO.) beantragen. Das im § 128 KO. ausgesprochene Veräußerungsverbot bezieht sich auf alle Erbschaftsgegenstände, also auch auf solche, über die der Vorerbe selbst (z. B. bewegliche Sachen, Forderung) mit Wirkung gegen den Nacherben frei verfügen könnte. Es liegt hierfür der schon angeführte Grund vor, daß die Gläubiger nicht das Recht haben, den Nachlaß aufzuzehren, auch wenn der Vorerbe selbst verfügen darf, weil nämlich der Vorerbe für seine Verwaltung verantwortlich ist, der Gläubiger aber für seine Maßnahmen nicht verantwortlich gemacht werden kann, und ferner weil dem Vorerben das Eigentum an der Erbschaft nur zum Zwecke einer erleichterten Nutznießung, aber nicht zum Aufbrauchen der Substanz übertragen ist. Die Nutzungen der Erbschaft sind, wie auch sonst, auch durch den Konkursverwalter den eigenen Gläubigern zugänglich zu machen. Hierüber siehe Jäger Anm. 3 zu § 128. Verletzt der Konkursverwalter das Verbot des § 128, so macht er nach § 82 KO. sich und nach § 59 Nr. 1 KO. die Konkursmasse gegenüber dem Nacherben und Nachlaßgläubigern verantwortlich. Dagegen wird man nicht analog dem § 773 ZPO. dem Nacherben die Widerspruchsklage (§ 771 ZPO.) zugestehen können, weil diese Klage eine Zwangsvollstreckung durch den Gerichtsvollzieher bezw. durch das Gericht voraussetzt. Wohl aber hat er die Feststellungsklage gegen den Verwalter. — Die Veräußerung durch den Konkursverwalter ist dem Nacherben gegenüber im Falle des Eintritts der Nacherbfolge unwirksam, gleichviel, ob es sich um bewegliche oder unbewegliche Gegenstände der Erbschaft handelt. Dagegen besteht auch hier der Schutz des gutgläubigen Dritten. (Jäger § 128 Anm. 9 KO.).

— Der Vorerbe hat wegen seiner dem Nacherben gegenüber bestehenden Verantwortlichkeit gleichfalls ein Interesse daran, die Veräußerung von Nachlaßgegenständen für eigene Gläubiger durch den Konkursverwalter zu verhindern. Ihm steht jedoch die Feststellungsklage gegen den Verwalter nicht zu, weil er hinsichtlich der Masse, zu der die Erbschaftsgegenstände gehören, nicht klageberechtigt ist. Dagegen darf er die Aufsichtsbehörde (Konkursgericht) gegen die Pflichtwidrigkeit des Verwalters anrufen (§§ 83, 84 KO.).

Der zweite Teil des Satz 2 des § 2115 bezieht sich, wie oben bereits gesagt, nur auf eigene Vorerbengläubiger. Er bildet zum Satz 1 desselben Paragraphen eine Ausnahme. Während der Satz 1 die im Wege der Zwangsvollstreckung oder der Arrestvollziehung oder durch den Konkursverwalter geschehenden Verfügungen dieser Gläubiger im allgemeinen für unwirksam erklärt, statuiert der Satz 2 Teil 2 die Wirksamkeit eben dieser Verfügungen, wenn ein an einem Erbschaftsgegenstande bestehendes Recht geltend gemacht wird, das im Falle des Eintritts der Nacherbfolge dem Nacherben gegenüber wirksam ist. Es handelt sich hier um solche am Erbschaftsgegenstande bestehenden Rechte, die der Vorerbe selbst (im Gegensatz zum Erblasser, in welchem Falle es Nachlaßverbindlichkeit ist) bestellt hat. Nach dem Grundsatze des § 2112 darf der Vorerbe derartige Rechte mit Wirkung gegen den Nacherben an beweglichen Sachen und Forderungen frei bestellen, ohne der Zustimmung des Nacherben zu bedürfen. Die Bestellung ist auch dem Nacherben gegenüber im Falle des Eintritts der Nacherbfolge wirksam. Auf sie trifft also der § 2115 S. 2 Teil 2 zu, d. h. die Geltendmachung des an dem Nachlaßgegenstande bestehenden Rechts seitens des Gläubigers bezw. die dabei im Wege der Zwangsvollstreckung vorgenommene Verfügung ist unbeschränkt wirksam, obwohl sie vom eigenen Vorerbengläubiger ausgeht. Das beruht darauf, daß die Verfügung des Vorerben selbst, d. h. die Bestellung des Rechts für den Gläubiger wirksam ist, woraus folgt, daß es dem Gläubiger freistehen muß, seinen Anspruch evtl. im Wege des Zwanges geltend zu machen. — Bezgl. der Grundstücke und der an diesen bestehenden Rechte ist dagegen die Verfügung des Vorerben, also z. B. die Bestellung eines Rechts daran, abhängig von der Zustimmung des Nacherben (§§ 2113, 2114, 2120), andernfalls ist sie beim Eintritte der Nacherbfolge unwirksam. Deshalb trifft Satz 2 Teil 2 des § 2115 bezgl. dieser Erbschaftsgegenstände nur dann zu, wenn der Vorerbe das Recht an ihnen mit Zustimmung des Nacherben bestellt hat. Recht an Erbschaftsgegenständen ist z. B. das Pfandrecht; es wirkt dem Nacherben gegenüber bei beweglichen Sachen ohne weiteres, beim Grundstück (Hypothek) nur, wenn der Nacherbe zugestimmt hat. In allen diesen Fällen müßte der Nacherbe nach dem Eintritt der Nacherbfolge das Recht des Dritten respektieren, Zwangsmaßregeln, welche jener zu seiner Befriedigung vornimmt, geschehen lassen; er muß sie auch dulden, wenn sie gegenüber dem Vorerben vorgenommen werden. Der Gläubiger darf also in die seinem Rechte unterliegenden Gegenstände mit Wirkung gegen den Nacherben vollstrecken, er darf z. B. auf Rückzahlung der mit Bewilligung des Nacherben gegenüber dem Vorerben begründeten Hypothekenforderung zur Vermeidung der Zwangsvollstreckung in das Grundstück bestehen und evtl. auch Subhastation betreiben; er darf die seinem Faustpfande unterliegende bewegliche Sache zu seiner Befriedigung im Wege des Zwanges veräußern lassen. — Macht der eigene Vorerbengläubiger das ihm vom Vorerben eingeräumte Recht am Erbschaftsgegenstande im Konkurse des Vorerben geltend, so darf nach § 128 KO. der Konkursverwalter den Anspruch anerkennen und dem Gläubiger die Befriedigung gestatten. Siehe hierzu Jäger KO. § 128 Anm. 6. Der Konkursverwalter darf die Veräußerung der betr. Gegenstände auch selber vornehmen, weil sie nach § 2115 wirksam ist (§§ 126, 127 KO.).

War die vom Vorerben zugunsten eines eigenen Gläubigers vorgenommene Bestellung eines Rechts an einem Erbschaftsgegenstande dem Nacherben gegenüber unwirksam, z. B. also die hypothekarische Belastung des Erbschaftsgrundstücks ohne Zustimmung des Nacherben, so kommt der § 2115 S. 1 zur Anwendung.

D. Die Haftung des befreiten Vorerben.

Die bisher bezgl. der Haftung des Vorerben erörterten Grundsätze gelten für den Normalfall, daß der Erblasser nicht Abweichungen bezgl. der Verfügungsmacht des Vorerben bestimmt hat. Der Erblasser hat es aber in der Hand, die Verfügungsmacht des Vorerben freier oder auch enger zu gestalten. Er kann den Vorerben von beinahe allen Beschränkungen und Verpflichtungen, die das Gesetz wegen des Rechtes des Nacherben festlegt, befreien. Dies macht er in der Weise, daß er es in der letztwilligen Verfügung ausdrücklich sagt; doch besteht diese Freiheit im Zweifel schon dann, wenn der Erblasser bestimmt, daß der Vorerbe zur freien Verfügung über die Erbschaft berechtigt sein soll (§ 2137). Endlich tritt diese Freiheit auch dann ein, wenn der Nacherbe auf dasjenige eingesetzt ist, was von der Erbschaft beim Eintritte der Nacherbfolge übrig sein wird. — Die Befreiung dient lediglich dem Vorerben selbst, nicht auch seinen Gläubigern; daher dürfen die letzteren auch dann, wenn dem Vorerben die denkbar weiteste Verfügungsgewalt hinsichtlich der Erbschaft eingeräumt ist, ebensowenig frei gegen die Erbschaft vorgehen, wie gegenüber einem nicht befreiten Vorerben. Dies geht aus dem § 2136 hervor, welcher bei der Aufzählung der eine Befreiung zulassenden Beschränkungen und Verpflichtungen des Vorerben den die Zwangsverfügungen normierenden § 2115 BGB. nicht erwähnt. Demnach ist eine Befreiung nur bezgl. der freiwilligen Verfügungen zulässig; bezgl. der Zwangsverfügungen hat es bei den allgemeinen Bestimmungen des § 2115 sein Bewenden, d. h. den Nachlaßgläubigern ist die Vollstreckung gestattet, den eigenen Gläubigern ist sie im allgemeinen verwehrt. Der befreite Vorerbe darf — abgesehen von der eine Befreiung nicht zulassenden Verfügung, die unentgeltlich oder zur Erfüllung eines Schenkungsversprechens des Vorerben vorgenommen wird — jede in den §§ 2113 und 2114 erwähnte freiwillige Verfügung unbeschränkt und ohne Rücksicht auf das Recht des Nacherben mit dauernder Wirkung gegen den letzteren vornehmen; es ist ihm erspart, in irgend einem Falle die Zustimmung des Nacherben zu erbitten. Auch die Verantwortlichkeit (§ 2130) des Vorerben zessiert; die Herausgabepflicht des Vorerben ist erschöpft mit der Hergabe dessen, was von der Erbschaft bei ihm noch vorhanden ist. Es ist auch gleichgültig, ob der Vorerbe zugunsten von Nachlaß- oder von eigenen Gläubigern verfügt hat. Nur in dem Falle, daß der Vorerbe die Erbschaft absichtlich zum Nachteile des Nacherben vermindert hat, ist er ihm zum Schadensersatze verpflichtet (§ 2138). Ein solcher Schadensfall wäre der, daß der Vorerbe eigene Verbindlichkeiten aus Mitteln der Erbschaft berichtigt hat, obwohl er imstande war, dazu eigene Mittel zu verwenden. Die Befreiung von Beschränkungen und Verpflichtungen erstreckt sich auch auf die sonst dem Nacherben eingeräumten Schutzmaßregeln, durch welche er den Vorerben zu einer ordnungsmäßigen Verwaltung zwingen kann. Nur die in den §§ 2121 (Recht des Nacherben, den Vorerben zur Inventarisierung der Erbschaft zu zwingen) und 2122 (Recht des Nacherben, auf eigene Kosten den Zustand der Erbschaftsgegenstände festzustellen) dem Nacherben gegebenen Befugnisse können diesem nicht durch eine Bestimmung des Testators genommen werden. Weiteres über die Befreiung siehe Meischeider: Die letztwilligen Verfügungen nach dem BGB. § 74 und Strohal Bd. I § 28 II. Hat der Erblasser die Verfügungsmacht des Vorerben zugunsten des Nacherben weiter wie nach den §§ 2113, 2114 eingeschränkt, so hat natürlich auch dies Bedeutung für den Umfang des Verfügungsrechts des Vorerben.

E. Haftung des Vorerben nach Beendigung der Vorerbschaft.

Nach § 2139 hört mit dem Eintritte des Falles der Nacherbfolge der Vorerbe auf, „Erbe" zu sein; er hat dem Nacherben die Erbschaft herauszugeben (§ 2130). Nach allgemeinen Grundsätzen muß mit der Erbeigenschaft auch die Haftung des Vorerben für Nachlaßverbindlichkeiten erlöschen und letztere mit der ersteren auf den Nacherben übergehen. Von diesem Grundsatze abweichend bestimmt der § 2145 zwei Fälle der Fortdauer der Haftung des Vorerben über die Zeit der Vorerbschaft hinaus, gleichzeitig gibt er ihm ein besonderes Mittel der Beschränkung der Haftung auf dasjenige, was ihm von der Erbschaft etwa jetzt noch gebührt. Die beiden Fälle sind im Absatz 1 des Paragraphen angegeben. Der Satz 1 statuiert die Fortdauer der Haftung des Vorerben für Nachlaßverbindlichkeiten „noch insoweit, als der Nacherbe nicht haftet". Es fragt sich nun, für welche Nachlaßverbindlichkeiten der Nacherbe nicht haftet. Grundsätzlich haftet er, sobald er Nacherbe wird, für alle Nachlaßverbindlichkeiten, die nicht lediglich den Vorerben beschweren. Die Nachlaßverbindlichkeiten belasten nämlich grundsätzlich den „Nachlaß", weshalb der letztere dem Nacherben gegenüber, der ihn jetzt ja besitzt, angreifbar ist. Dies gilt in gleicher Weise für vererbte Nachlaßverbindlichkeiten, wie für solche, die erst mit dem Erbfalle entstehen (§ 1967 Abs. 2). Der Erblasser hat es aber in der Hand, Anordnungen zu treffen, wonach eine Verbindlichkeit nur den Vorerben beschweren soll, und zwar gilt auch dies für vererbte Verbindlichkeiten wie für die erst mit dem Erbfalle entstehenden. Hinsichtlich der Wirkung einer solchen Anordnung macht es aber einen Unterschied, ob es sich um vererbte oder um erst mit dem Erbfalle entstehende Schulden handelt. Sollte der Erblasser lediglich den Vorerben mit einer vererbten Verbindlichkeit beschwert haben, so hat dies nur Bedeutung für das Verhältnis des Vor- zum Nacherben, d. h. der Vorerbe soll sie berichtigen; der Nacherbe, der sie etwa nach Eintritt der Nacherbfolge berichtigt hat, darf vom Vorerben Ersatz fordern. Im Verhältnis aber zum Gläubiger der betr. Verbindlichkeit entbehrt die Anordnung der Wirkung, d. h. der Gläubiger, der etwa den Vorerben z. B. der Vorerbschaft nicht in Anspruch genommen hat, darf nach Eintritt der Nacherbfolge den Nacherben in Anspruch nehmen, denn die Verbindlichkeit, die schon den Erblasser beschwert hatte, beschwert nach seinem Tode sein gesamtes Vermögen, das danach auch beim Nacherben, sofern es auf ihn übergegangen ist, angegriffen werden kann. Zum Teil anders ist es mit den erst mit dem Erbfalle entstehenden Nachlaßverbindlichkeiten. Gemeint sind Pflichtteil, Legat, Auflage (§ 1967 Abs. 2). Was zunächst den Pflichtteil anlangt, so gilt völlig dasselbe, was eben hinsichtlich der vererbten Verbindlichkeiten angeführt ist, denn gewissermaßen beschwert auch die Pflichtteilslast schon das Vermögen des Erblassers. Vergl. auch § 2324, wonach eine Anordnung des Erblassers des Inhaltes, daß der Pflichtteil nur von einem von mehreren Miterben erfüllt werden soll, nur interne Bedeutung hat. Siehe auch oben Seite 215. Sollte der Erblasser bezgl. eines Vermächtnisses oder einer Auflage nicht bestimmt haben, daß sie lediglich den Vorerben beschweren sollen, so beschweren auch diese Verbindlichkeiten den Nachlaß überhaupt und können, sofern sie nicht dem Vorerben gegenüber geltend gemacht wurden, nach Eintritt der Nacherbfolge gegen den Nacherben geltend gemacht werden. Sollte dagegen das Legat bezw. die Auflage lediglich dem Vorerben zur Last gelegt sein, so hat diese Anordnung Bedeutung auch im Verhältnisse der Erben zum Gläubiger der betr. Verbindlichkeit, d. h. der letztere kann nur den Vorerben in Anspruch nehmen, der Nacherbe ist auch nach Eintritt der Nacherbfolge nicht sein Schuldner. Hierbei ist nun zu erwähnen, daß, da lediglich der Vorerbe belastet ist, er die Verbindlichkeit nicht aus der Substanz des dem Nacherben gebührenden Nachlasses berichtigen darf, da sonst der Nacherbe den Nachlaß nur, vermindert um den Wert der Beschwerung, herausbekommen, diese letztere also letzten Endes doch allein tragen würde. Der Vorerbe muß sie aus dem, was *ihm* gebührt, also aus den Nutzungen der Erbschaft bezw. aus dem ihm nach dem Willen des Erblassers verbleibenden Nachlasse erfüllen. Der Satz 1 des § 2145 Abs. 1 hat auf die eben erwähnten, infolge der Anordnung des Erblassers lediglich den Vorerben auch im Verhältnis zum Gläubiger beschwerenden Verbindlichkeiten, also auf Legat und Auflage, Bezug; es trifft auf sie zu, daß der Nacherbe nicht haftet; es haftet der Vorerbe auch noch nach dem Eintritt der Nacherbfolge weiter, und zwar *nur* er. — Der Satz 1 des Paragraphen hat aber noch ein weiteres Anwendungsgebiet. Die Worte: „Der Vorerbe haftet soweit, als der Nacherbe nicht haftet", haben die Bedeutung einer subsidiären Haftung des Vorerben. In den Fällen, wo der Nacherbe in Anspruch genommen werden kann, wo er also haftet, soll die Haftung des Vorerben nicht mehr bestehen. Die Tatsache allein der Haftung des Nacherben befreit den Vorerben von der Verbindlichkeit. Es fragt sich nun, wann *keine* Haftung des Nacherben vorliegt. Der Nacherbe haftet grundsätzlich nach Eintritt der Nacherbfolge wie ein Erbe überhaupt: unbeschränkt aber beschränkbar. Beschränkt er die Haftung auf den Nachlaß, d. i. auf dasjenige, was er aus der Erbschaft erlangt, mit Einschluß der ihm gegen den Vorerben als solchen zustehenden Ansprüche (§ 2144 Abs. 1), so reicht seine Haftung, soweit als die Kräfte dieses Nachlasses und seine etwaigen Ersatzverpflichtungen nach § 1978 reichen. Darüber hinaus besteht sie nicht. Sollte nun eine Nachlaßverbindlichkeit aus diesem Nachlasse überhaupt nicht oder nicht in voller Höhe befriedigt werden können, so haftet insoweit der Vorerbe weiter und zwar grundsätzlich gleichfalls unbeschränkt aber beschränkbar auf den Nachlaß, d. i. jetzt auf dasjenige, was ihm jetzt noch davon gebührt. Die Situation kann nun hier, wie folgt, verschieden sein: Haftet der Nacherbe und auch der Vorerbe beschränkbar, so gilt das eben Gesagte; der Gläubiger hat sich zunächst an den Nacherben zu halten und, soweit im oben erörterten Sinne die Haftung des Nacherben nicht besteht, darf auch der Vorerbe in Anspruch genommen werden. Daß dies der Fall ist, ergibt sich aus der Tatsache, daß er zunächst ja noch unbeschränkt haftet, wie wenn er noch Erbe wäre. Haften beide unbeschränkbar, so ist gleichfalls zunächst der Nacherbe in Anspruch zu nehmen, auch muß der Gläubiger den Versuch machen, sich aus seinem gesamten Vermögen zu befriedigen. Auch wenn ihm dies nicht gelingt, entfällt nicht die „Haftung" des Nacherben. Trotzdem kann der Gläubiger auch den Vorerben wenigstens wegen des ihm aus der Erbschaft Gebührenden belangen, denn es würde dem Haftungsprinzip des BGB. widersprechen, wenn ein Erbe auf Kosten eines Nachlaßgläubigers etwas, was ihm aus dem Nachlaß zugeflossen ist, sollte behalten dürfen. Siehe auch Strohal Bd. II S. 321 c. Planck zu § 2145 Anm. 1 a. E. ist der Ansicht, daß der Vorerbe insoweit sogar principal hafte. Haftet der Nacherbe allgemein unbeschränkbar, hatte der Vorerbe aber die Beschränkungsmöglichkeit während der Vorerbschaft nicht verloren, so gilt das eben Dargelegte auch hier. Haftet endlich der Nacherbe noch beschränkbar, hatte aber der Vorerbe die Beschränkungsmöglichkeit verloren, so haftet nach Anwendung einer Beschränkung der Nacherbe nur mit dem Nachlasse, und es kann der nicht befriedigte Nachlaßgläubiger gegen den Vorerben in dessen Gesamtvermögen vorgehen; daß der letztere hier die Haftung nicht auf dasjenige beschränken kann, was ihm von der Erbschaft gebührt, beruht auf § 2145 Abs. 2.

Der Satz 2 des Abs. 1 § 2145 beschäftigt sich mit den oben schon erwähnten, den gesamten Nachlaß belastenden Verbindlichkeiten. Sollte der Erblasser angeordnet haben, daß sie nur den Vorerben beschweren, so hindert dies, wie erwähnt, die Gläubiger der betr. Verbindlichkeiten nicht, gegen den Nacherben vorzugehen, wenn die Nacherbfolge eingetreten ist. Zu den vom Satz 2 getroffenen Verbindlichkeiten gehören auch diejenigen Verbindlichkeiten, welche der Vorerbe in der Zeit der Vorerbschaft als Lasten des Nachlasses zu tragen verpflichtet war, aber nicht berichtigt hat, z. B. Zinsen einer Nachlaßverbindlichkeit (§ 103 BGB.). Der Satz 2 des Paragraphen bestimmt als etwas neues, daß trotz des Eintritts der Nacherbfolge hier auch noch der beschwerte Vorerbe in Anspruch genommen werden kann. Der Gläubiger hat die Wahl, ob er den Nacherben oder den Vorerben belangen will. Nach diesen Ausführungen ist die Inanspruchnahme des Vor- und Nacherben nach dem Eintritte der Nacherbfolge sowohl nach Satz 1 wie nach Satz 2 des Abs. 1 des Paragraphen möglich. Die Haftung beider ist nach Satz 2 stets gesamtschuldnerisch, nach Satz 1 ist sie nur soweit gesamtschuldnerisch, als nicht der Nacherbe primär haftet.

Auch die fortdauernde Haftung des Vorerben ist grundsätzlich eine unbeschränkte (§ 1967), sie ist aber beschränkbar, wenn nicht der Vorerbe das Recht der Haftungsbeschränkung allgemein oder im Verhältnisse zu dem gerade andrängenden Nachlaßgläubiger eingebüßt hat (§ 2006 BGB., § 780 ZPO.). Was nun die Beschränkungsmittel anlangt, so ist es klar, daß der Vorerbe nicht die sonst einem Erben gegebenen anwenden kann, denn der Vorerbe ist in diesem Stadium gar nicht mehr Erbe. Der hieraus für den Vorerben sich ergebenden Gefahr der Fortdauer einer u n beschränkten Haftung steuert die Bestimmung des Abs. 2 des § 2145 in der Weise, daß sie dem Vorerben, sofern er noch mit dem Rechte der Beschränkung haftet, ein besonderes Beschränkungsmittel entsprechend dem der Unzulänglichkeitseinrede nach § 1990 ff. verleiht. Danach darf er die Berichtigung der Nachlaßverbindlichkeit insoweit verweigern, als dasjenige nicht ausreicht, was ihm von der Erbschaft gebührt; hierbei finden die Vorschriften der §§ 1990, 1991 entsprechende Anwendung. Die Anwendung der letztgenannten Vorschriften ist nur bei einer im Sinne des § 1990 unzulänglichen Erbschaft möglich. Während aber hierbei sonst vorausgesetzt ist, daß eine Nachlaßverwaltung oder ein Nachlaßkonkurs wegen Mangels einer den Kosten dieser Verfahren entsprechenden Masse untunlich sind, hat die Einrede des Vorerben auf Grund des § 2145 Abs. 2 die angeführten Voraussetzungen nicht. Ob Nachlaßverwaltung bezw. Nachlaßkonkurs mit Rücksicht auf die Kostenfrage untunlich wären, ist hier nicht entscheidend, denn der Vorerbe wäre mangels der — erloschenen — Erbeneigenschaft nicht in der Lage, diese Verfahren zu beantragen. Es kommt hier vielmehr nur auf die Tatsache an, daß dasjenige, was dem Vorerben von der Erbschaft gebührt, nicht zur Berichtigung der Nachlaßverbindlichkeiten ausreicht. Ob dies der Fall ist oder nicht, der Vorerbe kann sich in derselben Weise verteidigen, wie dies für einen auf Grund der §§ 1990, 1991 die Unzulänglichkeit einer Erbschaft einwendenden Erben vorgeschrieben ist, er kann also die Verbindlichkeit durch Duldung der Zwangsvollstreckung in Nachlaßsachen tilgen. Das dem Vorerben im Abs. 2 gegebene Recht der Beschränkung ist von ihm als Einrede geltend zu machen, da sonst unbeschränkte Haftung bestehen würde; der Abs. 2 sagt deshalb auch nur, daß der Vorerbe verweigern „kann". — Der Vorerbe darf die Haftung auf dasjenige beschränken, was ihm von der Erbschaft gebührt. Sie beschränkt sich also, wie immer, auf einen Nachlaß, und zwar auf denjenigen, der jetzt noch dem Vorerben gehört. Die Erbschaft wird mit dem Eintritte der Nacherbfolge an den Nacherben herausgegeben, sie gelangt in das Eigentum des Nacherben kraft Gesetzes, also ohne einen auf die Übertragung abzielenden Akt des Vorerben. Dem Vorerben gebührt von der Substanz der Erbschaft an sich nichts. Zurückbehalten, als dem Nacherben nicht gebührend, kann er nur die Nutzungen der Erbschaft, soweit sie in die Zeit der Vorerbschaft fallen, und von der Substanz nur dasjenige, was ihm nach der Bestimmung des Erblassers dauernd verbleiben soll. Lediglich dies ist es, worauf er seine Haftung beschränken darf. Ersatzansprüche des Vorerben wegen Verwendungen auf die Erbschaft (§ 2124 Abs. 2) gegenüber dem Nacherben gebühren dem Vorerben nicht „von der Erbschaft", sondern persönlich; die Nachlaßgläubiger können diese Ansprüche also nicht durch Pfändung und Überweisung an sich bringen, wenn der Vorerbe die Haftung nach Maßgabe des Abs. 2 beschränkt. Dagegen stehen ihnen Ansprüche auf Ersatz aus den §§ 1978, 1979 dann zu, wenn der Vorerbe die Erbschaft schlecht verwaltet und dadurch zu ihrem Schaden vermindert, z. B. zu wenig Früchte gezogen hatte. Der Vorerbe hat nicht nur die Verwaltung des ihm dauernd gebührenden Nachlasses zu vertreten, er trägt auch die Verantwortung für seine in die Zeit der Vorerbschaft fallende Verwaltung des übrigen nunmehr an den Nacherben herausgegebenen Nachlasses. Die auf §§ 1978, 1979 basierenden Ansprüche haben sonst zur Voraussetzung, daß Nachlaßverwaltung oder Nachlaßkonkurs eröffnet sind, bezw. daß die Anordnung dieser Verfahren im Sinne des § 1990 untunlich ist, auch können diese Ansprüche im ersteren Falle nur vom Nachlaßverwalter bezw. Nachlaßkonkursverwalter, im letzteren

Falle von den Gläubigern selbst erhoben werden. Bei Anwendung der Beschränkung nach Abs. 2 des § 2145 können diese Ansprüche ohne weiteres von den Gläubigern erhoben werden, da die §§ 1990 ff. für entsprechend anwendbar erklärt sind (siehe insbesondere § 1991 Abs. 1). — Bezgl. der übrigen Gläubiger, denen der Vorerbe jetzt nicht mehr haftet, ist die Situation folgende: Die betr. Nachlaßgläubiger halten sich naturgemäß an den Nacherben, von welchem sie entweder ohne weiteres oder aber auf dem Umwege eines Liquidationsverfahrens (Nachlaßverwaltung, Nachlaßkonkurs) befriedigt werden. Reicht der vorhandene Nachlaß nicht zur Berichtigung der Nachlaßverbindlichkeiten aus, so wird natürlich auf Ersatzansprüche zurückgegriffen, die etwa durch die Verwaltung des N a ch erben für den Nachlaß erwachsen sind; diese Ansprüche erhebt der Nachlaßverwalter bezw. der Nachlaßkonkursverwalter bezw. der Nachlaßgläubiger selbst. War der Nachlaß durch ordnungswidrige Maßnahmen des V o r erben verringert, so bestehen daraus Ansprüche auf Ersatz auch gegen ihn; auch diese sind seitens der betr. Funktionäre bezw. der Nachlaßgläubiger selbst geltend zu machen. Danach kann es also geschehen, daß sowohl diejenigen Nachlaßgläubiger, denen der Vorerbe jetzt noch nach § 2145 haftet, wie auch alle übrigen Nachlaßgläubiger Ansprüche auf Grund der §§ 1978 ff. gegen den Vorerben erheben.

Der Vorerbe, der auf Erfüllung der ihn jetzt noch belastenden Nachlaßverbindlichkeiten im Wege des Prozesses in Anspruch genommen wird, muß zur Wahrung seiner Beschränkung den Vorbehalt nach Maßgabe des § 780 ZPO. erwirken, da er andernfalls dem Kläger (Gläubiger) unbeschränkbar haftet. Er darf aber auch sofort den ihm noch gebührenden Nachlaß offen legen und dadurch seine Haftung von Anfang an definitiv beschränken, Verurteilung zur Leistung bloß aus dem Nachlasse herbeiführen. Haftet der Vorerbe überhaupt unbeschränkbar, so kann er, wie erwähnt, die Haftung nicht nach Maßgabe des § 2145 Abs. 2 beschränken.

Was das Verhältnis des Nacherben, der eine im Innenverhältnis lediglich den Vorerben beschwerende Nachlaßverbindlichkeit zu erfüllen gezwungen wurde, zum Vorerben anlangt, so steht dem ersteren eine Ersatzforderung gegen den letzteren zu. Da beim Vorerben die Erfüllung nur aus demjenigen hätte erfolgen müssen, was allein dem Vorerben gehörte, haftet der Vorerbe ihm nur auf den Nachlaß beschränkbar. Auch wenn der Nacherbe unbeschränkbar haftet, sind für seine Regreßansprüche gegen den Vorerben dieselben Grundsätze anwendbar, d. h. der Vorerbe darf auch nicht auf Kosten des unbeschränkbar haftenden Nacherben etwas vom Nachlasse für sich behalten, wenn die Berichtigung der Verbindlichkeit an sich ihm obliegt. — Daß der Nacherbe vom Vorerben Liberierung von einer der vom Satz 2 des § 2145 betroffenen Nachlaßverbindlichkeit, z. B. von einem Zinsrückstand, fordern kann, bedarf keiner Ausführung.

Der § 2145 handelt nur von der Haftung des Vorerben gegenüber N a ch l a ß - gläubigern. Die Verwendung desjenigen, was von der Erbschaft dem Vorerben etwa noch gebührt, zu Zwecken der Berichtigung eigener Vorerbenverbindlichkeiten, interessiert jetzt nicht mehr, denn, was dem Vorerben von der Erbschaft gebührt, gehört dauernd ihm und kann von ihm beliebig verwendet werden. Die Nachlaßgläubiger haben kein Mittel, ihm diesen Rest im Interesse einer nur für sie bestimmten Befriedigung aus den Händen zu nehmen, um ihn etwa zum Objekte einer Nachlaßverwaltung oder eines

Nachlaßkonkurses zu machen. Dagegen haben sie Ersatzansprüche nach § 1978, wenn der Vorerbe sich durch Verwendung des ihm gebührenden Nachlasses auf Kosten der Nachlaßgläubiger, denen er noch haftet, von eigenen Verbindlichkeiten befreit hat.

Die Bestimmung des § 2145 hat nicht Bezug auf die Haftung des Vorerben gegenüber dem Nacherben aus der Verwaltung der Vorerbschaft nach § 2130, denn die aus dieser Verwaltung etwa entstandenen Verbindlichkeiten des Vorerben sind keine Nachlaßverbindlichkeiten. Im Einzelfalle ist es jedoch denkbar, daß der Nacherbe gleichzeitig einer der im § 2145 Abs. 1 erwähnten Nachlaßgläubiger ist; alsdann finden auch auf dieses Verhältnis die Bestimmungen des § 2145 Anwendung.

F. Der Vorerbe als Nachlaßgläubiger.

Der Vorerbe kann, wie jeder andere Erbe, zugleich Nachlaßgläubiger sein. Hatte er gegen den Erblasser Ansprüche, so gehen sie mit der Verschmelzung, welche bei der Erbschaftsannahme statt hat, unter; er kann sie für die Dauer der Vorerbschaft nicht geltend machen. Erst wenn er ein Mittel der Haftungsbeschränkung, also Unzulänglichkeitseinrede anwendet oder Nachlaßverwaltung oder Nachlaßkonkurs beantragt, bezw. wenn diese letzteren Verfahren auf Antrag Dritter eröffnet werden, leben die Ansprüche zugleich mit der Scheidung des Nachlasses vom sonstigen Vermögen wieder auf (§ 1976) und können gegenüber dem Nachlasse verfolgt werden (§ 225 Abs. 1 KO.). Gegenüber diesem Verfahren kann der Vorerbe alsdann auch die ihm auf Grund der §§ 1978, 1979 wegen seiner Verwendungen zustehenden Ersatzansprüche zur Geltung bringen und zwar — beim Nachlaßkonkurse — als Masseschulden gemäß § 224 Nr. 1 KO. Ein Zurückbehaltungsrecht steht ihm beim Nachlaßkonkurse nicht zu (§ 223 KO.). Die Bestimmungen des § 225 Abs. 2 und 3 KO. über die Rechte des Erben, welcher Nachlaßverbindlichkeiten berichtigt hatte, finden auf ihn volle Anwendung. Es gelten demnach hier überall die allgemeinen Regeln.

Von besonderem Interesse ist aber die Stellung des Vorerben als Nachlaßgläubigers gegenüber dem Nacherben. Die Ansprüche, welche der Vorerbe gegen den Erblasser hatte und die für die Dauer der Vorerbschaft an sich nicht geltend gemacht werden können, leben mit dem Eintritte der Nacherbfolge wieder auf (§ 2143) und können gegen den Nacherben als den nunmehrigen Schuldner verfolgt werden. Der Vorerbe ist hier Nachlaßgläubiger wie jeder andere, besondere Rechte kommen ihm nicht zu; er hat ein Zurückbehaltungsrecht. Ersatzansprüche wegen Aufwendungen, die er auf die Erbschaft gemacht hatte, stehen ihm nach Maßgabe des § 2125 BGB. gegen den Nacherben zu; auch hat er das Zurückbehaltungsrecht. Hat der Vorerbe Nachlaßverbindlichkeiten aus eigenen Mitteln berichtigt, so hat er einen Ersatzanspruch gegen den Nacherben. Bedient sich der Nacherbe der Nachlaßverwaltung, um seine Haftung auf den Nachlaß zu beschränken, so stehen die Ansprüche dem Vorerben dennoch zu; er macht sie gegenüber dem Nachlaßverwalter geltend. Auf den Fall der Berichtigung von Nachlaßverbindlichkeiten findet hier auch der § 1979 Anwendung. Der Vorerbe darf auch die ihm aus der Verwaltung der Erbschaft erwachsenen Ansprüche gegen den Nachlaßverwalter des Nacherben geltend machen (§ 1978 Abs. 3).

Eine besondere Erwähnung haben im Gesetze die aus den §§ 1978, 1979 dem Vorerben gegen den Nachlaß zustehenden Ersatzansprüche für den Fall des Nachlaßkonkurses des Nacherben erfahren (§ 231 KO.). Das Gesetz beläßt es ausdrücklich bei den auch sonst dem Nachlaßkonkurse gegenüber bestehenden allgemeinen Regeln, also bei dem Verbote der Zurückbehaltung von Nachlaßsachen wegen der betr. Ansprüche (§ 223 KO.), ferner bei der Eigenschaft der betr. Forderungen als Masseforderungen (§ 224 Nr. 1) und endlich bei den dem Erben (Vorerben) im § 225 Abs. 2 und 3 KO. gegebenen Rechten. Der § 231 KO. begreift zwei Fälle des Nachlaßkonkurses des Nacherben in sich, nämlich sowohl den Fall, wo der Nachlaßkonkurs gegenüber dem Vorerben eröffnet ist, die Nacherbfolge aber noch während der Schwebe des Konkursverfahrens eintritt, wie auch den Fall, wo der Nachlaßkonkurs erst dem Nacherben gegenüber eröffnet wird. Beide Fälle werden in gleicher Weise normiert; der Vorerbe hat gegenüber der Nachlaßkonkursmasse des Nacherben wegen der betr. Ansprüche kein Retentionsrecht; er hat eine Masseforderung; er tritt evtl. an die Stelle eines vom ihm auf eigenes Risiko befriedigten Nachlaßgläubigers, und dies obwohl er nach dem Eintritte der Nacherbfolge nicht mehr Erbe und auch nicht mehr Gemeinschuldner ist. Der Vorerbe ist Gemeinschuldner im Nachlaßkonkurse nur so lange, als er Erbe ist. Da mit dem Eintritt der Nacherbfolge seine Erbeneigenschaft aufhört und auf den Nacherben übergeht, hört er auch auf, Gemeinschuldner zu sein, wird dies vielmehr der Nacherbe. — Daß im § 231 KO. nicht auch der § 225 Abs. 1 KO. erwähnt ist, hat seinen Grund darin, daß dem Vorerben die ihm gegen den Erblasser zustehenden Ansprüche schon auf Grund des § 2143 BGB. gegenüber dem Nacherben bezw. evtl. dessen Nachlaßkonkursmasse zustehen. — Siehe darüber, daß der Nacherbe dem Vorerben nur mit dem Nachlaß haftet, weiter unten bei der Erörterung über § 2144 Abs. 3, Seite 368.

G. Das Übergangsstadium zur Nacherbschaft (§§ 2146, 2140 BGB.).

§ 2146.

Mit dem Eintritte des Falles der Nacherbfolge findet ein Übergang des Eigentums der Erbschaft auf den Nacherben statt. Dieser Augenblick ist für den Nachlaßgläubiger insofern wichtig, als im Prinzip von nun ab der Nacherbe für die Nachlaßverbindlichkeiten haftet. Klagen können nunmehr nur gegen den Nacherben angestrengt, Vollstreckungen nur auf Grund der gegen den Nacherben gerichteten (evtl. also umgeschriebenen) Vollstreckungsklausel gegen den Nacherben betrieben werden. Aus diesem Grunde haben die Gläubiger ein großes Interesse, ohne Verzug, welcher ihnen bei einem unzuverlässigen Nacherben übrigens Schaden bringen könnte, den Eintritt der Nacherbfolge zu erfahren. Diesem Bedürfnis kommt der § 2146 dadurch entgegen, daß er den Vorerben verpflichtet, den Eintritt der Nacherbfolge ohne Säumen dem Nachlaßgerichte (nicht aber den Nachlaßgläubigern!) anzuzeigen. Von der Anzeige wird den Nachlaßgläubigern auf Anfrage Kenntnis gegeben; auch hat jeder Nachlaßgläubiger, der ein rechtliches Interesse glaubhaft macht, das Recht, in die Anzeige Einsicht zu nehmen. Siehe §§ 19, 20 FGG. über das Beschwerderecht bei Ablehnung. Ein rechtliches Interesse hat der noch nicht befriedigte Nachlaßgläubiger stets. — Die Anzeige braucht nicht den Namen des bezw. der Nacherben zu enthalten, weil der Vorerbe unter Umständen den

Nacherben gar nicht kennt; der Erblasser ist, wie oben angedeutet, nicht gezwungen, den Nacherben zu bezeichnen (§ 2104). Die Anzeige muß aber die Nachricht von dem Eintritte der Nacherbfolge enthalten. So lange der Vorerbe die Nacherben noch nicht kennt — als solche können z. B. die gesetzlichen Erben des Erblassers in Betracht kommen —, darf er (aber muß er nicht) die Erbschaft in Verwahrung behalten und ist alsdann nur Verwalter einer fremden Sache. Im Falle der Gefahr können die Nachlaßgläubiger Sicherung der Erbschaft gemäß § 1960 veranlassen. — Die Verletzung der Anzeigepflicht hat für den Vorerben Nachteile im Gefolge. Da der § 2146 den Schutz der Nachlaßgläubiger bezweckt, ist eine Schadensforderung derselben auf § 823 Abs. 2 BGB.: „Verstoß gegen ein den Schutz eines anderen bezweckenden Gesetzes" zu stützen. — Auch der Nacherbe darf dem Nachlaßgericht die Anzeige machen; verpflichtet ist er dazu nicht. Seine Anzeige ersetzt aber die des Vorerben, weshalb in diesem Falle der Vorerbe weder die Anzeige zu machen gezwungen ist noch bei Unterlassung derselben einen Schaden der Nachlaßgläubiger zu ersetzen hat.

§ 2140.

Aus der Bestimmung des § 2139, wonach der Vorerbe mit dem Eintritte des Falles der Nacherbfolge aufhört, Erbe zu sein, muß gefolgert werden, daß der Vorerbe mit diesem Augenblicke aufhöre, Verfügungsgewalt über die Erbschaft, also z. B. auch das Recht zu haben, eine Nachlaßverbindlichkeit zu erfüllen. Es kann nun der Fall so liegen, daß der Vorerbe und auch Dritte, die seine Verfügung entgegennehmen bezw. deren Leistung er annimmt, ohne Verschulden von dem Eintritte der Nacherbfolge keine Kenntnis haben. Würde diese Unkenntnis keine Entschuldigung für den Vorerben und Dritten abgeben können, so würden alle nach dem Eintritte der Nacherbfolge vorgenommenen Verfügungen des Vorerben bezw. Leistungen des Dritten, als solche eines Unbefugten, ohne weiteres unwirksam sein. Der Vorerbe würde dem Nacherben wegen Verbringens von Erbschaftsgegenständen, und dem Dritten wegen der vom Nacherben geltend gemachten Unwirksamkeit verantwortlich sein. Das Gesetz trägt diesen möglichen Unzuträglichkeiten Rechnung und bestimmt im § 2140, daß die in schuldloser Unkenntnis von dem Eintritte der Nacherbfolge seitens des Vorerben mit einem ebenso schuldlosen Dritten vorgenommenen Verfügungen in demselben Umfange wirksam bleiben, wie wenn sie vor dem Eintritt der Nacherbfolge vorgenommen wären.

Der § 2140 gibt in mehrfacher Beziehung zu Bedenken Veranlassung. Zunächst ist schon die Ausdrucksweise, wonach der Vorerbe zur nachträglichen Verfügung „berechtigt" sei, befremdlich. Denn der Vorerbe ist in Wahrheit nicht mehr berechtigt, nur wird mit Rücksicht auf seine schuldlose Unkenntnis von dem Erlöschen seiner Berechtigung seinen Verfügungen Wirksamkeit wie zur Zeit bestehender Berechtigung zugestanden. Sodann ist auch der Zweck der Bestimmung nicht streng gewahrt. Der Paragraph will im Interesse des Verkehrs vor allem den Dritten, dem gegenüber der Vorerbe verfügt bezw. der an den Vorerben leistet, davor schützen, daß der Nacherbe die Unwirksamkeit der Verfügung geltend mache. Das Gesetz schützt den Dritten aber nur dann, wenn sowohl er wie auch der Vorerbe in schuldloser Unkenntnis von dem Eintritte des Falles der Nacherbfolge sind. Es ist nicht ersichtlich, warum es nicht zum Schutze des Dritten genügt, daß nur er sich in schuldloser Unkenntnis befindet; der schuldlose Dritte ist schutzbedürftig, gleichviel ob der Vorerbe an der Unkenntnis schuld hat oder nicht bezw. ob er Kenntnis hat oder nicht. Strohal Bd. I § 28 a Anm. 8 und Planck zu § 2140 Anm. 2 vertreten die Ansicht, daß der in schuldloser Unkenntnis befindliche Dritte unter Umständen durch die Vorschriften zugunsten derjenigen, welche Rechte von einem Nichtberechtigten herleiten, geschützt seien. Der § 2140 rechtfertigt dies allerdings nicht.

Der § 2140 behandelt bloß die „Verfügungen", nicht auch obligatorische Rechtsgeschäfte. Es kommt daher nicht darauf an, ob die Kontrahenten zur Zeit des Abschlusses eines Rechtsgeschäfts in schuldloser Unkenntnis von dem Eintritte der Nacherbfolge waren, sondern ob sie es z. Z. der darauf folgenden Verfügung waren.

Der § 2140 begrenzt die Wirksamkeit dieser nachträglichen Verfügungen, indem er sagt, der Vorerbe sei „in gleichem Umfange wie vorher" zur Verfügung berechtigt. Damit soll gesagt sein, daß nicht etwa absolute Verfügungsfreiheit des Vorerben in diesem Stadium bestehe; daß vielmehr die Verfügungen wie z. Z. der Vorerbschaft nach den Bestimmungen der §§ 2112—2115 beurteilt werden sollen. Daß auch die Zwangsverfügungen (§ 2115) unter die Bestimmung des § 2140 fallen, obwohl sie doch Verfügungen Dritter sind, folgt aus der Tatsache, daß auch diese Verfügungen als solche des Vorerben bei den Grundsätzen über die Verfügungsmacht des Vorerben selbst behandelt werden. Es sind danach auch hier die freiwilligen Verfügungen von den Zwangsverfügungen zu unterscheiden, sie alle sind im übrigen wirksam bezw. unwirksam nach den erwähnten allgemeinen Grundsätzen. Was die freiwilligen Verfügungen anlangt, so ist zu bemerken: Handelt es sich um solche, die nach §§ 2112—2114 wirksam sind, so bleiben sie es auch über die den Beteiligten später gewordene Kenntnis von der bereits z. Z. der Verfügung eingetreten gewesenen Nacherbfolge hinaus, gleichsam als ob z. Z. der Verfügung die Vorerbschaft noch bestanden hätte. Schwieriger gestaltet sich die Beurteilung der nach §§ 2112—2114 unwirksamen Verfügungen, und zwar deshalb, weil diese nicht a limine unwirksam sind, sondern es erst, und zwar ipso iure, mit dem Eintritte der Nacherbfolge werden. Es hat nichts Besonderes an sich, daß eine Verfügung des Vorerben, die nach §§ 2112 ff. wirksam bleibt, auch dann für wirksam bleibend erklärt wird, wenn sie ein mit dem Eintritte der Nacherbfolge schuldlos unbekannt gebliebener Vorerbe in dieser Zeit vorgenommen hat; die Berechtigung ist eben nur ausgedehnt. Dagegen wäre es etwas Besonderes, wenn wegen dieser schuldlosen Unkenntnis eine Verfügung, die durch den Eintritt der Nacherbfolge ipso iure unwirksam wird, zunächst wirksam wäre, obwohl sie sogar im Stadium der Nacherbschaft vorgenommen wird. Da sie — die anfängliche Wirksamkeit vorausgesetzt — nicht mehr mit dem Eintritte der Nacherbfolge unwirksam werden kann, eben weil die Nacherbfolge schon besteht, so müßte sie es jedenfalls mit der auch nur einem der Beteiligten gewordenen Kenntnis von der wahren Sachlage werden. Das geht aber nicht an. Der § 2140 will nicht dem Momente, wo die wahre Sachlage bekannt wird, eine Bedeutung geben, sondern — im Interesse des Dritten und des Vorerben — demjenigen, wo die Verfügung vorgenommen wird; die spätere Kenntnis ist ohne Einfluß. Wo die Verfügung ohnehin unwirksam wird, bedarf es keines Schutzes für die erwähnten Personen. Danach kann auf die an sich unwirksamen Verfügungen der § 2140 nur dann Anwendung finden, wenn sie wirksam bleiben. Dies ist nach § 2113 Abs. 3 dann der Fall, wenn auf sie die zum Schutze Dritter, welche Rechte von einem Nichtberechtigten herleiten, gegebenen Vorschriften Anwendung finden. Soweit danach die an sich unwirksam werdenden Verfügungen des Vorerben gegenüber einem gutgläubigen Dritten vorgenommen sind, sind sie, auch wenn bereits Nacherbfolge besteht, dauernd wirksam, wie wenn sie vorher vorgenommen wären. Bezgl. beweglicher Sachen kommt hier nur das hier nicht interessierende Schenken in Betracht (§ 2113 Abs. 2), im übrigen aber jede Verfügung bezgl. der Grundstücke und der Rechte an Grundstücken (abgesehen von der Kündigung § 2114). Der gute Glaube ist beim r e d l i c h e n Dritten vorhanden, wenn er sich — sofern eine unbewegliche Sache oder ein Recht an einer solchen Gegenstand der Verfügung war — auf den öffentlichen Glauben des Grundbuchs berufen kann. Der § 2140 wirkt hier aber insofern, als er erfordert, daß beim Vorerben oder dem Dritten eine unentschuldbare Unkenntnis vom Eintritte der Nacherbfolge nicht vorliegen darf. Es wird demnach für den Schutz des Dritten bezgl. der an unbeweglichen Sachen oder an Rechten daran in der Zeit nach Eintritt der Nacherbfolge vorgenommenen Verfügungen des Vorerben erfordert, daß Vorerbe und Dritte in schuldloser Unkenntnis von dem Eintritte der Nacherbfolge sind und daß dem redlichen Dritten auch der öffentliche Glaube des Grundbuchs zur Seite steht. Die Situation ist alsdann dieselbe, wie wenn die Nacherbfolge in Wahrheit noch nicht eingetreten wäre.

Was die im § 2115 erwähnten Verfügungen Dritter im Wege der Zwangsvollstreckung usw. anlangt, so ist für die Anwendung des § 2140 folgendes zu bemerken: Nach dem Eintritte der Nacherbfolge darf der Nachlaßgläubiger nur gegen den Nacherben vollstrecken (soweit nicht etwa der Vorerbe aus besonderen Gründen verhaftet bleibt); er bedarf dazu einer auf den Nacherben umgestellten Vollstreckungsklausel. Vollstreckt er, weil von dem Eintritte der Nacherbfolge weder er noch der Vorerbe im Sinne des Paragraphen etwas wissen, mit der noch gegen den Vorerben gerichteten Klausel gegen diesen letzteren in Erbschaftsgegenstände, so kann der Nacherbe wegen des § 2140 keine Unwirksamkeit der in diesem Stadium der Unkenntnis geschehenen Pfändung oder Versteigerung geltend machen. Sowohl der Vorerbe wie der Nachlaßgläubiger sind geschützt. Die Verfügung ist ebenso wirksam, wie wenn in Wahrheit noch der Zustand der Vorerbschaft bestände. Weiß dagegen auch nur einer von beiden, daß bereits Nacherbfolge eingetreten, daß also der Nacherbe Eigentümer der Nachlaßsachen geworden ist, bezw. ist die Unkenntnis nicht entschuldbar, so darf der Nacherbe den Fehler bezgl. der Vollstreckungsklausel rügen und Aufhebung der Pfändung, evtl. Schadensersatz geltend machen. — Bezgl. der Vollstreckung seitens eigener Gläubiger ist für die Anwendung des § 2140 anzuführen: An sich darf, wie oben (Seite 358 ff.) bemerkt ist, auch der eigene Vorerbengläubiger beim Vorerben in Erbschaftsgegenstände pfänden. Diese Verfügung bleibt bis zum Eintritte der Nacherbfolge wirksam, nur darf der Nacherbe, ohne erst den Eintritt der Nacherbfolge abwarten zu müssen, gemäß § 773 ZPO. die Versteigerung (Überweisung) verhindern. Die Anwendung des § 2140 würde hier ergeben, daß die Pfändung in Nachlaßgegenstände zunächst wirksam wäre, auch wenn sie nach Beendigung der Vorerbschaft erfolgt. Diese Folgerung ist aber nicht angängig, weil die Pfändung in jedem Falle mit dem Eintritte der Nacherbfolge unwirksam werden würde, also ohne weiteres unwirksam sein muß, wenn die Nacherbfolge bereits eingetreten ist. Ein Schutz Dritter ist hier nicht — wie bezgl. der freiwilligen, an sich unwirksamen Verfügungen — normiert. Der Nacherbe kann demnach die Vollstreckung als unzulässig sofort zur Aufhebung bringen, ohne daß die schuldlose Unkenntnis des Vorerben oder seines Gläubigers dabei in Betracht kommt. Wird der gepfändete Gegenstand vom Vorerbengläubiger versteigert, so muß letzterer den Schaden ersetzen, wenn er die Zugehörigkeit des Gegenstandes zur Erbschaft kannte, andernfalls die Bereicherung herausgeben. Der Erwerber ist durch die allgemeinen Grundsätze vom Schutze Dritter geschützt.

II. Der Nacherbe.

A. Einführung.

Nacherbe ist derjenige, der vom Erblasser in der Weise zum Erben eingesetzt ist, daß er erst Erbe wird, nachdem zunächst ein anderer Erbe geworden ist (§ 2100). Er wird Erbe erst mit dem Eintritte des Falles der Nacherbfolge; mit diesem Falle findet auch der Anfall der Erbschaft an ihn statt und hört die Erbeneigenschaft des Vorerben auf (§ 2139). Der Übergang der Erbschaft vom Vor- auf den Nacherben geschieht von Gesetzeswegen, es bedarf keines Übertragungsaktes. Welches „der Fall der Nacherbfolge" ist, d. h. welches Ereignis die Ablösung des Vor- durch den Nacherben begründen soll, beruht auf der Anordnung des Erblassers.

Der Nacherbe ist, wie sich aus § 2100 ergibt, Erbe. Er hat vor dem Eintritte des Falles der Nacherbfolge weder die Rechte noch die Pflichten eines Erben. Die §§ 2112 ff. statuieren lediglich einen weitgehenden Schutz zur Erhaltung der Erbschaft für ihn mit Rücksicht auf die Tatsache, daß er schließlich Erbe werden wird. Den gleichen Schutz begründet auch § 773 ZPO. und § 128 KO., welche beide die Veräußerung eines zur Erbschaft gehörenden Gegenstandes im Wege der Zwangsvollstreckung für die Dauer der Vorerbschaft verbieten, wenn sie dem Rechte des Nacherben nachteilig sein würde. Siehe hierüber Seite 349 ff. Dagegen hat der Nacherbe vor dem Eintritt der Nacherbfolge keinen Anspruch auf Herausgabe auch nur eines einzigen Erbschaftsgegenstandes; höchstens darf — unter besonderen Umständen — er Abgabe der Verwaltung an einen Verwalter verlangen (§§ 2128, 1052). Der Anspruch auf Herausgabe entsteht erst mit dem Eintritte des Falles der Nacherbfolge, denn erst in diesem Zeitpunkte fällt dem Nacherben die Erbschaft an (§ 2130). Der Anspruch auf Herausgabe ist nicht davon abhängig, daß der Nacherbe die Erbschaft annimmt, auch ist die Geltendmachung dieses Anspruches keine Annahmehandlung. Die Tatsache, daß der Fall der Nacherbfolge eingetreten ist, begründet unabhängig von den späteren Maßnahmen des Nacherben jedenfalls den Anspruch auf Herausgabe.

Da nach § 2139 die Erbschaft dem Nacherben erst mit dem Eintritte des Falles der Nacherbfolge „anfällt", so kann er sie auch nicht in der Zeit der Vorerbschaft annehmen. Anders nur Strohal Bd. I S. 191 Anm. 3. Eine etwa abgegebene Annahmeerklärung äußert keine Wirkungen, gibt also z. B. keinem Nachlaßgläubiger das Recht, während der Dauer der Vorerbschaft wegen Erfüllung einer Nachlaßverbindlichkeit gegen den Nacherben vorzugehen; sie begründet aber auch keine Annahme für die Zeit der Nacherbfolge, weshalb der Nacherbe auch jetzt noch ausschlagen kann und dem Nachlaßgläubiger ein Vorgehen gegen den Nacherben vor Ablauf der Ausschlagungsfrist des Nacherben bezw. vor der jetzt erklärten Erbschaftsannahme verwehrt ist (§ 1958). Der Nacherbe hat dagegen das Recht der Ausschlagung sowohl beim Eintritt des

Erbfalles wie beim Eintritt der Nacherbfolge (§§ 2142, 1942). Hat er beim Eintritt des Erbfalles (d. i. der Tod des Erblassers) formgerecht und rechtzeitig(!) ausgeschlagen, so hat es dabei sein Bewenden; er wird nicht Nacherbe, vielmehr verbleibt — wenn eine entgegengesetzte Verfügung des Erblassers fehlt — die Erbschaft dem Vorerben, für welchen alsdann die sonst bestehenden Verfügungsbeschränkungen (§§ 2112 ff.) nicht mehr in Frage kommen. Hatte der Nacherbe aber noch keine wirksame Ausschlagungserklärung abgegeben, so bleibt es ihm überlassen, dies nach dem Eintritte der Nacherbfolge nach Maßgabe des § 1944 f. nachzuholen.

Der Nacherbe ist erst von dem Augenblicke an endgültig Erbe, wo er die auf ihn übergegangene Erbschaft angenommen hat, sei es, daß dies durch ausdrückliche Erklärung oder durch pro herede gestio oder durch Verstreichen der Ausschlagungsfrist geschehen ist. Er ist nicht Rechtsnachfolger des Vorerben, sondern des Erblassers. Rechtsnachfolger des Vorerben sind im Falle des Ablebens des letzteren dessen Erben; im Falle, daß die Nacherbfolge unabhängig von seinem Ableben eintritt, findet nach ihm hinsichtlich der Vorerbschaft überhaupt keine Rechtsnachfolge statt. Aus diesem Grunde übernimmt der Nacherbe nicht die „Erbschaft" des etwa verstorbenen Vorerben, sondern die des Erblassers und zwar in demjenigen Zustande, den sie beim Anfall an den Nacherben hat. Es kann vorkommen, daß er die Erbschaft nicht vom Vorerben direkt, sondern von dessen Erben überkommt, wenn nämlich der Vorerbe vor dem Eintritte des Falles der Nacherbfolge verstorben und wenn dessen Gesamtvermögen auf dessen Erben übergegangen war. Die Rechtsstellung des Nacherben ist den Erben des Vorerben gegenüber dieselbe, wie gegenüber dem Vorerben selbst.

Der Nacherbe überkommt vom Vorerben lediglich die Erbschaft des Erblassers, während das eigene Vermögen des Vorerben und ferner auch noch die Nutzungen der Erbschaft, soweit sie dem Vorerben für die Dauer der Vorerbschaft zustanden, und endlich evtl. nach Anordnung des Erblassers auch noch sonstige Bestandteile der Erbschaft dem Vorerben verbleiben. Die Bestimmung dessen, was von der Erbschaft bei dem Vorerben verbleiben darf, ist für seine über die Dauer der Vorerbschaft hinaus etwa bestehende Haftung für Nachlaßverbindlichkeiten (§ 2145) von Wichtigkeit, weil der Vorerbe dies evtl. den Nachlaßgläubigern herausgeben muß. Soweit er nämlich auch noch über die Dauer seiner Vorerbschaft hinaus haftet, ist diese Haftung grundsätzlich zwar eine unbeschränkte (§ 1967), aber der Vorerbe darf sie auf dasjenige beschränken, was ihm von der Erbschaft etwa gebührt (§ 2145 Abs. 2; siehe Seite 372).

Auch die Haftung des Nacherben für Nachlaßverbindlichkeiten ist eine unbeschränkte, aber auf den Nachlaß beschränkbare.

Der „Nachlaß", welcher dem Nacherben mit dem Eintritt des Falles der Nacherbfolge anfällt, ist nicht derselbe wie derjenige, welcher dem Vorerben mit dem Eintritte des Erbfalles angefallen war. Denn in der Hand des Vorerben wird der Nachlaß durch dessen Verwaltung verändert, und zwar verschlechtert oder verbessert, verwendet, veräußert; es sind Ersatzstücke angeschafft, es sind Gegenstände durch Zufall untergegangen u. dergl. Was schließlich auf den Nacherben übergeht, kann etwas ganz anderes sein, wie es ursprünglich war, und dies bei fortgesetzt ordnungsmäßiger Verwaltung. Nach § 2130 BGB. hat die Herausgabe an den Nacherben zu erfolgen „in dem Zustande, der sich bei einer bis zur Herausgabe fortgesetzten ordnungsmäßigen Verwaltung ergibt". Die anläßlich der Verwaltung des Nachlasses durch den Vorerben selbstverständlich eintretende Änderung des Nachlasses zieht das Gesetz bei der Regelung der Haftung des Nacherben für Nachlaßverbindlichkeiten in Rücksicht, indem es (§ 2144 Abs. 1 S. 2) an Stelle des dem Vorerben angefallenen Nachlasses treten läßt „dasjenige, was der Nacherbe aus der Erbschaft erlangt, mit Einschluß der ihm gegen den Vorerben als solchen zustehenden Ansprüche". Danach gehören zu der dem Nacherben zukommenden Erbschaft ihre körperlichen Bestandteile, ihre Forderungen und Rechte, und ferner die für den Nacherben aus der Verwaltung der Erbschaft durch den Vorerben gegen diesen begründeten Ansprüche. Inwieweit solche Ansprüche bestehen, richtet sich nach dem Grundsatze der §§ 2131, 2134, 2132 BGB., wonach der Vorerbe nur diligentiam quam in suis zu prästieren, für in eigenem Nutzen verwendeten Nachlaß aber den Wert zu ersetzen und evtl. auch noch Schaden zu tragen, dagegen Veränderungen oder Verschlechterungen von Erbschaftssachen, wenn sie durch ordnungsmäßige Benutzung herbeigeführt sind, nicht zu vertreten hat. Zu dem an den Nacherben fallenden Nachlaß gehören auch die vom Erben angeschafften Surrogate der Erbschaft (§ 2111 BGB.; siehe oben Seite 155 ff.; §§ 2041, 2019). Danach gehört zu der an den Nacherben auszuliefernden Erbschaft der Erwerb des Vorerben auf Grund eines zur Erbschaft gehörigen Rechts, sofern er nicht als Nutzung dem Vorerben dauernd verbleiben darf, ferner — mit derselben Einschränkung — der vom Vorerben als Ersatz für die Zerstörung, Beschädigung oder Entziehung eines Erbschaftsgegenstandes gemachte Erwerb; ferner das vom Vorerben dem Inventar eines erbschaftlichen Grundstücks Einverleibte, gleichviel ob er dazu eigene Mittel oder Mittel der Erbschaft verwendet hatte; endlich der Erwerb des Vorerben durch Rechtsgeschäft mit Mitteln der Erbschaft, aber auch hier verbleibt der Erwerb dem Vorerben, wenn er ihm als Nutzung der Erbschaft gebührt. Ist Gegenstand eines solchen Erwerbes eine Forderung, so wird der Schuldner, der in Unkenntnis der Tatsache, daß er nunmehr zur Nacherbschaft schuldet, an den Vorerben leistet, nach Maßgabe des § 2111 Abs. 1 geschützt. — Weiter erstreckt sich das Recht des Nacherben im Zweifel auf einen Erbteil, der dem Vorerben infolge des Wegfalls eines Miterben angefallen war (§ 2110 Abs. 1), da der Vorerbe diesen Anfall in seiner Eigenschaft als Erbe erhält und das Angefallene zur Erbschaft gehört. Ein dem Vorerben zugewendetes Prälegat erhält er dagegen nicht als Erbe, es gehört ihm persönlich und geht deshalb nicht auf den Nacherben über (§ 2110 Abs. 2), es müßte denn sein, daß der Wille des Erblassers dahin ging, auch dieses Legat der Erbschaft einzuverleiben und also dem Nacherben zuzuwenden. Die Nutzungen der Erbschaft, die dem Vorerben gebühren, sind nicht Bestandteile der an den Nacherben fallenden Erbschaft. Im übrigen siehe hierzu § 2133. Bestandteile der Erbschaft sind weiter die Ansprüche des Nacherben gegenüber Dritten aus unwirksamen Verfügungen des Vorerben nach Maßgabe der §§ 2113 f. Endlich gehören zum Nachlasse auch die seit dem Erbfalle bezw. seit der Annahme der Erbschaft durch den Vorerben in der Person desselben erloschen gewesenen Ansprüche. Nach allgemeinen Grundsätzen verschmilzt der Nachlaß mit dem Vermögen des Erben, sobald letzterer die Erbschaft annimmt. Als Folge hiervon erlöschen durch Vereinigung von Recht und Verbindlichkeit oder von Recht und Belastung Rechtsverhältnisse, die zwischen dem Vorerben und Erblasser bestanden haben. Mit dem Eintritte der Nacherbfolge hört dieses Erlöschen auf; der Vorerbe, der dem Erblasser etwas schuldete, schuldet es nunmehr dem Nacherben, andererseits hat er vom Nacherben zu fordern, wenn der Erblasser sein Schuldner war (§ 2143). Die Vorschrift beruht auf der Erwägung, daß der Anfall der Erbschaft an den Nacherben das Ausschälen der Erbschaft aus dem Vermögen des Vorerben zur Folge hat; zur Erbschaft gehören aber auch die Ansprüche des Erblassers gegen den Vorerben bezw. die des Vorerben gegen den Erblasser.

Der Nacherbe wird Eigentümer der Erbschaft selbst dann, wenn z. Z. des Eintritts der Nacherbfolge Nachlaßverwaltung oder Nachlaßkonkurs schwebt. Die Verfahren werden gegen den Nacherben fortgeführt. Befindet sich z. Z. des Eintritts der Nacherbfolge der Vorerbe mit seinem Gesamtvermögen im Konkurse, so muß infolge des Eintritts der Nacherbfolge die Erbschaft und alles, was zu ihr gehört, aus der Masse ausgesondert werden; der Nacherbe hat ein Aussonderungsrecht. Bezgl. der Früchte siehe Jäger zu § 128 Anm. 3 KO.

Aus der Tatsache, daß der Nacherbe „Erbe" ist, folgt ohne weiteres, daß er für die Nachlaßverbindlichkeiten unbeschränkt haftet (§ 1967 BGB.). Das Gesetz hat dies — als selbstverständlich — nicht besonders zum Ausdruck gebracht. Dagegen hat es bezgl. der Beschränkung der Haftung ausdrücklich statuiert, daß die allgemeinen Vorschriften auch für den Nacherben gelten. Dies ist jedoch nicht deswegen ausgesprochen, weil ohne diese Bestimmung der Nacherbe überhaupt kein oder ein besonders geartetes Beschränkungsrecht gehabt hätte, sondern weil im Anschlusse an diese Bestimmung der Begriff des „Nachlasses", auf den der Nacherbe seine Haftung beschränken darf, erläutert wird (§ 2144 Abs. 1 BGB.).

Von allen den Instituten, die bei der Haftung des Nacherben eine Rolle spielen, hebt das BGB. nur das Inventar besonders hervor (§ 2144 Abs. 2). Eine besondere Vorschrift trifft das BGB. dagegen für die Haftung des Nacherben gegenüber dem Vorerben aus Nachlaßverbindlichkeiten. Eine auf die Erbenhaftung des Nacherben bezügliche Vorschrift findet sich ferner nur noch in § 998 ZPO. für das Aufgebot der Nachlaßgläubiger; doch enthält auch sie nichts von allgemeinen Regeln Abweichendes.

Der Nachlaß, welcher an den Nacherben gelangt, wird in der Mehrzahl der Fälle von Nachlaßverbindlichkeiten befreit sein, weil die Nachlaßgläubiger schwerlich jemals warten werden, bis der Fall der Nacherbfolge eintritt. Sie werden gegen den Vorerben vorgehen und Befriedigung erlangen. Haben sie hierbei aber Befriedigung nicht erlangen können, so wird kaum eine Aussicht bestehen, durch Vorgehen gegen den Nacherben etwas zu erreichen. Denn: hatte der Vorerbe die Haftung nicht auf den Nachlaß beschränkt, so haftete er mit dem Nachlasse und mit eigenem Vermögen. Beide Massen müssen aber geringer wie die Nachlaßverbindlichkeiten gewesen sein, da sonst volle Befriedigung zu erlangen gewesen wäre. Es wird bei dieser Sachlage wohl kaum ein Nachlaß auf den Nacherben kommen; der Nachlaß wird schon beim Vorerben aufgebraucht sein. Hatte dagegen der Vorerbe die Haftung auf den Nachlaß beschränkt, sei es, daß er Nachlaßverwaltung oder Nachlaßkonkurs beantragt oder die Unzulänglichkeitseinrede (§§ 1990 ff.) vorgebracht hatte, so wird bei der hier angenommenen Sachlage, daß die Nachlaßgläubiger keine volle Befriedigung erlangen konnten, der

Nachlaß auch in diesem Falle aufgezehrt und kein Aktivum auf den Nacherben gelangt sein.

Die Tatsache, daß Aktiva des Nachlasses beim Nacherben nicht vorhanden sind, hat zwar keinen Einfluß auf die Haftung des Nacherben für Nachlaßverbindlichkeiten; er haftet auch mit eigenem Vermögen, kann also an sich von den Nachlaßgläubigern unbeschränkt in Anspruch genommen werden. Aber er hat das Recht der Beschränkung auf dasjenige, was bei ihm noch Nachlaß ist, und wird selbstverständlich von diesem Rechte Gebrauch machen. Freilich wird er nicht Nachlaßverwaltung oder Nachlaßkonkurs beantragen, wenn es für diese Verfahren an einer den Kosten entsprechenden Masse fehlt, aber er wird gegenüber der auf Berichtigung gerichteten Klage des Nachlaßgläubigers die Unzulänglichkeit des Nachlasses geltend machen und die Klage evtl. zur Abweisung bringen. Die Regeln von der Beschränkung der Haftung des Nacherben haben also auch dann für ihn Bedeutung, wenn überhaupt kein Nachlaß auf ihn gelangt bezw. auch keine Ansprüche für ihn gegen den Vorerben aus dessen Verwaltung bestehen, sofern nur noch ungetilgte Nachlaßverbindlichkeiten vorhanden sind, sei es, daß es sich um solche handelt, welche der Vorerbe nicht berichtigen konnte, oder um solche, die — aus irgendwelchen Gründen — gegen den Vorerben nicht geltend gemacht worden waren. Die Regeln vom Beschränkungsrechte haben natürlich auch dann für den Nacherben Bedeutung, wenn noch ein Nachlaß auf ihn überkommen ist, und wenn letzterer auch *nur* in Ansprüchen gegen den Vorerben aus dessen etwa regelwidriger Verwaltung bestehen sollte.

Der Nacherbe kann, wie jeder andere Erbe, nicht früher wegen einer Nachlaßverbindlichkeit in Anspruch genommen werden, als bis er die Erbschaft angenommen hat. Es gilt hier alles dasjenige, was bei Behandlung des § 1958 BGB. ausgeführt ist (Seite 4 f.). Die etwa bereits beim Eintritt des Erbfalls (Todes des Erblassers, nicht des Vorerben) abgegebene *Annahme*erklärung des Nacherben ist keine wirksame Erklärung. Sie berechtigt den Nachlaßgläubiger nicht, gegen den Nacherben schon beim Eintritt des Falles der Nacherbfolge vorzugehen, vielmehr hat er abzuwarten, bis *jetzt* die Annahme erklärt wird oder bis sie aus den Handlungen des Nacherben zu folgern ist oder bis die Ausschlagungsfrist abläuft. Die Ausschlagungsfrist beginnt mit dem Eintritte des Falles der Nacherbfolge nach den Regeln des § 1944. Hatte dagegen der Nacherbe die Erbschaft bereits beim Anfalle derselben an den Vorerben ausgeschlagen (§ 2142), so bindet dies den Nacherben von Anfang an und zwingt den Nachlaßgläubiger, von einem Vorgehen gegen den Nacherben überhaupt abzusehen; der Nacherbe ist dann kein Erbe geworden. Der Vorerbe bleibt den Nachlaßgläubigern gegenüber Schuldner, wenn nicht für diesen Fall der Erblasser einen anderen Erben bestimmt hatte (§ 2142 Abs. 2). — Schwebte wegen einer Verbindlichkeit, die infolge des Erbfalls Nachlaßverbindlichkeit wurde, beim Tode des Erblassers ein Rechtsstreit und war die etwa eingetretene Unterbrechung (§§ 239, 246 ZPO.) z. Z. des Eintritts der Nacherbfolge nicht beseitigt (§ 250 ZPO.), so kann infolge der Vorschrift des § 1958 BGB. der Rechtsstreit nicht vor Annahme der Erbschaft seitens des Nacherben gegen diesen aufgenommen werden (§ 239 ZPO.). — War der Rechtsstreit gegen den Vorerben aufgenommen, so tritt beim Eintritt der Nacherbfolge *keine* (neue) Unterbrechung ein; der Rechtsstreit kann nur gegenüber dem

Vorerben fortgesetzt werden. Für den klagenden Nachlaßgläubiger kann, da er nicht gegen den Nacherben streitet, auch nicht in Betracht kommen, ob der Nacherbe die Erbschaft bereits angenommen hat oder ob seine Annahmeerklärung bezw. der Ablauf der Ausschlagungsfrist abzuwarten ist. Will er mit Rücksicht auf die Tatsache, daß der Vorerbe, der doch mit dem Eintritte der Nacherbfolge in der Regel aufhört, für Nachlaßverbindlichkeiten zu haften — Ausnahme siehe § 2145, Seite 369 — von dem Vorerben abstehen und nimmt er die Klage zurück, um gegen den Nacherben mit einer neuen Klage vorzugehen, so hat er nunmehr allerdings die Vorschrift des § 1958 zu beachten.

Hatte der Nachlaßgläubiger gegen den Vorerben bereits einen rechtskräftigen Schuldtitel wegen Berichtigung einer Nachlaßverbindlichkeit erlangt, so darf er daraus überhaupt nicht gegen den Nacherben vollstrecken. Das Urteil äußert keine Wirkung gegen den Nacherben. Der Nachlaßgläubiger ist gezwungen, die Forderung von neuem gegen den Nacherben zu stellen und evtl. einen neuen Rechtsstreit zu führen. Hierüber läßt sich der § 326 ZPO. aus, über den bereits oben gesprochen ist (siehe Seite 346). Liegt ein gegen den Erblasser erlassenes rechtskräftiges, gegen den Vorerben noch nicht oder ohne Erfolg zur Vollstreckung gebrachtes Urteil vor, so muß es zunächst mit einer gegen den Nacherben gerichteten Vollstreckungsklausel versehen werden (Seite 378). Es ist gegen den Nachlaß sofort vollstreckbar ohne Rücksicht darauf, daß der Nacherbe die Erbschaft etwa noch nicht angenommen hat (§ 778 Abs. 1 ZPO.). Dagegen ist es wegen derselben Bestimmung nicht gegen das Eigenvermögen des Nacherben vollstreckbar, wenn er die Erbschaft noch nicht angenommen hat. Auch die Vollstreckung in den Nachlaß darf — wegen der Vorschrift des § 1958 — nicht gegen den Nacherben selbst, sondern nur gegen einen gemäß § 1961 zu bestellenden Nachlaßpfleger vorgenommen werden, es müßte denn ein mit der Verwaltung der Erbschaft betrauter Testamentsvollstrecker bestellt oder ein Nachlaßverwalter vorhanden sein.

So lange der Nacherbe die Erbschaft noch nicht angenommen hat, ist die Zwangsvollstreckung in den Nachlaß seitens seines eigenen Gläubigers (im Gegensatz zu Nachlaßgläubigern) nicht zulässig (§ 778 Abs. 2 ZPO.). Der Nacherbe bezw. Nachlaßpfleger, Testamentsvollstrecker, Nachlaßverwalter dürfen ihre Aufhebung verlangen. Im Nachlaßkonkurse, der etwa in diesem Stadium eröffnet wird (§ 216 KO.), würde die Vollstreckung kein Absonderungsrecht gewähren (§ 221 KO.).

B. Das Inventar des Nacherben.

Das BGB. bestimmt nicht ausdrücklich, daß der Nacherbe ein Inventar errichten darf oder daß ihm eine Inventarfrist gesetzt werden kann, bezw. welches die Folgen der Fristversäumnis oder der Errichtung eines ungetreuen Inventars oder der Verweigerung des Offenbarungseides (§ 2006 BGB.) sind. Aus der Erwägung aber, daß der Nacherbe „Erbe" ist, folgt ohne weiteres, daß die Regeln vom Inventar (§§ 1993 ff.) auch auf ihn anwendbar sein müssen. Daß dies zutrifft, ergibt z. B. die Bestimmung des § 2144 Abs. 3 BGB., in welcher der Fall einer unbeschränkbaren Haftung des Nacherben für Nachlaßverbindlichkeiten erwähnt ist; unbeschränkbar haftet der Nacherbe (abgesehen vom allgemeinen Verzicht auf die Beschränkung) nur wegen der bezgl. des Inventars begangenen Verstöße. Auch die Bestimmung des § 2144 Abs. 2 BGB., nach welcher das vom Vorerben errichtete Inventar auch dem Nacherben zustatten kommt, spricht für das selbständige Inventarrecht des Nacherben insofern, als der Schluß gerechtfertigt ist, daß die Tatsache der Nichterrichtung durch den Vorerben den Nacherben nicht von der Verpflichtung befreit, auf Fristsetzung ein Inventar seinerseits zu errichten, um die Beschränkung zu wahren. Endlich folgt das dem Nacherben zustehende selbständige Inventarrecht auch aus der Bestimmung des § 2144 Abs. 1 BGB., wonach die Vorschriften über die Beschränkung der Haftung des Erben auch für den Nacherben gelten, denn zu diesen Vorschriften gehört auch die Statuierung einer unbeschränkbaren Haftung, die ihrerseits nur als Folge von Verstößen gegen die Inventarisierungspflicht des Nacherben eintreten kann.

Was Inhalt des vom Nacherben zu errichtenden Inventars sein soll, folgt aus § 2144 Abs. 1 Halbsatz 2 BGB., der insoweit eine Besonderheit für das Inventar des Nacherben bestimmt. Nach der Regel des § 1993 BGB. ist das Inventar „ein Verzeichnis des Nachlasses", und zwar soll es nach § 2001 BGB. „die beim Eintritte des Erbfalls vorhandenen Nachlaßgegenstände und die Nachlaßverbindlichkeiten vollständig" angeben. Die Anwendung dieser Sätze auf das vom Vorerben zu errichtende Inventar macht keine Schwierigkeiten, weil der Vorerbe den Nachlaß des Erblassers unvermittelt erhält. Der Nacherbe aber bekommt (wenigstens in der Regel) nicht denjenigen Nachlaß, der beim Eintritte des Erbfalls vorhanden war, sondern einen durch die Verwaltung des Vorerben mehr oder weniger veränderten Nachlaß. Der Nacherbe wäre vielleicht gar nicht imstande, den ursprünglichen Nachlaß zu inventarisieren. Mit Rücksicht hierauf gibt das BGB. für das, was Nachlaß beim Nacherben ist, eine andere Definition; es ist dasjenige was der Nacherbe aus der Erbschaft erlangt, mit Einschluß der ihm gegen den Vorerben als solchen zustehenden Ansprüche. Was hiernach als dem Nacherben zustehender Nachlaß zu erachten ist, ist oben Seite 381 spezifiziert. Der Nacherbe, der freiwillig oder auf Fristsetzung den Nachlaß inventarisiert, hat danach lediglich diesen Nachlaß und freilich auch die etwa noch bestehenden, ihm bekannten Nachlaßverbindlichkeiten vollständig anzugeben. Allerdings widerspricht dies dem Interesse der Nachlaßgläubiger, das ja dahin geht, den z. Z. des Erbfalles vorhanden gewesenen Nachlaß kennen zu lernen, da dies ihnen ermöglicht, die etwaigen Ersatzansprüche des Nacherben aus der Verwaltung der Erbschaft gegen den Vorerben festzustellen und als zur Erbschaft des Nacherben gehörig zur Erbschaft heranzuziehen (§ 2144 Abs. 1). Daß aber der Nachlaßgläubiger infolge des beschränkteren Inhalts des Inventars des Nacherben geschädigt wird, ist nicht anzunehmen. Der Nacherbe selbst hat nach § 2121 BGB. das Recht, vom Vorerben ein Verzeichnis der zur Erbschaft gehörenden Gegenstände zu fordern, das auf Wunsch in seiner Gegenwart und in der Form eines Inventars aufzustellen ist. Oft wird der Nacherbe von dieser Befugnis Gebrauch machen, um beurteilen zu können, ob die Verwaltung des Vorerben bis zum Eintritt der Nacherbfolge fortgesetzt ordnungsmäßig war. Hiernach wird er auch „die ihm gegen den Vorerben als solchen" zustehenden, aus dessen Verwaltung resultierenden Ansprüche ziemlich erschöpfend bestimmen können. Diese Ansprüche aber müssen in das Inventar aufgenommen werden. Damit ist auch das Interesse des Nachlaßgläubigers an der Kenntnis des beim Erbfalle vorhanden gewesenen Nachlasses erschöpft.

Für die Form der Errichtung des Inventars durch den Nacherben, sowie für die Wirkung des Inventars gelten die allgemeinen Grundsätze. Der Nacherbe gerät bei Fristversäumnis bezw. bei ungetreuem Inventar in den Zustand unbeschränkbarer Haftung, in welchem ihm die Anwendung der Beschränkungsmittel versagt ist, bis auf den Nachlaßkonkurs (§ 216 KO.), der aber die Haftung nicht zu einer beschränkten macht. Dieser Zustand unbeschränkbarer Haftung tritt unabhängig davon ein, daß etwa der Vorerbe ordnungsmäßig ein Inventar errichtet und für sich das Recht der Haftungsbeschränkung gewahrt hatte. Denn auch in diesem Falle hat der Nacherbe die Pflicht, innerhalb der Inventarfrist beim Nachlaßgericht mindestens eine Erklärung dahin abzugeben, daß das vom Vorerben errichtete Inventar als von ihm eingereicht gelten solle (§ 2004 BGB.). Diese Erklärung reicht aber in dem Falle nicht aus (d. h. verhindert nicht den Verlust der Beschränkung), wo der Nachlaß sich so verändert hat, daß die Kenntnis des ursprünglichen Nachlasses keinerlei Interesse für den Nachlaßgläubiger hat, dem es vielmehr darauf ankommt, den gegenwärtigen Bestand zu erfahren, um sich dadurch evtl. Befriedigung verschaffen zu können. Andererseits folgt nicht aus der Tatsache, daß der Vorerbe infolge von Verstößen gegen das Inventar das Recht der Haftungsbeschränkung eingebüßt hat, ein Verlust der Beschränkung auch für den Nacherben, die er sich vielmehr durch Inventarerrichtung wahren kann.

Der Vorerbe kann, auch wenn Fälle der Fortdauer seiner Haftung während der Dauer der Nacherbschaft bestehen, in diesem Stadium ein Inventar nicht mehr errichten, denn er ist nicht mehr Erbe.

Wie schon erwähnt, enthält der § 2144 in dem Abs. 2 und 3 Besonderheiten bezgl. des Inventarrechts des Nacherben. Es ist zu bemerken

1. zu § 2144 Abs. 2:

Die Bestimmung, daß das vom Vorerben errichtete Inventar auch dem Nacherben zustatten kommt, hat die Bedeutung, daß gewisse Vorgänge bezgl. des Inventars, die in die Zeit der Vorerbschaft fallen, auch für die Zeit der Nacherbfolge erheblich sind.

Zunächst ist erfordert, daß der Vorerbe überhaupt ein Inventar errichtet hat. Der Nacherbe, der zur Inventarerrichtung unter Fristsetzung aufgefordert ist, kann sich also nicht etwa darauf berufen, daß der Vorerbe zur Inventarerrichtung nicht aufgefordert worden sei. Andererseits befreit auch das vom Vorerben errichtete Inventar nicht ohne weiteres den Nacherben von der Pflicht, das ihm abgeforderte Inventar zu errichten. Es kommt vielmehr darauf an, daß das Inventar des Vorerben rechtzeitig und ordnungsmäßig, auch inhaltlich richtig errichtet ist. Liegt also z. B. ein Inventar des Vorerben vor, das zwar inhaltlich richtig ist, aber verspätet eingereicht war, so kommt es dem Nacherben nicht zustatten, befreit ihn also nicht von der Verpflichtung, der an ihn gerichteten Aufforderung zur Inventarerrichtung rechtzeitig zu entsprechen. War das Inventar zwar rechtzeitig errichtet, aber inhaltlich falsch, so liegt gleichfalls kein dem Nacherben zustatten kommendes Inventar vor, und dies selbst dann nicht, wenn der Nacherbe entschuldbar den Inhalt für richtig hält und sich aus diesem Grunde auf das Inventar des Vorerben beruft. Es ist danach Aufgabe des Nacherben, das Inventar innerhalb der ihm gesetzten Inventarfrist auf seine Richtigkeit zu prüfen; er darf sich bei Zweifeln darauf nicht berufen, muß vielmehr ein eigenes Inventar errichten. Weiter kommt selbst das in jeder Hinsicht unanfechtbare Inventar des Vorerben dem Nacherben dann nicht zustatten, wenn — was meist zutreffen wird — der Nachlaß sich beim Vorerben so verändert hat, daß die Bezugnahme auf dieses Inventar dem Nachlaßgläubiger den gegenwärtigen Bestand der Erbschaft nicht offen legt. Also auch in diesem Falle ist der Nacherbe zur Errichtung eines eigenen Inventars verpflichtet, wenn er nicht das Recht der Haftungsbeschränkung verlieren will. Dem Nacherben kommt danach nur dasjenige Inventar des Vorerben zustatten, das ordnungsmäßig errichtet ist und das auch den gegenwärtigen Bestand des Nachlasses noch ausreichend klarlegt.

Die Bestimmung, daß das Inventar des Vorerben dem Nacherben zustatten kommt, hat nicht die Bedeutung, daß der Nacherbe eine ihm gesetzte Frist zur Inventarerrichtung im Bewußtsein des vorhandenen Inventars des Vorerben unbeachtet lassen darf, vielmehr ist er verpflichtet, dem Nachlaßgerichte gegenüber die Erklärung abzugeben, daß das vom Vorerben errichtete Inventar als von ihm selbst eingereicht gelten solle, da andernfalls das Inventar des Vorerben ihm in keinem Falle zustatten kommt (§ 2004 BGB.). An diese Erklärung aber, durch die er das Inventar zu seinem eigenen macht, knüpfen sich auch alle übrigen Folgen der Inventarerrichtung. Über die Hemmungsbefugnis nach § 2014 BGB. siehe den folgenden Abschnitt.

Der Offenbarungseid nach § 2006 kann dem Nacherben bezgl. des von ihm errichteten Inventars abverlangt werden, bezgl. des vom Vorerben errichteten nur dann, wenn er die Erklärung nach § 2004 abgegeben hat. War das Inventar bereits vom Vorerben beschworen, so kommt — nach abgegebener Erklärung — auch dies dem Nacherben zustatten; er kann zur Ableistung des Offenbarungseides nicht gezwungen werden;

2. zu § 2144 Abs. 3:

Der Abs. 3 des § 2144 behandelt den Fall, daß der Vorerbe Nachlaßgläubiger gegenüber dem Nacherben ist. Dies kann z. B. dadurch eintreten, daß eine Forderung, die der Vorerbe gegen den Erblasser hatte und die infolge der Vorerbschaft beim Vorerben unterging, beim Eintritte der Nacherbfolge wieder auflebt (§ 2143). Der Nacherbe ist nunmehr Schuldner dieser Verbindlichkeit. Für derartige Nachlaßverbindlichkeiten im Verhältnisse des Nacherben zum Vorerben bestimmt der § 2144 Abs. 3 eine auf die Erbschaft beschränkte Haftung des Nacherben, die aber entsprechend dem Grundsatze des BGB. nicht kraft Gesetzes zu beachten ist, sondern nur auf Grund der Einrede des Nacherben wirkt. Der Nacherbe kann also auch hier zunächst unbeschränkt in Anspruch genommen werden und haftet, wenn er die Beschränkung der Haftung auf Grund des § 2144 Abs. 3 nicht einwendet, unbeschränkt. Zur Wahrung der Beschränkung auf den Nachlaß muß er den Vorbehalt nach § 780 ZPO. erbitten. Das Besondere, das der § 2144 Abs. 3 bringt, liegt darin, daß der Nacherbe sich auf die Beschränkung der Haftung dem Vorerben gegenüber auch dann berufen kann, wenn er bereits allgemein das Recht der Haftungsbeschränkung verloren hat; wenn also auf die Klage eines *anderen* Nachlaßgläubigers der Vorbehalt nicht mehr gewährt werden könnte. Der Bestimmung des § 2144 Abs. 3 ist die des § 2063 Abs. 2 für das Verhältnis der Miterben untereinander an die Seite zu stellen. Auch im Gläubigerverhältnisse des Vorerben zum Nacherben wirkt die Einrede der beschränkten Haftung des Nacherben bezw. der Vorbehalt nach § 780 ZPO. nicht an sich beschränkend dergestalt, daß sie die Verurteilung nach Antrag vereitelte oder den Vorerben verhinderte, das Eigenvermögen des Nacherben anzugreifen, vielmehr ist es Sache des Nacherben, die Freiheit seines Eigenvermögens evtl. durch eine negative Feststellungsklage nach § 785 ZPO. geltend zu machen (§ 781 ZPO.). Wie aber stets, wenn das Eigenvermögen eines Erben verschont bleiben soll (§ 784 ZPO.), gehört zur Durchführung dieser Klage noch die Anwendung eines Beschränkungsmittels: Nachlaßverwaltung, Nachlaßkonkurs, Unzulänglichkeitseinrede; die nach § 2144 Abs. 3 (ebenso wie die nach § 2063 Abs. 2) eingewendete Beschränkung wirkt also nicht allein auf Grund dieser Bestimmung. Der Versuch des Vorerben, Eigenvermögen des Nacherben anzugreifen, wird endgültig mit der Klage nach § 785 ZPO. abgewehrt; die Zwangsvollstreckung wird für unzulässig erklärt. Der Anwendung eines Mittels der Haftungsbeschränkung bedarf der Nacherbe also auch im Verhältnisse zum Vorerben; in den Fällen, wo der Nacherbe etwa bereits allgemein unbeschränkbar haftet, könnte er — abgesehen vom Nachlaßkonkurse (§ 216 KO.) — ein Mittel der Haftungsbeschränkung nicht anwenden.

Aus der Vorschrift des § 2144 Abs. 3 folgt, daß der Vorerbe dem Nacherben keine Inventarfrist bestimmen lassen kann. Das Inventar soll dem Nachlaßgläubiger den Nachlaß offenlegen; dessen bedarf es im Verhältnisse von Vorerben und Nacherben nicht, da der Vorerbe den Nachlaß ebenso genau kennt, wie der Nacherbe, der ihn ja aus seinen Händen bekommt und im Inventar auch nur den Bestand z. B. des Eintritts der Nacherbfolge niederlegen müßte. Die Fristversäumnis bezw. die Errichtung eines ungetreuen Inventars im Sinne des § 2005, die dem Nacherben das Beschränkungsrecht allgemein nehmen würde, würde ihm gerade dem Vorerben gegenüber unschädlich sein. Daß aber der Vorerbe im Interesse etwaiger anderer Nachlaßgläubiger dem Nacherben sollte Ungelegenheiten machen dürfen, kann nicht gerechtfertigt werden.

Die Bestimmung, daß der Nacherbe im Verhältnis zum Vorerben nur beschränkt hafte, zwingt den Vorerben, beim Widerspruch des Nacherben sich lediglich an den Nachlaß, auch wenn er völlig ausreicht, zu halten, und den Nacherben, jedenfalls den Nachlaß zur Befriedigung des Vorerben zu verwenden. Es kann sich hier nur um denjenigen Nachlaß handeln, welchen der Nacherbe überkommen hat einschließlich der ihm gegen den Vorerben als solchen zustehenden Ansprüche. Der Nacherbe hat diesen Nachlaß im Interesse auch des Vorerben als Nachlaßgläubigers ordnungsmäßig zu verwalten; er ist wie stets bei Beschränkung der Haftung auf den Nachlaß nach Maßgabe des § 1978 für Mißwirtschaft auch dem Nacherben persönlich verantwortlich. Im übrigen darf der Nacherbe nicht etwa jegliche Zwangsvollstreckung des Vorerben als Nachlaßgläubigers in den Nachlaß einfach deshalb dulden, weil der Vorerbe aus dem Nachlasse Befriedigung erhalten soll, vielmehr ist das Interesse der sämtlichen etwa noch vorhandenen Nachlaßgläubiger zu wahren, evtl. also Nachlaßkonkurs anzumelden, dies namentlich zur Vermeidung von Schadensersatzansprüchen (§ 1980). Daß dem Nacherben derartige Ansprüche andererseits auch seitens des Vorerben drohen können, ist selbstverständlich. Im Falle der Unzulänglichkeit des betr. Nachlasses im Sinne des § 1990 darf bezw.

muß der Nacherbe auch im Verhältnis zum Vorerben als einem Nachlaßgläubiger die besonderen Regeln des § 1990 Abs. 1 S. 2 und des § 1991 Abs. 3 und 4 im Auge behalten.

C. Die Hemmungsbefugnis nach § 2014.

Was die Frage anlangt, ob der Nacherbe die Zwangsvollstreckung eines Nachlaßgläubigers in Nachlaß oder Eigenvermögen und diejenige eines Eigengläubigers in Nachlaß nach Maßgabe des § 2014 BGB., §§ 782, 783 ZPO. aufhalten kann, so wird man sie mangels einer gegenteiligen Bestimmung bejahen müssen. Die Umstände werden die Hemmungsbefugnis des Nacherben meist ebenso rechtfertigen wie die des Vorerben bezw. eines Erben überhaupt, denn wie einem Erben überhaupt, so fällt auch dem Nacherben die Erbschaft ohne seine Zustimmung an (§ 2139) und muß ihm Zeit gelassen werden, ihren Bestand kennen zu lernen. Im Einzelfalle, nämlich dann, wenn der Vorerbe die Erbschaft noch bei seinen Lebzeiten an den Nacherben herausgeben muß, wird der letztere hierbei allerdings den Bestand sogleich kennen lernen und der Frist nicht bedürfen, aber das benimmt ihm die Hemmungsbefugnis während der 3 Monate ebensowenig wie sie ein Erbe verliert, der den Erbschaftsbestand schon beim Eintritt des Erbfalles kennt oder schon lange vor Ablauf der drei Monate kennen lernt. Was den Beginn der Frist anlangt, so muß, soll sie überhaupt noch den vom Gesetz beabsichtigten Zweck des Schutzes der Erben und der gleichmäßigen evtl. konkursmäßigen Befriedigung der Nachlaßgläubiger haben, der Zeitpunkt der Annahme der Erbschaft durch den N a ch erben maßgebend sein, selbst wenn für den Vorerben ein Nachlaßpfleger bestellt war (§ 2017). Die Hemmungsbefugnis wird auch für den Nacherben in praxi eine Bedeutung haben können, weil es immerhin noch Nachlaßgläubiger geben kann, welche ihre Forderung nicht schon gegenüber dem Vorerben beigetrieben haben. Es können ferner solche Gläubiger in Betracht kommen, welchen wegen einer Anordnung des Erblassers überhaupt nur der Nacherbe haftet, ferner kann der Vorerbe selbst Forderungen gegen den Nacherben haben, die eine Nachlaßverbindlichkeit begründen (siehe oben bei B). Um dieser Gläubiger willen mag im Einzelfalle der Nacherbe noch ein Interesse an der Zusammenhaltung des Nachlasses zum Zwecke einer geordneten Gläubigerbefriedigung haben.

Gemäß § 2014 entfällt das Hemmungsrecht mit der Errichtung eines ordnungsmäßigen Inventars. Daß danach die Inventarerrichtung durch den Nacherben diesem das Recht nimmt, unterliegt keinem Bedenken. Es wird sich aber weiter auch fragen, ob nicht auch ein vom Vorerben errichtetes Inventar diese Hemmungsbefugnis des Nacherben beseitigt. Man wird es verneinen müssen. Wie oben zu B mit Bezug auf § 2144 Abs. 2 dargelegt ist, kommt das Inventar des Vorerben auch dem Nacherben zustatten. Hiernach müßte es dem Nacherben die Hemmungsbefugnis allerdings nehmen, wenn es auch den Anschein hat, daß d i e s e Wirkung des Inventars dem Nacherben viel eher schadet. In Wahrheit nützt ihm nämlich das Inventar insofern, als es ihm den Nachlaßbestand klar legt, was die Hemmungsbefugnis ja entbehrlich macht (siehe Seite 132 unten). Hier aber ist ein anderer Gesichtspunkt entscheidend. Der Vorerbe, der das Inventar errichtet, lernt dadurch die ihm angefallene Erbschaft kennen. Dem Nacherben aber legt das Inventar des Vorerben nicht die ihm angefallene, durch die Verwaltung des Vorerben veränderte Erbschaft klar, hierzu braucht er vielmehr ein neues Inventar.

Der Nacherbe verliert das Hemmungsrecht, wenn er innerhalb der drei Monate das Recht der Haftungsbeschränkung verliert (§ 2016). Dagegen verliert er es nicht, weil etwa der Vorerbe infolge der Versäumung der Inventarfrist oder Errichtung eines im Sinne des § 2005 falschen Inventars in unbeschränkbare Haftung geraten ist; es kann nämlich höchstens in Frage kommen, ob nicht das ordnungsmäßig errichtete Inventar des Vorerben ihm nützt, schaden kann es ihm nicht ohne weiteres bezw überhaupt nur dann, wenn er es durch Erklärung gemäß § 2004 zu dem seinigen macht. In diesem letzteren Falle würde er das Hemmungsrecht verlieren, aber nur deshalb, weil er selbst die Beschränkungsmöglichkeit einbüßt.

D. Nachlaßverwaltung.

Der Nacherbe darf sie nach § 2144 Abs. 1 ohne Fristbeschränkung als Mittel der Haftungsbeschränkung beantragen (§§ 1981, 1975), sofern er nicht allgemein das Recht der Haftungsbeschränkung verloren hat (§ 2013). Bezgl. dieser Nachlaßverwaltung gelten die allgemeinen Grundsätze. Eine beim Vorerben durchgeführte Nachlaßverwaltung äußert auf die Haftung des Nacherben keine Wirkung. War das Verfahren abgeschlossen und waren dem Vorerben noch Nachlaßbestandteile zurückgeliefert worden (§ 1986 Abs. 1), so war damit das Stadium der Haftungsbeschränkung für den Vorerben beendigt; er haftete wieder unbeschränkt. Die Haftung des Nacherben ist danach selbstverständlich gleichfalls eine unbeschränkte; der Nacherbe, der auch seinerseits etwaigen erst jetzt auftretenden Nachlaßgläubigern gegenüber beschränken will, ist, sofern die Masse noch ausreicht (§ 1982), auf eine seinerseits zu beantragende Nachlaßverwaltung (andernfalls auf die Unzulänglichkeitseinrede, § 1990) angewiesen. Tritt dagegen der Fall der Nacherbfolge während schwebender Nachlaßverwaltung ein, so wird letztere weitergeführt, wenn nicht etwa der Nacherbe auf das Recht der Haftungsbeschränkung allgemein verzichtet und sich mit den Gläubigern wegen einer Aufhebung des Verfahrens verständigt.

Die Nachlaßverwaltung kann selbstverständlich auch dem Nacherben gegenüber auf den Antrag eines Nachlaßgläubigers angeordnet werden (§ 1981 Abs. 2). Was die ebenda für diesen Antrag vorausgesetzte zweijährige Frist anlangt, so ist zu erachten, daß sie von der Annahme der Erbschaft durch den Nacherben läuft. Es ist auch hier, wie bezgl. der übrigen Fristen (siehe unten ad H), davon auszugehen, daß sie im Interesse des Erben eingeführt sind. Das Antragsrecht der Nachlaßgläubiger ist bezgl. der Nachlaßverwaltung aus dem Grunde eingeschränkt, weil dem Erben nach länger wie zwei Jahren von der Erbschaftsannahme ab nicht mehr zugemutet werden kann, wider seinen Willen die Erbschaft aus seinem Gesamtvermögen auszusondern. Dieses Schutzbedürfnis liegt aber auch für den Nacherben erst nach Ablauf von zwei Jahren seit seiner Annahme vor, denn er bekommt die Erbschaft, auch wenn die Vorerbschaft noch so lange gedauert hat, als eine Sondermasse, die nunmehr erst mit seinem sonstigen Vermögen verschmilzt und sehr wohl innerhalb zwei Jahren auch wieder abgesondert werden kann. Mit dieser Auffassung wird man auch dem Interesse der Nachlaßgläubiger, zu denen, wie ad C dargelegt, auch solche gehören können, die lediglich gegen den Nacherben eine Forderung haben, gerecht, denn: der Antrag der Nachlaßgläubiger auf Anordnung einer Nachlaßverwaltung ist mit Rücksicht auf eine ihnen seitens des Erben drohende Gefährdung zugelassen. Würde es nur auf die zwei Jahre seit der Erbschaftsannahme des Vorerben ankommen, so würde diese Frist in der Mehrheit der Fälle beim Eintritt der Nacherbfolge abgelaufen und der Nachlaßgläubiger gezwungen sein, sich eine etwa vom Nacherben ausgehende Gefährdung seiner Forderung gefallen zu lassen.

Daß auf den Nacherben auch die §§ 1978, 1979 Anwendung finden, bedarf keiner Ausführung.

E. Der Nachlaßkonkurs.

Der Nacherbe darf ihn auf Grund des § 2144 als Mittel der Haftungsbeschränkung beantragen, sofern die Konkursvoraussetzungen vorliegen; er ist hinsichtlich der Zeit einer Beschränkung nicht unterworfen. Auch der unbeschränkbar haftende Nacherbe hat das Antragsrecht, ohne daß indes in diesem Falle der Konkurs Mittel der Haftungsbeschränkung ist. Für den Nachlaßkonkurs des Nacherben gelten die allgemeinen Bestimmungen (§§ 214 ff. KO.). Auch der § 1980 BGB. ist selbstverständlich auf den Nacherben anwendbar.

Der Nachlaßkonkurs ist dem Nacherben gegenüber auch auf Antrag der Nachlaßgläubiger anzuordnen. Hier ist der Antrag an die im § 220 KO. bestimmte Frist von zwei Jahren gebunden. Die Frist beginnt, wie bei der Nachlaßverwaltung, mit der Annahme der Erbschaft durch den Nacherben; es greifen auch hier die oben ad D dargelegten Erwägungen Platz.

War der Nachlaßkonkurs bereits gegenüber dem Vorerben eröffnet, so wird, wenn die Nacherbfolge vor Beendigung des Verfahrens eintritt, das Verfahren gegen den Nacherben, welcher nunmehr auch Gemeinschuldner ist, fortgesetzt. Zu einer Einstellung des Verfahrens kann es jetzt, wie stets, nur dann kommen, wenn der Nacherbe die Zustimmung der Nachlaßgläubiger erwirkt, bezw. wenn sich herausstellt, daß die Mittel nicht zur Kostendeckung ausreichen (§§ 202, 204 KO.). Die Tatsache allein, daß der Nacherbe seinerseits auf die durch den Nachlaßkonkurs herbeigeführte Beschränkung der Haftung verzichtet, kann nicht zur Einstellung des Verfahrens führen, weil es für den Konkurs nicht darauf ankommt, daß das Privatvermögen eines Erben angreifbar sei, sondern daß die Nachlaßgläubiger aus Mitteln des Nachlasses Befriedigung erlangen. Der betr. Verzicht wird aber, sofern die Persönlichkeit und das Vermögen des Nacherben Garantieen bieten, die Gläubiger veranlassen, ihre Zustimmung zur Einstellung des Verfahrens zu geben. Im übrigen setzt sich das Verfahren gegenüber dem Nacherben nach allgemeinen Regeln fort.

War der gegenüber dem Vorerben eröffnete Nachlaßkonkurs während der Dauer der Vorerbschaft auch beendigt, so kann dies auch für die Zeit der Nacherbfolge Wirkungen äußern. Die Einstellung allerdings (§§ 202, 204 KO.) hindert die Nachlaßg äubiger nicht, ihre bisher nicht berichtigten Forderungen unbeschränkt nach allgemeinen kGrundsätzen gegenüber dem Nacherben geltend zu machen. Sie wie auch der Nacherbe können einen neuen Nachlaßkonkurs beantragen und durchführen. Anders ist die Rechtslage aber dann, wenn der Nachlaßkonkurs nach Ausschüttung oder Zwangsvergleich aufgehoben wurde. Der Vorerbe haftete danach gewissen Nachlaßgläubigern — siehe hierzu Bd. II beim „Nachlaßkonkurs" Abschnitt VIII — nur noch beschränkbar nach Maßgabe des § 1989 (vgl. auch § 2060 Nr. 3); davon waren auch die nicht gemeldeten Nachlaßgläubiger betroffen, weil die Aufhebung des Konkurses eine ähnliche konsumierende Wirkung hat, wie das Ausschlußurteil im Aufgebot. Kommt es nun zur Nacherbfolge, so verbleibt es hinsichtlich der von dieser Ausschlußwirkung betroffenen Nachlaßgläubiger dabei auch zugunsten des Nacherben; auch er haftet nur noch mit der Bereicherung. In den Fällen, wo nach Aufhebung des Nachlaßkonkurses keine Masse (Bereicherung) mehr vorhanden gewesen sein wird, so bei Ausschüttung, wird also eine Inanspruchnahme des Nacherben von vornherein ebenso zwecklos sein, wie es eine Inanspruchnahme des Vorerben gewesen wäre. Für einen Nachlaßkonkurs wäre kein Raum mehr, abgesehen davon, daß es eben auch an Masse fehlen würde. Aus einem Zwangsvergleich des Vorerben kann naturgemäß nur der Vorerbe verfolgt werden; er haftet insoweit sogar persönlich. Daß im übrigen der Nacherbe nicht kraft Gesetzes beschränkt haftet, sondern sich auf die Beschränkung nach § 1989 berufen, im Prozesse sie einredeweise geltend machen muß, folgt aus allgemeinen Grundsätzen der Erbenhaftung.

Ein beim Vorerben durchgeführtes Nachlaßverwaltungsverfahren hindert einen Nachlaßkonkurs beim Nacherben ebensowenig wie beim Vorerben, sofern nur die sonstigen Voraussetzungen desselben vorliegen und namentlich eine Masse bezw. Kostenvorschuß vorhanden ist.

Über die evtl. Gläubigerrechte des Vorerben gegenüber dem Nachlaßkonkurse beim Nacherben siehe oben I F Seite 374.

F. Die Unzulänglichkeitseinrede (§§ 1990 ff.).

Der Nacherbe darf sie auf Grund des § 2144 Abs. 1, sofern ihre Voraussetzungen vorliegen und er nicht allgemein unbeschränkbar haftet (§ 2013 BGB.), als Mittel der Haftungsbeschränkung anwenden. Er darf dies auch dann tun, wenn der Vorerbe das Beschränkungsrecht allgemein verloren hatte, oder wenn beim Vorerben bezw. auch bei ihm selbst eine Nachlaßverwaltung geschwebt hatte und zum Abschluß gekommen war. Er darf die Einrede auch nach Beendigung eines Nachlaßkonkurses durch Einstellung (§§ 202, 204 KO.) anwenden, gleichviel ob der Nachlaßkonkurs bei ihm oder dem Vorerben geschwebt hatte. Dagegen wird er sie nicht anwenden nach Beendigung des Nachlaßkonkurses durch Aufhebung, weil er alsdann im Wesentlichen auch nicht mit dem „Nachlaß", sondern nur mit dem „Überschusse" vom Nachlasse nach Grundsätzen einer ungerechtfertigten Bereicherung haftet (§§ 1989, 1973).

Die Tatsache, daß schon der Vorerbe die Unzulänglichkeit des Nachlasses wegen eines Mangels im Sinne des § 1990 einzuwenden gezwungen war, ist an sich für den Nachlaßgläubiger kein Hindernis, gegen den Nacherben Anspruch auf volle Befriedigung zu erheben, weil der Nacherbe grundsätzlich unbeschränkt haftet. Der Nacherbe muß also auch seinerseits die Unzulänglichkeit geltend machen, wenn er die Haftung auf den Nachlaß (ein solcher wird bei geschilderter Sachlage auf ihn wohl nicht gelangt sein) beschränken will. Er ist, sofern er einen Nachlaß noch überkommen haben sollte, für die Verwaltung desselben verantwortlich nach § 1978 (conf. § 1991 Abs. 1).

G. Das Aufgebot des Nacherben.

Im Gesetz ist nirgends ausdrücklich erwähnt, daß der Nacherbe ein Aufgebot beantragen darf. Dies folgt vielmehr aus der Bestimmung des § 2100 BGB., wonach der Nacherbe „Erbe" ist, ferner aus § 991 ZPO., wonach das Antragsrecht jedem nicht unbeschränkbar haftenden Erben nach der Annahme der Erbschaft zusteht, endlich aus § 2144 Abs. 1, wonach die Vorschriften über die Beschränkung der Haftung des Erben auch für den Nacherben gelten. Das Aufgebot gehört zu den Mitteln der Haftungsbeschränkung, denn den im Aufgebot ausgeschlossenen Nachlaßgläubigern gegenüber haftet der Erbe nur mit einem etwaigen Überschusse von der Erbschaft (§ 1973).

Ob der Nacherbe des Beschränkungsmittels des Aufgebots von Nachlaßgläubigern überhaupt noch bedarf, hängt von den Umständen ab. Da es dem Zwecke dient, die Nachlaßgläubiger zur Anmeldung ihrer Ansprüche zu zwingen und eine Übersicht über den Vermögensstand der Erbschaft zur Vorbereitung weiterer Maßnahmen, z. B. von Beschränkungsmitteln zu ermöglichen, so wird es im Stadium der Nacherbschaft kaum noch gebraucht werden, denn diese Übersicht wird sich meist schon der Vorerbe verschafft, auch werden die Nachlaßgläubiger ihre Ansprüche bereits dem Vorerben gegenüber zur Geltung gebracht haben. Wenn der Nacherbe die Erbschaft bekommt, werden die Nachlaßgläubiger meist schon befriedigt, jedenfalls werden die Verhältnisse so geklärt sein, daß der Nacherbe sofort wissen wird, ob er etwa eines Beschränkungsmittels bedarf, um sein Eigenvermögen zu sichern bezw. um eine konkursmäßige Befriedigung der Gläubiger eintreten zu lassen. Hier würde das Aufgebot nicht mehr nötig sein. Wenn aber die Annahme begründet ist, daß noch unbekannte Nachlaßverbindlichkeiten bestehen, dann wird sich das Aufgebot auch jetzt noch als zweckmäßig, evtl. sogar — zur Vermeidung von Schadensersatzansprüchen nach § 1980 — als notwendig erweisen.

Für das vom Nacherben bezgl. des Aufgebots zu beachtende Verfahren sowie über die Wirkungen desselben und des Ausschlußurteils gelten die allgemeinen Grundsätze (§§ 991 ff. ZPO.). Eine Besonderheit bestimmt nur der § 998 ZPO., indem er den Aufgebotsantrag und das Ausschlußurteil des Vorerben ebenso zugunsten des Nacherben wirken läßt, wie — nach § 997 Abs. 1 S. 1 ZPO. — die betr. Maßnahmen eines Miterben zugunsten der übrigen Miterben wirken. Danach kann der Nacherbe die Zwangsvollstreckung nach Maßgabe des § 2015 nicht bloß auf Grund seines eigenen Aufgebotsantrages hemmen (die Jahresfrist läuft hier von seiner Annahme ab), sondern auch auf Grund des auf Vorerbenantrag zugelassenen, rechtzeitig im Sinne des § 2015 beantragten Aufgebots, vorausgesetzt natürlich, daß die Nacherbfolge während der Schwebe des Aufgebotsverfahrens eintritt. Desgl. kann von mehreren Nacherben jeder einzelne eine Aufteilung des Nachlasses unter den Nacherben verhindern, sofern auch nur der Vorerbe das Aufgebot beantragt hatte (§ 2045), vorausgesetzt wieder, daß die Nacherbfolge während der Schwebe des Aufgebots eintritt. Das vom Vorerben veranlaßte Aufgebot setzt sich gegenüber dem Nacherben fort, wenn die Nacherbfolge vor seinem Abschlusse eintritt bezw. kann der Nacherbe es durchführen. Ein durch Nichtanmeldung seiner Forderung dem Vorerben gegenüber bereits ausgeschlossener Nachlaßgläubiger bleibt auch dem Nacherben gegenüber ausgeschlossen; den Ausgeschlossenen darf er nach Maßgabe des § 1973 auf die Bereicherung beschränken.

Eine weitere Bedeutung hat die Vorschrift des § 998 ZPO. unter Umständen auch für eine Mehrheit von Nacherben. War eine Mehrheit von Vorerben vorhanden, so äußerte ihr vor der Teilung durchgeführtes Aufgebot (Ausschlußurteil) nach § 2060 Nr. 1 für die Zeit nach der Teilung der Erbschaft die Wirkung, daß die Miterben nur je wegen des der Höhe ihrer Erbquote entsprechenden Teils der Forderung der ausgeschlossenen Nachlaßgläubiger in Anspruch genommen werden konnten. Nach dem Eintritt der Nacherbfolge entfällt zunächst diese Wirkung, weil die (etwa vorhandenen) mehreren Nacherben den Nachlaß zunächst wieder als etwas Ungeteiltes bekommen. In diesem Zustande können auch die ausgeschlossenen Nachlaßgläubiger die mehreren Erben als Gesamtschuldner in Anspruch nehmen. Teilen nunmehr aber auch die Nacherben, so äußert der Ausschluß auch zu ihren Gunsten die in § 2060 Nr. 1 normierte Wirkung. Sollte nur ein Vorerbe vorhanden gewesen sein, es der Nacherben aber mehrere geben, so würde der § 2060 Nr. 1 keine Wirkung äußern können, weil das vom Allein-Vorerben durchgeführte Aufgebot nicht die im § 997 Abs. 1 S. 2 vorgeschriebene Androhung der Teilhaftung für die Zeit nach der Teilung enthalten haben konnte. — Da der § 997 Abs. 1 S. 1 im Verhältnisse von Miterben untereinander dem Aufgebote des einen Miterben Wirkung zugunsten eines allgemein unbeschränkbar haftenden nach Maßgabe der entsprechenden Vorschriften des BGB. versagt, muß dies wegen des § 998 ZPO. auch für das Verhältnis des Vor- zum Nacherben wirken. Haftet also der Nacherbe unbeschränkbar, so kann er weder vom Antrag des Vorerben den im § 2015 normierten Vorteil ziehen (§ 2016), noch kann er einem dem Vorerben gegenüber ausgeschlossenen Nachlaßgläubiger seinerseits den Ausschluß entgegenhalten. Die Situation ist hier stets, wie folgt, zu denken: Der Vorerbe beantragt das Aufgebot, das daraufhin eingeleitet wird. Nun kommt es zur Nacherbfolge. Danach verliert der Nacherbe die Beschränkungsmöglichkeit, schließlich ergeht Ausschlußurteil. Das letztere hat alsdann keine die Haftung nur auf die Bereicherung beschränkende Wirkung, ebensowenig kann der Nacherbe nach dem Verlust noch die Zwangsvollstreckung hemmen. Dagegen ist es nicht möglich, die Situation sich, wie folgt, zu denken: Das vom Vorerben beantragte Aufgebot wird noch während der Dauer der Vorerbschaft mit Ausschlußurteil durchgeführt; die Nacherbfolge tritt erst alsdann ein. Verliert nämlich der Nacherbe die Beschränkungsmöglichkeit erst nach dem Erlaß des Ausschlußurteils, so ist seine Lage genau so günstig, wie die eines Vorerben selbst, der die Beschränkungsmöglichkeit erst nach dem Erlaß des Ausschlußurteils verliert, d. h. er kann trotz seines Verlustes einem Ausgeschlossenen den Ausschluß entgegenhalten und haftet danach nur mit der Bereicherung (§ 2013 Abs. 1 S. 2).

H. Der Ausschluß durch Zeitablauf (§ 1974).

Er ist im Gesetze mit Beziehung auf den Nacherben nicht besonders erwähnt. Er gilt aber unbedenklich auch für ihn als einen Erben. Was die fünfjährige Frist betrifft, so könnte man zweifeln, ob sie mit dem Erbfalle oder mit dem Falle des Eintritts der Nacherbfolge zu laufen beginnt. Alle Fristen, die ein Vorgehen gegen den Erben, sei es, weil es noch zu früh ist (§§ 2014, 2015), sei es, weil es schon zu spät ist (§ 1974), verhindern bezw. erschweren sollen, sind offensichtlich im Interesse des Erben bestimmt. Deshalb müssen die Fristen der §§ 2014, 2015 für den Nacherben nicht schon mit der Annahme der Erbschaft durch den Vorerben, sondern erst durch den Nacherben beginnen, da sonst wegen der Kürze dieser Fristen sie für den Nacherben überhaupt jede Bedeutung verlieren würden; sie wären schon beim Vorerben abgelaufen. — Soll auch die Frist des § 1974 dem Nacherben von Nutzen sein, so muß sie schon beim Erbfalle zu laufen beginnen, denn andernfalls würden Nachlaßgläubiger, die wegen Versäumung der Frist gegenüber dem Vorerben im Sinne des Paragraphen ausgeschlossen waren, beim Eintritt der Nacherbfolge wieder in die vollen Rechte gelangen und den Nacherben wie ein nicht ausgeschlossener Gläubiger bedrängen, ihn wohl gar in den Nachlaßkonkurs treiben können. Die sonst üblichen Folgen der Säumigkeit wären dadurch ihnen gegenüber außer Kraft gesetzt. Anders ist die Rechtslage bezgl. derjenigen Nachlaßgläubiger, welche infolge einer Anordnung des Erblassers oder aus sonstigen Gründen lediglich gegen den Nacherben vorgehen dürfen. Ist z. B. nur der Nacherbe mit einem Vermächtnis beschwert, so kann es erst mit dem Eintritte der Nacherbfolge und nur gegenüber dem Nacherben gefordert werden. Hier kann nicht die Rede davon sein, daß der Gläubiger im Sinne des § 1974 säumig war, auch wenn z. Z. des Eintritts der Nacherbfolge die fünfjährige Frist bereits abgelaufen sein sollte. Zulasten eines solchen Gläubigers beginnt die fünfjährige Frist erst mit dem Eintritt der Nacherbfolge.

Waren mehrere Vorerben vorhanden und hatten sie alle einem Gläubiger gegenüber die Einrede des Zeitablaufs erworben, so muß dies auch einem Nacherben zugute kommen. Sind der Nacherben mehrere vorhanden, so haften sie zwar vor ihrer Teilung dem Gläubiger gesamtschuldnerisch, im übrigen beschränkbar auf die Bereicherung, nach der Teilung aber nur anteilig (§ 2060 Nr. 2) mit der Bereicherung. Hatten dagegen von mehreren Vorerben nur einige die Einrede des Zeitablaufs erworben, hatten also trotzdem die sämtlichen Vorerben vor der Teilung zwar gesamtschuldnerisch, aber die einen auf den Nachlaß, die andern auf die Bereicherung beschränkbar, nach etwaiger Teilung die ersteren gleichfalls gesamtschuldnerisch und auf den Nachlaß, die letzteren aber anteilig und im übrigen auf die Bereicherung beschränkbar gehaftet, so ist dem Nacherben die Einrede des Zeitablaufs nicht gegeben, denn der Gläubiger hatte, indem er für das Bekanntwerden seiner Forderung gegenüber einigen Vorerben gesorgt hatte, das Vollrecht gegenüber dem Nachlaß gewahrt. Dasselbe würde auch auf mehrere Nacherben zutreffen; sie müßten beschränkbar auf den Nachlaß vor wie nach der Teilung gesamtschuldnerisch haften. — Hatte ein Nachlaßgläubiger einem Vorerben gegenüber sein Vollrecht dadurch gewahrt, daß er seine Forderung gerichtlich oder außergerichtlich geltend machte oder zu einem Aufgebot anmeldete oder daß sie dem Vorerben sonst bekannt wurde, so wirkt dies auch gegen den Nacherben.

J. Die Aufforderung des § 2061.

Sie ist mit Bezug auf das Nacherbenverhältnis im Gesetze nicht besonders erwähnt. Sie muß aber, da sie jedem von mehreren Miterben gestattet ist, auch jedem von mehreren Nach-Miterben freistehen, denn diese sind „Erben". — Ihre Wirkung ist die übliche.

Vor der Teilung der Erbschaft unter den Nacherben kommt keinerlei Wirkung in Betracht, dagegen dürfen Nachlaßgläubiger, die ihre Forderung nicht beim Nachlaßgericht oder bei dem Aufforderer angemeldet haben, ihre Forderung, sofern sie auch z. Z. der Teilung noch nicht bekannt geworden war, gegen die Erben nur anteilig geltend machen. Nach dem Eintritt der Nacherbfolge wird die Situation schwerlich je eine Aufforderung noch erfordern, da die Nachlaßgläubiger durch Geltendmachung ihrer Forderung gegenüber dem Vorerben bereits bekannt geworden sein werden, und da die Nachlaßgläubiger, die lediglich gegenüber dem Nacherben eine Forderung haben, dem Nacherben von Anfang an bekannt sein werden, sei es, weil es aus der letztwilligen Verfügung des Erblassers erhellen oder sich um die Ansprüche des Vorerben selbst (Seite 374) handeln wird. Nach diesseitiger Auffassung äußert eine Aufforderung, die von einem von mehreren Vorerben erlassen wurde, auch Wirkung für die Zeit der Nacherbschaft. Eine gesetzliche Bestimmung, wie sie im § 998 ZPO. für das Aufgebot getroffen ist, fehlt hier. Daß die Rechtslage trotzdem eine ähnliche wie im Aufgebot sein muß, ergibt sich aus der Erwägung, daß ein Nachlaßgläubiger, der im Sinne des § 2061 gegenüber den Vorerben minderberechtigt geworden war, den mehreren Nacherben gegenüber nicht vollberechtigt sein kann. Ist nur ein Nacherbe vorhanden, so hat der § 2061 allerdings keine Bedeutung für ihn; sind ihrer aber mehrere, so dürfen sie dem Gläubiger, der sie nach der Teilung etwa als Gesamtschuldner in Anspruch nimmt, sein Minderrecht entgegenhalten, wodurch sie ihn zwingen, jeden der Nacherben nur für denjenigen Teil der Verbindlichkeit in Anspruch zu nehmen, der je ihrer Erbquote entspricht. Hatte der Gläubiger sein Vollrecht durch Anmeldung oder dadurch, daß seine Forderung allen Vorerben rechtzeitig bekannt wurde, gewahrt, so verbleibt er auch gegenüber den Nacherben im Vollrecht. War dagegen Anmeldung nicht erfolgt und die Forderung wenigstens einem Vorerben bekannt geworden, so muß angenommen werden, daß die Forderung überhaupt bekannt war, die Nacherben haften auch nach der Teilung gesamtschuldnerisch, im übrigen auf den Nachlaß beschränkbar. War die Forderung bei der Aufforderung der Vorerben nicht angemeldet und kam es gar nicht zu einer Teilung, wurde die Forderung aber vor bezw. bei der Teilung des Nachlasses bei den Nacherben diesen allen oder einzelnen bekannt, so haften diejenigen, die sie kannten, gesamtschuldnerisch, die anderen anteilig.

Diejenigen Nachlaßgläubiger, die sich zur Aufforderung der Vorerben nicht melden konnten, weil ihnen lediglich die Nacherben haften, werden natürlich von der Aufforderung der Vorerben nicht betroffen, behalten also ihr volles Recht gegen die Nacherben.

K. Wirkung des Eintritts der Nacherbfolge auf schwebende Rechtsstreitigkeiten.

Aus der Tatsache, daß der Vorerbe mit dem Eintritt der Nacherbfolge aufhört, Erbe zu sein, muß an sich folgen, daß der Vorerbe in Rechtsstreitigkeiten die Legitimation verliert, gleichviel, ob es sich um Aktiv- oder Passivprozesse handelt. Eine Ausnahme könnte nur hinsichtlich derjenigen Prozesse bestehen, in denen der Vorerbe die lediglich ihm gebührenden Aktiva einfordert (siehe oben Seite 372) oder wegen der auch nach dem Eintritt der Nacherbfolge ihn noch weiter beschwerenden Nachlaßverbindlichkeiten in Anspruch genommen wird (§ 2145). Alle diejenigen Ansprüche, welche die nur dem Nacherben zustehenden Aktiva oder die allein ihn beschwerenden Nachlaßverbindlichkeiten betreffen, müßten nun nur von dem Nacherben bezw. nur gegen ihn geltend gemacht werden. Daß etwa der Nacherbe in die Rechtsstreitigkeiten des Vorerben eintritt, könnte nach allgemeinen Grundsätzen nicht der Fall sein, weil er nicht Rechtsnachfolger des Vorerben, vielmehr des Erblassers ist.

Die von der ZPO. im §§ 242, 246 getroffenen Bestimmungen haben auf Rechtsstreitigkeiten, in denen eine Nachlaßverbindlichkeit gegen den Vorerben geltend gemacht ist, keinen Bezug. Vielmehr gilt für sie, was oben als Folgerung aus der Tatsache, daß der Vorerbe aufhört, Erbe zu sein, angeführt ist. Der Vorerbe verliert die Passivlegitimation bezgl. derjenigen Rechtsstreitigkeiten, in denen eine nunmehr lediglich den Nacherben beschwerende Nachlaßverbindlichkeit geltend gemacht wird, behält sie aber in den Fällen, wo er nach § 2145 noch weiter Schuldner bleibt. Der Rechtsstreit wird aber auch in dem ersteren Falle nicht unterbrochen, vielmehr bleibt er dem Vorerben gegenüber anhängig, nur zwingt das Erlöschen der Haftung den Gläubiger, ihn in der Hauptsache für erledigt zu erklären und evtl. den Nacherben in einem neuen Prozesse in Anspruch zu nehmen.

Eine Abweichung von den oben eingangs erwähnten Grundsätzen ist nur für diejenigen Rechtsstreitigkeiten normiert, in denen der Vorerbe für die Nachlaßmasse Aktiva einfordert bezw. geltend macht (§ 242 ZPO.). Diese Abweichung ist aus Zweckmäßigkeitsgründen zugelassen; es soll verhütet werden, daß der Rechtsstreit, der in der Person des Vorerben erledigt ist, von neuem in der Person des Nacherben anhängig gemacht werde; er soll gegenüber dem Nacherben fortgeführt werden. Dies ist nur dann möglich, wenn der gegenüber dem Vorerben schwebende Prozeß unterbrochen wird. Die ZPO. ordnet eine Unterbrechung nur der Aktivprozesse des Vorerben an, beschränkt aber auch sie auf diejenigen Aktiva, über die der Vorerbe ohne Zustimmung des Nacherben zu verfügen befugt war (§ 242 ZPO.). Diese letztere Einschränkung weist auf die Bestimmungen der §§ 2112—2114 BGB. hin. Dort ist normiert, daß der Vorerbe über bewegliche Sachen einschließlich der Forderungen der Erbschaft ohne Zustimmung des Nacherben mit Wirkung gegen diesen und Dritte verfügen darf, ebenso daß er unbeschränkt eine zur Erbschaft gehörige Hypothekenforderung, Grundschuld, Rentenschuld kündigen darf. Rechtsstreitigkeiten des Vorerben, welche über solche der freien Verfügung des Vorerben unterliegenden Gegenstände z. Z. des Eintritts der Nacherbfolge anhängig sind, werden demnach durch diesen Eintritt unterbrochen und können in der Person des Nacherben aufgenommen und fortgeführt werden. Denn, da der Nacherbe sich die Verfügung des Vorerben gefallen lassen muß, auch ein gegen den Vorerben ergehendes Urteil nach § 326 ZPO. gegen den Nacherben wirken würde, interessiert der Rechtsstreit den Nacherben in hervorragendem Maße; indem sein Eintritt in diesen Rechtsstreit zugelassen wird, ist seinem Interesse sowie dem der Gegenpartei und des Vorerben am besten gedient. — Da der § 242 ZPO. die Unterbrechung ausdrücklich nur derjenigen Rechtsstreitigkeiten zuläßt, welche bezgl. der einer freien Verfügung des Vorerben unterliegenden Gegenstände anhängig sind, so könnte es den Anschein haben, als ob alle übrigen Rechtsstreitigkeiten, welche bezgl. der einer nicht freien Verfügung des Vorerben unterliegenden Gegenstände schweben, eine Unterbrechung in keinem Falle erfahren. Dem kann aber nicht so sein. Der Fall kann so liegen, daß der Vorerbe zwar nicht befugt war, ohne Zustimmung des Nacherben zu verfügen (z. B. über ein Erbschaftsgrundstück), daß er aber trotzdem verfügt hat, weil er die Zustimmung des Nacherben erhalten hat. Diese Verfügung bleibt dauernd wirksam. Oder: Daß der Vorerbe zwar unbefugt verfügt hat, daß aber die Verfügung wirksam bleibt, weil sie das Recht des Nacherben nicht vereitelt oder beeinträchtigt (§§ 2113, 2114). Bei solchen Verfügungen ist die Rechtslage dieselbe wie bei Verfügungen, bei welchen es von vornherein auf die Zustimmung des Nacherben nicht ankommt; sie wirken dem Nacherben gegenüber. Deshalb muß auch in solchen Fällen eine Unterbrechung des Rechtsstreits eintreten. Es kommt hiernach für die Würdigung des § 242 ZPO. nicht darauf an, ob der Vorerbe für die Dauer der Vorerbschaft zur Verfügung ohne Zustimmung des Nacherben befugt war, sondern darauf, ob die Verfügung unter *allen* Umständen auch dem Nacherben gegenüber wirksam bleibt. Deshalb fallen unter den § 242 ZPO. nicht bloß diejenigen Rechtsstreitigkeiten, in welchen der Vorerbe bewegliche Sachen und Forderungen für die Erbschaft einziehen will oder wo es sich um die Kündigung einer Hypothekenforderung, Grundschuld, Rentenschuld handelt, sondern auch diejenigen, in denen er unbewegliche Sachen: Grundstücke, Rechte an Grundstücken für den Nachlaß geltend macht; dieses letztere allerdings nur dann, wenn das Recht des Nacherben im Falle des Eintritts der Nacherbfolge *nicht* verletzt ist. Dagegen fällt unter § 242 ZPO. in keinem Falle ein Rechtsstreit, in welchem der Vorerbe eine Hypothekenforderung, Rentenschuld, Grundschuld ohne Zustimmung des Nacherben *einziehen* will (§ 2114) oder wo es sich um ein Grundstück bezw. um ein Recht an einem solchen handelt, sofern das Recht des Nacherben im Falle des Eintritts der Nacherbfolge verletzt ist und der Nacherbe nicht zugestimmt hat; diese Rechtsstreitigkeiten werden nicht unterbrochen.

Wird der Rechtsstreit unterbrochen, so finden die Vorschriften des § 239 ZPO. entsprechende Anwendung; der Vorerbe scheidet aus dem Rechtsstreite aus, der Nacherbe darf ihn aufnehmen bezw. kann zur Aufnahme gezwungen werden; der Rechtsstreit wird gegen den Nacherben durchgeführt. Die Unterbrechung dauert bis zur Aufnahme des Rechtsstreits durch den Nacherben. Wenn der Nacherbe die Erbschaft ausschlägt, so dauert die Unterbrechung bis zur Aufnahme durch diejenigen, an welche die Erbschaft nunmehr gelangt, also evtl. durch die Erben des Vorerben oder durch den Vorerben selbst (§ 2142 Abs. 2 BGB.). Wird seitens der danach in Frage Kommenden die Aufnahme verzögert, so verfährt die Gegenpartei nach § 239 Abs. 2 und 3 ZPO. Im übrigen siehe Seite 273. — Der Rechtsstreit kann gegen den Nacherben nicht früher aufgenommen werden, als bis er die Erbschaft angenommen hat (§ 239 Abs. 5 ZPO., §§ 2142 Abs. 1, 1958 BGB.). Näheres hierzu siehe bei Seuffert § 239 Anm. 5. — Ist der Eintritt der Nacherbfolge an den Tod des Vorerben geknüpft, so gelten bezgl. der Unterbrechung dieselben Grundsätze, wie im Falle des Eintritts der Nacherbfolge bei Lebzeiten des Vorerben. In den Fällen, wo nach obiger Darlegung eine Unterbrechung überhaupt eintritt, beruht sie auf § 242 ZPO. Die Erben des Vorerben haben mit dem Rechtsstreite nichts zu tun, er wird zwischen dem Prozeßgegner und dem Nacherben nach Aufnahme fortgeführt. In den Fällen aber, wo die Unterbrechung nach § 242 ZPO. nicht eintritt, muß der Rechtsstreit zwischen den Erben des Vorerben und dem Prozeßgegner weitergeführt werden; hier aber tritt infolge des Ablebens des Vorerben evtl. Unterbrechung nach § 239 ZPO. ein, bedarf es also einer Aufnahme seitens der Erben.

Die „Unterbrechung" ist die Folge des Verlustes der Legitimation des Vorerben zur Sache. Obwohl nun dieser Verlust des Vorerben auch dann eintritt, wenn er durch einen Prozeßbevollmächtigten vertreten wird, ordnet trotzdem der § 246 Abs. 1 ZPO. an, daß in einem solchen Falle eine Unterbrechung nicht eintritt. So bleibt der Rechtsstreit zwar mit dem Vorerben anhängig, aber der Prozeßbevollmächtigte, der ihn etwa weiterführt, müßte unterliegen. Der Prozeßbevollmächtigte kann nicht etwa den Rechtsstreit einfach für den Nacherben, selbst wenn dieser ihn bevollmächtigen sollte, fortführen, denn da der Rechtsstreit nicht unterbrochen wird, ist der Eintritt des Nacherben an die Stelle des Vorerben nicht möglich. Der Bevollmächtigte kann auch nicht erklären, daß er den Rechtsstreit für den Nacherben aufnehme, denn mangels einer Unterbrechung bezw. Aussetzung kann von einer Aufnahme (des noch mit dem Vorerben anhängigen Rechtsstreits) nicht die Rede sein. Dagegen hat — nach Satz 2 des § 246 Abs. 1 ZPO. — sowohl der Bevollmächtigte wie auch die Gegenpartei, allerdings nur in denjenigen Fällen, wo o h n e die Vertretung des Vorerben durch einen Prozeßbevollmächtigten die Unterbrechung eingetreten wäre, das Recht, beim Eintritte der Nacherbfolge die „Aussetzung" des Verfahrens zu fordern und dadurch einen Zustand herzustellen, welcher im Effekt der Unterbrechung gleichkommt. Bezgl. der Dauer der Aussetzung und der Aufnahme des Verfahrens bestimmt der § 246 Abs. 2 ZPO., daß sie sich nach den Vorschriften der §§ 239, 242 ZPO. richten. Der Prozeßbevollmächtigte kann den Rechtsstreit nur mit Vollmacht des Nacherben aufnehmen (§ 80 S. 2 ZPO.); im Anwaltsprozesse wird ein Mangel der Vollmacht nicht von Amtswegen, sondern nur auf Verlangen des Anwalts der Gegenpartei berücksichtigt. — Ladet die Gegenpartei zur Aufnahme und Verhandlung nach Maßgabe des § 239 Abs. 2 ZPO., so muß sie nach § 246 Abs. 2 S. 2 ZPO. den die Ladung enthaltenden Schriftsatz dem Bevollmächtigten des Vorerben und nach § 239 Abs. 3 ZPO. auch dem Nacherben zustellen.

Wird nach obigen Grundsätzen der Rechtsstreit nicht unterbrochen, so wird er mit dem Vorerben fortgesetzt, aber er kann nicht zu einer Entscheidung des Streites der Parteien führen, weil der Vorerbe zur Geltendmachung eines Aktivums für die Masse nicht mehr legitimiert ist. Verfolgt der Vorerbe die Sache dennoch weiter, so muß er kostenpflichtig abgewiesen werden. Erklärt er den Rechtsstreit in der Hauptsache für erledigt, so wird wegen der Kosten verhandelt und entschieden.

D. Die Haftung der Ehefrau als Erbin.

I. Unter dem Güterstande der Gütertrennung.

1. Einführung.

Die vom BGB. und anderen Gesetzen: KO. und ZPO. bezgl. der Frau als Erbin gegebenen Sondervorschriften beziehen sich in keinem Falle auf die im Güterstande der Gütertrennung lebende Ehefrau. Daher gelten für sie lediglich die allgemeinen bezgl. der Haftung eines Alleinerben für Nachlaßverbindlichkeiten gegebenen Vorschriften.

In Gütertrennung leben Eheleute nach dem BGB. entweder auf Grund eines sie festsetzenden Ehevertrages oder nach dem Gesetze, d. h. in Ermangelung einer Vertragsbestimmung in den Ausnahmefällen der §§ 1418—1420, 1426, 1364. Da sonach die Gütertrennung nur subsidiär gesetzlicher Güterstand ist, kann ihr Bestehen Dritten gegenüber nur dann eingewendet werden, wenn sie im Güterrechtsregister des zuständigen Amtsgerichts eingetragen oder den Dritten bekannt war (§ 1435 in Verbindung mit § 1431).

Unter dem Güterstande der Gütertrennung bleiben die Vermögen, welche je ein Gatte zur Zeit des Abschlusses der Ehe zu eigen besessen hatte, und ferner auch die je einem von ihnen während der Ehe zufallenden Vermögen, sei es aus welchem Grunde es sei, völlig getrennt hinsichtlich des Eigentums, der Verwaltung und Nutznießung. Danach haftet jedes der Vermögen gesondert für die von dessen Eigentümer eingegangenen Verbindlichkeiten; auch hat es kein Gläubiger nötig bezw. ist er nicht berechtigt, von dem Manne die Einwilligung bezw. Duldung der Zwangsvollstreckung in das Vermögen der Ehefrau zu fordern.

Die Grundsätze der Gütertrennung gelten auch für Vorbehaltsgut der Ehefrau, und zwar sowohl für gesetzliches Vorbehaltsgut wie für vertragliches oder zugewendetes (§§ 1371, 1441, 1526 Abs. 3 BGB.).

2. Haftung für Nachlaßverbindlichkeiten.

Fällt der Ehefrau, die im Güterstande der Gütertrennung lebt, eine Erbschaft zu, so folgt diese dem Schicksal des übrigen Vermögens der Frau. Sie tritt in das Eigentum der Frau und ist von ihr selbst zu verwalten und zu nutznießen. Der Ehemann hat hinsichtlich ihrer gar keine Rechte (siehe aber § 1427). Das bisherige Vermögen der Frau und die Erbschaft verschmelzen miteinander erst mit der Annahme der Erbschaft seitens der Frau. Auf diese Annahme hat der Ehemann keinen Einfluß.

Für die Stellung der Frau gegenüber den Nachlaßgläubigern gilt für die Zeit vor der Annahme der § 1958, wonach ein Anspruch, der sich gegen den Nachlaß richtet, nicht gegen die Person des Erben gerichtlich geltend gemacht werden kann; es bedarf vielmehr evtl. der Bestellung eines Nachlaßpflegers nach Maßgabe des § 1961. Es gilt auch für die Frau, daß vor Annahme der Erbschaft eine Zwangsvollstreckung wegen eines gegen den Nachlaß gerichteten Anspruchs nur in den Nachlaß zulässig ist, und daß wegen eigener Verbindlichkeiten der Frau in den Nachlaß überhaupt nicht vor der Annahme der Erbschaft vollstreckt werden darf (§ 778 ZPO.). Mit der Annahme der Erbschaft seitens der Ehefrau verschmelzen die beiden Vermögen. Die Frau haftet nunmehr unbeschränkt (§ 1967), d. h. mit der Erbschaft und mit dem sonstigen eigenen Vermögen sowohl für Nachlaß- als auch für eigene Verbindlichkeiten. Weder die eigenen noch die Nachlaßgläubiger haben es irgend nötig, auf den Ehemann Rücksicht zu nehmen; er seinerseits kann ihr Vorgehen in keiner Weise hindern.

3. Die Mittel der Haftungsbeschränkung.

Der Ehefrau sind natürlich ebenso wie jedem anderen Erben sämtliche Rechte der Haftungsbeschränkung, und zwar sind sie lediglich ihr gegeben; dem Ehemanne stehen auch nach dieser Richtung hin keinerlei Eingriffe zu. Etwa von ihm als Ehemann gestellte Anträge sind abzulehnen. Die Beschränkungsmittel, durch welche die Frau für die Nachlaßgläubiger die Erbschaft vom eigenen Vermögen wieder absondert, sind die Nachlaßverwaltung, der Nachlaßkonkurs und die Unzulänglichkeitseinrede (§§ 1990 ff.). Es gelten ausnahmslos die für diese Institute gegebenen Vorschriften bezw. die diesseits bezgl. des Alleinerben gemachten Ausführungen. Die Ehefrau hat ferner die Befugnis, ihre Haftung nach Maßgabe der für das Aufgebot gegebenen Bestimmungen auf die etwaige Bereicherung einzuschränken (§ 1973 BGB., §§ 989—996 ZPO.). — Auch bezgl. des Inventarrechts ist die Stellung der Ehefrau genau so wie die jedes anderen Erben. Nur sie, nicht etwa der Ehemann, ist berechtigt, das Inventar zu errichten; im Falle der Inventar-Fristsetzung (§ 1994) ist nur sie zur Errichtung verpflichtet; nur ihr kann die Frist gesetzt werden; ein vom Ehemann errichtetes Inventar würde die Ehefrau nicht vor dem Verluste des Haftungsbeschränkungsrechts bewahren. Doch dürfte die Bezugnahme der zur Inventarerrichtung aufgeforderten Frau auf ein etwa vom Ehemanne eingereichtes, sonst form- und inhaltsrichtiges Inventar sie vor dem Verluste des Beschränkungsrechts bewahren (§ 2004).

Genau dieselben Grundsätze bezgl. der Haftung der Ehefrau für Nachlaßverbindlichkeiten gelten auch für eine unter einem anderen Gütersystem des BGB. lebende Ehefrau bezgl. der zum Vorbehaltsgut bezw. als Vorbehaltsgut zugefallenen Erbschaft. § 1413 (beim gesetzlichen Güterstand), § 1461 (bei der Gütergemeinschaft), § 1526 Abs. 3 (bei der Errungenschaftsgemeinschaft).

II. Unter dem Güterstande der Verwaltung und Nutznießung.

A. Haftung bezgl. der zum Eingebrachten gehörenden Erbschaft.

1. Einführung.

Das BGB. (Erbrecht), sowie die KO. und die ZPO. treffen Sonderbestimmungen bezgl. der unter dem Güterstande der Verwaltung und Nutznießung lebenden Ehefrau als Erbin. Sie regeln in der Hauptsache die Stellung des Ehemannes gegenüber den die Frau belastenden Nachlaßverbindlichkeiten und bezwecken seinen Schutz.

Ehegatten leben nach BGB. im Güterstande der Verwaltung und Nutznießung (Verwaltungsgemeinschaft) dann, wenn sie keinen anderen Güterstand vereinbaren (Ausnahme §§ 1364, 1426); es ist der gesetzliche Güterstand. Unter diesem Güterstande bleiben die beiderseitigen Vermögen je im Eigentume des bisherigen Eigentümers. Das Vermögen der Frau kommt durch die Eheschließung in den Besitz (§ 1373) sowie in die Verwaltung und Nutznießung des Ehemannes (§ 1363); die Frau bleibt zwar bezgl. ihres Vermögens voll geschäftsfähig, wird aber in der Verfügung beschränkt. Dasselbe Schicksal hat jedes während der Ehe von der Frau erworbene Vermögen, also auch eine ihr zugefallene Erbschaft (§ 1363 Abs. 2); es bleibt im Eigentume der Frau, wird aber vom Manne verwaltet. Das Vermögen der Frau ist unter diesem Güterstande „eingebrachtes Gut".

Hiernach bestimmen sich die Grundsätze von der Schuldenhaftung der Eheleute:

Für die Verbindlichkeiten des Ehemannes haftet nur sein eigenes Vermögen, das von der Ehe gar nicht berührt wird. Die Gläubiger des Ehemannes können die Substanz des Frauenvermögens nicht angreifen (§ 1410). Auch das Recht der Verwaltung und Nutznießung, das dem Ehemanne an dem eingebrachten Gute der Ehefrau zusteht, ist der Pfändung seitens der Gläubiger des Mannes entzogen. Die Früchte des Eingebrachten fallen zwar in das Eigentum des Ehemannes, sind aber der Pfändung seitens seiner Gläubiger nur beschränkt unterworfen (§ 861 ZPO.).

Für die Verbindlichkeiten der Frau haftet

a) ihr eigenes, also eingebrachtes und etwaiges vorbehaltenes Gut. Und zwar haftet sie bezgl. des Vorbehaltsguts ohne jede Beschränkung; die Gläubiger haben Rechte des Mannes, da solche bezgl. dieses Gutes nicht bestehen, nicht zu respektieren. Hinsichtlich des Eingebrachten besteht aber ein zu respektierendes Verwaltungs- und Nutznießungsrecht des Mannes, daher ist, obwohl an sich die Verbindlichkeiten die — geschäftsfähige — Frau bezw. das Eingebrachte belastet, eine Inanspruchnahme nur nach Beseitigung der Mannesrechte denkbar. Ob der Mann diese seine Rechte bezgl. des Eingebrachten opfern muß, bestimmen die §§ 1411 ff. Das Aufgeben der Rechte des Mannes äußert sich darin, daß er die Vollstreckung in das Eingebrachte dulden muß (§ 739 ZPO.). Dies hat statt hinsichtlich sämtlicher vorehelicher Verbindlichkeiten der Frau ohne weiteres, dagegen hinsichtlich der in der Ehe kontrahierten nur dann, wenn der Ehemann genehmigt hat oder wenn die Genehmigung zur Wirksamkeit ihm gegenüber nicht erforderlich war (§ 1412 Abs. 1), abgesehen von den Kosten eines Rechtsstreits der Frau, für welche das Eingebrachte unter allen Umständen haftet (§ 1412 Abs. 2);

b) das Vermögen des Ehemannes in gewissen Fällen, in denen die Haftung eine gesamtschuldnerische neben der der Ehefrau ist (§ 1388). Es sind dies die in den §§ 1385 bis 1387 aufgezählten Verbindlichkeiten, nämlich die der Frau obliegenden öffentlichen Lasten: Staats- und andere Steuern (§ 1385 Nr. 1); die auf dem Eingebrachten ruhenden privatrechtlichen Lasten: Grund-Rentenschulden, Reallasten (§ 1385 Nr. 2); Zahlungen für die Versicherung eingebrachter Gegenstände (§ 1385 Nr. 3); Zinszahlungen bezgl.

aller derjenigen Verbindlichkeiten, deren Berichtigung nach den §§ 1411 und 1412 aus dem eingebrachten Gute verlangt werden kann (§ 1386 Abs. 1 S. 1); Verbindlichkeiten aus wiederkehrenden Leistungen anderer Art (wie Zinsen), z. B. Altenteil, Leibrenten sowie Verbindlichkeiten aus der gesetzlichen Unterhaltspflicht der Frau nach Maßgabe des § 1386 Abs. 1 S. 2; die Kostenschulden aus Rechtsstreitigkeiten, in denen der Mann ein zum eingebrachten Gute gehörendes Recht geltend macht, oder die nicht dem Vorbehaltsgute zur Last fallenden Kosten eines von der Frau geführten Rechtsstreits überhaupt (§ 1387).

2. Haftung für Nachlaßverbindlichkeiten.

Eben dieselben Grundsätze bezgl. der Haftung gelten dann, wenn je einem der Ehegatten eine Erbschaft zugefallen ist:

Erbt der Ehemann, so haftet er für Nachlaßverbindlichkeiten nach § 1967 mit der Erbschaft und mit seinem sonstigen Vermögen. Dagegen können die Nachlaßgläubiger die Substanz des Vermögens der Ehefrau, auch wenn es sich im Besitze des Mannes befindet, nicht angreifen; ebensowenig ist das Recht des Mannes am Eingebrachten angreifbar. Die Früchte, die der Mann vom Eingebrachten gezogen hat, unterliegen der Vollstreckung der Nachlaßgläubiger nur beschränkt nach Maßgabe des § 861 ZPO. — Bezgl. der vom Ehemanne anzuwendenden Mittel der Haftungsbeschränkung gelten alle hierüber bezgl. des Alleinerben gemachten Ausführungen. Der Ehefrau steht in keiner Beziehung ein Eingriff oder die Anwendung eines Beschränkungsmittels für den Mann zu. — Vollstrecken die Nachlaßgläubiger, die einen Schuldtitel gegen den Mann wegen einer auf der ihm angefallenen Erbschaft lastenden Verbindlichkeit erworben haben, in Eingebrachtes der Frau, so hat die Frau selbständig die Interventionsklage (§ 1407 Abs. 4 BGB., § 771 ZPO.). Auch der Mann kann gemäß § 1380 BGB. diese Klage im eigenen Namen erheben, da das der Widerspruchsklage zugrunde liegende Recht zum eingebrachten Gute gehört (Planck zu § 1407).

Erbt die Ehefrau, so haftet den Nachlaßgläubigern a) das etwaige Vorbehaltsgut der Frau unbeschränkt. Das Eingebrachte einschließlich der Erbschaft haftet gleichfalls, auch muß der Ehemann die Angriffe in dasselbe dulden (§ 739 ZPO.), weil die Ehefrau nach § 1406 Nr. 1 die Erbschaft ohne Zustimmung des Mannes annehmen darf und weil aus diesem Grunde der § 1412, der die Duldungspflicht hinsichtlich des Eingebrachten normiert, zutrifft. b) das Vermögen des Mannes, soweit er nach den §§ 1385—1387 als Gesamtschuldner für die Verbindlichkeiten der Frau in Anspruch genommen werden kann. — Die Ehefrau ist bezgl. der Verbindlichkeiten, die auf der ihr zugefallenen Erbschaft lasten, Schuldner. Sie kann nur auf Leistung in Anspruch genommen werden. Soweit der Ehemann neben ihr als Gesamtschuldner haftet, kann er zugleich mit ihr oder auch allein auf Leistung in Anspruch genommen werden. — Vollstrecken die Nachlaßgläubiger, die wegen einer auf der der Frau zugefallenen Erbschaft lastenden Verbindlichkeit einen Schuldtitel lediglich gegen die Frau erworben haben, in das Eingebrachte, so hat die Frau nicht das Recht, Einwendungen gemäß § 766 ZPO. zu machen, weil sie jedenfalls die Vollstreckungsschuldnerin ist. Dieses Recht steht ihr lediglich in den in §§ 1401, 1402 erwähnten Ausnahmefällen zu. Hier hat grundsätzlich nur der Ehemann das betr. Recht bezw. die Klage nach § 771 ZPO. (Petersen ZPO. § 739 Anm. 4). Wollen die Nachlaßgläubiger in das Eingebrachte vollstrecken, so bedarf es außer dem gegen die Ehefrau auf Leistung gerichteten Schuldtitel eines gegen den Ehemann auf Duldung lautenden Titels (§ 739 ZPO.). Danach muß der Gläubiger gleichzeitig oder nacheinander die Ehefrau (als die Schuldnerin) immer auf Leistung, den Ehemann als den beschränkt (mit dem Nutzungsrecht) Haftenden auf Duldung der Zwangsvollstreckung in das Eingebrachte verklagen, oder er kann, soweit der Ehemann gesamtschuldnerisch haftet, beide Eheleute auf Leistung, muß aber nebenher den Ehemann auch auf Duldung belangen. Die Verurteilung des Mannes auf Leistung (aus eigenem Vermögen) ersetzt nicht die Verurteilung zur Duldung bezgl. des Eingebrachten der Frau. Die Inanspruchnahme des Ehemannes auf Duldung ist in allen Prozeßarten zulässig. Die Vollstreckung aus den gegen die Frau auf Leistung und den Mann auf Duldung gerichteten Schuldtiteln erstreckt bezw. beschränkt sich auf das Eingebrachte (und selbstverständlich auf etwaiges Vorbehaltsgut) der Frau, gleichviel ob es sich im Besitz des Mannes oder der Frau befindet. Die Nachlaßgläubiger können (anders wie die Ehefrau selbst) Ersatzansprüche, welche der Frau aus der Verwaltung des Mannes oder aus dem durch ihn vorgenommenen Verbrauche oder aus der Veräußerung verbrauchbarer Sachen gegen den Mann erwachsen sind, durch Pfändung und Überweisung an sich bringen (§§ 1394, 1411 Abs. 1 S. 2, 1411 Abs. 2). — Der Mann kann zur Berichtigung von Nachlaßverbindlichkeiten bezgl. der an die Frau zum Eingebrachten angefallenen Erbschaft auch freiwillig ohne Zustimmung der Frau Geld und andere verbrauchbare Sachen des Eingebrachten verwenden (§ 1376 Nr. 1) bezw. mit Zustimmung der Frau evtl. des Vormundschaftsgerichts (§ 1379) das Eingebrachte versilbern. Werden von den Nachlaßgläubigern die Ehefrau auf Leistung und der Mann auf Duldung in Anspruch genommen, so sind sie nicht notwendige Streitgenossen (§ 62 ZPO., Rg. 59 Seite 236). — Auch die Haftung der Frau ist grundsätzlich eine unbeschränkte.

Die Anwendung der Mittel der Haftungsbeschränkung hinsichtlich der zum eingebrachten Gute gehörigen Erbschaft der Frau steht beiden Ehegatten selbständig, d. h. ohne Zustimmung des anderen zu. Nach den Regeln des gesetzlichen Güterstandes müßte dieses Recht lediglich der Mann haben, da nur er zur Verwaltung des die Erbschaft umfassenden Eingebrachten befugt ist. Hierdurch würden die erbrechtlichen Grundsätze, nach denen die Beschränkungsrechte dem Erben zustehen, hinsichtlich einer im gesetzlichen Güterstande lebenden Ehefrau ausgeschaltet werden. Das BGB. hat aber der Ehefrau als Erbin unabhängig von der Zustimmung des Mannes jegliche einem Erben überhaupt zustehende Beschränkungsbefugnis gelassen; sie darf, abgesehen von ihrem Rechte, selbständig eine Erbschaft auszuschlagen oder anzunehmen (§ 1406 Nr. 1), ein Inventar errichten (§ 1406 Nr. 1) — die Inventarfrist muß auch ihr bestimmt werden (§ 2008) —, Nachlaßkonkurs anmelden (§ 218 KO.), das Aufgebot beantragen (§ 999 ZPO.). Außerdem aber sind auch dem Manne dieselben Rechte selbständig gegeben. Dies beruht nicht auf seiner Verwaltung des Eingebrachten der Frau, sondern auf folgenden Erwägungen: Nach § 1406 Nr. 1 bedarf die Frau nicht der Zustimmung des Mannes zur Annahme einer Erbschaft. Dadurch kann sie, selbst bei ausreichender Erbschaft, den Mann in die Lage bringen, persönlich im Rahmen des § 1388 in Anspruch genommen zu werden; in jedem Falle aber muß er den Nachlaßgläubigern gegenüber (nach § 1412) sein Nutzungsrecht hinsichtlich des Eingebrachten opfern. Ist die Erbschaft gar überschuldet, so könnte es bei der grundsätzlich unbeschränkten Haftung geschehen, daß das ganze Eingebrachte zum Schaden beider Ehegatten aufgezehrt und daß außerdem noch der Mann persönlich belangt wird. Diese üblen Folgen der Annahme einer Erbschaft durch die Frau kann der Mann abwenden, nachdem ihm selbständig das Beschränkungsrecht gegenüber den Nachlaßverbindlichkeiten eingeräumt wurde. Dieses Recht besteht aber nur für die Dauer des gesetzlichen Güterstandes, da mit dessen Beendigung die auf seinen Grundsätzen beruhende Haftung des Mannes sowie seine Verwaltung und Nutznießung des Eingebrachten aufhört.

Wird seitens der Ehegatten die Haftung für Nachlaßverbindlichkeiten auf die Erbschaft durch Nachlaßverwaltung oder Nachlaßkonkurs beschränkt, so sondert sich die Erbschaft vom sonstigen Eingebrachten wieder ab, d. h. sie ist seitens des Mannes bezw. der Frau an den Verwalter dieser Verfahren zur abgesonderten Verwaltung herauszugeben. Damit ist dem Manne für die Dauer des Verfahrens nicht bloß die selbständige Verwaltung, sondern auch die Nutznießung hinsichtlich der Erbschaft entzogen, aber er behält diese Rechte in Ansehung des übrigen Eingebrachten. Den Nachlaßgläubigern haftet für die Dauer der Verfahren lediglich der Nachlaß, sie können danach den Ehemann nicht auf Duldung der Zwangsvollstreckung bezgl. des übrigen Eingebrachten oder auf Leistung aus seinem Eigenvermögen im Rahmen des § 1388 belangen. Ebensowenig kann die Frau auf Leistung aus ihrem Vorbehaltsgut in Anspruch genommen werden. Sollte z. B. der Anordnung der Verfahren die Zwangsvollstreckung eines Nachlaßgläubigers gegenüber diesem Vorbehaltsgut bestehen, so kann die Frau gemäß §§ 784, 785 ZPO. Aufhebung verlangen. Hat die Zwangsvollstreckung, die auf Grund Leistungs- und Duldungstitels, also in Übereinstimmung mit § 739 ZPO. vorgenommen wurde, Eingebrachtes ergriffen, das nicht zur Erbschaft gehört, so steht gleichfalls der Frau auch selbständig die Widerspruchsklage zu. Zwar ist sie auch hier Vollstreckungsschuldner, aber sie haftet, nachdem die Haftung beschränkt ist, doch nicht mehr mit d i e s e m Vermögen (§ 1407 Nr. 4). Natürlich kann auch der Mann nach § 1380 den Widerspruch im eigenen Namen geltend machen, da das dem Widerspruch zugrunde liegende Recht zum eingebrachten Gute gehört.

Bezüglich der in Privatvermögen des Mannes bestehenden Zwangsvollstreckung hat das betr. Recht lediglich der Mann. Hinsichtlich der seitens eines Privatgläubigers der Frau oder des Mannes in die Erbschaft vorgenommenen Zwangsvollstreckung hat nach Anordnung der Verfahren lediglich der betr. Verwalter die Aufhebung durchzusetzen (§ 766 ZPO.). — Ist der Nachlaß im Sinne des § 1990 unzulänglich, so hat ihn der Mann, sofern er oder die Frau die Unzulänglichkeit geltend machen, an die Nachlaßgläubiger in der im § 1990 vorgeschriebenen Form herauszugeben. Mit der Anwendung dieser Einrede beschränkt sich die Haftung auf den Nachlaß, kann also der Mann bezw. auch die Frau gegen jede Zwangsvollstreckung, welche andere Gegenstände, wie den Nachlaß ergreift, die Widerspruchsklage mit dem Ziele der Aufhebung der Maßregel nach den oben erwähnten Grundsätzen erheben.

Die Frau darf einen Verzicht auf die Beschränkung erklären, doch wirkt er lediglich gegen sie, nicht auch gegen den Mann, da er ein Rechtsgeschäft ist, das zur Wirkung gegen den Mann der Zustimmung desselben bedarf (§ 1412). Die — verzichtende — Frau darf, abgesehen vom Nachlaßkonkurse, der aber in diesem Falle die Haftung nicht auf den Nachlaß beschränkt, keines der Beschränkungsmittel mehr anwenden; sie muß sich also den Beginn und die Durchführung der Zwangsvollstreckung der Nachlaßgläubiger in ihr Vorbehaltsgut sowie in ihr gesamtes Eingebrachtes gefallen lassen. Anders ist dies hinsichtlich des Mannes. Für ihn ist die Situation dieselbe, wie wenn die Frau den Verzicht nicht erklärt hätte, d. h. grundsätzlich haftet zwar das gesamte Eingebrachte der Frau und evtl. er selbst gesamtschuldnerisch im Rahmen des § 1388, er muß sich also die Duldungsklage und die Vollstreckung in Eingebrachtes bezw. evtl. in sein Eigenvermögen gefallen lassen, aber er kann Beschränkungsmittel anwenden (Planck § 2008 Anm. 4 a). Dadurch sondert er die Erbschaft vom sonstigen Eingebrachten ab und zwingt die Nachlaßgläubiger, mit ihren Angriffen von seinem Eigenvermögen und vom sonstigen Eingebrachten der Frau, nicht aber auch vom Vorbehaltenen der Frau abzulassen. Sollte z. B. seiner Inanspruchnahme auf Zahlung das Beschränkungsverfahren bereits schweben, so kann er sogleich die Duldung verweigern; durch denselben Hinweis kann er seine Verurteilung zur Leistung verhindern. — Natürlich wird mit keiner dieser Maßnahmen des Mannes die unbeschränkbare Haftung der Frau wieder hergestellt.

Nach § 780 ZPO. kann der als Erbe des Schuldners verurteilte Beklagte die Beschränkung nur geltend machen, wenn sie ihm im Urteile vorbehalten ist. Danach wahrt die auf Leistung wegen einer Nachlaßverbindlichkeit verklagte Frau die Beschränkung im Verhältnisse zum klagenden Gläubiger eben nur durch Erwirkung des Vorbehalts. Über die Wirkung des Vorbehalts siehe oben Seite 127 ff. Hat sie den Vorbehalt nicht erwirkt, so liegt darin im Verhältnis zur geltend gemachten Forderung ein endgültiger Verzicht auf das Beschränkungsrecht; die Frau muß sich die Zwangsvollstreckung (nur) wegen der Urteilsforderung auch in ihr eingebrachtes Vermögen gefallen lassen und kann ihrerseits keine Aufhebung der Maßregel durchsetzen, wenn es zu einem Beschränkungsverfahren kommen sollte. Dagegen wirkt auch dieser partielle Verzicht nicht zulasten des Mannes, der, soweit Vollstreckung in Eingebrachtes in Frage steht, ohne weiteres die Aufhebung einer im Widerspruch zu § 739 ZPO. stehenden, unzulässigen Vollstreckung durchsetzen kann (§ 766 ZPO.). Ist dagegen der Mann wegen Duldung der Zwangsvollstreckung in Eingebrachtes verurteilt, so kann er die Aufhebung der Zwangsmaßregeln nur durch Anwendung eines Beschränkungsmittels erreichen (§§ 785, 784 ZPO.). — Der Mann kann, da er nicht als „Erbe" des Schuldners in Anspruch genommen bezw. verurteilt wird, den Vorbehalt seinerseits nicht erwirken; es bedarf dessen auch nicht, da, wie dargelegt, die Verwirkung des Vorbehalts durch die Frau seinen Rechten hinsichtlich des Eingebrachten keinen Nachteil zufügt (Planck zu § 2008 Anm. 4 a).

Ist durch Verstöße bezgl. des Inventars das Recht der Haftungsbeschränkung mit Wirkung gegen beide Ehegatten verloren, so hat dies zur Folge, daß die Frau mit ihrem gesamten Vermögen für Nachlaßverbindlichkeiten haftet und daß der Mann hinsichtlich des Eingebrachten die Vollstreckung der Nachlaßgläubiger dulden muß, daß ferner auch der Mann selbst persönlich als Gesamtschuldner (im Rahmen des § 1388) in Anspruch genommen werden kann, ohne daß es den Gatten gestattet ist, die Mittel der Haftungsbeschränkung anzuwenden, abgesehen vom Nachlaßkonkurse (§ 216 Abs. 1 KO.), der aber hier die Haftung nicht beschränkt. Wie im folgenden Abschnitt dargelegt wird, kann keiner der Ehegatten allein durch seinen Verstoß gegen die Inventarpflicht den Verlust der Beschränkungsmöglichkeit herbeiführen, überall kann dies nur durch einen auch dem anderen zur Last fallenden Verstoß geschehen.

3. Die Mittel der Haftungsbeschränkung und die diese vorbereitenden Maßnahmen:

Bezgl. der Anwendung der Beschränkungsmittel und der diese vorbereitenden Maßnahmen ist folgendes anzuführen:

a. Das Inventar.

Sonderbestimmungen enthalten die §§ 1406 Nr. 1 und 2008 BGB.

Der § 1406 Nr. 1 bezieht sich lediglich auf die Ehefrau; er gibt ihr das Recht, selbständig ohne Zustimmung des Ehemannes ein Inventar zu errichten. Dieses Inventar ist nicht mit dem im § 1372 erwähnten zu verwechseln; das letztere dient lediglich den Interessen der Ehegatten im Verhältnisse zu einander; es ist hierbei die Mitwirkung des anderen Ehegatten geboten, wenn der errichtende sie verlangt. Die Errichtungsform unterliegt der Bestimmung des § 1035 (Verzeichnis über die zu einem Nießbrauch gehörigen Sachen). Das im § 1406 erwähnte Inventar dient der Ehefrau im Verhältnisse zu den Nachlaßgläubigern; es unterliegt den Vorschriften der §§ 1993 ff. Die Errichtung eines Nachlaßinventars im Sinne der §§ 1993 ff. bedeutet einen Eingriff in die Verwaltung des Mannes, deshalb bedurfte es der besonderen Bestimmung, wonach die Ehefrau zu dieser Errichtung der Genehmigung des Mannes nicht bedarf. Es ist hier sowohl das freiwillige, wie das auf Fristsetzung zu errichtende Inventar gemeint.

Von der Erwägung aus, daß beim gesetzlichen Güterstande der Mann die Verwaltung der an die Frau gefallenen Erbschaft als Eingebrachten hat und daß nur er imstande ist, dieses Vermögen zu inventarisieren, ist im § 2008 angeordnet, daß die Inventarfrist auch dem Manne gegenüber bestimmt werden muß. Daß sie auch der Frau zu bestimmen ist, folgt aus ihrer Erbeneigenschaft und aus der Tatsache, daß nur sie das Inventarrecht besitzt. Die Fristsetzung ist unwirksam, wenn sie nur gegenüber einem der Ehegatten erfolgt. Wird die Frist lediglich für einen Ehegatten beantragt, so muß sie dennoch beiden Ehegatten gesetzt werden. Der Satz 2 des Abs. 1 des Paragraphen bestimmt ferner, daß die Frist für die Frau jedenfalls nicht früher, wie für den Mann ablaufen kann. Dies wird, obwohl natürlich die Frist für beide Ehegatten die gleiche sein wird, im Einzelfalle doch Bedeutung haben, weil z. B. die Zustellung an den Mann später wie an die Frau erfolgen mag oder weil in der Person des Mannes Hinderungsgründe eintreten können (§ 1996 ff.). Über den Fall, daß die Frist für die Frau z. Z. des Ablaufs der Frist für den Mann fortdauert, z. B. wenn die Zustellung des die Frist bestimmenden Beschlusses an sie später wie an den Mann erfolgt ist, siehe Planck zu § 2008 Anm. 2 b. — Weiter bestimmt der Paragraph im Satz 3, daß das vom Manne errichtete Inventar der Frau zustatten komme. Mit diesen beiden Bestimmungen bewahrt das Gesetz die Frau davor, ein Inventar in den Fällen zu errichten, wo es der Mann tut; sodann gibt es ihr Gelegenheit, das Inventar zu errichten bezw. der Inventarpflicht zu genügen in den Fällen, wo dies der Mann zu tun unterläßt. Die Inventarerrichtung durch die Frau ist im Gesetze nicht besonders gewürdigt, weil die Frau als Erbin selbstverständlich das Inventarrecht und deshalb auch die Inventarpflicht, die ihr aber erleichtert ist, hat. Natürlich reicht, sofern nur sie als Erbin das Inventar errichtet hat, dies zur Wahrung der Beschränkung für beide Ehegatten aus.

Die Vorschrift, daß die Inventarfrist auch dem Ehemanne zu bestimmen ist, darf nicht dahin verstanden werden, daß ihm ein selbständiges Inventarrecht verliehen ist und daß er, wenn er etwa Verstöße im Sinne der §§ 1994, 2005 begeht, als Selbstschuldner für jede Nachlaßverbindlichkeit haftet. Das Inventarrecht verbleibt der Ehefrau als der Erbin. Wie die hinsichtlich des Inventars etwa seitens eines oder beider Ehegatten begangenen erwähnten Verstöße wirken, ergibt folgende Darstellung: Nachdem den beiden Ehegatten die Frist bestimmt ist, wird in Normalfällen das Inventar errichtet werden. Daß etwa jeder der Ehegatten ein Inventar errichte, wird nicht erfordert. Es genügt die einmalige Errichtung, gleichviel ob sie vom Manne oder der Frau oder von beiden Ehegatten bewerkstelligt wird. Normalerweise werden sie das Inventar b e i d e unterschreiben. Die ihnen gesetzte Frist ist unter allen Umständen zu wahren. Es reicht aus, daß sie von einem der Ehegatten gewahrt ist, d. h. daß nur dieser innerhalb der Frist das Inventar errichtet. Ist dies geschehen, so schadet die Fristversäumnis des anderen keinem der Gatten, sie haben die Beschränkungsmöglichkeit gewahrt. Versäumen sie aber die Frist beide, so verwirken sie diese Möglichkeit, d. h. es verbleibt dauernd dabei, daß das gesamte Eingebrachte, das Vorbehaltene sowie im Rahmen des § 1388 auch das Privatvermögen des Mannes für die Nachlaßverbindlichkeiten haften. Selbst in dem Falle, wo es zum Nachlaßkonkurse kommt, was ja auch bei unbeschränkbarer Erbenhaftung geschehen kann (§ 216 KO.), verbleibt es bei dieser Haftung, nur daß die Erbschaft, die ja Masse wird, gesondert für die Zwecke der Nachlaßgläubiger verwendet wird. — Hat der Mann das Inventar zwar rechtzeitig, aber falsch im Sinne des § 2005 errichtet, so hat dies keinen nachteiligen Einfluß auf die Frau, da aus § 2008 zu folgern ist, daß das Inventar des Mannes der Frau niemals schaden kann; aber es kommt, da es eben nicht richtig ist, der Frau auch nicht zustatten. Würde die Frau sich passiv verhalten, d. h. innerhalb der Inventarfrist auch ihrerseits kein richtiges Inventar errichten, so würde der Verlust der Beschränkung für beide Ehegatten eintreten, und zwar weil innerhalb der Frist kein richtiges Inventar errichtet wurde. Würde die Frau sich gemäß § 2004 auf das unrichtige Inventar des Mannes berufen, so würde die Situation dieselbe sein; etwaiger guter Glauben der Frau würde da nichts nützen, weil er das Inventar nicht zu einem richtigen macht und es für die Nachlaßgläubiger darauf ankommt, den wahren Nachlaßbestand kennen zu lernen. Ebenso Staudinger zu § 2008 Anm. 3 b, anders Planck zu § 2008 Anm. 4 b. — Hat die Frau das Inventar zwar rechtzeitig, aber ungetreu errichtet, so schadet dies noch nicht dem Manne, wohl aber ihr selbst. Aber, da hier eben noch kein richtiges Inventar vorliegt, muß der Mann innerhalb der Frist seinerseits das Inventar errichten. Tut er dies, so wahrt er für beide Ehegatten die Beschränkung; verhält er sich aber passiv, so schadet ihm seine Fristversäumnis und es verlieren beide Ehegatten die Beschränkung; beruft er sich auf das falsche Inventar der Frau gemäß § 2004, so wahrt er die Beschränkung aus dem oben angegebenen Grunde nicht; es haben sie endgültig beide Gatten eingebüßt. — Hat, was ja denkbar ist, jeder der Gatten ein besonderes Inventar errichtet, so gilt nur dasjenige der Frau, wenn es richtig ist; das etwa falsche wird durch das richtige des Mannes ersetzt. Sind beide falsch, so verlieren beide Gatten die Beschränkungsbefugnis, wobei der Frau lediglich ihr eigener Verstoß schadet. Anders hier Planck l. c. Anm. 5.

Die hier angegebenen Grundsätze vom Inventar gelten durchweg auch für den Offenbarungseid, den ein Nachlaßgläubiger vom Erben betreffs des Inventars mit der Wirkung verlangen kann, daß die Weigerung der Eidesleistung unbeschränkbare Haftung wegen aller Forderungen des den Eid verlangenden Nachlaßgläubigers herbeiführt. Zur Eidesleistung sind stets beide Ehegatten aufzufordern, d. h. zu laden. Daß dies bezgl. des Ehemannes zutrifft, ergibt sich aus den Grundsätzen des gesetzlichen Güterstandes, wonach der Ehemann die Verwaltung des Eingebrachten hat und ferner aus dem Gesichtspunkt, daß er sich gegen Verstöße der Frau hinsichtlich des Inventars im Interesse seines eigenen und des eingebrachten Vermögens der Ehefrau muß schützen können. Daß es ferner auch bezgl. der Ehefrau zutrifft, erhellt aus dem ihr allein zustehenden Inventarrecht. Daß endlich stets beide Gatten zugleich geladen werden müssen, ergibt sich aus § 2008 Abs. 1, der für das Inventarrecht überhaupt gilt, wobei zu bemerken ist, daß der Offenbarungseid des § 2006 ja nur eine Maßregel der Bekräftigung des Inventars ist. Durch diesen Zwang hinsichtlich der Ladung beider Gatten wird, wie dies dem Geiste des § 2008 entspricht, verhütet, daß der eine der Ehegatten allein das Beschränkungsrecht verwirken kann. — Nach dem Wortlaute des § 2006 kann den Eid nur der Errichter des Inventars leisten, da er beschwören muß, daß e r die Sachen richtig angegeben habe. Hat der Ehemann das Inventar errichtet, so wird er es beschwören können, er wahrt dadurch auch für die Frau die Beschränkung, da, wie sein Inventar überhaupt, so auch der von ihm geleistete Eid der Frau zustatten kommt. Hat die Frau das Inventar errichtet, so wird sie es beschwören können, sie wahrt dadurch auch für den Mann die Beschränkung, da sie das Inventarrecht hat. Verweigert der Ehemann den Eid hinsichtlich des von ihm errichteten Inventars, so kommt es darauf an, wie die Frau sich dazu verhält. Erbietet sie sich zum Eide, indem sie das Inventar zu ihrem eigenen macht oder schon früher gemacht hatte, so wahrt sie die Beschränkung für beide Gatten; verhält sie sich aber passiv, so verwirkt dies für beide Gatten partiell die Beschränkung. Verweigert die Ehefrau den Eid hinsichtlich des von ihr errichteten Inventars, so kommt es auf die Stellungnahme des Mannes an; erbietet er sich zur Eidesleistung, so kommt dies der Frau zustatten, verhält er sich passiv, so gilt das Inventar als falsch und es haften beide Ehegatten unbeschränkbar. Indem ein Ehegatte sich das Inventar des anderen zu eigen macht, ist er auch formell imstande, dem Wortlaute des Eides zu genügen. Anders Planck § 2008 Anm. 4c, Hachenburg, das BGB. 1900 Seite 406. — Hat jeder der Ehegatten ein besonderes Inventar errichtet, so sind dennoch beide zu laden. Verweigert der eine von ihnen den Eid bezgl. seines Inventars, so kann er doch das Inventar des anderen zum eigenen machen und beschwören, wodurch er die Beschränkung für beide

Gatten wahrt. Verweigert er den Eid überhaupt, so kann der andere sein eigenes oder das des Verweigernden beschwören.

b. Die Hemmungsbefugnis. § 2014.

Das Recht, eine Zwangsvollstreckung innerhalb der ersten drei Monate nach Annahme der Erbschaft in der Weise aufzuhalten, daß es nicht zu einer Verwertung der Pfandgegenstände kommt (die Hemmungsbefugnis nach § 2014), gewinnt Bedeutung erst in der Zwangsvollstreckungsinstanz (siehe Seite 134). Der Frau als der Erbin steht es gegenüber jeder seitens eines Nachlaßgläubigers in ihr Vorbehaltsgut vorgenommenen Zwangsvollstreckung auf Grund der §§ 782, 785 ZPO. zu. Ist die Zwangsvollstreckung auf Grund eines gegen sie auf Leistung, gegen den Mann auf Duldung gerichteten Titels in Eingebrachtes ausgeführt, so kann auf Grund des § 1380 der Mann selbständig die Hemmung durchführen, da sie ein zum Eingebrachten gehöriges Recht ist. Auch die Frau hat, obwohl sie Vollstreckungsschuldnerin ist, die betr. Widerspruchsklage (§ 1407 Nr. 4, Staudinger zu § 1407 Anm. 2 d, Planck l. c. Anm. 4). Daß die Hemmungsbefugnis auch dem Ehemanne zusteht, ist, abgesehen von dem oben erwähnten Grunde, aus der Tatsache zu folgern, daß ihm selbständig das Recht gegeben ist, den Nachlaßkonkurs zu beantragen (§ 218 KO.). Die Hemmungsbefugnis ist nämlich überhaupt nur mit Rücksicht auf die ungeschmälerte Erhaltung des Nachlasses für einen Nachlaßkonkurs zugestanden, also eine ihn vorbereitende Maßregel der Verwaltung der Erbschaft. Die Befugnis ist für den Mann von Bedeutung insofern, als sie die mit der Erbschaftsannahme für ihn möglicherweise eintretende Gefahr des Verlustes des gesamten Eingebrachten und der Inanspruchnahme seines Eigenvermögens abschwächt bezw. beseitigt (vergl. auch Planck § 1406 Anm. 1).

Für die Erhebung der die Hemmungsbefugnis zur Geltung bringenden Widerspruchsklage (§ 785 ZPO.) bedarf die Frau des Vorbehaltes (§ 780 ZPO.), da sonst im Verhältnis zum Urteils- (Pfand-) Gläubiger unbeschränkte Haftung besteht, die nach § 2016 die Hemmungsbefugnis beseitigt. — Der Mann kann die Klage ohne die erwähnte Voraussetzung erheben, sei es daß es sich um ein gegen ihn gerichtetes Leistungsurteil (§ 1388) oder um ein Duldungsurteil handelt (§ 739 ZPO.). Er kann diese Klage aber auch dann erheben, wenn die Frau ihrerseits in dem gegen sie auf Leistung gerichteten Prozeß den Vorbehalt nicht erwirkt hat. Denn, wie oben gesagt ist, liegt in dieser Verwirkung seitens der Frau ein nicht zum Nachteil des Mannes wirkender Verzicht.

Ist die Beschränkungsmöglichkeit durch ein richtiges Inventar eines Ehegatten für beide gewahrt, so kommt dies in dem Sinne auch dem andern zustatten, daß auch er nicht mehr die Zwangsvollstreckung hemmen kann. Der Nachlaß liegt nun ja für beide so offen, daß jeder die für die Liquidation des Nachlasses zu ergreifenden Schritte wissen muß. Ist von einem Ehegatten ein falsches Inventar errichtet, so verwirkt auch dieses die Hemmungsbefugnis für beide endgültig; verhält sich nämlich der andere hierzu passiv oder erklärt er es als eigenes, so wirkt das Inventar auch zu seinen Lasten. Macht der andere aber ein richtiges Inventar, so kommt dieses im Sinne des § 2014 beiden zustatten.

c. Der Nachlaßkonkurs.

Das Gesetz enthält hier Sonderbestimmungen. Vorher sei aber bezgl. des Konkurses der Ehegatten selbst erwähnt, daß der Konkurs des M a n n e s lediglich sein eigenes, also nicht das eingebrachte und das vorbehaltene Vermögen der Frau ergreift. An diesem Konkurse haben die Nachlaßgläubiger ein Interesse insoweit, als der Mann ihnen auch persönlich (§§ 1388, 1411 Abs. 2) haftet. Im Konkurse des Mannes werden die etwa gemeldeten Nachlaßgläubiger nur wie Gläubiger des Mannes, nicht also mit der Qualifikation als Nachlaßgläubiger (§ 226 KO.) behandelt. Sie können sich an die unbeschränkt haftende Erbin selbst halten und diese als die Schuldnerin wegen Befriedigung belangen. Sie sind nunmehr nicht mehr gezwungen oder berechtigt, den Ehemann auf Duldung zu verklagen, weil die Verwaltung und Nutznießung mit der Rechtskraft des den Konkurs über das Mannesvermögen eröffnenden Beschlusses dauernd endigt (§ 1419). Für die Folge gilt Gütertrennung (§ 1426). Der im Konkurse befindliche Ehemann bezw. der Konkursverwalter hat nicht mehr das Recht der Haftungsbeschränkung bezgl. der an die Frau gefallenen Erbschaft, auch nicht soweit er etwa für Nachlaßverbindlichkeiten persönlich haftet; er hat auch nicht mehr das Recht ein Aufgebot zu beantragen oder ein Inventar bezgl. der Erbschaft zu errichten, die Frist wird ihm nicht mehr mitbestimmt. — Der Konkurs über das Vermögen der F r a u ergreift ihr Eingebrachtes und ihr Vorbehaltsgut. Die Erbschaft, welche Bestandteil des Eingebrachten ist, gehört danach zur Konkursmasse. Die Nachlaßgläubiger, die sich zum Konkurse melden, werden wie andere Gläubiger der Frau behandelt. Wollen sie als „Nachlaß"gläubiger in der Rangordnung des § 226 KO. befriedigt werden, so müssen sie Nachlaßverwaltung bezw. Nachlaßkonkurs beantragen, wodurch sie die Erbschaft aus der Konkursmasse für ein besonderes Verfahren, an dem nur sie beteiligt sind, aussondern. Natürlich hat auch die Frau selbst bezw. ihr Konkursverwalter dieses Recht, der letztere hat im Interesse der übrigen Gläubiger der Frau dazu sogar die Pflicht (§ 82 KO.). Er darf bezw. muß auch das Beschränkungsmittel des § 1990 bei unzulänglichem Nachlasse anwenden. Da der Konkurs der Ehefrau nicht die Rechte des Mannes hinsichtlich der Verwaltung und Nutznießung beseitigt, behält er auch die Beschränkungsrechte. Der Antrag der Nachlaßgläubiger auf Anordnung einer Nachlaßverwaltung wird durch den Hinweis auf die im Konkurse der Frau liegende Gefahr ohne weiteres gerechtfertigt (§ 1981 Abs. 2). Der Konkursantrag setzt Überschuldung der Erbschaft voraus; die Tatsache des Frauenkonkurses allein begründet ihn nicht.

Die Sonderbestimmung über den N a c h l a ß konkurs ist im § 218 KO. enthalten. Er bestimmt, daß bezgl. eines zum eingebrachten Vermögen der Ehefrau gehörenden Nachlasses sowohl der Ehemann wie auch die Ehefrau die Eröffnung des Nachlaßkonkurses beantragen kann, ohne daß es der Zustimmung des anderen Ehegatten bedarf. Als Normalfall ist, wie Abs. 3 zeigt, gedacht, daß der Antrag von beiden Ehegatten gestellt wird; in diesem Falle bedarf es keiner Glaubhaftmachung der Überschuldung, vielmehr genügt die Einreichung eines Verzeichnisses der Gläubiger und Schuldner und einer Übersicht der Vermögensmasse. Wird der Antrag nur von einem der Ehegatten gestellt, so bedarf es der Glaubhaftmachung der Überschuldung, auch hat das Gericht den anderen Ehegatten, wenn tunlich, zu hören. Der Ehefrau steht das Antragsrecht als dem Erben zu. Dagegen gründet sich das dem Ehemann eingeräumte Recht auf der schon hervorgehobenen Erwägung, welche sein Haftungsbeschränkungsrecht überhaupt begründet; er hat ein Interesse, sich für die Fälle, wo er neben seiner Ehefrau gesamtschuldnerisch haftet, von dieser Haftung zu befreien und ferner zu verhüten, daß die Nachlaßgläubiger das sonstige Eingebrachte seiner Ehefrau, soweit es nicht Nachlaß ist, wegpfänden. Diesem Antragsrecht steht aber nicht die Antragspflicht im Sinne des § 1980, d. h. im Verhältnisse zu den Nachlaßgläubigern, gegenüber, die den Mann also auch nicht wegen Verschuldens im Sinne dieses Paragraphen in Anspruch nehmen können. Vielmehr verbleibt der Antrags z w a n g und die Verantwortlichkeit bei der Frau als Erbin. Die Frau entgeht der Verantwortlichkeit nach § 1980 nicht durch den Hinweis, daß die Überschuldung lediglich dem Manne bekannt war, da er allein die Verwaltung und den Besitz der Erbschaft gehabt habe. Die Frau als Erbin ist im Interesse der Nachlaßgläubiger verpflichtet, sich die Kenntnis von dem Vermögensstande der Erbschaft zu verschaffen. — Ansprüche, die auf § 1978 beruhen, können seitens der Nachlaßgläubiger gegen die Ehefrau als die Erbin geltend gemacht werden, sofern ihr selbst eine Mißwirtschaft zur Last gelegt werden kann. Die Verhältnisse liegen hier anders wie bei § 1980, wo es lediglich auf die Kenntnis von der Überschuldung des Nachlasses ankommt, die sich die Frau leicht durch ein Aufgebot oder durch das Inventar verschaffen kann. Für die Anwendung des § 1978 wird erfordert, daß die Verwaltung der Erbschaft pflichtwidrig sei, was der Fall sein kann sowohl bei Vornahme einer bestimmten Maßnahme wie auch bei Unterlassung einer solchen. Es können nun Pflichtwidrigkeiten auch der Frau nach beiden Richtungen in Betracht kommen, so in den Rechtsgeschäften des Mannes, zu denen sie ihre Zustimmung zu geben hat und gibt oder zu geben verweigert, ferner in den Fällen des § 1401, ferner, wenn sie es unterläßt, von ihren Rechten nach §§ 1391, 1418 Gebrauch zu machen; man muß sie hierzu im Interesse der Nachlaßgläubiger gegebenenfalls für verpflichtet halten. — Die Frau kann, sofern sie aus dem Vorbehaltsgut Aufwendungen auf die Erbschaft gemacht hat, Ersatz gemäß § 1978 Abs. 3 gegenüber dem Nachlasse fordern. Bezgl. der aus dem Eingebrachten gemachten Aufwendungen gilt dasselbe; bezgl. der Legitimation siehe §§ 1374, 1380, 1400 Abs. 2 ff. Bezgl. der vom Manne auf die Erbschaft gemachten Aufwendungen gibt der § 1390 ihm evtl. Ersatzansprüche gegen die Frau, die im Gegensatze zu den Ersatzansprüchen der Frau (§ 1394) sogleich realisierbar sind. Die Ersatzpflicht der Frau ist die Aufwendung im Sinne des § 1978 Abs. 3, sie ist im Konkurs Masseschuld (§ 224 Nr. 1 KO.).

d. Die Nachlaßverwaltung.

Der Ehefrau als der Erbin steht das Recht, die Nachlaßverwaltung zu beantragen, voraussetzungslos und unabhängig von der Zustimmung ihres Mannes zu, so lange sie die Beschränkungsmöglichkeit nicht allgemein eingebüßt hat (Planck zu § 1406 Anm. 1). Das Antragsrecht der Nachlaßgläubiger richtet sich wie stets nach den Grundsätzen des § 1981 Abs. 2. Selbst wenn die Gründe hiernach lediglich in der Person des E h e m a n n e s liegen sollten, rechtfertigen sie den Antrag, wenn die Ehefrau nicht im Gläubigerinteresse zur Beseitigung der ihnen drohenden Gefahr nach Maßgabe der §§ 1391, 1418 schreitet, bezw. wenn die Beseitigung ihr nicht rechtzeitig gelingt. Dafür, daß auch dem Ehemanne das Antragsrecht zusteht, fehlt es an einer gesetzlichen Bestimmung, doch muß er es im eigenen Interesse zum Schutze des s o n s t i g e n Eingebrachten und seines Privatvermögens haben.

Mit der Anordnung des Verfahrens verlieren die Ehegatten die Passivlegitimation für die gegen den Nachlaß gerichteten Ansprüche, soweit nicht persönliche (d. h. auf eigener Kontrahierung beruhende) Haftung besteht. In diesem letzteren Falle kann auch nach Anordnung des Verfahrens wegen eines gegen das Vorbehaltsgut bezw. das sonstige Eingebrachte beabsichtigten Angriffs die Leistungsklage gegen die Frau und, in Ansehung des Eingebrachten, die Duldungsklage gegen den Mann erhoben werden. Natürlich kann der Gläubiger aus einem ihm günstigen Urteil, sofern es nicht gegen den Nachlaßverwalter erging, nicht gegen den Nachlaß vollstrecken, solange die Nachlaßverwaltung dauert.

Wegen der auf § 1978 beruhenden Ansprüche vergl. oben zu c a. E.

e. Die Unzulänglichkeitseinrede.

Die Unzulänglichkeitseinrede, das Beschränkungsmittel bei einem Nachlaß, der wegen der Verfahrenskosten keine amtliche Liquidation verträgt, kann von der Ehefrau als der Erbin nach allgemeinen Grundsätzen angewendet werden (Planck § 1406 Anm. 1). Obwohl es an einer Sonderbestimmung darüber, daß auch der Ehemann die Unzulänglichkeit einwenden kann, fehlt, ist dies bedenkenfrei anzunehmen, da der Mann zu seinem Schutze gerade bei einem im Sinne des § 1990 unzulänglichen Nachlasse dieser Einrede bedarf. Nimmt der Nachlaßgläubiger die Ehegatten gemeinschaftlich und zwar die Frau auf Leistung, den Ehemann auf Duldung in Anspruch, so werden sie die Unzulänglichkeit einwenden, den Nachlaß offen legen und den Gläubiger zwingen, nunmehr den Antrag zu stellen, daß die Leistung lediglich aus dem Nachlasse (statt überhaupt aus dem Eingebrachten) erfolge. Da Vollstreckungsschuldnerin die Frau ist, kann nur sie zur Leistung aus dem Nachlasse und der Mann nur zur Duldung verurteilt werden. Auch bezgl. derjenigen Nachlaßgegenstände, die sich im Besitze der Frau befinden, müßte neben ihrer Verurteilung auf Leistung diejenige des Mannes auf Duldung erfolgen. Aus dem Urteile kann naturgemäß lediglich in „Nachlaß" vollstreckt werden. Sollten die Ehegatten die Durchführung der Beschränkung erst in der Zwangsvollstreckungsinstanz beabsichtigen, indem sie abwarten, ob der Gläubiger sich nicht vielleicht freiwillig mit Vollstreckung in Nachlaß begnügen werde, so dürfen sie sich nach diesseitiger Auffassung mit dem Vorbehalt (§ 780 ZPO.) für die Frau antragsgemäß verurteilen lassen. Sollte nunmehr der Gläubiger in Vorbehaltsgut der Frau vollstrecken, so darf sie die negative Feststellungsklage dahin, daß die Maßregel unzulässig sei, erheben und muß hierbei die Unzulänglichkeit des Nachlasses dartun. Das gleiche Recht steht jedem der Gatten gegenüber einer Vollstreckung in dasjenige Eingebrachte zu, das nicht zur Erbschaft gehört, und zwar auch der Frau selbständig, weil die betreffende Zwangsvollstreckung unzulässig ist. Sollte die Frau auf die Beschränkung im Verhältnisse zu dem Kläger verzichten wollen, so erklärt sie dies bzw. läßt sich antragsgemäß ohne Vorbehalt verurteilen. Der hierin liegende Verzicht wirkt, wie schon oben Seite 407 dargelegt, nicht zulasten des Mannes, der also trotzdem seinerseits die Beschränkung auf den unzulänglichen Nachlaß durchführen kann. Dies kann er sogleich oder erst in der Zwangsvollstreckungsinstanz mit Wirkung nur für sein Eigenvermögen und das Eingebrachte der Frau tun, während das Vorbehaltsgut der Frau angreifbar bleibt. Das Urteil würde, wie folgt, lauten: Die beklagte Ehefrau wird verurteilt, an P 500 *M* zu zahlen. Der beklagte Ehemann wird verurteilt, die Zwangsvollstreckung in die Gegenstände des an die Frau angefallenen Nachlasses (statt überhaupt in das Eingebrachte!) zu dulden. Der P kann mit diesem Urteil gegen die Frau in deren Vorbehaltsgut vollstrecken; wird er hierbei befriedigt, so muß der Schuldtitel an die Frau ausgehändigt werden. Wird P hierbei nur z. T. befriedigt, so wird dies auf dem Schuldtitel vermerkt und es kann nur wegen des ungedeckten Restes gegen die Nachlaßsachen bis zur vollen Deckung Zwangsvollstreckung betrieben werden. Der Gläubiger kann von Anfang an natürlich nur gegen den Nachlaß vollstrecken. Wird er hierbei befriedigt, so wird das Urteil an den Mann herausgegeben; wegen eines etwaigen Ausfalls kann in das Vorbehaltsgut der Frau weiter vollstreckt werden.

f. Aufgebot.

Die Frau als die Erbin hat selbständig das Recht, ein Aufgebot zu beantragen und durchzuführen. Auch wenn sie, was der Regelfall sein wird, die Verwaltung ihres Eingebrachten nicht haben sollte, kann sie des Aufgebots zur Feststellung bezw. zur Begrenzung der auf der Erbschaft ruhenden Schulden bedürfen, da, wie oben bei c dargelegt ist, es als Verschulden auch für sie zu erachten ist, wenn sie sich die Kenntnis von dem Vermögensstande der Erbschaft nicht verschafft. Insoweit besteht also für sie sogar ein Antragszwang. Der § 999 ZPO. gibt nicht bloß der Frau, sondern ausdrücklich auch dem Manne das selbständige Recht, das Aufgebot zu beantragen und durchzuführen. Weiter bestimmt er hinsichtlich dieser Maßnahme (des Antrages wie des Ausschlußurteils) eine Wechselwirkung; sie kommt stets auch dem andern Gatten zustatten. Ist also der Antrag auch nur von dem einen Ehegatten gestellt, so darf jeder von ihnen nach der Zulassung die Hemmung nach Maßgabe des § 2015 geltend machen, sei es, daß ein Nachlaßgläubiger in die Erbschaft oder in sonstiges Eingebrachtes oder ein Privatgläubiger der Frau in die Erbschaft vollstreckt hat (§§ 782, 783 ZPO.) bezw. darf es die Frau gegenüber einer Zwangsvollstreckung der Nachlaßgläubiger in Vorbehaltsgut tun. Zur Klage ist auch die Frau hinsichtlich des Eingebrachten legitimiert, weil die Zwangsverwertung unzulässig ist (§ 1407 vergl. oben zu b). Die Klage beruht auf § 785 ZPO.; es ist auf Feststellung dahin anzutragen, daß die Zwangsverwertung bis zur Beendigung des Aufgebots unzulässig sei. Für die Frau ist Voraussetzung der Widerspruchsklage, daß sie sich im Hauptprozesse (demjenigen, auf Grund dessen vollstreckt wurde) die Beschränkung vorbehalten hat (§ 780 ZPO.), da sonst wegen der Urteilsforderung unbeschränkbare Haftung besteht (§ 2016). Der in der Verwirkung des Vorbehalts liegende Verzicht auf die Beschränkung wirkt nicht zulasten des Mannes, der also auch dann die Hemmungsbefugnis hat, wenn das gegen die Frau gerichtete Urteil den Vorbehalt nicht enthält. Jeder der Ehegatten begrenzt durch das Ausschlußurteil die Gesamtschuldenlast der Erbschaft auch zugunsten des anderen. Die nicht gemeldeten Nachlaßverbindlichkeiten sind nicht mehr vollberechtigt, sie werden vielmehr nur aus einem etwa vorhandenen Überschusse von der Erbschaft, sofern dieser „Bereicherung" ist, berichtigt, fallen evtl. also aus (§ 1973).

Nimmt der Nachlaßgläubiger die Ehegatten gemeinschaftlich wegen der vollen Forderung in Anspruch, und zwar die Frau auf Leistung, den Mann wegen Duldung, so werden sie den Ausschluß einwenden und den Gläubiger zwingen, nunmehr den Antrag zu stellen, daß die Frau zur Leistung aus dem Überschuß, soweit es zur Deckung der Forderung erforderlich ist, und der Mann zur Duldung der Zwangsvollstreckung verurteilt werde. Des weiteren gilt dasselbe wie oben zu e dargelegt ist. Die Vollstreckung ist nur in den Überschuß gestattet.

Daß für den Ehemann kein Zwang besteht, ein Aufgebot zu beantragen, wenigstens nicht im Verhältnisse zu den Nachlaßgläubigern, ergibt sich schon aus den oben Seite 413 gemachten Ausführungen, nach denen der Mann den Gläubigern gegenüber auch keine Konkursantragspflicht (§ 1980) hat. Ist der Nachlaß überschuldet, und hat dies der Mann wegen seines passiven Verhaltens hinsichtlich eines Aufgebots nicht rechtzeitig, d. h. nicht vor dem Eintritt eines Schadens für die Gläubiger erfahren, so haftet dennoch den Gläubigern lediglich die Frau. Ihr allein ist also ein Vorwurf zu machen, daß sie, obwohl die Umstände es erforderten (§ 1980 Abs. 2), ihrerseits kein Aufgebot beantragt hat. Wie im Gebiete des Inventarrechts gilt auch hier, daß die Frau sich auf das dem Manne eingeräumte selbständige Recht nicht verlassen darf, daß sie vielmehr zur Wahrung ihrer Interessen ihre Rechte evtl. selbständig ausüben soll.

g. Zeitablauf.

Die Frau kann die Beschränkung der Haftung auf die Bereicherung nach Maßgabe des § 1974 durchführen (siehe hierzu Seite 80). Daß auch der Mann selbständig die Beschränkungseinrede des Zeitablaufs hat, folgt aus der Tatsache, daß das Recht, welches der Widerspruchsklage zugrunde liegt, zum Eingebrachten gehört. Abgesehen davon bedarf er ihrer zum Schutze für sein Nutzungsrecht am Eingebrachten und evtl. auch für sein Privatvermögen.

Die Einrede des Zeitablaufs steht der Frau nicht zu, wenn die Forderung zu einem Aufgebot, das innerhalb der Frist geschwebt hatte, angemeldet war, denn alsdann hat sie dieselbe gekannt und war verpflichtet, sie zu berichtigen. Dasselbe gilt, wenn die Forderung ihr auf andere Weise rechtzeitig bekannt geworden war. Über die Geltendmachung der Einrede, ihre Durchführung, über die Wirkung eines etwaigen Verzichts der Frau in der Richtung gegen den Mann gilt alles oben zu (f Aufgebot) Angeführte. Die Frau verliert die Einrede nicht dadurch, daß die Kenntnis von der Forderung beim Manne vorhanden war. Andererseits schadet die Kenntnis der Frau auch dem Manne; letzterer muß die Zwangsvollstreckung des Gläubigers als eines vollberechtigt Gebliebenen in das Eingebrachte dulden. Den auf diese Weise vollberechtigt gebliebenen Nachlaßgläubigern gegenüber kann die Haftung auch jetzt noch, aber nur durch die ordentlichen Mittel der Haftungsbeschränkung (Nachlaßkonkurs, Nachlaßverwaltung, Unzulänglichkeitseinrede) beschränkt werden.

B. Haftung bezgl. der zum Vorbehaltsgut gehörenden Erbschaft.

Im Güterstande der Verwaltungsgemeinschaft ist noch das „Vorbehaltsgut" der Frau zu erwähnen. Eine der Frau anfallende Erbschaft kann ihr Vorbehaltsgut sein, wenn der Testator dies in letztwilliger Verfügung bestimmt hat (§ 1369 BGB.). Die Ehegatten können durch Ehevertrag bestimmen, daß eine der Frau bevorstehende Erbschaft ihr Vorbehaltsgut sein solle. Sie können dies auch bezgl. einer bereits angefallenen Erbschaft paktieren (§ 1368); in diesem Falle war die Erbschaft zunächst Eingebrachtes, es würde also § 2008 BGB., § 218 KO., § 999 ZPO. anwendbar sein.

Auf das Vorbehaltsgut finden nach der Bestimmung des § 1371 BGB. die bei der Gütertrennung für das Vermögen der Frau geltenden Regeln entsprechende Anwendung.

Danach gelten für die Stellung der Frau gegenüber den Nachlaßgläubigern in Hinsicht auf die Nachlaßverbindlichkeiten die allgemeinen für die Gütertrennung geltenden Regeln. Die für das eingebrachte Gut geltenden Sonderbestimmungen haben für die als Vorbehaltsgut angefallene Erbschaft keinerlei Geltung, d. h. es steht dem Ehemanne kein Recht zu, in die Erbenhaftung der Frau einzugreifen bezw. für sie Rechte zu wahren. Die Frau behält den Besitz der Erbschaft; die Verwaltung und Nutznießung steht nur ihr zu; nur sie darf bezw. muß ein Inventar errichten, die Frist darf nur ihr bestimmt werden; nur sie hat das Recht, die Beschränkungsmittel anzuwenden.

Die als Vorbehaltsgut angefallene Erbschaft verschmilzt nach Annahme der Erbschaft nur mit dem sonstigen Vorbehaltsgut der Frau; dieses verschmolzene Vermögen bildet alsdann das Vorbehaltsgut. Das „eingebrachte" Gut der Frau bleibt von Anfang an dauernd von diesem Gesamtvorbehaltsgut getrennt, es haftet nach ausdrücklicher Vorschrift des § 1413 den Nachlaßgläubigern für Nachlaßverbindlichkeiten nicht. Der etwa auf Duldung der Zwangsvollstreckung bezgl. des Eingebrachten verklagte Ehemann darf wegen des § 1413 Abweisung beantragen. Der § 1413 bezieht sich lediglich auf diejenige Erbschaft, die „als Vorbehaltsgut erworben", d. h. also von Anfang an Vorbehaltsgut ist. Ist sie als Eingebrachtes erworben und erst darauf durch Ehevertrag zum Vorbehaltsgut erklärt, so hat es bei den allgemeinen, für den gesetzlichen Güterstand geltenden Grundsätzen sein Bewenden. Bei Anwendung der Beschränkungsmittel sondert sich die Erbschaft vom sonstigen Vorbehaltsgut ab; dieses letztere verbleibt in der Verwaltung der Frau, während die Erbschaft an den Nachlaßverwalter bezw. Nachlaßkonkursverwalter bezw. bei Selbstliquidation nach § 1990 ff. an die Nachlaßgläubiger ausgeliefert wird.

Im Verhältnisse zu den Nachlaßgläubigern kann die Eigenschaft der Erbschaft als Vorbehaltsgut nur dann eingewendet werden, wenn diese Tatsache den Nachlaßgläubigern bekannt ist bezw. in das Güterrechtsregister eingetragen war. Das bezieht sich sowohl auf die durch den Willen des Testators wie auch auf die durch Ehevertrag zum Vorbehaltsgut gewordene Erbschaft (§§ 1435, 1426, 1431 ff.).

C. Haftung nach Beendigung des gesetzlichen Güterstandes.

Mit der Beendigung des Güterstandes der Verwaltung und Nutznießung wird die Ehefrau allein berechtigt, das eingebrachte Gut und damit auch die Erbschaft in Besitz und Verwaltung zu nehmen; der Mann muß sie an sie herausgeben (§ 1421). Nunmehr haftet sie wieder wie jeder andere Alleinerbe für die Nachlaßverbindlichkeiten. Der Nachlaßgläubiger hat auf den Mann keinerlei Rücksicht zu nehmen, er darf ihn nicht mehr auf Duldung (§ 739 ZPO.) belangen. Die Ehefrau ist nunmehr nur allein berechtigt, die Mittel der Haftungsbeschränkung anzuwenden und durch Inventarisierung ihr Beschränkungsrecht zu wahren.

Auch die Beendigung der Verwaltungsgemeinschaft kann Dritten gegenüber nur nach Maßgabe des § 1435 eingewendet werden.

III. Unter dem Güterstande der allgemeinen Gütergemeinschaft.

A. Haftung bezüglich der zum Gesamtgute gehörenden Erbschaft.

I. Das Stadium der allgemeinen Gütergemeinschaft:

1. Einführung.

Das BGB. (Erbrecht), sowie die KO. und die ZPO. treffen Sonderbestimmungen bezgl. der unter dem Güterstande der allgemeinen Gütergemeinschaft lebenden Ehefrau als Erbin. Auch sie regeln in der Hauptsache die Stellung des Ehemannes gegenüber den der Frau mit der Erbschaft zur Last fallenden Nachlaßverbindlichkeiten.

Ehegatten leben nach BGB. im Güterstande der allgemeinen Gütergemeinschaft nur auf Grund eines Ehevertrages. Im Verhältnisse zu Dritten kann dieser nicht gesetzliche Güterstand nach Maßgabe des § 1435 BGB. nur dann eingewendet werden, wenn sein Bestehen den Dritten bekannt war oder im Güterrechtsregister eingetragen war. Unter diesem Güterstande werden die Vermögen des Mannes und der Frau gemeinschaftliches Vermögen beider Ehegatten (Gesamtgut § 1438 Abs. 1). Das Sondereigentum jedes Ehegatten hört auf (Ausnahme § 1439). Dasselbe Schicksal hat jedes Vermögen, das jeder der Ehegatten während der Dauer dieses Güterstandes erwirbt (§ 1438 Abs. 1); es wird gleichfalls Gesamtgut. Das Gesamtgut unterliegt der Verwaltung des Mannes, er darf es in Besitz nehmen und darüber mit den im § 1444 ff. statuierten Beschränkungen verfügen (§ 1443). Die Frau selbst verliert also bezgl. des ihr bisher gehörig gewesenen Vermögens, soweit es Gesamtgut geworden ist, die Verfügungsgewalt.

Auch unter dem Güterstande der allgemeinen Gütergemeinschaft ist ein Vorbehaltsgut möglich, und zwar hier für jeden Ehegatten. Vorbehaltsgut ist entweder das durch Ehevertrag oder das durch Zuwendung des Erblassers bezw. Schenkers als Vorbehaltsgut bestimmte Gut (§ 1440, siehe auch § 1370). Als Vorbehaltsgut kann es Dritten gegenüber wieder nur nach Maßgabe des § 1435 BGB. geltend gemacht werden. Lediglich auf das der Frau etwa gehörige Vorbehaltsgut finden die bei der Gütertrennung für das Vermögen der Frau geltenden Vorschriften entsprechende Anwendung (§ 1441).

Kein Ehegatte kann über seinen Anteil an dem Gesamtgute oder an den einzelnen dazu gehörenden Gegenständen verfügen oder Teilung des Gesamtguts verlangen (§ 1442). Es sind unter dem Güterstande der allgemeinen Gütergemeinschaft evtl. fünf Vermögensmassen zu unterscheiden: Das Gesamtgut; es gehört beiden Ehegatten gemeinschaftlich und wird vom Manne verwaltet. — Das Vorbehaltsgut des Mannes, das ihm gehört und seiner Verwaltung unterliegt. — Das Vorbehaltsgut der Frau, das von ihr verwaltet wird. — Das Sondergut des Mannes (§ 1439), das natürlich von ihm verwaltet wird. — Das Sondergut der Frau (§ 1439), auf das die bei der Errungenschaftsgemeinschaft für das eingebrachte Gut geltenden Vorschriften Anwendung haben (§ 1525 Abs. 2), d. h. welches nach den dort zitierten §§ 1373 ff. in Besitz und Verwaltung des Mannes kommt.

Die Grundsätze von der Schuldenhaftung der Ehegatten sind folgende:

Für die Verbindlichkeiten des Mannes haftet das Gesamtgut (§ 1459 Abs. 1), obwohl darin das Frauengut enthalten ist, und ferner sein sonstiges Vermögen: Vorbehaltsgut und Sondergut. Zum Gesamtgute gehören auch die Nutzungen des Sonderguts beider Ehegatten (§§ 1439, 1525 Abs. 1, 1383). Dagegen dürfen die Gläubiger des Mannes nicht das Vermögen der Frau: Vorbehalts- und Sondergut angreifen (§§ 1441, 1525 Abs. 2 mit 1410). (Da die Nutzungen des Sonderguts dem Gesamtgute zufallen, kann hier von einem „Rechte" des Ehemannes am Eingebrachten, das etwa der Pfändung unterworfen wäre (§ 861 ZPO.), nicht die Rede sein.)

Für die Verbindlichkeiten der Frau haftet

a) deren Vermögen: Vorbehalts- und Sondergut. Hierüber siehe § 1439 BGB. und zu § 739 ZPO. Seuffert Anm. 3. Soweit die Vollstreckung in das Sondergut in Frage steht, ist auch hier wegen der daran bestehenden Verwaltungsrechte des Mannes und der an das Gesamtgut fallenden Nutzungen erst die Genehmigung des Mannes: Duldung (§§ 739, 794 Abs. 2 ZPO.) einzuholen evtl. zu erzwingen. Ob er gehalten ist, die Genehmigung zu erteilen, bestimmen die §§ 1411 ff. in Verbindung mit § 1525 Abs. 2.

b) Das Gesamtgut: Es haftet den Gläubigern der Frau nach Maßgabe des § 1459 Abs. 1, d. h. für frühere (also auch aus einer ihr vor dem Eintritte des Güterstandes der allgemeinen Gütergemeinschaft angefallenen Erbschaft entstandene) Verbindlichkeiten ohne Rücksicht auf das Verwaltungs- und Miteigentumsrecht des Mannes. Für solche Verbindlichkeiten der Frau, welche erst während der Dauer der allgemeinen Gütergemeinschaft von ihr eingegangen sind, haftet das Gesamtgut nur dann, wenn der Mann genehmigt hat bezw. wenn seine Genehmigung zur Wirksamkeit für das Gesamtgut nicht erforderlich war (§ 1460). — Zu einer Vollstreckung in das Gesamtgut ist ein gegen den Ehemann ergangenes Urteil erforderlich. Die Verurteilung der Frau genügt nicht, wohl aber die des Mannes (§ 740 ZPO.). — Die Pfändung des Anteils der Frau am Gesamtgute ist ihren Gläubigern verwehrt; ebenso die des Anteils an den einzelnen zum Gesamtgut gehörigen Sachen (§ 860 ZPO.).

c) Das Vermögen des Mannes (§ 1459 Abs. 2 S. 1). Der Mann haftet mit seinem eigenen Vermögen (persönlich) als Gesamtschuldner für alle diejenigen Verbindlichkeiten der Frau, für welche nach den oben ad b dargelegten Grundsätzen auch das Gesamtgut haftet. Für die Gesamtgutsverbindlichkeiten der Frau haftet also den Gläubigern der Frau genau so wie seinen eigenen Gläubigern das Vermögen des Mannes und das Gesamtgut. — Diese Haftung des Mannes dauert auch noch nach Beendigung des Güterstandes der allgemeinen Gütergemeinschaft fort in denjenigen Fällen, wo die Verbindlichkeiten im Verhältinsse der Ehegatten zu einander dem Gesamtgute zur Last fallen, d. h. in der Regel; sie erlischt (§ 1459 Abs. 2 S. 2) in denjenigen Fällen, wo sie in dem erwähnten Verhältnisse der Frau zur Last fallen, d. h. in Ausnahmefällen. Diese letzteren sind in den §§ 1463—1465 spezifiziert.

2. Haftung für Nachlaßverbindlichkeiten.

Eben dieselben Grundsätze gelten auch dann, wenn je einem der Ehegatten eine Erbschaft zugefallen ist.

Erbt der Ehemann, so haftet er für Nachlaßverbindlichkeiten nach § 1967 unbeschränkt. Die Erbschaft wird mangels anderer Abreden der Ehegatten bezw. Bestimmungen des Testators Gesamtgut (§ 1438 Abs. 1 S. 2). Sie verschmilzt also mit diesem. Danach haftet den Nachlaßgläubigern des Mannes das so vereinigte Gesamtgut und das etwaige Vorbehaltsgut bezw. Sondergut des Mannes. Vorbehaltsgut der Frau ist für sie unter allen Umständen unangreifbar, ebenso Sondergut der Frau, dagegen sind pfändbar die Früchte des Sonderguts, die zum Gesamtgute geworden sind. — Bezgl. der vom Ehemanne anzuwendenden Mittel der Haftungsbeschränkung gelten alle hierüber bezgl. des Alleinerben bestehenden Bestimmungen. Die Erbschaft sondert sich vom Gesamtgute wieder ab; der Mann muß sie ausliefern (vergl. hierzu auch § 1468 Nr. 5).

Fällt dagegen die Erbschaft der Ehefrau (zum Gesamtgute) zu, so gelten folgende Grundsätze:

Den Nachlaßgläubigern haftet die Ehefrau unbeschränkt, es haftet also

1. das Gesamtgut, denn die Nachlaßverbindlichkeiten sind Gesamtgutsverbindlichkeiten; sie gehören zu den Verbindlichkeiten, welche die Frau ohne Genehmigung des Ehemannes mit Wirkung für das Gesamtgut kontrahieren darf (§§ 1460, 1459 Abs. 1), da es ihr bezw. nur ihr gestattet ist, eine Erbschaft ohne Zustimmung des Ehemannes anzunehmen (§ 1453). Allerdings verlangt hier das Recht des Mannes, der das Gesamtgut verwaltet und Miteigentümer ist, eine Rücksichtnahme;
2. das Vorbehaltsgut der Frau (§ 1967);
3. das Sondergut der Frau (§§ 1439, 1967). Auch hier erfordert das Recht des Mannes, der dieses als Eingebrachtes behandelte Gut — § 1525 — verwaltet und die Früchte dem gleichfalls von ihm verwalteten Gesamtgut zuführt, eine Berücksichtigung (Seuffert § 739 Anm. 3 ad b);
4. das gesamte Vermögen des Mannes, der neben der Erbin Gesamtschuldner ist.

Die der Frau angefallene Erbschaft belastet demnach das gesamte den Ehegatten einzeln und gemeinschaftlich gehörige Vermögen. Der Mann haftet persönlich als Gesamtschuldner auch über die Dauer der Gemeinschaft hinaus, weil die betr. Verbindlichkeiten im Verhältnisse der Ehegatten zu einander nicht dem Ehegatten, sondern dem Gesamtgute zur Last fallen (§ 1459 Abs. 2 S. 2 in Verbindung mit §§ 1463—1465).

Die Nachlaßgläubiger bezgl. der an die Frau gefallenen Erbschaft haben in folgender Weise vorzugehen: Sie können die Frau allein verklagen. Das Urteil ist nicht (auch nicht nach Beendigung der Gemeinschaft im Stadium vor Auseinandersetzung) in das Gesamtgut vollstreckbar, auch wenn letzteres sich im Besitze der Frau befinden sollte; bei Übergriffen in das Gesamtgut steht jedem der Ehegatten die Einwendung nach § 766 ZPO., dem Ehemann auch die Widerspruchsklage aus § 771 ZPO. zu, weil in Ansehung der Zwangsvollstreckung das Gesamtgut als Vermögen des Ehemannes erscheint. Das Urteil ist auch nicht in den Anteil der Frau am Gesamtgute vollstreckbar, so lange die Gemeinschaft dauert; ausnahmsweise ist diese Pfändung in der Zeit zwischen Beendigung der Gemeinschaft und Auseinandersetzung, nicht aber auch die Pfändung des Anteils der Frau an den einzelnen zum Gesamtgute gehörigen Gegenständen gestattet (§ 860 Abs. 1 und 2 ZPO.). Das Urteil ist dagegen in das Vorbehaltsgut der Frau vollstreckbar. Ist zwischen den Eheleuten hinsichtlich des Gesamtguts die Auseinandersetzung erfolgt, so ist es auch in diese Masse vollstreckbar, weil alsdann nur ein einheitliches, von Rechten des Mannes befreites Frauenvermögen besteht. — Die Nachlaßgläubiger können ferner den Mann allein verklagen. Das erwirkte Urteil ist zur Vollstreckung in das Gesamtgut genügend, aber auch erforderlich (§ 740 ZPO.). Es bedarf also einer Klage gegen die Frau, obwohl sie Erbin ist, zur Vollstreckung in das Gesamtgut nicht; die Nachlaßgläubiger der Frau sind auch Gläubiger des Mannes. Soweit das Gesamtgut im Besitze der Frau ist, reicht dieses Urteil aber nicht aus, wenn die Frau der Vollstreckung widerstrebt, es bedarf der Klage gegen die Frau auf Herausgabe (§ 809 ZPO., Seuffert § 740 Anm. 5 b und Vorbemerkung). Die Frau darf sich mit §§ 766, 771 ZPO. wehren. Das Urteil ist aber weiter in das sonstige Vermögen des Mannes vollstreckbar, da er auch persönlich haftet. Dagegen ist es nicht in das Vermögen der Frau vollstreckbar. Es ist in dem Stadium zwischen Beendigung der Gütergemeinschaft und Auseinandersetzung der Gatten auch nicht einmal in das Gesamtgut vollstreckbar (§ 743 ZPO.). Der Anteil des Ehemannes am Gesamtgute ist der Pfändung (nach § 860 Abs. 1 ZPO.) während der Dauer der Gemeinschaft überhaupt nicht unterworfen, wohl aber ist sie nach § 860 Abs. 2 ZPO. nach Beendigung der Gemeinschaft erlaubt.

Die Nachlaßgläubiger können auch beide Ehegatten gleichzeitig oder nacheinander als Gesamtschuldner auf Leistung belangen. Denn, es haftet ihnen die Frau persönlich als Erbe, der Mann nach § 1459 Abs. 2. Die Ehegatten sind notwendige Streitgenossen bezgl. der in Frage stehenden Verbindlichkeit der Frau (§ 62 ZPO.). Das Urteil ist gegen das gesamte Vermögen der Ehegatten, also natürlich auch gegen das Gesamtgut (nicht aber in das Sondergut der Frau vollstreckbar), und zwar auch im Stadium zwischen Beendigung der Gemeinschaft und Beendigung der Auseinandersetzung (§ 743 ZPO.). Die Nachlaßgläubiger können endlich neben obigen Klagen auch noch den gegen den Ehemann gerichteten Antrag auf Duldung gemäß § 739 ZPO. stellen; alsdann ist das Urteil auch in das Sondergut der Frau vollstreckbar, soweit für letzteres überhaupt eine Vollstreckung in Frage kommt (Seuffert § 739 Anm. 3 ad b).

3. Die Mittel der Haftungsbeschränkung u. vorbereitende Maßnahmen.

Die Anwendung der Mittel der Haftungsbeschränkung steht beiden Ehegatten selbständig, d. h. ohne Zustimmung des anderen zu. Dies bedeutet eine Abweichung von allgemeinen Regeln. Nach den Grundsätzen des ehelichen Güterrechts müßte dieses Recht lediglich dem Manne zustehen, da nur dieser die Verwaltung des die Erbschaft enthaltenden Gesamtgutes hat. Hierdurch würden aber die erbrechtlichen Bestimmungen, nach welchen die Beschränkungsrechte dem Erben zustehen, hinsichtlich einer in Gütergemeinschaft lebenden Ehefrau ausgeschaltet werden. Das BGB. hat jedoch der Ehefrau als Erbin jegliche einem Erben überhaupt zustehende Beschränkungsbefugnis unabhängig von den Rechten des Mannes gelassen. So kann die Frau, die auch das Recht hat, eine Erbschaft auszuschlagen oder anzunehmen (§ 1453 Abs. 1), ein Inventar errichten, Abs. 2 (die Inventarfrist muß auch ihr bestimmt werden, § 2008); Nachlaßkonkurs anmelden (§ 218 KO.); das Aufgebot beantragen (§ 999 ZPO.), dies alles ohne Zustimmung des Mannes. Andererseits sind diese Rechte bezgl. des Inventars,

Aufgebots, Konkurses auch dem Manne selbständig gegeben und zwar nicht als Ausfluß seiner Verwaltung des Gesamtgutes — dieses Moment tritt hier zurück —, sondern aus folgenden Erwägungen: Nach § 1453 Abs. 1 bedarf die Frau nicht der Zustimmung des Mannes zur Annahme einer Erbschaft; die Annahme wirkt für das Gesamtgut (§ 1460). Dadurch kann selbst bei ausreichender Erbschaft die Frau den Mann in die Lage bringen, persönlich in Anspruch genommen zu werden, und dies sogar nach Beendigung der Gemeinschaft, denn die Nachlaßverbindlichkeiten belasten im Verhältnisse der Ehegatten zu einander das Gesamtgut (§ 1459 Abs. 2). In jedem Falle aber muß er den Nachlaßgläubigern gegenüber die Vollstreckung in das Gesamtgut dulden. Ist die Erbschaft gar überschuldet, so kann er einen schweren Vermögensschaden erleiden. Diese üblen Folgen der Annahme einer Erbschaft durch seine Frau kann der Mann abwenden, wenn ihm selbständig das Beschränkungsrecht gegenüber den Nachlaßverbindlichkeiten eingeräumt wurde. Er hat dieses Recht auch nach Beendigung der Gemeinschaft, weil seine persönliche Haftung für die betr. Verbindlichkeiten fortdauert (§ 1459 Abs. 2).

Wird (seitens der Ehegatten) die Haftung für Nachlaßverbindlichkeiten auf den Nachlaß beschränkt, so sondert sich die Erbschaft vom Gesamtgute wieder ab; sie muß an den Nachlaßverwalter bezw. Nachlaßkonkursverwalter bezw. nach Maßgabe der §§ 1990 ff. an die Nachlaßgläubiger herausgegeben werden. Angriffen der Nachlaßgläubiger in das Gesamtgut (§ 1443 Abs. 1), sowie in Mannesvermögen bezw. Sondergut der Frau (§ 1380) darf der Mann, in Vermögen der Frau einschl. Sonderguts darf die Frau (§ 1407 Nr. 4) begegnen (§§ 784, 785 ZPO.). Ist durch Verstöße bezgl. des Inventars das Recht der Haftungsbeschränkung mit Wirkung gegen beide Ehegatten verloren, so hat dies zur Folge, daß die Frau mit ihrem gesamten Vermögen für Nachlaßverbindlichkeiten haftet und daß der Mann mit dem Gesamtgute und persönlich als Gesamtschuldner haftet, ohne daß es den Gatten gestattet ist, die Mittel der Haftungsbeschränkung anzuwenden, abgesehen vom Nachlaßkonkurse (§ 216 Abs. 1 KO.), der aber hier die Haftung nicht beschränkt. — Nach diesseitiger Auffassung ist es nicht möglich, daß einer der Ehegatten wegen eines Verstoßes bezgl. des Inventars den Verlust des Beschränkungsrechts verursacht; überall kann dies nur durch einen auch dem anderen zur Last fallenden Verstoß geschehen (hierüber siehe Seite 409 f.).

Die Frau darf einen Verzicht auf Geltendmachung des Beschränkungsrechts erklären. Er hat nicht zur Folge, daß der Mann dieses Recht verliert, denn er ist ein Rechtsgeschäft, das zur Wirkung gegen den Mann dessen Zustimmung bedarf (§ 1460 Wirkung bezgl. des Gesamtgutes, §§ 1525 Abs. 2, 1412 bezgl. des Sondergutes der Frau), während er bei der im BGB. anerkannten Geschäftsfähigkeit der Ehefrau allerdings gegen sie selbst unter allen Umständen wirksam ist. Danach kann die verzichtende Ehefrau die Nachlaßgläubiger durch kein Beschränkungsmittel in der Befriedigung aufhalten. Der Ehemann könnte es aber gegenüber einer Vollstreckung in ihr Sondergut tun, weil dieses hinsichtlich der Früchte dem Gesamtgute unterliegt. Deshalb kann der Mann trotz der unbeschränkbaren Haftung der verzichtenden Ehefrau seinerseits die Beschränkungsmittel anwenden, also z. B. Nachlaßverwaltung beantragen, ohne darum die unbeschränkbare Haftung der Frau zu einer beschränkbaren zu machen. Die Tatsache, daß der Mann seinerseits das Recht der Haftungsbeschränkung behält, hat nun aber nicht zur Folge, daß er nicht trotzdem auf Duldung zur Vollstreckung in das Sondergut der Frau (§ 739 ZPO.) oder auf Leistung (§ 740 ZPO.) verklagt werden kann, oder daß er die Vollstreckung in das Sondergut oder in das Gesamtgut oder in sein Eigenvermögen verhindern kann, denn auch er haftet, wie die Frau als Erbin selbst, zunächst unbeschränkt; erst wenn er das Beschränkungsmittel anwendet, darf er auch die nunmehr ihm gegenüber unzulässigen Maßregeln der Zwangsvollstreckung des Nachlaßgläubigers zur Aufhebung bringen. In der Verwirkung des Vorbehalts (§ 780 ZPO.) durch die auf Leistung verklagte Ehefrau liegt ein solcher lediglich sie selbst verpflichtender Verzicht auf die Haftungsbeschränkung im Verhältnis zur Urteilsforderung. Der Ehemann kann, da er bezgl. der an die Frau gefallenen Erbschaft nicht als „Erbe des Schuldners" verurteilt wird, den Vorbehalt nicht erwirken; er bedarf seiner wegen der ihm gegenüber bestehenden Unwirksamkeit des Verzichts der Frau nicht (siehe oben Seite 407).

Im einzelnen ist bezgl. der Anwendung der Beschränkungsmittel und der diese vorbereitenden Maßnahmen folgendes auszuführen:

a. Das Inventar.

Sonderbestimmungen enthalten die §§ 1453 Abs. 2 und 2008 BGB.

Der § 1453 Abs. 2 entspricht dem § 1406 Nr. 1 BGB. Er gibt der Frau das Recht, ohne die Zustimmung des Mannes das Inventar über die ihr angefallene Erbschaft zu errichten. Es bedurfte dieser Bestimmung, weil die Inventarerrichtung einen Eingriff der Frau in die Verwaltungsrechte des Mannes bezgl. des Gesamtguts bedeutet. Die Bestimmung bezieht sich auf das freiwillig wie auf das mit Frist zu errichtende Inventar (§ 1993 ff.). Im übrigen gilt bezgl. des Inventars wegen des § 2008, welcher auch die zum Gesamtgute gehörige Erbschaft erwähnt, im wesentlichen alles auf Seite 408 ff. hierzu Ausgeführte; es wird darauf verwiesen.

b. Die Hemmungsbefugnis. § 2014.

Der Ehefrau steht selbständig das Hemmungsrecht zu. Wird auf Grund eines lediglich die Frau zur Leistung verurteilenden Titels in Vorbehalts- oder in Sondergut vollstreckt, so ist sie zur Widerspruchsklage nach Maßgabe der §§ 785, 782 ZPO. legitimiert. Mit dieser Widerspruchsklage hat nichts eine schon an sich unzulässige Zwangsvollstreckung, also die Vollstreckung in Sondergut der Frau ohne gegen den Mann gerichteten Duldungstitel zu tun; sie ist auf Grund des § 766 ZPO. durch den Mann abzuwehren. Desgl. die Vollstreckung in das Gesamtgut, selbst wenn letzteres sich im Besitze der Frau befindet; der Mann hat die Klage nach § 771 ZPO. bezw. haben beide Ehegatten die Erinnerung nach § 766 ZPO.

Liegt ein gegen beide Gatten auf Leistung und gegen den Mann auf Duldung der Zwangsvollstreckung in das Sondergut gerichtetes, also ein in jeder Hinsicht erschöpfendes Urteil vor, so verbleibt der Frau die Hemmungsbefugnis selbständig gegenüber der Zwangsvollstreckung in ihr Vorbehalts- und Sondergut, wie dies eben dargelegt ist. Dagegen dürfte sie zur Abwehr der in das Gesamtgut vorgenommenen Zwangsvollstreckung wegen ihrer auf Grund des § 1443 bestehenden Unfähigkeit, einen auf das Gesamtgut sich beziehenden Rechtsstreit zu führen, nicht imstande sein. Doch siehe § 1450. — Daß die Hemmungsbefugnis dem Ehemann selbständig zusteht, gleichviel ob es sich um eine Zwangsvollstreckung in Gesamtgut oder in sein sonstiges Vermögen handelt, folgt aus seinem Recht, diese Vermögen gegen die Inanspruchnahme wegen der die an die Frau angefallene Erbschaft belastenden Verbindlichkeiten zu schützen.

Die Inventarerrichtung durch einen der Ehegatten kommt auch dem anderen in dem Sinne zustatten, daß die Hemmungsbefugnis erlischt. Dieselbe Wirkung hat die Errichtung eines ungetreuen Inventars bezw. die Fristversäumnis seitens des einen Ehegatten aus dem S. 411 unten angegebenen Grunde.

c. Nachlaßkonkurs.

Das Gesetz enthält hier Sonderbestimmungen. Bevor sie erörtert werden, sei bezgl. des Konkurses der in Gütergemeinschaft lebenden Ehegatten selbst folgendes vorgebracht:

Wird über das Vermögen des Ehemannes der Konkurs eröffnet, so gehört das Gesamtgut und selbstverständlich auch sein sonstiges Vermögen zur Konkursmasse; die Frau kann nicht aus dem Grunde, daß dieser Konkurs eröffnet sei, die Auseinandersetzung verlangen (§ 2 Abs. 1 KO.). Diese Behandlung des Gesamtguts entspricht dem § 1459 Abs. 1, wonach es allen Gläubigern des Mannes haftet und dem § 740 ZPO., wonach zur Vollstreckung in das Gesamtgut ein gegen den Mann gerichteter Schuldtitel genügt (siehe im übrigen hierzu Jäger KO. § 2 I). Auch die der Frau zum Gesamtgute angefallene Erbschaft gehört zur Konkursmasse des Mannes. Die Nachlaßgläubiger, welche nach der obigen Darlegung im Güterstande der Gütergemeinschaft auch Gläubiger des Mannes sind, dürfen sich am Konkurse des Mannes beteiligen. (Sie dürfen auch das Vermögen der Frau angreifen, § 1967.) Sie werden hier aber nicht wie Nachlaßgläubiger befriedigt, weil sie im Verhältnisse zum Ehemanne nur Gläubiger ohne die Qualifikation als Nachlaßgläubiger sind. Wollen sie dies vermeiden, so sind sie gezwungen (und hier nach § 219 Abs. 2 KO. unterschiedslos befugt), Nachlaßkonkurs unter der Voraussetzung der Überschuldung des Nachlasses, evtl. aber Nachlaßverwaltung nach § 1981 Abs. 2 BGB. zu beantragen, wodurch sie die Erbschaft aus der Konkursmasse für ein besonderes Verfahren, an dem nur sie beteiligt sind, absondern. Ebendasselbe Recht haben — nach § 218 KO. — auch die Ehegatten selbst bezw. der Konkursverwalter im Konkurse des Mannes. Der Verwalter hat, sofern das Interesse der übrigen Gläubiger des Mannes dies erfordert, hierzu sogar die Pflicht (§ 82 KO.); er darf bezw. muß den Nachlaßgläubigern gegenüber evtl. auch die Unzulänglichkeit des in der Masse enthaltenen Nachlasses nach Maßgabe des § 1990 einwenden. Würde ein Nachlaßgläubiger, der die Unzulänglichkeit des Nachlasses kennt und sich deswegen am Konkurse des Mannes nicht beteiligen will, gegen die Frau, die ihm ja nebenher unbeschränkt haftet, klagen, so kann selbstverständlich auch sie die Unzulänglichkeit einwenden und im übrigen den Besitz der herauszugebenden Erbschaft bestreiten, da diese als Gesamtgut evtl. nur in der Konkursmasse bezgl. des Mannes enthalten ist. Da sie überhaupt nur verurteilt werden könnte, die Zwangsvollstreckung in die ihr angefallene Erbschaft zu dulden, müßte unter solchen Umständen Abweisung der Klage erfolgen. Der Gläubiger kann sich lediglich an den Konkursverwalter halten, der insoweit nicht nach konkursrechtlichen Grundsätzen, sondern nach Maßgabe der §§ 1990, 1991 zu leisten hat.

Wird der Konkurs über das Vermögen der Frau eröffnet, so wird weder das Gesamtgut davon ergriffen (§ 2 Abs. 2 KO.), noch auch der Anteil der Frau am Gesamtgute (§ 860 ZPO., § 1442 BGB. in Verbindung mit § 1 Abs. 1 KO.). Die Konkursmasse wird lediglich mit dem Vorbehaltsgute und dem Sondergute, letzteres soweit es überhaupt der Beschlagnahme unterliegt, gebildet. Im übrigen siehe hierzu Jäger KO. zu § 2 II und Schröder, das eheliche Güterrecht, § 4. Die Nachlaßgläubiger können, obwohl die — im Gesamtgute enthaltene — Erbschaft nicht in der Masse liegt, ihre Forderungen zum Konkurse der Frau anmelden. Hier werden sie, wie alle anderen Frauengläubiger behandelt; die im § 226 KO. bestimmte Rang- und Reihenfolge gilt nur für den Nachlaßkonkurs. Wollen sie dies vermeiden, ihre Angriffe aber auch nicht gegen den die Erbschaft verwaltenden und ihnen mit dem Gesamtgute und Eigenvermögen haftenden Ehemann richten, so sind sie gezwungen, Nachlaßverwaltung oder Nachlaßkonkurs zu beantragen, sofern deren Voraussetzungen vorliegen. Der letztere Antrag ist nach § 219 Abs. 2 KO. hier nicht gleichmäßig allen Gläubigern gegeben, der erstere ist ihnen nur unter den Voraussetzungen des § 1981 Abs. 2 gestattet. Der Vermögensverfall der Frau wird ohne weiteres den Antrag nach § 1981 Abs. 2 rechtfertigen, obwohl die Erbschaft sich gar nicht in der Gewalt der Frau befindet und obwohl auch das Gesamtgut sowie der Mann persönlich haftet. Auch jeder der Gatten darf den Nachlaßkonkurs beantragen (§ 218 KO.) und ebenso die Nachlaßverwaltung. Der Konkursverwalter bezgl. des Konkurses der Frau muß auch seinerseits das jeweilig anwendbare Beschränkungsmittel anwenden, wenn das Interesse der sonstigen Gläubiger der Frau zwingt, die Konkurrenz der Nachlaßgläubiger zu beseitigen. Er darf, obwohl die Erbschaft nicht in der Masse liegt, auch die Unzulänglichkeit der Erbschaft einwenden, den betr. Gläubiger also an den Mann verweisen.

Folgende Sonderbestimmungen sind zu behandeln:

a) Der § 218 KO. handelt vom Antragsrechte der Ehegatten. Er gibt jedem der Ehegatten das Recht, ohne Zustimmung des andern den Nachlaßkonkurs bezgl. einer der Frau zum Gesamtgute angefallenen Erbschaft zu beantragen. Es gilt auch hier das auf Seite 412 bezgl. des Güterstandes der Verwaltungsgemeinschaft Vorgebrachte.

b) Der § 219 Abs. 2 KO. handelt vom Antrage der Nachlaßgläubiger. Er begründet eine Antragsbeschränkung für eine Kategorie von Nachlaßgläubigern der einer Ehefrau zum Gesamtgute angefallenen Erbschaft. Die im § 226 Abs. 4 und Abs. 2 Nr. 4 und 5 KO. bezeichneten Minderberechtigten, nämlich die im Aufgebote oder durch Fristablauf ausgeschlossenen Gläubiger, die Legatare und die Auflageforderungsberechtigten haben das Recht, den Antrag auf Eröffnung des Nachlaßkonkurses zu stellen nur dann, wenn über das Vermögen des Ehemannes der Konkurs eröffnet ist. Es kommt hier also nicht auf den Vermögensverfall der Erbin selbst, sondern auf den des Ehemannes derselben an. Dies hat seinen Grund in folgender Erwägung: Die der Ehefrau zugefallene Erbschaft gehört zum Gesamtgute; dieses so vereinigte Gesamtgut wird in Ansehung der Verbindlichkeiten des Ehemannes als sein Vermögen betrachtet. Gerät er in Konkurs, so ergreift letzterer das so gebildete Gesamtgut und natürlich das sonstige beschlagsfähige Vermögen des Mannes. Diese Konkursmasse dient zur Befriedigung aller derjenigen Gläubiger, denen er durch seine Geschäfte etwas schuldig geworden ist. Weiter sind auch die Nachlaßgläubiger der Frau Gläubiger des Mannes, weil nach § 1459 Abs. 2 und § 1460 die Nachlaßverbindlichkeiten Gesamtgutsverbindlichkeiten sind und der Mann für diese auch persönlich haftet. An der in der Konkursmasse enthaltenen Erbschaft nehmen also sowohl die ersterwähnten Gläubiger des Mannes wie auch die Nachlaßgläubiger der Frau als Gläubiger des Mannes teil. Diese letzteren Gläubiger werden durch die Konkurrenz der ersteren geschädigt. Das widerspricht dem Prinzip des Gesetzes, wonach der Nachlaß für die Nachlaßgläubiger verwendet werden soll. Der § 219 Abs. 2 schützt die erwähnten Kategorieen von Nachlaßgläubigern; zwar sind sie nur minderberechtigt, aber sie haben in Ansehung der Erbschaft ein besseres Recht auf Befriedigung wie die übrigen Gläubiger des Mannes. Es ist ihnen das Recht eingeräumt, den Nachlaßkonkurs zu beantragen, wodurch sie den Nachlaß von dem sonstigen Gesamtgute absondern und zur alleinigen Verwendung für die Nachlaßgläubiger, also vielleicht auch für sich selbst bestimmen. Der § 219 Abs. 2 schützt aber andererseits auch die Interessen der Ehegatten und der besser berechtigten Nachlaßgläubiger, indem er den betreffenden Minderberechtigten den Antrag nur gegenüber dem Vermögensverfall des M a n n e s gewährt, also die Überschuldung des Nachlasses allein nicht für ausreichend erklärt. Die Vorschrift wird durch die Erwägung gerechtfertigt, daß die übrigen Nachlaßgläubiger sich vielleicht in einer anderen Weise mit den Ehegatten abfinden, den Konkurs über den Nachlaß also vermeiden werden. — Im § 219 Abs. 2 KO. ist nur der Konkurs über das Vermögen des Mannes erwähnt. Im Konkurse der Frau ist die Rechtslage eine andere, da das die Erbschaft enthaltende Gesamtgut davon unberührt bleibt. Der Konkurs gefährdet also nicht die Interessen der Nachlaßgläubiger, welche trotz des Frauenkonkurses, zu dem sie sich natürlich melden können, auch den Mann unbeschränkt angreifen dürfen.

Die Nachlaßgläubiger, gleichviel ob minder- oder vollberechtigt, können den Nachlaßkonkurs nicht schon deswegen beantragen, weil der Konkurs über das Vermögen des Ehemannes eröffnet sei. Es kommt auch auf den Vermögensstand der Erbschaft selbst an; sie muß nach § 215 KO. überschuldet sein. Es ist natürlich denkbar, daß die Erbschaft sehr reich ist, während der Mann völlig verschuldet ist. Die Erbschaft mag trotz ihrer Güte nicht imstande sein, den Verfall des Mannes zu hemmen. Bei solcher Situation wird die Frau oder der Mann das Bestreben haben, zur Fernhaltung der sonstigen Gläubiger die Erbschaft vom sonstigen der Verwaltung des Mannes unterliegenden Vermögen abzusondern, sie werden Nachlaßverwaltung beantragen. Dasselbe werden und dürfen auch die minderberechtigten Nachlaßgläubiger tun, sie können den Antrag nach § 1981 Abs. 2 durch den Konkurs bezw. Vermögensverfall des Mannes ausreichend begründen. Der Fall kann nun aber so liegen, daß die Nachlaßgläubiger den Bestand der Erbschaft nicht kennen. Sie sehen die Erbschaft im Gesamtgute verschwinden und erleben die Konkurseröffnung bezgl. des Vermögens des Mannes. Sie werden deshalb zunächst die Nachlaßverwaltung beantragen; schon hierbei wird sich herausstellen, ob die Erbschaft im Sinne des § 1980 Abs. 1 S. 2 BGB. ausreicht oder nicht. Der Nachlaßverwalter wird evtl. den Nachlaßkonkurs beantragen.

Wird neben dem Konkurse des Mannes auch der Konkurs über den Nachlaß eröffnet, so gehört zum ersteren das beschlagsfähige Vermögen des Mannes und das Gesamtgut, aus welchem die Erbschaft ausgesondert ist; zum letzteren gehört nur die Erbschaft. Das Vermögen der Frau bleibt unberührt, wenn nicht etwa der Konkurs auch darüber beantragt und eröffnet wird. Die Nachlaßgläubiger nehmen nur am Nachlaßkonkurse teil.

c) Der § 234 Abs. 2 KO. hat dieselbe Situation wie der § 219 Abs. 2 zum Gegenstande: Der Frau ist eine Erbschaft zum Gesamtgute angefallen, sie hat aber aus irgendeinem Grunde das Recht der Haftungsbeschränkung mit Wirkung gegen den Mann und gegen das Gesamtgut verloren. Es schwebt der Nachlaßkonkurs — siehe § 216 Abs. 1 KO. — und Konkurs über das Vermögen des M a n n e s. Der erstere ergreift die Erbschaft, der letztere das sonstige Gesamtgut und das sonstige Vermögen des Mannes (§ 2 Abs. 1 KO.). Die Nachlaßgläubiger können sich, weil unbeschränkbare Haftung der Frau vorliegt, an das Vermögen der Frau, sowie an den im Konkurse befangenen Nachlaß sowie endlich an das im Konkurse befangene Gesamtgut wie sonstiges Mannesgut halten. So also dürften die Nachlaßgläubiger zugleich im Sonder- wie im Manneskonkurse Befriedigung fordern und sie würden die übrigen Gläubiger des Mannes in dessen Konkurse beschränken. Dem trägt der § 234 Abs. 2 Rechnung; er bestimmt, daß die Nachlaßgläubiger zwar am Konkurse des Mannes teilnehmen dürfen, aber nur mit der Qualifikation von Absonderungsberechtigten, d. h. nur soweit, als sie im Nachlaßkonkurse einen Ausfall gehabt oder einen Verzicht erklärt haben. So haben also die Nachlaßgläubiger in dem neben dem Nachlaßkonkurse der in Gütergemeinschaft lebenden Ehefrau schwebenden Konkurse des M a n n e s folgende Objekte der Haftung: Wenn die Frau beschränkt haftet: Die Erbschaft, die sich im Konkurse befindet. Wenn die Frau unbeschränkbar haftet: Die im Konkurse befindliche Erbschaft; das im Konkurse befindliche Vermögen des Mannes einschl. des Gesamtguts nach Maßgabe des § 234 Abs. 2 KO.; das Vermögen der Frau.

Wird bei unbeschränkbarer Haftung der Frau Nachlaßkonkurs und außerdem Konkurs über das Vermögen der E h e f r a u eröffnet, so ergreift der erstere den Nachlaß, der letztere das Vorbehaltsgut und evtl. Sondergut der Frau. Die Nachlaßgläubiger können sich — weil unbeschränkbare Haftung der Frau vorliegt — an das Vermögen des Mannes und an das sonstige Gesamtgut halten. Sie halten sich evtl. an den im Konkurse befangenen Nachlaß, in welchem sie nach den Regeln des Konkurses befriedigt werden; sie dürfen aber auch das sonstige Vermögen der Frau angreifen, d. h. da dieses hier im Konkurse ist, sich dazu melden. So also dürfen sie sich zum Nachlaßkonkurse sowie zum Konkurse der Frau melden, wodurch die Gläubiger der Frau, die nicht Nachlaßgläubiger und also bloß auf den Konkurs der Frau beschränkt sind, geschädigt werden. Dem steuert der § 234 Abs. 1 KO., indem er bestimmt, daß die Nachlaßgläubiger im Konkurse der Frau nur insoweit Befriedigung verlangen können, als sie im Nachlaßkonkurse einen Ausfall erlitten oder auf Befriedigung aus demselben verzichtet haben. — So haben also die Nachlaßgläubiger in dem neben dem Nachlaßkonkurse der in Gütergemeinschaft lebenden Ehefrau schwebenden Konkurse der Frau folgende Objekte der Haftung: Wenn sie beschränkt haftet: Die Erbschaft, die im Konkurse ist. Wenn sie unbeschränkbar haftet: Die Erbschaft, die im Konkurse ist, nach Maßgabe des § 234 Abs. 1 KO.; das sonstige Vermögen des Mannes.

Wird bei derselben Situation Nachlaßkonkurs und ferner Konkurs über das Vermögen des Ehemannes sowie über das Vermögen der Ehefrau eröffnet, so ergreift der erstere nur die Erbschaft, der des Mannes das Gesamtgut und das übrige Mannesvermögen, der Konkurs der Frau ergreift nur ihr Vorbehaltsgut evtl. auch ihr Sondergut. Die Nachlaßgläubiger können sich im Falle unbeschränkbarer Haftung der Ehefrau am Nachlaßkonkurse und am Konkurse über das Vermögen der Frau beteiligen, wie dies in dem eben erwähnten Falle unter Bezugnahme auf § 234 Abs. 1 KO. dargelegt ist. Weiter aber dürfen die Nachlaßgläubiger sich auch am Konkurse über das Vermögen des Mannes beteiligen, da auch der Mann ihnen unbeschränkt haftet (§ 1459 Abs. 2); hier wieder gilt für sie die im § 234 Abs. 2 normierte Beschränkung, wonach die Nachlaßgläubiger den in den anderen Konkursen ungetilgt gebliebenen Teil ihrer Forderung geltend machen dürfen. Durch diese Regel wird verhütet, daß die Gläubiger je eines der Ehegatten, die nicht Nachlaßgläubiger sind, in dem Konkurse der Gatten durch die Konkurrenz der Nachlaßgläubiger beeinträchtigt werden. — Demnach haften, wenn neben dem Nachlaßkonkurse der in Gütergemeinschaft lebenden Ehefrau auch beide Ehegatten persönlich im Konkurse sind, den Nachlaßgläubigern folgende Objekte: Haftet die Frau beschränkt: Der im Konkurse befindliche Nachlaß. Haftet sie unbeschränkbar: Der im Konkurse befangene Nachlaß; die Konkursmasse der Frau nach Maßgabe des § 234 Abs. 1 KO.; die Konkursmasse des Mannes nach Maßgabe des § 234 Abs. 2 KO.

Was die Antragspflicht anlangt (§ 1980), so besteht sie lediglich für die Ehefrau als den Erben, deshalb ist im Verhältnis zu den Nachlaßgläubigern nur sie verantwortlich zu machen. Sie kann sich nicht damit entschuldigen, daß die Verwaltung der Erbschaft als Gesamtgut dem Manne allein obliege, sie hat vielmehr im Interesse der Nachlaßgläubiger die Pflicht, sich über den Vermögensbestand der Erbschaft die erforderliche Kenntnis zu verschaffen, was sie durch ein Inventar (§ 1453 Abs. 2) oder durch ein Aufgebot leicht erreichen kann (§ 999 ZPO.). Wegen des Verhältnisses zum Ehemann siehe § 1456. — Ansprüche können auf Grund des § 1978 gegen die Frau erhoben werden, wenn ihr Mißwirtschaft vorgeworfen werden kann. Trotz der Tatsache, daß die Erbschaft als Gesamtgut in der Verwaltung und im Besitze des Mannes ist, kann auch eine Mißwirtschaft auf seiten der Frau in Betracht kommen, so in den Fällen, wo sie zu Rechtsgeschäften des Mannes ihre Zustimmung gibt (§§ 1444 ff.), ferner im Falle des § 1450. Die Frau muß das Interesse der Nachlaßgläubiger hinsichtlich der Erbschaft wahren und evtl. gemäß § 1468 verfahren, um die Erbschaft in eigene Verwaltung zu bekommen (§ 1470 Abs. 1) oder Nachlaßverwaltung bezw. Nachlaßkonkurs beantragen, um sie in die Verwaltung des Verwalters zu bringen. Was die wegen Verwendung aus dem Gesamtgute auf die Erbschaft zu erhebenden Ansprüche gegen den Nachlaß anbelangt, so trifft der § 1978 Abs. 3 lediglich auf die Frau zu, wenn sie die Erbin ist. Wegen der Legitimation zur Erhebung der Ansprüche vergl. §§ 1443, 1450. Sollte die Verwendung aus dem Vorbehaltsgute der Frau gemacht sein, so ist die Frau zur Erhebung der Ansprüche selbständig legitimiert. Hinsichtlich des Sonderguts gelten die §§ 1374, 1380, 1400 Abs. 2 ff.

d. Nachlaßverwaltung.

Nach allgemeinen Grundsätzen muß das Recht, die Nachlaßverwaltung zu beantragen, der Frau selbständig zustehen, obgleich es ein Eingriff in die Verwaltungsrechte des Mannes ist (Planck § 1406 Anm. 1 und § 1453). Sie beschränkt durch die Nachlaßverwaltung die Haftung für die Nachlaßverbindlichkeiten auf die Erbschaft, die demnach wieder aus dem Gesamtgute ausgesondert wird und von dem Ehemann evtl. von der Ehefrau an den Nachlaßverwalter ausgeliefert werden muß. Für das Antragsrecht der Nachlaßgläubiger ist der § 1981 Abs. 2 bestimmend. Auch in der Person des Mannes liegende Gründe können den Antrag rechtfertigen, zumal wenn die Frau die der Erbschaft seitens des Mannes drohende Gefahr nicht nach Maßgabe des § 1468 beseitigt. — Dafür, daß der Mann selbständig das Antragsrecht hat, fehlt es an einer Sonderbestimmung, doch ist es bedenkenfrei aus seinem Interesse am Gesamtgute sowie an der Erhaltung des eigenen Vermögens zu folgern.

Mit der Anordnung des Verfahrens erlischt die Passivlegitimation der Ehegatten bezgl. aller gegen den Nachlaß gerichteten Ansprüche (§ 1984 Abs. 1 S. 3). Der Gläubiger kann nur noch den Nachlaßverwalter in Anspruch nehmen. Sollte die Haftung der Frau mit Wirkung gegen den Mann unbeschränkbar geworden sein oder eine persönliche Verpflichtung der Frau durch — mit Zustimmung des Mannes (conf. § 1460 Abs. 1) vorgenommene — Kontrahierung bestehen, so können die Ehegatten trotz des Nachlaßverwaltungsverfahrens persönlich nach allgemeinen Grundsätzen in Anspruch genommen werden; eine Vollstreckung in den Nachlaß ist aus dem betr. Urteil für die Dauer des Verfahrens nicht zulässig. — Wegen der auf § 1978 beruhenden Ersatzverbindlichkeiten bezw. Ersatzansprüche der Frau siehe oben unter c.

e. Die Unzulänglichkeitseinrede.

Sie steht nach allgemeinen Grundsätzen der Frau als der Erbin zu (Planck §§ 1453, 1406 Anm. 1). Wird lediglich sie in Anspruch genommen, was ja mit Rücksicht auf ihr Vorbehaltsgut möglich bezw. zulässig ist, so beruft sie sich auf die Untunlichkeit eines Beschränkungsverfahrens wegen mangelnder Kostendeckung. Dadurch beschränkt sie die Haftung auf den Nachlaß. Sollte selbst ein solcher für die Berichtigung der betr. Verbindlichkeit disponibel sein, so müßte Abweisung der Klage erfolgen, sofern der Nachlaß als Gesamtgut sich im Besitze und in der Verwaltung des Mannes befindet. Die Klage gegen die Frau könnte nur dahin aufrecht erhalten werden, daß sie die Zwangsvollstreckung in Gesamtgut d u l d e t (Sydow-Busch § 740 Anm. 4). Der Mann ist in Anspruch zu nehmen. Sollte sich auch im Besitze der Frau Nachlaß befinden, so kann trotzdem nicht Verurteilung zur Leistung aus dem Nachlaß erfolgen (§ 1443). Nimmt der Gläubiger lediglich den Ehemann in Anspruch, so kann dieser selbständig die Unzulänglichkeit des Nachlasses geltend machen (Planck §§ 1453, 1406, Staudinger § 1967 Anm. V). Er erzielt Verurteilung zur Leistung aus dem Nachlasse. Das Urteil ist nur in den beim Manne befindlichen Nachlaß vollstreckbar; soll auch in den bei der Frau befindlichen Nachlaß vollstreckt werden, so ist Klage gegen sie auf Leistung, d. h. auf Duldung der Zwangsvollstreckung in den Nachlaß erforderlich. Doch siehe hierzu Seuffert § 740 ZPO. Anm. 4 und 5 b. Zur Widerspruchsklage (§§ 785, 767 ZPO.) gegenüber einer nicht im Rahmen des Urteils bleibenden Zwangsvollstreckung ist bezgl. des Gesamtguts lediglich der Ehemann befugt (§ 1443). — Denkbar ist es, daß die allein in Anspruch genommene Frau die Beschränkung nicht durchführt, sich also ohne Vorbehalt antragsgemäß verurteilen läßt. Dies würde eine Vollstreckung dennoch lediglich gegen ihr Vorbehaltsgut rechtfertigen. Gegen den Mann wirkt dieser Verzicht auf die Beschränkung nicht, weshalb er, wenn wegen Leistung oder Duldung in Anspruch genommen, immer noch die Beschränkung durchführen kann. — Über den auch neben der Unzulänglichkeitseinrede anwendbaren § 1978 vergl. oben bei c am Ende.

f. Das Aufgebot.

Der § 999 ZPO. begründet für jeden der Ehegatten ein selbständiges Recht hinsichtlich des Aufgebots. Jeder darf es ohne Zustimmung des anderen beantragen. Er verleiht weiter dem Aufgebotsantrag, den nur einer der Gatten gestellt, sowie dem Ausschlußurteil, das von nur einem der Ehegatten erwirkt ist, Wirkung auch zugunsten des anderen Ehegatten.

Was zunächst die Antragswirkung anlangt, so erschöpft sie sich in dem Rechte, unter den im § 2015 angegebenen Voraussetzungen die Zwangsvollstreckung wegen einer Nachlaßverbindlichkeit nach Maßgabe der §§ 782, 785 ZPO. für die Dauer des Aufgebotsverfahrens zu hemmen. Dasselbe Recht besteht gegenüber der in die Erbschaft vorgenommenen Zwangsvollstreckung des Privatgläubigers eines Ehegatten (§§ 785, 783 ZPO.). Zur Widerspruchsklage ist bezgl. des Gesamtguts einschließlich der Erbschaft lediglich der Mann legitimiert (§ 1443). Liegt Urteil auch gegen die Frau vor, so ist die bezgl. der Vollstreckung in ihr Vorbehalts- bezw. Sondergut geltend zu machende Hemmung davon abhängig, daß das Urteil einen Vorbehalt enthält (§ 780 ZPO.). Dagegen kann der Mann, für den der Vorbehalt nicht in Frage kommt, weil er nicht „Erbe" ist, ohne diese Voraussetzung hemmen; er kann es auch dann tun, wenn die Frau den Vorbehalt nicht erbeten hat.

Was die Wirkung des Ausschlußurteils anlangt, so wirkt es zugunsten beider Gatten lediglich gegen die infolge Nichtmeldung zum Aufgebote ausgeschlossenen Nachlaßgläubiger. Die Haftung kann ihnen gegenüber nach Maßgabe des § 1973 auf den z. Z. der Geltendmachung des Anspruchs etwa vorhandenen Überschuß vom Nachlasse, soweit er Bereicherung ist, beschränkt werden. Nimmt der Ausgeschlossene lediglich den Ehemann in Anspruch, so beschränkt dieser ihn durch die Einrede des Ausschlusses auf den in seinem Besitze befindlichen Überschuß von der Erbschaft. Er wird verurteilt, die Zahlung aus dem Überschusse zu leisten. Sollte sich der Überschuß im Besitze der Frau befinden, so muß zur Ermöglichung der Zwangsvollstreckung in ihn Klage gegen die Frau auf Duldung der Zwangsvollstreckung in diesen Überschuß erfolgen. Jeder Zugriff in das Vermögen des Mannes, der nicht im Rahmen des Urteils bleibt, ist unzulässig und nach Maßgabe des § 766 ZPO. abzuwehren. Nimmt der ausgeschlossene Gläubiger nur die Ehefrau in Anspruch, so hat die Frau selbständig das Recht jeder Beschränkung auf den Überschuß. Besitzt sie einen solchen nicht, so muß die Klage abgewiesen werden, wenn letztere nicht etwa dahin geändert wird, daß sie die Zwangsvollstreckung in den Überschuß dulde. Wie aus der obigen Darlegung erhellt, bedarf es aber dieses Duldungstitels gegen die Frau nicht. Die Frau kann zur Leistung aus dem Überschuß selbst dann nicht verurteilt werden, wenn sie einen solchen besitzt; es bedarf des Leistungsurteils gegen den Mann (§ 740 ZPO.), weil auch der Überschuß Gesamtgut ist. — Läßt sich die Frau mit dem Vorbehalt verurteilen, weil sie, wenn erforderlich, die Einrede erst in der Zwangsvollstreckungsinstanz geltend machen will, so ist sie zur

Widerspruchsklage legitimiert, wenn die Vollstreckung ihr Vorbehalts- oder Sondergut ergreift, dagegen ist hinsichtlich des Gesamtgutes lediglich die Legitimation des Mannes gegeben (§ 1443). Die Verwirkung des Vorbehalts durch die Frau schadet lediglich ihr, d. h. sie kann der in ihr Vorbehalts- oder Sondergut vorgenommenen Zwangsvollstreckung des Urteilsgläubigers nicht widersprechen. Dem Mann ist auch in diesem Falle die Widerspruchsklage gegenüber einer Zwangsvollstreckung in Gesamtgut oder Sondergut der Frau gegeben.

Wegen des ein Aufgebot betreffenden Antragszwanges vergl. oben Seite 428.

g. Der Zeitablauf.

Über den Zeitablauf siehe Seite 80. Die Einrede des Zeitablaufs, d. h. die Beschränkung der Haftung auf den Überschuß durch den Hinweis, daß seit Annahme der Erbschaft fünf Jahre verstrichen sind, ist der Frau nach Maßgabe des § 1974 als der Erbin selbständig gestattet. Bezgl. des Mannes fehlt es an einer Sonderbestimmung, doch steht sie auch ihm aus den wiederholt angegebenen Gründen zu. Bezgl. der Durchführung gilt das oben zu f Ausgeführte. Die Tatsache, daß die Frau (also die Erbin) innerhalb der fünf Jahre das Bestehen der Forderung in Erfahrung gebracht hat, benimmt ihr die betr. Einrede (Beschränkung). Sie benimmt sie auch dem Manne, da infolge der Kenntnis des Erben dem Gläubiger sein volles Befriedigungsrecht erhalten geblieben ist. Es liegt hier nicht ein „Verzicht" auf die Beschränkung vor! Die Kenntnis lediglich des Mannes ist der Frau dagegen unschädlich und bleibt es auch dann, wenn die Frau durch Erkundigungen beim Manne die Forderung hätte in Erfahrung bringen können. Dagegen ist der Mann hier nicht berechtigt, die Einrede geltend zu machen.

II. Das Stadium zwischen Beendigung der allgemeinen Gütergemeinschaft und Auseinandersetzung.

Die Gütergemeinschaft endet trotz fortbestehender Ehe durch einen sie aufhebenden Ehevertrag oder mit der Rechtskraft des auf die Aufhebungsklage des Mannes oder der Frau ergehenden Urteils (§§ 1470, 1468, 1469). Die Aufhebung kann Dritten gegenüber nur nach Maßgabe des § 1435 geltend gemacht werden (§ 1470 Abs. 2). Die Gütergemeinschaft endet ferner durch Aufhebung der ehelichen Gemeinschaft oder durch den Tod eines Ehegatten. — In allen Fällen der Beendigung, im Falle der Beendigung durch den Tod aber nur bei unbeerbter Ehe im Sinne des § 1482, tritt bis zur Erledigung der Auseinandersetzung bezgl. des Gesamtgutes ein durch das Gesetz besonders charakterisiertes Zwischenstadium ein (§ 1471). In Ansehung der Haftung für Verbindlichkeiten gilt in diesem Stadium folgendes:

Die Gemeinschaft zur gesamten Hand dauert zwischen den Ehegatten bezw. dem Erben des Verstorbenen bis zur Beendigung der Auseinandersetzung fort (§§ 1471, 1442). Die Auseinandersetzung endet mit der Teilung des Gesamtgutes unter den Ehegatten bezw. zwischen dem einen Ehegatten und den Erben des verstorbenen anderen (§ 1476). Die Verwaltung des Gesamtgutes steht vor der Auseinandersetzung beiden Ehegatten bezw. dem Überlebenden mit den Erben des Verstorbenen *gemeinschaftlich* zu (§ 1472); die Ehefrau bezw. die Erben des verstorbenen Gatten dürfen danach den Mitbesitz der zum Gesamtgute gehörigen Sachen verlangen. Für Rechtsstreitigkeiten, die das Gesamtgut betreffen, sind die Ehegatten bezw. der Überlebende mit den Erben des anderen aktiv und passiv nur gemeinschaftlich legitimiert (§ 743 ZPO.). Aus dem Gesamtgute sind zunächst die Gesamtgutsverbindlichkeiten zu berichtigen (§ 1475 Abs. 1); zu diesem Zwecke ist es evtl. in Geld umzusetzen (§ 1475 Abs. 3). Kein Ehegatte bezw. auch nicht die Erben des Verstorbenen können vor dieser Berichtigung die Teilung verlangen (§§ 1471 Abs. 2, 1442) oder über einen Anteil am Gesamtgute oder an den dazu gehörenden Gegenständen verfügen. Dagegen ist es Gläubigern nun nicht verwehrt, den Anteil eines der Ehegatten bezw. der Erben des Verstorbenen am Gesamtgute (nicht auch an Gegenständen desselben) zu pfänden (§ 860 Abs. 2 im Gegensatze zu Abs. 1).

Nach diesen Grundsätzen darf jeder der das Gesamtgut gemeinschaftlich Verwaltenden verlangen, daß Nachlaßverbindlichkeiten, gleichviel ob (im Stadium der Gütergemeinschaft) die Erbschaft der Frau oder dem Manne zugefallen war, vor der Teilung aus dem Gesamtgute und zwar von den die gemeinschaftliche Verwaltung Führenden gemeinschaftlich berichtigt werden. Die Nachlaßgläubiger sind gezwungen, gegen beide Ehegatten bezw. gegen den Überlebenden und die Erben des Verstorbenen gemeinschaftlich zu klagen und zwar, sofern die Erbschaft dem M a n n e zugefallen war, gegen diesen bezw. evtl. seine Erben auf Leistung und gegen die Frau — die dafür nicht persönlich haftet — (evtl. ihre Erben) auf Duldung der Zwangsvollstreckung in das Gesamtgut; wenn dagegen die Erbschaft an die Frau gefallen war: gegen beide Teile auf Leistung, weil sie beide persönlich als Gesamtschuldner dafür haften (§ 743 ZPO.). Dieses Urteil ist gegen das Gesamtgut und sonstige Vermögen der Verurteilten vollstreckbar. Wird der nur gegen den Ehemann geführte Rechtsstreit schon vor Beendigung der Gemeinschaft beendigt, so ist das Urteil nur dann gegen das G e s a m t gut vollstreckbar, wenn gegen den anderen an der Verwaltung beteiligten Teil die Vollstreckungsklausel wegen Duldung oder Leistung erwirkt wird (§ 744 ZPO.). Klagt der Nachlaßgläubiger nur gegen einen der an der Verwaltung Beteiligten, so ist das Urteil nicht in das Gesamtgut, wohl aber in das sonstige Vermögen des Verurteilten vollstreckbar; auch der Anteil desselben am Gesamtgute ist ausnahmsweise, d. h. im Widerspruche zu §§ 1471 Abs. 2, 1442 der Pfändung unterworfen (§§ 860 Abs. 2 und 857 ZPO.).

Folgende Sonderbestimmungen, die auch für dieses Zwischenstadium gelten, sind zu besprechen:

Der § 999 ZPO. Er bestimmt bezgl. der an die Frau zum Gesamtgute angefallenen Erbschaft, daß nach Beendigung der Gemeinschaft in Hinsicht auf das Aufgebot dieselben Bestimmungen gelten wie für die Zeit der Gemeinschaft. Danach dürfen auch jetzt noch jeder Ehegatte bezw. die Erben des Verstorbenen selbständig (d. h. e n t g e g e n der Vorschrift des § 1472 Abs. 1) das Aufgebot mit Wirkung für den anderen Teil beantragen und durchführen. Bezgl. der Frau als der Erbin bezw. bezgl. ihrer Erben folgt dies aus der Erbeneigenschaft; bezgl. des Mannes bezw. seiner Erben folgt es aus der Bestimmung des § 1459 Abs. 2 BGB., nach welcher seine Haftung für die Nachlaßverbindlichkeiten als Gesamtschuldner und infolgedessen sein Interesse an dem Schutze und an den Wirkungen des Aufgebots bezw. Ausschlußurteils auch nach Beendigung der Gemeinschaft fortdauert. Es gilt hier alles für das Stadium der Gemeinschaft auf Seite 430 Ausgeführte. — War die Erbschaft dagegen dem Manne zum Gesamtgute angefallen, so darf trotz des § 1472 er als der Erbe ohne Zustimmung des anderen Teiles das Aufgebot beantragen. Wirkung hat es nur für ihn, weil nur er für die betr. Nachlaßverbindlichkeiten haftet, und für das Gesamtgut. Die Frau dagegen, die bei der dem Manne zugefallenen Erbschaft das Andrängen der Nachlaßgläubiger gegen das Gesamtgut verhüten will, kann vom Manne verlangen, daß er die Beschränkung auf die Erbschaft durchführe (§ 1472 Abs. 2). Sie hat gegen die Zwangsvollstreckung eines solchen Nachlaßgläubigers in Gesamtgut das Recht zum Widerspruch durch Klage (Staudinger zu § 1472 Anm. 2 a).

Der § 218 Abs. 1 KO. Er gibt, sofern die Erbschaft an die Frau zum Gesamtgute angefallen war, auch für dieses Zwischenstadium jedem der Ehegatten bezw. seinen Erben das Konkursantragsrecht ohne Zustimmung des anderen Teiles. Die oben angegebenen Erwägungen rechtfertigen auch hier dieses Antragsrecht. Auch hier dauert wegen des § 1459 Abs. 2 das Interesse des Mannes an dem Rechte der Haftungsbeschränkung durch Nachlaßkonkurs gegenüber den Nachlaßgläubigern fort. — Bezgl. der dem Manne zum Gesamtgute angefallenen Erbschaft gilt das im vorigen Absatz Gesagte.

Der § 2008 BGB. Er bestimmt im Abs. 2 bezgl. der einer Frau zum Gesamtgute angefallenen Erbschaft auch für dieses Zwischenstadium, daß die Inventarfrist nur für beide Teile gemeinschaftlich bestimmt werden und ablaufen kann, und daß das von einem Teile errichtete Inventar dem anderen zustatten kommt. Auch diese Vorschrift wird durch die oben angegebenen Erwägungen gerechtfertigt. Näheres hierüber siehe Seite 408 und Seite 423.

Auch das Beschränkungsmittel der Nachlaßverwaltung muß bezgl. der an die Frau zum Gesamtgute gefallenen Erbschaft nach denselben Grundsätzen jedem der die Gemeinschaft nunmehr bildenden Teile ohne Zustimmung des anderen zustehen.

Fällt die Erbschaft an die Frau bezw. überhaupt an einen der Ehegatten erst in dem Stadium nach Beendigung der Gemeinschaft an, so fällt sie nicht mehr in die Gemeinschaft. Es besteht nunmehr zwischen den Ehegatten der Güterstand der Gütertrennung (§ 1470 Abs. 1 BGB.), wenn nicht durch neuen Ehevertrag ein anderer Güterstand vereinbart ist. Für die Erbschaft bezw. für die Haftung bezgl. der sie belastenden Nachlaßverbindlichkeiten gelten alsdann die für den gewählten Güterstand geltenden Regeln.

III. Das Stadium nach der Auseinandersetzung:

a) Haben sich die Ehegatten bezw. die Erben des Verstorbenen bezgl. des Gesamtguts auseinandergesetzt, ohne — nach der Bestimmung des § 1475 — die Gesamtguts-
d. h. hier die Nachlaßverbindlichkeiten bezgl. der Frau zu tilgen bezw. zu sichern, so dauert die schon bei der Teilung bestehende persönliche gesamtschuldnerische Haftung der Ehegatten bezw. evtl. der Erben fort (§ 1480). Aber auch jetzt noch, wo von einer Gemeinschaft keine Rede mehr sein kann, steht jedem von ihnen das Recht der Haftungsbeschränkung auf die der Frau angefallene Erbschaft nach den für die Zeit der Gemein-

schaft bestehenden Grundsätzen selbständig zu und zwar in Ansehung des Mannes bezw. evtl. seiner Erben wegen der Fortdauer der persönlichen Haftung für diese Verbindlichkeiten. Es finden also auch jetzt noch die Bestimmungen der §§ 999 ZPO., 218 Abs. 1 KO., 2008 BGB. Anwendung. (Diese Beschränkungsrechte sind nicht mit dem im § 1480 erwähnten Rechte der Beschränkung einer Haftung zu verwechseln. Dieses letztere steht z. B. der Frau bezw. deren Erben für den Fall zu, daß die Erbschaft dem Manne zum Gesamtgute angefallen war; denn wegen der hieraus resultierenden Nachlaßverbindlichkeiten besteht keine persönliche Haftung der Frau. Entsteht diese Haftung erst dadurch, daß die Ehegatten geteilt haben, ohne die Verbindlichkeiten voll zu berichtigen, so dürfen die Frau bezw. deren Erben die Haftung nach Maßgabe der §§ 1990, 1991 beschränken; doch ist dies keine Beschränkung auf die dem Manne angefallene Erbschaft, sondern auf die der Frau bezw. ihren Erben bei der Teilung zugewiesenen Sachen des Gesamtgutes.) — Wenn einer der Ehegatten bezw. evtl. der Erben die Haftung auf die Erbschaft durch seinen Antrag auf Anordnung der Nachlaßverwaltung oder auf Eröffnung des Nachlaßkonkurses beschränkt, so zwingt er den anderen Teil zur Herausgabe der ihm bei der Teilung zugewiesenen Nachlaßbestandteile, auch macht er hinsichtlich der Frau bezw. deren Erben die Anwendung der §§ 1978—1980 möglich. Ein Verstoß im Sinne des § 1978 kann darin gefunden werden, daß die betr. Nachlaßverbindlichkeiten trotz der Vorschrift des § 1475 Abs. 1 nicht rechtzeitig berichtigt wurden.

Das hier behandelte Zwischenstadium besteht auch dann, wenn gemeinschaftliche Abkömmlinge zwar vorhanden sind, der überlebende Ehegatte aber die Fortsetzung der Gütergemeinschaft mit ihnen ablehnt (§§ 1482, 1484 Abs. 1 und 3). Die Ehe ist alsdann im Sinne des § 1482 unbeerbt. Nach § 1484 ist dem überlebenden Ehegatten eine Frist zur Erklärung nach Maßgabe der für die Erbausschlagungsfrist normierten Bestimmungen eingeräumt (§ 1944, 1945). Diese Frist hält aber die Nachlaßgläubiger in ihrem Vorgehen gegen den Überlebenden nicht auf, da er ihnen unter allen Umständen, nämlich die Frau als die Erbin, der Mann nach § 1459 Abs. 2 haftet. Gegen die Erben des Verstorbenen können sie nach allgemeinen Grundsätzen (evtl. § 1961) natürlich gleichfalls ohne Verzug vorgehen. — Die Ehe ist endlich im Sinne des § 1482 auch dann unbeerbt, wenn die Fortsetzung der Gütergemeinschaft nach Maßgabe der §§ 1508 (durch Ehevertrag) oder 1509 (durch letztwillige Verfügung: Testament, Erbvertrag) ausgeschlossen ist.

IV. Das Stadium der fortgesetzten Gütergemeinschaft:

Ist die Ehe im Sinne des § 1483 Abs. 1 beerbt und wird zwischen dem überlebenden Ehegatten und den gemeinschaftlichen Abkömmlingen die Gütergemeinschaft fortgesetzt, so bleibt das Gesamtgut der ehelichen Gemeinschaft auch Gesamtgut der fortgesetzten Gemeinschaft. Die Erben des Verstorbenen erben nichts vom Gesamtgute, sondern nur vom etwaigen Vorbehalts- und Sondergute des Verstorbenen nach allgemeinen Vorschriften. In der nach § 1483 Abs. 1 fortgesetzten Gütergemeinschaft sind folgende Vermögen zu unterscheiden: a) das Gesamtgut: es besteht aus dem Gesamtgute der ehelichen Gemeinschaft; aus dem neuen Erwerb des überlebenden Ehegatten (nicht auch der Abkömmlinge), soweit dieser Erwerb nicht Vorbehalts- bezw. Sondergut ist; aus dem, was dem Überlebenden (nicht auch den Abkömmlingen) aus dem Nachlasse, d. h. aus dem Vorbehalts- und Sondergute des Verstorbenen etwa zugefallen ist (§ 1485); — b) das Vorbehaltsgut des Überlebenden: es besteht aus seinem bisherigen Vorbehaltsgute sowie aus dem nunmehr für das Vorbehaltsgut etwa gemachten Neuerwerbe (§ 1486); — c) das Sondergut des Überlebenden (§§ 1486 Abs. 2 BGB.); — d) das Vermögen der Abkömmlinge: es gehört nicht zum Gesamtgute (§ 1485 Abs. 2) und zwar weder das zur Zeit des Eintritts der fortgesetzten Gütergemeinschaft vorhandene, noch das erst später erworbene. Rechtlich charakterisiert sich die fortgesetzte Gütergemeinschaft ebenso wie die ursprüngliche Gemeinschaft als Miteigentum zur gesamten Hand. Die Verwaltung und Verfügung bezgl. des Gesamtgutes der fortgesetzten Gütergemeinschaft hat in den durch § 1487 Abs. 1 gegebenen Grenzen der überlebende Ehegatte allein (§§ 1443—1448, 1507), er hat hierbei dieselbe rechtliche Stellung, wie der Ehemann während der Gemeinschaft. Keiner der Teilhaber der fortgesetzten Gemeinschaft kann Teilung des Gesamtgutes fordern oder über seinen Anteil daran oder an den einzelnen dazu gehörigen Gegenständen verfügen (§ 1442). Dem entspricht das im § 860 Abs. 1 ZPO. enthaltene Pfändungsverbot bezgl. dieser Anteile für die Dauer der Gemeinschaft. Zur Vollstreckung in das Gesamtgut der fortgesetzten Gemeinschaft ist (entsprechend dem § 740 ZPO.) angeordnet, daß ein Schuldtitel gegen den überlebenden Ehegatten erforderlich und genügend ist (§ 745 Abs. 1 ZPO.).

Nachlaßverbindlichkeiten aus der einer Frau zum Gesamtgute während der Gemeinschaft angefallenen Erbschaft sind Gesamtgutsverbindlichkeiten der fortgesetzten Gemeinschaft, weil sie persönliche Verbindlichkeiten des überlebenden Gatten sind, gleichviel ob dies der nach § 1459 Abs. 2 forthaftende Mann oder die Frau (als Erbin) ist, und ferner weil sie Gesamtgutsverbindlichkeiten der ehelichen Gemeinschaft waren (§ 1488). Auch solche Nachlaßverbindlichkeiten, die aus einer an den Mann während der ehelichen Gemeinschaft zum Gesamtgute angefallenen Erbschaft resultieren, sind Gesamtgutsverbindlichkeiten der fortgesetzten Gütergemeinschaft, weil sie Gesamtgutsverbindlichkeiten der ehelichen Gemeinschaft waren. Dagegen waren sie nicht persönliche Verbindlichkeiten der Frau, werden sie also nicht Gesamtgutsverbindlichkeiten der fortgesetzten Gütergemeinschaft als „Verbindlichkeiten des überlebenden Ehegatten", wenn die Frau die Überlebende ist. Dagegen wird die Frau infolge ihrer Fortsetzung der Gütergemeinschaft nunmehr persönlich verpflichtet (§ 1489 Abs. 1).

Ob nun also die Erbschaft an den Mann oder die Frau gefallen war, so haftet für sie danach das Gesamtgut sowie der überlebende Ehegatte — nur er, nicht auch haften die Abkömmlinge — persönlich (§ 1489 Abs. 1). Das sonstige Vermögen der Abkömmlinge haftet für diese Nachlaßverbindlichkeiten nicht (§ 1489 Abs. 3), soweit sie nur als Abkömmlinge in Betracht kommen, wohl aber haften sie mit dem Gesamtgut. Eine persönliche Haftung kann aber auch für sie bestehen, wenn sie nämlich Erben desjenigen Gatten werden, der persönlich haftete. Zur Vollstreckung in das Gesamtgut genügt nach § 745 ZPO. ein gegen den Überlebenden gerichtetes Urteil, das natürlich auch in das sonstige Vermögen des Verurteilten vollstreckbar ist.

Gerät der Überlebende in Konkurs, so ergreift der letztere sein gesamtes Vermögen und auch das Gesamtgut. Die Nachlaßgläubiger dürfen danach ihre Ansprüche hier anmelden oder aber auch gegen die Abkömmlinge, sofern sie als Erben des anderen Gatten haften, vorgehen. Zum Konkurse der Abkömmlinge gehört weder das Gesamtgut noch ihr Anteil daran (§ 2 Abs. 3 KO.). An diesem Konkurse dürfen sich die Nachlaßgläubiger also nur dann beteiligen, wenn die Abkömmlinge zugleich Erben des verstorbenen Ehegatten sind.

Über das Recht der Haftungsbeschränkung des überlebenden, die Gütergemeinschaft fortsetzenden Ehegatten ist zu bemerken:

War die Erbschaft an die Frau zum Gesamtgute angefallen, haftete also schon während der Gemeinschaft jeder Ehegatte persönlich und hatte er aus diesem Grunde das Recht der Haftungsbeschränkung auf die Erbschaft, so bleibt dieses Recht dem Überlebenden erhalten, weil die persönliche Haftung jedes der Ehegatten über die eheliche Gemeinschaft hinaus fortdauert (§§ 1459 Abs. 2, 1489 Abs. 1). Die persönliche Haftung entsteht nicht erst infolge des Eintritts der fortgesetzten Gütergemeinschaft, deshalb findet der § 1489 Abs. 2, der gleichfalls die Beschränkung einer Haftung behandelt, hier keine Anwendung, vielmehr wird die Haftung auf die Erbschaft nach den für das Erbrecht geltenden Grundsätzen beschränkt. War dagegen die Erbschaft an den Mann zum Gesamtgute angefallen, haftete also während der Gemeinschaft nur der Ehemann persönlich und hatte aus diesem Grunde nur er das Recht der Haftungsbeschränkung auf die Erbschaft, so bleibt dieses Recht nur ihm bezw. seinen Erben erhalten; die Frau bezw. ihre Erben haben es nie besessen. Setzt die Frau nunmehr die Gütergemeinschaft fort, so wird sie erst jetzt persönlich verpflichtet und es trifft auf sie der § 1489 Abs. 2 zu, wonach sie die Haftung auch für diese Nachlaßverbindlichkeiten beschränken, ihr eigenes Vermögen also schützen kann. Sie beschränkt aber nicht auf die Erbschaft, sondern auf das Gesamtgut in dem Bestande, den es z. Z. des Eintritts der fortgesetzten Gütergemeinschaft hatte. Die Beschränkungsmittel sind dieselben, wie die bezgl. einer Erbschaft; es sind also Gesamtgutsverwaltung, Gesamtgutskonkurs, Unzulänglichkeitseinrede bezgl. des Gesamtgutes anwendbar. Ferner kann ein Aufgebot bezgl. des Gesamtgutes zum Zwecke des Ausschlusses von Gesamtgutsgläubigern (§ 1001 ZPO.) beantragt und ein Inventar bezgl. des Gesamtgutes errichtet, auch mit Fristsetzung erfordert werden. Es kann auch Verlust des Beschränkungsrechts durch Verstöße gegen das Inventar vorkommen. Die §§ 2014, 2015 sind gleichfalls anwendbar.

Die Abkömmlinge haben als solche kein Recht der Haftungsbeschränkung auf die Erbschaft, weil sie nicht persönlich haften (§ 1489 Abs. 3); sie haften nur mit dem Gesamtgute, dessen Miteigentümer sie sind. Die Verwaltung des Gesamtguts steht aber dem überlebenden Ehegatten zu. Sind sie jedoch — wie dies wohl regelmäßig der Fall sein wird — Erben des verstorbenen persönlich haftenden Ehegatten, so haben in dieser Eigenschaft auch sie die Beschränkungsrechte auf die Erbschaft.

Es können danach folgende Situationen eintreten: Der überlebende Ehegatte hat, sofern die Frau geerbt hatte, das Recht der Haftungsbeschränkung auf den Nachlaß; dasselbe Recht haben gleichzeitig die Abkömmlinge, sofern sie Erben des verstorbenen andern Ehegatten sind. (Dasselbe Recht haben natürlich auch andere Personen, wenn sie Erben des Verstorbenen sind.) — Die überlebende Frau hat, sofern der Mann geerbt hatte, das Recht der Haftungsbeschränkung auf das Gesamtgut, in welchem die

Erbschaft enthalten ist; gleichzeitig haben die Abkömmlinge, welche Erben des verstorbenen Mannes sind, das Recht der Haftungsbeschränkung auf die Erbschaft. Machen beide Teile von ihrem Rechte Gebrauch, so entstehen zwei gesonderte Verfahren: Das eine betrifft nur die Erbschaft, das andere erfaßt das übrige Gesamtgut. Es kann also z. B. Nachlaßkonkurs neben dem Gesamtgutskonkurse bestehen; die Nachlaßgläubiger können sich nur an dem ersteren beteiligen. Macht lediglich die überlebende Ehefrau von ihrem Beschränkungsrechte Gebrauch, so ergreift das Verfahren das Gesamtgut einschl. der Erbschaft; hier werden die Nachlaßgläubiger bezgl. der dem Manne angefallenen Erbschaft wie alle übrigen Gesamtgutsgläubiger von der Beschränkung betroffen, sie sind gegenüber der Frau nicht Nachlaß- sondern Gesamtgutsgläubiger, müssen also evtl. ihrerseits die gegebenen Beschränkungsmittel anwenden, um die Erbschaft aus dem Gesamtgute herauszubekommen und zu einer Sondermasse zu machen.

Der überlebende Ehegatte hat als solcher das Recht der Haftungsbeschränkung, soweit es bezgl. der Erbschaft besteht, selbständig, d. h. unabhängig von der Zustimmung der Abkömmlinge. Zwar haften auch diese mit dem Gesamtgute für die Nachlaßverbindlichkeiten, aber hinsichtlich des Gesamtgutes steht ihnen kein Recht der Verwaltung zu (§§ 1487, 1443) bezw. hinsichtlich der Anwendung der Beschränkungsmittel kein Recht der Zustimmung zu (§§ 1487, 1444—1446). Ist die überlebende Ehefrau Miterbe mit den Abkömmlingen ihres Mannes, an den die Erbschaft gefallen war, so haftet sie den Nachlaßgläubigern in der Eigenschaft des Überlebenden nach § 1489 Abs. 1 sowie auch als Erbe nach allgemeinen erbrechtlichen Grundsätzen. Sie bildet mit den Abkömmlingen eine Erbengemeinschaft, für welche hinsichtlich der Haftung und des Beschränkungsrechts die allgemeinen Regeln gelten. Z. B. darf Nachlaßverwaltung nur von den Miterben gemeinschaftlich beantragt werden. — Ist die überlebende Ehefrau Miterbe mit den Abkömmlingen ihres Mannes, war aber die Erbschaft an sie gefallen, so haftet sie, da sie die ursprüngliche Erbschaft gemacht hat, als Erbe und zugleich auch als Überlebender. Zugleich haftet sie als Miterbe ihres Mannes, der schon persönlich gehaftet hatte, persönlich. Die Abkömmlinge bilden mit ihr eine Erbengemeinschaft; wollen sie z. B. Nachlaßverwaltung beantragen, so bedürfen sie nach § 2062 der Zustimmung der Frau, während diese den Antrag auch allein stellen könnte, weil die ursprüngliche Erbschaft nur an sie gefallen war. Die Vorschriften des § 997 ZPO. bezgl. des Aufgebots der Miterben und des § 2063 BGB. bezgl. des Inventars der Miterben sind anwendbar. — Sind lediglich die Abkömmlinge (nicht also zugleich auch der überlebende Ehegatte) Erben des verstorbenen Ehegatten, so haften für die Nachlaßverbindlichkeiten aus der an die Frau zum Gesamtgute angefallenen Erbschaft nur als Miterben die Abkömmlinge; der Ehegatte gehört nicht zu dieser Erbengemeinschaft. Die Haftung ist aber eine gesamtschuldnerische, weil diese selbe Haftung auch zwischen den Ehegatten während der Gemeinschaft bestand. In diesem Falle der Schuldnergemeinschaft, die keine Erbengemeinschaft ist, haben auch die Abkömmlinge das Recht der Haftungsbeschränkung auf die Erbschaft für sich allein; ihre Maßnahmen in dieser Richtung wirken lediglich für und gegen sie (§ 425 BGB.), wie auch die des überlebenden Ehegatten nur für und gegen ihn wirksam sind. Da die Abkömmlinge für sich Miterben sind, so gelten für ihr Verhältnis untereinander die oben zitierten gesetzlichen Bestimmungen (§ 997 ZPO., § 2063 BGB.) gleichfalls. Die in den §§ 999 ZPO., 218 KO., 2008 BGB. jedem der Ehegatten für die Dauer der Gemeinschaft und für die Dauer des auf sie folgenden Zwischenstadiums sowie darüber hinaus nach der Teilung gemachten Konzessionen gelten nicht für die Dauer der fortgesetzten Gütergemeinschaft.

War die Erbschaft dem Manne zum Gesamtgute angefallen, so ergeben sich, je nachdem der Mann oder die Frau verstirbt, für die fortgesetzte Gütergemeinschaft folgende Situationen: Da nur der Mann persönlich haftet, vererben sich seine Verbindlichkeiten auf seine Abkömmlinge, sofern sie Erben sind; diese haften den Nachlaßgläubigern für sich persönlich evtl. als Gesamtschuldner bezw. Miterben. Daneben haftet die Frau persönlich für sich (§ 1489). Die Haftung ist trotzdem gesamtschuldnerisch (§ 421 BGB.). Das Beschränkungsrecht der Abkömmlinge als Erben ist ein anderes wie das der Frau; die ersteren beschränken auf die Erbschaft, die letztere auf das Gesamtgut (§ 1489 Abs. 2). Die von je einer Seite ausgeführte Maßnahme der Beschränkung wirkt nicht für die andere. Für das Miterbenverhältnis der Abkömmlinge gelten die allgemeinen Bestimmungen, also auch die §§ 997 ZPO., 2063 BGB. — Ist der Mann der Überlebende, so haftet nur er; die Abkömmlinge als Erben haben von der Ehefrau, die ihrerseits nicht persönlich haftete, keine Verbindlichkeit geerbt. Der Mann hat selbständig die Rechte der Haftungsbeschränkung; für die Abkömmlinge kommen sie nicht in Frage.

Die bezüglich der fortgesetzten Gütergemeinschaft bis hierher durchgeführten Grundsätze gelten für die fortgesetzte Gütergemeinschaft auch dann, wenn neben den gemeinschaftlichen Abkömmlingen andere Abkömmlinge vorhanden sind (§ 1483 Abs. 2), nur reduziert sich dem Umfange nach das Gesamtgut der fortgesetzten Gemeinschaft um des Verstorbenen Anteil am Gesamtgute, welcher — lediglich in diesem Falle — den anderen an der fortgesetzten Gütergemeinschaft nicht beteiligten Abkömmlingen als deren Erbteil ausgeliefert werden mußte (§ 1485 Abs. 1). Diese Verkleinerung des Gesamtguts können die Nachlaßgläubiger dadurch unschädlich machen, daß sie ihrerseits Nachlaßverwaltung bezw. Nachlaßkonkurs beantragen und auf diese Weise die Absonderung der Erbschaft vom Gesamtgut herbeiführen. — Daß auch die von der fortgesetzten Gütergemeinschaft ausgeschlossenen Abkömmlinge den Nachlaßgläubigern als Erben neben dem sonstigen Erben des verstorbenen Ehegatten unbeschränkt (beschränkbar) haften, bedarf keiner Ausführung.

V. Das Stadium zwischen Beendigung der fortgesetzten Gütergemeinschaft und Auseinandersetzung.

Nach Beendigung der fortgesetzten Gütergemeinschaft, sei es durch einseitige Aufhebung seitens des Überlebenden oder durch Vertrag mit den Abkömmlingen (§ 1492), sei es durch Wiederverheiratung desselben (§ 1493) oder durch Urteil (§§ 1495, 1496 BGB.), erfolgt zwischen dem Überlebenden und den Abkömmlingen die Auseinandersetzung bezgl. des Gesamtguts (§ 1497) nach den Regeln der §§ 1442, 1472, 1473. Es entsteht also wieder das Zwischenstadium, in welchem die Gemeinschaft zur gesamten Hand fortdauert und welches mit der Beendigung der Auseinandersetzung sein Ende erreicht.

Wieder dürfen die Beteiligten selbst nicht über ihren Anteil verfügen oder die Teilung verlangen (§ 1442), letzteres so lange nicht die Gesamtgutsverbindlichkeiten berichtigt sind (§§ 1498, 1475). Diese sollen aus bereiten evtl. durch Versilberung des Gesamtguts zu beschaffenden Mitteln berichtigt werden (§§ 1498, 1475 Abs. 3). Die Verwaltung steht nunmehr dem Überlebenden und den Abkömmlingen gemeinschaftlich zu (§ 1497 Abs. 2 mit § 1472). Mit Rücksicht hierauf bestimmt § 745 Abs. 2 ZPO., daß — nach Maßgabe des § 743 ZPO. — eine Vollstreckung in das Gesamtgut nur auf Grund eines gegen den Überlebenden und gleichzeitig gegen die Abkömmlinge gerichteten Schuldtitels zulässig ist. Wird der nur gegen den überlebenden Ehegatten geführte Rechtsstreit schon vor Beendigung der fortgesetzten Gütergemeinschaft beendigt, so ist in diesem Stadium der Auseinandersetzung das Urteil nur dann gegen das Gesamtgut vollstreckbar, wenn gegen die Abkömmlinge Vollstreckungsklausel erwirkt wird (§§ 745 Abs. 2 und 744 ZPO.). Ausnahmsweise ist in diesem Stadium auch die Pfändung des Anteils (des überlebenden Ehegatten oder der Abkömmlinge) am Gesamtgute, aber nicht an den einzelnen dazu gehörigen Gegenständen gestattet (§ 860 Abs. 2 ZPO.).

In Ansehung der Haftung für Nachlaßverbindlichkeiten gilt folgendes: Es haftet wie vorher das Gesamtgut sowie der überlebende Ehegatte persönlich. Die Abkömmlinge haften, sofern sie Erben des persönlich haftenden verstorbenen Ehegatten sind, gleichfalls unbeschränkt, andernfalls nur mit dem Gesamtgute. Der Nachlaßgläubiger ist gezwungen, beide Teile zu verklagen, wenn er in das Gesamtgut vollstrecken will; den überlebenden Ehegatten muß er immer auf Leistung in Anspruch nehmen, die Abkömmlinge sind auf Leistung zu belangen, wenn sie persönlich, auf Duldung, wenn sie nur mit dem Gesamtgute haften. War also die Erbschaft an den M a n n gefallen und war dieser gestorben, so vererbten sich die Nachlaßverbindlichkeiten auf die Abkömmlinge; sie haften also persönlich und sind neben der überlebenden Ehefrau als Gesamtschuldner auf Leistung in Anspruch zu nehmen. Die Haftung der Ehefrau ergibt sich aus §§ 1488, 1489 Abs. 1. Werden aber die Abkömmlinge nicht Erben des Verstorbenen, so haften sie nicht persönlich und dürfen bezw. müssen, da sie nur mit dem Gesamtgute haften, auf Duldung der Zwangsvollstreckung in das Gesamtgut in Anspruch genommen werden. War die Erbschaft zwar an den Mann gefallen, aber dieser am Leben geblieben, während die — für die damit verknüpften Nachlaßverbindlichkeiten gar nicht persönlich haftende — Frau mit dem Tode abging, so dürfen die Abkömmlinge, da sich keine Verbindlichkeit auf sie vererbt hat, nicht auf Leistung, müssen sie vielmehr wegen Duldung belangt werden. — War die Erbschaft an die F r a u gefallen und darauf sie gestorben, so vererbten sich die Nachlaßverbindlichkeiten auf die Abkömmlinge; sie haften also persönlich und sind neben dem überlebenden, gleichfalls persönlich haftenden Ehemann als Gesamtschuldner auf Leistung zu verklagen. Liegt aber der Fall so, daß nicht die Abkömmlinge Erben ihrer Mutter sind, so sind sie lediglich wegen Duldung in Anspruch zu nehmen. War die Erbschaft zwar an die Frau gefallen, aber der Ehemann gestorben, so vererbten sich auf die Abkömmlinge die Verbindlichkeiten des Mannes; auch hier muß der Nachlaßgläubiger beide Teile auf Leistung als Gesamtschuldner belangen. Wenn freilich die Abkömmlinge nicht Erben ihres Vaters geworden sind, so sind sie nur auf Duldung zu verklagen. Der Anteil der Abkömmlinge am Gesamtgute, sowie ihr sonstiges eigenes

Vermögen ist nur mit einem (auch oder nur) gegen sie gerichteten Schuldtitel pfändbar (§ 860 Abs. 2 ZPO.).

Über das Recht der Haftungsbeschränkung auf die Erbschaft gilt für dieses Stadium folgendes:

Die Vorschriften von der gemeinschaftlichen Verwaltung können nicht für alle Fälle durchgreifen. Wenn die Erbschaft an die Frau zum Gesamtgute angefallen war und die Frau der überlebende Gatte ist, so gelten für sie die erbrechtlichen Bestimmungen, nach welcher sie als die Erbin jegliches Recht der Haftungsbeschränkung besitzt; sie ist hierbei nicht an die Zustimmung der Abkömmlinge gebunden. Es ist dies insoweit derselbe Grundsatz, der auch für die Zeit des Zwischenstadiums nach Beendigung der Gütergemeinschaft besteht; dort ist trotz der gemeinschaftlichen Verwaltung jedem der Ehegatten selbständig das Recht der Haftungsbeschränkung gegeben (siehe Seite 431 und § 2008 BGB., § 218 KO., § 999 ZPO.). Auch der etwa überlebende Mann hat diese Rechte, die er seit dem Anfalle der Erbschaft an die Frau zum Gesamtgute erlangt hat, auch weiterhin selbständig, weil seine persönliche Haftung fortdauert. — War die Erbschaft an den Mann zum Gesamtgute angefallen und ist er der überlebende Gatte, so stehen ihm als dem Erben nach erbrechtlichen Grundsätzen die Beschränkungsmittel selbständig zu. Die etwa überlebende Frau dagegen, die von Anfang an nicht persönlich haftete, aber infolge des Eintritts der fortgesetzten Gütergemeinschaft persönlich verpflichtet wurde, hat das Beschränkungsrecht bezgl. der Erbschaft überhaupt nicht (§ 1489 Abs. 2). Will sie die Haftung nach Maßgabe des § 1489 Abs. 2 auf das Gesamtgut beschränken, was sie ja auch um der Nachlaßverbindlichkeiten willen als Gesamtgutsverbindlichkeiten tun kann, so bedarf sie nunmehr der Zustimmung der mit ihr jetzt zur gemeinschaftlichen Verwaltung des Gesamtguts berufenen Abkömmlinge.

Dagegen gelten die Grundsätze der §§ 1497 Abs. 2 mit 1472 bezgl. der Stellung der Abkömmlinge, sofern sie lediglich als Abkömmlinge (d. h. nicht auch zugleich als Erben des verstorbenen Ehegatten für die betr. Nachlaßverbindlichkeiten) haften. In dieser Eigenschaft sind sie als Miteigentümer des Gesamtgutes lediglich mit dem Gesamtgute (in der Eigenschaft als Erben sind sie auch persönlich) Schuldner. Sie bedürfen zur Anwendung der Beschränkungsmittel bezgl. der Erbschaft der Zustimmung des überlebenden Gatten und können sie für den Fall, daß die vorzunehmende Maßregel zur ordnungsmäßigen Verwaltung des Gesamtgutes erforderlich ist, erzwingen (§§ 1497, 1472 Abs. 2). — In ihrer Eigenschaft als Erben des Verstorbenen haben sie, sofern dieser für die Nachlaßverbindlichkeiten persönlich haftete, selbständig das Recht der Haftungsbeschränkung. Bilden sie eine Erbengemeinschaft, so gelten für ihr Verhältnis untereinander die allgemeinen Grundsätze, z. B. der § 997 ZPO. für das Aufgebot und der § 2063 BGB. für das Inventar. Dagegen wirken ihre Maßnahmen nicht zugleich für den sie abschichtenden Ehegatten, sofern dieser nicht Miterbe des Verstorbenen ist, wie umgekehrt die von dem Überlebenden angewendeten Mittel lediglich für bezw. gegen ihn wirken. Wer aber von ihnen die Mittel der Haftungsbeschränkung anwendet, muß die Erbschaft (evtl. den Überschuß) herausgeben bezw. er zwingt den anderen Teil zur Herausgabe.

Wird die fortgesetzte Gütergemeinschaft durch den Tod oder durch Todeserklärung des überlebenden Ehegatten beendigt (§ 1494), so haben sich seine Erben mit den Abkömmlingen auseinanderzusetzen; jeder der Teile erhält eine Hälfte des Gesamtgutes. Auch hier hat das Zwischenstadium bis zur Beendigung der Auseinandersetzung eine Bedeutung. Die Verwaltung des Gesamtguts geschieht gemeinschaftlich; kein Teil kann Auseinandersetzung verlangen, so lange nicht die Gesamtgutsverbindlichkeiten berichtigt sind; die Gesamtgutsverbindlichkeiten sollen vor allen Dingen berichtigt werden; für Klagen sind die an der Gemeinschaft Teilnehmenden nur gemeinschaftlich aktiv und passiv legitimiert; zur Vollstreckung in das Gesamtgut bedarf es eines gegen alle Beteiligten gerichteten Schuldtitels; Pfändung des Anteils eines der Beteiligten ist ausnahmsweise gestattet. — Den Nachlaßgläubigern haften die Erben des letztverstorbenen Ehegatten persönlich, da dieser letztere als der die Gütergemeinschaft Überdauernde und Fortsetzende ihnen persönlich gehaftet hatte; sie haften natürlich auch mit dem Gesamtgute und haben bezgl. desselben die dem Erblasser nach § 1489 Abs. 2 zustehenden Beschränkungsrechte auf das Gesamtgut auch ihrerseits. Die Abkömmlinge (als der andere Teil der fortgesetzten Gemeinschaft) haften ihnen an sich nur mit dem Gesamtgute, wie vorher; persönlich haften sie nur, sofern sie Erben des Erstverstorbenen waren und dieser persönlich haftete. Natürlich können sie auch noch Erben des Letztverstorbenen geworden sein und danach auch aus diesem Grunde haften. — Das Recht der Haftungsbeschränkung haben die Erben des Letztverstorbenen in der Eigenschaft als dessen Erben selbständig, auch haben sie es in dem Umfange, wie es der Erblasser besessen hatte; die Abkömmlinge haben es nur, sofern sie selbst diese Erben des Letztverstorbenen sind. Waren sie Erben des Erstverstorbenen, persönlich haftenden Ehegatten, so haben sie dessen Beschränkungsrecht selbständig; soweit sie es aber in ihrer Eigenschaft als an der auch jetzt noch fortgesetzten Gütergemeinschaft Beteiligte haben, steht es ihnen nur gemeinschaftlich mit den Erben des Letztverstorbenen zu; jeder von ihnen kann verlangen, daß die übrigen mitwirken, wenn die Beschränkung der Haftung zur ordnungsmäßigen Verwaltung des Gesamtgutes erforderlich ist (§§ 1497, 1472 Abs. 2 BGB.).

VI. Das Stadium nach der Auseinandersetzung.

Wenn die an der fortgesetzten Gütergemeinschaft Beteiligten das Gesamtgut untereinander teilen (§§ 1498, 1476), so kann von einem solchen nicht mehr die Rede sein; die gemeinschaftliche Verwaltung hört auf. Haben sie die Nachlaßverbindlichkeiten nicht berichtigt (§§ 1498, 1475), so tritt persönliche gesamtschuldnerische Haftung auch der Abkömmlinge ein. Nunmehr darf der Nachlaßgläubiger bezgl. der an einen der Ehegatten zum Gesamtgute angefallenen Erbschaft den Überlebenden wie auch jeden der Abkömmlinge unbeschränkt in Anspruch nehmen. Aber auch jetzt noch steht den Schuldnern das Recht der Haftungsbeschränkung zu, und zwar, sofern persönliche Haftung schon zur Zeit des Eintritts der fortgesetzten Gütergemeinschaft, also auch z. Z. der Teilung bestand, auf die Erbschaft; auf die dem in Anspruch Genommenen bei der Teilung zugewiesenen Gesamtgutsgegenstände dagegen dann, wenn die persönliche Haftung erst als Folge der Nichtberichtigung der Nachlaßverbindlichkeiten vor der Teilung eintrat. War also die Erbschaft an die Frau zum Gesamtgute angefallen, so haftet der Überlebende und es haften die Abkömmlinge, sofern sie Erben des verstorbenen parens sind, schon bei der Teilung persönlich; sie haben also das Recht, auf die Erbschaft zu beschränken. War dagegen die Erbschaft dem Manne zum Gesamtgute zugefallen, und setzte er nach dem Ableben der Frau mit den Abkömmlingen die Gütergemeinschaft fort, so würde bei der Teilung des Gesamtguts für die letzteren keine persönliche Haftung bestehen, diese vielmehr als Folge der Nichtberichtigung der betr. Nachlaßverbindlichkeiten erst mit der Teilung eintreten. Hier würde den Abkömmlingen das im § 1480 erwähnte Beschränkungsrecht auf die ihnen bei der Teilung zugeteilten Gesamtgutsgegenstände zustehen. — Mit Rücksicht auf das gesamtschuldnerische Verhältnis der Schuldner gelten die hierfür bestehenden Regeln. Sofern zwischen Ehegatten und Abkömmlingen Erbengemeinschaft besteht, gelten die für diese bestehenden besonderen Regeln, z. B. § 997 ZPO., § 2063 BGB., daneben aber auch für den überlebenden Ehegatten die allgemeinen eben erörterten Grundsätze, weil dieser seines Teils auch abgesehen von seiner etwaigen Erbeneigenschaft haftet.

Findet nach dem Tode des Überlebenden die Auseinandersetzung bezgl. des Gesamtgutes mit den Abkömmlingen statt, und teilen die an der Gemeinschaft Beteiligten ohne vorherige Berichtigung der Nachlaßverbindlichkeiten, so haften sie sämtlich persönlich als Gesamtschuldner (§§ 1498, 1480). Die Abkömmlinge aber, sofern sie nicht ohnehin als Erben persönlich haften, haben das Recht, die Haftung auf das ihnen vom Gesamtgute Zugeteilte nach Grundsätzen der §§ 1990, 1991 zu beschränken. Dagegen steht diese Beschränkung nicht auch den Erben des Überlebenden (Letztverstorbenen), also evtl. auch nicht den Abkömmlingen zu, da diese als Erben des schon persönlich haftenden Überlebenden schon z. Z. der Teilung persönlich als Gesamtschuldner hafteten; ihnen steht vielmehr dasselbe Beschränkungsrecht, das schon ihr Erblasser hatte, zu.

B. Haftung bezgl. der zum Vorbehaltsgute gehörenden Erbschaft.

Im Güterstande der allgemeinen Gütergemeinschaft bedarf noch das „Vorbehaltsgut" einer besonderen Erwähnung. Ein Vorbehaltsgut kann es sowohl im Stadium der ehelichen Gemeinschaft geben (§ 1440), wie im Stadium der fortgesetzten Gütergemeinschaft (§ 1486). — Vorbehaltsgut im ersteren Stadium ist alles durch Ehevertrag zum Vorbehaltsgut bestimmte Vermögen der Ehegatten, also auch eine je eine dem Gatten zufallende oder zugefallene Erbschaft. Der Wille des Testators kann gleichfalls eine Erbschaft zum Vorbehaltsgut bestimmen. Im Stadium der fortgesetzten Gütergemeinschaft kann von einem erst jetzt zu schließenden Ehevertrage keine Rede mehr sein; Vorbehaltsgut ist das bisherige Vorbehaltsgut des Überlebenden sowie die durch den Willen des Testators zum Vorbehaltsgut bestimmte Erbschaft bezw. Surrogate des Vorbehalts. Eine Erbschaft kann nie gesetzliches Vorbehaltsgut sein. Im Verhältnisse zu den Nachlaßgläubigern kann die Eigenschaft der Erbschaft als Vorbehaltsgut nur nach Maßgabe des § 1435 geltend gemacht werden, gleichviel ob sie durch Ehevertrag oder durch Bestimmung des Testators Vorbehaltsgut geworden ist.

Auf das Vorbehaltsgut der Frau finden die bei der Gütertrennung für das Vermögen der Frau geltenden Vorschriften entsprechende Anwendung (§ 1441). Danach gelten für die Stellung der Frau gegenüber den Nachlaßgläubigern in Hinsicht auf die Nachlaßverbindlichkeiten die allgemeinen Regeln: die Frau haftet wie jeder andere Alleinerbe. Die für das Gesamtgut geltenden Sonderbestimmungen haben für die als Vorbehaltsgut angefallene Erbschaft keine Geltung, d. h. es steht dem Ehemanne kein Recht zu, in die Erbenhaftung der Frau einzugreifen bezw. für sie Rechte zu wahren. Die Frau behält Besitz und Verwaltung der Erbschaft, nur sie kann bezw. muß ein Inventar errichten oder die Mittel der Beschränkung anwenden.

Die als Vorbehaltsgut angefallene Erbschaft verschmilzt nur mit dem sonstigen Vorbehaltsgute der Frau, es bleibt dauernd vom Gesamtgute getrennt. Für Nachlaßverbindlichkeiten haftet nach der ausdrücklichen Vorschrift des § 1461 nicht das Gesamtgut. Daher dürfen Prozesse lediglich gegen die Frau anhängig gemacht werden. Dies bezieht sich aber nur auf solche Erbschaften, welche von der Frau „als Vorbehaltsgut erworben" wurden. Waren sie zum Gesamtgute angefallen und erst durch Ehevertrag zum Vorbehaltsgute gemacht, so besteht dieselbe Haftung, wie wenn die Erbschaft beim Gesamtgute geblieben wäre, d. h. es haftet jeder Ehegatte mit dem Gesamtgute sowie auch noch mit seinem gesamten Vermögen persönlich gesamtschuldnerisch.

IV. Unter dem Güterstande der Errungenschaftsgemeinschaft.

A. Haftung bezgl. der zum Eingebrachten gehörenden Erbschaft.

I. Das Stadium der Errungenschaftsgemeinschaft.

1. Einführung.

Das BGB. (Erbrecht), sowie die KO. und die ZPO. treffen Sonderbestimmungen bezgl. der unter dem Güterstande der Errungenschaftsgemeinschaft lebenden Ehefrau als Erbin. Sie bezwecken den Schutz der Rechte des Mannes in Ansehung des Eingebrachten der Frau wie auch den Schutz des Gesamtgutes und des Vermögens des Mannes. Ehegatten leben nach BGB. im Güterstande der Errungenschaftsgemeinschaft nur auf Grund eines Ehevertrages (§ 1432). Im Verhältnisse zu Dritten kann dieser nicht gesetzliche Güterstand nach Maßgabe des § 1435 nur dann eingewendet werden, wenn sein Bestehen den Dritten bekannt oder im Güterrechtsregister eingetragen war.

Unter diesem Güterstande behält jeder Ehegatte das Eigentum an dem bei Eintritt des Güterstandes ihm gehörigen Vermögen; es wird als „eingebrachtes Gut" bezeichnet (§ 1520). Denselben Charakter behält auch jeder während des Güterstandes gemachte Erwerb, sofern letzterer unter lukrativem Titel erfolgt; danach gehören dazu fast stets Erbschaften (§ 1521). Eingebrachtes Gut sind alle an die Person geknüpften, mit ihrem Tode erlöschenden Rechte (Nießbrauch, Pension), alle nicht durch Rechtsgeschäft übertragbaren Rechte (§ 1522), alles durch Ehevertrag für eingebrachtes Gut Erklärte (§ 1523), die Surrogate des Eingebrachten (§ 1524).

Was dagegen die Ehegatten während des Güterstandes durch ihre Arbeit und mit ihrem Vermögen erwerben, wird gemeinschaftliches Vermögen, „Gesamtgut" beider Ehegatten (§ 1519). Dazu kann demnach auch eine remuneratorische Erbschaft gehören (§ 1521 S. 2; Schröder: Das eheliche Güterrecht nach dem BGB. § 5). Zum Gesamtgute gehören die Nutzungen des Eingebrachten beider Ehegatten (§ 1525), auch der Erwerb aus dem Betriebe eines Erwerbsgeschäfts (§ 1524 Abs. 1 S. 2).

Die Verwaltung des Gesamtguts, das auch hier im „Miteigentume zur gesamten Hand" der Ehegatten steht, unterliegt der Verwaltung des Mannes, der es auch in Besitz nehmen (§ 1519 Abs. 2, 1443) und darüber im Rahmen der §§ 1444 ff. verfügen darf. Die Verfügungsgewalt der Frau bezgl. des Gesamtgutes ist nur eine subsidäre (§§ 1450, 1451). Zur Vollstreckung in das Gesamtgut ist erforderlich und genügend, daß ein Schuldtitel gegen den Mann auf Leistung erwirkt wird. Ein Urteil gegen die Frau auf Leistung berechtigt nicht zur Vollstreckung in das Gesamtgut (§ 740 ZPO.). Kein Ehegatte kann Teilung des Gesamtguts verlangen oder über seinen Anteil daran oder an dessen Bestandteilen verfügen (§§ 1519 Abs. 2, 1442). Gläubiger können diese Anteile nicht pfänden (§ 860 Abs. 1 ZPO.). — Die Vermutung spricht dafür, daß das vorhandene Vermögen Gesamtgut sei (§ 1527).

Die Verwaltung des Eingebrachten, auch desjenigen der Frau, steht dem Manne zu; es gelten hier die Grundsätze des gesetzlichen Güterstandes mit der einen Ausnahme, daß die Verwaltung nicht für Rechnung des Eingebrachten, sondern des Gesamtguts erfolgt, und daß die Nutzungen nicht dem Manne, sondern dem Gesamtgute gehören (§ 1525).

Das Gesetz läßt noch ein Vorbehaltsgut der Frau zu. Dazu gehört alles durch Ehevertrag oder durch den Willen des Schenkers bezw. Testators dazu Bestimmte. Gesetzliches Vorbehaltsgut gibt es hier nicht (§ 1526). Eine Erbschaft kann danach auf Grund Ehevertrages oder durch die Bestimmung des Testators Vorbehaltsgut der Frau sein. Bezgl. der Haftung für Nachlaßverbindlichkeiten einer solchen Erbschaft gilt das gleiche, wie bezgl. einer unter der allgemeinen Gütergemeinschaft an die Frau als Vorbehaltsgut angefallenen Erbschaft (§ 1526 Abs. 3, siehe Seite 442).

2. Haftung für Nachlaßverbindlichkeiten.

Alle Verbindlichkeiten des Mannes sind Gesamtgutsverbindlichkeiten. Für sie haftet, sie mögen wo immer ihren Grund haben, außer seinem Eingebrachten das (auch den Erwerb der Frau enthaltende) Gesamtgut. Fällt also dem Manne eine Erbschaft in sein Eingebrachtes an, so haftet er den Nachlaßgläubigern mit den erwähnten Vermögen unbeschränkt (§ 1967). Er allein hat das Recht, die Mittel der Haftungsbeschränkung anzuwenden. Die mit dem Eingebrachten des Mannes durch die Erbschaftsannahme verschmolzene Erbschaft sondert sich alsdann wieder von seinem Eingebrachten ab und unterliegt ihren besonderen Schicksalen; der Mann kann bei Anwendung der Mittel jeglichen Angriff der Nachlaßgläubiger von seinem Eingebrachten oder vom Gesamtgute abwenden. Die Gläubiger des Mannes können das Vermögen der Frau: Eingebrachtes und Vorbehaltsgut nicht angreifen (§§ 1525 Abs. 2, 1410; 1526 Abs. 3, 1441). Die Nutzungen des Eingebrachten der Frau (wie auch des Mannes) sind als zum Gesamtgute gehörig mit diesem ihren Angriffen unterworfen.

Nicht alle Verbindlichkeiten der Frau sind Gesamtgutsverbindlichkeiten. Soweit sie es sind, haftet für sie das Gesamtgut (§ 1530 Abs. 1) und ferner auch das sonstige

Vermögen der Frau: Ihr Eingebrachtes und ihr Vorbehaltenes und endlich der Mann auch persönlich als Gesamtschuldner (§ 1530 Abs. 2). Die §§ 1531—1534 bestimmen diejenigen Verbindlichkeiten der Frau, welche Gesamtgutsverbindlichkeiten sind. Ob die Nachlaßverbindlichkeiten dazu gehören, ist streitig. Überwiegend wird angenommen, daß die Nachlaßverbindlichkeiten nicht Gesamtgutsverbindlichkeiten sind. Die Motive zum BGB. sagen, daß sie es nicht sein können, weil die Erbschaft zum eingebrachten Gute gehöre. Fischer-Henle zu § 1532 ist gegenteiliger Ansicht; er führt aus, daß zwar bezgl. der zum Vorbehaltsgute der Frau gehörigen Erbschaft das Gesetz die Haftung des Gesamtguts für Nachlaßverbindlichkeiten ausdrücklich ausgeschlossen habe (§§ 1526 Abs. 3 mit 1461), daß aber durch keine gesetzliche Bestimmung die Haftung des Gesamtguts für die zur eingebrachten Erbschaft gehörigen Nachlaßverbindlichkeiten ausgeschlossen sei. Weiteres hierzu siehe bei Staudinger zu § 1532 Anm. 1 α β. Der Entscheidung über die Frage ist der § 1532 zugrunde zu legen, welcher die Verbindlichkeiten aus solchen Rechtsgeschäften der Frau zu Gesamtgutsverbindlichkeiten macht, die sie entweder mit Zustimmung des Mannes kontrahiert hat oder die auch ohne seine Zustimmung für das Gesamtgut wirksam sind. Das BGB. trifft für den Güterstand der Errungenschaftsgemeinschaft zweimal die Bestimmung, daß die Frau eine Erbschaft ohne Zustimmung des Mannes annehmen darf: Der § 1525 Abs. 2 bestimmt dies unter Bezugnahme auf §§ 1406 Nr. 1, 1412. Es haftet danach für die Nachlaßverbindlichkeiten zunächst mal das Eingebrachte der Frau (und natürlich auch ihr Vorbehaltenes). Der Mann muß deshalb wegen dieser Nachlaßverbindlichkeiten sein Verwaltungsrecht hinsichtlich des Eingebrachten aufgeben (§ 1412), die Zwangsvollstreckung in die Substanz des Eingebrachten der Frau dulden (§ 739 ZPO.). Dagegen begründet die Bezugnahme auf § 1412 für den Mann nicht auch den Zwang, die Nutzungen des Eingebrachten aufzugeben, weil diese nicht dem Manne, vielmehr dem Gesamtgute, d. h. also beiden Ehegatten gemeinschaftlich gehören (§ 1525 Abs. 1). Nach der Bestimmung des § 1525 Abs. 2 würde den Nachlaßgläubigern trotz der prinzipiell unbeschränkten Haftung die Frau nicht mit ihrem gesamten Vermögen, d. h. nicht mit dem Gesamtgut, auch nicht soweit es aus den Erträgen des Eingebrachten, ja der Erbschaft selbst, besteht, sondern nur mit der Substanz des Eingebrachten und mit dem Vorbehaltsgute haften. Weiter bestimmt der § 1519 Abs. 2 ohne Einschränkung, daß der § 1453 auf das Gesamtgut der Errungenschaftsgemeinschaft anwendbar sei. Der § 1453 gibt für die allgemeine Gütergemeinschaft der Frau das Recht der selbständigen Annahme einer Erbschaft; dies hat zur Folge, daß diese Annahme für das Gesamtgut wirksam ist (§ 1460), und daß die Nachlaßverbindlichkeiten für den Güterstand der allgemeinen Gütergemeinschaft Gesamtgutsverbindlichkeiten sind. Danach müssen auch für den Güterstand der Errungenschaftsgemeinschaft die Wirkungen der Erbschaftsannahme seitens der Frau dieselben sein. Die Gegner dieser Ansicht weisen, wie die Motive, darauf hin, daß dies wegen der Eigenschaft der Erbschaft als Eingebrachtes nicht möglich sei, daß also der § 1453 für die Errungenschaftsgemeinschaft insoweit nicht angewendet werden könne; allein das Gesetz selbst hat diese Ausnahme nicht gemacht, weshalb sie auch nicht zu rechtfertigen ist. Sie kann aber auch aus folgendem inneren Grunde nicht gerechtfertigt werden: Bei der allgemeinen Gütergemeinschaft haftet, obwohl die der Frau anfallende Erbschaft zum Gesamtgute gehört, für die Nachlaßverbindlichkeiten nicht bloß das Gesamtgut, d. h. dasjenige Gut, das die Erbschaft umfaßt, sondern auch das Sondergut und Vorbehaltsgut der Frau, d. h. es haftet das gesamte Vermögen der Frau. Daraus erhellt, daß — abgesehen vom Vorbehaltsgute (§§ 1461, 1413), bezgl. dessen dem Manne keine Rechte eingeräumt sind — die Haftung nicht auf gerade dasjenige Gut beschränkt ist, mit dem die Erbschaft verschmilzt. Die Haftung also des Gesamtguts der Errungenschaftsgemeinschaft für die Schulden der dem Eingebrachten der Frau zuwachsenden Erbschaft kann nicht durch den Hinweis entkräftet werden, daß die Erbschaft nicht zum Gesamtgute gehöre; das Gesetz hat vielmehr den Grundsatz, daß der Erbe bezw. die Frau in den Fällen, wo sie im Rahmen ihrer gesetzlichen Befugnis die Erbschaft angenommen hat, mit dem gesamten Vermögen hafte. Bei dem Güterstande der Verwaltung und Nutznießung kann, da es dort kein Gesamtgut gibt, die Haftung nicht über die Substanz des Eingebrachten hinaus bestehen; die Frau haftet mit dem Eingebrachten und dem Vorbehaltenen, d. h. auch hier, wie bei der allgemeinen Gütergemeinschaft, mit ihrem gesamten Vermögen. Diesem Prinzip würde es nach diesseitiger Auffassung widersprechen, wenn bei der Errungenschaftsgemeinschaft Vermögen der Frau, d. h. Gesamtgut, von der Haftung ausgeschlossen sein sollte. Namentlich könnte dies nicht durch Bezugnahme auf die beim gesetzlichen Güterstande bestehenden Haftungsgrundsätze gerechtfertigt werden, eben weil dort Gesamtgut gar nicht in Frage kommt; das Gegenteil wäre vielmehr insofern zu rechtfertigen, als der spätere Erwerb, der beim gesetzlichen Güterstande Eingebrachtes wird, d. h. der Haftung für Nachlaßverbindlichkeiten unterliegt, beim Güterstande der Errungenschaftsgemeinschaft als Gesamtgut der Haftung entzogen würde. Auch die von Fischer-Henle (oben zitierte) vertretene Auffassung rechtfertigt in überzeugender Weise (anders Staudinger Vorbemerkungen zu § 1549 Anm. IV 4 a β β) die Annahme, daß Nachlaßverbindlichkeiten Gesamtgutsverbindlichkeiten sind, denn es ist in Wahrheit richtig, daß das Gesetz einen so bedenklichen Unterlassungsfehler nicht gemacht hätte, wenn es, wie beim Vorbehaltsgut, die Haftung auf dasjenige Vermögen hätte beschränken wollen, in das die Erbschaft fällt.

Sind die Nachlaßverbindlichkeiten zwar Gesamtgutsverbindlichkeiten, so resultieren sie doch aus einem auf das eingebrachte Gut bezüglichen Rechtsverhältnisse (§ 1535 Nr. 1), fallen also im Verhältnisse der Ehegatten zu einander der Ehefrau zur Last, woraus nach § 1530 Abs. 2 S. 2 folgt, daß die persönliche gesamtschuldnerische Mithaftung des Mannes nur für die Dauer der Errungenschaftsgemeinschaft besteht. Die seitens einer Frau während der Errungenschaftsgemeinschaft erworbene Erbschaft belastet demnach das gesamte, den Ehegatten einzeln und gemeinschaftlich gehörige Vermögen. Der Mann haftet aber nur für die Dauer des Güterstandes persönlich.

Wer sich der Ansicht zuneigt, daß die Nachlaßverbindlichkeiten nicht Gesamtgutsverbindlichkeiten sind, wird auf die Haftung und das Beschränkungsrecht der Ehegatten im wesentlichen die beim gesetzlichen Güterstande dargelegten Grundsätze anzuwenden haben. Die „Lasten" des Eingebrachten (§§ 1529 Abs. 2, 1531, 1535 Nr. 1, 1537) legen dem Gesamtgute und damit dem Manne persönlich unter allen Umständen ob.

Die Nachlaßgläubiger bezüglich der Frau haben in folgender Weise vorzugehen:

Sie können entweder gegen die Frau allein, oder gegen den Mann allein, ferner gegen die Frau auf Leistung und gegen den Mann auf Duldung der Zwangsvollstreckung in das Eingebrachte der Frau, endlich gegen beide auf Leistung bezw. auch noch gegen den Mann auf Duldung klagen. — Das gegen die Frau allein erwirkte Urteil ist weder in Gesamtgut noch — bei Widerspruch des Mannes — in eingebrachtes Gut der Frau vollstreckbar. In Gesamtgut ist es auch nicht nach Beendigung der Errungenschaftsgemeinschaft im Stadium vor der Auseinandersetzung bezgl. des Gesamtgutes vollstreckbar. Es kann in Gesamt- bezw eingebrachtes Gut der Frau auch dann nicht vollstreckt werden, wenn sich diese Vermögen etwa im Besitze der Frau befinden Bei Übergriffen der Gläubiger in das Gesamtgut steht jedem der Gatten die Erinnerung nach § 766 ZPO, dem Manne, der in Ansehung der Zwangsvollstreckung als Eigentümer des Gesamtgutes erscheint, auch die Interventionsklage (§ 771 ZPO) zu. Der Anteil der Frau am Gesamtgute ist gleichfalls nicht der Pfändung unterworfen, so lange die Gemeinschaft dauert; erst im Stadium zwischen ihrer Beendigung und der Beendigung der Auseinandersetzung ist sie gestattet (§ 860 Abs. 1 und 2 ZPO.). Bei Übergriffen der Gläubiger in das Eingebrachte der Frau darf der Ehemann wegen Fehlens des Duldungstitels (§ 739 ZPO.) selbständig, d. h. in eigenem Namen die Erinnerung nach § 766 ZPO. anwenden (siehe Seite 404 unten). Das Urteil ist dagegen in das Vorbehaltsgut der Frau vollstreckbar. Nach Beendigung des Güterstandes und nach erfolgter Auseinandersetzung der Ehegatten bezgl. des Gesamtgutes und nach Auslieferung auch des Eingebrachten der Frau darf das Urteil gegen das nun einheitliche Frauenvermögen vollstreckt werden. — Mit dem nur gegen den Mann erwirkten Urteile darf in das Gesamtgut vollstreckt werden (§ 740 ZPO.); einer Klage gegen die mit dem Gesamtgute haftende Frau bedarf es nicht, obwohl sie Miteigentümerin dieses Gutes ist. Das gegen den Mann gerichtete Urteil berechtigt den Gläubiger nicht, das im Besitze der Frau befindliche Gesamtgut zu pfänden, wenn die Frau widerspricht (§ 809 ZPO.). Das Urteil bezgl. des Mannes ist auch in sein sonstiges Vermögen, nicht aber in seinen Anteil am Gesamtgute bezw. an dessen Bestandteilen vollstreckbar. Ist die Gemeinschaft beendigt, die Auseinandersetzung aber noch nicht erfolgt, so ist das Urteil zwar in den Anteil am Gesamtgute (§ 860 Abs. 2 ZPO.), aber nicht in das Gesamtgut vollstreckbar, weil in diesem Stadium nur beide Ehegatten gemeinschaftlich aktiv wie passiv legitimiert sind. Nach § 744 ZPO. ist eine vollstreckbare Ausfertigung des Urteils auch gegen die Frau zu erwirken. — Mit einem gegen beide Ehegatten auf Leistung gerichteten Urteile darf in das Gesamtgut, in das Eingebrachte des Mannes und in das Vorbehaltene der Frau, nicht aber — beim Widerspruch des Mannes — in das Eingebrachte der Frau vollstreckt werden. Die Vollstreckung in das Gesamtgut ist hier auch noch im Stadium nach Beendigung der Errungenschaftsgemeinschaft vor erfolgter Auseinandersetzung bezgl. des Gesamtgutes zulässig. In diesem letzteren Stadium könnte alsdann auch jeder Anteil der Ehegatten am Gesamtgute gepfändet werden. Zur Vollstreckung auch in das Eingebrachte der Frau ist noch ein gegen den Mann auf Duldung gerichteter Schuldtitel erforderlich (§ 739 ZPO.). — Werden von den Nachlaßgläubigern beide Ehegatten auf Leistung in Anspruch genommen, so sind sie insoweit, als über das Bestehen der Verbindlichkeit der Frau zu entscheiden ist, notwendige Streitgenossen (§ 62 ZPO.).

3. Die Mittel der Haftungsbeschränkung.

Die Anwendung der Mittel der Haftungsbeschränkung steht auch unter diesem Güterstande jedem Ehegatten ohne die Zustimmung des anderen zu. Die Frau hat dieses Recht in ihrer Eigenschaft als Erbin; sie hat auch bei dem Güterstande der Errungenschaft jegliches einem Erben überhaupt zustehende Recht. Sie darf die Erbschaft selbständig annehmen (§§ 1525 Abs. 2, 1406 Nr. 1; §§ 1519 Abs. 2 und 1453 Abs. 1). Sie darf selbständig ein Inventar errichten (§§ 1525 Abs. 2, 1406 Nr. 1; §§ 1519 Abs. 2 und 1453 Abs. 2). Die Inventarfrist muß auch ihr bestimmt werden (§ 2008). Sie darf das Aufgebot der Nachlaßgläubiger beantragen und durchführen (§ 999 ZPO.). Sie darf Nachlaßkonkurs anmelden (§ 218 KO.). Dem Manne sind die gleichen Befugnisse nicht als Ausfluß seiner Verwaltungsrechte hinsichtlich des Eingebrachten der Frau bezw. des Gesamtgutes eingeräumt, sondern im Interesse der Erhaltung des Gesamtgutes und seines eigenen Vermögens. Im übrigen gelten auch hier die auf Seite 407 bezw. Seite 422 dargelegten Grundsätze bezgl. eines etwaigen Verzichtes seitens der Frau auf das Recht der Haftungsbeschränkung und seiner Wirkung auf die Rechtsstellung des Mannes.

Über die Anwendung der Haftungsbeschränkungsmittel ist im einzelnen zu bemerken:

Bezgl. des Aufgebots:

Der § 999 ZPO. umfaßt, da die einer Frau unter dem Güterstande der Errungenschaftsgemeinschaft angefallene Erbschaft meist zum Eingebrachten der Frau, evtl. zum Gesamtgute gehört, auch das von einem der Ehegatten unter diesem Güterstande beantragte Aufgebot. Näheres hierüber siehe Seite 415 bezw. Seite 430.

Bezgl. des Inventars:

Der § 2008 bezieht sich auch auf den Güterstand der Errungenschaftsgemeinschaft. Er regelt auch für ihn insbesondere die Stellung des Ehemannes in bezug auf das Inventar. Siehe hierüber die Ausführungen auf Seite 408 ff. Sie gelten im wesentlichen auch hier.

Bezgl. des Nachlaßkonkurses:

Der § 218 KO. regelt die Rechte der Ehegatten hinsichtlich des Antragsrechts für beide Ehegatten auch für den Güterstand der Errungenschaftsgemeinschaft. Es gilt auch hier das beim Güterstande der Verwaltungsgemeinschaft Dargelegte. Seite 411 ff.

Geraten die Ehegatten in eigenen Konkurs, so gelten folgende Grundsätze:

Der Konkurs des Mannes hat zur Folge, daß die Errungenschaftsgemeinschaft endigt (§ 1543). Trotzdem aber verbleibt das Gesamtgut der Konkursmasse des Manres (wie auch sein Eingebrachtes). Die Frau kann im Widerspruch zu § 1546 Abs. 1 ihren Anteil am Gesamtgute, obwohl ihr Erwerb darin enthalten ist, nicht fordern, ihre Gläubiger können ihn nicht pfänden (§ 2 Abs. 1 KO.). Dagegen darf die Frau ihr Eingebrachtes fordern (§ 1546 Abs. 2), der Mann bezw. evtl. der Konkursverwalter müssen es herausgeben (§ 43 ff. KO.; zu § 45 siehe Jäger KO. Anm. 13). Dieses Vermögen unterliegt fortan ihrer Verwaltung. Die Erträge fallen nicht mehr in das Gesamtgut. Auch der zwischen dem Erlasse und der Rechtskraft des Eröffnungsbeschlusses seitens der Frau (oder des Mannes) gemachte Erwerb fällt nach § 1 KO. nicht mehr in die Masse des Mannes. Demnach können sich nunmehr die Nachlaßgläubiger unabhängig vom Konkurse des Mannes an das gesamte Vermögen der Frau halten, ohne jetzt noch den Ehemann auf Duldung in Anspruch nehmen zu müssen bezw. zu dürfen. Daneben aber dürfen die Nachlaßgläubiger, die als solche auch Gläubiger des Mannes und nach § 3 KO. Konkursgläubiger sind — sie haben den Anspruch schon zur Zeit der Eröffnung des Konkurses —, auch am Konkurse des Mannes teilnehmen (Jäger § 2 Anm. 7 KO.). Natürlich wird bei gegebener Sachlage die Frau, sofern sie die betr. Gläubiger nicht befriedigen und dadurch vom Konkurse des Mannes fernhalten kann, ihrerseits die gegebenen Mittel der Haftungsbeschränkung anwenden, um die Nachlaßgläubiger auf die betr. Beschränkungsverfahren festzulegen. Dem Manne bezw. dem Konkursverwalter dürfte das Recht der Haftungsbeschränkung nicht mehr zustehen, da die Errungenschaftsgemeinschaft beendigt ist und die betr. Befugnisse des Mannes bezgl. der zum eingebrachten Gute der Frau gehörigen Erbschaft überall an die Dauer des Güterstandes geknüpft sind. Lediglich in der Zeit zwischen der Eröffnung des Konkurses (§ 108 KO.) und der Rechtskraft des Eröffnungsbeschlusses kann auch der Mann bezw. sein Konkursverwalter das Beschränkungsrecht ausüben. Danach muß der Konkursverwalter des Mannes sich die Forderungen der Nachlaßgläubiger der Frau gefallen lassen, ohne ein Beschränkungsrecht zu haben. Die daraus für die übrigen Gläubiger des Mannes bestehende Gefahr der Zurücksetzung ist nicht groß, denn einmal werden die Nachlaßgläubiger sich schwerlich je an diesem Konkurse beteiligen, zumal doch auch die Erbschaft im Besitze der Frau ist; sodann besteht für den Konkursverwalter die Möglichkeit des Rückgriffs auf die Frau (§ 1535). Der Konkurs des Mannes ist an sich kein Grund für die Nachlaßgläubiger, den Nachlaßkonkurs zu beantragen; auch ein Antrag auf Anordnung der Nachlaßverwaltung kann seitens der Nachlaßgläubiger nicht ohne weiteres auf den Konkurs des Mannes gegründet werden (§ 1981 Abs. 2).

Der Konkurs über das Vermögen der F r a u ergreift nicht ihren Anteil am Gesamtgute. Vorbehaltenes und Eingebrachtes bildet die Masse. Bezgl. des letzteren siehe Jäger KO. zu § 2 V 2 und Schröder: Das eheliche Güterrecht nach dem BGB. § 1 Seite 33. Auf den Bestand der Errungenschaftsgemeinschaft hat ihr Konkurs keinen Einfluß. Dem Nachlaßgläubiger haftet demnach auch jetzt noch das Gesamtgut und das sonstige Vermögen des Mannes, und ferner können sie sich am Konkurse der Frau beteiligen. — In der Konkursmasse befindet sich hier die Erbschaft der Frau. Hiernach wird sie zur Befriedigung auch der sonstigen Frauengläubiger verwendet. Soll dies verhütet werden, so bedarf es der Anwendung eines Beschränkungsmittels, das je nach der Sachlage von den Nachlaßgläubigern oder einem der Ehegatten bezw. für die Frau vom Konkursverwalter angewendet werden muß. Dies sichert den Nachlaßgläubigern den Nachlaß, hindert sie aber an der Verfolgung des Mannes oder an der Beteiligung am Konkurse der Frau.

Ist das Recht der Haftungsbeschränkung mit Wirkung gegen beide Ehegatten verwirkt, so dürfen sie lediglich den Nachlaßkonkurs beantragen, ohne daß sie freilich dadurch die Haftung beschränken. Für diesen Fall hat, wenn nebenher auch Konkurs über das Vermögen der Frau schwebt, der § 234 Abs. 1 KO. Anwendung. Hierüber siehe Seite 427 unten.

II. Das Stadium nach Beendigung des Güterstandes.

Im Stadium nach Beendigung des Güterstandes der Errungenschaftsgemeinschaft gilt auf Grund des § 1530 Abs. 2 S. 2 in Verbindung mit § 1535 Nr. 1 und § 1537 Abs. 1 BGB. für die Haftung für Nachlaßverbindlichkeiten bezgl. einer an die Frau zum eingebrachten Gute angefallenen Erbschaft folgendes:

a) bei Auflösung des Güterstandes während bestehender Ehe (§§ 1542, 1543, 1544).

Die Ehegatten setzen sich bezgl. des Gesamtgutes auseinander (§ 1546 Abs. 1 u. 2). Der Mann liefert der Frau deren Eingebrachtes aus (§ 1546 Abs. 3). Die Verwaltung des Gesamtgutes steht den Ehegatten gemeinschaftlich zu (§§ 1546 Abs. 1, 1472), keiner von ihnen kann über seinen Anteil am Gesamtgute verfügen (§§ 1546, 1442) oder Teilung desselben fordern, da zunächst die das Gesamtgut belastenden Verbindlichkeiten (also auch die Nachlaßverbindlichkeiten) zu tilgen sind (§§ 1546 Abs. 2, 1475, 1476). Der Anteil der Ehegatten am Gesamtgute ist nunmehr der Pfändung unterworfen (§ 860 Abs. 2 ZPO.). — Auch im Stadium der Auseinandersetzung haftet das Gesamtgut. Die Nachlaßgläubiger, welche gegen das Gesamtgut vorgehen wollen, sind gezwungen, beide Ehegatten zu verklagen, weil deren Verwaltung gemeinschaftlich ist (§ 743 ZPO.). Die Ehefrau ist als Erbin immer auf Leistung zu belangen; dagegen gilt für die Frage, ob der Mann auf Leistung oder Duldung in Anspruch zu nehmen ist, folgendes: Da (bezw. sofern) die der Frau angefallene Erbschaft deren Eingebrachtes ist, da also die Nachlaßverbindlichkeiten Gesamtgutsverbindlichkeiten aus einem sich auf das Eingebrachte der Frau beziehenden Rechtsverhältnisse sind (§ 1535 Nr. 1), erlischt mit der Beendigung der Errungenschaftsgemeinschaft grundsätzlich die persönliche gesamtschuldnerische Haftung des Mannes für diese Nachlaßverbindlichkeiten, er haftet lediglich noch mit dem Gesamtgute. Danach kann bezw. muß im Stadium der Auseinandersetzung der Nachlaßgläubiger den Ehemann auf Duldung der Zwangsvollstreckung in das Gesamtgut in Anspruch nehmen. Von diesem Grundsatze der Forthaftung des Mannes statuiert der § 1537 Abs. 1 eine Ausnahme für diejenigen Nachlaßverbindlichkeiten, welche als „Lasten" der eingebrachten Erbschaft (§§ 1529 Abs. 2 und 1531) das Gesamtgut auch im Verhältnisse der Ehegatten untereinander belasten; für sie haftet der Mann auch im Stadium der Auseinandersetzung persönlich als Gesamtschuldner neben der Frau; deshalb darf bezw. muß insoweit auch er auf L e i s t u n g belangt werden. Danach haftet nach der Beendigung der Errungenschaftsgemeinschaft der Mann persönlich nur für folgende Nachlaßverbindlichkeiten: für die der Frau hinsichtlich der Erbschaft obliegenden öffentlichen Lasten, z. B. Staats-, Gemeinde-, Kirchensteuern (§ 1385 Nr. 1); für die privatrechtlichen Lasten, die auf den zur Erbschaft gehörenden Gegenständen ruhen, z. B. Grundschulden, Rentenschulden, Reallasten (§ 1385 Nr. 2); für die Zahlungen von Versicherungsgeldern bezgl. der zur Erbschaft gehörenden Gegenstände (§ 1385 Nr. 3); für die Zinsen der Nachlaßverbindlichkeiten, weil der Mann die Berichtigung der letzteren aus dem eingebrachten Gute dulden muß (§ 1386); ferner für wiederkehrende auf der Erbschaft lastende Leistungen anderer Art, wie Altenteil, Leibrenten (§ 1386); für die Kosten eines Rechtsstreits, durch den der M a n n ein zur Erbschaft gehörendes Recht geltend macht (§ 1387 Nr. 1); für die Kosten eines Rechtsstreits, den die F r a u hinsichtlich der zum Eingebrachten gehörigen Erbschaft führt (§ 1387 Nr. 1). Bezgl. aller übrigen Nachlaßverbindlichkeiten kann der Mann persönlich nicht mehr in Anspruch genommen werden. — Mit einem nur gegen die Frau gerichteten Schuldtitel kann im Stadium der Auseinandersetzung der Nachlaßgläubiger nicht in das Gesamtgut, wohl aber in den Anteil der Frau am Gesamtgute oder in das Vorbehaltsgut der Frau vollstrecken. Mit einem nur gegen den Ehemann gerichteten Schuldtitel kann der Nachlaßgläubiger nicht gegen das Gesamtgut, wohl aber gegen das sonstige Vermögen des Mannes oder seinen Anteil am Gesamtgute pfänden. Zur Vollstreckung in das Eingebrachte der Frau bedarf es nicht mehr der Duldungsklage gegen den Mann, weil der § 739 ZPO. nur für die Dauer des Güterstandes wirkt. Ob der Mann tatsächlich noch im Besitze des Eingebrachten ist, hat keinen Einfluß; der Gläubiger pfändet alsdann evtl. den Anspruch auf Herausgabe.

Die Auseinandersetzung bezgl. des Gesamtgutes erfolgt nach Maßgabe des § 1475. Die Nachlaßverbindlichkeiten als Gesamtgutsverbindlichkeiten sind zu berichtigen, ehe das Gesamtgut geteilt wird. Der § 1475 trifft Vorschriften nur für das Verhältnis der Ehegatten; danach kann die Frau grundsätzlich nicht verlangen, daß die Nachlaßverbindlichkeiten aus dem Gesamtgute berichtigt werden, weil im Verhältnisse zu ihrem Manne sie selbst die Schuldnerin ist (Abs. 2). Nur bezgl. derjenigen Nachlaßverbindlichkeiten kann sie es verlangen, die auch im inneren Verhältnisse das Gesamtgut belasten. Für das Vorgehen der Nachlaßgläubiger bietet die Vorschrift kein Hindernis, sie können ausnahmslos Befriedigung aus dem Gesamtgute verlangen, weil dieses nach außen hin unterschiedslos haftet. Will die Frau im Stadium der Auseinandersetzung eine freiwillige Befriedigung der Nachlaßgläubiger herbeiführen, so kann sie Befriedigung aus dem Gesamtgute nur bezgl. der das Gesamtgut nach § 1529 Abs. 2 unter allen Umständen belastenden „Lasten" der Erbschaft fordern, im übrigen muß sie dazu ihr Eingebrachtes evtl. ihr etwaiges Vorbehaltsgut verwenden. Was der Mann für die letzterwähnten Verbindlichkeiten aus dem Gesamtgute verwendet, wird bei der Abrechnung der Ehegatten der Frau angerechnet. Der Mann hat ein besonderes Interesse daran, daß alle Nachlaßverbindlichkeiten vor der Teilung berichtigt werden, weil anderenfalls er nach der Teilung wieder persönlich haftet (§§ 1546 Abs. 2, 1480). Er wird sie also entweder aus dem Gesamtgute berichtigen und sie hinterher der Frau anrechnen, oder er wird veranlassen, daß die Frau sie aus ihrem Vermögen berichtigt.

Was die Anwendung der Beschränkungsmittel im Stadium der Auseinandersetzung anlangt, so gilt bezgl. der Frau nichts Besonderes; sie darf ohne Zustimmung des Mannes das Aufgebot, Nachlaßverwaltung, Nachlaßkonkurs beantragen, ein Inventar errichten usw. Der Mann dagegen hat, weil die Erbschaft zum Eingebrachten der Frau gehört und weil nach Beendigung des Güterstandes bezgl. des Eingebrachten keine Rechte des Mannes bestehen, dieses Recht nach Beendigung der Errungenschaftsgemeinschaft überhaupt nicht mehr. Weder § 999 ZPO. noch der § 2008 BGB. noch § 218 KO. verleihen in diesem Stadium dem Manne ein Beschränkungsrecht. Der Gefahr, die infolgedessen für das Gesamtgut und unter Umständen für den Mann selbst besteht, kann er auf Grund der §§ 1546 Abs. 1, 1472 Abs. 2 dadurch begegnen, daß er die Frau zur Anwendung der Beschränkungsmittel zwingt.

Mit der Beendigung der Auseinandersetzung (§§ 1546 Abs. 2, 1476) hört die Gemeinschaft der Ehegatten bezgl. des Gesamtgutes auf. Sind noch unberichtigte Nachlaß- (d. h. Gesamtguts-)verbindlichkeiten vorhanden, so haftet von nun an auch der Mann wieder persönlich als Gesamtschuldner neben der Frau; er hat jedoch das Recht, die Haftung auf das ihm bei der Teilung zugeteilte Gesamtgut zu beschränken (§ 1480), d. h. sein sonstiges Vermögen frei zu halten. Es finden die Vorschriften der §§ 1990, 1991 entsprechende Anwendung, d. h. der Mann muß das ihm zugefallene Gesamtgut, gleichviel ob es zur Berichtigung ausreicht oder nicht, in der durch § 1990 Abs. 1 vorgeschriebenen Form und unter Beachtung der im § 1991 gegebenen Grundsätze herausgeben. Die Frau dagegen kann die Haftung nur auf die Erbschaft beschränken; ihr stehen alle überhaupt gegebenen Mittel der Beschränkung zu.

b) bei Auflösung der Errungenschaftsgemeinschaft durch Auflösung der Ehe.

Wird die Ehe durch Scheidung aufgelöst, so gelten die ad a dargelegten Grundsätze durchweg. — Wird sie durch den Tod aufgelöst, so gelten diese Grundsätze gleichfalls. An die Stelle des verstorbenen Ehegatten treten seine Erben. Vom Gesamtgute gehört die Hälfte zu seinem Nachlasse.

Wird bei bestehender Ehe die Errungenschaftsgemeinschaft aufgehoben, so gilt fortan Gütertrennung (§§ 1545, 1435).

B. Haftung bezgl. der zum Vorbehaltsgut gehörenden Erbschaft.

Ist im Güterstande der Errungenschaftsgemeinschaft eine der Frau angefallene Erbschaft Vorbehaltsgut (§ 1526), so haftet lediglich das Vorbehaltsgut der Frau für Nachlaßverbindlichkeiten (§§ 1526 Abs. 3 mit 1461 und 1525 Abs. 2 mit 1413).

V. Unter dem Güterstande der Fahrnisgemeinschaft.

A. Haftung bezgl. der zum Gesamt- und eingebrachten Gute gehörigen Erbschaft.

I. Das Stadium der Fahrnisgemeinschaft.

1. Einführung.

Ehegatten leben nach BGB. im Güterstande der Fahrnisgemeinschaft nur auf Grund eines Ehevertrages. Im Verhältnisse zu Dritten kann die Fahrnisgemeinschaft nach Maßgabe des § 1435 nur dann eingewendet werden, wenn ihr Bestehen dem Dritten bekannt oder im Güterrechtsregister eingetragen war. Unter diesem Güterstande wird dasjenige Vermögen, das die Ehegatten beim Eintritt desselben besitzen, zum Teil Gesamtgut, also gemeinschaftliches Eigentum beider Ehegatten, zum Teil eingebrachtes Gut, d. h. es bleibt im Eigentum je des Ehegatten. Von demjenigen Vermögen, das je einer der Gatten besitzt, wird mit dem Eintritt der Fahrnisgemeinschaft alle bewegliche Habe Gesamtgut; alles Unbewegliche wird Eingebrachtes. Auch dasjenige Vermögen, das die Ehegatten während des Güterstandes erwerben, wird z. T. Gesamt-, z. T. eingebrachtes Gut; und zwar wird auch hier aller beweglicher Erwerb Gesamtgut; aber der unbewegliche Erwerb wird z. T. Gesamt-, z. T. eingebrachtes Gut. Eingebrachtes Gut wird der unbewegliche Erwerb dann, wenn er durch Schenkung, Ausstattung, Erbfolge oder Vermächtnis erfolgt (§ 1551 Abs. 1), im übrigen wird er Gesamtgut. Danach ist die gesamte bewegliche Habe der Ehegatten Gesamtgut, die unbewegliche Habe ist teils Gesamt-, teils eingebrachtes Gut. Zum unbeweglichen Vermögen im Sinne des § 1551 gehören Grundstücke nebst Zubehör, Rechte an Grundstücken mit Ausnahme von Hypotheken, Grund- und Rentenschulden; es gehören ferner dazu alle auf die Übertragung des Eigentums an Grundstücken oder auf die Begründung oder Übertragung eines der oben bezeichneten Rechte oder auf die Löschung eines dieser Rechte gerichteten Forderungen. — Eingebrachtes Gut sind die Gegenstände, die durch Rechtsgeschäft nicht übertragen werden können (§ 1552), ferner alles durch Ehevertrag für eingebrachtes Gut Erklärte (§ 1553 Nr. 1), evtl. also auch Erbschaften; alles Geschenkte bezw. durch letztwillige Verfügung Zugewendete, wenn es dabei vom Spender als eingebrachtes Gut bestimmt wird (§ 1553 Nr. 2); endlich besteht es aus den Surrogaten des eingebrachten Gutes (§ 1554). — Zum Gesamtgute gehören die Erträge des Eingebrachten beider Ehegatten (§§ 1550 Abs. 2, 1525 Abs. 1).

Besitz und Verwaltung des Gesamtgutes hat der Mann (§§ 1549, 1443). Kein Ehegatte kann Auseinandersetzung bezgl. des Gesamtguts fordern. Der Anteil des Ehegatten am Gesamtgute ist während bestehender Gemeinschaft nicht pfändbar (§ 860 Abs. 1 ZPO.). Zur Vollstreckung in das Gesamtgut ist ein gegen den Mann gerichteter Schuldtitel erforderlich; er genügt auch dann, wenn die Verbindlichkeit in der Person der Frau begründet ist (§ 740 ZPO.).

Die Verwaltung des Eingebrachten, auch desjenigen der Frau, sowie den Besitz des Eingebrachten hat gleichfalls der Mann. Er verwaltet es für Rechnung des Gesamtgutes, an das auch die Nutzungen fallen (§§ 1550 Abs. 2, 1525 Abs. 1). Zur Vollstreckung in das Eingebrachte der Frau ist ein gegen sie auf Leistung und gegen den Mann auf Duldung der Zwangsvollstreckung in das Eingebrachte der Frau gerichteter Schuldtitel erforderlich (§ 739 ZPO.).

Auch bei diesem Güterstande ist Vorbehaltsgut lediglich der Frau zugelassen (§ 1555). Es ist auf Grund Ehevertrages dazu bestimmtes Vermögen; es gibt hier wie auch sonst (abgesehen vom gesetzlichen Güterstande) kein *gesetzliches* Vorbehaltsgut.

2. Haftung für Nachlaßverbindlichkeiten.

Fällt einem der Ehegatten eine Erbschaft zu, so ist sie, sofern nicht ein Ehevertrag oder der Wille des Testators etwas anderes bestimmt, nach obigen Grundsätzen bezgl. der beweglichen Bestandteile Gesamtgut, bezgl. der unbeweglichen Bestandteile im Sinne des § 1551 Abs. 2 eingebrachtes Gut des betreffenden Ehegatten. Besteht die Erbschaft nur aus beweglichen Bestandteilen, so wird sie im ganzen gemeinschaftliches Eigentum der Ehegatten (Gesamtgut); ist sie dagegen nur unbeweglich, so wird sie im ganzen eingebrachtes Gut des Erwerbers (Erben).

Ist die dem *Manne* angefallene Erbschaft lediglich Gesamtgut, so haftet den Nachlaßgläubigern das gesamte Vermögen nur des Mannes sowie das Gesamtgut (§§ 1549, 1459). Zur Vollstreckung in diese Vermögensmassen ist ein gegen den Mann gerichteter Schuldtitel erforderlich (§ 740 ZPO.). Bei Übergriffen in das Vermögen der Frau (Eingebrachtes und Vorbehaltenes) darf die Frau, bezgl. des Eingebrachten auch der Mann Einwendungen erheben (§ 766 ZPO.). — Gehört die dem *Manne* angefallene

Erbschaft nur zum Eingebrachten des Mannes, so haftet trotzdem auch hier das gesamte Vermögen des Mannes, also auch das Gesamtgut, welches in Ansehung der Schuldenhaftung als sein alleiniges Vermögen betrachtet wird (§§ 1550 Abs. 2, 1530). — Gehört die dem Manne angefallene Erbschaft teilweise zum Eingebrachten, teilweise zum Gesamtgute, so ist die Haftung dieselbe wie in den obigen beiden Fällen. Die Haftung des Mannes ist, wie die jedes Erben, eine unbeschränkte (§ 1967). Das Recht der Haftungsbeschränkung steht nur ihm zu; wird es angewendet, so sondert sich die Erbschaft von derjenigen Masse, mit der sie verschmolzen war, wieder zu einer Sondermasse ab. — Gerät der Mann in Konkurs, so gehört das Gesamtgut zur Masse (§ 2 KO.); werden die Nachlaßgläubiger dadurch geschädigt, so können sie ihrerseits das jeweilig statthafte Beschränkungs- d. h. für sie Absonderungsmittel anwenden, um die Erbschaft ihrer alleinigen Befriedigung zuzuführen.

Bezgl. der an die Frau angefallenen Erbschaft ist zu bemerken:

Besteht die Erbschaft nur aus beweglichem Vermögen, ist sie also nur Gesamtgut, so gelten hinsichtlich der Haftung für Nachlaßverbindlichkeiten sowie des Beschränkungsrechts bezgl. der Haftung durchweg die bei der Abhandlung des Güterstandes der allgemeinen Gütergemeinschaft dargelegten Grundsätze (§ 1549). Es haftet also nicht bloß das gesamte Vermögen der Ehefrau einschließlich des Gesamtguts, sondern auch der Mann persönlich als Gesamtschuldner. Zur Vollstreckung in das Gesamtgut ist, wie immer, der Schuldtitel gegen den Mann erforderlich und ausreichend; dieser Schuldtitel berechtigt zur Vollstreckung auch in das sonstige Vermögen des Mannes. Zur Vollstreckung in das Eingebrachte der Frau ist außer der Leistungsklage gegen die letztere auch die Duldungsklage gegen den Mann erforderlich (§ 739 ZPO.), andernfalls ist das gegen die Frau gerichtete Urteil nur in ihr etwaiges Vorbehaltsgut vollstreckbar.

Besteht die der Frau angefallene Erbschaft nur aus unbeweglichem Vermögen, ist sie also nur eingebrachtes Gut der Frau, so gelten für die Haftung für Nachlaßverbindlichkeiten sowie für das Recht der Haftungsbeschränkung die bei der Abhandlung über den Güterstand der Errungenschaftsgemeinschaft dargelegten Grundsätze (§ 1550 Abs. 2). Es haftet danach nicht bloß die Frau mit ihrem gesamten Vermögen, einschließlich des Gesamtgutes, sondern auch als Gesamtschuldner neben ihr noch der Mann. Siehe hierzu insbesondere die Erörterung auf Seite 445 f. Die Haftung ist danach für die Dauer der Fahrnisgemeinschaft dieselbe wie bezgl. der lediglich zum Gesamtgute gehörigen Erbschaft der Frau. Auch hier sind die Gläubiger gezwungen, jedenfalls den Ehemann auf Leistung zu verklagen, wenn sie in das Gesamtgut vollstrecken wollen. Zur Vollstreckung in das Eingebrachte der Frau, also auch in die Erbschaft und in ihr Vorbehaltsgut, ist ein gegen sie auf Leistung gerichteter Titel erforderlich, abgesehen von dem Duldungstitel, der bezgl. der Vollstreckung in ihr Eingebrachtes nach § 739 ZPO. gegen den Ehemann erwirkt werden muß.

Besteht die der Frau angefallene Erbschaft aus beweglichem und aus unbeweglichem Vermögen, so ist für die Dauer der Fahrnisgemeinschaft die Haftung dieselbe wie in den beiden obigen Fällen, es haftet also das gesamte Vermögen der Frau, ferner das Gesamtgut und daneben der Mann persönlich als Gesamtschuldner, denn diese Haftung besteht sowohl bezgl. der zum Gesamtgute wie bezgl. der zum Eingebrachten der Frau gehörigen Erbschaft. Hieraus ergibt sich, daß im Verhältnisse zu den Nachlaßgläubigern es für die Dauer der Fahrnisgemeinschaft ganz gleichgültig ist, ob die Erbschaft zu diesem oder jenem Vermögen gehöre; die Unterscheidung hat vielmehr Bedeutung nur für das Verhältnis der Ehegatten untereinander (§ 1556). — Gerät die Frau in Konkurs, so berührt er nicht das Gesamtgut (§ 2 KO.). Soweit danach die der Frau angefallene Erbschaft zum Gesamtgute gehört, fällt sie nicht in die Konkursmasse. Soweit sie aber zum Eingebrachten der Frau gehört, wird sie vom Konkurse betroffen. Die Nachlaßgläubiger, denen die Frau unbeschränkt haftet, dürfen sich danach in jedem Falle am Konkurse der Frau beteiligen, sie können aber auch gegen den Mann vorgehen, sei es daß sie diesen persönlich oder daß sie das Gesamtgut angreifen wollen. Die Frau kann dies nur dadurch verhindern, daß sie bezgl. der Erbschaft das jeweilig gegebene Mittel der Haftungsbeschränkung anwendet. Der Konkursverwalter andererseits kann die Teilnahme der Nachlaßgläubiger am Konkurse der Frau nur dadurch abwenden, daß er seinerseits die jeweilig zulässigen Mittel der Haftungsbeschränkung anwendet; je nach der Sachlage ist er im Interesse der übrigen Gläubiger der Frau oder der Nachlaßgläubiger dazu auch verpflichtet (§ 82 KO.). Auch der Mann kann wegen seiner persönlichen Haftung als Gesamtschuldner die Beschränkungsmittel anwenden und zwar unabhängig von der Zustimmung der Frau, gleichviel ob die Erbschaft ganz oder teilweise Gesamt- oder eingebrachtes Gut ist (§§ 2008 BGB., 218 KO., 999 ZPO.).

II. Das Stadium nach Beendigung des Güterstandes.

Im Stadium nach Beendigung des Güterstandes der Fahrnisgemeinschaft gilt auf Grund der Vorschriften des § 1549 und des § 1550 Abs. 2 für die Haftung für Nachlaßverbindlichkeiten bezgl. einer an die Frau angefallenen Erbschaft folgendes:

a) Bei Auflösung der Fahrnisgemeinschaft während bestehender Ehe:

Die Ehegatten setzen sich, wie bei der Errungenschaftsgemeinschaft, bezgl. des Gesamtguts nach den Grundsätzen der allgemeinen Gütergemeinschaft, bezgl. des eingebrachten Gutes nach denen des gesetzlichen Güterstandes auseinander, d. h. das Gesamtgut wird zu gleichen Teilen geteilt, das Eingebrachte der Frau wird ihr ausgeliefert (§§ 1476, 1421). Die Verwaltung des Gesamtgutes steht nunmehr den Ehegatten gemeinschaftlich zu, doch kann auch jetzt noch keiner von ihnen über seinen Anteil daran verfügen oder Teilung desselben vor Berichtigung der Gesamtgutsverbindlichkeiten fordern. Die Nachlaßverbindlichkeiten gehören, wie oben dargelegt, zu diesen Verbindlichkeiten. Der Anteil der Ehegatten am Gesamtgute ist jetzt aber der Pfändung unterworfen (§ 860 Abs. 2 ZPO.). Bezgl. der Haftung für Nachlaßverbindlichkeiten gilt nunmehr folgendes: Gehört die Erbschaft lediglich zum Gesamtgute, so haften den Nachlaßgläubigern, wie im Stadium der bestehenden Fahrnisgemeinschaft, die Ehegatten persönlich als Gesamtschuldner und ferner jeder Ehegatte mit dem Gesamtgute (§ 1459 Abs. 2), denn die Nachlaßverbindlichkeiten belasten auch im Verhältnisse der Ehegatten untereinander das Gesamtgut. Zur Vollstreckung in das Gesamtgut ist jetzt eine gegen beide Eheleute auf Leistung gerichtete Klage erforderlich (§ 743 ZPO.), überhaupt sind jetzt bezgl. des Gesamtguts beide Ehegatten nur gemeinschaftlich aktiv wie passiv legitimiert. Bezgl. des Rechtes der Haftungsbeschränkung wegen der Nachlaßverbindlichkeiten gilt alles hierüber bei der allgemeinen Gütergemeinschaft im Stadium der Auseinandersetzung Ausgeführte (Seite 431 ff.). Erfolgt die Auseinandersetzung ohne vorherige Berichtigung der Gesamtguts-(Nachlaß-)verbindlichkeiten, so dauert die persönliche Haftung beider Ehegatten, also auch die des Mannes fort (hierüber Seite 433 f.). — Gehört die der Frau angefallene Erbschaft lediglich zum Eingebrachten, so hört mit der Beendigung der Fahrnisgemeinschaft die persönliche gesamtschuldnerische Haftung des Mannes für die in Frage kommenden Nachlaßverbindlichkeiten grundsätzlich auf (§ 1535 Nr. 1, 1530 Abs. 2 S. 2); er haftet lediglich mit dem Gesamtgute. Er kann danach wegen Berichtigung der Nachlaßverbindlichkeiten nur auf Duldung der Zwangsvollstreckung in das Gesamtgut in Anspruch genommen werden, während die Frau auf Leistung belangt werden muß (§ 743 ZPO.). Zur Vollstreckung in das Eingebrachte der Frau ist die Duldungsklage gegen den Ehemann fortan nicht mehr erforderlich. Die persönliche Haftung des Mannes dauert nur hinsichtlich der „Lasten" der eingebrachten Erbschaft fort (§§ 1529 Abs. 2 und 1531 in Verbindung mit § 1550 Abs. 2), weil diese Verbindlichkeiten auch im Verhältnisse der Ehegatten zu einander dem Gesamtgute zur Last fallen (§ 1537 Abs. 1). Insoweit also müßten im Auseinandersetzungsstadium beide Ehegatten wegen Leistung verklagt werden. Da das Gesamtgut auch für alle Nachlaßverbindlichkeiten der bloß zum Eingebrachten gehörigen Erbschaft haftet, sind also vor der Auseinandersetzung bezgl. des Gesamtgutes auch diese Nachlaßverbindlichkeiten zu berichtigen (§ 1475), wenn auch die Frau nicht v e r l a n g e n kann, daß a l l e Nachlaßverbindlichkeiten aus dem Gesamtgute berichtigt werden; sie kann dies nur bezgl. der „Lasten" der eingebrachten Erbschaft fordern (§ 1475 Abs. 2). Aber der Mann hat, da im Falle der Teilung des Gesamtgutes ohne vorherige Berichtigung seine mit der Beendigung der Fahrnisgemeinschaft erloschene persönliche Haftung wieder entsteht (§ 1480), ein dringendes Interesse an der Berichtigung der Nachlaßverbindlichkeiten. Er berichtigt sie also aus dem Gesamtgute, obwohl sie im Verhältnisse zur Frau nur diese belasten, und rechnet bei der Auseinandersetzung mit ihr ab, oder er sorgt dafür, daß die Verbindlichkeiten aus dem Vermögen der Frau berichtigt werden. Sofern die Erbschaft lediglich Eingebrachtes der Frau ist, hat im Stadium der Auseinandersetzung der Mann kein Recht der Haftungsbeschränkung, da dieses Recht überhaupt nur an die Dauer des betr. Güterstandes geknüpft ist, abgesehen von dem Falle, daß die Erbschaft zum Gesamtgute gehört (§§ 999 ZPO., 2008 BGB., 218 KO.). Wenn dem Gesamtgute bezw. dem Manne selbst eine Gefahr durch Verfolgungen der Nachlaßgläubiger droht, so wird er die Frau auf Grund der §§ 1550 Abs. 2, 1472 zur Anwendung des jeweilig gegebenen Beschränkungsmittels zwingen können, weil die Verwaltung des Gesamtgutes nur dann ordnungsmäßig ist, wenn die Gesamtgutsverbindlichkeiten berichtigt bezw. wenn durch Anwendung gegebener Beschränkungsmittel das Gesamtgut von Verbindlichkeiten befreit wird, die von ihm abgewendet werden können. Nach erfolgter Teilung des Gesamtgutes haftet jeder Ehegatte, also auch wieder der Mann für die unberichtigt gebliebenen Nachlaßverbindlichkeiten persönlich; der Ehemann darf nach Maßgabe des § 1480 die Haftung auf die ihm bei der Teilung zugewiesenen Bestandteile des Gesamtgutes, die Ehefrau als die Erbin auf den Nachlaß nach allgemeinen Grundsätzen beschränken. — Wenn die der Frau angefallene Erbschaft zum Gesamt- und gleichzeitig zum eingebrachten Gute gehört, so haftet im Stadium der Auseinandersetzung für die Nachlaßverbindlichkeiten, die ja Gesamtgutsverbindlichkeiten sind, wieder das Gesamtgut unter allen Umständen, ist also zur Vollstreckung in das Gesamtgut eine gegen beide Ehegatten gerichtete Klage erforderlich (§ 743 ZPO.). Der Mann ist hierbei, wie immer, wenn er bloß mit dem Gesamtgute haftet, auf Duldung der Zwangsvollstreckung in das Gesamtgut, sofern er aber auch persönlich haftet, auf Leistung zu verklagen. Die persönliche Haftung der Frau dauert unter allen Umständen fort. Da die Nachlaßverbindlichkeiten jedenfalls Gesamtgutsverbindlichkeiten sind, müssen sie, auch wenn sie sich nur z. T. auf Gesamtgut bezw. z. T. auf das Eingebrachte der Frau beziehen, vor der Auseinandersetzung bezgl. des Gesamtgutes berichtigt werden. Die Berichtigung ist mit Mitteln des Gesamtgutes zu bewerkstelligen (§ 1475 Abs. 1 und 3), doch kann die Frau diese Berichtigung nicht bezgl. der nur ihr im Verhältnisse zu ihrem Manne zur Last fallenden, d. h. bezgl. der auf das Eingebrachte sich beziehenden Verbindlichkeiten verlangen. Setzen sich die Ehegatten auseinander, ohne die Nachlaßverbindlichkeiten durchweg berichtigt zu haben, so haftet nunmehr der Mann auch in denjenigen Fällen persönlich, in welchen die persönliche Haftung infolge der Beendigung des Güterstandes aufgehört hatte. Die Frau haftet selbstverständlich weiter; sie kann aber noch immer die Haftung auf die Erbschaft beschränken.

b) bei Auflösung der Fahrnisgemeinschaft durch Auflösung der Ehe:

Die oben dargelegten Grundsätze gelten auch für den Fall der Scheidung der Ehe oder Aufhebung der ehelichen Gemeinschaft.

Für den Fall des Todes eines Ehegatten gelten sie gleichfalls. Die Erben des Verstorbenen, auf welche sich das Eingebrachte sowie das etwaige Vorbehaltsgut und der Anteil des Verstorbenen am Gesamtgute vererbt, setzen sich mit dem überlebenden Ehegatten auseinander. Bis zur Beendigung dieses Stadiums besteht gemeinschaftliche Verwaltung des Gesamtgutes, gemeinschaftliche Aktiv- und Passivlegitimation für Prozesse. Die Grundsätze der Erbenhaftung für die an die Frau gefallene Erbschaft sind die oben erörterten, d. h. das Gesamtgut haftet unter allen Umständen, die Nachlaßverbindlichkeiten sind zur Vermeidung persönlicher Haftung für die Erben für die Zeit nach der Teilung aus dem Gesamtgut schon vor der Teilung zu berichtigen. Persönliche Haftung der Erben hat im Auseinandersetzungsstadium bezgl. derjenigen Verbindlichkeiten statt, welche im Verhältnisse der Ehegatten zueinander dem Gesamtgut zur Last fielen.

Nach Beendigung des Güterstandes der Fahrnisgemeinschaft tritt Gütertrennung ein, die aber Dritten gegenüber nur nach Maßgabe des § 1435 geltend gemacht werden kann (§§ 1549, 1470).

B. Haftung bezgl. der zum Vorbehaltsgut gehörenden Erbschaft.

Ist im Güterstande der Fahrnisgemeinschaft eine der Frau angefallene Erbschaft Vorbehaltsgut (§§ 1555, 1549, 1461), so haftet lediglich das Vorbehaltsgut der Frau für Nachlaßverbindlichkeiten.

E. Die Haftung des Fiskus.

I. Der Fiskus als gewillkürter Erbe.

Das BGB. enthält über die Haftung des durch Testament oder Erbvertrag zum Erben eingesetzten Fiskus für Nachlaßverbindlichkeiten keine besonderen Bestimmungen. Daraus folgt, daß bezgl. dieser Haftung die allgemeinen Regeln gelten.

Der durch Erbvertrag oder Testament zum Alleinerben eingesetzte Fiskus haftet demnach für Nachlaßverbindlichkeiten grundsätzlich unbeschränkt gemäß § 1967, d. h. mit dem Nachlaß und mit dem eigenen Vermögen. Wie jeder andere Erbe hat aber auch er das Recht, seine Haftung auf den Nachlaß zu beschränken. Ihm stehen dafür dieselben Mittel wie jedem Erben: Nachlaßverwaltung, Nachlaßkonkurs, Berufung auf die §§ 1990 ff. zu Gebote. Er hat ferner die Befugnis, das Aufgebot zu beantragen und Ausschlußurteil zu erwirken, und dadurch die Haftung noch weiter einzuschränken (§ 1973 BGB.). Zu seinen Gunsten wirkt auch die Vorschrift des § 1974, d. h. der Ausschluß der Nachlaßgläubiger durch Zeitablauf. Der als eingesetzter Erbe verklagte Fiskus ist, wie jeder andere Erbe gezwungen, den Vorbehalt des § 780 ZPO. zu erwirken, da auch er sonst das Recht der Haftungsbeschränkung gegenüber dem betr. Kläger verliert, diesem also hinsichtlich der Urteilsforderung unbeschränkbar haftet. Auch eine Inventarfrist kann gemäß § 1994 dem Fiskus bestimmt werden, mit der Wirkung, daß bei Versäumung er allgemein das Recht der Haftungsbeschränkung verliert; dasselbe hat statt, wenn er die im § 2005 Abs. 1 BGB. bezeichneten Verstöße bezgl. eines auf Fristsetzung errichteten Inventars begeht. Zur Eidesleistung kann der Fiskus geladen werden; er haftet bei Eidesweigerung dem Gläubiger gegenüber, der ihn ladet, unbeschränkbar (§ 2006 BGB.).

Auch bei dem durch Testament oder Erbvertrag zum Erben eingesetzten Fiskus kann eine Erbenmehrheit vorkommen. Der Erblasser kann mehrere Fisci zu Erben einsetzen. Alsdann gelten die für die Erbenmehrheit überhaupt gegebenen Vorschriften auch für die mehreren Fisci. Sie haften demnach gemäß § 2058 BGB. für die gemeinschaftlichen Nachlaßverbindlichkeiten als Gesamtschuldner und zwar: vor der Teilung nur mit dem Nachlaß (§ 2059), sofern sie den Vorbehalt aus § 780 ZPO. erlangt haben; nach der Teilung auch mit dem eigenen Vermögen. Bezgl. der Wirkung des Aufgebots, Ausschlußurteils, der Privataufforderung bestehen die allgemeinen Vorschriften (§§ 1973, 2060 und 2061); danach schränken die Fisci für die Zeit nach der Teilung die Haftung insofern ein, als sie sich aus der Gesamthaftung gegenüber ausgeschlossenen Nachlaßgläubigern die Teilhaftung schaffen. Bezgl. der Inventarregeln ist auch hier auf die allgemeinen Vorschriften (§ 1993 ff. und 2063) zu verweisen. Eine allgemeine Haftungsbeschränkung bewerkstelligen Nachlaßverwaltung, Nachlaßkonkurs, §§ 1990 ff. vor der Teilung, dagegen bloß Nachlaßkonkurs und §§ 1990 ff. nach der Teilung.

Der durch Testament oder Erbvertrag zum Erben eingesetzte Fiskus hat auch das Recht, die ihm angefallene Erbschaft auszuschlagen (§ 1942 Abs. 1 BGB.). Infolgedessen kann er nicht vor Annahme der Erbschaft gerichtlich belangt werden (§ 1958), wohl aber kann er seinerseits schon vor Annahme Ansprüche, die zum Nachlaß gehören, gerichtlich geltend machen.

Der Fiskus kann zum Vorerben eingesetzt werden. Alsdann haben die für einen solchen bestehenden allgemeinen Regeln Geltung. — Der Fiskus kann auch als Nacherbe eingesetzt werden und haftet wie ein solcher für Nachlaßverbindlichkeiten.

II. Der Fiskus als gesetzlicher Erbe.

Die §§ 1936, 1964 und 1965 BGB. enthalten die Normen, nach welchen der Fiskus gesetzlicher Erbe wird.

Nach § 1936 sind, wenn der Erblasser z. Z. des Todes mehreren Bundesstaaten angehört hat, deren Fisci Miterben zu gleichen Anteilen.

Sämtliche vom BGB. bezgl. des Fiskus gegebenen Sonderbestimmungen beziehen sich auf den Fiskus als g e s e t z l i c h e n Erben. Soweit Sonderbestimmungen nicht getroffen sind, bestehen für die Haftung des Fiskus als gesetzlichen Erben für Nachlaßverbindlichkeiten keine Unterschiede von den allgemeinen Regeln, wie sie oben bezgl. des Fiskus als gewillkürten Erben kurz angedeutet worden sind.

Eine Sonderbestimmung ist folgende:

Der § 1942 Abs. 2 benimmt dem Fiskus als gesetzlichen Erben das Recht, eine ihm angefallene Erbschaft auszuschlagen. Dies hat die mißliche Folge für den Fiskus, daß er Erbe auch einer absolut überschuldeten Erbschaft ist. Im BGB. herrscht das Prinzip, daß jeder Verstorbene einen Erben haben muß und daß, wenn kein gewillkürter Erbe und auch kein Verwandter oder Ehegatte da ist, Erbe der Fiskus desjenigen Bundesstaates sein muß, welchem der Erblasser z. Z. des Todes a n g e h ö r t (nicht wo er gewohnt) hat. Der Fiskus ist aber gegen die auf diese Weise ihm drohenden Nachteile durch drei gesetzliche Bestimmungen ausreichend geschützt; dies sind §§ 1966, 2011 BGB. und § 780 Abs. 2 ZPO.).

Auch der Fiskus als g e s e t z l i c h e r Alleinerbe haftet für Nachlaßverbindlichkeiten unbeschränkt, also mit Nachlaß und dem sonstigen Vermögen. Er hat das Recht, die Haftung auf den Nachlaß zu beschränken. Er ist, wenn er beschränken will, gezwungen, die Mittel der Haftungsbeschränkung anzuwenden, nämlich Nachlaßverwaltung, Nachlaßkonkurs und die §§ 1990 ff. Auch hierbei wird der Nachlaß wieder vom fiskalischen Vermögen abgesondert, es ist eine Inanspruchnahme des letzteren seitens der Nachlaßgläubiger ausgeschlossen. Nachlaßverwaltung und Nachlaßkonkurs unterliegen den allgemeinen dafür gegebenen Vorschriften.

Der v e r k l a g t e Fiskus, welcher gesetzlicher Erbe ist, ist durch eine Sonderbestimmung besser gestellt, wie jeder andere Erbe; es ist der § 780 Abs. 2 ZPO. Er hat es danach nicht nötig, den Vorbehalt der Haftungsbeschränkung zu erwirken, es bleibt ihm trotz des nicht erwirkten Vorbehalts j e g l i c h e s Recht der Haftungsbeschränkung erhalten; er darf nicht bloß die in das eigene fiskalische Vermögen vorgenommenen

Angriffe des Nachlaßgläubigers unter der Voraussetzung der angewendeten Beschränkungsverfahren zurückweisen; er kann sich gegebenenfalls auch auf die durch den § 1973 beim Ausschlußurteil, durch den § 1974 beim Zeitablauf, durch die §§ 1990 ff. bei unzulänglichem Nachlaß gegebene Haftungsbeschränkung berufen. — Diese dem Fiskus als gesetzlichem Erben eingeräumte Vergünstigung beruht auf der schon erwähnten Vorschrift des § 1942 Abs. 2. Wenn dem Fiskus als gesetzlichem Erben das Recht genommen ist, eine ihm angefallene Erbschaft auszuschlagen, ihm also eine grundsätzlich unbeschränkte Haftung für Nachlaßverbindlichkeiten auferlegt ist, so darf er auf der anderen Seite nicht gezwungen werden, noch besondere Maßnahmen zu ergreifen, um die Beschränkung zu wahren. Diese Beschränkungsmöglichkeit hat er ohne jede Voraussetzung; er verliert sie nur dann, wenn er davon keinen Gebrauch macht.

Auf demselben Gedanken beruht die für den Fiskus als gesetzlichen Erben im § 2011 BGB. bezgl. des Inventars gegebene Sonderbestimmung. Das Inventar ist für den Nachlaß gläubiger ein Mittel, den Erben unter Umständen in den Zustand unbeschränkbarer Haftung zu versetzen. Die Beachtung der für das Inventar gegebenen gesetzlichen Bestimmungen ist die wichtigste Aufgabe des Erben. Versäumt er die im § 1994 BGB. erwähnte, ihm vom Gläubiger bestimmte Frist, so verliert er die Möglichkeit der Haftungsbeschränkung. Der Fiskus kann nicht in eine solche Gefahr gebracht werden, weil ihm die Erbschaft aufgedrungen wird. Ihm darf nach § 2011 eine Inventarfrist gar nicht gesetzt werden; es kann sich deshalb bei ihm nicht ereignen, daß er wegen Verstöße gegen das Inventar: §§ 1994, 2005, 2006 die Haftungsbeschränkung verliert. Damit ist aber nicht gesagt, daß er ohne weiteres beschränkt haftet, vielmehr ist dies nur dann der Fall, wenn er die Mittel zur Beschränkung anwendet.

Der Satz 2 des § 2011 zeigt aber, daß der Fiskus keineswegs berechtigt ist, den Nachlaß deshalb geheim zu halten, weil er kein Inventar zu errichten braucht. Es ist ihm eine Auskunftspflicht auferlegt, nur ist sie nicht mit so starker Wirkung ausgestattet, wie das Inventar. Hier gibt es keine unbeschränkbare Haftung für den Fiskus, wenn er gegen die Auskunftspflicht im Sinne der §§ 1994, 2005, 2006 verstößt; diese Paragraphen sind nicht anwendbar. Vielmehr gilt die allgemeine Bestimmung des § 260 BGB. Sie zwingt den Fiskus zur Vorlegung eines Verzeichnisses des Bestandes und evtl. (siehe § 260 Abs. 3 und § 259 Abs. 3 BGB.) zur Leistung des Offenbarungseides. Für das erwähnte Verzeichnis gelten nicht die Vorschriften der §§ 2002, 2003 BGB., und die Abforderung des Offenbarungseides nach § 260 Abs. 2 ist an andere Voraussetzungen (begründete Bedenken gegen die bei der Anfertigung des Verzeichnisses geübte Sorgfalt) geknüpft und hat andere Wirkungen wie die auf Grund des § 2006 BGB.

Eine weitere Folge der Vorschrift des § 1942 Abs. 2 ist die des § 1966 BGB.: „Gegen den Fiskus als gesetzlichen Erben kann ein Recht erst geltend gemacht werden, nachdem von dem Nachlaßgerichte festgestellt worden ist, daß ein anderer Erbe nicht vorhanden ist." Erst wenn letztere Feststellung getroffen ist, ist der Fiskus gesetzlicher Erbe. Ist er es aber, so bleibt er es nach § 1942 Abs. 2 für immer. Die Erbschaft ist „angenommen". Der § 1958, der die Person des Erben vor Annahme der Erbschaft schützt, kann auf ihn keine Anwendung finden; der Fiskus ist nach jener Feststellung zur Klage auch passiv legitimiert; dagegen ist er es nicht vorher, er kann ohne weiteres die gegen ihn gerichtete Klage zur Abweisung bringen. Es ist Sache des Klägers, der den Fiskus als Erben belangt, die Erbenqualität des Fiskus nachzuweisen.

Sind mehrere Fisci gesetzliche Erben, so gelten wieder die für eine Mehrheit von Erben gegebenen allgemeinen Bestimmungen mit der durch die oben erwähnten drei Sonderbestimmungen gegebenen Modifikation. Sie haften gemäß § 2059 vor der Teilung des Nachlasses beschränkbar auf den Nachlaß, auch ohne daß sie sich als Beklagte — sei es daß die Klage gegen alle oder daß sie nur gegen einen Fiskus als Gesamtschuldner gerichtet wird — den Vorbehalt aus § 780 ZPO. erbitten müssen; hier haben sie also ohne die Voraussetzung, daß Nachlaßverwaltung bezw. Nachlaßkonkurs eröffnet ist, ohne daß sie sich auf die Beschränkung nach §§ 1990 ff. berufen müssen, d. h. ohne Anwendung der üblichen Beschränkungsmittel das Recht, jeglichen Angriff des Nachlaßgläubigers in fiskalisches Vermögen zurückzuweisen. Nach der Teilung haften sie auch mit fiskalischem Vermögen als Gesamtschuldner, haben es aber in der Hand, unter Bezugnahme auf ein mit Ausschlußurteil vor der Teilung durchgeführtes Aufgebot oder auf ein Privataufgebot die Haftung gemäß den Vorschriften der §§ 2060 Nr. 1 und 1973 bezw. 2061 einzuschränken. — Die Vorschrift des § 2063 Abs. 1 ist bezgl. des Fiskus mit Rücksicht auf die des § 2011 Abs. 1 ohne Bedeutung.

Der Fiskus als gesetzlicher Erbe kann kraft ausdrücklicher Vorschrift des § 2104 S. 2 BGB. nicht Nacherbe sein; fehlt es also an einem Verwandten oder am Ehegatten und überhaupt an einem eingesetzten Nacherben, so bleibt der eingesetzte Vorerbe im Falle des Eintritts der Nacherbfolge weiter endgültig Erbe.

Auch der Fiskus kann sich durch seine Verwaltung nach Maßgabe der §§ 1978—1980 und im Falle unterlassener Anmeldung des Nachlaßkonkurses gemäß § 1980 BGB. den Nachlaßgläubigern gegenüber für Schaden verantwortlich machen. Bezgl. des Fiskus als gesetzlichen Erben, der ja kein Ausschlagungsrecht hat, kann der § 1978 Abs. 1 S. 2 keine Anwendung finden, wohl aber bezgl. des Fiskus als gewillkürten Erben.

Kolibri 360 GmbH
Ferdinand-Jühlke-Straße 7
99095 Erfurt, Deutschland
produktsicherheit@kolibri360.de